चार्ली चैप्लिन

दुनिया के महान कलाकारों में शामिल चार्ली चैप्लिन का जन्म 16 अप्रैल, 1889 को लन्दन में हुआ था। दिग्गज अभिनेता होने के साथ-साथ वे फ़िल्म निर्माता, निर्देशक, लेखक और संगीतकार भी थे। उन्हें विश्व-सिनेमा की सबसे महत्त्वपूर्ण हस्तियों में गिना जाता है।

'इज़ी स्ट्रीट', 'द इमिग्रेंट', 'शोल्डर आर्म्स', 'द किड', 'द गोल्ड रश', 'द सर्कस', 'सिटी लाइट्स', 'मॉडर्न टाइम्स', 'द ग्रेट डिक्टेटर' आदि उनकी अविस्मरणीय फ़िल्में हैं।

25 दिसम्बर, 1977 को स्विट्ज़रलैंड में उनका निधन हुआ।

सूरज प्रकाश

सुपरिचित कथाकार और अनुवादक सूरज प्रकाश के सात कहानी-संग्रह और चार उपन्यास प्रकाशित हैं। 'लेखकों की दुनिया' उनकी एक विशिष्ट कृति है, जिसमें विश्व के पाँच सौ लेखकों के बारे में रोचक और दुर्लभ जानकारियाँ दी गई हैं। उन्होंने अंग्रेज़ी और गुजराती भाषा से आठ-आठ पुस्तकों के हिन्दी में अनुवाद किए हैं। महाराष्ट्र राज्य साहित्य अकादमी और गुजरात राज्य साहित्य अकादमी के सम्मान प्राप्त कर चुके सूरज प्रकाश ने कई पुस्तकों का सम्पादन भी किया है। हाल में उनकी जीवनी 'उम्र भर देखा किये' भी प्रकाशित हुई है।

मेरी आत्मकथा

चार्ली चैप्लिन

अनुवाद

सूरज प्रकाश

राजकमल पेपरबैक्स

Charles Chaplin की आत्मकथा 'My Autobiography' का अनुवाद

राजकमल पेपरबैक्स में
पहला संस्करण : 2024

राजकमल पेपरबैक्स : उत्कृष्ट साहित्य के जनसुलभ संस्करण

राजकमल प्रकाशन प्रा. लि.
1-बी, नेताजी सुभाष मार्ग, दरियागंज
नई दिल्ली-110 002
द्वारा प्रकाशित

शाखाएँ : अशोक राजपथ, साइंस कॉलेज के सामने, पटना-800 006
पहली मंजिल, दरबारी बिल्डिंग, महात्मा गांधी मार्ग, प्रयागराज-211 001
1, अनमोल सोराबजी सन्तुक लेन, धोबी तलाव, मरीन लाइंस, मुम्बई-400 002

वेबसाइट : www.rajkamalprakashan.com
ई-मेल : info@rajkamalprakashan.com

विकास कम्प्यूटर एंड प्रिंटर्स
ट्रॉनिका सिटी-201 102
द्वारा मुद्रित

मूल्य : ₹599

MERI ATMAKATHA
by Charles Chaplin
Translated by Suraj Prakash

ISBN : 978-93-6086-394-4

ऊना को

अनुवादक की बात

मैं बरसात में भीगते हुए रोता हूँ ताकि कोई मेरे आँसू न देख ले।

—चार्ली चैप्लिन

चार्ली चैप्लिन ने आजीवन दुनिया-भर को हँसाने का काम किया। बिना किसी भेदभाव के उन्होंने राजाओं को भी हँसाया और रंक को भी। उन्होंने अधिकांश मूक फ़िल्में बनाईं और जीवन-भर बेज़बान ट्रैम्प के चरित्र को साकार करते रहे, लेकिन इस ट्रैम्प ने अपनी मूक वाणी से दुनिया-भर के करोड़ों लोगों से बरसों-बरस संवाद बनाए रखा। चार्ली की सभी फ़िल्में ब्लैक एंड व्हाइट थीं लेकिन अपने दर्शकों की ज़िन्दगी में उन्होंने अनगिनत रंग भरे।

दोनों विश्वयुद्धों के दौरान जब चारों तरफ़ भीषण मार-काट मची हुई थी और दूर-दूर तक कोई ऐसा व्यक्ति नहीं था, न नेता, न राजा, न पीर, न फ़क़ीर जो घायलों के ज़ख़्मों पर मरहम लगाता या पीड़ित परिवारों को दिलासा देता। ऐसे वक़्त में सामने आया एक छोटे से क़द का आदमी, जिसके चेहरे पर ग़ज़ब की मासूमियत, आँखों में हैरानी, सीने में आग और आँखों में तूफ़ान था। उसने सबके होंठों पर मुसकान लाने का काम किया। उसने सबको हँसाया भी और रुलाया भी, वह था चार्ली।

चार्ली को ये बाना धारण करने, करोड़ों लोगों के चेहरे पर हँसी लाने के लिए बहुत पापड़ बेलने पड़े। भयंकर हताशाओं के, अकेलेपन के दौर उनके जीवन में आए। यहाँ तक कि पारिवारिक, व्यावसायिक और राजनीतिक मोर्चों पर भी एक के बाद एक मुसीबत उनके सामने आई लेकिन वे कभी डिगे नहीं। उन्हें अपने आप पर विश्वास था; अपनी कला की ईमानदारी, अपनी अभिव्यक्ति की सच्चाई पर विश्वास था और सबसे बड़ी बात उनकी नीयत साफ़ थी; साथ ही वे अपने आप पर भरोसा करते थे।

उनका पूरा जीवन उतार-चढ़ाव से भरा रहा तथा बदक़िस्मती एक के बाद एक अपनी पोटलियाँ खोलकर उनका इम्तिहान लेती रही। चूँकि उनके माता-पिता में नहीं बनती थी, इसलिए चार्ली के तीन वर्ष के होने से पहले ही वे अलग हो गए। चार्ली ने अपना बचपन अपनी माँ की छत्रच्छाया में बिताया। जब वे बारह बरस के थे तो

मात्र सैंतीस बरस की उम्र में उनके पिता की मृत्यु हो गई। चार्ली के माता-पिता दोनों ही मंच कलाकार थे। माँ की आवाज़ के ख़राब होते चले जाने के कारण ही पाँच बरस की उम्र में उन्हें पहली बार स्टेज पर उतरना पड़ा। उस रात वे अपनी ज़िन्दगी में पहली बार स्टेज पर आए थे और माँ आख़िरी बार। अपनी पहली मंच-प्रस्तुति से ही वे सबके चहेते बन गए और फिर कभी पीछे मुड़कर नहीं देखा। चार्ली अपनी माँ को अपना गुरु मानते थे और उनसे बहुत जुड़े हुए थे।

चार्ली का बचपन बेहद ग़रीबी में गुज़रा : "वे लोग, जिनके पास रविवार की रात को घर पर खाने के लिए खाना नहीं होता था, उन्हें भिखमंगे वर्ग का माना जाता था और हम उसी वर्ग में आते थे।" पिता के मरने, माँ के पागल हो जाने और खाने व रहने का कोई स्थायी आधार न होने के कारण चार्ली को अपना पूरा बचपन अभावों में गुज़ारना पड़ा। यतीमख़ानों में रहना पड़ा। वे गिरजाघरों की ख़ैरात पर पले। माँ के पागलख़ाने और भाई सिडनी के अपनी नौकरी पर जहाज़ में होने पर चार्ली को डर लगा रहता कि कहीं उन्हें फिर से यतीमख़ाने न भेज दिया जाए। वे भूखे-प्यासे सारा-सारा दिन मकान-मालकिन की निगाहों से बचने के लिए सड़कों पर मारे-मारे फिरते।

मात्र आठ बरस की उम्र में उन्हें जिन संकटों का सामना करना पड़ा, उनकी जगह कोई दूसरा बच्चा होता तो टूट जाता। चार्ली काम की तलाश में गलियों में चक्कर काटते : "उस वक़्त मैं आठ बरस का भी नहीं हुआ था लेकिन वे दिन मेरी ज़िन्दगी के सबसे लम्बे और उदासी भरे दिन थे।"

उन्होंने जीवन में भरपूर दुख भोगे और सुख भी। ऐसा कौन अभागा होगा, जो सिर्फ़ इसलिए दोस्त के घर के आसपास मँडराता रहे ताकि उसे भी शाम के खाने के लिए बुला लिया जाए। साथ ही ऐसे व्यक्ति से ज़्यादा सुखी और कौन होगा जिसे कमोबेश हर देश के राष्ट्राध्यक्ष के यहाँ से न्योते मिलते हों। यहाँ तक कि विश्वविख्यात वैज्ञानिक, लेखक और राजनयिक तक उससे मिलने के लिए समय माँगते हों और उसके आसपास विलासिता की ऐसी दुनिया हो जिसकी हम और आप कल्पना भी न कर सकते हों। लेकिन जीवन के ये दोनों पक्ष चार्ली स्पेंसर चैप्लिन ने देखे और भरपूर देखे।

चार्ली की स्कूली पढ़ाई आधी-अधूरी ही रही। औपचारिक रूप से तो वे मात्र दो बरस स्कूल जा पाए। बाक़ी पढ़ाई अनाथ आश्रमों के स्कूलों में या इंग्लैंड के अलग-अलग प्रदेशों में नाटक-मंडली के साथ शो करते हुए एक-एक हफ़्ते के लिए अलग-अलग शहरों के स्कूलों में की।

आठ बरस की उम्र में ही चार्ली ने नियमित रूप से 'एट लंकाशायर लैड्स' नामक नाटक मंडली में बाल कलाकार के रूप में काम करना शुरू कर दिया था। बारह बरस की उम्र तक आते-आते वे इंग्लैंड के सर्वाधिक चर्चित बाल कलाकार बन चुके थे। इस तरह कह सकते हैं कि वे जीवन की असली पाठशाला में पढ़ाई कर रहे थे।

साढ़े बारह बरस की उम्र में जब पहली बार उन्हें क़रार के साथ अभिनेता के रूप में नाटक में काम करने का मौक़ा मिला, तो वे जैसे सातवें आसमान पर थे। उनका सपना पूरा हो रहा था। अब वे अभिनेता बनने जा रहे थे। अब वे झोंपड़-पट्टी में रहने वाले नामालूम से छोकरे नहीं थे। इस भूमिका के लिए उन्होंने ख़ूब मेहनत की और अपने चरित्र के साथ पूरी तरह से न्याय किया।

सत्रह बरस की उम्र में उन्हें एक किशोर अभिनेत्री हैट्टी से प्यार हुआ लेकिन उसे जी-जान से चाहने के बावजूद अपनी अकड़ के चलते वे उससे रिश्ता तोड़ आए। दोनों की बीस-बीस मिनट की केवल पाँच मुलाक़ातें हुईं। हैट्टी को वे आजीवन भुला नहीं पाए और न ही दिल की बात कह पाए। जब वे नाटक करने पेरिस पहुँचे उससे एक हफ़्ते पहले ही हैट्टी का नाट्य दल वहाँ शो करके गया था। बाद में भी, बेशक उनकी हैट्टी से दो-एक मुलाक़ातें हुईं पर वे अपने मन की बात नहीं कह पाए। अमेरिका से दूसरी बार लंदन आते समय उन्हें हैट्टी की तरफ़ से मुलाक़ात का न्योता मिला लेकिन उस मुलाक़ात से पहले ही वह चल बसी।

प्रेम में मात खाने के बाद क़िस्मत उनके दरवाज़े पर दस्तक दे रही थी, सम्भावनाओं के नये दरवाज़े खुल रहे थे। अपनी नाटक-मंडली के साथ पहले वे पेरिस गए और फिर अमेरिका। इंग्लैंड में काम करते हुए उन्हें लग रहा था कि वे अपनी सम्भावनाओं के शिखर पर पहुँच चुके हैं क्योंकि वहाँ पर उनके लिए अब बँधे-बँधाए अवसर ही रह गए थे; जबकि अमेरिका में सम्भावनाओं का अनन्त आकाश था।

चार्ली अमेरिका गए तो थे थियेटर करने लेकिन उनके भाग्य में बड़े पैमाने पर दुनिया का मनोरंजन करना लिखा था। अमेरिका में और भी कई सम्भावनाएँ थीं। पहले दो दौरों के दौरान वे पूरे अमेरिका में घूम-घूम कर थियेटर करते रहे और अनुभव बटोरते रहे।

तभी किसी नाटक में उनके द्वारा निभाए गए एक बूढ़े के रोल के आधार पर उन्हें फ़िल्मों में काम करने का न्योता मिला। जितना वेतन वे नाटकों में पा रहे थे उससे दोगुने वेतन पर। चार्ली को यह चुनौती पसन्द आई कि अब वे बड़े पैमाने पर अपने अभिनय को दिशा दे सकेंगे। शुरू-शुरू में बेशक फ़िल्म के माध्यम की जानकारी न होने के कारण दोनों ने एक-दूसरे को निराश किया लेकिन चार्ली के पास असीम योजनाएँ और थियेटर के अनुभव थे। चूँकि तब फ़िल्में 'पीछा करो और मारो' के फ़ार्मूले पर बनाई जाती थीं; इसलिए शुरू-शुरू में चार्ली को भाव नहीं दिया गया। यदि वे कुछ नया करके दिखाते भी तो उसे सम्पादन में काट दिया जाता।

लेकिन जब चार्ली ने फ़िल्मों में कुछ ऐसे दृश्य डालने शुरू किये जिनका सम्पादन हो ही न सके तब फ़िल्म कम्पनी और दर्शकों ने उनकी उपस्थिति को महसूस किया। उन्हें लगा कि एक बन्दा ऐसा भी है जो लगातार हँसा सकता है। उसके बाद चार्ली

की माँग बढ़ती गई। एक बार ट्रैम्प का बाना धारण कर लेने के बाद उन्होंने फिर कभी पीछे मुड़कर नहीं देखा। वे लिखते हैं—

> मुझे रत्ती-भर भी अन्दाज़ा नहीं था कि किस तरह का बाना धारण किया जाए। ड्रेसिंग रूम की तरफ़ जाते समय मैंने सोचा कि क्यों न मैं बैगी पैंट पहन लूँ, बड़े-बड़े जूते हों, हाथ में छड़ी हो, तंग कोट हो और हैट छोटा सा हो। मैं अभी तक यह तय नहीं कर पाया था कि मुझे जवान दिखना चाहिए या बूढ़ा, लेकिन तभी मुझे याद आया कि सेनेट साहब मुझसे उम्मीद कर रहे थे कि मैं काफ़ी बूढ़ा लगूँ। मैंने छोटी-छोटी मूँछें भी लगाने का फ़ैसला किया, जिससे मेरे ख़याल से, बिना अपने हाव-भाव छुपाए मैं अपनी उम्र को ज़्यादा दिखा सकता था।
>
> मुझे चरित्र के बारे में कोई आइडिया नहीं था। लेकिन ज्यों ही मैं तैयार हुआ, कपड़ों और मेकअप से मुझे पता चल गया कि इस बाने से मैं किस क़िस्म का व्यक्ति बन चुका हूँ। मैं उसे समझने लगा और जब तक मैं स्टेज तक चलकर आया, उस व्यक्तित्व का पूरी तरह से जन्म हो चुका था। वे कपड़े पहन लेने के बाद मैं यही महसूस करता था कि मैं एक वास्तविकता हूँ, एक जीवित व्यक्ति हूँ।

अपनी मेहनत और हुनर के बल पर वे जल्दी ही ऐसी स्थिति में आ गए कि मनमानी क़ीमत वसूल कर सकें। वे 'ऑल इन वन' थे—लेखक, अभिनेता, निर्देशक, सम्पादक, संगीतकार, निर्माता और बाद में तो वितरक भी। जल्द ही उनकी तूती बोलने लगी। लेकिन एक मज़ेदार बात थी उनके व्यक्तित्व में। किसी भी फ़िल्म को शुरू करने से पहले उनके पास कहानी या प्लॉट के नाम पर कुछ भी नहीं होता। वे कई-कई दिन तक ख़ाली बैठे रहते और उन्हें कुछ न सूझता। कई बार सेट के कबाड़ में से ही किसी फ़िल्म की स्टोरी का 'आइडिया' मिल जाता और उस एक विचार पर पूरी फ़िल्म तैयार हो जाती। शुरू-शुरू में जब उनसे पूछा जाता कि आपके पास कोई कहानी है तो चार्ली हँसकर कहते, "मुझे एक पार्क, एक पुलिसवाला और एक लड़की दे दो; मैं फ़िल्म बना दूँगा।"

अपनी फ़िल्म के प्रदर्शन से पहले वे हमेशा बेहद नर्वस हो जाते। उनकी रातों की नींद उड़ जाती। पहले शो में वे थियेटर के अन्दर-बाहर होते रहते। लेकिन आश्चर्य की बात, सब कुछ ठीक ही जाता और हर फ़िल्म पहले की फ़िल्मों की तुलना में अधिक सफल होती। फ़िल्म की कमाई बढ़ती जाती।

हर फ़िल्म के साथ चार्ली की प्रसिद्धि का ग्राफ़ भी ऊपर उठता जा रहा था और साथ ही उनकी क़ीमत भी बढ़ती जा रही थी। वे मनमाने दाम वसूल करने की हैसियत रखते थे और ऐसा कर भी रहे थे। न्यूयॉर्क में उनके चित्र, निभाए गए

चरित्र रूपी खिलौने और मूर्तियाँ सभी डिपार्टमेंटल और ड्रग स्टोरों में बिक रहे थे। ज़िगफेल्ड लड़कियाँ चार्ली चैप्लिन गीत गा रही थीं। पर्दे पर और पर्दे के बाहर उनकी लोकप्रियता का आलम यह था कि सिनेमा-हॉल के बाहर सुबह से ही लाइनें लगनी शुरू हो जातीं और उनकी एक झलक पाने के लिए हज़ारों लोग स्टेशनों पर या सार्वजनिक स्थलों पर घंटों इन्तज़ार करते रहते।

उन्होंने बहुत तेज़ी से बहुत कुछ हासिल कर लिया था। वे सिर्फ़ सत्ताईस बरस के थे और उनके सामने अनन्त सम्भावनाएँ थीं, साथ ही थी एक दोस्ताना दुनिया। थोड़े से ही अरसे में वे करोड़पति बनने वाले थे। हालाँकि उन्होंने कभी इस सबकी कल्पना भी नहीं की थी।

भारतीय सिनेमा के भी कितने ही कलाकारों ने चार्ली के ट्रैम्प की नक़ल करने की कोशिश की लेकिन वे उसे दो-एक फ़िल्मों से आगे नहीं ले जा पाए।

हालाँकि चार्ली ने स्कूली शिक्षा बहुत कम पाई थी लेकिन उन्होंने जीवन की किताब को शुरू से आख़िर तक कई बार पढ़ा था। उन्हें मनोविज्ञान की गहरी समझ थी। उनका बचपन बहुत अभावों में गुज़रा था और उन्होंने तकलीफ़ों को बहुत नज़दीक से जाना और पहचाना था। वे स्व-निर्मित व्यक्ति थे। उन्हें अपने आप पर भरोसा था।

अमेरिका जाने और सफल हो जाने के बाद चार्ली पहली बार दस वर्ष बाद और दूसरी बार बीस वर्ष बाद लंदन आए, जहाँ बचपन की स्मृतियों ने एक तरह से उन्हें घेर लिया। वे इंग्लैंड की जनता का प्यार पाकर अभिभूत हो गए। लेकिन इसके बावजूद भी वे अपने बचपन के कष्टों को भूल नहीं पाए और अकेले उन सभी जगहों पर घूमते रहे, जिनसे उनका आत्मीय नाता रहा था और जहाँ से निकलकर वे आए थे।

इस दौरान उनकी माँ का पागलख़ाने जाना-आना लगा रहा। बाद में हालात ठीक हो जाने के बाद चार्ली और उनके बड़े भाई सिडनी ने माँ का बहुत ख़याल रखा, उन्हें प्राइवेट पागलख़ाने में रखवाया, अमेरिका लेकर आए और जितना भी हो सका, माँ को समय दिया।

चार्ली के थियेटर और बाद में फ़िल्मों में सफल हो जाने के बाद सिडनी भी थियेटर और फ़िल्में करने लगे। सिडनी ने ख़ुद भी कई फ़िल्में बनाईं और चार्ली के रुपये-पैसे का हिसाब रखने के लिए उनके सचिव का भी काम किया।

चार्ली ने हँसी बाँटी और बदले में प्यार पाया साथ ही आँसू भी। कभी भी नाराज़ होकर यह नहीं कहा कि आप ग़लत हैं। उन्हें अपने आप पर, अपने फ़ैसलों पर, अपनी कला पर और अपनी अभिव्यक्ति-शैली पर विश्वास था तथा उस विश्वास के प्रति सच्ची प्रतिबद्धता थी। वे अपने पक्ष में किसी से भी लड़ने-भिड़ने की हिम्मत रखते थे क्योंकि वे जानते थे कि सच उनके साथ है।

परफ़ेक्शन के लिए उनमें इतनी तड़प थी कि 'सिटीलाइट्स' के 70 सेकेंड के एक दृश्य के लिए वे पाँच दिन तक 'रीटेक' लेते रहे। अपने काम के प्रति उनमें इतनी

निष्ठा थी कि मूक फ़िल्मों का युग बीत जाने के 4 वर्ष बाद भी वह लाखों डॉलर लगाकर मूक फ़िल्म बनाते रहे क्योंकि उनका मानना था कि हर तरह के मनोरंजन की ज़रूरत होती है। वे सच्चे अर्थों में जीनियस थे। यह बात आज भी इस तथ्य से सिद्ध हो जाती है कि फ़िल्मों के इतने अधिक परिवर्तनों से गुज़रकर यहाँ तक आ पहुँचने के बाद भी सौ बरस पहले बनी उनकी फ़िल्में आज भी हमें गुदगुदाती हैं। उस व्यक्ति के पास 'मास-अपील' का जादुई चिराग़ था।

चार्ली ने इकतरफ़ा प्रेम बहुत किये। देखा जाए तो हैट्टी के साथ उनका पहला प्यार भी इकतरफ़ा ही था। शायद यही वजह रही कि वे उनतीस वर्ष की उम्र तक अकेले ही रहे।

चार्ली ने चार शादियाँ कीं लेकिन पहली तीन शादियों से उन्हें बहुत तकलीफ़ पहुँची। पहली शादी करने जाते समय तो वे समझ ही नहीं पा रहे थे कि वे यह शादी कर क्यों रहे हैं? उनकी दूसरी शादी ने उन्हें इतनी तकलीफ़ दी कि अपनी आत्मकथा में उन्होंने अपनी दूसरी पत्नी का नाम तक नहीं बताया। ऊना ओ नील से उनकी चौथी शादी सर्वाधिक सफल रही। हालाँकि दोनों की उम्र में 36 बरस का फ़र्क़ था। फिर भी ऊना छत्तीस वर्ष तक, यानी आजीवन उनकी पत्नी रहीं। अपने जीवन के अन्तिम 36 बरस वे उन्हीं की वजह से अच्छी तरह से गुज़ार सके। जीवन में ऊना ओ नील के आ जाने के बाद वे प्रेम और शरीर के मामले में टिककर घर बैठे। ऊना ने उन्हें आठ बच्चों का उपहार दिया। उनकी आठवीं सन्तान तब हुई जब चार्ली 73 और ऊना 37 बरस की थीं। ये चारों शादियाँ उन्होंने अपनी फ़िल्मों की अभिनेत्रियों से ही की थीं। उनके कुल ग्यारह बच्चे हुए। चार्ली ऊना जैसी पत्नी पाकर बहुत ख़ुश थे। ऊना भी उनके प्रति गहरी आस्था रखती थीं और अपना पूरा समय परिवार को देने की ख़ातिर उन्होंने अभिनय को अलविदा कह दिया था।

चार्ली गांधी जी से भी मिले थे और नेहरू जी से भी। गांधी जी से वे बहुत प्रभावित हुए थे। उन्होंने बर्नार्ड शॉ के घर पर कई बार खाना खाया था जबकि आइंस्टीन कई बार चार्ली के घर आ चुके थे और उन्हें अपने घर भी बुलाया था। यहाँ तक कि आइंस्टीन महोदय ने चार्ली के घर पर पियानो भी बजाया था। दुनिया का शायद ही कोई ऐसा राष्ट्राध्यक्ष हो, जिसने चार्ली को न्योता न दिया हो या उनसे मिलने की इच्छा व्यक्त न की हो। सार्त्र और पिकासो उनसे मिलने आए थे। बाद में पिकासो उन्हें अपने खस्ताहाल स्टूडियो भी लेकर गए। दुनिया-भर के लेखकों, दार्शनिकों और राजनयिकों से उनके दोस्ताना सम्बन्ध थे। चार्ली का उन सबके घर आना-जाना था। वे दुनिया-भर में घूमे तथा लगभग सभी देशों ने उन्हें सम्मानित किया।

चार्ली के बहुत से मित्र थे और उनकी कई मित्रताएँ आजीवन रहीं—पुरुषों से और महिलाओं से भी। वे दूसरों से प्रभावित भी हुए और पूरी दुनिया को अपने तरीक़े से प्रभावित भी किया। हर्स्ट उनके बेहद क़रीबी मित्र थे। वे उन्हें अपना आदर्श मानते

थे। अक्सर वे अपने घर पर दावतें देते या मित्रों द्वारा दी जाने वाली दावतों में शामिल होते। इन दावतों में तरह-तरह के खेल खेले जाते। एक बार एक खेल खेला गया कि देखें चार्ली चैप्लिन की एक्टिंग कौन अच्छी करता है। खेल में चार्ली भी शामिल हुए और वे तीसरे नम्बर पर रहे!

इसी तरह जब वे एक सेवन सीटर कार ख़रीदने के लिए शोरूम में गए तो दाम पूछने पर बोले, "पैक कर दीजिए।" सेल्समैन हैरान, "साहब कुछ तो चेक कर लीजिए, इंजिन वग़ैरह।" चार्ली बोले, "मुझे कुछ भी नहीं पता इन सबके बारे में, तो क्या चेक करूँ।" फिर भी सेल्समैन की तसल्ली के लिए उन्होंने उँगली से ठकठकाकर हवा चेक कर ली।

एक बार न्यूयॉर्क में सिडनी ने किसी फ़िल्म कम्पनी से चार्ली के लिए अब तक की सबसे बड़ी राशि का क़रार किया। शाम के वक़्त टाइम्स अख़बार के दफ़्तर के ऊपर बड़े-बड़े अक्षरों में नियोन लाइट में यह समाचार फ़्लैश किया जा रहा था और नीचे भीड़ में खड़े चार्ली निस्संग भाव से यह सब देख रहे थे। उन्हें समझ में नहीं आ रहा था कि यह क्या हो रहा है। वे सहसा उदास हो गए थे।

बेशक चार्ली ने विधिवत स्कूली शिक्षा नहीं पाई थी, लेकिन उनका भाषा-ज्ञान अद्‌भुत था। उनकी आत्मकथा में न केवल अंग्रेज़ी के, बल्कि फ्रेंच, इतालवी, ग्रीक और जर्मन सन्दर्भ भी ख़ूब आते हैं। उनकी शानदार अंग्रेज़ी उनके भाषा-ज्ञान की मिसाल है।

उनके जीवन का सबसे सुखद पहलू अगर अमेरिका जाना और वहाँ चालीस वर्ष तक रहकर नाटक, फ़िल्मों और मनोरंजन के सर्वाधिक सफल व्यक्तित्व के रूप में पूरी दुनिया के लोगों के दिल पर राज करना रहा, तो वहाँ से निकलना उनके लिए जीवन सबसे दुखद घटना। वे अनन्त आकाश की खुली हवा की तलाश में अमेरिका गए थे लेकिन इतने सालों बाद मजबूर होकर, या कहें कि बे-आबरू होकर उन्हें वहाँ से कूच करना पड़ा और उम्र के छठे दशक में स्विट्ज़रलैंड को अपना घर बनाना पड़ा।

जब वे अपनी प्रसिद्धि के शिखर पर थे तो दो ऐसी घटनाएँ हुईं जिनके कारण न केवल उनकी प्रसिद्धि का ग्राफ़ नीचे आ गया, बल्कि उन्हें गहरे मानसिक क्लेश और तकलीफ़ों से गुज़रना पड़ा।

पहली घटना में जॉन बेरी नाम की एक युवती ज़बर्दस्ती उनके जीवन में घुसपैठ करने लगी और यह घुसपैठ इतनी ज़्यादा बढ़ गई कि पहले तो उसने चार्ली का आर्थिक शोषण किया और फिर आरोप लगाया कि चार्ली ही उसकी होने वाली सन्तान के पिता हैं। पूरी अमेरिकी प्रेस और सत्ता चार्ली के ख़िलाफ़ हो गई। उनका जीना मुहाल हो गया। लम्बी, थकाऊ और महँगी मुक़दमेबाज़ी से चार्ली एकदम टूट गए। उन्हीं दिनों उन्होंने ऊना ओ नील से चौथी शादी की थी और उसी समय उन्हें इस वाहियात मुक़दमेबाज़ी में फँस जाना पड़ा।

उनके जीवन का दूसरा दुखद पक्ष यह रहा कि अमेरिका द्वारा उन पर यह शक किया गया कि वे कम्यूनिस्ट हैं और अगर नहीं हैं तो भी कम-से-कम कम्यूनिज़्म से सहानुभूति तो रखते ही हैं और उसकी पार्टी लाइन पर चलते हैं। आप्रवास विभाग के अधिकारियों के सवालों का जवाब देते हुए उन्होंने कहा था, "क्या आप जानते हैं कि मैं इस सारी मुसीबत में कैसे फँसा? आपकी सरकार पर अहसान करके! रूस में आपके राजदूत मि. जोसेफ़ डेविस को रूसी युद्ध-राहत की ओर से सेन फ्रांसिस्को में भाषण देना था, लेकिन ऐन मौक़े पर उनका गला ख़राब हो गया और आपकी सरकार के एक उच्च अधिकारी ने मुझसे पूछा कि क्या मैं उनके स्थान पर बोलने की मेहरबानी करूँगा और तब से मैं इसमें अपनी गर्दन फँसाए बैठा हूँ। मेरा दोष है कि सामने बैठी जनता को मैंने 'कॉमरेड्स' कहकर सम्बोधित कर दिया था। यह 'कॉमरेड' शब्द ही मेरे गले की फाँस बन गया।

मैं कम्यूनिस्ट नहीं हूँ फिर भी मैं उनके विरोध में खड़ा होने से इनकार करता रहा। मैंने कभी भी अमेरिकी नागरिक बनने का प्रयास नहीं किया, जैसे सैकड़ों अमेरिकी बाशिन्दे इंग्लैंड में अपनी रोज़ी-रोटी कमा रहे हैं और वे कभी भी ब्रिटिश नागरिक बनने का प्रयास नहीं करते।"

अमेरिका में चालीस बरस रहने के बाद, उस देश के लिए इतना कुछ करने के बाद, अन्ततः बे-आबरू होकर जब उन्हें अपना जमा-जमाया संसार छोड़ना पड़ा तथा एक नये घर की तलाश में स्विट्ज़रलैंड जाना पड़ा, तो वे बेहद व्यथित थे।

हालाँकि वक़्त बदला, लोग बदले और सोच बदली। 1972 में एकेडमी ऑफ़ मोशन पिक्चर आर्ट्स एंड साइंसेज़ ने चैप्लिन को मानद सम्मान देने की घोषणा की। इसे इस रूप में भी देखा गया कि अमेरिका चार्ली के प्रति किये गए अपमानजनक व्यवहार की भरपाई करना चाहता है। चैप्लिन पहले तो यह सम्मान लेने से हिचक रहे थे लेकिन फिर उन्होंने तय किया कि वे अमेरिका लौटेंगे। चैप्लिन ने सदी के कला रूप में चलचित्र बनाने में सराहनीय योगदान देने और उस पर अपरिमित प्रभाव छोड़ने के लिए यह सम्मान स्वीकार किया। प्रेस की अपार भीड़ और दर्शकों की विराट उपस्थिति में एकेडमी के इतिहास में यह पहली बार हुआ कि चार्ली चैप्लिन के सम्मान में लगातार बारह मिनट तक तालियाँ बजती रहीं और भावुक कर देने वाले इन पलों में चार्ली एक शब्द भी नहीं बोल पाए, बस हाथ जोड़े खड़े रहे।

अक्तूबर, 1977 के आसपास चार्ली की सेहत ख़राब होने लगी और उन्हें लगातार देखभाल की ज़रूरत पड़ने लगी। 25 दिसम्बर, 1977 की सुबह उन्हें नींद में ही दिल का दौरा पड़ा और 88 बरस की उम्र में वे चल बसे। उन्हें वेवेय श्मशान भूमि में दफ़नाया गया। वे 100 मिलियन डॉलर की सम्पत्ति छोड़कर गए थे।

चार्ली ज़िन्दगी भर हर मौक़े पर हँसी-मज़ाक़ के पल तलाशते रहे। लेकिन उनकी मौत के बाद वक़्त ने उनके साथ मज़ाक़ किया। 1 मार्च, 1978 को दो चोरों रोमन

वरडास और गांचो जनेव ने उनकी क़ब्र खोदी और उनका ताबूत ही चुरा ले गए। मक़सद था फिरौती वसूल करना। लेकिन पुलिस ने दो महीने के अन्दर पास ही के गाँव के एक मैदान में गाड़े गए ताबूत को खोज निकाला तथा उनके शव को दोबारा पूरे सम्मान के साथ कंक्रीट की मज़बूत क़ब्र में दफ़ना दिया गया।

1981 में खोजे गए एक छोटे से नक्षत्र को भी चार्ली चैप्लिन का नाम दिया गया है।

चार्ली ने अपनी आत्मकथा 1960 के आसपास लिखी थी। इस आत्मकथा में उन्होंने जैसे अपने आपको उड़ेलकर रख दिया था। अपने समकालीन कलाकारों पर उनकी सार्थक टिप्पणियाँ बताती हैं कि वे उनका कितना सम्मान करते थे। अपनी आत्मकथा में उन्होंने अमूमन हर विषय पर अपनी राय व्यक्त की है। कविता के बारे में वे कहते हैं कि कविता दुनिया के नाम लिखा गया प्रेम-पत्र होती हैं।

चार्ली के कुछ प्रसिद्ध उद्धरण—

> 'आदमी जब किसी ऊँची जगह पर पहुँच जाता है तो दोस्त चुनने में कोई विवेक काम नहीं करता! ज़रूरत के वक़्त किसी दोस्त की मदद करना आसान होता है लेकिन आप हमेशा इतने ख़ुशनसीब नहीं होते कि उसे अपना समय दे पाएँ।'
>
> 'इस दुनिया में कुछ भी स्थायी नहीं है, यहाँ तक कि तकलीफ़ें भी।'
>
> 'हमारी ज़िन्दगी का सबसे मनहूस और बेकार दिन वह होता है जब हम हँसे नहीं होते।'
>
> 'मैं बरसात में भीगते हुए रोता हूँ ताकि कोई मेरे आँसू न देख ले।'
>
> 'हो सकता है मेरा दर्द किसी की मुस्कराहट की वजह से हो लेकिन मेरी मुस्कराहट किसी के दर्द की वजह से नहीं होनी चाहिए।'
>
> 'क्लोज़ अप से देखें तो ज़िन्दगी त्रासदी है और लॉन्ग शॉट से देखें तो कॉमेडी।'

मुझे ख़ुशी है कि चार्ली चैप्लिन की आत्मकथा का यह अनुवाद राजकमल प्रकाशन के सौजन्य से आप तक पहुँच रहा है। मैं श्री अशोक महेश्वरी जी का दिल से आभारी हूँ कि उन्होंने मुझे यह मौक़ा दिया।

अन्त में एक और बात, क्या आपको नहीं लगता कि अगर हँसाने के लिए कोई नोबेल पुरस्कार होता, तो वह सिर्फ़ एक ही व्यक्ति को दिया जाता और निश्चित ही वह नाम होता—चार्ल्स स्पेंसर चैप्लिन।

—सूरज प्रकाश

भूमिका

वेस्टमिंस्टर ब्रिज के खुलने से पहले केनिंगटन रोड सिर्फ़ अश्व-मार्ग हुआ करता था। लेकिन 1750 के बाद, पुल से शुरू करते हुए एक नई सड़क बनाई गई जिससे ब्राइटन तक का सीधा रास्ता खुल गया। इसका नतीजा यह हुआ कि केनिंगटन रोड पर, जहाँ मैंने अपने बचपन का अधिकांश वक़्त गुज़ारा है, वहाँ कुछ बहुत ही शानदार घर देखे जा सकते थे। ये घर वास्तुकला के उत्कृष्ट नमूने थे। इनके सामने की तरफ़ लोहे की ग्रिल वाली बालकनी होती थी। हो सकता है कि उन घरों में रहने वालों ने कभी अपनी कोच में बैठकर जॉर्ज IV को ब्राइटन जाते हुए भी देखा हो।

उन्नीसवीं शताब्दी के आते-आते इनमें से ज़्यादातर घर किराये के कमरे देने वाले घरों और अपार्टमेंटों में बदल चुके थे। अलबत्ता, कुछ घर ऐसे बचे रहे जिन पर वक़्त की मार नहीं पड़ी और उनमें डॉक्टर, वकील, सफल व्यापारी एवं नाटकों वग़ैरह में काम करने वाले कलाकार रहते रहे। रविवार के दिन, सुबह के वक़्त केनिंगटन रोड के दोनों तरफ़ के किसी-न-किसी घर के बाहर आप घोड़ागाड़ी देख सकते थे जो वहाँ रहने वाले नाटक कलाकार को नॉरवुड या मर्टन जैसी दसियों मील दूर किसी जगह ले जाने के लिए तैयार खड़ी रहतीं, वापसी में वे केनिंगटन रोड पर अलग-अलग तरह के शराबघरों 'व्हाइट हॉर्स', 'द हार्न्स' और 'द टैन्कार्ड' पर रुकते हुए आते थे।

तब मैं बारह बरस का था और अक्सर टैन्कार्ड के बाहर खड़ा बेहतरीन पोशाकें पहने इन रंगीले-चमकीले महानुभावों को उतरते और भीतर लाउंज बार में जाते देखा करता था। नाटकों के ये कलाकार वहाँ आपस में मिलते-जुलते थे। रविवार के दिन का उनका यही शगल हुआ करता था। दोपहर के भोजन के लिए घर जाने से पहले वे अपना एक आख़िरी पैग यहाँ लिया करते थे। वे कितने भव्य लगते थे! चारख़ाने के सूट और भूरे फ़ेल्ट हैट पहने, अपनी हीरे की अँगूठियों और टाइपिनों के लश्कारे मारते। रविवार को दोपहर दो बजे जब शराबख़ाना बन्द हो जाता तो वहाँ मौजूद सब लोग झुंड बनाकर बाहर खड़े हो जाते और एक-दूसरे से विदा लेने से पहले आपस में हँसी-मज़ाक़ करते हुए वक़्त बिताया करते। मैं उन सबको हसरत-भरी निगाहों से देखा करता था और ख़ुश होता था क्योंकि उनमें से कुछेक बेवकूफ़ी भरी अकड़ के साथ डींगें भी हाँकते थे।

जब उनमें से आख़िरी आदमी भी जा चुका होता, तो ऐसा लगता मानो सूरज बादलों की ओट में छिप गया हो। तब मैं खँडहर हो चुके पुराने घरों की क़तार की तरफ़ चल पड़ता—जो केनिंगटन रोड के पीछे की तरफ़ थे—और उसके 3, पाउनाल टेरेस, की खस्ताहाल सीढ़ियाँ चढ़कर मैं अपनी छोटी-सी दुछत्ती तक पहुँचता था। घर का माहौल अवसादकारी था और वहाँ की हवा में बास मारते पानी और पुराने कपड़ों की बू बसी रहती थी। जिस रविवार की मैं बात कर रहा हूँ, उस दिन माँ खिड़की पर बैठी एकटक बाहर देख रही थीं। वे मेरी तरफ़ मुड़ीं तो उनके चेहरे पर फीकी-सी मुस्कराहट थी। कमरे की हवा दमघोंटू थी और कमरा बारह वर्ग फ़ीट से थोड़ा ही बड़ा रहा होगा। देखने में यह और भी छोटा लगता था तथा उसकी ढलवाँ छत काफ़ी नीची प्रतीत होती थी। दीवार के साथ सटाकर रखी गई मेज़ पर जूठी प्लेटों और चाय के प्यालों का अम्बार लगा हुआ था। कोने में दीवार से सटा एक लोहे का पलंग था जिस पर माँ ने सफ़ेद रंग पोता हुआ था। पलंग और खिड़की के बीच की जगह पर एक छोटी-सी सिगड़ी थी। पलंग के एक सिरे पर एक पुरानी आरामकुर्सी थी जिसे खोल देने पर चारपाई का काम लिया जा सकता था। इस पर मेरा भाई सिडनी सोता था लेकिन फ़िलहाल वह जहाज़ पर गया हुआ था।

इस रविवार कमरा कुछ ज़्यादा ही उदास लग रहा था क्योंकि किसी कारण से माँ ने इसे साफ़ करने में कोई दिलचस्पी नहीं ली थी। आमतौर पर वे कमरा साफ़ रखती थीं। इसका कारण यह था कि वे बुद्धिमान, हमेशा ख़ुश रहने वाली और अभी भी चुस्त महिला थीं। वह अभी सैंतीस की भी नहीं हुई थीं। वे छत के इस छोटे से वाहियात कमरे को भी चमकाकर सुविधापूर्ण बना सकती थीं। ख़ासकर सर्दियों की सुबह के वक़्त, जब वे मुझे मेरा नाश्ता बिस्तर में ही दे देतीं और जब मैं सोकर उठता तो वह छोटा-सा कमरा दमक रहा होता। एक तरफ़ आग जल रही होती, खूँटी पर गरमागरम केतली रखी होती, जँगले के पास हैडॉक या ब्लोटर मछली गरम हो रही होती और वे मेरे लिए टोस्ट बना रही होतीं। माँ की उल्लसित कर देने वाली मौज़ूदगी, कमरे का सुखद माहौल, चीनी मिट्टी की केतली में डाले जाते उबलते पानी की छन-छन आवाज़ और ऐसे वक़्त में मेरा अपना साप्ताहिक कॉमिक पढ़ना आदि शान्त रविवार की सुबह के आनन्ददायक दुर्लभ पल होते।

लेकिन इस रविवार वह निर्विकार भाव से बैठी एकटक खिड़की से बाहर देखे जा रही थीं। पिछले तीन दिन से वह खिड़की पर ही बैठी हुई थीं। आश्चर्यजनक ढंग से चुप और अपने आप में खोई हुई। मैं जानता था कि वे परेशान हैं। सिडनी जहाज़ पर गया हुआ था और पिछले दो महीनों से उसकी कोई ख़बर नहीं आई थी। माँ जिस किराये की सिलाई-मशीन पर काम करके किसी तरह घर की गाड़ी खींच रही थीं,

क़िस्तों की समय पर अदायगी न किये जाने के कारण ले जाई जा चुकी थी (यह कोई नई बात नहीं थी) और मैं डांस सिखाकर पाँच शिलिंग हफ़्ते का जो योगदान दिया करता था, वह भी अचानक बन्द हो गया था।

मुझे इस संकट के बारे में शायद ही अहसास था क्योंकि हम तो लगातार ही ऐसे संकटों से जूझते आए थे और लड़का होने के कारण मैं इस तरह की अपनी परेशानियों को शानदार भुलक्कड़पने के साथ दरकिनार कर दिया करता था। हमेशा की तरह मैं दौड़ता हुआ स्कूल से घर आता और माँ के छोटे-मोटे काम कर देता, जैसे बू मारता पानी गिराकर ताज़े पानी की बाल्टी भर लाता। फिर भागकर मैक्कार्थी परिवार के यहाँ चला जाता और शाम तक वहीं खेलता रहता। मुझे इस दम घोंटते कमरे से निकलने का कोई-न-कोई बहाना चाहिए होता था।

मैक्कार्थी परिवार माँ का बहुत पुराना परिचित परिवार था। माँ उन्हें नाटकों के दिनों से जानती थीं। वे केनिंगटन रोड के बेहतर समझे जाने वाले इलाक़े के एक आरामदेह घर में रहते थे। उनकी माली हैसियत भी हमारी तुलना में बेहतर थी। मैक्कार्थी परिवार का एक ही लड़का था, वैली। मैं उसके साथ शाम का धुँधलका होने तक खेलता रहता और अमूमन मुझे शाम की चाय के लिए रोक लिया जाता। इस तरह कई बार देर तक वहाँ मँडराते हुए मैंने रात के खाने का भी जुगाड़ किया होगा। अक्सर मिसेज़ मैक्कार्थी माँ के बारे में पूछती रहतीं और कहतीं कि कई दिन से वह नज़र क्यों नहीं आई हैं। मैं कोई-न-कोई बहाना मार देता क्योंकि जब से माँ दुर्दिन झेल रही थीं, वे शायद ही कभी अपनी नाटक-मंडली के परिचितों से मिलने-जुलने जाती हों।

हाँ, ऐसे भी दिन होते जब मैं घर पर रहता और माँ मेरे लिए चाय बनातीं, सूअर की चर्बी में ब्रेड तल देतीं। ये ब्रेड मुझे बहुत अच्छे लगते। फिर एक घंटे तक कुछ-न-कुछ पढ़कर सुनातीं। वे बहुत ही बेहतरीन पाठ करती थीं। तब मैं माँ के इस साथ के सुख के रहस्य को समझ पाता और मुझे अहसास होता कि मैक्कार्थी परिवार के साथ समय बिताकर जितना सुख मैं पाता था, उससे कहीं ज़्यादा मैंने माँ के साथ रहकर पा लिया है।

सैर से आकर मैं जैसे ही कमरे में घुसा, वह मुड़ीं और उलाहने-भरी निगाह से मेरी तरफ़ देखने लगीं। उन्हें इस हालत में देखकर मेरा कलेजा मुँह को आ गया। वे बहुत कमज़ोर और मरियल-सी हो गई थीं। उनकी आँखों में गहरी पीड़ा नज़र आ रही थी। मैं अकथनीय दुख से भर उठा। मैं तय नहीं कर पा रहा था कि घर पर रहकर उनके आसपास ही बना रहूँ या फिर इस सबसे दूर चला जाऊँ। उन्होंने मेरी तरफ़ तरस खाती निगाह से देखा, "तुम मैक्कार्थी परिवार के यहाँ क्यों नहीं चले जाते," उन्होंने कहा।

मेरे आँसू गिरने को थे, "क्योंकि मैं तुम्हारे पास रहना चाहता हूँ।"

वे मुड़ीं और सूनी-सूनी आँखों से खिड़की के बाहर देखने लगीं, "तुम मैक्कार्थी के यहाँ ही चले जाओ और रात का खाना भी वहीं खा लेना क्योंकि आज घर में खाने को कुछ भी नहीं है।"

मैंने उनकी आवाज़ में तड़प महसूस की लेकिन फिर इस तरफ़ से अपने दिमाग़ के दरवाज़े बन्द कर दिए और कहा, "अगर तुम यही चाहती हो तो मैं चला जाता हूँ।"

वे कमज़ोरी से मुस्कराईं और मेरा सिर सहलाया, "हाँ...हाँ दौड़ जाओ।" हालाँकि मैं उनके आगे गिड़गिड़ाता रहा कि वे मुझे घर पर ही अपने पास रहने दें लेकिन वे मुझे भेजने पर ही अड़ी रहीं। अपराध-बोध की भावना लिये मैं चला गया और वे उसी मनहूस दुछत्ती की खिड़की पर बैठी रहीं। उन्हें इस बात का ज़रा-सा भी गुमान नहीं था कि आने वाले दिनों में दुर्भाग्य की कौन-सी पोटली उनके सामने खुलने वाली है।

मेरी आत्मकथा

एक

मेरा जन्म ईस्ट लेन, वेलवर्थ में 16 अप्रैल, 1889 को रात आठ बजे हुआ था। इसके तुरन्त बाद हम वेस्ट स्क्वायर, सेंट जॉर्ज रोड, लैम्बेथ चले गए। मेरी माँ का कहना है कि मेरी दुनिया ख़ुशियों से भरी हुई थी। हमारी परिस्थितियाँ कमोबेश ठीक-ठाक थीं। हम तीन कमरों के घर में रहते थे जो सुरुचिपूर्ण तरीक़े से सजे हुए थे। मेरी शुरुआती स्मृतियों में से एक तो यह है कि माँ रोज़ रात को थियेटर जाया करती थीं और मुझे व सिडनी को बहुत ही प्यार से आरामदेह बिस्तर में सुलाकर नौकरानी की देखरेख में छोड़ जाती थीं। साढ़े तीन बरस की मेरी दुनिया में सब कुछ सम्भव था; अगर सिडनी, जो मुझसे चार बरस बड़ा था, हाथ की सफ़ाई के करतब दिखा सकता था और सिक्का निगलकर अपने सिर के पीछे से निकालकर दिखा सकता था तो मैं भी ठीक ऐसे ही करके दिखा सकता था। ऐसे ही करतब को दिखाने में मैं आधे पेंस का काँसे से बना एक सिक्का निगल गया था और मजबूरन माँ को डॉक्टर बुलवाना पड़ा था।

रोज़ रात को जब वे थियेटर से वापस लौटतीं तो उनका यह दस्तूर-सा था कि मेरे और सिडनी के लिए खाने की अच्छी-अच्छी चीज़ें मेज़ पर ढककर रख देती थीं ताकि सुबह उठते ही हमें मिल जाएँ—रंग-बिरंगे और सुगंधित केक का स्लाइस या मिठाई। इसके पीछे आपसी रज़ामन्दी यह थी कि हम सुबह उठकर शोर-शराबा नहीं करेंगे क्योंकि वह आमतौर पर देर से सोकर उठती थीं।

माँ वैराइटी स्टेज की कलाकार थीं और अपनी उम्र के तीसरे दशक को छूती एक नफ़ासतपसन्द महिला थीं। उनका रंग साफ़ था, आँखें बैगनी नीली तथा लम्बे, हल्के और भूरे बाल। बाल इतने लम्बे थे कि वे आसानी से उन पर बैठ सकती थीं। सिडनी और मैं अपनी माँ को बहुत चाहते थे। हालाँकि वे बहुत ज़्यादा ख़ूबसूरत नहीं थीं, लेकिन हमें वे स्वर्ग की किसी अप्सरा से कम नहीं लगती थीं। जो लोग उन्हें जानते थे बाद के वर्षों में उन्होंने मुझे बताया था कि वे सुन्दर और आकर्षक थीं और उनमें सामने वाले को बाँध लेने वाले सौन्दर्य का जादू था। रविवार के सैर-सपाटे के लिए हमें अच्छे कपड़े पहनाना उन्हें बहुत अच्छा लगता था। वे सिडनी को लम्बी पतलून के साथ चौड़े कॉलर वाला सूट पहनातीं और मुझे नीली मखमली पतलून

और उससे मेल खाते नीले दस्ताने। इस तरह के मौक़े हमारी विलासिता के उत्सव होते जब हम केनिंगटन रोड पर इतराते फिरते।

लंदन उन दिनों धीर-गम्भीर हुआ करता था। शहर की गति मन्थर थी; यहाँ तक कि वेस्टमिंस्टर रोड से चलने वाली घोड़े जुती ट्रामें भी ख़रामा-ख़रामा चलतीं और इसी गति से पुल के पास टर्मिनल पर बने गोल घेरे पर घूम जातीं। जब माँ के अच्छे दिन थे तो हम भी वेस्टमिंस्टर रोड पर रहा करते थे। वहाँ का माहौल दिल ख़ुश करने वाला और दोस्ताना था। शानदार दुकानें, रेस्तराँ और संगीत सदन। पुल के ठीक सामने कोने पर रंग-बिरंगे फलों से भरी दुकान थी। बाहर की तरफ़ तरतीब से रखे गए सन्तरे, सेब, नाशपाती और केलों के पिरामिड सजे होते। इसके ठीक विपरीत, सामने की तरफ़ नदी के उस पार संसद की शान्त धूसर इमारतें नज़र आतीं।

यह मेरे बचपन का, मेरी मन:स्थितियों का और मेरे होश सँभालने के दौरान का लंदन था। बसन्त में लैम्बेथ की स्मृतियाँ—छोटी-मोटी घटनाएँ और चीज़ें, जैसे माँ के साथ घोड़ों द्वारा खींची जाने वाली गाड़ी या बस में ऊपर जाकर बैठना और पास से गुज़रते लिलाक के दरख़्तों को छूने की कोशिश करना। तरह-तरह के रंगों की बस टिकटें, सन्तरे के रंग की, हरी, नीली, गुलाबी और दूसरे रंगों की तथा जहाँ बसें और ट्रामें रुकती थीं, वहाँ फ़ीटपाथ पर उन टिकटों का बिखरा होना। वेस्टमिंस्टर पुल के कोने पर फूल बेचती गुलाबी चेहरों वाली लड़कियाँ जो कोट के बटन में लगाने वाले फूल बनाया करती थीं और उनकी दक्ष उँगलियों का तेज़ी से गोटे और किनारी के फ़र्न बनाते चलना, ताज़ा पानी छिड़के गुलाबों की भीनी-भीनी ख़ुशबू, उदास कर देने वाले रविवार और पीले हो चुके चेहरों वाले माता-पिता तथा उनके बच्चों का वेस्टमिंस्टर पुल पर पवन चक्की के खिलौने तथा रंगीन गुब्बारे लिये उनके पीछे घिसटना तथा पैनी स्टीमर का हौले से पुल के नीचे से जाते समय अपने फ़नेल नीचे कर लेना आदि मुझे बेतरह उदास कर जाते। मुझे लगता है, इसी तरह की छोटी-छोटी घटनाओं से मेरी आत्मा का जन्म हुआ था।

इसके अलावा, हमारे बैठने के कमरे से जुड़ी स्मृतियाँ, जिन्होंने मेरी अनुभूतियों पर असर डाला। माँ द्वारा बनाई गई नेल ग्वेन की आदमक़द पेंटिंग जिसे मैं पसन्द नहीं करता था। हमारे खाने-पीने की मेज़ के लम्बोतरे डिब्बे जो मुझमें अवसाद पैदा करते थे और एक छोटा-सा गोल म्यूज़िक बॉक्स जिसकी ऐनामल की हुई सतह पर परियों की तसवीरें बनी हुई थीं, को देख मैं ख़ुश भी होता था और परेशान भी।

महान पलों की स्मृतियाँ : रॉयल एक्वेरियम[1] जाना, माँ के साथ वहाँ के स्लाइड शो देखना, लपटों में मुस्कराती औरत का चेहरा यानी 'शी' देखना, छह पेनी की भाग्यशाली लॉटरी, सरप्राइज़ पैकेट उठाने के लिए माँ का मुझे एक बहुत बड़े बुरादे

1. वेस्टमिंस्टर एबे के सामने विक्टोरिया स्ट्रीट के कोने पर एक बड़ा हॉल जहाँ तरह-तरह के खेल और शो होते थे।

के ड्रम तक ऊपर करना और उस पैकेट में से एक कैंडीनुमा सीटी का निकलना जो बजती नहीं थी और एक खिलौने वाले ब्रोच का निकलना। उसके बाद कैंटरबरी म्यूज़िक हॉल में जाना, वहाँ लाल आरामदेह सीट पर पाँव पसारकर बैठना और अपने पिता को अभिनय करते हुए देखना।

रात का वक़्त है और मैं चार घोड़ों वाली बग्घी में ऊपर की तरफ़ सफ़री झोले में लिपटा हुआ, माँ और उसके थियेटर के अन्य साथियों के साथ चला जा रहा हूँ, उनकी चाल तथा हँसी-ख़ुशी में रमा हुआ और ख़ुश। हमारा बिगुल बजाने वाला अपनी शेख़ी में हमें केनिंगटन रोड से घोड़े की साज-सज्जा की सुमधुर रुनझुन और घोड़ों की टापों की संगीतमय आवाज़ के साथ लिये जा रहा था।

*

तभी कुछ घटित हुआ। यह एक महीने के बाद की बात भी हो सकती है या थोड़े ही दिनों के बाद की भी। अचानक लगता है कि माँ और बाहर की दुनिया के साथ सब कुछ ठीक नहीं चल रहा है। माँ सुबह से अपनी किसी सहेली के साथ बाहर गई हुई थीं। वापस लौटीं तो बहुत अधिक उत्तेजित थीं। मैं फ़र्श पर खेल रहा था और अपने आसपास चल रहे भीषण तनाव के बारे में सतर्क था, ऐसा लग रहा था मानो मैं कुएँ की तलहटी में सुन रहा होऊँ। माँ भावपूर्ण तरीक़े से अपनी बात बता रही थीं, रोए जा रही थीं और बार-बार आर्मस्ट्रांग का नाम ले रही थीं—आर्मस्ट्रांग ने यह कहा या आर्मस्ट्रांग ने वह कहा। आर्मस्ट्रांग जंगली है। माँ को इस तरह की उत्तेजना में पहले मैंने कभी नहीं देखा था और यह इतनी तेज़ थी कि मैंने रोना शुरू कर दिया। मैं इतना रोया कि मजबूरन माँ को मुझे गोद में उठाना पड़ा और दिलासा देना पड़ा। हालाँकि मुझे उस दोपहरी की बातचीत के महत्त्व का पता कुछ बरस बाद चल पाया जब माँ अदालत से लौटीं जहाँ उन्होंने मेरे पिता पर बच्चों के भरण-पोषण का ख़र्चा-पानी न देने की वजह से मुक़दमा कर रखा था और बदक़िस्मती से मामला उनके पक्ष में नहीं जा रहा था। आर्मस्ट्रांग मेरे पिता का वकील था।

मैं अपने पिता को बहुत ही कम जानता था और मुझे बिलकुल भी याद नहीं कि वे कभी हमारे साथ रहे हों। वे भी वैराइटी स्टेज के कलाकार थे। एकदम शान्त और चिन्तनशील। उनकी आँखें एकदम काली थीं। माँ का कहना था कि वे एकदम नेपोलियन की तरह दीखते थे। उनकी हल्की महीन आवाज़ थी और उन्हें बेहतरीन अदाकार समझा जाता था। उन दिनों भी वे हर हफ़्ते चालीस पौंड की शानदार रक़म कमा लिया करते थे। बस, दिक़्क़त सिर्फ़ एक ही थी कि वे शराब बहुत पीते थे। माँ के अनुसार यही उन दोनों के बीच झगड़े की वजह थी।

उन दिनों स्टेज कलाकारों के लिए यह बहुत ही मुश्किल बात होती कि वे अपने आपको पीने से रोक सकें। कारण यह था कि उन दिनों शराब सभी थियेटरों में बिका

करती थी और कलाकार की अदाकारी के बाद उससे उम्मीद की जाती थी कि वह थियेटर बार में जाए और ग्राहकों के साथ बैठकर पीए। कुछ थियेटर तो बॉक्स-ऑफ़िस के मुक़ाबले शराब से ज़्यादा कमा लिया करते थे। यहाँ तक कि कुछेक कलाकारों को जो तगड़ी तनख़्वाह दी जाती थी उसमें उनकी प्रतिभा का कम और उस पगार को थियेटर के बार में उड़ाने का योगदान ज़्यादा रहता था। इस तरह से कई बेहतरीन कलाकार शराब के चक्कर में बर्बाद हो गए—मेरे पिता भी उनमें से एक थे। ज़्यादा शराब के कारण वे मात्र सैंतीस बरस की उम्र में भगवान को प्यारे हो गए।

कई बार माँ मज़ाक़ में और कई बार उदासी के साथ उनके क़िस्से बताया करती थीं। शराब पीने के बाद वे उग्र हो जाते थे और एक बार उनकी इसी तरह की दारूबाज़ी की नौटंकी में माँ उन्हें छोड़-छाड़कर अपनी कुछ सहेलियों के साथ ब्राइटन भाग गई थीं। तथा उनके द्वारा हड़बड़ी में भेजे तार, "तुम्हारा इरादा क्या है, तुरन्त जवाब दो?" का माँ ने भी वापसी तार से जवाब दिया, "नाच, गाना, पार्टियाँ और मौज़-मज़ा, डार्लिंग!"

माँ दो बहनों में बड़ी थीं। उनके पिता चार्ल्स हिल्स, एक आइरिस मोची थे, जो काउंटी कॉर्क, आयरलैंड से आए थे। उनके गाल सुर्ख़ सेबों की तरह लाल थे और उनके सिर पर बालों के सफ़ेद गुच्छे थे। उनकी सफ़ेद दाढ़ी वैसी ही थी जैसी व्हिस्लर के पोर्ट्रेट में कार्लाइल की। वे कहा करते थे कि राष्ट्रीय आन्दोलन के दिनों में पुलिस से बचने के चक्कर में गीले नम खेतों में छुपे रहने के कारण उनके घुटनों में हमेशा के लिए दर्द बैठ गया और इस कारण वे झुककर चलते थे। आख़िर में वे लंदन आकर बस गए और अपने लिए ईस्ट लेन वेलवर्थ में जूतों की मरम्मत का काम तलाश लिया।

नानी काफ़ी घुमक्कड़ थीं। यह बात हमारे सारे परिवार को पता थी। वे हमेशा इस बात की शेखी बघारा करती थीं कि उनका परिवार हमेशा ज़मीन का किराया देकर रहता आया था। उनका घर का नाम स्मिथ था। मुझे वे एक शानदार बुढ़िया के रूप में याद हैं जो हमेशा मेरे साथ बातचीत करके नन्हे-मुन्ने बच्चों जैसी बातें मुझसे किया करती थीं। मेरे छह बरस के होने से पहले ही वे चल बसीं। वे नाना से अलग हो गई थीं। हालाँकि इसका कारण उन दोनों में से कोई भी नहीं बताता था। लेकिन केट यानी माँ की छोटी बहन के अनुसार इसके पीछे एक पारिवारिक झगड़ा था। दरअसल, नाना की एक प्रेमिका थी और एक बार उसे बीच में लाकर नाना ने नानी को हैरानी में डाल दिया था।

आमतौर पर सामान्य पारिवारिक मानदंडों के माध्यम से हमारे ख़ानदान की नैतिकता को मापना उतना ही ग़लत होगा जितना गर्म पानी में थर्मामीटर डालकर देखना। इस तरह की आनुवंशिक क़ाबिलियत के साथ मोची परिवार की दो प्यारी बहनों ने घर-बार छोड़ दिया और स्टेज को समर्पित हो गईं।

केट आंटी, माँ की छोटी बहन, भी स्टेज की अदाकारा थीं। लेकिन हम उनके बारे में बहुत ही कम जानते थे। इसका कारण यह था कि वे हमारी ज़िन्दगी में आती-जाती रहती थीं। वे देखने में बहुत आकर्षक और ग़ुस्सैल स्वभाव की थीं, इसलिए माँ से उनकी कम ही पटती थी। उनका कभी-कभार आना भी अचानक किसी छोटे-मोटे झगड़े में ही ख़त्म होता था, यानी माँ ने उन्हें कुछ-न-कुछ उलटा-सीधा कह दिया होता था या कर दिया होता था।

अट्ठारह बरस की उम्र में माँ एक अधेड़ आदमी के साथ अफ्रीका भाग गई थीं। वे अक्सर वहाँ की अपनी ज़िन्दगी की बात किया करतीं कि किस तरह से वे वहाँ पेड़ों के झुरमुटों, नौकरों और जीन कसे घोड़ों के बीच मस्ती भरी ज़िन्दगी जी रही थीं।

उनकी उम्र के अट्ठारहवें बरस में मेरे बड़े भाई सिडनी का जन्म हुआ था। मुझे बताया गया था कि वह एक लॉर्ड का बेटा था और जब वह इक्कीस बरस का हो जाएगा तो उसे वसीयत में दो हज़ार पौंड की शानदार रक़म मिलेगी। इस बात से मैं एक ही साथ दुखी और ख़ुश हुआ करता था।

माँ बहुत अरसे तक अफ्रीका में नहीं रहीं और इंग्लैंड आकर उन्होंने मेरे पिता से शादी कर ली। मुझे नहीं पता कि उनकी ज़िन्दगी के अफ्रीकी घटनाचक्र का अन्त क्या हुआ, लेकिन भयंकर ग़रीबी के दिनों में मैं उन्हें इस बात के लिए कोसा करता था कि वे इतनी शानदार ज़िन्दगी क्यों छोड़ आई थीं। वे हँस देतीं और कहा करतीं कि तब वे इन चीज़ों को समझने के लिए बहुत छोटी और नासमझ थीं।

मुझे कभी भी इस बात का अन्दाज़ा नहीं लग पाया कि वे मेरे पिता के बारे में किस तरह की भावनाएँ रखती थीं। लेकिन जब भी वे मेरे पिता के बारे में बात करती थीं, उसमें कोई कड़ुवाहट नहीं होती थी। इससे मुझे शक होने लगता था कि वे ख़ुद भी उनके प्यार में गहरे तक डूबी हुई हैं। कभी तो वे उनके बारे में बहुत सहानुभूति के साथ बात करतीं तो कभी उनकी शराबख़ोरी की लत और हिंसक प्रवृत्ति के बारे में बताया करती थीं। बाद के बरसों में जब भी वे मुझसे ख़फ़ा होतीं, तो हिक़ारत से कहतीं, "तू भी अपने बाप की ही तरह किसी दिन अपने आपको गटर में ख़त्म कर डालेगा।"

वे पिताजी को अफ्रीका जाने से पहले के दिनों से जानती थीं। वे एक-दूसरे को प्यार करते थे और उन्होंने 'शम्स ओ ब्रायन' नाम के एक आयरिश मेलोड्रामा में साथ काम किया था। सोलह बरस की उम्र में माँ ने उसमें प्रमुख भूमिका निभाई थी। कम्पनी के साथ टूर करते हुए माँ एक अधेड़ उम्र के लॉर्ड के सम्पर्क में आईं और उसके साथ अफ्रीका भाग गईं। जब वे वापस इंग्लैंड आईं तो मेरे पिता ने अपने रोमांस के टूटे धागों को फिर से जोड़ा और दोनों ने शादी कर ली। तीन बरस बाद मेरा जन्म हुआ। मैं नहीं जानता कि शराबख़ोरी के अलावा और कौन-सी घटनाएँ या वजहें रही थीं लेकिन मेरे जन्म के एक बरस बाद ही वे दोनों अलग हो गए। माँ ने

गुज़ारा भत्ते की माँग भी नहीं की थी क्योंकि उन दिनों वे ख़ुद एक स्टार हुआ करती थीं और हर हफ़्ते 25 पौंड कमा रही थीं। उनकी माली हैसियत इतनी अच्छी थी कि अपना और अपने बच्चों का भरण-पोषण कर सकें। लेकिन जब दुर्भाग्य ने उनकी ज़िन्दगी में दस्तक दी, तब उन्होंने मदद की माँग की। अगर ऐसा न होता तो उन्होंने कभी भी क़ानूनी कार्रवाई न की होती।

माँ को उनकी आवाज़ बहुत तकलीफ़ दे रही थी। यूँ तो पहले भी उनकी आवाज़ कभी इतनी बुलन्द नहीं थी लेकिन अब तो ज़रा-सा भी सर्दी-जुकाम होते ही उनकी स्वर-तंत्री में सूजन आ जाती थी जो हफ़्तों चलती थी; फिर भी उन्हें मजबूरी में काम करते रहना पड़ता था। इसका नतीजा यह हुआ कि उनकी आवाज़ बद से बदतर होती चली गई। अब वे अपनी आवाज़ पर भरोसा नहीं कर सकती थीं। गाना गाते-गाते बीच में ही उनकी आवाज़ भर्रा जाती या अचानक ही बन्द होकर फुसफुसाहट में बदल जाती। इस पर श्रोता ठहाके लगाने लगते या गला फाड़कर चिल्लाना शुरू कर देते। आवाज़ की चिन्ता ने माँ की सेहत को और भी डाँवाँडोल कर दिया था तथा उनकी हालत मानसिक रोगी जैसी हो गई थी। नतीजा यह हुआ कि उन्हें थियेटर से बुलावे आने कम होते गए और एक दिन ऐसा भी आया कि बिलकुल ही बन्द हो गए।

यह उनकी आवाज़ के ख़राब होते चले जाने के कारण ही था कि पाँच बरस की उम्र में मुझे पहली बार स्टेज पर उतरना पड़ा। आमतौर पर माँ मुझे किराये के कमरे में अकेला छोड़कर जाने के बजाय रात को अपने साथ थियेटर ले जाना पसन्द करती थीं। वे उस वक़्त कैंटीन एट एल्डरशॉट में काम कर रही थीं जो कि एक गन्दा, चलताऊ-सा थियेटर था और ज़्यादातर फ़ौजियों के लिए खेल दिखाता था। वे उजड्ड क़िस्म के लोग होते थे और उनके भड़कने या ओछी हरकतों पर उतर आने के लिए मामूली-सा कारण ही काफ़ी होता था। एल्डरशॉट के नाटकों में काम करने वालों के लिए वहाँ एक हफ़्ता भी गुज़ारना भयंकर तनाव से गुज़रना होता था।

मुझे याद है, मैं उस वक़्त विंग्स में खड़ा हुआ था। पहले तो माँ की आवाज़ फटी और फिर फुसफुसाहट में बदल गई। श्रोताओं ने ठहाके लगाने शुरू कर दिये, वे अनाप-शनाप गाने लगे और कुत्ते-बिल्लियों की आवाज़ें निकालने लगे। सब कुछ अस्पष्ट-सा था, मैं ठीक से समझ नहीं पा रहा था कि यह सब क्या चल रहा है। लेकिन जब शोर-शराबा बढ़ता ही चला गया तो मजबूरन माँ को स्टेज छोड़कर आना पड़ा। जब वे विंग्स में आईं तो बुरी तरह से व्यथित थीं और स्टेज मैनेजर से बहस कर रही थीं, जिसने मुझे माँ की सहेलियों के सामने अभिनय करते देखा था; शायद वह माँ से कह रहा था कि अपने स्थान पर वे मुझे स्टेज पर भेज दें।

और इसी हड़बड़ाहट में मुझे याद है कि उसने मुझे एक हाथ से थामा और स्टेज पर ले गया। मेरे परिचय में दो-चार शब्द बोले और मुझे स्टेज पर अकेला छोड़कर

चला गया। जहाँ फ़ीटलाइटों की चकाचौंध और धुएँ के पीछे से झाँकते चेहरों के सामने मैंने गाना शुरू कर दिया। ऑर्केस्ट्रा भी मेरा साथ देने की कोशिश कर रहा था। थोड़ी देर तक तो वे थोड़ा गड़बड़ बजाते रहे लेकिन अन्ततः उन्होंने मेरी धुन पकड़ ही ली। यह उन दिनों का एक मशहूर गाना 'जैक जोंस' था—

जैक जोंस सबका परिचित और देखा-भाला
घूमता रहता बाज़ार में गड़बड़झाला,
नहीं नज़र आती कोई कमी जैक में हमें,
क्योंकि वो हमें पसन्द था।
छोड़ दिया उसने सबको जब से उसके पास सोना आया
हो गया उसका बेड़ा गर्क,
नहीं मिलता वह दोस्तों से पहले की तरह
भर देता है मुझे वह हिक़ारत से।
पढ़ता है हर रविवार वह अख़बार 'टेलीग्राफ़',
कभी वह बनकर ख़ुश था 'स्टार'।
जब से जैक के हाथ में आई है माया
क्या बताएँ, हमने उसे पहले जैसा नहीं पाया।

अभी मैंने आधा ही गीत गाया था कि स्टेज पर सिक्कों की बरसात होने लगी। मैंने तत्काल घोषणा कर दी कि मैं पहले पैसे बटोरूँगा, उसके बाद ही गाना गाऊँगा। इस बात पर और अधिक ठहाके लगने लगे। स्टेज मैनेजर एक रूमाल लेकर स्टेज पर आया और सिक्के बटोरने में मेरी मदद करने लगा। मुझे लगा कि वो सिक्के अपने पास रखना चाहता है। मैंने यह बात दर्शकों से कह दी। इस पर ठहाकों का जो दौर शुरू हुआ उसने थमने का नाम ही नहीं लिया। ख़ास तौर पर तब जब वह रूमाल लिये-लिये विंग्स में जाने लगा और मैं चिन्तातुर उसके पीछे-पीछे लपका। जब तक उसने सिक्कों की वो पोटली मेरी माँ को नहीं थमा दी, मैं स्टेज पर वापस नहीं आया। अब मैं बिलकुल सहज था। मैं दर्शकों से बातें करता रहा, मैं नाचा और मैंने तरह-तरह की नक़ल करके दिखाई। मैंने माँ के आयरिश मार्च गाने की भी नक़ल करके दिखाई।

रिले, रिले, बच्चे को बहकाते रिले
रिले, रिले, मैं वो बच्चा जिसे बहकाते रिले
हो बड़ी या हो सेना छोटी
नहीं कोई इतना दुबला-पतला और साफ़
जैसे कि अच्छे सार्जेंट रिले
बहादुर अट्ठासी में से रिले...।

इस तरह कोरस को दोहराते हुए मैं अपने भोलेपन में माँ की आवाज़ के फटने की भी नक़ल कर बैठा और मैं यह देखकर हैरान था कि दर्शकों पर इसका ज़बर्दस्त असर पड़ा। हँसी के पटाखे छूट रहे थे। लोग बहुत ख़ुश थे और इसके बाद फिर से सिक्कों की बौछार। और जब माँ मुझे स्टेज से लिवाने के लिए आईं तो उनकी मौजूदगी पर लोगों ने जमकर तालियाँ बजाईं। उस रात मैं अपनी ज़िन्दगी में पहली बार स्टेज पर उतरा था और माँ आख़िरी बार।

नियति जब आदमी के साथ खिलवाड़ करती है तो उसके रास्ते में न तो दया आती है और न ही न्याय। माँ के साथ भी ऐसा ही हुआ। उनकी आवाज़ फिर कभी वापस नहीं आई। पतझड़ के बाद जब सर्दियाँ आईं तो हमारी हालत और भी ख़राब हो गई। हालाँकि माँ बहुत सावधान थीं और उन्होंने थोड़े-बहुत पैसे बचाकर रखे थे लेकिन कुछ ही दिन में वह पूँजी भी ख़त्म हो गई। धीरे-धीरे उनके गहने और छोटी-मोटी चीज़ें भी बाहर का रास्ता देखने लगीं। ये चीज़ें घर चलाने के लिए गिरवी रखी जा रही थीं और इस पूरे अरसे के दौरान वे उम्मीद करती रहीं कि उनकी आवाज़ वापस लौट आएगी।

इस बीच हम तीन आरामदेह कमरों के मकान से दो कमरों के मकान में और फिर एक कमरे के मकान में आ चुके थे। हमारा सामान कम होता जा रहा था और हर बार हम जिस तरह के पड़ोस में रहने के लिए जाते, उसका स्तर पहले वाले से गिरता जा रहा था।

फिर वे धर्म की ओर मुड़ गईं। मुझे तो इसका कारण यह लगता है कि शायद उन्हें यह उम्मीद थी कि इससे उनकी आवाज़ वापस लौट आएगी। वे नियमित रूप से वेस्टमिंस्टर ब्रिज रोड पर क्राइस्ट चर्च जाया करती थीं और हर इतवार को मुझे बाख के ऑर्गन म्यूज़िक के लिए बैठना पड़ता था और पादरी एफ़.बी. मेयेर की जोशीली तथा नाटकीय आवाज़ को सुनना पड़ता था जो गिरजे के मध्य भाग से घिसटते हुए पैरों की तरह आती प्रतीत होती। ज़रूर ही उनके भाषणों में अपील होती होगी क्योंकि मैं अक्सर माँ को दबोचकर थाम लेता और चुपके से अपने आँसू पोंछ डालता। हालाँकि इससे मुझे परेशानी तो होती थी।

मुझे उस गर्म दोपहरी में आयोजित पवित्र प्रार्थना-सभा अच्छी तरह याद है जब भीड़ में से चाँदी का एक ठंडा प्याला गुज़ारा गया जिसमें स्वादिष्ट अंगूरों का रस भरा हुआ था, और माँ का मुझे रोकता-सा वह नरम हाथ जब मैंने उसमें से ढेर सारा जूस पी लिया था। साथ ही, तब मैंने कितनी राहत महसूस की थी जब फ़ादर ने बाइबल बन्द की थी। इसका मतलब था कि अब प्रार्थनाएँ शुरू होंगी और ईश वन्दना के अन्तिम गीत गाए जाएँगे।

जब से माँ धर्म की शरण में गई थीं, थियेटर की अपनी सहेलियों से वे कभी-कभार ही मिल पाती थीं। उनकी वह दुनिया अब छूट चुकी थी। उसकी बस यादें ही

बची थीं। ऐसा लगता था मानो हम हमेशा से ही इस तरह के दयनीय हालात में रहते आए थे। बीच का एक बरस तो तकलीफ़ों के पूरे जीवन-काल की तरह लगा। अब हम बेरौनक अँधेरे-से कमरे में रहते थे। काम तलाशना बहुत ही दूभर था और माँ को स्टेज पर गाने के अलावा कुछ आता भी नहीं था, इसलिए मजबूर थीं। वे छोटे क़द की, लालित्य लिये भावुक महिला थीं जो विक्टोरियन युग की भयंकर विकट परिस्थितियों से जूझ रही थीं जहाँ अमीरी और ग़रीबी के बीच बहुत बड़ी खाई थी। ग़रीब-गुरबा औरतों के पास हाथ का काम या मेहनत-मज़दूरी करने के। अलावा और कोई चारा नहीं था या फिर दुकानों वग़ैरह में हाड़-तोड़ ग़ुलामी करने के कभी-कभार उन्हें नर्सिंग का काम मिल जाता था लेकिन इस तरह के काम भी बहुत दुर्लभ और बहुत ही कम अरसे के लिए होते। इसके बावजूद वे कुछ-न-कुछ जुगाड़ कर ही लेतीं। थियेटर के लिए अपनी पोशाकें वे ख़ुद सीया करती थीं, इसलिए सीने-पिरोने के काम में उनका हाथ बहुत अच्छा था। वे चर्च के लोगों की कुछ पोशाकें सीकर कुछेक शिलिंग कमा लेती थीं। लेकिन ये कुछ शिलिंग हम तीनों के गुज़ारे के लिए नाकाफ़ी होते। पिता की शराबख़ोरी के कारण उन्हें थियेटर में काम मिलना अनियमित होता चला गया और इस तरह हर हफ़्ते मिलने वाला उनका दस शिलिंग का भुगतान भी अनियमित ही रहता।

माँ अब तक अपनी अधिकांश चीज़ें बेच चुकी थीं। सबसे आख़िर में बिकने वाली उनकी वो पेटी थी जिसमें उनकी थियेटर की पोशाकें थीं। अब तक वे इन चीज़ों को इसलिए सँभालकर रखे हुए थीं कि शायद कभी उनकी आवाज़ वापस लौट आए और उन्हें फिर से थियेटर में काम मिलना शुरू हो जाए। कभी-कभी वह ट्रंक के भीतर झाँकतीं कि शायद कुछ काम का मिल जाए। तब हम कोई मुड़ी-तुड़ी पोशाक या विग देखकर उनसे कहते कि वे इसे पहनकर दिखाएँ। मुझे याद है कि हमारे कहने पर उन्होंने जज की एक टोपी और गाउन पहने थे और अपनी कमज़ोर आवाज़ में अपना एक पुराना सफल गीत सुनाया था। ये गीत उन्होंने ख़ुद लिखा था। गीत के बोल तुकबन्दी लिये हुए और कुछ इस तरह से थे—

मैं हूँ एक महिला जज
और मैं हूँ एक अच्छी जज
मामलों के फ़ैसले करती ईमानदारी से
पर आते ही नहीं मामले मेरे पास
मैं सिखाना चाहती हूँ वकीलों को
एकाध काम की बात
क्या नहीं कर सकती औरत जात।

आश्चर्यजनक तरीक़े से वे गरिमापूर्ण लगने वाले नृत्य की भंगिमाएँ दिखाने लगतीं, क़सीदाकारी भूल जातीं और हमें अपने पुराने सफल गीतों और नृत्यों से तब तक ख़ुश करती रहतीं जब तक वह थककर चूर न हो जातीं या उनकी साँस न उखड़ने लगती। तब वे बीती बातें याद करने लगतीं और हमें अपने नाटकों के कुछ पुराने पोस्टर दिखातीं। एक पोस्टर इस तरह से था—

ख़ासो-ख़ास प्रदर्शन
नाज़ुक और प्रतिभासम्पन्न
लिली हार्ले
गम्भीर हास्य की देवी,
बहुरुपिन और नर्तकी

जब वे हमारे सामने प्रदर्शन करतीं तो वे अपने ख़ुद के मनोरंजक अंश तो दिखातीं ही, दूसरी अभिनेत्रियों की भी नक़ल दिखातीं जिन्हें उन्होंने तथाकथित थियेटरों में काम करते देखा था।

किसी नाटक की कहानी सुनाते समय वे अलग-अलग अंशों का अभिनय करके दिखातीं। उदाहरण के लिए 'द साइन ऑफ़ द क्रॉस' में मर्सिया अपनी आँखों में अलौकिक प्रकाश भरे शेरों को खाना खिलाने के लिए माँद वाले पिंजरे में जाती है। वे हमें विल्सन बैरेट की ऊँची पोप जैसी आवाज़ में नक़ल करके दिखातीं। वह छोटे क़द का आदमी था इसलिए पाँच इंच ऊँची हील वाले जूते पहनकर घोषणा करता : "यह ईसाइयत क्या है, मैं नहीं जानता लेकिन मैं इतना ज़रूर जानता हूँ कि यदि ईसाइयत ने मर्सिया जैसी औरतें बनाई हैं तो रोम, नहीं, सम्पूर्ण जगत् ही इसके लिए पवित्रतम होगा।" इस अंश को वे हास्य की झलक के साथ करके दिखातीं लेकिन उनमें बैरेट की प्रतिभा के प्रति सराहना भाव ज़रूर होता।

जिन व्यक्तियों में वास्तविक प्रतिभा थी, उन्हें पहचानने, मान देने में उनका कोई सानी नहीं था। चाहे फिर वह नायिका एलेन टेरी हो, या म्यूज़िक-हॉल की जो एल्विन; वे उनकी कला की व्याख्या करतीं। वे तकनीक की बारीक जानकारी रखती थीं और थियेटर के बारे में ऐसे व्यक्ति की तरह बात करती थीं जो थियेटर से बहुत प्यार करते हैं।

वे अलग-अलग क़िस्से सुनातीं और उनका अभिनय करके दिखातीं। उदाहरण के लिए, सम्राट नेपोलियन के जीवन का एक प्रसंग : उनका दबे पाँव अपने पुस्तकालय में किसी किताब की तलाश में जाना और मार्शल के द्वारा रास्ते में घेर लिया जाना। माँ ये दोनों ही भूमिकाएँ अदा करतीं लेकिन हमेशा हास्य का पुट लेकर, "महाशय, मुझे इजाज़त दीजिए कि मैं आपके लिए यह किताब ला दूँ। मेरा क़द ऊँचा है।" और नेपोलियन का ख़फ़ा होते हुए गुर्राकर कहना, "ऊँचा या लम्बा?"

माँ नेल ग्विन का विस्तार से अभिनय करके बतातीं कि वह किस तरह से महल की सीढ़ियों पर झुकी हुई है और उसकी बच्ची उसकी गोद में है। वह चार्ल्स II को धमकी दे रही है, "इस बच्ची को कोई नाम दो वरना मैं इसे ज़मीन पर पटक दूँगी।" और सम्राट चार्ल्स हड़बड़ी में सहमत हो जाते हैं, "ठीक है, ठीक है! द ड्यूक ऑफ़ अल्बांस।"

मुझे ओकले स्ट्रीट में तहख़ाने वाले एक कमरे के घर की वह शाम याद है। जब बुख़ार उतरने के बाद मैं बिस्तर पर लेटा आराम कर रहा था। सिडनी रात वाले स्कूल में गया हुआ था तथा घर पर माँ और मैं अकेले थे। दोपहर ढलने को थी। माँ खिड़की से टेक लगाए न्यू टेस्टामेंट पढ़ रही थीं, अभिनय कर रही थीं और अपने अतुलनीय तरीक़े से उसकी व्याख्या कर रही थीं। वे ग़रीबों और मासूम बच्चों के प्रति यीशु मसीह के प्रेम और दया के बारे में बता रही थीं। शायद उनकी संवेदनाएँ मेरे बुख़ार के कारण थीं, लेकिन जिस शानदार और मन को छू लेने वाले ढंग से उन्होंने यीशु के नये अर्थ समझाए वैसे मैंने न तो आज तक सुने थे और न ही देखे थे। माँ उनकी सहिष्णुता और समझ के बारे में बता रही थीं; उन्होंने उस महिला के बारे में बताया जिससे पाप हो गया था और उसे भीड़ द्वारा पत्थर मारकर सज़ा दी जानी थी। उसके प्रति यीशु के शब्द—"आप में से जिसने कभी पाप न किया हो, वही आगे आकर सबसे पहला पत्थर मारे।"

साँझ का धुँधलका होने तक वह पढ़ती रहीं और सिर्फ़ लैम्प जलाने के लिए ही उठीं। उन्होंने उस विश्वास के बारे में भी बताया जो यीशु मसीह ने बीमारों में जगाया था। बीमार को बस, उनके चोग़े की तुरपन को ही छूना होता था और वे चंगे हो जाते थे।

माँ ने बड़े-बड़े पादरियों और महिला पादरियों की घृणा के बारे में बताया और यह भी कि किस तरह से यीशु मसीह को गिरफ़्तार किया गया था और वे किस तरह से पोंटियस के सामने शान्त बने रहे थे। पोंटियस ने हाथ धोते हुए कहा था (माँ ने बहुत ही शानदार अभिनय करके यह बताया), "मुझे इस आदमी में कोई ख़राबी नज़र नहीं आती।" फिर माँ ने बताया कि किस तरह से उन लोगों ने यीशु को निर्वस्त्र कर डाला, उन्हें ज़लील किया, उनके सिर पर काँटों का ताज पहनाया, उनका मज़ाक़ उड़ाया और उनके मुँह पर यह कहते हुए थूका, "ओ यहूदियों के राजा...।"

जब वे ये सब सुना रही थीं तो उनके गालों पर आँसू ढुलक रहे थे। माँ ने बताया कि किस तरह से साइमन ने क्रॉस ढोने में यीशु मसीह की मदद की थी और किस तरह भाव-विह्वल होकर यीशु ने उसे देखा था। उन्होंने बाराबास के बारे में बताया जो पश्चात्तापी था और क्रॉस पर उनके साथ ही मरा था। वह क्षमा माँग रहा था और यीशु कह रहे थे, "आज तुम मेरे साथ स्वर्ग जाओगे," और क्रॉस से अपनी माँ की

ओर देखते हुए यीशु ने कहा था, "माँ, अपने बेटे को देखो।" और पीड़ा भरी कराह के साथ उनके अन्तिम शब्द थे, "हे परम पिता, आपने मुझे क्षमा क्यों नहीं किया?" और हम दोनों रो पड़े।

"तुमने देखा," माँ कह रही थीं, "वे मानवता से कितने भरे हुए थे। हम सबकी तरह उन्हें भी सन्देह झेलना पड़ा।"

माँ ने मुझे इतना भाव-विह्वल कर दिया था कि मैं उसी रात मरकर यीशु से मिलना चाहता था। लेकिन माँ ने मुझे समझाया, उन्होंने कहा, "यीशु चाहते हैं कि पहले तुम जीओ और अपने भाग्य को यहीं पूरा करो।" ओकले स्ट्रीट के तहख़ाने के उस अँधेरे कमरे में माँ ने मुझे उस ज्योति से भर दिया था जिसे विश्व आज तक जानता है और जिसने पूरी दुनिया को प्यार, दया एवं मानवता भरे एक से बढ़कर एक कथा साहित्य और नाटक दिये हैं।

*

हम समाज के जिस निम्नतर स्तर के जीवन को जीने के लिए मजबूर थे, वहाँ यह सहज स्वाभाविक था कि हम अपनी भाषा-शैली के प्रति लापरवाह होते चले जाते। लेकिन माँ हमेशा हमारे परिवेश से विपरीत हमें समझाती रहतीं और हमारे बात करने के ढंग व उच्चारण पर ध्यान देतीं, हमारा व्याकरण सुधारतीं और हमें यह महसूस कराती रहतीं कि हम ख़ास हैं।

जैसे-जैसे हम और अधिक ग़रीबी के गर्त में उतरते गए, अपनी अज्ञानता और बचपने के चलते मैं माँ से कहता कि वे फिर से स्टेज पर जाना शुरू क्यों नहीं कर देतीं। माँ मुस्करातीं और कहतीं कि वहाँ का जीवन नक़ली और झूठा है और कि इस तरह के जीवन जीने से हम जल्दी ही ईश्वर को भूल जाते हैं। इसके बावजूद वे जब भी थियेटर की बात करतीं तो वे अपने आपको भूल जातीं और उत्साह से भर उठतीं। यादों की गलियों में उतरने के बाद वे फिर से मौन के गहरे कुएँ में उतर जातीं और अपने आपको सुई-धागे के काम में डुबो देतीं। मैं भावुक हो जाता क्योंकि मैं जानता था कि हम अब उस शानो-शौक़त वाली ज़िन्दगी का हिस्सा नहीं रहे थे। तब माँ मेरी तरफ़ देखतीं और मुझे अकेला पाकर मेरा हौसला बढ़ातीं।

सर्दियाँ सिर पर थीं और सिडनी के कपड़े कम होते जा रहे थे। इसलिए माँ ने अपनी पुरानी रेशमी जैकेट में से उसके लिए एक कोट सी दिया था। उस पर काली और लाल धारियों वाली बाँहें थीं तथा कन्धे पर प्लीट्स थीं। माँ ने पूरी कोशिश की थी कि वे उन्हें किसी तरह से दूर कर दें लेकिन वे उन्हें हटा नहीं पा रही थीं। जब सिडनी से वह कोट पहनने के लिए कहा गया तो वह रो पड़ा था, "स्कूल के बच्चे मेरा यह कोट देखकर क्या कहेंगे?"

"इस बात की कौन परवाह करता है कि लोग क्या कहेंगे?" माँ ने कहा था, "इसके अलावा, यह कितना ख़ास लग रहा है।" माँ का समझाने का तरीक़ा इतना शानदार था कि सिडनी आज तक नहीं समझ पाया कि माँ के फुसलाने पर वह कोट पहनने को तैयार कैसे हो गया था, लेकिन उसने कोट पहना था। उस कोट और माँ की ऊँची हील के सैंडिलों को काट-छाँटकर बनाए गए जूतों की वजह से सिडनी के स्कूल में कई झगड़े हुए। सब लड़के उसे छेड़ते, "जोसेफ़ और उसका रंग-बिरंगा कोट।" और जब मैं, माँ की पुरानी लाल लम्बी जुराबों में से काट-छाँटकर बनाई गई जुराबें पहनकर जाता तो बच्चे छेड़ते, "आ गए सर फ्रांसिस ड्रेक।"

इन भयावह हालात के चरम दिनों में माँ को माइग्रेन का दर्द शुरू हो गया था, अत: मजबूरन उन्हें अपना सीने-पिरोने का काम छोड़ देना पड़ा। वे कई-कई दिन तक अँधेरे कमरे में सिर पर चाय की पत्तियों की पट्टियाँ बाँधे पड़ी रहतीं। हमारा वक़्त ख़राब चल रहा था, हम गिरजाघरों की ख़ैरात पर पल रहे थे, सूप की टिकटों के सहारे दिन काट रहे थे और मदद के लिए आए पार्सलों के सहारे जी रहे थे। हालाँकि, सिडनी स्कूल के घंटों के बीच अख़बार बेचता लेकिन उसका योगदान ऊँट के मुँह में जीरा ही होता। हाँ बस इतना था कि ख़ैरात के सामान में कुछ तो जोड़ता ही था। हर संकट में हमेशा कोई-न-कोई अन्तिम परिणति भी छुपी होती है। हमारे मामले में यह परिणति बहुत सुखद थी।

एक दिन जब माँ ठीक हो रही थीं, हालाँकि चाय की पत्ती की पट्टी अभी भी उनके सिर पर बँधी थी, सिडनी हाँफता हुआ उस अँधियारे कमरे में आया और अख़बार बिस्तर पर फेंकता हुआ चिल्लाया, "मुझे एक बटुआ मिला है।" उसने बटुआ माँ को दे दिया। जब माँ ने बटुआ खोला तो देखा, उसमें चाँदी और सोने के सिक्के भरे हुए थे। माँ ने तुरन्त उसे बन्द कर दिया और उत्तेजना से वापस अपने बिस्तर पर ढह गईं।

सिडनी अख़बार बेचने के लिए बसों में चढ़ता रहता था। उसे एक बस के ऊपरी तल्ले की ख़ाली सीट पर बटुआ पड़ा दिखा। उसने तुरन्त अपने अख़बार उस सीट के ऊपर गिरा दिए और फिर अख़बारों के साथ पर्स भी उठा लिया और तेज़ी से बस से उतरकर भाग लिया। एक बड़े से होर्डिंग के पीछे, एक ख़ाली जगह पर उसने बटुआ खोलकर देखा तो उसमें चाँदी और ताँबे के सिक्कों का ढेर पाया। उसने बताया कि उसका दिल बल्लियों उछल रहा था और वह बिना पैसे गिने ही घर की तरफ़ भागता चला आया।

जब माँ की हालत कुछ सुधरी तो उन्होंने बटुए का सारा सामान बिस्तर पर उलट दिया। लेकिन बटुआ अभी भी भारी था। उसके बीच में भी एक जेब थी। माँ ने उस जेब को खोला तो देखा कि उसके अन्दर सोने के सात सिक्के छुपे हुए थे। हमारी ख़ुशी का ठिकाना नहीं था। ईश्वर का लाख-लाख शुक्र था कि बटुए पर

कोई पता नहीं था। इसलिए माँ की झिझक थोड़ी कम हो गई थी। हालाँकि उन्होंने बटुए के मालिक के दुर्भाग्य के प्रति थोड़ा-सा अफ़सोस जताया था। अलबत्ता, माँ के विश्वास ने तुरन्त ही इसे हवा दे दी कि ईश्वर ने इसे हमारे लिए एक वरदान के रूप में ऊपर से भेजा है।

माँ की बीमारी शारीरिक थी अथवा मनोवैज्ञानिक, मैं नहीं जानता। लेकिन वे एक हफ़्ते के भीतर ही ठीक हो गईं। जैसे ही वे ठीक हुईं, हम छुट्टी मनाने के लिए समुद्र के दक्षिणी तट पर चले गए। माँ ने हमें ऊपर से नीचे तक नये कपड़े पहनाए।

पहली बार समुद्र को देख मैं जैसे पागल हो गया था। जब मैं उस पहाड़ी गली से तपती दोपहरी में समुद्र के पास पहुँचा तो ठगा-सा रह गया। हम तीनों ने अपने जूते उतारे और पानी में छप-छप करने लगे। मेरे तलुओं और टखनों को गुदगुदाता समुद्र का गुनगुना पानी और मेरे पैरों के तले से सरकती नम, नरम और भुरभुरी रेत... मेरे आनन्द का ठिकाना नहीं था।

वह भी क्या दिन था! केसरी रंग का समुद्र तट, उसकी गुलाबी और नीली डोलचियाँ और उस पर लकड़ी के बेलचे। उसके सतरंगी तम्बू और छतरियाँ, लहरों पर इतराती कश्तियाँ और तट पर एक तरफ़ करवट लेकर आराम फ़रमाती कश्तियाँ जिनमें समुद्री सेवार की गंध रची-बसी थी और वे तट! उनकी यादें अभी भी मेरे मन में चरम उत्तेजना से भरी हुई लगती हैं।

1957 में मैं दोबारा दक्षिणी तट पर गया और उस सँकरी पहाड़ी गली को खोजने का निष्फल प्रयास करता रहा जिससे मैंने समुद्र को पहली बार देखा था लेकिन अब वहाँ उसका कोई नामोनिशान नहीं था। शहर के आख़िरी सिरे पर मछुआरों के उसी जाने-पहचाने गाँव के अवशेष ही दीख रहे थे जिसमें पुराने ढब की दुकानें नज़र आ रही थीं। उसमें अतीत की धुँधली-सी सरसराहट छुपी हुई थी। शायद यह समुद्री सेवार और टार की महक थी।

रेत घड़ी में भरी रेत की तरह हमारा ख़ज़ाना चुक गया था और मुश्किल समय एक बार फिर हमारे सामने मुँह बाए खड़ा था। माँ ने दूसरा रोज़गार ढूँढ़ने की कोशिश की लेकिन कामकाज कहीं था ही नहीं। क़िस्तों की अदायगी का वक़्त हो चुका था। नतीजा यह हुआ कि माँ की सिलाई मशीन उठवा ली गई। पिता की तरफ़ से जो हर हफ़्ते दस शिलिंग की राशि आती थी, वह भी बन्द हो गई।

हताशा के ऐसे वक़्त में माँ ने दूसरा वकील करने की सोची। जब वकील ने देखा कि माँ मुश्किल से ही उसकी फ़ीस भर निकाल पाएँगी, तो उसने माँ को सलाह दी कि उन्हें लैम्बेथ के दफ़्तर के प्राधिकारियों की मदद लेनी चाहिए ताकि अपने और अपने बच्चों के पालन-पोषण के लिए वे पिता पर मदद के लिए दबाव बना सकें।

कोई और उपाय नहीं था तथा उनके सिर पर दो बच्चों को पालने का बोझ था और उनका ख़ुद का स्वास्थ्य ख़राब था। इसलिए उन्होंने तय किया कि हम तीनों लैम्बेथ के यतीमख़ाने (वर्कहाउस) में भर्ती हो जाएँ।

दो

हम यतीमख़ाने यानी वर्कहाउस में जाने की ज़िल्लत के बारे में जानते थे लेकिन जब माँ ने हमें वहाँ के बारे में बताया तो सिडनी और मैंने सोचा कि वहाँ रहने में कुछ तो रोमांच होगा ही और कम-से-कम इस दमघोंटू कमरे में रहने से तो छुटकारा मिलेगा। लेकिन उस तकलीफ़ से भरे दिन, जब तक कि हम सचमुच यतीमख़ाने के गेट तक पहुँच नहीं गए मैं इस बात की कल्पना भी नहीं कर पा रहा था कि क्या होने जा रहा है? उस दुखदायी दुविधा का पता हमें वहाँ जाकर चला। वहाँ जाते ही हमें अलग कर दिया गया। माँ एक तरफ़ महिलाओं वाले वार्ड की तरफ़ ले जाई गईं और हम दोनों को बच्चों वाले वार्ड में भेज दिया गया।

मैं मुलाक़ात के पहले ही दिन की दिल को छू लेने वाली उदासी को भला कैसे भूल सकता हूँ। यतीमख़ाने के कपड़ों में लिपटी माँ को मुलाक़ातियों के कमरे की ओर जाते हुए देखना। वे कितनी दयनीय और परेशान दिखाई दे रही थीं। एक ही सप्ताह में उनकी उम्र ज़्यादा नज़र आने लगी थी और वह कमज़ोर हो गई थीं। लेकिन हमें देखते ही उनका चेहरा दमकने लगा। सिडनी और मैं रोने लगे जिसे देखकर माँ को भी रोना आ गया और उनके गालों पर बड़े-बड़े आँसू ढुलक आए। आख़िर उन्होंने अपने आपको सँभाला और हम तीनों एक खुरदरी बेंच पर जा बैठे। हम दोनों के हाथ उनकी गोद में थे और वे धीरे-धीरे उन्हें थपक रही थीं। वे हमारे घुटे हुए सिर देखकर मुस्कराईं और जैसे सान्त्वना देते हुए थपकियाँ-सी देने लगीं। वे हमें बताने लगीं कि हम जल्दी ही फिर साथ रहने लगेंगे। अपने लबादे में से उन्होंने नारियल की एक कैंडी निकाली जो उन्होंने एक नर्स के कफ़ को लेस लगाकर कमाए पैसों से ख़रीदी थी। जब हम अलग हुए तो सिडनी लगातार भरे मन से उनसे कहता रहा कि उनकी उम्र कितनी ज़्यादा लगने लगी है।

*

सिडनी और मैंने जल्दी ही अपने आपको यतीमख़ाने के माहौल के हिसाब से ढाल लिया लेकिन उदासी की काली छाया हमेशा हमारे ऊपर मँडराती रहती थी। वैसे तो मुझे बहुत ही कम घटनाएँ याद हैं लेकिन दूसरे बच्चों के साथ एक लम्बी-सी मेज़ पर

बैठकर दोपहर का भोजन करना अच्छा लगता था और हम इसकी राह देखा करते थे। इसका मुखिया यतीमख़ाने का ही एक सदस्य हुआ करता था। वह पचहत्तर बरस का एक बूढ़ा आदमी था। उसका चेहरा गम्भीर बना रहता था। उसकी दाढ़ी सफ़ेद थी और आँखों में उदासी भरी रहती थी। उसने मुझे अपने पास बैठने के लिए चुना क्योंकि वहाँ मैं ही सबसे छोटा था और जब तक उन लोगों ने मेरे सिर की घुटाई नहीं कर दी, मेरे बहुत ही सुन्दर घुँघराले बाल हुआ करते थे। बूढ़ा आदमी मुझे अपना 'शेर' कहा करता था और बताता था कि जब मैं बड़ा हो जाऊँगा तो मैं एक टॉप हैट लगाया करूँगा तथा उसकी गाड़ी में पीछे हाथ बाँधे बैठा करूँगा। वह मुझे जिस तरह का स्नेह देता, मैं उसे बहुत पसन्द करने लगा था। लेकिन एकाध दिन ही बीता था कि वहाँ एक और छोटा-सा लड़का आया और उस बूढ़े के पास मेरी वाली जगह पर बैठने लगा। जब मैंने पूछा तो उसने मौज़ में आकर बताया कि हमेशा छोटे और घुँघराले बालों वाले लड़के को ही वरीयता दी जाती है।

तीन सप्ताह के बाद हमें लैम्बेथ यतीमख़ाने से यतीमों और असहायों के हानवैल स्कूल भेज दिया गया। यह स्कूल लंदन से लगभग बारह मील दूर था। घोड़ों द्वारा खींची जाने वाले बेकरी वैन में यह बहुत ही रोमांचकारी यात्रा थी और इन परिस्थितियों में सुखद भी क्योंकि हानवैल के आसपास का नज़ारा उन दिनों बहुत ही ख़ूबसूरत हुआ करता था। वहाँ शाहबलूत के दरख़्त थे, पकते गेहूँ से भरे खेत थे और फलों से लदे बाग़ थे। यही कारण है कि खुले इलाक़ों में बरसात के बाद की ख़ूब तेज़ और माटी की सोंधी-सोंधी ख़ुशबू मुझे हमेशा हानवैल की याद दिला जाती है।

वहाँ पहुँचने पर हमें अनुमति वाले वार्ड के हवाले कर दिया गया और विधिवत स्कूल में डालने से पहले डॉक्टरी और मानसिक निगरानी में रखा गया। इसका कारण यह था कि तीन या चार सौ बच्चों में अगर एक भी ऐसा बच्चा आ गया जो सामान्य न हो या बीमार वग़ैरह हो तो यह स्कूल के स्वास्थ्य के लिए तो ख़राब होता ही, ख़ुद बच्चे को भी विकट हालत से गुज़रना पड़ सकता था।

शुरू के कुछ दिनों तक तो मैं खोया-खोया सा रहा। मेरी हालत बहुत ही ख़राब थी। इसका कारण यह था कि यतीमख़ाने में तो माँ को मैं हमेशा अपने आसपास महसूस करता था जिससे मुझे बहुत सुकून मिलता था लेकिन हानवैल आने के बाद लगता था कि हम एक-दूसरे से मीलों दूर हो गए हैं। सिडनी और मेरा दर्ज़ा बढ़ा दिया गया और हमें अनुमति वाले वार्ड से निकालकर विधिवत स्कूल में डाल दिया गया। यहाँ हमें एक-दूसरे से अलग कर दिया गया। सिडनी बड़े बच्चों के साथ जाने लगा और मैं शिशुओं के साथ। हम अलग-अलग ब्लॉक में सोते थे और एक-दूसरे से कभी-कभार ही मिल पाते थे। मेरी उम्र छह बरस से कुछ ही ज़्यादा थी और मैं तनहा था। यह बात मुझे ख़ासी परेशान करती। ख़ास तौर पर गर्मियों की रातें, सोने से पहले प्रार्थना करते समय जब मैं रात के सोने की क़मीज़ पहने वार्ड के बीचोबीच दूसरे

बीस बच्चों के साथ घुटनों के बल झुककर प्रार्थना करता और ऊँची-नीची पहाड़ियों की तरफ़ दूर डूबते सूरज को लम्बोतरी खिड़की में से देखता या जब हम सब भर्राए गले से बेसुरी आवाज़ में गाते तो मैं अपने आपको सबसे अलग-थलग पाता—

साथ दो मेरा; रात तेज़ी से गहराती है
अँधियारा होता जाता है घना : प्रभु साथ दो मेरा
जब और मददगार रह जाएँ पीछे और आराम हो जाए दुश्वार
ओ निर्बल के बल, साथ दो मेरा

यह तभी होता जब मैं अपने आपको पूरी तरह हताश पाता। हालाँकि मैं प्रार्थना के बोल नहीं समझता था, लेकिन वह धुन और धुँधलका मुझे उदासी से भर जाते।

लेकिन हमारी ख़ुशी और आश्चर्य का ठिकाना न रहा जब दो महीने के भीतर ही माँ ने हमारी रिहाई का बन्दोबस्त कर दिया और हमें एक बार फिर से लंदन और लैम्बेथ यतीमख़ाने में भेज दिया गया। माँ यतीमख़ाने के गेट पर अपने ख़ुद के कपड़े पहने हमारी राह देख रही थीं। उन्होंने रिहाई के लिए आवेदन सिर्फ़ इसीलिए दिया था कि वे एक दिन अपने बच्चों के साथ गुज़ारना चाहती थीं और उनकी इच्छा थी कि दो-चार घंटे बाहर गुज़ारकर उसी दिन वापस लौट आएँ। माँ चूँकि यतीमख़ाने में ही रह रही थीं—इसलिए यही एकमात्र तरीक़ा बचा था उनके पास जिससे वे एक दिन हमारे साथ गुज़ार सकें।

यतीमख़ाने में भर्ती होते समय हमारे भीतर जाने से पहले ही हमारे निजी कपड़े हमसे ले लिए गए थे और उन्हें गर्म पानी में खँगाल दिया गया था। आज मुलाक़ात के लिए वही कपड़े हमें बिना इस्त्री किये लौटा दिये गए। जब हम यतीमख़ाने के गेट से बाहर निकले तो माँ, सिडनी और मैं, तीनों ही मुचड़े हुए कपड़ों में नमूने नज़र आ रहे थे। एकदम सुबह का वक़्त था और हमें कहीं भी नहीं जाना था, इसलिए हम केनिंगटन पार्क की तरफ़ चल दिये। पार्क तक़रीबन एक मील दूर था। सिडनी के पास नौ पेंस थे, जो उसने रूमाल में गाँठ बाँधकर रखे हुए थे। इसलिए हमने आधा पौंड ब्लैक चेरी ली और पूरी सुबह पार्क में एक बेंच पर बैठकर चेरी खाते हुए गुज़ार दी। सिडनी ने अख़बार के पुराने काग़ज़ों को मोड़-तोड़कर उसे सुतली से कसकर बाँध दिया और हम तीनों काफ़ी देर तक इस कामचलाऊ गेंद से पकड़ा-पकड़ी खेलते रहे। दोपहर के वक़्त हम एक कॉफ़ी शॉप में गए और अपने बाक़ी सारे पैसे दो पैनी के केक, एक पैनी की सूखी नमक लगी मछली और आधे पेंनी की दो कप चाय ख़रीदकर ख़र्च कर डाले। हमने ये चीज़ें मिल-बाँटकर खाईं। इसके बाद हम पार्क में वापस लौट आए। मैं और सिडनी खेलते रहे और माँ क्रोशिया लेकर बैठ गईं।

दोपहर के वक़्त हम वापस यतीमख़ाने की तरफ़ चल दिए क्योंकि माँ बहुत ही बेशर्मी से बोलीं, 'हम चाय के वक़्त तक ज़रूर पहुँच जाएँगे।' चूँकि वहाँ के

अधिकारी बहुत ही खड़ूस थे अत: हमें फिर से उन सारी प्रक्रियाओं से गुज़रना पड़ता। हमारे कपड़े गर्म पानी में खँगाले जाते और सिडनी व मुझे हानवैल लौटने से पहले यतीमख़ाने में थोड़ा वक़्त गुज़ारना पड़ता। हाँ, इससे हमें माँ से एक बार फिर मिलने का मौक़ा ज़रूर मिल जाता।

लेकिन इस बार हम हानवैल में लगभग एक साल तक रहे। यह साल बहुत ही रचनात्मक था। मैंने स्कूल जाना शुरू किया और मुझे अपना नाम लिखना सिखाया गया, 'चैप्लिन'। यह शब्द मुझे बहुत आकर्षित करता और मुझे लगता—यह ठीक मेरी ही तरह है।

हानवैल स्कूल दो हिस्सों में बँटा हुआ था। एक हिस्सा लड़कों के लिए था और दूसरा लड़कियों के लिए। शनिवार की दोपहर स्नानघर छोटे बच्चों के लिए आरक्षित रहता और बड़ी लड़कियाँ उन्हें नहलातीं। हाँ, यह बात उस वक़्त से पहले की है जब मैं सात बरस का नहीं हुआ था और मेरे भीतर इस तरह के अवसरों पर एक तरह की नाज़ुकमिज़ाजी वाली लज्जा रहती। चौदह बरस की युवा लड़की मेरे पूरे शरीर पर तौलिया रगड़ रही हो, तो झेंप तो होनी ही थी। सचेत झेंप का यह मेरा पहला मौक़ा था।

सात बरस की उम्र में मुझे छोटे बच्चों के वार्ड से स्थानान्तरित करके बड़े बच्चों के वार्ड में भेज दिया गया। यहाँ बच्चों की उम्र सात से चौदह बरस के बीच थी। अब मैं बड़े बच्चों की सभी गतिविधियों में भाग ले सकता था जैसे ड्रिल, एक्सरसाइज़ आदि। हफ़्ते में दो बार नियमित रूप से हम स्कूल के बाहर सैर को जाते।

हालाँकि हानवैल में हमारी अच्छी तरह से देखभाल की जाती थी लेकिन फिर भी माहौल पर मुर्दनी छाई रहती। वहाँ की हवा में ही उदासी थी। वहाँ की गलियों में हम सैकड़ों बच्चे एक के पीछे एक चलते। मैं सैर के उन अवसरों को, उन गाँवों को, जिनमें से हम गुज़रकर जाया करते थे और उन स्थानीय लोगों को जो हमें घूर-घूर कर देखते थे सख़्त नापसन्द करता था हमें 'बूबी हैच के बाशिन्दे' के नाम से पुकारा जाता था। यह यतीमख़ाने के लिए प्रयोग होनेवाला सामान्य बोलचाल का शब्द था।

बच्चों के खेल का मैदान लगभग एक एकड़ लम्बा-चौड़ा था और इसमें पत्थर जड़े हुए थे। इसके चारों तरफ़ एक मंज़िला ईंट की इमारतें थीं जिनमें दफ़्तर, भंडार-घर, डॉक्टर की डिस्पेंसरी, दाँतों के डॉक्टर का कमरा और बच्चों के कपड़ों के लिए अलमारियाँ थीं। अहाते के आख़िरी सिरे पर एक अँधेरा कमरा था जिसमें इन दिनों चौदह बरस के एक छोकरे को बन्द करके रखा गया था। लड़कों के अनुसार, वह लड़का आफ़त की पुड़िया था। उसने दूसरी मंज़िल की खिड़की से कूदकर स्कूल से भागने की कोशिश की थी और वहाँ से छत पर चढ़ गया था। जब स्टाफ़ के लोग उसके पीछे चढ़े तो उसने उन पर चीज़ें और शाहबलूत फेंकने शुरू कर दिये। यह

सब तब हुआ जब छोटे बच्चे सो रहे थे। अगली सुबह बड़े बच्चों ने हमें इस क़िस्से का पूरा-का-पूरा विवरण सुनाया था।

इस तरह की बड़ी हरकतों के लिए हर शुक्रवार को बड़े वाले जिमनाशियम में दंड मिला करता था। यह एक साठ फ़ीट लम्बा और चालीस फ़ीट चौड़ा अँधियारा-सा हॉल था जिसकी छत ऊँची थी और ऊपर की कड़ियों पर रस्सियाँ लटकी हुई थीं। शुक्रवार की सुबह, सात से चौदह बरस के बीच की उम्र के दो या तीन सौ बच्चे उसमें प्रवेश करते। वे मिलिट्री के जवानों की तरह आते और स्क्वायर के तीनों तरफ़ खड़े हो जाते। सबसे दूर वाले सिरे पर यानी चौथी तरफ़ एक लम्बी-सी स्कूली मेज़ के पीछे शरारती बच्चे अपने-अपने अपराध की सज़ा सुनने और सज़ा पाने के लिए एकत्र होते। यह मेज़ आर्मी वालों की खाने की मेज़ जितनी लम्बी थी। डेस्क के सामने तथा दाईं तरफ़ एक ढाँचा था जिस पर हाथों में बाँधने वाले फीते और फ्रेम से एक बेंत लटकती रहती।

छोटे-मोटे अपराधों के लिए बच्चे को लम्बी मेज़ पर लिटा दिया जाता। बच्चे का चेहरा नीचे की तरफ़ होता और एक सार्जेंट उसके पैरों को फीतों से कस देता। फिर दूसरा सार्जेंट आता और बच्चे की क़मीज़ को उसकी पतलून में से खींचकर बाहर निकाल देता और उसके सिर को ऊपर की तरफ़ कर देता। फिर उसकी पतलून को कसकर नीचे खींचता।

एक थे नेवी से रिटायर कैप्टन हिन्ड्रम जिनका वज़न कोई दो सौ पौंड रहा होगा, उनका एक हाथ पीछे रहता और दूसरे हाथ में वे मारने के लिए छड़ी थामे रहते। छड़ी की मोटाई हाथ के अँगूठे के बराबर होती और लम्बाई कोई चार फ़ीट। वे तनकर खड़े हो जाते।

वे छड़ी को लड़के के चूतड़ों के आर-पार नापते और फिर हौले से तथा पूरी नाटकीयता के साथ उसे ऊपर उठाते जो सटाक की आवाज़ के साथ लड़के के चूतड़ों पर पड़ता। नज़ारा दिल दहला देने वाला होता और निश्चित रूप से लड़का बेहोश होकर नीचे गिर जाता।

पिटाई के लिए कम-से-कम तीन और अधिकतम छह छड़ियों का प्रावधान था। यदि दोषी को तीन से ज़्यादा छड़ियों की मार पड़ती तो उसकी चीख़ें दिल दहला देने वाली होतीं। कई बार ऐसा भी होता कि वह आश्चर्यजनक रूप से शान्त रहता या बेहोश हो चुका होता। यह मार आदमी को अधमरा कर देने वाली होती, इसलिए उसे जिमनाशियम में ले जाकर लिटाना पड़ता, जहाँ दर्द कम होने तक कम-से-कम दस मिनट तक वह छटपटाता और दर्द के मारे ऐंठता रहता था। दर्द कम होने पर उसके चूतड़ों पर धोबन की उँगलियों की तरह तीन चौड़ी धारियाँ बन चुकी होतीं।

बेंत का मामला अलग था। तीन बेंत खाने के बाद लड़के को दो सार्जेंट सहारा देकर इलाज के लिए सर्जरी में ले जाते।

लड़के यही सलाह देते कि कोई भी आरोप लगने पर मना मत करो, भले ही आप निरपराध हो, क्योंकि दोष सिद्ध हो जाने पर आपको और अधिक मार पड़ेगी। आमतौर पर लड़के निर्दोष होने पर भी अपनी ज़बान नहीं खोलते थे और चुपचाप मार खा लेते थे।

अब मैं सात बरस का हो चला था और बड़े बच्चों के सेक्शन में था। मुझे याद है जब मैंने पहली बार इस तरह की पिटाई देखी थी। मैं बिलकुल शान्त खड़ा था। जब मैंने अधिकारियों को भीतर आते देखा तो मेरा दिल तेज़ी से धड़कना शुरू हो गया। डेस्क के पीछे वह जाँबाज़ लड़का था जिसने स्कूल से भाग जाने की कोशिश की थी। डेस्क के पीछे से हमें मुश्किल से उसका सिर और कन्धे ही दिख रहे थे। वह एकदम पिद्दी-सा नज़र आ रहा था। उसका चेहरा पतला, लम्बोतरा और आँखें बड़ी थीं। वह बहुत छोटा-सा लग रहा था।

प्रधानाध्यापक ने धीमे स्वर में आरोप-पत्र पढ़ा और पूछा, "दोषी या निर्दोष?"

हमारे जाँबाज़ हीरो ने कोई जवाब नहीं दिया और सीधे उनकी आँखों में देखता रहा। इसके बाद उसे ढाँचे (easel) पर ले जाया गया और चूँकि वह छोटा-सा ही था, उसे साबुन की एक पेटी पर खड़ा कर दिया गया ताकि उसकी कलाइयों में फीते बाँधे जा सकें। उसे बेंत से तीन बार पीटा गया और फिर मरहम-पट्टी के लिए ले जाया गया।

गुरुवार के दिन खेल के मैदान में एक बिगुल बजता और हम खेलते हुए जहाँ के तहाँ मूर्तियों की तरह जड़ खड़े हो जाते। तब कैप्टन हिन्ड्रम एक मेगाफ़ोन के ज़रिये उन छोकरों के नाम पुकारते जिन्हें शुक्रवार को दंड भोगने के लिए हाज़िर होना होता।

मेरी हैरानी का ठिकाना न रहा जब एक गुरुवार मेरा नाम पुकारा गया। मैं कल्पना भी नहीं कर सकता था कि मैंने ऐसा क्या कर डाला होगा। फिर भी किसी नामालूम कारण से मैं रोमांचित था। शायद इसलिए कि मैं इस नाटक के केन्द्र में होने जा रहा था। ट्रायल के दिन मैं आगे की तरफ़ बढ़ गया। प्रधानाध्यापक ने पूछा, "तुम पर आरोप है कि तुमने लैट्रिन को आग लगाई।"

यह सच नहीं था। कुछ छोकरों ने पत्थर के फ़र्श पर कुछ काग़ज़ जला डाले थे और संयोग से मैं उस वक़्त लैट्रिन का इस्तेमाल करने के लिए वहाँ जा पहुँचा। आग जलाने में मेरी कोई भूमिका नहीं थी।

"तुम दोषी हो या नहीं?"

मैं नर्वस हो गया था और अपने नियंत्रण से बाहर की किसी ताक़त के ज़ोर पर चिल्लाया, 'दोषी।' मैंने न तो प्रायश्चित्त महसूस किया और न ही अन्याय की भावना ही महसूस की लेकिन एक तरह का भयमुक्त रोमांच मेरे भीतर महसूस हुआ, जब मुझे डेस्क के पास ले जाया गया और मेरे चूतड़ों पर तीन बेंत फटकारे गए। दर्द ऐसा जानलेवा था कि मेरी तो साँस ही थम गई। लेकिन मैं चिल्लाया या रोया नहीं।

हालाँकि मैं दर्द के मारे अधमरा हो गया था। आराम करने के लिए मुझे चटाई पर ले जाया गया, मैं अपने आपको पराक्रमी विजेता समझ रहा था।

सिडनी रसोई में काम कर रहा था, उस बेचारे को तो सज़ा के दिन तक इस बारे में कुछ पता ही नहीं था। जब उसे दूसरों के साथ जिम में लाया गया, तो वह मुझे सज़ा वाली मेज़ पर औंधे लेटे और सिर लटकाए देखकर दंग रह गया। उसे झटका लगा था। बाद में उसने मुझे बताया था कि जब उसने मुझे चूतड़ों पर तीन बेंत खाते देखा था तो वह ग़ुस्से के मारे रो पड़ा था।

छोटा भाई यानी मैं अपने बड़े भाई को 'भैया' कहकर बुलाता था तो उसमें एक तरह की गर्व की भावना भर जाती थी और एक अपनेपन का अहसास भी होता था। मैं अक्सर डाइनिंग रूम से बाहर आते समय अपने इस 'बड़े भैया' को देखा करता था। वह रसोई में काम करता था इसलिए अक्सर मेरे हाथ में ढेर सारे मक्खन के साथ एक ब्रेड स्लाइस चुपके से पकड़ा देता था। इसे मैं अपनी जर्सी में छुपाकर बाहर ले आता और एक अन्य लड़के के साथ मिल-बाँटकर खा लेता। ऐसा नहीं था कि हमें भूख लगी होती थी। दरअसल मक्खन का इतना बड़ा टुकड़ा एक असाधारण विलासिता की बात होती थी। लेकिन यह अय्याशी भी बहुत ज़्यादा दिन तक नहीं चली क्योंकि उसे हानवैल छोड़कर 'एक्समाउथ' ट्रेनिंग शिप पर जाना पड़ा।

यतीमख़ाने में रहने वाले लड़कों को ग्यारह बरस की उम्र में विकल्प दिया जाता था कि वे जल सेना, थल सेना, या दोनों में से कोई एक चुन लें। यदि वे जल सेना पसन्द करें तो उन्हें 'एक्समाउथ' पर भेज दिया जाता था। हालाँकि यह अनिवार्य नहीं था लेकिन सिडनी सागर की विराटता में अपना कॅरियर बनाना चाहता था। इसलिए एक दिन वह मुझे हानवैल में अकेला छोड़कर चला गया।

*

बच्चों का अपने बालों से एक ख़ास तरह का जुड़ाव होता है। जब उनके बाल पहली बार काटे जाते, तो वे बुरी तरह से रोते और छटपटाते। चाहे बाल घने हों, सीधे हों या घुँघराले हों, उन्हें ऐसा ही लगता है कि उनके व्यक्तित्व का कोई हिस्सा अलग किया जा रहा है।

हानवैल में दाद की बीमारी फैली हुई थी। यह छूत की बीमारी है और बहुत ही तेज़ी से फैलती है। इसलिए जो भी बच्चा इसकी चपेट में आता था उसे पहली मंज़िल पर एक अलग कमरे में रहना पड़ता था, जहाँ से खेल का मैदान नज़र आता था। अक्सर हम देखते कि खिड़कियों में से वे दीन-हीन बच्चे बड़ी हसरत भरी निगाहों से हमारी ओर टकटकी लगाए देखते रहते थे। उनके घुटे हुए सिरों पर आयोडीन के भूरे चकत्ते नज़र आते। उन्हें देखना बहुत ही दिल दहला देने वाला होता और हम उनकी तरफ़ बहुत ही घृणा से देखते।

इसलिए जैसे ही एक दिन अचानक एक नर्स ने डाइनिंग-हाल में मेरे सिर पर हाथ रखा और बालों में उँगलियाँ फिराने के बाद घोषणा की कि मेरे सिर में दाद हो गया है, तो मैं सकते में आ गया और बुक्का फाड़कर रो पड़ा।

इलाज में हफ़्तों लग गए। लगता था समय ठहर गया है। मेरा सिर मूँड़ दिया गया था और मैं रुई धुनने वालों की तरह हर समय सिर पर एक रूमाल बाँधे रहता था। बस, मैं एक ही काम नहीं करता था और वो यह था कि कभी भी खिड़की से नीचे झाँककर नीचे खड़े लड़कों की तरफ़ नहीं देखता था, क्योंकि मैं जानता था कि वे लड़के ऊपर फँसे बच्चों को किस हिक़ारत से देखते हैं।

मेरी बीमारी के दौरान माँ मुझसे मिलने आईं। उन्होंने कुछ जुगत भिड़ाकर हमारे यतीमख़ाने से बाहर निकलने का रास्ता निकाल लिया था और अब हम लोगों के साथ अपने घर में रहना चाहती थीं। उनकी मौज़ूदगी फूलों के गुलदस्ते की तरह थी, ताज़गी और स्नेह की महक से भरी हुई। उन्हें इस तरह देखकर मुझे अपनी गन्दी, बेतरतीब हालत और घुटे सिर पर आयोडीन लगा देखकर अपने आप पर शर्म आई।

नर्स ने माँ से कहा, "इसके गन्दे मुँह की वजह से इस पर नाराज़ न हों।"

माँ हँसीं। मुझे याद है कि किस तरह से यह कहते हुए उन्होंने मुझे अपने सीने में भींच लिया और चूम लिया था, "तेरी इस सारी गन्दगी के बावजूद मैं तुझे बेहद प्यार करती हूँ मेरे बच्चे।"

इसके तुरन्त बाद सिडनी 'एक्समाउथ' पर चला गया और मैंने हानवैल छोड़ दिया ताकि मैं माँ के साथ रह सकूँ। उन्होंने केनिंगटन रोड के पीछे वाली गली में एक कमरा किराये पर ले लिया था। कुछ दिन तो वे हमारा भरण-पोषण करने की हालत में रहीं लेकिन थोड़े ही दिन बीते थे कि हम एक बार फिर यतीमख़ाने के दरवाज़े पर खड़े थे। हमारे इस तरह से वहाँ वापस जाने के पीछे का कारण यह था कि माँ ढंग का कोई रोज़गार नहीं तलाश पाई थीं और पिताजी के दिन थियेटर में ख़राब चल रहे थे। इस थोड़े से अरसे के दौरान हम पिछवाड़े की ग़लियों के एक कमरे से दूसरे कमरे में शिफ़्ट होते रहे। यह गोटियों के खेल की तरह था और अपनी आख़िरी चाल के बाद हमने ख़ुद को फिर से यतीमख़ाने में पाया।

अलग-अलग रहते हुए हमें दूसरे यतीमख़ाने में भेज दिया गया और वहाँ से नॉरवुड स्कूल भेज दिया गया। यह स्कूल हानवैल के मुक़ाबले बेहतर था। यहाँ की पत्तियाँ गहरी हरी और दरख़्त ज़्यादा ऊँचे थे। शायद यह ग्रामीण इलाक़ा ज़्यादा शानदार था लेकिन परिवेश मायूसी से भरा हुआ था।

एक दिन की बात है जब सिडनी फुटबॉल खेल रहा था। तभी दो नर्सों ने उसे खेल से बाहर बुलाया और बताया कि तुम्हारी माँ पागल हो गई हैं, उन्हें केनहिल के पागलख़ाने में भेजा गया है। सिडनी ने जब यह ख़बर सुनी तो किसी भी क़िस्म

की प्रतिक्रिया व्यक्त नहीं की और वापस जाकर अपने खेल में मशग़ूल हो गया। लेकिन खेल ख़त्म होते ही वह एक सुनसान कोने में गया और फूट-फूट कर रोया।

जब सिडनी ने मुझे यह ख़बर दी तो मैं यक़ीन ही नहीं कर पाया। मैं रोया तो नहीं लेकिन पागल कर देने वाली उदासी ने मुझे घेर लिया। उनके साथ ऐसा क्यों हुआ। माँ तो कितनी ख़ुशमिज़ाज और दिल की साफ़ थीं, भला वे पागल कैसे हो सकती हैं। मोटे तौर पर मैंने यही सोचा कि माँ ने 'जान-बूझकर अपने दिमाग़ के दरवाज़े बन्द कर दिये हैं और हमें बेसहारा छोड़ दिया है। मैं हताशा में यह कल्पना करने लगा कि वे परेशानहाल मेरी तरफ़ देख रही हैं और शून्य में चली जा रही हैं।

आधिकारिक रूप से यह ख़बर हमें एक हफ़्ते बाद मिली; यह भी सुनने में आया कि अदालत ने हमारे पिता के ख़िलाफ़ डिक्री जारी कर दी है कि उन्हें सिडनी और मुझे अपनी देखरेख में लेना ही होगा। पिता के साथ रहने की सम्भावना ही उत्तेजना से भर देने वाली थी। मैंने अपनी पूरी ज़िन्दगी में उन्हें सिर्फ़ दो बार देखा था। एक बार मंच पर और दूसरी बार केनिंगटन रोड में एक घर के आगे से गुज़रते हुए जब वे फ्रंट गार्डन के रास्ते से एक महिला के साथ चले आ रहे थे। मैं एक पल के लिए ठिठका था और उनकी तरफ़ देखने लगा था। मुझे पूरा यक़ीन था कि वे मेरे पिता ही हैं। उन्होंने मेरी पीठ पर हाथ रखकर मुझसे मेरा नाम पूछा था। इस परिस्थिति की नाटकीयता का अन्दाज़ा लगाते हुए मैंने भोलेपन से सिहरते हुए कहा था, 'चार्ली चैप्लिन।' तब उन्होंने जान-बूझकर उस महिला की तरफ़ देखा और अपनी जेब में हाथ डालकर कुछ टटोलते हुए आधे क्राउन का सिक्का मुझे थमा दिया। बग़ैर कुछ सोचे मैं सीधा घर की तरफ़ लपका और माँ को बताया कि मैं अपने पिता से मिलकर आ रहा हूँ।

लेकिन अब, अब हम उनके साथ जाकर रहने वाले थे। कुछ भी हो, केनिंगटन रोड जानी-पहचानी जगह थी और वहाँ नॉरवुड की तरह की अजनबीयत और मायूसी नहीं थी।

अधिकारी हमें एक बेकरी वैन में बिठाकर 287, केनिंगटन रोड ले गए। यह वही जगह थी, जहाँ मैंने अपने पिता को बग़ीचे के रास्ते से गुज़रते हुए देखा था। दरवाज़ा एक महिला ने खोला। यह वही महिला थी जो उस दिन पिता के साथ थी। वह अय्याश और चिड़चिड़ी-सी लग रही थी। इसके बावजूद वह आकर्षक, लम्बी और सुन्दर देहयष्टि की मालकिन थी। उसके होंठ भरे-भरे और उदास थे। आँखें कबूतरी जैसी थीं। उसकी उम्र तीस बरस के आसपास थी। उसका नाम लुइस था। ऐसा महसूस हुआ कि मि. चैप्लिन घर पर नहीं थे। लेकिन सामान्य काग़ज़ी कार्रवाई पूरी करने और हस्ताक्षर वग़ैरह करने के बाद अधिकारी हमें लुइस के ज़िम्मे छोड़ गए। वह हमें ऊपर वाली मंज़िल पर आगे वाली बैठक में ले गई। जब हम कमरे के भीतर पहुँचे तो एक छोटा-सा बच्चा फ़र्श पर खेल रहा था। बड़ी-बड़ी, गहरी आँखों

और घने भूरे बालों वाला एक निहायत ही ख़ूबसूरत बच्चा। यह लुइस का बेटा था यानी मेरा सौतेला भाई।

परिवार दो कमरों के मकान में रहता था। सामने वाला कमरा हालाँकि बहुत बड़ा था लेकिन उसमें रोशनी ऐसे छनकर आती थी मानो पानी के नीचे से आ रही हो। सारी चीज़ें लुइस की ही तरह मायूस नज़र आती थीं। वॉलपेपर भी उदास नज़र आता था। घोड़े के बालों से बने कपड़े से ढका फ़र्नीचर उदासी भरा था और ग्लास-केस में पाइक मछली जो अपने ही बराबर एक और पाइक को अपने भीतर ठूँसे हुए थी, जिसका सिर पहले वाली के मुँह से बाहर लटक रहा था, बुरी तरह से उदास नज़र आते थे।

लुइस ने पिछवाड़े वाले कमरे में सिडनी और मेरे सोने के लिए एक अतिरिक्त बिस्तर लगवा दिया था लेकिन यह बिस्तर बहुत ही छोटा था। सिडनी ने सुझाव दिया कि वह बैठक में सोफ़े पर सो जाया करेगा लेकिन लुइस ने उसे डाँट दिया, "तुम्हें जहाँ सोने के लिए कहा गया है, तुम वहीं सोओगे।" इस संवाद से विकट मौन पसर गया और हम चुपचाप पिछवाड़े वाले कमरे की तरफ़ बढ़ गए।

जिस तरीक़े से हमारा स्वागत हुआ था, उसमें लेशमात्र भी उत्साह नहीं था। इसमें हैरानी वाली कोई बात नहीं थी। सिडनी और मैं अचानक उसके ऊपर लाद दिये गए थे। वैसे भी हम अपने पिता की छोड़ी गई पत्नी के बच्चे थे।

हम चुपचाप बैठे उसे काम करते देखते रहे। वह खाने की मेज़ पर कुछ तैयारियाँ कर रही थी। फिर उसने सिडनी से कहा, "ऐ, क्या निठल्ले की तरह बैठे हो, कुछ काम-धाम करो और इस सिगड़ी में कोयले भरो।" फिर वह मेरी तरफ़ मुड़ी और कहने लगी, "और तुम लपक कर जाओ और व्हाइट हार्ट की बग़ल वाली कसाई की दुकान से एक शिलिंग के छीछड़े ले आओ।"

मैं उसकी मौजूदगी और पूरे माहौल के आतंक से बाहर निकलने पर ख़ुश ही था। लेकिन एक अदृश्य भय मेरे भीतर उगने लगा था और मैं चाहने लगा था कि हम वापस नॉरवुड लौट जाएँ।

पिताजी देर से घर आए और उन्होंने गर्मजोशी से हमारा स्वागत किया। वे मुझे बहुत अच्छे लगे। खाना खाते समय मैं उनकी एक-एक गतिविधि को ध्यान से देखता रहा कि वे किस तरह से खाते और किस तरह से चाक़ू को पैन की तरह पकड़ते तथा उससे गोश्त की बोटियाँ काटते थे। मैं बरसों-बरस उनकी नक़ल करता रहा।

जब लुइस ने पिताजी को बताया कि सिडनी यह शिकायत कर रहा था कि उसका बिस्तर छोटा है, तो उन्होंने कहा कि वह बैठक में सोफ़े पर सो जाया करेगा। सिडनी की जीत ने लुइस को और भी गुस्सा दिला दिया जिसके लिए उसने सिडनी को कभी माफ़ नहीं किया। वह सिडनी के ख़िलाफ़ हमेशा पिताजी के कान भरती रहती। लुइस हालाँकि अक्खड़ और चिड़चिड़ी थी तथा हमेशा असहमत ही रहती

थी लेकिन उसने मुझे एक बार भी पीटा नहीं, ना कभी डाँटा-फटकारा ही। हालाँकि इस बात ने कि वह सिडनी को नापसन्द करती है, मुझे हमेशा डराए रखा और मैं उससे भय खाता रहा। वह जमकर शराब पीती थी और उसकी यह बात मुझे भीतर तक हिलाकर रख देती थी। अपने छोटे से बच्चे के मासूम चेहरे को निहारती हुई वह हँसती थी और वह अपनी तोतली ज़बान में उसे कुछ-कुछ कहता रहता था। पता नहीं क्यों, मैं उस बच्चे के साथ हिल-मिल नहीं सका। वैसे तो वह मेरा सौतेला भाई था लेकिन मैंने उससे शायद ही कभी बात की हो। मैं उससे चार बरस बड़ा भी था। जब कभी भी लुइस पीकर बैठती और कुड़-कुड़ करती रहती तो मैं भीतर तक हिल जाता था। दूसरी तरफ़ सिडनी था, उसने इन बातों पर कभी ध्यान ही नहीं दिया। शायद ही कोई ऐसा दिन रहा हो जब वह रात में देर से न आया हो। मुझ पर यह बन्दिश थी कि मैं स्कूल से सीधा घर आऊँ और घर आते ही मुझे तरह-तरह के कामों के लिए दौड़ाया जाता।

लुइस ने हमें कैनिंगटन रोड के स्कूल में भेजा। मेरे लिए यह बाहरी दुनिया में मन बहलाव का छोटा-सा मौक़ा था क्योंकि मैं दूसरे बच्चों की मौज़ूदगी में ख़ुद को कम तनहा महसूस करता था। शनिवार के दिन आधी छुट्टी रहती थी, लेकिन मुझे कभी भी इस दिन का इन्तज़ार नहीं रहता था क्योंकि मेरे लिए इसका मतलब था जल्दी घर जाना, झाड़ू-पोंछा करना, चाक़ू साफ़ करना, और-तो-और लुइस उस दिन जल्दी ही पीना शुरू कर देती थी। जब मैं चाक़ू साफ़ कर रहा होता था तो वह अपनी एक सहेली के साथ बैठ जाती और शराब पीती हुई ज़ोर-ज़ोर से अपनी सहेली से कड़ुवाहट भरे स्वर में शिकायतें करती रहती कि उसे सिडनी और मेरी देखभाल करनी पड़ती है तथा किस तरह से उसके साथ यह अन्याय किया जा रहा है। मुझे याद है कि उसने मेरी तरफ़ इशारा करते हुए अपनी सहेली से कहा था कि यह तो फिर भी ठीक है लेकिन दूसरा वाला तो आफ़त की पुड़िया है और उसे तो ज़रूर ही सुधार-गृह में भेज देना चाहिए। इतना ही नहीं, वो तो चार्ली की औलाद भी नहीं है। सिडनी के बारे में यह बदज़बानी मुझे भयभीत कर देती थी। मैं हताशा से भर जाता और मायूस-सा अपने बिस्तर पर ढह जाता तथा आँखें खोले निढाल-सा पड़ा रहता था। उस वक़्त मैं आठ बरस का भी नहीं हुआ था लेकिन वे दिन मेरी ज़िन्दगी के सबसे लम्बे और उदासी भरे दिन थे।

कई बार शनिवार की रात को, जब मैं ख़ुद को बुरी तरह से हताश महसूस करता तो पिछवाड़े के बेडरूम के पास से गुज़रते हुए हाथों की बीच फँसाकर कई परतों में खुलने-बन्द होने वाले बाजे कंसर्टिना (Concertina) का संगीत सुना करता। कोई जाते-जाते उस पर हाइलैंड मार्च की धुन बजा रहा होता और उसके साथ आवारा लड़कों और खी-खी करती फेरी करके सामान बेचने वाली लड़कियाँ भी होतीं। हालाँकि संगीत का प्रवाह और प्रभाव भी मेरी उदासी पर कोई ख़ास असर नहीं कर

पाता था। लेकिन इसके बावजूद जब संगीत दूर जाता हुआ धीमा होता चला जाता, तो मैं उसके चले जाने का अफ़सोस मनाता। कभी-कभी कोई फेरीवाला गली से गुज़रता। एक ख़ास फेरीवाले की मुझे याद है जो रात को 'रूल ब्रिटानिया' चिल्लाता हुआ आता था और झटके के साथ चुप हो जाता था। दरअसल वह घोंघे बेच रहा होता था। तीन दरवाज़े छोड़कर एक पब था, जिसके बन्द होते समय मैं ग्राहकों की आवाज़ें सुन सकता था। वे नशे में धुत भावुकता-भरा एक उदास गीत गाते, जो उन दिनों ख़ासा लोकप्रिय हुआ करता था—

पुराने वक़्त की ख़ातिर मत रहने दो नफ़रत को ज़िन्दा,
पुराने वक़्त की ख़ातिर कहो भुला दोगे और कर दोगे माफ़।
ज़िन्दगी बहुत छोटी है इसे मत गँवाओ लड़ने में,
और दिल इतने क़ीमती कि मत तोड़ो इन्हें
मिलाओ हाथ और खाओ दोस्ती की क़समें
पुराने वक़्त की ख़ातिर

वैसे तो मुझे भावनाओं की क़द्र नहीं थी लेकिन यह गीत मुझे मेरी उदास हालत में एक बहुत ही नज़दीकी साथी की तरह प्रतीत होता था और मुझे लोरी की तरह से सुला दिया करता था।

जब सिडनी रात में देर से लौटता, तो अक्सर वह बिस्तर में सोने के लिए जाने से पहले खाने की अलमारी पर हल्ला बोलता था। इससे लुइस बहुत ताव खाती थी। एक रात जब वह पी रही थी तो वह कमरे में आई और सिडनी की चादर खींचकर चिल्लाई और बोली कि दफ़ा हो जाओ यहाँ से। लेकिन सिडनी इसके लिए तैयार था, तुरन्त उसने अपने तकिये के नीचे हाथ डाला और एक छोटा-सा खंजर निकाला जिसमें एक लम्बा बटन हुक था और उस पर उसने तेज़ धार दे रखी थी।

"आओ तो ज़रा मेरे पास और मैं यह तुम्हारे पेट में घुसेड़ दूँगा," सिडनी चिल्ला पड़ा था। लुइस हक्की-बक्की सी पीछे हट गई थी, "ओह! यह हरामी का पिल्ला तो मुझे मार डालेगा।"

"हाँ, मैं तुम्हें मार डालूँगा," सिडनी ने बड़े ही नाटकीय अन्दाज़ में कहा।

"ज़रा घर तो आने दे मि. चैप्लिन को।"

लेकिन मि. चैप्लिन कभी-कभार ही घर आते थे। अलबत्ता, मुझे शनिवार की एक शाम की याद है। लुइस और पिताजी बैठे शराब पी रहे थे और पता नहीं किस वजह से हम मकान-मालकिन तथा उसके पति के साथ पहली मंज़िल पर उनके सामने वाले कमरे के आगे की जगह पर बैठे हुए थे। चमकीली रोशनी में मेरे पिता का चेहरा बहुत ही ज़्यादा पीला लग रहा था और वे बहुत ही ख़राब मूड में अपने आपसे कुछ बड़बड़ा रहे थे। अचानक उन्होंने अपनी जेब में हाथ डाला और ढेर सारे

सिक्के निकाले तथा ग़ुस्से में चारों तरफ़ उछाल दिये—सोने और चाँदी के सिक्के। इसका असर अतियथार्थवादी था। कोई भी अपनी जगह से नहीं हिला। मकान-मालकिन भी अपनी जगह से चिपकी रही। लेकिन मैंने देखा कि उसकी निगाह सोने के एक सिक्के का पीछा कर रही थी जो लुढ़कता हुआ दूर एक कुर्सी के नीचे जा पहुँचा था। मेरी निगाहें भी उसी सिक्के का पीछा कर रही थीं। अभी भी कोई नहीं हिला था। मैंने सोचा, मैं ही सिक्के उठाने का श्रीगणेश करूँ। मेरे पीछे मकान-मालकिन और दूसरे लोग भी उठे और सावधानीपूर्वक बिखरे सिक्के बीनने लगे, इस तरह से कि पिता की धमकाती आँखों के आगे अपनी हरकत को वाजिब ठहरा सकें।

एक शनिवार की बात है, मैं स्कूल से लौटा तो देखा घर पर कोई नहीं है। सिडनी हमेशा की तरह सारे दिन के लिए फुटबॉल खेलने गया हुआ था। मकान-मालकिन ने बताया कि लुइस अपने बेटे के साथ सुबह से ही बाहर गई हुई है। पहले तो मैंने राहत महसूस की क्योंकि लुइस के न होने का मतलब था कि मुझे पोंछा नहीं लगाना पड़ेगा, चाक़ू-छुरियाँ साफ़ नहीं करनी पड़ेंगी। मैं खाने के समय के बाद भी बहुत देर तक उनका इन्तज़ार करता रहा, फिर मुझे चिन्ता सताने लगी। शायद वे लोग मुझे अकेला छोड़ गए थे। जैसे-जैसे दोपहर ढलती गई, मुझे उनकी याद सताने लगी। यह क्या हो गया था? कमरा मनहूस और पराया-सा लग रहा था और उसका ख़ालीपन मुझे डरा रहा था। मुझे भूख भी लग आई थी। इसलिए मैंने अलमारी में खाने के लिए कुछ तलाशा लेकिन वहाँ कुछ भी नहीं था। अब उस ख़ाली घर के भीतर मैं और देर तक खड़ा नहीं रह सकता था इसलिए हताशा में बाहर आ गया और पूरी दोपहर मैंने बाज़ारों में आवारागर्दी करते हुए गुज़ार दी। मैं लैम्बेथ-वॉक पर और दूसरी सड़कों पर भूखा-प्यासा केक की दुकानों की खिड़कियों में झाँकता चलता रहा और गाय व सूअर के मांस के गरमागरम स्वादिष्ट लज़ीज़ पकवानों को और शोरबे में डूबे गुलाबी लाल आलुओं को देख-देखकर मेरे मुँह में पानी आता रहा। मैं घंटों तक सड़क के किनारे मजमेबाज़ों को तरह-तरह की चीज़ें बेचते देखता रहा। इस तरह के भटकाव से मुझे थोड़ी राहत मिली और कुछ देर के लिए मैं अपनी परेशानी व भूख को भूल गया।

जब मैं वापस लौटा, तो रात हो चुकी थी। मैंने दरवाज़ा खटखटाया लेकिन कोई जवाब नहीं आया। सब बाहर गए हुए थे। थका-माँदा मैं केनिंगटन क्रॉस रोड के कोने में घर के पास बनी एक पुलिया पर जाकर बैठ गया लेकिन निगाह अपने घर पर रखी कि शायद कोई आ जाए। मैं थका हुआ था। बुरी हालत हो रही थी। मैं इस बात को सोच-सोचकर भी परेशान हो रहा था कि सिडनी भी कहाँ चला गया। आधी रात होने को थी और एकाध भूले-भटके आवारा को छोड़कर केनिंगटन रोड पूरी तरह शान्त और उजाड़ थी। केमिस्ट और सरायों की बत्तियों को छोड़कर बाक़ी सारी दुकानों की बत्तियाँ बन्द होने लगी थीं।

तभी संगीत की आवाज़ सुनाई दी; दिल की गहराइयों को छू लेने वाला संगीत। यह आवाज़ व्हाइट हार्ट कार्नर पब के अन्दर से आ रही थी और सुनसान चौराहे पर एकदम साफ़ गूँज रही थी। धुन जिस गीत की थी वह था, 'द हनीसकल एंड द बी' और इसे क्लेरिनेट और हार्मोनियम पर पूरी तन्मयता से बजाया जा रहा था। मैं इससे पहले कभी भी संगीत लहरियों को लेकर सचेत नहीं हुआ था। लेकिन यह गीत तो अद्‌भुत और शानदार था; अलौकिक ख़ुशी से भर देने वाला, गर्मजोशी और आश्वस्ति से भरा मैं अपनी हताशा भूल गया और सड़क पार वहाँ तक चला गया जहाँ वे संगीतज्ञ थे। हार्मोनियम बजाने वाला अन्धा था और उसकी आँखों की जगह पर गहरे खोखल थे। एक जड़ कर देने वाला बदसूरत चेहरा क्लेरिनेट बजा रहा था।

संगीत-सभा जल्द ही ख़त्म हो गई और उनके जाते ही रात पहले से भी ज़्यादा उदास हो गई। थका-माँदा और कमज़ोर मैं भी सड़क पार कर घर की तरफ़ आ गया। यहाँ तक कि मैंने इस बात की भी परवाह नहीं की कि कोई घर लौटा भी है या नहीं। मैं सिर्फ़ बिस्तर पर पहुँचकर सो जाना चाहता था। तभी मैंने हल्की रोशनी में बग़ीचे के रास्ते से किसी को अपने घर की तरफ़ जाते हुए देखा। यह लुइस थी और साथ में उसका बेटा था जो उसके आगे-आगे भागा जा रहा था। मुझे यह देखकर आश्चर्य हुआ कि वह बुरी तरह से लड़खड़ा रही थी और एक तरफ़ कुछ ज़्यादा ही झुकी जा रही थी। पहले तो मैंने सोचा कि कहीं उसके साथ कोई दुर्घटना तो नहीं हो गई जिसमें उसका पैर ज़ख़्मी हो गया होगा लेकिन फिर मैंने महसूस किया कि वह बुरी तरह से नशे में थी। मैंने उसे पहले कभी इस तरह से नशे में धुत नहीं देखा था। उसकी इस हालत में मैंने यही उचित समझा कि उसके सामने न ही पड़ा जाए तो बेहतर। इसलिए मैं तब तक रुका रहा जब तक वह घर के अन्दर नहीं चली गई। कुछ ही पलों के बाद मकान-मालकिन आई तो मैं उसके साथ भीतर चला गया। मैं अँधेरे में चुपचाप सीढ़ियाँ चढ़ रहा था ताकि किसी तरह उसकी निगाह में आए बिना अपने बिस्तर तक पहुँच जाऊँ। लेकिन लुइस सीढ़ियों पर एकदम सामने आ खड़ी हुई, "ऐ, कहाँ चले जा रहे हो नवाबज़ादे? यह तुम्हारा घर नहीं है।"

मैं बिना हिले-डुले खड़ा रहा।

"आज रात तुम यहाँ नहीं सोओगे, समझे, बहुत झेल चुकी मैं तुम दोनों को। दफ़ा हो जाओ यहाँ से। तुम और तुम्हारा वो भाई। करने दो अपने बाप को तुम लोगों की तीमारदारी।"

बिना हिचकिचाहट के मैं मुड़ा और सीढ़ियों से नीचे उतरकर घर से बाहर हो गया। अब मैं बिलकुल भी थका हुआ नहीं था। मुझे मेरी दूसरी दिशा मिल चुकी थी। मैंने सुना था कि पिताजी प्रिंस रोड पर क्वींस हैड शराबख़ाने में जाया करते हैं। यह शराबख़ाना आधा मील दूर था। मैं उसी दिशा में चल पड़ा। मैं उम्मीद कर रहा था

कि वे मुझे वहाँ मिल जाएँगे। लेकिन जल्दी ही मैंने उनकी छायाकृति अपनी तरफ़ आती देखी। वे गली के लैम्प की रोशनी में चले आ रहे थे।

मैं फुसफुसाया, "वो मुझे अन्दर नहीं आने दे रही और मुझे लगता है वह पीती रही है।"

जब हम घर की तरफ़ चले आ रहे थे तो वे लड़खड़ाए, "मेरी ख़ुद की हालत भी बहुत अच्छी नहीं है।"

मैंने उन्हें आश्वस्त करने की कोशिश की कि वे बिलकुल ठीक-ठाक हैं।

"नहीं, मैं नशे में धुत हूँ।"

उन्होंने बैठक का दरवाज़ा खोला और वहाँ मौन व डराने की मुद्रा में खड़े लुइस की तरफ़ देखते रहे। वह फ़ायर-प्लेस के पास खड़ी, अँगीठी पकड़े लहरा रही थी।

"तुमने इसे भीतर क्यों नहीं आने दिया?"

वह अकबकाई-सी पिताजी की तरफ़ देखती रही और फ़िर बड़बड़ाई, "तुम भी जहन्नुम में जाओ। तुम सब।"

अचानक पिता ने बग़ल की अलमारी में से कपड़े झाड़ने का भारी ब्रश उठाया और लुइस की तरफ़ ज़ोर से फेंका। ब्रश का पिछला हिस्सा ठीक उसके चेहरे के एक तरफ़ जाकर लगा। उसकी आँखें बन्द हुईं और वह ज़ोर की आवाज़ करते हुए लहराकर फ़र्श पर गिर गई मानो वह ख़ुद गिर रही हो।

पिता की यह करनी देखकर मुझे धक्का लगा। उनकी इस तरह की हिंसा देखकर मेरे मन से उनके प्रति सम्मान की भावना जाती रही। उसके बाद क्या हुआ, इस बारे में मेरी याद्दाशत धुँधली-सी है। मुझे विश्वास है कि बाद में सिडनी आया था और पिताजी ने हम दोनों को बिस्तर पर लिटा दिया था तथा घर से चले गए थे।

बाद में मुझे पता चला कि पिताजी और लुइस का उस सुबह बहुत झगड़ा हुआ था क्योंकि पिताजी उसे छोड़कर अपने भाई स्पेंसर के पास दिन बिताने के लिए चले गए थे। उनके भाई के लैम्बेथ के आसपास कई सरायघर थे लेकिन अपनी हैसियत के प्रति संवेदनशील होने के कारण लुइस को यह बात क़तई पसन्द नहीं थी कि वह स्पेंसर चैप्लिन के घर जाए, इसलिए पिताजी अकेले ही चले गए थे। दूसरी ओर बदले की भावना में जलते हुए लुइस ने दिन कहीं और बिताया था।

वह पिताजी को प्यार करती थी। हालाँकि उस वक़्त मैं बहुत छोटा था लेकिन मैं इस चीज़ को महसूस कर सकता था जब वह रात के वक़्त फ़ायर-प्लेस के पास बेचैन और उनकी उपेक्षा से आहत खड़ी थी। मुझे इस बात का भी यक़ीन है कि वे भी उसे प्यार करते थे। मैंने इस बात को कई मौक़ों पर ख़ुद देखा था। ऐसे भी वक़्त आते थे जब वे आकर्षक लगते, स्नेह से पेश आते और थियेटर के लिए निकलने से पहले शुभ-रात्रि का चुम्बन देकर जाते। इसके अलावा किसी रविवार की सुबह, जब उन्होंने पी नहीं रखी होती, वे हमारे साथ नाश्ता करते और लुइस को उन कलाकारों

के बारे में बताते जो उनके साथ काम कर रहे होते थे। वे हम सबको ये बातें बताकर ख़ूब हँसाते। मैं मुँह बाए गिद्ध की तरह उनकी तरफ़ देखता रहता और उनकी हर गतिविधि को अपने भीतर उतारता रहता। एक बार जब वे बहुत ही खिलंदड़े मूड में थे तो अपने सिर पर तौलिया बाँधकर मेज़ के चारों तरफ़ अपने नन्हे बेटे के पीछे-पीछे दौड़ते हुए बोल रहे थे, "मैं हूँ राजा टर्की रुबार्ब।"

शाम को आठ बजे थियेटर के लिए निकलने से पहले वे पोर्ट वाइन के साथ छह कच्चे अंडे निगल जाते। वे शायद ही कभी ठोस आहार लेते। यही उनकी ख़ुराक थी जो उन्हें पूरा दिन चुस्त-दुरुस्त बनाए रखती। वे बहुत कम घर आते, कभी आते भी तो सिर्फ़ नशा उतरने तक सोने के लिए।

*

एक दिन बच्चों के प्रति क्रूरता की रोक-थाम करने वाली सोसाइटी से कुछ लोग लुइस से मिलने आए। वह उन्हें देखकर बुरी तरह बेचैन हो गई थी। वे लोग इसलिए आए थे क्योंकि पुलिस ने उन्हें बताया था कि उन्होंने सिडनी और मुझे आधी रात को तीन बजे चौकीदार की कोठरी के पास सोए हुए पाया था। यह उस रात की बात थी जब लुइस ने हम दोनों को बाहर निकालकर दरवाज़ा बन्द कर लिया था और पुलिस ने ज़बर्दस्ती उससे दरवाज़ा खुलवाया था तथा उससे हमें भीतर लेने के लिए कहा था।

अलबत्ता, कुछेक दिनों के बाद, जब पिता दूसरे प्रदेशों में अभिनय में व्यस्त थे तो लुइस को एक पत्र मिला जिसमें लिखा था कि माँ ने पागलख़ाना छोड़ दिया है। एक या दो दिन के बाद मकान-मालकिन ऊपर आई और बताने लगी कि दरवाज़े पर एक औरत खड़ी है जो सिडनी और चार्ली को पूछ रही है।

"जाओ, तुम्हारी माँ आई है," लुइस ने कहा। थोड़ी देर के लिए भ्रम की स्थिति पैदा हो गई। तभी सिडनी कूदा और तेज़ी से दौड़ते हुए सीधे माँ की बाँहों में जा समाया। मैं भी उसके पीछे-पीछे लपका। वे वही हमारी प्यारी, मुस्कराती माँ थीं और उन्होंने हम दोनों को स्नेह से अपने सीने से लगा लिया था।

लुइस और माँ का एक-दूसरे से मिलना ख़ासा परेशानी का कारण बन सकता था, इसलिए माँ दरवाज़े पर ही खड़ी रहीं और हम दोनों भाई अपनी चीज़ें समेटते रहे। दोनों तरफ़ कोई कड़ुवाहट या दुर्भावना नहीं थी बल्कि सिडनी को विदा करते समय लुइस का व्यवहार बहुत ही अच्छा था।

*

माँ ने केनिंगटन क्रॉस के पीछे वाली गली में हेवर्ड अचार फ़ैक्टरी के पास एक कमरा किराये पर ले लिया था, जहाँ हर दोपहर को एसिड की तीखी गंध वातावरण में फैलने लगती। लेकिन कमरा सस्ता था और हम सब एक बार फिर साथ-साथ

रह पा रहे थे। माँ की सेहत ठीक थी और यह बात हमारे दिमाग़ में कभी आई ही नहीं कि वह कभी बीमार भी रही थीं।

मुझे इस बात का ज़रा-सा भी गुमान नहीं है कि हमारा वह समय कैसे गुज़रा। न तो मुझे सीमा से ज़्यादा किसी तकलीफ़ की याद है और न ही किसी ऐसी समस्या की, जिसका समाधान हमारे पास न हो। पिता की ओर से हर सप्ताह मिलने वाली दस शिलिंग की राशि आमतौर पर नियमित रूप से मिलती रही। साथ ही, माँ ने सीने-पिरोने का काम फिर से हाथ में ले लिया और गिरजाघर के साथ फिर से सम्बन्ध बना लिये।

उस समय की एक घटना ख़ास तौर पर याद आ रही है। हमारी गली के एक सिरे पर एक कसाईघर था, जहाँ हमारी गली में से होकर कटने के लिए भेड़ें ले जाई जाती थीं। मुझे याद है कि एक भेड़ बचकर निकल भागी थी और गली में दौड़ती चली गई थी। सब लोग यह तमाशा देख रहे थे। कुछेक लोगों ने उसे दबोचने की कोशिश की तो दूसरे कुछ लोग अपनी जगह ही कूद-फाँद कर रहे थे। मैं ख़ुशी के मारे खिलखिलाकर हँस रहा था। वह नज़ारा काफ़ी हास्यास्पद था। लेकिन जब भेड़ को पकड़ लिया गया और वापस कसाईघर की तरफ़ ले जाया गया तो काटे जाने की सच्चाई मुझ पर हावी हो गई और मैं भागकर घर के अन्दर चला गया। मैं चिल्ला रहा था और ज़ोर-ज़ोर से रोते हुए माँ को बता रहा था, "वे लोग उसे मारने के लिए ले जा रहे हैं, वे लोग उसे मारने के लिए ले जा रहे हैं।" वह तीखी, बसन्त की दोपहर और लोगों का उस भेड़ का हास्यास्पद तरीक़े से पीछा करना कई दिन तक मेरे दिलो-दिमाग़ पर छाए रहे मुझे लगता है कि शायद इसी घटना ने मेरी भावी फ़िल्मों के लिए ज़मीन तैयार की। त्रासदी और कॉमेडी का मिला-जुला रूप।

स्कूल में अब नई चीज़ें सिखाई जा रही थीं—इतिहास, कविता और विज्ञान। लेकिन कुछ विषय बहुत ही जड़ और नीरस थे। ख़ास तौर पर अंकगणित। उसके जोड़-भाग मुझे किसी लिपिक और कैश रजिस्टर की याद दिलाते थे, और उनका इस्तेमाल पाई-पाई को ज़्यादा-से-ज़्यादा बचाकर रखने का उद्यम।

इतिहास मूर्खताओं और हिंसा का दस्तावेज़ था। क़त्लेआम और राजाओं द्वारा अपनी रानियों, भाइयों और भतीजों को मारने का सतत सिलसिला; भूगोल में नक़्शे ही नक़्शे थे; काव्य के नाम पर अपनी याद्दाश्त की परीक्षा लेने के अलावा कुछ नहीं था। शिक्षाशास्त्र मुझे पागल बनाता था और तथ्यों की जानकारी में मेरी कोई ख़ास दिलचस्पी नहीं थी।

काश, किसी ने कारोबारी कला का इस्तेमाल किया होता और प्रत्येक अध्याय की उत्तेजनापूर्ण शुरुआत की होती जिसने मेरा दिमाग़ झकझोरा होता, तथ्यों के बजाय मुझमें रुचि पैदा की होती, अंकों की कलाबाज़ी से मुझे आनन्दित किया होता, नक़्शों के प्रति रोमांच पैदा किया होता, इतिहास के बारे में मेरा दृष्टिकोण विकसित किया

होता, कविता की लय और धुन को भीतर उतारने के मौक़े दिये होते, तो शायद मैं भी विद्वान बन सकता था।

चूँकि अब माँ हमारे पास वापस लौट आई थीं, उन्होंने थियेटर की तरफ़ मेरी रुचि फिर से जगानी शुरू कर दी थी। उन्होंने मुझमें यह अहसास भर दिया था कि मुझमें थोड़ी-बहुत प्रतिभा है। लेकिन अपनी प्रतिभा दिखाने का मौक़ा क्रिसमस से पहले तब तक नहीं आया था जब तक स्कूल में संक्षिप्त नाटक 'सिंडरेला' नहीं खेला गया था, जहाँ मुझे वह सब अभिव्यक्त करने की ज़रूरत महसूस होने लगी जो मुझे माँ ने सिखाया था। कुछ कारण थे कि मुझे नाटक के लिए नहीं चुना गया था और मैं भीतर-ही-भीतर कुढ़ रहा था तथा महसूस कर रहा था कि कितना अच्छा होता कि नाटक में भूमिका मैं निभाता बजाय उनके जो इस नाटक के लिए चुने गए थे। बच्चे जिस नीरस ढंग और कल्पना शक्ति का सहारा लिये बिना अपनी भूमिका अदा कर रहे थे, उससे मुझमें खीज पैदा हो रही थी। बदसूरत बहनों में न कोई उत्साह था न ही भीतरी उमंग। वे अपनी लाइनें रटे-रटाए ढंग से बोल रही थीं जिनसे स्कूली बच्चों वाली भेड़चाल और खीझ पैदा करने वाली कृत्रिमता का अहसास हो रहा था। मैं माँ की दी हुई शिक्षा के साथ बदसूरत बहनों में से एक की भूमिका भला कैसे कर सकता था। अलबत्ता, जिस लड़की ने सिंडरेला की भूमिका की थी, उसने मुझे बाँध लिया था। वह ख़ूबसूरत और नफ़ासतपसन्द थी और उसकी उम्र चौदह बरस के आसपास थी। मैं उससे गुपचुप प्यार करने लगा था। लेकिन वह मेरी पहुँच से दूर थी। सामाजिक तौर पर भी और उम्र के लिहाज़ से भी।

जब मैंने नाटक देखा तो मुझे वह बकवास लगा लेकिन लड़की की ख़ूबसूरती के कारण जिसने मुझे उदास कर दिया था, मैंने इसे पसन्द किया। अलबत्ता, मैंने इस बात को शायद ही महसूस किया था कि दो महीने बाद मेरी ज़िन्दगी में कितने शानदार पल आने वाले थे, जब मुझे हर कक्षा के सामने ले जाया गया और 'मिस प्रिसिला की बिल्ली' कविता का पाठ करने के लिए कहा गया। यह एक हास्य-भरी कविता थी जो माँ ने अख़बारों की दुकान के बाहर देखी थी और उन्हें इतनी अच्छी लगी थी कि वे दुकान के बाहर से नक़ल करके उसे घर लेती आईं। कक्षा में खाने की छुट्टी के समय मैं उसे एक लड़के को सुना रहा था। तभी मि. रीड, हमारे स्कूल के अध्यापक, ने अपने काग़ज़ों पर से ध्यान हटाकर हमें देखा। वे इसे सुनकर इतने ख़ुश हुए कि जब कक्षा के सब बच्चे वापस आ गए तो उन्होंने मुझे यह दोबारा सुनाने के लिए कहा। पूरी कक्षा हँसते-हँसते लोट-पोट हो गई। इस वजह से मेरा नाम पूरे स्कूल में फैल गया और अगले दिन मुझे स्कूल की लड़के व लड़कियों दोनों की सभी कक्षाओं में ले जाया गया और कविता का पाठ करने के लिए कहा गया।

हालाँकि मैंने पाँच बरस की उम्र में दर्शकों के सामने मंच पर माँ की जगह लेते हुए अभिनय किया था लेकिन ग्लैमर से मेरा होशो-हवास वाला पहला साबक़ा यही

था। अब स्कूल मेरे प्रति उत्साहित हो चुका था और मैं शर्मीला और गुमसुम-सा लड़का नहीं रह गया था। अब मैं अध्यापकों और बच्चों सबका चहेता विद्यार्थी बन चुका था। इससे मेरी पढ़ाई में भी सुधार हुआ, लेकिन मेरी पढ़ाई में फिर से व्यवधान आया जब मुझे एट लंकाशायर लैड के साथ क्लॉग़ नर्तकों (लकड़ी के तले वाले जूते पहनकर किया जाने वाला नृत्य) के एक ट्रूप में हिस्सा लेना पड़ा।

तीन

पिताजी मि. जैक्सन को जानते थे। वे एक ट्रूप के संचालक थे। पिताजी ने माँ को इस बात के लिए मना लिया कि मेरे लिए स्टेज पर कॅरियर बनाना एक अच्छी शुरुआत रहेगी और इससे मैं आर्थिक रूप से माँ की मदद भी कर पाऊँगा। मेरे लिए खाने और रहने की सुविधा रहेगी तथा माँ को हर हफ़्ते आधा क्राउन मिला करेगा। शुरू-शुरू में तो वे बेचैन थीं, लेकिन मि. जैक्सन और उनके परिवार से मिलने के बाद माँ ने हामी भर दी।

मि. जैक्सन की उम्र पचास-पचपन के आसपास थी। वे लंकाशायर में अध्यापक रह चुके थे और उनके परिवार में चार बच्चे थे—तीन लड़के और एक लड़की, जो लंकाशायर लैड के सदस्य थे। मि. जैक्सन धर्मनिष्ठ रोमन कैथोलिक थे और अपनी पहली पत्नी की मृत्यु के बाद दूसरा विवाह करने के बारे में उन्होंने अपने बच्चों से सलाह ली थी। उनकी दूसरी पत्नी उम्र में उनसे थोड़ी बड़ी थीं और उन्होंने हमें पूरी नेकनीयती से बताया था कि उन दोनों की शादी कैसे हुई थी। दरअसल, उन्होंने एक अख़बार में अपने लिए पत्नी ढूँढ़ने हेतु विज्ञापन दिया था, जिसके जवाब में उन्हें तीन सौ से भी ज़्यादा ख़त मिले थे। भगवान से राह सुझाने की प्रार्थना करने के बाद उन्होंने केवल एक ही लिफ़ाफ़ा खोला था जो मिसेज़ जैक्सन की ओर से था। वे एक स्कूल में पढ़ाती थीं और शायद यह मि. जैक्सन की प्रार्थनाओं का ही असर था कि वे भी कैथोलिक थीं।

मिसेज़ जैक्सन को बहुत अधिक ख़ूबसूरती का वरदान नहीं मिला था और न ही उन्हें किसी भी तरह से कमनीय ही कहा जा सकता था। जहाँ तक मुझे याद है, उनका सिर काफ़ी बड़ा था और चेहरा पीला था जिस पर ढेर सारी झुर्रियाँ थीं। इन झुर्रियों की वजह शायद यह रही हो कि वे काफ़ी बड़ी उम्र में माँ बनी थीं और उन्होंने मि. जैक्सन को एक बेटे की सौगात दी थी। इसके बावजूद वे एक निष्ठावान और समर्पित पत्नी थीं जो अभी भी अपने बेटे को अपना दूध पिलाती थीं और साथ ही ट्रूप की व्यवस्था में हाड़-तोड़ मेहनत करके अपने पति की मदद किया करती थीं।

जब उन्होंने रोमांस की अपनी दास्तान सुनाई तो यह मि. जैक्सन की बताई कहानी से थोड़ी अलग थी। उनमें आपस में पत्रों का आदान-प्रदान हुआ था लेकिन उन दोनों में से किसी ने भी दूसरे को शादी के दिन तक नहीं देखा था। बैठक के कमरे में उन दोनों के बीच जब पहली मुलाक़ात हुई थी तब परिवार के बाक़ी लोग दूसरे कमरे में इन्तज़ार कर रहे थे। मि. जैक्सन ने कहा था, "बस, आप वही हैं जिसकी मुझे चाह थी।" उन्होंने भी यह बात स्वीकार की। हम बच्चों को यह क़िस्सा सुनाते समय वे विनम्र होकर कहतीं, "लेकिन मुझे नहीं पता था कि जल्दी ही मुझे आठ बच्चों की माँ बनना पड़ेगा।"

उनके तीन बच्चों की उम्र बारह से अट्ठारह बरस के बीच थी और लड़की की उम्र नौ बरस थी। उस लड़की के बाल लड़कों की तरह कटे हुए थे ताकि उसे भी मंडली के बाक़ी लड़कों में खपाया जा सके।

हर रविवार को मेरे अलावा सब लोग गिरजाघर जाते थे। मैं ही उन सब में अकेला प्रोटेस्टैंट था। चूँकि मैं अकेला पड़ जाता था, इसलिए अक्सर उनके साथ ही चला जाता। माँ की धार्मिक भावनाओं के प्रति सम्मान न होता, तो मैं कब का कैथोलिक बन चुका होता क्योंकि मैं इस धर्म का रहस्यवाद पसन्द करता था और घर की बनी खड़िया मिट्टी की छोटी-छोटी वेदियाँ (Altars) तथा मेरी वर्जिन की मूर्तियाँ, जिन पर फूल और मोमबत्तियाँ सजी रहतीं, मुझे अच्छी लगतीं। बच्चे इन्हें अपने बेडरूम के कोने में सजाकर रखते और जब भी उसके आगे से गुज़रते, घुटने टेककर श्रद्धा अर्पित करते।

छह सप्ताह तक अभ्यास करने के बाद अब मैं इस स्थिति में था कि बाक़ी मंडली के साथ नाच सकूँ। लेकिन चूँकि अब मैं आठ बरस की उम्र पार कर चुका था, मैं अपना विश्वास भी खो चुका था और पहली बार दर्शकों के सामने मंच पर आने में निश्चित रूप से मुझे भय लग रहा था। मैं मुश्किल से अपनी टाँगें हिला पा रहा था। हफ़्तों लग गए, तब कहीं जाकर मैं मंडली के बाक़ी बच्चों की तरह एकल नृत्य करने की हालत में आ सका।

आठ बच्चों की मंडली में सिर्फ़ क्लॉग़ डांसर ही बने रहना, इस बात को लेकर निश्चित रूप से मैं बहुत अधिक ख़ुश नहीं था। बाक़ी बच्चों की तरह मैं भी एकल अभिनय करने की महत्त्वाकांक्षा रखता था। सिर्फ़ इसलिए नहीं कि इस तरह के काम के ज़्यादा पैसे मिलते थे बल्कि इसलिए भी कि मैं शिद्दत से महसूस करने लगा था कि नाचने के बजाय इस तरह के अभिनय से कहीं ज़्यादा सन्तुष्टि मिलती है। मैं बाल हास्य कलाकार बनना चाहता था लेकिन उसके लिए स्टेज पर अकेले खड़े रहने का माद्दा चाहिए था। इसके अलावा मेरी पहली भीतरी प्रेरणा यह थी कि मैं एकल नृत्य के अलावा कुछ हास्यास्पद करूँ। मेरा आदर्श दोहरा अभिनय था जिसमें दो बच्चे कॉमेडी ट्रैम्प की तरह कपड़े पहने हों। मैंने यह बात अपने एक साथी को

बताई और हम दोनों ने पार्टनर बनना तय कर लिया। यह हमारा अनमोल सपना बन गया था! हम अपने आपको 'ब्रिस्टॉल और चैप्लिन—करोड़पति ट्रैम्प' कहते और ट्रैम्प गलमुच्छे लगाते व हीरे की बड़ी-बड़ी अँगूठियाँ पहनते। हमने हर उस पहलू पर विचार कर लिया था जो मज़ाक़िया होता और जिससे कमाई हो सकती थी। लेकिन अफ़सोस, यह सपना साकार नहीं हो सका।

दर्शक एट लंकाशायर लैड को पसन्द करते थे क्योंकि जैसा कि मि. जैक्सन कहते थे—हम थियेटर के बच्चों जैसे बिलकुल भी नहीं लगते थे। उनका दावा था कि हमने कभी भी अपने चेहरों पर ग्रीज़ पेंट नहीं पोता और हमारे गुलाबी गाल वास्तव में गुलाबी थे। यदि हम में से कोई बच्चा स्टेज पर जाने से पहले ज़रा-सा भी पीला दिखाई देता तो वे हमें कहते कि अपने गालों को मसल लो। लेकिन लंदन में एक ही रात में दो या तीन संगीत सदनों में काम करने के बाद अक्सर हम भूल जाते और स्टेज पर खड़े हुए थके-माँदे और मनहूस लगने लगते। तभी हमारी निगाह विंग्स में खड़े मि. जैक्सन पर पड़ती। वे ज़ोर-ज़ोर से खींसें निपोरते हुए अपने चेहरे की तरफ़ इशारा कर रहे होते जिसका बिजली का-सा असर होता और हम अचानक हँसी के मारे दोहरे हो जाते।

प्रदेशों के टूर करते समय हम हर शहर में एक-एक हफ़्ते के लिए स्कूल जाया करते; लेकिन इससे मेरी पढ़ाई में कोई ख़ास इज़ाफ़ा नहीं हुआ।

क्रिसमस के दिनों में हमें लंदन हिप्पोड्रोम के सिंडरेला पेंटोमाइम में बिल्ली और कुत्ते का मूक अभिनय करने का न्योता मिला। उन दिनों यह नया थियेटर हुआ करता था और इसमें वैराइटी शो व सर्कस का मिला-जुला रूप होता था। इसे बहुत ख़ूबसूरती से सजाया जाता और काफ़ी हँगामा रहा करता। रिंग का फ़र्श नीचे चला जाता और वहाँ पानी भर जाता तथा काफ़ी बड़े पैमाने पर बैले होता। एक के बाद एक बला की ख़ूबसूरत लड़कियाँ चमकीली सज-धज में आतीं और पानी के नीचे एकदम ग़ायब हो जातीं। जब लड़कियों की आख़िरी पंक्ति भी डूब जाती तो मार्सलीन, महान फ्रांसीसी जोकर, शाम की बेतुकी, चिकनी पोशाक में सजे-धजे, एक कैम्प स्टूल पर बैठे हाथ में मछली पकड़ने की रॉड लिये अवतरित होते और बड़ा-सा गहनों का बक्सा खोलते तथा अपने काँटे में हीरे का एक नेकलेस फँसाते और उसे पानी में डाल देते। थोड़ी देर के बाद वे छोटे आभूषण निकालते व ब्रेसलेट फेंकते और इस तरह पूरा-का-पूरा बक्सा ख़ाली कर डालते। अचानक उन्हें एक झटका लगता और तरह-तरह की मज़ाक़िया हरकतें करते हुए वे रॉड के साथ संघर्ष करते हुए प्रतीत होते तथा आख़िर में काँटे को खींचकर बाहर निकालते और हम देखते कि पानी में से एक छोटा-सा प्रशिक्षित कुत्ता बाहर आ रहा है। कुत्ता वही सब कुछ करता जो मार्सलीन करते। अगर वे बैठते तो कुत्ता भी बैठ जाता, अगर वे खड़े होते तो कुत्ता भी खड़ा हो जाता।

मार्सलीन की कॉमेडी हँसी-ठिठोली से भरी और आकर्षक थी तथा लंदन के लोग पागलपन की हद तक उनके दीवाने थे। रसोई के एक दृश्य में मुझे उनके साथ एक छोटा-सा मज़ाक़िया अंश दिया गया। मैं बिल्ली बना हुआ था और मार्सलीन एक कुत्ते के पीछे से आते हुए मेरे ऊपर गिर जाने वाले थे जबकि मैं दूध पी रहा होता। वे हमेशा शिकायत किया करते कि मैं अपनी कमर को इतना नहीं झुकाता कि उनके गिरने के बीच में आऊँ। मैंने बिल्ली का मुखौटा पहना हुआ था जिस पर हैरानी के भाव थे। बच्चों के लिए पहले मैटिनी शो में मैं कुत्ते के पिछले हिस्से की तरफ़ चला गया और उसे सूँघने लगा। जब दर्शक हँसने लगे तो मैं वापस मुड़ा और उनकी तरफ़ हैरानी से देखने लगा। फिर मैंने एक डोरी खींची जिससे बिल्ली की घूरती हुई आँख मूँद जाती थी। जब मैं कई बार सूँघने और आँख मारने का अभिनय कर चुका तो स्टेज मैनेजर लपकता हुआ बैक स्टेज में आया और विंग्स में से पागलों की तरह हाथ हिलाने लगा। लेकिन मैं अपने काम में लगा रहा। कुत्ते को सूँघने के बाद मैंने रंगमंच सूँघा और फिर अपनी टाँग उठा दी। दर्शक हँस-हँसकर दोहरे हो गए। शायद इसलिए क्योंकि ये हरकतें बिल्ली जैसी नहीं थीं। मैं इतना कूदा-फाँदा कि लोग हँसते-हँसते लोट-पोट हो गए। आख़िरकार मैनेजर से मेरी आँखें मिलीं और वे मुझ पर झल्लाए, "इस तरह की हरकत फिर कभी मत करना।" उनकी साँस फूल रही थी, "तुम ज़रूर इस थियेटर के मालिक लॉर्ड चैम्बरलिन को यह थियेटर बन्द करने पर मजबूर कर दोगे।"

'सिंडरेला' को आशातीत सफलता मिली। हालाँकि मार्सलीन को कहानी के तत्त्व या प्लॉट से कुछ लेना-देना नहीं था, फिर भी वे सबसे बड़ा आकर्षण थे। कई वर्ष बाद मार्सलीन न्यूयॉर्क के हिप्पोड्रोम में चले गए और उन्हें वहाँ भी हाथों-हाथ लिया गया। लेकिन जब हिप्पोड्रोम की जगह सर्कस ने ले ली, तो मार्सलीन को भुला दिया गया।

यह 1918 या उसके आसपास की बात है। जब रिंगलिंग ब्रदर्स का थ्री रिंग सर्कस लॉस एंजेल्स में आया, तो मार्सलीन उनके साथ थे। मैं यह मानकर चल रहा था कि उनका ज़िक्र पोस्टरों में होगा लेकिन मुझे यह देखकर गहरा धक्का लगा कि उनकी भूमिका बहुत से उन दूसरे जोकरों जैसी ही थी जो पूरे रिंग में यहाँ से वहाँ दौड़ते नज़र आते थे। एक महान कलाकार तीन रिंग वाले सर्कस की अश्लील तड़क-भड़क में खो गया था।

बाद में मैं उनके ड्रेसिंग रूम में गया और अपना परिचय दिया। उन्हें याद दिलाया कि मैंने उनके साथ लंदन के हिप्पोड्रोम में बिल्ली की भूमिका अदा की थी। लेकिन उनकी प्रतिक्रिया उदासीन थी। यहाँ तक कि अपने जोकर वाले मेकअप में भी उनका चेहरा सूजा हुआ लग रहा था तथा उदास और सुस्त लग रहे थे।

एक बरस बाद न्यूयॉर्क में उन्होंने ख़ुदकुशी कर ली। अख़बारों के एक कोने में छोटी-सी ख़बर छपी थी कि उसी घर में रहने वाले एक पड़ोसी ने गोली चलने की

आवाज़ सुनी थी और मार्सलीन को फ़र्श पर पड़े हुए देखा था। उनके एक हाथ में पिस्तौल थी और ग्रामोफ़ोन रिकॉर्ड अभी भी घूम रहा था। रिकॉर्ड पर जो गीत बज रहा था, वह था, 'मूनलाइट एंड रोज़ेज़।'

कई मशहूर अंग्रेज़ी कॉमेडियनों ने ख़ुदकुशी की। टी.ई. डनविले, जो बहुत ही आला दर्ज़े के हँसोड़ व्यक्ति थे, ने सैलून बार के भीतर जाते समय किसी को पीठ पीछे यह कहते सुन लिया था, "अब इस शख़्स के दिन लद गए," उसी दिन टेम्स नदी के किनारे उन्होंने अपने आपको गोली मार ली।

मार्क शेरिडन, जो इंग्लैंड के सर्वाधिक सफल कॉमेडियन थे, ने ग्लासगो में एक सार्वजनिक पार्क में अपने आपको गोली मार ली थी क्योंकि वे ग्लासगो के दर्शकों की अपेक्षाओं पर खरे नहीं उतरे थे।

फ्रैंक कॉयन, जिनके साथ हमने उसी शो में काम किया था, जाँबाज़ और हट्टे-कट्टे कॉमेडियन थे जो अपने एक हल्के-फुल्के गाने के लिए बहुत प्रसिद्ध थे—

आप मुझे घोड़े की पीठ पर दोबारा सवार नहीं पाएँगे,
यह नहीं है वह घोड़ा चढ़ सकूँ जिस पर मैं।
जिस घोड़े पर मैं चढ़ सकता हूँ वो तो
है वो जिस पर मोहतरमा सुखाती हैं कपड़े।

स्टेज के बाहर वे हमेशा ख़ुश रहते और मुस्कराते रहते। लेकिन एक दोपहर, अपनी पत्नी के साथ घोड़ी वाली गाड़ी पर सैर की योजना बनाने के बाद वे कुछ भूल गए और अपनी पत्नी से कहा कि वह इन्तज़ार करे और ख़ुद सीढ़ियाँ चढ़कर भीतर चले गए। बीस मिनट बाद जब उनकी पत्नी ऊपर यह देखने के लिए गईं कि उन्हें आने में देर क्यों हो रही है तो उन्होंने उन्हें बाथरूम के फ़र्श पर ख़ून से लथपथ पाया। उनके हाथ में उस्तरा था। उन्होंने अपना गला काटकर अपने आपको लगभग ख़त्म ही कर डाला था।

अपने बचपन में मैंने जिन कलाकारों के साथ काम किया था और जिन्होंने मुझे प्रभावित किया था, उनमें से ज़्यादातर स्टेज पर हमेशा से सफल नहीं थे लेकिन स्टेज से बाहर उनका व्यक्तित्व विलक्षण हुआ करता था। जार्मो नाम के एक कॉमेडी ट्रैम्प बाज़ीगर हुआ करते थे जो कड़े अनुशासन में काम करते थे और थियेटर के खुलते ही हर सुबह घंटों तक अपनी बाज़ीगरी का अभ्यास किया करते थे। हम उन्हें स्टेज के पीछे बिलियर्ड खेलने की छड़ी को अपनी ठुड्डी पर सन्तुलित करते हुए और बिलियर्ड की गेंद उछालकर उसे छड़ी के ऊपर टिकाते हुए देख सकते थे। इसके बाद वे दूसरी गेंद उछालते और पहली गेंद के ऊपर टिका देते। अक्सर वे दूसरी गेंद टिकाने में चूक जाते। उन्होंने मि. जैक्सन को बताया था कि वे चार बरस से लगातार इस ट्रिक का अभ्यास करते रहे थे और सप्ताह के अन्त में इसे पहली बार दर्शकों

के सामने दिखाना चाह रहे थे। उस रात हम सबने विंग्स में खड़े होकर उन्हें देखा। उन्होंने बिलकुल ठीक प्रदर्शन किया। गेंद को ऊपर उछालना और बिलियर्ड की छड़ी पर टिका देना और फिर दूसरी गेंद उछालना और उसे भी पहली गेंद के ऊपर टिका देना। वो भी पहली ही बार में लेकिन दर्शकों ने बहुत कम तालियाँ बजाईं।

मि. जैक्सन अक्सर उस रात का क़िस्सा बताते थे। उन्होंने जार्मो से कहा था, "तुम इस ट्रिक को बहुत ही आसान बना डालते हो। इस वजह से दर्शकों को आकर्षित नहीं कर पाते। तुम इसे कई बार मिस करो, तब जाकर गेंद को ऊपर टिकाओ, तब बात बनेगी।" जार्मो हँसे थे, "मैं इतना कुशल नहीं हूँ कि इसे मिस कर सकूँ।" जार्मो मस्तिष्क विज्ञान में भी दिलचस्पी रखते थे। वे हमारे चरित्र पढ़ा करते। उन्होंने मुझे बताया था कि मैं जो भी ज्ञान हासिल करूँगा, उसे बनाए रखूँगा और उसका बेहतर इस्तेमाल करूँगा।

इनके अलावा, ग्रिफ़िथ बन्धु हुआ करते थे—मज़ाक़िया और प्रभावशाली। उन्होंने मेरा मनोविज्ञान ही उलट-पुलट डाला था। वे दोनों कॉमेडी ट्रैपीज़ जोकर थे और ट्रैपीज़ पर झूला करते थे। मोटे पैड लगे जूतों से वे एक-दूसरे के मुँह पर ज़ोर से लात जमाते।

"आह", लात खाने वाला चिल्लाता।

"ज़रा एक बार फिर मारकर तो दिखा।"

"ले, और ले! एक और लात।"

और फिर लात खाने वाला हैरानी से देखता रह जाता और आँखें नचाता और कहता, "अरे देखो, इसने फिर से लात मार दी।"

मुझे इस तरह की पागलपन से भरी हिंसा से तकलीफ़ होती। लेकिन स्टेज से बाहर वे दोनों भाई बहुत प्यारे, शान्त और गम्भीर थे।

मेरा ख़याल है, किंवदन्ती बन चुके ग्रिमाल्डी के बाद डान लेनो महान अंग्रेज़ हास्य कलाकार रहे। हालाँकि मैंने लेनो को उनकी युवावस्था के दौरान कभी नहीं देखा। वे मेरे लिए हास्य कलाकार के बजाय चरित्र अभिनेता अधिक थे। उनके द्वारा निभाए जाने वाले लंदन के निचले वर्गों के सनक भरे जीवन के चरित्र अत्यन्त मानवीय और दिल को छू लेने वाले होते, माँ ने मुझे बताया था।

प्रसिद्ध मैरी लॉयड की प्रसिद्धि चंचल औरत के रूप में थी, हालाँकि जब हमने उनके साथ ओल्ड टिवोली स्ट्रैंड में अभिनय किया, तो वे बहुत ज़्यादा गम्भीर और सतर्क अभिनेत्री लगीं। मैं उन्हें आँखें फाड़े देखता रहा—एक छोटे क़द की मोटी बेचैन महिला जो घबराहट के साथ मंच के पीछे टहलती रहती थीं। वे तब तक बेचैन और डरी रहतीं जब तक उनका मंच पर जाने का समय न आ जाता। उसके बाद वे एकदम ख़ुशमिज़ाज दिखतीं और उनके चेहरे पर राहत के भाव आ जाते।

इसके अलावा, ब्रांसबाय विलियम्स, जो डिकेंस के पात्रों का अभिनय करते थे। उन्होंने 'उरिया हीप', 'बिल साइक्स' और 'द ओल्ड क्यूरोसिटी शॉप' के बूढ़े

आदमी की नक़ल से मुझे बहुत आनन्दित किया। उस ख़ूबसूरत, अभिजात पुरुष का ग्लासगो की उजड्ड जनता के सामने अभिनय करना और अपने आपको इन शानदार चरित्रों में ढालकर करतब दिखाना, थियेटर के नये ही अर्थ खोलता था।

उन्होंने साहित्य के प्रति भी मेरे मन में अनुराग जगाया। मैं जानना चाहता था कि आख़िर वह अबूझ रहस्य क्या है जो किताबों में छुपा होता है—डिकेंस के ज़मीनी रंग के चरित्र, जो इस तरह की आश्चर्यजनक क्रुईशांक्याई दुनिया में विचरते हैं! हालाँकि मैं मुश्किल से पढ़ पाता था, लेकिन आख़िरकार मैंने 'ऑलिवर ट्विस्ट' की प्रति ख़रीदी।

चार्ल्स डिकेंस के चरित्रों के प्रति मैं इतना रोमांचित था कि उनकी नक़ल करने वाले ब्रांसबाय विलियम्स की नक़ल करता। इस बात से इनकार कैसे किया जा सकता है कि इस तरह की उभरती हुई प्रतिभा पर किसी की निगाह न जाती। इसे छुपाकर कैसे रखा जा सकता था। तो हुआ यह कि एक दिन मि. जैक्सन ने मुझे अपने दोस्तों के साथ 'द ओल्ड क्यूरोसिटी शॉप' के बूढ़े का चरित्र निभाकर उसकी नक़ल करते देख लिया। तब और तभी मुझे जीनियस मान लिया गया तथा मि. जैक्सन ने तय कर लिया कि इस प्रतिभा का परिचय वे पूरी दुनिया से करा के रहेंगे।

यह मौक़ा आया मिडल्सबोरो के थियेटर में, जब हमारे क्लॉग नृत्य के बाद मि. जैक्सन स्टेज पर कुछ इस तरह का भाव लिये हुए आए मानो वे एक नये मसीहा का परिचय कराने के लिए चले आ रहे हों। उन्होंने घोषणा की कि उन्होंने एक बाल-प्रतिभा खोज निकाली है और वह 'द ओल्ड क्यूरोसिटी शॉप' के उस बूढ़े चरित्र में ब्रांसबाय विलियम्स की नक़ल करके दिखाएगा जो अपनी नन्ही पोती नेल की मृत्यु को स्वीकार नहीं कर पाता।

लेकिन दर्शक इसके लिए बहुत ज़्यादा तैयार नहीं थे, क्योंकि वे पहले ही अपनी पूरी शाम एक बोर मनोरंजन में बर्बाद कर चुके थे। अलबत्ता, मैं अपनी डांस वाली सामान्य पोशाक पहने हुए ही मंच पर आया। मैंने लेस वाले कॉलर के साथ सफ़ेद लिनन का ब्लाउज़, चमकीले बैगी पैंट (जो घुटनों के नीचे बटन या बकल से कसे होते हैं) और नाचने के समय के लाल जूते पहने हुए थे और ऐसा लग रहा था जैसे कोई नब्बे बरस का बूढ़ा हो। कहीं से हमें एक पुरानी विग मिल गई थी—शायद मि. जैक्सन ने ख़रीदी होगी, यह काफ़ी बड़ी थी इसलिए मुझे पूरी नहीं आ रही थी। हालाँकि मेरा सिर भी बड़ा था लेकिन विग उससे भी बड़ी थी। यह एक गंजे आदमी वाली विग थी और उसके चारों तरफ़ सफ़ेद लटें झूल रही थीं, इसलिए जब मैं स्टेज पर एक बूढ़े आदमी की तरह झुका हुआ पहुँचा तो कुछ-कुछ घिसटते गुबरैले जैसा लग रहा था। दर्शकों ने इस दृश्य को दबी हँसी के साथ स्वीकार किया।

इसके बाद तो उन्हें चुप कराना ही मुश्किल हो गया। मैं फुसफुसाकर बोल रहा था, "हश्श...हश्श...शोर मत करो, नहीं तो मेरी नेल जग जाएगी।"

"ज़ोर से बोलो, ज़ोर से बोलो।" दर्शक चिल्लाए।

लेकिन मैं बहुत ही अनौपचारिक तरीक़े से उसी तरह फुसफुसाहट के स्वर में बोलता रहा। मैं इतने अन्तरंग तरीक़े से बोल रहा था कि दर्शक पैर पटकने लगे। चार्ल्स डिकेंस के चरित्रों को जीने के रूप में यह मेरे कॅरियर का अन्त था।

हम किफ़ायत से रहते थे और हम एट लंकाशायर लैड का जीवन ठीक-ठाक चल रहा था। हालाँकि कभी-कभी हम लोगों में छोटी-मोटी असहमति भी हो जाती। मुझे याद है, हम दो युवा एक्रोबैट्स के साथ एक ही प्रस्तुति में काम कर रहे थे। प्रशिक्षु लड़के मेरी ही उम्र के रहे होंगे। उन्होंने हमें गुप्त तरीक़े से बताया कि उनकी माँओं को तो हफ़्ते के सात शिलिंग और छह पेंस मिलते हैं तथा हर सोमवार की सुबह उन्हें नाश्ते की बेकन और अंडे की प्लेट के नीचे एक शिलिंग की पॉकेटमनी भी रखी मिलती है। लेकिन हमें तो, हमारे ही एक साथी ने शिकायत की, "सिर्फ़ दो ही पेंस मिलते हैं और ब्रेड जैम का नाश्ता मिलता है।"

मि. जैक्सन के पुत्र जॉन ने जब यह सुना कि हम शिकायत कर रहे हैं तो वह रुआँसा हो गया और रो पड़ा। उसने हमें बताया कि उसे कई बार लंदन के उन उपनगरों में ऐसे भी सप्ताह गुज़ारने पड़ते हैं जब उसके पिता को पूरी मंडली के लिए मात्र सात पाउंड ही मिल पाते हैं और सारा ख़र्च उठाने में वे बहुत ही मुश्किल का सामना कर रहे हैं।

उन दोनों युवा एक्रोबैट्स की शानदार जीवन-शैली का ही असर था कि हमने भी एक्रोबैट बनने की हसरतें पाल लीं। इसलिए कई बार सुबह के वक़्त, जैसे ही थियेटर खुलता, हम में से एक या दो लड़के एक रस्सी के साथ कलाबाज़ियाँ खाने का अभ्यास करते। हम रस्सी को अपनी कमर से बाँध लेते, जो एक पुली से जुड़ी होती और हम में से एक लड़का रस्सी को थामे रहता। मैंने इस तरीक़े से अच्छी कलाबाज़ियाँ खाना सीख लिया था कि तभी मैं गिरा और मेरे अँगूठे में मोच आ गई। इसी के साथ मेरे एक्रोबैट कॅरियर का भी अन्त हो गया।

नृत्य के अलावा हमेशा हम लोगों की कोशिश होती कि हम अपनी प्रस्तुति में नया कुछ जोड़ें। मैं एक कॉमेडी बाज़ीगर बनना चाहता था और इसके लिए मैंने इतने पैसे बचा लिये थे कि चार रबर की गेंदें और टिन की चार प्लेटें ख़रीद लीं। मैं अपने बिस्तर के पास खड़ा घंटों इनके साथ अभ्यास किया करता।

मि. जैक्सन सचमुच एक बेहतरीन आदमी थे। मेरे ट्रूप छोड़ने से तीन महीने पहले उन्होंने मेरे पिता की सहायतार्थ एक आयोजन किया। उसमें हम लोग भी शामिल हुए थे। मेरे पिता उन दिनों बहुत बीमार चल रहे थे। इस प्रदर्शन में कई वैराइटी कलाकारों ने बिना कोई शुल्क लिये अपनी सेवाएँ दीं। मि. जैक्सन की एट लंकाशायर लैड ने भी अपनी सेवाएँ दीं। उस सहायतार्थ आयोजन में मेरे पिता स्टेज पर मौज़ूद थे और बहुत मुश्किल से साँस ले पा रहे थे। अपना भाषण देते हुए भी वे बहुत तकलीफ़ में

थे। मैं स्टेज पर एक तरफ़ खड़ा उन्हें देख रहा था। उस वक़्त मैं नहीं जानता था कि वे तिल-तिलकर मौत की तरफ़ बढ़ रहे थे।

हम लंदन में होते तो मैं हर सप्ताह माँ से मिलने के लिए जाता। उन्हें लगता कि मैं पीला पड़ गया हूँ कमज़ोर हो गया हूँ और नाचने से मेरे फेफड़ों पर असर हो रहा है। इस बात ने उन्हें इतना चिन्तित कर दिया कि उन्होंने इस बारे में मि. जैक्सन को पत्र लिखा। इस बात से मि. जैक्सन इतने नाराज़ हुए कि आख़िरकार उन्होंने मुझे यह कहते हुए घर का रास्ता दिखा दिया कि मैं यानी चिन्तातुर माँ का लाड़ला इतनी परेशानी उठाने के लायक़ नहीं हूँ।

वापस आने के कुछ ही हफ़्तों के बाद मुझे दमा हो गया। दमे के दौरे इतने तेज़ होते कि माँ को पूरा यक़ीन हो गया कि मुझे टीबी हो गई है और वे मुझे तुरन्त ब्रॉम्पटन अस्पताल ले गईं, जहाँ मेरी पूरी जाँच की गई। मेरे फेफड़ों में कोई ख़राबी नहीं थी, बस, मुझे दमा हो गया था। महीनों तक मैं उसकी तकलीफ़ से जूझता रहा। मुझे साँस लेने में भी तकलीफ़ होती थी। कई बार तो मेरी खिड़की से बाहर कूद जाने की इच्छा होती। सिर पर कंबल डाले जड़ी-बूटियों की भाप लेने से भी सिरदर्द में कोई कमी न आती। लेकिन जैसा कि डॉक्टर ने कहा था कि मैं ठीक हो जाऊँगा, अन्तत: मैं ठीक हो ही गया।

इस दौरान की मेरी कुछ स्मृतियाँ स्पष्ट तो कुछ धूमिल हैं। उस समय की सबसे उल्लेखनीय छवि हमारी दयनीय हालात का दलदल है। मुझे याद नहीं पड़ता कि उन दिनों सिडनी कहाँ था। चूँकि वह मुझसे चार बरस बड़ा था, अत: उसका ख़याल कभी-कभार ही मेरे ज़ेहन में आता। हो सकता है कि माँ की तंग हालत के कारण वह नाना के पास रह रहा हो। माँ और मैं अपना सामान उठाए एक ग़रीबख़ाने से दूसरे ग़रीबख़ाने की ओर कूच करते रहते और अन्तत: 3, पाउनाल टैरेस की दुछत्ती पर आ बसे।

मुझे अपनी ग़रीबी के सामाजिक कलंक का अच्छी तरह से भान था। ग़रीब से ग़रीब बच्चे भी रविवार की शाम को घर के बने डिनर का लुत्फ़ ले लिया करते थे। घर पर कोई भुनी हुई चीज़ होने का मतलब सम्मानजनक स्थिति हुआ करता था जो एक ग़रीब को दूसरे ग़रीब से अलग करती थी। वे लोग, जिनके पास रविवार की शाम घर पर डिनर के लिए खाना नहीं होता था। उन्हें भिखमंगे वर्ग का माना जाता था और हम उसी वर्ग में आते थे। माँ मुझे नज़दीकी कॉफ़ी शॉप से छह पेनी का डिनर (मीट और दो सब्ज़ियाँ) लेने के लिए भेजतीं। सबसे ज़्यादा शर्म की बात यह होती कि यह रविवार की शाम होती। मैं उनके आगे हाथ जोड़ता कि वे घर पर ही कोई चीज़ क्यों नहीं बना लेतीं और वे यह समझाने की कोशिश करतीं कि घर पर यही चीज़ें बनाने में दुगुनी लागत आएगी।

अलबत्ता, एक सौभाग्यशाली शुक्रवार को, जब उन्होंने घुड़दौड़ में पाँच शिलिंग जीते थे, मुझे ख़ुश करने की नीयत से माँ ने तय किया कि वे रविवार के दिन घर

पर ही डिनर बनाएँगी। दूसरी स्वादिष्ट चीज़ों के अलावा वे भूनने वाला मांस भी लाईं जिसके बारे में वह तय नहीं कर पा रही थीं कि वह गाय का मांस है या गुर्दे की चर्बी का लोंदा है। यह लगभग पाँच पौंड का था और उस पर चिप्पी लगी हुई थी, "भूनने के लिए।"

चूँकि हमारे पास ओवन नहीं था, इसलिए माँ ने उसे भूनने के लिए मकान-मालकिन का ओवन इस्तेमाल किया और बार-बार उनकी रसोई के भीतर आने-जाने की ज़हमत से बचने के लिए अन्दाज़ से उस मांस के लोंदे को भूनने के लिए ओवन का टाइम सेट कर दिया। उसके बाद ही वे रसोईघर में गईं। लेकिन हमारी बदक़िस्मती से हुआ यह कि हमारा मांस का टुकड़ा क्रिकेट की गेंद के आकार का ही रह गया। हालाँकि माँ की इस दृढ़ता के बावजूद कि हमारा बाहर का छह पेंस का खाना कम तकलीफ़देह और ज़्यादा स्वादिष्ट होता है, मैंने उस भोजन का भरपूर आनन्द लिया और महसूस किया कि हम भी किसी से कम नहीं।

*

अचानक हमारे जीवन में एक परिवर्तन आया। माँ अपनी एक पुरानी सहेली से मिलीं जो बहुत समृद्ध, रसूख़ वाली, ख़ूबसूरत और तेज़-तर्रार महिला बन चुकी थी तथा जिसने एक अमीर बूढ़े कर्नल की मिस्ट्रेस बनने के लिए स्टेज को अलविदा कह दिया था।

वह स्टॉकवेल के फ़ैशनपरस्त ज़िले में रहा करती थी। माँ से फिर से मिलने के अपने उत्साह में उसने हमें आमंत्रित किया कि हम गर्मियों में उसके यहाँ आकर रहें। चूँकि सिडनी गाँवों की तरफ़ मस्ती करने के लिए गया हुआ था; इसलिए माँ को मनाने में ज़रा भी तकलीफ़ नहीं हुई। उन्होंने अपनी सूई और कसीदेकारी के हुनर से अपने कपड़ों को ठीक-ठाक कर लिया और मैंने अपना संडे-सूट पहन लिया। यह एट लंकाशायर लैड की देन था और इस मौक़े के हिसाब से बढ़िया लग रहा था।

इस तरह रातोंरात हम लैंसडाउन स्क्वायर के एक बहुत ही शान्त कोने वाले मकान में पहुँच गए। घर नौकरों से भरा हुआ था तथा जहाँ गुलाबी और नीले बेडरूम, छींट के पर्दे और सफ़ेद भालू के बालों के गलीचे थे। मुझे बहुत अच्छी तरह से याद है डाइनिंग रूम के साइड बोर्ड को सजाने वाले बड़े नीले हॉटहाउस ग्रेप्स की और यह बात मुझे काफ़ी लज्जा से भर देती जब मैं देखता कि वे रहस्यमय तरीक़े से ग़ायब होते चले जा रहे हैं और दिन बीतने के साथ उनके ढाँचे भर नज़र आने लगे थे।

घर के भीतर काम करने के लिए चार औरतें थीं। एक खाना पकाने वाली और तीन नौकरानियाँ। माँ और मेरे अलावा वहाँ पर एक और मेहमान था जो एक तनावग्रस्त सुदर्शन युवक था जिसकी अच्छी तरह काटी हुई लाल मूँछें थीं। वह बहुत ही आकर्षक व्यक्तित्व का मालिक और सज्जन तथा उस घर के स्थायी निवासी

की तरह था, लेकिन सफ़ेद मूँछों वाले कर्नल महाशय के नज़र आने तक ही। उनके आते ही वह ख़ूबसूरत नौजवान ग़ायब हो जाता।

कर्नल महोदय का आना कभी-कभार ही होता। हफ़्ते में दो-एक बार। जब वे वहाँ होते तो पूरे घर में रहस्य का एक आवरण छा जाता और उनकी मौजूदगी हर जगह महसूस की जाती। माँ मुझे बतातीं कि उनके सामने न पड़ा करूँ। लेकिन एक दिन मैं ठीक उसी वक़्त हॉल में जा पहुँचा जब वे सीढ़ियों से नीचे उतर रहे थे। वे लम्बे और राजसी ठाठ-बाट वाले व्यक्ति थे। उन्होंने फ्रॉक कोट और टॉप हैट पहने हुए थे। उनका चेहरा गुलाबी था। लम्बी सफ़ेद कलमें चेहरे के दोनों तरफ़ काफ़ी नीचे तक थीं और सिर गंजा था। वे मेरी तरफ़ देखकर शिष्टता से मुस्कराए और अपने रास्ते चले गए।

मैं समझ नहीं पाता था कि उनके आने के पीछे का यह सब हँगामा क्या था और उनके आते ही अफ़रा-तफ़री क्यों मच जाती थी। वे कभी भी बहुत अधिक अरसे तक नहीं रहते। उनके जाते ही सलीके से काटी गई मूँछों वाला नौजवान जल्दी ही लौट आता और सब कुछ पहले की तरह सामान्य ढंग से चलने लगता।

मैं कुतरी हुई मूँछों वाले नौजवान का मुरीद हो गया था। हम दोनों क्लाफ़ाम कॉमन तक लम्बी सैर पर जाते और हमारे साथ मालकिन के दो ख़ूबसूरत ग्रेहाउंड कुत्ते होते। उन दिनों क्लाफ़ाम कॉमन का माहौल बेहद ख़ूबसूरत हुआ करता था। यहाँ तक कि केमिस्ट की दुकान भी, जहाँ से हम अक्सर ख़रीदारी किया करते थे, फूलों के अर्क की गंध, इत्रों, साबुनों और पाउडरों के साथ भव्य लगा करती थी। मेरे दमे के इलाज के लिए उन्होंने माँ से रोज़ सवेरे मुझे ठंडे पानी से नहलाने के बारे में कहा और इससे शायद फ़ायदा भी हुआ। इस तरह स्नान करना बहुत ही स्वास्थ्यकर था और मैं उसे पसन्द करता हुआ बड़ा हुआ।

सबसे उल्लेखनीय बात यह है कि आदमी किस सफ़ाई से अपने आपको सामाजिक मान-मर्यादाओं के अनुसार ढाल लेता है और उपलब्ध भौतिक सुविधाओं के साथ कितनी अच्छी तरह से एकाकार या उनका आदी हो जाता है। एक सप्ताह के भीतर ही मेरे लिए सब कुछ सहज स्वीकार्य हो चला था। बेहतर होने का बोध—सुबह-सवेरे की औपचारिकताएँ, कुत्तों को उनके चमड़े के नये भूरे पट्टे पकड़े सैर के लिए ले जाना, फिर ख़ूबसूरत घर में वापस लौटना जहाँ चारों तरफ़ नौकर-चाकर हों और शानदार तरीक़े से चाँदी के बर्तनों में परोसे जाने वाले दोपहर के भोजन की प्रतीक्षा करना।

हमारे घर का पिछवाड़ा एक दूसरे घर के पिछवाड़े से सटा हुआ था। उस घर में भी उतने ही नौकर थे जितने हमारे घर में थे। उस घर में तीन लोग रहा करते थे, एक युवा दम्पति और उनका एक लड़का, जो लगभग मेरी ही उम्र का था। उसके पास एक बालघर था जिसमें बहुत ख़ूबसूरत खिलौने भरे हुए थे। मुझे अक्सर उसके

साथ खेलने के लिए बुला लिया जाता और रात के खाने के लिए रोक लिया जाता। हम दोनों अच्छे दोस्त बन गए थे। उसके पिता सिटी बैंक में किसी बहुत अच्छे पद पर काम करते थे और माँ युवा तथा बेहद ख़ूबसूरत थी।

एक दिन मैंने अपनी तरफ़ वाली नौकरानी को उस लड़के की नौकरानी से गुपचुप बात करते हुए सुन लिया कि उन्हें लड़के के लिए एक गवर्नेस की ज़रूरत है।

"और इसे भी उसी की ज़रूरत है।" हमारी वाली नौकरानी ने मेरी तरफ़ इशारा करते हुए कहा। मैं इस बात से बेहद रोमांचित हो गया कि मेरी भी अमीर लड़कों की तरह देखभाल की जाएगी लेकिन मैं इस बात को कभी समझ नहीं पाया कि क्यों उसने मेरा दर्ज़ा इतना ऊपर उठा दिया था। हाँ, यह बात अलग है कि वह जिन लोगों के लिए काम करती थी उनका सामाजिक दर्ज़ा भी—जिनके पड़ोस में वे लोग रहते थे—के बराबर का था। उसके बाद, मैं जब भी पड़ोस के उस लड़के के साथ खाना खाता था, मुझे कमोबेश यही लगता था कि मैं बिन बुलाया मेहमान हूँ।

जिस दिन हम उस ख़ूबसूरत घर से अपने 3, पाउनाल के घर लौटने के लिए वापस चले, वह दिन उदासी भरा था लेकिन एक तरह की राहत भी थी कि हम अपनी आज़ादी में वापस लौट रहे हैं। मेहमान के तौर पर वहाँ रहते हुए आख़िर हमें कुछ तनाव तो होता ही था। और जैसा कि माँ कहा करती थीं, मेहमान केक की तरह होते हैं। अगर उसे बहुत देर तक रखा जाए तो वह बासी और न खाने योग्य हो जाता है। इस तरह उस संक्षिप्त और शानो-शौक़त से भरे वक़्त के रेशमी पल हमसे छिन गए तथा हम एक बार फिर अपने जाने-पहचाने फटेहाल तौर-तरीक़ों में लौट आए।

चार

1899 गलमुच्छों का बरस था—गलमुच्छों वाले राजा, राजनयिक, सैनिक और नाविक, कुम्हार, सेलिसबरी, रसोइये, कैसर और क्रिकेट खिलाड़ी—दिखावे और शोशेबाज़ी का वाहियात बरस, बेइन्तहा अमीरी और बेइन्तहा ग़रीबी का बरस। कार्टून और प्रेस, दोनों की शून्यता से भरी राजनीतिक हठधर्मिता से भरा बरस। लेकिन इंग्लैंड को अभी कई धक्के और बदमज़गियाँ सहनी थीं। अफ़्रीकी ट्रांसवाल में कुछ बोअर किसान बिना वजह युद्ध छेड़े हुए थे और बड़े-बड़े पत्थरों व चट्टानों के पीछे से निशाना लगाते हुए हमारे लाल कोटधारी सैनिकों को मार रहे थे। इसे देखते हुए हमारे सैन्य कार्यालय के अधिकारियों को कुछ सूझा और उन्होंने तुरत-फुरत लाल कोट को खाक़ी में बदल दिया। अगर बोअर उन्हें इस रूप में मारना चाहें तो भले ही मार सकते थे।

मुझे युद्ध की ज़्यादा जानकारी नहीं थी और जो थी वह मुझे देशभक्ति के गीतों, विविध मंचों पर हास्यमय प्रस्तुतियों और सिगरेट की डिब्बियों पर छपी जनरलों की तसवीरों के माध्यम से मिली थी। हमारे दुश्मन बेशक ख़त्म न होने वाले खलनायक थे। कभी सुनने में आता कि बोअर लोगों ने लेडी स्मिथ को घेर लिया है और मेफ़किंग को मुक्त करा लेने के बाद इंग्लैंड ख़ुशी के मारे पागल हो गया है। आख़िरकार हम जीत ही गए, हालाँकि यह जीत भी परेशान ही करने वाली थी। मैं ये सारी बातें सबसे सुनता था लेकिन माँ इस बारे में कुछ नहीं बताती थीं। उन्होंने कभी भी लड़ाई का ज़िक्र नहीं किया। उनके पास लड़ने के लिए ख़ुद की लड़ाइयाँ थीं। सिडनी अब चौदह बरस का हो चला था। उसने स्कूल छोड़ दिया था और उसे स्ट्रैंड डाकघर में तारवाले के रूप में काम मिल गया था। सिडनी की पगार और माँ की सिलाई मशीन की वजह से होने वाली कमाई से हमारा घर किसी तरह ठीक-ठाक चल रहा था लेकिन इसमें माँ का योगदान मामूली ही था। वह मज़दूरों का शोषण करनेवाली किसी दुकान के लिए काम करती थीं और उन्हें एक दर्ज़न ब्लाउज़ सीने के एवज में एक शिलिंग और छह पेंस मिलते थे। हालाँकि उन्हें डिज़ाइन पहले से ही कटकर मिला करते थे, फिर भी एक दर्ज़न ब्लाउज़ सीने में उन्हें पूरे बारह घंटे लग जाया करते थे। माँ का रिकॉर्ड था एक हफ़्ते में चौवन ब्लाउज़ सीकर देने का। इससे उन्हें छह शिलिंग और नौ पेंस की कमाई होती थी।

रात को अक्सर मैं अपनी दुछत्ती में लेटा जागता रहता और उन्हें अपनी मशीन पर झुककर काम करते हुए देखा करता। उनका सिर तेल की कुप्पी की रोशनी में झुका रहता और हल्की रोशनी में चेहरा नज़र आता। उनके होंठ तनाव के कारण थोड़े से खुले होते और वे अपनी मशीन पर तेज़ी से सिलाई का काम करती रहतीं। उनके काम की ऊबा देने वाली आवाज़ की वजह से मुझे झपकी आ जाती। वे जब भी रात को इस तरह से देर तक काम करती थीं तो उनके सामने एक ही मक़सद होता—पैसों की अगली किसी-न-किसी क़िस्त की मीयाद सिर पर होती। क़िस्तों की अदायगी की समस्या हमेशा सिर पर खड़ी ही रहती।

अब एक और संकट आ खड़ा हुआ था। सिडनी को कपड़ों के नये जोड़े की ज़रूरत थी। वह अपनी टेलीग्राफ़ वाली यूनिफ़ार्म हफ़्ते के सभी दिन, यहाँ तक कि रविवार को भी डाटे रहता था जब तक कि उसके यार-दोस्त उसे इस यूनिफ़ार्म को लेकर छेड़ने नहीं लगे। इसी वजह से वह दो सप्ताहान्त में घर पर ही रहा जब तक माँ के पास उसके लिए नीले सर्ज का सूट ख़रीदने लायक़ पैसे नहीं हो गए। किसी तरह उन्होंने अट्ठारह शिलिंग का बंदोबस्त कर लिया था। इससे हमारी अर्थव्यवस्था भारी दिवालियेपन की हालत में आ गई थी, सो माँ को मजबूरन हर सोमवार को, जब सिडनी टेलीग्राफ़ ऑफ़िस चला जाता था, सूट गिरवी रखना पड़ता था जिसके लिए सात शिलिंग मिलते थे। हर शनिवार को सूट वापस ले लिया जाता ताकि हफ़्ते

की छुट्टियों के दौरान सिडनी उसे पहन सके। यह साप्ताहिक व्यवस्था लगभग पूरे साल तब तक चलती रही जब तक सूट फटकर तार-तार नहीं हो गया। तभी यह झटका लगा।

सोमवार की सुबह माँ हमेशा की तरह गिरवी वाली दुकान पर गईं तो दुकानदार हिचकिचाया, "माफ़ करना, मिसेज़ चैप्लिन, लेकिन अब हम आपको सात शिलिंग उधार नहीं दे सकते।"

माँ हैरान रह गईं, "लेकिन क्यों?" उन्होंने पूछा।

"इसमें अच्छा-ख़ासा जोख़िम है। देखिए तो ज़रा, पैंट तार-तार हो रही है।" दुकानदार पैंट की सीट पर हाथ रखते हुए बोला, "आप उसके आर-पार देख सकती हैं।"

"लेकिन इन कपड़ों को अगले हफ़्ते छुड़ा लिया जाएगा।" माँ ने कहा।

गिरवी वाले ने सिर हिलाते हुए कहा, "बहुत हुआ तो मैं आपको कोट और वेस्टकोट के लिए तीन शिलिंग दे सकता हूँ।"

माँ कभी भी रोती नहीं थीं लेकिन इस तरह की अचानक आई मुसीबत को सह न पाने के कारण वे आँसू बहाती घर वापस आईं। पूरा हफ़्ता घर का ख़र्च चलाने के लिए उन्हें इन सात शिलिंग का ही सहारा था।

इस बीच मेरे ख़ुद के कपड़े, सच कहूँ तो चीथड़े हो रहे थे। मेरी एट लंकाशायर लैड की जो पोशाक थी, वह अब तार-तार हो चली थी। जहाँ-तहाँ पैबन्द लगे हुए थे। कुहनी पर, पैंट पर, जूतों पर और मोज़ों पर। अपनी इसी हालत में मैं स्टॉकवैल के अपने ख़ास नन्हे दोस्त से जा टकराया। मुझे नहीं पता था कि वह केनिंगटन रोड पर क्या कर रहा था, लेकिन उसे देखकर मैं परेशानी में पड़ गया था। हालाँकि वह मुझसे बहुत प्यार से मिला लेकिन अपनी खस्ता हालत के कारण मैं उससे आँखें नहीं मिला पा रहा था। अपनी परेशानी छुपाने के लिए मैंने अपना आज़माया हुआ तरीक़ा अपनाया और अपनी बेहतरीन, सधी हुई आवाज़ में उसे बताया कि चूँकि मैं बढ़ईगिरी की अपनी कक्षा से आ रहा हूँ; इसलिए मैं पुराने कपड़े पहने हुए हूँ।

हालाँकि उसे मेरी इस सफ़ाई में ज़रा-सी भी दिलचस्पी नहीं थी। वह हैरान लग रहा था और अपनी हैरानी को छुपाने के लिए वह दाएँ-बाएँ देखने लगा। फिर उसने माँ के बारे में पूछा।

मैंने तत्काल जवाब दिया कि माँ तो आजकल गाँव गई हुई हैं। फिर मैंने बात बदलकर उसी के बारे में पूछना शुरू कर दिया, "और सुनाओ, आजकल वहीं रह रहे हो क्या?"

"हाँ।" उसने मुझे ऊपर से नीचे तक इस तरह घूरकर देखा मानो मैंने कोई अपराध कर दिया हो।

"अच्छा, तो मैं ज़रा चलूँगा," मैंने अचानक कहकर अपनी जान छुड़ाई।

वह सहर्ष मुस्कराया और 'अच्छा अलविदा' कहकर चला गया। वह एक तरफ़ चला और मैं उसकी विपरीत दिशा में बढ़ा। मैं ग़ुस्से और शर्म के कारण गिरते-पड़ते भागा जा रहा था।

*

माँ हमेशा कहा करती थीं, "कई बार अपनी जगह से नीचे आकर यानी मर्यादा छोड़कर किसी की मदद करने पर भी हो सकता है तुम्हारी की मदद निरर्थक हो। (इसलिए कभी-कभी कुछ बातों या मुद्दों को छोड़ देना बेहतर होता है, उनमें समय और ऊर्जा बर्बाद नहीं करनी चाहिए।)" लेकिन वे ख़ुद इस सूत्र वाक्य का पालन नहीं करती थीं जिससे अक्सर मेरी शिष्टता के बोध को ठेस लगती थी। एक दिन जब मैं ब्रॉम्पटन अस्पताल से लौट रहा था, मैंने देखा कि माँ कुछ सड़कछाप लड़कों को धकिया रही थीं क्योंकि वे एक पागल औरत को सता रहे थे। उस औरत ने बुरी तरह से गन्दे चीथड़े लपेटे हुए थे और ख़ुद भी काफ़ी गन्दी थी। उसका सिर मुँड़ा हुआ था और ये उन दिनों असामान्य बात समझी जाती थी। लड़के उस पर हँस रहे थे और एक-दूसरे को उस पर धकिया रहे थे। वे उसे छू नहीं रहे थे मानो उसे छूने से उन्हें गन्दगी लग जाएगी। वह दुखियारी तब तक भयभीत हिरणी की तरह सड़क के बीचोबीच खड़ी रही जब तक माँ ने जाकर उसे उन दुष्ट लड़कों से छुड़ा नहीं लिया। फिर उस औरत के चेहरे पर पहचान के चिह्न उभरे और उसने कमज़ोर आवाज़ में माँ को उनके स्टेज के नाम से पुकारा, "क्या तुम मुझे पहचानती हो? मैं इवा लेस्टॉक हूँ।"

माँ ने उसे तुरन्त पहचान लिया। वह माँ की वैराइटी स्टेज की पुरानी दोस्त थी।

माँ की इस बात से मैं इतना परेशान हो गया कि आगे बढ़ गया और आगे कोने पर जाकर इन्तज़ार करने लगा। बच्चे मेरे पास से गुज़र गए। वे फ़ब्तियाँ कस रहे थे और खी-खी करके हँस रहे थे। मैं ग़ुस्से से लाल-पीला हो रहा था। मैं यह देखने के लिए मुड़ा कि माँ क्या कर रही हैं। लेकिन यह क्या! हे भगवान, वह औरत तो माँ के साथ लग ली थी और अब दोनों मेरी तरफ़ चली आ रही थीं।

माँ ने कहा, "तुम्हें नन्हा चार्ली याद है?"

"तुम याद की बात करती हो, जब वो ज़रा-सा था, मैंने कितनी बार उसे अपनी बाँहों में उठाया था।" उस औरत से लाड़ से कहा।

यह विचार बहुत लिजलिजा था क्योंकि वह औरत बहुत गन्दी और घिनौनी थी और जब हम आ रहे थे तो मुझे इस बात से ख़ासी कोफ़्त हो रही थी कि लोग मुड़-मुड़कर हम तीनों को देख रहे थे।

माँ उसे वैराइटी के दिनों से 'रँगीली इवा लैस्टॉक' के नाम से जानती थीं। उन दिनों वह आकर्षक और ख़ूबसूरत हुआ करती थी, ऐसा मुझे माँ ने बताया।

उसने माँ को बताया कि वह बीमार थी और अस्पताल में थी, लेकिन अस्पताल छोड़ने के बाद से वह मेहराबों के तले और मुक्ति दायिनी सेना के रैन बसेरों में ही सो रही थी।

सबसे पहले तो माँ ने उसे स्नान के लिए सार्वजनिक स्नानघर भेजा और उसके बाद मेरे आश्चर्य की सीमा न रही, क्योंकि माँ उसे अपने साथ हमारी दुछत्ती पर ले आईं। उसकी इस हालत के पीछे उसकी बीमारी ही थी या कोई और कारण, मैं नहीं जान पाया। इससे वाहियात बात और क्या हो सकती थी कि वह सिडनी की आरामकुर्सी वाले बिस्तर पर सोई थी। अलबत्ता, माँ ने उसे वे कपड़े निकालकर दिये जो वे दे सकती थीं और उसे दो शिलिंग भी उधार दिये। तीन दिन बाद वह चली गई और वही आख़िरी बार था जब हमने 'रँगीली इवा लैस्टॉक' के बारे में देखा या सुना था।

*

पिता के मरने से पहले माँ ने पाउनाल टैरेस वाला घर छोड़ दिया था और अपनी एक सहेली, गिरजाघर की सदस्या और समर्पित ईसाई महिला मिसेज़ टेलर के घर में एक कमरा किराये पर ले लिया था। वे एक छोटे क़द की, लगभग पचास बरस की भरे हुए बदन की महिला थीं। उनका जबड़ा चौकोर और चेहरा पीला व झुर्रियोंदार था। गिरजाघर में उन्हें देखते समय मैंने पाया था कि उनके दाँत नक़ली थे। जब वे गातीं तो उनके दाँत उनके ऊपरी जबड़े से जीभ पर गिर जाते, जो बहुत ही मोहक नज़ारा होता।

उनका व्यवहार प्रभावशाली था और उनके पास अकूत ऊर्जा थी। उन्होंने माँ को अपनी ईसाइयत की छत्रच्छाया में ले लिया था और अपने बड़े से घर की दूसरी मंज़िल पर सामने की तरफ़ वाला कमरा बहुत ही वाजिब किराये पर हमें दे दिया था। यह घर क़ब्रिस्तान के पास था।

उनके पति चार्ल्स डिकेंस के पात्र मि. पिकविक की हूबहू प्रतिकृति थे और उनका घर की सबसे ऊपर वाली मंज़िल पर गणित में काम आने वाले रूलर बनाने का अपना कारख़ाना था। छत पर आसमानी रोशनी आती और मुझे वह जगह बिलकुल स्वर्गतुल्य लगती क्योंकि वहाँ बहुत शान्ति होती। मैं अक्सर मि. टेलर को काम करते हुए देखता जब वे अपने मोटे काँच वाले चश्मे और मैग्नीफाइंग ग्लास से गहराई से देख रहे होते और स्टील का कोई स्केल बना रहे होते जिससे इंच के पाँचवें हिस्से को भी नापा जा सकता था। यूँ तो वे अकेले काम करते थे लेकिन मैं अक्सर उनके छोटे-मोटे काम कर दिया करता।

मिसेज़ टेलर की एक ही इच्छा थी कि किसी तरह वे अपने पति को ईसाई धर्म की ओर मोड़ दें। उनकी धार्मिक नैतिकता के हिसाब से उनके पति पापी थे।

उनकी बेटी शक्ल-सूरत में बिलकुल अपनी माँ पर गई थी, सिर्फ़ उसका चेहरा कम पीलापन लिये हुए था और हाँ, वह काफ़ी जवान भी थी, आकर्षक होती अगर उतनी ढीठ न होती और उसके तौर-तरीक़े आपत्तिजनक न होते। अपने पिता की तरह वह भी चर्च नहीं जाती थी। लेकिन मिसेज़ टेलर ने उन दोनों को धर्म की शरण में लाने की उम्मीद कभी नहीं छोड़ी। बेटी अपनी माँ की आँखों का तारा थी लेकिन मेरी माँ की आँखों का नहीं।

एक दोपहर, जब मैं ऊपर वाली मंज़िल पर मि. टेलर को काम करते हुए देख रहा था, मैंने नीचे से माँ और मिसेज़ टेलर के बीच कहा-सुनी की आवाज़ सुनी। मिसेज़ टेलर बाहर थीं। मुझे नहीं पता कि यह सब कैसे शुरू हुआ लेकिन वे दोनों एक-दूसरे पर ज़ोर-ज़ोर से चिल्ला रही थीं। जब मैं नीचे सीढ़ियों पर पहुँचा तो माँ सीढ़ियों के जँगले पर झुकी हुई थीं, "तू अपने आपको समझती क्या है, कमीनी औरत?"

"ओह," बेटी चिल्लाई, "एक ईसाई औरत की ज़बान से कितने शानदार फूल झर रहे हैं?"

माँ ने तुरन्त जवाब दिया, "चिन्ता मत करो, मेरी बच्ची। यह सब बाइबिल में है। ओल्ड टेस्टामेंट का पाँचवाँ खंड, अट्ठाइसवाँ अध्याय, सैंतीसवाँ पद, हाँ, वहाँ इसके लिए एक दूसरा शब्द दिया हुआ है। लेकिन, तुम्हें 'कमीनी' शब्द ही सूट करेगा।"

इसके बाद हम फिर से अपने पाउनाल टैरेस वाले घर में वापस आ गए।

*

केनिंगटन रोड पर थ्री स्टैग्स बार इस तरह की जगह नहीं थी, जहाँ मेरे पिता अक्सर जाते लेकिन एक बार वहाँ से गुज़रते हुए मुझे पता नहीं क्यों ऐसा लगा कि अन्दर झाँककर देखना चाहिए कि वे भीतर तो नहीं बैठे हैं! मैंने सैलून का दरवाज़ा कुछ ही इंच खोला था कि वे बैठे दिखाई दिये। वे एक कोने में बैठे थे। मैं वापस लौटने ही वाला था कि तभी उनके चेहरे पर चमक उभरी और उन्होंने मुझे अपने पास आने का इशारा किया। इस तरह के स्वागत से मैं हैरान था, वे कभी भी दिखावे में विश्वास नहीं रखते थे। वे बहुत बीमार लग रहे थे। उनकी आँखें भीतर को धँसी हुई थीं और शरीर सूजकर फूल गया था। उन्होंने अपना एक हाथ नेपोलियन की तरह अपने वेस्टकोट में टिका रखा था मानो अपनी साँस की तकलीफ़ पर क़ाबू पाना चाहते हों। वे बेहद बेचैन थे। वे माँ और सिडनी के बारे में पूछते रहे और मेरे चलने से पहले उन्होंने मुझे अपनी बाँहों में भरा और पहली बार मुझे चूमा। यह आख़िरी बार था जब मैंने उन्हें जीवित देखा था।

तीन सप्ताह के बाद उन्हें सेंट थॉमस अस्पताल ले जाया गया। वहाँ ले जाने के लिए भी लोगों को उन्हें शराब पिलानी पड़ी थी। जब पिताजी को पता चला कि वे कहाँ हैं तो वे बुरी तरह से लड़े झगड़े, लेकिन वे मर रहे थे। हालाँकि वे अभी

भी बहुत जवान थे, मात्र सैंतीस बरस के, लेकिन वे जलोदर (dropsy, edema called nowadays) रोग के कारण मर रहे थे। उन लोगों ने पिताजी के घुटने से चार गैलन पानी निकाला था।

माँ उन्हें देखने के लिए कई बार गईं। हर मुलाक़ात के बाद वे और ज़्यादा उदास हो जातीं। वे बतातीं कि पिताजी फिर उनके पास वापस आकर अफ़्रीका में नये सिरे से ज़िन्दगी शुरू करना चाहते हैं। मैं इस तरह की सम्भावना से ही खिल उठता। माँ सिर हिलातीं, क्योंकि वे बेहतर जानती थीं, "वे यह बात सिर्फ़ इसलिए कह रहे थे क्योंकि वे अच्छे दिखना चाहते थे।" माँ ने बताया था।

एक दिन जब वे अस्पताल से वापस आईं तो रेवरेंड जॉन मैकनील एवेंजलिस्ट की बात पर बहुत ख़फ़ा थीं। जब वे पिताजी से मिलने गई थीं तो वे पिता से कह रहे थे, "देखो, मि. चार्ली, जब भी मैं तुम्हारी तरफ़ देखता हूँ तो मुझे एक पुरानी कहावत याद आती है कि 'जो जैसा बोएगा, वैसा ही काटेगा'।"

"मरते हुए आदमी को दिलासा देने के लिए आप कितनी अच्छी वाणी बोल रहे हैं," माँ ने पलटकर जवाब दिया था। कुछ ही दिन बाद पिताजी की मृत्यु हो गई थी।

अस्पताल वाले जानना चाहते थे कि उनका अन्तिम संस्कार कौन करेगा? माँ के पास तो एक फूटी कौड़ी भी नहीं थी; इसलिए उन्होंने वैराइटी आर्टिस्ट सहायता निधि का नाम सुझाया। यह थियेटर वालों की एक चैरिटी संस्था थी। इस सुझाव से चैप्लिन पक्ष के परिवार में अच्छा-ख़ासा हँगामा मच गया। चैप्लिन परिवार का आदमी ख़ैरात के पैसों से दफ़नाया जाए, यह बात वे कैसे गवारा कर सकते थे। उस समय पिताजी के एक छोटे भाई अल्बर्ट लंदन में ही थे। वे अफ़्रीका से आए हुए थे। अत: उन्होंने पिताजी को दफ़नाने का ख़र्च उठाने का ज़िम्मा लिया।

अन्तिम संस्कार के दिन हमें सेंट थॉमस अस्पताल में मिलना था, वहाँ से हमें चैप्लिन परिवार के बाक़ी लोगों के साथ टूटिंग क़ब्रिस्तान जाना था। सिडनी नहीं आ सका था। वह काम कर रहा था। माँ और मैं दिये गए समय से लगभग दो घंटे पहले अस्पताल पहुँच गए क्योंकि वे पिता को देख लेना चाहती थीं!

ताबूत पर सफ़ेद साटन का कफ़न लपेटा गया था और पिताजी के चेहरे के चारों तरफ़ डेजी के नन्हे-नन्हे सफ़ेद फूल रखे हुए थे। माँ का कहना था कि वे बहुत सादगी-भरे और मन को छू लेने वाले लग रहे थे। माँ ने पूछा था कि ये फूल किसने रखवाए हैं। इस पर वहाँ मौज़ूद कर्मचारी ने बताया कि सुबह-सुबह एक औरत एक छोटे-से बच्चे के साथ आई थी और ये फूल रख गई थी। वह लुइस थी।

पहली गाड़ी में माँ, अंकल अल्बर्ट और मैं थे। टूटिंग तक की यात्रा तनावपूर्ण थी क्योंकि माँ इससे पहले कभी भी अंकल अल्बर्ट से नहीं मिली थीं। वे काफ़ी आकर्षक और अभिजात्य संस्कारों वाले शख़्स थे। हालाँकि वे बहुत विनम्र थे, लेकिन उनका व्यवहार बर्फ़ की तरह ठंडा था। उनकी ख्याति एक अमीर आदमी के रूप में

थी। ट्रांसवाल में उनके घोड़ों के फ़ार्म थे और बोअर युद्ध के दौरान उन्होंने ब्रिटिश सरकार को घोड़े उपलब्ध कराए थे।

दफ़नाने के दौरान बरसात होने लगी, अत: क़ब्र खोदने वालों ने फटाफट ताबूत पर मिट्टी के ढेले फेंके। इससे बहुत ही क्रूर आवाज़ हो रही थी। वह नज़ारा भयावह था और कुल मिलाकर बेहद बीभत्स, मैं रोने लगा। इसके बाद रिश्तेदारों ने अपनी मालाएँ और फूल उस पर डाले। माँ के पास डालने के लिए कुछ भी नहीं था, इसलिए उन्होंने मेरा बेशक़ीमती काले बॉर्डर वाला रूमाल लिया और मेरे कान में फुसफुसाईं, "मेरे लाल, यह हम दोनों की तरफ़ से।" इसके बाद रास्ते में चैप्लिन परिवार एक पब में खाना खाने के लिए रुका और भीतर जाने से पहले उन्होंने हमसे बहुत विनम्रता से पूछा कि हमें कहाँ छोड़ दिया जाए। फिर हमें घर छोड़ दिया गया।

जब हम घर पहुँचे तो घर में खाने को एक दाना भी नहीं था, मात्र बीफ़ के थोड़े से शोरबे की एक प्लेट रखी थी और माँ के पास फूटी कौड़ी भी नहीं थी। उनके पास बचे दो पेंस भी उन्होंने सिडनी को दोपहर के खाने के लिए दे दिये थे। पिताजी की बीमारी के बाद उन्होंने बहुत कम काम हाथ में लिया था और अब हफ़्ता ख़त्म होने को था। टेलीग्राफ़ बॉय के रूप में सिडनी की सात शिलिंग हफ़्ते की पगार पहले ही ख़त्म हो चुकी थी। अन्तिम संस्कार के बाद हमें भूख लगी थी। सौभाग्य से बाहर से रद्दीवाला गुज़र रहा था। माँ के पास तेल का एक पुराना स्टोव था जिसे माँ ने बहुत संकोच के साथ अधपेनी में बेचा और उस अधपेनी की ब्रेड लाईं जिसे हमने उस शोरबे के साथ खाया।

चूँकि माँ पिताजी की क़ानूनन विधवा थीं; इसलिए अगले दिन उन्हें बताया गया कि वे अस्पताल जाकर उनका सामान वग़ैरह ले लें। इस सामान में एक काला सूट था जिसमें ख़ून के दाग़ लगे हुए थे। एक जाँघिया था, एक क़मीज़, एक काली टाई, एक पुराना ड्रेसिंग गाउन, घर पर पहनने की कुछ पुरानी चप्पलें, जिनमें पंजों की तरफ़ कुछ ठुँसा हुआ था। जब माँ ने वह बाहर निकाला तो स्लीपरों से सोने का एक सिक्का बाहर लुढ़क आया। यह भगवान की भेजी हुई सौग़ात थी।

हफ़्तों तक मैं अपने बाजू पर काली क्रेप की पट्टी लगाए रहा। शोक का यह संकेत मेरे लिए फ़ायदेमन्द ही रहा क्योंकि शनिवार की दोपहर के वक़्त जब मैं फूल बेचने के काम पर निकलता तो मुझे इससे फ़ायदा ही होता। मैंने माँ को मना लिया था कि वे मुझे एक शिलिंग उधार दे दें। मैं सीधे ही फूल बाज़ार गया और नार्सीसस के फूलों के दो बंडल ख़रीदे और स्कूल से आने के बाद मैं उनके नन्हे-नन्हे बंडल बनाने में जुटा रहा। सब बिक गए और मैंने सौ प्रतिशत लाभ कमाया। मैं सैलूनों में जाता जहाँ मैं अपने सम्भावित ग्राहक तलाशता हुआ कहता, "नार्सीसिस मैडम, मिस...नार्सीसिस के फूल मिस।" महिलाएँ हमेशा पूछतीं, "कौन था बेटे?" मैं अपनी आवाज़ फुसफुसाहट के स्तर तक ले आता और बताता, "मेरे पिता।" और वे मुझे

टिप देतीं। माँ यह देखकर हैरान रह गईं कि मैं सिर्फ़ दोपहर में काम करके पाँच शिलिंग कमा लाया था। एक दिन उन्होंने मुझे झिड़क दिया जब उन्होंने मुझे एक शराबख़ाने से बाहर आते देखा। उस दिन से उन्होंने मेरे फूल बेचने पर पाबन्दी लगा दी। उनका मानना था कि शराबख़ाने में जाकर इस तरह से फूल बेचने से उनकी ईसाइयत को ठेस लगती थी, "दारू पीने से तुम्हारे पिता मर गए और इस तरह की कमाई से हम पर दुर्भाग्य का ही साया पड़ेगा," उन्होंने कहा। अलबत्ता, उन्होंने सारी कमाई रख ली। लेकिन फिर कभी मुझे फूल नहीं बेचने दिये।

मुझमें कारोबार करने की ज़बर्दस्त समझ थी। मैं हमेशा कारोबार करने की नई-नई योजनाएँ बनाने में उलझा रहता। मैं ख़ाली दुकानों की तरफ़ देखता और सोचता कि इनमें पैसा कमाने के लिए कौन-सा धन्धा किया जा सकता है। मैं मछली और चिप्स बेचने से लेकर पंसारी की दुकान खोलने तक सोचता। जो भी योजना बनती, उसमें खाना ज़रूर होता। मुझे बस पूँजी की ही ज़रूरत थी लेकिन पूँजी ही की समस्या थी कि कहाँ से आए। आख़िर मैंने माँ से कहा कि वे मेरा स्कूल छुड़वा दें और काम तलाशने दें।

मैंने कई काम किये। पहले मैं एक बिसाती की दुकान में ऊपर के काम करने के लिए रखा गया। काम करने के बाद मैं ख़ुशी-ख़ुशी तहख़ाने में बैठा रहता, वहाँ रखे साबुन, स्टार्च, मोमबत्तियों, मिठाइयों तथा बिस्किटों से घिरा हुआ। मैं तब तक सारी-की-सारी मिठाइयाँ चखकर देखता रहा जब तक कि उनकी वजह से बीमार नहीं पड़ गया।

इसके बाद मैंने थ्रॉगमोर्टन एवेन्यू में हूल एंड किन्स्ले टेलर नामक बीमा डॉक्टरों के यहाँ काम किया। यह काम मेरे हिस्से में सिडनी की वजह से आया था। उसी ने इस काम के लिए मेरी सिफ़ारिश की थी। हर हफ़्ते मुझे बारह शिलिंग मिलते थे और काम रिसेप्शनिस्ट के रूप में करना होता था। इसमें डॉक्टरों के चले जाने के बाद दफ़्तर को साफ़ करने की ड्यूटी भी शामिल थी। रिसेप्शनिस्ट के रूप में मैं बहुत सफल था क्योंकि मैं वहाँ पर इन्तज़ार कर रहे मरीज़ों का ख़ूब मनोरंजन करता लेकिन जब दफ़्तर की सफ़ाई का नम्बर आता तो मेरा दिल डूबने लगता। इस काम में सिडनी बेहतर था। मैं पेशाब के पॉट साफ़ करने को बुरा नहीं समझता था, लेकिन दस-दस फ़ीट की खिड़कियों को साफ़ करना मेरे लिए मुश्किल काम था। इसका नतीजा यह हुआ कि दफ़्तर में गन्दगी और धूल रहने लगी और एक दिन आया जब मुझे विनम्रतापूर्वक बता दिया गया कि मैं इस काम के लिए बहुत ही छोटा हूँ।

जिस वक़्त मैंने यह ख़बर सुनी, मैं अपने आपको सँभाल नहीं पाया और रो पड़ा। डॉक्टर किन्स्ले टेलर, जिन्होंने एक बहुत ही अमीर महिला से शादी की थी और उन्हें शादी में लंकास्टर गेट पर बहुत बड़ा मकान मिला हुआ था, ने मुझ पर तरस खाया और मुझसे कहा कि वे मुझे अपने घर में ऊपर के काम के लिए पेजबॉय के रूप में

रख लेंगे। तुरन्त ही मेरा दिल बाग़-बाग़ हो गया। किसी निजी घर में पेजबॉय, और घर भी कैसा बहुत ख़ूबसूरत। यह अच्छा काम था। इसका कारण यह था कि मैं घर-भर की नौकरानियों का दुलारा बन गया था। वे मुझसे बच्चे की तरह व्यवहार करतीं और रात को बिस्तर पर जाने से पहले गुड नाइट किस देतीं। अगर मेरी क़िस्मत में लिखा होता तो मैं बटलर बन गया होता। मैडम ने मुझसे कहा कि मैं तहख़ाने में जाकर उस जगह को साफ़ करूँ जहाँ पर पैकिंग वाली पेटियों का ढेर और कचरे का अम्बार लगा हुआ था जिसे साफ़ करना, अलग करना और फिर से लगाना था। मेरा ध्यान इस काम से उस वक़्त बँट गया जब मेरे हाथ में लगभग आठ फ़ीट लम्बा लोहे का एक पाइप आ गया और मैं उसे बिगुल की तरह बजाने लगा। जिस वक़्त मैं उसके मजे ले रहा था, अचानक मैडम आ गईं और मुझे तीन दिन का नोटिस दे दिया गया।

मुझे स्टेशनरी की दुकान डब्ल्यू.एच. स्मिथ एंड संस में काम करने में बहुत मज़ा आया लेकिन जैसे ही उन्हें पता चला कि मेरी उम्र कम है तो उन्होंने मुझे बाहर का रास्ता दिखा दिया। फिर एक दिन के लिए मैं 'ग्लास ब्लोअर' बना। मैंने स्कूल में ग्लास ब्लोइंग के बारे में पढ़ा था और मुझे लगा कि यह बहुत ही रोमांचकारी काम होगा। लेकिन गर्मी मेरे सिर पर चढ़ गई और बेहोशी की हालत में मुझे बाहर लाकर रेत की ढेरी पर लिटा दिया गया। यहीं इस काम की भी इतिश्री हो गई। मैं उस इकलौते दिन की पगार लेने भी नहीं गया। इसके बाद मैंने स्ट्रेकर, प्रिंटर और स्टेशनर्स के यहाँ काम किया। वहाँ पर मैंने झूठ बोला कि मैं व्हार्फेडेल प्रिंटिंग मशीन चला सकता हूँ। यह बहुत ही बड़ी मशीन थी, लगभग बीस फ़ीट लम्बी। मैंने इस मशीन को गली से तहख़ाने में चलते देखा था और मुझे लगा कि इसे चलाना तो बेहद आसान होगा। एक कार्ड पर लिखा था व्हार्फेडेल प्रिंटिंग मशीन के लिए काग़ज़ चढ़ाने वाला लड़का चाहिए। जब फोरमैन मुझे मशीन के पास लाया तो मशीन मुझे दैत्य जैसी लगी। उसे चलाने के लिए मुझे पाँच फ़ीट ऊँचे एक प्लेटफ़ार्म पर खड़ा होना पड़ा। ऐसा लगा मानो मैं एफ़िल टावर के ऊपर खड़ा हूँ।

"मारो इसे," फ़ोरमैन ने कहा।

"क्या मारूँ?"

मुझे हिचकिचाते देख, वह हँसा, "तो इसका मतलब तुमने व्हार्फेडेल प्रिंटिंग मशीन पर कभी काम नहीं किया है?"

"मुझे बस एक मौक़ा दीजिए, मैं जल्दी ही सीख जाऊँगा।"

"इसे मारो" का मतलब था उस दैत्य को शुरू करने के लिए लीवर को खींचो। उसने मुझे लीवर दिखाया और उसे आधी गति में शुरू कर दिया। मशीन घूमने, चलने और घुरघुराने लगी। मुझे लगा यह मशीन तो मुझे ही निगल जाएगी। काग़ज़ बहुत ही बड़े-बड़े थे। इतने बड़े कि एक काग़ज़ में आसानी से मुझे लपेटा जा सकता था। एक बड़े से गत्ते से मैं काग़ज़ों को पंखा करता, उन्हें कोनों से उठाता और ठीक वक़्त

पर मशीन के जबड़ों में धर देता ताकि वह दैत्य उन्हें निगल जाए, उस पर छपाई करे और दूसरे सिरे पर वापस उगल दे। पहले दिन तो मैं उससे इतना घबराया हुआ था कि कहीं यह भूखा दैत्य मुझे ही न चबा जाए। इसके बावजूद मुझे बारह शिलिंग हफ़्ते की पगार पर नौकरी पर रख लिया गया।

उन ठंडी सुबहों में दिन निकलने से पहले, काम पर जाने का अपना ही रोमांच था। गलियाँ शान्त और सुनसान होतीं, मात्र इक्का-दुक्का छायाएँ ही लॉकहार्ट चाय की दुकान की मध्यम रोशनी में नाश्ते के लिए आती-जाती दिखाई देतीं। लगता मानो आप अपने लोगों के साथ हैं, दिन-भर के काम के लिए निकलने से पहले उस धुँधलके में गरम चाय पीकर क्षणिक राहत पाते हुए। इसके अलावा प्रिंटिंग का काम इतना उबाऊ भी नहीं था। बस, हफ़्ते के आख़िर में ज़्यादा काम करना पड़ता, जिलेटिन के उन लम्बे रोलरों पर से स्याही हटाने का काम। इन रोलरों का वज़न सौ पौंड से भी ज़्यादा होता। बाक़ी कुल मिलाकर काम सहन करने योग्य था। वहाँ तीन हफ़्ते काम करने के बाद मुझे इंफ्लूएंजा हो गया और माँ ने ज़िद की कि मैं वापस स्कूल की राह पकड़ूँ।

सिडनी अब सोलह बरस का हो चला था। एक दिन वह ख़ुशी-ख़ुशी घर आया क्योंकि उसे अफ्रीका जानेवाले एक जहाज़ में डोनोवन एंड कैसल लाइन पैसेंजर बोट पर बिगुल बजानेवाले का काम मिल गया था। उसका काम था खाने वग़ैरह पर बुलाने के लिए बिगुल बजाना। उसने बिगुल बजाना 'एक्समाउथ ट्रेनिंग कैम्प' में सीख लिया था, जो अब काम आ रहा था। उसे हर महीने दो पाउंड और दो शिलिंग मिलते और सेकेंड क्लास में तीन मेज़ों पर सर्व करने के लिए टिप अलग से। जहाज़ पर जाने से पहले पैंतीस शिलिंग अग्रिम मिलने वाले थे। तय था वह यह रक़म माँ को देकर जानेवाला था। इस सुखद भविष्य के सपने सँजोए हम चेस्टर स्ट्रीट में एक नाई की दुकान के ऊपर दो कमरे वाले मकान में आ गए।

सिडनी जब पहली बार अपनी ट्रिप से लौटा तो यह मौक़ा उत्सव की तरह था। उसके पास टिप से कमाई हुई तीन पाउंड से भी ज़्यादा की रक़म थी जो चाँदी के सिक्के थे। मुझे याद है वह अपनी जेबों से बिस्तर पर अपनी यह दौलत लुढ़काता जा रहा था। ये पैसे मुझे इतने ज़्यादा लगे जितने मैंने अपनी ज़िन्दगी में पहले कभी नहीं देखे थे और मैं उन पर से अपने हाथ हटा ही नहीं पा रहा था। मैंने उनकी ढेरियाँ लगाईं और उनके साथ तब तक खेलता रहा जब तक माँ और सिडनी ने कह नहीं दिया कि मैं नदीदा हूँ।

क्या तो शान थी! क्या ही मस्ती थी! गर्मी के दिन थे और यह हमारे केक व आइसक्रीम खाने का दौर था। इनके अलावा और भी कई विलासिताएँ राह देख रही थीं। हमने नाश्ते में ब्लोटर, किप्पर, हैडॉक मछली खाईं और चाय केक का आनन्द लिया, इतवार के दिन मफिन और क्रम्पेट (एक प्रकार का केक या कुलचा) खाए।

सिडनी को सर्दी ने जकड़ लिया और वह कई दिन बिस्तर पर पड़ा रहा। माँ और मैं उसकी तीमारदारी करते रहे। यह इसलिए हुआ था क्योंकि हमने ख़ूब छककर आइसक्रीम खाई थी। मैं एक बड़े से गिलास में एक पेनी की आइसक्रीम लेकर आया और साथ ही यह गिलास इतालवी आइसक्रीम की दुकान में लेकर गया जो दुकानदार को चिढ़ाने के लिए काफ़ी था। दुकानदार ने सुझाव दिया कि अगली बार जब मैं आऊँ तो अपने साथ एक बाथटब लेकर आऊँ। गर्मियों में हमारा प्रिय ड्रिंक होता था—शरबत और दूध। ख़ूब झागदार दूध में बुलबुले छोड़ता शरबत, पीते ही तबीयत ख़ुश हो जाती।

सिडनी ने हमें अपनी समुद्री यात्रा के बहुत से रोचक क़िस्से सुनाए। उसने बताया कि अभी उसने अपनी यात्रा शुरू भी नहीं की थी कि एक बार उसकी नौकरी पर ही बन आई थी। उसने लंच के लिए पहला बिगुल बजाया। बिगुल बजाने की क्योंकि उसको प्रैक्टिस नहीं रही थी इसलिए सारे फ़ौजी ख़ूब हो-हल्ला करने लगे। मुख्य स्टीवर्ड भागता हुआ आया, "ऐ, तुम क्या कर रहे हो?"

"सॉरी सर, मेरे होंठ अभी बिगुल पर सेट नहीं हुए हैं।"

"ठीक है, ठीक है, जल्दी से अपने होंठ सेट कर लो नहीं तो जहाज़ चलने से पहले ही तुम्हें तट पर उतार देना पड़ेगा।"

खाने के दौरान रसोई के बाहर वेटरों की लम्बी-लम्बी क़तारें लग जातीं जो अपने-अपने ऑर्डर का सामान ले रहे होते। जब तक सिडनी का नम्बर आता, वह अपना ऑर्डर ही भूल चुका होता और उसे एक बार फिर लाइन के आख़िर में खड़ा होना पड़ता। सिडनी ने बताया कि पहले कुछ दिन तो यह हालत रही कि बाक़ी सब तो अपनी स्वीट डिश खा रहे होते और उसकी मेज़ पर अभी भी सूप ही सर्व हो रहा होता।

सिडनी तब तक घर पर रहा जब तक उसके सारे पैसे ख़त्म नहीं हो गए। अलबत्ता, उसे दूसरी ट्रिप के लिए भी बुक कर लिया गया। कम्पनी से उसे एक बार फिर पैंतीस शिलिंग अग्रिम मिले जो उसने माँ को दे दिये। लेकिन यह रक़म ज़्यादा दिन नहीं चली। तीन हफ़्ते बाद ही हम बर्तनों में झाँक रहे थे। सिडनी के वापस आने में अभी तीन हफ़्ते बाक़ी थे। माँ हालाँकि अपनी सिलाई-मशीन पर काम कर रही थीं, लेकिन जो कुछ वह कमा रही थीं, हम दोनों के लिए काफ़ी नहीं था। नतीजा यह हुआ कि एक बार फिर हम पाउनाल हॉल लौट आए।

लेकिन मैं कुछ-न-कुछ जुगाड़ कर ही लिया करता था। माँ के पास पुराने कपड़ों का एक ढेर लगा हुआ था। एक शनिवार की सुबह मैंने माँ को सुझाव दिया कि क्यों न मैं कोशिश करूँ और बाज़ार में जाकर इन्हें बेच आऊँ। माँ इस बात को लेकर थोड़ी सशंकित थीं। उनका कहना था कि ये सब किसी काम के नहीं हैं। इसके बावजूद मैंने एक पुरानी चादर में कपड़ों की पोटली बाँधी और नेविंगटन बट्ट की ओर चल पड़ा। वहाँ जाकर मैंने अपना माल-असबाब फ़ीटपाथ पर फैलाया और

गटर पर खड़े होकर आवाज़ें लगानी शुरू कर दीं। मेरी दुकानदारी बहुत ही दयनीय हालत में थी, "देखिए साहेबान, मेहरबान, क़द्रदान," मैंने एक पुरानी क़मीज़ हाथ में उठाई और बोलना शुरू किया, "बोलिए साहेबान क्या देते हैं इसका? एक शिलिंग, छह पेंस, चार पेंस, दो पेंस।" मैं उसे एक पेनी में भी न बेच पाया। लोग-बाग आते, खड़े होते, हैरानी से देखते और हँसते हुए चले जाते। मैं परेशान होने लगा। सामने की जवाहरात की दुकान की खिड़की से वहाँ के मालिकों ने मुझे देखना शुरू कर दिया। लेकिन मैंने हिम्मत नहीं हारी। आख़िरकार, गेलिस की एक जोड़ी जो इतनी ख़राब नहीं लग रही थी, मैं छह पेंस में बेचने में सफल हो गया। लेकिन मुझे वहाँ पर खड़े-खड़े जितनी देर होती जा रही थी, मैं उतना ही बेचैन होता जा रहा था। थोड़ी देर बाद उस जवाहरात की दुकान में से एक महाशय आए और ख़ालिस रूसी लहज़े में मुझसे पूछने लगे कि मैं यह काम कब से कर रहा हूँ। उनके विनम्र चेहरे के बावजूद मैंने ताड़ लिया कि उनके बात करने के लहज़े में मज़ाक़ उड़ाने का-सा भाव था। मैंने उन्हें बताया कि बस अभी शुरू ही किया है। यह सुनकर वे धीरे-धीरे खींसे निपोरते अपने दो भागीदारों के पास लौट गए। फिर वे दुकान की खिड़की से मुझे देखने लगे। अब बहुत हो गया था। मैंने अपनी दुकानदारी समेटी और घर वापस लौट आया। मैंने माँ को बताया कि मैंने छह पेंस में गेटर्स बेचे हैं तो वह हिक़ारत से बोलीं, "अच्छे-भले थे वो तो, उन्हें ज़्यादा पैसों में बेचा जा सकता था।"

यह ऐसा वक़्त था जब हम किराया देने के बारे में ज़्यादा माथापच्ची नहीं करते थे। हमने आसान तरीक़ा यह अपनाया था कि जब किराया वसूल करनेवाला आता तो हम सारा दिन ग़ायब रहते। हमारे सामान की क़ीमत ही क्या थी? दो कौड़ी। उसे कहीं और ढोकर ले जाने में ज़्यादा पैसे लगते। अलबत्ता, हमारी मंज़िल एक बार फिर 3, पाउनाल टैरेस थी।

उसी समय मुझे एक ऐसे बूढ़े आदमी और उसके बेटे के बारे में पता चला जो केनिंगटन रोड के पिछवाड़े की तरफ़ एक घुड़साल में काम करते थे। वे घुमन्तु खिलौने बनाने वाले लोग थे और ग्लासगो से आए थे। वे लोग खिलौने बनाते और शहर-दर-शहर घूमते हुए उन्हें बेचते। वे आज़ाद थे और उन पर कोई ज़िम्मेवारी नहीं थी, इसलिए मैं उनसे ईर्ष्या करता था। उनके काम के लिए बहुत ही कम पूँजी की ज़रूरत थी। एक शिलिंग की मामूली रक़म लगाकर काम शुरू किया जा सकता था। वे जूतों के डिब्बे इकट्ठे करते। कोई भी दुकानदार ख़ुशी-ख़ुशी ये डिब्बे उन्हें दे देता। फिर वे अंगूरों की पैकिंग में इस्तेमाल होने वाला बुरादा जुटाते। यह भी उन्हें सेंत-मेंत में मिल जाता। शुरुआत में उन्हें जिन मदों के लिए पूँजी लगानी पड़ती, वे थीं—एक पेनी की गोंद, एक पेनी की क्रिसमस वाली रंगीन पन्नियाँ और दो पेनी के रंगीन झालर के गोले। एक शिलिंग की पूँजी से वे सात दर्ज़न नावें बना लेते और एक-एक नाव एक-एक पेनी की बिकती। नाव के दोनों तरफ़ के हिस्से जूतों के

डिब्बों में से काट लिये जाते और उन्हें गत्ते के तले के साथ सी दिया जाता। साफ़ सतह पर गोंद फेर दिया जाता और फिर उस पर कॉर्क का बुरादा छिड़क दिया जाता। मस्तूलों को रंगीन झालरों से सजा दिया जाता और सबसे ऊपरवाले मस्तूल, नाव के आगे और पीछेवाले हिस्से पर और पाल फैलाने के डंडों के आख़िरी सिरे पर लाल, पीले और नीले झंडे लगा दिये जाते। इस तरह की रंगीन पन्नियों वाली नावें ग्राहकों को आकर्षित करतीं और सौ या उससे भी अधिक आसानी से बिक जातीं।

हमारे परिचय का नतीजा यह हुआ कि मैं नावें बनाने में उनकी मदद करने लगा और जल्दी ही उनके हुनर से वाक़िफ़ हो गया। जब वे लोग हमारा पड़ोस छोड़कर गए तो मैं ख़ुद उनके धन्धे में उतर गया। छह पेंस की मामूली-सी पूँजी और कार्डबोर्ड काटने से हाथों में हुए छालों के साथ मैं एक ही हफ़्ते में तीन दर्ज़न नावें बनाने में कामयाब हो गया था।

लेकिन हमारी परछत्ती पर इतनी जगह नहीं थी कि माँ के काम और मेरे धन्धे दोनों के लिए जगह हो पाती। इसके अलावा माँ की शिकायत थी कि उन्हें उबलते हुए गोंद की बू से उबकाई आती है और यह भी था कि गोंद का डिब्बा उनके सीए जानेवाले कपड़ों के लिए मुसीबत बन रहा था। संयोग से, सारे घर में कपड़े बिखरे रहते। चूँकि मेरा योगदान माँ के योगदान की तुलना में मामूली ही था, अत: मेरी कला को तिलांजलि दे दी गई।

इन दिनों में हम अपने नाना से बहुत कम मिले थे। पिछले एक बरस से उनकी सेहत ठीक नहीं चल रही थी। गठिया की वजह से उनके हाथ सूज गए थे। इस कारण वे जूते गाँठने का अपना काम नहीं कर पाते थे। पहले के वक़्त में जब भी उनसे बन पड़ता, वे एकाध सिक्का देकर माँ की मदद कर दिया करते थे। कभी-कभी वे हमारे लिए खाना भी बना दिया करते। वे आटे, ओट और प्याज़ को दूध में उबालकर और उस पर नमक व काली मिर्च छिड़ककर शानदार दलिये जैसा व्यंजन बनाया करते थे। सर्दी की रातों में ठंड का मुक़ाबला करने के लिए यह हमारा सबसे बढ़िया खाना होता।

जब मैं बच्चा था तो नाना को हमेशा खर दिमाग़ और खड़ूस बूढ़ा समझा करता था, जो हर वक़्त किसी-न-किसी बात के लिए मुझे टोकते ही रहते थे। कभी व्याकरण के लिए, तो कभी तमीज़ के लिए। इन छोटे-मोटे मतभेदों के कारण ही मैंने उन्हें नापसन्द करना शुरू कर दिया था। अब वे अपने जोड़ों के दर्द की वजह से अस्पताल में पड़े हुए थे और माँ उन्हें देखने के लिए रोज़ अस्पताल जाती थीं। अस्पताल की ये मुलाक़ातें बहुत फ़ायदे की होतीं क्योंकि वे अक्सर थैला भर ताज़े अंडे लेकर आतीं। ये हमारी मुफ़लिसी के दिनों में विलासिता की तरह होते। जब वे ख़ुद न जा पातीं तो मुझे भेज देतीं। मुझे हमेशा बहुत हैरानी होती जब मैं नाना को बहुत ज़्यादा प्रसन्न और मेरे आने से ख़ुश पाता। वे नर्सों में ख़ासे लोकप्रिय थे। बाद

की ज़िन्दगी में उन्होंने मुझे बताया था कि वे नर्सों के साथ चुहलबाज़ी करते और उन्हें बताते कि जोड़ों के दर्द के बावजूद उनकी सारी मशीनरी बेकार नहीं हुई है। इस तरह की अश्लील चुहलबाज़ी नर्सों को ख़ुश कर देती। जब उनके जोड़ों का दर्द क़ाबू में रहता तो वे रसोई में जाकर काम करते, और इस तरह से हमारे पास अंडे आते। मुलाक़ात वाले दिनों में आमतौर पर वे अपने बिस्तर पर ही होते और अपने बिस्तर के पास वाले कैबिनेट से चुपके से अंडों का एक बड़ा-सा थैला थमा देते, जिसे मैं चलने से पहले नाविकों वाली अपनी बनियान में छुपा लेता।

हम कई-कई हफ़्ते अंडों पर ही गुज़ार देते। उनका कुछ-न-कुछ बना ही लेते। उबले हुए, तले हुए या उनका कस्टर्ड ही बना लेते। बेशक नाना इस बात का विश्वास दिलाते कि सारी नर्सें उनकी दोस्त हैं और कमोबेश जानती हैं कि क्या कुछ चल रहा है, लेकिन अस्पताल के वार्ड से अंडे लेकर निकलते समय मुझे हमेशा डर लगा रहता। कभी लगता कि मैं मोम से चिकने फ़र्श पर फिसलकर गिर पड़ूँगा या मेरा फूला हुआ पेट पकड़ में आ जाएगा। इस बात की हैरानी होती थी कि जब भी मैं अस्पताल से बाहर आने को होता, सारी की सारी नर्सें वहाँ से ग़ायब हो जातीं। हमारे लिए वह बहुत ही दुखद दिन था जब नाना को अपने जोड़ों के दर्द से आराम आ गया और उन्हें अस्पताल छोड़ना पड़ा।

छह सप्ताह बीतने को आए थे और सिडनी अब तक नहीं लौटा था। शुरू-शुरू में तो माँ इससे इतनी चिन्ता में नहीं पड़ीं लेकिन एक और हफ़्ते के बाद माँ ने डोनोवन एंड कैसल लाइन नाम के जहाज़ के दफ़्तर को पत्र लिख भेजा। जहाँ से यह ख़बर मिली कि उसे जोड़ों के दर्द के इलाज के लिए केपटाउन के तट पर उतार दिया गया है। इस ख़बर से माँ की सेहत पर बहुत बुरा असर हुआ। हालाँकि वे अभी भी सिलाई-मशीन पर काम कर रही थीं और क़िस्मत से मुझे भी स्कूल के बाद एक परिवार में नृत्य सिखाने का काम मिल गया था। मुझे हफ़्ते के पाँच शिलिंग मिल जाया करते थे।

लगभग इन्हीं दिनों मैक्कार्थी परिवार केनिंगटन रोड पर रहने आया। मिसेज़ मैक्कार्थी आयरिश कॉमेडियन रही थीं और माँ की सहेली थीं। उनकी शादी एक सर्टिफ़ाइड एकाउंटेंट वाल्टर मैक्कार्थी से हुई थी। हालाँकि, जब माँ को मजबूरन स्टेज छोड़ देना पड़ा था तो हम लोगों की मैक्कार्थी परिवार से मिलने की सम्भावना भी ख़त्म हो गई थी और अब सात बरस के बाद हम एक बार फिर मिल रहे थे। अब वे लोग केनिंगटन रोड के ख़ास इलाक़े में वाल्कॉट भवन या हवेली में रहने के लिए आ गए थे।

उनका बेटा वैली मैक्कार्थी और मैं लगभग एक ही उम्र के थे। जब हम छोटे थे, तो बड़े लोगों की नक़ल किया करते थे मानो हम रंगारंग कार्यक्रम के कलाकार हों। हम काल्पनिक सिगार पीते, अपनी कल्पना की घोड़ी वाली बग्घी में सैर करते और अपने माता-पिता का ख़ूब मनोरंजन किया करते।

जब से मैक्कार्थी परिवार वाल्कॉट भवन में रहने के लिए आया था, माँ उनसे मिलने शायद ही कभी गई हों लेकिन मैंने और वैली ने पक्की दोस्ती कर ली थी। स्कूल से वापस लौटते ही मैं भागकर माँ के पास यह पूछने के लिए जाता कि मेरे लायक़ कोई काम तो नहीं है, फिर भागकर मैक्कार्थी परिवार के यहाँ पहुँच जाता। हम वाल्कॉट भवन के पिछवाड़े थियेटर खेलते। मैं चूँकि निर्देशक बनता इसलिए खलनायक वाले पात्र मैं हमेशा अपने लिए रखता क्योंकि मैं जानता था कि खलनायक का पात्र नायक की तुलना में ज़्यादा रंगीन होता है। हम वैली के खाने के समय तक खेलते रहते। आमतौर पर मुझे भी बुला लिया जाता। खाने के समय तक वहाँ मौज़ूद रहने के अचूक तरीक़े मैंने खोज निकाले थे। अलबत्ता, ऐसे मौक़े भी आते जब मेरी कोई तिकड़म काम न आती और मैं संकोच के साथ घर लौट आता। माँ मुझे देखकर हमेशा ही ख़ुश होतीं और मेरे खाने के लिए कुछ-न-कुछ बना देतीं। कभी शोरबे में तली हुई ब्रेड या नाना के यहाँ से जुटाए गए अंडों का कोई पकवान, साथ में एक कप चाय। वह मुझे कुछ-न-कुछ पढ़कर सुनातीं या हम दोनों खिड़की पर बैठ जाते और वे नीचे सड़क पर जा रहे राहगीरों के बारे में मज़ेदार बातें करके मेरा दिल बहलाती रहतीं। उनके बारे में क़िस्से गढ़कर सुनातीं। यदि कोई आदमी ख़ुशमिज़ाज, फिरकी जैसी चाल के साथ जा रहा होता तो माँ कहतीं, "देखो जा रहे हैं श्रीमान होपांडस्कॉच, कहीं शर्त लगाने जा रहे हैं। अगर क़िस्मत ने साथ दिया तो आज वह अपनी लड़की के लिए दो सीटों वाली पुरानी साइकिल ख़रीदेंगे।"

जब कोई आदमी धीमी गति से क़दम बढ़ाते हुए गुज़रता तो माँ का क़िस्सा होता, "देखो बेचारे को, घर जा रहा है और उसे पता है आज खाने में उसे फिर से वही कद्दू मिलनेवाला है और वह कद्दू से नफ़रत करता है।"

कोई अपनी ऐंठ में ही चला जा रहा होता तो माँ कहतीं, "देखो, ये सभ्य समाज के सज्जन जा रहे हैं। लेकिन फ़िलहाल तो वे अपनी पैंट में हो गए छेद की वजह से ख़ासे परेशान हैं।"

इसके बाद एक और आदमी तेज़-तेज़ चाल से लपकता हुआ गुज़रता, "उस भले आदमी ने अभी-अभी ईनो की ख़ुराक़ ली है और...।" इस तरह से क़िस्से चलते रहते और हम हँस-हँसकर दोहरे हो जाते।

एक और सप्ताह बीतने को आया लेकिन अभी तक सिडनी का कोई समाचार नहीं मिला था। अगर मैं और छोटा होता और माँ की चिन्ता के प्रति ज़्यादा संवेदनशील होता तो मैं महसूस कर पाता कि उनके दिल पर क्या गुज़र रही थी। मैं यह देख पाता कि वे कई दिनों से खिड़की की चौखट पर बैठी बाहर ही देख रही हैं। कई दिन से उन्होंने कमरे को साफ़ तक नहीं किया था और बेहद शान्त होती चली गई थीं। मैं शायद तब भी चिन्ता में पड़ा होता जब क़मीज़ें बनानेवाली फर्म ने उनके काम में

मीन-मेख निकालना शुरू कर दिया था, उन्हें काम देना बन्द कर दिया था और वे बकाया क़िस्तों की अदायगी न होने के कारण सिलाई-मशीन ही उठाकर ले गए थे। इसके अलावा नृत्य सिखाने से होने वाली मेरी पाँच शिलिंग की कमाई भी अचानक बन्द हो गई थी। हालाँकि इतना सब होने के बाद मैंने इस बात पर ध्यान दिया कि माँ लगातार उदासीन और किंकर्तव्यविमूढ़ बनी रही थीं।

अचानक मिसेज़ मैक्कार्थी की मृत्यु हो गई। वे कुछ अरसे से बीमार चल रही थीं। उनकी हालत ख़राब होती चली गई और अचानक वे गुज़र गईं। तत्काल ही मेरे दिमाग़ में ख़यालों ने हमला बोल दिया। कितना अच्छा होता अगर मि. मैक्कार्थी माँ से विवाह कर लेते। वैली और मैं तो अच्छे दोस्त थे ही। इसके अलावा, यह माँ की समस्याओं का भी आदर्श हल होता।

अन्तिम संस्कार के तुरन्त बाद मैंने माँ से इस बारे में बात की, "अब तुम इसे अपनी दिनचर्या बना लो माँ कि अक्सर मि. मैक्कार्थी से मिल लिया करो। मैं शर्तिया कह सकता हूँ कि वे तुमसे शादी कर लेंगे।"

माँ हल्के से मुस्कराईं, "उस बेचारे को एक मौक़ा तो दो," माँ ने जवाब दिया।

"माँ, अगर तुम ढंग से तैयार हो जाया करो और अपने आपको आकर्षक बना लो, जैसी तुम पहले हुआ करती थीं तो वे ज़रूर तुम्हें पसन्द कर लेंगे। लेकिन तुम तो अपनी तरफ़ से कोई कोशिश ही नहीं करतीं। बस, इस गन्दे कमरे में पसरी बैठी रहती हो और वाहियात नज़र आती हो।"

बेचारी माँ, मैं अपने इन शब्दों पर कितना अफ़सोस करता हूँ। मैं इस बात को कभी सोच ही नहीं पाया कि वे पूरा खाना न मिलने के कारण कमज़ोर हो गई थीं। इसके बावजूद, अगले दिन पता नहीं उनमें कहाँ से इतनी ताक़त आ गई कि उन्होंने सारा कमरा साफ़ कर दिया। स्कूल में गर्मियों की छुट्टियाँ शुरू हो गई थीं। इसलिए मैंने सोचा, मैक्कार्थी परिवार के यहाँ थोड़ा पहले ही चला जाऊँ। अपने उस मनहूस दड़बे से बाहर निकलने का कोई तो बहाना चाहिए ही था। उन्होंने मुझे लंच तक रुकने का न्योता दिया था। लेकिन मुझे ऐसा आभास हो रहा था कि मुझे माँ के पास वापस लौट जाना चाहिए। जब मैं पाउनाल टैरेस वापस पहुँचा तो पड़ोस के कुछ बच्चों ने मुझे गेट के पास ही रोक लिया।

"तुम्हारी माँ पागल हो गई हैं," एक छोटी-सी लड़की ने कहा।

ये शब्द तमाचे की तरह मेरे मुँह पर पड़े।

"क्या मतलब है तुम्हारा?" मैं घिघियाया।

"यह सच है," दूसरी ने बताया।

"वो सारे घरों के दरवाज़े खटखटाती फिर रही थीं और हाथ में कोयले के टुकड़े लेकर बाँटती फिर रही थीं कि ये बच्चों के लिए जन्मदिन का उपहार है। चाहो तो तुम मेरी माँ से भी पूछ सकते हो।"

और कुछ सुने बिना मैं दौड़ पड़ा, खुले दरवाज़े से घर के भीतर गया, फलाँगते हुए सीढ़ियाँ चढ़ा और अपने कमरे का दरवाज़ा खोला। एक पल के लिए अपनी साँस पर क़ाबू पाने के लिए मैं थमा और माँ को गहरी नज़र से देखा। गर्मी की दोपहर थी और माहौल घुटा-घुटा सा और दबाव महसूस करानेवाला था। माँ हमेशा की तरह खिड़की पर बैठी हुई थीं। वे धीरे से मुड़ीं और मेरी तरफ़ देखा। उनका चेहरा पीला और पीड़ा से ऐंठा हुआ लग रहा था।

"माँ," मैं लगभग चिल्ला उठा।

"क्या हुआ?" माँ ने निर्विकार भाव से पूछा।

मैं दौड़कर गया और अपने घुटनों के बल बैठकर उनकी गोद में अपना मुँह छुपा लिया। मेरी रुलाई फूट पड़ी।

"अरे बेटा!" वे हौले से मेरा सिर सहलाते हुए बोलीं, "क्या हो गया मेरे बच्चे?"

"तुम्हारी तबीयत ठीक नहीं है", मैं सुबकते हुए चिल्लाया।

वे मुझे आश्वस्त करते हुए बोलीं, "मैं तो बिलकुल भली-चंगी हूँ।"

वे बहुत ज़्यादा खोई-खोई और ख़यालों में डूबी हुई लग रही थीं।

"नहीं-नहीं, वे सब कह रहे हैं कि आप सब घरों में फिर रही थीं और ...और..." मैं अपना वाक्य पूरा नहीं कर पाया, लेकिन सुबकता रहा।

"मैं सिडनी को तलाश रही थी," वे धीरे से बोलीं, "वे उसे मुझसे दूर रखे हुए हैं।"

तब मुझे पता चला कि बच्चे जो कुछ बता रहे थे, वह सही था।

"ओह माँ, इस तरह की बातें मत करो। नहीं-नहीं," मैं सुबकने लगा, "मैं तुम्हारे लिए डॉक्टर बुलवाता हूँ।"

वे मेरा सिर सहलाते हुए बोलती रहीं, "मैक्कार्थी जी को मालूम है कि वह कहाँ है और वे उसे मुझसे दूर रखे हुए हैं।"

"माँ, मुझे ज़रा डॉक्टर को बुलवा लेने दो," मैं चिल्लाया। मैं उठा और दरवाज़े की तरफ़ लपका।

माँ ने दर्द-भरी निगाहों से मेरी तरफ़ देखा और पूछा, "कहाँ जा रहे हो?"

"डॉक्टर को लिवाने। मुझे ज़्यादा देर नहीं लगेगी।"

माँ ने कोई जवाब नहीं दिया लेकिन चिन्तातुर निगाहों से मेरी तरफ़ देखती रहीं। मैं तेज़ी से लपककर नीचे गया और मकान-मालकिन के पास पहुँचा।

"मुझे तुरन्त डॉक्टर को बुलवाना पड़ेगा। माँ की हालत ठीक नहीं है।"

"हमने पहले ही डॉक्टर को बुलवा लिया है।" मकान-मालकिन ने बताया।

ख़ैराती डॉक्टर बूढ़ा और चिड़चिड़ा था। मकान-मालकिन की दास्तान सुन लेने के बाद, जो कमोबेश बच्चों के बताए क़िस्से जैसी ही थी, उसने माँ की सरसरी तौर पर जाँच की।

"पागल...इन्हें आप अस्पताल भिजवाइए," उसने कहा।

डॉक्टर ने एक पर्ची लिखी तथा दूसरी बातों के अलावा उसमें यह भी लिखा था कि वे कुपोषण की मरीज़ थीं। डॉक्टर ने इसका मतलब मुझे यह बताया कि उन्हें पूरी ख़ुराक़ नहीं मिल रही है।

मकान-मालकिन ने मुझे दिलासा देते हुए कहा, "ठीक हो जाएँगी बेटा, और उन्हें वहाँ खाना भी ठीक तरह से मिलेगा।"

मकान-मालकिन ने माँ के कपड़े-लत्ते जमा करने में मेरी मदद की और उन्हें कपड़े पहनाए। माँ एक बच्चे की तरह सारी बातें मानती रहीं। वे इतनी कमज़ोर हो गई थीं कि उनकी इच्छा-शक्ति ने मानो उनका साथ छोड़ दिया था। जब हम घर से चले तो पास-पड़ोस के बच्चे और पड़ोसी मजमा लगाए दरवाज़े के पास खड़े थे और इस अनहोनी को देख रहे थे।

अस्पताल लगभग एक मील दूर था। माँ कमज़ोरी के कारण किसी शराबी औरत की तरह लड़खड़ाकर चल रही थीं और दाएँ-बाएँ झूम रही थीं। मैं किसी तरह उन्हें सँभाले हुए था। उस दोपहर धूप का तीखापन हमें हमारी ग़रीबी का बेदर्दी अहसास करा रहा था। जो लोग हमारे आसपास से गुज़र रहे थे ज़रूर सोच रहे होंगे कि माँ ने पी रखी है, लेकिन मेरे लिए वे सपने में आए अजगरों की तरह थे। वे बिलकुल भी नहीं बोलीं लेकिन शायद वे जानती थीं कि उन्हें कहाँ ले जाया जा रहा है और उन्हें वहाँ पहुँचने की चिन्ता भी थी। रास्ते में मैंने उन्हें आश्वस्त करने की कोशिश की तो वह मुस्कराईं भी। लेकिन यह मुस्कराहट बेहद फ़ीकी थी।

आख़िरकार जब हम अस्पताल पहुँचे तो एक युवा डॉक्टर ने माँ को अपनी देखभाल में ले लिया। नोट को पढ़ने के बाद उसने दयालुता से कहा, "ठीक है मिसेज़ चैप्लिन, आप इधर से आइए।"

माँ ने चुपचाप उसकी बात मान ली। लेकिन जब नर्सें उन्हें ले जाने लगीं तो वे अचानक मुड़ीं और दर्द-भरी निगाहों से मुझे देखने लगीं। उन्हें पता चल गया था कि वे मुझे छोड़कर जा रही हैं।

"माँ, मैं कल आऊँगा," मैंने फ़ीके उत्साह से कहा।

जब वे उन्हें ले जा रहे थे तो वे पीछे मुड़-मुड़कर चिन्तातुर निगाहों से मेरी तरफ़ देख रही थीं। जब वे जा चुकीं तो डॉक्टर ने मुझसे कहा, "अब तुम्हारा क्या होगा, मेरे नौजवान दोस्त?"

अब तक मैं यतीमख़ानों के स्कूलों की बहुत रोटियाँ तोड़ चुका था इसलिए मैंने लापरवाही से जवाब दिया, "मैं अपनी आंटी के यहाँ रह लूँगा।"

जब मैं अस्पताल से घर की तरफ़ लौट रहा था मैं सिर्फ़ सुन्न कर देनेवाली उदासी ही महसूस कर पा रहा था और राहत भी; क्योंकि मैं जानता था कि अस्पताल में माँ की बेहतर देखभाल हो पाएगी बजाय घर के अँधेरे में बैठे रहने के जहाँ खाने को एक दाना भी नहीं है। लेकिन जब वे लोग उन्हें ले जा रहे थे तो जिस तरह से उन्होंने दिल

चीर देनेवाली निगाह से मुझे देखा था, वह मैं कभी भी भूल नहीं पाऊँगा। मैंने उनके सभी प्यार करने के तरीक़ों के बारे में सोचा, उनकी चाल के बारे में, उनके दुलार और उनके लाड़ के बारे में, और उस कृशकाय स्त्री के बारे में सोचा जो थकी-हारी आती थी और अपने ही ख़यालों में खोई रहती थी और मुझे अपनी तरफ़ लपकते हुए आते देख जिसके चेहरे पर रौनक आ जाती थी। किस तरह से वे एकदम बदल जाती थीं और जब मैं उनके लिफ़ाफ़े की तलाशी लेने लगता था जिसमें वे मेरे और सिडनी के लिए अच्छी-अच्छी चीज़ें लाती थीं तो उनके चेहरे के भाव कितने अच्छे हो जाते थे और वे मुस्कराने लगती थीं। यहाँ तक कि उस सुबह भी उन्होंने मेरे लिए कैंडी बचाकर रखी थी और जिस वक़्त मैं उनकी गोद में रो रहा था, उन्होंने मुझे कैंडी दी थी।

मैं सीधा घर वापस नहीं गया। मैं जा ही नहीं सका। मैं नेविंगटन बट्स मार्केट की तरफ़ मुड़ गया और दोपहर ढलने तक दुकानों की खिड़कियों में देखता रहा। जब मैं अपनी परछत्ती पर वापस लौटा तो वह हद दर्ज़े तक ख़ाली-ख़ाली लग रही थी। एक कुर्सी पर पानी का टब रखा हुआ था, पानी से आधा भरा हुआ। मेरी दो क़मीज़ें और एक बनियान उसमें भिगोने के लिए रखे हुए थे। मैंने तलाशना शुरू किया। घर में खाने को कुछ भी नहीं था। अलमारी में सिर्फ़ चाय की पत्ती का आधा पैकेट रखा हुआ था। अँगीठी के ऊपर वाली अलमारी पर माँ का पर्स था जिसमें मुझे तीन पेनी के सिक्के और गिरवी वाली दुकान की कई पर्चियाँ मिलीं। मेज़ के कोने पर वही कैंडी रखी हुई थी, जो उन्होंने मुझे सुबह दी थी। मैं अपने आपको सँभाल नहीं पाया और फूट-फूटकर रोने लगा।

भावनात्मक रूप से मैं चुक गया था। उस रात मैं गहरी नींद सोया। सुबह सोकर उठा तो कमरे का ख़ालीपन भयभीत कर रहा था। फ़र्श पर बढ़ती आती सूर्य की किरणें जैसे माँ की ग़ैर-मौजूदगी का अहसास करा रही थीं। बाद में मकान-मालकिन आई और बताने लगी कि मैं वहाँ पर तब तक रह सकता हूँ, जब तब वह कमरा किराये पर नहीं दे देती और अगर मुझे खाने की ज़रूरत हो तो मैं उससे कह सकता हूँ। मैंने उसका आभार माना और उसे बताया कि जब सिडनी वापस आएगा तो सारे क़र्ज़े उतार देगा। लेकिन मुझे इतनी शर्म आ रही थी कि मैं खाने के लिए कह ही नहीं पाया।

मैंने माँ से वादा किया था कि अगले दिन उनसे मिलने आऊँगा लेकिन मैं नहीं गया। मैं जा ही नहीं पाया; जाने का मतलब उन्हें और विचलित करना होता। लेकिन मकान-मालकिन डॉक्टर से मिली, डॉक्टर ने उसे बताया कि माँ को पहले ही केनहिल पागलख़ाने में ले जाया जा चुका है। इस उदासी भरी ख़बर ने मेरी आत्मा पर से बोझ हटा दिया क्योंकि केनहिल पागलख़ाना वहाँ से बीस मील दूर था और वहाँ तक जाने का मेरे पास कोई ज़रिया नहीं था। सिडनी जल्दी ही लौटने वाला था और तब हम दोनों उन्हें देखने जा पाते। पहले कुछ दिन तक तो मैं न अपने किसी परिचित से मिला और न ही किसी से बात की।

मैं सुबह-सुबह घर से निकल जाता और सारा दिन मारा-मारा फिरता। कहीं-न-कहीं से खाने का जुगाड़ भी कर लेता। इसके अलावा, एकाध समय का खाना न खाना कोई बड़ी बात नहीं थी। एक सुबह जब मैं चुपके से बाहर जा रहा था तो मकान-मालकिन की निगाह मुझ पर पड़ गई। उसने पूछा कि क्या मैंने नाश्ता किया है?

मैंने सिर हिलाया।

"तो चलो मेरे साथ," उसने अपनी भारी आवाज़ में कहा।

मैं मैक्कार्थी परिवार से दूर-दूर ही रहा, क्योंकि मैं नहीं चाहता था कि उन्हें माँ के बारे में पता चले। मैं किसी भगोड़े सैनिक की तरह सबकी निगाहों से बच रहा था।

*

माँ को गए एक सप्ताह बीत चुका था और मैंने भगवान भरोसे रहने की आदत डाल ली थी, जिस पर न तो अफ़सोस किया जा सकता था और न ही ख़ुश हुआ जा सकता था। मेरी सबसे बड़ी चिन्ता मकान-मालकिन थी क्योंकि अगर सिडनी वापस न आया तो देर-सबेर वह मेरे बारे में सुधार गृह वालों को बता ही देगी और मुझे एक बार फिर हानवैल स्कूल भेज दिया जाएगा, इसलिए मैं उसके सामने पड़ने से कतरा रहा था। कई बार तो बाहर ही सो जाता।

मैं कुछ लकड़ी चीरने वालों से जा टकराया जो केनिंगटन रोड के पिछवाड़े की तरफ़ एक घुड़साल में काम करते थे। वे सड़कछाप दिखने वाले लोग थे जो एक अँधेरे दालान में काम करते थे और फुसफुसाकर बातें करते थे। सारा दिन लकड़ियाँ चीरते और कुल्हाड़ी से उनकी फाँकें तैयार करते। बाद में वे उनके आधी-आधी पेनी के बंडल बना देते। मैं उनके खुले दरवाज़े के आसपास मँडराता रहता और उन्हें काम करते हुए देखता। उनके पास एक फ़ीट का लकड़ी का गुटका होता। जिसकी वे पतली-पतली फाँकें बनाते और फिर इन फाँकों को तीलियों में बदल डालते। वे इतनी तेज़ी से लकड़ियाँ चीरते कि मैं हैरान होकर देखता ही रह जाता। मुझे उनका काम बेहद आकर्षित करता। जल्द ही मैं उनकी मदद करने लगा। वे अपने लिए लकड़ी के लट्ठे इमारतें गिराने वाले ठेकेदारों से लेते, उन्हें ढोकर शेड तक लाते और उनके चट्टे बनाकर रखते। इस काम में पूरा एक दिन लग जाता। फिर अगले एक दिन वे लकड़ियाँ चीरने का काम करते और उसके अगले दिन उसकी तीलियाँ बनाते। शुक्रवार और शनिवार को वे जलावन की लकड़ियाँ बेचने के लिए निकलते। लेकिन बेचने के काम में मेरी कोई दिलचस्पी नहीं थी। शेड में काम करना मुझे कहीं ज़्यादा रोमांचक लगता था।

वे लोग तीस और चालीस बरस की उम्र के बीच के शालीन, शान्त लोग थे हालाँकि वे बर्ताव बड़ी उम्र के लोगों की तरह करते और लगते भी ज़्यादा उम्र के थे। बॉस (जैसा कि हम उसे कहा करते थे) मधुमेह की वजह से लाल नाक वाला

था। उसके ऊपर के दाँत झड़ गए थे, बस एक ही दाँत लटकता रहता, फिर भी न जाने क्यों उसके चेहरे में एक अपनेपन का अहसास होता था। अच्छा लगता था वह। वह अजीब तरीक़े से हँसता जिससे उसका इकलौता दाँत दिखाई देने लगता। जब चाय के लिए एक और कप की ज़रूरत होती तो वह दूध का टिन उठाता, उसे धोता, पोंछता और कहता, "क्या ख़याल है इसके बारे में?"

दूसरा आदमी ठीक-ठाक, शान्त, पीले से चेहरे वाला तथा मोटे होंठों वाला व्यक्ति था जो बहुत धीरे बोलता था एक बजे के क़रीब बॉस मेरी तरफ़ देखता, "ऐ, क्या तुमने कभी चीज़ की पपड़ी से बने अधपके मांस का स्वाद लिया है?"

"हमने इसे कई बार खाया है," मैं जवाब देता।

फिर ठहाके लगाते और खींसे निपोरते हुए वह मुझे दो पेंस देता और मैं ऐश की राशन की दुकान पर जाता। यह कोने पर चाय की दुकान थी। वह मुझे पसन्द करता था और मेरे पैसों के बदले हमेशा ढेर सारी चीज़ें दे दिया करता था। मैं वहाँ से एक पेनी की चीज़ की पपड़ी लेता और एक पेनी की ब्रेड। चीज़ को धो लेने और उसकी पपड़ियाँ बना लेने के बाद हम उसमें पानी मिलाते, थोड़ा नमक और काली मिर्च डालते, कई बार बॉस उसमें थोड़ी-सी सूअर की चर्बी और कतरे हुए प्याज भी डाल देता और ये सारी चीज़ें मिलाकर चाय के कप के साथ बहुत ही पेट भरकर खानेवाला मामला हो जाता।

हालाँकि मैंने कभी पैसों के लिए नहीं पूछा, फिर भी हफ़्ता बीतने पर बॉस ने मुझे छह पेंस दिये। यह मेरे लिए सुखद आश्चर्य था। जो, जिसका चेहरा पीलापन लिए हुए था, उसे मिर्गी के दौरे पड़ते थे और बॉस उसे होश में लाने के लिए उसकी नाक के नीचे ख़ाकी काग़ज़ जलाकर उसे सुँघाता। कई बार तो उसके मुँह से झाग निकलने शुरू हो जाते और वह अपनी जीभ काटने लगता। जब वह होश में आता तो बेहद दयनीय और शर्मिन्दा लगता।

लकड़हारे सुबह सात बजे से लेकर रात के सात बजे तक काम करते रहते, कई बार उसके बाद भी। जब वे शेड में ताला लगाकर घर की तरफ़ रवाना होते तो मैं उदास हो जाया करता। एक दिन बॉस ने तय किया कि वह हम सबको भोजन कराएगा और साउथ म्यूज़िक हॉल में दो पेनी की गैलरी सीटों पर शो दिखाएगा। मैं और जो पहले ही हाथ-मुँह धो चुके थे और बॉस का इन्तज़ार कर रहे थे। मैं बेहद रोमांचित था क्योंकि उस हफ़्ते वहाँ फ्रेड कार्नो का हास्य नाटक 'अर्ली बर्ड्स' (इस कम्पनी में मैं कई बरस बाद शामिल हुआ) चल रहा था। जो घुड़साल की दीवार के सहारे टिका हुआ था और मैं उत्साहित व रोमांचित उसके सामने खड़ा हुआ था। तभी अचानक जो ने बहुत तेज़ आवाज़ में चीख़ मारी। उसे दौरा पड़ा था और वह उसी दीवार के सहारे ही नीचे गिर गया। माहौल काफ़ी तनावग्रस्त हो गया था। जब जो को होश आया तो बॉस चाहते थे कि वे वहीं रुककर उसकी देखभाल करें लेकिन

जो ने ज़िद की कि वह एकदम ठीक है और हम दोनों उसके बग़ैर चले जाएँ। वह सुबह तक एकदम भला-चंगा हो जाएगा।

स्कूल का ख़ौफ़ एक ऐसा दानव था जिसने कभी मेरा पीछा नहीं छोड़ा। बीच-बीच में लकड़ी चीरनेवाले मुझसे स्कूल के बारे में सवाल पूछ लेते। जब छुट्टियाँ ख़त्म हो गईं तो वे थोड़े से बेचैन हो गए। अब मैं साढ़े चार बजे तक, यानी स्कूल के छूटने के वक़्त तक गलियों में मारा-मारा फिरता, लेकिन यह बहुत मुश्किल काम था। बेमतलब गलियों में फिरते रहना और साढ़े चार बजे तक इन्तज़ार करना तब मैं अपनी राहत की जगह यानी लकड़ी चीरने वालों के पास लौट पाता।

एक रात जब मैं चुपके से सोने के लिए अपने बिस्तर में सरक रहा था, मकान-मालकिन मुझसे मिलने के लिए आई। वह बेचारी मेरी राह देखती बैठी थी। वह बहुत उत्तेजित थी। उसने मुझे एक तार थमाया जिस पर लिखा था, "कल सुबह दस बजे वाटरलू स्टेशन पर पहुँचूँगा।" प्यार, सिडनी।

जिस वक़्त मैं उससे स्टेशन पर मिला तो मेरी हालत वाक़ई ख़राब थी। मेरे कपड़े गन्दे और फटे हुए थे तथा मेरी कैप में से धागे इस तरह लटके हुए थे जैसे किसी लड़की के स्कर्ट के नीचे झालरें लटकती हैं। मैंने लकड़ी चीरने वालों के यहाँ ही मुँह धो लिया था और इस तरह मैं तीसरी मंज़िल तक दो बाल्टी पानी भरकर ले जाने और मकान-मालकिन की रसोई के आगे से गुज़रने की ज़हमत उठाने से बच गया था। जब मैं सिडनी से मिला तो मेरे कानों और गर्दन के आसपास रात की गन्दगी और मैल की परत दिखाई दे रही थी।

मेरी तरफ़ देखते हुए सिडनी ने पूछा, "क्या हुआ है?"

मैंने सीधे ही उसे माँ की बीमारी की ख़बर नहीं दी। थोड़ा वक़्त लिया और फिर बताया, "माँ पागल हो गई हैं और हमें उन्हें अस्पताल भेजना पड़ा।"

उसका चेहरा चिन्ता से घिर गया लेकिन उसने अपने आप पर क़ाबू पा लिया, "तो तुम कहाँ रह रहे हो इस वक़्त?"

"वहीं पाउनाल टैरेस।"

वह अपना सामान देखने के लिए मुड़ा। उसने एक हाथ-गाड़ी वाले को बुलाया और जब कुलियों ने उस पर उसके सामान के चट्टे लगाए तो सबसे ऊपर केलों का एक क्रेट भी था।

"ये हमारे हैं क्या?" मैंने बेसब्री से पूछा।

उसने सिर हिलाया, "अभी ये कच्चे हैं। इनके तैयार होने के लिए हमें एकाध दिन का इन्तज़ार करना पड़ेगा।"

घर आते समय रास्ते में उसने माँ के बारे में सवाल पूछने शुरू कर दिये। मैं उसे बताने के इतने उत्साह में था कि सारी बातें सिलसिलेवार बता ही नहीं पाया लेकिन उसे सारे सूत्र मिल गए थे। फिर उसने बताया कि वह बीमार हो गया था

और उसे केपटाउन में उतारकर अस्पताल में ही छोड़ दिया गया था और यह भी कि वापसी की यात्रा में उसने बीस पाउंड कमा लिये थे। ये पैसे वह माँ को देकर जाना चाहता था। उसने ये पैसे सैनिकों के लिए जुए और लॉटरी का इन्तज़ाम करके कमाए थे।

उसने मुझे अपनी योजनाओं के बारे में बताया। अब वह अपनी समुद्री यात्राएँ छोड़ देने का इरादा रखता था और अभिनेता बनना चाहता था। उसने बताया कि ये पैसे हमारे लिए बीस हफ़्तों के लिए काफ़ी होंगे, तब तक उसे थियेटर में कोई-न-कोई काम मिल ही जाएगा।

जब हम टैक्सी में केलों की क्रेट के साथ घर पहुँचे तो पड़ोसियों और मकान-मालकिन पर इसका बहुत अच्छा असर पड़ा। मकान-मालकिन ने सिडनी को माँ के बारे में बताया लेकिन सारे डरावने ब्योरे नहीं बताए।

उसी दिन सिडनी शॉपिंग के लिए गया और मेरे लिए नये कपड़े ख़रीदे। उसी रात पूरी सज-धज के साथ हम दोनों साउथ म्यूज़िकल हॉल के स्टॉल में जा पहुँचे। नाटक के दौरान सिडनी लगातार कहता रहा, "ज़रा सोचो तो, माँ के लिए इस सब का क्या मतलब होता!"

उसी हफ़्ते हम माँ को देखने के लिए केनहिल गए। मुलाक़ात वाले कमरे में बैठकर इन्तज़ार करना बहुत कठिन लग रहा था। मुझे याद है कि चाबी घूमने की आवाज़ आई और माँ सामने से आती हुई दिखाई दीं। वे पीली नज़र आ रही थीं। उनके होंठ नीले पड़ गए थे। उन्होंने हमें पहचान लिया था, लेकिन उनमें उत्साह नहीं था और उनकी पुरानी जीवन-शक्ति जा चुकी थी। उनके साथ एक नर्स आई थी जो बातूनी और भली महिला थी। वह खड़ी होकर बात करना चाह रही थी। कहने लगी, "आप लोग बहुत ही ग़लत वक़्त पर आए हैं। आज आपकी माँ की हालत बहुत अच्छी नहीं है। है क्या?" उसने माँ की तरफ़ देखा।

माँ विनम्रता से मुस्कराईं मानो उसके जाने की राह देख रही हों। नर्स ने आगे कहा, "अगली बार जब माँ की हालत अच्छी हो तब आना।"

आख़िरकार वह हमें अकेला छोड़कर चली गई। हालाँकि सिडनी ने माँ की मन:स्थिति बेहतर करने की कोशिश की—वह उन्हें अपनी क़िस्मत के चमकने और पैसा कमाने और इतने अरसे तक बाहर रहने के बारे में क़िस्से बताता रहा लेकिन वे बैठी हुई सिर्फ़ सुनती रहीं और सिर हिलाती रहीं। वे अपने ही ख़यालों में गुम लग रही थीं। मैंने माँ को बताया कि वे जल्दी ही ठीक हो जाएँगी। "हाँ बेशक," माँ ने मायूसी से कहा, "काश उस दोपहर तुमने मुझे एक कप चाय दे दी होती तो मैं एकदम ठीक हो जाती।"

बाद में डॉक्टर ने सिडनी को बताया कि कम ख़ुराक़ मिलने की वजह से माँ के दिमाग़ पर बहुत बुरा असर पड़ा है और उन्हें अच्छे इलाज की ज़रूरत है।

हालाँकि उन्हें बीच-बीच में बातें याद आती हैं लेकिन पूरी तरह से ठीक होने में अभी कई महीने लगेंगे।

मैं कई दिन तक माँ के इस जुमले से मुक्त नहीं हो सका कि "काश उस दोपहर तुमने मुझे एक कप चाय दे दी होती तो मैं एकदम ठीक हो जाती।"

पाँच

जोसेफ़ कॉनराड ने ऐसी स्थिति के बारे में अपने एक दोस्त को लिखा था कि—ज़िन्दगी ने उन्हें एक कोने में दुबके उस अन्धे चूहे में बदल डाला था, जिसे बस दबोचा जाने वाला हो। ऐसी उपमा से हम लोगों की दयनीय ज़िन्दगी को बयान किया जा सकता था। इसके बावजूद हम में से कुछ लोगों की क़िस्मत अच्छी रही और ऐसे भाग्यशाली लोगों में मैं भी शामिल था।

मैंने बहुत से काम किये—अख़बार बेचे, प्रिंटर का काम किया, खिलौने बनाए, ग्लास ब्लोअर का काम किया, डॉक्टर के यहाँ काम किया लेकिन इन तरह-तरह के कामों को करते हुए भी मैंने सिडनी की तरह इस लक्ष्य से कभी निगाह नहीं हटाई कि अन्ततः मुझे अभिनेता बनना है। इसलिए अलग-अलग कामों के बीच अपने जूते चमकाता, अपने कपड़ों पर ब्रश फेरता, साफ़ कॉलर लगाता और बीच-बीच में स्ट्रैंड के पास बेडफ़ोर्ड स्ट्रीट में ब्लैकमोर थियेटर एजेन्सी में चक्कर काटता। मैं तब तक वहाँ जाता रहा जब तक कि मेरे कपड़ों की हालत ने मुझे वहाँ जाने से बिलकुल ही रोक नहीं दिया।

जब मैं पहली बार गया तो वहाँ शानदार कपड़े पहने हुए अभिनेता-अभिनेत्री घेरा बनाए खड़े थे और लम्बी-लम्बी हाँक रहे थे।

डर से काँपते हुए मैं दरवाज़े के पास, दूर के एक कोने में खड़ा हो गया। मैं हद दर्ज़े का शर्मीला था और अपने चीथड़े हो गए सूट और पंजों से फटे जूतों को छुपाने की भरसक कोशिश कर रहा था। अचानक ही भीतर से एक युवा क्लर्क लपकता हुआ बाहर आया और हाय-तौबा मचाते हुए वहाँ जुटे अभिनेताओं को सम्बोधित करते हुए ज़ोर से चिल्लाया, "तुम, तुम और तुम, तुम्हारे लिए कोई काम नहीं है।" उसके चिल्लाने के बाद ऑफ़िस गिरजाघर की तरह ख़ाली हो जाता है। एक मौक़े पर मैं अकेला ही वहाँ खड़ा रह गया था।

जब क्लर्क ने मुझे देखा तो अचानक रुक गया, "क्या चाहिए तुम्हें?"

मुझे लगा, मैं ओलिवर ट्विस्ट की तरह कुछ अधिक माँग रहा होऊँ, "क्या आपके पास बच्चों के लिए कोई भूमिका है?"

"क्या तुमने अपना नाम रजिस्टर कर लिया है?"

मैंने न में सिर हिलाया।

मेरी हैरानी का ठिकाना न रहा जब वह मुझे बग़ल वाले ऑफ़िस के भीतर ले गया। मेरा नाम, पता और दूसरे ब्योरे दर्ज़ किये और मुझे बताया कि जब भी मेरे लायक़ कोई काम होगा, मुझे ख़बर कर देगा। मैं बहुत ख़ुश हुआ और इस अहसास के साथ लौटा कि मैंने अपना कर्तव्य निभा दिया है। हालाँकि मैं आभार भी मान रहा था लेकिन इसका कोई नतीजा नहीं निकला।

और अब, सिडनी के लौटने के एक महीने बाद मुझे एक पोस्टकार्ड मिला जिस पर लिखा था, "क्या आप ब्लैकमोर एजेन्सी, बेडफ़ोर्ड स्ट्रीट, स्ट्रैंड में आएँगे?"

मैं अपने नये सूट में मि. ब्लैकमोर के ही सामने ले जाया गया। वे मुस्करा रहे थे और बहुत प्यार से मिले। मैं यह मानकर चल रहा था कि वे ऊँचे-तगड़े व्यक्ति होंगे और बारीकी से मेरी जाँच-पड़ताल करेंगे लेकिन वे बहुत ही विनम्र थे और उन्होंने मुझे एक पर्ची देते हुए कहा कि मैं इसे चार्ल्स फ्रॉहमैन के कार्यालय में मि. सी.ई. हैमिल्टन को जाकर दे दूँ।

मि. हैमिल्टन ने पर्ची पढ़ी और यह जानकर बहुत ख़ुश और हैरान हुए कि मैं कितना छोटा-सा हूँ। दरअसल, मैंने अपनी उम्र के बारे में झूठ बोला था कि मैं चौदह बरस का हूँ जबकि मेरी उम्र साढ़े बारह बरस थी। उन्होंने समझाया कि मुझे 'शरलॉक होम्स' में बिली, पेजबॉय (सामान पहुँचाने वाला लड़का) की भूमिका करनी है और शरद ऋतु से शुरू होने वाले दौरे में चालीस सप्ताह तक काम करना है।

"इस बीच," मि. हैमिल्टन ने आगे कहा, "एक नये नाटक, 'जिम, द रोमांस ऑफ़ ए कॉक्नी' में एक भले लड़के की बहुत ही शानदार भूमिका है जिसे मि. एच.ए. सेंट्सबरी ने लिखा है। ये वही शख़्स हैं जो आगामी दौरे में 'शरलॉक होम्स' में प्रमुख भूमिका निभाने जा रहे हैं। 'होम्स' के दौरे से पहले आज़माइश के तौर पर किंग्स्टन में 'जिम' खेला जाएगा। मेरा वेतन दो पाउंड दस शिलिंग प्रति सप्ताह रहेगा और मुझे 'शरलॉक होम्स' के लिए भी इतना ही वेतन मिलेगा।"

यह राशि मेरे लिए छप्पर फाड़ लॉटरी खुलने जैसी थी—फिर भी मैंने यह बात अपने चेहरे पर नहीं झलकने दी। मैंने विनम्रता से कहा, "शर्तों के बारे में मैं अपने भाई से सलाह लेना चाहूँगा।"

मि. हैमिल्टन हँसे, लगा कि वे बहुत ख़ुश हैं। इसके बाद उन्होंने सारे ऑफ़िस को इकट्ठा कर लिया और मेरी तरफ़ इशारा करते हुए बोले, "ये हमारा बिली है। क्या ख़याल है इसके बारे में?"

हर कोई बहुत ख़ुश हुआ और मेरी तरफ़ देखकर मुस्कराया। अचानक पता नहीं क्या हो गया था? ऐसा लगा मानो पूरी दुनिया ही बदल गई हो और मुझे प्यार से अपने सीने से लगा लिया हो, मुझे अपना लिया हो। फिर मि. हैमिल्टन ने मुझे

सेंट्सबरी के लिए एक पर्ची दी और उनके बारे में बताया कि वे लीसेस्टर स्क्वायर में ग्रीन रूम क्लब में मिलेंगे। इस तरह, मैं वहाँ से बादलों पर सवार लौटा।

ग्रीन रूम क्लब में भी वही बात हुई। मि. सेंट्सबरी ने अपने स्टाफ़ सदस्यों को मुझे देखने के लिए बुलवाया। फिर उसी समय मुझे यह कहते हुए सैमी की भूमिका थमा दी गई कि उनके नाटक में यह एक महत्त्वपूर्ण चरित्र है। मैं डरा हुआ और थोड़ा नर्वस था कि कहीं वे उसी समय मुझसे अपने संवाद पढ़ने के लिए न कह दें क्योंकि मैं पढ़ना बिलकुल भी नहीं जानता था। सौभाग्य से उन्होंने मुझे मेरे संवाद घर ले जाने के लिए दे दिये ताकि मैं फुरसत से उन्हें पढ़ूँ क्योंकि वे अगले हफ़्ते से पहले रिहर्सल शुरू नहीं करने वाले थे।

ख़ुशी के मारे पागल होता हुआ मैं बस में घर पहुँचा और पूरी शिद्दत से महसूस करने की कोशिश की कि मेरे साथ क्या हुआ है। मैंने अचानक ही ग़रीबी की अपनी ज़िन्दगी पीछे छोड़ दी थी और अपना बहुत पुराना सपना पूरा करने जा रहा था। वह सपना, जिसके बारे में अक्सर माँ बात करती थीं। मैं उसे पूरा करने जा रहा था। अब मैं अभिनेता होने जा रहा था। यह सब कुछ अचानक और अप्रत्याशित रूप से होने जा रहा था। मैं अपनी भूमिका के पन्नों को सहलाता रहा। उस पर नया ख़ाकी लिफ़ाफ़ा था। यह मेरी अब तक की ज़िन्दगी का सबसे महत्त्वपूर्ण दस्तावेज़ था। बस की यात्रा के दौरान मैंने महसूस किया कि मैंने एक बहुत बड़ा क़िला फ़तह कर लिया है। अब मैं झोंपड़पट्टी में रहने वाला नामालूम-सा छोकरा नहीं था। अब मैं थियेटर का एक ख़ास आदमी होने जा रहा था। मेरा मन किया कि मैं रो पड़ूँ।

जब मैंने सिडनी को बताया कि क्या हुआ है तो उसकी आँखें भर आईं। वह पालथी मारकर बिस्तर पर बैठ गया और खिड़की से बाहर देखने लगा। वह हिल रहा था। अपना सिर हिलाते हुए उसने गहरी उदासी से कहा, "यह हमारी ज़िन्दगी का निर्णायक मोड़ है। काश, आज हमारी माँ यह ख़ुशी बाँटने के लिए हमारे साथ होतीं।"

मैंने उत्साहपूर्वक कहा, "ज़रा सोचो तो, चालीस सप्ताह तक दो पाउंड और दस शिलिंग। मैंने तो मि. हैमिल्टन से कह दिया है कि तुम्हीं मेरे कारोबारी मामले सँभालते हो।" मैंने कहा, "हो सकता है, हमें कुछ ज़्यादा भी मिल जाएँ। ख़ैर, हम हर बरस साठ पाउंड बचा सकते हैं।"

हमने अपने उत्साह के चलते यह गणना भी कर ली और तर्क भी गढ़ लिया कि इतनी बड़ी भूमिका के लिए दो पाउंड और दस शिलिंग की राशि बहुत कम है। सिडनी ने यहाँ तक सोच डाला कि वह जाकर पैसे बढ़वाने की बात करेगा। मैंने कहा कि कोशिश करने में कोई हर्ज़ नहीं है। लेकिन हैमिल्टन अड़ गए।

"वे अधिकतम दो पाउंड दस शिलिंग ही दे सकते हैं," उन्होंने कहा। और हम उतनी रक़म पाकर ही ख़ुश थे।

सिडनी ने मुझे मेरी भूमिका पढ़कर सुनाई और अपनी पंक्तियाँ याद करने में मदद की। यह काफ़ी बड़ी भूमिका थी और लगभग पैंतीस पन्नों में लिखी हुई थी जिसे मैंने तीन ही दिन में मुँहज़बानी याद कर लिया।

'ज़िम' की रिहर्सल ड्ररी लेन थियेटर की ऊपर वाली मंज़िल में हुई। सिडनी ने मुझे इतने उत्साह के साथ ट्रेनिंग दी थी कि मुझे एक-एक शब्द याद हो गया था। बस, एक शब्द मुझे परेशान कर रहा था। लाइन कुछ इस तरह से थी, "आप अपने आपको समझते क्या हैं मि. पियरपाँट मॉर्गन?" और मैं कह बैठता, "पुटरपिंट मॉर्गन।" मि. सेंट्सबरी ने मुझे ये शब्द ज्यों के त्यों रखने दिए। ये शुरुआती रिहर्सलें आँखें खोलने वाली थीं। इन्होंने मेरे सामने तकनीकों की एक नई दुनिया खोलकर रख दी। मुझे इस बात की क़तई जानकारी नहीं थी कि स्टेज क्राफ़्ट, टाइमिंग, विराम, मुड़ने के लिए संकेत, बैठने के लिए संकेत जैसी बातें भी होती हैं। लेकिन ये सारी चीज़ें मुझे स्वाभाविक रूप से समझ आ गईं। बस, मेरी एक ख़ामी को मि. सेंट्सबरी ने ठीक किया—बोलते समय मैं सिर बहुत हिलाता था और साँस बहुत रोकता था।

कुछ दृश्यों की रिहर्सल कर लेने के बाद वे हैरान रह गए, मुझसे पूछने लगे कि क्या मैंने पहले कभी अभिनय किया है? कितना सन्तोषजनक था—सेंट्सबरी साहब को और नाटक के दूसरे अभिनेताओं को ख़ुश करना! अलबत्ता, मैंने उनका उत्साह इस तरह से स्वीकार किया मानो यह मेरा स्वाभाविक और जन्मसिद्ध अधिकार हो।

'जिम' को आज़माइश के तौर पर पहले हफ़्ते में किंग्स्टन थियेटर में और दूसरे हफ़्ते में फुलहाम थियेटर में खेला जाना था। यह हैनरी ऑर्थर जोन्स के 'सिल्वर किंग' पर आधारित एक मैलोड्रामा था। कहानी कुछ इस तरह से थी कि एक अभिजात व्यक्ति अनिद्रा रोग से पीड़ित है और एक दिन वह अपने आपको फल बेचनेवाली एक युवा लड़की और अख़बार बेचनेवाले एक लड़के के साथ एक दुछत्ती में रहते पाता है। लड़के सैमी की भूमिका मुझे निभानी थी। नैतिक रूप से सब ठीक-ठाक था। लड़की दुछत्ती की एक अलमारी में सोती थी और ड्यूक, उसको हम यही कहकर पुकारते थे, खाट पर आराम से सोता था तथा मैं फ़र्श पर सोता था।

पहले अंक का दृश्य 7ए डेवरू कोर्ट, द टेम्पल का था। यह एक अमीर वकील जेम्स सीटन गेटलॉक का चेम्बर था। बर्बाद ड्यूक अपने विरोधी वकील के पास जाता है और अपना भला करनेवाली फूल बेचनेवाली लड़की, जो बीमार है, की मदद करने के लिए हाथ फैलाता है। इस लड़की ने अनिद्रा के उसके रोग में उसकी मदद की थी।

नोक-झोंक में विलेन ड्यूक से कहता है, "दफ़ा हो जाओ। जाओ और भूखे मरो। तुम और तुम्हारी यह रख़ैल।"

ड्यूक हालाँकि कमज़ोर और मरियल-सा है लेकिन मेज़ से काग़ज़ काटने वाला चाक़ू उठा लेता है मानो वह विलेन पर हमला करने वाला हो, लेकिन फिर चाक़ू इस तरह मेज़ पर गिरा देता है जैसे उसे मिर्गी का दौरा पड़ा हो और फिर विलेन के पैरों

के पास बेहोश होकर गिर जाता है। इस मोड़ पर आकर विलेन की भूतपूर्व पत्नी, जिससे कभी यह बीमार और पस्त ड्यूक प्रेम किया करता था, कमरे के भीतर आती है और अपने पति के सामने यह कहते हुए पस्त ड्यूक के लिए हाथ जोड़ती है कि "उसकी मेरे साथ नहीं बनी। वह अदालतों में भी कुछ नहीं कर पाया। कम-से-कम तुम तो उसकी मदद कर सकते हो।"

लेकिन विलेन मना कर देता है। दृश्य अपने अन्त की ओर पहुँचता है, विलेन अपनी भूतपूर्व पत्नी पर निष्ठावान न रहने का आरोप लगाता है। ग़ुस्से व सनक में आकर वह काग़ज़ काटने वाला चाक़ू उठा लेती है जो पस्त ड्यूक के हाथ से गिरा था और विलेन को मार देती है। विलेन अपनी आरामकुर्सी पर गिरकर मर जाता है जबकि ड्यूक अभी भी उसके पैरों के पास बेहोश पड़ा हुआ है। महिला दृश्य से ग़ायब हो जाती है। जब ड्यूक को होश आता है तो वह अपने विरोधी को मरा हुआ पाता है। वह कहता है, "हे भगवान, यह मैंने क्या कर डाला।"

इस तरह नाटक चलता रहता है। वह मृतक की जेबों की तलाशी लेता है और उसे एक पर्स मिलता है जिसमें कई पाउंड, हीरे की अँगूठी और आभूषण मिलते हैं। वह ये सारी चीज़ें अपनी जेब के हवाले करता है और जब वह खिड़की के रास्ते बाहर निकल रहा होता है तो मुड़कर कहता है, "गुडबाय गैटलॉक, आख़िर तुमने मेरी मदद कर ही दी।" और पर्दा गिर जाता है।

दूसरा दृश्य उस दुछत्ती का था जहाँ ड्यूक रहता था। जब पर्दा खुलता है तो एक अकेला जासूस अलमारी के अन्दर ताक-झाँक कर रहा है। मैं सीटी बजाते हुए आता हूँ और जासूस को देखकर रुक जाता हूँ।

अख़बारवाला लड़का—अरे आप, क्या आपको नहीं पता कि यह एक महिला का बेडरूम है?

जासूस—क्या? यह अलमारी? ज़रा इधर तो आना।

लड़का—बदतमीज़, ढीठ कहीं के!

जासूस—इसे तुम सँभालते हो। इधर आओ और दरवाज़ा बन्द कर दो।

लड़का—*(उसकी तरफ़ जाते हुए)* ज़रा आराम से। समझे नहीं क्या? हमारे ही ड्राइंग रूम में तुम हमें ही आमंत्रित कर रहे हो!

जासूस—मैं एक जासूस हूँ।

लड़का—अरे पुलिस वाला...मैं जा रहा हूँ।

जासूस—मैं तुम्हें कोई नुक़सान नहीं पहुँचाऊँगा। मैं तो थोड़ी जानकारी चाहता हूँ जिससे किसी ग़रीब की मदद हो जाए।

लड़का—किसी की मदद? यदि यहाँ किसी का भला होता है तो वह कम-से-कम किसी पुलिसवाले के हाथों तो नहीं ही होगा।

जासूस—मूर्ख मत बनो। क्या मैंने तुमसे कहा है कि मैं कभी फ़ौज में था।

लड़का—न बताने के लिए शुक्रिया। मैं आपके जूते देख सकता हूँ।

जासूस—यहाँ कौन रहता है?

लड़का—ड्यूक।

जासूस—वो तो ठीक है, लेकिन उसका असली नाम क्या है?

लड़का—मुझे नहीं पता। लेकिन वह नॉम द गेयर (फ्रांसीसी छद्म नाम) इसी नाम से जाना जाता है। हालाँकि आप मुझे इस बात के लिए मार भी सकते हैं कि मुझे इसका मतलब नहीं मालूम।

जासूस—और वो देखने में कैसा लगता है?

लड़का—काग़ज़ की तरह पतला, सफ़ेद बाल, सफाचट दाढ़ी, टॉप हैट और एक आँख वाला चश्मा पहनता है। और आश्चर्य की बात! वह उसी चश्मे से देखता है।

जासूस—और ज़िम—वो कौन है?

लड़का—वह आदमी? आपका मतलब लड़की?

जासूस—तो यह वही लड़की है जो...

लड़का—*(उसे टोकते हुए)* जो अलमारी में सोती है। यह कमरा हमारा है, मेरा और ड्यूक का, वग़ैरह, वग़ैरह...

और भी बहुत कुछ था मेरी भूमिका में और मेरा यक़ीन मानिए, दर्शकों को बहुत मज़ा आया। मेरा ख़याल है इसका कारण यह रहा होगा कि मैं अपनी उम्र से बहुत छोटा दिखता था। मैं जो भी लाइन बोलता, उस पर ठहाके लगते। सिर्फ़ मंच पर किये जाने वाले काम मुझे परेशान करते। स्टेज पर सचमुच की चाय बनाना। मैं हमेशा भ्रम में पड़ जाता कि पॉट में पहले गरम पानी डालना है या चाय की पत्ती। स्टेज पर कुछ भी काम करने के बजाय लाइनें बोलना हमेशा आसान होता।

'ज़िम' सफल नहीं रहा था। समीक्षकों ने उस नाटक पर बहुत बेदर्दी से क़लम चलाई। इसके बावजूद मेरा ज़िक्र अनुकूल ढंग से किया गया। एक समीक्षा, जो मुझे हमारी ही कम्पनी के मि. चार्ल्स रॉक ने दिखाई थी, बहुत अच्छी थी। वे एक पुराने एडेल्फ़ी अभिनेता थे, उनका बहुत नाम था और मैंने अपने अधिकतर दृश्य उनके साथ ही किये थे। '...नौजवान,' उन्होंने गम्भीरता से कहा था, "जब तुम यह सब पढ़ो तो ये चीज़ें तुम्हारे दिमाग़ पर सवार नहीं हो जानी चाहिए।" इस तरह मुझे विनम्रता व सौम्यता का भाषण पिलाने के बाद 'लंदन ट्रॉपिकल टाइम्स' में छपी यह समीक्षा पढ़कर सुनाई जिसका एक-एक शब्द मुझे याद है।

नाटक के बारे में हिक़ारत से लिखने के बाद अख़बार ने लिखा, "लेकिन एक आशा जगाने वाली बात भी है। सैमी की भूमिका, अख़बार बेचनेवाला छोकरा, लंदन की गलियों का एक स्मार्ट अरब, जिसने काफ़ी हद तक नाटक में हास्य की कमी पूरी की। बेशक यह भूमिका घिसी-पिटी और पुराने ढब की है फिर भी, मास्टर चार्ली चैप्लिन ने सैमी के रोल को काफ़ी रोचक बना दिया। एक शानदार और मेहनती बाल

कलाकार। हालाँकि मैंने इस बच्चे के बारे में पहले कभी नहीं सुना है लेकिन आशा करता हूँ कि निकट भविष्य में इस बच्चे के बारे में हमें बहुत कुछ बेहतर सुनने को मिलेगा।" सिडनी ने इसकी एक दर्जन प्रतियाँ ख़रीद लीं।

'ज़िम' के दो सप्ताह चलने के बाद हमने 'शरलॉक होम्स' का पूर्वाभ्यास शुरू किया। इस दौरान सिडनी और मैं पाउनाल टैरेस पर ही रह रहे थे। कारण यह था कि आर्थिक रूप से अभी भी हम अपने पैरों तले की ज़मीन के बारे में बहुत ज़्यादा आश्वस्त नहीं थे।

पूर्वाभ्यास के दौरान सिडनी और मैं माँ से मिलने के लिए केनहिल गए। पहले तो नर्सों ने हमें बताया कि हम माँ से नहीं मिल पाएँगे क्योंकि उनकी तबीयत ठीक नहीं है। फिर वे सिडनी को एक तरफ़ ले गईं और उससे फुसफुसाकर बात करने लगीं, लेकिन मैंने सिडनी की बात सुन ली थी, "नहीं, मुझे नहीं लगता वह देख पाएगा।" फिर वह मेरी तरफ़ मुड़कर उदासी से बोला, "तुम माँ को पागलख़ाने में नहीं देखना चाहोगे?"

"नहीं नहीं, मैं यह बर्दाश्त नहीं कर पाऊँगा।" मैंने तड़पकर कहा।

लेकिन सिडनी माँ से मिला और माँ ने उसे पहचान लिया तथा वे सचेत हो गईं। कुछ ही पलों के बाद नर्स ने आकर मुझे कहा कि अब तुम्हारी माँ बेहतर हैं और क्या तुम उन्हें देखना चाहोगे। फिर हम दोनों पागलख़ाने वाले कमरे में गए और वहाँ जाकर बैठ गए। इससे पहले कि हम जाते, वे मुझे एक तरफ़ लेकर गईं और मेरे कान में फुसफुसाईं, "हिम्मत मत हारना, नहीं तो वे लोग तुम्हें यहीं रख सकते हैं।" माँ अपनी सेहत वापस पाने से पहले पूरे अट्ठारह महीने केनहिल में रहीं। मैं जब दौरे पर था तो सिडनी नियमित रूप से उनसे मिलता रहा।

*

मि. एच.ए. सेंट्सबरी जो टूर पर होम्स का पार्ट कर रहे थे, 'स्ट्रैंड मैगज़ीन' में छपने वाले चित्रों की हू-ब-हू प्रतिकृति थे। उनका लम्बोतरा संवेदनशील चेहरा था और माथे पर प्रेरणा देते से भाव थे। जितने भी कलाकार होम्स की भूमिका अदा किया करते थे, उनमें से सेंट्सबरी को बेहतरीन समझा जाता था। उन्हें विलियम जिलेट, मूल होम्स और नाटक के लेखक से भी अच्छा माना जाता था।

मेरे पहले टूर के दौरान मैनेजमेंट ने तय किया कि मैं मि. और मिसेज़ ग्रीन के साथ रहूँ। मि. ग्रीन हमारी कम्पनी के बढ़ई थे और मिसेज़ ग्रीन वार्डरोब सँभालती थीं। यह व्यवस्था बहुत शानदान नहीं कही जा सकती थी क्योंकि मि. और मिसेज़ ग्रीन कभी-कभार पीते भी थे। इसके अलावा, मैं अक्सर उसी वक़्त खाना नहीं खाना चाहता था जब वे खाते या जो वे खाते थे। मुझे यक़ीन है, ग्रीन दम्पति के साथ मेरा रहना मेरे लिए उतना तकलीफ़देह नहीं था, जितना उनके लिए था। इसलिए तीन

हफ़्ते एक साथ रहने के बाद हमने आपसी रज़ामन्दी से अलग होने का फ़ैसला कर लिया। चूँकि मैं बहुत छोटा था और किसी अन्य कलाकार के साथ नहीं रह सकता था, तो अकेला ही रहने लगा। मैं अजनबी शहरों में, पिछवाड़े के कमरों में अकेले रहता और शाम के शो के वक़्त से पहले शायद ही किसी साथी कलाकार से मिलता-जुलता। जब मैं अपने आपसे बात करता तो मुझे सिर्फ़ अपनी ही आवाज़ सुनाई देती। मैं अक्सर सैलूनों में चला जाता जहाँ हमारी कम्पनी के साथी इकट्ठा होते और उन्हें बिलियड्र्स खेलते देखता। लेकिन मैं हमेशा पाता कि मेरी मौजूदगी से उनकी बातचीत में बाधा आ जाती है और वे इस बात को मुझे जताने में कोई शर्म भी महसूस नहीं करते। इसलिए यदि मैं उनकी किसी ऐसी-वैसी बात पर मुस्करा भी दूँ तो उनकी भौंहे तन जाती थीं।

मैं अकेला होता चला गया। रविवारों की रात को उत्तरी शहरों में पहुँचना और अँधियारी मुख्य गली से गुज़रते हुए गिरजाघर की घंटियों की उदास टनटनाहट सुनना, ये सारी बातें मेरे अकेलेपन में कुछ भी न जोड़ पातीं। सप्ताह के अन्त की छुट्टियों के दिनों में मैं स्थानीय बाज़ार खँगालता और ख़रीददारी करता, राशन ख़रीदता, मांस ख़रीदता जिसे मकान-मालकिन पकाकर दे देती। कई बार मुझे खाने और रहने की सुविधा मिल जाती और तब मैं रसोई में बैठकर परिवार के साथ ही खाता। मुझे वह व्यवस्था अच्छी लगती क्योंकि उत्तरी इंग्लैंड के रसोईघर साफ़-सुथरे होते, वहाँ पॉलिश किये हुए फ़ायरगेट होते और नीली भट्ठियाँ होतीं। मकान-मालकिन का ब्रेड सेंकना और ठंडे गम्भीर दिन के बाद लंकाशायर रसोई की जलती आग की लाल लौ के दायरे में आना हमेशा अच्छा लगता। वहाँ बिना सिंकी डबल रोटियों के डिब्बे भट्ठी के आसपास बिखरे होते। परिवार के साथ चाय के लिए बैठना, भट्ठी से अभी-अभी निकली गरमागरम डबल रोटी की सोंधी-सोंधी महक और उस पर लगाया गया ताज़ा मक्खन...मैं गम्भीरता ओढ़े उनका आनन्द उठाता।

मैं छह महीने तक अलग-अलग प्रदेशों में रहा। इस बीच सिडनी को थियेटर में काम तलाशने में बहुत कम सफलता मिली थी, इसलिए वह कलाकार बनने की अपनी महत्त्वाकांक्षा को त्याग कर स्ट्रैंड कोयला खदान में आवेदन करने पर मजबूर हो गया। एक सौ पचास आवेदकों में से उसे यह नौकरी मिली थी। लेकिन एक तरह से यह उसका पहले की स्थिति से पतन था।

वह मुझे नियमित रूप से ख़त लिखता और माँ के बारे में समाचार देता रहता। लेकिन मैं शायद ही उसके ख़तों के जवाब देता। इसका कारण यह था कि मुझसे वर्तनी की गलतियाँ बहुत होती थीं। लेकिन उसके एक ख़त ने तो मुझे इतनी गहराई से छुआ कि मैं उसके और नज़दीक आ गया। उसने मुझे ख़तों का जवाब न देने के कारण फटकार लगाई और याद दिलाया कि हम कैसे-कैसे दिन एक साथ देखकर यहाँ तक पहुँचे हैं और इसलिए हमें एक-दूसरे के ज़्यादा क़रीब होना चाहिए।

सिडनी ने लिखा, "...माँ की बीमारी के बाद हम दोनों के पास एक-दूसरे के अलावा और बचा ही कौन है। तुम नियमित रूप से लिखा करो और मुझे बताओ कि मेरा एक भाई भी है।"

उसका पत्र इतना भावपूर्ण था कि मैंने तुरन्त ही उसका जवाब दिया। अब मैं सिडनी को दूसरे ही आलोक में देख रहा था। उसके पत्र ने भ्रांतृत्व प्रेम का ऐसा अटूट बन्धन बाँधा, जो पूरी ज़िन्दगी मेरे साथ बना रहा।

मैं अकेले रहने का आदी हो चुका था। मैं बातचीत करने से इतना विमुख होता चला गया कि जब कम्पनी का कोई साथी मुझसे मिलता तो मैं परेशानी में पड़ जाता। मैं यकायक अपने आपको इस बात के लिए तैयार ही न कर पाता कि हाज़िरजवाबी से, समझदारी से किसी बात का जवाब दे सकूँ। लोग मुझे छोड़कर चले जाते। मुझे पक्का यक़ीन है कि वे मेरी सोच के प्रति चिन्तातुर होकर ही मुझे छोड़ देते। उदाहरण के लिए, मिस ग्रेटा हान को ही लें। वे हमारी प्रमुख अभिनेत्री थीं। ख़ूबसूरत, आकर्षक और दयालुता की प्रतिमा, लेकिन जब मैं उन्हें सड़क पार कर अपनी तरफ़ आते देखता तो मैं तेज़ी से मुड़कर या तो किसी दुकान के शोकेस में देखने लगता या उनसे मिलने से बचने के लिए किसी गली में घुस जाता।

मैंने अपने आपकी परवाह करनी छोड़ दी और अपनी आदतों में लापरवाह होता चला गया। जब मैं कम्पनी के साथ यात्रा कर रहा होता तो रेलवे स्टेशन पहुँचने में मुझे हमेशा देर हो जाती। आख़िरी पलों में पहुँचता और मेरी हालत अस्त-व्यस्त होती, मैंने कॉलर भी न लगाया होता, जिसके लिए हमेशा फटकार सुननी पड़ती।

मैंने अपने साथ के लिए एक खरगोश पाल लिया। मैं जहाँ भी रहता, उसे छुपाकर अपने कमरे में ले जाता और मकान-मालकिन को इस बात की हवा भी न लग पाती। यह एक छोटा-सा प्यारा-सा जीव था जो कभी इधर-उधर मुँह नहीं मारता था। उसका फर इतना सफ़ेद और साफ़ था कि यह बात किसी के ध्यान में भी नहीं आती थी कि इसकी गंध कितनी तीखी हो सकती है। मैं उसे अपने बिस्तर के नीचे एक लकड़ी के पिंजरे में छुपाकर रखता। जब मकान-मालकिन मेरा नाश्ता लेकर आती, तब उसे इस महक का पता चलता। वह कमरे से परेशान और भ्रमित होकर चली जाती, उसके कमरे से बाहर जाते ही मैं अपने खरगोश को आज़ाद कर देता और वह सारे कमरे में फुदकता फिरता।

बहुत पहले ही मैंने खरगोश को इसकी ट्रेनिंग दे दी थी कि ज्यों ही वह दरवाज़े पर आहट सुने, तुरन्त अपनी पेटी में चला जाए। अगर फिर भी मकान-मालकिन को मेरे इस रहस्य का पता चल जाता था तो मैं अपने खरगोश को ट्रिक करके दिखाने को कहता उनका दिल जीत लेता और फिर वह हमें पूरा हफ़्ता रहने की इजाज़त दे देती।

लेकिन टोनीपेंडी, वेल्स में, जब मैंने अपनी ट्रिक दिखाई तो मकान-मालकिन रहस्यमय ढंग से मुस्कराई पर कोई राय ज़ाहिर नहीं की; लेकिन उस रात जब मैं

थियेटर से लौटा तो मेरा प्रिय पालतू खरगोश जा चुका था। जब मैंने उसके बारे में पूछताछ की तो मकान-मालकिन ने सिर्फ़ अपना सिर हिला दिया, "कहीं भाग-वाग गया होगा या किसी ने चुरा लिया होगा।" उसने बड़ी चतुराई से अपने आप ही समस्या को सुलझा लिया था।

टोनीपेंडी से हम एब वेल के खदानों वाले शहर में पहुँचे, जहाँ हमें तीन रात रुकना था और मैं इस बात के लिए शुक्रगुज़ार था कि हमें सिर्फ़ तीन दिन ही रुकना था क्योंकि एब वेल एक सीलन-भरी जगह थी तथा उन दिनों गन्दा-सा शहर हुआ करता था, एक जैसे मकानों की एक के बाद एक क़तार जहाँ हर घर में चार छोटे कमरे जिनमें तेल की कुप्पियाँ जलती रहतीं। कम्पनी के ज़्यादातर लोग एक छोटे-से होटल में ठहरे। सौभाग्य से मुझे एक खदानकर्मी के घर में सामने की तरफ़ वाला कमरा मिल गया। कमरा बेशक छोटा था लेकिन साफ़ और आरामदेह था। रात को जब मैं नाटक से वापस लौटता तो कमरे में आग के पास ही मेरा खाना रख दिया जाता जहाँ वह गरम रहता।

मकान-मालकिन लम्बी, ख़ूबसूरत-सी औरत थी जो अपने आसपास त्रासदी का आवरण लपेटे रहती। वह सुबह मेरे कमरे में नाश्ता लेकर आती और शायद ही कभी एकाध शब्द बोलती। मैंने नोट किया कि उसकी रसोई का दरवाज़ा हमेशा ही बन्द रहता। जब भी मुझे किसी चीज़ की ज़रूरत होती, मुझे दरवाज़ा खटखटाना पड़ता और दरवाज़ा एकाध इंच ही खोला जाता।

दूसरी रात, जब मैं रात का खाना खा रहा था तो उसका पति आया। वह अपनी पत्नी की उम्र का ही रहा होगा। उस शाम वह थियेटर गया हुआ था और उसे हमारा नाटक अच्छा लगा था। बातचीत करते समय वह खड़ा ही रहा। उसने हाथ में एक जलती मोमबत्ती पकड़ी हुई थी और वह सोने जाने की तैयारी में था। वह बात करते समय थोड़ा रुका मानो कुछ कहना चाह रहा हो..."सुनो, मेरे पास कुछ ऐसा है जो मुझे लगता है, तुम्हारे काम-काज में कहीं फिट हो सकता है। कभी मानव मेंढक देखा है? लो इस मोमबत्ती को पकड़ो और मैं लैम्प पकड़ता हूँ।"

वह मुझे रसोईघर तक लेकर गया और लैम्प को ड्रेसर पर रख दिया। ड्रेसर पर ऊपर से नीचे तक पल्लों की जगह पर पर्दा लगा हुआ था। "...ऐ गिल्बर्ट, ज़रा बाहर तो निकलो।" उसने पर्दे सरकाते हुए कहा।

एक आधा आदमी जिसके पैर नहीं थे, सामान्य आकार से बड़ा सिर, लाल बाल, चपटा-सा माथा, बीमार-सा सफ़ेद चेहरा, धँसी हुई नाक, बड़ा-सा मुँह और मजबूत कन्धे और बाँहें, ड्रेसर के नीचे से निकलकर आया। उसने फलालेन का जाँघिया पहना हुआ था। जाँघिये के कपड़े को जाँघों तक काट दिया गया था जहाँ से उसके दस मोटे ठूँठ जैसे पंजे नज़र आ रहे थे। उस डरावने प्राणी की उम्र बीस से चालीस के बीच कुछ भी हो सकती थी।

"गिल्बर्ट, ज़रा कूद के दिखाओ।" उसके पिता ने कहा और उस दीन-हीन आदमी ने अपने आपको थोड़ा नीचे किया और लगभग मेरे सिर की ऊँचाई तक अपनी बाँहें उछाल दीं।

"...क्या ख़याल है? सर्कस के लिए यह फिट रहेगा? मानव मेंढक?"

मैं इतना भयभीत हो गया कि जवाब ही न दे सका। अलबत्ता, मैंने उन्हें कई सर्कसों के नाम-पते बताए, जहाँ वे इस बारे में लिख सकते थे।

वे इस बात पर अड़े रहे कि ये लिजलिजा प्राणी और भी उछल-कूद, कलाबाज़ियाँ और कूद-फाँद दिखाए। उसे आरामकुर्सी के हत्थे पर हाथों के बल खड़ा किया गया, कुदाया गया। जब उसने अपने ये सब करतब बन्द किये तो मैंने जतलाया कि ये वाक़ई उत्साहजनक हैं और इन ट्रिक्स पर उसे बधाई दी।

कमरे से बाहर निकलने से पहले मैंने उससे कहा..."गुड नाइट गिल्बर्ट," तो कुएँ में से आती-सी दबी आवाज़ में उस बेचारे ने जवाब दिया, "...गुड नाइट।"

उस रात मैं कई बार उठा और अपने बन्द दरवाज़े को अच्छी तरह देखा। अगली सुबह मकान-मालकिन ख़ुश नज़र आई, उसके चेहरे पर संवाद करने जैसे भाव थे।

"मेरा ख़याल है, तुमने कल रात गिल्बर्ट को देखा है," उसने कहा, "जब हम थियेटर के लोगों को घर में रखते हैं तो वह ड्रेसर के नीचे ही सोता है।"

फिर यह वाहियात ख़याल मेरे मन में आया कि मैं गिल्बर्ट के बिस्तर में ही सोता रहा हूँ।..."हाँ," मैंने जवाब दिया और उसके सर्कस में जाने की सम्भावनाओं पर नपे-तुले शब्दों में बात करता रहा।

मकान-मालकिन ने सिर हिलाया, "...हम अक्सर इस बारे में सोचते रहे हैं।"

मेरा उत्साह या इसे जो भी नाम दें—मकान-मालकिन को ख़ुश कर रहा था। वहाँ से चलने से पहले मैं रसोई में गिल्बर्ट को बाय कहने गया। सहज रहने की कोशिश करते हुए मैंने उसका बड़ा-सा फैला हुआ हाथ अपने हाथ में लिया और उसने हौले से मेरा हाथ दबाया।

*

चालीस हफ़्तों तक अलग-अलग प्रान्तों में प्रदर्शन करके लौटने के बाद अब आठ हफ़्ते हमें लंदन के आसपास के उपनगरों में प्रदर्शन करने थे। 'शरलॉक होम्स', जो सफलता के झंडे गाड़ रहा था, पहले टूर के तीन हफ़्ते बाद अपना दूसरा टूर शुरू करने वाला था।

सिडनी और मैंने तय किया कि अब पाउनाल टैरेस वाला अपना कमरा छोड़ दें और केनिंगटन रोड पर किसी ज़्यादा इज़्ज़तदार जगह जाकर रहें। अब हम साँपों की तरह अपनी केंचुल को उतार देना और अपने अतीत को धो-पोंछ देना चाहते थे।

मैंने होम्स के अगले दौरे के समय सिडनी को एक छोटी-सी भूमिका दिये जाने के बारे में मैनेजमेंट से बात की और उसे काम मिल भी गया। एक हफ़्ते के पैंतीस शिलिंग। अब हम दौरे पर एक साथ थे।

सिडनी हर हफ़्ते माँ को ख़त लिखता था और हमारे दूसरे दौरे के आख़िरी दिनों में हमें केनहिल पागलख़ाने से एक पत्र मिला कि अब हमारी माँ की सेहत बिलकुल ठीक है। यह निश्चित ही एक बेहतरीन ख़बर थी। हमने फटाफट माँ को अस्पताल से डिस्चार्ज कराने के इन्तज़ाम किये और इस बात की तैयारियाँ कीं कि वे हमारे पास ही रीडिंग शहर पहुँच जाएँ। इस मौक़े का जश्न मनाने के लिए हमने एक स्पेशल डीलक्स अपार्टमेंट लिया जिसमें दो बेडरूम और एक ड्राइंगरूम था तथा एक पियानो रखा हुआ था। हमने माँ का कमरा फूलों से सजाया और रात के खाने का शानदार इन्तज़ाम किया।

सिडनी और मैंने तनाव एवं ख़ुशी के मिले-जुले भाव के साथ स्टेशन पर माँ का इन्तज़ार किया। मैं सोच-सोचकर परेशान हो रहा था कि अब वे कैसे हमारी ज़िन्दगी में फिर से फ़िट हो पाएँगी, इस बात को जानते हुए कि उन दिनों की वे आत्मीय घड़ियाँ फिर से नहीं जी जा सकेंगी।

आख़िरकार ट्रेन आई। सवारियाँ जैसे-जैसे डिब्बों से निकलकर आ रही थीं, हम उत्तेजना और अनिश्चितता से उनके चेहरे देख रहे थे। अन्ततः वे नज़र आईं। मुस्कराती हुईं और चुपचाप, धीरे-धीरे हमारी तरफ़ बढ़ती हुईं। जब हम उनसे मिलने के लिए आगे बढ़े तो उन्होंने ज़्यादा भाव प्रदर्शित नहीं किये लेकिन हमें प्यार किया। तय था वे अपने आपको एडजस्ट करने के भीषण दौर से गुज़र रही थीं। टैक्सी से अपने कमरों तक की उस छोटी-सी यात्रा में हमने हज़ारों बातें कीं, मतलब की और बेमतलब की।

माँ को अपार्टमेंट और उनके कमरे के फूल दिखा देने के तात्कालिक उत्साह के बाद हमने अपने आपको ड्राइंगरूम में एक-दूसरे के सामने ख़ाली बैठा पाया। हमारी साँस फूल रही थी। धूप भरा दिन था और हमारा अपार्टमेंट एक शान्त गली में था लेकिन अब इसकी शान्ति बेचैन कर रही थी। हालाँकि मैं ख़ुश होना चाहता था लेकिन पता नहीं क्यों, मैं अपने आपको एक तरह के दिल डूबने वाले भाव से लड़ता हुआ पा रहा था। बेचारी माँ, उन्होंने ख़ुश और सन्तुष्ट रहने के लिए ज़िन्दगी से कितना कम चाहा था, मुझे अपने तकलीफ़ भरे अतीत की याद दिला रहा था...वे दुनिया की आख़िरी औरत थीं जिसने मुझे इस तरह से प्रभावित किया होगा। लेकिन मैंने अपनी तरफ़ से इन भावनाओं को छुपाने की भरपूर कोशिश की। उनकी उम्र थोड़ी बढ़ गई थी। वज़न भी बढ़ गया था। मैं हमेशा इस बात पर गर्व किया करता था कि हमारी माँ कितनी शानदार दिखती हैं और ढंग से पहनती-ओढ़ती हैं। मैं चाहता था कि मैं अपनी कम्पनी को उनके बेहतरीन रूप में दिखाऊँ। लेकिन अब

वे अनाकर्षक दिख रही थीं। माँ ने ज़रूर मेरी शंका को ताड़ लिया होगा; तभी तो उन्होंने मेरी तरफ़ प्रश्न भरी निगाहों से देखा।

झिझकते हुए मैंने माँ के बालों की लट को ठीक किया, "...मेरी कम्पनी से मिलने से पहले," मैं मुस्कराया, "मैं चाहता हूँ कि आप अपने सर्वश्रेष्ठ रूप में दिखें।"

उन्होंने मेरी तरफ़ देखा, अपने पाउडर-पफ को चेहरे पर फिराया और बोलीं, "मैं बस खुश हूँ कि जीवित हूँ।"

हमें एक-दूसरे के साथ एडजस्ट होने में ज़्यादा वक़्त नहीं लगा। फिर मेरी हताशा उड़न छू हो गई। अब हम आत्मीयता के उस दायरे से बाहर आ चुके थे जिसे वे तब जानती थीं जब हम बच्चे थे और तब वे उस बात को हम बच्चों से बेहतर जानती थीं यह बात उन्हें और भी प्यारा बनाती थी। हमारे टूर के दौरान वे ख़रीदारी करतीं, सौदा सुलुफ लातीं, खाने-पीने के लिए कुछ-न-कुछ अच्छी चीज़ें ले आतीं और थोड़े से फल तो ज़रूर ही ख़रीदकर लातीं। हम अतीत में कितने भी ग़रीब क्यों न रहे हों, शनिवार की रातों के वक़्त ख़रीदारी करते समय हम हमेशा पेनी भर के फूल ख़रीदने का जुगाड़ तो कर ही लिया करते थे। अक्सर वे शान्त और गुमसुम रहतीं और उनका यह अलगाव मुझे उदास कर जाता। वे हमारे साथ माँ की तरह पेश आने के बजाय मेहमानों की तरह पेश आतीं।

एक महीने के बाद माँ ने लंदन वापस जाने की इच्छा प्रकट की। वे अब घर बसा लेना चाहती थीं ताकि जब हम दौरे से वापस आएँ तो उनके पास हमारे लिए एक घर हो। इसके अलावा, जैसा कि उन्होंने कहा, इस तरह सदा सैरों पर घूमते हुए अतिरिक्त किराया देने की तुलना में लंदन में घर लेकर रहना कहीं ज़्यादा सस्ता पड़ेगा।

माँ ने चेस्टर स्ट्रीट पर नाई की दुकान के ऊपर एक फ़्लैट किराये पर ले लिया। यहाँ हम पहले भी रह चुके थे। माँ क़िस्तों पर दस पाउंड का फ़र्नीचर ले आईं। कमरे हालाँकि वर्सेलिस के कमरों जैसे बड़े और शानदार नहीं थे लेकिन माँ ने कमाल कर दिया और कमरों का कायाकल्प कर ही डाला। उन्होंने सोने के कमरों के संतरी रंग के बक्सों को फूलों वाले पर्दे से ढककर अलमारी का रूप दे दिया था। इस दौरान सिडनी और मैं मिलकर हर हफ़्ते चार पाउंड और पाँच शिलिंग कमा रहे थे। उसमें से एक पाउंड और पाँच शिलिंग हम माँ को भेज देते।

अपने दूसरे दौरे के बाद मैं और सिडनी घर वापस लौटे और एक हफ़्ता माँ के साथ रहे। हम माँ के पास आकर ख़ुश थे, फिर भी हम मन-ही-मन फिर से दौरे पर जाने की चाह रखने लगे थे क्योंकि चेस्टर स्ट्रीट के घर में वे सारी सुविधाएँ नहीं थीं जिनके अब मैं और सिडनी आदी होने लगे थे। बेशक माँ ने इस बात को ताड़ लिया था। जब वे हमें स्टेशन पर विदा करने के लिए आईं तो वे काफ़ी ख़ुश लग रही थीं लेकिन जब प्लेटफ़ॉर्म पर खड़ी वे रूमाल हिलाकर हमें विदा कर रही थीं तो हम दोनों को वे चिन्तित लगीं।

हमारे तीसरे दौरे के दौरान माँ ने हमें लिखा कि लुइस, जिसके साथ सिडनी और मैं केनिंगटन रोड पर रहे थे, नहीं रही। इसे विडम्बना ही कहा जाएगा कि उसकी मृत्यु भी लैम्बेथ यतीमघर में ही हुई जहाँ कुछ अरसे तक हमें रखा गया था। वह पिताजी के बाद सिर्फ़ चार बरस जी पाई थी और अपने बच्चे को यतीम छोड़ गई थी। उस बेचारे को भी उसी अनाथालय में ही रखा गया और उसे भी उसी हानवैल स्कूल में भेजा गया, जहाँ सिडनी और मुझे भेजा गया था।

माँ ने लिखा था कि वे बच्चे से मिलने के लिए गई थीं और उसे बताने की कोशिश की थी कि वे कौन हैं और यह भी कि सिडनी और मैं, केनिंगटन रोड पर उसके और उसके माता-पिता के साथ रहे थे लेकिन बच्चे को कुछ भी याद नहीं था क्योंकि उस समय वह मात्र चार बरस का था। उसे अपने पिता की भी कोई याद नहीं थी। अब वह दस बरस का होने को आया था। उसे लुइस के मायके वाले नाम के साथ रखा गया था और माँ जहाँ तक पता लगा पाई थीं, उसका कोई रिश्तेदार नहीं था। माँ ने लिखा था कि वह ख़ूबसूरत, शर्मीला और शान्त लड़का है जो ख़यालों में खोया रहता है। वे उसके लिए थैला भरकर मिठाइयाँ, सन्तरे और सेब लेकर गई थीं और उससे वादा किया था कि वे नियमित रूप से उसके पास आती रहेंगी और मेरा विश्वास है वे तब तक जाती भी रही होंगी जब तक वे ख़ुद बीमार होकर फिर से केनहिल में वापस नहीं भेज दी गईं।

माँ के एक बार फिर से पागल हो जाने की ख़बर हमारे सीने में ख़ंजर की तरह लगी। हमें पूरे ब्योरे कभी नहीं मिल पाए। हमें सिर्फ़ एक शुष्क सरकारी पर्ची मिली कि वे बेमतलब और असंगत तरीक़े से गलियों में फिरती हुई पाई गई थीं। हम कुछ भी नहीं कर सकते थे सिवाय इसके कि बेचारी माँ की क़िस्मत के लेखे को स्वीकार कर लें। उसके बाद उनका दिमाग़ फिर कभी पूरी तरह से ठीक नहीं हुआ। वे कई बरस तक केनहिल पागलख़ाने में ही एड़ियाँ रगड़ती रहीं जब तक हम इस लायक़ नहीं हो गए कि उन्हें एक प्राइवेट पागलख़ाने में भर्ती करा सकें।

कई बार बदक़िस्मती के देवता भी अपनी चलाते-चलाते थक जाते हैं और थोड़ी दया-माया दिखा देते हैं जैसा कि माँ के मामले में हुआ। जीवन के अन्तिम सात बरस माँ को आराम से, फूलों और धूप के बीच बिताने का मौक़ा मिला। वे अपने बड़े हो गए बेटों को यश और क़िस्मत के उस स्तर को भोगते देख सकीं जिसकी कभी उन्होंने कल्पना की थी।

*

'शरलॉक होम्स' के टूर के कारण सिडनी और मुझे माँ को देखने आने में अच्छा-ख़ासा वक़्त लग गया। फ्रॉहमैन कम्पनी के साथ टूर हमेशा के लिए ख़त्म हो गया था। इसके बाद थियेटर रॉयल, ब्लैकबर्न के मालिक मि. हैरी यॉर्क ने फ्रॉहमैन से

छोटे शहरों में नाटक खेलने के लिए 'शरलॉक होम्स' के अधिकार ख़रीद लिये। सिडनी और मुझे नई कम्पनी में रख लिया गया लेकिन अब हमारा वेतन घटाकर पैंतीस शिलिंग प्रति सप्ताह कर दिया गया था।

उत्तरी इंग्लैंड के छोटे शहरों में अपेक्षाकृत हल्के स्तर की कम्पनी के साथ नाटक खेलना घुटन पैदा करने वाला और अपने स्तर से नीचे आने जैसा था। लेकिन इसने मेरे भीतरी विवेक को समृद्ध किया कि जो कम्पनी हम छोड़कर आए थे और जिसमें अब काम कर रहे थे उनमें क्या फ़र्क़ था। मैं इस तुलना को छुपाने की कोशिश करता लेकिन रिहर्सलों के समय, नये निर्देशक की मदद करने के उत्साह में मैं अक्सर उसे यह बताने लगता कि फलाँ काम तो फ्रॉहमैन कम्पनी में इस तरह होता था और फलाँ काम उस तरह से होता था। वह बेचारा मुझसे स्टेज डायरेक्शन, संवादों के संकेतों तथा स्टेज पर होने वाले कामों के बारे में भी पूछ लिया करता था। लेकिन सच यह था कि अपनी इस हरकत से मैं बाक़ी कलाकारों के बीच बड़बोले के रूप में देखा जाने लगा था। बाद में, नये स्टेज मैनेजर के आने पर अपनी यूनिफ़ॉर्म में से एक बटन खो देने के कारण मैनेजर ने मुझ पर दस शिलिंग का जुर्माना लगा दिया। इस बटन के बारे में वह मुझसे पहले भी कई बार कह चुका था।

विलियम जिलेट, 'शरलॉक होम्स' के लेखक, 'क्लारिसा' नाम के नाटक में मैरी डोरो को लेकर आए। यह नाटक भी उन्होंने ही लिखा था। हालाँकि समीक्षकों ने नाटक और जिलेट की स्पीच के तरीक़े के प्रति बहुत बेरहमी दिखाई, जिसकी वजह से जिलेट साहब को कर्टेन रेज़र नाटक (लघु नाटिका) 'द पेनफुल प्रेडिकामेंट ऑफ़ शरलॉक होम्स' लिखने पर मजबूर होना पड़ा। इसमें उन्होंने एक शब्द भी नहीं बोला था। नाटक के पात्रों में सिर्फ़ तीन ही लोग थे, एक पागल औरत, ख़ुद होम्स और उनका पेज़बॉय। जब मुझे जिलेट के प्रबन्धक मि. पोस्टेंस से एक तार मिला तो मुझे लगा मेरे लिए स्वर्ग से ख़ास सन्देश आ गया है। मुझसे पूछा गया था कि क्या मैं लंदन आकर लघु नाटिका में विलियम जिलेट के साथ बिली की भूमिका अदा करना चाहूँगा?

मैं मारे पसोपेश के काँपने लगा। मेरी चिन्ता यह थी कि क्या मेरी कम्पनी वाले इतने कम समय के नोटिस पर मेरी जगह कोई दूसरा बिली खोज पाएँगे। इस पीड़ाजनक ऊहापोह में कई दिन मैं डूबता-उतराता रहा। अलबत्ता, उन्हें दूसरा बिली मिल गया।

लंदन वापस लौटकर वेस्ट एंड थियेटर में नाटक करने के अनुभव को मैं सिर्फ़ अपने पुनर्जन्म के रूप में ही बयान कर सकता हूँ। मेरा दिमाग़ प्रत्येक घटना के रोमांच के साथ चकरघिन्नी-सा घूम रहा था। शाम के वक़्त ड्यूक ऑफ़ यॉर्क थियेटर में पहुँचना और स्टेज मैनेजर मि. पोस्टेंस से मिलना, जो मुझे मि. जिलेट के ड्रेसिंग रूम में ले गए और जब मेरा उनसे परिचय कराया तो उन्होंने मुझसे पूछा, "...क्या तुम मेरे साथ 'शरलॉक होम्स' में काम करना चाहोगे?" तब उत्साह के मारे मेरा

नर्वस हो जाना,..."ओह ज़रूर, मि. जिलेट, ज़रूर ज़रूर...।" फिर अगली सुबह रिहर्सल के लिए स्टेज पर इन्तज़ार करना और पहली बार मैरी डोरो को देखना। वे निहायत ख़ूबसूरत सफ़ेद रंग की गर्मी की पोशाक पहने हुए थीं। सुबह के वक़्त इतनी ख़ूबसूरत किसी महिला को देख लेने का अचानक झटका! वे दो पहिये की एक बग्घी में आई थीं और पाया कि उनकी पोशाक पर कहीं स्याही का एक धब्बा लग गया है। वे नाटक के सामान वाले से पूछना चाह रही थीं कि कहीं कुछ है क्या इस दाग़ से छुटकारा पाने के लिए, लेकिन जब उस आदमी ने इस बारे में शक ज़ाहिर किया तो उनके चेहरे पर खीझ के बहुत शानदार भाव आए, "ओह, लेकिन क्या यह बेहद वाहियात नहीं है?"

वे बला की सुन्दर थीं। मैं उनसे ख़फ़ा हो गया। मैं उनके नाज़ुक, कलियों से खिलते होंठों से नाराज़ हो गया, उनके एक जैसे सफ़ेद दाँतों से नाराज़ हो गया, उनकी मदमस्त ठुड्डी ने मुझे ख़फ़ा कर दिया, उनके लहराते बाल और उनकी गहरी भूरी आँखों ने मुझे नाराज़ कर दिया। मैं उनके नाराज़ होने की अदा पर नाराज़ हुआ और उस आकर्षण पर ख़फ़ा हुआ जो उन्होंने इस बात को पूछते समय दिखाया था। इस पूछताछ के दौरान मैं उनके और नाटक के सामान वाले के एकदम पास ही खड़ा हुआ था, पर वे मेरी उपस्थिति से पूरी तरह अनजान थीं। हालाँकि मैं उनके पास ही, उनकी ख़ूबसूरती से ठगा और मंत्रमुग्ध-सा खड़ा था। मैं हाल ही में सोलह बरस का हुआ था और इस अचानक चकाचौंध के सान्निध्य ने मेरा यह इरादा पक्का कर दिया था कि मैं इससे अभिभूत नहीं होऊँगा। लेकिन हे भगवान! वे बहुत ख़ूबसूरत थीं। यह पहली नज़र वाला प्यार था।

'द पेनफुल प्रेडिकटामेंट ऑफ़ शरलॉक होम्स' में आइरीन वानब्रुग नाम की एक बहुत ही उत्कृष्ट अभिनेत्री ने पगली की भूमिका की थी जो सारा समय बड़बड़ करती रहती थी जबकि होम्स चुपचाप बैठे रहते और सुनते। यह होम्स का समीक्षकों के मुँह पर करारा तमाचा था। मेरे हिस्से में शुरुआती पंक्तियाँ थीं, मैं होम्स के अपार्टमेंट में जा घुसता हूँ और दरवाज़ा बन्द कर लेता हूँ जबकि बाहर से वो पगली लगातार दरवाज़ा पीट रही है। फिर जब मैं ग़ुस्से में भरकर होम्स को यह समझाना चाहता हूँ कि क्या हो रहा है, पगली धड़धड़ाती हुई अन्दर आ जाती है और लगातार बीस मिनट तक किसी ऐसे मामले के बारे में आँय-बाँय बकती रहती है जिसे वह चाहती है कि होम्स अपने हाथ में ले लें। चोरी-छुपे होम्स एक पर्ची लिखते हैं, घंटी बजाते हैं और वह पर्ची मुझे थमा देते हैं। बाद में दो हट्टे-कट्टे आदमी आकर उस पगली को लिवा ले जाते हैं। मैं और होम्स अकेले रह जाते हैं। मैं कहता हूँ, "...आप ठीक कहते हैं सर, यही सही पागलख़ाना था।"

समीक्षकों को लतीफ़ा अच्छा लगा, लेकिन 'क्लारिसा' नाटक जो जिलेट ने मैरी डोरो के लिए लिखा था, फ्लॉप गया। हालाँकि मैरी की ख़ूबसूरती का गुणगान

किया गया था लेकिन सिर्फ़ इतना ही काफ़ी नहीं था एक भावपूर्ण नाटक को बाँधे रखने के लिए; इसलिए जिलेट ने उस सीजन का बाक़ी वक़्त शरलॉक होम्स को नये सिरे से पेश करके गुज़ारा। मुझे इसमें भी बिली की भूमिका के लिए रख लिया गया।

विख्यात विलियम्स जिलेट के साथ काम करने के अति उत्साह में मैं अपने काम की शर्तों वग़ैरह के बारे में बात करना ही भूल गया। सप्ताह ख़त्म होने पर मि. पोस्टेंस मेरे पास आए और मुझे वेतन का लिफ़ाफ़ा देकर शर्मिन्दा होते हुए कहने लगे, "...मैं तुम्हें यह राशि देते हुए वाक़ई शर्मिन्दा हूँ लेकिन फ्रॉहमैन के दफ़्तर में मुझे यही बताया गया था कि मुझे तुम्हें उतनी ही राशि देनी है जितनी पहले तुम हमसे लेते रहे थे।...दो पाउंड और दस शिलिंग।" मुझे यह राशि पाकर सुखद आश्चर्य हुआ।

होम्स की रिहर्सलों के दौरान, मैं मेरी डोरो से फिर मिला...वह पहले से भी ज़्यादा ख़ूबसूरत नज़र आ रही थी। मेरे इस संकल्प के बावजूद कि मैं उसकी ख़ूबसूरती के जाल में नहीं फँसूँगा, मैं उसके प्यार के गहरे सागर में और धँसता चला गया। मैं अपनी इस कमज़ोरी से नफ़रत करता था और अपने चरित्र की कमज़ोरी के कारण ख़ुद से भी ख़फ़ा था। यह इकतरफ़ा प्यार का मामला था। मैं उससे प्यार भी करता था और नफ़रत भी करता था। इतना ही नहीं, वह बला की ख़ूबसूरत और भव्य थी।

'होम्स' में वह एलिस फॉकनर की भूमिका निभाती थी। लेकिन नाटक के दौरान हम कभी नहीं मिले। अलबत्ता, मैं सीढ़ियों पर उसका इन्तज़ार करता और जब वह गुज़रकर जाती तो गुड मार्निंग कह दिया करता। ख़ुश होकर जवाब में वह भी गुड मार्निंग कहती। यही था जो हम दोनों के बीच हो पाया!

'होम्स' ने देखते-ही-देखते सफलता के झंडे गाड़ दिये। अपनी व्यस्तताओं के बावजूद रानी एलेक्जेंड्रा भी उसे देखने आईं। उनके साथ रॉयल बॉक्स में ग्रीस के राजा और प्रिंस क्रिस्टियान भी बैठे थे। प्रिंस ज़बर्दस्ती राजा को नाटक समझाए जा रहे थे और ऐसे अत्यन्त तनाव भरे एवं अशान्त पलों में जब होम्स और मैं स्टेज पर अकेले थे, पूरे थियेटर में गूँजती-सी एक आवाज़ सुनाई दी, "...मुझे मत बताओ, मुझे मत बताओ।"

डिआन बूसीकाल्ट का दफ़्तर ड्यूक ऑफ़ यॉर्क थियेटर में ही था और आते-जाते वे मेरे सिर पर प्यार भरी चपत लगा दिया करते थे। हाल केन भी ऐसा ही करते। वे जिलेट से मिलने अक्सर बैक स्टेज आ जाते। एक मौक़े पर तो मुझे लॉर्ड किचनर से मुस्कराहट का भी सम्मान मिला।

जब 'शरलॉक होम्स' चल रहा था, उन्हीं दिनों सर हेनरी इर्विंग का देहान्त हो गया और मुझे वेस्टमिंस्टर ऐबी में उनके अन्तिम संस्कार में जाने का मौक़ा मिला। मैं चूँकि वेस्ट एंड का एक्टर था इसलिए मुझे विशेष पास मिला और मैं इस बात से बेहद ख़ुश हुआ। अन्तिम संस्कार के वक़्त मैं चुपचाप लेविस वालर और

डॉ. वाल्फोर्ड बोडी के बीच बैठ गया। लेविस उन दिनों लंदन के रोमांटिक अभिनेताओं के बेताज बादशाह थे और डॉक्टर बोडी की ख्याति रक्तरहित सर्जरी के कारण थी। बाद में एक रंगारंग कार्यक्रम में मैंने उनके पात्र का स्वाँग भी किया। वालर मौक़े की नज़ाक़त के अनुरूप कपड़े पहने हुए थे और गर्दन अकड़ाये सीधे बैठे थे, वे न दाएँ देख रहे थे और न बाएँ। लेकिन डॉक्टर बोडी, वे इस कोशिश में थे कि हेनरी के ताबूत को नीचे उतारे जाते समय बेहतर तरीक़े से देख पाएँ, अत: ड्यूक की छाती तक उचक-उचककर देखते रहे। वालर साहब़ को इससे अच्छी-ख़ासी कोफ़्त हो रही थी। मैंने कुछ भी देखने की कोशिश छोड़ ही दी और मेरे आगे जो लोग बैठे थे, मैं सिर्फ़ उनकी पीठ की तरफ़ ही देखता रहा।

'शरलॉक होम्स' के बन्द होने से दो सप्ताह पहले मि. बूसीकाल्ट ने इस बात की सम्भावना के साथ मुझे विख्यात मि. और मिसेज़ कैंडल के नाम एक परिचय-पत्र दिया कि शायद मुझे उनके नये नाटक में कोई भूमिका मिल जाए। वे सेंट जेम्स थियेटर में अपने सफल नाटक के शो ख़त्म कर रहे थे। मिलने के लिए सुबह दस बजे का समय तय हुआ। मैडम कैंडल मुझे थियेटर की अग्रदीर्घा या गैलरी में मिलने वाली थीं। वे बीस मिनट देरी से आईं। आख़िरकार, गैलरी में एक आकृति उभरी जो मिसेज़ कैंडल की थी, लम्बी, तगड़ी, अभिमानी मोहतरमा। उन्होंने यह कहते हुए मेरा अभिवादन किया, "ओह, तो तुम हो लड़के!! हम जल्द ही प्रदेशों की तरफ़ एक नया नाटक लेकर जा रहे हैं। मैं चाहूँगी कि तुम हमें अपनी भूमिका पढ़कर सुनाओ। लेकिन फ़िलहाल तो हम बहुत व्यस्त हैं। इसलिए तुम कल सुबह इसी वक़्त यहाँ आ जाओगे!!"

"माफ़ करना मैडम," मैंने ठंडेपन के साथ जवाब दिया, "लेकिन मैं शहर से बाहर कोई भी काम स्वीकार नहीं कर सकता।" इसके साथ ही मैंने अपना हैट उठाया, गैलरी से बाहर आया, वहाँ से गुज़रती एक टैक्सी रुकवाई और अगले दस महीने तक बेकार रहा।

जिस रात ड्यूक ऑफ़ यार्क थियेटर में 'शरलॉक होम्स' का अन्तिम शो हुआ और मैरी डोरो को अमेरिका वापस लौटना था, मैं अकेला ही बाहर निकल गया और शराब पीकर बुरी तरह से धुत हो गया। दो या तीन बरस बाद फ़िलाडेल्फ़िया में मैंने उसे दोबारा देखा। वह उस नये थियेटर को समर्पित थी जिसमें मैं कार्नो कॉमेडी कम्पनी में अभिनय कर रहा था। वह अभी भी पहले की ही तरह ख़ूबसूरत थी। मैं विंग्स में अपना कॉमेडी का मेकअप किये हुए उसे देख रहा था। वह भाषण दे रही थी। मैं इतना अधिक शरमा रहा था कि आगे बढ़कर उसे अपने बारे में बता ही नहीं पाया।

लंदन में होम्स के समापन के बाद प्रदेशों में काम करने वाली कम्पनी के नाटक भी समाप्त हो चले थे और इस तरह से सिडनी व मैं, दोनों ही बेरोज़गार हो गए थे।

सिडनी ने अलबत्ता नया काम तलाशने में वक़्त नहीं गँवाया। नाटकों से सम्बन्धित एक अख़बार 'ऐरा' में एक विज्ञापन देखकर वह सड़कछाप कॉमेडी करने वाली चार्ली मैनान की कम्पनी में शामिल हो गया। उन दिनों इस तरह की बहुत सारी कम्पनियाँ हुआ करती थीं जो हॉलों के चक्कर लगाती फिरती थीं। चार्ली बाल्डविन की 'बैंक क्लर्क्स', जो बोगानी की 'लुनैटिक बेकर्स' और 'बोइसेटे ट्रूप'; ये सब मूक अभिनय करते थे। हालाँकि ये लोग कॉमेडी करते थे, लेकिन उनमें साथ-साथ संगीत भी बजाया जाता था और ये बहुत लोकप्रिय हुआ करते थे। सबसे उत्कृष्ट कम्पनी कार्नो साहब की थी, जिनके पास कॉमेडियों का ख़ज़ाना था। इन सबको 'बड्र्स' कहा जाता था। ये होते थे, जेल बड्र्स, अर्ली बड्र्स, ममिंग बड्र्स। इन तीन स्केचों से कार्नो साहब ने तीस से भी ज़्यादा कम्पनियों का थियेटर खड़ा कर लिया था। इनमें क्रिसमस पेंटोमाइम और ख़ूब ताम-झाम वाले संगीत कार्यक्रम होते। कार्नो साहब के इन्हीं नाटकों की देन थी कि वहाँ से फ्रेड किचन, जॉर्ज ग्रेव्स, हैरी वैल्डन, बिली रीव्ज़, चार्ली बैल और दूसरे कई महान कलाकार और कॉमेडियन सामने आए।

यह उस वक़्त की बात है जब सिडनी मेनान ट्रूप के साथ काम कर रहा था और फ्रेड कार्नो ने उसे देखा तथा चार पाउंड प्रति सप्ताह के वेतन पर रख लिया। चूँकि मैं सिडनी से केवल चार बरस छोटा था, इसलिए मैं किसी भी थियेटर में काम के लिए न तो बड़ों में गिना जाता और न ही छोटों में, लेकिन मैंने अपने लंदन के दिनों में किये गए काम से कुछ पैसे बचाकर रखे थे और जिस वक़्त सिडनी प्रदेशों में काम करता घूम रहा था, मैं लंदन में ही रहा और सट्टे के खेल खेलता रहा।

छह

मैं किशोरावस्था के मुश्किल और अनाकर्षक दौर में आ पहुँचा था और उम्र के संवेदनशील उतार-चढ़ावों से जूझ रहा था। मैं बुद्धूपने और अति नाटकीयता का पुजारी था, साथ ही स्वप्नजीवी और सुस्त। मैं ज़िन्दगी से ख़फ़ा भी रहता था और उसे प्यार भी करता था। मेरा दिमाग़ अविकसित कोष की तरह था जिसमें अचानक परिपक्वता के सोते से फूट रहे थे। विकृत मानसिकता की इस भूल-भुलैया में मैं इधर-उधर डोलता रहता और मेरी महत्त्वाकांक्षाएँ रह-रहकर फूट पड़ती थीं। कला शब्द कभी भी मेरे दिमाग़ में या मेरी शब्द-सम्पदा में नहीं घुसा। थियेटर मेरे लिए रोजी-रोटी का साधन था, इससे ज़्यादा कुछ नहीं।

इस मानसिक व्यग्रता और भ्रम के आलम में मैं अकेला ही रहता आया था। इस अवधि के दौरान मेरी ज़िन्दगी में वेश्याओं, फूहड़ औरतों और बीच-बीच में

एकाध बार शराबख़ोरी के मौक़े आते-जाते रहे। लेकिन सुरा, सुन्दरी और गाना-बजाना देर तक मेरे भीतर दिलचस्पी न जगाए रख पाए। मैं सचमुच रोमांस और रोमांच चाहता था।

मैं एडवर्डकालीन कपड़ों में ढके गदबदे बच्चे के मनोवैज्ञानिक नज़रिये को अच्छी तरह से समझ सकता हूँ। हम सबकी तरह वह भी ध्यान चाहता है, अपनी ज़िन्दगी में रोमांस और ड्रामा चाहता है। फिर क्यों न प्रदर्शन और खरमस्ती की कामना उसके मन में आए जिस तरह से पब्लिक स्कूल का लड़का अपनी आवारागर्दी और उद्दंडता के साथ इस कामना का प्रदर्शन करता है। क्या यह प्राकृतिक और स्वाभाविक नहीं है कि जब वह अपने वर्ग और तथाकथित बेहतर वर्गों को अपनी अकड़ फूँ दिखाते हुए देखे तो उसके मन में भी यही कुछ करने की ललक जागे।

वह जानता है कि मशीन उसके मन की बात मानती है जैसे किसी दूसरे वर्ग की बात मानती है; कि उसके गियर बदलने या बटन दबाने के लिए किसी ख़ास मानसिकता की ज़रूरत नहीं पड़ती। अपनी असंवेदशील उम्र में वह किसी नवाब, रईस या विद्वान की तरह भयावह नहीं है। न ही उसकी उँगली नेपोलियन सेना की तरह इतनी ताक़तवर कि किसी शहर को नेस्तनाबूद कर डाले। क्या वह टेडी बॉय अपराधी शासक वर्ग की राख में से जन्म लेता फ़ीनिक्स नहीं है! उसका व्यवहार शायद अचेतन की इस भावना से प्रेरित है कि आदमी सिर्फ़ अर्ध पालतू जानवर होता है जो धोखेबाज़ी, क्रूरता और हिंसा के ज़रिये पीढ़ी-दर-पीढ़ी दूसरों पर राज करता रहा है। लेकिन जैसा कि बर्नार्ड शॉ ने कहा है, "मैं आदमी को वैसे ही भटकाता हूँ जिस तरह से तकलीफ़ें हमेशा भटकाती हैं।"

अन्ततः मुझे एक रंगारंग तमाशे, 'केसै'ज़ सर्कस' में काम मिल ही गया। मुझे डिक टर्पिन, हाईवे मैन और डॉक्टर फ़ोर्ड बोडी पर प्रहसन करना था। मुझे सफलता का पूरा इलहाम था क्योंकि यह सिर्फ़ निचले दर्ज़े की कॉमेडी के अलावा भी बहुत कुछ था। यह एक प्रोफ़ेसरनुमा विद्वान व्यक्ति का चरित्र-चित्रण था और मैंने मन-ही-मन तय कर लिया था कि मैं उसे जस-का-तस पेश करूँगा। मैं कम्पनी में सबकी आँखों का तारा था और हफ़्ते में तीन पाउंड कमाता था। इसमें बच्चों का एक ट्रूप भी शामिल था जो एक सड़क दृश्य में बड़ों की नक़ल उतारता था। मुझे लगा, यह बहुत ही वाहियात क़िस्म का शो था लेकिन इसने मुझे एक कॉमेडियन के रूप में ख़ुद को विकसित करने का मौक़ा दिया। जब 'केसै'ज़ सर्कस' ने लंदन में प्रदर्शन किये तो हम छह लोग मिसेज़ फ़ील्ड्स के साथ केनिंगटन रोड पर रहे। वे पैंसठ बरस की एक बूढ़ी विधवा महिला थीं जिनकी तीन बेटियाँ थीं। फ्रेडरिका, थेल्मा और फोबे। फ्रेडेरिका की एक रूसी कैबिनेट मेकर के साथ शादी हो रखी थी जो वैसे तो शरीफ़ आदमी था लेकिन निहायत ही बदसूरत था। उसका चौड़ा-सा तातार चेहरा था, लाल बाल थे, लाल ही मूँछें और आँख में भेंगापन था। हम सभी छह लोग रसोई में खाना

खाया करते इसलिए परिवार को बहुत अच्छी तरह से जानने लग गए थे। सिडनी जब भी लंदन में काम कर रहा होता, वहीं ठहरता।

अन्ततः जब मैंने 'केसै'ज़ सर्कस' छोड़ा तो मैं केनिंगटन रोड लौटा और फ़ील्ड्स परिवार के पास ही रहता रहा। बूढ़ी महिला भली, धैर्यवान और मेहनतकश थीं और उनकी कमाई का ज़रिया कमरों से आने वाला किराया ही था। फ्रेडरिका, यानी शादीशुदा लड़की का ख़र्चा-पानी उसका पति देता था। थेल्मा और फोबे घर के काम-काज में हाथ बँटातीं। फोबे की उम्र पन्द्रह बरस थी और वह ख़ूबसूरत थी। उसका क़द लम्बा तथा शरीर झुका हुआ था। वह शारीरिक तथा भावनात्मक रूप से मुझ पर बुरी तरह से आसक्त थी। जबकि मैं दूसरी वाली के प्रति अपनी भावनाओं को रोकता क्योंकि मैं अभी सत्रह बरस का भी नहीं हुआ था और लड़कियों के मामले में मेरी नीयत डाँवाँडोल थी। लेकिन वह तो जैसे साध्वी प्रकृति की थी इसलिए हमारे बीच कुछ भी नहीं हुआ। अलबत्ता, वह मुझे पसन्द करने लगी और आगे चलकर हम दोनों बहुत अच्छे दोस्त बन गए।

फ़ील्ड्स परिवार बहुत ही संवेदनशील था और कई बार वे लोग आपस में ही एक-दूसरे से झड़पों में उलझ जाते। इस तू-तू, मैं-मैं का कारण अक्सर यही होता कि घर का काम करने की बारी किसकी है। थेल्मा, जो लगभग बीस बरस की थी, घर की मालकिन होने का दम भरती थी। वह आलसी थी और हमेशा यही दावा करती थी कि काम करने की बारी फ्रेडरिका या फोबे की है। बस यह मामूली-सी बात तू-तू, मैं-मैं से बढ़कर हाथापाई तक जा पहुँचती तथा परिवार के गड़े मुर्दे उखाड़े जाते और पूरे परिवार की बखिया उधेड़ी जाती। उस पर तुर्रा यह कि यह सबकी आँखों के सामने ही होता। तब मिसेज़ फ़ील्ड्स इसका रहस्योद्घाटन करतीं कि चूँकि थेल्मा घर से भाग चुकी है और लिवरपूल में एक युवा वकील के साथ रह चुकी है, अतः वह ख़ुद को घर की मालकिन समझती है और घर का कामकाज करना उसकी हैसियत से नीचे की बात है। फिर मिसेज़ फ़ील्ड्स अपना आख़िरी हथियार छोड़ती हुई कहतीं, "ठीक है, अगर तुम अपने आपको इस तरह की औरत मानती हो तो यहाँ से दफ़ा हो जाओ और जाकर रहो अपने उसी लिवरपूल वाले वकील के पास, बस यह देख लेना कि वो तुम्हें अपने घर में घुसने देता है या नहीं।" और बात को अन्तिम परिणति पर पहुँचाने के लिए मिसेज़ फ़ील्ड्स चाय की केतली उठाकर ज़मीन पर दे मारतीं। इस दौरान थेल्मा महारानी की तरह मेज़ पर बैठी रहती और ज़रा भी विचलित न होती। उसके बाद वह आराम से उठती, एक कप उठाती और हौले से यह कहते हुए उसे ठीक वैसे ही ज़मीन पर टपका देती कि "मुझे भी ताव आ सकता है।" इसके बाद वह एक और कप उठाकर ज़मीन पर गिराती, एक और कप, फिर एक और कप...वह तब तक कप गिरा-गिराकर तोड़ती रहती जब तक सारा फ़र्श क्रॉकरी की किरचों से भर न जाता। इस पूरे नज़ारे के दौरान उसकी माँ

मिसेज़ फ़ील्ड्स और उसकी बहनें असहाय-से बैठे देखते रहते, "ज़रा देखो तो, देखो तो ज़रा, क्या कर डाला है इसने?" माँ घिघियातीं।

"ये ले, ये ले, यहाँ कुछ और भी है जो तू तोड़ सकती है," और वे थेल्मा के हाथ में चीनी-दानी थमा देतीं। थेल्मा आराम से चीनी-दानी पकड़ लेती और उसे भी ज़मीन पर गिरा देती।

ऐसे मौक़ों पर फोबे की भूमिका बीच-बचाव कराने की होती। वह निष्पक्ष थी और ईमानदार थी तथा पूरा परिवार उसकी इज़्ज़त करता था। अक्सर यही होता कि झगड़ा निपटाने के लिए वह ख़ुद ही काम करने को तैयार हो जाती लेकिन थेल्मा उसे ऐसा न करने देती।

मुझे लगभग तीन महीने होने को आए थे लेकिन मेरे पास कोई काम नहीं था और सिडनी ही मेरा ख़र्चा उठा रहा था। वही मेरे रहने-खाने के लिए मिसेज़ फ़ील्ड्स को हर हफ़्ते के चौदह शिलिंग दे रहा था। अब वह फ्रेड कार्नो की कम्पनी के साथ मुख्य हास्य कलाकार की भूमिका निभा रहा था और अक्सर फ्रेड से अपने हुनरमन्द छोटे भाई की बात छेड़ देता था। लेकिन कार्नो उसकी बातों पर कान ही नहीं धरते थे। उनका मानना था कि अभी मैं बहुत छोटा हूँ।

उस समय लंदन में यहूदी हास्य कलाकारों की धूम थी। मैंने सोचा कि मैं भी मूँछें लगाकर अपनी कम उम्र छुपा लूँगा। सिडनी ने मुझे दो पाउंड दिये जिनसे मैं गाने-बजाने का साज़ो-सामान ख़रीद लाया और लतीफ़ों की एक अमरीकी किताब 'मैडिसंस बजट' में से ढेर-सारे मज़ाक़िया संवाद याद कर लिये। मैं हफ़्तों तक प्रैक्टिस करता रहा और फ़ील्ड्स परिवार के सामने प्रदर्शन करता रहा। वे ध्यान से मेरा काम देखते और मेरा उत्साह भी बढ़ाते लेकिन इससे ज़्यादा कुछ नहीं।

मैंने फ़ोरेस्टर म्यूज़िक हॉल में बिना एक भी धेला दिये एक हफ़्ते ट्रायल का जुगाड़ कर लिया था। यह एक छोटा-सा थियेटर था जो माइल एंड रोड से पीछे की तरफ़ यहूदी चौक पर बीचोबीच बना हुआ था। मैं 'कैसे'ज़ सर्कस' के साथ वहाँ पहले भी अभिनय कर चुका था, अत: मैनेजमेंट ने सोचा कि मैं इस लायक़ तो होऊँगा ही कि मुझे एक मौक़ा दिया जाए। मेरी सारी उम्मीदें और सपने इसी ट्रायल पर टिके हुए थे। फ़ोरेस्टर में प्रदर्शन करने के बाद मैं इंग्लैंड के सभी प्रमुख सर्किटों में प्रदर्शन करता। कौन जाने कि मैं एक बरस के भीतर ही रंगारंग कार्यक्रमों के शो का सबसे बड़ा और अख़बारों की हैडलाइनों पर छा जानेवाला कलाकार बन जाऊँ। मैंने पूरे फ़ील्ड्स परिवार से वादा किया कि मैं उन्हें हफ़्ते के आख़िरी दिनों के टिकट दिलवा दूँगा। तब तक मैं अपनी भूमिका के साथ भी अच्छी तरह से न्याय कर पाऊँगा।

"मेरा ख़याल है कि आप अपनी सफलता के बाद हम लोगों के साथ नहीं रहना चाहेंगे?" फोबे ने पूछा था।

"बेशक, मैं यहीं रहूँगा।"

सोमवार की सुबह बारह बजे बैंड रिहर्सल और संवाद अदायगी आदि की रिहर्सल थी जिसे मैंने व्यावसायिक तरीक़े से निपटाया। लेकिन अब तक मैंने अपने मेकअप की तरफ़ पर्याप्त ध्यान नहीं दिया था। रात के शो से पहले मैं घंटों तक ड्रेसिंग रूम में बैठा माथापच्ची करता रहा, नये-नये प्रयोग करता रहा, लेकिन मैं भले ही कितने भी लम्बे रेशमी बाल क्यों न लगा लूँ, मैं अपनी उम्र नहीं छुपा पा रहा था। हालाँकि, मैं इस बात से अनजान था कि मेरी कॉमेडी बहुत अधिक यहूदी विरोधी थी और मेरे लतीफ़े पिटे-पिटाए और वाहियात थे। यहाँ तक कि मेरा यहूदी उच्चारण भी घटिया था, उस पर तुर्रा यह कि मैं बिलकुल भी मज़ाक़िया नहीं लग रहा था।

पहले दो-एक लतीफ़ों के बाद ही जनता ने सिक्के और सन्तरे के छिलके फेंकने और पैर से ज़मीन थपथपाना शुरू कर दिया था। पहले तो मैं समझ ही नहीं पाया कि आख़िर यह हो क्या रहा है! लेकिन फिर इसका आतंक मेरे सिर पर चढ़ गया। मैंने फटाफट रेल की गति से बोलना शुरू कर दिया। हुल्लड़बाजी और सन्तरों तथा सिक्कों की बरसात बढ़ती जा रही थी। जब मैं स्टेज से नीचे उतरा तो मैं मैनेजमेंट का फ़ैसला सुनने के लिए भी नहीं रुका, सीधे ड्रेसिंग रूम में गया, अपना मेकअप उतारा, थियेटर से बाहर निकला और फिर कभी वहाँ वापस नहीं गया। यहाँ तक कि अपनी संगीत की किताबें उठाने भी नहीं गया।

काफ़ी रात हो चुकी थी जब मैं वापस केनिंगटन रोड पहुँचा। फ़ील्ड्स परिवार सोने जा चुका था और इसके लिए मैं उनका एहसानमन्द ही था कि वे सो चुके थे। सुबह नाश्ते के वक़्त मिसेज़ फ़ील्ड्स इस बारे में जानने को चिन्तित थीं कि शो कैसा रहा? मैंने उदासीनता दिखाई और कहा, "वैसे तो ठीक रहा लेकिन उसमें कुछ हेर-फेर करने की ज़रूरत पड़ेगी।" उन्होंने बताया कि फोबे नाटक देखने गई थी लेकिन उसने वापस आकर कुछ बताया नहीं क्योंकि वह बहुत थकी हुई थी और सीधे ही सोने चली गई। जब मैंने बाद में फोबे को देखा तो उसने इसका कोई ज़िक्र नहीं किया। मैंने भी कोई ज़िक्र नहीं किया और न ही मिसेज़ फ़ील्ड्स ने या किसी और ने कभी इसका कोई ज़िक्र किया और न ही इस बात पर हैरानी ही व्यक्त की कि मैं उसे पूरे सप्ताह जारी क्यों नहीं रख रहा हूँ?

भगवान का शुक्र है कि उन दिनों सिडनी दूसरे प्रदेशों की तरफ़ गया हुआ था और मैं उसे बताने की ज़हमत से बच गया कि आख़िर हुआ क्या था? लेकिन उसने अन्दाज़ा ज़रूर लगा लिया या हो सकता है फ़ील्ड्स परिवार ने उसे बता दिया हो क्योंकि उसने मुझसे कभी भी इस बारे में कोई पूछताछ नहीं की। मैंने उस रात के दुःस्वप्न को अपनी स्मृति से धो डालने की पूरी कोशिश की लेकिन उसने मेरे आत्मविश्वास पर एक न मिटने वाला धब्बा छोड़ दिया था। उस भयावह अनुभव ने मुझे यह पाठ पढ़ाया कि मैं ख़ुद को सच्ची रोशनी में देखूँ।

मैंने महसूस कर लिया था कि मैं रंगारंग हास्य कलाकार नहीं हूँ। मेरे भीतर आत्मीय और नज़दीक आने की वह कला नहीं थी जो आपको दर्शकों के निकट ले जाती है। अत: मैंने अपने आपको तसल्ली दी कि मैं चरित्र प्रधान हास्य कलाकार हूँ। अलबत्ता, व्यावसायिक रूप से अपने पैरों पर खड़े होने से पहले मुझे दो-एक और निराशाओं का सामना करना पड़ा।

सत्रह बरस की उम्र में मैंने 'द मेरी मेजर' नाम के एक नाटक में किशोर युवक के रूप में मुख्य पात्र का अभिनय किया। यह एक बेकार, हतोत्साहित करने वाला नाटक था जो सिर्फ़ एक हफ़्ते चला। मुख्य नायिका, जो मेरी बीवी बनी थी, पचास बरस की औरत थी। हर रात जब वह मंच पर आती तो उसके मुँह से जिन की बू आ रही होती और मुझे उसके पति की भूमिका में, उत्साह से लबरेज़ होकर उसे अपनी बाँहों में लेना पड़ता और उसे चूमना पड़ता। इस अनुभव ने मेरा इस बात से मन ही खट्टा कर दिया कि मैं कभी मुख्य कलाकार बनूँ।

इसके बाद मैंने लेखन में हाथ आजमाए। मैंने एक कॉमेडी नाटक लिखा जिसका नाम था—'ट्वैल्व जस्ट मैन'। यह एक हल्का-फुल्का हास्य नाटक था जिसमें यह दिखाया गया था कि किस तरह जूरी वचनभंग के एक मामले में बहस करती है। जूरी के सदस्यों में से एक गूँगा-बहरा था, एक शराबी था और एक अन्य नीम-हक़ीम था। मैंने यह आइडिया चारकोट को बेच दिया, जो रंगारंग मंच का एक हिप्नोटिस्ट था और अपने किसी सहायक को हिप्नोटाइज़ करता तथा उसे आँखों पर पट्टी बाँधकर शहर की गलियों में गाड़ी चलाने के लिए प्रेरित करता जबकि वह ख़ुद पीछे बैठकर उस पर चुम्बकीय प्रभाव छोड़ता रहता। उसने मुझे मेरी स्क्रिप्ट के लिए तीन पाउंड दिये लेकिन यह शर्त भी जोड़ दी कि मैं ही उसका निर्देशन भी करूँगा। हमने अभिनेताओं आदि का चयन किया और केनिंगटन रोड पर हॉर्न्स पब्लिक हाउस क्लब रूम में रिहर्सल शुरू कर दी। तभी एक बूढ़े खार खाए एक्टर ने कह दिया कि यह नाटक न केवल अनपढ़ों वाला है बल्कि मूर्खतापूर्ण भी है।

तीसरे दिन जब रिहर्सल चल रही थी तो मुझे चारकोट का एक नोट मिला कि उसने इस नाटक का निर्माण न करने का फ़ैसला कर लिया है।

अब चूँकि मैं जाँबाज टाइप का नहीं था, मैंने नोट अपनी जेब के हवाले किया और रिहर्सल जारी रखी। मुझमें इतनी हिम्मत नहीं थी कि उन्हें रिहर्सल करने से रोक सकूँ। इसलिए लंच के समय मैं सबको अपने कमरे पर ले आया और उनसे कहा कि मेरा भाई उनसे बात करना चाहता है। मैं सिडनी को बेडरूम में ले गया और उसे नोट दिखाया। नोट पढ़ने के बाद सिडनी ने कहा, "ठीक है, तुमने उन्हें इस बारे में बता दिया है ना!"

"नहीं," मैं फुसफुसाया।

"तो जाकर बता दो।"

"मैं नहीं बता सकता। बिलकुल भी नहीं। वे लोग तीन दिन तक फ़ालतू में रिहर्सल करते रहे हैं।"

"लेकिन इसमें तुम्हारा क्या दोष?" सिडनी ने कहा।

"जाओ और उन्हें बता दो," वह चिल्लाया।

मैं हिम्मत हार बैठा और रोने लगा, "क्या कहूँ मैं उनसे?"

"मूर्ख मत बनो," वह उठा और साथ वाले कमरे में आया और उन सबको चारकोट का नोट दिखाया और समझाया कि क्या हुआ है। उसके बाद वह सबको नुक्कड़ के पब तक ले गया और सबको सैंडविच और एक-एक ड्रिंक दिलवाया।

अभिनेता एकदम मनमौजी होते हैं। कब क्या कर बैठें, कहा नहीं जा सकता। वह बूढ़ा आदमी जो पहले इतना ज़्यादा भुनभुना रहा था, एकदम दार्शनिक हो गया और जब सिडनी ने उसे बताया कि मैं किस बुरी हालत में था तो वह हँसा और मेरी पीठ पर धौल जमाते हुए बोला, "इसमें तेरा कोई दोष नहीं है पुत्तर, यह सब तो उस हरामी चारकोट का किया-धरा है।"

*

फोरेस्टर्स में अपनी असफलता के बाद मैंने जिस काम में भी हाथ डाला, उसी में धराशायी हुआ और मुझे एक बार फिर असफलता का मुँह देखना पड़ा। अलबत्ता, आशावादी बने रहना जवानी का सबसे बड़ा गुण होता है, क्योंकि इस उम्र में आदमी स्वभावत: यह मानकर चलता है कि प्रतिकूल परिस्थितियाँ अल्पकालिक होती हैं और लगातार बदक़िस्मती का दौर भी सही होने के सीधे और सँकरे रास्ते की तरह संदिग्ध होता है। निश्चित तौर पर दोनों ही समय के साथ-साथ बदलते हैं।

मेरी क़िस्मत ने भी पलटा खाया। एक दिन सिडनी ने बताया कि मि. कार्नो मुझसे मिलना चाहते हैं। ऐसा लगा कि वे अपने किसी हास्य कलाकार से नाख़ुश थे जो 'द फुटबॉल मैच' नाटक में मि. हैरी वेल्डन के साथ भूमिका कर रहा था। यह कार्नो साहब का अत्यन्त सफल नाटक था। वेल्डन अत्यन्त लोकप्रिय हास्य कलाकार थे, जो तीसरे दशक में अपनी मृत्यु तक लगातार लोकप्रिय बने रहे।

मि. कार्नो थोड़े मोटे, ताँबई रंग के आदमी थे। उनकी आँखों में चमक और हमेशा नापने-जोखने के भाव होते। अपना कॅरियर उन्होंने बाँस के डंडों पर करतब दिखाने वाले एक्रोबैट के रूप में शुरू किया था और इसके बाद उन्होंने अपने साथ तीन धमाकेदार हास्य कलाकारों की चौकड़ी बनाई। ये चौकड़ी मूकाभिनीत नाटकों में माहिर थी। वे ख़ुद भी बहुत उत्कृष्ट हास्य अभिनेता थे और उन्होंने कई हास्य भूमिकाएँ की थीं। वे उस वक़्त तक भी हास्य भूमिकाएँ करते रहे जब उनकी पाँच-पाँच कम्पनियाँ एक साथ चल रही थीं।

उनकी चौकड़ी के मूल सदस्यों में से एक उनकी सेवानिवृत्ति का मज़ेदार क़िस्सा यूँ बताया करता था : एक रात मैनचेस्टर में प्रदर्शन के बाद, मंडली ने शिकायत की कि कार्नो की टाइमिंग गड़बड़ा गई थी और उन्होंने सारे लतीफ़ों के मज़े पर पानी फेर दिया। कार्नो, जिन्होंने तब तक अपने पाँच प्रदर्शनों से 50,000 पाउंड जुटा लिए थे, कहा, "ठीक है मेरे दोस्तो, अगर आप लोगों को ऐसा लगता है तो यही सही। मैं छोड़ देता हूँ।" फिर अपनी विग उतारते हुए उन्होंने उसे ड्रेसिंग टेबल पर पटका और हँसते हुए बोले, "इसे आप लोग मेरा इस्तीफ़ा समझ लें।"

मि. कार्नो का घर कोल्ड हार्बर लेन, कैम्बरवेल में था जिससे सटा हुआ एक गोदाम था, उसमें वे अपनी बीस प्रदर्शन कम्पनियों के लिए मंच सज्जा का सामान रखा करते थे। उनका ऑफ़िस भी वहीं था। जब मैं वहाँ पहुँचा तो वे बहुत प्यार से मिले। उन्होंने कहा, "सिडनी मुझे बताता रहा है कि तुम कितने अच्छे हो," उन्होंने पूछा, "क्या तुम्हें लगता है कि तुम 'द फुटबॉल मैच' में हैरी वेल्डन के सामने अभिनय कर पाओगे?"

हेरी वेल्डन को ख़ास तौर पर बहुत ऊँची पगार पर रखा गया था। उनकी पगार चौंतीस पाउंड प्रति सप्ताह थी।

"मुझे सिर्फ़ एक मौक़ा चाहिए," मैंने आत्मविश्वासपूर्वक कहा।

वे मुस्कराए, "सत्रह बरस की उम्र बहुत कम होती है और तुम तो और भी छोटे लगते हो!"

इस पर मैंने कन्धे उचकाए, "यह सब तो मेकअप से किया जा सकता है।"

कार्नो हँसे। बाद में सिडनी ने मुझे बताया था कि इस कन्धे उचकाने ने ही मुझे काम दिलवाया था।

"ठीक है, ठीक है, हम देख लेंगे कि तुम क्या कर सकते हो।"

यह काम मुझे तीन सप्ताह तक ट्रायल के रूप में करना था जिसके एवज़ में मुझे प्रति सप्ताह तीन पाउंड और दस शिलिंग मिलते और अगर मैं सन्तोषजनक पाया जाता तो मुझे एक बरस के लिए क़रार पर रख लिया जाता।

*

लंदन कोलेज़ियम में प्रदर्शन शुरू होने से पहले मेरे पास अपनी भूमिका का अध्ययन करने के लिए एक सप्ताह का समय था। कार्नो साहब ने मुझे बताया कि मैं जाकर शेफ़र्ड बुश एम्पायर में 'द फुटबॉल मैच' देखूँ और उस आदमी का अध्ययन करूँ जिसकी भूमिका मुझे करनी है। मुझे यह मानने में कोई शक नहीं है कि वह उदासीन और संकोची व्यक्ति था और यह भी कोई झूठी शेखी नहीं है कि मैं जानता था कि मैं उससे आगे निकल जाऊँगा। भूमिका में थोड़े और स्वाँग की ज़रूरत थी। मैं अपना मन बना चुका था कि मैं उसे ठीक वैसे ही पेश करूँगा।

मुझे मात्र दो ही रिहर्सलों का मौक़ा मिला, क्योंकि इससे ज़्यादा के लिए मि. वेल्डन उपलब्ध नहीं थे। दरअसल वे इस बात से भी ख़फ़ा थे कि उन्हें अपना गोल्फ़ का खेल छोड़कर सिर्फ़ इस रिहर्सल के लिए आना पड़ा।

रिहर्सलों के दौरान मैं कोई असर नहीं छोड़ पाया। चूँकि मैं धीमे पढ़ता था अत: मुझे ऐसा लगा कि वेल्डन साहब को मेरी क्षमता के बारे में कुछ सन्देह था। सिडनी भी चूँकि यही भूमिका अदा कर चुका था, अगर वह लंदन में होता तो ज़रूर मेरी मदद करता, लेकिन वह तो अन्य प्रदेशों में दूसरे हास्य नाटक में काम कर रहा था।

वैसे तो 'द फुटबॉल मैच' स्वाँग वाला नाटक था, फिर भी जब तक मि. वेल्डन साहब सामने न आ जाते, कहीं से भी हँसी की आवाज़ नहीं फूटती थी। सब कुछ उनकी एंट्री के साथ ही जुड़ा हुआ था। हालाँकि इसमें कोई शक नहीं है कि वे बहुत ही शानदार क़िस्म के हास्य कलाकार थे और उनके आने से हँसी का जो सिलसिला शुरू होता, वह आख़िर तक नहीं थमता था।

कोलेज़ियम में अपने नाटक की शुरुआत की रात मेरी नसें रस्सी की तरह तनी हुई थीं। मेरे लिए उस रात का मतलब था अपने खोए हुए आत्मविश्वास को वापस पाना और फोरेस्टर्स में उस रात जो कुछ हुआ था, उसके दु:स्वप्न से ख़ुद को मुक्त करना। उस विशालकाय स्टेज पर मैं आगे-पीछे हो रहा था। मेरे डर के ऊपर चिन्ता कुंडली मारे बैठी थी और मैं अपने लिए प्रार्थना कर रहा था।

तभी संगीत बजा। पर्दा उठा। स्टेज पर सहगान करते कलाकारों का एक दृश्य चल रहा था। आख़िरकार वे चले गए और स्टेज ख़ाली हो गया। यह मेरे लिए संकेत था। अपने भीतर उठते भावनात्मक हाहाकार के बीच मैं स्टेज की ओर चला। मैंने सोचा या तो मैं मौक़े के अनुरूप खरा उतरूँगा या फिर मुँह के बल गिरूँगा। मंच पर पैर रखते ही मैं राहत महसूस करने लगा। मेरे सामने सब कुछ साफ़ था। मैंने दर्शकों की तरफ़ पीठ करके मंच पर प्रवेश किया। यह मेरा ख़ुद का आइडिया था। पीछे की तरफ़ से मैं टिप टॉप लग रहा था, फ्रॉक कोट पहने, टॉप हैट, हाथ में छड़ी और मोजे—हू-ब-हू एडवर्डकालीन विलेन। मैं मुड़ा और अपनी लाल नाक दिखलाई। हँसी का फ़व्वारा फूट पड़ा और मैं दर्शकों का कृपापात्र बन गया। मैंने नाटकीय तरीक़े से कन्धे उचकाए, अपनी उँगलियाँ चटकाईं और स्टेज पर इधर-उधर चला। एक मुगदर पर ठोकर खाई। इसके बाद मेरी छड़ी सीधे जाकर पंचिंग बैग के साथ अटक गई और वह उछलकर मेरे मुँह पर आ लगा। मैं अकड़कर चला और घूमा, अपने ही सिर की तरफ़ बार-बार छड़ी से वार करता। दर्शक हँसी के मारे दोहरे हो गए।

अब मैं पूरी तरह से सहज था और नई-नई बातें मेरे दिमाग़ में घूम रही थीं। मैं पाँच मिनट तक भी मंच को बाँधे रख सकता था और बिना एक शब्द बोले उन्हें लगातार हँसा सकता था। अपनी विलेननुमा चाल के बीच मेरी पैंट नीचे सरकने लगी।

मेरा एक बटन टूट गया था। मैं बटन की तलाश करने लगा। मैंने यूँ ही कुछ उठाने का नाटक-सा किया और हिक़ारत से परे फेंक दिया, "ये करमजले खरगोश!!!" एक और ठहाका।

हैरी वेल्डन का चेहरा पूरे चाँद की तरह विंग्स में नज़र आने लगा। वे आश्चर्यचकित थे क्योंकि आज तक उनके मंच पर आने से पहले कभी भी ठहाके नहीं लगे थे।

ज्यों ही उन्होंने मंच पर एंट्री ली मैंने लपककर ड्रामाई अन्दाज़ में उनकी बाँह थाम ली और फुसफुसाया, "जल्दी कीजिए, मेरी पैंट खिसकी जा रही है। एक पिन का सवाल है।" यह सब उसी वक़्त के सोचे हुए का कमाल था और इसके लिए कोई रिहर्सल नहीं की गई थी। मैंने हैरी साहब के लिए दर्शकों को पहले ही तैयार कर दिया था। उस शाम उन्हें जो सफलता मिली, वह आशातीत थी और हम दोनों ने मिलकर दर्शकों से कई अतिरिक्त ठहाके लगवाए। जब पर्दा नीचे आया तो मुझे पता था, मैं क़िला फ़तह कर चुका हूँ। मंडली के कई सदस्यों ने मुझसे हाथ मिलाया और मुझे बधाई दी। ड्रेसिंग रूम की तरफ़ जाते समय वेल्डन साहब ने पीछे मुड़कर देखा और शुष्क स्वर में बोले, "अच्छा रहा। बहुत बढ़िया रहा।"

उस रात मैं घर तक पैदल चलकर गया ताकि अपने तनाव को कम कर सकूँ। मैं रुका और वेस्टमिंस्टर ब्रिज पर झुका तथा उसके नीचे से बहते गहरे, रेशमी पानी को देखता रहा। मैं ख़ुशी के मारे रोना चाहता था। लेकिन मैं रो नहीं पाया। मैं ज़ोर लगाता रहा, मुद्राएँ बनाता रहा, लेकिन मेरी आँखों में आँसू नहीं आए। मैं ख़ाली हो चुका था। वेस्टमिंस्टर ब्रिज से चलकर मैं एलिफैंट एंड कैसेल ट्यूब स्टेशन गया और एक कप कॉफ़ी के लिए एक स्टॉल पर रुक गया। मैं किसी से बात करना चाहता था, लेकिन सिडनी तो बाहर के प्रदेशों में था। काश, वह यहाँ होता तो मैं उसे आज रात के बारे में बता पाता! आज की रात मेरे लिये क्या मायने रखती थी! ख़ास तौर पर फोरेस्टर्स की रात के बाद।

मैं सो नहीं पाया। एलिफैंट एंड कैसेल से मैं केनिंगटन गेट तक गया और वहाँ एक और कप चाय पी। रास्ते में मैं अपने आपसे बतियाता रहा और अकेले ही हँसता रहा। बिस्तर पर जाने के समय सुबह के पाँच बजे रहे थे और मैं बुरी तरह से पस्त हो चुका था।

पहली रात मि. कार्नो वहाँ पर मौजूद नहीं थे। वे तीसरी रात आए। उस मौक़े पर जब मेरी एंट्री के वक़्त जमकर तालियाँ बज रही थीं। उनके चेहरे पर मुस्कराहट थी और उन्होंने मुझसे कहा कि मैं सुबह उनके ऑफ़िस में आकर क़रार कर लूँ।

अब तक मैंने पहली रात के बारे में सिडनी को नहीं लिखा था, लेकिन अब मैंने उसे एक संक्षिप्त तार भेजा, "मैंने एक बरस के लिए चार पाउंड प्रति सप्ताह पर क़रार कर लिया है, प्यार, चार्ली।"

'द फुटबॉल मैच' चौदह सप्ताह तक लंदन में चलता रहा और उसके बाद दौरे पर चला गया।

वेल्डन साहब की कॉमेडी बेवकूफ़ी भरी थी। वे धीमी गति के समाचारों की तरह लंकाशायर वाले लहज़े में गड़बड़ भाषा बोलते थे। यह अदा उत्तरी इंग्लैंड में बहुत बढ़िया तरीक़े से चल जाती थी लेकिन दक्षिण में उन्हें बहुत अधिक भाव नहीं दिया गया। ब्रिस्टॉल, कार्डिफ़, प्लायमाउथ, साउथैम्पटन जैसे शहर वेल्डन के लिए मन्दे गए। इन सप्ताहों में वे चिड़चिड़े होते चले गए। उनका प्रदर्शन नाममात्र का रहा और अपना गुस्सा वे मुझ पर उतारते रहे। शो में उन्हें मुझे थप्पड़ मारना और धकियाना था और यह सब काफ़ी बार करना था। इसे 'बेख़बर होना' कहा जाता था। इसका मतलब था कि वे मेरे चेहरे पर मारेंगे लेकिन इसे वास्तविक प्रभाव देने के लिए विंग्स में कोई ज़ोर से हाथों से ताली बजाएगा। कई बार वे मुझे सचमुच मार बैठते और वह भी बिना ज़रूरत के तथा काफ़ी ज़ोर से। मुझे लगता है कि वे ईर्ष्या से भरकर ही ऐसा करते थे।

बेलफ़ास्ट में तो स्थिति और भी ख़राब हो गई। जहाँ समीक्षकों ने उनकी ऐसी-तैसी कर दी लेकिन मेरी भूमिका की तारीफ़ की। इसे भला वेल्डन साहब कैसे सहन कर सकते थे। सो, एक रात उन्होंने स्टेज पर ही अपना गुस्सा निकाला और मुझे ऐसा ज़ोर का थप्पड़ मारा कि मेरी सारी कॉमेडी निकालकर रख दी। मेरी नाक से ख़ून आने लगा। इस पर मैंने उन्हें कहा कि अगर उन्होंने फिर कभी ऐसा किया तो मंच पर ही मुगदर से उनकी धुनाई कर दूँगा और यह भी जोड़ दिया कि अगर उन्हें ईर्ष्या हो रही है तो उसे कम-से-कम मुझ पर तो न निकालें।

"ईर्ष्या और वो भी तुमसे?" वे ड्रेसिंग रूम की तरफ़ जाते हुए बोले, "अरे जाओ, मेरी गुदा में इतना टैलेंट है जितना तुम्हारे पूरे शरीर में नहीं होगा।"

"यही वो जगह है जहाँ आपका टेलेंट रहता है।" मैं गुर्राया और लपककर डेसिंग रूम का दरवाज़ा बन्द कर दिया।

*

सिडनी जब वापस आया तो हमने तय किया कि ब्रिक्स्टन रोड पर एक फ़्लैट ले लें और चालीस पाउंड तक की राशि ख़र्च करके उसे सजाएँ। हम न्यूंइगटन बट्स में पुराने फ़र्नीचर की एक दुकान में गए और मालिक को बताया कि हम कितनी राशि ख़र्च करने का माद्दा रखते हैं और यह भी कि हमारे पास सजाए जाने के लिए चार कमरे हैं। मालिक ने हमारी समस्या में व्यक्तिगत रूप से दिलचस्पी ली और हमारे काम की चीज़ें चुनने में घंटों हमारे साथ खपाए। हमने पहले वाले कमरे में कालीन बिछाया और बाक़ी तीन कमरों में लिनोलियम। इसके अलावा हम एक गद्देदार दीवान और दो आरामकुर्सियाँ भी लाए। बैठने के कमरे के एक कोने में हमने एक

नक़्क़ाशीदार मूरिश पर्दा रखा जिसके पीछे पीला बल्ब जलता था। उसके सामने वाले कोने में मुलम्मा चढ़ी ईज़ल पर सोने का पानी चढ़े फ्रेम में हमने एक पेस्टल सजाया। यह तसवीर एक निर्वस्त्र औरत की थी जो एक पेडस्टल पर खड़ी थी और अपने कन्धे के पीछे से दाढ़ी वाले चित्रकार की तरफ़ देख रही थी जो उसके नितम्ब के पास एक मक्खी को चित्रित करने की कोशिश कर रहा था। यह कलाकृति और पर्दा, मेरे हिसाब से कमरे को भरा-पूरा बना रहे थे। असली प्रदर्शन योग्य चीज़ तो एक मूरिश सिगरेट शॉप और एक फ्रेंच रंडीखाने का जोड़ा थे लेकिन हमें ये पसन्द आए। यहाँ तक कि हम एक सीधा खड़ा पियानो भी ले आए। हमने अपने बजट से पन्द्रह पाउंड ज़्यादा ख़र्च कर डाले थे, लेकिन उसकी क़ीमत वसूल हो गई थी। 15 ग्लेनशॉ मैंशन, ब्रिक्स्टन रोड पर हमारा यह घर हमारे सपनों का स्वर्ग था। प्रदेशों में प्रदर्शन करने के बाद हम यहाँ लौटने का बहुत बेसब्री से इन्तज़ार किया करते थे। अब हम इतने अमीर हो चले थे कि अपने नाना की भी मदद कर सकते थे, अत: हम उन्हें दस शिलिंग प्रति सप्ताह दिया करते थे। हमारी हैसियत इतनी अच्छी हो गई थी कि हफ़्ते में दो दिन घर का काम करने वाली नौकरानी आती थी जो फ़्लैट में झाड़ू-पोंछा कर जाती थी। लेकिन इस सफ़ाई की ज़रूरत शायद ही कभी पड़ती हो क्योंकि हम किसी चीज़ को उसकी जगह से हिलाते ही नहीं थे। हम उसमें इस तरह से रहा करते मानो कोई पवित्र मंदिर हो। सिडनी और मैं अपनी विशालकाय आरामकुर्सियों में पसरे रहते और परम सन्तुष्टि का आनन्द उठाते। हम एक ऊँचा-सा पीतल का मूढ़ा ले आए थे जिस पर लाल रंग का चमड़ा मढ़ा हुआ था। मैं आरामकुर्सी से उठकर मूढ़े पर चला जाता और दोनों पर मिलने वाले आराम की तुलना करता रहता।

*

सोलह बरस की उम्र में रोमांस के बारे में मेरे ख़यालों को प्रेरणा देने का काम एक थियेटर के पोस्टर ने किया था जिसमें चट्टान पर खड़ी एक लड़की के बाल हवा में उड़ रहे थे। मैं कल्पना करता कि मैं उसके साथ गोल्फ़ खेल रहा हूँ, एक ऐसा खेल जिसे मैं नापसन्द करता हूँ, और ओस-भरी ज़मीन पर दिल की धड़कन बढ़ाने वाली भावनाओं के साथ स्वास्थ्य और प्रकृति के ख़यालों में डूबा हुआ उसके साथ-साथ चल रहा हूँ। मेरे लिए यही रोमांस था। लेकिन कम उम्र का प्यार तो कुछ और ही होता है। आमतौर पर यह एक ऐसे ढर्रे पर चलता है जिसमें नज़र मिलती है, शुरुआत में कुछ शब्दों का आदान-प्रदान (आमतौर पर गदह पचीसी के शब्द) होता है और कुछ ही मिनटों के भीतर ज़िन्दगी का नज़रिया बदल जाता है। पूरी क़ायनात हमारे साथ सहानुभूति में खड़ी हो जाती है और अचानक हमारे सामने छिपी हुई ख़ुशियों का ख़ज़ाना खोल देती है। मेरे साथ भी ठीक ऐसा ही हो रहा था।

मैं उन्नीस बरस का होने को आया था और कार्नो कम्पनी का सफल हास्य कलाकार था। लेकिन कुछ था जिसकी अनुपस्थिति खटक रही थी। बसन्त आकर जा चुका था और गर्मियाँ अपने पूरे ख़ालीपन के साथ मुझ पर हावी थीं। मेरी दिनचर्या बासीपन लिये हुए थी और मेरा परिवेश शुष्क। मैं अपने भविष्य में कुछ भी नहीं देख पाता था, वहाँ सिर्फ़ अनमनापन, सब कुछ उदासीनता लिये हुए और चारों तरफ़ आदमी ही आदमी। सिर्फ़ पेट भरने की ख़ातिर काम-धन्धे से जुड़े रहना ही काफ़ी नहीं लग रहा था। ज़िन्दगी नौकर सरीखी हो गई थी और उसमें किसी क़िस्म की बाँध लेने वाली बात नहीं थी। मैं तनहा होता चला गया, अपने आपसे असन्तुष्ट। रविवार के दिन मैं अकेला भटकता रहता, पार्कों में बज रहे बैंड को सुनकर दिल बहलाता। न तो मैं अपना ख़ुद का साथ झेल पाता था और न ही किसी और का। तभी अचानक एक ख़ास बात हो गई—मुझे प्यार हो गया।

हम स्ट्रीथम एम्पायर में प्रदर्शन कर रहे थे। उन दिनों हम रोज़ रात को दो या तीन म्यूज़िक हॉलों में प्रदर्शन किया करते थे और एक प्राइवेट बस में एक जगह से दूसरी जगह जाते थे। स्ट्रीथम में हम ज़रा जल्दी शुरू कर देते ताकि उसके बाद कैंटरबरी और टिवोली म्यूज़िक हॉल में भी प्रदर्शन कर सकें। अभी साँझ भी नहीं ढली थी कि हमने अपना काम शुरू कर दिया। गर्मी बर्दाश्त से बाहर हो रही थी और स्ट्रीथम हॉल आधे से ज़्यादा ख़ाली था। संयोग से यह बात मुझे उदास और तनहा होने से रोक नहीं सकी।

हमसे पहले 'बर्ट काउट्स यैंकी डूडल गर्ल्स' नाम की एक गीत और नृत्य मंडली का प्रदर्शन होता था। लेकिन मुझे उनमें बारे में कोई ख़ास दिलचस्पी नहीं थी। लेकिन दूसरी शाम, जब मैं विंग्स में उदास खड़ा हुआ था, उनमें से एक लड़की नृत्य के दौरान फिसल गई और दूसरे लोग ही-ही करके हँसने लगे। अचानक उस लड़की ने नज़रें उठाईं तो उसकी आँखें मुझसे मिल गईं। वह देख रही थी कि क्या मैं भी इस मज़ाक़ का मज़ा ले रहा हूँ। अचानक मुझे उसकी दो बड़ी-बड़ी भूरी शरारत से चमकती आँखों ने जैसे बाँध लिया। उसकी आँखें हिरनी जैसी थीं जो साँचे में ढले उसके चेहरे को और ख़ूबसूरत बना रही थीं; उसका बाँध लेने वाला भरा-पूरा चेहरा, ख़ूबसूरत दाँत, सबका असर मुझ पर बिजली जैसा हुआ था। जब वह स्टेज से वापस आई तो उसने मुझसे कहा कि मैं उसका छोटा-सा दर्पण थाम लूँ ताकि वह अपने बाल ठीक कर ले। इससे मुझे उसे देखने-परखने का मौक़ा मिल गया।

यह शुरुआत थी। बुधवार तक मैं इतना आगे बढ़ चुका था कि उससे पूछ बैठा कि क्या मैं रविवार को उससे मिल सकता हूँ। वह हँसी, "मैं तो तुम्हें जानती तक नहीं कि बिना इस लाल नाक के तुम लगते कैसे हो।" उन दिनों मैं 'ममिंग बड्र्स' में शराबी के रोल वाली कॉमेडी कर रहा था और लम्बा कोट व सफ़ेद टाई पहने रहता था।

"मेरी नाक इतनी ज़्यादा तो लाल नहीं है और फिर मैं इतना गया-गुज़रा भी नहीं हूँ जितना नज़र आता हूँ," मैंने कहा, "और इस बात को सिद्ध करने के लिए कल रात मैं अपनी एक तसवीर लेता आऊँगा।"

मेरा ख़याल है मैंने उसके सामने एक गिड़गिड़ाते, उदास और नौसिखिए किशोर को पेश किया था जो काली स्टॉक टाई पहने हुआ था।

"ओह, लेकिन तुम तो बहुत छोटे हो," उसने कहा, "मुझे तो लगा था कि तुम्हारी उम्र ज़्यादा होगी।"

"तुम्हें कितनी लगती है मेरी उम्र?"

"कम-से-कम तीस।"

मैं मुस्कराया, "मैं उन्नीस पूरे करने जा रहा हूँ।"

चूँकि हम लोग रोज़ ही पूर्वाभ्यास किया करते थे इसलिए सप्ताह के दिनों में उससे मिल पाना मुश्किल होता था। अलबत्ता, उसने वादा किया कि वह रविवार की दोपहर ठीक चार बजे केनिंगटन गेट पर मिलेगी।

रविवार का दिन एकदम बढ़िया गर्मी भरा था और सूर्य लगातार चमक रहा था। मैंने एक गहरे रंग का सूट पहना जो सीने के पास शानदार कटाव लिये हुए था और एक काली आबनूसी छड़ी डुलाता हुआ चला। मैंने काली स्टॉक टाई भी पहनी हुई थी। चार बजने में दस मिनट बाक़ी थे और घबराहट के मारे मेरा बुरा हाल था। मैं इन्तज़ार कर रहा था और यात्रियों को ट्रामकारों से उतरता देख रहा था।

जब मैं इन्तज़ार कर रहा था तो मैंने महसूस किया कि मैंने हैट्टी को बिना मेकअप के तो देखा ही नहीं था। मुझे बिलकुल भी याद नहीं आ रहा था कि वह देखने में कैसी लगती है। मैं कितनी भी कोशिश करता, मुझे उसका चेहरा-मोहरा याद ही न आता। मुझे हल्के से डर ने जकड़ लिया। शायद उसका सौन्दर्य नक़ली था। एक भ्रम!! साधारण-सी दिखने वाली जो भी लड़की ट्रामकार से उतरती, मुझे हताशा के गर्त में धकेलती जाती। क्या मेरे हाथ निराशा ही लगेगी? क्या मैं अपनी ही कल्पना के द्वारा छला गया हूँ या थियेटरी मेकअप के नक़लीपन ने मुझसे छल किया है?

चार बजने में तीन मिनट बाक़ी थे कि एक लड़की ट्रामकार से उतरी और उसने मेरी तरफ़ बढ़ना शुरू किया। मेरा दिल डूब गया। उसका चेहरा-मोहरा निराश करता था। उसके साथ पूरी दोपहरी बिताने का ख़याल और उत्साह बनाए रखने का नाटक करना, यह सोचकर ही मेरी तो हालत ख़राब हो गई। इसके बावजूद मैंने अपना हैट ऊपर किया और अपने चेहरे पर मुस्कराहट लाया। उसने हिक़ारत से मेरी तरफ़ घूरा और आगे बढ़ गई। भगवान का शुक्र है, यह वो नहीं थी।

तभी, ठीक चार बजकर एक मिनट पर ट्रामकार से एक नवयुवती उतरी, आगे बढ़ी और मेरे सामने आकर रुक गई। इस समय वह बिना किसी मेकअप के थी

और पहले की तुलना में ज़्यादा सुन्दर नज़र आ रही थी। उसने सादा सेलर हैट और पीतल के बटनों वाला नीला वर्दी कोट पहना हुआ था तथा उसके हाथ ओवरकोट की जेबों में धँसे हुए थे।

"लो मैं आ गई," उसने कहा।

उसकी मौज़ूदगी इतनी आह्लादित करने वाली थी कि मैं बोल ही नहीं पा रहा था। मेरी साँस फूलने लगी। मैं कुछ कहने या करने की सोच ही नहीं पाया।

"चलो टैक्सी कर लेते हैं।" मैं सड़क पर आगे-पीछे की तरफ़ देखते हुए और फिर उसकी तरफ़ मुड़ते हुए भारी आवाज़ में बोला।

"तुम कहाँ जाना चाहोगी?"

"कहीं भी।"

"तो चलो, वेस्ट एंड में डिनर के लिए चलते हैं।"

"मैं डिनर ले चुकी हूँ," उसने ठंडेपन से कहा।

"यह बात हम टैक्सी में तय कर लेंगे," मैंने कहा।

मेरी भावनाओं के उबाल की वजह से वह ज़रूर ही सकपका गई होगी, क्योंकि टैक्सी में जाते हुए मैं लगातार यही कह रहा था, "मुझे पता है कि मुझे एक दिन इसके लिए अफ़सोस करना पड़ेगा, तुम इतनी ज़्यादा सुन्दर हो।" मैं बेकार ही में उस पर प्रभाव जमाने और उसका दिल बहलाने की कोशिश करता रहा। मैंने बैंक से तीन पाउंड निकाले थे और सोचा था कि उसे ट्रोकाडेरो रेस्तराँ लेकर जाऊँगा। वहाँ के संगीत और शानो-शौक़त के माहौल में वह मुझे अधिक रोमांटिक रूप में देख पाएगी। मैं उसे चौंकाना चाहता था। लेकिन वह मेरी बक-बक सुनकर सूनी आँखों से और कुछ हद तक हैरान-परेशान-सी मुझे देखती रही। ख़ासकर एक बात जो मैं उससे कहना चाह रहा था वह यह थी कि वो मेरी नियति है। यह शब्द मैंने नया-नया सीखा था।

जो बातें मेरे लिए इतनी ज़्यादा मायने रखती थीं, उन्हें वह कितना कम समझ पा रही थी। इसका सेक्स से कुछ लेना-देना नहीं था : जो बात मायने रखती थी, वह थी उसका साथ। मेरी ज़िन्दगी जिस मोड़ पर रुकी हुई थी, वहाँ पर लावण्य और सौन्दर्य से मिल पाना दुर्लभ ही था।

उस शाम ट्रोकाडेरो में मैंने उसे इस बात के लिए राज़ी करने की बहुत कोशिश की कि वह मेरे साथ डिनर ले, लेकिन कोई फ़ायदा नहीं हुआ। उसने कहा कि मेरा साथ देने के लिए वह सैंडविच ले लेगी। चूँकि हमने एक बहुत ही भव्य रेस्तराँ में एक बहुत बड़ी मेज़ घेर रखी थी, मुझे यह ज़रूरी लगा कि कई तरह के व्यंजनोंवाले खाने का ऑर्डर दिया जाए, हालाँकि इस सबकी ज़रूरत नहीं थी। डिनर लेना व्यर्थ था। मुझे यह भी नहीं पता था कि किस छुरी-काँटे से क्या खाना होता है। मैं खाना खाते समय सहज आकर्षण के साथ शेख़ियाँ बघारता रहा, यहाँ तक कि फिंगर

बाउल के इस्तेमाल में भी मैंने लापरवाही बरती। लेकिन मेरा ख़याल है, रेस्तराँ से बाहर आते समय हम दोनों ही राहत महसूस कर रहे थे।

ट्रोकाडेरो के बाद हैट्टी ने तय किया कि वह घर जाएगी। मैंने टैक्सी का सुझाव दिया लेकिन उसने पैदल ही चलना पसन्द किया। चूँकि वह कैम्बरवेल में रहती थी, और मेरे लिए इससे अच्छी बात नहीं हो सकती थी। इसका मतलब यह था कि मैं उसके साथ और ज़्यादा वक़्त गुज़ार सकता था।

अब चूँकि मेरी भावनाओं का ज्वार उतरने लगा था। अत: वह पहले से ज़्यादा सहज लग रही थी। उस शाम हम टेम्स के तट पर चहलक़दमी करते रहे। हैट्टी अपनी सहेलियों के बारे में बातें करती रही, हँसी-ख़ुशी की और इधर-उधर की बेकार की बातें। हालाँकि मुझे इस बात का ज़रा-सा भी भान नहीं था कि वह क्या कह रही है? मुझे तो सिर्फ़ इतना पता था कि वह रात सौन्दर्य से भरी थी, मैं स्वर्ग में चल रहा था और मेरे भीतर आनन्द भरी उत्तेजना के सोते फूट रहे थे।

उसे विदा कर देने के बाद मैं फिर से तट पर लौटा। मैं अभिभूत था। मेरे भीतर एक मध्यम लौ का उजाला हो रहा था और तीव्र इच्छा-शक्ति ज़ोर मार रही थी। तीन पाउंड में से मेरी जेब में जितने भी पैसे बचे थे, मैंने टेम्स के तट पर सोने वाले भिखारियों में बाँट दिये।

अगली सुबह सात बजे हमने फिर से मिलने का वादा किया था क्योंकि शाफ्ट्सबरी एवेन्यू में तकरीबन आठ बजे उसकी रिहर्सल शुरू होती थी। उसके घर से लेकर वेस्टमिंस्टर ब्रिज रोड अंडरग्राउंड स्टेशन तक की दूरी लगभग डेढ़ मील थी और चूँकि मैं देर तक काम करता था और शायद ही कभी रात दो बजे से पहले सोता था, मैं उससे मिलने के लिए सही वक़्त पर हाज़िर था।

कैम्बरवेल को अचानक किसी ने जादुई छड़ी से छू लिया था क्योंकि हैट्टी केली वहाँ पर रहती थी। सुबह के वक़्त चैम्बरवेल की सड़कों पर हाथों में हाथ दिये अंडरग्राउंड स्टेशन तक जाना भ्रमित इच्छाओं के साथ घुले-मिले वरदान की तरह होता था। गन्दी, हताशा से भरने वाली कैम्बरवेल रोड, जिससे मैं हमेशा बचा करता था, अब बेहद अच्छी लगती जब मैं दूर कोहरे में से निकलकर हैट्टी की आकृति को अपनी ओर आते देख रोमांचित होता। उस साथ-साथ चलने के दौरान मुझे बिलकुल भी याद न रहता कि उसने क्या कहा है? मैं सम्मोहन के आलम में होता और यह मानकर चलता कि कोई रहस्यमयी ताक़त हमें एक-दूजे के निकट लाई है और हमारे भाग्य में पहले से यह लिखा था कि हम इस तरह मिलेंगे।

उससे मेरा परिचय हुए तीन सुबहें हो गई थीं; इन संक्षिप्त सुबहों के कारण अगली सुबहों तक बाक़ी दिन के अस्तित्व का पता ही नहीं चलता था। लेकिन चौथी सुबह उसका व्यवहार बदला हुआ था और वह मुझसे ठंडेपन से मिली। कोई उत्साह नहीं

था उसमें। उसने मेरा हाथ भी नहीं थामा। मैंने इसके लिए उसे फटकारा और मज़ाक़ में उस पर आरोप लगाया कि वह मुझसे प्यार नहीं करती है।

"तुम कुछ ज़्यादा ही उम्मीद करने लगे हो," उसने कहा, "ज़रा यह भी तो देखो कि मैं सिर्फ़ पन्द्रह बरस की हूँ और तुम मुझसे चार बरस बड़े हो।"

मैं उसके इस जुमले के भाव को समझ नहीं पाया। लेकिन मैं उस दूरी की भी अनदेखी नहीं कर पाया जो उसने अचानक ही हम दोनों के बीच खड़ी कर दी थी। वह सीधे सामने की तरफ़ देख रही थी और गर्वोन्नत तरीक़े से चल रही थी। उसकी चाल स्कूली लड़की की तरह थी और उसके दोनों हाथ ओवरकोट की जेबों में थे।

"क्या तुम सचमुच मुझसे प्यार नहीं करतीं?"

"मुझे नहीं पता," वह बोली।

मैं हक्का-बक्का रह गया। "अगर तुम नहीं जानतीं तो तुम प्यार नहीं करतीं।"

उत्तर देने के बजाय वह चुपचाप चलती रही।

"देखो तो ज़रा, मैं कितना अच्छा हूँ। मैंने तुमसे कहा था न कि मुझे तुमसे मिलने का हमेशा अफ़सोस होता रहेगा।" मैंने धीरे-धीरे कहना जारी रखा।

मैंने उसका दिमाग़ टटोलने की कोशिश की थी कि आख़िर उसके दिमाग़ में चल क्या रहा है लेकिन मेरे सभी सवालों के जवाब में वह सिर्फ़ यही कहती रही, "मुझे नहीं पता।"

"मुझसे शादी करोगी?" मैंने उसे चुनौती दी।

"मैं बहुत छोटी हूँ।"

"अच्छा एक बात बताओ, अगर तुम्हें शादी के लिए मजबूर किया जाए, तो वो मैं होऊँगा या कोई और?"

लेकिन उसने किसी भी बात पर हाँ नहीं की और यही कहती रही, "मुझे नहीं पता, मैं तुम्हें पसन्द करती हूँ...लेकिन..."

"लेकिन तुम मुझसे प्यार नहीं करतीं।" मैंने उसे भारी मन से टोकते हुए कहा।

वह चुप रही। यह बादलों भरी सुबह थी और गलियाँ गन्दी और हताशा पैदा करने वाली लग रही थीं।

"मुश्किल यह है कि मैंने इस मामले को बहुत दूर तक जाने दिया।" मैंने भारी आवाज़ में कहा। हम अंडरग्राउंड स्टेशन के गेट तक पहुँच गए थे, "मेरा ख़याल है कि अब हमें अलविदा कह देना चाहिए और फिर कभी दोबारा एक-दूसरे से नहीं मिलना चाहिए।" मैंने कहा और सोचता रहा कि उसकी प्रतिक्रिया क्या होगी।

वह उदास दिखी।

मैंने उसका हाथ थामा और हौले से सहलाया, "गुडबाय, यही बेहतर रहेगा। तुम पहले ही मुझ पर बहुत असर डाल चुकी हो।"

"गुडबाय," उसने जवाब दिया, "मुझे माफ़ करना।"

उसका माफ़ी माँगना मेरे दिल पर कटार की तरह लगा और जैसे ही वह अंडरग्राउंड में ग़ायब हुई, असहनीय ख़ालीपन ने मुझे घेर लिया।

मैंने क्या कर डाला? क्या मैंने बहुत जल्दबाज़ी की? मुझे उसे चुनौती नहीं देनी चाहिए थी। मैं भी निरा मूर्ख हूँ कि उससे दोबारा मिलने के सारे रास्ते ही बन्द कर दिये, हाँ तब की बात और है जब मैं ख़ुद को हास्यास्पद बनने दूँ। मैं क्या कर सकता था? सहन तो मुझे ही करना होगा। काश, उससे दोबारा मिलने से पहले मैं अपनी इस मानसिक यंत्रणा को नींद के ज़रिये कम कर सकूँ। किसी भी क़ीमत पर मुझे तब तक अपने आपको उससे अलग रखना होगा जब तक वह न मिलना चाहे। शायद मैं कुछ ज़्यादा ही गम्भीर था, ज़्यादा पागल। अगली बार जब हम मिलेंगे तो मैं और अधिक विनम्र व निस्संग रहूँगा। लेकिन क्या वो फिर से मुझसे मिलना चाहेगी? ज़रूर, उसे मिलना ही चाहिए। वह इतनी आसानी से मुझसे किनारा नहीं कर सकती।

अगली सुबह मैं अपने आप पर क़ाबू नहीं पा सका और कैम्बरवेल रोड पर जा पहुँचा। मैं उससे तो नहीं लेकिन उसकी माँ से मिला, "तुमने हैट्टी को क्या कर दिया है?" उन्होंने कहा, "वह रोती हुई घर आई थी और बता रही थी कि तुमने उससे कभी न मिलने की बात कही है।"

मैंने कन्धे उचकाए और व्यंग्य से मुस्कराया, "उसने मेरे साथ क्या किया है?"

फिर मैंने हिचकिचाते हुए पूछा कि क्या मैं उससे दोबारा मिल सकता हूँ।

उन्होंने ज़ोर से अपना सिर हिलाया, "नहीं, मुझे नहीं लगता कि तुम्हें मिलना चाहिए।"

मैंने उन्हें एक ड्रिंक के लिए आमंत्रित किया और हम बात करने के इरादे से पास ही के एक पब में चले गए। बाद में मैंने उनसे एक बार फिर अनुरोध किया कि वे मुझे हैट्टी से मिलने दें। वे मान गईं।

जब हम घर पहुँचे तो हैट्टी ने दरवाज़ा खोला। वह मुझे देखकर हैरान-परेशान नज़र आई। उसने अभी-अभी सनलाइट साबुन से अपना चेहरा धोया था इसलिए एकदम ताज़ा लग रही थी। वह घर के बाहर वाले दरवाज़े पर ही खड़ी रही। उसकी बड़ी-बड़ी आँखें ठंडी और निर्जीव लग रही थीं। मैं समझ गया, मामला निपट चुका है।

"तो फिर," मैंने मज़ाक़िया बनने की कोशिश करते हुए कहा, "मैं एक बार फिर गुडबाय कहने आया हूँ।"

उसने कुछ नहीं कहा लेकिन मैं देख पा रहा था कि वह मुझसे जान छुड़ाने के लिए बेताब थी।

मैंने अपना हाथ आगे बढ़ाया और कहा, "तो!! एक बार फिर गुडबाय।"

"गुडबाय," उसने ठंडेपन से जवाब दिया।

मैं मुड़ा और मैंने अपने पीछे हौले से दरवाज़ा बन्द होने की आवाज़ सुनी।

हालाँकि मैं उससे सिर्फ़ पाँच ही बार मिला था और हमारी कोई भी मुलाक़ात शायद ही बीस मिनट से ज़्यादा की रही हो, इस संक्षिप्त हादसे ने लम्बे अरसे तक मुझे प्रभावित किये रखा।

सात

1909 में मैं पेरिस गया। फॉली बेरज़ेयर के मि. बर्नेल ने कार्नो कम्पनी को एक महीने की सीमित अवधि के प्रदर्शन करने के लिए अनुबन्धित किया था। मैं दूसरे देश जाने के ख़याल से ही बहुत उत्तेजित था। यात्रा शुरू करने से पहले हमने एक सप्ताह के लिए वूलविच में प्रदर्शन किये जो एक वाहियात शहर में बिताया गया वाहियात और बेकार सप्ताह था तथा मैं बेसब्री से परिवर्तन की राह देख रहा था। हमें रविवार की सुबह निकलना था। रेलगाड़ी बिलकुल छूट ही चुकी थी इसलिए किसी तरह भागकर मैंने प्लेटफ़ॉर्म से छूटती गाड़ी पकड़ी। मैं सामान वाला आख़िरी डिब्बा ही पकड़ पाया था। उन दिनों मुझे गाड़ियाँ छोड़ने में महारत हासिल थी।

तेज़ धुआँधार बरसात हो रही थी। लेकिन कोहरे में लिपटे फ्रांस को पहली नज़र देखना एक कभी न भूलने वाला रोमांचक अनुभव था। '...यह इंग्लैंड नहीं है।' मुझे अपने आपको बार-बार याद दिलाना पड़ रहा था। यह महाद्वीप है! फ्रांस। इसने मेरी कल्पना को उत्तेजित किया था। मेरे पिता आधे फ्रेंच थे। दरअसल, चैप्लिन परिवार मूलत: फ्रांस से इंग्लैंड आया था। वे फ्रांसीसी प्रोटेस्टैंट ईसाई ह्यूजनॉट्स के वक़्त इंग्लैंड की धरती पर आए थे। पिता के चाचा अक्सर गर्व से कहा करते कि चैप्लिन परिवार की इंग्लैंड शाखा की नींव एक फ्रांसीसी जनरल ने रखी थी।

ढलती हुई शरद ऋतु के दिन थे और कैले से पेरिस तक की यात्रा बेमज़ा थी। इसके बावजूद, जैसे-जैसे हम पेरिस के निकट पहुँचते गए, मेरी उत्तेजना बढ़ती गई। हम अँधेरे, अकेले गाँवों से गुज़र रहे थे। धीरे-धीरे धूसर आसमान में हमने रोशनी के दर्शन किये। "...वही है पेरिस का प्रतिबिम्ब", गाड़ी में हमारे साथ यात्रा कर रहे एक फ्रेंच आदमी ने कहा।

पेरिस में वह सब कुछ था जिसकी मैं उम्मीद कर रहा था। गार डी नॉ से रू ज्योफ्रे-मेरी तक की यात्रा ने मुझे उत्तेजना और अधैर्य से भर दिया। मैं हर नुक्कड़ पर उतरकर पैदल चलना चाहता था। शाम के सात बज रहे थे। कैफ़े में आमंत्रित करती-सी सुनहरी बत्तियाँ चमक रही थीं और उनके बाहर सजी मेज़ें जीवन के आनन्द की बातें कर रही थीं। कुछेक नयी कारों के आने के बावजूद यह अभी भी मॉने, पिसारो तथा रेनवा का ही पेरिस था। रविवार का दिन था और लग रहा था जैसे हर

आदमी उत्सव के मूड में है। उत्सव और उल्लास वहाँ की फ़िज़ाँ में थे। यहाँ तक कि रू ज्योफ़्रे-मेरी में पत्थर की दीवारों वाला मेरा कमरा जिसे मैं अपना कारागार कहता था, मेरे उत्साह को दबा नहीं पाया क्योंकि सारा वक़्त तो मैं बिस्त्रो (छोटा-सा रेस्तराँ) और कैफ़े के बाहर लगी मेज़ों पर ही बैठा रहता था।

रविवार की रात ख़ाली थी। इसलिए हम फॉलीज बेरज़ेयरे में शो देख पाए। यहीं पर अगले सोमवार से हमें अपना नाटक शुरू करना था। मैंने कभी नहीं सोचा था कि कोई भी थियेटर इतने अधिक ग्लैमर या चमक-दमक यानी अपने दर्पणों व बड़े-बड़े स्फ़टिक के फानूसों के साथ मौज़ूद था। मोटे-मोटे कालीन बिछे गलियारे तथा थियेटर की पहली पंक्ति में मौज़ूद सारी दुनिया। बड़ी-बड़ी गुलाबी रत्न जड़ित पगड़ियाँ बाँधे भारतीय युवराज, कलगी लगे टोपों में फ़्रेंच और तुर्की अधिकारी जो शराबघरों में कोनियाक की चुस्कियाँ लेते नज़र आ रहे थे। बाहर की ओर बड़े गलियारे में संगीत की लहरियाँ सुनाई दे रही थीं तथा महिलाएँ अपनी पोशाकों और अपने फर कोटों को सहेजती-सँभालती घूम रही थीं और अपने संगमरमरी सफ़ेद कन्धों की झलक दिखा रही थीं। वह ऐसी महिलाओं का संसार था जिन्हें इन गलियारों में बने रहने और दर्शकदीर्घा की पहली पंक्ति में मौज़ूद रहने की लत लगी हुई थी और वे चतुराई से वहाँ अपनी मौज़ूदगी दर्ज़ करातीं और चहकती फिरतीं। उन दिनों वे वाक़ई ख़ूबसूरत और विनम्र हुआ करतीं।

फॉली बेरज़ेयर में व्यावसायिक दुभाषिये भी थे, जो अपनी टोपी पर दुभाषिये का बिल्ला लगाए थियेटर के गलियारे में घूमते रहते। मैंने उनमें से प्रमुख दुभाषिये से दोस्ती कर ली, जो बहुत सारी भाषाएँ धड़ल्ले से बोल सकता था।

शाम को अपने प्रदर्शन के बाद मैं शाम वाली अपनी स्टेज पोशाक पहने रहता और मज़ा मारने वालों की भीड़ में शामिल हो जाता। उनमें मुझे एक ऐसी हसीना मिली जिसने मेरा दिल ही छीन लिया। इस कमसिन हसीना की गर्दन हंसनुमा थी और उसकी रंगत सफ़ेद थी। वह छरहरी और बेहद ख़ूबसूरत थी। उसकी सुतवाँ नाक और लम्बी गहरी बरौनियाँ थीं। उसने काली मखमली पोशाक पहनी हुई थी और हाथों में सफ़ेद दस्ताने थे। जब वह थियेटर की सीढ़ियाँ चढ़ने लगी तो उसने अपना एक दस्ताना गिरा दिया। मैंने लपककर उसका दस्ताना उठा लिया।

"...माफ़ करना," उसने कहा।

"काश, आप इसे एक बार फिर गिरातीं!" मैंने बेशर्मी से कहा।

"माफ़ करना?"

तब मैंने महसूस किया कि उसे अंग्रेज़ी नहीं आती और मुझे फ़्रेंच बोलनी नहीं आती। इसलिए मैं भागा-भागा अपने दुभाषिये दोस्त के पास गया और कहा, "वहाँ एक बला की ख़ूबसूरत लड़की खड़ी है जिसने मेरे भीतर कामवासना जाग्रत कर दी है लेकिन वह ख़ासी महँगी लग रही है।"

उसने कन्धे उचकाए, "एक लुई से ज़्यादा नहीं।"

"ठीक है," मैंने कहा, हालाँकि उन दिनों एक लुई भी अच्छी-ख़ासी रक़म हुआ करती थी। मैंने सोचा, और वह थी भी।

मैंने दुभाषिये से एक पोस्टकार्ड की दूसरी तरफ़ कई फ्रेंच अभिव्यक्तियाँ लिखवा कर रख ली थीं; जैसे 'जब से मैंने आपको देखा है, मैं होश खो बैठा हूँ' इत्यादि जिन्हें मैं ऐसे ख़ास मौक़ों पर इस्तेमाल करने का इरादा रखता था। मैंने दुभाषिये से कहा कि वह शुरुआती काम की बातें करा दे और उसने हमारे लिए दूत का काम किया। इधर से उधर सन्देशों का आदान-प्रदान करता रहा। आख़िर वह वापस आया और कहने लगा, "सब कुछ तय हो गया है एक लुई में। लेकिन तुम्हें उसके घर तक जाने और वापस आने का टैक्सी का किराया देना होगा।"

मैं एक पल के लिए चकराया, "वह रहती कहाँ है?" मैंने पूछा।

"किराये में दस फ्रैंक से ज़्यादा नहीं लगेंगे।"

दस फ्रैंक की रक़म दिल दहला देने वाली थी क्योंकि मैंने इस अतिरिक्त ख़र्च की उम्मीद नहीं की थी। मैंने मज़ाक़ में पूछा, "क्या वो पैदल नहीं चल सकती?"

"सुनो, लड़की आला दर्ज़े की है। सिर्फ़ किराये के लिए लफड़ा मत करो।" उसने बताया।

आख़िर मैं तैयार हो गया।

जब सब कुछ तय कर लिया गया तो मैं थियेटर की सीढ़ियों पर उसके पास से गुज़रा। वह मुस्कराई और मैंने मुड़कर उसकी तरफ़ देखा।

"...आज शाम!"

"अच्छी बात है महाशय।"

चूँकि हमारा प्रदर्शन पूरा होने में टाइम था, मैंने उससे वादा किया कि हम प्रदर्शन के बाद वहीं मिलते हैं। मेरे दोस्त ने कहा, "तुम टैक्सी मँगाना और मैं तब तक लड़की लेकर आऊँगा, इससे समय बर्बाद नहीं होगा।"

"समय की बर्बादी?"

जब हमारी गाड़ी बुलवा डेस इतालियां के पास से गुज़री तो उसके चेहरे और गर्दन पर रोशनी व छाया अठखेलियाँ कर रहे थे। मैंने अपने पोस्टकार्ड पर लिखी फ्रेंच पंक्ति पर उड़ती-सी निगाह डाली और उससे कहा..."आप मुझे बहुत अच्छी लगीं!"

वह अपने सफ़ेद चमकीले दाँत झलकाती हुई हँसी, "आप बहुत अच्छी फ्रेंच बोल लेते हैं।"

मैं भावुक होकर आगे बोलता रहा, "जब से मैंने आपको देखा है, मैं होश खो बैठा हूँ।"

वह फिर हँसी और उसने मेरी फ्रेंच सुधारी और समझाया कि मैं अनौपचारिक ज़बान का इस्तेमाल करूँ और उसे तू या तुम कहूँ। उसने इसके बारे में सोचा और

फिर हँसी। उसने अपनी घड़ी की तरफ़ देखा। लेकिन घड़ी बन्द हो गई थी। तब उसने इशारे से बताया कि वह समय जानना चाहती है। साथ ही बताया कि ठीक बारह बजे उसे एक बहुत ही ज़रूरी अपॉइंटमेंट पर जाना है।

"आज शाम तो नहीं," मैंने झिझकते हुए जवाब दिया।

"हाँ आज शाम ही।"

"लेकिन आप तो आज की पूरी शाम के लिए व्यस्त हैं मोहतरमा, बल्कि पूरी रात के लिए!"

वह अचानक बदहवास-सी दिखने लगी, "ओह, नहीं-नहीं, पूरी रात के लिए नहीं।"

इसके बाद सब घिनौना हो उठा, "फ़िलहाल के लिए बीस फ्रैंक!"

"यह क्या है?" उसने ज़ोर देकर जवाब दिया।

"आय'म सौरी," मैंने कहा, "मेरा ख़याल है हम टैक्सी यहीं रुकवा दें।"

और फिर टैक्सी को उसे फॉली बेरज़ेयर में वापस छोड़ आने का भाड़ा देकर मैं टैक्सी से उतर गया। उस समय मुझसे ज़्यादा उदास और मोहभंग आदमी कौन रहा होगा।

हमें फॉली बेरज़ेयर में दस हफ़्ते तक प्रदर्शन करने थे क्योंकि हम बहुत अधिक सफल रहे थे, लेकिन कार्नो साहब की दूसरी बुकिंग थी। मेरा वेतन छह पाउंड प्रति सप्ताह था और मैं इसकी पाई-पाई ख़र्च कर चुका था। मेरे भाई सिडनी का एक कज़िन, जो उसके पिता की ओर से उसका कोई लगता था, मेरे परिचय में आया। वह अमीरज़ादा था और तथाकथित उच्च वर्ग से नाता रखता था। जिन दिनों वह पेरिस में था, उसने मुझे ख़ूब समय दिया और घुमाया भी। उसे भी मंच के कीड़े ने काटा था और वह मंच का इस हद तक दीवाना था कि उसने अपनी मूँछें तक मुँड़वा डालीं थीं ताकि वह हमारी ही मंडली के किसी सदस्य जैसा लग सके और उसे मंच के पिछले हिस्से में आने दिया जाए।

दुर्भाग्य से उसे इंग्लैंड लौट जाना पड़ा, जहाँ मेरा ख़याल है कि उसके माता-पिता ने उसकी अच्छी-ख़ासी सिंकाई की और दक्षिण अफ्रीका भेज दिया।

पेरिस जाने से पहले मैंने सुना था कि हैट्टी की मंडली भी फॉली बेरज़ेयर में ही प्रदर्शन कर रही है। मुझे पूरा यक़ीन था कि उससे वहाँ पर मुलाक़ात हो जाएगी। जिस रात मैं वहाँ पहुँचा तो मैं मंच की पिछली तरफ़ गया और उसके बारे में पूछताछ की। लेकिन वहाँ पर एक बैले लड़की से मुझे पता चला कि उनकी मंडली एक हफ़्ता पहले ही मॉस्को रवाना हो चुकी है। जिस वक़्त मैं उस लड़की से बात कर रहा था, सीढ़ियों से एक बहुत ही रूखी आवाज़ सुनाई दी, "तुरन्त इधर आओ, अजनबियों से बात करने की तुम्हारी हिम्मत कैसे हुई?" यह लड़की की माँ थी। मैंने समझाने की कोशिश की कि मैं तो सिर्फ़ अपनी एक मित्र के बारे में जानकारी लेना चाह रहा

था लेकिन माँ ने मेरी तरफ़ कोई ध्यान नहीं दिया, "उस आदमी से बात करने की कोई ज़रूरत नहीं है। चलो अन्दर आओ।"

मैं उसकी इस बदतमीज़ी पर ख़ासा ख़फ़ा हुआ। अलबत्ता, बाद में मैं उसका अच्छा परिचित बन गया। वह भी उसी होटल में रहती थी जहाँ मैं रुका हुआ था। उसकी दो लड़कियाँ थीं जो फॉली बेरज़ेयर बैले की सदस्या थीं। उनमें से छोटी वाली तेरह बरस की थी और मुख्य अदाकारा थी। वह सुन्दर और विदुषी थी जबकि पन्द्रह बरस की बड़ी वाली न तो सुन्दर थी और न ही उसमें अक्ल ही थी। उनकी माँ फ्रेंच थी और भरे-पूरे शरीर की मालकिन थी। उसकी उम्र चालीस बरस के आसपास थी। उसने एक स्कॉटमैन से शादी की थी जो इंग्लैंड में रहता था। जब हमने फॉली बेरज़ेयर में प्रदर्शन शुरू किये तो वह मेरे पास आई और माफ़ी माँगने लगी कि वह इतने बेहूदे तरीक़े से पेश आई थी। यह एक बहुत ही शानदार और दोस्ताना सम्बन्ध की शुरुआत थी। मुझे अक्सर उनके कमरे में चाय के लिए बुला लिया जाता। चाय वे लोग बेडरूम में ही बनाया करते थे।

पीछे मुड़कर देखता हूँ तो लगता है मैं बेहद मासूम था। एक दोपहर जब लड़कियाँ बाहर गई हुई थीं और उनकी माँ व मैं अकेले थे, उनकी माँ का व्यवहार बदल गया। जब वह चाय छान रही थी तो उसका बदन काँपने लगा। मैं उस वक़्त अपने सपनों और अपनी उम्मीदों की बात कर रहा था, अपने प्यार और अपनी निराशाओं की बात कर रहा था, और वह बेहद भावुक हो गई। जब मैं मेज़ पर अपनी चाय का प्याला रखने के लिए उठा तो वह मेरे पास आई।

'...तुम कितने अच्छे हो।' उसने कहा और मेरा चेहरा अपने हाथों में भरकर मेरी आँखों में झाँकते हुए कहा, "...तुम इतने प्यारे बच्चे हो कि तुम्हारा दिल नहीं तोड़ा जाना चाहिए।" उसकी निगाहें झुकती चली गईं। वह अजीब तरह से मंत्रमुग्ध हो गईं थी, उसकी आवाज़ काँपने लगी थी "...तुम्हें पता है, मैं तुम्हें अपने बच्चे की तरह प्यार करती हूँ," उसने कहा। वह अब भी मेरा चेहंरा अपने हाथों में भरे हुए थीं। तभी हौले से उसका चेहरा मेरे चेहरे के पास आया और उसने मुझे चूम लिया।

"थैंक यू," मैंने विनम्रतापूर्वक कहा और भोलेपन से उसे चूम लिया। वह अपनी बेधती आँखों से मुझे बाँधे रही और उसके होंठ काँपते रहे। उसकी आँखों में पनीली चमक आ गई। तभी अचानक अपने आपको सँभालते हुए वह एक कप चाय और डालने के लिए गई और पल-भर में उसका बात करने का तरीक़ा बदल गया। मधुर हँसी और हास्यबोध से उसका चेहरा दमकने लगा, "तुम बहुत ही प्यारे लड़के हो... मैं तुम्हें बहुत पसन्द करती हूँ।"

उसने अपनी लड़कियों के बारे में मुझे कई रहस्य बताए, "छोटी वाली बहुत अच्छी लड़की है।" उसने बताया, "लेकिन बड़ी वाली पर निगाह रखने की ज़रूरत है। वह समस्या बनती जा रही है।"

शो के बाद वह मुझे अपने बड़े वाले बेडरूम में खाने के लिए आमंत्रित करती। इस बेडरूम में वह और उसकी छोटी वाली लड़की सोया करते थे। अपने कमरे में लौटने से पहले मैं उसे और छोटी वाली लड़की को गुडनाइट किस करता। उसके बाद मुझे एक छोटे वाले कमरे से गुज़रकर जाना पड़ता, जहाँ बड़ी वाली सोती थी। एक रात जब मैं उस कमरे से होकर गुज़र रहा था तो वह एकदम मेरे पास आ गई और फुसफुसाकर बोली, "रात को अपने कमरे का दरवाज़ा खुला रखना। जब परिवार सो जाएगा तो मैं तुम्हारे कमरे में आऊँगी।" मेरा यक़ीन करें या न करें, मैंने उसे हिक़ारत से उसके बिस्तर पर धकेला और लपककर कमरे से बाहर आ गया। फॉली बेरज़ेयर में उनके अन्तिम प्रदर्शन के बाद मैंने सुना था कि उनमें से बड़ी वाली लड़की, जो मुश्किल से पन्द्रह बरस की रही होगी, साठ बरस के एक मोटे से जर्मन डॉग ट्रेनर के साथ भाग गई थी।

लेकिन मैं उतना भी भोला नहीं था जितना दिखता था। अपनी मंडली के साथियों के साथ रातों में अक्सर मैं वेश्यालयों के चक्कर काटता और वहाँ वे सब हरकतें करता जो जवान लोग करते हैं। एक रात, कई पैग चढ़ा लेने के बाद मैं अर्नी स्टोन नाम के एक भूतपूर्व इनामी लड़ाके के साथ भिड़ गया। यह झगड़ा रेस्तराँ में शुरू हुआ। जब वेटरों तथा पुलिस ने हमें अलग किया तो वह बोला, "मैं तुम्हें होटल में देख लूँगा।" दरअसल, हम दोनों एक ही होटल में ठहरे हुए थे। उसका कमरा मेरे कमरे के ऊपर था। सुबह चार बजे जब मैं अपने होटल में लौटा तो मैंने उसका दरवाज़ा खटखटाया।

"आ जाओ," वह जल्दी से बोला, "और अपने जूते उतार दो ताकि कोई शोर-शराबा न हो।"

जल्दी ही हम छाती तक नंगे हो गए और एक-दूसरे के सामने आ गए। हम काफ़ी देर तक एक-दूसरे को हिट करते रहे और एक-दूसरे के वार भी बचाते रहे। इसी में काफ़ी समय निकल गया। कई बार उसने सीधे ही मेरी ठुड्डी पर वार किया, लेकिन कोई असर नहीं हुआ। "मैंने सोचा तुम मुक्का मारोगे," मैंने ताना मारा। उसने एक छलाँग लगाई लेकिन उसका वार ख़ाली गया और उसका सिर दीवार से जा टकराया। वह अपने आप ही पस्त हो चला था। मैंने उसे ढेर करने की सोची, लेकिन मेरे मुक्के कमज़ोर थे। मैं उसे ख़तरनाक ढंग से हिट कर सकता था, लेकिन मेरे घूँसे में ज़ोर नहीं था। अचानक उसने ज़ोर से मेरे मुँह पर एक घूँसा मारा, जिससे मेरे आगे के दाँत हिल गए और मेरा तन-बदन गुस्से के मारे जलने लगा। "...बहुत हो गया," मैंने कहा, "मैं अपने दाँत नहीं गँवाना चाहता।" अचानक वह मेरे पास आया और मुझे दबोच लिया। फिर वह शीशे में देखने लगा। मैंने उसका चेहरा कुतरकर छलनी कर दिया था। मेरे हाथ इतने सूज गए थे मानो दस्ताने पहन रखे हों। छत पर, दीवारों पर और पर्दों पर ख़ून के दाग़ नज़र आ रहे थे। मैं नहीं जानता, ख़ून सब जगह कैसे पहुँच गया था।

रात को ख़ून मेरे मुँह के पास से बहता हुआ मेरी गर्दन तक आ पहुँचा था। सुबह के वक़्त एक नन्हा छोकरा, जो मेरे लिए चाय का प्याला लेकर आता था, यह देखकर चिल्लाया। उसने सोचा कि मैंने आत्महत्या कर ली है और उसके बाद मैंने किसी से झगड़ा नहीं किया।

एक रात दुभाषिया मेरे पास आया और बोला कि एक प्रसिद्ध संगीतकार मुझसे मिलना चाहता है, और क्या मैं उसके बॉक्स में जाना चाहता हूँ। आमंत्रण रोचक था क्योंकि उनके साथ वहाँ पर एक बहुत ही ख़ूबसूरत, भव्य महिला बैठी हुई थीं जो रूसी बैले की सदस्या थी। दुभाषिये ने मेरा परिचय कराया। उन महानुभाव ने कहा कि वे मेरा काम देखकर बहुत ख़ुश हुए हैं और जानना चाहते हैं कि मेरी उम्र क्या है? इन तारीफ़-भरे शब्दों को सुनकर मैं सम्मानपूर्वक झुका, बीच-बीच में चोर निगाहों से मैं उनकी मित्र को भी देख लेता था। "आप एक जन्मजात संगीतकार और नर्तक हैं," उसने कहा।

यह महसूस करते हुए कि इस तारीफ़ के बदले शब्द कोई मायने नहीं रखते और जवाब में सिर्फ़ मुस्कराया ही जा सकता है, मैंने दुभाषिये की तरफ़ देखा और झुका। संगीतकार महोदय उठे और मुझसे हाथ मिलाया। मैं भी खड़ा हो गया, "हाँ," उन्होंने मेरा हाथ हिलाते हुए कहा, "आप एक सच्चे कलाकार हैं।"

जब वे लोग चले गए तो मैंने दुभाषिये से पूछा, "उनके साथ वह महिला कौन थी?"

"वे एक रूसी बैले डांसर हैं मिस...।" यह एक बहुत ही लम्बा और मुश्किल नाम था।

"और इन महाशय का क्या नाम था?" मैंने पूछा।

"डेबुसी," उसने जवाब दिया, "वे एक विख्यात कम्पोज़र हैं।"

"मैंने तो उनका नाम कभी नहीं सुना," मैंने टिप्पणी की।

यह साल मैडम स्टेनाइल के कुख्यात स्कैंडल और मुक़दमेबाज़ी का साल था। उन पर मुक़दमा चला लेकिन उन्हें अपने पति की हत्या का दोषी नहीं पाया गया। यह बरस सनसनीखेज़ "पॉम-पॉम" नृत्य का था जिसमें जोड़े कामुकता का प्रदर्शन करते हुए अशोभनीय तरीक़े से गोल-गोल घूमकर नृत्य करते थे। यह बरस व्यक्तिगत आय पर प्रति पाउंड छह पेंस के अविश्वसनीय और दिमाग़ ख़राब करने वाले कर का था। इसी बरस डेबुसी ने इंग्लैंड में अपनी "प्रील्यूड टू द आफ्टरनून ऑफ़ ए फॉन" नामक सिम्फोनिक कविता प्रस्तुत की जिसे जनता ने नकार दिया और दर्शक हॉल से बाहर निकल गए।

*

भारी मन के साथ मैं इंग्लैंड लौटा और प्रदेशों के दौरे पर निकल गया। यह पेरिस के कितना विपरीत था। उत्तरी शहरों की वे मनहूसियत भरी रविवार की शामें। सब

कुछ बन्द और उन चीख़ती हुई तेज़ घंटियों की मनहूस आवाज़ जो उन पिए हुए लड़कों और आवारा लड़कियों के साथ-साथ चलती जब वे अँधियारी हाई स्ट्रीट और पिछवाड़े की गलियों में भटकते फिरते। रविवारों की शामों को यही उनका टाइम पास होता था।

मुझे इंग्लैंड वापस आए छह माह बीत चुके थे और मैं अपने सामान्य रूटीन का आदी हो चला था। तभी लंदन कार्यालय से एक ऐसी ख़बर आई जिसने मुझे रोमांच से भर दिया। मि. कार्नो ने ख़बर दी कि 'द फुटबॉल मैच' के दूसरे दौर में मुझे मि. हेरी वैल्डन की जगह लेनी है। अब मुझे महसूस हुआ कि मेरे सितारे बुलन्दी पर हैं। पत्ते मेरे हाथ में थे। हालाँकि मैं अपने प्रदर्शनों की सूची में 'ममिंग बर्ड्स' और दूसरे नाटकों में सफलता के झंडे गाड़ चुका था, लेकिन वे सारी चीज़ें 'द फुटबॉल मैच' में मुख्य भूमिका निभाने के सामने कुछ भी नहीं थीं। इसके अलावा, सबसे बड़ी बात तो यह थी कि हमें ऑक्सफ़ोर्ड से शुरुआत करनी थी, जो लंदन का सबसे महत्त्वपूर्ण संगीत हॉल था। हम सबसे बड़ा आकर्षण होने जा रहे थे और यह पहली बार होने जा रहा था कि पोस्टरों और विज्ञापनों आदि में मेरा नाम सबसे ऊपर था। यह बहुत ऊँची छलाँग थी। अगर मैं ऑक्सफ़ोर्ड में सफल हो जाता तो इससे मैं एक नया नाम बनता और इस स्थिति में होता कि और अधिक पगार की माँग कर सकता था और एक दिन ऐसा भी आ सकता था कि मैं अपने ख़ुद के नाटक लिखता। दरअसल, इससे हर तरह की शानदार योजनाओं के द्वार खुलते थे। चूँकि 'द फुटबॉल मैच' के लिए कमोबेश उसी कास्ट को रखा जा रहा था, इसलिए हमें सिर्फ़ एक ही हफ़्ते की रिहर्सल की ज़रूरत थी। मैंने इस बारे में काफ़ी सोचा कि मैं नाटक में अपनी भूमिका कैसे निभाऊँगा। हैरी वेल्डन लंकाशायर उच्चारण में बोलते थे, मैंने तय किया कि मैं इसे कॉकने शैली में करूँगा।

लेकिन पहली ही रिहर्सल में मुझे स्वर यंत्र की गड़बड़ी का दौरा पड़ गया। मैंने अपनी आवाज़ को बचाने के लिए सब कुछ करके देख लिया, फुसफुसाकर बात की, भाप ली, गले पर स्प्रे किया और तब तक लगा रहा जब तक चिन्ता ने मुझसे मेरी कोमलता और सारी कॉमेडी नहीं छीन ली।

नाटक की पहली रात मेरे गले की नसें तनी हुई रस्सी की भाँति खिंची हुई थीं। लेकिन मेरी आवाज़ सुनी नहीं जा सकी। कार्नो चेहरे पर निराशा और हिक़ारत के मिले-जुले भाव लिये मेरे आसपास मँडराते रहे। "कोई भी तो तुम्हारी आवाज़ नहीं सुन सका," वे झिड़कते हुए बोले। लेकिन मैंने उन्हें आश्वस्त किया कि अगली रात तक मेरी आवाज़ ज़रूर बेहतर हो जाएगी। हालाँकि अगली रात भी वही हाल रहा। सच तो यह है कि अगली रात वह और ख़राब हो चुकी थी। इसका कारण यह था कि मैंने आवाज़ के साथ इतनी ज़ोर आज़माइश कर ली थी कि मुझे डर लगने लगा कि कहीं मेरी आवाज़ पूरी तरह से चली ही न जाए। अगली रात भी मेरा यही

हाल रहा। नतीजा यह हुआ कि पहले हफ़्ते के बाद ही प्रदर्शनों का पर्दा गिर गया। ऑक्सफ़ोर्ड में प्रदर्शन के मेरे सारे सपने चूर-चूर हो चुके थे और मेरी निराशा का आलम यह था कि मैं इंफ्लूएंजा का मरीज़ होकर बिस्तर पर पड़ गया।

*

हैट्टी से मिले मुझे एक बरस से ज़्यादा हो गया था। फ्लू के बाद कमज़ोरी और उदासी के आलम में मुझे एक बार फिर उसका ख़याल आया और एक रात घूमता-घामता मैं कैम्बरवेल में उसके घर की तरफ़ पहुँच गया। लेकिन घर ख़ाली था और दरवाज़े पर 'किराये के लिए ख़ाली' का बोर्ड लटका हुआ था।

मैं बिना किसी ख़ास मक़सद के गलियों में भटकता रहा। अचानक रात के अँधेरे में से सड़क पार करते हुए और मेरी तरफ़ आते हुए एक आकृति उभरी।

"चार्ली, आधी रात को तुम यहाँ क्या कर रहे हो?" यह हैट्टी थी। उसने सील की खाल वाला काला कोट और सील की खाल का ही गोल हैट पहना हुआ था।

"मैं तुमसे मिलने आया था," मैंने मज़ाक़ में कहा।

वह मुस्कराई, "बहुत कमज़ोर हो गए हो तुम?"

मैंने उसे बताया कि मैं अभी-अभी फ्लू से उठा हूँ। अब वह सत्रह बरस की हो चुकी थी और ख़ासी सुन्दर नज़र आ रही थी। उसने कपड़े भी काफ़ी सलीक़े से पहने हुए थे।

"लेकिन सवाल यह है कि तुम इस वक़्त यहाँ क्या कर रही हो?" मैंने पूछा।

"मैं अपनी एक सहेली से मिलने आई थी और अब अपने भाई के घर जा रही हूँ। आना चाहोगे तुम मेरे साथ?" उसने जवाब दिया।

रास्ते में उसने बताया कि उसकी बहन ने एक अमरीकी करोड़पति फ्रैंक जे. गोल्ड से शादी कर ली है, वे नाइस में रह रहे हैं और कल सुबह वह उनसे मिलने के लिए जा रही है।

उस रात मैं ठगा-सा खड़ा उसे देखता रहा और वह अपने भाई के साथ इठला-इठलाकर नाचती रही। वह अपने भाई के साथ मूर्खतापूर्ण और ठगिनी जैसा व्यवहार कर रही थी और मैं अपने आपको इस भावना से मुक्त नहीं कर पा रहा था कि मेरी जुस्तजू उसके लिए ज़रा-सी भी कम नहीं हुई थी। काश, वह किसी साधारण जगह से ताल्लुक़ रखती होती—किसी भी अन्य सामान्य लड़की की तरह! इस ख़याल ने मुझे उदास कर दिया और मैं वस्तुपरक निगाहों से उसकी तरफ़ देखता रह गया।

उसके शरीर में भराव आ गया था। मैंने उसकी छातियों के उभारों की तरफ़ देखा और पाया कि उनकी गोलाइयाँ छोटी थीं और बहुत ज़्यादा आकर्षक नहीं थीं। अगर मेरी हैसियत हो भी तो क्या मैं उससे शादी कर पाऊँगा? नहीं, मैं किसी से भी शादी नहीं करना चाहता था।

उस ठंडी और शानदार रात को जब मैं उसके साथ घर की तरफ़ आ रहा था तो मैं ज़रूर ही बहुत अधिक उदास रहा होऊँगा क्योंकि मैंने उसके भावी जीवन के सुखी और शानदार होने की आशा व्यक्त की।

"तुम इतने उदास और टूटे हुए लग रहे हो कि मुझे रोना आ रहा है," उसने कहा था।

उस रात मैं एक विजेता की तरह घर लौटा क्योंकि मैंने उसे अपनी उदासी से छू लिया था और उसे अपने व्यक्तित्व का अहसास करा दिया था।

कार्नो ने मुझे 'ममिंग बड्र्स' में फिर से रख लिया था, हालाँकि विडम्बना यह थी कि मेरी आवाज़ को पूरी तरह से ठीक होने में एक महीना लग गया था। 'द फुटबॉल मैच' के बारे में मेरी जो निराशा थी, मैंने तय किया कि अब उसे और अधिक हावी नहीं होने दूँगा। लेकिन एक ख़याल मुझे बराबर सताए जा रहा था कि शायद मैं वेल्डन की बराबरी करने या उनकी जगह लेने के क़ाबिल नहीं हूँ, और इस सबके पीछे फोरेस्टर्स थियेटर की मेरी असफलता ही काम कर रही थी। अब तक चूँकि मेरा आत्मविश्वास पूरी तरह से लौटा नहीं था, अत: जिस भी नये नाटक में मैंने मुख्य भूमिका निभाई, वह डर की एक परीक्षा थी। इसके अलावा अब सबसे अधिक चौंकाने वाला तथा अत्यधिक निर्णायक दिन आ गया था जब मैंने मि. कार्नो को बताया कि मेरा क़रार ख़त्म होने को है और मुझे वेतन में बढ़ोतरी चाहिए।

कार्नो जिसे पसन्द नहीं करते थे उसके प्रति क्रूर और सनकी हो जाते थे। चूँकि वे मुझे पसन्द करते थे, इसलिए मैंने उनके व्यक्तित्व के इस पक्ष के दर्शन कभी नहीं किये थे हालाँकि वे सचमुच बहुत ही बदतमीज़ी भरे लहज़े में बात करने में सक्षम थे। अपने किसी हास्य कलाकार के प्रदर्शन के दौरान अगर उन्हें उसका काम पसन्द नहीं आता था तो वे विंग्स में खड़े होकर इतने ज़ोर से नाक सिनकने का नाटक करते कि सबको सुनाई दे जाए। एक बार ऐसा उन्होंने कई बार किया जिससे वह हास्य कलाकार मंच छोड़कर ही आ गया और उनके साथ हाथापाई करने लगा। वह आख़िरी बार था जब उन्होंने इस तरह की हरकत की थी और अब मैं उनके पास वेतन में बढ़ोतरी के लिए भिड़ने जा रहा था।

"ठीक है," उन्होंने रूखेपन से मुस्कराते हुए कहा, "तुम वेतन में वृद्धि चाहते हो और थियेटर सर्किट उसमें कटौती करना चाहता है।" उन्होंने कन्धे उचकाए, ऑक्सफ़ोर्ड म्यूज़िक हाल के हँगामे के बाद हमारे पास सिर्फ़ शिकायतें ही शिकायतें हैं। उनका कहना है कि कम्पनी इस लायक़ नहीं है बल्कि दो कौड़ी का स्क्रैच क्राउड* है।

"लेकिन उसके लिए मुझे ही तो दोषी नहीं ठहरा सकते," मैंने जवाब दिया।

"लेकिन वे तो दोषी ठहराते हैं।" उनका जवाब था। वे चुभती निगाहों से मुझे घूर रहे थे।

---

* कार्नो ट्रूप के दौरान हमें पूरी गति पकड़ने में लगभग 6 महीने लगे। उससे पहले हमें बस 'कामचलाऊ' ही कहा जाता था।

"उन्हें क्या शिकायत है?" मैंने पूछा।

उन्होंने गला खँखारा और फ़र्श की ओर देखने लगे, "उनका कहना है कि तुम सक्षम नहीं हो।"

हालाँकि उनकी यह टिप्पणी सीधे मेरे पेट में जाकर शूल की तरह चुभी, मुझे गुस्सा भी आया, लेकिन मैंने शान्त स्वर में जवाब दिया, "ठीक है, दूसरे लोग ऐसा नहीं सोचते और वे मुझे इससे ज़्यादा देने को तैयार हैं जितना मुझे यहाँ मिल रहा है।" हालाँकि यह सच नहीं था और मेरे पास कोई प्रस्ताव नहीं था।

"उनका कहना है कि शो फ़ालतू है और हास्य कलाकार दो कौड़ी का है। देखो," उन्होंने फ़ोन उठाते हुए कहा, "मैं एक स्टार बरमनज़ी को फ़ोन करूँगा और तुम उनसे अपने आप सुन लेना।...मेरा ख़याल है पिछले हफ़्ते तुम्हारा शो बहुत ही ख़राब रहा था।" उन्होंने फ़ोन पर बात की।

"वाहियात..." फ़ोन पर आवाज़ आई।

कार्नो ने खीसें निपोरीं, "आप इसे किस श्रेणी में डालेंगे?"

"दो कौड़ी का शो।"

"और चैप्लिन के बारे में क्या ख़याल है? हमारा मुख्य हास्य कलाकार, क्या उसका काम भी ठीक नहीं था?"

"वह तो बू मारता है।"

कार्नो साहब ने फ़ोन मुझे थमा दिया, "अपने आप ही सुन लो..."

मैं फ़ोन लिया। "...हो सकता है वह बू मारता हो लेकिन उससे आधा भी नहीं जितना आपका सड़ांध भरा थियटर बू मारता है।" मैंने जवाब दिया।

कार्नो साहब की मुझे औक़ात दिखाने की तरक़ीब काम नहीं आई। मैंने उनसे कहा कि अगर वे भी मेरे बारे में यही राय रखते हैं तो क़रार का नवीनीकरण करने का कोई मतलब नहीं है। कई मायनों में कार्नो बहुत ही काइयाँ आदमी थे। लेकिन वे मनोवैज्ञानिक नहीं थे। बेशक मैं बू मारता था तो भी कार्नो साहब को यह शोभा नहीं देता था कि फ़ोन की दूसरी तरफ़ से किसी और से यह कहलवाएँ। मुझे पाँच पाउंड मिल रहे थे और मेरा आत्मविश्वास डगमगाया हुआ था, फिर भी मैं छह की माँग कर रहा था। मेरी हैरानी का ठिकाना नहीं रहा जब कार्नो साहब ने मुझे छह पाउंड देना स्वीकार कर लिया और मैं एक बार फिर उनकी आँखों का तारा बन गया।

*

आल्फ़ रीव्ज़, जो कार्नो साहब की अमेरिकी कम्पनी में मैनेजर थे, इंग्लैंड वापस आए और यह अफ़वाह फैला दी कि वे अपने साथ अमेरिका ले जाने के लिए किसी प्रधान हास्य कलाकार की तलाश में हैं।

ऑक्सफ़ोर्ड म्यूज़िक हॉल के उस बड़े हादसे के बाद से मैं अमेरिका जाने के ख़यालों से भरा हुआ था। लेकिन थ्रिल और रोमांच के लिए नहीं, बल्कि वहाँ जाने का मतलब हमेशा से नई आशाएँ और नई दुनिया में एक नई शुरुआत था। सौभाग्य से, मैं जिस नये नाटक 'स्केटिंग' में प्रमुख भूमिका निभा रहा था, बर्मिंघम में सफलता के झंडे गाड़ रहा था इसलिए जब मि. रीव्ज़ कम्पनी में शामिल हुए तो मैंने अपनी भूमिका को बेहतर बनाने में जान लड़ा दी; जिसका नतीजा यह हुआ कि रीव्ज़ साहब ने कार्नो साहब को तार भेजा कि उन्हें अमेरिका के लिए अपना हास्य कलाकार मिल गया है। लेकिन कार्नो साहब ने मेरे लिए और ही मनसूबे बाँधे हुए थे। इस वाहियात ख़बर ने मुझे हफ़्तों तक पसोपेश में डाले रखा जब तक कि वे 'द वॉओ-वॉओज़' नाम के नाटक में दिलचस्पी नहीं लेने लग गए। यह प्रहसन सीक्रेट सोसाइटी में किसी सदस्य को लिये जाने के बारे में था। मुझे और रीव्ज़ साहब को यह नाटक वाहियात लगा, बिना सिर-पैर का, बिना किसी ख़ासियत के, लेकिन कार्नो साहब पर इसका नशा सवार था। वे अड़ गए कि अमेरिका सीक्रेट सोसाइटियों से भरा पड़ा है और उन पर इस तरह का कटाक्ष करने वाला नाटक ज़रूर सफल होगा। मेरी ख़ुशी और आश्चर्य का ठिकाना न रहा जब अमेरिका में खेले जाने वाले 'द वॉओ-वॉओज़'। नाटक की प्रधान भूमिका के लिए कार्नो साहब ने मुझे ही चुना।

मुझे अमेरिका जाने के लिए इसी तरह के मौक़े की ज़रूरत थी। इंग्लैंड में मुझे लग रहा था कि मैं अपनी सम्भावनाओं के शिखर पर पहुँच चुका हूँ और इसके अलावा, वहाँ पर मेरे अवसर अब बँधे-बँधाए रह गए थे। आधी-अधूरी पढ़ाई के चलते अगर मैं म्यूज़िक हॉल के कॉमेडियन के रूप में फेल हो जाता तो मेरे पास मज़दूरी करने के भी बहुत ही सीमित आसार होते, जबकि अमेरिका में सम्भावनाओं का अनन्त आकाश था।

यात्रा शुरू करने से पहले की रात मैं लंदन के वेस्ट एंड में घूमता रहा, लीसेस्टर स्क्वायर, कोवेंटरी स्ट्रीट, द मॉल और पिकाडिली में रुका। उस समय मेरे मन में उदासी थी कि यह आख़िरी बार होगा जब मैं लंदन घूम रहा हूँ क्योंकि मैं मन-ही-मन तय कर चुका था कि मुझे स्थायी रूप से अमेरिका जाकर ही बसना है। मैं रात दो बजे तक सुनसान गलियों में भटकता रहा तथा और अपनी उदासी में डूबता-उतराता रहा।

मैं अलविदा के दो शब्द कहने से बच रहा था। अपने नातेदारों और दोस्तों से बिछुड़ते समय आदमी जो कुछ भी महसूस करता है, उनके द्वारा विदाई दिये जाने के बारे में, उसमें मैं धँसता ही जा रहा था। मैं सुबह छह बजे ही उठ गया। इसलिए मैंने इस बात की ज़रूरत नहीं समझी कि सिडनी को जगाऊँ। लेकिन मैंने मेज़ पर एक पर्ची छोड़ दी, "अमेरिका जा रहा हूँ। तुम्हें लिखता रहूँगा। प्यार, चार्ली।"

आठ

बेहद ख़राब मौसम और चारों तरफ़ लहराते हुए महासागर में यात्रा करते हुए हमें बारह दिन हो चुके थे और हमारा अगला पड़ाव क्यूबेक था। तीन दिन तक तो हम दिशा नियंत्रक से जूझते रहे, इसके बावजूद मैं एक दूसरी ही दुनिया में जाने के विचार से उल्लसित था और अपने आपको बहुत हल्का महसूस कर रहा था। मवेशियों वाली नाव पर हम कनाडा होकर जा रहे थे। नाव पर गाय, बैल, भेड़, बकरी भले न हों, पर चूहे ढेर सारे थे और रह-रहकर वे बड़ी हेकड़ी से मेरी बर्थ पर आ धमकते और जूता चलाने पर ही भागते।

सितम्बर की शुरुआत थी और न्यू फाउंडलैंड हमने कोहरे में पार किया, तब कहीं जाकर मुख्य भूमि के दर्शन हुए। फुहार पड़ रही थी और दिन में भी सेंट लॉरेंस नदी के तट निर्जन नज़र आ रहे थे। नाव से क्यूबेक उस खँडहर की तरह लग रहा था जहाँ हैमलेट का भूत चला करता होगा। मेरा मन स्टेट्स के बारे में कुतूहल से भर उठा।

हालाँकि जैसे-जैसे हम टोरंटो की ओर बढ़ते गए, पतझड़ के रंगों से देश और ख़ूबसूरत होता चला गया और मेरी उम्मीदें पहले से ज़्यादा रंगीन हो उठीं। टोरंटो में हमने गाड़ी बदली और अमेरिकी आप्रवासन के दफ़्तर से होकर आगे बढ़े। आख़िरकार रविवार सुबह दस बजे हम न्यूयॉर्क आ पहुँचे। टाइम्स स्क्वायर में जब हम टैक्सी से उतरे तो कुछ निराशा-सी हुई। सड़कों और फ़ीटपाथों पर अख़बार इधर-उधर उड़ रहे थे। ब्रॉडवे बेरौनक दिख रहा था, मानो कोई फूहड़-सी औरत अभी-अभी बिस्तर से उठी हो। प्राय: हरेक नुक्कड़ पर ऊँची-ऊँची कुर्सियाँ थीं जिनमें जूतों के साँचे लगे थे और लोग बिना कोट वग़ैरह के, केवल क़मीज़ पहने हुए आराम से बैठे अपने जूते पॉलिश कर रहे थे। देखकर लगा मानो वे लोग सड़क पर ही शौच आदि से निवृत्त हुए हों। कई लोग अजनबियों सरीखे लगे, जो फ़ीटपाथों पर यूँ ही खड़े थे मानो अभी-अभी रेलवे स्टेशन से बाहर निकले हों और अगली रेलगाड़ी के आने तक का समय काट रहे हों।

जो भी हो, यह न्यूयॉर्क था, रोमांचक, अक़्ल चकरा देने वाला और कुछ-कुछ डरावना। इसकी अपेक्षा पेरिस ज़्यादा दोस्ताना था। मैं फ़्रेंच भले ही नहीं बोल पाता था पर बिस्त्रो और कैफ़े वाले पेरिस ने हरेक नुक्कड़ पर मेरा स्वागत किया। लेकिन न्यूयॉर्क कारोबार के लिए बड़ी जगह थी। गर्व से भरी, निष्ठुर, ऊँची-ऊँची आकाश को छूने वाली इमारतों को आम आदमी की तकलीफ़ से कोई सरोकार नहीं था। सैलून बार में भी ग्राहकों के बैठने की कोई जगह नहीं थी। सिर्फ़ पीतल की लम्बी रेलिंग लगी हुई थी जिस पर आप पैर टिका सकें, इसके अलावा खाने की नामी जगहें, बेशक साफ़-सुथरी थीं, वहाँ सफ़ेद संगमरमर लगे हुए थे लेकिन ये जगहें भी मुझे बेजान और भावशून्य लगीं।

फोर्टी-थर्ड स्ट्रीट से कुछ दूर ब्राउनस्टोन हाउसेस में मैंने पिछवाड़े का एक कमरा लिया, जहाँ अब पुरानी टाइम्स बिल्डिंग खड़ी है। घर बड़ा ही मनहूस और गन्दा था। उसे देखकर मुझे लंदन और अपने छोटे से फ़्लैट की याद सताने लगी। बेसमेंट में धुलाई और इस्तरी का कारोबार चलता था। हफ़्ते के दिनों में भाप के साथ ऊपर उड़कर आती इस्तरी होते कपड़ों की बू मेरी परेशानी को और बढ़ाती।

उस दिन पहली बार मैंने अपने आपको बहुत ही अधूरा पाया। किसी रेस्तराँ में जाना और कुछ ऑर्डर करना तो अग्नि-परीक्षा थी क्योंकि मेरा अंग्रेज़ी उच्चारण उनसे अलग था और मैं धीरे-धीरे बोलता था। कई लोग इतने फर्राटे से और झटका देकर बोलते थे कि मुझे इस डर से असुविधा होने लगती कि अगर मैं बोलने की कोशिश करूँगा तो हकलाने लगूँगा और उनका भी समय बर्बाद होगा।

यह चमक-दमक और रफ़्तार मेरे लिए नई थी। न्यूयॉर्क में छोटे-से-छोटे कारोबार वाला आदमी भी फ़ुर्ती से काम करता है। जूता पॉलिश करनेवाला लड़का पॉलिश वाले कपड़े को फ़ुर्ती से झटकता, बार में बीयर देनेवाला भी वैसी ही फ़ुर्ती से बार की चमचमाती सतह पर बीयर आपकी ओर सरकाता। अंडे की जर्दी मिले माल्ट देते वक़्त सोडा क्लर्क किसी कूदते-फाँदते कलाबाज़ की तरह काम करता। सबसे पहले वह एक गिलास रखता है फिर जो भी चीज़ें डालनी हैं, उन पर टूट पड़ता। वनीला फ्लेवर, आइसक्रीम का छोटा-सा टुकड़ा, दो चम्मच माल्ट, कच्चा अंडा, जो बस एक बार में फोड़ा, दूध मिलाया, फिर इन सबको लेकर एक बर्तन में ज़ोर से हिलाया-मिलाया और लीजिए पेश है। यह सब कुछ एक मिनट से भी कम समय में।

रास्ते पर पहले दिन कई लोग वैसे ही नज़र आए जैसा मैं महसूस कर रहा था—अकेले और दूर-दूर। इनमें से कुछ के हाव-भाव ऐसे थे जैसे उस जगह के मालिक वही हों। कई तो बड़े ढीठ और बदमिज़ाज थे मानो सज्जनता और विनम्रता से पेश आएँगे तो लोग उसे उनकी कमज़ोरी समझ लेंगे। लेकिन शाम को गर्मियों के कपड़े पहनी हुई भीड़ के साथ जब मैं ब्रॉडवे होकर जा रहा था तो जो देखा उससे मेरा मन आश्वस्त हो गया। कड़ाके की सितम्बर की ठंड के बीच हमने इंग्लैंड छोड़ा था और झुलसा देनेवाली अस्सी डिग्री की गर्मी में न्यूयॉर्क पहुँचे थे। अभी मैं चल ही रहा था कि ब्रॉडवे बिजली की ढेर सारी रंग-बिरंगी बत्तियों से जगमगाने और बेशक़ीमती जवाहरात की तरह चमकने लगा। गर्मी की उस रात में मेरा नज़रिया बदला और अमेरिका का नया मतलब मेरे ज़ेहन में उतरता चला गया। बहुमंज़िला इमारतों, चमकती ख़ुशनुमा रोशनियों और गुदगुदा देनेवाले विज्ञापनों ने मेरे मन में आशा और रोमांच की हलचल मचा दी। "यही है", मैंने अपने आपसे कहा। "मैं इसी जगह से वास्ता रखता हूँ।"

ब्रॉडवे पर लगता था हर कोई किसी-न-किसी कारोबार में है : अभिनेता, हास्य कलाकार, मजमेवाले, सर्कस में काम करनेवाले और मनोरंजनवाले हर जगह थे;

सड़क पर, रेस्तराँ में, होटल और डिपार्टमेंटल स्टोर में हर आदमी धन्धे की बात कर रहा था। थियेटर मालिकों के नाम जहाँ-तहाँ सुनने को मिल जाते : ली शुबर्ट, मार्टिन बेक, विलियम मॉरिस, पर्सी विलियम्स, क्लॉ एंड इरलैंगर, फ्रॉहमैन, सुलिवन एंड कान्सिडाइन, पैंटेजेज़। घरेलू नौकरानी हो, लिफ्टवाला हो, वेटर हो, टैक्सीवाला हो, बारमैन हो, दूधवाला हो या बेकरीवाला, जिसे देखो, शोमैन की तरह बात करता। राह चलते लोगों की बातचीत के सुनाई पड़ते अंश भी वही। बूढ़ी हो चली माताएँ, दिखने में किसानों की बीवियों की तरह और बातें सुनिए तो—वह अभी-अभी वेस्ट में पैंटेज़ेज* के लिए काम करके लौटा है। एक दिन में तीन-तीन शो थे। सब कुछ ठीक-ठाक रहा तो बड़ा हास्य कलाकार बनेगा।

एक दरबान कह रहा है, "तुमने विंटर गार्डन में अल जॉलसन को देखा?"

"हाँ, उसने जेक के शो की लाज रख ली।"

अख़बारों का एक पूरा पन्ना हर दिन थियेटर को समर्पित होता था, जिसमें रेसकोर्स वाले घोड़ों के रेसिंग चार्ट की मानिंद ख़बरें होतीं। हास्य कला में किसने कितना नाम कमाया, किस पर अधिक तालियाँ बजीं, इसके आधार पर रेस के घोड़ों की तरह पहले, दूसरे और तीसरे स्थान दिये जाते। हम अभी इस दौड़ में शामिल नहीं हुए थे और मुझे इस बात की चिन्ता रहती कि चार्ट में हम किस पोज़ीशन पर आएँगे।

छह हफ़्तों तक हमारा कार्यक्रम पर्सी विलियम्स सर्किट में था। इसके बाद और कोई बुकिंग नहीं थी। हमारा अमेरिका में टिकना इसी कार्यक्रम के परिणाम पर निर्भर था। यदि नहीं चलता, तो हमें इंग्लैंड लौटना पड़ता।

हम लोगों ने एक रिहर्सल रूम लिया और 'द वॉओ-वॉओज़' की एक हफ़्ते तक रिहर्सल की। हमारे दल में ड्रूरी लेन का एक प्रसिद्ध बूढ़ा सनकी नाम का वाकर जोकर था। सत्तर पार कर चुका था। आवाज़ तो उसकी गम्भीर थी लेकिन रिहर्सल में पता चला कि वह साफ़-साफ़ तो बोल ही नहीं पाता। ऊपर से प्लॉट का एक बड़ा हिस्सा ऐसा था जिसमें दर्शकों को समझाने का काम उसी को करना था। कोई लाइन जैसे—'मज़ाक़ बेइन्तहा डरावना होगा' उससे बोली ही नहीं जा रही थी और वह कभी बोल पाया भी नहीं। पहली रात वह एब्लिब-एब्लिब बड़बड़ाया। बाद में यह एब्लिब ही रह गया, पर आख़िर तक सही शब्द नहीं ही निकला।

अमेरिका में कार्नो का बड़ा नाम था। इसलिए बेहतरीन कलाकारों के कार्यक्रम में सबसे ज़्यादा आकर्षण का केन्द्र हम ही होते थे। भले ही मुझे उस नाटक से नफ़रत थी, लेकिन मैंने उसका भरपूर उपयोग किया। मुझे आशा थी कि शायद यही वो चीज़ हो, जिसे कार्नो ख़ालिस अमेरिका के लिए कहा करते थे।

---

* पैंटेज सर्किट, जहाँ प्रतिदिन एक शो होता है।

पहली रात स्टेज पर आने से पहले मैं कितना नर्वस था तथा किस तकलीफ़ और पसोपेश में था, इसका बयान नहीं कर सकता और न ही इसका कि मंच के बग़ल में खड़े अमेरिकी कलाकार हमें देख रहे थे तो मुझ पर क्या बीत रही थी। इंग्लैंड में मेरे पहले ही लतीफ़े पर काफ़ी ज़ोरदार ठहाके लगने लगते थे जिससे पता चल जाता था कि बाक़ी की कॉमेडी कैसी चलेगी।

कैम्प का सीन था, एक तम्बू में चाय का कप लिए मैं प्रवेश करता हूँ।

आर्ची *(मैं)* : गुडमॉर्निंग हडसन। क्या आप मुझे थोड़ा-सा पानी देंगे?

हडसन : ज़रूर, पर किसलिए?

आर्ची : मैं नहाना चाहता हूँ।

(दर्शकों की ओर से एक हल्की, आधी-अधूरी हँसी और फिर बेरुख़ी चुप्पी)

हडसन : रात की नींद कैसी रही, आर्ची?

आर्ची : अरे, मत पूछो। सपने में देखा, एक इल्ली मुझे दौड़ा रही है।

अब भी दर्शकों में वैसी ही मुर्दनी। इस तरह हम बड़बड़ाते रहे और स्टेज के बग़ल में खड़े अमेरिकियों के थोबड़े और ज़्यादा लटकते गए। हमारे उस अंक को ख़त्म करने से पहले ही वे जा चुके थे।

यह नाटक बचकाना व नीरस था और मैंने कार्नो को सलाह दी थी कि इससे शुरुआत न करें। हमारे पास दूसरे ज़्यादा मज़ेदार नाटक थे जैसे 'स्केटिंग', 'द डैंडी थीव्स', 'द पोस्ट ऑफ़िस' और 'मि. पार्किंस', 'एम.पी.' जो अमेरिकी दर्शकों को पसन्द आते। लेकिन कार्नो अपनी ज़िद पर अड़े रहे।

जो भी कहिए, परदेस में नाकामी से तकलीफ़ तो होती ही है। हर रात ऐसे दर्शकों के सामने हाज़िरी बजाना वाक़ई दुष्कर काम था, जो एक के बाद एक गुदगुदा देनेवाले इंग्लिश चुटकुलों के आगे बेरुख़ी से सन्नाटा ओढ़े बैठे रहते। मंच पर हमारा आना-जाना शरणार्थियों की तरह होता था। यह बेइज़्ज़ती हम लोगों ने छह हफ़्ते तक झेली। दूसरे कलाकार हम लोगों से यूँ अलग-थलग रहते जैसे हमें प्लेग हुआ हो। इस तरह से पटकनी खाने और बेइज़्ज़त होने के बाद जब हम जाने के लिए मंच के पास खड़े हुए तो लगा मानो लाइन में खड़ा करके हमें गोली मारी जानी है।

हालाँकि मैं अपने आपको अकेला और ठुकराया हुआ महसूस करता था, फिर भी इस बात के लिए शुक्रगुज़ार था कि मैं अकेला रह रहा हूँ। कम-से-कम दूसरों के साथ अपनी बेइज़्ज़ती शेयर तो नहीं करनी पड़ती थी। दिन में मैं लम्बी, अन्तहीन वीथियों पर चहलक़दमी किया करता था और कभी चिड़ियाघर, कभी पार्क, मछलीघर या कभी संग्रहालय जाकर मन बहला लेता था। अपनी नाकामी के बाद न्यूयॉर्क अब एकदम अपराजेय लगता था। इमारतें इतनी ऊँची थीं जहाँ पहुँचा न जा सके और उनका प्रतिस्पर्धी परिवेश, इतना दबाने वाला कि जिसके आगे आप खड़े न हो पाएँ। इसकी शानदार ऊँची इमारतें और फ़ैशनबेल दुकानें बेरहमी से मुझे

मेरे अधूरेपन का एहसास कराती थीं जबकि फ़िफ़्थ एवेन्यू के परे आलीशान मकान सफलता के स्मारक थे, घर नहीं।

मैं पैदल ही शहर की धूल फाँकता रहता और शहर से होते हुए झोंपड़पट्टी वाले इलाक़ों की ओर चला जाता। मेडिसन स्क्वायर के पार्क से होकर, जहाँ लावारिस बूढ़े अपने पैरों की तरफ़ भावशून्यता से घूरते हुए हताशा में बेंच पर बैठे रहते थे। इसके बाद मैं सेकंड और थर्ड एवेन्यू की ओर चला। यहाँ ग़रीबी बेरहम, तीखी और मारक थी। जहाँ-तहाँ पसरी हुई, गुर्राती, अट्टहास करती और चिल्लाती हुई ग़रीबी; दरवाज़ों पर, चिमनियों पर फैलती हुई और रास्तों पर वमन करती हुई ग़रीबी। मेरा दिल बैठने लगा तथा फिर जल्द-से-जल्द ब्रॉडवे लौटने का करने लगा।

अमेरिकी आदमी आशावादी होता है। अथक चेष्टा करनेवाला और सैकड़ों सपनों में डूबा रहनेवाला। वह जल्द-से-जल्द बाज़ी मार लेना चाहता है। वह जैकपॉट हिट करो! बाहर निकलो! बेच डालो!। कमाओ और भागो! कोई दूसरा धन्धा कर लो! में विश्वास करता है। हालाँकि अपने आसपास के लोगों के हद से गुज़र जाने के इसी अन्दाज़ ने मेरी हिम्मत बँधानी शुरू कर दी और अपनी नाकामियों के बावजूद मैं काफ़ी हल्का महसूस करने लगा। ऐसा लगने लगा मानो अब कोई रुकावट नहीं है। चूँकि अमेरिका में और भी कई सम्भावनाएँ थीं। अत: मैंने सोचा कि थियेटर की दुनिया से ही क्यूँ चिपका रहूँ? मैं कला को समर्पित तो था नहीं। मैंने सोचा कोई दूसरा काम कर लेता हूँ। मुझमें आत्मविश्वास लौटने लगा। जो हो गया सो हो गया, मैंने अमेरिका में टिकने की ठान ली थी।

असफलता से ध्यान हटाने के लिए मैंने सोचा कुछ पढ़ूँ और अपना शैक्षिक स्तर उठाऊँ। मैंने पुरानी किताबों की दुकानों के चक्कर लगाने शुरू कर दिये। कई पाठ्य-पुस्तकें ख़रीद डालीं—केलॉग्स (अलंकार शास्त्र), एक अंग्रेज़ी व्याकरण और एक लैटिन-अंग्रेज़ी डिक्शनरी और उन्हें पढ़ने की ठानी। लेकिन मेरा संकल्प धरा का धरा रह गया और किताबों को देखते ही मैंने उन्हें अपने सन्दूक़ में एकदम नीचे रख दिया और भूल गया तथा दूसरी बार स्टेट्स आने पर ही उनकी ओर देखा।

न्यूयॉर्क में पहले हफ़्ते के कार्यक्रम में एक नाटक था, 'गस एडवर्ड्स स्कूल डेज़', जो बच्चों को लेकर बनाया गया। इस मंडली में एक आकर्षक चरित्र था जो दिखने में छोटा था, पर चाल-ढाल और तौर-तरीक़ों से पहुँची हुई चीज़ लगता था। उसे सिगरेट के कूपनों से जुये की लत थी, जिसमें यूनाइटेड सिगार स्टोर से निकेल प्लेटेड कॉफ़ी के बर्तनों से लेकर शानदार पियानो तक मिलने का चांस रहता था। इन चीज़ों के लिए वह किसी के भी साथ खेलने को तैयार था। वाल्टर विंचेल नामक यह व्यक्ति असाधारण तेज़ी से बात कर सकता था। उम्र हो जाने पर भी उसकी धुआँधार बोलने की कला समाप्त नहीं हुई थी, पर कई बार मुँह से कुछ का कुछ निकल जाया करता था।

हालाँकि हमारा शो सफल नहीं रहा लेकिन व्यक्तिगत रूप से मैं लोगों का ध्यान खींचने में सफल रहा। वेरायटी के साइम सिल्वरमैन ने मेरे बारे में कहा, "मंडली में कम-से-कम एक मज़ेदार अंग्रेज़ है और वो अमेरिका में भी चलेगा।"

*

अब तक हम लोग बोरिया-बिस्तर समेटकर छह हफ़्तों के बाद इंग्लैंड लौटने का मन बना चुके थे। लेकिन तीसरे सप्ताह हमने अपना नाटक फ़िफ़्थ एवेन्यू थियेटर में, जहाँ ज़्यादातर दर्शक अंग्रेज़ नौकर और ख़ानसामे थे, पेश किया सोमवार की पहली ही रात को हम धमाके से चले। हमारे हर चुटकुले पर वे हँसे। हम सभी चकित थे, मैं भी, क्योंकि मैंने भी हमेशा जैसी बेरुख़ी की उम्मीद की थी। मुझे लगता है, कामचलाऊ प्रदर्शन होने के चलते मेरे ऊपर दबाव नहीं था और मैंने कोई ग़लती नहीं की।

उस सप्ताह एक एजेंट ने हम लोगों से मुलाक़ात की और हमें सॉलिवन एंड कॉन्सिडाइन सर्किट में बीस हफ़्तों के दौरे के लिए आरक्षित कर लिया। यह चलताऊ रंगारंग कार्यक्रम था, और हमें दिन में तीन शो करने थे।

सॉलिवन एंड कॉन्सिडाइन के उस पहले दौरे में कोई ज़बर्दस्त धमाका तो हम लोगों ने नहीं किया लेकिन दूसरों के मुक़ाबले बीस ही रहे। उन दिनों मिडिल वेस्ट लुभावना था। इतनी भाग-दौड़ नहीं थी और माहौल रोमांटिक था। हरेक ड्रग स्टोर और सैलून में घुसते ही चौसर की टेबल होती थी जहाँ हर उस चीज़ के लिए पाँसा फेंका जा सकता था, जो वहाँ बिक रही हो। रविवार की सुबह मुख्य सड़कें खड़खड़ाते पाँसों की प्यारी और दोस्ताना आवाज़ों से भरी होती थीं। कई बार मैं भी दस सेंट में एक डॉलर की चीज़ें जीत जाता।

जीवनयापन सस्ता था। एक हफ़्ते में सात डॉलर पर किसी छोटे होटल में एक कमरा और दिन में तीन बार भोजन मिल जाता था। खाना बहुत ही सस्ता था। सैलून का फ्री लंच काउंटर हमारी मंडली के लिए बहुत बड़ा सम्बल था। एक निकल (पाँच सेंट) में एक गिलास बीयर और खाने की स्वादिष्ट और ख़ास चीज़ें मिल जाती थीं; जैसे—सूअर के टखनों का गोश्त, स्लाइस्ड हैम, आलू सलाद, सार्डिन मछलियाँ, मैकरॉनी चीज़, सूअर की कलेजी, सलामी और हॉट डॉग आदि! हमारे कुछ सदस्य इसका फ़ायदा उठाते और अपनी प्लेटों पर तब तक ढेर लगाते जाते जब तक बारमैन टोक न दे, "ओए, इतना ठूँसकर कहाँ चल दिये—क्लोनडाइक की तरफ़?"

हमारे दल में पन्द्रह या कुछ अधिक लोग थे। ट्रेन की सोने वाली बर्थ के पैसे देने के बाद भी हर मेम्बर कम-से-कम अपना आधा मेहनताना बचा लेता था। मेरी तनख़्वाह थी एक हफ़्ते में पचहत्तर डॉलर जिसमें से पचास तो शान से बैंक ऑफ़ मैनहट्टन में नियमित रूप से पहुँच ही जाते।

दौरे के सिलसिले में हम लोग कोस्ट पहुँचे। रंगारंग कार्यक्रम के उसी दल में हमारे साथ पश्चिम की तरफ़ जाने वालों में टेक्सास का एक सुन्दर युवक भी था जो झूले पर करतब दिखाता था। वह यह तय नहीं कर पा रहा था कि आगे भी अपने पार्टनर के साथ बना रहे या ईनामी दंगल लड़ा करे। रोज़ सुबह मैं बॉक्सिंग के दस्ताने पहनकर उसके साथ रिंग में उतरता। बेशक वह मुझसे लम्बा और भारी था, फिर भी मैं उसे जब जैसे चाहता, हिट कर सकता था। हम बहुत अच्छे दोस्त बन गए थे। बॉक्सिंग की एक पारी के बाद हम साथ लंच लेते। वह कहा करता था कि उसके यहाँ के लोग टेक्सास के सीधे-सादे किसान हैं। वह खेतों की ज़िन्दगी के बारे में घंटों बतियाता। जल्दी ही हम लोग थियेटर का धन्धा छोड़ने और साझेदारी में सूअर पालने के बारे में बातें करने लगे।

हम दोनों के पास कुल मिलाकर दो हज़ार डॉलर थे और था, ढेर सारा पैसा कमाने का एक सपना। हमने योजना बनाई कि शुरू में अरकंसास में पचास सेंट प्रति एकड़ के हिसाब से दो हज़ार एकड़ ज़मीन ली जाए और बाक़ी पैसा सूअर ख़रीदने में लगाया जाए। हमने जोड़कर देखा कि अगर सब कुछ ठीक-ठाक चला तो सूअरों के चक्रवृद्धि ढंग से पैदा होने और औसतन हर साल पाँच बच्चे जनने के हिसाब से पाँच वर्षों में हम एक लाख डॉलर कमा सकते हैं।

रेलगाड़ी में सफ़र करते हुए हम खिड़की से बाहर देखते और सूअर के बाड़ों को देखकर जोश से भर उठते। हमारे खाने, सोने और यहाँ तक कि सपने में भी सूअर ही सूअर मँडरा रहे थे। सूअर पालने के वैज्ञानिक तौर-तरीक़ों पर यदि मैंने एक किताब न ख़रीद ली होती तो शायद शो बिज़नेस छोड़कर सूअर पालक बन गया होता। लेकिन उस किताब ने, जिसमें सूअरों को बधिया करने के सचित्र तरीक़े दिए गए थे, मेरा जोश ठंडा कर दिया और जल्दी ही मैं इस धन्धे के बारे में भूल गया।

इस दौरे पर मैं अपने साथ वायलिन और सेलो लेकर गया था। सोलह बरस की उम्र से ही मैं हर दिन अपने बेडरूम में चार से छह घंटे इन्हें बजाने का अभ्यास किया करता था। हर हफ़्ते मैं थियेटर संचालक से या जिससे वो कहता, वायलिन के सबक लेता था। चूँकि मैं बाएँ हाथ से बजाता था; इसलिए वायलिन भी बाएँ हाथ के हिसाब से बँधा था, जिसमें बेस बार और साउंडिंग पोस्ट उलट दिये गए थे। मेरी बड़ी इच्छा थी कि संगीत समारोह का कलाकार बनूँ और अगर यह नहीं कर पाया तो रंगारंग कार्यक्रम में बजाऊँ। लेकिन जैसे-जैसे समय बीतता गया, मेरी समझ में आ गया कि मैं इसमें कभी माहिर नहीं हो सकता, सो मैंने इसे छोड़ दिया।

1910 का शिकागो अपनी कुरूपता, भयावहता और कालिमा में एक आकर्षण लिए हुए था। एक ऐसा शहर जिसके मिज़ाज अभी भी शुरुआती दिनों वाले थे। कार्ल सैंडलिंग के शब्दों में, 'धुएँ और इस्पात' का एक फलता-फूलता साहसी महानगर।

मुझे इसके चारों ओर फैले समतल मैदान रूस के घास के मैदानों जैसे लगते। इसमें कुछ नया करने का प्रचंड उल्लास था, जो तन-मन को अनुप्राणित करता था। लेकिन इसके भीतर एक पौरुषी एकाकीपन भी था जो इस जिस्मानी अकेलेपन की काट के रूप में मौजूद था। इस दैहिक कष्ट के प्रतिक्रिया स्वरूप एक राष्ट्रीय मनोरंजन जिसे बर्लेस्क शो (प्रहसन/पैरोडी) कहा जाता था में बेहतरीन हास्य कलाकारों का एक गुट होता था और साथ में बीस या कुछ अधिक कोरस लड़कियाँ होती थीं, जिनमें से कुछ सुन्दर और कुछ साधारण होती थीं। हास्य कलाकार मज़ेदार थे। ज़्यादातर शो अश्लील होते थे, जनानख़ाने की घटिया और वाहियात कॉमेडी से भरे हुए। नाटक कुछ ऐसा था कि किसी आदमी पर अपवित्र सेक्स के विरोध का आरोप लगाया गया जिसने दर्शकों को सामान्य कामेच्छा से दूर कर दिया था, झूठ-मूठ की भावुकता दिखाना ही उनका काम था। ऐसे शो शिकागो में भरे पड़े थे। 'वाट्सन्स बीफ़ ट्रस्ट' नामक ऐसे ही एक शो में अधेड़ उम्र की भारी-भरकम औरतें चुस्त कपड़ों में प्रदर्शन करती थीं। इस बात का विशेष प्रचार किया जाता था कि उन सभी का वजन टनों में है। थियेटर के बाहर शर्माए-सकुचाए पोज़ में उनकी तसवीरें बेहद दुखद और निराशाजनक लगती थीं।

शिकागो में हम वाबाश एवेन्यू के एक छोटे होटल में रहते थे। जीर्ण-शीर्ण और मनहूस होने के बावजूद इसमें एक रोमानी आकर्षण था क्योंकि बर्लेस्क की अधिकांश लड़कियाँ यहीं रहती थीं। हर शहर में हम उस होटल के बाहर मधुमक्खियों की तरह भिनभिनाते रहते, जहाँ शो वाली लड़कियाँ ठहरती थीं। लेकिन जिस चक्कर में जाते थे उसमें कामयाब नहीं हुए। ऊँचाई पर चलने वाली ट्रेनें रात को तेज़ी से निकलतीं और रह-रहकर पुराने बाइस्कोप की तरह मेरे सोने के कमरे की दीवार को झिलमिला जातीं। फिर भी, मुझे इस होटल से प्यार था, हालाँकि कभी कुछ रोमानी घटित नहीं हुआ।

एक जवान लड़की, शान्त और सुन्दर, किसी कारण से हमेशा अकेली रहती थी। उसे चलते देखकर लगता, जैसे बेहद सचेत हो। होटल की लॉबी में आते-जाते उसके पास से होकर मैं कई बार गुज़रा, पर इतनी हिम्मत कभी नहीं ज़ुटा पाया कि परिचय ही कर लूँ। वैसे यह तो कहना ही पड़ेगा कि अपनी तरफ़ से उसने भी कभी कोशिश नहीं की।

शिकागो से कोस्ट जिस ट्रेन में हम जा रहे थे, वह लड़की भी उसी में थी। वेस्ट जाने वाली बर्लेस्क कम्पनियाँ आमतौर पर उसी रास्ते से होकर जातीं और उनका कार्यक्रम भी एक ही शहर में पड़ता। गाड़ी में मैंने उसे अपनी कम्पनी के एक सदस्य से बात करते देखा। बाद में वह मेरे पास आकर बैठ गया।

मैंने पूछा, "कैसी लड़की है वो?"

"बड़ी ही प्यारी है। बेचारी, अफ़सोस होता है उसके लिए!"

"क्यों?"

वह झुककर मेरे और क़रीब आ गया, "याद है, हवा उड़ी थी कि शो की किसी लड़की को सिफ़लिस है? बस, यही है वह।"

सीएटल में उसे कम्पनी छोड़कर अस्पताल में भर्ती होना पड़ा। हमने उसके लिए पैसे इकट्ठा किये जिसमें सारी घुमन्तू कम्पनियों ने योगदान दिया। बेचारी के बारे में सबको पता था। अलबत्ता, वो सबकी शुक्रगुज़ार थी और बाद में सैलवारसन की सूई, जो उस समय नई दवा थी, लेकर ठीक हुई और फिर से अपनी कम्पनी में वापस आ गई।

उन दिनों पूरे अमेरिका में वेश्यावृत्ति बेरोक-टोक फैल रही थी। शिकागो का नाम हाउस ऑफ़ ऑल नेशन्स के चलते प्रसिद्ध था जिसे दो अधेड़ उम्र की ईवरली बहनें चलाती थीं। इसकी ख्याति इस बात के लिए थी कि यहाँ हर देश की औरतें उपलब्ध थीं। कमरों के फ़र्नीचर भी हर शैली के थे : तुर्की, जापानी, लुई XVI, यहाँ तक कि अरबी तम्बू भी। यह दुनिया का सबसे ख़र्चीला रंडी बाज़ार था। बड़े-बड़े लखपति, उद्योगपति, कैबिनेट मंत्री, सीनेटर और जज, सभी यहाँ के ग्राहक थे। आमतौर पर किसी एक परिपाटी के लोग पूरे रंडी बाज़ार को ही एक शाम के लिए अपने क़ब्ज़े में लेने का ठेका कर लेते थे। बताते हैं कि एक बहुत बड़े अय्याश ने वहाँ ऐसा डेरा जमाया कि तीन हफ़्ते तक उसने दिन का उजाला भी नहीं देखा।

जितना ही हम पश्चिम की तरफ़ बढ़ते गए, उतना ही मुझे यह पसन्द आता गया। ट्रेन के बाहर जंगली ज़मीन के विशाल फैलाव को देखकर मेरे मन में आशा का संचार होता, भले ही वह जगह सुनसान और मटमैली हो। कहते हैं न कि खुली जगह रूह के लिए अच्छी होती है। यह हृदय को विशाल बनाती है। मेरे देखने का नज़रिया इससे बढ़ा था।

क्लीवलैंड, सेंट लुई, मिनियापोलिस, सेंट पॉल, कानसास सिटी, डेनवर, बट, बिलिंग्स जैसे शहरों में आने वाले कल की हलचल थी जो मेरी नस-नस को तड़का रही थी।

इस दौरान रंगारंग कार्यक्रमों वाली दूसरी कम्पनियों के कई सदस्य हमारे दोस्त बने। हर शहर में हम में से छह या उससे अधिक लोग इकट्ठे होकर रेडलाइट इलाक़ों में जाते। कभी-कभी हम लोग किसी वेश्यालय की मैडम को पटाने में क़ामयाब भी हो जाते तो वो उस रात के लिए 'अड्डा' बन्द कर देती और फिर हमारा राज होता। यदा-कदा लड़कियाँ अभिनेताओं पर फ़िदा हो जातीं और अगले शहर तक उनका पीछा करतीं।

ब्यूट, मोंटाना के रेडलाइट इलाक़े लम्बी सड़कों और उनसे लगे अग़ल-बग़ल के छोटे रास्तों वाले हुआ करते थे जहाँ सैकड़ों झोंपड़ियाँ थीं, जिनमें खाटें लगी होती थीं। इनमें एक डॉलर में जो लड़कियाँ मिलती थीं उनकी उम्र सोलह साल से शुरू होती थी। ब्यूट को किसी भी रेडलाइट इलाक़े के मुक़ाबले अपने यहाँ ज़्यादा सुन्दर लड़कियाँ होने का ग़ुमान था और यह सच भी था। जहाँ कोई सुन्दर-सी लड़की आकर्षक कपड़ों में दिखी, देखने वाला समझ जाता था कि रेडलाइट इलाक़े की है और अपनी शॉपिंग कर रही है। धन्धे का टाइम न हो तो वो दाएँ-बाएँ नहीं देखती

थीं और इज़्ज़तदार हो जाती थीं। कई बरस बाद मैं सॉमरसेट मॉम से उनके नाटक 'रेन' के सेडी थॉमसन चरित्र को लेकर उलझ पड़ा था। जहाँ तक मुझे याद है, जीन ईगल्स ने उसे स्प्रिंग साइड बूट वग़ैरह पहनाकर पूरा ऊटपटाँग-सा रूप दे दिया था। मैंने उन्हें बताया, जनाब ऐसे कपड़े ब्यूट, मोंटाना में कोई भी धन्धे वाली पहन ले तो एक धेला भी नहीं कमा पाएगी।

1910 में ब्यूट, मोंटाना अभी भी 'निक कार्टर' वाला शहर था। लम्बे-लम्बे बूट और दस गैलन वाली टोपियाँ और लाल गुलूबन्द लगाए खान मज़दूरों का शहर। बन्दूक़ का खेल तो मैंने अपनी आँखों से सड़कों पर देखा, जिसमें एक बूढ़ा शैरिफ़ भगोड़े क़ैदी के पैरों पर निशाना लगा रहा था लेकिन तक़दीर से वो एक बन्द गली में भाग गया और कुछ हुआ नहीं।

हम जैसे-जैसे पश्चिम की तरफ़ बढ़ते जाते, मेरा दिल उतना ही ख़ुश होता जाता। शहर ज़्यादा साफ़ थे। रास्ते में विनिपेग, टकोमा, सीएटल, वैंकूवर और पोर्टलैंड पड़ते थे। विनिपेग और वैंकूवर में ज़्यादातर दर्शक अंग्रेज़ थे और अपने अमेरिकी झुकाव के बावजूद उनके सामने अभिनय करने में आनन्द आया।

अन्ततः केलीफ़ोर्निया में! खिली धूप, सन्तरे और अंगूर के बाग़ और प्रशान्त महासागर के तट पर हज़ारों मील तक फैले ताड़ के वृक्षों का स्वर्ग! पूर्व का प्रवेश-द्वार सेन फ्रांसिस्को अच्छे व्यंजनों और सस्ते दामों का शहर, जहाँ मैंने पहली बार मेंढक की टाँग का ज़ायका लिया। ख़ालिस वहीं की चीज़, स्ट्रॉबेरी शॉर्ट केक और एवोकेडो नाशपाती। हम 1910 में पहुँचे थे जब शहर 1906 वाले भूकम्प से, या उनके शब्दों में कहें तो आग से, उबर चुका था। पहाड़ी रास्तों में अभी भी एक या दो दरारें थीं लेकिन नुक़सान का कोई अवशेष नहीं। हर चीज़ नई और चमचमाती हुई थी, मेरा छोटा होटल भी।

हमारा कार्यक्रम एम्प्रेस में था। इसके मालिक सिड ग्राउमैन और उनके पिता, बड़े ही मिलनसार और सामाजिक लोग थे। पहली बार पोस्टर पर मैं अकेला था और सामने थे दर्शक—क्या ख़ूब! और कार्नो का नाम तक नहीं था। 'द वॉओ-वॉओज़' नीरस था फिर भी हर शो खचाखच भरा और ठहाकों से गूँजता हुआ होता। ग्राउमैन ने उत्साहित होकर कहा, "कार्नो साहब का काम जब भी निपट जाए, मेरे पास आना, हम लोग मिलकर शो करेंगे।" मेरे लिए यह नई बात थी। सेन फ्रांसिस्को में उम्मीद और मेहनत के जज़्बे को महसूस किया जा सकता था।

दूसरी ओर लॉस एंजेल्स बदसूरत, गर्म और कष्टदायक शहर था। लोग मरियल और कान्तिहीन लगते थे। जलवायु ज़्यादा गर्म थी और सेन फ्रांसिस्को वाली ताज़गी नहीं थी; प्रकृति ने उत्तरी कैलीफोर्निया को वो सम्पदाएँ दीं हैं जो विल्शर बुलवार्ड वाले प्रागैतिहासिक कोलतार के गड्ढों में हॉलीवुड के ग़ायब हो जाने के बाद भी फलती-फूलती रहेंगी।

हमने अपना पहला दौरा जिसने मुझे सोचने के लिए मजबूर किया कि इज़राइल के बच्चों का नेतृत्व मूसा कर रहे हैं। मर्मन्स के गृह-नगर सॉल्ट लेक सिटी में समाप्त किया, शहर काफ़ी फैला और खुला हुआ था, जो सूरज की गर्मी में मरीचिका की तरह थर्राता था। सड़कों की चौड़ाई का अन्दाज़ा वही लगा सकता था जिसने विशाल मैदानों को पार किया हो। मर्मन्स की ही तरह शहर अकेला और कठोर था। देखने वाले भी वैसे ही थे।

सॉलिवन एंड कॉन्सिडाइन सर्किट में 'द वॉओ-वॉओज़' के प्रदर्शन के बाद हम न्यूयॉर्क वापस आ गए; जहाँ से सीधे इंग्लैंड लौटने का इरादा था, लेकिन मि. विलियम मॉरिस, जो दूसरे रंगारंग संरक्षकों से लड़ रहे थे, ने हम लोगों के पूरे दल को न्यूयॉर्क शहर में 43 स्ट्रीट पर स्थित अपने थियेटर में छह हफ़्ते के कार्यक्रम के लिए आरक्षित कर लिया। हमने 'ए नाइट इन एन इंग्लिश म्यूज़िक हॉल' से शुरुआत की, जिसमें भारी सफलता मिली।

सप्ताह के दौरान एक युवक और उसके दोस्त लड़कियों से मुलाक़ात होने तक का समय काटने के लिए इधर-उधर भटकते हुए विलियम मॉरिस के अमेरिकन म्यूज़िक हॉल में आ गए, जहाँ उन लोगों ने हमारा शो देखा। उनमें से एक ने कहा, "अगर मैं कभी बड़ा आदमी बना तो एक शख़्स है जिसे अनुबंधित करूँगा।"

वह 'ए नाइट इन एन इंग्लिश म्यूज़िक हॉल' में निभाए गए मेरे चरित्र की बात कर रहा था। उस समय वह बायोग्राफ़ कम्पनी में जी.डब्ल्यू. ग्रिफ़िथ के लिए पाँच डॉलर प्रतिदिन पर फ़िल्म के एक्स्ट्रा के रूप में कार्य कर रहा था। वह व्यक्ति था, मैक सेनेट जिसने बाद में कीस्टोन कम्पनी बनाई।

न्यूयॉर्क में विलियम मॉरिस के लिए छह सप्ताह का सफल कार्यक्रम करने के बाद एक बार फिर सॉलिवन एंड कॉन्सिडाइन सर्किट के बीस हफ़्तों के दौरे के लिए हम आरक्षित हो गए।

दूसरा दौरा समाप्ति के क़रीब आने लगा तो मैं उदास हो उठा। सिर्फ़ तीन ही सप्ताह रह गए थे : सेन फ्रांसिस्को, सैन डिएगो, सॉल्ट लेक सिटी और उसके बाद वापस इंग्लैंड।

सेन फ्रांसिस्को से रवाना होने के एक दिन पहले मार्केट स्ट्रीट पर टहलते हुए मैंने एक छोटी-सी दुकान देखी जिसमें पर्दे वाली खिड़कियाँ थीं। लिखा था, "एक डॉलर में हाथ और पत्ते देखकर आपकी तक़दीर बताई जाती है।" मैं ज़रा झेंपता हुआ अन्दर गया। मेरा सामना भीतर के कमरे से निकलती हुई लगभग बयालीस साल की एक सुन्दर औरत से हुआ। वह भोजन के बीच में से उठकर आ गई थी। खाना चबाते हुए उसने लापरवाही से एक छोटी टेबल की ओर इशारा किया जिसमें मेरी पीठ दीवार की ओर और मुँह दरवाज़े की ओर था। मेरी ओर देखे बिना ही उसने कहा, "बैठ जाइए," और दूसरी तरफ़ ख़ुद बैठ गई। उसके तौर-तरीक़े बड़े बेढंगे थे।

"पत्तों को फेंटो, और तीन बार मेरी तरफ़ काटो और टेबल पर अपनी खुली हथेली रखो।" उसने पत्ते उलटे, हाथ सामने फैलाया, उनका अध्ययन किया और फिर मेरे हाथ देखे।

"लम्बी यात्रा के बारे में सोच रहे हो, यानी स्टेट्स छोड़ दोगे। पर जल्द ही वापस लौटोगे और एक नया धन्धा शुरू करोगे—जो अभी कर रहे हो उससे कुछ अलग।" इसके बाद वह कुछ हिचकिचाई और भ्रम में पड़ गई, "लगभग वैसा ही, लेकिन अन्तर है। इस नये कारोबार में मुझे भारी सफलता दिखाई दे रही है। तुम्हारे सामने ज़बर्दस्त कॅरियर पड़ा हुआ है, पर मुझे नहीं पता वह क्या है?"

पहली बार उसने नज़रें ऊपर कीं। फिर मेरा हाथ लिया, "अरे, हाँ, तीन शादियाँ हैं : पहली दोनों नहीं चलेंगी, लेकिन अन्त में तीन बच्चों के साथ सुखी विवाहित जीवन बिताते हुए आपकी ज़िन्दगी कटेगी।" (यहाँ वो ग़लत थी!)। इसके बाद फिर से उसने मेरा हाथ देखा, "हाँ, पैसा बहुत कमाओगे; कमाने वाला हाथ है।" फिर उसने मेरा चेहरा देखा, "श्वास नली के न्यूमोनिया से मरोगे, बयासी साल की उम्र में। एक डॉलर, प्लीज़। और कुछ पूछना चाहोगे?"

"नहीं," मैं हँसा, "मुझे लगता है, मैं अकेला अच्छा-ख़ासा जाऊँगा।"

सॉल्ट लेक सिटी के समाचार-पत्र अपहरण और बैंक डकैतियों से भरे रहते थे। नाइट क्लबों और कैफ़े के ग्राहकों को क़तार में दीवार की तरफ़ मुँह करके खड़ा कराकर नक़ाबपोश लुटेरे लूट लेते थे। एक ही रात में डकैती की तीन घटनाएँ हो गई थीं और पूरे शहर में आतंक फैल गया था।

शो के बाद हम पीने के लिए पास के किसी सैलून में चले जाते थे। जहाँ यदा-कदा ग्राहकों से परिचय भी हो जाता था। एक शाम एक मोटा, ख़ुशमिज़ाज, गोल चेहरे वाला आदमी दो और लोगों के साथ आया। उनमें से उम्र में सबसे बड़ा, और मोटा आदमी आगे आया, "एम्प्रैस में खेले जा रहे उस अंग्रेज़ी नाटक में तुम्हीं लोग काम कर रहे हो?

हम लोगों ने मुस्कराकर सिर हिलाया, "तभी तो कहूँ मैंने तुम लोगों को कहाँ देखा है। अरे! आओ-आओ!" उसने अपने साथ आए उन लोगों को बुलाया और उनसे परिचय कराकर हमें ड्रिंक ऑफ़र किये।

मोटा आदमी अंग्रेज़ था—वैसे उसके उच्चारण में यह अब नाममात्र को झलकता था—लगभग पचास बरस का, अच्छे स्वभाव वाला, छोटी चमकती आँखों और लाल सुर्ख़ चेहरे वाला आदमी।

जैसे-जैसे रात बीतती गई, उसके दोनों दोस्त और मेरे साथ के लोग बार की ओर चले गए। मैं 'मोटू' के साथ अकेला रह गया। उसके दोस्त उसे यही कहकर पुकारते थे।

वह हमराज़ हो गया। "मैं अपने पुराने देश तीन साल पहले गया था।" उसने कहा, "लेकिन वह पहले जैसा नहीं था। और यह जगह जहाँ तीस साल पहले आया था। कुछ नहीं था, अनाड़ी था मैं, मोंटाना कॉपर फ़ील्ड में सालों मेहनत करते-करते

चूतड़ घिस गए थे। फिर मैंने दिमाग़ लगाया। मैं कहता हूँ यही तो ठगी का खेल है, अब अपने पास मुस्टंडे हैं, काम करने को।" उसने नोटों की मोटी गड्डी बाहर निकाली।

"चलो एक और ड्रिंक लेते हैं।"

"सँभलकर!" मैंने मज़ाक़ में कहा, "पकड़े जा सकते हो!"

उसने मुझे शरारत भरी और जानकार मुस्कराहट से देखा, फिर आँख मारकर कहा, "ऐसे नहीं बच्चू!"

जिस ढंग से उसने आँख मारी, मैं अन्दर तक सहम गया। इसका मतलब बहुत बड़ा था। वैसे ही मुस्कराते हुए और मुझ पर अपनी नज़रें उसी तरह टिकाए वह बोलता गया, "समझ रहे हो?" उसने कहा। मैंने समझदारी से सिर हिलाया।

इसके बाद गूढ़ भाव से अपना चेहरा मेरे कान के पास लाकर उसने बात शुरू की, "उन दो पट्ठों को देख रहे हो?" वह अपने मित्रों के बारे में फुसफुसाया, "वही अपना लश्कर है, दो उल्लू के पट्ठे, दिमाग़ ज़रा भी नहीं, लेकिन जिगर फ़ौलाद का।"

मैंने सावधानी से अपने होठों पर उँगली रखकर इशारा किया कि लोग सुन लेंगे, वो आहिस्ता बोले।

"ठीक है, भाई, आज रात हम लोग जहाज़ से निकल रहे हैं।" उसने आगे कहा, "सुनो, हम तो पुराने जहाज़ी ठहरे, है न? तुम्हें कई बार इलिंगटन एम्पायर में देखा है जाते-आते।" मुँह बनाकर उसने कहा, "मुश्किल काम है मेरे भाई।"

मैं हँस पड़ा।

और गहरा राज़दार बनने के बाद उसने मुझसे ताउम्र के लिए दोस्ती करनी चाही और मेरा न्यूयॉर्क का पता माँगा। "बीते दिनों की ख़ातिर कभी दो-एक लाइन तुम्हें लिखूँगा।" शुक्र है उसने फिर कभी सम्पर्क नहीं किया।

नौ

अमेरिका छोड़ते समय मुझे कुछ ख़ास अफ़सोस नहीं हो रहा था, क्योंकि मैंने लौटने का मन बना लिया था। कैसे और कब, मैं नहीं जानता। इसके बावजूद, मेरा मन अभी से लंदन और अपने छोटे-से सुकून भरे घर में लौटने की राह देखने लगा था। जब से मैं अमेरिका के टूर पर था, यह फ़्लैट मेरे लिए मन्दिर जैसा हो गया था।

सिडनी का समाचार बहुत दिनों से नहीं मिला था। अपने आख़िरी ख़त में उसने लिखा था कि फ़्लैट में नानाजी रह रहे हैं। लेकिन मेरे लंदन पहुँचने पर सिडनी मुझे स्टेशन पर मिला और बताया कि उसने शादी कर ली है, फ़्लैट छोड़ दिया है और ब्रिक्सटन रोड पर एक सजे-सजाए घर में रह रहा है। मेरे लिए यह काफ़ी बड़ा झटका था कि

ख़ुशियों से भरा वह छोटा-सा स्वर्ग अब नहीं रहा जिसने मुझे जीवन जीने का एक अर्थ दिया था और घर पर नाज़ करना सिखाया था। अब मैं बेघर था। ब्रिक्सटन रोड पर पीछे की ओर मैंने एक कमरा ले लिया। जगह इतनी मनहूस थी कि मैंने जितनी जल्दी हो सके, अमेरिका लौटने का फ़ैसला कर लिया। जैसे किसी ख़ाली स्लॉट मशीन में सिक्का डालने पर कुछ नहीं होता, उस रात लंदन में मेरी वापसी पर मुझे वैसा ही लगा।

सिडनी ने चूँकि शादी कर ली थी और वह हर शाम काम पर रहता था, मैं उससे कम ही मिल पाता था; परन्तु रविवार को हम माँ से मिलने गए। यह बहुत ही हताश करने वाला दिन था क्योंकि माँ अभी भी ठीक नहीं हुई थीं। वे अभी-अभी भजन-कीर्तन के दौर से होकर गुज़री थीं और उन्हें गद्देदार दीवारों वाले कमरे में रखा गया था। नर्स हमें पहले ही ताक़ीद कर चुकी थी। सिडनी ने उन्हें देखा, लेकिन मैं उनसे मिलने की हिम्मत न कर सका, इसलिए इन्तज़ार करता रहा। सिडनी वापस आया तो परेशान लग रहा था। उसने बताया कि इलाज के तौर पर माँ को बर्फ़ीले, ठंडे पानी की धार से शॉक दिया गया था जिससे उनका चेहरा बिलकुल नीला पड़ गया था। यह सब जानकर हमने उन्हें एक प्राइवेट संस्थान में रखने का फ़ैसला किया। चूँकि अब हम ख़र्च उठा सकते थे, सो हम उन्हें उस पागलख़ाने में ले आए जहाँ इंग्लैंड के महान कॉमेडियन स्वर्गीय डान लेनो भर्ती किये गए थे।

हर दिन मैं अपने आपको पहले से कहीं ज़्यादा बेगाना और जड़ से कटा हुआ महसूस करता था। मेरी समझ से अगर मैं अपने छोटे से फ़्लैट में लौटा होता तो मेरी भावनाएँ कुछ अलग होतीं। सम्भवतः उदासी मुझ पर पूरी तरह से हावी न हो पाती। अमेरिका से वापस आने के बाद वहाँ का माहौल, रीति-रिवाज़ और इंग्लैंड से मेरा रिश्ता सभी मेरे भीतर उथल-पुथल मचा रहे थे। इंग्लैंड का गर्मी का मौसम अपने सबसे अच्छे रूप में था और इसके जोड़ की रूमानी व सुहानी चीज़ मेरी नज़र में कोई दूसरी नहीं थी।

बॉस यानी मि. कार्नो ने मुझे टैग्स आइलैंड के अपने हाउसबोट पर सप्ताहान्त के लिए बुलाया। काफ़ी लम्बा-चौड़ा इन्तज़ाम था। सब कुछ सुव्यवस्थित। महोगनी के पैनल वाले कमरे और मेहमानों के लिए निजी राजसी ठाट-बाट वाले कमरे। रात में बोट के चारों ओर रंगीन बत्तियों के मनमोहक बन्दनवार जगमगा उठे। शाम गर्म और सुन्दर थी इसलिए डिनर के बाद हम अपनी कॉफ़ी व सिगरेट लेकर ऊपर वाले डेक पर जगमगाती रंगीन रोशनियों के नीचे जाकर बैठ गए। यही वो इंग्लैंड था, जो मुझे किसी भी देश से वापस खींच सकता था।

अचानक, कहीं से आती एक बनावटी आवाज़ ने पागलों की तरह चीख़ना शुरू कर दिया; "अरे देखो, क्या प्यारी बोट है मेरी, देखो! मेरी मस्त नाव को! और क्या रोशनी है! हा! हा! हा!" आवाज़ मज़ाक़ उड़ाने वाली हँसी में बदल रही थी। हम लोगों ने यह देखने के लिए नज़र दौड़ाई कि यह आवाज़ कहाँ से आ रही है, तभी

खेने वाली नाव में सफ़ेद फलालेन के कपड़े पहने एक आदमी को देखा जिसके पीछे की सीट पर एक औरत लेटी हुई थी। पूरा दृश्य 'पंच' पत्रिका के किसी कार्टून चित्र की तरह था। कार्नो रेलिंग पर झुके और ज़ोर से आवाज़ लगाई लेकिन उसकी पागलों जैसी हँसी नहीं रुकी।

"अब एक ही चीज़ की जा सकती है," मैंने कहा—"हम वैसे ही अश्लील बन जाएँ जैसा वो हमें समझता है।" फिर तो मैंने चुन-चुनकर ऐसी गालियाँ सुनाईं जो उसके साथ की औरत के झेंपने के लिए काफ़ी थीं, इस तरह वो झटपट खिसक लिया।

वह मूर्ख चिल्ला-चिल्लाकर न सिर्फ़ सुरुचि का अपमान कर रहा था, बल्कि यह उसका अहंकारी पूर्वग्रह था, हर उस चीज़ के ख़िलाफ़, जिसे वह निम्नवर्गीय ठाट-बाट समझ रहा था। बकिंघम पैलेस के सामने तो वह कभी अट्टहास करते हुए नहीं चिल्लाता कि देखो मैं कितने बड़े घर में रहता हूँ, या फिर राज्याभिषेक वाले रथ पर तो नहीं हँसता। इस तरह के वर्गीकरण का इंग्लैंड में मुझे तीखा अनुभव हुआ। ऐसा लगता है जैसे वहाँ रहने वाले अंग्रेज़ सामाजिक तौर पर दूसरों की कमियाँ बड़ी जल्दी मापने-तौलने लगते हैं।

हमारी अमेरिकी मंडली काम पर लग गई थी और लंदन के अलग-अलग हॉल में हम लोगों ने चौदह सप्ताह तक प्रदर्शन किया। शो ठीक चले, दर्शक भी अच्छे थे लेकिन हमेशा मैं यही सोचता रहता कि क्या कभी अमेरिका वापस जा पाऊँगा या नहीं। इंग्लैंड से मुझे प्यार था, पर मेरे लिए वहाँ रहना असम्भव था; अपनी पृष्ठभूमि के चलते यह बात हमेशा बेचैन किये रहती कि यहाँ रहकर मैं अपनी ग़रीबी के दलदल में धँसता चला जा रहा हूँ। इसलिए स्टेट्स के अगले टूर के लिए हमारे आरक्षित हो जाने का समाचार पाकर मैं बड़ा ख़ुश हुआ।

रविवार को सिडनी और मैं माँ से मिलने गए। उनकी सेहत पहले से बेहतर लगी और सिडनी के प्रदेशों की तरफ़ जाने से पहले हम लोगों ने साथ खाना खाया। लंदन में अपनी आख़िरी रात अपनी भावनाओं से जूझता हुआ मैं उदासी और कड़वाहट लिये वेस्ट एंड में चहलक़दमी करता रहा और अपने आपसे कहता रहा कि इन गलियों को आख़िरी बार देख रहा हूँ।

*

इस बार हम 'ओलम्पिक' के सेकंड क्लास में न्यूयॉर्क होते हुए पहुँचे। इंजन की धड़कन धीमी पड़ गई थी, जिसका मतलब था हम अपनी नियति के क़रीब पहुँच रहे हैं। इस बार स्टेट्स अपरिचित नहीं लगा। मुझे लगा मैं विदेशियों के बीच विदेशी हूँ और बाक़ी सबसे जुड़ा हुआ।

न्यूयॉर्क को मैं जितना पसन्द करता था, उतनी ही उत्सुकता से मैं वेस्ट जाने की प्रतीक्षा कर रहा था, जहाँ उन लोगों से फिर मुलाक़ात होनी थी जिन्हें अब मैं अच्छा

दोस्त समझता था यानी मोंटाना के ब्यूट के बार में काम करने वाला आयरिश बार टेंडर, मिनियापोलिस का दोस्ताना मेहमाननवाज़ ज़मीन-जायदाद वाला लखपति, सेंट पॉल की सुन्दर लड़की जिसके साथ मैंने एक रोमांटिक सप्ताह बिताया था, सॉल्ट लेक सिटी का स्कॉटिश खदान-मालिक, टकोमा का मित्रवत डेंटिस्ट और सेन फ्रांसिस्को का ग्रॉमंस परिवार।

प्रशान्त महासागर के तट पर जाने से पहले हमने 'स्मॉल्स' के इर्द-गिर्द कई कार्यक्रम किये—शिकागो और फ़िलाडेल्फ़िया के दूरस्थ उपनगरों और फॉल रिवर व डुलुथ जैसे औद्योगिक शहरों के छोटे थियेटरों में।

पहले की तरह मैं अब भी अकेले रह रहा था लेकिन इसके कई लाभ थे, इससे मुझे स्वाध्याय का मौक़ा मिलता था, जिसका संकल्प मैंने महीनों पहले किया था पर पूरा नहीं कर पाया था।

कुछ लोग होते हैं जिनमें कुछ जानने-समझने की प्रचंड इच्छा होती है। मैं भी उन्हीं में से एक था। लेकिन मेरा उद्‌देश्य इतना पवित्र नहीं था। मैं जानना तो चाहता था लेकिन मुझे ज्ञान से प्रेम नहीं था, मेरे लिए यह ज्ञान जाहिलों के प्रति दुनिया की घृणा से बचने की ढाल थी। इसलिए जब भी मुझे समय मिलता था, मैं सेकेंड-हैंड किताबों की दुकानों के चक्कर लगाता था।

फ़िलाडेल्फ़िया में यूँ ही एक बार रॉबर्ट इंगरसोल्स की किताब 'एसेज़ एंड लेक्चर्स' का एक संस्करण मेरे हाथ लग गया। बड़ी उत्साहजनक खोज थी यह; उसकी नास्तिकता से मेरे इस विश्वास को बल मिला कि ओल्ड टेस्टामेंट की भयानक क्रूरता मानवता के लिए शर्मनाक बात थी। फिर मुझे इमर्सन मिले। 'सेल्फ रिलाएंस' (आत्मनिर्भरता) पर उनका लेख पढ़कर लगा, जैसे मुझे बेहतरीन जन्मसिद्ध अधिकार सौंप दिया गया हो। फिर आए शॉपेनहावर। मैंने 'द वर्ल्ड एज़ विल एंड आइडिया' के तीन खंड ख़रीदे जिन्हें पिछले चालीस सालों में जब-तब पढ़ता रहा हूँ पर कभी भी शुरू से अन्त तक नहीं। वाल्ट व्हिटमैन की 'लीव्स ऑफ़ ग्रास' से मुझे चिढ़ है और यह चिढ़ आज तक बरक़रार है। उसमें प्यार-भरा हृदय कुछ ज़्यादा ही उमड़ता है और राष्ट्रीय रहस्यवाद की अति है। शो के बीच मिलने वाले समय में अपने ड्रेसिंग रूम में मैंने ट्वेन, पो, हॉथोर्न, इर्विंग और हैज़लिट को भी पढ़ने का आनन्द लिया। दूसरे दौरे में मैं शास्त्रीय शिक्षा उतनी भले ही न आत्मसात कर पाया होऊँ जितनी मैं चाहता था, पर जिस कारोबार में मैं था उसके निचले स्तर के उबाऊपन से मेरा परिचय हो गया था।

ये सस्ते रंगारंग सर्किट्स बड़े ही मनहूस और निराशाजनक थे और अमेरिका में मेरे भविष्य की आशा सप्ताह के हर दिन कभी तीन और कभी चार शो की चक्की में पिसने लगी। इसकी तुलना में इंग्लैंड का रंगारंग जगत् स्वर्ग था। वहाँ हम सप्ताह में छह दिन काम करते थे और एक रात में दो ही शो होते थे। लेकिन अमेरिका में हमें यह सोचकर सन्तोष कर लेना पड़ता था कि पैसा कुछ ज़्यादा मिल रहा है।

पाँच महीनों तक लगातार 'कड़ी' मेहनत से काम करने की थकान से मेरी हिम्मत जवाब दे रही थी। इसलिए जब फ़िलाडेल्फ़िया में एक हफ़्ते के आराम का मौक़ा मिला तो मैंने इसे सहर्ष स्वीकार कर लिया। मुझे बदलाव चाहिए था। दूसरा परिवेश चाहिए था। अपनी पहचान खोकर कोई और बन जाने का मौक़ा चाहिए था। रोज़-रोज़ की इस घटिया दर्ज़े की रंगारंग प्रस्तुति से मैं उकता गया था इसलिए मैंने सोचा एक हफ़्ते जमकर ऐश की जाए। पैसे भी काफ़ी जमा हो चुके थे, अत: एक बार जो मैं खूँटे से छूटा तो दिल खोलकर ख़र्च करने लगा। करता भी क्यों क्यों नहीं? मैंने इतना जमा करने के लिए फूँक-फूँक कर ख़र्च भी तो किया था और सोचा था कि जब काम नहीं होगा, उस समय भी सँभालकर ख़र्च करना है, तो फिर ज़रा-सा ख़र्च अभी क्यूँ न कर लिया जाए?

मैंने एक महँगा ड्रेसिंग गाउन ख़रीदा और एक शानदार सूटकेस जिसकी क़ीमत पिचहत्तर डॉलर थी। दुकानदार तो ख़ुशामद में बिछ गया, कहने लगा : "सर, कहिए तो आपके घर पर पहुँचा दिया जाए?" उसके इन थोड़े से शब्दों ने मेरा सिर ऊँचा कर दिया, मुझे कुछ विशिष्ट बना दिया। अब न्यूयॉर्क जाऊँगा और इस घटिया रंगारंग कार्यक्रम का और इसके पूरे अस्तित्व का चोला अपने ऊपर से उतार फेकूँगा।

मैंने होटल एस्टर में एक कमरा लिया, जो उन दिनों बड़ा आलीशान माना जाता था। मैंने अपना नया कोट और डर्बी टोप पहना, छड़ी ली और हाँ, साथ में अपना छोटा सूटकेस भी ले लिया। लॉबी की तड़क-भड़क और वहाँ आते-जाते लोगों का विश्वास देखकर मैं कुछ डगमगाया और घबराहट में ही रिसेप्शन डेस्क पर जाकर अपना नाम दर्ज़ कराया।

कमरे का किराया 4.50 डॉलर प्रतिदिन। डरते हुए मैंने पूछा कि किराया एडवांस में दे दूँ। क्लर्क ने बड़ी ही विनम्रता और दिलासा-भरे अन्दाज़ में कहा, "अरे नहीं सर, इसकी कोई ज़रूरत नहीं है।"

लॉबी की चमक-दमक और शानो-शौक़त के बीच चलते हुए मेरी भावनाओं को कुछ-कुछ होने लगा और कमरे में पहुँचकर तो मेरा मन रोने का करने लगा। मैं लगभग एक घंटे तक कमरे में रहा। बाथरूम में लगे तरह-तरह के आईनों और नलों का मुआयना किया। उसके ठंडे और गर्म पानी के नलों को चलाकर उनका प्रचुर बहाव देखा। नलों और फव्वारों की बढ़िया क़िस्में निहारता रहा। कितनी शानदार और आश्वस्तकारी होती है विलासिता!

मैंने स्नान किया, बालों में कंघी की, नया बाथरोब पहना। मेरा इरादा अपने चार डॉलर पचास सेंट की पाई-पाई को भोगना था। काश, मेरे पास पढ़ने को कुछ होता—अख़बार ही सही। लेकिन अख़बार मँगाने के लिए फ़ोन करने का आत्मविश्वास नहीं था। इसलिए कमरे के बीचोबीच एक कुर्सी पर बैठकर अत्यन्त उदास मन से हर चीज़ को निहारने लगा। लेकिन जितना देखता, उतना ही मेरा अकेलापन और दुख बढ़ता जाता।

कुछ देर बाद मैंने कपड़े पहने और नीचे उतरा। मुख्य भोजन कक्ष का रास्ता पूछा। अभी डिनर का समय नहीं हुआ था। जगह ख़ाली-ख़ाली थी। बस, दो-एक खाने वाले पहुँचे थे। हेड वेटर मुझे खिड़की के पास वाली एक टेबल की ओर ले गया।

"सर, आप यहाँ बैठना पसन्द करेंगे?"

"कहीं भी चलेगा," मैंने अपनी सबसे उम्दा अंग्रेज़ी आवाज़ में कहा।

अगले ही पल मुझे वेटरों की फ़ौज ने घेर लिया और ठंडा पानी, मेन्यू, मक्खन और ब्रेड पेश करने लगे। भावुकता में मेरी भूख ग़ायब हो चुकी थी। अलबत्ता, मैंने इशारों से काम लिया और शोरबा, रोस्ट किया हुआ चिकन व मीठे में वनीला आइसक्रीम का ऑर्डर दिया। वेटर ने मुझे शराब का भी एक मेन्यू दिया जिसे ध्यान से देखने के बाद मैंने आधी बोतल शैम्पेन मँगाई। मैं रईस की भूमिका में इतना डूबा हुआ था कि भोजन और शराब का मज़ा क्या ही लेता। खा-पी लेने के बाद मैंने वेटर को एक डॉलर का टिप दिया जो उन दिनों के हिसाब से असाधारण रूप से ज़्यादा थी। लेकिन बाहर जाते वक़्त जो अदब और आदाब मुझ पर बरसाए गए, इतनी टिप देनी तो बनती थी। अकारण ही मैं वापस अपने कमरे में गया, दस मिनट तक बैठा, फिर हाथ धोए और बाहर निकल पड़ा।

गर्मी की नरम शाम थी, मेरे मूड की तरह और मैं मेट्रोपोलिटन ओपेरा हाउस की ओर जा रहा था। वहाँ 'तैन्होइज़र' चल रहा था। मैंने कभी ग्रैंड ओपेरा नहीं देखा था। हालाँकि इसके कुछ अंश रंगारंग कार्यक्रमों में देखे थे और मुझे इससे भयंकर चिढ़ थी। लेकिन अभी मैं इसके मूड में था। मैंने एक टिकट ख़रीदा और सेकेंड सर्किल में बैठा। ओपेरा जर्मन में था, जिसका एक भी शब्द मेरे पल्ले नहीं पड़ा और न ही मुझे कहानी मालूम थी। लेकिन रानी के मरने के बाद उसे तीर्थयात्रियों के सामूहिक गान के संगीत के साथ लाया गया तो मैं फूट-फूट कर रो पड़ा। इसमें मेरी ज़िन्दगी का सारा दर्द सिमट आया लगता था। मैं अपने आपको रोक नहीं पाया। मेरे आसपास बैठे लोगों ने क्या सोचा होगा, मुझे नहीं पता, लेकिन बाहर निकला तो बदन में ताक़त नहीं रह गई थी। मैं भावनात्मक रूप से चूर-चूर हो गया था।

सबसे अँधेरे रास्तों से होकर मैं शहर की ओर चलने लगा, क्योंकि ब्रॉडवे की घूरती रोशनी मुझसे बर्दाश्त नहीं हो रही थी और मूड ठीक होने तक मैं होटल वाले उस वाहियात कमरे में भी लौटना नहीं चाहता था। मूड ठीक होने पर मेरा जाते ही सो जाने का इरादा था। शारीरिक और मानसिक रूप से मैं निढाल हो चुका था।

होटल में घुसने से पहले मैं अचानक हैट्टी के भाई आर्थर केली से टकरा गया। हैट्टी जिस मंडली में थी वह उसका मैनेजर था। उसका भाई होने के नाते हम लोगों में दोस्ती थी। मैंने कई बरसों से आर्थर को नहीं देखा था।

"चार्ली! कहाँ जा रहे हो?" उसने कहा। मैंने लापरवाही से एस्टर की दिशा में सिर हिलाया, "सोने जा रहा था।"

आर्थर पर इसका असर पड़ा।

उसके साथ दो दोस्त थे। उनसे मेरा परिचय कराने के बाद उसने प्रस्ताव रखा कि क्यों हम सभी को कॉफ़ी और गपशप के लिए मेडिसन एवेन्यू स्थित उसके घर चलें।

फ़्लैट आरामदेह था। हम लोगों ने साथ बैठकर इधर-उधर की हल्की-फुल्की बातें कीं। आर्थर इस बात के प्रति सतर्क था कि हमारे अतीत का कोई ज़िक्र न आने पाए। वैसे, मेरे एस्टर में ठहरने की बात सुनकर वह मेरे बारे में और जानने को उत्सुक था। लेकिन मैंने कुछ ख़ास बताया नहीं। सिर्फ़ इसके कि मैं दो या तीन दिनों की छुट्टी में न्यूयॉर्क आया था।

जब आर्थर कैम्बरवेल में रह रहा था, तब से अब तक उसने लम्बा सफ़र तय कर लिया था। अब वह अमीर व्यवसायी बन गया था और अपने जीजा फ्रेंक जे. गॉल्ड के लिए काम करता था। उसकी दुनियावी बातें सुनकर मैं और उदास होता चला गया। अपने दोस्तों में से एक की ओर इशारा करते हुए केली ने कहा, "अच्छा लड़का है वह। मेरी जानकारी में अच्छे परिवार का है।" ख़ानदान के बारे में उसकी रुचि देखकर मैं मन-ही-मन अपने आप पर मुस्कराया और समझ गया कि आर्थर और मेरा कोई मेल नहीं था।

न्यूयॉर्क में मैं केवल एक दिन रुका। अगली सुबह मैंने फ़िलाडेल्फ़िया लौटने का फ़ैसला कर लिया। उस एक दिन में मुझे जो बदलाव चाहिए था, वह मिला लेकिन यह भावनात्मक अकेलापन था और मुझे संग-साथ चाहिए था। मुझे सोमवार सुबह के कार्यक्रम और मंडली के लोगों का इन्तज़ार था। पुराने कोल्हू में जुतना चाहे कितना भी उबाऊ हो लेकिन उस एक दिन के ठाट-बाट से मेरा जी भर गया था।

फ़िलाडेल्फ़िया लौटकर मैं थियेटर गया। रीव्ज़ साहब के नाम एक तार आया था और उन्होंने जब उसे खोला, मैं वहीं था।

"मुझे लगता है यह तुम्हारे लिए है," उन्होंने कहा।

लिखा था, "आपकी कम्पनी में चैकिन या वैसे ही नाम का कोई व्यक्ति है। यदि हो सके तो वह केसल एंड बाउमन, 24 लॉन्गएकर बिल्डिंग ब्रॉडवे से सम्पर्क करे।"

कम्पनी में उस नाम का कोई नहीं था, लेकिन रीव्ज़ का मानना था कि उस नाम का मतलब चैप्लिन हो सकता है। लॉन्गएकर बिल्डिंग का नाम सुनकर मैं आनन्दित हो उठा क्योंकि लॉन्गएकर बिल्डिंग ब्रॉडवे के बीचोबीच पड़ती थी और इसमें वकीलों के दफ़्तर भरे पड़े थे; मुझे याद आया कि स्टेट्स में कहीं मेरी एक अमीर चाची हुआ करती थी, यह सोचकर मेरी कल्पना को पंख लग गए। मैं सोचने लगा मरने से पहले वो ज़रूर अच्छा-ख़ासा पैसा छोड़ गई होंगी। सो मैंने केसल एंड बाउमन को झटपट तार दिया कि कम्पनी में चैप्लिन नामक एक व्यक्ति है और वे शायद उसी के बारे में बात कर रहे हैं। तार भेजकर मैं उत्सुकता से जवाब की प्रतीक्षा करने लगा। जवाब उसी दिन मिला। मैंने झट से तार फाड़ा और खोलकर पढ़ा।

लिखा था, "क्या आप चैप्लिन को जल्द-से-जल्द दफ़्तर में मिलने को कह सकते हैं।"

उत्साहित होकर बड़ी आशा से मैंने न्यूयॉर्क के लिए एकदम सुबह की गाड़ी पकड़ी, फ़िलाडेल्फ़िया से ढाई घंटे का रास्ता था। क्या होगा मुझे नहीं पता था—मैंने कल्पना की कि मैं किसी वकील के दफ़्तर में बैठा हूँ और मुझे कोई वसीयत पढ़कर सुनाई जा रही है।

हालाँकि पहुँचने पर कुछ निराशा हुई, क्योंकि केसल एंड बाउमन वकील नहीं थे, बल्कि मोशन पिक्चर्स के चलचित्र निर्माता थे। अलबत्ता, यह मामला रोमांचक होने जा रहा था।

मि. चार्ल्स केसल कीस्टोन कॉमेडी फ़िल्म कम्पनी के मालिकों में से एक थे। उन्होंने कहा कि मि. मैक सेनेट ने मुझे फोर्टी सेकेंड स्ट्रीट वाले अमेरिकी म्यूज़िक हॉल में पियक्कड़ की भूमिका में देखा था और यदि मैं वही आदमी हूँ तो वे मुझे फ़ोर्ड स्टर्लिंग की जगह रखना चाहेंगे। मेरे मन में कई बार फ़िल्मों में काम करने का ख़याल आया था और अपने मैनेजर रीव्ज़ स्कैचेज़ के सामने मैंने यह प्रस्ताव भी रखा था कि हम लोग मिलकर साझेदारी में कार्नो के नाटकों के सर्वाधिकार ख़रीद लें और उनकी फ़िल्में बनाएँ। लेकिन रीव्ज़ को मेरी योजना पूरा भरोसा नहीं था, और बात सही भी थी क्योंकि हम फ़िल्म बनाने के बारे में कुछ भी नहीं जानते थे।

क्या मैंने कीस्टोन की कोई कॉमेडी देखी है? केसल साहब ने पूछा। "हाँ देखी हैं," देखी तो मैंने कई थीं, लेकिन मैंने यह नहीं बताया कि मुझे वो कहीं की ईंट, कहीं का रोड़ा जोड़ के बनाई लगती थीं। अलबत्ता, माबेल नॉर्मेंड नामक ख़ूबसूरत लड़की, जो बीच-बीच में उन फ़िल्मों में आती-जाती रहती थी, की मौज़ूदगी के कारण वे अब तक टिके हुए थे। कीस्टोन शैली की कॉमेडी को लेकर मैं कुछ ख़ास उत्साहित नहीं था, लेकिन मुझे इसकी लोकप्रियता का भान था।

मुझे लगा कि इस फ़िल्म या कार्यक्रम में एक साल बिताकर रंगारंग कार्यक्रमों की दुनिया में लौटने पर मैं अन्तरराष्ट्रीय सितारा बन जाऊँगा। इसके अलावा, इसमें एक नई ज़िन्दगी और अच्छा माहौल भी था। केसल का कहना था कि क़रार के अनुसार मुझे प्रति सप्ताह तीन फ़िल्मों में काम करना होगा और वेतन होगा डेढ़ सौ डॉलर। कार्नो की कम्पनी से जितना मिलता था, यह उससे दुगुना था। फिर भी ना-नुकुर करते हुए मैंने कहा कि प्रति सप्ताह दो सौ डॉलर से कम नहीं लूँगा। केसल साहब ने कहा अब ये सेनेट साहब पर है; वे उन्हें केलीफ़ोर्निया में बता देंगे, फिर मुझे सूचना मिल जाएगी।

केसल के जवाब का इन्तज़ार मैंने बड़ी बेचैनी से किया। शायद मैं बहुत ज़्यादा माँग बैठा था। आख़िरकार ख़त आया कि वे लोग पहले तीन महीनों के लिए डेढ़ सौ डॉलर और बाक़ी के नौ महीनों के लिए एक सौ पचहत्तर डॉलर—ज़िन्दगी में

अब तक इससे बड़ा ऑफ़र नहीं मिला था—के हिसाब से साल-भर के क़रार के लिए तैयार हैं। सॉलिवन एंड कॉन्सिडाइन टूर के समाप्त होते ही काम शुरू होना था।

ईश्वर की कृपा से लॉस एंजेल्स के एम्प्रेस में हमारे शो ख़ूब चले थे। यह एक कॉमेडी थी। नाम था 'ए नाइट एट द क्लब'। मैं एक कमज़ोर बूढ़े पियक्कड़ की भूमिका में था और दिखने में कम-से-कम पचास बरस का लग रहा था। नाटक समाप्त होने पर सेनेट साहब ख़ुश होकर मुझे बधाई देने आए। उस छोटी-सी मुलाक़ात में मेरा साबका घनी भौंह, भारी चेहरे व मजबूत जबड़े वाले एक भारी-भरकम इनसान से पड़ा और मैं उनके चेहरे-मोहरे से प्रभावित हुआ। लेकिन मैं इस उधेड़बुन में था कि भविष्य में वे कितनी सहृदयता से पेश आएँगे। उस साक्षात्कार के दौरान मैं बेहद नर्वस था और समझ नहीं पा रहा था कि वे मुझसे ख़ुश हैं या नहीं।

मैं उन्हें कब ज्वाइन करूँगा, उन्होंने चलताऊ ढंग से पूछा। मैंने बताया सितम्बर के पहले हफ़्ते में शुरू करूँगा, जब कार्नो कम्पनी से मेरा क़रार ख़त्म होगा। कंसास सिटी छोड़ने को लेकर मेरे मन में कुछ खटका था। कम्पनी वापस इंग्लैंड जा रही थी और मैं लॉस एंजेल्स, जहाँ मैं अकेला होऊँगा, बात कुछ जम नहीं रही थी। अन्तिम कार्यक्रम के पहले मैंने सबके लिए ड्रिंक मँगाया और सबसे विदा लेने के विचार से मैं कुछ ग़मगीन हो गया।

अपनी मंडली के आर्थर डैंडो, जिसकी मुझसे किसी कारणवश पटती नहीं थी, को मज़ाक़ सूझा और उसने कुछ उपहासात्मक ढंग से मुझे बताया कि कम्पनी की ओर से मुझे तोहफ़ा मिलेगा। क़बूल करता हूँ कि यह बात मेरे दिल को छू गई थी। अलबत्ता, कुछ हुआ नहीं। जब सब ड्रेसिंग रूम से जा चुके थे, फ्रेड कार्नो जूनियर ने स्वीकार किया कि डैंडो ने वास्तव में एक विदाई भाषण तैयार किया था और मुझे एक भेंट देने की व्यवस्था भी की थी, लेकिन यह देखकर कि मैंने सबके लिए पीने का इंतजाम किया है, उसकी वह सब करने की हिम्मत नहीं हुई और उसने वह तथाकथित 'उपहार' ड्रेसिंग टेबल के आईने के पीछे छोड़ दिया था। वह टिन की पन्नी में लिपटी हुई तम्बाकू की ख़ाली डिब्बी थी जिसमें चिकनाई वाले रोगन की पुरानी खुरचन रखी हुई थी।

दस

उत्सुकता और चिन्ता से भरा मैं लॉस एंजेल्स पहुँचा और ग्रेट नॉर्दर्न नाम के एक छोटे-से होटल में कमरा लेकर टिक गया। पहली शाम को मैंने एम्प्रेस में दूसरा शो देखा जहाँ कार्नो कम्पनी भी अपने प्रदर्शन कर चुकी थी। अत: अटेंडेंट ने मुझे पहचान लिया और कुछ ही पल बाद मुझे यह बताने के लिए आया कि मि. सेनेट और मिस

माबेल नॉर्मेंड मुझसे दो क़तार पीछे बैठे हुए हैं और पूछ रहे हैं कि क्या मैं उनके साथ बैठना पसन्द करूँगा? मैं रोमांचित हो गया और जल्दबाज़ी में फुसफुसाकर दिये गए परिचय के बाद हमने मिलकर शो देखा। शो के ख़त्म हो जाने के बाद हम मेन स्ट्रीट पर कुछ क़दम चलकर गए और हल्के-फुल्के खाने और ड्रिंक के लिए तहख़ाने में बने बीयर बार में चले गए। मि. सेनेट को यह देखकर धक्का लगा कि मैं इतनी कम उम्र का हूँ।

"मेरा तो ख़याल था कि तुम काफ़ी बूढ़े होगे," उन्होंने कहा। उनकी आवाज़ में परेशानी झलक रही थी, जिसने मुझे भी परेशानी में डाल दिया क्योंकि सेनेट साहब के सभी कॉमेडियन बुढ़ऊ से दिखने वाले शख़्स होते थे। फ्रेड मेस पचास से ऊपर की उम्र के थे जबकि फ़ोर्ड स्टर्लिंग भी चालीस के क़रीब थे।

"मैं मेकअप करके उतना बूढ़ा हो सकता हूँ जितना आप चाहें।" मैंने जवाब दिया। अलबत्ता, नॉर्मेंड आश्वस्त लग रही थी। मेरे बारे में उसके जो भी ख़यालात थे, उसने उन्हें ज़ाहिर नहीं होने दिया। मि. सेनेट ने कहा कि मेरा काम तत्काल ही शुरू नहीं होगा। लेकिन मैं एडेंडेल के स्टूडियो में आ सकता हूँ और वहाँ लोगों से जान-पहचान बढ़ा सकता हूँ। जब हम कैफ़े से चले तो जैसे-तैसे मि. सेनेट की भव्य रेसिंग कार में फिट हो गए और उन्होंने मुझे मेरे होटल छोड़ दिया।

अगली सुबह, मैं एडेंडेल जाने के लिए एक स्ट्रीट-कार में सवार हुआ। यह जगह लॉस एंजेल्स के एक उपनगर में थी। इलाक़ा बहुत विचित्र-सा दिखता था और मैं तय नहीं कर पा रहा था कि यह ग़रीब लोगों की रिहायशी बस्ती थी या फिर अर्ध-औद्योगिक बस्ती। इसमें छोटे-छोटे कबाड़ख़ाने थे। उजाड़ से दिखने वाले छोटे-छोटे खेत थे जिन पर सड़क की तरफ़ एकाध लकड़ी के खोखे से बने हुए थे। कई जगह पूछताछ करने के बाद मैं कीस्टोन स्टूडियो के सामने पहुँच पाया। यहाँ पर भी ढहते हुए खँडहरों वाला मामला था। चारों तरफ़ हरी बाड़ लगी हुई थी, लगभग डेढ़ सौ वर्ग फ़ीट में। इसका रास्ता एक बग़ीचे के गलियारे से होकर जाता था और बीच में एक पुराना बँगला पड़ता था। पूरी जगह एडेंडेल की तरह मनहूसियत भरी लग रही थी। मैं सड़क के दूसरी तरफ़ खड़ा होकर उसे देखता रहा और मन-ही-मन उधेड़बुन में लगा रहा कि भीतर जाऊँ या नहीं।

दोपहर के खाने का समय था और मैं औरतों व मर्दों को अपने-अपने मेकअप में बँगले के बाहर आते देखता रहा। इनमें कीस्टोन के सुरक्षाकर्मी भी थे। वे सड़क पार कर सामने बने एक छोटे से जनरल स्टोर में जाते और सैंडविच तथा हॉट-डॉग खाते हुए बाहर आ जाते। उनमें से कुछ लोग एक-दूसरे को ज़ोर-ज़ोर से आवाज़ें देकर पुकार रहे थे, "...ओए हैंक, जल्दी करो, स्लिम से कहो, फटाफट आए।"

अचानक ही मैंने शर्मिन्दगी महसूस की और तेज़ी से सुरक्षित दूरी पर जाकर एक कोने में खड़ा हो गया तथा देखने लगा कि शायद मि. सेनेट या मिस नॉर्मेंड बँगले

से बाहर आ जाएँ लेकिन वे नज़र नहीं आए। मैं आधे घंटे तक वहाँ खड़ा रहा और फिर फ़ैसला किया कि होटल ही वापस चला जाए। स्टूडियो में जाने और उन सब लोगों का सामना करने की समस्या मेरे लिए पहाड़ होती जा रही थी।

दो दिन तक मैं स्टूडियो के गेट तक जाता लेकिन मेरी इतनी हिम्मत नहीं होती कि भीतर जा सकूँ। तीसरे दिन मि. सेनेट ने फ़ोन किया और जानना चाहा कि मैंने अब तक अपनी शक्ल क्यों नहीं दिखाई। मैंने उनसे कोई उलटा-सीधा बहाना बना दिया। "अभी, ठीक इसी वक़्त चले आओ। मैं तुम्हारा इन्तज़ार करूँगा," उन्होंने कहा। तब जाकर मैं वहाँ पहुँचा और धड़ल्ले से बँगले के भीतर घुसकर मि. सेनेट के बारे में पूछा।

वे मुझे देखकर बहुत ख़ुश हुए और सीधे ही स्टूडियो में ले गए। मेरी ख़ुशी का पारावार न रहा। नरम, सम रोशनी पूरे सेट पर फैली हुई थी। यह रोशनी सफ़ेद कपड़ों की बहुत बड़ी चादरों से आ रही थी जो सूर्य की रोशनी की चमक को छितरा रही थीं और इससे पूरे परिवेश को एक अलौकिक आभा मिल रही थी। रोशनी के इस फैलाव से दिन की-सी रोशनी का आभास मिल रहा था।

एक-दो अभिनेताओं से मिलने के बाद मैं वहाँ चल रहे काम में दिलचस्पी लेने लगा। एक-दूसरे से सटे तीन सेट लगे हुए थे और उनमें तीन कॉमेडी कम्पनियाँ काम कर रही थीं। यह सब ऐसा लग रहा था मानो आप विश्व मेले में कुछ देख रहे हों। एक सेट पर माबेल नॉर्मेंड एक दरवाज़ा पीट रही थीं और चिल्ला रही थीं, "...मुझे भीतर आने दो।" तभी कैमरा रुक गया और सीन पूरा हो गया। तब मुझे इस बारे में कुछ भी पता नहीं था कि फ़िल्में इस तरह टुकड़ों में बना करती हैं।

एक और सेट पर फ़ोर्ड स्टर्लिंग काम कर रहे थे। मुझे उन्हीं की जगह लेनी थी। मि. सेनेट ने उनसे मेरा परिचय कराया। फ़ोर्ड साहब कीस्टोन कम्पनी छोड़कर जा रहे थे क्योंकि वे यूनिवर्सल के साथ मिलकर अपनी ख़ुद की कम्पनी खड़ी करने वाले थे। वे जनता और स्टूडियो में सबके बीच बहुत लोकप्रिय थे। लोग उनके सेट के आसपास घेरा बनाए खड़े थे और उनके अभिनय पर ख़ूब हँस रहे थे। सेनेट मुझे एक तरफ़ ले गए और अपने काम करने के तौर-तरीक़े के बारे में बताया, "हमारे पास कोई सिनेरियो नहीं होता। हमें बस एक आइडिया आता है, उसके बाद घटनाओं की स्वाभाविक श्रृंखला चलती है, चलती रहती है और आख़िर में भागा-दौड़ी में ख़त्म होती है। यही हमारी कॉमेडी का निचोड़ होता है।"

यह तरीक़ा अच्छा था, लेकिन व्यक्तिगत तौर पर मैं इस तरह के नाटक से नफ़रत करता था। मुझे लगता था इससे धीरे-धीरे आदमी का व्यक्तित्व ही ख़त्म हो जाता है। हालाँकि मैं फ़िल्मों के बारे में कम ही जानता था, लेकिन इतना ज़रूर जानता था कि कोई भी चीज़ व्यक्तित्व पर हावी नहीं होनी चाहिए।

उस दिन मैं एक सेट से दूसरे सेट के बीच भटकता रहा और कम्पनियों को काम करते देखता रहा। ऐसा लग रहा था मानो वे सब स्टर्लिंग की ही नक़ल कर रहे हों।

इससे मैं चिन्ता में पड़ गया, क्योंकि उनकी स्टाइल मेरे लिए उपयुक्त नहीं थी। वे एक परेशानहाल डच मैन की भूमिका करते थे और बिना किसी पूर्व तैयारी के दृश्यों के ज़रिये डच उच्चारण में होंठ हिलाने का अभिनय करते थे। हालाँकि यह सब मज़ाक़ भरा होता था लेकिन मूक फ़िल्मों में खो जाता था। मैं इस बात को लेकर परेशान था कि मि. सेनेट मुझसे क्या उम्मीद करते हैं। उन्होंने मेरा काम देखा हुआ था और जानते थे कि मैं फ़ोर्ड टाइप कॉमेडी के लायक़ नहीं था। बल्कि मेरी शैली तो ठीक उसके विपरीत थी। इसके बावजूद स्टूडियो में सोची या विचारी गई कोई भी कहानी या स्थिति सायास या अनायास फ़ोर्ड साहब को ही ध्यान में रखकर तय की जाती थी। यहाँ तक कि रॉस्को ऑरबकल भी स्टर्लिंग की ही नक़ल कर रहे थे।

स्टूडियो निश्चित ही पहले कोई खेत रहा होगा। माबेल नॉर्मेंड का ड्रेसिंग रूम दूर एक पुराने बँगले में था और इससे सटा हुआ एक दूसरा कमरा था जो अभिनेत्रियों की मंडली की दूसरी महिलाओं के तैयार होने की जगह थी। बँगले के ठीक सामने ही कलाकारों की मंडली के जूनियर स्टाफ़ और कीस्टोन के सुरक्षाकर्मियों के लिए मुख्य ड्रेसिंग रूम था जो शायद कभी खलिहान रहा होगा। इनमें ज़्यादातर लोग सर्कस के भूतपूर्व जोकर और ईनामी कुश्तीबाज़ रहे थे। मुझे स्टार ड्रेसिंग रूम दिया गया, जिसे पहले मैक सेनेट, फ़ोर्ड स्टर्लिंग और रॉस्को ऑरबकल इस्तेमाल करते रहे थे। यह भी एक खलिहाननुमा ढाँचा था जो शायद कभी अश्व-सज्जा कक्ष होगा। माबेल नॉर्मेंड के अलावा वहाँ दूसरी कई ख़ूबसूरत लड़कियाँ थीं। यह सौन्दर्य और पाशविकता का अद्‌भुत और अनूठा संगम था।

कई दिन तक मैं स्टूडियो-दर-स्टूडियो भटकता रहा और हैरान-परेशान होता रहा कि आख़िर काम कब शुरू होगा? कई बार मैं स्टेज पर आते-जाते सेनेट साहब से टकरा जाता, लेकिन वे मेरी तरफ़ सूनी निगाहों से देखते और अपने ही ख़यालों में खोए रहते। मैं इस असुविधाजनक ख़याल से परेशान हो रहा था कि वे समझते होंगे कि उन्होंने मुझे रखकर ग़लती की है लेकिन मुझे इस हाल से निकालने के लिए वे कोई कोशिश भी तो नहीं कर रहे थे।

मेरी मानसिक शान्ति सेनेट साहब पर ही निर्भर थी। अगर हम कहीं रास्ते में एक-दूसरे से टकरा भी जाते तो वे मुस्करा देते और मेरी उम्मीदें बढ़ जातीं। बाक़ी कम्पनी का रुख़ 'वह देखो और इन्तज़ार करो' वाला था लेकिन कुछ लोगों की निगाह में मैं फ़ोर्ड के ग़लत विकल्प के रूप में ही चुन लिया गया था।

शनिवार आया तो सेनेट साहब बहुत ही उदार दिखे। उन्होंने कहा, "फ्रंट ऑफ़िस में जाओ और अपना चेक ले लो।" मैंने उनसे कहा कि मैं चेक के बजाय काम करने के बारे में परेशान हूँ। मैं फ़ोर्ड स्टर्लिंग की नक़ल करने के बारे में भी बात करना चाहता था लेकिन उन्होंने मुझे यह कहकर दरकिनार कर दिया कि "चिन्ता मत करो, जल्दी ही हम तुम्हें काम भी देंगे।"

बेकार बैठे हुए नौ दिन बीत चुके थे और मेरा तनाव मेरी नसों में बह रहा था। अलबत्ता, फ़ोर्ड साहब मुझे सान्त्वना देते और काम के बाद अक्सर मुझे शहर तक लिफ्ट भी दे देते। रास्ते में हम एलेक्ज़ैंड्रा बार में ड्रिंक के लिए रुकते और उनके मित्रों से मिलते। उनमें से एक थे मि. एल्मर एल्सवर्थ जिन्हें मैं शुरू-शुरू में तो नापसन्द करता और कुछ हद तक फूहड़ समझता था क्योंकि वे मज़ाक़ करते हुए मुझ पर फ़ब्तियाँ कसते कि "मेरा ख़याल है आप फ़ोर्ड की जगह ले रहे हैं। ठीक है, लेकिन क्या आप हँसोड़ हैं?"

"विनम्रता इस बात की इजाज़त नहीं देती," मैंने चुटकी ली। हालाँकि इस तरह की घिसाई बहुत तकलीफ़देह थी, ख़ासकर फ़ोर्ड साहब की मौज़ूदगी में।

लेकिन पूरी सौम्यता से उन्होंने मुझे इस हालत से यह कहकर बाहर निकाल लिया, "क्या आपने इन्हें एम्प्रेस में शराबी की भूमिका में नहीं देखा है? बहुत हँसाया इन्होंने उसमें।"

"अच्छा, इन्होंने अब तक मुझे तो नहीं हँसाया।" एल्सवर्थ बोले।

वे मोटे, बेढंगे आदमी थे जो ग्लैंडर रोग से पीड़ित दिखते थे, जिसमें नीचे का जबड़ा घोड़े की तरह सूज जाता है और नाक से पानी आने लगता है। उनका चेहरा उदासी से भरा और मनहूसियत के भाव लिये होता था। उनके चेहरे पर बाल नहीं थे, उदास आँखें, लटका चेहरा और ऐसी मुस्कराहट जिससे लगे कि वे साहित्य, वित्त और राजनीति पर कोई तोप चीज़ हैं तथा देश में सबसे ज़्यादा जानकार बस वही हैं और उन्हें हास्यबोध की ख़ूब परख है। अलबत्ता, मुझे यह सब नहीं जमा और मैंने तय किया कि मैं उनसे बचने की कोशिश करूँगा। लेकिन एक रात एलेक्ज़ेंड्रा बार में वे बोले, "अब तक यह जहाज़ पानी में नहीं उतरा है?"

"अब तक तो नहीं," मैं बेचैन हँसी हँसा।

"ठीक है, आप हँसोड़ ही बने रहो।"

चूँकि इन महाशय से काफ़ी कुछ सुन चुका था, तो मैंने तय किया कि इनको भी कड़वी ख़ुराक़ का एक घूँट आज पिला ही दिया जाए।

"ठीक है, आप जितने हँसोड़ दिखते हैं, उसके आधे से भी मेरा काम चल जाएगा।" मैंने कहा।

"हुँह, ताने मारने वाला मज़ाक़? ठीक है, ठीक है, इसके बाद मैं आपके लिए एक ड्रिंक ख़रीद दूँगा।"

*

ख़ैर आख़िर वह पल आ ही गया। सेनेट साहब माबेल के साथ लोकेशन पर बाहर गए हुए थे और फ़ोर्ड स्टर्लिंग कम्पनी भी वहाँ नहीं थी, यानी स्टूडियो में कोई भी नहीं था। कीस्टोन के सबसे वरिष्ठ निर्देशक हेनरी लेहरमैन सेनेट के बाद एक नई

फ़िल्म शुरू करने वाले थे और चाहते थे कि मैं उसमें अख़बार के रिपोर्टर की भूमिका करूँ। लेहरमैन बहुत ही घमंडी क़िस्म के आदमी थे और इस बात पर उन्हें बहुत गर्व था कि उन्होंने मशीनी तरीक़े की कुछ बहुत ही सफल कॉमेडी फ़िल्में बनाई हैं। वे कहा करते थे कि उन्हें अभिनेताओं की ज़रूरत नहीं होती और वे अपने लिए हँसी का सारा सामान मैकेनिकल प्रभावों और सम्पादन से पैदा कर सकते हैं।

हमारे पास कोई कहानी नहीं थी। सारा क़िस्सा प्रिंटिंग प्रेस के आसपास बुना जाना था जिसमें यहाँ-वहाँ हँसी के कुछ पल जुटाए जाने थे। मैंने एक हल्का फ्रॉक कोट पहना, एक टॉप हैट लगाया और लम्बी-मोटी मूँछें रखीं। जब हमने काम शुरू किया तो मैं देख पा रहा था कि लेहरमैन साहब के पास नये विचारों का अकाल था। इसके अलावा बात यह भी थी कि चूँकि मैं कीस्टोन में नया था तो सुझाव देने के लिए छटपटा रहा था, परेशान था कि सुझाव दूँ या नहीं, और यहीं आकर मेरी लेहरमैन साहब से टकराहट शुरू हुई।

एक दृश्य था जिसमें मुझे अख़बार के सम्पादक का साक्षात्कार लेना था, अत: अपनी तरफ़ से जितना भी सोचा जा सकता था, मैंने हँसी के पल डालने की कोशिश की, यहाँ तक किया कि बाक़ी कलाकारों से भी सुझाव माँगे। हालाँकि फ़िल्म तीन दिन में पूरी हो गई थी और मुझे लग रहा था कि हम कुछ बहुत ही हँसी-मज़ाक़ की चीज़ें डालने में सफल रहे थे। लेकिन जब मैंने तैयार फ़िल्म देखी तो मेरा दिल डूब गया। इसका कारण यह था कि सम्पादक महोदय ने उसमें इतनी काट-छाँट कर दी थी कि उसे पहचाना ही नहीं जा सकता था। मेरे हँसी-मज़ाक़ वाले सभी दृश्यों के ठीक बीच में कैंची चलाई गई थी। मेरा तो दिमाग़ ही ख़राब हो गया। मैं सोच-सोचकर परेशान होने लगा कि आख़िर उन्होंने ऐसा क्यों किया। लेहरमैन साहब ने कई बरस बाद इस बात को स्वयं स्वीकार किया था कि उन्होंने यह सब जान-बूझकर किया था, क्योंकि उनके विचार से मैं कुछ ज़्यादा ही सयाना बन रहा था।

लेहरमैन साहब के साथ जिस दिन मैंने अपना काम ख़त्म किया, उसके एक दिन बाद सेनेट साहब लोकेशन से वापस आए। फ़ोर्ड साहब एक सेट पर थे और ऑरबकल दूसरे सेट पर। पूरे-का-पूरा सेट तीनों कम्पनियों के काम के कारण व्यस्त था और वहाँ तिल धरने की भी जगह नहीं थी। मैं सड़कछाप कपड़ों में था और मेरे पास कोई काम नहीं था। इसलिए मैं एक ऐसी जगह पर जाकर खड़ा हो गया जहाँ से सेनेट साहब की निगाह मुझ पर पड़ सके। वे माबेल के साथ खड़े थे और एक होटल लॉबी का सेट देख रहे थे तथा अपने सिगार का सिरा कुतर रहे थे।

"यहाँ हमें कुछ हँसी चाहिए।" उन्होंने कहा और फिर मेरी तरफ़ मुड़े, "कॉमेडी वाला मेकअप कर लो। कुछ भी चलेगा।"

मुझे रत्ती-भर भी ख़याल नहीं था कि किस तरह का बाना धारण किया जाए। मुझे प्रेस रिपोर्टर वाला अपना गेटअप अच्छा नहीं लगा था। अलबत्ता, ड्रेसिंग रूम

की तरफ़ जाते समय मैंने सोचा कि मैं बैगी पैंट पहन लूँ, बड़े-बड़े जूते हों, हाथ में छड़ी हो, तंग कोट हो और हैट छोटा-सा हो। अभी तक मैं यह तय नहीं कर पाया था कि मुझे जवान दिखना चाहिए या बूढ़ा, तभी मुझे याद आया कि सेनेट साहब मुझसे उम्मीद कर रहे थे कि मैं काफ़ी बूढ़ा लगूँ, इसलिए मैंने छोटी-छोटी मूँछें लगाने का फ़ैसला किया जिससे मेरे ख़याल से, बिना अपने हाव-भाव छुपाए मैं अपनी उम्र को ज़्यादा दिखा सकता था।

मुझे चरित्र के बारे में कोई आइडिया नहीं था। लेकिन ज्यों ही मैं तैयार हुआ, कपड़ों से और मेकअप से मुझे पता चल गया कि इस बाने से किस क़िस्म का व्यक्ति बन चुका है। मैं उसे जानने लगा था और जब मैं स्टेज तक चलकर आया, उस व्यक्तित्व का पूरी तरह से जन्म हो चुका था। जब मैं सेनेट साहब के सामने आया तो मैंने चरित्र ही जीना शुरू कर दिया और रौब से चलने लगा। अपनी छड़ी को हिलाते हुए और उनके आगे चहलक़दमी करते हुए मेरे दिमाग़ से हँसी भरी स्थितियों और मज़ाक़ों का सोता-सा फूटने लगा।

मैक सेनेट की सफलता का राज़ यह था कि उनमें ग़ज़ब का उत्साह था। वे एक बहुत ही बेहतरीन दर्शक थे और जो बात उन्हें मज़ाक़िया लगती, उस पर खुलकर हँसते थे। वे खड़े-खड़े तब तक खिलखिलाते रहे जब तक उनका पूरा शरीर हिलने नहीं लग गया। उन्होंने मेरा उत्साह बढ़ाया और मुझे चरित्र समझाया, "तुम जानते हो कि इस आदमी के व्यक्तित्व के कई पहलू हैं। वह घुमक्कड़ है, मस्तमौला है, भला आदमी है, कवि है, स्वप्नजीवी है, अकेला है, हमेशा रोमांस और रोमांच की उम्मीदें लगाए रहता है। वह तुम्हें इस बात का यक़ीन दिला देगा कि वह वैज्ञानिक है, संगीतज्ञ है, डाकू है, पोलो खिलाड़ी है, अलबत्ता, वह सड़क पर से सिगरेटें उठाकर पीनेवाले और किसी बच्चे से उसकी टॉफी छीन लेने वाले से ज़्यादा कुछ नहीं। और हाँ, यदि मौक़ा आए तो वह किसी भली औरत को पीछे से लात भी जमा सकता है, लेकिन सिर्फ़ बेइन्तहा ग़ुस्से में ही।

मैं दस मिनट या उससे भी ज़्यादा देर तक यही करता रहा और सेनेट साहब लगातार हँसते रहे, खिलखिलाते रहे, "ठीक है," उन्होंने कहा, "सेट पर जाओ और देखो कि तुम क्या कर सकते हो।"

लेहरमैन की फ़िल्म की तरह मैं इस फ़िल्म के बारे में भी कुछ नहीं जानता था सिवाय इसके कि माबेल नॉर्मेंड अपने पति और प्रेमी के बीच फँस जाती है।

किसी भी कॉमेडी में सबसे महत्त्वपूर्ण होता है नज़रिया। लेकिन हर बार नज़रिया ढूँढ़ना आसान नहीं होता। अलबत्ता, होटल लॉबी में मैंने महसूस किया कि मैं छलिया हूँ जो किसी मेहमान की तरह पोज़ कर रहा है, लेकिन वास्तविकता में मैं एक ट्रैम्प था जो आश्रय चाहता था। मैं प्रवेश करता हूँ और एक महिला के पैर से ठोकर खा जाता हूँ, मुड़ता हूँ और माफ़ी माँगते हुए अपना हैट उठाता हूँ। फिर मुड़ता हूँ और

इस बार एक पीकदान से टकरा जाता हूँ, इस बार मैं पीकदान के आगे हैट उठाकर माफ़ी माँगता हूँ। कैमरे के पीछे के सब लोग हँस रहे थे। काफ़ी भीड़ जमा हो गई। न केवल दूसरी कम्पनियों के कलाकार अपना-अपना काम छोड़कर वहाँ जुट आए थे, बल्कि मंच पर काम करने वाले बढ़ई और वार्डरोब में काम करने वालों ने भी अच्छी-ख़ासी भीड़ जुटा दी थी। यह सबसे बड़ा पुरस्कार था। जब तक हमने रिहर्सल ख़त्म की, हमारे आसपास बहुत बड़ी संख्या में दर्शक खड़े हुए हँस रहे थे। जल्दी ही मैंने फ़ोर्ड साहब को दूसरे लोगों के कन्धों के पीछे से उचककर देखते हुए देखा। जब यह सब ख़त्म हुआ तो मैं जानता था, मैं क़िला फ़तह कर चुका हूँ।

दिन के अन्त में जब मैं अपने ड्रेसिंग रूम में गया तो फ़ोर्ड स्टर्लिंग और ऑरबकल अपने-अपने मेकअप उतार रहे थे। बहुत कम बातें हुईं, लेकिन पूरे माहौल में एक लहर चल रही थी। फ़ोर्ड तथा रॉस्को, दोनों ने मुझे पसन्द किया। लेकिन ईमानदारी से कहूँ तो वे दोनों ही किसी भीतरी संघर्ष से जूझ रहे थे।

यह एक लम्बा दृश्य था, जो पूरे पचहत्तर फ़ीट तक चला। बाद में लेहरमैन और सेनेट साहब में इस पूरे दृश्य को ज्यों का त्यों जाने देने के बारे में बहस होती रही, क्योंकि उस समय हँसी-मज़ाक़ के दृश्यों की लम्बाई अमूमन दस फ़ीट हुआ करती थी। "ये अच्छा है मज़ाक़ से भरा हुआ," मैंने कहा, "क्या लम्बाई से वाक़ई फ़र्क़ पड़ता है?" तब उन्होंने तय किया कि इस पूरे दृश्य को जस-का-तस यानी पचहत्तर फ़ीट की लम्बाई तक जाने दिया जाए। चूँकि मेरे कपड़े मेरे चरित्र से मेल खा रहे थे, मैंने तभी और उसी वक़्त तय कर लिया कि भले ही कुछ भी हो जाए, मैं अपनी इसी छवि को बनाए रखूँगा।

उस रात मैं स्ट्रीटकार में अपने घर लौटा। मेरे साथ हमारी कम्पनी में काम करने वाला एक जूनियर कलाकार था। उसने कहा, "दोस्त, आपने एक नई शुरुआत की है। अब तक ऐसा कभी नहीं हुआ था कि सेट पर इस तरह की हँसी के मौक़े आए हों। फ़ोर्ड स्टर्लिंग साहब के लिए भी नहीं। आप ज़रा उनका चेहरा तो देखते, देखने लायक़ था।"

"अब हम यही उम्मीद करें कि लोग थियेटर में भी इसी तरह हँसें?" मैंने अपनी ख़ुशी को दबाते हुए कहा।

*

कुछ ही दिन बाद, एलेक्ज़ेंड्रा बार में मैंने अपने कॉमन दोस्त एल्मर एल्सवर्थ को मेरे चरित्र के बारे में फ़ोर्ड साहब से कानाफूसी करते सुना, "जनाब ने बैगी पैंट पहनी थी, सपाट पैर और उसकी हालत खस्ता थी, आप देखते तो वो अच्छा-ख़ासा हरामी व धूल-गन्दगी में सना लग रहा था। इस तरह के खीझ-भरे हाव-भाव दिखाता है मानो उसकी बग़ल में चीटियाँ काट रही हों। अच्छा-ख़ासा कार्टून लगता है।"

मेरा चरित्र थोड़ा अलग था और अमेरिकी जनता के लिए अनजाना भी। मैं भी उससे कहाँ परिचित था! लेकिन वे कपड़े पहन लेने के बाद मैं यही महसूस करता था कि मैं एक वास्तविकता हूँ, एक जीवित व्यक्ति हूँ। दरअसल, जब मैं वे कपड़े पहन लेता और ट्रैम्प का बाना धारण कर लेता तो मुझे तरह-तरह के मज़ाक़िया ख़याल आने लगते, जिनके बारे में मैं कभी सोच भी नहीं सकता था।

मैं उस जूनियर कलाकार के बहुत क़रीब आ गया था और हर रात स्ट्रीटकार में घर वापस आते समय वह मेरी कॉमेडी के बारे में दिन-भर स्टूडियो में हुई प्रतिक्रियाओं के बारे में बताता और बातें करता, "वो तो कमाल का आइडिया था, दोस्त तुम्हारा फिंगर बॉल में उँगलियाँ डुबोना और उस बुढ़ऊ की मूँछों से पोंछ लेना।...आज तक किसी ने इस तरह की बातों के बारे में सोचा भी नहीं होगा।" इस तरह, वह दिन-भर हुई सारी बातें बताता और मुझे हवा-भरे गुब्बारे में ऊपर चढ़ाता रहता।

सेनेट साहब के निर्देशन में मैं सहज महसूस करता था क्योंकि उनके साथ सेट पर सब कुछ सहज स्फूर्त ढंग से होता चला जाता था। कोई भी अपने ख़ुद के बारे में पॉज़िटिव या अन्तिम रूप से पक्का नहीं होता था (यहाँ तक कि निर्देशक भी नहीं), इसलिए अपने बारे में मैं यह मानकर चलता कि मैं दूसरों से ज़्यादा जानता हूँ। मैंने सुझाव देने शुरू कर दिये जिन्हें सेनेट साहब सहर्ष स्वीकार कर लेते। इस तरह से मुझमें यह विश्वास पनपने लगा कि मैं सृजन भी कर सकता हूँ और अपनी ख़ुद की कहानियाँ भी लिख सकता हूँ। सेनेट महोदय ने निश्चय ही इस विश्वास को प्रेरित किया। मैं सेनेट साहब को ख़ुश कर चुका था, लेकिन जनता के दरबार में जाकर उसे ख़ुश करना अभी बाक़ी था।

अगली फ़िल्म में मुझे फिर से लेहरमैन के हवाले कर दिया गया। वे सेनेट साहब को छोड़कर स्टर्लिंग के पास जा रहे थे, हालाँकि वे सेनेट के साथ अपने क़रार के ख़त्म होने की तारीख़ के बाद भी दो हफ़्ते तक रुकने के लिए तैयार थे। जब मैंने उनके साथ फिर से काम करना शुरू किया तो मैं एक से एक नायाब सुझावों से भरा हुआ था। वे मेरी बात सुनते और मुस्करा देते लेकिन उन्हें स्वीकार न करते। वे कहा करते, "हो सकता है इस तरह की बातें थियेटर में चल जाएँ लेकिन फ़िल्मों में हमारे पास इन सब बातों के लिए फ़ुर्सत नहीं है। हमें हमेशा गतिशील रहना होता है। दरअसल कॉमेडी में पीछा करने का इस्तेमाल मज़ेदार स्थितियाँ बनाने के लिए किया जाता है।"

मैं उनकी इस सपाटबयानी से सहमत नहीं था, "हास्य तो हास्य है।" मैं तर्क देता, "चाहे वह फ़िल्मों में हो या थियेटर में।" लेकिन वे अपनी ही बातों पर अड़े रहते और वही करने पर तुले रहते जो कीस्टोन में होता आया था। सारे एक्शन तेज़ गति से होने चाहिए। इसका यही मतलब होता कि लगातार दौड़ते रहो, घरों की छतों पर, स्ट्रीटकारों में कूदो, दौड़ो, नदियों में छलाँगें मारो और खम्भों पर से कूदो। उनकी

इस कॉमेडी की थ्योरी के बावजूद मैं किसी-न-किसी तरह से अकेले की कॉमेडी के लिए एकाध गुंजाइश निकाल ही लेता था, लेकिन हमेशा की तरह, वे सम्पादन कक्ष में उन्हें कटवा देते।

मैं नहीं समझता कि लेहरमैन ने मेरे बारे में सेनेट साहब को कोई बहुत अच्छी रिपोर्ट दी होगी। लेहरमैन के बाद मुझे एक अन्य निर्देशक को सौंप दिया गया। मि. निकोलस, जो साठ की उम्र के एक अधेड़ आदमी थे और मोशन फ़िल्मों की शुरुआत से ही उनसे जुड़े हुए थे। मेरी समझ से उनके साथ भी वही दिक़्क़त थी। उनके पास कुल मिलाकर हँसाने का एक ही तरीक़ा होता था। इसमें वे कॉमेडियन को गर्दन से पकड़ते थे और एक सीन से दूसरे सीन तक घूँसे ही मारते रहते थे। मैं इससे बारीक बातें उन्हें बताना चाहता था, लेकिन वे कुछ भी सुनने को तैयार नहीं थे। "वे इसके लिए टाइम नहीं है, टाइम नहीं है" चिल्लाते तथा बस किसी भी तरह से फ़ोर्ड स्टर्लिंग की नक़ल-भर चाहते थे। हालाँकि मैंने मामूली-सा ही विरोध जतलाया था लेकिन लगता था कि उन्होंने सेनेट साहब के कान भर दिये थे कि मुझ जैसे सूअर के पिल्ले के साथ काम करना उनके वश की बात नहीं।

लगभग इसी समय वह फ़िल्म जो सेनेट साहब ने निर्देशित की थी, 'माबेल्स स्ट्रेंज प्रेडिकामेंट' उपनगरों में दिखाई गई। भय और घबराहट के मिले-जुले भाव के साथ मैंने भी इसे दर्शकों के बीच बैठकर देखा। जब फ़ोर्ड स्टर्लिंग पर्दे पर आते तो उनका स्वागत उत्साह और हँसी के साथ होता, लेकिन मेरे हिस्से में ठंडा मौन ही आता। हँसी-मज़ाक़ के वे सब दृश्य जो मैंने होटल लॉबी में किये थे, मुश्किल से एकाध मुस्कराहट ही जुटा पाए। लेकिन जैसे-जैसे फ़िल्म आगे बढ़ी, दर्शक पहले दबी हँसी हँसे, फिर खुलकर हँसे और फ़िल्म के ख़त्म होते-न-होते एक-दो ज़ोर के ठहाके लगे। उस प्रदर्शन में मैंने पाया कि दर्शकों ने नये आगन्तुक को एकदम नकारा नहीं था।

मैं दुविधा में था कि यह पहला प्रयास सेनेट साहब की उम्मीदों पर खरा उतरा या नहीं। मेरा मानना था कि वे निराश ही हुए थे। एकाध दिन के बाद वे मेरे पास आए और बोले, "सुनो, सब लोगों का कहना है कि तुम्हारे साथ काम करना मुश्किल है।" मैंने उन्हें समझाने की कोशिश की कि मैं तो सिर्फ़ फ़िल्म की बेहतरी के लिए ईमानदारी से काम कर रहा था। "ठीक है", सेनेट साहब बोले, "तुम सिर्फ़ वही करो जो तुम्हें करने के लिए कहा जाए। उसी में हमारी तसल्ली हो जाएगी।" लेकिन अगले ही दिन निकोलस के साथ मेरी एक और झड़प हो गई और मैं फट पड़ा, "आप मुझसे जो कुछ करवाना चाहते हैं, वह तीन डॉलर रोज़ कमाने वाला कोई भी एक्स्ट्रा कर सकता है।" मैंने घोषणा कर दी, "मैं कुछ ऐसा करना चाहता हूँ जिसमें मेरी योग्यता के लायक़ काम हो, सिर्फ़ इधर-उधर या स्ट्रीटकार में से गिरते-पड़ते रहना, यह सब मेरे वश का नहीं। मुझे हफ़्ते के एक सौ पचास डॉलर सिर्फ़ इसी के लिए नहीं मिलते।"

बेचारा 'पॉप' निकोलस, जैसा कि हम उसे कहा करते थे, उसकी तो हालत ख़राब हो गई थी। "मैं पिछले दस बरस से इस धन्धे में हूँ।" उसने कहा, "तुम इस सबके बारे में जानते ही क्या हो?" मैंने उसे प्यार से समझाने की कोशिश की लेकिन कोई फ़ायदा नहीं हुआ। मैंने फ़िल्म दल के बाक़ी कलाकारों को भी समझाने की कोशिश की लेकिन वे सब भी मेरे ख़िलाफ़ थे। "अरे भई वह जानता है कि क्या करना है। वह पिछले कई बरस से इसी लाइन में है," एक बूढ़े कलाकार ने मुझे समझाया।

मैंने कुल मिलाकर पाँच फ़िल्में बनाईं और उन सब में किसी तरह से जोड़-तोड़ करके अपना ख़ुद का कुछ-न-कुछ कॉमेडी मसाला डाला। बेशक सम्पादन कक्ष में बैठे कसाई उसका जो भी करते रहे हों। अब चूँकि मैं सम्पादन कक्ष में की जाने वाली सम्पादन कला से वाक़िफ़ हो चुका था, इसलिए मैं सीन के शुरू और आख़िर में ही अपना हास्य का मसाला डालता ताकि उसे काटने में उन्हें अच्छी-ख़ासी तकलीफ़ हो। सीखने के लिहाज़ से मैं कोई भी मौक़ा नहीं चूकता था। मैं डेवलपिंग कक्ष और सम्पादन कक्ष के अन्दर-बाहर होता रहता था और देखता था कि सम्पादन करने वाला किस तरह से कटे हुए टुकड़ों को आपस में जोड़ता है।

अब मैं इस कोशिश में था कि अपनी ख़ुद की फ़िल्में लिखूँ और उनका निर्देशन भी करूँ। इस लिहाज़ से मैंने सेनेट साहब से बात की। लेकिन वे इस बारे में कुछ भी सुनने को तैयार नहीं थे। उन्होंने मुझे माबेल नॉर्मेंड के हवाले कर दिया जिसने अभी-अभी अपनी ख़ुद की फ़िल्मों का निर्देशन शुरू किया था। इस बात से मुझे बहुत चिढ़ हुई क्योंकि बेशक माबेल बला की ख़ूबसूरत थी, लेकिन उसकी निर्देशन क्षमता पर मुझे शक था। और जैसाकि मैंने सोचा था, पहले ही दिन सिर मुँड़ाते ओले पड़े। हम लॉस एंजेल्स के एक उपनगर में लोकेशन पर थे और एक सीन में माबेल मुझसे चाहती थीं कि मैं सड़क पर एक हौज पाइप लेकर खड़ा हो जाऊँ और सड़क पर पानी फैल जाए ताकि विलेन की कार उस पर फिसल जाए। मैंने सुझाव दिया कि मैं हौज़-पाइप पर ही खड़ा हो जाता हूँ ताकि पानी बाहर नहीं आए और जब मैं अनजाने में उसके नोज़ल को देखूँ और हौज़-पाइप के ऊपर से पैर हटाऊँ तो पानी की बौछार अचानक मेरे चेहरे को भिगो दे। लेकिन उसने यह कहकर मेरा मुँह बन्द कर दिया कि "हमारे पास वक़्त नहीं है। इसलिए वही करो जो तुमसे करने को कहा गया है।"

अब बहुत हो गया था। मैं इसे सहन नहीं कर सकता था और वो भी ऐसी ख़ूबसूरत लड़की से। "माफ़ करना, मिस नॉर्मेंड, मैं वही नहीं करूँगा जो मुझे करने के लिए कहा गया है। मुझे नहीं लगता कि आप इतनी लियाक़त रखती हैं कि मुझे बता सकें कि मुझे क्या करना चाहिए।"

यह दृश्य सड़क के बीचोबीच फ़िल्माया जाना था। मैं इसे छोड़कर चल दिया और एक पुलिया पर जाकर बैठ गया। प्यारी माबेल, उस वक़्त बेचारी मात्र बीस

बरस की, ख़ूबसूरत, आकर्षक और हरदिल अज़ीज़ थी, हर कोई उसे चाहता था, अब वह कैमरे के पास हैरान-परेशान बैठी हुई थी। आज तक किसी ने उससे ऐसे बात नहीं की थी। मैं भी उसकी ख़ूबसूरती और आकर्षण का क़ायल था, यहाँ तक कि मेरे भी दिल के किसी कोने में उसके नाम के चिराग़ जलते थे, लेकिन यह तो मेरा काम था। तत्काल ही पूरा-का-पूरा स्टाफ़ और दल के सभी कलाकार माबेल के चारों तरफ़ झुंड बनाकर खड़े हो गए और उनमें बातचीत होने लगी। बाद में माबेल ने मुझे बताया कि एक-दो एक्स्ट्रा तो मुझे तभी-के-तभी रगेदना चाहते थे। लेकिन उसने उन्हें ऐसा करने से मना कर दिया। फिर उसने अपने एक सहायक को मेरे पास यह पूछने के लिए भेजा कि क्या मैं काम जारी रखने के लिए इच्छुक हूँ? मैं सड़क पार कर उस तरफ़ गया जहाँ वह बैठी हुई थी।

"मैं शर्मिन्दा हूँ," मैंने माफ़ी-सी माँगते हुए कहा, "मुझे नहीं लगता कि यह मज़ाक़िया है या नहीं, लेकिन अगर आप मुझे एकाध मज़ाक़िया दृश्य के बारे में सुझाव देने की अनुमति दें तो...।"

उसने कोई बहस नहीं की। "ठीक है," उसने कहा, "अगर आप वह नहीं करते जो आपको बताया गया है तो हम स्टूडियो वापस चले चलते हैं।" चूँकि स्थिति ख़राब थी, अत: मैंने हार मान ली और 'ठीक है' कहते हुए कन्धे उचकाए। हमने दिन के काम का ज़्यादा नुक़सान नहीं किया, क्योंकि हम सुबह नौ बजे से शूटिंग कर रहे थे और अब शाम के पाँच बजने को आए थे तथा सूर्य डूबने की तैयारी कर रहा था।

स्टूडियो में, जब मैं अपना ग्रीज़ पेंट उतार रहा था, सेनेट साहब दनदनाते हुए ड्रेसिंग रूम में आए और एकदम फट पड़े, "यह सब मैं क्या सुन रहा हूँ? क्या लफड़ा है यह सब?"

मैंने समझाने की कोशिश की कि "कहानी में एकाध हल्के-फुल्के हास्य की ज़रूरत है। लेकिन मिस नॉर्मेंड तो कुछ सुनने को तैयार ही नहीं हैं।"

"आप सिर्फ़ वही कीजिए जो आपसे करने के लिए कहा जाता है, नहीं तो यहाँ से दफ़ा हो जाइए, क़रार रहे या भाड़ में जाए।" वे बोले।

मैं शान्त रहा, "मि. सेनेट, मैं यहाँ आने से पहले भी अपनी रोज़ी-रोटी कमा रहा था और अगर मुझे निकाल भी दिया जाता है, तो ठीक है, मैं बाहर हो जाता हूँ। लेकिन मैं विवेकशील हूँ और मैं भी आप ही की तरह फ़िल्म को बेहतर बनाना चाहता हूँ।" मैंने जवाब दिया।

बिना एक और शब्द बोले वे ज़ोर से दरवाज़ा पटककर चले गए।

रात को स्ट्रीटकार में घर जाते समय मैंने अपने दोस्त को बताया कि क्या हुआ था।

"बहुत बुरा हुआ। आप तो अच्छा करने की कोशिश कर रहे थे।" उसने कहा।

"क्या ख़याल है, वे मुझे निकाल देंगे?" मैंने अपनी चिन्ता पर पर्दा डालते हुए मुस्कराकर पूछा।

"मुझे इस बात पर कोई हैरानी नहीं होगी। जब मैंने उन्हें आपके ड्रेसिंग रूम से जाते हुए देखा तो वे अच्छे-ख़ासे ग़ुस्से में नज़र आ रहे थे।"

"कोई नहीं, चलेगा। मेरे बटुए में पन्द्रह सौ डॉलर हैं और ये मेरे इंग्लैंड वापस जाने के किराये के लिए काफ़ी हैं। अलबत्ता, मैं कल आऊँगा और अगर उन्हें मेरी ज़रूरत नहीं है तो यही सही।"

अगले दिन मुझे सुबह आठ बजे काम पर हाज़िर होना था, लेकिन मैं तय नहीं कर पा रहा था कि जाऊँ या नहीं, इसलिए बिना कोई मेकअप किये मैं ड्रेसिंग रूम में बैठा रहा। आठ बजने में पाँच मिनट पर सेनेट साहब दरवाज़े पर आए। "चार्ली, मैं तुमसे बात करना चाहता हूँ। चलो, माबेल के ड्रेसिंग रूम में चलें।" उनका लहज़ा आश्चर्यजनक रूप से दोस्ताना था।

"जी मि. सेनेट," मैंने उनके पीछे जाते हुए कहा।

माबेल वहाँ नहीं थी। उस वक़्त वह प्रोजेक्शन रूम में रशेस देख रही थी।

"सुनो," मैक बोले, "माबेल तुम्हारी बहुत बड़ी प्रशंसक है और हम सब भी तुम्हें बहुत चाहते हैं। हम जानते हैं कि तुम बेहतरीन कलाकार हो।"

मैं अचानक हुए इस परिर्वतन को देखकर हैरान था और पिघलने भी लगा था, "मेरे मन में भी माबेल के लिए बहुत अधिक सम्मान और प्रशंसा के भाव हैं," मैंने कहा, "लेकिन मुझे नहीं लगता कि उसमें इतनी क्षमता है कि निर्देशन कर सके। आख़िर वह एकदम युवा है।"

"तुम चाहे जो भी सोचते हो, लेकिन भगवान के लिए अपने अहं को पी जाओ और इस पचड़े से निकलने में हमारी मदद करो।" सेनेट साहब मेरा कन्धा थपथपाते हुए बोले।

"मैं भी तो यही करने की कोशिश कर रहा हूँ।"

"तो ठीक है, उसके साथ सम्बन्ध ठीक रखने के लिए अपनी ओर से पूरी कोशिश करो।"

"सुनिए, अगर आप मुझे ही निर्देशन का भार सौंप देंगे तो आपको किसी भी क़िस्म की तकलीफ़ नहीं होगी।" मैंने कह दिया।

मैक एक पल के लिए ठिठके, "और अगर हम फ़िल्म रिलीज़ न कर पाए तो उसका हर्जाना कौन भरेगा?"

"मैं उठाऊँगा ख़र्च।" मैंने जवाब दिया, "मैं किसी भी बैंक में पन्द्रह सौ डॉलर जमा करवा देता हूँ और अगर आप फ़िल्म रिलीज़ न कर पाए तो आप ये पैसे रख सकते हैं।"

मैक एक पल के लिए सोचने लगे, "कोई कहानी है तुम्हारे पास?"

"बेशक, आप जितनी मर्ज़ी कहानियाँ चाहें।"

"तो ठीक है।" मैक बोले, "माबेल के साथ यह फ़िल्म पूरी कर लो, फिर हम देखते हैं।"

हम दोनों ने निहायत ही दोस्ताना लहज़े में हाथ मिलाया। बाद में मैं माबेल के पास गया और उससे माफ़ी माँगी, उसी शाम मैक हम दोनों को डिनर पर बाहर ले गए। अगले दिन माबेल जितनी मधुरता से पेश आ रही थी, उससे ज़्यादा मधुर नहीं हो सकती थी। यहाँ तक कि उसने मुझसे मेरे सुझाव भी माँगे। इस तरह, पूरी कैमरा टीम और दल के बाक़ी सदस्यों को हैरान छोड़ते हुए हमने ख़ुशी-ख़ुशी फ़िल्म पूरी की। सेनेट साहब के नज़रिये में अचानक आए इस परिवर्तन से मैं हैरान था। अलबत्ता, महीनों के बाद जाकर मुझे इसके पीछे का कारण पता चला। बात कुछ यूँ थी कि हफ़्ते के आख़िर में जब सेनेट मुझे नौकरी से निकालना चाहते थे, या जिस सुबह माबेल के साथ मेरी झड़प हुई थी, मैक को न्यूयॉर्क कार्यालय से एक तार मिला था कि वे फटाफट चैप्लिन की और फ़िल्में बनाएँ क्योंकि वहाँ उनकी बहुत अधिक माँग हो गई है।

कीस्टोन द्वारा रिलीज़ की जाने वाली कॉमेडी फ़िल्मों के आमतौर पर बीस प्रिंट बनाए जाते थे। तीस की संख्या काफ़ी सफल मानी जाती थी। पिछली फ़िल्म, जो क्रम से चौथी थी, पैंतालीस प्रिंट की संख्या तक जा पहुँची थी तथा अतिरिक्त प्रतियों की माँग बढ़ती ही जा रही थी। इस तरह, मैक साहब के दोस्ताना व्यवहार के पीछे वह तार ही काम कर रहा था।

उन दिनों निर्देशन का गणित बहुत सीधा हुआ करता था। मुझे सिर्फ़ आने और बाहर जाने के लिए अपने दाएँ और बाएँ को समझना था। यदि एक दृश्य से कोई कलाकार दाईं तरफ़ से बाहर निकलता है तो अगले दृश्य में बाईं तरफ़ से आता है। यदि कोई कलाकार बाहर जाते समय कैमरे की तरफ़ मुँह करके गया तो वापसी में उसकी पीठ कैमरे की तरफ़ होगी। ये कुछ बुनियादी नियम थे।

लेकिन और अधिक अनुभव के साथ मैंने पाया कि न केवल कैमरा रखने की जगह का मनोवैज्ञानिक प्रभाव होता है बल्कि इससे दृश्य बनता या बिगड़ता भी है। दरअसल, यही सिनेमाई शैली का आधार था। यदि कैमरा बहुत नज़दीक या बहुत दूर रख दिया जाए तो इससे पूरा-का-पूरा दृश्य बन भी सकता है और पूरा प्रभाव बिगड़ भी सकता है। चूँकि गति का गणित काफ़ी महत्त्वपूर्ण होता है, अत: आप नहीं चाहते कि अभिनेता बिना किसी वजह के कई क़दम चले, जब तक इसके लिए कोई ख़ास कारण न हो। इसका कारण यह था कि चलने में कुछ भी नाटकीय नहीं लगता था। इस तरह कैमरे को रखने की जगह व दूरी ही दृश्य संयोजन और अभिनेता के गरिमामय प्रवेश के लिए आवश्यक थे। हालाँकि कैमरे को कहाँ रखना है, यह बात सिनेमाई अर्थ-संयोजन से सम्बन्धित थी। इस बात के कोई तय नियम नहीं थे कि क्लोज़अप से अधिक अच्छे परिणाम मिलते हैं या लॉन्ग शॉट से बेहतर प्रभाव पैदा किया जा सकता है। क्लोज-अप महसूस करने की चीज़ है। कुछेक मामलों में लॉन्ग शॉट से बहुत अच्छे प्रभाव पैदा किये जा सकते हैं।

इसका एक उदाहरण मेरी शुरुआती कॉमेडी फ़िल्म 'स्केटिंग' में देखा जा सकता है। ट्रैम्प रिंग में प्रवेश करता है और एक पैर ऊपर करके स्केट करता है। वह गिरता है, लड़खड़ाता है, आसपास के लोगों को गिराता है, लुढ़काता है, तथा तरह-तरह की शरारतें करता रहता है और फिर आख़िर में वह सबको धराशायी करके दूर एक कोने में जाकर दर्शकों के बीच यह देखने के लिए भोला बनकर बैठ जाता है कि उसने क्या हँगामा बरपा दिया है। यहाँ पर ट्रैम्प की यह छोटी-सी आकृति ही बहुत कुछ कह जाती है जो शायद क्लोज-अप में उतनी मज़ेदार न बन पाती।

जब मैंने अपनी पहली फ़िल्म का निर्देशन किया तो मुझमें उतना आत्मविश्वास नहीं था जितना होना चाहिए था। दरअसल, मुझे अफ़रा-तफ़री का दौरा-सा पड़ गया था। लेकिन जब सेनेट साहब ने पहले दिन का काम देख लिया तो मैं आश्वस्त हो गया। फ़िल्म का नाम था 'कॉट इन द रेन'। हालाँकि ये विश्व-स्तरीय फ़िल्म नहीं थी लेकिन मज़ेदार थी और काफ़ी सफल भी रही। जब मैंने इसे पूरा कर लिया तो मैं सेनेट साहब की प्रतिक्रिया जानने को उत्सुक था। प्रोजेक्शन रूम से उनके बाहर आने तक मैं उनकी राह देखता रहा।

"तो, क्या तुम एक और फ़िल्म शुरू करने के लिए तैयार हो?" उन्होंने पूछा। उसके बाद से मैंने अपनी सभी कॉमेडी फ़िल्में ख़ुद ही लिखीं और निर्देशित भी कीं। प्रोत्साहन के रूप में सेनेट साहब ने प्रत्येक फ़िल्म के लिए पच्चीस डॉलर का बोनस दिया।

अब मानो उन्होंने मुझे गोद ही ले लिया था। वे रोज़ रात को मुझे खाने पर बाहर ले जाते। मेरे साथ दूसरी कम्पनियों के लिए कहानियों पर चर्चा करते और मैं उनसे ऐसे-ऐसे पागलपन से भरे ख़यालात के बारे में बात करता जो कई बार इतने निजी होते कि लोग उन्हें समझ ही न पाते। लेकिन सेनेट साहब उन्हें सुनते और स्वीकार भी कर लेते।

जब मैंने आम जनता के बीच बैठकर अपनी फ़िल्में देखीं तो उनकी प्रतिक्रिया अलग ही थी। कीस्टोन कॉमेडी की घोषणा होते ही हलचल, उत्तेजना और मेरे आगमन पर, मेरे कुछ करने से पहले ही ख़ुशी-भरी चीख़ें मेरे लिए बेहद सुकून भरी होतीं। मैं दर्शकों के बीच बेहद लोकप्रिय होता जा रहा था। अगर मेरा जीवन इसी तरह से चलता रहता तो मेरे लिए सन्तोष की बात थी। अपने बोनस के साथ मैं दो सौ डॉलर हर हफ़्ते कमा रहा था।

चूँकि अब मैं अपने काम में उलझा रहता था सो मेरे पास एलेक्ज़ेंड्रिया बार या अपने ताना मारने वाले दोस्त एल्मर एल्सवर्थ के पास जाने का वक़्त ही नहीं था। अलबत्ता, हफ़्तों बाद एक दिन वे मुझे सड़क पर ही मिल गए। वे कहने लगे, "अरे भई, सुनो तो, मैं कुछ अरसे से तुम्हारी फ़िल्में देखता आ रहा हूँ और भगवान की क़सम, तुम काफ़ी अच्छे हो। तुम्हारे पास क़ाबिलियत है, वह औरों से बिलकुल ही अलग है। तुमने पहली ही बार में अपने बारे में यह सब क्यों नहीं बता दिया था।" बाद में हम बहुत अच्छे दोस्त बन गए।

ऐसा बहुत कुछ था जो मैंने कीस्टोन से सीखा और बदले में बहुत कुछ कीस्टोन कम्पनी को सिखाया भी। उन दिनों वे लोग तकनीक, स्टेज क्राफ़्ट या मूवमेंट के बारे में बहुत कम जानते थे। मैं उनके लिए ये चीज़ें थियेटर से लेकर आया। वे प्राकृतिक मूक अभिनय (पेंटोमाइम) के बारे में भी बहुत कम जानते थे। किसी भी दृश्य को बीच में रोकने के लिए निर्देशक तीन या चार अभिनेताओं को कैमरे की तरफ़ मुँह करके खड़ा कर देता और उनमें से एक बहुत खुले हाव-भाव के साथ अपनी ओर इशारा करते हुए मूक अभिनय करता, फिर वह अपनी अँगूठीवाली उँगली की तरफ़ इशारा करता और फिर लड़की की तरफ़ इशारा करता, "मैं तुम्हारी लड़की से शादी करना चाहता हूँ।" उनके मूक अभिनय में बारीकी या प्रभाव डालने की ज़रा भी गुंजाइश न बचती। इसलिए मैं उनकी तुलना में बीस ठहरता। उन शुरुआती फ़िल्मों में मुझे पता था कि कई बातें मेरे पक्ष में थीं और एक भू-गर्भशास्त्री की तरह मैं एक नये, समृद्ध और अब तक अछूते क्षेत्र में प्रवेश कर रहा था। मेरा ख़याल है कि वह मेरे कॅरियर का सबसे रोमांचक दौर था, क्योंकि मैं कुछ आश्चर्यजनक करने की दहलीज़ पर था।

सफलता आपको सबका चहेता बना देती है और मैं भी स्टूडियो में सबका दोस्त बन गया था। एक्स्ट्रा, स्टेज पर काम करने वालों, वार्डरोब वालों और कैमरामैन के लिए मैं अब चार्ली था। हालाँकि मैं चने के झाड़ पर चढ़ने वालों में से नहीं हूँ, फिर भी, सच में ये बातें मुझे ख़ुश करती थीं क्योंकि मैं जानता था कि इस अन्तरंगता का मतलब ही यह है कि मैं सफल हो रहा हूँ।

अब मुझे अपने विचारों में आत्मविश्वास नज़र आने लगा था। मैं समझ सकता हूँ कि बेशक सेनेट साहब मेरी तरह काला अक्षर भैंस बराबर ही थे लेकिन उन्हें अपनी पसन्द पर भरोसा था और यही भरोसा उन्होंने मुझमें भी पैदा किया। उनके काम करने के तरीक़े ने मुझे आत्मविश्वास दिया था। स्टूडियो में उनकी पहले दिन की टिप्पणी, "हमारे पास कोई परिदृश्य नहीं होता, हम केवल एक आइडिया पकड़ लेते हैं और फिर उसी के इर्द-गिर्द अन्य दृश्य बुनते चलते हैं।" इससे मेरी कल्पना शक्ति को नये पंख लगे थे।

*

इस तरह से फ़िल्में बनाना बहुत उत्तेजनापूर्ण काम था। जबकि थियेटर में मैं रात-दर-रात उसी बँधी-बँधाई लीक पर वही कठोर, बँधी-बँधाई दिनचर्या दोहराने को मजबूर था। एक बार स्टेज का कारोबार तय कर लिये जाने के बाद उसमें कुछ नया डालने की कोई कभी सोचता भी नहीं था। थियेटर में प्रेरित करने वाली एक ही वजह होती थी और वह थी कि अच्छा काम या बुरा काम। इसके विपरीत फ़िल्मों में ज़्यादा आज़ादी थी। यहाँ मुझे रोमांच का अनुभव होता था। "इस आइडिया के बारे में तुम क्या सोचते हो?" सेनेट कहते या फिर "पता है शहर में मुख्य बाज़ार में बाढ़ आई हुई है!" इसी

तरह की टिप्पणी से कीस्टोन की कॉमेडी की शुरुआत होती थी। यह एक बाँध लेने वाली मोहक खुली हवा थी जो शानदार थी...व्यक्ति की सृजनात्मकता के लिए चुनौती। यह सब इतना खुला-खुला और सहज था...कोई साहित्य नहीं, कोई लेखक नहीं, हम सब मिलकर एक विचार का ताना-बाना बुनते, उसके आसपास हँसी-ठिठोली की बातें जोड़ते और जैसे-जैसे आगे बढ़ते जाते, कहानी आकार लेने लगती।

उदाहरण के लिए, 'हिज़ प्रीहिस्टोरिक पास्ट' में मैंने हँसी की एक ही बात से शुरू किया जो मेरे प्रवेश के समय थी। मैं भालू की खाल लपेटे एक प्रागैतिहासिक काल के आदमी के रूप में एंट्री लेता हूँ,परिदृश्य को देखता-परखता हूँ और अपना पाइप या सिगार भरने के लिए भालू की ओढ़ी हुई खाल से बाल नोंचने लगता हूँ। यह आइडिया ही अपने आप में काफ़ी था प्रागैतिहासिक काल की कथा बुनने के लिए। इसमें प्यार था, दुश्मनी थी, मारा-मारी थी और पीछा करने के दृश्य थे। यही तरीक़ा था जिसे कीस्टोन में हम सब अपनाया करते थे।

मैं अपनी फ़िल्मों में कॉमेडी के अलावा और नये आयाम जोड़ने की अपनी ललक के शुरुआती प्रेरक पलों को याद कर सकता हूँ। मैं 'द न्यू जेनिटर' नाम की एक फ़िल्म में काम कर रहा था, इसमें एक दृश्य था जिसमें कार्यालय का मैनेजर मुझे नौकरी से निकाल देता है। उसके सामने गिड़गिड़ाते हुए कि वह मुझ पर रहम खाए और मुझे नौकरी में रहने दे, मैंने इस बात का मूक अभिनय शुरू कर दिया कि मेरे ढेर सारे छोटे-छोटे बच्चे हैं। डोरोथी डेवेनपोर्ट नाम की एक वृद्ध नायिका एक तरफ़ रिहर्सल देख रही थी। अचानक मेरी निगाह उस पर पड़ी तो मैं यह देखकर हैरान रह गया कि वह रो रही थी। उसने बताया, "मुझे पता है कि आप यहाँ हँसाना चाहते हैं। लेकिन आपने तो मुझे रुला ही दिया।" उसने एक ऐसी बात की पुष्टि की जिसे मैं पहले से ही महसूस कर रहा था। मुझमें यह क़ाबिलियत थी कि मैं हँसाने के साथ-साथ रुला भी सकूँ।

अगर सौन्दर्य मौजूद नहीं होता तो स्टूडियो का मर्दाना माहौल सहन करना मुश्किल हो जाता। सचमुच माबेल नॉर्मेंड की मौज़ूदगी स्टूडियो को गरिमा प्रदान करती थी। वह बेहद ख़ूबसूरत थी, उसकी बड़ी-बड़ी आँखें, भरे-भरे होंठ जो उसके मुँह के कोनों पर मुलायम तरीक़े से मुड़ जाते तथा हास्य और हर तरह की भावना व अदा को अभिव्यक्त करते थे। वह दिल की बहुत अच्छी थी और ख़ुश रहती थी; एक अच्छी साथी, जिसके दिल में दया और उदारता थी; हर कोई उसे चाहता था।

वार्डरोब की देखभाल करनेवाली महिला के बच्चे के प्रति माबेल की उदारता और कैमरामैन के साथ उसके मज़ाक़ के क़िस्से सुनाई देते। माबेल मुझसे भाई की तरह प्यार करती थी, जिसकी वजह यह थी कि उस समय वह मैक के प्यार में पागल थी। मैक के कारण ही मुझे माबेल को इतना अधिक जानने का मौक़ा मिला था। हम तीनों अक्सर एक साथ बाहर खाना खाते, उसके बाद मैक होटल की लॉबी में सो जाता और हम एकाध घंटा फ़िल्म देखते हुए कैफ़े में ही गुज़ार देते। फिर वापस आकर हम

मैक को जगाते। लोगों को लगता होगा कि इस तरह की निकटता ही रोमांस में बदल जाती है; लेकिन ऐसा कुछ भी नहीं हुआ। दुर्भाग्य से, हम दोनों अच्छे मित्र ही रहे।

हाँ, एक बार ऐसा ज़रूर हुआ कि मैं, माबेल और रॉस्को ऑरबकल सैन फ्रांसिस्को में एक थियेटर में एक चैरिटी के लिए एक साथ मंच पर आए तो मैं और माबेल एक-दूसरे के काफ़ी निकट आ गए और भावनात्मक रूप से जुड़ गए। यह एक बहुत ही शानदार शाम थी और हम तीनों ने मंच पर बहुत ही बेहतरीन प्रदर्शन किया था। माबेल अपना कोट ड्रेसिंग रूम में ही छोड़ आई थी और उसने मुझसे कहा कि मैं उसे वहाँ ले जाऊँ ताकि वह कोट ला सके। ऑरबकल और बाक़ी लोग नीचे कार में इन्तज़ार कर रहे थे। एक पल के लिए हम दोनों अकेले थे। उस समय वह अलौकिक सौन्दर्य की देवी लग रही थी, जब मैंने उसका कोट उसके कन्धे पर डाला तो उसे चूम लिया। बदले में उसने भी मुझे चूमा। हम और भी आगे बढ़ गए होते, लेकिन नीचे लोग इन्तज़ार कर रहे थे। बाद में मैंने मामले को आगे बढ़ाने की कोशिश की, लेकिन कोई नतीजा सामने नहीं आया। उसने बहुत अच्छे मूड में हँसते हुए कहा, "नहीं चार्ली, मैं तुम्हारी तरह की नहीं हूँ और न ही तुम मेरी तरह के हो।"

लगभग उसी दौरान डायमंड जिम ब्रैडी लॉस एंजेल्स आए। उस समय हॉलीवुड शुरुआती अवस्था में था। वे डॉली बहनों और उनके पतियों के साथ पहुँचे और दिल खोलकर ख़र्च किया। उन्होंने एलेक्ज़ेंड्रिया होटल में जो डिनर दिया उसमें डॉली बहनें, उनके पति, कारलोटा मोंटेरे, लू टेलेजन, साराह बर्नहार्ट, मैक सेनेट, माबेल नॉर्मेंड, ब्लांश स्वीट, नैट गुडविन और कई दूसरे लोग शामिल हुए। डॉली बहनें ग़ज़ब की ख़ूबसूरत लग रही थीं। दोनों बहनें, उनके पति और उनके साथ डायमंड जिम ब्रैडी, इन सबके बीच दाँत-काटी रोटी वाला मामला था। इन सबका हमेशा एक साथ रहना उलझन में डालता था।

डायमंड जिम ब्रैडी एक अद्भुत अमेरिकी चरित्र थे। वे विनम्र जॉन बुल सरीखे दिखते थे। पहली रात तो मैं अपनी आँखों पर विश्वास नहीं कर सका क्योंकि उन्होंने हीरे के कफ़-लिंक और शर्ट पर हीरे के बटन लगा रखे थे तथा हर हीरा शिलिंग के आकार से भी बड़ा था। कुछ ही रातों के बाद हमने तट पर नैट गुडविन के कैफ़े में साथ खाना खाया तो इस बार डायमंड जिम ब्रैडी अपने पन्ने के सेट के साथ नज़र आए। हरेक पन्ना छोटी माचिस की डिबिया से भी बड़ा था। पहले तो मैंने यही समझा कि उन्होंने यह सब मज़ाक़ के तौर पर पहना है और भोलेपन में उनसे पूछ भी लिया कि क्या ये असली हैं? उन्होंने बताया, "ये सब असली हैं।"

"ये शानदार हैं," मैंने हैरान होते हुए कहा।

"अगर तुम सचमुच ख़ूबसूरत पन्ने देखना चाहते हो तो यह देखो।" उन्होंने अपना वेस्टकोट ऊपर उठा दिया और मुझे अपनी बेल्ट दिखाई जो क्वींसबेरी चैम्पियनशिप की बेल्ट जितनी बड़ी थी और पूरी की पूरी पन्नों से भरी हुई थी। मैंने आज तक इतने

बड़े पन्ने नहीं देखे थे। वे बहुत गर्व से मुझे बता रहे थे कि उनके पास बेशक़ीमती हीरों वग़ैरह के पूरे दस सेट हैं और हर रात वे उन्हें बदल-बदलकर पहनते हैं।

वर्ष 1914 चल रहा था और मैं पच्चीस बरस का हो रहा था। जवानी मुझमें पैठ रही थी और मैं अपने काम में मसरूफ़ था। अपने काम से मैं सिर्फ़ सफलता के लिए ही नहीं बल्कि मौज़-मज़े के लिए भी जुड़ा था। इसमें मुझे हर तरह के फ़िल्मी कलाकारों से मिलने का मौक़ा मिलता था, जिनका मैं कभी-न-कभी फ़ैन रहा था। मैरी पिकफ़ोर्ड, ब्लांश स्वीट, मिरियम कूपर, क्लारा किमबैल यंग, गिश बहनें तथा कई अन्य, वे सब-की-सब ख़ूबसूरत थीं और उनसे रू-ब-रू होना मज़ेदार था।

थॉमस इंस अपने स्टूडियो में यानी सींक क़बाब, बारबेक्यू की पार्टियों और नृत्य के कार्यक्रम रखते। जो नॉर्दर्न सांता मोनिका के जंगलों में था और प्रशान्त महासागर के सामने पड़ता था। क्या तो मदमस्त रात हुआ करती थी—जवानी और ख़ूबसूरती का मुक्ताकाश मंच पर मादक संगीत पर झूम-झूमकर थिरकना और पास ही समुद्र तट से टकराती लहरों का मन्द-मन्द स्वर।

पेगी पियर्स बेइन्तहा ख़ूबसूरत लड़की थी—नरम जिस्म बारीकी से तराशा गया था और ख़ूबसूरत गोरी गर्दन व सम्मोहक देह-यष्टि। मेरे दिल में हलचल मचा देने वाली वह पहली औरत थी। मेरे कीस्टोन में आने के तीसरे हफ़्ते तक उसके दर्शन नहीं हुए थे क्योंकि उन दिनों वह फ्लू से पीड़ित थी। लेकिन जब हम मिले, उसी पल हमारे दिल एक-दूजे से मिल गए, एक चिनगारी भड़की और हम एक-दूसरे के हो गए; मेरा दिल गा उठा। वे सुबहें कितनी रूमानी हुआ करती थीं। हर सुबह इस उम्मीद के साथ काम पर आना कि मोहतरमा के दीदार होंगे। रविवार के दिन मैं उसके माता-पिता के घर उससे मिलने चला जाता। हर रात हमारा मिलन प्यार पर स्वीकृति की मुहर लगाता, हर रात संघर्ष में बीतती। हाँ, पेगी मुझसे प्यार करती थी, लेकिन ये एक खोए हुए प्यार का मामला था। वह बार-बार अपने आपको रोकती। यहाँ तक कि निराश होकर मैंने कोशिश ही छोड़ दी। उस वक़्त मेरी हालत यह थी कि किसी से भी शादी करने में मेरी दिलचस्पी नहीं थी। मेरे लिए मेरी आज़ादी रोमांचक थी। कोई भी औरत उस धुँधली छवि पर खरी नहीं उतरती थी, जो मैंने अपने मन में बसा रखी थी।

हरेक स्टूडियो एक परिवार की तरह था। सप्ताह-भर में फ़िल्म पूरी हो जाया करती थी और फ़ीचर की लम्बाई वाली फ़िल्म को पूरा करने में दो या तीन सप्ताह से अधिक का समय नहीं लगता था। हमें सूरज की रोशनी में काम करना होता था, इसलिए हम कैलीफोर्निया में काम करते थे; कहा जाता था कि वहाँ साल के नौ महीने धूप चमकती रहती है।

क्लीग लाइटों का आविष्कार 1915 के आसपास हुआ; लेकिन कीस्टोन कम्पनी ने उन्हें कभी इस्तेमाल नहीं किया क्योंकि वे सूर्य की रोशनी की तरह साफ़ नहीं बल्कि लहरदार होती थीं और लैम्पों को सेट करने में बहुत वक़्त ज़ाया होता था। कीस्टोन

की कॉमेडी को बनाने में मुश्किल से एक सप्ताह का समय लगता था। दरअसल, मैंने 'ट्वेंटी मिनट्स ऑफ़ लव' नाम की एक फ़िल्म तो एक दोपहर में ही पूरी कर डाली थी और मज़े की बात यह कि इसमें शुरू से लेकर आख़िर तक ठहाके ही ठहाके थे। 'डो एंड डायनामिक' नाम की एक बेहद सफल फ़िल्म को बनाने में नौ दिन लगे थे और इसकी लागत आई थी अट्ठारह सौ डॉलर। अब चूँकि मैं एक हज़ार डॉलर के बजट को पार कर गया था, जो कि क़ीस्टोन कॉमेडी की अधिकतम सीमा हुआ करती थी, मुझे पच्चीस डॉलर के बोनस का नुक़सान उठाना पड़ा। सेनेट का कहना था कि फ़िल्में अपनी लागत निकाल सकें, इसका एक ही तरीक़ा है कि दो-दो रील की फ़िल्में बनाई जाएँ और वे करते भी यही थे। इनसे पहले ही बरस में एक सौ तीस हज़ार डॉलर की कमाई हुई।

*

अब मैं दावा कर सकता था कि मैं कई सफल फ़िल्में बना चुका हूँ। इनमें 'ट्वेंटी मिनट्स ऑफ़ लव', 'डो एंड डायनामिक', 'लाफ़िंग गैस' तथा 'द स्टेज' आदि शामिल थीं। इसी दौरान मैंने और माबेल नॉर्मेंड ने मैरी ड्रेसलर के साथ एक फ़ीचर फ़िल्म में काम किया। मैरी के साथ काम करना सुखद अनुभव था। लेकिन मुझे नहीं लगा कि फ़िल्म बहुत अच्छी बन पाई थी। मैं एक बार फिर से फ़िल्मों का निर्देशन करने में जुट गया।

मैंने सेनेट साहब से सिडनी की सिफ़ारिश की। अब चूँकि चैप्लिन नाम जा ही रहा था तो हमारे ही परिवार के एक और सदस्य के नाम को शामिल करने में उन्हें ख़ुशी ही होनी थी। सेनेट साहब ने उसे एक बरस के लिए दो सौ डॉलर प्रति सप्ताह के वेतन पर अनुबन्धित कर लिया। यह वेतन मेरे वेतन से पच्चीस डॉलर प्रति सप्ताह अधिक था। सिडनी और उसकी पत्नी अभी-अभी इंग्लैंड से आए थे और उस वक़्त स्टूडियो पहुँचे जिस वक़्त मैं लोकेशन के लिए निकलने वाला था। बाद में शाम के वक़्त हमने एक साथ खाना खाया। मैंने पूछा कि इंग्लैंड में मेरी फ़िल्मों का क्या हाल है।

उसने बताया कि मेरे नाम का प्रचार शुरू होने से पहले ही कई म्यूज़िक हॉलों के कलाकारों ने उसे अमेरिकी सिनेमा के एक नये कॉमेडियन के बारे में उत्साहपूर्वक बताया था जिसे उन्होंने अभी-अभी देखा था।

सिडनी ने यह भी बताया कि उस वक़्त जब उसने मेरी कोई भी कॉमेडी फ़िल्म नहीं देखी थी, वह फ़िल्म एक्सचेंज के दफ़्तर में यह पूछने गया था कि ये फ़िल्में कब रिलीज़ होंगी और जब उसने बताया कि वह कौन है, तो उन्होंने उसे तीनों फ़िल्में देखने के लिए आमंत्रित किया। उसने प्रोजेक्शन रूम में अकेले बैठकर ये फ़िल्में देखीं और पागलों की तरह लगातार हँसता रहा।

"इस सबके बारे में तुम्हारी क्या प्रतिक्रिया है?"

"ओह, मैं जानता था कि तुम बेहतरीन ही करोगे।" उसने विश्वासपूर्वक कहा। सिडनी ने जो कुछ कहा उसमें हैरानी की कोई बात नहीं थी।

मैक सेनेट लॉस एंजेल्स एथलेटिक क्लब के सदस्य होने के नाते इस बात के अधिकारी थे कि वे अपने किसी दोस्त को एक अस्थायी सदस्यता कार्ड दे सकें और इस तरह उन्होंने मुझे एक कार्ड दे दिया। यह शहर में सभी बग़ैर शादीशुदा लोगों और कारोबारियों का अड्डा हुआ करता था—एक बहुत बड़ा क्लब, जिसमें पहली मंज़िल पर एक बड़ा-सा डाइनिंग रूम और लाउंज था जो शाम के वक़्त महिलाओं के लिए भी खुल जाता था। इनके अलावा एक कॉकटेल बार भी था।

मुझे सबसे ऊपरी मंज़िल पर एक कोने वाला कमरा मिला हुआ था जिसमें एक पियानो रखा था और एक थी छोटी-सी लाइबेरी। यह कमरा मोज़ हैम्बर्गर के कमरे के बग़ल में था। वे मे डिपार्टमेंटल स्टोर के मालिक थे, जो शहर का सबसे बड़ा स्टोर हुआ करता था। क्लब में रहने का ख़र्च उन दिनों बहुत ही मामूली होता था। मैं अपने कमरे के लिए प्रति सप्ताह बारह डॉलर अदा किया करता था जिसमें क्लब की सारी सुविधाएँ मसलन, बड़ा-सा जिमनाशियम, तरण-ताल, और बेहतरीन सेवाएँ शामिल थीं। इतना सब होने के बावजूद मैं मात्र पचहत्तर डॉलर प्रति सप्ताह ख़र्च करते हुए आलीशान ढंग से रहता था। यहाँ तक कि इन्हीं पैसों में से मैं ड्रिंक के एकाध राउंड और कभी-कभार के डिनर के पैसे भी देता।

क्लब के लोगों के बीच एक तरह का भाईचारा था जिसे पहले विश्वयुद्ध की घोषणा भी भंग नहीं कर पाई थी। हर कोई सोच रहा था कि लड़ाई छह महीने में निपट जाएगी या जैसा कि लॉर्ड किचनर का अनुमान था कि यह चार बरस तक चलेगी, लोग तो बेकार की बातें करते हैं। कई लोग तो इसी बात से ख़ुश थे कि युद्ध की घोषणा हो गई है और अब हम जर्मन लोगों को दिखा देंगे। नतीजे का कोई सवाल ही नहीं था, उनका मानना था कि अंग्रेज़ और फ्रेंच उन्हें छह महीने में ही धूल चटा देंगे। युद्ध अभी तक अपने चरम पर नहीं पहुँचा था और कैलीफोर्निया युद्ध की ज़मीन से ख़ासा दूर था।

लगभग यही समय था जब मि. सेनेट मेरा क़रार को फिर से नया करने की बात कर रहे थे और मेरी शर्तें जानना चाह रहे थे। मैं कुछ हद तक तो अपनी लोकप्रियता के बारे में जानता था, लेकिन साथ ही मैं अपनी सफलता की क्षण-भंगुरता के बारे में भी जानता था और यह भी जानता था कि अगर मैं इसी गति से चलता रहा तो एक ही बरस में चुक जाऊँगा। इसलिए मुझे जितना भी हो सके, बटोर लेना होगा।

"मैं एक हज़ार डॉलर प्रति सप्ताह चाहता हूँ," मैंने कहा।

मि. सेनेट बिगड़ उठे, "इतना तो मैं भी नहीं कमाता।"

"मैं जानता हूँ।" मैंने जवाब दिया, "लेकिन थियेटरों के बाहर जो लाइनें लगती हैं वे आपके नहीं बल्कि मेरे नाम के लिए लगती हैं।"

"हो सकता है," सेनेट बोले, "लेकिन हमारी संस्था की मदद के बिना तुम खो जाओगे।" उन्होंने चेताया, "देखा नहीं, फ़ोर्ड स्टर्लिंग का क्या हाल हो रहा है?"

यह सच था। फ़ोर्ड स्टर्लिंग कीस्टोन कम्पनी छोड़ देने के बाद बहुत अच्छा नहीं कर पा रहे थे। लेकिन मैंने सेनेट साहब से कहा, "मुझे कॉमेडी बनाने के लिए सिर्फ़ एक पार्क, एक पुलिसवाले और एक ख़ूबसूरत लड़की की ज़रूरत होती है।" और यह सच भी था कि मैंने सिर्फ़ इसी के दम पर कई अत्यन्त सफल फ़िल्में बनाकर दिखा दी थीं।

इस बीच मि. सेनेट ने अपने भागीदारों—केसल और बाउमन से, तार देकर मेरे क़रार और मेरी माँग के बारे में सलाह माँगी थी। बाद में मि. सेनेट मेरे पास एक प्रस्ताव लेकर आए और बोले, "सुनो, अभी तुम्हारे चार महीने बाक़ी हैं। हम तुम्हारा क़रार फाड़ देंगे और अभी से पाँच सौ डॉलर हफ़्ते के देंगे। अगले बरस सात सौ डॉलर और उसके बाद एक बरस में पन्द्रह सौ डॉलर देंगे। इस तरह से तुम्हें हज़ार डॉलर प्रति सप्ताह मिल जाया करेंगे।"

"मैक," मैंने जवाब दिया, "अगर आप इस शर्त को ठीक उलटा कर दें तो आप पहले बरस में मुझे पन्द्रह सौ डॉलर, दूसरे बरस में सात सौ डॉलर और तीसरे बरस में पाँच सौ दें तो मैं ले लूँगा।"

"लेकिन ये तो पागलपन से भरा विचार है।"

इस तरह, इसके बाद क़रार को नया करने की कोई बात ही नहीं हुई।

*

अभी कीस्टोन में मेरा एक महीना बाक़ी था और अब तक किसी और कम्पनी ने मेरे सामने कोई प्रस्ताव नहीं रखा था। मैं नर्वस हो रहा था और कल्पना कर रहा था कि मि. सेनेट इस बात को जानते थे और किसी तरह अपना समय पूरा करने के चक्कर में थे। आमतौर पर फ़िल्म ख़त्म होने पर वे मेरे पास आते और मुझे मज़ाक़ में जल्दी से दूसरी फ़िल्म शुरू करने के बारे में उकसाते। लेकिन अब पिछले दो सप्ताह से मैंने कोई काम नहीं किया था और वे मुझसे दूर-दूर ही रहे। वे विनम्रता से पेश आते लेकिन अलग-थलग बने रहते।

इस सबके बावजूद मेरे आत्मविश्वास ने मेरा साथ नहीं छोड़ा। अगर किसी ने मेरे सामने प्रस्ताव न रखा तो मैं अपने आप ही फ़िल्में बनाऊँगा। क्यों नहीं? मैं आत्मविश्वास से भरा हुआ था और अपने आप पर निर्भर भी था। मैं जानता था कि ठीक किस वक़्त इस भावना ने जन्म लिया था; मैं स्टूडियो की दीवार का सहारा लेकर एक माँग पर्ची भर रहा था।

सिडनी ने कीस्टोन कम्पनी में आने के बाद कई सफल फ़िल्में बनाईं। एक फ़िल्म जिसने पूरी दुनिया में रिकॉर्ड ही तोड़ डाले वह थी—'द सबमरीन पाइरेट'। इसमें सिडनी ने हर तरह की कैमरा ट्रिक का सहारा लिया। चूँकि वह इतना अधिक

सफल था, मैंने उससे सम्पर्क किया और मेरे साथ मिलकर अपनी ख़ुद की कम्पनी बनाने के बारे में उसकी राय माँगी। "हमें सिर्फ़ एक कैमरा और एक ट्रैकलाइट चाहिए।" मैंने उसे बताया। लेकिन सिडनी दकियानूस था। उसे लगा, यह कुछ ज़्यादा ही जोख़िम लेने वाला मामला होगा। इसलिए उसने कहा, "मैं इतनी अच्छी पगार, जितनी मुझे अपनी पूरी ज़िन्दगी में नहीं मिली है, कैसे छोड़ दूँ।" इस तरह, वह एक और बरस कीस्टोन कम्पनी के साथ बना रहा।

एक दिन मुझे यूनिवर्सल कम्पनी के कार्ल लैम्ली की तरफ़ से एक टेलीफ़ोन सन्देश मिला। वे मुझे एक फ़ीट के बारह सेंट देने और मेरी फ़िल्मों के लिए धन जुटाने के लिए तैयार थे। लेकिन वे मुझे हफ़्ते का एक हज़ार डॉलर का वेतन देने के लिए तैयार नहीं थे, इसलिए यह मामला आगे नहीं बढ़ा।

जेस रॉबिंस नाम का एक युवा, जो एसने कम्पनी का प्रतिनिधि था, ने कहा कि उसने सुना है कि मैं किसी भी क़रार पर हस्ताक्षर करने से पहले दस हज़ार डॉलर का बोनस और साढ़े बारह सौ डॉलर प्रति सप्ताह का वेतन चाहता हूँ। यह मेरे लिए नई ख़बर थी क्योंकि जब तक उसने ज़िक्र नहीं किया था, मैंने दस हज़ार डॉलर के बोनस की कल्पना भी नहीं की थी। लेकिन, उस सुखद पल के बाद यह विचार मेरे दिमाग़ में टँक गया।

उस रात मैंने रॉबिंस को डिनर पर आमंत्रित किया और उसे ही सारी बातें करने दीं। उसने बताया कि वह सीधे एसने कम्पनी के जी.एम. एंडरसन के पास से आ रहा है, लोग उन्हें ब्रांको बिली के नाम से भी जानते हैं। एंडरसन मि. जॉर्ज के. स्पूर के भागीदार हैं और उनका प्रस्ताव है कि वे बारह सौ पचास डॉलर प्रति सप्ताह देने के लिए तैयार हैं लेकिन वह बोनस के बारे में कुछ नहीं कह सकता। मैंने कन्धे उचकाए, "यह अड़चन कई लोगों के साथ है।" मैंने बात आगे बढ़ाते हुए कहा कि "उनके पास बड़े-बड़े प्रस्ताव तो हैं लेकिन वे नक़द नारायण की बात नहीं करना चाहते।" बाद में उसने सेन फ्रांसिस्को में एंडरसन को फ़ोन किया और सब कुछ तय हो जाने के बाद मुझे बताया कि समझौता हो गया है। लेकिन मैंने कहा, "मैं दस हज़ार नक़द बोनस के रूप में तत्काल चाहता हूँ। वह चहकता हुआ मेज़ पर वापस आया और बोला, "सौदा पक्का समझें; कल आपको दस हज़ार डॉलर नक़द मिल जाएँगे।"

मैं सातवें आसमान पर था। प्रस्ताव इतना शानदार था कि विश्वास नहीं हो रहा था। लेकिन यह सच था, क्योंकि अगले ही दिन रॉबिंस ने मेरे हाथ में केवल छह सौ डॉलर का चेक थमा दिया और बताया कि मि. एंडरसन अगले दिन ख़ुद ही लॉस एंजेल्स आ रहे हैं और बाक़ी सब वे ख़ुद ही निपट लेंगे। एंडरसन उत्साह से भरे हुए आए और डील के बारे में आश्वस्त किया लेकिन दस हज़ार डॉलर का कोई ज़िक्र नहीं किया केवल इतना ही कहा कि, "मेरे पार्टनर मि. स्पूर शिकागो पहुँचकर इस मामले को देख लेंगे।"

हालाँकि मेरे शक ने सिर उठाना शुरू कर दिया था लेकिन मैंने आशावाद के चलते अपने शक को दफ़नाने का फ़ैसला किया। अभी भी कीस्टोन कम्पनी के साथ

मेरे दो सप्ताह बाक़ी थे। अपनी अन्तिम फ़िल्म 'हिज़ प्रीहिस्टोरिक पास्ट' को पूरा कर पाना मेरे लिए ख़ासा तनाव भरा था, क्योंकि इतने अधिक कारोबारी प्रस्तावों के साथ उस पर ध्यान केन्द्रित कर पाना मेरे लिए मुश्किल था, इसके बावजूद मैंने फ़िल्म पूरी कर ही दी।

ग्यारह

कीस्टोन कम्पनी को छोड़ना मेरे लिए तकलीफ़देह था क्योंकि मैं वहाँ पर सेनेट और दूसरे सभी लोगों का प्रिय बन चुका था। मैंने किसी से भी विदा के दो शब्द तक नहीं कहे; मैं कह ही नहीं सका। सब शुष्क और आसान तरीक़े से हो गया। शनिवार की रात को मैंने अपनी फ़िल्म का सम्पादन पूरा किया और अगले सोमवार मि. एंडरसन के साथ सेन फ्रांसिस्को के लिए रवाना हो गया जहाँ हमें उनकी हरे रंग की नई मर्सडीज़ कार के दर्शन हुए। हम सिर्फ़ लंच के लिए सेंट फ्रांसिस होटल में रुके उसके बाद नाइल्स चले गए। वहाँ एंडरसन का अपना एक छोटा-सा स्टूडियो था और उसमें उन्होंने एसने कम्पनी के लिए ब्रांको बिली वेस्टर्न्स बनाई थी (एसने नाम स्पूर और एंडरसन के पहले अक्षरों को मिलाकर बनाया गया नाम था)।

नाइल्स सेन फ्रांसिस्को से बाहर की ओर एक घंटे की ड्राइव की दूरी पर था और रेल की पटरियों के पास बसा हुआ था। यह एक छोटा-सा शहर था, जहाँ की आबादी चार सौ की थी और वहाँ का मुख्य कामकाज अल्फाल्फा घास तथा पशुपालन था। स्टूडियो लगभग चार मील बाहर की ओर एक खेत के बीचोबीच बना हुआ था। मैंने इसे देखा तो मेरा दिल डूबने लगा क्योंकि इससे कम प्रेरणादायक और कुछ नहीं हो सकता था। स्टूडियो की छत काँच की थी, जहाँ गर्मियों में काम करना बेहद मुश्किल था। एंडरसन ने कहा कि वे मेरे लिए मेरी पसन्द का और कॉमेडी बनाने के लिए बेहतर तरीक़े से सुसज्जित स्टूडियो शिकागो के आसपास ढूँढ़ेंगे। मैं नाइल्स में सिर्फ़ एक ही घंटा रहा और एंडरसन अपने स्टाफ़ के साथ कुछ कामकाज निपटाते रहे। फिर हम दोनों सेन फ्रांसिस्को के लिए चल पड़े। वहाँ से हमने शिकागो के लिए यात्रा शुरू की।

एंडरसन मुझे अच्छे लगे। उनमें एक ख़ास तरह का आकर्षण था। रेल यात्रा में उन्होंने मेरी एक भाई की तरह देखभाल की। अलग-अलग स्टेशनों पर कैंडी और पत्रिकाएँ ले आते। वे लगभग 40 बरस के शर्मीले और चुप्पे व्यक्ति थे और जब भी कारोबार की बात आती तो वे बड़े इत्मीनान से कह देते, "इसके बारे में चिन्ता मत करो। सब ठीक हो जाएगा।" वे बहुत कम बात करते और हमेशा ख़यालों में खोए रहते। इसके बावजूद मैंने महसूस किया कि वे भीतर-ही-भीतर काइयाँ थे।

यात्रा रोचक थी। ट्रेन में तीन व्यक्ति थे जिन्हें हमने पहली बार डाइनिंग कार में देखा। उनमें से दो तो सम्पन्न लग रहे थे, लेकिन तीसरा बेतरतीब-सा लगने वाला साधारण-सा आदमी था। उन तीनों को एक साथ खाना खाते देख हमें हैरानी हुई। हमने अन्दाज़ा लगाया कि दो व्यक्ति तो इंजीनियर हो सकते हैं और तीसरा सड़कछाप आदमी छोटे-मोटे काम करने के लिए मज़दूर रहा होगा। जब हम डाइनिंग कार से लौट आए तो उनमें से एक हमारे कूपे में आया और अपना परिचय दिया। उसने बताया कि वह सेंट लुईस का ज़िला फ़ौजदार है और उसने ब्रांको बिली को पहचान लिया है। वे फाँसी दिये जाने के लिए एक क़ैदी को सैन क्विंटन जेल से वापस सेंट लुईस लेकर जा रहे हैं और चूँकि वे क़ैदी को अकेला नहीं छोड़ सकते हैं तो क्या हम उनके कूपे में आकर ज़िला एटॉर्नी से मिलना पसन्द करेंगे?

शेरिफ़ ने विश्वास के साथ कहा, "हमने सोचा कि आपको परिस्थितियों के बारे में जानना अच्छा लगेगा। यह जो क़ैदी है, इसका अच्छा-ख़ासा आपराधिक रिकॉर्ड है। जब अधिकारी ने इसे सेंट लुईस में गिरफ़्तार किया तो इसने कहा कि इसे अपने कमरे में जाकर अपने ट्रंक में से कुछ कपड़े-लत्ते लाने की इजाज़त दी जाए और जिस वक़्त यह अपने ट्रंक में सामान तलाश रहा था तभी अचानक अपनी बन्दूक़ के साथ घूमा और अफ़सर को गोली मार दी तथा भागकर कैलीफोर्निया चला गया। जहाँ इसे सेंधमारी करते हुए पकड़ा गया और तीन बरस की सज़ा दी गई तथा जब यह बाहर निकला तो ज़िला एटॉर्नी और मैं इसका इन्तज़ार कर रहे थे। यह एकदम साफ़ मामला है—हम उसे फाँसी देंगे।" उसने जोश के साथ कहा।

एंडरसन और मैं उनके कूपे में गए। शेरिफ़ मोटा-सा हँसोड़ आदमी था, जिसके चेहरे पर सदाबहार मुस्कराहट और आँखों में चमक थी, जबकि ज़िला एटॉर्नी कुछ गम्भीर आदमी था।

अपने मित्र से हमारा परिचय कराने के बाद शेरिफ़ ने कहा, "बैठ जाइए।" फिर वह क़ैदी की तरफ़ मुड़ा, "और यह हैंक है।" उसने कहा, "हम इसे सेंट लुईस वापस ले जा रहे हैं, जहाँ पर यह अपनी क़िस्मत के घेरे में फँसेगा।"

हैंक विद्रूपता से हँसा लेकिन कुछ कहा नहीं। वह लगभग 45-46 बरस का छह फ़ीटा आदमी था। उसने यह कहते हुए एंडरसन से हाथ मिलाया, "ब्रांको बिली, मैंने आपको कई बार देखा है और हे भगवान! आप कैसे उन्हें बन्दूक़ें थमाते हैं और उन्हें धराशायी कर देते हैं, मैंने आज तक नहीं देखा।" हैंक मेरे बारे में बहुत कम जानता था। उसने बताया, "वह तीन बरस तक सैन क्विंटन जेल में रहा था और बाहरी दुनिया में ऐसा बहुत कुछ चलता रहता है, जिसके बारे में क़ैदियों को पता नहीं चलता।"

हालाँकि हम सब बहुत सहजता से बात कर रहे थे लेकिन एक भीतरी तनाव था, जिससे उबर पाना मुश्किल लग रहा था। मैं सकते में था कि क्या कहूँ, इसलिए मैं केवल शेरिफ़ के जुमले पर खींसें निपोर रहा था।

"यह एक बहुत कठोर दुनिया है।" ब्रांको बिली ने कहा।

"हाँ, सो तो है।" शेरिफ़ ने कहा, "हम इसे कम कठोर बनाना चाहते हैं। हैंक इस बात को जानता है।"

"बेशक!" हैंक ने उपहास करते हुए कहा।

शेरिफ़ ने उपदेश देना शुरू कर दिया, "यही बात मैंने हैंक से कही थी जब वह सैन क्विंटन से बाहर आया था। मैंने उससे कहा था कि अगर वह हमारे साथ ज़्यादा सयानापन दिखाएगा तो हम भी उसके साथ वैसे ही पेश आएँगे। हम हथकड़ियों का इस्तेमाल करना या तामझाम फैलाना नहीं चाहते; इसलिए हमने सिर्फ़ उसके पैरों में बेड़ियाँ डाल रखी हैं।"

"बेड़ी! वो क्या होती है?" मैंने पूछा।

"आपने कभी बेड़ी नहीं देखी?" शेरिफ़ ने पूछा।

"अपनी पैंट ऊपर करो, हैंक।"

हैंक ने अपना पाँयचा ऊपर किया और वहाँ पर लगभग पाँच इंच लम्बी और तीन इंच मोटी निकेल प्लेटेड बेड़ी उसके टखने के चारों ओर जकड़ी हुई थी जिसका वज़न 40 पौंड रहा होगा। इस तरह, बातचीत बेड़ियों की नई-नई क़िस्मों की तरफ़ मुड़ गई। शेरिफ़ ने बताया कि इस ख़ास बेड़ी में अन्दर की तरफ़ रबर की परत चढ़ी हुई है, जिससे क़ैदी को आसानी हो जाती है।

"क्या यह इसके साथ ही सोता है?" मैंने पूछा।

"भई, यह तो निर्भर करता है।" शेरिफ़ ने हैंक की तरफ़ सकुचाते हुए देखकर कहा।

हैंक की मुस्कराहट उदास और रहस्यमयी थी।

हम उनके साथ डिनर के समय तक बैठे रहे और जैसे-जैसे दिन ढलता गया, बातचीत उस तरीक़े की ओर मुड़ गई जिससे हैंक को फिर से गिरफ़्तार किया गया था। शेरिफ़ ने बताया कि जेल-सूचना के आदान-प्रदान के दौरान उन्हें फ़ोटो और उँगलियों के निशान मिले और उन्हें यक़ीन हो गया कि हैंक ही वह आदमी है जिसकी उन्हें तलाश है। इसलिए जिस दिन हैंक को रिहा किया जाना था, वे सैन क्विंटन की जेल के दरवाज़े पर पहुँच गए।

अपनी छोटी-छोटी आँखें झपकाते हुए और हैंक की तरफ़ देखते हुए शेरिफ़ बोला, "हाँ! हम सड़क के दूसरी तरफ़ इसका इन्तज़ार करने लगे। बहुत जल्द ही जेल के गेट के एक तरफ़ वाले दरवाज़े से हैंक बाहर आया।" शेरिफ़ अपनी अनामिका उँगली अपनी नाक के पास ले गए और व्यंग्यपूर्ण हँसी के साथ हैंक की दिशा में इशारा करते हुए धीरे-से बोले, "मेरा ख़याल है, यही वह व्यक्ति है, जिसकी हमें तलाश है।"

एंडरसन और मैं मंत्रमुग्ध उसे सुन रहे थे, "हमने उसके साथ सौदा किया" शेरिफ़ ने कहा, "अगर वह हमारे साथ चालबाज़ी करेगा तो हम उसे सीधा कर देंगे।" हम इसे नाश्ते के लिए ले गए और गरमागरम केक और अंडे खिलाए और

देखिए इसे, फ़र्स्ट क्लास में यात्रा कर रहा है। हथकड़ी और बेड़ी में मुश्किल से ले जाए जाने से तो यह बेहतर ही है।"

हैंक मुस्कराया और भुनभुनाया, "अगर मैं चाहता तो मैं आपके साथ प्रत्यर्पण के मामले पर लड़ सकता था।"

शेरिफ़ ने उसे ठंडेपन से देखा, "उससे तुम्हारा कोई ख़ास भला न होता, हैंक।" और धीरे-से कहा, "इससे बस मामूली-सी देर ही होती। क्या आराम से फ़र्स्ट क्लास में जाना बेहतर नहीं है?"

"मेरा ख़याल है, बेहतर ही है।" हैंक ने कन्धे उचकाए।

जैसे-जैसे हम हैंक की मंज़िल के नज़दीक आ रहे थे, उसने लगभग प्यार भरे स्वर में सेंट लुईस जेल के बारे में बातें करनी शुरू कर दीं। उसे दूसरे क़ैदियों द्वारा अपना मुक़दमा लड़े जाने की बात से ही ख़ुशी हो रही थी, "मैं तो बस सोच रहा हूँ कि जब मैं कंगारू कोर्ट के सामने पहुँचूँगा तो वे गोरिल्ला मेरे साथ क्या करेंगे। ज़रा सोचो तो। वे मेरा तम्बाकू और मेरी सिगरेटें मुझसे ले लेंगे।"

शेरिफ़ और एटॉर्नी का हैंक के साथ सम्बन्ध ठीक वैसा ही था जैसा उस साँड़ के साथ मेटाडोर का दुलार होता है, जिसे वो मारने वाला होता है। जब वे ट्रेन से उतरे तो दिसम्बर का आख़िरी दिन था और जब हम अलग हुए तो शेरिफ़ और एटॉर्नी ने हमें नव-वर्ष की शुभकामनाएँ दीं। हैंक ने भी उदासी से यह कहते हुए हाथ मिलाया कि सारी अच्छी चीज़ों का अन्त होता है। यह तय कर पाना मुश्किल था कि उसे विदा कैसे दी जाए। उसका अपराध क्रूरतापूर्ण था। इसके बावजूद मैंने पाया कि जब मैं उसे शुभकामना के दो शब्द कह रहा था वह अपनी भारी बेड़ी के साथ ट्रेन से लँगड़ाता हुआ उतर रहा था। बाद में हमें पता चला कि उसे फाँसी दे दी गई।

*

जब हम शिकागो पहुँचे तो हमारा स्वागत मि. स्पूर के बजाय स्टूडियो मैनेजर ने किया। उसने बताया कि मि. स्पूर कारोबार के सिलसिले में बाहर गए हुए हैं और नव वर्ष की छुट्टियों तक वापस नहीं आएँगे। मुझे नहीं लगा था कि मि. स्पूर की ग़ैर-हाज़िरी से कोई ख़ास फ़र्क़ पड़ने वाला है क्योंकि नव वर्ष की शुरुआत से पहले स्टूडियो में कुछ भी नहीं होने वाला था। इस बीच मैंने नव वर्ष की पूर्व संध्या एंडरसन, उनकी पत्नी और परिवार के साथ बिताई। नव वर्ष के दिन एंडरसन यह आश्वासन देते हुए कैलीफोर्निया के लिए रवाना हो गए कि जैसे ही स्पूर लौटेंगे वे सारी चीज़ों, जिनमें दस हज़ार डॉलर का बोनस भी शामिल है, को देख लेंगे।

स्टूडियो औद्योगिक ज़िले में था, जो ज़रूर कभी गोदाम रहा होगा। सुबह के वक़्त मैं वहाँ पहुँचा तो न स्पूर आए थे, और न ही मेरे काम की व्यवस्था के बारे में कोई हिदायतें छोड़ गए थे। मुझे लगा कि ज़रूर कुछ गड़बड़ है। हालाँकि ऑफ़िस

वाले जितना बताने को तैयार थे, उससे ज़्यादा जानते थे। लेकिन उससे मैं परेशान नहीं हुआ। मुझे यक़ीन था कि एक अच्छी फ़िल्म मेरी सारी समस्याओं को हल कर देगी; इसलिए मैंने प्रबन्धक से पूछा कि क्या वह जानता है कि मुझे स्टूडियो स्टाफ़ से पूरा सहयोग मिलना है और मुझे उनकी सारी सुविधाओं को इस्तेमाल करने की पूरी छूट है।

"बेशक!" उसने जवाब दिया, "मि. एंडरसन इस बारे में हिदायत दे गए हैं।"

"तब तो मैं तुरन्त काम करना चाहूँगा।" मैंने कहा।

"बेहतर है।" उसने जवाब दिया, "पहली मंज़िल पर आपको सिनेरियो विभाग की मिस लॉयला पार्सन्स मिलेंगी, वे आपको पटकथा देंगी।"

"मैं दूसरे लोगों की पटकथाओं को इस्तेमाल नहीं करता। अपनी ख़ुद की लिखता हूँ।" मैंने पलटकर जवाब दिया।

मैं लड़ने के मूड में था क्योंकि वे सारी चीज़ों के बारे में यहाँ तक कि स्पूर की अनुपस्थिति के बारे में बहुत हल्के तरीक़े से पेश आ रहे थे; स्टूडियो का स्टाफ़ अकड़ू था और बैंक क्लर्कों की तरह हाथ में सामान की पर्ची लिये इधर-उधर घूमता रहता था मानो वे गारंटी ट्रस्ट कम्पनी के सदस्य हों। उनका काम के तरीक़े से पेश आना आकर्षक था लेकिन उनकी फ़िल्में नहीं। ऊपर वाली मंज़िल पर अलग-अलग विभागों के बीच इस तरह के पार्टीशन डाले गए थे मानो बैंक के रोकड़ियों के दड़बे हों। यहाँ सब कुछ था लेकिन सृजनात्मक काम के लिए अनुकूल माहौल नहीं था। छह बजते ही, इस बात की परवाह किये बिना कि दृश्य पूरा हुआ है या नहीं, निर्देशक सब कुछ छोड़-छाड़कर चल देता, बत्तियाँ बन्द कर दी जातीं और सब लोग अपने-अपने घर चले जाते।

अगली सुबह मैं कलाकारों का चयन करने वाले कास्टिंग के दफ़्तर में गया। "मैं कुछ कलाकार चुनना चाहूँगा," मैंने शुष्कता से कहा, "इसलिए क्या आप अपनी कम्पनी के ऐसे लोगों को मेरे पास भेजने का कष्ट करेंगे जो फ़िलहाल काम में लगे हुए नहीं हैं?"

उन्होंने मेरे सामने ऐसे लोग हाज़िर कर दिये, जो उनके ख़याल से मेरे काम के हो सकते थे। वहाँ पर भेंगी आँखों वाला एक आदमी था जिसका नाम बेन टर्पिन था, वह रस्सी वग़ैरह का काम जानता था और उसके पास उन दिनों एसने में कोई ख़ास काम नहीं था। मैंने उसे हाथों-हाथ पसन्द कर लिया। लेकिन कोई प्रमुख महिला पात्र नहीं थी। कई साक्षात्कार लेने के बाद एक आवेदक में कुछ सम्भावनाएँ नज़र आईं। वह एक ख़ूबसूरत-सी युवा लड़की थी जिसे कम्पनी ने हाल ही में क़रार पर रखा था। लेकिन, हे भगवान! मैं उसके चेहरे पर हाव-भाव नहीं ला सका। वह इतनी गई-गुज़री थी कि मैंने हार मान ली और उसे दफ़ा कर दिया। कई बरसों के बाद ग्लोरिया स्वानसन ने मुझे बताया कि वही वह लड़की थी और ड्रामे में कुछ अलग

करने की महत्त्वाकांक्षा के चलते और स्वाँग वाली चीज़ें पसन्द न करने के कारण ही उस दिन उसने जान-बूझकर सहयोग नहीं किया था।

फ्रांसिस एक्स बुशमैन, उस वक़्त एसने के महान कलाकार, ने उस जगह के प्रति मेरी नापसन्दगी को ताड़ लिया था, "आप स्टूडियो के बारे में जो कुछ भी सोचें," उन्होंने कहा, "यह तो बस, विपरीत ध्रुवों यानी अलग सोच वाला मामला है।" लेकिन ऐसा नहीं था। न तो मुझे स्टूडियो पसन्द था और न ही मुझे विपरीत ध्रुव शब्द ही पसन्द आया। परिस्थितियाँ बद से बदतर होती चली गईं। जब मैं अपनी फ़िल्म के रशेज़ देखना चाहता तो वे पॉजिटिव प्रिंट का ख़र्च बचाने के लिए मूल नेगेटिव फ़िल्म चला देते। इस बात ने मुझे डरा दिया। और जब मैंने इस बात की माँग की कि वे एक पॉजिटिव प्रिंट बनाएँ तो उन्होंने इस तरह के हाव-भाव दिखाए मानो मैं उन्हें दिवालिया करने आया हूँ। वे लोग संकीर्ण और आत्मतुष्ट थे। चूँकि वे फ़िल्म कारोबार में सबसे पहले आए थे और उन्हें पेटेंट अधिकारों से सुरक्षा मिली हुई थी अत: वे फ़िल्म निर्माण में एकाधिकार रखते थे। उनका अन्तिम उद्देश्य अच्छी फ़िल्म बनाना था। हालाँकि दूसरी कम्पनियाँ उनके पेटेंट अधिकार को चुनौती दे रही थीं और बेहतर फ़िल्में बना रही थीं, लेकिन एसने अभी भी अपने तौर-तरीक़े बदलने को तैयार नहीं था और हर सोमवार की सुबह ताश के पत्तों की तरह के परिदृश्य का धन्धा कर रहा था।

मैंने अपनी पहली फ़िल्म लगभग पूरी कर ली थी जिसका नाम था 'हिज़ न्यू जॉब'। दो हफ़्ते बीत गए थे और अब तक मि. स्पूर के दर्शन नहीं हुए थे। न तो मुझे वेतन मिला था और न ही बोनस, इसलिए मैं ग़ुस्से से भरा हुआ था।

"मि. स्पूर कहाँ हैं?" मैंने फ्रंट ऑफ़िस में जाकर जानना चाहा। वे परेशानी में पड़ गए और कोई सन्तोषजनक उत्तर न दे सके। मैंने अपनी नाराज़गी छुपाने की कोई कोशिश नहीं की और पूछा कि क्या वे अपना कारोबार हमेशा इसी तरीक़े से चलाते हैं।

कई बरस बाद मैंने ख़ुद मि. स्पूर से सुना कि हुआ क्या था? दरअसल, लगता है जब मि. स्पूर, जिन्होंने कभी मेरा नाम भी नहीं सुना था, को पता चला कि एंडरसन ने मुझे बारह सौ डॉलर प्रति सप्ताह और दस हज़ार डॉलर के बोनस पर एक बरस के लिए साइन कर लिया है तो उन्होंने हड़बड़ाते हुए एंडरसन को यह जानने के लिए एक तार भेजा कि कहीं वे पागल तो नहीं हो गए हैं और जब स्पूर को पता चला कि एंडरसन ने मुझे जैस रॉबिंस की सिफ़ारिश पर सिर्फ़ एक जुए के तौर पर साइन किया है, उनकी चिन्ता दुगुनी हो गई। उनके पास कई हँसोड़ कलाकार थे और उनमें से श्रेष्ठतम कलाकार भी सिर्फ़ पचहत्तर डॉलर प्रति सप्ताह पर काम कर रहा था और जो कॉमेडी वे बनाते थे, मुश्किल से उनका ख़र्च ही निकल पाता था। इसलिए, स्पूर शिकागो से ग़ायब ही हो गए थे।

अलबत्ता, जब वे लौटे और अपने दोस्तों के साथ शिकागो के बड़े होटलों में से एक में खाना खा रहे थे तो उनकी हैरानी का ठिकाना न रहा। उनके दोस्तों

ने उन्हें इस बात पर बधाई दी कि मैं उनकी कम्पनी में शामिल हो गया हूँ। इसके अलावा चार्ली चैप्लिन के बारे में स्टूडियो कार्यालय में पहले से भी ज़्यादा प्रचार होने लगा था। इसलिए उन्होंने सोचा कि एक बार आज़माकर देखा जाए। उन्होंने होटल के एक छोकरे को बुलवाया और उसे चौथाई डॉलर देते हुए कहा कि वह पूरे होटल में घूम-घूमकर चार्ली की तलाश के लिए आवाज़ लगाए। लड़का जैसे-जैसे लॉबी में यह चिल्लाता हुआ घूमने लगा कि "चार्ली चैप्लिन के लिए फ़ोन!!," लोग उसके आसपास जुटने लगे और आलम यह हो गया कि चारों तरफ़ उत्तेजना और हलचल मच गई। मेरी लोकप्रियता से यह उनका पहला साबक़ा था। दूसरी घटना फ़िल्म एक्सचेंज के दफ़्तर में हुई जब वे वहाँ पर मौज़ूद नहीं थे; उन्होंने पाया कि मेरे फ़िल्म शुरू करने से पहले ही फ़िल्म की पैंसठ प्रतियों की अग्रिम बिक्री हो जाती थी। ऐसा आज तक नहीं हुआ था और जब तक मैं फ़िल्म पूरी करता, एक सौ तीस प्रिंट बिक चुके होते और उसके बाद भी ऑर्डर आ रहे होते। यह सब देखकर उन्होंने तुरन्त ही क़ीमत तेरह सेंट से बढ़ाकर पच्चीस सेंट प्रति फ़ीट कर दी।

आख़िरकार जब स्पूर आए तो छूटते ही मैंने उनसे अपने वेतन और बोनस की बात की। वे तरह-तरह से क्षमा माँग रहे थे और बता रहे थे कि वे अपने मुख्य कर्मचारियों को मेरे सारे कारोबारी इन्तज़ाम करने के लिए कहकर गए थे। उन्होंने क़रार नहीं देखा था और यह मानकर चल रहे थे कि उनके मुख्य कर्मचारियों को इसके बारे में सब कुछ मालूम होगा।

स्पूर ऊँचे क़द के थोड़े भारी शरीर वाले मृदुभाषी व्यक्ति थे। वे आकर्षक भी होते अगर उनके चेहरे पर मांस की पीली परत न चढ़ी होती और उनका मोटा-सा ऊपरी होंठ नीचे वाले होंठ के ऊपर न टिका होता।

"मुझे अफ़सोस है कि आपको परेशानी हुई," उन्होंने कहा, "लेकिन आपको पता होना चाहिए चार्ली कि हमारी फ़र्म एक इज़्ज़तदार फ़र्म है और हम अपने क़रार हमेशा पूरे करते हैं।"

"ठीक है, लेकिन इस क़रार को आप पूरा नहीं कर रहे हैं," मैंने टोका।

"कोई बात नहीं, हम अभी सारे मामले सुलझा लेते हैं।" उन्होंने कहा।

"मुझे कोई जल्दी नहीं है।" मैंने कटाक्ष के साथ जवाब दिया।

*

शिकागो में मेरे संक्षिप्त प्रवास के दौरान स्पूर ने मुझे ख़ुश करने की हर तरह से कोशिश की। लेकिन मैं कभी भी उनकी अपेक्षाओं के अनुरूप ख़ुश नहीं हो सका। मैंने उन्हें बताया कि मैं शिकागो में काम करके ख़ुश नहीं हूँ और अगर वे अच्छे नतीजे चाहते हैं तो मेरे लिए कैलीफोर्निया में काम करने की व्यवस्था करा दें।

"हम आपके लिए कुछ भी करेंगे जिससे आपको ख़ुशी मिले," उन्होंने कहा, "नाइल्स के बारे में क्या ख़याल है?"

मैं इस प्रस्ताव पर बहुत ख़ुश नहीं था। मैं स्पूर की तुलना में एंडरसन को ज़्यादा पसन्द करता था, इसलिए 'हिज़ न्यू जॉब' पूरी कर लेने के बाद मैं नाइल्स चला गया।

ब्रांको बिली अपनी वेस्टर्न फ़िल्में वहीं बनाया करते थे। ये एक-एक रील की फ़िल्में हुआ करती थीं जिन्हें बनाने में उन्हें एक ही दिन लगता था। उनके पास सात ही कहानियों के प्लॉट थे जिन्हें वे घुमा-फिराकर बार-बार दोहराते रहते थे और इन्हीं से उन्होंने कई लाख डॉलर कमा लिए थे। वे कभी-कभार काम करते थे। कभी-कभी वे एक-एक रील की सात फ़िल्में एक ही हफ़्ते में बनाकर रख देते और फिर छह सप्ताह के लिए छुट्टी मनाने चले जाते।

नाइल्स में स्टूडियो के आसपास कैलीफोर्नियाई शैली के कई छोटे-छोटे बँगले थे जो ब्रांको बिली ने अपनी कम्पनी के स्टाफ़ के लिए बनवाए थे और एक बड़ा-सा बँगला था, जो उनके लिए था। उन्होंने बताया कि अगर मैं चाहूँ तो उनके बँगले में उनके साथ ही रह सकता हूँ। मैं इस प्रस्ताव से ख़ुश हुआ। मैंने सोचा, ब्रांको बिली, करोड़पति काउबॉय, जिन्होंने शिकागो में अपनी पत्नी के आलीशान घर में मेरी आवभगत की थी, के साथ रहने से कम-से-कम नाइल्स में ज़िन्दगी सहने योग्य तो होगी।

जिस समय हम बँगले पर पहुँचे, उस वक़्त अँधेरा था। जब हमने स्विच ऑन किया तो मुझे झटका लगा। जगह एकदम ख़ाली और मनहूस थी। उनके कमरे में लोहे की एक चारपाई रखी थी और उसके ऊपर एक बल्ब लटक रहा था। फ़र्नीचर के नाम पर कमरे में एक ख़स्ताहाल मेज़ और एक कुर्सी ही थे। पलंग के पास लकड़ी की एक पेटी रखी थी जिस पर पीतल की एक ऐश ट्रे रखी थी, जो सिगरेट के टुकड़ों से भरी हुई थी। मुझे जो कमरा दिया गया, वह भी कमोबेश ऐसा ही था। बस उसमें राशन रखने की पेटी नहीं थी। कोई भी चीज़ काम करने की हालत में नहीं थी। ग़ुसलखाने के तो और भी बुरे हाल थे। नहाने के नल से एक मग पानी भरकर लैट्रिन में ले जाना पड़ता था तभी फ्लश किया जा सकता था। यह जी.एम. एंडरसन, करोड़पति काउबॉय का घर था।

अन्त में मैं इस नतीजे पर पहुँचा कि एंडरसन सनकी हैं। करोड़पति होने के बावजूद वे गरिमामय जीवन के प्रति ज़रा भी परवाह नहीं करते थे। उनके शौक़ थे, भड़कीले रंगों वाली कारें, ईनामधारी क़ुश्तियों के पहलवानों को पालना, एक थियेटर रखना और संगीतमय प्रस्तुतियाँ करना। जब वे नाइल्स में काम नहीं कर रहे होते, तो अपना अधिकतर समय सेन फ्रांसिस्को में बिताते, जहाँ वे छोटे, कम क़ीमत वाले होटलों में ठहरते। वे अजीब क़िस्म के शख़्स थे, अस्पष्ट, मनमौजी और बेचैन, जो आनन्द भरी अकेली ज़िन्दगी की चाह रखते थे। हालाँकि शिकागो में उनकी बहुत

ही ख़ूबसूरत पत्नी और बेटी थी, लेकिन वे शायद ही उनसे मिलते। वे अलग और अपने तरीक़े से अपनी ज़िन्दगी जी रही थीं।

एक स्टूडियो से दूसरे स्टूडियो में धक्के खाने से मुझे कोफ़्त होती थी। मुझे काम करने वाली एक और यूनिट का इन्तज़ाम करने की ज़रूरत थी, इसका मतलब था एक सन्तोषजनक कैमरामैन, सहायक निर्देशक और कलाकारों की टोली। कलाकारों की टोली चुनना थोड़ा मुश्किल काम था क्योंकि नाइल्स में इतने लोग थे ही नहीं जिनमें से चुनने की बात आती। एंडरसन की काउबॉय कम्पनी के अलावा नाइल्स में एक और कम्पनी थी, जो एक नामालूम-सी कॉमेडी कम्पनी थी और जब जी.एम. एंडरसन की कम्पनी काम न कर रही होती तो वह अपना ख़र्चे लायक पैसा कमा लिया करती। कलाकारों की टोली में बारह लोग थे जिनमें से ज़्यादातर काउबॉय अभिनेता थे। एक बार फिर मेरे सामने मुख्य भूमिका के लिए एक ख़ूबसूरत-सी लड़की की तलाश करने की समस्या आ खड़ी हुई। अब मैं इस बात को लेकर परेशान था कि कैसे भी काम शुरू किया जाए। हालाँकि, मेरे पास कहानी नहीं थी लेकिन मैंने आदेश दिया कि तड़क-भड़क वाले एक कैफ़े का सेट बनाया जाए। जब मुझे हँसी-ठिठोली के लिए कुछ भी न सूझता तो कैफ़े के विचार से मुझे कुछ-न-कुछ ज़रूर सूझ जाता। जिस समय सेट बनाया जा रहा था, मैं जी.एम. एंडरसन के साथ सेन फ्रांसिस्को के लिए रवाना हो गया ताकि वहाँ पर उनकी संगीतमय कॉमेडी में कोरस गाने वाली लड़कियों में से अपने लिए प्रमुख अभिनेत्री चुन सकूँ। वे लड़कियाँ अच्छी थीं लेकिन उनमें से किसी का भी चेहरा कैमरे के लिहाज़ से उचित नहीं था। तभी एंडरसन के साथ काम करने वाले ख़ूबसूरत युवा जर्मन-अमेरिकी काउबॉय कार्ल स्ट्रॉस ने बताया कि वह एक ऐसी लड़की को जानता है जो कभी-कभी हिल स्ट्रीट पर टाटे के कैफ़े में जाती है। उसने बताया कि वह उसे व्यक्तिगत रूप से तो नहीं जानता लेकिन वह ख़ूबसूरत है और हो सकता है कि होटल का मालिक उसका पता जानता हो।

मि. टाटे उसे बहुत अच्छी तरह से जानते थे। वह लवलॉक, नेवादा में अपनी शादीशुदा बहन के साथ रहती थी और उसका नाम एडना पर्विएंस था। तुरन्त ही हमने उससे सम्पर्क किया और उससे सेंट फ्रांसिस होटल में मुलाक़ात के लिए समय तय कर लिया। उसे सिर्फ़ ख़ूबसूरत कहना उसके सौन्दर्य के प्रति अन्याय होगा। साक्षात्कार के दौरान वह बेहद उदास और गम्भीर लग रही थी। बाद में मुझे पता चला कि वह हाल ही में ख़त्म हुए अपने एक प्रेम-प्रसंग से उबर रही थी। उसने कॉलेज तक की पढ़ाई की थी और बिजनेस कोर्स किया था। वह शान्त और अलग-थलग रहने वाली लड़की थी। उसकी बड़ी-बड़ी आँखें, सुन्दर दन्त-पंक्ति और संवेदनशील चेहरा था। लेकिन मुझे इस बात पर शक था कि वह इतनी गम्भीर दिखती है तो वह अभिनय कर भी पाएगी या नहीं और उसमें हास्यबोध है भी या नहीं। इसके बावजूद,

इन सारी बातों को दरकिनार करते हुए मैंने उसे रख लिया। यह सोचकर कि मेरी कॉमेडी फ़िल्मों में कम-से-कम वह सौन्दर्य तो बिखेरेगी।

अगले दिन हम नाइल्स लौट आए लेकिन अब तक कैफ़े का सेट बनकर तैयार नहीं हुआ था और जो ढाँचा उन्होंने खड़ा किया था; वह वाहियात और बकवास था। स्टूडियो में काम करने वाले लोगों में पक्के तौर पर तकनीकी ज्ञान की कमी थी। कुछेक बदलावों के लिए कहने के बाद मैं किसी आइडिया की तलाश में बैठ गया। मैंने एक शीर्षक सोचा, 'हिज़ नाइट आउट' यानी ख़ुशी की तलाश में एक शराबी। शुरुआत करने के लिए इतना काफ़ी था। यह सोचते ही मैंने नाइट क्लब में एक झरना लगवा दिया, यह सोचकर कि शायद इसी से कुछ हँसी-मज़ाक़ की चीज़ें निकल आएँ। मेरे पास शराबी की भूमिका के लिए बेन टर्पिन था। जिस दिन हमें फ़िल्म शुरू करनी थी, उससे एक दिन पहले एंडरसन की कम्पनी के एक सदस्य ने मुझे रात के खाने पर आमंत्रित किया। यह एक साधारण-सी पार्टी थी जहाँ एडना पर्विएंस को मिलाकर हम बीस के क़रीब लोग थे। खाने के बाद कुछ लोग ताश खेलने बैठ गए जबकि दूसरे लोग आसपास बैठकर बातें करने लगे। हमारे बीच सम्मोहन शक्ति यानी हिप्नोटिज़्म की बात चल पड़ी। मैंने शेख़ी बघारी कि मैं सम्मोहन शक्ति जानता हूँ। मैंने दावे के साथ कहा कि मैं साठ सेकेंड के भीतर कमरे में किसी को भी हिप्नोटाइज़ कर सकता हूँ। मैं इतने आत्मविश्वास से बात कर रहा था कि सबको मुझ पर यक़ीन हो गया। लेकिन एडना ने विश्वास नहीं किया।

वह हँसी, "क्या बकवास है? मुझे कोई हिप्नोटाइज़ कर ही नहीं सकता।"

"तुम," मैंने कहा, "एकदम सही व्यक्ति हो। मैं तुमसे दस डॉलर की शर्त रखकर कहता हूँ कि मैं तुम्हें साठ सेकेंड के भीतर सुला दूँगा।"

"ठीक है," एडना ने कहा, "लग गई शर्त।"

"अब एक बात सुन लो। अगर बाद में तुम्हारी तबीयत ख़राब हो गई तो इसके लिए मुझे दोष मत देना। हाँ, मैं जो कुछ करूँगा, बहुत ज़्यादा गम्भीर नहीं होगा।"

मैंने भरपूर कोशिश की कि वह पीछे हट जाए लेकिन वह अपनी बात पर डटी रही। एक महिला ने उसे समझाया भी कि वह यह न करने दे, "तुम तो एकदम मूर्ख हो," उसने यहाँ तक कहा ।

"शर्त अभी भी जारी है।" एडना ने शान्ति से कहा।

"ठीक है," मैंने जवाब दिया, "मैं चाहता हूँ कि तुम सबसे अलग, अपनी पीठ दीवार से अच्छी तरह से सटाकर खड़ी हो जाओ ताकि मुझे तुम्हारा पूरा ध्यान मिले।"

उसने बनावटी हँसी हँसते हुए मेरी बात मान ली। अब तक कमरे में मौज़ूद सभी लोग इसमें दिलचस्पी लेने लगे थे।

"कोई घड़ी पर निगाह रखे।" मैंने कहा।

"याद रखना," एडना ने कहा, "आप मुझे साठ सेकंड के भीतर सुला देने वाले हैं।"

"साठ सेकंड के भीतर तुम एकदम बेहोश हो जाओगी।" मैंने जवाब दिया।

"शुरू करो," टाइम-कीपर ने कहा।

तुरन्त ही मैंने दो-तीन ड्रामाई हरकतें कीं, उसकी आँखों में घूरकर देखा, फिर मैं उसके चेहरे के निकट गया और उसके कानों में फुसफुसाया ताकि दूसरे लोग न सुन सकें, "झूठ-मूठ का नाटक करो" और मैंने हवा में हाथ लहराए, "तुम्हें नींद आ रही है, सो जाओ, सो जाओ!!"

फिर मैं अपनी जगह पर वापस आया और वह लड़खड़ाने लगी। तुरन्त ही मैंने उसे अपनी बाँहों में थाम लिया। दर्शकों में से दो चिल्लाए, "जल्दी करो," मैंने कहा, "इसे दीवान पर लिटाने में कोई मेरी मदद करे।"

जब उसे होश आया तो उसने हैरानी से चारों तरफ़ देखा और कहा कि वह थकान महसूस कर रही है।

हालाँकि वह शर्त जीत सकती थी और सभी उपस्थित लोगों के सामने अपनी बात सिद्ध कर सकती थी, लेकिन उसने ख़ुशी-ख़ुशी अपनी जीत को हार में बदल जाने दिया। उसकी इस बात से मैं उसका मुरीद हो गया और मुझे तसल्ली हो गई कि उसमें हास्यबोध है।

नाइल्स में मैंने चार कॉमेडी फ़िल्में बनाईं लेकिन स्टूडियो सुविधाएँ सन्तोषजनक न होने के कारण, मैं अपने आपको स्थायी या सन्तुष्ट अनुभव नहीं कर रहा था। इसलिए मैंने एंडरसन को सुझाव दिया कि मैं लॉस एंजेल्स चला जाता हूँ। जहाँ उनके पास कॉमेडी फ़िल्में बनाने के लिए बेहतर सुविधाएँ थीं। वे तुरन्त सहमत हो गए हालाँकि यह सहमति एक अन्य कारण से थी। चूँकि मैं स्टूडियो पर एकाधिकार जमाए बैठा था जो कि तीन कम्पनियों के लायक़ बड़ा या पर्याप्त रूप से स्टाफ़युक्त नहीं था, इसलिए उन्होंने बॉयल हाइट्स पर एक छोटा-सा स्टूडियो किराये पर लेने के लिए बातचीत की। यह स्टूडियो लॉस एंजेल्स के बीचोबीच था।

जिस वक़्त हम वहाँ थे, दो युवा लड़के, जो अभी इस क्षेत्र में बस शुरुआत ही कर रहे थे, आए और स्टूडियो की जगह किराये पर ले ली। उनके नाम थे हाल रोच और हेराल्ड लॉयड।

मेरी हर नई फ़िल्म के साथ जैसे-जैसे मेरी कॉमेडी फ़िल्मों की क़ीमत बढ़ती गई, एसने ने अप्रत्याशित शर्तें लगानी शुरू कर दीं और वितरकों से मेरी दो रील की कॉमेडी के लिए हर दिन के कम-से-कम पचास डॉलर का किराया वसूल करना शुरू कर दिया। इस तरह वे मेरी प्रत्येक फ़िल्म से पचास हज़ार डॉलर अग्रिम जमा कर रहे थे।

उन दिनों मैं स्टॉल होटल में ठहरा हुआ था, जो एक ठीक-ठाक किरायेवाला नया, लेकिन आरामदेह होटल था। एक शाम मेरे काम से लौटने के बाद, लॉस

एंजेल्स 'एग्ज़ामिनर' से मेरे लिए एक ज़रूरी टेलीफ़ोन कॉल आया। उन्हें न्यूयॉर्क से एक तार मिला था जिसे उन्होंने पढ़कर सुनाया—

> न्यूयॉर्क हिप्पोड्रोम में हर शाम पन्द्रह मिनट के लिए दो सप्ताह तक आकर प्रदर्शन करने के लिए चार्ली चैप्लिन को 25,000 डॉलर देंगे। इससे उनके काम में बाधा नहीं पड़ेगी।

मैंने तत्काल सेन फ्रांसिस्को में जी.एम. एंडरसन को फ़ोन लगाया। देर हो चुकी थी और मैं अगली सुबह तीन बजे तक उनसे बात नहीं कर पाया। फ़ोन पर ही मैंने उन्हें तार के बारे में बताया और पूछा कि क्या वे दो हफ़्ते के लिए मुझे जाने देंगे ताकि मैं 25,000 डॉलर कमा सकूँ। मैंने सुझाव दिया कि मैं न्यूयॉर्क जाते समय ट्रेन में ही कॉमेडी बनाना शुरू कर सकता हूँ और वहाँ रहते हुए उसे पूरा भी कर लूँगा। लेकिन एंडरसन नहीं चाहते थे कि मैं यह काम करूँ।

मेरे बेडरूम की खिड़की होटल के भीतरी हॉल की तरफ़ खुलती थी, जहाँ यदि कोई भी बात कर रहा होता तो उसकी आवाज़ सभी कमरों में गूँजती थी। चूँकि टेलीफ़ोन कनेक्शन अच्छी तरह से काम नहीं कर रहा था और मैं दो हफ़्ते के पच्चीस हज़ार डॉलर अपने हाथ से नहीं जाने देना चाहता था इसलिए यह बात मुझे कई बार चिल्लाकर कहनी पड़ी।

इस शोरगुल के बीच ऊपर के किसी कमरे की खिड़की खुली और एक ज़ोरदार आवाज़ आई, "दफ़ा करो इस हरामज़ादे को, बदतमीज़ कहीं का!!"

एंडरसन ने फ़ोन पर कहा कि अगर मैं एसने को दो रील की एक और कॉमेडी बनाकर दे दूँ तो वे मुझे पच्चीस हज़ार डॉलर दे देंगे। उन्होंने वादा किया कि वे अगले ही दिन लॉस एंजेल्स आ रहे हैं और क़रार कर लेंगे। जब मैंने टेलीफ़ोन पर बात पूरी कर ली और बत्ती बन्द करके सोने जा रहा था कि तभी मुझे वह आवाज़ याद आई, मैं बिस्तर से उठा, खिड़की खोली और ज़ोर से चिल्लाया, "भाड़ में जाओ!"

अगले दिन एंडरसन पच्चीस हज़ार डॉलर के चेक के साथ लॉस एंजेल्स आ गए, जबकि न्यूयॉर्क की मूल कम्पनी जिसने यह प्रस्ताव रखा था, दो हफ़्ते बाद ही दिवालिया हो गई। ऐसी थी मेरी क़िस्मत।

*

लॉस एंजेल्स लौटकर अब मैं पहले से ज़्यादा ख़ुश था। हालाँकि बॉयल हाइट्स पर बने स्टूडियो के आसपास झोंपड़पट्टियाँ थीं, लेकिन वहाँ रहने से मुझे एक फ़ायदा यह हुआ कि मैं अपने भाई सिडनी के आसपास रह सकता था। मैं अक्सर उससे शाम को मिल लेता। वह अभी भी कीस्टोन में काम कर रहा था और एसने के साथ मेरा क़रार ख़त्म होने से एक महीने पहले उसका क़रार पूरा होनेवाला था। मेरी सफलता का

आलम यह था कि सिडनी सोच रहा था कि अब वह अपना पूरा वक़्त मेरे कारोबारी कामों में ही लगाए। रिपोर्टों के अनुसार, मेरी लोकप्रियता आने वाली प्रत्येक कॉमेडी फ़िल्म के साथ बढ़ती ही जा रही थी। हालाँकि लॉस एंजेल्स में सिनेमाघरों के बाहर लगने वाली लम्बी-लम्बी क़तारों को देखकर मैं अपनी सफलता की सीमा जानता था, लेकिन मैं इस बात को महसूस नहीं कर पाया कि बाक़ी जगह मेरी सफलता कितनी बढ़ी है। न्यूयॉर्क में मेरे चरित्र यानी कैरेक्टर वाले खिलौने और मूर्तियाँ सभी डिपार्टमेंटल स्टोरों और ड्रगस्टोरों में बिक रही थीं। ज़िगफेल्ड लड़कियाँ चार्ली चैप्लिन जैसा डर्बी हैट, बड़े जूते व बैगी पैंट पहने अपने ख़ूबसूरत चेहरों पर चार्लीनुमा मूँछें लगाकर अपनी ख़ूबसूरती को बिगाड़ रही थीं तथा 'दोज़ चार्ली चैप्लिन फीट' गीत गा रही थीं।

हमारे पास कई तरह के कारोबारी प्रस्तावों का ताँता लगा रहता। इनमें किताबों, कपड़ों, मोमबत्तियों, खिलौनों, सिगरेट और टूथपेस्ट जैसी चीज़ों के प्रस्ताव भी होते। इसके अलावा, प्रशंसकों की डाक से लगने वाला अम्बार अलग परेशानी खड़ी कर रहा था। सिडनी की ज़िद थी कि भले ही एक और सचिव रखने का ख़र्च उठाना पड़े, सभी ख़तों का जवाब दिया जाना चाहिए।

सिडनी ने एंडरसन साहब से इस बारे में बात की कि मेरी फ़िल्मों को रूटीन फ़िल्मों से अलग बेचा जाए। यह सही नहीं लगता कि सारा-का-सारा पैसा वितरकों की ही जेब में जाए। हालाँकि एसने वाले मेरी फ़िल्मों की सैकड़ों प्रतियाँ बनाकर बेच रहे थे, जो वितरण के पुराने ढर्रे पर ही बेची जा रही थीं। सिडनी ने सुझाव दिया कि बैठने की क्षमता के अनुसार बड़े थियेटरों के लिए दाम बढ़ाए जाने चाहिए। इस योजना को लागू किया जाता तो हरेक फ़िल्म से आने वाली रक़म एक लाख डॉलर या उससे भी ज़्यादा बढ़ सकती थी। लेकिन एंडरसन साहब को यह योजना असम्भव लगी। उनके अनुसार यह योजना पूरे मोशन पिक्चर्स ट्रस्ट की नीतियों के ख़िलाफ़ मोर्चा खोलने जैसी थी जिसमें सोलह हज़ार थियेटर थे और फ़िल्में ख़रीदने के उनके नियम और तरीक़े बदले नहीं जा सकते थे, क्योंकि कुछ ही वितरक ऐसी शर्तों पर फ़िल्में ख़रीदते थे।

बाद में पता चला कि एसने ने बिक्री का अपना पुराना तरीक़ा छोड़ दिया और जैसा कि सिडनी ने सुझाव दिया था, अब वे थियेटर की बैठने की क्षमता के अनुसार अपनी दरें बढ़ा रहे थे। इससे, जैसा कि सिडनी ने कहा था, मेरी प्रत्येक कॉमेडी फ़िल्म के लिए आने वाली रक़म एक लाख डॉलर हो गई। इस ख़बर से मेरे कान खड़े हो गए। मुझे हफ़्ते के सिर्फ़ बारह सौ पचास डॉलर मिल रहे थे और मैं लिखने, अभिनय करने और निर्देशन करने का सारा काम कर रहा था। मैंने शिकायत करना शुरू कर दिया कि मैं बहुत ज़्यादा काम कर रहा हूँ और मुझे फ़िल्म बनाने के लिए थोड़े और समय की ज़रूरत है। मेरे पास एक बरस का क़रार था और मैं हर दो या तीन हफ़्ते में कॉमेडी फ़िल्म बनाकर दे रहा था। मेरी शिकायतें सुनकर जल्द ही शिकागो में स्पूर साहब हरकत में आए। वे लॉस एंजेल्स के लिए ट्रेन में सवार हुए और

एक अतिरिक्त प्रलोभन के रूप में एक नया क़रार किया कि अब मुझे हर फ़िल्म के लिए दस हज़ार डॉलर का बोनस मिला करेगा। इससे मेरे दिल को कुछ राहत मिली।

लगभग इसी समय डी.डब्ल्यू. ग्रिफ़िथ ने अपनी एपिक फ़िल्म 'द बर्थ ऑफ़ ए नेशन' बनाई जिसने उन्हें चलचित्र सिनेमा के उत्कृष्ट निर्देशक के रूप में स्थापित कर दिया। इसमें कोई शक नहीं था कि वे मूक सिनेमा के बेताज बादशाह थे। हालाँकि उनके काम में नाटकीयता अधिक होती थी और कई बार सीमा से बाहर और असंगत भी, लेकिन ग्रिफ़िथ की फ़िल्मों में मौलिकता की छाप होती थी जिसकी वजह से हर आदमी को उनकी फ़िल्म पसन्द आतीं।

डे मिल ने अपने कॅरियर की शुरुआत 'द व्हिस्पिरिंग कोरस' और 'कारमैन' के एक संस्करण से की थी, लेकिन अपनी फ़िल्म 'मेल एंड फीमेल' के बाद उनका काम कभी भी आगे नहीं जा सका। इसके बावजूद मैं उनकी 'कारमैन' से इतना ज़्यादा प्रभावित था कि मैंने इस पर दो रील की एक प्रहसन फ़िल्म भी बनाई थी। यह एसने के साथ मेरी आख़िरी फ़िल्म थी। जब मैंने एसने को छोड़ दिया तो उन्होंने सारी कतरनों को जोड़कर उसे चार रील की फ़िल्म बना दिया। इससे मैं बुरी तरह आहत हुआ और दो दिन तक बिस्तर पर पड़ा रहा। हालाँकि, उनकी यह करतूत बेईमानी भरी थी, लेकिन मेरा भला कर गई। उसके बाद मैंने अपने सभी क़रारों में यह शर्त डलवानी शुरू कर दी कि मेरे पूरे किये गए काम में किसी भी क़िस्म की कोई काट-छाँट, उसे बढ़ाना या उसमें छेड़छाड़ करना नहीं चलेगा।

मेरा क़रार ख़त्म होने का समय निकट आ रहा था, तभी स्पूर साहब कोस्ट पर मेरे पास एक प्रस्ताव लेकर आए। उनका कहना था कि इस प्रस्ताव का मुक़ाबला कोई नहीं कर सकता। अगर मैं उन्हें दो-दो रील की बारह फ़िल्में बनाकर दूँ तो वे मुझे साढ़े तीन लाख डॉलर देंगे। फ़िल्म निर्माण का ख़र्च वे उठाएँगे। मैंने उन्हें बताया कि किसी भी क़रार पर हस्ताक्षर करने से पहले मैं चाहूँगा कि डेढ़ लाख डॉलर का बोनस पहले दिया जाए। इस बात ने स्पूर साहब के साथ किसी भी क़िस्म की बातचीत पर विराम लगा दिया।

भविष्य! भविष्य!! शानदार भविष्य!! कहाँ ले जा रहा था भविष्य!!! सम्भावनाएँ पागल कर देने वाली थीं। किसी हिमस्खलन की तरह पैसा और सफलता हर दिन आरोह-अवरोह गति से बरस रहे थे। यह सब पागल कर देने वाला, डराने वाला लेकिन अद्‌भुत था।

*

जिस वक़्त सिडनी न्यूयॉर्क में अलग-अलग प्रस्तावों की समीक्षा कर रहा था, मैं 'कारमैन' फ़िलम का निर्माण पूरा करने में लगा हुआ था और सांता मोनिका में समुद्र की तरफ़ खुलने वाले एक घर में रह रहा था। किसी-किसी शाम मैं सांता मोनिका

तटबन्ध के दूसरे सिरे पर बने नैट गुडविन के कैफ़े में खाना खा लिया करता था। नैट गुडविन को अमेरिकी मंच का महानतम अभिनेता और हल्की-फुल्की कॉमेडी करने वाला कलाकार समझा जाता था। शेक्सपियर काल के अभिनेता और आधुनिक हल्के-फुल्के कॉमेडी कलाकार, दोनों ही रूपों में उनका बहुत ही शानदार कॅरियर रहा था। वे सर हेनरी इर्विंग के ख़ास दोस्त थे और उन्होंने आठ शादियाँ की थीं। उनकी सभी पत्नियाँ अपने सौन्दर्य के लिए प्रसिद्ध थीं। उनकी पाँचवीं पत्नी मैक्सिन इलियट थी जिसे वे तरंग में आकर 'रोमन सीनेटर' कहकर पुकारते थे। "लेकिन वह वाक़ई ख़ूबसूरत और बेहद बुद्धिमती थी," वे बताया करते। वे बहुत सहज सुसंस्कृत व्यक्ति थे और अपने वक़्त से कई बरस आगे थे। उनमें गहरा हास्यबोध था लेकिन अब उन्होंने सब कुछ छोड़ दिया था। मैंने उन्हें मंच पर अभिनय करते हुए कभी नहीं देखा था, फिर भी मैं उनका और उनकी प्रतिष्ठा का बहुत सम्मान करता था।

हम बहुत अच्छे दोस्त बन गए थे और पतझड़ के दिनों की ठिठुरती शामें एक साथ सुनसान समंदर के किनारे चहलक़दमी करते हुए गुज़ारते थे। निचाट उदासी भरा माहौल सघन होकर मेरी भीतरी उत्तेजना को आलोकित कर देता था। जब उन्हें पता चला कि मैं अपनी फ़िल्म पूरी करके न्यूयॉर्क जा रहा हूँ तो उन्होंने मुझे बहुत ही शानदार सलाह दी, "तुमने आशातीत सफलता पाई है और अगर तुम जानते हो कि किस तरह से अपने आप से निपटना है तो एक बहुत ही शानदार ज़िन्दगी तुम्हारी राह देख रही है। जब तुम न्यूयॉर्क पहुँचो तो ब्रॉडवे से दूर ही रहना, जनता की निगाहों से दूर। कई सफल अभिनेता ऐसा देखा जाना और तारीफ़ किया जाना चाहते हैं, जिससे उनके बारे में भ्रम ही टूटते हैं।" उनकी आवाज़ गहरी और गूँज लिये हुए थी, "तुम्हें हर कहीं बुलाया जाएगा," उन्होंने कहना जारी रखा, "लेकिन सभी न्योते स्वीकार मत करना। सिर्फ़ एक या दो चुना और बाक़ी के बारे में कल्पना करके ही सन्तुष्ट हो जाना। क्योंकि कई महान अभिनेताओं ने हर तरह के सामाजिक निमंत्रण स्वीकार करने की ग़लती की थी। जॉन ड्रियू इसका एक बेहतर उदाहरण हैं। वे सामाजिक दायरों में बहुत लोकप्रिय थे और अक्सर लोगों के घर चले जाते थे, इसलिए लोग उन्हें देखने थियेटरों में नहीं जाते थे क्योंकि जॉन ड्रियू उन्हें उनके ड्राइंगरूम में ही उपलब्ध थे। तुमने दुनिया को अपनी मुट्ठी में कर रखा है और तुम यह जारी रख सकते हो, अगर तुम इससे बाहर खड़े रहो।" उन्होंने विचारों में खोए हुए कहा।

उनकी बातें बहुत ही शानदार होती थीं लेकिन कभी-कभी उदास कर देने वाली। हम सुनसान तट पर पतझड़ के दिनों में गोधूलि की बेला में चलते हुए बातें करते रहते। नैट अपने कॅरियर की अन्तिम पायदान पर थे और मैं अपना कॅरियर शुरू कर रहा था।

जब मैंने 'कारमैन' का सम्पादन पूरा कर लिया तो मैंने फटाफट अपना थोड़ा-बहुत सामान समेटा और अपने ड्रेसिंग रूम से सीधे ही स्टेशन की तरफ़ लपका ताकि

न्यूयॉर्क के लिए छह बजे की गाड़ी पकड़ सकूँ। मैंने सिडनी को एक तार भेज दिया कि मैं कब चलूँगा और कब पहुँचूँगा।

यह धीमी गति वाली रेलगाड़ी थी और न्यूयॉर्क पहुँचने में पाँच दिन लगाती थी। मैं एक खुले कम्पार्टमेंट में अकेला बैठा हुआ था। उन दिनों मेरे कॉमेडी मेकअप के बिना मुझे पहचाना नहीं जा सकता था। हम अमारिलो, टैक्सास होते हुए दक्षिणी मार्ग से जा रहे थे। गाड़ी शाम को सात बजे वहाँ पहुँचती थी। मैंने दाढ़ी बनाने का फ़ैसला किया लेकिन मुझसे पहले ही दूसरे मुसाफ़िर ग़ुसलख़ाने में चले गए थे, इसलिए मैं इन्तज़ार कर रहा था। नतीजा यह हुआ कि गाड़ी अमारिलो पहुँचने को थी और मैं अभी भी अपना अंडरवियर ही पहने था। जैसे-जैसे गाड़ी ने स्टेशन में प्रवेश किया, हमें अचानक शोर-शराबे भरी उत्तेजना ने घेर लिया। ग़ुसलख़ाने की खिड़की से झाँकते हुए मैंने देखा कि स्टेशन पर बेइन्तहा भीड़ जुटी हुई है। चारों तरफ़, एक खम्बे से दूसरे खम्बे तक झंडियाँ और पताकाएँ लहरा रही थीं। प्लेटफ़ॉर्म पर कई लम्बी मेज़ें लगी हुई थीं जिन पर नाश्ता सजा हुआ था। मैंने सोचा, यह सारा ताम-झाम किसी स्थानीय राजा के स्वागत या विदाई के लिए हो रहा होगा। मैंने अपने चेहरे पर क्रीम लगानी शुरू की। लेकिन उत्तेजना थी कि बढ़ती ही जा रही थी। थोड़ी देर में स्पष्ट आवाज़ें आने लगीं, "कहाँ हैं वे?" तभी डिब्बे में भगदड़ मच गई। गलियारे में लोग शोर मचाते हुए आगे से पीछे और पीछे से आगे भागे जा रहे थे।

"कहाँ है वे? चार्ली चैप्लिन कहाँ हैं?"

"जी कहिए!" मैंने कहा।

"अमारिलो, टैक्सास के मेयर की ओर से तथा आपके सभी प्रशंसकों की ओर से हम आपको आमंत्रित करते हैं कि आप हमारे साथ एक ड्रिंक और नाश्ता लें।"

अचानक मुझे हड़बड़ाहट की भावना ने घेर लिया।

"इस हालत में मैं कैसे जा सकता हूँ?" मैंने शेविंग-क्रीम लगे चेहरे की ओर इशारा करते हुए कहा।

"ओह, आप किसी बात की परवाह न करें चार्ली, बस ड्रेसिंग गाउन पहन लें और जनता से मिल लें।"

जल्दी-जल्दी मैंने अपना चेहरा धोया और आधी शेव किये हुए ही क़मीज़ और टाई पहनकर अपने कोट के बटन बन्द करता हुआ ट्रेन से बाहर आया।

तालियों की गड़गड़ाहट से मेरा स्वागत किया गया। मेयर साहब ने कहने की कोशिश की, "मि. चैप्लिन, अमारिलो के आपके प्रशंसकों की ओर से...", लेकिन लगातार तालियों और हो-हल्ले के बीच उनकी आवाज़ डूब गई। उन्होंने एक बार फिर से बोलना शुरू किया, "मि. चैप्लिन, अमारिलो के आपके प्रशंसकों की ओर से मैं..." तभी भीड़ ने आगे की तरफ़ धक्का लगाया और मेयर मेरे ऊपर आ गिरे

और हम दोनों ही ट्रेन से जा टकराए। एक पल के लिए हालत यह हो गई कि स्वागत भाषण छोड़ो, पहले अपनी जान बचाई जाए।

"पीछे हटो," भीड़ को पीछे धकेलते हुए और हमारे लिए रास्ता बनाते हुए पुलिसवाले चिल्लाए।

समारोह के लिए मेयर साहब का जो उत्साह था उस पर पानी फिर चुका था। पुलिस तथा मेरे प्रति थोड़ी चिड़चिड़ाहट के साथ वे बोले, "ठीक है चार्ली, पहले हम यह सब खाना पीना ही निपटा लें, फिर आप अपनी ट्रेन में सवार हो जाना।"

मेज़ों पर धक्का-मुक्की के बाद चीज़ें थोड़ी शान्त हुईं और आख़िरकार मेयर साहब अपना भाषण देने में सफल हुए। उन्होंने मेज़ पर चम्मच ठकठकाया और बोले, "मि. चैप्लिन, अमारिलो, टैक्सास के आपके मित्र उस ख़ुशी के लिए आपके प्रति अपना आभार प्रकट करना चाहते हैं जो आपने उन्हें उनकी तरफ़ से सैंडविच और कोकाकोला की यह दावत स्वीकार करके दी है।"

अपना प्रशस्ति-गान पूरा कर लेने के बाद उन्होंने मुझसे पूछा कि क्या मैं कुछ कहना चाहूँगा। उन्होंने मुझसे आग्रह किया कि मैं मेज़ पर ही चढ़ जाऊँ। मेज़ पर चढ़कर मैं इस आशय के कुछ शब्द बुदबुदाया कि मैं अमारिलो में आकर बेहद ख़ुश हूँ और इस आश्चर्यजनक व रोमांचक स्वागत से बहुत हैरान हूँ। इसे मैं ज़िन्दगी-भर याद रखूँगा, वग़ैरह-वग़ैरह। फिर मैं बैठ गया और मेयर से बात करने की कोशिश करने लगा।

मैंने उनसे पूछा कि आख़िर उन्हें मेरे आगमन का पता कैसे चला?

"टेलीग्राफ़ ऑपरेटर के ज़रिये," उन्होंने बताया, उन्होंने स्पष्ट किया कि मैंने जो तार सिडनी को भेजा था, वह अमारिलो से रिले होकर गया, इसके बाद कंसास सिटी, शिकागो और न्यूयॉर्क पहुँचा था वह तार, और ऑपरेटरों ने यह ख़बर प्रेस को दे दी थी।

जब मैं ट्रेन में लौटा तो अपनी सीट पर विनम्रता की मूर्ति बनकर बैठ गया। एक पल के लिए मेरा दिमाग़ एकदम सुन्न हो गया था। तभी पूरे-का-पूरा डिब्बा ही लोगों की आवाजाही से गुलज़ार हो उठा। लोग गलियारे से गुज़रते, मेरी तरफ़ घूरकर देखते और खींसे निपोरते। जो कुछ अमारिलो में हुआ था उसे न तो मैं मानसिक रूप से पचा पा रहा था और न ही ढंग से उसका आनन्द ही ले पा रहा था। मैं बेहद रोमांचित था। मैं तनाव में बैठा था, यानी एक ही वक़्त में अपने आपको ऊँचाइयों पर और हताश महसूस करते हुए।

ट्रेन के छूटने से पहले मुझे कई तार थमा दिए गए थे। एक में लिखा था, "स्वागत चार्ली, हम कंसास सिटी में आपकी राह देख रहे हैं।" दूसरा था, "जब आप शिकागो पहुँचेंगे तो एक लिमोजिन आपकी सेवा में हाज़िर होगी ताकि आप एक स्टेशन से दूसरे स्टेशन पर जा सकें।" तीसरे तार में लिखा था, "क्या आप रात-भर के लिए

ठहरेंगे और ब्लैकस्टोन होटल के मेहमान बनेंगे!!" जैसे-जैसे हम कंसास सिटी के निकट पहुँचते गए, रेल की पटरियों के दोनों तरफ़ लोग खड़े थे और शोर मचाते हुए अपने हैट हिला रहे थे।

कंसास सिटी का बड़ा-सा रेलवे स्टेशन लोगों से अटा पड़ा था और स्टेशन पर जमा भीड़ को क़ाबू करने में पुलिस को मुश्किल का सामना करना पड़ रहा था। ट्रेन के सहारे एक नसैनी (सीढ़ी) लगा दी गई थी ताकि मैं ट्रेन की छत पर चढ़ सकूँ और सबको अपना चेहरा दिखा सकूँ। मैंने अपने आपको वही शब्द दोहराते हुए सुना जो मैं अमारिलो में बोलकर आया था। मेरे लिए और तार इन्तज़ार कर रहे थे, "क्या मैं स्कूलों और संस्थाओं में जाऊँगा!!" मैंने सारे तार अपने सूटकेस में ठूँस लिये ताकि न्यूयॉर्क पहुँचकर उनका जवाब दिया जा सके। कंसास सिटी से लेकर शिकागो के रास्ते में भी लोग वैसे ही रेल जंक्शनों पर और खेतों में खड़े थे और जब उनके सामने से ट्रेन गुज़रती तो हाथ हिला रहे थे। मैं बिना किसी पूर्वग्रह के इस सबका आनन्द लेना चाहता था, लेकिन मैं यही सोचता रहा कि दुनिया पागल हो गई है। अगर कुछ स्वाँग भरी कॉमेडी फ़िल्में इस तरह की उत्तेजना जगा सकती हैं तो क्या ख्याति प्राप्त लोगों की सारी ख्याति के पीछे कुछ भी नक़ली नहीं होता। मैंने हमेशा सोचा था कि जनता मेरी तरफ़ ध्यान दे तो मुझे अच्छा लगेगा और अब जब जनता मुझे सिर आँखों पर बिठा रही थी तो मुझे अकेलेपन की हताश करने वाली भावना अलग-थलग करती जा रही थी।

शिकागो में, जहाँ ट्रेन और स्टेशन बदलना ज़रूरी था, बाहर जाने के रास्ते पर भीड़ जुटी हुई थी। मुझे धकेलकर एक लिमोजिन में बिठा दिया गया। फिर मुझे ब्लैकस्टोन स्टेशन ले जाया गया और न्यूयॉर्क के लिए अगली ट्रेन पकड़ने तक आराम करने के लिए एक कमरा दे दिया गया।

ब्लैकस्टोन होटल में न्यूयॉर्क के पुलिस प्रमुख की तरफ़ से एक तार आया, जिसमें मुझसे अनुरोध किया गया था कि—मैं उन पर यह एहसान करूँ कि तयशुदा कार्यक्रम के अनुसार ग्रैंड सेंट्रल स्टेशन पर उतरने के बजाय 125वीं स्ट्रीट पर ही उतर जाऊँ, क्योंकि मेरे वहाँ आने की उम्मीद में अभी से भीड़ जुटनी शुरू हो गई है।

125वीं स्ट्रीट पर सिडनी एक लिमोजिन लेकर मुझे लेने आया था। वह तनाव और उत्तेजना में था। वह फुसफुसाया, "क्या ख़याल है इस सबके बारे में। स्टेशन पर सुबह से लोगों की भीड़ उमड़नी शुरू हो गई है और जब से तुम लॉस एंजेल्स से चले हो, प्रेस रोज़ाना बुलेटिन जारी कर रही है।" उसने मुझे एक अख़बार दिखाया जिसमें बड़े-बड़े अक्षरों में लिखा था, "वो यहाँ है!!"

दूसरी हैडलाइन थी—"चार्ली छुपते फिर रहे हैं।"

होटल जाते समय रास्ते में उसने बताया कि उसने म्युचुअल फ़िल्म कॉर्पोरेशन के साथ एक सौदा किया है जिसमें मुझे 6,70,000 डॉलर मिलेंगे और ये मुझे दस

हज़ार डॉलर प्रति सप्ताह के हिसाब से दिए जाएँगे और बीमे का टेस्ट पास कर लेने के बाद मुझे क़रार पर हस्ताक्षर के लिए 1,50,000 डॉलर दिये जाएँगे।

साथ ही उसने बताया कि वकील के साथ उसकी एक लंच मीटिंग है, जिसमें उसे बाक़ी सारा दिन लग जाने वाला है। इसलिए वह मुझे प्लाज़ा में, जहाँ उसने मेरे लिए एक कमरा बुक करा रखा है, छोड़ने के बाद चला जाएगा और मुझसे अगली सुबह मिलेगा।

जैसा कि हेमलेट कहता है—"अब मैं अकेला हूँ!!" उस दोपहर मैं गलियों में भटकता रहा; दुकानों की खिड़कियों में देखता रहा और बेवजह गलियों के नुक्कड़ों पर रुकता रहा। अब मेरा क्या होगा। यह मैं था, अपने कॅरियर के शिखर पर। एकदम चुस्त-दुरुस्त कपड़ों में और मेरे पास कोई जगह नहीं थी, जहाँ मैं जाता। कोई लोगों से, दिलचस्प लोगों से कैसे मिलता है!! मुझे ऐसा लगा कि हर कोई मुझे जानता है लेकिन मैं किसी को भी नहीं जानता था। मैं अन्तर्मुखी हो गया। मुझे अपने आप पर दया आने लगी और मुझ पर उदासी तारी होने लगी।

मुझे याद है एक बार कीस्टोन के एक सफल कॉमेडियन ने कहा था, "और अब हम अपनी जगह पर पहुँच चुके हैं चार्ली, क्या कहते हो।"

"कहाँ पहुँच चुके हैं?" मैंने पूछा था।

मुझे नैट गुडविन की सलाह याद आई, "ब्रॉडवे से दूर ही रहना।" जहाँ तक मेरा सवाल है, ब्रॉडवे मेरे लिए रेगिस्तान है। मैंने उन पुराने दोस्तों के बारे में सोचा, जिन्हें मैं सफलता के इस भव्य शिखर पर मिलना चाहूँगा। क्या मेरे पुराने दोस्त थे न्यूयॉर्क में या लंदन में या कहीं भी। मैं किसी ख़ास दोस्त से मिलना चाहता था। शायद हैट्टी केली से। जब से मैं फ़िल्मों में आया था, मैंने उसके बारे में नहीं सुना था। उसकी प्रतिक्रिया मज़ेदार होती।

उस वक़्त वह न्यूयॉर्क में अपनी बहन के पास रह रही थी। मिसेज़ फ्रैंक गोल्ड। मैं फ़िफ़्थ एवेन्यू तक चलकर गया। उसकी बहन का पता था—834। एक पल के लिए मैं घर के बाहर ठिठका। हैरान होकर सोचता रहा कि वह वहाँ होगी या नहीं लेकिन मैं दरवाज़ा खटखटाने की हिम्मत नहीं जुटा पाया। शायद वह ख़ुद बाहर आ जाए और मैं अचानक ही उसे मिल जाऊँ। मैं वहाँ लगभग आधा घंटे तक इन्तज़ार करता रहा, गली के चक्कर काटता रहा लेकिन कोई बाहर नहीं आया और न ही कोई अन्दर ही गया।

फिर मैं कोलम्बस सर्कल पर चाइल्ड्स रेस्तराँ में चला गया और आटे के केक और कॉफ़ी का ऑर्डर दिया। एक वेट्रेस ने लापरवाही-भरे अन्दाज़ में मुझे सर्व किया, जब तक मैंने वेट्रेस को मक्खन के एक और स्लाइस का ऑर्डर नहीं दे दिया। तभी उसने मुझे पहचान लिया। उसके बाद तो बस सिलसिला शुरू हो गया और भीतर तथा बाहर ख़ूब भीड़ जुट आई। भीड़ में से किसी तरह अपने लिए रास्ता बनाना पड़ा और वहाँ से गुज़रती एक टैक्सी लेकर ग़ायब हो जाना पड़ा।

दो दिन तक मैं बिना किसी परिचित से मिले न्यूयॉर्क में भटकता रहा। मैं ख़ुशगवार उत्तेजना और हताशा के बीच डूब-उतरा रहा था। इस बीच बीमा डॉक्टर ने मेरी जाँच कर ली थी। कुछ दिन बाद सिडनी होटल में आया। वह ख़ुशी से फूला नहीं समा रहा था, "सब कुछ तय हो गया है। तुमने बीमा टेस्ट पास कर लिया है।"

इसके बाद शुरू हुई क़रार पर हस्ताक्षर करने की औपचारिकताएँ। 1,50,000 डॉलर का चेक लेते हुए मेरे फ़ोटो लिये गए। उस शाम मैं टाइम्स स्क्वायर में भीड़ के बीच खड़ा था जब टाइम्स बिल्डिंग के इलेक्ट्रिक साइन बोर्ड पर ख़बर आ रही थी कि "चैप्लिन ने म्युचुअल के साथ 6,70,000 डॉलर सालाना के क़रार पर हस्ताक्षर किए।"

मैं खड़ा देखता रहा और वस्तुपरक होकर पढ़ता रहा। मानो यह सब किसी और के लिए हो। मेरे साथ इतना कुछ हो चुका था कि मेरी संवेदनाएँ चुक गई थीं।

बारह

अकेलापन घिनौना होता है जिसमें उदासी का हल्का-सा घेरा और आकर्षित कर पाने या रुचि जगा पाने की अपर्याप्तता होती है। कई बार आदमी इसकी वजह से थोड़ा शर्मिन्दा भी होता है। लेकिन कुछ हद तक अकेलापन हर आदमी के लिए अलग तरह का होता है। अलबत्ता, मेरा अकेलापन कुंठित करने वाला था क्योंकि मैं दोस्त बनने की सारी ज़रूरतें पूरी करता था यानी मैं युवा था, अमीर था और बड़ी हस्ती था, इसके बावजूद मैं न्यूयॉर्क में अकेला और परेशानहाल घूम रहा था। मुझे याद है, मैं अंग्रेज़ी संगीत जगत् की कॉमेडी स्टार, ख़ूबसूरत जोसी कॉलिन्स से उस वक़्त अचानक ही टकरा गया जब वह फ़िफ़्थ एवेन्यू पर चली जा रही थी।

"ओह," उसने सहानुभूतिपूर्ण तरीक़े से कहा, "आप अकेले क्या कर रहे हैं?" मुझे ऐसा लगा मानो मुझे कुछ प्यारा-सा अपराध करते हुए पकड़ लिया गया हो। मैं मुस्कराया और बोला, "मैं तो बस, ज़रा दोस्तों के साथ लंच करने के लिए जा रहा था," लेकिन काश, मैंने उससे सच कह दिया होता कि मैं तनहा हूँ और उसे लंच पर ले जाना मुझे अच्छा लगेगा, लेकिन सिर्फ़ मेरे संकोच ने ही मुझे ऐसा करने से रोका।

उसी दोपहर को मैं मेट्रोपोलिटन ओपेरा हाउस के पास चहलक़दमी कर रहा था और डेविड बेलास्को के दामाद मॉरिस गेस्ट से जा टकराया। मैं मॉरिस से लॉस एंजेल्स में मिल चुका था। उसने अपने कॅरियर की शुरुआत टिकट ब्लैक करने वाले के रूप में की थी। यह धन्धा उस वक़्त बहुत फल-फूल रहा था जब मैं पहली बार न्यूयॉर्क आया था। (टिकट ब्लैकी वह आदमी होता है, जो थियेटर में सबसे अच्छी सीटें पहले ख़रीदकर रख लेता है और बाद में थियेटर के बाहर खड़ा होकर उन्हीं टिकटों को ज़्यादा फ़ायदे में बेचता है।) मॉरिस ने थियेटर के धन्धे में आशातीत

सफलता हासिल की थी। इसका सर्वोच्च बिन्दु था उसके द्वारा बनाई गई 'द मिरैकल' जिसका निर्देशन मैक्स रेनहार्ट ने किया था। मॉरिस स्लाविक था। उसका चेहरा पीला, आँखें बड़ी-बड़ी कंचे जैसी, मुँह बड़ा और होंठ मोटे थे। वह ऑस्कर वाइल्ड का घटिया संस्करण नज़र आता था। वह बहुत ही भावुक क़िस्म का इनसान था। लेकिन जब बोलता था तो ऐसा लगता था मानो आपको धमका रहा हो।

"आप कहाँ ग़ायब हो गए थे श्रीमान," इससे पहले कि मैं जवाब दे पाता, वह आगे बोला, "आपने मुझसे सम्पर्क क्यों नहीं किया?"

मैंने उसे बताया कि मैं तो बस, ज़रा चहलक़दमी कर रहा हूँ।

"क्या बात है। आपको अकेले नहीं होना चाहिए। आप जा कहाँ रहे हैं?"

"कहीं नहीं," मैंने डरते हुए कहा, "बस, ज़रा ताज़ी हवा ले रहा था।"

"आइए भी," उसने मुझे अपनी दिशा में मोड़ते हुए और अपनी बाँह से मेरी बाँह को घेरते हुए कहा। अब मेरे पास बचने का कोई उपाय नहीं था, "मैं आपको असली लोगों से मिलवाऊँगा। ऐसे लोग जिनमें आपको घुलना-मिलना चाहिए।"

"हम कहाँ जा रहे हैं?" मैंने चिन्तातुर होकर पूछा।

"हम मेरे दोस्त करूसो से मिलने जा रहे हैं।" उसने कहा।

मेरी सारे प्रतिरोध बेकार गए।

"आज 'कारमैन' का मैटिनी शो चल रहा है जिसमें करूसो और जेराल्डिन फ़रार हैं।"

"लेकिन मैं..."

"अरे, आप डरिए नहीं, करूसो बहुत ही शानदार आदमी है। आपकी ही तरह सीधे-सादे और इनसानियत से भरे हुए। आपको देखकर वे ख़ुशी के मारे झूम उठेंगे। वे आपकी तसवीर लेंगे और भी बहुत कुछ करेंगे।"

मैंने उसे बताना चाहा कि मैं टहलना और थोड़ी देर ताज़ा हवा लेना चाहता हूँ।

"इस मुलाक़ात से आपको ताज़ा हवा से भी ज़्यादा आनन्द मिलेगा।"

मैंने पाया कि मुझे मेट्रोपोलिटन ओपेरा की लॉबी में से ठेलकर ले जाया जा रहा है। हम दोनों गलियारे में से दो ख़ाली सीटों पर जा बैठे।

"यहाँ बैठिए," गेस्ट फुसफुसाया, "मैं थोड़ी देर में लौट आऊँगा।" यह कहकर वह खड़ा हुआ और ग़ायब हो गया।

मैंने 'कारमैन' का संगीत कई बार सुना था लेकिन अब जो कुछ बज रहा था, अपरिचित-सा लगा। मैंने अपनी कार्यक्रम-सूची की तरफ़ देखा। आज के दिन के लिए 'कारमैन' की ही घोषणा की गई थी। लेकिन वे कुछ दूसरी ही चीज़ बजा रहे थे। हालाँकि वह भी मुझे परिचित-सी और कुछ-कुछ 'रिगोलेटो' की तरह लग रही थी। मैं भ्रम में पड़ गया। अंक की समाप्ति से दो मिनट पहले गेस्ट चुपके से मेरे साथ वाली सीट पर लौट आया।

"क्या यह 'कारमैन' है?" मैं फुसफुसाया।

"हाँ," उसने जवाब दिया, "क्या आपके पास कार्यक्रम सूची नहीं है?"

उसने मुझसे कार्यक्रम सूची छीनी, "हाँ," वह फुसफुसाया, "करूसो और गेराल्डिन फरार, बुधवार, मैटिनी शो, कारमैन, ये रहा।"

पर्दा नीचे गिरा तो वह मुझे लिये-लिये सीटों के बीच में से बग़ल वाले दरवाज़े से मंच के पीछे की तरफ़ चल पड़ा।

बिना आवाज़ के बूटों में लोग परिदृश्य को उसी तरह से बदल रहे थे जैसे में हमेशा करता था। वहाँ का माहौल किसी दुखदायी स्वप्न की तरह था जहाँ एक नुकीली दाढ़ी वाला और जासूसी कुत्ते जैसी आँखों वाला एक लम्बा, छरहरा, शान्त व गम्भीर आदमी खड़ा था। उसने ऊँचाई से मुझे देखा। वह मंच के बीचोबीच खड़ा था, परेशानहाल। उसके पास से एक सीनरी आ रही थी और दूसरी जा रही थी।

"मेरे अच्छे दोस्त सिग्नोर गाट्टी कसाज़ा कैसे हैं?" अपना हाथ बढ़ाते हुए गेस्ट ने कहा।

गाट्टी कसाज़ा ने हाथ मिलाया और एक उदास मुद्रा बनाई और कुछ बड़बड़ाए। फिर गेस्ट मेरी तरफ़ मुड़ा, "आपका कहना सही था, यह 'कारमैन' नहीं है, 'रिगोलेटो' है। दरअसल अन्तिम पलों में गेराल्डिन फ़रार ने फ़ोन करके बताया कि उसे ज़ुकाम है इसलिए नहीं आ पाएगी। ये चार्ली चैप्लिन हैं," उसने कहा, "मैं इन्हें करूसो से मिलवाने के लिए ले जा रहा हूँ। हो सकता है, इनका जी बहल जाए। आइए हमारे साथ।" लेकिन गाट्टी कसाज़ा ने अफ़सोस के साथ अपना सिर हिलाया।

"उनका ड्रेसिंग रूम किस तरफ़ है?"

गाट्टी कसाज़ा ने स्टेज मैनेजर को बुलवाया और कहा, "यह आपको बता देगा।"

मेरी छठी इन्द्रिय ने मुझे सचेत किया कि करूसो को इस वक़्त डिस्टर्ब न किया जाए और यह बात मैंने गेस्ट को भी बताई।

"पागल मत बनो," उसने जवाब दिया।

हम गलियारे में से उनके ड्रेसिंग रूम की तरफ़ चल पड़े।

"किसी ने बत्ती बुझा दी है," स्टेज मैनेजर ने कहा, "एक पल के लिए रुकिए, मैं स्विच तलाशता हूँ।"

"सुनो," गेस्ट ने कहा, "कुछ लोग मेरा इन्तज़ार कर रहे हैं, इसलिए मुझे निकलना होगा।"

"तुम मुझे छोड़कर मत जाओ।" मैं जल्दी से बोला।

"आपको कुछ नहीं होगा।"

मैं जवाब दे पाता, इससे पहले ही वह ग़ायब हो गया। स्टेज मैनेजर ने एक तीली जलाई।

"हम पहुँच गए हैं," उसने कहा और धीरे से दरवाज़ा ठकठकाया। भीतर से इतालवी में ज़ोर से कुछ कहा गया।

मेरे दोस्त ने इतालवी में ही जवाब दिया। जवाब के आख़िर में 'चार्ली चैप्लिन' कहा गया।

एक और धमाका।

"सुनो," मैं फुसफुसाया, "फिर कभी सही।"

"नहीं, नहीं," उसने कहा यह उसका एक मिशन है जो उसे पूरा करना था। दरवाज़ा चीं की आवाज़ के साथ खुला और अँधेरे में से ड्रेसर ने झाँका। मेरे दोस्त ने परेशानी भरे स्वर में बताया कि मैं कौन हूँ।

"ओह," ड्रेसर ने कहा, और दरवाज़ा फिर बन्द कर दिया। दरवाज़ा फिर से खुला, "भीतर आइए।"

इस छोटी-सी विजय से मेरे दोस्त का सीना चौड़ा हो गया। जब हम भीतर पहुँचे तो करूसो अपनी ड्रेसिंग टेबल पर एक शीशे के सामने बैठे अपनी मूँछें काट रहे थे। हमारी तरफ़ उनकी पीठ थी।

"अहा महाशय," मेरे दोस्त ने उल्लसित होते हुए कहा, "यह मेरे लिए परम सौभाग्य की बात है श्रीमान करूसो कि मैं आपके सामने सिनेमा के मि. चार्ली चैप्लिन को प्रस्तुत कर रहा हूँ।"

करूसो ने दर्पण में सिर हिलाया और मूँछें काटते रहे।

आख़िरकार वे उठे और अपनी बेल्ट कसते हुए ऊपर से नीचे तक मेरा मुआयना किया।

"आप तो बहुत सफल आदमी हैं, हैं न, ख़ूब पैसा कमाया होगा।"

"हाँ," मैं मुस्कराया।

"आप तो बहुत ही ख़ुश आदमी होंगे।"

"हाँ, बेशक," मैंने स्टेज मैनेजर की तरफ़ देखा तो वे उल्लसित होकर ये संकेत देते हुए बोले कि जाने का समय हो गया है।

मैं खड़ा हुआ और करूसो की तरफ़ देखकर मुस्कराया, "मैं टोरेडोर दृश्य मिस नहीं करना चाहता।"

"वो 'कारमैन' है। यह 'रिगोलेटो' है।" मुझसे हाथ मिलाते हुए वे बोले।

"ओह, हाँ, हा-हा-हा।"

*

मैंने उन परिस्थितियों में जितना सम्भव था, न्यूयॉर्क को अपने भीतर उतार लिया और ये सोचा कि इससे पहले कि ख़ुशियों के मेले का रंग फ़ीका होना शुरू हो, यहाँ से कूच कर जाना ही बेहतर होगा। इसके अलावा, मेरी चिन्ता अपने नये क़रार के अन्तर्गत काम शुरू करने की भी थी।

जब मैं लॉस एंजेल्स लौटा तो मैं फ़िफ़्थ स्ट्रीट पर एलेक्ज़ेंड्रिया होटल में ठहरा जो उस वक़्त शहर का सबसे ज़्यादा ठाठ-बाट वाला होटल हुआ करता था। यह भव्य

अलंकरण शैली वाला होटल था। लॉबी में लगे संगमरमर के स्तम्भ और क्रिस्टल के झाड़-फ़ानूस इसकी शोभा में चार चाँद लगाते थे। लॉबी के बीचोबीच दस लाख डॉलर का शानदार कालीन बिछा हुआ था। इसे बड़े-बड़े फ़िल्मी सौदों का मक्का-मदीना कहा जाता था। इसका ये नाम मज़ाक़ में ही पड़ गया था, क्योंकि शेख़ी बघारने वाले और आधे-अधूरे प्रमोटर वहाँ खड़े होकर लाखों-करोड़ों डॉलरों की तो बात करते।

इसके बावजूद, अब्राहमसन ने इसी कालीन पर अपनी क़िस्मत का सितारा बुलन्द किया था। वह स्टूडियो किराये पर लेकर और बेरोज़गार कलाकारों को काम पर रखकर सस्ते में फ़िल्में बनाते और उन सस्ती स्टेट राइट फ़िल्मों को बेचा करते थे। इस तरह की फ़िल्मों को चवन्नी-छाप दर्शकों की, 'पावर्टी रो' वाली फ़िल्में कहा जाता था। स्वर्गीय हैरी कॉन, कोलम्बिया पिक्चर्स के अध्यक्ष भी इन चवन्नी-छाप फ़िल्मों में नज़र आया करते थे।

अब्राहमसन यथार्थवादी आदमी थे। वे इस बात को स्वीकार करते थे कि वे किसी कला में नहीं, सिर्फ़ धन कमाने में दिलचस्पी रखते हैं। वे ठेठ रूसी लहज़े में बोलते थे और जिस वक़्त अपनी फ़िल्मों का निर्देशन कर रहे होते, तो मुख्य अभिनेत्री पर चिल्लाते, "ठीक है, पीछे की तरफ़ से आगे की तरफ़ आओ, अब शीशे के सामने आओ, और अपने आपको देखो। ओह, ऐसे नहीं, अब बीस फ़ीट तक इधर-उधर चलो। (मतलब मस्ती से, बीस फिट फ़िल्म के चलने तक)।" आमतौर पर उनकी नायिका भरे-भरे सीने वाली छप्पन छुरी मार्का कोई युवा लड़की होती और उसने ढीली-सी खुले गले की कोई पोशाक पहनी होती और वह भरपूर अंग-प्रदर्शन करती। वह नायिका से कहते कि कैमरे की तरफ़ देखो, नीचे झुको और अपने तस्मे बाँधो झूला झूलो, या कुत्ते को सहलाओ। मतलब, किसी-न-किसी तरह सीने के उभार दिखाओ। इसी तरीक़े से अब्राहमसन ने करोड़ों डॉलर कमाए।

दस लाख वाला यह कालीन सिड ग्राउमैन द्वारा सेन फ्रांसिस्को से यहाँ तक लाया गया था ताकि वे अपनी लॉस एंजेल्स की दस लाख डॉलर की बिल्डिंग का सौदा कर सकें। जैसे-जैसे शहर सम्पन्न होता गया, वे भी सम्पन्न होते चले गए। उन्हें अनोखे प्रचार का बहुत शौक़ था। एक बार उन्होंने लॉस एंजेल्स को हैरान ही कर दिया जब उन्होंने दो टैक्सियाँ किराये पर लीं जो सड़कों पर दौड़ने लगीं और उनमें बैठे हुए सवार ख़ाली क़ारतूसों से एक-दूसरे पर गोलियाँ चलाने का नाटक करते रहे। टैक्सियों के पीछे इश्तहार लगे हुए थे जिन पर लिखा था, 'ग्राउमैन के मिलियन डॉलर थियेटर में 'द अंडरवर्ल्ड'।'

वे नई-नई शोशेबाजियाँ खोजने और करने में माहिर थे। सिड का एक अद्‌भुत विचार था कि उनके चीनी थियेटर के बाहर गीले सीमेंट पर हॉलीवुड के सितारों के हाथों तथा पैरों के निशान अंकित कराए जाएँ, कुछ कारणों से सितारों ने निशान दिये भी। बाद में तो यह ऑस्कर पाने जैसी सम्मान पाने की बात हो गई थी।

जिस दिन मैं एलेक्ज़ेंड्रिया होटल पहुँचा, होटल के डेस्क क्लर्क ने मुझे विख्यात अभिनेत्री, मिस माउदे फ़ीली की ओर से एक ख़त दिया। वे सर हेनरी इर्विंग और विलियम ज़िलेट की प्रमुख अदाकारा रह चुकी थीं। उन्होंने मुझे बुधवार को हॉलीवुड होटल में पावलोव के सम्मान में दिये जाने वाले डिनर में आमंत्रित किया था। बेशक, मैं निमंत्रण पाकर आह्लादित था। हालाँकि मैं कभी मिस फ़ीली से मिला नहीं था, लेकिन मैंने पूरे लंदन में उनके पोस्टकार्ड देखे थे और उनके सौन्दर्य का प्रशंसक था।

डिनर से एक दिन पहले मैंने अपने सचिव से कहा कि वह फ़ोन करके पूछ ले कि यह पार्टी अनौपचारिक है या मैं काली टाई लगाकर आऊँ।

"कौन बात कर रहे हैं?" मिस फ़ीली ने पूछा।

"मैं मि. चैप्लिन का सचिव बोल रहा हूँ और बुधवार की शाम के उनके आपके साथ होने वाले डिनर के बारे में जानना चाहता हूँ कि यह औपचारिक है या अनौपचारिक।"

ऐसा लगा कि मिस फ़ीली सतर्क हो गईं, "ओह, निश्चित ही अनौपचारिक।" उन्होंने कहा।

हॉलीवुड होटल की पोर्च में मेरी अगवानी करने के लिए मिस फ़ीली स्वयं मौज़ूद थीं। वे हमेशा की तरह बेहद प्यारी लग रही थीं। हम आधे घंटे तक इधर-उधर की बातें करते रहे। इसके बाद मैं हैरान होकर सोचने लगा कि बाक़ी मेहमान कब आएँगे।

आख़िरकार उन्होंने कहा, "क्या हम डिनर के लिए चलें?"

मेरी हैरानी का ठिकाना न रहा जब डाइनिंग हॉल में मैंने सिर्फ़ हम दो ही लोगों को पाया।

आकर्षक होने के अलावा मिस फ़ीली बेहद अलग-थलग रहने वाली महिला थीं। मेज़ के पार उनकी तरफ़ देखते हुए मैं इस बात को लेकर हैरान होता रहा कि इस तरह की मुलाक़ात का मक़सद क्या हो सकता है। मेरे दिमाग़ में शरारती और गन्दे ख़याल आने लगे लेकिन ऐसा लगा कि मेरी अशोभनीय अटकलों पर उनका कोई ध्यान नहीं था। इसके बावजूद मैंने यह पता लगाने के लिए अपने कान खड़े कर लिये कि मुझसे आख़िर उम्मीद क्या की जा रही है?

"यह वाक़ई मज़ेदार है," मैंने उत्तेजना से कहा, "इस तरह से आपके साथ खाना खाना!"

वे सौम्यता से मुस्कराईं।

"चलिए, हम डिनर के बाद कुछ मौज़-मज़ा करें," मैंने कहा, "चलिए किसी नाइट क्लब में चलें या ऐसा ही कुछ करें।"

लेकिन तभी उनके चेहरे पर मामूली-सा सचेत होने का ख़याल दिखा और वे हिचकिचाईं, "मुझे लगता है कि मुझे जल्दी सोने के लिए जाना पड़ेगा, क्योंकि मुझे कल जल्दी ही मैकबेथ की रिहर्सल शुरू करनी है।"

मेरे कान खड़े हो गए। मैं पूरी तरह से हैरान था। संयोग से खाना आ गया और थोड़ी देर तक हम चुपचाप खाते रहे। कुछ-न-कुछ गड़बड़ ज़रूर है, यह हम दोनों ही जानते थे। मिस फ़ीली हिचकिचाईं, "मुझे अफ़सोस है कि आज की शाम आपके लिए बहुत फ़ीकी रही।"

"नहीं तो, शाम तो बहुत ही शानदार गुज़री।"

"मुझे अफ़सोस है कि आप तीन महीने पहले उस वक़्त यहाँ नहीं थे जब मैंने पावलोव के सम्मान में एक डिनर दिया था। मुझे पता है कि वे आपके दोस्त हैं। लेकिन, मुझे ऐसा लगता है कि उस वक़्त आप यहाँ पर नहीं थे।"

"माफ़ कीजिए," मैंने कहा और जल्दी से जेब से मिस फ़ीली का पत्र निकाला तथा पहली बार उस पर तारीख़ देखी। फिर मैंने पत्र उन्हें थमाया, "देखिए," मैं हँसा, "मैं तीन महीने देरी से पहुँचा हूँ।"

*

1910 लॉस एंजेल्स में पश्चिम के जाने-माने लोगों और धनकुबेरों के युग का अन्त था और उनमें से अधिकतर ने मेरा सत्कार किया था।

इनमें से एक स्वर्गीय विलियम ए. क्लार्क करोड़पति आदमी थे और रेल के महक़मे से जुड़े थे तथा कॉपर किंग माने जाते थे। वे शौक़िया संगीतकार थे, जो फिलहॉरमोनिक ऑर्केस्ट्रा को हर बरस 1,50,000 डॉलर का दान दिया करते थे, साथ ही ख़ुद भी उस ऑर्केस्ट्रा में बाक़ी लोगों के साथ वायलिन बजाया करते थे।

डैथ वैली स्कॉटी कुछ अजीब या कहें कि एक भुतहा चरित्र थे जो हँसमुख, मोटे से चेहरे वाले आदमी थे तथा दस गैलन हैट, लाल क़मीज़ और डंगरी (मोटे सूती कपड़े की पैंट या जींस जो कन्धों तक जाती है) पहना करते थे। वे हर रात स्प्रिंग स्ट्रीट पर बने शराब के अड्डों और नाइट क्लबों में हज़ारों डॉलर लुटाया करते, पार्टियाँ देते, वेटरों को सौ-सौ डॉलर की टिप दिया करते और फिर अचानक ही ग़ायब हो जाते तथा महीनों बाद फिर वे वापस आते और फिर पार्टियाँ देने लगते। ऐसा वे बरसों तक करते रहे। कोई नहीं जानता था कि उनके पास पैसे आते कहाँ से थे। कुछ लोगों का कहना था कि डैथ वैली में उनकी कोई गुप्त खदान थी। लोगों ने उनका पीछा करने की कोशिश भी की लेकिन वे हमेशा उन्हें चकमा दे देते। आज तक कोई उनका रहस्य नहीं जान पाया था। 1940 में उनकी मृत्यु से पहले उन्होंने डैथ वैली में रेगिस्तान के बीचोबीच एक बहुत ही भव्य महलनुमा घर बनवाया था। यह बहुत ही शानदार इमारत थी जिसके बनने में पाँच लाख डॉलर से भी ज़्यादा लगे थे। आज भी यह इमारत धूप में खँडहर-सी खड़ी है।

पेसाडीना की मिसेज़ क्रेनी गैट्स चार करोड़ डॉलर की हैसियत वाली महिला थीं जो घोर समाजवादी थीं और कई राष्ट्र विप्लवकारियों, समाजवादियों

और इंडस्ट्रियल वर्कर्स ऑफ़ द वर्ल्ड के सदस्यों की क़ानूनी सुरक्षा के लिए धन दिया करती थीं।

ग्लेन कर्टिस उन दिनों सेनेट के लिए काम करते थे। वे हवाई जहाज़ के स्टंट किया करते थे और आज जिसे प्रसिद्ध कर्टिस एयरक्राफ़्ट इंडस्ट्री कहते हैं, उसके लिए बहुत लगन से वित्त जुटाने का काम देखा करते थे।

ए.पी. जान्निनी दो छोटे बैंक चलाया करते थे, जो बाद में जाकर यूनाइटेड स्टेट्स के सबसे बड़े वित्तीय संस्थानों में से एक, द बैंक ऑफ़ अमेरिका बने।

हावर्ड ह्यूज़ को अपने पिता, आधुनिक आयल ड्रिल के आविष्कारक से बहुत बड़ी सम्पदा विरासत में मिली थे। वे एयरक्राफ़्ट उद्योग में चले गए और उन लाखों डॉलरों को करोड़ों में बदला। वे सनकी आदमी थे, जो अपना कारोबार एक घटिया से होटल के कमरे से टेलीफ़ोन के ज़रिये चलाया करते थे। वे शायद ही किसी से मिलते थे। उन्होंने मोशन फ़िल्मों में भी हाथ आज़माया और 'हैल्स एंजेल्स' जैसी फ़िल्मों से अपार सफलता हासिल की। इस फ़िल्म के नायक स्वर्गीय जीन हार्लो थे।

उन दिनों रोज़ का आनन्द उठाने के मेरे कई ठीहे जैसे थे; वर्नन में जैक डॉयल की शुक्रवार रात की कुश्तियाँ देखना, सोमवार की रातों को ऑरफ़ीम थियेटर में रंगारंग कार्यक्रम देखना, गुरुवार के दिन मोरोस्को स्टॉक कम्पनी के कार्यक्रम देखना और कभी-कभार क्लूंस फिलहार्मोनिक ऑडिटोरियम में कोई सिम्फ़नी सुनना।

*

लॉस एंजेल्स का एथलेटिक क्लब एक ऐसा केन्द्र था जहाँ पर स्थानीय सम्पन्न वर्ग और कारोबारी लोग कॉकटेल के समय इकट्ठे होते। यह जगह विदेशी बस्ती की तरह लगती थी।

एक नौजवान, जो छोटे-मोटे किरदार निभाता था, लाउंज में अक्सर अकेले बैठा रहता। उसका नाम वैलेंटिनो था और वह हॉलीवुड में अपनी क़िस्मत आज़माने आया था लेकिन कुछ ख़ासकर नहीं पा रहा था। एक अन्य छोटे-मोटे किरदार निभाने वाले कलाकार जैक गिल्बर्ट ने उससे मेरा परिचय कराया था। उसके बाद मैंने एकाध बरस तक वैलेंटिनो को नहीं देखा। इसी बीच वह अचानक स्टार बन गया। अगली बार जब हम मिले तो वह कुछ संकोच कर रहा था। तब मैंने उससे कहा, "जब हम पिछली बार मिले थे उसके बाद तो तुम अमीर लोगों की क़तार में जा बैठे हो।" वह हँसा और औपचारिकता छोड़ काफ़ी दोस्ताना व्यवहार करने लगा।

लेकिन वैलेंटिनो कुछ उदास लग रहा था। उसने अपनी सफलता को गरिमापूर्वक स्वीकार किया किन्तु लगता था मानो वह सफलता के बोझ से दबता

जा रहा हो। वह समझदार, शान्त और बिना किसी दिखावे के रहता था और औरतों का दीवाना था। लेकिन वहाँ उसकी दाल नहीं गलती थी और जिन औरतों से उसने शादी की, वे उससे ख़राब तरीक़े से पेश आतीं। उसकी पहली शादी के तुरन्त बाद ही उसकी बीवी ने उसी की डेवलपिंग लेबोरेटरी में काम करने वाले आदमियों में से एक के साथ इश्क़ लड़ाना शुरू कर दिया। वह उसके साथ डार्क रूम में ग़ायब हो जाती। वैलेंटिनो में औरतों के प्रति जितना आकर्षण था, किसी में भी नहीं रहा होगा और शायद ही कोई दूसरा आदमी हो, जिसे औरतों ने इतना ज़्यादा धोखा दिया हो।

अब मैंने 6,70,000 डॉलर का क़रार पूरे करने की तैयारियाँ शुरू कर दीं। मि. कॉलफील्ड, जो म्यूचुअल फ़िल्म कॉर्पोरेशन के प्रतिनिधि थे और सारे कारोबारी इन्तज़ाम देखते थे, ने हॉलीवुड के बीचोबीच एक स्टूडियो किराये पर लिया। एडना पर्विएंस, एरिक कैम्पबेल, हेनरी बर्गमैन, अल्बर्ट ऑस्टिन, लॉयड बेकन, जॉन रैंड, फ्रैंक जो कोलमैन और लिओ व्हाइट जैसे सक्षम सितारों के दल के साथ काम शुरू करने का मुझे पूरा विश्वास था।

मेरी पहली फ़िल्म 'द फ्लोर वॉकर' बहुत अधिक सफल रही। इसका सेट एक डिपार्टमेंटल स्टोर का था जिसमें मैंने चलती हुई सीढ़ियों यानी एस्केलेटर्स पर पीछा करने का दृश्य दिखाया। जब सेनेट ने इस फ़िल्म को देखा तो बोले, "ओहो, मुझे चलती हुई सीढ़ियों का ख़याल कभी क्यों नहीं आया!"

जल्दी ही मैं सफलता के चरम पर था और हर महीने दो रील की एक फ़िल्म बनाकर दे रहा था। 'फ्लोर वॉकर' के बाद, जो फ़िल्में आईं, वे थीं, 'द फ़ायरमैन', 'द वैगाबॉन्ड', 'वन ए.एम.', 'द काउंट', 'द पॉनशॉप', 'बिहाइंड द स्क्रीन', 'द रिंक', 'ईज़ी स्ट्रीट', 'द क्योर', 'द इमिग्रैंट' तथा 'द एडवंचरर', इन बारह कॉमेडी फ़िल्मों को बनाने में कुल सोलह महीने लगे और इसमें वह समय भी शामिल था जो ठंड या मामूली बाधाओं की वजह से व्यर्थ गया।

कई बार कोई कहानी समस्या खड़ी कर देती और मैं उसे सुलझाने में मुश्किल महसूस करता तो ऐसे मौक़ों पर मैं काम बन्द कर देता और सोचने की कोशिश करता तथा अपने ड्रेसिंग रूम में चहलक़दमी करता या घंटों सेट के पिछवाड़े बैठा रहता और समस्या से जूझता रहता। मैनेजमेंट या स्टाफ़ के किसी आदमी को अपनी तरफ़ देखते हुए पाकर ही मुझ आग लग जाती। ख़ास तौर पर इसलिए कि म्युचुअल फ़िल्म कंपनी निर्माण की लागत अदा कर रही थी और मि. कॉलफील्ड वहाँ पर यह देखने के लिए मौज़ूद थे कि सब कुछ ठीक-ठाक चलता रहे।

मैं उन्हें दूर से ही देख लेता कि वे लोगों के बीच से होकर आ रहे हैं। मैं अच्छी तरह से जानता था कि वे क्या सोच रहे होंगे, कुछ भी नहीं हो रहा है और ख़र्चे बढ़ते जा रहे हैं। तब मैं उन पर मीठी छुरी से वार करता कि जिस वक़्त मैं सोच रहा होऊँ,

उस वक़्त किसी का आसपास होना या यह दिखाना कि वे चिन्ता कर रहे हैं, मुझे बिलकुल भी अच्छा नहीं लगता।

बेकार जा चुके दिन के ख़त्म होने के बाद जब मैं स्टूडियो छोड़कर जा रहा होता, वे जान-बूझकर अचानक ही मुझसे टकरा जाते और पूछते, "और कैसे चल रहा है, कुछ बात बनी?"

"वाहियात, मेरा ख़याल है मैं चुक गया हूँ, मैं कुछ सोच ही नहीं पा रहा।"

इस पर वे खोखली हँसी हँस देते, "चिन्ता मत कीजिए, सब ठीक हो जाएगा।"

कई बार ऐसा होता कि समस्या का हल शाम को उस वक़्त सूझता जिस वक़्त मैं हताशा के आलम में होता और सब कुछ सोचकर दरकिनार कर चुका होता। तभी अचानक ही हल सामने आ जाता मानो संगमरमर के फ़र्श पर से धूल की मोटी पर्त हटा दी गई हो और सामने चमचमाता फ़र्श निकल आया हो जिसे मैं कब से तलाश रहा था। सारा तनाव ग़ायब हो जाता और सारे स्टूडियो में चहल-पहल मच जाती। मि. कॉलफील्ड के चेहरे की हँसी देखने लायक होती।

हमारी किसी भी फ़िल्म में कभी कोई कलाकार ज़ख़्मी नहीं हुआ। हिंसा की भी बाक़ायदा रिहर्सल की जाती और उसे कोरियोग्राफ़ी की तरह माना जाता।

चेहरे पर थप्पड़ मारने में भी ट्रिक इस्तेमाल की जाती। कितनी भी झड़प हो, हर कोई जानता था कि अन्त में क्या होने वाला है। सब कुछ समय के हिसाब से चलता। घायल होने का कोई बहाना नहीं चलता क्योंकि फ़िल्म में सभी इफ़ेक्ट हिंसा, भूकम्प, जहाज़ का टूटना और बड़ी-बड़ी घटनाएँ, सब झूठ-मूठ की होतीं।

उस पूरी सीरीज़ में मात्र एक ही दुर्घटना हुई। यह बात 'ईज़ी स्ट्रीट' की है। जिस वक़्त मैं स्ट्रीट लैम्प को जलाने के लिए उसे बड़ी-सी घिरनी पर खींच रहा था, तो लैम्प का ऊपरी हिस्सा गिर गया और उसका इस्पात का नुकीला टुकड़ा मेरी नाक के सिरे पर आ लगा जिसकी वजह से मुझे दो टाँके लगवाने पड़े।

मेरा ख़याल है कि म्युचुअल के क़रार को पूरा करना मेरे कॅरियर का सबसे अच्छा अरसा था। मैं अपने आपको हल्का और बिना किसी बोझ के महसूस कर रहा था। मैं सिर्फ़ सत्ताईस बरस का था और मेरे सामने अनन्त सम्भावनाएँ थीं, साथ ही थी एक दोस्तों से भरी दुनिया। थोड़े से ही अरसे में मैं करोड़पति हो जाऊँगा। यह बात कुछ-कुछ पगला देने वाली थी। पैसा मेरी तिजोरियों में बरस रहा था। हर हफ़्ते मुझे दो हज़ार डॉलर मिल रहे थे जो लाखों में बदल रहे थे। इस समय मेरी हैसियत चार लाख डॉलर की थी और अब पाँच लाख की। कुछ समय पहले तक मैं इस सबकी कल्पना भी नहीं कर सकता था।

मुझे जे.पी. मॉर्गन के एक दोस्त मैक्सिन इलियट की बात याद है। उन्होंने एक बार मुझसे कहा था, "धन तभी तक अच्छा है जब तक उसके बारे में ज़्यादा सोचा न जाए।" लेकिन मैं क़हता हूँ कि यह कुछ ऐसी शै है जिसे याद रखा जाए।

इस बात में कोई शक नहीं कि सफल आदमी एक अलग दुनिया में रहते हैं क्योंकि जब मैं लोगों से मिलता हूँ तो उनके चेहरे दिलचस्पी से दिपदिपाने लगते हैं। हालाँकि मैं नया-नया रईस बना था, फिर भी मेरी राय को गम्भीरता से लिया जाता था। जो परिचित थे, वे मुझसे प्रगाढ़ सम्बन्ध बनाने के लिए लालायित रहते और मेरी समस्याएँ सुलझाने के लिए वैसे ही आगे आते मानो मेरे नातेदार हों। यह सब मुझे चाटुकारिता लगता और मैं इस तरह की आत्मीयता को पसन्द नहीं करता था। मैं दोस्तों को वैसे ही पसन्द करता हूँ जैसे संगीत को पसन्द करता हूँ। अलबत्ता, इस तरह की आज़ादी कभी-कभार के अकेलेपन की क़ीमत पर ही होती।

एक दिन, जब मेरा क़रार पूरा होने ही वाला था, मेरा भाई एथलेटिक क्लब में मेरे कमरे में आया और प्रसन्नता से बोला, "सुनो भई चार्ली, अब तुम करोड़पतियों की जमात में आ गए हो। मैंने अभी-अभी तुम्हारे लिए एक सौदा तय किया है जिसमें तुम फ़र्स्ट नेशनल के लिए दो-दो रील की आठ कॉमेडी फ़िल्में बनाओगे और इसके एवज में तुम्हें बारह लाख डॉलर मिलेंगे।"

मैंने अभी-अभी स्नान किया था और अपनी कमर पर तौलिया लपेटे अपने वायलिन पर 'द टेल्स ऑफ़ हॉफ़मैन' की धुन बजा रहा था। "हम्म...मेरा ख़याल है, यह वाकई शानदार है, नहीं क्या!!"

सिडनी अचानक ज़ोर-ज़ोर से हँसने लगा, "यह बात मेरे संस्मरणों में जाएगी। तुम, चार्ली, अपने चूतड़ों पर तौलिया लपेटे, वायलिन बजा रहे हो, जब मैं तुम्हें बताता हूँ कि मैंने तुम्हारे लिए साढ़े बारह लाख डॉलर का क़रार किया है, तब तुम्हारी प्रतिक्रिया!!"

मैं स्वीकार करता हूँ कि इसमें आडम्बर का थोड़ा-सा तंज था क्योंकि बात यह थी कि यह सारा धन कमाया जाना था।

सारी बातों के बावजूद, धन-सम्पदा के इन सारे वादों ने मेरी जीवन-शैली पर कोई प्रभाव नहीं डाला। मैं धन के आगे झुकता था लेकिन इसके इस्तेमाल के आगे नहीं। जो धन मैं कमाता था वो काल्पनिक था, दंतकथा की तरह। यह सब आँकड़ेबाज़ी थी क्योंकि दरअसल यह धन मैंने सचमुच देखा भी नहीं था। इसलिए मुझे कुछ ऐसा करना था जिससे सिद्ध हो सके कि मेरे पास धन है। इसलिए मैंने एक सचिव रखा, एक ख़िदमतग़ार और एक शोफ़र रखा तथा एक कार ली। एक दिन एक शोरूम के आगे से गुज़रते हुए मैंने एक सात सीटर यात्री कार देखी। उन दिनों अमेरिका में यह सबसे अच्छी कार मानी जाती थी। वह इतनी शानदार और भव्य लग रही थी कि मुझे यह लगा ही नहीं कि यह बिक्री के लिए हो सकती है। अलबत्ता, मैं दुकान में गया और पूछा, "कितने की है?"

"चार हज़ार नौ सौ डॉलर।"

"पैक कर दीजिए," मैंने कहा।

वह आदमी हैरान-परेशान, उसने इतनी आसानी से हो गई ख़रीद पर रोक लगाते हुए हैरान होकर पूछा, "क्या आप इंजन वग़ैरह नहीं देखना चाहेंगे?"

"इससे कोई फ़र्क़ नहीं पड़ेगा क्योंकि मैं इस सबके बारे में कुछ नहीं जानता।" मैंने जवाब दिया। अलबत्ता, मैंने अँगूठे से एक टायर दबाकर अपनी व्यावसायिक समझ दिखा दी।

लेन-देन बहुत आसान था, मतलब एक काग़ज़ के टुकड़े पर अपना नाम लिखना था और कार मेरी हो गई।

पैसे का निवेश करना एक समस्या थी और मैं इसके बारे में कुछ भी नहीं जानता था। अलबत्ता, सिडनी इन सारी चीज़ों से वाक़िफ़ था। वह बुक वैल्यू, पूँजीगत लाभ, वरीयता प्राप्त और सामान्य स्टॉक, ए और बी रेटिंग, कन्वर्टिबल स्टॉक और बॉन्ड, औद्योगिक कम्पनियों और सेविंग बैंकों की क़ानूनी प्रतिभूतियों के बारे में अच्छे से जानता था। उन दिनों निवेश करने के अवसरों की कोई कमी नहीं थी। लॉस एंजेल्स के ज़मीन-जायदाद के एक एजेंट ने एक बार मुझसे कहा कि मैं उसके साथ भागीदारी करके लॉस एंजेल्स घाटी में ज़मीन का एक टुकड़ा ख़रीद लूँ और दोनों पच्चीस-पच्चीस हज़ार डॉलर का निवेश करें। अगर मैंने उस परियोजना में निवेश कर लिया होता तो मेरा हिस्सा बढ़कर पाँच करोड़ डॉलर का हो चुका होता क्योंकि वहाँ पर तेल निकल आया था और वह कैलीफोर्निया के सबसे अमीर क्षेत्रों में से एक हो गया था।

तेरह

उस दौरान कई लब्धप्रतिष्ठ विभूतियाँ स्टूडियो में पधारीं। मेलबा, लिओपोल्ड गोडोव्स्की और पेडरेव्स्की, निजिंस्की और पावलोवा।

पेडरेव्स्की बहुत ही मोहक व्यक्तित्व के मालिक थे लेकिन उनमें थोड़ा-सा बुर्ज़ुआपन था। वे गरिमा पर कुछ ज़्यादा ही ज़ोर देते थे। अपने लम्बे बालों, नीचे की तरफ़ झुकती मूँछों और निचले होंठ के नीचे दाढ़ी के बालों के नन्हे से गुच्छे की वजह से वे ख़ासे आकर्षक लगते थे लेकिन मुझे ऐसा लगता मानो उनकी इस छवि में उनके घमंड की झलक दिखाई देती है। जब वे पियानो बजाने बैठते, तो घर-भर की बत्तियों की रोशनी धीमी कर देते, माहौल ग़मगीन और रहस्यमय हो जाता तथा जब वे अपने पियानो स्टूल पर बैठने को होते तो मुझे हमेशा ऐसा लगता मानो उनके नीचे से किसी को स्टूल खींच लेना चाहिए।

उनसे मेरी मुलाक़ात युद्ध के दौरान न्यूयॉर्क के रिट्ज़ होटल में हुई थी। मैं उनसे बहुत उत्साह से मिला और पूछा कि क्या वे वहाँ कोई कार्यक्रम देने के सिलसिले

में आए हुए हैं। आडम्बरी गम्भीरता के साथ उन्होंने जवाब दिया, "जब मैं देश की सेवा में होता हूँ, तो कार्यक्रम नहीं करता।"

बाद में पेडरेव्स्की पोलैंड के प्रधानमंत्री बने, लेकिन उस वक़्त मेरे ख़यालात क्लेमॉनसो से मिलते थे, जिन्होंने दुर्भाग्यपूर्ण वर्साय-सन्धि पर एक सम्मेलन के दौरान उनसे कहा था, "ऐसा क्या हो गया कि आपके जैसा कलाकार इतना नीचे गिर गया कि उसे राजनीतिज्ञ बन जाना पड़ा?"

दूसरी तरफ़ महान पियानोवादक लिओपोल्ड गोडोव्स्की सरल, निश्छल और मज़ाक़िया क़िस्म के आदमी थे। वे छोटे क़द के, मुस्कराते हुए गोल चेहरेवाले शख़्स थे। लॉस एंजेल्स में कार्यक्रम देने के बाद उन्होंने वहीं पर एक मकान किराये पर ले लिया था और मैं अक्सर उनसे मिलने जाता था। रविवार के दिन यह मेरा सौभाग्य होता कि मैं उन्हें रियाज़ करते सुन सकता था और उनके बेहद छोटे हाथों में छुपे असाधारण जादू और तकनीक के दर्शन कर पाता था।

निजिंस्की भी स्टूडियो में आया करते। उनके साथ उनके रूसी बैले के सदस्य होते। वे गम्भीर क़िस्म के शख़्स थे; आकर्षक, सुन्दर चेहरा, उनके गालों की हड्डियाँ ऊपर की तरफ़ उठी हुई थीं और आँखों में उदासी तारी रहती थी। उनकी ढब से लगता मानो साधारण वस्त्रों में कोई भिक्षु चला आ रहा हो। हम 'द क्योर' की शूटिंग कर रहे थे। वे कैमरे के पीछे बैठ गए और मुझे काम करते हुए देखने लगे। मैं जो दृश्य शूट कर रहा था, वह मेरे हिसाब से मज़ाक़िया था लेकिन वे एक बार भी नहीं मुस्कराए। आसपास जुट आए लोग हँस रहे थे लेकिन निजिंस्की उदास और उदास होते चले गए। जब वे जाने लगे तो मेरे पास आए, हाथ मिलाया और अपनी खोखली आवाज़ में बोले कि मैं बता नहीं सकता, आपका काम देखकर मुझे कितना आनन्द आया! उन्होंने पूछा कि क्या मैं यहाँ फिर आ सकता हूँ?

"बेशक," मैंने कहा। वे दो और दिन चुपचाप बैठे मुझे काम करते देखते रहे। आख़िरी दिन मैंने कैमरामैन से कहा कि वह कैमरे में रोल न डाले। मैं जानता था कि निजिंस्की की मनहूस मौजूदगी मज़ाक़िया दिखने की मेरी सारी कोशिशों पर पानी फेर देगी। इसके बावजूद, वे हर दिन की समाप्ति पर मुझे बधाई देते, "आपकी कॉमेडी बैले जैसी है, आप नर्तक हैं।" उन्होंने कहा।

मैंने अब तक रूसी बैले नहीं देखा था, या यूँ कहूँ कि अब तक कोई बैले ही नहीं देखा था। लेकिन जब सप्ताह ख़त्म हुआ तो मुझे मैटिनी शो देखने के लिए आमंत्रित किया गया।

थियेटर में मेरा स्वागत दियाग्लेफ़ ने किया। वे बेहद ऊर्जावान और उत्साह से भरे हुए शख़्स थे। उन्होंने इस बात के लिए क्षमा माँगी कि उस वक़्त उनका कोई ऐसा कार्यक्रम नहीं चल रहा है जो उनकी नज़र में मैं बहुत ज़्यादा पसन्द कर सकूँ। उन्होंने अफ़सोस व्यक्त किया कि इस समय 'ला 'फ्रे-मिजी-द' फ़ॉन' नहीं चल रहा

है। उनके ख़याल से मैं यह कार्यक्रम ज़्यादा पसन्द करता। फिर वे तुरन्त अपने मैनेजर की तरफ़ मुड़े, "निजिंस्की साहब को बताओ कि हम चार्ली...के लिए इंटरवल के बाद 'फ़ॉन' का प्रदर्शन करेंगे।"

पहला बैले 'शहरज़ाद' था। मेरी प्रतिक्रिया कमोबेश नकारात्मक थी। इसमें बहुत ज़्यादा एक्टिंग थी और नृत्य नाममात्र को भी नहीं था। मेरे ख़याल से रिम्स्की-कोर्साकोव का संगीत दोहराव लिये हुए था। इसके बाद 'पा द दू' प्रस्तुत किया गया। इसमें स्वयं निजिंस्की थे। जिस पल वे मंच पर आए मुझे जैसे बिजली का करंट लग गया हो। मैंने दुनिया में बहुत कम जीनियस देखे हैं और निजिंस्की उनमें से एक थे। उनमें सम्मोहित कर लेने की ईश्वरीय शक्ति थी। अपने हाव-भाव से वे हमारे सामने दूसरी ही दुनिया पेश कर रहे थे। उनकी हर भंगिमा में जैसे कविता की लय थी। उनकी एक-एक मुद्रा हमें विचित्र कल्पना-लोक में ले जाती थी।

उन्होंने दियाग्लेफ़ से कह रखा था कि इंटरवल में वे मुझे उनके ड्रेसिंग रूम में लिवा लाएँ। मेरे पास उनकी तारीफ़ के लिए शब्द नहीं थे।

उनके ड्रेसिंग रूम में मैं चुपचाप बैठा रहा और उन्हें फ़ॉन के लिए मेकअप करते हुए अजीब-अजीब चेहरे बनाते हुए देखता रहा। वे अपने गालों पर हरे रंग के घेरे बना रहे थे और बीच-बीच में बातचीत का सिरा जोड़ने की नाकाम कोशिश कर रहे थे। वे मेरी फ़िल्मों के बारे में इधर-उधर के सवाल पूछते रहे और मैं सिर्फ़ एक-एक शब्द में जवाब देता रहा। इंटरवल की समाप्ति पर जब घंटी बजी तो मैंने सलाह दी कि अब मुझे अपनी सीट पर लौट जाना चाहिए।

"न, न, अभी नहीं," उन्होंने कहा।

तभी दरवाज़े पर खटखट हुई। "मि. निजिंस्की, इंटरवल में बजने वाली धुन पूरी हो चुकी है।"

मेरे चेहरे पर परेशानी झलकने लगी।

"ठीक है, ठीक है," उन्होंने जवाब दिया, "अभी बहुत समय है।"

मुझे झटका लगा और मैं इस बात को क़तई समझ नहीं पाया कि वे ऐसा बर्ताव क्यों कर रहे हैं, "क्या आपको नहीं लगता कि मुझे जाना चाहिए?"

"नहीं, नहीं, उन्हें एक और धुन बजाने दो।"

अन्ततः दियाग्लेफ़ हड़बड़ाते हुए ड्रेसिंग रूम में आए और कहने लगे, "जल्दी करो, दर्शक हल्ला कर रहे हैं।"

"इन्तज़ार करने दो उन्हें, इसमें ज़्यादा मज़ा है," निजिंस्की ने कहा और मुझसे बेसिर-पैर के और सवाल पूछने शुरू कर दिये। परेशानी के मारे मेरा बुरा हाल। मैं मिनमिनाया, "मेरे ख़याल से मुझे अपनी सीट पर लौट जाना चहिए।"

आज तक कोई भी कलाकार 'ला'फ्रे-मिजी-द' फ़ॉन' में निजिंस्की की बराबरी नहीं कर सका। जिस रहस्यमय सृष्टि का सृजन वे करते थे, अपनी रहस्यमयी,

आत्मीय-सी उदासी के ज़रिये वे जिस निस्सीम प्यार की अनदेखी उदास छायाओं की सैर कराने दर्शक को अपने साथ ले जाते थे, उस सबका कोई सानी नहीं था। वे बिना किसी प्रयास के कुछ ही भाव-भंगिमाओं से सब कुछ कह डालते थे।

छह महीने बाद निजिंस्की पागल हो गए। इस बात के संकेत तो उस दिन दोपहर के वक़्त ड्रेसिंग रूम में ही नज़र आ रहे थे, जब उन्होंने अपने दर्शकों को इन्तज़ार करने के लिए छोड़ दिया था। मैं इस बात का गवाह था कि किस तरह से एक संवेदनशील मस्तिष्क युद्ध की विभीषिका झेल रहे क्रूर विश्व में विचरते हुए एक दूसरी ही दुनिया में, अपने सपनों की दुनिया में चला गया था।

किसी भी साधना या कला में उत्कृष्टता के शिखर पर विरले ही लोग पहुँचते हैं और पावलोवा उन दुर्लभ कलाकारों में से एक थीं जिन्होंने इसे सच कर दिखाया था। मुझ पर हर बार उनकी कला का जादुई असर होता था। हालाँकि उनकी कला उत्कृष्ट थी, फिर भी उनमें एक स्तरीय उदासी रहती। ग़ुलाब की सफ़ेद पंखुड़ी की तरह बेहद नाज़ुक। जब वे नृत्य करतीं तो उनकी हर लय-ताल गुरुत्वाकर्षण का केन्द्र बन जाती। जिस पल वे मंच पर अवतरित होतीं, वे जितनी आकर्षक क्यों न दिखाई दे रही हों, मेरा मन रोने का करने लगता। वे सम्पूर्णता की त्रासदी को साकार कर देती थीं। ऐसा अद्‌भुत होता उनका नृत्य!

वे अपने मित्रों के लिए पाव थीं। मैं उनसे उस वक़्त मिला जब वे यूनिवर्सल स्टूडियो, हॉलीवुड में एक फ़िल्म बना रही थीं। हम अच्छे दोस्त बन गए थे। इसे त्रासदी ही कहा जाएगा कि पुरानी सिनेमा की गति उनकी नृत्य भंगिमाओं की गीतात्मकता को ग्रहण करने में असफल रही थी और इस वजह से उनकी वह महान कला दुनिया से हमेशा के लिए विलुप्त हो गई।

एक बार की बात है, रूसी कौन्सुलेट ने उनके सम्मान में एक भोज दिया जिसमें मैं भी मौज़ूद था। यह एक अन्तरराष्ट्रीय आयोजन था और निश्चय ही गरिमा लिये हुए था। डिनर के दौरान कई जाम छलकाए गए और भाषण वग़ैरह चले—कुछ फ्रांसीसी में और कुछ रूसी में। मेरे ख़याल से सिर्फ़ मैं ही अकेला अंग्रेज़ था जिसे बुलाया गया था। अलबत्ता, इससे पहले कि कुछ कहने के लिए मेरी बारी आती, एक प्रोफ़ेसर ने पावलोवा की कला पर रूसी भाषा में एक शानदार क़सीदा पढ़ा। ऐसे भी पल आए जब प्रोफ़ेसर की आँखों में आँसू आ गए। वे रो पड़े और फिर वह पावलोवा के पास गए और उन्हें बेतहाशा चूमने लगे। मुझे पता चल चुका था कि उस प्रोफ़ेसर के बाद कुछ भी करने की मेरी कोई भी कोशिश बेकार जाएगी। इसलिए मैं उठा और बोला कि चूँकि मेरी अंग्रेज़ी मादाम पावलोवा की कला की महानता का बयान करने के लिए पूरी तरह नाकाफ़ी होगी, इसलिए मैं चीनी भाषा में बोलूँगा। मैं चीनी भाषा में अनाप-शनाप बकता रहा और मैंने भी उसी तरह का समाँ बाँध दिया जिस तरह का प्रोफ़ेसर ने बाँधा था। मैंने अपनी बात का समापन प्रोफ़ेसर से भी ज़्यादा शिद्दत से

पावलोवा को चूमने से किया। मैंने एक नैपकिन लिया और जब तक मैं उन्हें चूमता रहा, नैपकिन को हम दोनों के सिर के आगे थामे रखा। पार्टी का हँस-हँस कर बुरा हाल हो गया और इस तरह से माहौल की गम्भीरता टूटी।

सारा बर्नहार्ट ऑरफीम रंगारंग थियेटर में अभिनय किया करती थीं। इसमें कोई शक नहीं कि वे बहुत बूढ़ी थीं और उनका कॅरियर ढलान पर था, फिर भी उनके अभिनय का सच्चा मूल्यांकन करने के लिए मेरे पास शब्द नहीं हैं। लेकिन जब ड्यूस लॉस एंजेल्स आईं तो उनकी ढलती उम्र और नज़दीक आता उनका अन्त भी उनकी प्रतिभा की चमक को फ़ीका नहीं कर पाए। उनके पीछे बेहतरीन इतालवी कलाकार मंडली थी। जब वे मंच पर आईं—उससे पहले एक सुदर्शन युवा अभिनेता आकर अपनी अभिनय क्षमता के जलवे दिखा चुका था और अभी भी मंच के बीचोबीच जमा हुआ था। मैं इस बात पर हैरान होता रहा कि किस तरह से ड्यूज उस युवा अभिनेता के शानदार अभिनय के आगे जा पाईं!

तभी एकदम बाईं तरफ़ से ड्यूज एक मेहराब के नीचे से होती हुईं सहजता से मंच पर आईं। वे सफ़ेद गुलदाउदी के फूलों की टोकरी के पीछे पल-भर के लिए ठिठकीं। ये फूल बड़े से पियानो पर रखे हुए थे। उन्होंने चुपचाप फूलों को तरतीब देना शुरू कर दिया। पूरे थियेटर से फुसफुसाहट की आवाज़ें आने लगीं और मेरा ध्यान तुरन्त युवा कलाकार से हटकर ड्यूज की तरफ़ चला गया। न तो वे युवा कलाकार की तरफ़ देख रही थीं और न ही किसी अन्य चरित्र की तरफ़। वे चुपचाप फूलों को सजाती रहीं। बीच-बीच में वे उन फूलों को भी लगा रही थीं जो वे अपने साथ लाई थीं। जब उन्होंने यह काम ख़त्म कर लिया तो वे तिरछे चलते हुए मंच से नीचे आईं और फ़ायर प्लेस के पास आकर एक आरामकुर्सी पर बैठ गईं। उनकी निगाहें आग की तरफ़ थीं। एक बार, और सिर्फ़ एक बार उन्होंने युवा कलाकार की तरफ़ देखा। उस निगाह में क्या कुछ नहीं था! सारी की सारी बुद्धिमत्ता और मानवीय करुणा। इसके बाद वे सुनती रहीं और अपने हाथ गरम करती रहीं। बेहद ख़ूबसूरत और संवेदनशील हाथ।

युवा कलाकार के उत्तेजक सम्भाषण के बाद ड्यूस आग की तरफ़ देखते हुए शान्त स्वर में बोलीं। उनकी संवाद अदायगी में सामान्य कृत्रिमता नहीं थी। उनकी आवाज़ त्रासद भावावेग की आँच से आ रही थी। उनका एक भी शब्द मेरे पल्ले नहीं पड़ रहा था लेकिन मैंने महसूस किया कि मैं साक्षी बन रहा था अब तक देखी गई महानतम अभिनेत्री के अभिनय का।

*

कॉन्सटांस कोलियर, सर हर्बर्ट बीरबॉम ट्री 'ज की प्रमुख अभिनेत्री थीं और वे ट्राएंगल फ़िल्म कम्पनी के लिए सर हर्बर्ट बीरबॉम के साथ लेडी मैकबेथ की भूमिका कर

रही थीं। जब मैं छोटा बच्चा था तो मैंने उन्हें हिज़ मैजेस्टी थियेटर की गैलरी से कई बार देखा था और 'द इटरनल सिटी' में उनके काम और 'ओलिवर ट्विस्ट' में नैन्सी की उनकी यादगार भूमिकाओं का दीवाना था। इसलिए जब लेवी'ज़ कैफ़े में मेरी मेज़ पर एक नोट आया कि मिस कोलियर मुझसे मिलना चाहती हैं और मैं उनकी मेज़ पर चला आऊँ, मुझे ऐसा करने में अपार ख़ुशी हुई। उस मुलाक़ात के बाद हम जीवन-भर के लिए बेहतरीन दोस्त बन गए। वे बहुत दयालु महिला थीं। उनमें ऊर्जा-ही-ऊर्जा भरी हुई थी। उनमें अपार जिजीविषा थी। उन्हें लोगों को आपस में मिलवाना अच्छा लगता था। उनकी इच्छा थी कि मेरी मुलाक़ात सर हर्बर्ट से और डगलस फेयरबैंक्स नाम के एक नौजवान से हो। कोलियर का ख़याल था कि हम तीनों में बहुत कुछ एक जैसा है।

मेरा ख़याल है, सर हर्बर्ट अंग्रेज़ी थियेटर के प्रमुख थे और अभिनेताओं में सबसे ज़्यादा विनम्र थे। वे सामने वाले के दिमाग़ पर तो असर छोड़ते ही थे, उसकी संवेदनाओं को भी छूते थे। 'ओलिवर ट्विस्ट' में उनका खल चरित्र हँसी-मज़ाक़ से भरपूर और डरावना, दोनों था। ज़रा-सी कोशिश करके वे ऐसा तनाव पैदा कर देते जिसे सहन करना लगभग असम्भव हो जाता। उन्हें बस इतना करना होता कि लम्बे ब्रेड इत्यादि सेंकनेवाले चिमटे से मज़ाक़ में ही कलापूर्ण पैंतरेबाज को छेड़ भर देना। चरित्र को लेकर ट्री की अवधारणा हमेशा उत्कृष्ट होती। हास्यास्पद स्वेंगाली इसका नमूना था। वे इस वाहियात से लगने वाले चरित्र में सामने वाले का विश्वास जगा देते और उसे न केवल हास्य से भर देते बल्कि कवितामय भी बना देते। आलोचकों का मानना था कि ट्री में व्यवहारों को परखने की अद्भुत समझ थी। यह सच है लेकिन वे उन्हें असरदार ढंग से इस्तेमाल करना भी जानते थे। 'जूलियस सीज़र' में उन्होंने जो व्याख्याएँ कीं, वे बौद्धिकतापूर्ण थीं। अन्तिम संस्कार के दृश्य में उनका चरित्र मार्क एंटोनी भीड़ को परम्परागत जोश से सम्बोधित करने के बजाय उनके सामने सनक और भीतरी तिरस्कार से भरी लापरवाही से बात करता है।

जब मैं चौदह बरस का था तो मैंने ट्री को उनकी कई महान प्रस्तुतियों में देखा था। इसलिए जब कॉन्सटांस ने सर हर्बर्ट, उनकी बेटी आइरिस और मेरे लिए एक छोटे-से डिनर का आयोजन किया तो मैं इस विचार से ही उत्साहित हो गया। हमें एलेक्ज़ेंड्रिया होटल में ट्री के कमरे में मिलना था। मैं जान-बूझकर देर कर रहा था और उम्मीद कर रहा था कि वहाँ पर तनाव कम करने के लिए कॉन्सटांस होंगी ही, लेकिन जब सर हर्बर्ट ने अपने कमरे में मेरी अगवानी की, तो वे वहाँ अकेले थे। उनके साथ उनके फ़िल्म निर्देशक जॉन एमर्सन थे।

"अहा, आओ-आओ, चैप्लिन," सर हर्बर्ट ने कहा, "मैंने कॉन्सटांस से आपके बारे में बहुत सुना है।"

एमर्सन से परिचय कराने के बाद उन्होंने बताया कि वे मैकबैथ के कुछ दृश्यों पर बात कर रहे थे। जल्द ही एमर्सन विदा हो गए और मैं अचानक शर्म के मारे पसीना-पसीना हो गया।

"क्षमा कीजिए, मैंने आपको इन्तज़ार कराया," सर हर्बर्ट मेरे सामने वाली आरामकुर्सी पर पसरते हुए बोले, "हम चुड़ैल वाले दृश्य के लिए इफ़ेक्ट्स के बारे में चर्चा कर रहे थे।"

"ओह्ह," मैं हकलाया।

"मेरा ख़याल है कि गुब्बारों के ऊपर की तरफ़ एक रस्सी बाँध दी जाए और इस तरह से वह दृश्य प्रभावशाली बनेगा। क्या ख़याल है आपका?"

"ओह, बेशक शानदार!"

सर हर्बर्ट एक पल के लिए रुके और मेरी तरफ़ देखने लगे।

"आप तो वाक़ई सफलता के शिखर पर विराजे हुए हैं, नहीं क्या?"

"ऐसा तो कुछ नहीं है," मैंने लज्जित होते हुए धीरे से कहा।

"लेकिन पूरी दुनिया में आपकी धाक जमी हुई है। इंग्लैंड में और फ्रांस में सैनिक आपके बारे में गीत तक गाते हैं।"

"ऐसा है क्या?" मैंने अपनी अज्ञानता का प्रदर्शन करते हुए कहा।

उन्होंने दोबारा मेरी तरफ़ देखा—शक और पूर्वग्रह उनके पूरे चेहरे पर पसरे हुए थे। तभी वे उठे और कमरे से बाहर जाते हुए बोले, "कॉन्सटांस को देरी हो रही है। मैं फ़ोन करके पूछता हूँ कि माजरा क्या है? इस बीच आप मेरी बेटी आइरिस से मिलें।"

मैंने राहत की साँस ली। इसकी वजह यह थी कि नाम सुनकर मेरे दिमाग़ में एक बच्चे की छवि आई थी जिससे मैं स्कूल और फ़िल्मों के बारे में अपने ख़ुद के स्तर पर बात कर पाता। तभी एक लम्बा-सा सिगरेट होल्डर लिये एक तन्वंगी नवयौवना ने कमरे में प्रवेश किया, "कैसे हैं आप मि. चैप्लिन? मेरा ख़याल है मैं पूरी दुनिया में ऐसी अकेली लड़की हूँ जिसने आपको पर्दे पर नहीं देखा है।"

मैंने खींसें निपोरीं और अपना सिर हिलाया।

आइरिस स्कैंडिनेवियाई लगती थी। उसके लाल रंगत लिये छोटे-छोटे बाल थे, उभरी हुई नाक और हल्की नीली आँखें। उस वक़्त उसकी उम्र अट्ठारह बरस की थी। वह बेहद आकर्षक थी और उसमें स्वाभाविक रूप से अँगड़ाई लेता आभिजात्य था। पन्द्रह बरस की उम्र में उसकी कविताओं की किताब छप चुकी थी।

"कॉन्सटांस आपके बारे में बहुत कुछ बताती रहती हैं।" उसने कहा ।

मैंने फिर से खींसें निपोरीं और सिर हिलाया।

आख़िरकार, सर हर्बर्ट लौटे और उन्होंने बताया कि चूँकि कॉन्सटांस को कॉस्ट्यूम फिटिंग्स के चक्कर में देर हो गई है; इसलिए वे नहीं आ पाएँगी और हमें उनके बिना ही खाना खाना होगा।

हे भगवान!! इन अजनबियों के बीच मैं रात कैसे गुज़ारूँगा?

इस ख़याल का बोझ अपने दिमाग़ पर लिये मैं चुपचाप उनके साथ कमरे से निकला। हम चुपचाप लिफ्ट में घुसे और चुपचाप ही डाइनिंग रूम में गए और वहाँ जाकर मेज़ पर इस तरह से बैठ गए मानो अभी-अभी किसी की शोक सभा से लौटे हों।

बेचारे सर हर्बर्ट और आइरिस ने इस बात की भरपूर कोशिश की कि बातचीत में जान आ जाए। फिर उस बेचारी ने कोशिश करनी छोड़ दी और आराम से बैठकर डाइनिंग रूम का मुआयना करने लगी। काश! खाना ही परोस दिया जाता। खाते समय शायद मुझे इस भयावह तनाव से मुक्ति मिल जाती!! बाप-बेटी थोड़ी देर बात करते रहे। फिर उन्होंने साउथ ऑफ़ फ्रांस की, रोम की और साल्ज़बर्ग की बात की कि क्या मैं कभी वहाँ गया हूँ? क्या मैंने मैक्स रेनहार्ट प्रोडक्शन की कोई प्रस्तुति देखी है?

मैंने माफ़ी माँगते हुए सिर हिलाया।

अब ट्री ने मुझे ऊपर से नीचे तक देखा, "पता है, आपको ख़ूब घूमना चाहिए।"

मैंने उन्हें बताया कि मेरे पास घूमने के लिए वक़्त ही नहीं बचता। फिर मैंने बातचीत का सिरा पकड़ा, "देखिए, सर हर्बर्ट, मुझे सफलता इतनी अचानक मिली कि मैं सफलता के साथ-साथ चल पाने में भी वक़्त की कमी महसूस कर रहा हूँ। लेकिन जब मैं चौदह बरस का बच्चा था तो मैंने आपको स्वेंगाली के खल पात्र के रूप में, एंटोनी के रूप में और फालस्टाफ़ के रूप में देखा था। कुछ नाटक तो मैंने कई-कई बार देखे थे और तब से आप मेरे आदर्श हैं। मैं आपको स्टेज से परे देखने की कल्पना भी नहीं कर सकता था। आप मेरे लिए किसी दंतकथा की तरह थे और आज रात लॉस एंजेल्स में आपके साथ बैठकर भोजन करना मुझे ख़ुशी से भर रहा है।"

ट्री अभिभूत हो गए "वाक़ई!!" वे बार-बार कहते रहे, "वाक़ई!!"

उस रात के बाद से हम बहुत अच्छे दोस्त बन गए। वे अक्सर मुझे बुला भेजते, और फिर हम तीनों, आइरिस, सर हर्बर्ट और मैं इकट्ठे बैठकर खाना खाते। कई बार कॉन्सटांस भी आ जातीं, तो हम विक्टर ह्यूगो के रेस्तराँ में चले जाते और कॉफ़ी की चुस्कियाँ लेते हुए भावपूर्ण चैम्बर म्यूज़िक सुनते।

*

कॉन्सटांस से मुझे डगलस फेयरबैंक्स के आकर्षण और योग्यता के बारे में बहुत कुछ पता चला था, न केवल व्यक्तित्व के बारे में बल्कि डिनर के बाद उनके मेधावी भाषणकर्ता के रूप के बारे में भी। उन दिनों मैं मेधावी युवकों, ख़ास तौर पर डिनर के बाद भाषण देने वालों को पसन्द नहीं करता था। अलबत्ता, डिनर का इन्तज़ाम उन्हीं के घर पर था।

उस रात डिनर पर न जाने के लिए डगलस और मैंने एक बहाना मारा। जाने से पहले मैंने कॉन्सटांस से कहा कि मैं बीमार हूँ, लेकिन उन्होंने मेरी एक न सुनी।

इसलिए मैंने तय किया कि मैं सिरदर्द का नाटक करूँगा और जल्दी निकल जाऊँगा। फेयरबैंक्स ने कहा कि वे भी बहुत नर्वस हैं और जिस वक़्त दरवाज़े की घंटी बजी, तो वे जल्दी से तहख़ाने में चले गए, जहाँ बिलियर्ड की एक मेज़ रखी थी और उन्होंने पूल खेलना शुरू कर दिया। वह रात हमारी आजीवन चलने वाली मित्रता की शुरुआत थी।

यह अकारण नहीं था कि डगलस ने जनता की कल्पना और प्यार पर अधिकार जमाया था। उनकी फ़िल्मों की आत्मा, उनका आशावाद और उनके अमोघ अर्थ अमेरिकी रुचि के बहुत निकट थे और निश्चित ही पूरी दुनिया की रुचि के भी। उनमें असाधारण चुम्बकीय शक्ति और आकर्षण था या कि असली लड़कपन वाला उत्साह जिसे उन्होंने जनता तक पहुँचाया। जैसे-जैसे मैं उन्हें क़रीब से जानने लगा, मैंने पाया कि वे हद दर्ज़े के ईमानदार थे क्योंकि उन्होंने इस बात को स्वीकार किया कि वे अकड़ूँ बने रहने में आनन्द अनुभव करते हैं और यह कि सफल आदमियों में उनके प्रति आकर्षण है।

डगलस बहुत लोकप्रिय थे, लेकिन वे खुले दिल से दूसरों की मेधा की तारीफ़ किया करते थे और अपनी ख़ुद की मेधा के बारे में विनम्र रहते थे। वे अक्सर कहते कि मैरी पिकफ़ोर्ड और मैं जीनियस हैं जबकि ख़ुद उनमें मामूली-सी ही बुद्धि है। हालाँकि यह सच नहीं था। डगलस सृजनशील थे और अपने काम बड़े पैमाने पर किया करते थे।

उन्होंने 'रॉबिनहुड' के लिए दस एकड़ का सेट बनवाया था जो बहुत विशाल प्राचीर और सीढ़ियों वाले महल जैसा था। अब तक शायद कोई इतना बड़ा महल अस्तित्व में भी नहीं रहा होगा। बहुत गर्व के साथ डगलस ने मुझे विशाल सीढ़ियाँ दिखाईं। "अद्भुत," मैंने कहा, "मेरी कॉमेडी के लिए बहुत शानदार शुरुआत रहेगी। मैं नीचे आता हूँ और बिल्ली को छोड़कर दूध लेता हूँ।"

उनके बिलकुल ही अलग-अलग तरह के दोस्त थे, जिनमें काउबॉय से लेकर राजाओं तक का शुमार था। वे उन सब में अच्छे-अच्छे गुण तलाश लेते। उनका दोस्त चार्ली मैक, जो काउबॉय था, एक लापरवाह और बड़बोले क़िस्म का शख़्स था लेकिन वह डगलस का बहुत मनोरंजन किया करता था। जिस समय हम डिनर कर रहे होते, चार्ली दरवाज़े पर जा खड़ा होता और कहता, "आपके पास बहुत बढ़िया जगह है डग," उसके बाद वह डाइनिंग रूम में चारों तरफ़ निगाह घुमाता, "बस, एक ही दिक़्क़त है कि यह फ़ायर प्लेस से इतनी दूर है कि आप यहाँ बैठकर सीधे फ़ायर प्लेस में नहीं थूक सकते।" फिर वह अपने पंजों के बल पर उचककर खड़ा हो जाता और हमें बताता कि उसकी बीवी उस पर क्रूरता के आधार पर तलाक़ के लिए मुक़दमा कर रही है। मैं कहता हूँ कि जज साहब, इस औरत की कानी उँगली में जितनी क्रूरता भरी हुई है, उतनी तो मेरे पूरे बदन में भी नहीं है। इसके अलावा किसी भी मोहतरमा ने आज तक मुझ पर इतनी बन्दूकें नहीं तानीं जितनी इसने तानी हैं। इसने मुझे जान बचाने के लिए हमारे उस ओल पेड़ के चारों तरफ़ इतने चक्कर

कटवाए हैं कि वह पेड़ ही छलनी हो गया है और अब उसके आर-पार देख सकते हैं।" मुझे लगता है कि डगलस के घर पर आने से पहले चार्ली अपनी इस मसखरी के लिए अभ्यास करता होगा।

डलगस का घर एक शूटिंग लॉज़ था जो यह एक पहाड़ी के बीचोबीच बना हुआ दो मंज़िला बँगला था। ये पहाड़ी उन दिनों बेवर्ली हिल्स कहलाती थी और झाड़ियों से भरी बंजर पहाड़ी थी। खारेपन और सेजब्रश की झाड़ियों से एक बदबू या खट्टी-सी महक आती रहती जिससे गला शुष्क हो जाता और नाक में खुजली होती रहती।

उन दिनों बेवर्ली हिल्स उजाड़ रियल एस्टेट की मानिन्द लगता। ख़ूब सारी गलियाँ जो खेतों में जाकर गुम हो जातीं। सफ़ेद गोलों वाले लैम्प पोस्ट सुनसान गलियों की शोभा बढ़ाते। ज़्यादातर ग्लोब ग़ायब हो जाते क्योंकि वे सड़क के किनारे रहने वालों के मौज़ मनाने का निशाना बन जाते।

डगलस बेवर्ली हिल्स पर रहने वाले पहले फ़िल्मी कलाकार थे। सप्ताहान्त में वे अक्सर मुझे वहाँ रहने के लिए बुला लेते। रात को मैं अपने कमरे में से भेड़ियों के चीख़ने की आवाज़ें सुनता। वे झुंड-के-झुंड कचरे के टिन पर हल्ला बोलते। उनकी चीख़ें डरावनी होतीं; जैसे कोई छोटी-छोटी घंटियाँ टुनटुना रहा हो।

उनके साथ दो या तीन सहयोगी हमेशा रहते। टॉम गेराटी, जो उनकी पटकथाएँ लिखा करता था, कार्ल, एक भूतपूर्व ओलम्पिक एथलीट और दो-एक काउबॉय। टॉम, डगलस और मुझमें तीन तिलंगों वाली यारी थी।

रविवार की सुबह डगलस टट्टुओं का एक दस्ता तैयार कराते और हम सब मुँह अँधेरे ही उठकर सूर्योदय देखने के लिए पहाड़ी की तरफ़ निकल पड़ते। काउबॉय घोड़ों का दाना-पानी करते और कैम्प फ़ायर जलाते तथा कॉफ़ी, हॉटकेक और सूअर के मांस का नाश्ता तैयार करते। जिस समय हम सूर्योदय देखते, डगलस लम्बी-लम्बी डींगें हाँकते और मैं नींद की कमी के लतीफ़े सुनाता तथा तर्क देता कि सूर्योदय देखने का असली मज़ा तो किसी महिला के साथ ही है। इसके बावजूद सुबह-सवेरे की ये यात्राएँ बहुत रोमांटिक होतीं। डगलस ऐसे अकेले व्यक्ति थे, जो मुझे घोड़े पर सवार करा पाए, मेरी इन शिकायतों के बावजूद कि दुनिया-भर में इस पशु के प्रति कुछ ज़्यादा ही संवेदनशीलता दिखाई गई है जबकि यह जानवर कमीना और चिड़चिड़ा है तथा इसका दिमाग़ ठस्स है।

यह उस वक़्त की बात है जब वे अपनी पहली पत्नी से अलग हुए थे। शाम के वक़्त वे अपने दोस्तों को खाने पर बुला लेते। इन दोस्तों में मैरी पिकफ़ोर्ड भी होतीं जिन पर वे उन दिनों बुरी तरह आसक्त थे। वे दोनों ही इस बारे में डरे हुए खरगोशों की तरह व्यवहार करते। मैं उन्हें सलाह दिया करता कि वे शादी-वादी के चक्कर में न पड़ें और एक साथ रहते रहें तथा अपने-अपने दायरे से बाहर निकलें। लेकिन वे मेरी परम्परा के ख़िलाफ़ वाली सलाह को नहीं मान पाए। मैंने उनकी शादी की

इतनी ख़िलाफ़त की थी कि जब आख़िर में उन्होंने सचमुच शादी की तो सब दोस्तों को बुलाया, बस, मुझे नहीं बुलाया गया।

उन दिनों डगलस और मैं अक्सर घिसा-पिटा दर्शन बघारने में लगे रहते और मैं जीवन की नश्वरता के अपने तर्क पर टिका रहता। डगलस मानते थे कि हमारी ज़िन्दगियाँ तय हैं और हमारी नियति महत्त्वपूर्ण है। जिस वक़्त डगलस इस रहस्यमय उत्तेजना में घिरे होते, मुझ पर इसका विपरीत असर होता। मुझे गर्मियों की एक गर्म रात की बात याद है जब हम दोनों एक बड़ी-सी पानी की टंकी के ऊपर चढ़ गए और वहाँ बैठकर बेवर्ली के शानदार जंगलों के बारे में बातें करते रहे। तारे रहस्यमय रूप से चमक रहे थे, चाँद उदास था और मैं कह रहा था कि जीवन का कोई मक़सद नहीं है।

"देखो," डगलस जोश से पूरी कायनात को अपने इशारे की ज़द में लेते हुए बोले, "चाँद और वहाँ मौज़ूद तारों का झुरमुट, तय है कि इस सारे सौन्दर्य के पीछे कोई-न-कोई वजह तो होगी ही। यह सब किसी-न-किसी नियति की परिपूर्णता की ओर जा रही होंगी। यह सब किसी-न-किसी बेहतरी के लिए होंगे और तुम व मैं इसके हिस्से हैं।" फिर अचानक ही प्रेरित होकर वे मेरी तरफ़ मुड़े और बोले, "बताओ तुम्हें यह मेधा किसलिए दी गई है? मोशन फ़िल्मों का यह आश्चर्यजनक माध्यम क्यों मिला है, जो पूरी दुनिया में लाखों-करोड़ों लोगों तक पहुँचता है!"

"अच्छा तो यह लुईस बी. मेयर और वार्नर बन्धुओं को भी क्यों दी गई है?" मैंने कहा और डगलस हँस दिये।

डगलस असाध्य रूप से रोमांटिक व्यक्ति थे। उनके साथ सप्ताहान्त बिताते समय कई बार मैं रात के तीन बजे गहरी नींद से जाग जाता और धुंध के बीच देखता कि लॉन में हवाईयन ऑर्केस्ट्रा बज रहा है। मैरी को प्रेमगीत सुनाए जा रहे हैं। यह सब बहुत अच्छा लगता लेकिन उस वक़्त इस भावना में प्रवेश करना मुश्किल होता ख़ासकर तब जब आप ख़ुद व्यक्तिगत रूप से उससे जुड़े हुए न हों। लेकिन लड़कपन की ये हरकतें उन्हें प्रिय व्यक्ति बनातीं।

डगलस बहुत विनोदी स्वभाव के थे। उनकी खुली कैडिलैक कार की पिछली सीट पर वुल्फ़हाउंड और पुलिस डॉग्स बैठे रहते थे। वे सचमुच इस तरह की चीज़ें पसन्द करते थे।

*

हॉलीवुड तेज़ी से लेखकों, अभिनेताओं और बुद्धिजीवियों का मक्का बनता जा रहा था। पूरी दुनिया से लब्धप्रतिष्ठ लेखक वहाँ आते जैसे—सर गिल्बर्ट पार्कर, विलियम जे. लॉक, रैक्स बीच, जोसेफ़ हर्गेसाइमर, सॉमरसेट मॉम, गॉवनर मॉरिस, इबानेज़, एलिनॉर ग्लिन, एडिथ व्हार्टन, कैथलीन नॉरिस और कई अन्य।

सॉमरसेट मॉम ने कभी भी हॉलीवुड में काम नहीं किया लेकिन उनकी कहानियों की बहुत माँग थी। हालाँकि साउथ सी आइलैंड जाने से पहले वे कई हफ़्ते तक वहाँ रहे, जहाँ उन्होंने अपनी यादगार लघु कहानियाँ लिखीं। एक बार डिनर के वक़्त उन्होंने डगलस और मुझे 'सैडी थॉम्पसन' कहानी सुनाई थी। उनका कहना था कि यह वास्तविक तथ्यों पर आधारित है। बाद में इस कहानी पर 'रेन' नाम से एक ड्रामा भी बना था। 'रेन' को मैं हमेशा एक आदर्श नाटक मानता हूँ। रेवरेंड डेविडसन और उनकी पत्नी को ख़ूबसूरती से परिभाषित किया गया—वे सैडी थाम्पसन से भी अधिक रोचक बन पड़े हैं। रेवरेंड डेविडसन की भूमिका में ट्री बहुत शानदार लगे। उन्होंने इस भूमिका को विनम्रता, बेरहमी, चापलूसी और आतंकित करने वाले तरीक़े से निभाया।

इसी हॉलीवुड परिवेश में बना हुआ था हॉलीवुड होटल जो बेहद घटिया और बेतरतीब जगह थी और अचानक ही भौंचक देहाती छोकरी की तरह प्रमुखता में आ गई थी और सोना उगल रही थी। यहाँ पर कमरे हमेशा सामान्य दर से ज़्यादा पर मिलते। उसका कारण सिर्फ़ यही था कि लॉस एंजेल्स से हॉलीवुड को जाने वाली सड़क दुर्गम थी और क़लम के धनी लोग स्टूडियो के आसपास रहना चाहते थे। लेकिन वहाँ हर कोई खोया हुआ-सा लगता मानो सब-के-सब ग़लत पते पर आ गए हों।

एलिनॉर ग्लिन ने वहाँ के दो कमरों पर क़ब्ज़ा जमा रखा था जिसमें से एक कमरे को उन्होंने बैठक की शक्ल दे रखी थी। तकियों पर उन्होंने पेस्टल रंग के कवर से ढक दिया था और ये तकिये बिस्तर पर फैला दिये थे ताकि इससे सोफ़े का अहसास हो। वे अपने मेहमानों की आवभगत यहीं करती थीं।

मैं एलिनॉर से पहली बार तब मिला था जब उन्होंने दस व्यक्तियों को डिनर पर बुलाया था, डाइनिंग रूम में खाना खाने से पहले हमें कॉकटेल के लिए उनके कमरे में मिलना था। सबसे पहले मैं ही वहाँ पहुँचा था। 'आह,' अपने हाथों में मेरा चेहरा भरते हुए और जान-बूझकर नज़र-भर देखते हुए उन्होंने कहा, "मैं तुम्हें जी भरकर निहार तो लूँ। कितने असाधारण! मैं तो सोचती थी कि तुम्हारी आँखें भूरी हैं लेकिन ये तो एकदम नीली हैं।"

हालाँकि शुरू-शुरू में वे अति उत्साही लगीं लेकिन फिर मैं उनका मुरीद हो गया।

हालाँकि अंग्रेज़ी समाज में एलिनॉर काफ़ी प्रतिष्ठित नाम थीं, लेकिन उन्होंने अपने उपन्यास 'थ्री वीक्स' से एडवर्डकालीन समाज को चौंका दिया था। उसका नायक पॉल, अच्छे घर का अंग्रेज़ लड़का था जिसका रानी से प्रेम-प्रसंग चल रहा था। रानी की बूढ़े राजा से शादी से पहले वह उसके साथ अन्तिम बार रंगरेलियाँ मनाता है। राजकुमार दरअसल पॉल का ही बेटा है।

जब हम उनके मेहमानों का इन्तज़ार कर रहे थे, एलिनॉर मुझे दूसरे कमरे में ले गईं जहाँ दीवारों पर पहले विश्वयुद्ध के युवा अंग्रेज़ अधिकारियों की फ्रेम में मढ़ी

हुई तसवीरें लगी थीं। सारी तसवीरों पर एक चलताऊ निगाह डालते हुए वे बोलीं, "ये सब-के-सब मेरे पॉल हैं।"

वे तंत्र-मंत्र में बहुत विश्वास करती थीं। मुझे एक दोपहर की बात याद है। मैरी पिकफ़ोर्ड थकान और नींद न आने की शिकायत कर रही थीं और हम मैरी के ही कमरे में थे। "मुझे उत्तर दिशा दिखाओ," एलिनॉर ने आदेश दिया। उसके बाद उन्होंने बहुत आहिस्ता से अपनी उँगली मैरी की भौंह पर रखी और बार-बार दुहराने लगीं, "अब तुम गहरी नींद में हो।" डगलस और मैं भी आगे सरक आए और मैरी को देखने लगे। उसकी आँखें फड़फड़ा रही थीं। बाद में मैरी ने हमें बताया कि उसे एक घंटे से भी ज़्यादा तक नींद में होने का नाटक करना पड़ा था क्योंकि एलिनॉर कमरे में ही मौज़ूद थीं और उस पर निगाह रखे हुए थीं।

एलिनॉर की ख्याति सनसनीखेज़ शख़्सियत के रूप में थी। लेकिन कोई भी उनके प्रति गम्भीर नहीं था। फ़िल्मों के लिए उनकी व्यापक संकल्पनाएँ किशोरियों जैसी और नौसिखियापन लिये हुए थीं। महिलाएँ अपनी पलकें अपने-अपने प्रेमियों के गालों पर रगड़ रही हैं और चीते की खाल के कालीनों पर प्रेम में व्याकुल हो रही हैं।

हॉलीवुड के लिए उन्होंने जो तीन फ़िल्में लिखी थीं, वे समयातीत प्रकृति की थीं। पहली का नाम था 'थ्री वीक्स', दूसरी का नाम 'हिज़ आवर' और तीसरी का नाम था 'हर मोमेंट'। 'हर मोमेंट' पर भयंकर विवाद हो गया था। कहानी में दिखाया गया था कि एक प्रतिष्ठित महिला, जिसकी भूमिका ग्लोरिया स्वैनसन ने निभाई थी, की शादी एक ऐसे आदमी से होने वाली है, जिससे वह प्यार नहीं करती। वे एक घने जंगल में हैं। एक दिन वह अकेली ही घुड़सवारी के लिए निकल जाती है। चूँकि उसे वनस्पतियों में दिलचस्पी है, अत: वह अपने घोड़े से उतरती है ताकि एक दुर्लभ फूल का मुआयना कर सके। जैसे ही वह फूल पर झुकती है, एक ख़तरनाक साँप उसके दाएँ स्तन पर डस लेता है। ग्लोरिया अपना सीना दबोचती हुई मदद के लिए पुकारती है। उसकी चीख़ें वह आदमी सुन लेता है जिससे वह प्यार करती है। संयोग से वह वहीं से गुज़र रहा होता है। इस भूमिका में ख़ूबसूरत टॉमी मीथन थे। वे तुरन्त झाड़ी के पीछे से निकल आते हैं।

"क्या हुआ?"

वह ज़हरीले साँप की तरफ़ इशारा करती है, "मुझे डस लिया है।"

"कहाँ?"

वह अपने सीने की तरफ़ इशारा करती है।

"यह तो ज़हरीला साँप है," टॉमी कहते हैं। "जल्दी कुछ करना होगा। एक मिनट भी बर्बाद नहीं करना चाहिए।"

चूँकि वे डॉक्टर से मीलों दूर हैं और ऐसे मौक़े पर रक्तबन्ध का जो सामान्य उपचार किया जाता है कि प्रभावित हिस्से पर रूमाल बाँधकर ख़ून में ज़हर को फैलने

से रोका जाए, सम्भव नहीं था। अत: अचानक ही वे उसे उठाते हैं, उसकी क़मीज़ को फाड़ देते हैं, उनके नरम ख़ूबसूरत कन्धे को अनावृत्त करते हैं, फिर कैमरे की निगाह से बचने के लिए उसका चेहरा दूसरी तरफ़ करते हैं, उस पर झुकते हैं और ज़हर चूसने लगते हैं। वे ज़हर चूसते हैं और थूकते जाते हैं।

इसके परिणामस्वरूप वह उससे शादी कर लेती है।

चौदह

म्यूचुअल फ़िल्म कम्पनी से क़रार ख़त्म होने के बाद मेरी बहुत इच्छा थी कि मैं फ़र्स्ट नेशनल के साथ काम शुरू करूँ लेकिन हमारे पास कोई स्टूडियो नहीं था। अत: मैंने फ़ैसला किया कि मैं हॉलीवुड में ज़मीन ख़रीदकर एक स्टूडियो बनवाऊँगा। यह ज़मीन सनसेट और ला ब्रेआ के कोने पर थी और इसमें बहुत ही शानदार 10 कमरे का घर बना हुआ था और पाँच एकड़ में नीबू, सन्तरे और आड़ू के दरख़्त थे। हमने हर तरह से चुस्त-दुरुस्त यूनिट बनाई जिसमें डेवलपिंग प्लांट, सम्पादन-कक्ष और दफ़्तर भी बनवाए।

जिस वक़्त स्टूडियो बन रहा था, मैं आराम करने के वास्ते एक महीने के लिए एडना पर्विएंस के साथ होनोलुलु की सैर पर निकल गया। उन दिनों हवाई बेहद ख़ूबसूरत द्वीप हुआ करता था। फिर भी, मुख्य धरती से दो हज़ार मील दूर बेपनाह ख़ूबसूरती, चीड़ के दरख़्तों, गन्ने, मस्त करने देने वाले फलों और फूलों के बावजूद वहाँ रहने के ख़याल मात्र से मेरा दिल डूबा जा रहा था। मुझे ऐसा लग रहा था मानो किसी तंग जगह में फँस गया हूँ, जैसे किसी लिली के फूल में क़ैद कर लिया गया हूँ। मैं वापस आने के लिए बेचैन था।

हालाँकि इसमें कोई शक नहीं था कि एडना पर्विएंस जैसी ख़ूबसूरत लड़की की वहाँ मौज़ूदगी मेरे दिल को अपनी गिरफ़्त में ले लेती। जब हम पहली बार लॉस एंजेल्स में काम करने के लिए आए, तो एडना ने एथलेटिक क्लब के पास ही एक अपार्टमेंट किराये पर ले लिया और कमोबेश हर रात मैं वहाँ डिनर के लिए जाता। हम एक-दूसरे के बारे में गम्भीर थे। मेरे दिमाग़ में कहीं-न-कहीं यह बात भी थी कि किसी दिन हम शादी कर लेंगे लेकिन एडना के बारे में मेरे कुछ पूर्वग्रह थे। उसके बारे में मैं पक्के तौर पर कुछ नहीं कह सकता था क्योंकि मैं ख़ुद के बारे में अनिश्चित था।

1916 में हालत यह हो गई थी कि हम एक-दूजे से जुदा नहीं रह सकते थे और रेड क्रॉस के या दूसरे कई तरह के आयोजनों में घूमते फिरते थे। इन भीड़-भरे आयोजनों में एडना ईर्ष्या से भर उठती और इसे दिखाने का उसका एक ख़ास और

ख़तरनाक तरीक़ा था। अगर कोई मेरी तरफ़ कुछ ज़्यादा ही ध्यान देने लगता तो एडना ग़ायब हो जाती और फिर मेरे पास एक सन्देश आता कि वह बेहोश हो गई है तथा मुझे पूछ रही है। मैं भागा-भागा उसके पास जाता और बाक़ी शाम उसके सिरहाने बिताता। ऐसे ही एक मौक़े पर एक आकर्षक मोहतरमा ने मेरे सम्मान में एक गार्डन पार्टी दी। वह मुझे सोसाइटी की एक सुन्दरी से दूसरी सुन्दरी के पास घुमा रही थी और आख़िरकार मुझे एक लता मंडप के भीतर ले गई। एक बार फिर सन्देशा आया कि एडना बेहोश हो गई है। हालाँकि मैं इस बात से फूला नहीं समाता था कि जब भी वह ख़ूबसूरत लड़की बेहोश होती थी, हमेशा मुझे ही पूछती थी। लेकिन उसकी यह आदत अब कोफ़्त पैदा करने लगी थी।

इसकी अन्तिम परिणति फेनी वार्ड की पार्टी में हुई जहाँ कई हसीनाएँ और सुदर्शन युवक बहुत बड़ी संख्या में मौज़ूद थे। एक बार फिर एडना बेहोश हो गई। लेकिन इस बार जब वह बेहोश हुई तो उसने पैरामाउंट के लम्बे, आकर्षक हीरो थॉमस मीघन को बुलवाया। उस वक़्त मैं इस सबके बारे में कुछ भी नहीं जानता था। अगले दिन फेनी वार्ड ने ही मुझे सब कुछ बताया। एडना के लिए मेरी भावनाओं को जानने की वजह से वह नहीं चाहती थी कि मुझे इस तरह से बेवक़ूफ़ बनाया जाए।

मैं इस पर विश्वास ही न कर सका। मेरे आत्मसम्मान को ठेस लगी थी। मैं ग़ुस्से से आग-बबूला हो रहा था। अगर इसमें सच्चाई होगी तो यह हमारे सम्बन्धों पर विराम होगा। लेकिन इसके बावजूद, मैं उसे इतनी आसानी से नहीं छोड़ सका। उसके जाने से जो ख़ालीपन आया, वह बहुत ज़्यादा था। जो कुछ हम दोनों के बीच हुआ था, मुझे उस सबके ख़याल सताने लगे।

इस घटना के अगले दिन मैं काम ही न कर सका। दोपहर के वक़्त उससे सफ़ाई माँगने के इरादे से मैंने उसे फ़ोन किया। मैं ऐसा जताना चाहता था मानो मैं बेहद ग़ुस्से में हूँ, लेकिन इसके बजाय मेरे अहं ने बाज़ी मार ली और मैं ताने मारता जैसा लगा। यहाँ तक कि मैंने मामले के बारे में एकाध मज़ाक़ भी कर दिया, "मेरा ख़याल है कि फेनी वार्ड की पार्टी में तुमने ग़लत आदमी को बुला लिया था—लगता है तुम्हारी याद्दाश्त कमज़ोर हो रही है।"

वह हँसी और मैंने परेशानी का हल्का-सा झटका महसूस किया।

"आप किस बारे में बात कर रहे हैं?" उसने कहा।

मैं तो उम्मीद कर रहा था कि वह सिरे से मुकर जाएगी लेकिन उसने चालाकी से काम लिया। उसने उलटे मुझसे ही सवाल कर डाला कि कौन है वो जो मुझे इस तरह की बेसिर-पैर की बातें बताता रहता है।

"इससे क्या फ़र्क़ पड़ता है कि मुझे किसने बताया, लेकिन मेरा ख़याल है कि मैं तुम्हारे लिए ज़्यादा मायने रखता हूँ बजाय इसके कि तुम सरेआम मुझे मूर्ख बनाती फिरो।"

वह शान्त रही और यही कहती रही कि मैं आजकल इधर-उधर की बातों पर कुछ ज़्यादा ही ध्यान दे रहा हूँ।

मैं उसकी तरफ़ उदासीनता दिखाकर उसे चोट पहुँचाना चाहता था, "तुम्हें मेरे सामने बहाना बनाने की ज़रूरत नहीं है," मैंने कहा, "तुम कुछ भी करने के लिए आज़ाद हो। तुम मेरी पत्नी तो हो नहीं। बस तुम अपने काम के प्रति ईमानदार रहो, वही मेरे लिए मायने रखता है।"

इस सबसे एडना पूरी तरह से सहमत थी और हमारे एक साथ काम करने पर उसे कोई ऐतराज़ नहीं था। उसने कहा कि हम हमेशा ही अच्छे दोस्त बने रह सकते हैं और इस बात ने मुझे पहले से भी ज़्यादा बेचारा बना दिया।

मैं नर्वस और हैरान-परेशान एक घंटे तक फ़ोन पर उससे बात करता रहा तथा समझौता करने के लिए बहाना तलाशता रहा। जैसा कि इस तरह की परिस्थितियों में आमतौर पर होता है, मैं उसमें नये सिरे से और ज़्यादा शिद्दत से रुचि लेने लगा था। और जब बातचीत ख़त्म हुई तो मैं उससे पूछ रहा था कि क्या शाम को वह मेरे साथ डिनर पर चलेगी ताकि हम मामले पर और बात कर सकें।

वह हिचकिचाई लेकिन मैं अड़ा रहा। सच तो यह है कि मैं गिड़गिड़ा रहा था और मिन्नतें कर रहा था। उस समय मेरा सारा आत्मसम्मान और मेरे सारे तर्क पता नहीं कहाँ चले गए थे। आख़िरकार वह मान गई। उस रात हम दोनों ने हैम और अंडों का डिनर लिया जो कि उसने अपने घर पर तैयार किया था।

हम दोनों में एक तरह का समझौता-सा हो गया था और अब मैं कम परेशान था। कम-से-कम इतना तो था ही कि मैं अगले दिन काम कर पाया। हालाँकि हताशा से उपजा ग़ुस्सा और आत्मग्लानि की चुभन बाक़ी थी। मुझे अपने आप पर ग्लानि हो रही थी कि मैं ही क्यों बीच-बीच में उसकी उपेक्षा करने लगता था! मैं गहरे असमंजस में था। क्या मैं उससे पूरी तरह से नाता तोड़ दूँ या न तोड़ूँ। शायद मीघम के बारे में जो क़िस्सा बताया गया था, वह सच नहीं था।

लगभग तीन सप्ताह के बाद वह स्टूडियो में अपना चेक लेने के लिए आई। जब वह वापस जा रही थी, तभी मैं रास्ते में उससे टकरा गया। वह अपने किसी दोस्त के साथ थी। "आप जानते हैं टॉमी मेघम को?" उसने सौम्यता से पूछा। मुझे हल्का-सा झटका लगा। उस एक पल में एडना अजनबी बन गई मानो मैं उससे पहली बार मिल रहा होऊँ।

"बेशक," मैंने कहा।

"कैसे हो टॉमी?" वह थोड़ा-सा परेशानी में पड़ गया। हमने हाथ मिलाया और उसके बाद हमने एकाध सुख-दुख की बातें कीं और वे दोनों एक साथ स्टूडियो से चले गए।

अलबत्ता, ज़िन्दगी संघर्ष का ही दूसरा नाम है जो हमें बहुत कम परिणाम देती है। अगर यह समस्या प्रेम की नहीं होती तो किसी और चीज़ की होती है। सफलता हैरान करने वाली थी लेकिन सफलता नाम के इस शिशु के साथ गति बनाए रखने की कोशिश करने का तनाव भी जुड़ा हुआ था। इसके बावजूद मेरी सान्त्वना मेरे काम के साथ थी।

लेकिन बरस-भर में बावन हफ़्ते तक लेखन, अभिनय और निर्देशन करने का काम थका देने वाला था जिसके लिए नसों को तोड़कर रख देने वाली बेइन्तहा ऊर्जा की ज़रूरत थी। एक फ़िल्म के पूरा होते ही मैं गहरे अवसाद और थकान से घिर जाता। जिसका नतीजा यह होता कि मुझे एकाध दिन के लिए बिस्तर के हवाले हो जाना पड़ता।

शाम के वक़्त मैं उठता और चहलक़दमी के लिए निकल जाता। मैं तनहा-तनहा और उदास महसूस करते हुए शहर में मारा-मारा फिरता, सूनी-सूनी आँखों से दुकानों की खिड़कियों में देखता रहता। ऐसे मौक़ों पर मैं कुछ सोचने की कोशिश न करता; मेरा दिमाग़ सुन्न पड़ जाता। लेकिन मैं जल्दी ही ठीक भी हो जाता। आमतौर पर अगली सुबह गाड़ी में स्टूडियो की तरफ़ आते हुए मेरी उत्तेजना लौट चुकी होती और मेरा दिमाग़ फिर से तेज़ी से काम करना शुरू कर देता।

सिर्फ़ एक ख़याल मात्र आ जाने से भी मैं सेट बनाने का ऑर्डर दे देता और जब तक सेट बन रहे होते और कला निर्देशक मेरे पास ब्योरे लेने के लिए आता तो उस वक़्त मैं यूँ ही कुछ भी हाँक देता और इस तरह के ब्योरे देने लगता कि मुझे दरवाज़े कहाँ पर चाहिए और मेहराब कहाँ चाहिए। इस तरह बेहद हताशा के आलम में मैंने कई कॉमेडी फ़िल्में शुरू कीं।

कई बार मेरा दिमाग़ बुनी हुई रस्सी की तरह कड़ा पड़ जाता और तब उसे सामान्य करने के लिए किसी उपाय की ज़रूरत पड़ती। ऐसे मौक़ों पर रात बाहर गुज़ारना राहत देता। शराब के नशे से नसें ढीली करना मुझे कभी भी रास नहीं आया। दरअसल, यह मेरा अन्धविश्वास-सा था कि किसी भी क़िस्म का नशा व्यक्ति की कुशाग्रता को प्रभावित करता है। मैं मानता हूँ किसी कॉमेडी को सोचने और उसे निर्देशित करने से ज़्यादा दिमाग़ की सतर्कता किसी और काम में ज़रूरी नहीं होती।

जहाँ तक सेक्स का सवाल है, समय का ज़्यादातर हिस्सा तो मेरे काम में ही चला जाता था और फिर भी कभी सेक्स अपना सिर उठाता भी तो मेरी ज़िन्दगी इतनी अनियमित थी कि या तो मुझे बाज़ार में ही मुँह मारना पड़ता या फिर घनघोर अकाल झेलना पड़ता। अलबत्ता, मैं अनुशासन पसन्द व्यक्ति था और अपने काम को गम्भीरता से लेता था। बालज़ाक की तरह, जो यह मानता था कि सेक्स वाली एक रात का मतलब होता है उपन्यास के एक अच्छे पन्ने का कम

होना, इसी तरह, मैं भी विश्वास करता था कि सेक्स का मतलब स्टूडियो में एक अच्छे-भले दिन के काम का कबाड़ा।

*

जब एक सुविख्यात महिला उपन्यासकार को पता चला कि मैं अपनी आत्मकथा लिख रहा हूँ तो उसने कहा, "मेरा विश्वास है कि आप में सच बताने का साहस तो होगा ही।" मैंने सोचा कि शायद वह राजनीतिक रूप से ऐसा कह रही है लेकिन वह तो मेरे सेक्स-जीवन की बात कर रही थी। मेरा ख़याल है कि आत्मकथा में व्यक्ति से यह उम्मीद की जाती है कि वह अपनी ऐन्द्रिकता पर पूरा शोध-प्रबन्ध ही लिख डाले। हालाँकि मैं नहीं जानता कि ऐसा क्यों होता है? मेरे ख़याल से तो सेक्स से चरित्र को समझने या उसे सामने लाने में शायद ही कोई मदद मिलती हो। फ्रायड की तरह मैं नहीं मानता कि सेक्स ही व्यवहार की जटिलता का सबसे महत्त्वपूर्ण तत्त्व है। ठंड, भूख और ग़रीबी की शर्म से व्यक्ति के मनोविज्ञान पर कहीं अधिक असर पड़ सकता है।

हर दूसरे व्यक्ति की तरह मेरे जीवन में भी सेक्स के दौर आते-जाते रहे। कभी-कभी मैं पूर्ण पुरुष होता और कई बार मैं बेहद निराश कर बैठता। लेकिन एक बात थी कि मेरे जीवन में सारी दिलचस्पियों का केन्द्र सेक्स नहीं था। मेरे जीवन में सृजनात्मक दिलचस्पियाँ भी थीं, जो मुझे उतना ही उलझाए रखती थीं। जहाँ तक इस किताब की बात है तो मेरी ऐसी कोई मंशा नहीं है कि मैं अपने सेक्स के कारनामों का एक-एक करके बखान करूँ। मुझे ऐसे वर्णन अकलात्मक, नैदानिक और अकविता जैसे लगते हैं। हाँ, जो परिस्थितियाँ आपको सेक्स की तरफ़ ले जाती हैं, वे मुझे ज़्यादा रोमांचक लगती हैं।

इसी प्रसंग के सन्दर्भ में, जब मैं न्यूयॉर्क से लॉस एंजेल्स वापस लौटा तो एलेक्ज़ेंड्रा होटल में पहली ही रात मेरे साथ एक बहुत ही शानदार वाक़िया घटा। मैं कमरे में जल्दी लौट आया था और हाल ही के न्यूयॉर्क के एक गाने की धुन गुनगुनाते हुए कपड़े उतार रहा था। ख़यालों में खोया हुआ मैं बीच-बीच में रुक जाता और जब मैं रुकता तो साथ वाले कमरे से एक महिला स्वर उसी धुन को वहीं से उठा लेता जहाँ मैंने उसे छोड़ा होता और फिर मैं उस धुन को वहाँ से उठाता जहाँ उसने छोड़ा होता। इस तरह यह एक मज़ाक़ बन गया था। आख़िरकार हमने उस धुन को इसी तरह से समाप्त किया। क्या मैं उससे परिचय माँगूँ? इसमें जोख़िम था। इसके अलावा मुझे रत्ती-भर भी अन्दाज़ा नहीं था कि वह देखने में कैसी होगी? मैंने एक बार फिर धुन गुनगुनाई तो फिर से वही हुआ। उस तरफ़ से भी धुन को आगे बढ़ाया गया।

"हा-हा-हा। क्या मज़ेदार क़िस्सा हो गया यह तो!" मैं हँसा और अपनी आवाज़ में इस तरह का उतार-चढ़ाव रखा कि लगे जैसे मैं ख़ुद से बात कर रहा हूँ और ऐसा भी लगे कि उससे मुख़ातिब हूँ।

दूसरी तरफ़ से आवाज़ आई, "माफ़ कीजिए, कुछ कहा आपने?"

फिर मैं चाबी की झिरी में से फुसफुसाया, "मेरा ख़याल है आप हाल ही में न्यूयॉर्क से लौटी हैं!"

"मैं आपकी आवाज़ नहीं सुन पा रही हूँ!" वह बोली।

"तो ज़रा दरवाज़ा खोलिए।" मैंने जवाब दिया।

"मैं ज़रा-सा दरवाज़ा खोलूँगी लेकिन ख़बरदार जो अन्दर आने की जुर्रत की।"

"वादा करता हूँ।"

उसने चार इंच के क़रीब दरवाज़ा खोला और मेरे सामने एक बेहद ख़ूबसूरत लाल बालों वाली नवयौवना खड़ी थी। मुझे ठीक से याद नहीं कि उसने किस तरह के कपड़े पहने हुए थे, मुझे ऊपर से नीचे तक रेशमी ढीला-ढाला सा गाउन दिखा और उसका जो असर हुआ, वह एकदम स्वप्निल था।

"अन्दर मत आना, नहीं तो मैं आपकी पिटाई कर दूँगी," उसने बेहद ख़ूबसूरत ढंग से कहा। वह अपनी प्यारी दंत-पंक्ति झलका रही थी।

"कैसी हैं आप?" मैं फुसफुसाया और अपना परिचय दिया। वह पहले से ही जानती थी कि मैं कौन हूँ और उसे पता था कि मैं उसके साथ वाले कमरे में ठहरा हुआ हूँ।

उस रात के बाद में उसने कहा कि किसी भी हालत में मैं सार्वजनिक रूप से उसे पहचानूँ नहीं। यहाँ तक कि अगर हम होटल के गलियारे में भी एक-दूसरे के पास से गुज़रें तो भी मैं उसकी तरफ़ देखकर सिर न हिलाऊँ। उसने अपने बारे में सिर्फ़ यही बताया था।

दूसरी रात, जब मैं अपने कमरे में लौटा तो उसने निस्संकोच मेरा दरवाज़ा खटखटाया और हम एक बार फिर रूमानी तथा जिस्मानी रिश्ते में बँध गए।

तीसरी रात मुझे कुछ-कुछ ऊब-सी होने लगी। इसके अलावा, मेरे पास सोचने के लिए कॅरियर और काम थे। इसलिए चौथी रात मैं दबे पाँव अपने कमरे में आया, यह सोचते हुए कि उसे मेरे आने के बारे में पता नहीं चलेगा। मैं उम्मीद कर रहा था कि उसे पता भी नहीं चलेगा और मैं अपने बिस्तर में घुस जाऊँगा। लेकिन उसे मेरे आने की ख़बर मिल गई। उसने दरवाज़ा खटखटाना शुरू कर दिया। लेकिन मैंने उसकी तरफ़ कोई ध्यान नहीं दिया और सोने के लिए बिस्तर में घुस गया। अगले दिन जब वह होटल के गलियारे में मेरे पास से गुज़री तो उसकी आँखों में बर्फ का-सा ठंडापन था।

अगली रात पहले उसने दरवाज़ा नहीं खटखटाया बल्कि मेरे दरवाज़े के हैंडल के घूमने की आवाज़ आई। हालाँकि मैंने अपनी तरफ़ से दरवाज़े को अन्दर से बन्द कर रखा था। काफ़ी देर तक उसने बेरहमी से दरवाज़े का हैंडल घुमाया और फिर ज़ोर-ज़ोर से दरवाज़ा पीटने लगी।

अगली सुबह मैंने यही बेहतर समझा कि होटल से बोरिया-बिस्तर बाँध लिया जाए और मैं एक बार फिर एथलेटिक क्लब के क्वार्टर्स में आ गया।

*

मेरे स्टूडियो में बनी मेरी पहली फ़िल्म थी 'ए डॉग्स लाइफ़'। कहानी में थोड़ा-बहुत व्यंग्य का पुट था और उसमें एक ट्रैम्प की ज़िन्दगी की तुलना कुत्ते की ज़िन्दगी से की गई थी। यह प्रधान कथावस्तु ही वह ढाँचा था जिस पर मैंने छोटे-मोटे हँसी के पल पैदा किये थे। मैं एक विधिवत ढाँचे की शक्ल देते हुए कॉमेडी बनाने की सोच रहा था और इसलिए उसके ढाँचागत स्वरूप के बारे में बहुत सतर्क हो गया था। प्रत्येक दृश्य से अगले दृश्य का आभास हो जाता था और इस तरह से एक पूरी कड़ी एक-दूसरे से जुड़ती चलती थी।

पहले दृश्य में दिखाया गया था कि कुछ कुत्ते झगड़ रहे हैं और उनमें से एक कुत्ते को बचाया जाता है। दूसरे दृश्य में एक डांस-हॉल में एक ऐसी लड़की की रक्षा करते हुए दिखाया गया था जो कि कुत्ते का-सा जीवन जी रही थी। इस तरह के बहुत सारे दृश्य थे जो आपस में मिलकर घटनाओं को एक तर्कसंगत परिणति में पहुँचाते थे। हालाँकि देखने में ये दृश्य एकदम सीधे-सादे और स्पष्ट से जान पड़ते थे लेकिन इनके पीछे गहरी सोच और खोज लगी हुई थी। अगर हँसी की कोई बात घटनाओं के तर्क में आड़े आती थी, तो मैं उसे इस्तेमाल नहीं करता था बेशक वह कितनी भी मज़ाक़िया क्यों न हो।

कीस्टोन के दिनों में मेरा ट्रैम्प ज़्यादा आज़ाद हुआ करता था और प्लॉट से बँधा हुआ नहीं होता था। उस वक़्त उसका दिमाग़ शायद ही कभी इस्तेमाल में आता हो। उसके कुछ मूल भाव ही होते थे जो मूल ज़रूरतों, खाने, गर्मी और सोने की जगह से ही ताल्लुक़ रखते थे। लेकिन आगे बढ़ती हरेक कॉमेडी के साथ ट्रैम्प और अधिक जटिल होता चला जा रहा था। अब संवेदनाएँ उसके चरित्र में से उभरकर आने लगी थीं। यह मेरे लिए समस्या बन गई थी क्योंकि वह प्रहसन की सीमाओं से बँधा हुआ था। यह बात कुछ बड़बोलापन लिए हुए लग सकती है लेकिन प्रहसन के लिए एकदम सही मनोविज्ञान की ज़रूरत होती है।

इसका समाधान तब मिला जब मैंने ट्रैम्प को एक तरह के भाँड के रूप में सोचा। इस संकल्पना के साथ अब मेरे पास अभिव्यक्ति के लिए और ज़्यादा आज़ादी थी और अब मैं संवेदनाओं को पिरोते हुए कॉमेडी कर सकता था। लेकिन तार्किक रूप से देखें, तो ट्रैम्प में दिलचस्पी रखने वाली एक ख़ूबसूरत लड़की खोज पाना मुश्किल काम था। मेरी फ़िल्मों में यह हमेशा की समस्या थी। 'द गोल्ड रश' में लड़की की ट्रैम्प में दिलचस्पी ट्रैम्प पर एक फ़िक़रा कसने से शुरू होती है। हालाँकि बाद में वही फ़िक़रा ट्रम्प को बेचारगी की तरफ़ ले जाता है और ट्रैम्प इसे उसका प्यार समझ

बैठता है। 'सिटी साइट्स' में लड़की अन्धी है। इस सम्बन्ध में ट्रैम्प लड़की के प्रति तब तक रोमांटिक और शानदार है जब तक उसकी आँखों की रोशनी नहीं लौट आती।

जैसे-जैसे कहानी के गठन में मेरा हाथ साफ़ होता गया, वैसे-वैसे कॉमेडी की मेरी आज़ादी कम होती चली गई। मेरे एक प्रशंसक ने, जो कीस्टोन के वक़्त की मेरी हास्य फ़िल्मों को हाल की हास्य फ़िल्मों की तुलना में ज़्यादा पसन्द करता था, लिखा, "उस वक़्त जनता आपकी ग़ुलाम थी और इस वक़्त आप जनता के ग़ुलाम हैं।"

अपनी शुरुआती हास्य फ़िल्मों में भी मैं मूड पकड़ने के लिए छटपटाता था और आमतौर पर संगीत ही मुझे राह सुझाता था। मिसेज़ ग्रंडी नाम के एक पुराने गाने ने 'द इमिग्रेंट' के लिए मेरा मूड तैयार किया। इसकी धुन में ग़ज़ब की नरमी थी जो बताती थी कि किस तरह से दो अकेले सड़कछाप एक मनहूस बरसात के दिन शादी करते हैं।

कहानी में दिखाया जाता है कि एक शार्लेट अमेरिका की तरफ़ जा रहा है। जहाज़ में वह एक लड़की और उसकी माँ से मिलता है जो उसी की तरह फटेहाल हैं। जब वे न्यूयॉर्क पहुँचते हैं तो दोनों बिछुड़ जाते हैं। बाद में वह उस लड़की से एक बार फिर मिलता है लेकिन इस बार लड़की अकेली है और उसी की तरह ज़िन्दगी में असफल है। जिस वक़्त वे बात करने के लिए बैठते हैं, वह अनजाने में काले कोने वाला रूमाल इस्तेमाल करती है जिससे वह यह सन्देश देती है कि उसकी माँ मर चुकी है। और हाँ, आख़िर में वे एक मनहूस बरसात के दिन शादी कर लेते हैं।

छोटी-छोटी, आसान-सी लगने वाली धुनों ने मुझे दूसरी हास्य-फ़िल्मों के लिए छवियाँ दीं। 'ट्वेंटी मिनट्स ऑफ़ लव' नाम की एक फ़िल्म थी। यह पार्कों में, पुलिसवाले और नर्सनुमा नौकरानियों की फ़ालतू और बेसिर-पैर की लतीफ़ेबाज़ी से भरी हुई थी। इस फ़िल्म में मैंने 1914 की एक मशहूर दो लाइनों वाली धुन 'टू मच मस्टर्ड' पर परिस्थितियाँ बुनी थीं। वायोलेट्रा नाम के गीत ने 'सिटी लाइट्स' के लिए मूड बनाने में मदद की थी जबकि 'गोल्ड रश' के लिए मूड 'ऑल्ड लैंग साइन' की मदद से बना था।

बहुत पहले, 1916 में फ़ीचर फ़िल्मों के लिए मेरे मन में ढेरों प्लॉट थे। एक फ़िल्म में चाँद का एक दौरा दिखाया जाता है जहाँ पर ओलम्पिक खेलों के हँसी-मज़ाक़ भरे दृश्य होते हैं, उनसे वहाँ गुरुत्वाकर्षण के नियमों के साथ खिलवाड़ करने की सम्भावनाओं का पता लगाया जाता है। यह प्रगति पर एक तरह का कटाक्ष होता। मैंने खाना खिलाने वाली एक फीडिंग-मशीन के बारे में भी सोचा था। एक रेडियोइलैक्ट्रिक हैट का भी ख़याल मेरे मन में था, जिसे लगाते ही उसमें व्यक्ति के विचार दर्ज़ होने शुरू हो जाते और जब मैं इस हैट को सिर पर पहनता हूँ तो वह उस मुसीबत के बारे में बताता जिससे मेरा परिचय चाँद पर रहने वाले आदमी की बेहद कमनीय बीवी से कराया जाता। बाद में मैंने फीडिंग-मशीन को 'मॉडर्न टाइम्स' में इस्तेमाल किया था।

साक्षात्कार लेने वाले कई बार मुझसे पूछते हैं कि मुझे अपनी फ़िल्मों के लिए विचार या आइडिया कहाँ से आते हैं लेकिन मैं आज तक इस बात का कोई सन्तोषजनक जवाब नहीं दे पाया। बरसों के बाद मैंने यही पाया है कि विचार तभी आते हैं जब आप में विचारों के लिए उत्कट इच्छा हो। लगातार इच्छा करते रहने से आपका दिमाग़ ऐसी घटनाओं की तलाश में भटकने वाला बुर्ज हो जाता है जिसमें आपकी कल्पना को उत्तेजित करने का माद्दा हो। संगीत और सूर्यास्त भी विचारों को अमली जामा पहना सकते हैं।

मैं तो यही कहूँगा कि कोई भी ऐसा विषय लीजिए जो आपको उत्तेजित करे, उसपर विचार कीजिए और उसमें रम जाइए। अगर आप उसे और आगे नहीं बढ़ा पा रहे हैं तो छोड़ दीजिए और दूसरे विचार पर काम करना शुरू कर दीजिए। जो कुछ आप सँजोते हैं, उसमें से ढूँढ़ते रहना ही वह प्रक्रिया है जिसमें आपको वह मिल जाता है जो आप खोजना चाहते हैं।

अगर कहूँ कि आदमी के पास विचार आते कैसे हैं तो पागलपन की हद तक जाने के बाद अचानक ही। आदमी में तकलीफ़ सहने की क़ुव्वत होनी चाहिए और उत्साह को देर तक बरक़रार रखने का माद्दा होना चाहिए। हो सकता है ऐसा कर पाना कुछ व्यक्तियों के लिए दूसरों की तुलना में आसान होता हो लेकिन मुझे इसमें शक है।

हाँ, इसमें कोई शक नहीं कि प्रत्येक सम्भावनाशील हास्य परिस्थिति को हास्य के आध्यात्मिक साधारणीकरण से होकर गुज़रना पड़ता है। कीस्टोन में जो फ़िल्में बनती थीं, उनमें हर दूसरे दिन एक जुमला उछाला जाता था कि "आश्चर्य और रहस्य का तत्त्व होना चाहिए फ़िल्मों में।"

मानव-व्यवहार को समझाने के लिए मैं मनोविश्लेषण की गहराइयों में उतरने की कोशिश नहीं करूँगा क्योंकि यह अपने-आप में ज़िन्दगी की तरह ही विवेचना से परे है, सेक्स या बाल सुलभ विचलनों से भी अधिक। मेरा मानना है कि हमारे अधिकांश विचारशील दबाव प्राचीन कारणों से होते हैं। अलबत्ता, मुझे यह जानने के लिए किताबें पढ़ने की ज़रूरत नहीं है कि ज़िन्दगी की थीम संघर्ष और तकलीफ़ है। यह सहज संवेदनाओं का ही कमाल था कि मेरा सारा जोकरपना इन्हीं पर आधारित था। कॉमेडी बुनने के मेरे साधन सरल थे। यह प्रक्रिया थी आदमियों को तकलीफ़ों के भीतर ले जाने की और उनसे बाहर लाने की।

लेकिन हास्य थोड़ा-सा अलग और ज़्यादा बारीक होता है। मैक्स ईस्टमैन ने अपनी किताब 'ए सेंस ऑफ़ ह्यूमर' में इसका विश्लेषण किया है। वे ह्यूमर या हास्य का निचोड़ इस तरह निकालते हैं कि ये खिलंदड़े दर्द में से निकाला जाता है। वे लिखते हैं कि आदमी नाम का प्राणी आत्मपीड़क होता है और वह दर्द का कई रूपों में आनन्द उठाता है। दर्शक भी ठीक वैसे ही दूसरे का चोला धारण करके पीड़ा

भोगना पसन्द करते हैं जिस तरह से बच्चे खेल-खेल में उठाते हैं। बच्चे खेल-खेल में मारा जाना और मौत की भयावहता से गुज़रना पसन्द करते हैं।

मैं इस सबसे सहमत हूँ लेकिन यह हास्य के बजाय ड्रामा का विश्लेषण ज़्यादा है। हालाँकि दोनों देखने में एक ही जैसे लगते हैं लेकिन हास्य के बारे में मेरा विश्लेषण थोड़ा अलग है। यह साधारण व्यवहार से मामूली-सा हटकर होता है। दूसरे शब्दों में, हास्य के ज़रिये जो तार्किक होता है, उसमें हम अतार्किक देखते हैं और जो महत्त्वपूर्ण लगता है उसमें अ-महत्त्वपूर्ण देख लेते हैं। यह हमारी जिजीविषा के स्तर को भी ऊपर उठाए रहता है और हमारे होशोहवास को बचाए रखता है। यह हास्य ही होता है जिसकी वजह से हम ज़िन्दगी के उतार-चढ़ाव को देखकर भी बहुत ज़्यादा ख़ुश या दुखी नहीं होते। इससे अनुपात की हमारी सोच को गति मिलती है और यह बात हमारे सामने खुलती है कि गम्भीरता से कही गई किसी भी बात में विसंगतियाँ छुपी होती हैं।

मिसाल के तौर पर, किसी व्यक्ति के अन्तिम संस्कार का दृश्य है। मित्र और सम्बन्धीगण मृतक की चिता के आसपास सम्मान से सिर झुकाए जमा हैं। तभी कोई लेट-लतीफ़ ठीक उसी वक़्त वहाँ आ पहुँचता है जबकि प्रार्थनाएँ बस शुरू होने ही वाली हैं। वह हड़बड़ी में एक ख़ाली सीट की तरफ़ लपकता है जहाँ संवेदना प्रकट करने आया कोई व्यक्ति अपना हैट भूल गया है। अपनी हड़बड़ी में वह लेट-लतीफ़ अचानक उसी हैट के ऊपर जा बैठता है। फिर मूक क्षमायाचना के साथ वह मुचड़ा हुआ हैट उस व्यक्ति को सौंपता है। हैट का मालिक मूक ग़ुस्से के साथ हैट ले लेता है और अपना ध्यान प्रार्थनाओं की तरफ़ लगाए रखता है। आप देखते हैं कि उस पल की गम्भीरता हास्यास्पद हो गई है।

पन्द्रह

पहले विश्वयुद्ध की शुरुआत में आम राय यही थी कि यह युद्ध चार महीने से ज़्यादा नहीं चलेगा क्योंकि आधुनिक युद्ध का विज्ञान मानव-जीवन का इतना अधिक संहार कर बैठेगा कि मानवता इस बर्बरता को रोकने के लिए त्राहिमाम-त्राहिमाम कर उठेगी। लेकिन हम ग़लती पर थे। इसलिए इस पागलपन भरे विनाश और पाशविक नरसंहार की भूल-भुलैया में घिर गए और मानवता को हैरान करते हुए यह सब चार बरस तक चलता रहा। हमने विश्व स्तर पर रक्तपात शुरू कर दिया और हम उसे रोक ही नहीं पाए। हज़ारों-लाखों लोग आपस में लड़कर मर रहे थे और लोगों ने यह प्रश्न पूछना शुरू कर दिया था कि आख़िर यह लड़ाई क्यों और कैसे शुरू हुई थी। जो स्पष्टीकरण दिये जा रहे थे, वे बहुत स्पष्ट नहीं थे। कोई कह रहा था कि यह सब एक आर्कड्यूक

यानी राजकुमार की हत्या से शुरू हुआ था, लेकिन यह इतनी बड़ी वजह नहीं थी जिसके कारण दुनिया में भीषण युद्ध छिड़ जाता। लोगों को ज़्यादा विश्वसनीय कारण चाहिए था। इसके बाद कहा गया कि यह सारी लड़ाई इसलिए हो रही थी ताकि दुनिया को लोकतंत्र के लिए और अधिक सुरक्षित बनाया जा सके। हालाँकि कुछ ऐसे थे जिनके पास दूसरों की तुलना में लड़ने की कम वजहें थीं, फिर भी जितने लोग मर रहे थे वे घिनौने लोकतांत्रिक तरीक़े से मर रहे थे। जैसे-जैसे लाखों लोग मौत के घाट उतारे जा रहे थे, 'लोकतंत्र' शब्द और अधिक उछाला जा रहा था। नतीजा यह हुआ कि तख़्तापलट हुआ और जनतंत्र स्थापित हो गया और पूरे यूरोप का चेहरा बदल गया।

लेकिन 1915 में अमेरिका ने यह कहा कि "इस युद्ध से उसका आत्मसम्मान बढ़ा है।" इससे देश को एक नये गीत—मैंने अपने बच्चे को सैनिक बनने के लिए बड़ा नहीं किया (आय डिड नॉट रेज़ माय बॉय टू बी सोल्ज़र) के लिए सूत्र मिल गया। यह गाना आम जनता में बहुत लोकप्रिय हुआ लेकिन तब तक 'लूसीटानिया' की हार हो गई और इस घटना ने एक नये गीत 'ओवर देयर' तथा अन्य आकर्षक गीतों को जन्म दिया। लूसीटानिया की हार से पहले युद्ध का ज़रा-सा भी असर कैलीफोर्निया पर महसूस नहीं किया गया था। किसी भी चीज़ की कमी नहीं थी और न ही किसी चीज़ को नियंत्रित किया गया था। रेड क्रॉस के लिए बाग़-बग़ीचों में मेले और पार्टियाँ आयोजित किये जाते थे जो सामाजिक मेल-मिलाप के लिए एक बहाना थे। ऐसे ही एक आयोजन में एक मोहतरमा ने एक बहुत ही भव्य डिनर में सिर्फ़ मेरे साथ वाली सीट पर बैठने के लिए रेड क्रॉस को बीस हज़ार डॉलर का चन्दा दिया। लेकिन जैसे-जैसे समय बीतता गया, युद्ध की घिनौनी सच्चाई से वाक़िफ़ हो चला।

1918 के शुरू होते-होते अमेरिका ने दो लिबर्टी बॉन्ड ड्राइव शुरू कीं और मैरी पिकफ़ोर्ड, डगलस फ़ेयरबैंक्स और मुझसे अनुरोध किया गया कि हम वाशिंगटन में तीसरी लिबर्टी बॉन्ड ड्राइव का आधिकारिक रूप से श्रीगणेश करें।

मैं फ़र्स्ट नेशनल के लिए अपनी पहली फ़िल्म 'द डॉग्स लाइफ़' लगभग पूरी कर चुका था और चूँकि मैं इस बात का वचन दे चुका था कि इसे बॉन्ड के समय पर ही रिलीज़ करूँगा, मैं लगातार तीन दिन और तीन रात तक बैठकर फ़िल्म का सम्पादन करता रहा। जिस समय मैंने सम्पादन का काम पूरा किया तो मैं थका-हारा ट्रेन में सवार हो गया और लगातार दो दिन तक सोता रहा। जब मेरी नींद खुली तो हम तीनों अपना-अपना भाषण लिखने में जुट गए। चूँकि मैंने पहले कभी कोई गम्भीर भाषण नहीं लिखा था और बहुत नर्वस था, इसलिए डगलस ने सुझाव दिया कि तुम इसे रेल स्टेशनों पर हमें देखने के लिए उमड़ने वाली भीड़ पर ही क्यों न आज़माओ। बीच के किसी स्टेशन पर ट्रेन रुकी थी और निरीक्षण वाले डिब्बे के पिछवाड़े की तरफ़ काफ़ी भीड़ जमा हो गई थी। वहीं पर डगलस ने मैरी का परिचय दिया और मैरी ने छोटा-सा भाषण दिया। उसके बाद मेरा परिचय कराया गया। अभी मैंने भाषण

देना शुरू ही किया कि ट्रेन चल पड़ी। जैसे-जैसे ट्रेन भीड़ से दूर होती जा रही थी, मैं और अधिक मुखर और नाटकीय होता जा रहा था, जैसे-जैसे भीड़ कम होती जा रही थी, मेरा आत्मविश्वास नई ऊँचाइयाँ छूता जा रहा था।

वाशिंगटन की गलियों में हमने राजाओं की तरह फेरियाँ लगाईं और वहाँ से हम फुटबॉल के मैदान में पहुँचे जहाँ हमें अपने शुरुआती भाषण देने थे।

वक्ताओं के लिए जो मंच बनाया गया था वह कच्चे तख़्तों का था और उस पर चारों तरफ़ झंडे और पताकाएँ लगी थीं। थल सेना और जल सेना के जो प्रतिनिधि हमारे आसपास खड़े थे, उनमें एक लम्बा, ख़ूबसूरत नौजवान था। हमने आपस में बातचीत शुरू कर दी। मैंने उसे बताया कि मैंने पहले कभी भाषण नहीं दिया है और मुझे बहुत घबराहट हो रही है।

"इसमें घबराने की क्या बात!" उसने आत्मविश्वास के साथ कहा, "उन्हें बस इतना बता दो कि वे अपने लिए लिबर्टी बॉन्ड ख़रीदें। बस, ज़्यादा मज़ाक़िया बनने की कोशिश मत करना।"

"चिन्ता मत करो!" मैंने व्यंग्य से कहा।

जल्द ही मैंने सुना कि मेरा परिचय दिया जा रहा है। मैं फेयरबैंक्स की-सी अदा के साथ मंच की तरफ़ बढ़ा और बिना रुके धुआँधार बोलना शुरू कर दिया। मैं साँस लेने के लिए भी नहीं रुक रहा था—"जर्मन आपके दरवाज़े पर हैं। हमें उन्हें रोकना ही होगा और अगर आप लिबर्टी बॉन्ड ख़रीदेंगे तो हम उन्हें रोक लेंगे। याद रखिए, आपके ख़रीदे गए एक-एक बॉन्ड से एक-एक सैनिक की जान बचेगी। माँ का एक-एक लाल बचेगा। इससे लड़ाई जल्दी ख़त्म हो जाएगी और हम जीत जाएँगे।" मैं इतनी तेज़ी और उत्साह से बोला कि मंच से फिसल गया, मैरी ड्रेस्लर को थामा और उसे लिये हुए अपने उस युवा ख़ूबसूरत नये दोस्त के ऊपर जा गिरा। वह युवक और कोई नहीं, जल सेना के सहायक सचिव फ्रैंकलिन डी. रूज़वेल्ट थे।

सरकारी कार्यक्रम निपट जाने के बाद हमें व्हाइट हाउस में राष्ट्रपति विल्सन से मिलना था। जिस वक़्त हमें ग्रीन रूम में ले जाया गया, हम उत्तेजना और उत्साह से भरे हुए थे। अचानक ही दरवाज़ा खुला और एक सचिव ने भीतर झाँका और फ़ुर्ती से बोला, "आप ज़रा एक क़तार में खड़े हो जाएँ और कृपया एक क़दम आगे आ जाएँ।" इसके बाद राष्ट्रपति महोदय आए।

मैरी पिकफ़ोर्ड ने शुरुआत की, "जनता की दिलचस्पी बहुत सन्तोषजनक थी मि. प्रेसिडेंट, और मुझे विश्वास है कि बॉन्ड की मुहिम नई ऊँचाइयों को छुएगी।"

"हाँ सचमुच थी और रहेगी।" मैंने पूरी तरह से भ्रमित होते हुए बीच में टाँग अड़ाई।

प्रेसिडेंट ने मेरी तरफ़ सन्देह से देखा और अपने मंत्रिमंडल के एक मंत्री के बारे में एक लतीफ़ा सुनाया कि किस तरह से उसे उनकी व्हिस्की पसन्द आती थी। हम सब विनम्रता से हँसे और वहाँ से रवाना हो गए।

डगलस और मैरी ने बॉन्ड बिक्री की अपनी मुहिम के लिए उत्तरी क्षेत्र चुना जबकि मैंने दक्षिणी क्षेत्र चुना। इसकी वजह यह थी कि मैं उस तरफ़ कभी गया नहीं था। मैंने लॉस एंजेल्स से अपने एक मित्र रॉब वैग्नर को अपने मेहमान के रूप में अपने साथ चलने के लिए बुला लिया। वह पोर्ट्रेट पेंटर और लेखक था।

धूमधाम से की गई विज्ञापनबाज़ी मज़ेदार थी और मैंने इसे ख़ूब होशियारी से सँभाला। हमने लाखों डॉलर के बॉन्ड बेचे।

उत्तरी कैरोलिना के एक शहर में स्वागत समिति का अध्यक्ष एक बड़ा व्यवसायी था। उसने इस बात को स्वीकार किया कि उसने स्टेशन पर दस लड़के लगा रखे थे जो मेरे आगमन पर मुझ पर सड़े अंडे फेंकते, लेकिन जब हम स्टेशन पर उतरे तो हमारी यात्रा के गम्भीर मक़सद को देखते हुए उसने अपना इरादा बदल लिया।

उन्हीं सज्जन ने हमें डिनर पर आमंत्रित किया। उस डिनर में यूनाइटेड स्टेट्स के कई जनरल मौज़ूद थे। इनमें जनरल स्कॉट भी थे जो ज़ाहिर तौर पर मेज़बान को पसन्द नहीं करते थे। इसलिए डिनर के दौरान जनरल ने मेज़बान के बारे में कहा, "हमारे मेज़बान और केले में क्या फ़र्क़ है?" उनकी इस बात से थोड़ा सा तनाव पैदा हो गया। "सिर्फ़ इतना ही कि आप केले को छील सकते हैं।"

दक्षिणी अमेरिका की सज्जनता की मूर्ति जज हैन्शॉ, बॉन्ड समिति के अध्यक्ष के मैंने ऑगस्ता, जॉर्जिया में दर्शन किये। वाक़ई वे सज्जनता की प्रतिमूर्ति थे। उनसे हमें इस आशय का ख़त मिला था कि चूँकि हम लोग मेरे जन्मदिन के मौक़े पर ऑगस्ता में होंगे, अत: उन्होंने कंट्री क्लब में मेरे लिए एक पार्टी का आयोजन किया है। मैं कल्पना कर रहा था कि मैं एक बहुत बड़ी भीड़ के केन्द्र में होऊँगा जहाँ छिटपुट बातचीत चलती रहेगी। चूँकि मैं बहुत थका हुआ था तो मैंने यही बेहतर समझा कि मना कर दूँ और सीधे होटल ही चला जाऊँ।

आमतौर पर जब हम स्टेशन पर पहुँचते थे, वहाँ पर बहुत बड़ी संख्या में लोग हमारी अगवानी के लिए आए होते थे और स्थानीय ब्रास बैंड बजाया जाता था। लेकिन ऑगस्ता स्टेशन पर कोई भी मौज़ूद नहीं था, सिवाय न्यायमूर्ति हैन्शॉ के, जिन्होंने काला पोंगी कोट और पुराना धूप से रंग उड़ा पैनामा हैट पहना हुआ था। वे शान्त और विनम्र थे और अपना परिचय देने के बाद वे मेरे व रॉब के साथ एक पुरानी-सी घोड़ागाड़ी में होटल की तरफ़ चले।

कुछ देर तक हम शान्त चलते रहे। अचानक ही न्यायमूर्ति ने मौन भंग किया, "आपकी कॉमेडी के बारे में जो सबसे अच्छी बात लगती है, वह यह है कि आप जानते हैं कि मानव शरीर का सबसे अधिक अशोभनीय अंग उसके चूतड़ हैं और आपकी कॉमेडी फ़िल्में इसे सिद्ध करती हैं। जब आप किसी मोटे-से शख़्स के चूतड़ पर लात जमाते हैं तो आप उससे उसकी सारी इज़्ज़त छीन लेते हैं। यहाँ तक कि आप अगर किसी राष्ट्रपति के उद्घाटन कार्यक्रम में आकर राष्ट्रपति के पीछे आएँ और

आकर उसे पीछे से एक लात जमा दें, तो उसकी सारी भव्यता निकालकर हाथ में धर देंगे। हम धूप में ड्राइव कर रहे थे और वे अपना सिर सनक भरे तरीक़े से हिला रहे थे। अपने आप से बातें करते हुए, "इस बारे में कोई शक नहीं है कि चूतड़ ही आत्मसजगता का आसन होते हैं।"

मैं रॉब की तरफ़ मुड़ा और फुसफुसाया, "लो शुरू हो गई जन्मदिन की पार्टी।"

पार्टी उसी दिन थी जिस दिन बैठक थी। हैन्शॉ ने अपने तीन और दोस्तों को आमंत्रित कर रखा था। उन्होंने इस बात के लिए क्षमा माँगी कि पार्टी बहुत ही छोटी है। वे कहने लगे कि वे स्वार्थी हैं और चाहते हैं कि हमारा आनन्द अकेले ही भोगें।

गोल्फ़ क्लब बहुत ही ख़ूबसूरत बना हुआ था। हरे लॉन पर ऊँचे दरख़्तों की छायाएँ बहुत ही ख़ूबसूरत नज़ारा पेश कर रही थीं और हम छह लोग टैरेस पर एक गोल मेज़ पर मोमबत्तियों से सजे जन्मदिन के केक के चारों तरफ़ बैठे थे।

जिस वक़्त न्यायमूर्ति अजवाइन चुभला रहे थे, उन्होंने रॉब और मुझ पर एक निगाह डाली, "मुझे नहीं पता कि आप ऑगस्ता में बहुत ज़्यादा बॉन्ड बेच पाएँगे या नहीं, क्योंकि मैं चीज़ें बेचने में बहुत अच्छा नहीं हूँ। अलबत्ता, मेरा ख़याल है कि शहर-भर को आपके आने की ख़बर है।"

मैंने आसपास के सौन्दर्य को भीतर उतारना शुरू कर दिया।

"हाँ, एक बात है। बस, एक ही चीज़ की कमी है, शराब की," वे कहने लगे।

इस जुमले से बातचीत का सिलसिला इस तरफ़ मुड़ गया कि शराबबन्दी होनी चाहिए या नहीं होनी चाहिए। "अगर चिकित्सा सम्बन्धी पत्रिकाओं की बात मानें तो शराबबन्दी से लोगों की सेहत पर अवश्य असर पड़ेगा। ऐसी पत्रिकाओं का यह मानना है कि अगर लोग व्हिस्की पीना बन्द कर दें तो पेट के अल्सर की बीमारियाँ बहुत कम हो जाएँगी।" रॉब ने अपनी बात रखी।

लगा कि जज महोदय इस टिप्पणी से नाराज़ हो गए, "जहाँ तक पेट का सवाल है, उस सिलसिले में आप व्हिस्की की बात तो करो ही मत। व्हिस्की आत्मा की ख़ुराक़ है।" फिर वे मेरी तरफ़ मुड़े, "चार्ली, यह आपका उनतीसवाँ जन्मदिन है, और अभी तक आपने शादी नहीं की?"

"नहीं," मैं हँसा, "और आपने भी तो नहीं की।"

"नहीं," वे उत्साह से मुस्कराए, "मैंने बहुत सारे तलाक़ के मामलों की सुनवाई की है, इसके बावजूद अगर मैं एक बार फिर जवान हो जाता तो ज़रूर शादी कर लेता। कुँवारा रहना अकेलापन देता है। अलबत्ता, मैं तलाक़ में विश्वास रखता हूँ। मेरा ख़याल है कि शायद मैं जॉर्जिया में सबसे ज़्यादा नापसन्द किया जाने वाला जज हूँ। अगर दो लोग एक साथ नहीं रह सकते तो मैं उन्हें एक साथ नहीं रहने दूँगा।"

कुछ पलों के बाद रॉब ने घड़ी देखी और कहा, "अगर बैठक साढ़े आठ बजे शुरू होनी है, तो हमें जल्दी करनी चाहिए।"

जज महोदय अभी भी आराम से अजवाइन के दाने चुभला रहे थे, "अभी बहुत समय है। मेरा मन बहलाते रहो। मुझे गप-गोष्ठी बहुत अच्छी लगती है।"

बैठक के लिए जाते समय रास्ते में हम एक छोटे से पार्क से होकर गुज़रे, जहाँ सीनेटरों की बीसेक मूर्तियाँ लगी हुई थीं। सब-के-सब बेहद दर्प से भरे लग रहे थे। कुछेक ने अपना हाथ पीछे की तरफ़ कर रखा था और बाक़ी अपने कूल्हे पर टिके हुए थे और हाथ में एक छड़ी थामे थे। मज़ाक़-ही-मज़ाक़ में मैंने कहा कि आप पिछवाड़े पर लात जमाने की बात कर रहे थे तो ये सब मेरी कॉमेडी में लात मारे जाने के लिए एकदम सही प्रतिभाएँ हैं।

"हाँ," वे लापरवाही से बोले, "इन सबकी गुदा में घमंड भरा हुआ है और इनके मक़सद ऊँचे हैं।"

उन्होंने हमें अपने घर पर आमंत्रित किया। बहुत सुन्दर ज़ॉर्जियन घर जहाँ पर वाशिंगटन "सचमुच सोए" थे। घर में अट्ठारहवीं शताब्दी का एंटीक फ़र्नीचर लगा हुआ था।

"कितना ख़ूबसूरत!" मैंने कहा।

"हाँ, सो तो है, लेकिन बिना बीवी के यह घर आभूषणों के ख़ाली डिब्बे की तरह है। इसलिए मैं इसे देर तक ख़ाली नहीं छोड़ता, चार्ली।"

दक्षिण में हम कई मिलिट्री कैम्पों में गए और हमने कई निराश व हताश चेहरे देखे। हमारे दौरे का अन्त न्यूयॉर्क के वॉल स्ट्रीट पर सब-ट्रेज़री के बाहर हुआ, जहाँ हमने यानी मैरी, डगलस और मैंने बीस लाख डॉलर से भी ज़्यादा के बॉन्ड बेचे।

न्यूयॉर्क के हालात हताश करने वाले थे। मिलिट्री तंत्र की काली छाया हर कहीं थीं। कहीं भी कुछ भी इससे बचा हुआ नहीं था। अमेरिका आज्ञाकारिता के साँचे में ढला हुआ था और युद्ध के धर्म के आगे सारे धर्म फीके पड़ गए थे। मेडिसन एवेन्यू के मनहूस गहरे सँकरे दर्रे के साथ-साथ मिलिट्री बॉन्ड की नक़ली चमक-धमक भी हताश करने वाली होती। मैं अपने होटल की बारहवीं मंज़िल की खिड़की से उन्हें विदेश जाने के लिए अपनी टुकड़ी की तरफ़ जाते हुए देखता रहता।

सारे माहौल के बावजूद बीच-बीच में हँसी के पल भी आ ही जाते। न्यूयॉर्क के गवर्नर को सलामी देते हुए सेवेन ब्रास बैंड बॉल पार्क से गुज़रने वाले थे। ऊलजुलूल क़िस्म के बैज लगाए हुए विल्सन मिज़्नर स्टेडियम के बाहर प्रत्येक बैंड को रोकता और गवर्नर के ग्रैंड स्टैंड के सामने से गुज़रते हुए उसे राष्ट्रीय गीत गाने के लिए कहता। गवर्नर और दूसरे सब लोग जब चार बार खड़े हो चुके तो उसने यह ज़रूरी समझा कि वह बैंडों को पहले से राष्ट्रीय गीत शुरू करने के लिए कह दे।

*

तीसरी लिबर्टी बॉन्ड मुहिम के लिए लॉस एंजेल्स छोड़ते समय मैं मैरी डोरो से मिला। वे पैरामाउंट पिक्चर्स में काम करने के लिए हॉलीवुड आई थीं। वे मेरी प्रशंसक थीं

और उन्होंने कॉन्सटांस कोलियर से कहा था कि वे हॉलीवुड में जिस इकलौते शख़्स से मिलना चाहती हैं, वह हैं चार्ली चैप्लिन। उन्हें इस बात का रत्ती-भर भी भान नहीं था कि मैं लंदन में ड्यूक ऑफ़ यॉर्क थियेटर में उनके साथ अभिनय कर चुका हूँ।

इस तरह मैं मैरी डोरो से दोबारा मिला। यह मिलना किसी रोमांटिक नाटक के दूसरे अंक की तरह था। जब कॉन्सटांस ने मेरा परिचय करा दिया तो मैं बोला, "लेकिन मोहतरमा, हम पहले भी मिल चुके हैं। आपने मेरा दिल तोड़ा था। मैं आपसे मौन प्रेम किया करता था।"

मैरी, हमेशा की तरह ख़ूबसूरत लगती हुई, लम्बी कमानी के अपने चश्मे में से मेरी तरफ़ देखते हुए बोलीं, "ओह, यह तो बहुत थ्रिलिंग है!"

तब मैंने उन्हें विस्तार से बताया कि मैं 'शरलॉक होम्स' में बिली बना करता था।

बाद में हमने बग़ीचे में बैठकर खाना खाया। यह गर्मी की एक गर्म शाम थी और मोमबत्ती की रोशनी में मैं उन्हें उनके मौन प्रेम में पागल एक नवयुवक की कुंठाओं के बारे में बताता रहा। मैंने उन्हें बताया कि ड्यूक ऑफ़ यार्क थियेटर में मैं उन पलों की टाइमिंग इस तरह से किया करता था कि जब वे अपने ड्रेसिंग रूम से निकलें तो मैं उन्हें सीढ़ियों पर ही मिलूँ और गुड इवनिंग कहूँ। हम लंदन और पेरिस के बारे में बतियाते रहे। मैरी को पेरिस अच्छा लगता था और हम बिस्त्रो की, कैफ़े की, मैक्सिम की और चैम्प्स एलिज़े की बातें करते रहे।

और अब जब मैरी न्यूयॉर्क में थीं और उन्हें पता चला कि मैं रिट्ज़ में ठहरा हुआ हूँ, तो उन्होंने अपने अपार्टमेंट में मुझे शाम के खाने पर आमंत्रित करते हुए एक ख़त लिखा था। ख़त कुछ इस तरह से था—

> चार्ली डियर,
>
> मेरा चैम्प्स एलिसी (मैडिसन एवेन्यू) से थोड़ा हटकर अपना अपार्टमेंट है जहाँ हम एक साथ खाना खा सकते हैं या मैक्सिम (द कॉलोनी) में जा सकते हैं। उसके बाद हम, अगर आप चाहें, तो बोइस (सेंट्रल पार्क) में ड्राइव कर सकते हैं।

अलबत्ता, हमने इनमें से कुछ भी नहीं किया, केवल मैरी के अपार्टमेंट के एकान्त में खाना खाया।

*

मैं लॉस एंजेल्स लौट आया और एथलेटिक क्लब में फिर से अपना मकान ले लिया तथा अपने काम के बारे में सोचना शुरू कर दिया। 'ए डॉग्स लाइफ़' ने कुछ ज़्यादा ही वक़्त ले लिया था और मैंने जितनी उम्मीद की थी, उससे कहीं ज़्यादा ख़र्च उस पर हो गया था। अलबत्ता, ख़र्च को लेकर मैं ज़्यादा परेशान नहीं था क्योंकि मेरे

क़रार के ख़त्म होने पर औसत ठीक हो ही जाता। मेरी चिन्ता यह थी कि मुझे अपनी दूसरी फ़िल्म के लिए आइडिया कहाँ से मिले। तब मेरे मन में एक ख़याल आया, क्यों न युद्ध पर एक कॉमेडी बनाई जाए। मैंने अपने इरादे के बारे में कई मित्रों को बताया। लेकिन सबने मना कर दिया। डे मिल ने कहा, "इस वक़्त युद्ध का मज़ाक़ उड़ाना ख़तरनाक हो सकता है।" ख़तरनाक हो या न हो, इस ख़याल ने ही मुझे उत्तेजित कर दिया था।

मूल रूप से यह योजना बनाई गई थी कि 'शोल्डर आर्म्स' पाँच रील की बनाई जाएगी। इसकी शुरुआत में अपने वतन में ज़िन्दगी (होम लाइफ़) दिखाई जाती है, मध्य में युद्ध होता और अन्त वाले अंश में खाने-पीने की पार्टीबाज़ी दिखाई जाती है जिसमें यूरोप के सारे-के-सारे राजे-महाराजे कैसर को पकड़ने के अपने वीरतापूर्ण कारनामों का जश्न मना रहे हैं, और हाँ, अन्त में मेरी नींद खुल जाती है।

युद्ध के पहले और बाद के दृश्य छोड़ दिये गए थे। जश्न वाली पार्टी के दृश्य कभी नहीं फ़िल्माए गए। अलबत्ता, शुरुआत के दृश्य ज़रूर फ़िल्माए गए थे। मुझे कॉमेडी संकेतों में अपनी बात कहनी थी। उसमें एक शार्लेट को दिखाया गया था जो अपने चार बच्चों के साथ घर वापस लौट रहा था। वह उन्हें एक पल के लिए छोड़ता है, फिर मुँह पोंछता और डकार लेता हुआ वापस आता है। जब वह घर में प्रवेश करता है तो अचानक एक फ्राइंग पैन उसके सिर से टकराता है। उसकी बीवी को नहीं दिखाया जाता लेकिन रसोई में अलगनी पर एक बहुत बड़ी-सी शमीज़ लटकती दिखाई जाती है जिससे बीवी की बृहद् काया का पता चलता है।

अगली दृश्यावली में दिखाया जाता है कि सेना में भर्ती के लिए उसकी जाँच की जा रही है और उसे सारे कपड़े उतारने के लिए कहा जाता है। टेढ़े कटे काँच के दरवाज़े पर वह एक नाम देखता है—डॉक्टर फ्रांसिस। दरवाज़ा खोलने के लिए एक छाया उभरती है और यह सोचकर कि यह कोई महिला है, वह दूसरे दरवाज़े से भाग जाता है और अपने आपको काँच के पार्टीशनों से घिरे दफ़्तरों की भूल-भुलैया में पाता है जहाँ बहुत-सी महिला क्लर्क अपने-अपने काम में लगी हुई हैं। जैसे ही एक महिला सिर उठाकर उसे देखती है, वह जल्दी से एक डेस्क के पीछे छिप जाता है। लेकिन उसे पता चलता है कि वह दूसरी औरत के सामने पड़ गया है। आख़िरकार एक दरवाज़े से दूसरे दरवाज़े तक बचते-बचाते वह और ज़्यादा काँच के पार्टीशनों वाले दफ़्तर में पहुँचता जाता है। इस तरह वह अपनी मूल जगह से दूर और दूर होता जाता है। आख़िर में वह अपने आपको अलफ़ नंगा एक बालकनी में पाता है। नीचे की तरफ़ भीड़ भरा बाज़ार है। यह दृश्यावली फ़िल्माई तो गई थी, लेकिन कभी इस्तेमाल नहीं की गई। मैंने सोचा कि क्यों न शार्लेट को ग़ैर-मामूली ही बनाए रखा जाए जिसकी कोई पृष्ठभूमि नहीं है और वह अपने आपको पहले से ही फ़ौज में पाता है।

'शोल्डर आर्म्स' तपती गर्मी में लू के थपेड़ों के बीच बनाई गई थी। छद्म रूप से बनाए गए पेड़ के भीतर काम करना (जैसा कि मैंने एक दृश्यावली के दौरान किया था) आराम से काम करने के अलावा सब कुछ था। मैं आउटडोर लोकेशन पर काम करने से बहुत घबराता हूँ क्योंकि वहाँ व्यवधान बहुत होता है। आदमी का ध्यान और कल्पना-शक्ति जैसे हवा में ही उड़ जाते हैं।

फ़िल्म बनाने में कुछ ज़्यादा ही समय लग गया था और मैं उससे सन्तुष्ट नहीं था। स्टूडियो के हरेक व्यक्ति के मन में मैंने यह बात बिठा दी थी कि फ़िल्म वाहियात बनी है। लेकिन अब, डगलस फेयरबैंक्स इस फ़िल्म को देखना चाह रहे थे। वे अपने एक दोस्त के साथ आए थे और मैंने उन्हें चेताया कि मैं इस फ़िल्म को लेकर बहुत निराश हूँ और मैं तो सोच रहा था कि इसे कूड़ेदान के हवाले कर दूँ। सिर्फ़ हम तीन लोग प्रोजेक्शन रूम में बैठे। फ़िल्म शुरू होते ही फेयरबैंक्स ने जो ठहाके लगाने शुरू किए, वे तभी रुकते थे जब उन्हें खाँसी आ जाती। मेरे प्यारे डगलस, वे मेरे सबसे महान दर्शक थे। जब फ़िल्म पूरी हो गई और हम दिन की रोशनी में बाहर आए तो हँसने की वजह से उनकी आँखों में पानी आ गया था।

"क्या आपको वाक़ई लगता है कि यह मज़ेदार है?" मैंने पूछा।

वे अपने दोस्त की तरफ़ मुड़े, "आपको इसके बारे में क्या लगता है? इस फ़िल्म को कूड़े में फेंक देना चाहिए?" डगलस की मात्र यही टिप्पणी थी।

'शोल्डर आर्म्स' ने अपार सफलता पाई; फ़िल्म ख़ास तौर पर युद्ध के दिनों में सैनिकों के बीच ख़ासी लोकप्रिय रही। लेकिन फिर वही बात हुई चूँकि फ़िल्म बनाने में पुझे उम्मीद से ज़्यादा वक़्त लगा था, अत: उसकी लागत भी 'ए डॉग्स लाइफ़' की तुलना में ज़्यादा आई। अब मैं अपने आपसे आगे निकल जाना चाहता था और मेरा ख़याल था कि फ़र्स्ट नेशनल शायद मेरी मदद करे। जब से मैं उनसे जुड़ा था, वे हवा में तैर रहे थे। निर्माताओं और दूसरे कलाकारों को अनुबन्धित कर रहे थे और उन्हें 2,50,000 डॉलर प्रति फ़िल्म और लाभ में से पचास प्रतिशत अदा कर रहे थे। उनकी फ़िल्मों की लागत कम होती थी और उन्हें मेरी फ़िल्मों की तुलना में बनाना भी आसान था और निश्चित तौर पर वे बॉक्स-ऑफ़िस पर कम पैसा कमा रही थीं।

जब मैंने मि. जे.डी. विलियम्स, फ़र्स्ट नेशनल के अध्यक्ष से इस बारे में बात की, तो उन्होंने कहा कि वे इस मामले को अपने निदेशकों के सामने रखेंगे। मैं ज़्यादा कुछ नहीं चाहता था, बस मेरी इच्छा यह थी कि अतिरिक्त लागत की भरपाई हो जाए और इससे उन पर दस या पन्द्रह हज़ार डॉलर प्रति फ़िल्म से ज़्यादा का बोझ नहीं पड़ने वाला था। उन्होंने बताया कि वे एक हफ़्ते के भीतर ही लॉस एंजेल्स में अपने निदेशकों से मिलने वाले हैं और बेहतर होगा मैं उनसे सीधे ही बात कर लूँ।

उन दिनों वितरक गँवार क़िस्म के कारोबारी लोग होते थे और उनके लिए फ़िल्म गज के हिसाब से होनेवाला धंधा था। मेरा ख़याल है, मैं अपनी बात अच्छी तरह से

कह पाया और ईमानदारी से उनके सामने अपनी वजहें स्पष्ट कर पाया। मैंने उनसे कहा कि मुझे थोड़े से ज़्यादा धन की ज़रूरत है क्योंकि मैं उम्मीद से कहीं अधिक ख़र्च कर रहा हूँ। लेकिन मुझे ऐसा लगा मानो मैं जनरल मोटर्स से वेतन वृद्धि की माँग करने वाला इकलौता कर्मचारी होऊँ। जब मैंने अपनी बात पूरी कर ली तो एक पल के लिए मौन छा गया और उसके बाद उनके प्रवक्ता ने अपना मुँह खोला, "ठीक है चार्ली, यह तो कारोबार है। आपने क़रार पर हस्ताक्षर किये हैं और हम उम्मीद करते हैं कि आप उसे पूरा करेंगे।"

मैंने नपे-तुले शब्दों में कहा, "मैं आपको दो महीने के भीतर छह फ़िल्में बनाकर दे सकता हूँ अगर आप उसी तरह की फ़िल्में चाहते हैं।"

"यह तो आप पर है चार्ली।" ठंडी आवाज़ में कहा गया।

मैंने अपनी बात जारी रखी, "मैं ज़्यादा पैसों की माँग इसलिए कर रहा हूँ ताकि मैं अपने काम का स्तर बरक़रार रख सकूँ। लेकिन इस बारे में आपकी उदासीनता से पता चलता है कि आप में मनोविज्ञान की समझ और दूरदृष्टि की कमी है। आप खाने-पीने की चीज़ों का कारोबार थोड़े ही कर रहे हैं। आप जानते हैं कि आप व्यक्तिगत उत्साह के साथ डील कर रहे हैं।" लेकिन कोई भी तर्क उन्हें डिगा नहीं सका। मैं उनके नज़रिये को समझ नहीं पाया क्योंकि उन दिनों मुझे देश में सबसे अधिक धन जुटाने वाला समझा जाता था।

"मेरा ख़याल है, यह मामला कुछ-कुछ मोशन पिक्चर्स के सम्मेलन से सम्बन्ध रखता है।" मेरे भाई सिडनी ने कहा, "ऐसी अफ़वाहें हैं कि फ़िल्म बनाने वाली सारी की सारी कम्पनियाँ आपस में मिल रही हैं।"

एक दिन बाद सिडनी ने डगलस और मैरी से मुलाक़ात की। वे भी परेशान लग रहे थे क्योंकि उनके भी क़रार ख़त्म हो रहे थे और पैरामाउंट ने अब तक इस बारे में कुछ भी नहीं किया था। सिडनी की तरह डगलस का भी यही ख़याल था कि हो न हो इसका सम्बन्ध इस फ़िल्म एकीकरण से ही है, "क्या ख़याल है अगर उनकी चालों पर निगाह रखने के लिए एक जासूस की मदद ली जाए, ताकि पता चल सके कि आख़िर चल क्या रहा है?"

हम सब एक जासूस रखने पर सहमत हो गए। हमने एक चतुर, आकर्षक और सुन्दर-सी दिखने वाली लड़की को इस काम के लिए रखा। जल्द ही उसने एक महत्त्वपूर्ण निर्माण कम्पनी के कार्यकारी के साथ मुलाक़ात की। उसकी रिपोर्ट में बताया गया था कि वह एलेक्ज़ेंड्रा होटल की लॉबी में उस व्यक्ति विशेष के पास से गुज़री और उसकी तरफ़ देखकर मुस्कराई, फिर उसने यह बहाना बनाया कि वह उसे अपना कोई पुराना दोस्त समझ बैठी थी। उसी शाम उस महाशय ने लड़की को अपने साथ डिनर के लिए आमंत्रित किया। लड़की की रिपोर्ट से हमें यह भी पता चला कि वे महाशय अच्छे-ख़ासे रंगीन मिज़ाज थे और लड़कियों को पटाने

की कला में माहिर थे। तीन रातों तक वह उसके साथ बाहर जाती रही और किसी-न-किसी बहाने से उससे टरकाती रही। इस बीच इस मामले की पूरी कहानी उसके हाथ लग चुकी थी कि आख़िर फ़िल्म उद्योग में चल क्या रहा है? वे महाशय और उनके साथी सभी निर्माण-कम्पनियों को मिलाकर चार करोड़ डॉलर की रक़म से एक कम्पनी खड़ी कर रहे थे और संयुक्त राष्ट्र में सभी वितरकों को पाँच बरस के क़रार के लिए तैयार करने की कोशिश रहे थे। उन महाशय ने लड़की को बताया कि वे बेइन्तहा पैसा बनाने वाले मुट्ठी भर सनकी कलाकारों द्वारा चलाए जाने के बजाय इस कम्पनी को विधिवत कारोबारी तरीक़े से उद्योग के रूप में चलाने का इरादा रखते हैं। ये बातें उस लड़की की रिपोर्ट का निचोड़ थीं और इनसे हमारा मक़सद पूरा हो रहा था। हम चारों ने यह रिपोर्ट डी.डब्ल्यू. ग्रिफ़िथ और बिल हार्ट को दिखाई, उनकी भी वही प्रतिक्रिया थी जो हमारी थी।

सिडनी ने बताया कि हम इस एक़ीकरण को मात दे सकते हैं अगर हम वितरकों के कान में यह बात डाल दें कि हम अपनी ख़ुद की निर्माण-कम्पनी बनाने जा रहे हैं और हमारा इरादा है कि हम अपनी बनाई हुई फ़िल्मों को खुले बाज़ार में बेचें और स्वतंत्र रहें। यूँ तो हमारे पास उस वक़्त उद्योग में सबसे ज़्यादा भीड़ जुटा सकने में सक्षम लोग थे लेकिन इस परियोजना को लागू करने का हमारा कोई इरादा नहीं था। हमारा लक्ष्य तो बस यह था कि वितरकों को इस प्रस्तावित एकीकरण के साथ पाँच बरस का क़रार करने से रोक लिया जाए क्योंकि सितारों के बिना यह दो कौड़ी का भी नहीं रहता। हमने फ़ैसला किया कि उनके सम्मेलन से एक रात पहले हम सब एलेक्ज़ेंड्रा होटल के मुख्य डाइनिंग-हॉल में डिनर के लिए जुटेंगे और तभी प्रेस में इस सिलसिले में घोषणा करेंगे।

उस रात मैरी पिकफ़ोर्ड, डी.डब्ल्यू. ग्रिफ़िथ, डब्ल्यू.एस. हार्ट, डगलस फेयरबैंक्स और मैं ख़ुद मुख्य डाइनिंग-हॉल में एक मेज़ पर बैठ गए जिसका असर बिजली सरीखा हुआ। जे.डी. विलियम्स बिना किसी शक-शुबहे के सबसे पहले डिनर के लिए आए, हमें देखा और लपकते हुए उलटे पैर लौट गए। एक के बाद एक अन्य निर्माता प्रवेशद्वार तक आते, एक निगाह डालते और तुरन्त से बाहर निकल जाते, जबकि हम वहाँ बैठे कारोबारी बातें कर रहे थे और मेज़पोश पर ज्योतिषीय संख्याएँ लिख रहे थे। जैसे ही कोई निर्माता दरवाज़े पर अपना चेहरा दिखाता, डगलस अचानक ही बेसिर-पैर की बातें करने लगते। उनकी बातें सुनकर ग्रिफ़िथ और हार्ट ने समझा कि उनका दिमाग़ घूम गया है।

जल्दी ही प्रेस के छह-सात सदस्य हमारी मेज़ पर नोट्स ले रहे थे और हम बयान जारी कर रहे थे कि हम अपनी आज़ादी को बरक़रार रखने और आगामी एकीकरण का मुक़ाबला करने के लिए यूनाइटेड आर्टिस्ट्स की एक कम्पनी खड़ी करने जा रहे हैं। इस स्टोरी को अगले दिन पहले पृष्ठ पर जगह मिली।

अगले दिन कई निर्माण कम्पनियों के प्रमुखों ने अपने-अपने पद से इस्तीफ़ा देकर मामूली से वेतन और हिस्से पर हमारी कम्पनी में अध्यक्ष पद पर आने का प्रस्ताव रखा। इस तरह की प्रतिक्रिया के बाद हम लोगों ने तय किया कि हम अपनी परियोजना को आगे ले जाएँगे। इस तरह से यूनाइटेड आर्टिस्ट्स कॉर्पोरेशन अस्तित्व में आई।

*

हमने मैरी पिकफ़ोर्ड के घर पर एक बैठक रखी और हम में से प्रत्येक अपने-अपने प्रबन्धक और वकील के साथ आया। वहाँ इतना बड़ा जमावड़ा हो गया कि हमें जो कुछ भी कहना था, वह हमें सार्वजनिक सभाओं में दिये जाने वाले भाषण की तरह कहना पड़ा। दरअसल, जब भी मैं कुछ बोलता, बेहद नर्वस हो जाता। लेकिन मैं मैरी की क़ानूनी और कारोबारी दक्षता को देखकर दंग था। उन्हें सारी चीज़ों जैसे अमूर्तीकरण और अस्थगित स्टॉक वग़ैरह के नाम याद थे। उन्हें इनकॉर्पोरेशन की सभी धाराएँ याद थीं और वे पेज सात पर क़ानूनी विसंगति, पैरा ए, धारा 27 तथा पैरा डी में ओवरलैप और विरोधाभास की सहजता से बात कर रही थीं। ऐसे मौक़ों पर वे मुझे हैरान करने के बजाय परेशान कर जाती थीं क्योंकि अमेरिका की इस हरदिल-अज़ीज़ अदाकारा का यह एक ऐसा पक्ष था जिससे मैं वाक़िफ़ नहीं था। उनका एक जुमला तो मैं आज तक नहीं भूल पाया हूँ। हमारे प्रतिनिधियों के सामने दलील देते हुए उन्होंने एक फ़िक़रा कसा, 'हमें यही करना होगा सज्जनो', मैं हँसते-हँसते दोहरा हो गया और इस वाक्य को दोहराता फिरा, हमें यही करना होगा।

उन दिनों ख़ूबसूरती के अलावा कारोबार में काफ़ी निपुण होने के बारे में भी उनकी ख्याति थी। मुझे याद है, माबेल नॉर्मेंड, जिसने पहली बार उनसे मेरा परिचय कराया था और कहा था, "ये हैं हैट्टी ग्रीन* उर्फ़ मैरी पिकफ़ोर्ड।"

ऐसी कारोबारी बैठकों में मेरी हिस्सेदारी शून्य रहा करती। सौभाग्य से मेरा भाई सिडनी कारोबार में मैरी की ही तरह चतुर था और डगलस, जो एक सौम्य उदासीनता ओढ़े रहते, हम सबसे ज़्यादा शातिर थे। जिस वक़्त हमारे वकील आपस में क़ानूनी व तकनीकी पेचीदगियों में उलझ रहे होते, वे किसी स्कूली बच्चे की तरह कूद-फाँद करते रहते लेकिन इनकॉर्पोरेशन की धाराएँ पढ़ते वक़्त वे एक अर्धविराम भी न भूलते।

उन निर्माताओं में से एक जो इस्तीफ़ा देकर हमारी कम्पनी में आने के इच्छुक थे, एडोल्फ़ ज़ुकर, पैरामाउंट के अध्यक्ष और संस्थापक थे। वे ओजस्वी व्यक्तित्व के मालिक और छोटे क़द के प्यारे से आदमी थे। उनकी शक्ल नेपोलियन से मिलती

---

* 'हैट्टी ग्रीन', दुनिया की सबसे अमीर महिलाओं में से एक, जिन्हें अपनी व्यावसायिक बुद्धि से दस करोड़ डॉलर कमाने के लिए प्रसिद्धि मिली थी।

थी और वे थे भी नेपोलियन की तरह गहरे इनसान। कारोबार की बात करते समय वे सामने वाले को मुग्ध कर लेते थे। वे अपने हंगेरियन उच्चारण में बोले, "आप, आपको इस बात का पूरा हक़ है कि अपनी मेहनत का पूरा फ़ायदा उठाएँ क्योंकि आप लोग कलाकार हैं, आप सृजन करते हैं, आप ही की वजह से लोग आते हैं।" हम विनम्रतापूर्वक सहमत हो गए। उन्होंने कहना जारी रखा, "आप लोग ऐसी कम्पनी का गठन करने आए हैं जो कि मेरी निगाह में इस कारोबार की एक दुर्जेय कम्पनी है, अगर, अगर," उन्होंने ज़ोर दिया, "अगर इसका सही ढंग से प्रबन्धन किया जाए। आप लोग इस कारोबार के एक सिरे पर मौज़ूद सृजक या कलाकार लोग हैं और मैं सिरे के दूसरी तरफ़। इससे अच्छी बात क्या हो सकती है!"

वे इसी तरह बात करते रहे। उन्होंने हमें मंत्रमुग्ध कर लिया था। वे हमें अपने सपनों और विश्वासों के बारे में बता रहे थे। उन्होंने इस बात को स्वीकार किया कि वे थियेटरों और स्टूडियो, दोनों को मिलाकर एक करना चाहते हैं। उन्होंने कहा कि वे अपना सब कुछ दाँव पर लगाने के लिए तैयार हैं और वे अपने सारे कलाकार हमारे साथ शामिल करना चाहेंगे। वे बुज़ुर्गों जैसी गहन वाणी बोल रहे थे, "आपको लगता है कि मैं आपका दुश्मन हूँ। लेकिन मैं आपका दोस्त हूँ—कलाकार का दोस्त। इस बात को याद रखें, मैं ही वह पहला व्यक्ति था जिसके पास दूरदृष्टि थी। किसने आपके गन्दे थियेटर बुहारे? किसने दर्शकों के लिए आरामदायक सीटें लगाईं? मैं ही वह व्यक्ति था जिसने बड़े-बड़े थियेटर बनाए; जिसने क़ीमतें ऊपर उठाईं और इस बात को सम्भव कर दिखाया कि आपको अपनी फ़िल्मों के लिए बेइंतहा पैसा मिले। इसके बावजूद, आप लोग मुझे सूली पर चढ़ाना चाहते हैं।"

ज़ुकर महान कलाकार के साथ-साथ कारोबारी भी थे। उन्होंने पूरी दुनिया में थियेटरों का बहुत बड़ा जाल बिछा दिया था। लेकिन फिर भी वे हमारी कम्पनी में हिस्सा चाहते थे, हालाँकि हमारी बातचीत का कोई परिणाम नहीं निकला।

छह महीने के भीतर ही मैरी और डगलस नई बनाई गई कम्पनी के लिए फ़िल्में बनाने लगे थे लेकिन मुझे अभी भी फ़र्स्ट नेशनल को छह और कॉमेडी फ़िल्में बनाकर देनी थीं। उनके करुणा शून्य नज़रिये ने मुझे इतना हताश कर दिया कि मेरे काम की प्रगति में बाधा आने लगी। मैंने प्रस्ताव रखा कि मैं अपने क़रार का हिस्सा ख़रीद लेता हूँ और उन्हें एक लाख डॉलर का लाभ देने के लिए तैयार हूँ लेकिन उन लोगों ने इनकार कर दिया।

चूँकि केवल मैरी और डगलस ही ऐसे कलाकार थे जो अपनी फ़िल्मों का वितरण हमारी कम्पनी के माध्यम से कर रहे थे, वे लगातार मुझसे इस बात की शिकायत करते कि मेरी बनाई फ़िल्मों के अभाव में उन पर कितना बोझ पड़ रहा है। वे अपनी फ़िल्में बीस प्रतिशत की बेहद कम लागत पर वितरित कर रहे थे। इस तरह उन्होंने कम्पनी को दस लाख डॉलर के घाटे में ला खड़ा किया। अलबत्ता, मेरी

पहली फ़िल्म 'द गोल्ड रश' के प्रदर्शन के साथ ही सारे क़र्ज़े उतार दिये गए और इससे कुछ हद तक मैरी और डगलस का शिकायती रुख़ भी नरम पड़ा था। इसके बाद उन्होंने कभी शिकायत नहीं की।

*

युद्ध अब और भी भीषण हो चला था। पूरे यूरोप में क़त्लेआम और विध्वंस मचा हुआ था। प्रशिक्षण शिविरों में लोगों को सिखाया जा रहा था कि बायोनेट से किस तरह से सामने वाले पर हमला करें, कैसे चिल्लाएँ, दौड़ें और दुश्मन की अन्तड़ियों में बायोनेट घुसेड़ दें और अगर ब्लेड उसके पेट में फँस जाए तो किस तरह से ब्लेड को ढीला करने के लिए उसकी अन्तड़ियों पर लातें मारें? उन्माद का पारावार नहीं था। सेना के भगोड़ों को पाँच बरस की सज़ा दी जा रही थी और हर आदमी के लिए अपना पंजीकरण-कार्ड साथ लेकर चलना अनिवार्य था। अगर कोई आदमी साधारण कपड़ों में नज़र आ जाता तो यह शर्म की बात मानी जाती क्योंकि कमोबेश हर आदमी यूनिफ़ॉर्म में होता और अगर उसने यूनिफ़ॉर्म न पहनी होती तो उससे उसके पंजीकरण-कार्ड के लिए पूछा जा सकता था और ऐसा भी हो सकता था कि कोई महिला उसे सफ़ेद पंख उपहार में दे जाती।

कुछ अख़बारों ने इस बात के लिए मेरी आलोचना की कि मैं युद्ध में क्यों नहीं हूँ जबकि दूसरे कुछ लोग मेरे पक्ष में खड़े थे। उनका तर्क था कि (मेरी) कॉमेडियों की मेरे सैनिक बनने से ज़्यादा ज़रूरत है।

जिस वक़्त अमेरिकी सेना फ्रांस पहुँची, उस वक़्त वह जोश से भरी हुई थी। वह तुरन्त कार्रवाई करना चाहती थी, अत: अंग्रेज़ों व फ्रांसीसियों, जो कि तीन बरस से ख़ूनी लड़ाई लड़ रहे थे, की अनुभवी सलाह के ख़िलाफ़ उत्साह के साथ जान हथेली पर रखकर लड़ाई में कूद पड़ी। लेकिन इसके लिए उसे काफ़ी क़ीमत चुकानी पड़ी। लाखों सैनिकों को अपनी जान से हाथ धोना पड़ा। हफ़्तों तक निराश करने वाली ख़बरें आती रहीं। मृत और घायल अमेरिकी सैनिकों की लम्बी-लम्बी सूचियाँ जारी की जाती रहीं। इसके बाद एक ठहराव आया और महीनों तक दूसरे मित्र-राष्ट्रों की तरह अमेरिकी भी कीचड़ और ख़ून से भरी खाइयों में पड़े रहे।

अन्तत:, मित्र-राष्ट्रों ने आगे बढ़ना शुरू किया। हमारी पताकाएँ नक़्शे पर लहराती नज़र आने लगीं। लोग उत्सुकता से झंडों को देखते। फिर एक ख़बर आई, लेकिन काफ़ी बड़ी क़ीमत चुकाने के बाद। अख़बारों में काले बड़े शीर्षक नज़र आए—कैसर हॉलैंड भाग गए। इसके बाद पूरे पन्ने पर दो शब्दों वाली ख़बर आई—सन्धि पर हस्ताक्षर। जिस वक़्त यह ख़बर आई मैं एथलेटिक क्लब में अपने कमरे में था। नीचे सड़कों पर हँगामा-सा हो गया। गाड़ियों के हॉर्न, फ़ैक्टरियों के भोंपू और बिगुल बजने शुरू हो गए तथा रात-दिन बजते ही रहे। पूरी दुनिया ख़ुशी के मारे पागल हो

गई थी—हँसना, गाना, नाचना, गले मिलना, और एक-दूसरे को चूमना शुरू हो गया था। आख़िर शान्ति स्थापित हो गई।

युद्ध के बिना जीवन ऐसा था मानो आपको जेल से रिहा कर दिया गया हो। हम इतने कड़े अनुशासन में रहने के आदी हो गए थे कि बाद के कई महीनों तक पंजीकरण-कार्ड के बिना बाहर निकलने में डरते रहे। हालाँकि मित्र-राष्ट्रों की जीत हुई थी। इसका जो भी मतलब रहा हो। लेकिन वे आश्वस्त नहीं थे कि उन्होंने शान्ति पर विजय पा ली है। एक बात तय थी कि जिस सभ्यता को हम अब तक जानते आए थे, वह अब वही नहीं रह जाने वाली थी। वह युग अब जा चुका था और इसके साथ ही जा चुकी थीं तथाकथित मूल अच्छाइयाँ, लेकिन किसी भी युग में मूल अच्छाइयाँ असाधारण नहीं रही थीं।

सोलह

टॉम हैरिंगटन एक तरह से मेरी सेवा में आ गया, लेकिन उसने मेरी ज़िन्दगी बदलने में बहुत नाटकीय भूमिका अदा की। वह मेरे दोस्त बर्ट क्लार्क, जो कि कीस्टोन कम्पनी द्वारा रखे गए बहुरंगी कलाकार थे, का ड्रेसर और ऊपर के काम करने वाला बन्दा हुआ करता था। बर्ट एक लापरवाह और अव्यावहारिक आदमी थे, लेकिन बहुत ही शानदार पियानोवादक थे, उन्होंने एक बार मुझसे कहा था कि मैं उनकी संगीत निर्माण-कम्पनी में उनके साथ भागीदारी कर लूँ। इसके लिए हमने शहर के बाहरी हिस्से की एक इमारत में तीसरी मंज़िल पर एक कमरा किराये पर लिया और दो बहुत ही ख़राब गानों और मेरी संगीतबद्ध की गई रचनाओं की दो हज़ार प्रतियाँ प्रकाशित कीं। इसके बाद हम ग्राहकों का इन्तज़ार करने लगे लेकिन सारा मामला अल्हड़पन और पागलपन से भरा था। मेरा ख़याल है, हमने तीन प्रतियाँ बेचीं। एक प्रति चार्ल्स कैडमेन को, जो कि अमेरिकी कम्पोज़ीटर थे और दो प्रतियाँ हमने राह चलते आदमियों को बेचीं, जो हमारे दफ़्तर के आगे से गुज़रे थे।

क्लार्क ने अपने दफ़्तर का कार्यभार हैरिंगटन को सौंप रखा था लेकिन एक महीने बाद क्लार्क वापस न्यूयॉर्क चले गए और दफ़्तर बन्द कर दिया गया। अलबत्ता, टॉम वहीं रुक गया और कहने लगा कि वह जिस हैसियत से क्लार्क के साथ काम करता था, उसी हैसियत में मेरे लिए भी करना चाहेगा। मुझे सुनकर हैरानी हुई जब उसने मुझे बताया कि उसे क्लार्क से कभी भी वेतन नहीं मिलता था सिर्फ़ गुज़ारे के नाम पर कुछ पैसा मिल जाया करता था जो कि हफ़्ते के सात-आठ डॉलर से ज़्यादा नहीं होता था। शाकाहारी होने की वजह से वह सिर्फ़ चाय, ब्रेड और मक्खन तथा

आलू खाकर गुज़ारा कर लिया करता था। निश्चय ही इस ख़बर से मेरा दिल पसीज गया और मैंने उस अरसे के लिए जिसके लिए उसने संगीत-कम्पनी में काम किया था, उसे विधिवत वेतन दिया और इस तरह से टॉम मेरा सहायक, ख़िदमतग़ार और सचिव बन गया।

वह बहुत ही भला आदमी था। उसकी उम्र का अन्दाज़ा नहीं लगाया जा सकता था। व्यवहार में भी वह बहुत ही उत्साही और विनम्र व्यक्ति था। उसके चेहरे को देखकर लगता मानो सेंट फ्रांसिस की त्यागमयी मूर्ति को देख रहे हों। पतले होंठ, ऊँची उठी हुई भौंहें और आँखें जो संसार को उदासीन भाव से देखती प्रतीत होतीं। वह आयरिश वंश का था और अपने आप में मस्त रहने वाला इनसान था। वह थोड़ा रहस्यमयी-सा चरित्र था जो न्यूयॉर्क के पूरब की तरफ़ से आया था और शो बिज़नेस की चकाचौंध में रोजी-रोटी कमाने के बजाय किसी मठ के लिए ज़्यादा उपयुक्त था।

वह सुबह-सवेरे ही एथलेटिक क्लब में आ जाता और मेरे लिए मेरी डाक व अख़बार आदि लेता आता तथा मेरे लिए नाश्ते का ऑर्डर भी दे देता। अक्सर वह बिना किसी टीका-टिप्पणी के मेरे सिरहाने लाफ़काडियो हर्न और फ्रैंक हैरिस की किताबें छोड़ जाता। ऐसे लेखक, जिनका मैंने कभी नाम भी नहीं सुना था। टॉम की ही वजह से मैंने बोसवैल की 'लाइफ़ ऑफ़ जॉनसन' पढ़ी थी। उसका कहना था, "यह किताब रात के वक़्त नींद लाने के लिए रामबाण दवा का काम करती है।" जब तक उससे बात न की जाए, वह अपनी तरफ़ से कभी बात नहीं करता था। उसे इस बात में महारत हासिल थी कि जिस वक़्त मैं नाश्ता कर रहा होता, वह अपने आपको नगण्य बना डालता। टॉम मेरे अस्तित्व का अनिवार्य हिस्सा बन गया था। मैं उसे कोई काम करने के लिए कहता भर था, वह सिर हिलाता और काम हो जाता।

*

जिस वक़्त मैं एथलेटिक क्लब छोड़ रहा था अगर उसी वक़्त टेलीफ़ोन की घंटी न बजी होती, तो मेरी ज़िन्दगी का रुख़ कुछ और ही होता। यह टेलीफ़ोन कॉल सैम गोल्डविन की तरफ़ से था। वे जानना चाहते थे कि "क्या मैं उनके बीच-हाउस पर तैराकी करने के लिए आना चाहूँगा?" यह 1917 के ढलते दिनों की बात है।

यह रंगीन, आनन्द भरी दोपहर थी। मुझे याद है कि वहाँ पर ऑलिव थॉमस और दूसरी कई सुन्दर लड़कियाँ मौजूद थीं। जैसे-जैसे दिन ढला, मिल्ड्रेड हैरिस नाम की एक लड़की वहाँ पहुँची। वह अपने बॉडीगार्ड मि. हैम के साथ आई थी। मुझे वह ख़ूबसूरत लगी। किसी ने फ़िक़रा कसा कि वह इलियट डैक्स्टर पर जान छिड़कती है जो उस वक़्त भी वहाँ मौजूद था। मैंने भी नोट किया कि ऑलिव पूरी दोपहर उसी के चक्कर काटती रही। साथ ही, मैंने देखा कि जनाब ने उसकी तरफ़ कोई ख़ास तवज्जो नहीं दी। मैंने भी उसकी तरफ़ तब तक कोई ध्यान नहीं दिया जब

तक मैं वहाँ से निकलने के लिए तैयार नहीं हो गया या उसने मुझसे पूछ नहीं लिया कि क्या मैं शहर जाते समय उसे रास्ते में छोड़ता जाऊँगा। उसने स्पष्ट किया कि वह अपने साथी के साथ झगड़ बैठी है और वह जा चुका है।

कार में मैंने मज़ाक़ में कहा कि शायद उसका दोस्त इलियट डैक्स्टर को लेकर ईर्ष्यालु हो रहा होगा। ऑलिव ने स्वीकार किया कि उसके ख़याल से इलियट बेहतरीन शख़्स है।

मैंने महसूस किया कि उसका यह नौसिखियापन अपने बारे में दिलचस्पी पैदा करने का सहज जनाना तरीक़ा था। "वह बहुत ही ख़ुशक़िस्मत इनसान है।" मैंने उद्दंडता से कहा। ये सारी बातें हम हल्के-फुल्के तरीक़े से ड्राइव करते हुए कर रहे थे। उसने मुझे बताया कि वह लुई वेबर के लिए काम करती है और अब उसे पैरामाउंट पिक्चर में भूमिका मिली है। मैंने उसे उसके अपार्टमेंट के पास ही छोड़ दिया, अलबत्ता, मुझ पर उसकी यही छाप पड़ी कि वह बहुत ही बेवकूफ़ क़िस्म की नवयौवना है और मैं एथलेटिक क्लब में राहत के अहसास के साथ लौटा क्योंकि अब मैं अकेला होने के नाते ख़ुश था। लेकिन अपने कमरे में आए हुए मुझे पाँच मिनट भी नहीं बीते थे कि टेलीफ़ोन की घंटी बजी। लाइन पर मिस हैरिस थी, "मैं सिर्फ़ यही जानना चाहती थी कि इस वक़्त आप क्या कर रहे हैं?" उसने बचकाना लहज़े में कहा।

मैं उसका नज़रिया देखकर हैरान था, ऐसा लग रहा था मानो हम बहुत लम्बे अरसे से एक-दूसरे के अन्तरंग रहे हों। मैंने उसे बताया कि मैं अपने कमरे में ही डिनर लूँगा और सीधे बिस्तर में चला जाऊँगा या एक किताब पढ़ूँगा।

"ओह," उसने अफ़सोस के साथ कहा और जानना चाहा कि किस क़िस्म की किताब है यह और मेरा कमरा कैसा है। वह मेरी एकदम अकेले बिस्तर में दुबके हुए कल्पना करना चाहती थी।

यह बेवकूफ़ी भरी बातचीत अच्छी लग रही थी और मुझे उसके साथ चुहलबाज़ी करने में मज़ा आने लगा।

"मैं आपसे दोबारा कब मिल सकती हूँ?" उसने पूछा तो मैंने मज़ाक़ ही में उस पर फ़िक़रा कसा कि वह इलियट को धोखा दे रही है और उसके आश्वासनों को सुनता रहा कि वह सच में इलियट की परवाह नहीं करती। इस बात ने शाम के लिए किये गए मेरे संकल्पों पर पानी फेर दिया और मैं उसे डिनर के लिए आमंत्रित कर बैठा।

हालाँकि उस शाम वह बहुत ख़ूबसूरत और ख़ुश लग रही थी, लेकिन मैं अपने आप में उस उत्साह और जोश की कमी महसूस कर रहा था जो किसी ख़ूबसूरत लड़की की मौज़ूदगी में आमतौर पर नज़र आता है। सम्भवत: मेरे लिए उसका एक ही इस्तेमाल हो सकता है और वो था सेक्स लेकिन इसके लिए रोमांटिक रूप से पहल करना, जिसकी मेरे ख़याल से मुझसे उम्मीद की जाती, मुझे बहुत भारी काम लग रहा था।

मैंने उसके बारे में अगले तीन-चार दिन तक नहीं सोचा। तभी मुझे हैरिंगटन ने बताया कि उसका फ़ोन आया था। अगर हैरिंगटन ने चलताऊ ढंग से उसका ज़िक्र न किया होता तो मैंने उससे दोबारा मिलने की ज़हमत भी न उठाई होती, लेकिन हैरिंगटन ने कहा कि शोफ़र ने उसे बताया था कि मैं सैम गोल्डविन के घर से इतनी ख़ूबसूरत लड़की के साथ वापस आया था कि उसने अब तक ऐसी लड़की नहीं देखी थी। इस वाहियात से लगने वाले जुमले ने मेरे अहं को छू लिया था और यह शुरुआत थी।

अब डिनर, नाच-गाना, चाँदनी रातें और समुद्र की सैरें होने लगी थी और वही हो गया जिसके बारे में सोचा न था।

मिल्ड्रेड परेशान होने लगी।

हैरिंगटन ने जो कुछ भी सोचा होगा, अपने तक सीमित रखा। एक दिन सुबह के वक़्त जब वह मेरा ब्रेकफ़ास्ट लेकर आया तो मैंने यूँ ही घोषणा की कि मैं शादी करना चाहता हूँ, उसने अपनी आँख तक न झपकाई।

"किस दिन?" उसने शान्त स्वर में पूछा।

"आज कौन-सा दिन है?"

"आज मंगलवार है।"

"तो शुक्रवार को रख लो।" अख़बार से निगाह उठाए बग़ैर मैंने कहा।

"मेरा ख़याल है यह मिस हैरिस ही हैं!!"

"हाँ।"

उसने वस्तुपरक तरीक़े से सिर हिलाया, "अँगूठी है आपके पास?"

"नहीं, बेहतर होगा तुम एक अँगूठी का इंतजाम कर लो और बाक़ी सारी तैयारियाँ भी कर लो। लेकिन सारे काम गुपचुप तरीक़े से करना।"

उसने फिर सिर हिलाया। इसके बाद शादी के दिन तक इस बारे में कोई ज़िक्र नहीं हुआ। उसने इस बात का इन्तज़ाम किया कि हम दोनों की शादी शुक्रवार की रात आठ बजे हो जाए।

उस दिन मैं देर तक स्टूडियो में काम करता रहा। साढ़े सात बजे टॉम चुपचाप सेट पर आया और मेरे कान में फुसफुसाया, "मत भूलिए कि आठ बजे का आपका अपॉइंटमेंट है।" यह सुनकर मेरा दिल डूब रहा हो, ऐसे भाव के साथ मैंने अपना मेकअप उतारा और कपड़े पहनने लगा। हैरिंगटन मेरी मदद कर रहा था। जब तक हम कार में नहीं बैठ गए, हम दोनों में एक भी शब्द का आदान-प्रदान नहीं हुआ। फिर उसने मुझे समझाया कि आठ बजे मुझे मि. स्पार्क्स, स्थानीय पंजीयक के यहाँ मिस हैरिस से मिलना है।

जब हम वहाँ पहुँचे तो हैरिस हॉल में बैठी हुई थी। जैसे ही हमने प्रवेश किया वह शरारतन मुस्कराई, तो मुझे उसके लिए थोड़ा-सा अफ़सोस हुआ। उसने साधारण गहरे स्लेटी रंग का सूट पहना हुआ था और बहुत आकर्षक लग रही थी। जैसे ही

एक लम्बा, दुबला-पतला तथा गर्मजोशी व आत्मीयता से भरपूर आदमी वहाँ आया और उसने हमें भीतर आने के लिए कहा, हैरिंगटन ने तेज़ी से मेरे हाथ में एक अँगूठी थमा दी। यह मि. स्पार्क्स थे, स्थानीय रजिस्ट्रार।

"क्या बात है चार्ली," उन्होंने कहा, "आपके पास वाक़ई बहुत ही शानदार सचिव है। आधा घंटा पहले तक मुझे मालूम भी नहीं था कि मुझे आपकी शादी करानी है।"

सबकुछ बेहद आसान और तयशुदा था। जो अंगूठी हैरिंगटन ने मेरे हाथ में थमाई थी, मैंने हैरिस की उँगली में पहना दी। अब हम शादीशुदा थे। रस्म पूरी हो चुकी थी। जिस वक़्त हम बाहर निकलने को थे, मि. स्पार्क्स की आवाज़ सुनाई दी, "दुल्हन को चूमना मत भूलना मि. चार्ली।"

"ओह हाँ-हाँ ज़रूर, ज़रूर।" मैं मुस्कराया।

मेरी भावनाएँ मिली-जुली थीं। मैं महसूस कर रहा था कि मैं बेवकूफ़ी भरे हालात का शिकार हो गया हूँ जो कि उतावलेपन से भरे और ग़ैर-ज़रूरी थे—एक ऐसा बन्धन जिसका कोई ठोस आधार नहीं था। इसके बावजूद मैं हमेशा से एक अदद बीवी चाहता था और मिल्ड्रेड ख़ूबसूरत व युवा थी। वह अभी उन्नीस की भी नहीं हुई थी जबकि मैं उससे दस बरस बड़ा था। हो सकता है सब कुछ ठीक-ठाक निभ जाए।

अगले दिन मैं भारी दिल के साथ स्टूडियो पहुँचा। एडना पर्विएंस वहीं पर थी। उसने सुबह के अख़बार पढ़ लिए थे, अत: जब मैं उसके ड्रेसिंग रूम के आगे से गुज़रा तो वह दरवाज़े पर आई और मीठे स्वर में बोली, "बधाई हो।"

"शुक्रिया।" मैंने जवाब दिया और अपने ड्रेसिंग रूम की तरफ़ चल दिया। एडना ने मुझे परेशान महसूस करा दिया था।

मैंने धीरे से डगलस के कान में यह बात डाली कि मिल्ड्रेड दिमाग़ी रूप से कुछ कमज़ोर है। हालाँकि मेरी ऐसी कोई मंशा नहीं थी कि किसी एन्साइक्लोपीडिया से शादी करूँ क्योंकि मैं अपनी सारी दिमाग़ी उत्सुकताएँ किसी भी पुस्तकालय में जाकर शान्त कर सकता हूँ। लेकिन यह आशावादी विचार एक भीतरी चिन्ता पर निर्भर था और वह चिन्ता थी कि क्या इस शादी से मेरे काम में ख़लल पड़ेगा? चूँकि मिल्ड्रेड ख़ूबसूरत और युवा थी, तो क्या मुझे हर वक़्त उसके आसपास मँडराने की ज़रूरत होगी। क्या मुझे इसकी चाहत थी? मैं पसोपेश में था। हालाँकि मैं प्यार में नहीं था, लेकिन चूँकि मैं शादीशुदा था, और शादीशुदा ही रहना चाहता था तथा चाहता था कि मेरी शादी सफल हो।

जबकि मिल्ड्रेड के लिए शादी का मतलब किसी सौन्दर्य प्रतियोगिता को जीतने जैसा रोमांचकारी और उत्तेजनापूर्ण था। उसके लिए यह सब कुछ वैसा था जैसा उसने किसी कहानी की किताब में पढ़ा था। उसे वास्तविकता का कोई आभास नहीं था। मैं उसके साथ गम्भीरता से अपनी योजनाओं के बारे में चर्चा करना चाहता लेकिन उसके दिमाग़ में कुछ घुसता ही नहीं था। वह हर वक़्त व्यग्रता के आलम में होती।

हमारी शादी के दूसरे दिन मेट्रो-गोल्डविन-मेयर कम्पनी के लुई.बी. मेयर ने बरस में छह फ़िल्में बनाने के लिए मिल्ड्रेड को 50,000 डॉलर पर अनुबन्धित करने के बारे में बातचीत शुरू की। मैंने उसे समझाने की कोशिश की कि वह यह अनुबन्ध न करे। मैंने उसे कहा, "अगर तुम फ़िल्मों में काम करते रहना चाहती हो तो मैं तुम्हें एक फ़िल्म के लिए पचास हज़ार डॉलर दे सकता हूँ।"

मैंने जो कुछ भी कहा, उस पर वह मोनालिसा सरीखी मुस्कान के साथ सिर हिलाती रही और बाद में उसने वह अनुबन्ध कर लिया।

पहले सिर हिलाना और सहमति देना लेकिन बाद में ठीक इसके विपरीत काम करना, यह बात परेशान करने वाली थी। मैं उससे और मेयर, दोनों से ही नाराज़ था, क्योंकि मेयर ने क़रार का प्रस्ताव उस वक़्त किया था जिस वक़्त तक हमारी शादी के लाइसेंस की स्याही भी नहीं सूखी थी।

एकाध महीना ही बीता होगा कि कम्पनी के साथ उसकी परेशानियाँ शुरू हो गईं। अब मिल्ड्रेड चाहती थी कि मैं मामले को सुलटाने के लिए मेयर से मिलूँ। मैंने उसे बताया कि मैं किसी भी हालत में मेयर से नहीं मिलूँगा। लेकिन वह पहले ही मेयर को डिनर पर आमंत्रित कर चुकी थी और उसने मुझे इसके बारे में मेयर के आने से कुछ ही पल पहले बताया। मैं ग़ुस्से के मारे पागल हो रहा था और मेरी हालत ख़राब थी, "अगर तुम उसे यहाँ लाईं तो मैं उसका अपमान कर बैठूँगा।" अभी मैंने ये अल्फाज़ कहे ही थे कि सामने वाले दरवाज़े की घंटी बजी। मैं खरगोश की तरह ड्राइंगरूम के साथ सटे कमरे में जा बैठा। यह काँच घर की तरह था जिससे बाहर निकलने की कोई राह नहीं थी।

वहाँ छुपकर बैठने का यह समय मेरे लिए अनन्त-काल की तरह था और मिल्ड्रेड तथा मेयर मुझसे कुछ ही फ़ीट की दूरी पर बैठे कारोबार की बातें कर रहे थे। मुझे अहसास हो रहा था कि मेयर को पता है कि मैं वहाँ छुपा बैठा हूँ क्योंकि उनकी बातचीत तनावपूर्ण और उखड़ी-उखड़ी लग रही थी। एक पल के मौन के बाद मुझे तसल्ली हो गई जब मिल्ड्रेड ने ज़िक्र किया कि शायद मैं घर पर नहीं हूँ। इस पर मैंने मेयर को अपनी जगह से उठते हुए सुना और मैं डर के मारे यह सोचकर पसीना-पसीना हो गया कि कहीं वह मेरे वाले कमरे में ही न आ जाए और मुझे वहाँ देख ले। मैंने ऐसा नाटक किया मानो सो रहा होऊँ। अलबत्ता, मेयर ने कोई बहाना बनाया और डिनर के लिए रुकने के बजाय चला ही गया।

*

हमारी शादी हो जाने के बाद पता चला कि मिल्ड्रेड के गर्भधारण की ख़बर झूठी थी। कई महीने बीत चुके थे और मैं सिर्फ़ तीन ही रील की एक कॉमेडी 'द सनीसाइड' बना पाया था तथा इसे बनाना भी मेरे लिए नाकों चने चबाने जैसा रहा था। इसमें दो

राय नहीं थी कि शादी से मेरी सृजनात्मकता पर असर पड़ रहा था। 'सनीसाइड' के बाद तो यह हाल था कि मुझे सूझता ही नहीं था कि विचार कहाँ से आएँ।

इस हताशा की हालत में ध्यान बँटाने के लिए जब मैं ऑरफ़ीम थियेटर गया तो यह राहत की तरह लगा। दिमाग़ की इसी हालत में मैंने एक विलक्षण नर्तक देखा। हालाँकि उसमें कुछ भी असाधारण नहीं था, लेकिन अपने अभिनय की समाप्ति पर वह अपने साथ अपने छोटे से बेटे को लाया। चार बरस का बच्चा, ताकि वह उसके साथ झुककर सलाम करके विदाई ले सके। अपने पिता के साथ झुकने के बाद, उसने कुछ मज़ेदार नृत्य मुद्राएँ दिखाईं और फिर सायास दर्शकों की तरफ़ देखा तथा उनकी तरफ़ देखकर हाथ हिलाता हुआ भाग गया। दर्शकगण हँसते-हँसते दोहरे हो गए जिसका नतीजा यह हुआ कि बच्चे को दोबारा मंच पर आना पड़ा। इस बार उसने बिलकुल अलग तरह का नृत्य किया। यह किसी दूसरे बच्चे के लिए बेहूदगी भरा हो सकता था लेकिन जैकी कूगन प्यारा बच्चा था और दर्शकों ने उसका भरपूर आनन्द लिया। उसने जो कुछ भी किया, उस नन्ही जान की बाँध लेने वाली बात थी।

मैंने उसके बारे में अगले हफ़्ते तक नहीं सोचा। उसका ख़याल मुझे तब आया जब मैं खुले स्टेज पर अपनी कलाकार मंडली के साथ बैठा हुआ था और अपनी अगली फ़िल्म के लिए आइडिया सोचने के लिए छटपटा रहा था। उन दिनों मैं अक्सर उनके सामने बैठ जाता था क्योंकि उनकी मौजूदगी और प्रतिक्रियाओं से ही प्रेरणा मिल जाया करती थी। उस दिन मैं बिलकुल हताश बैठा हुआ था। कुछ भी सूझ नहीं रहा और उनकी विनम्र मुस्कराहट के बावजूद मैं जानता था कि मेरी कोशिशें भूसे में लट्ठ चलाने की तरह हैं।

मेरा दिमाग़ घूम रहा था। फिर मैं उन्हें आरफ़ीम में देखे गए नाटक और उस नन्हे-मुन्ने जैकी कूगन के बारे में बताने लगा, जो अपने पिता के साथ सलाम करने के लिए मंच पर आया था।

किसी ने बताया कि उसने सुबह के अख़बार में पढ़ा था कि जैकी कूगन को रॉस्को ऑरबकल ने अपनी अगली फ़िल्म के लिए अनुबन्धित कर लिया है। इस ख़बर ने मुझ पर बिजली का-सा असर किया, "ओह गॉड, मैंने इसके बारे में क्यों नहीं सोचा?" बेशक, वह फ़िल्मों में तहलका मचा देगा। फिर मैं उसकी सम्भावनाओं के बारे में विस्तार से बात करने लगा, उसकी खिलखिलाहट के बारे में और उन कहानियों के बारे में जो मैं उसके साथ कर सकता था।

मुझ पर विचार हावी होने लगे, "क्या आप किसी ऐसे ट्रैम्प की कल्पना कर सकते हैं, जो खिड़कियों के काँच लगाने का काम करता हो; यानी एक नन्हा-सा लड़का जो सारे शहर में खिड़कियों के काँच तोड़ता फिरता है और फिर आता है ट्रैम्प जो खिड़कियों की मरम्मत करता है। बच्चे और ट्रैम्प के साथ के रोमांचकारी करतब और इसी तरह की हरकतें।"

मैं बैठ गया और सारा दिन कहानी बुनने में सिर खपाता तथा और एक के बाद दूसरा दृश्य उन्हें समझाता रहा जबकि कलाकार मुँह बाये हैरानी से मेरी तरफ़ देखते रहे क्योंकि वे सोच रहे थे कि जो मौक़ा हाथ से जा चुका है अब उस पर मैं क्यों इतने उत्साह से माथापच्ची कर रहा हूँ। घंटों बैठा मैं हँसी के पल और परिस्थितियाँ बुनता रहा। तभी अचानक मुझे याद आया, "लेकिन इस सबका फ़ायदा? ऑरबकल ने उसे अनुबन्धित कर लिया है और शायद उसके दिमाग़ में भी इसी तरह के ख़याल कुलबुला रहे होंगे। मैं भी कितना मूर्ख हूँ कि इसके बारे में पहले नहीं सोचा?"

उस पूरी दोपहर और रात मैं बच्चे के साथ कहानियाँ बुनने के अलावा किसी दूसरी चीज़ के बारे में सोच ही नहीं पाया। अगली सुबह हताशा की हालत में मैंने मंडली को रिहर्सल के लिए बुलवाया। भगवान ही जानता था कि मैंने ऐसा क्यों किया, क्योंकि रिहर्सल कराने को मेरे पास कुछ था ही नहीं। इस तरह दिमाग़ी सरसाम की हालत में मैं मंच पर कलाकारों के साथ बैठा रहा।

किसी ने सुझाया कि मुझे किसी और बच्चे को तलाश करने की कोशिश करनी चाहिए—हो सके तो नीग्रो बच्चा। लेकिन मैंने सन्देह से अपना सिर हिलाया। जैकी जैसे व्यक्तित्व वाला दूसरा बच्चा खोज पाना असम्भव है।

साढ़े ग्यारह बजे के क़रीब कार्ललिस्ले रॉबिन्सन, हमारे प्रचार-प्रबन्धक दौड़ते हुए मंच पर आए। उनकी साँस उखड़ी हुई थी और वे बेहद उत्साहित थे, "वो जैकी कूगन नहीं है जिसे ऑरबकल ने अनुबन्धित किया है। उसने तो उसके पिता जैक कूगन को अनुबन्धित किया है।"

मैं कुर्सी से उछल पड़ा, "जल्दी करो, उसके पिता को फ़ोन पर बुलवाओ और उससे कहो कि उसका तुरन्त यहाँ आना बहुत ज़रूरी है। बेहद ज़रूरी।"

ख़बर से हम सब में ख़ुशी की लहर दौड़ गई थी। कलाकार इतने अधिक उत्साहित थे कि उनमें से कुछ लोग आए और मेरी पीठ थपथपाने लगे। जब ऑफ़िस-स्टाफ़ ने इसके बारे में सुना तो वे स्टेज पर ही चले आए और मुझे बधाई देने लगे। लेकिन अब तक मैंने जैकी को अनुबन्धित नहीं किया था और इस बात की सम्भावना अभी भी थी कि ऑरबकल को भी अचानक ही इसी तरह का इलहाम हो जाए। इसलिए, मैंने रॉबिन्सन से कहा कि वह फ़ोन पर जो चाहे कहे, लेकिन चौकस रहे और बच्चे के बारे में किसी को कुछ न बताए—"जब तक पिता यहाँ न आ जाए, उससे भी कुछ न कहा जाए। उससे सिर्फ़ यही कहा जाए कि यहाँ तुरन्त आना है और वह हमारे पास आधे घंटे के भीतर कैसे भी करके पहुँच जाए। अगर उसका पता नहीं चलता तो उसके स्टूडियो में जाओ लेकिन जब तक वह यहाँ न आ जाए, उसे कुछ भी न बताया जाए।" उन लोगों को पिता को तलाशने में ख़ासी परेशानी हुई क्योंकि वह स्टूडियो में नहीं था। इधर दो घंटे तक मैं मानो दमघोंटू रहस्य में पड़ा रहा।

आख़िरकार, हैरान-परेशान जैकी के पिता ने अपना चेहरा दिखाया। मैंने उसे बाँहों से थाम लिया और कहा, "वह बहुत बड़ी सनसनी बनेगा। इतनी बड़ी घटना आज तक नहीं घटी है। उसे बस यह करना है कि एक फ़िल्म में काम करे।" मैं इसी तरह से अनाप-शनाप बकता रहा। उसने ज़रूर यही सोचा होगा कि मैं पगला गया हूँ। फिर मैंने कहा, "यह कहानी आपके बेटे को उसकी ज़िन्दगी का बेहरतीन मौक़ा देगी।"

"मेरा बेटा?"

"हाँ-हाँ, आपका बेटा। अगर आप मुझे उससे बस एक फ़िल्म में काम कराने दें।"

"अरे, इसमें क्या है? आप ज़रूर उस आफ़त को ले सकते हैं।" उसने कहा।

कहावत है कि बच्चे और कुत्ते फ़िल्मों में बेहतरीन अदाकार होते हैं। बारह महीने के बच्चे को, साबुन की टिकिया के साथ बाथ-टब में डाल दीजिए और जिस वक़्त वह साबुन को पकड़ने की कोशिश करेगा तो वह सबको हँसा-हँसा कर पागल कर देगा। सभी बच्चे किसी-न-किसी रूप में जीनियस होते हैं। ज़रूरी बस यही है कि उनकी प्रतिभा को बाहर लाया जाए। जैकी के साथ यह सब बहुत आसान था। मूक अभिनय यानी पैंटोमाइम के कुछ मूलभूत सिद्धान्त सीखने-भर की ज़रूरत थी और जैकी ने जल्द ही इसमें महारत हासिल कर ली। वह एक्शन में संवेदनाएँ और संवेदनाओं में एक्शन डाल सकता था और इसे बार-बार दोहरा भी सकता था। सबसे कमाल की बात यह थी कि उसकी सहजता का असर कहीं कम नहीं होता था।

'द किड' में एक दृश्य है, जिसमें बच्चा एक खिड़की पर पत्थर बस फेंकने ही वाला है कि तभी एक पुलिसवाला चुपके से उसके पीछे आ खड़ा होता है और जैसे ही बच्चा पत्थर फेंकने के लिए हाथ पीछे करता है, उसका हाथ पुलिसवाले के कोट को छूता है। वह सिर उठाकर पुलिसवाले की तरफ़ देखता है खेल-खेल में पत्थर उछालता है, वापस पकड़ता है और फिर बड़ी मासूमियत से पत्थर एक तरफ़ फेंककर धीरे-धीरे चलता है तथा अचानक ही तेज़ी से दौड़ना शुरू कर देता है।

इस दृश्य की सारी बारीकियाँ तय कर लेने के बाद मैंने बिन्दुओं पर ज़ोर देते हुए जैकी से कहा कि वह मुझे देखता रहे—"तुम्हारे हाथ में पत्थर है, फिर तुम खिड़की की तरफ़ देखते हो और पत्थर फेंकने की तैयारी करते हो। तुम अपने हाथ को पीछे लाते हो, लेकिन जब तुम पुलिसवाले का कोट महसूस करते हो, तुम उसके बटनों को महसूस करते हो तो तुम सिर उठाकर ऊपर देखते हो और पाते हो कि यह तो पुलिसवाला है। उसे दिखाने के लिए तुम खेल-खेल में पत्थर हवा में उछालते हो, फिर पत्थर फेंक देते हो और यूँ ही वहाँ से चल देते हो फिर अचानक ही तुम सरपट दौड़ने लगते हो।"

उसने तीन या चार बार दृश्य की रिहर्सल की। आख़िरकार पूरे दृश्य की बनावट के बारे में उसे इतना यक़ीन हो गया कि संवेदनाएँ ख़ुद-ब-ख़ुद दृश्य में चली आईं। दूसरे शब्दों में, दृश्य की बनावट ने संवेदनाओं के लिए जगह बनाई। यह दृश्य जैकी के बेहतरीन दृश्यों में से एक था और इसकी गिनती फ़िल्म के महत्त्वपूर्ण दृश्यों में हुई।

हाँ, यह ज़रूर था कि फ़िल्म के सारे के सारे दृश्य इतनी आसानी से नहीं फ़िल्माए जा सके थे। जो दृश्य आसान लगते थे, वे उसे अक्सर उलझन में डालते, जैसा कि आमतौर पर आसान दृश्यों के साथ हुआ करता है। एक बार मैं चाहता था कि वह स्वाभाविक तौर पर दरवाज़े पर झूले और अपने दिमाग़ में कुछ भी न लाए, लेकिन वह कुछ ज़्यादा ही चौकन्ना हो गया, इसलिए हमें यह सीन छोड़ देना पड़ा।

अगर आपके दिमाग़ में कोई गतिविधि न चल रही हो तो स्वाभाविक रूप से अभिनय करना बहुत मुश्किल होता है। स्टेज पर सुनना मुश्किल होता है। इसलिए शौक़िया कलाकार ज़रूरत से ज़्यादा ध्यान देने लगते हैं। जब तक जैकी के दिमाग़ में कुछ-न-कुछ चलता रहता, वह बेहतरीन अदाकार रहता।

ऑरबकल के साथ जैकी के पिता का क़रार जल्द ही ख़त्म हो गया इसलिए अब उसके लिए यह सम्भव हो गया कि वह हमारे स्टूडियो में अपने बेटे के साथ ज़्यादा समय रह सके और बाद में उसने फ्लॉप हाउस वाले दृश्य में जेबकतरे की भूमिका भी निभाई। कई बार वह बहुत मददगार साबित होता। फ़िल्म में एक ऐसा दृश्य था जब यतीमख़ाने के दो अधिकारी उसे मुझसे ले जाते हैं, तो उस दृश्य में हम चाहते थे कि जैकी सचमुच रोए। मैंने उसे हर तरह की डरावनी कहानियाँ सुनाईं। लेकिन जैकी, वह बहुत ही अच्छे और शरारत-भरे मूड में थे। एक घंटे तक इन्तज़ार करने के बाद पिता ने कहा, "चलिए, मैं इसे रुलाता हूँ।"

"बच्चे को डराना या मारना-वारना नहीं," मैंने अपराध-बोध के साथ कहा।

"अरे नहीं, नहीं, ऐसा कुछ नहीं होगा।" पिता ने कहा।

जैकी इतने शानदार मूड में था कि मेरी हिम्मत ही नहीं हुई कि स्टेज पर रुककर देखूँ कि उसका पिता क्या करता है, इसलिए मैं ड्रेसिंग रूम में चला आया। कुछ ही पल बाद मैंने सुना कि जैकी ज़ोर-ज़ोर से रो रहा है।

"तैयार है यह," उसके पिता ने कहा।

यह वह दृश्य था जिसमें मैं बच्चे को यतीमख़ाने के अधिकारियों से छुड़वाता हूँ और जब वह रोता है तो उसे गले लगाता हूँ और पुचकारता हूँ। जब सीन पूरा हो गया तो मैंने उसके पिता से पूछा कि उसने यह कैसे किया?

"मैंने उसे सिर्फ़ यही कहा कि अगर वह इस सीन को नहीं करेगा, तो हम उसे स्टूडियो से ले जाएँगे और सचमुच यतीमख़ाने में छोड़ आएँगे।"

मैं जैकी की तरफ़ मुड़ा और सान्त्वना देने की नीयत से उसे अपनी बाँहों में उठा लिया। उसके गाल अभी भी आँसुओं से गीले थे, "वे तुम्हें कहीं नहीं ले जा रहे हैं।" मैंने कहा।

"मुझे पता है," वह मेरे कानों में फुसफुसाया, "डैडी तो बस, मुझे बुद्धू बना रहे थे।"

गवर्नर मॉरिस, लेखक और कथाकार, जिन्होंने कई फ़िल्मों की पटकथा लिखी थी, अक्सर मुझे अपने घर पर बुला भेजते। गुवी, जैसा कि मैं उन्हें पुकारा करता

था, बेहद आकर्षक और संवेदनशील व्यक्ति थे। जब मैंने उन्हें 'द किड' के बारे में बताया और कहा कि यह फ़िल्म किस तरह का आकार ले रही है, प्रहसन के साथ संवेदनाओं का मिश्रण, तो वे बोले, "यह नहीं चलेगा। जो भी रूप अपनाया जाए, शुद्ध होना चाहिए। या तो प्रहसन या फिर ड्रामा। आप दोनों को मिला नहीं सकते, नहीं तो कहानी का एक तत्त्व खो जाएगा।"

हम दोनों के बीच इस मुद्दे पर तर्कपूर्ण बहस हुई। मेरा कहना था कि प्रहसन से संवेदनाओं की तरफ़ मुड़ना हमारे अहसास और परिस्थितियों को व्यवस्थित करने के हमारे विवेक पर निर्भर है। मैंने तर्क दिया कि रूप या फ़ॉर्म तभी आता है जब आदमी कुछ नया सृजन करता है। यदि कलाकार दुनिया के बारे में सोचता है और ईमानदारी से उस पर विश्वास करता है तो चाहे जो भी मसाला तैयार हो, वह विश्वसनीय लगेगा। हाँ, यह ज़रूर था कि अपनी इस थ्योरी के पक्ष में मेरे पास कोई आधार नहीं था, सिर्फ़ भीतरी संवेग ही थे। अब तक व्यंग्य, स्वाँग, यथार्थवाद, प्रकृतिवाद, सुखांत नाटक और फैंटेसी ही चले आ रहे थे, लेकिन इस तरह प्रहसन और संवेदनाएँ, जो कि 'द किड' के केन्द्र में थे, एक तरह का नयापन था।

*

'द किड' के सम्पादन के दौरान, सात बरस का सैम्युअल रेशेव्स्की, विश्व का बाल शतरंज खिलाड़ी, स्टूडियो में आया। उसे एथलेटिक क्लब में एक साथ बीस खिलाड़ियों के साथ अपने खेल का प्रदर्शन करना था और इन बीस में से एक डॉक्टर ग्रिफ़िथ भी थे, जो कैलीफोर्निया के चैम्पियन थे। सैम्युअल का चेहरा दुबला, पीला तना हुआ था और जब वह लोगों से मिलता तो उसकी बड़ी-बड़ी आँखें चुनौती देती घूरती हुई लगती थीं। मुझे चेताया गया था कि वह बहुत तुनकमिज़ाज है और किसी से मिलते समय शायद ही कभी हाथ मिलाता हो।

जब उसके प्रबन्धक हम दोनों का परिचय कराते हुए कुछ शब्द बोल रहे थे तो वह लड़का चुपचाप मेरी तरफ़ घूर रहा था। मैं अपनी फ़िल्म के सम्पादन में व्यस्त था और फ़िल्म की स्ट्रिप्स देख रहा था।

एक पल बाद मैं उसकी तरफ़ मुड़ा और पूछा, "तुम्हें आड़ू अच्छे लगते हैं क्या?"

"हाँ," उसने जवाब दिया।

"तो ऐसा करो, हमारे बग़ीचे में आड़ुओं से भरा हुआ एक दरख़्त है। तुम पेड़ पर चढ़ जाओ और कुछेक तोड़ लो। मेरे लिए भी एक लेते आना।"

उसका चेहरा दमकने लगा, "वाह, बढ़िया, कहाँ है वह पेड़?"

"कार्ल तुम्हें बता देगा।" मैंने अपने पब्लिसिटी प्रबन्धक की ओर इशारा करते हुए कहा।

पन्द्रह मिनट बाद वह लौटा तो बहुत ख़ुश था। उसके पास ढेरों आड़ू थे। यह हमारी दोस्ती की शुरुआत थी।

"क्या आप शतरंज खेल सकते हैं?"

मुझे स्वीकार करना पड़ा कि मुझे नहीं आती।

"मैं आपको सिखा दूँगा। आज रात को आना और मेरा खेल देखना। मैं एक ही वक़्त में बीस आदमियों के साथ खेल रहा हूँ।" उसने शेख़ी बघारते हुए कहा।

मैंने वादा किया और कहा कि उसे मैं बाद में खाने पर ले चलूँगा।

"बढ़िया, मैं जल्दी फारिग़ हो जाऊँगा।"

उस शाम के ड्रामे की तारीफ़ करने के लिए शतरंज को जानना ज़रूरी नहीं था। अपनी-अपनी शतरंज की बिसात पर सिर झुकाए अधेड़ उम्र के बीस व्यक्ति सात बरस के एक बच्चे द्वारा पसोपेश में डाल दिये गए थे और बच्चा भी कैसा, जो अपनी उम्र से भी कम का लगता था। उसे 'यू' के आकार की मेज़ के केन्द्र पर एक आदमी से दूसरे आदमी तक जाते हुए देखना अपने आप में किसी ड्रामे से कम नहीं था।

इस नज़ारे में अतियथार्थवाद था कि किस तरह से तीन सौ आदमियों से भी अधिक की भीड़ हॉल के दोनों तरफ़ सीढ़ीनुमा सीटों पर बैठी एक बच्चे को बीस आदमियों के ख़िलाफ़ अपना दिमाग़ लड़ाते हुए चुपचाप देख रही थी। कुछेक लोग मोनालिसा सरीखी मुस्कान लिये अध्ययन करते हुए गहरे विमर्श में डूबे बैठे थे।

बालक वाक़ई अद्‌भुत था, वह मुझे विचलित कर रहा था क्योंकि मैं देख रहा था कि वह नन्हा-सा लड़का, पूरे ध्यान से कभी एकदम लाल हो जाता और कभी उसका चेहरा निचुड़कर एकदम सफ़ेद पड़ जाता। मुझे लग रहा था कि वह अपनी सेहत की क़ीमत पर खेल रहा है।

"यहाँ," तभी एक खिलाड़ी पुकारता है और वह बाल खिलाड़ी चलकर उसके पास जाता, कुछेक पलों के लिए बिसात का अध्ययन करता और अचानक ही एक चाल चलकर ज़ोर से चिल्ला उठता है, "यह लो, शह और मात।" दर्शकों के बीच हँसी की लहर फैल जाती है। मैंने उसे एक के बाद एक आठ खिलाड़ियों को शह और मात देते हुए देखा जिससे हँसी और तारीफ़ का माहौल बन गया।

अब वह डॉक्टर ग्रिफ़िथ की बिसात का अध्ययन कर रहा था। दर्शकगण चुप थे। अचानक ही उसने एक चाल चली, फिर मुड़ा और मेरी तरफ़ देखा। उसका चेहरा दमक उठा और उसने मेरी तरफ़ देखकर हाथ हिलाया। यह इस बात का इशारा था कि बस, अब बहुत देर नहीं लगने वाली है।

कई दूसरे खिलाड़ियों को मात देने के बाद वह डॉक्टर ग्रिफ़िथ की तरफ़ लौटा। वे अभी भी गहरे चिन्तन में डूबे थे।

"आपने अभी तक अपनी चाल नहीं चली?" बालक ने बेसब्री से पूछा।

डॉक्टर ने अपना सिर हिलाया।

"ओह, जल्दी कीजिए, जल्दी।"

ग्रिफ़िथ मुस्कराए।

बच्चे ने उन्हें घूरकर देखा, "आप मुझे नहीं हरा सकते। अगर आप यह चाल चलेंगे तो मैं यह चाल चलूँगा। और आप यह चाल चलेंगे, तो मैं वह चाल चल दूँगा।" उसने फटाफट सात-आठ चालों के नाम गिना दिये, "हम यहाँ रात-भर रुके रहेंगे, इसलिए बेहतर यही है कि हम ड्रॉ कर लें।"

डॉक्टर ने समझौता कर लिया।

*

हालाँकि अब मैं मिल्ड्रेड को चाहने लगा था, लेकिन बात यह थी कि हम एक-दूजे के लिए बने ही नहीं थे। वह बुरी नहीं थी, लेकिन उसका स्वभाव ग़ुस्सा दिलानेवाला था। मैं कभी भी उसके मन की थाह नहीं ले पाया। उसका दिमाग़ जनाना मूर्खता से जकड़ा हुआ था। वह हमेशा चंचल रहती और दूसरी ही दुनिया में विचरती रहती। जब हमारी शादी को एक बरस हो गया तो हमारा एक बेटा हुआ जो सिर्फ़ तीन दिन जीवित रहा। इसी बिन्दु से हमारी शादी में बिखराव शुरू हुआ। हालाँकि हम एक ही छत के नीचे रहते थे, फिर भी शायद ही हम एक-दूजे से मिलते। कारण यह था कि वह अपने स्टूडियो में व्यस्त रहती और मैं अपने स्टूडियो में। हमारा घर मुसाफ़िरख़ाना बन चुका था। मैं घर लौटता तो पाता कि खाने की मेज़ पर एक आदमी के लिए खाना लगा हुआ है। मैं अकेले खाना खाता। अक्सर वह हफ़्ते-भर के लिए बाहर चली जाती और कोई ख़बर भी छोड़कर न जाती। उसके न होने के बारे में मुझे उसके ख़ाली कमरे के खुले दरवाज़े से ही पता चलता।

कई बार रविवार के दिन जब वह घर से बाहर जा रही होती, हम अचानक ही मिल जाते और तब वह मुझे चलताऊ ढंग से बताती कि वह यह सप्ताहान्त गिशेस या अपनी दूसरी सहेलियों के साथ गुज़ारने वाली है और मैं फेयरबैंक्स (डगलस और मैरी अब शादीशुदा थे) के यहाँ चला जाऊँ। इस तरह सब कुछ टूट गया था। यह 'द किड' के सम्पादन के दिनों की बात है। मैं सप्ताहान्त फेयरबैंक्स के यहाँ गुज़ार रहा था। एक दिन डगलस मेरे पास मिल्ड्रेड के बारे में कुछ अफ़वाहों के साथ आए, "मेरा ख़याल है तुम्हें पता होना चाहिए," उन्होंने कहा।

मैंने कभी यह जानने की कोशिश नहीं की कि इन अफ़वाहों में कितनी सच्चाई है, लेकिन उनसे मुझे हताशा होती थी। जब मेरा मिल्ड्रेड से आमना-सामना हुआ तो वह साफ़ मुकर गई।

"जो भी हो, इस तरह हम एक साथ नहीं रह सकते," मैंने कहा।

हमारे बीच में मौन पसर गया। वह ठंडी निगाहों से मेरी तरफ़ देखती रही, "आप क्या चाहते हैं?" उसने पूछा।

वह इतने निस्संग भाव से बोली कि मुझे थोड़ा झटका लगा।

"मेरा...मेरा ख़याल है हमें तलाक़ ले लेना चाहिए।" मैंने धीरे से कहा और सोचता रहा कि उसकी क्या प्रतिक्रिया होगी! उसने कोई जवाब नहीं दिया, इसलिए थोड़े विराम के बाद मैंने कहा, "मेरा ख़याल है कि हम दोनों ही ज़्यादा ख़ुश रह पाएँगे। तुम अभी युवा हो, तुम्हारे सामने अभी पूरी ज़िन्दगी पड़ी है और इसमें कोई शक नहीं कि हम अच्छे दोस्त बने रह सकते हैं। तुम्हारा वकील मेरे वकील से मिल सकता है और तुम जो भी चाहो, उसका इन्तज़ाम किया जा सकता है।"

"मैं सिर्फ़ इतना पैसा चाहती हूँ कि अपनी माँ की देखभाल कर सकूँ।"

"मेरा ख़याल है ये मुद्दे हम आपस में ही निपटा लें।" मैंने पाँसा फेंका।

एक पल के लिए वह सोचती रही, फिर उसने अपना फ़ैसला सुनाया, "मेरा ख़याल है मैं अपने वकील से ही बात करूँगी।"

"बिलकुल ठीक है," मैंने जवाब दिया, "इस बीच तुम इसी घर में रहो और मैं एथलेटिक क्लब चला जाऊँगा।"

हम दोस्ताना ढंग से अलग हो गए। हमारे बीच इस बात पर सहमति बन गई कि वह मानसिक अत्याचार के आधार पर तलाक़ माँगेगी और हम इस बारे में प्रेस को कुछ भी नहीं बताएँगे।

अगले दिन टॉम हैरिंगटन मेरा साजो-सामान एथलेटिक क्लब ले गया। यह एक बड़ी ग़लती थी, क्योंकि जल्दी ही यह अफ़वाह फैल गई कि हम दोनों अलग हो गए हैं और प्रेस ने मिल्ड्रेड को फ़ोन करना शुरू कर दिया। उन्होंने क्लब में भी फ़ोन किया लेकिन मैं न तो उनसे मिला और न ही कोई बयान दिया। लेकिन मिल्ड्रेड ने धमाकेदार बयान दिया और अख़बारों के पहले पन्ने उसके बयान से रँग गए। उसने कहा कि मैंने उसे त्याग दिया है और वह मानसिक अत्याचार के आधार पर तलाक़ की माँग कर रही है। आधुनिक मानकों से देखा जाए तो बात बहुत ही मामूली थी। अलबत्ता, मैंने उसे फ़ोन किया और पूछा कि वह प्रेस से क्यों मिली? उसने बताया कि पहले तो वह इनकार करती रही लेकिन प्रेस ने उसे बताया कि मैं पहले ही बयान दे चुका हूँ। दरअसल, प्रेसवालों ने उससे झूठ बोला था ताकि हम दोनों के बीच ग़लतफ़हमी पैदा हो जाए। मैंने मिल्ड्रेड को यह बात बताई। बातचीत के बाद मिल्ड्रेड ने वादा किया कि वह प्रेस में और कोई बयान जारी नहीं करेगी लेकिन उसने बयान दिये।

कैलीफोर्निया के समुदाय सम्पदा क़ानून के हिसाब से उसे क़ानूनी तौर पर 25,000 डॉलर मिलते लेकिन मैंने उसके आगे 100,000 डॉलर का प्रस्ताव रखा, जो कि उसने समझौते के रूप में ले लेना स्वीकार कर लिया। लेकिन जब अन्तिम काग़ज़ात पर हस्ताक्षर करने का समय आया तो वह बिना कोई वजह बताए अपनी बात से मुकर गई।

मेरा वकील हैरान था—"ज़रूर कुछ गड़बड़ है," उसने कहा और सचमुच गड़बड़ थी भी। 'द किड' को लेकर फ़र्स्ट नेशनल के साथ मेरी कुछ कहा-सुनी चल रही थी। यह सात रील की कॉमेडी फ़िल्म थी और वे चाहते थे कि दो-दो रील की तीन कॉमेडी फ़िल्में बनाकर प्रदर्शित करें। इस तरह उन्हें मुझे 'द किड' के लिए सिर्फ़ 4,05,000 डॉलर ही अदा करने पड़ते। चूँकि मुझे इसकी लागत पाँच लाख डॉलर से कुछ अधिक ही पड़ी थी और इसमें मेरी अट्ठारह महीने की मेहनत लगी थी, मैंने उन्हें बताया कि मैं अपने हक़ के लिए फ़र्स्ट नेशनल को नाकों चने चबवा सकता हूँ। यहाँ तक कि मुक़दमा करने की धमकी भी दी गई थी। चूँकि क़ानूनी तौर पर उनके पक्ष में बहुत कम उम्मीद थी और वे इस बात को जानते थे। इसलिए उन्होंने मिल्ड्रेड के ज़रिये चालें खेलने का फ़ैसला किया और 'द किड' पर हमला करने की सोची।

चूँकि मैंने अब तक 'द किड' के सम्पादन का काम पूरा नहीं किया था, मेरी छठी इन्द्रिय ने मुझे चेताया कि मैं किसी और राज्य में जाकर सम्पादन का काम पूरा करूँ। इसलिए मैं अपने स्टाफ़ के दो सदस्यों और 4,00,000 फीट फ़िल्म के साथ सॉल्ट लेक सिटी के लिए चल पड़ा। फ़िल्म के पाँच सौ रोल थे। हम सॉल्ट लेक होटल में ठहरे। हमने एक बेडरूम में फ़िल्म को एक तरह से बिछा दिया। फ़र्नीचर की एक-एक चीज़ इस्तेमाल में ले ली। मियानी, कमोड, ड्रावर ताकि फ़िल्म के रोल रखे जा सकें। चूँकि कोई भी भयंकर रूप से आग पकड़ने वाली चीज़ होटल में रखना मना होता है इसलिए हमें अपना सारा काम गुप्त तरीक़े से करना पड़ा। ऐसी परिस्थितियों में भी हम अपनी फ़िल्म के सम्पादन में लगे रहे। हमारे पास कम-से-कम दो हज़ार टेक थे जिनमें से छँटनी करनी थी। हालाँकि सब पर संख्याएँ डाली हुई थीं लेकिन कई बार ऐसा होता कि कोई अंश खो जाता और हमें उस ख़ास अंश को बिस्तर पर, बिस्तर के नीचे, ग़ुसलख़ाने में खोजने में घंटों लग जाते तब जाकर हमें वह मिलता। इस तरह की अड़चनों और विधिवत सुविधाओं के अभाव के साथ हमने फ़िल्म के सम्पादन का काम आख़िर पूरा कर लिया। यह सब किसी चमत्कार से ही सम्भव हो पाया।

अब मेरे सामने हिमालय से गंगा निकालने जैसा कठिन काम था—जनता के सामने इसका 'प्रिव्यू' करना। मैंने फ़िल्म को एक छोटी-सी सम्पादन मशीन के ज़रिये देखा था जिस पर फ़िल्म एक तौलिये पर पोस्टकार्ड के आकार के फ्रेम में दिखाई देती थी। मैं इस बात के लिए अपने आपको सौभाग्यशाली समझ रहा था कि मैंने अपने स्टूडियो में फ़िल्म के रशेज़ सामान्य आकार के स्क्रीन पर देख लिये थे। लेकिन एक हताश कर देने वाली भावना मुझे घेरे हुए थी कि मेरी पन्द्रह महीनों की मेहनत अभी भी अँधेरे में है।

स्टूडियो स्टाफ़ के अलावा किसी ने भी फ़िल्म नहीं देखी थी। सम्पादन मशीन पर इसे कई-कई बार चलाकर देख लेने के बाद भी हमें ऐसा कुछ मज़ाक़िया या रोचक

नहीं लगा, जिसकी हमने उम्मीद की थी। अब हम सिर्फ़ अपने आपको तसल्ली दे सकते थे क्योंकि हमारा उत्साह ठंडा पड़ चुका था।

हमने फ़िल्म को अग्नि-परीक्षा से गुज़ारने का फ़ैसला किया और बिना किसी पूर्व घोषणा के एक स्थानीय थियेटर में इसके प्रदर्शन की व्यवस्था की। यह एक बड़ा थियेटर था और तीन-चौथाई भरा हुआ था। मैं हताशा में बैठा रहा और फ़िल्म शुरू होने का इन्तज़ार करता रहा। मुझे लग रहा था कि दर्शक मेरे प्रति सहानुभूति के कारण ही बैठे हैं कि मैं जो कुछ भी दिखाऊँगा, वे देख लेंगे। मुझे अपने फ़ैसले पर शक हो रहा था कि दर्शक कॉमेडी में क्या पसन्द करेंगे और किस बात पर प्रतिक्रिया देंगे? शायद मुझसे चूक हो गई है। शायद पूरी-की-पूरी मेहनत मिट्टी में मिल जाए और दर्शक इसे देखकर हताश हो जाएँ। मुझे यह डरा देने वाला ख़याल भी आया कि कई बार कॉमेडियन अपनी कॉमेडी के ख़यालों को लेकर कितना ग़लत हो सकता है।

अचानक ही मेरा पेट उछलकर मेरे गले तक आ गया जब पर्दे पर स्लाइड आई : 'चार्ली चैप्लिन अपनी ताज़ातरीन फ़िल्म 'द किड' में।' दर्शकों में ख़ुशी की एक लहर दौड़ी और छिटपुट तालियाँ बजीं। विरोधाभास ही कहिए, इस संकेत ने मुझे परेशानी में डाल दिया। हो सकता है कि वे बहुत ज़्यादा की उम्मीदे लगाए बैठे हों और उनके हाथ निराशा लगे।

शुरुआती दृश्य स्पष्ट थे—धीमे व शान्त और उन्होंने मुझे रहस्य के गर्त में धकेल दिया। एक माँ अपने बच्चे को एक लिमोजिन में छोड़ जाती है। कार चुरा ली जाती है और आख़िरकार चोर बच्चे को कूड़ेदान के पास छोड़ जाते हैं। तभी मैं आता हूँ, ट्रैम्प। इस पर हँसी फूटी और देर तक चलती रही। उन्हें लतीफ़ा नज़र आया। इसके बाद मुझसे कोई ग़लती नहीं हुई। मुझे बच्चा मिला और मैंने उसे अपना लिया। एक पुराने बोरे को काट-पीट कर बच्चे के सोने के लिए बनाए गए झूले (hammock) को देखकर लोग हँसते-हँसते लोट-पोट हो गए और जब मैं चाय की केतली के मुँह पर कटा हुआ निप्पल लगाकर उससे बच्चे को दूध पिलाता हूँ, तो दर्शक चीख़ने लगे। इसी तरह जब मैं एक पुरानी बेंत की कुर्सी की गद्दी के बीचोबीच छेद करके उसे चैम्बरपॉट पर रखकर बच्चे को उस़ पर लैट्रिन करने के लिए बिठाता हूँ तो लोग पागलों की तरह हँसने लगे। सच तो यह था कि लोग पूरी फ़िल्म में हँसते ही रहे।

*

अब चूँकि फ़िल्म का प्रदर्शन हो चुका था, हमने यह मान लिया कि इसके सम्पादन का काम पूरा हो गया है। इसलिए हमने बोरिया-बिस्तर बाँधा और सॉल्ट लेक से पूरब की तरफ़ चले। न्यूयॉर्क में मुझे रिट्ज़ के अपने कमरे में ही रहना पड़ा, क्योंकि मुझे फ़र्स्ट नेशनल द्वारा रखे गए क़ानूनी नोटिस देने वाले आदमी तंग कर रहे थे। वे लोग मिल्ड्रेड के तलाक़ के मामले को फ़िल्म की कुर्की के लिए इस्तेमाल कर रहे

थे। लगातार तीन दिन तक वे लोग होटल की लॉबी में ही मँडराते रहे। बोरियत के मारे मेरा बुरा हाल था। इसलिए जब फ्रैंक हैरिस ने मुझे अपने घर पर खाने के लिए आमंत्रित किया तो मैं इनकार नहीं कर पाया। उस शाम अच्छी तरह से पर्दे में लिपटी एक औरत रिट्ज़ की लॉबी से गुज़री और टैक्सी में बैठ गई—उस औरत के वेष में मैं था। मैंने अपनी भाभी से कपड़े उधार माँगे थे जिन्हें मैंने अपने सूट के ऊपर पहन लिया था। फ्रैंक के घर पहुँचने से पहले ही टैक्सी में मैंने सारा तामझाम उतार दिया।

फ्रैंक हैरिस, जिनकी किताबें मैंने पढ़ी और सराही थीं, मेरे आदर्श थे। फ्रैंक हमेशा ही आर्थिक संकटों से जूझते रहते थे। एकाध हफ़्ते को छोड़कर उनकी पत्रिका 'पियर्संस मैगज़ीन' हर बार बन्द होने के क़गार पर होती। एक बार जब उनकी अपील प्रकाशित हुई थी, तो मैंने भी उन्हें कुछ राशि भेजी थी और आभार स्वरूप उन्होंने ऑस्कर वाइल्ड पर अपनी किताब के दो खंड मुझे भेजे थे। उस पुस्तक पर उन्होंने निम्नलिखित पंक्तियाँ लिखी थीं :

> चार्ली चैप्लिन को,
> उन कुछ व्यक्तियों में से एक, जिन्होंने बिना परिचय के भी मेरी सहायता की। एक ऐसे शख़्स, हास्य में जिनकी दुर्लभ कलात्मकता की मैंने हमेशा सराहना की है, क्योंकि लोगों को हँसाने वाले व्यक्ति लोगों को रुलाने वाले व्यक्तियों से श्रेष्ठ होते हैं—उनका दोस्त, फ्रैंक हैरिस अपनी ओर से उन्हें अपनी स्वयं की प्रति भेज रहा है।
> अगस्त, 1919
>
> 'मैं केवल ऐसे लेखक की प्रशंसा करता हूँ और उसे मान देता हूँ, जो अपनी आँखों में आँसू-भरे हुए, इनसानों के बारे में सच बयान करता है'—पास्कल।

उस रात मैं फ्रैंक से पहली बार मिला। वे छोटे क़द के, थोड़े मोटे, गर्वीले और अच्छे चेहरे-मोहरे वाले शख़्स थे। उनकी मूँछें नुकीली थीं और यह बात थोड़ा बेचैन करती थी। उनकी आवाज़ भी गहरी और गूँजती हुई थी जिसे वे बहुत प्रभावशाली ढंग से प्रयोग करते थे। उनकी उम्र सड़सठ बरस थी। उनकी लाल बालों वाली बेहद ख़ूबसूरत पत्नी थीं जो उनके प्रति पूरी तरह से समर्पित थीं।

फ्रैंक हालाँकि समाजवादी थे, लेकिन वे बिस्मार्क के बहुत बड़े प्रशंसक थे और कुछ हद तक समाजवादी नेता कार्ल लीबनेख़्त को बहुत पसन्द नहीं करते थे। जब वे जर्मन संसद में लीबनेख़्त का उत्तर देते हुए बिस्मार्क की नक़ल करते और उसमें जर्मन की प्रभावशाली हकलाहट ले आते तो नज़ारा देखने लायक़ होता। फ्रैंक बेहतरीन अभिनेता हो सकते थे। हमने सुबह चार बजे तक बातें कीं, जिनमें से ज़्यादातर बातें फ्रैंक ने ही कीं।

उस शाम मैंने सोचा कि हो सकता है कि इस वक़्त भी समन लाने वाले वहीं होटल के आसपास मँडरा रहे हों, सो मैंने दूसरे होटल में रहने का फ़ैसला किया। लेकिन न्यूयॉर्क में सभी होटल भरे हुए थे। एक घंटे तक टैक्सी में इधर-उधर भटकने के बाद लगभग चालीस बरस की उम्र के, खुरदरे चेहरेवाले टैक्सी ड्राइवर ने पीछे मुड़कर मेरी तरफ़ देखा और कहा, "सुनिए, आपको इस वक़्त तो कोई होटल मिलने से रहा। आपके लिए यही बेहतर होगा कि आप मेरे साथ मेरे घर चलें और सुबह होने तक वहीं सोएँ।"

पहले तो मुझे अजीब लगा, लेकिन जब उसने अपनी पत्नी और परिवार का ज़िक्र किया तो मैंने सोचा कि यही ठीक रहेगा। इसके अलावा, वहाँ मैं समन-वाहकों से भी सुरक्षित रहूँगा।

"यह तो आपकी बहुत मेहरबानी होगी," मैंने कहा और अपना परिचय दिया।

वह हैरान हुआ और हँसा, "मेरी बीवी तो यह सुनकर बेहोश ही हो जाएगी।"

हम भीड़-भरे इलाक़े में ब्रांक्स के कहीं आसपास ही पहुँचे। वहाँ पर लाल-भूरे पत्थर की दीवारों वाले मकानों की क़तारें थीं। हम उनमें से एक घर में गए जिसमें फ़र्नीचर तो नाममात्र का था लेकिन घर एकदम साफ़-सुथरा था। वह मुझे पीछे की तरफ़ के एक कमरे में ले गया जहाँ एक बड़ा-सा बिस्तर था जिस पर बारह बरस का उसका बेटा सोया हुआ था।

"रुकिए एक मिनट," उसने कहा और अपने बेटे को उठाकर बिस्तर पर एक तरफ़ सरका दिया। बच्चा उसी तरह गहरी नींद में सोता रहा। फिर वह मेरी तरफ़ मुड़ा और बोला, "आराम से लेट जाइए।"

मैं फिर से अपने फ़ैसले पर सोचने वाला था लेकिन उसकी आवभगत इतनी दिल को छू लेने वाली थी कि मैं मना ही नहीं सका। उसने मुझे रात को पहनने वाली एक साफ़-सुथरी क़मीज़ दी और मैं डरते-डरते बिस्तर में घुस गया। मैं डर रहा था कि कहीं मेरी वजह से बच्चा जाग न जाए।

मैं एक पल के लिए भी नहीं सो सका। आख़िरकार जब बच्चा जागा तो मैंने अपनी अधमुँदी पलकों से देखा कि वह उठा, तैयार हुआ, मेरी तरफ़ उचटती-सी निगाह डाली और बिना किसी प्रतिक्रिया के चला गया। कुछ ही पल बाद वह आठेक बरस की उम्र की एक और लड़की के साथ चुपके से कमरे में आया। वह लड़की उसकी बहन रही होगी। मैं अभी भी सोने का नाटक कर रहा था और उन्हें अपनी ओर देखते हुए देख रहा था। उनकी आँखें हैरानी से फैल रही थीं। छोटी लड़की ने अपने मुँह पर हाथ रख लिया था ताकि अपनी खिलखिलाहट को दबा सके। फिर दोनों कमरे से बाहर चले गए।

अभी कुछ ही पल बीते थे कि गलियारे से कुछ ऊँचे स्वर में बातों की आवाज़ें आने लगीं। इसके बाद टैक्सी-ड्राइवर की दबी हुई आवाज़ आई। उसने यह देखने

के लिए हौले से दरवाज़े में से झाँका कि क्या मैं जाग गया हूँ। मैंने उसे आश्वस्त किया कि मैं जाग गया हूँ।

"आपके लिए नहाने का सामान तैयार कर दिया है हमने," उसने कहा, "स्नानघर सीढ़ियों के दूसरे सिरे पर है।" वह मेरे लिए एक ड्रेसिंग गाउन, स्लीपर और तौलिया लेकर आया था।

"आप नाश्ते में क्या लेना चाहेंगे?"

"कुछ भी," मैंने जैसे माफ़ी माँगते हुए कहा।

"जो भी आप चाहें, बेकन, अंडे, टोस्ट और क़ॉफी?"

"एकदम शानदार रहेगा।"

काम करने की उनकी गति एकदम शानदार थी।

जैसे ही मैंने कपड़े पहने, उसकी पत्नी बाहर वाले कमरे में गरमागरम नाश्ता लेकर हाज़िर हो गई।

इस कमरे में बहुत ही कम फ़र्नीचर था। बीच में एक मेज़, एक आरामकुर्सी और एक दीवान। आतिशदान के ऊपर परिवार के सदस्यों की फ्रेम में मढ़ी हुई कई तसवीरें लगी हुई थीं। जिस वक़्त मैं नाश्ता कर रहा था, घर के बाहर से आने वाली बच्चों और बड़ों की बढ़ती हुई भीड़ की आवाज़ें सुन पा रहा था।

"लोगों को पता चलना शुरू हो गया है कि आप यहाँ पर हैं!" उसकी पत्नी कॉफ़ी लाते हुए मुस्कराई। तभी टैक्सी ड्राइवर आया। वह बहुत उत्तेजित था, "देखिए," वह बोला, "घर के बाहर बहुत भीड़ जुट आई है और वह हर पल बढ़ती ही जा रही है। अगर आप बच्चों को एक झलक अपने आपको देख लेने देंगे, तो वे लोग चले जाएँगे, नहीं तो प्रेस को आपके बारे में पता चल जाएगा और तब आप गए काम से!"

"बेशक, आप सबको अन्दर आने दे सकते हैं।" मैंने जवाब दिया।

और इस तरह से बच्चे अन्दर आते, खीसें निपोरते और मेज़ के पास लाइन लगाकर खड़े हो जाते। मैं अभी भी कॉफ़ी के घूँट ले रहा था। बाहर टैक्सी ड्राइवर की आवाज़ सुनाई दे रही थी, "ठीक है, ठीक है, ज़्यादा जोश में आने की ज़रूरत नहीं है। लाइन से, लाइन से आओ, एक बार में दो ही।"

एक युवती भीतर आई। उसका चेहरा तनाव से भरा और गम्भीर था। वह मेरी तरफ़ खोजी निगाहों से देखने लगी और फिर उसने दहाड़े मारकर रोना शुरू कर दिया।

"नहीं, यह वो नहीं है। मैंने सोचा था कि यह वही होगा।" वह सुबकने लगी।

ऐसा लग रहा था कि उसकी किसी सहेली ने उसे घुमा-फिराकर बताया होगा, "तुम्हें क्या लगता है कि कौन आया हुआ है यहाँ? तुम्हें कभी विश्वास ही नहीं होगा।" यही सोचकर उसे मेरे सामने लाया गया था, वह मुझे अपना खोया हुआ भाई मान रही थी, जिसके बारे में बाद में बताया गया कि वह युद्ध में लापता हो गया है।

मैंने होटल रिट्ज़ लौटने का फ़ैसला कर लिया भले ही अदालत के काग़ज़ात मुझे थमा दिये जाएँ। अलबत्ता, मेरा सामना किसी भी समन-वाहक से नहीं हुआ। बल्कि कैलीफोर्निया से मेरे वकील की ओर से आया एक तार मेरी राह अवश्य देख रहा था कि सब कुछ निपटा लिया गया है और मिल्ड्रेड ने तलाक़ के लिए अर्ज़ी दे दी है।

अगले दिन टैक्सी ड्राइवर और उसकी पत्नी ख़ूब सज-धजकर मुझसे मिलने के लिए आए। उसने बताया कि प्रेस उसे इस बात के लिए परेशान कर रही है कि वह रविवार के अख़बारों के लिए उसके घर पर मेरे ठहरने के बारे में फ़ीचर लिखकर दे। लेकिन उसने दृढ़तापूर्वक कहा, "जब तक आपकी अनुमति न हो, मैं उन्हें एक शब्द भी नहीं बताने वाला।"

"लिख डालो।" मैंने उसे हरी झंडी दे दी।

*

उसके बाद फ़र्स्ट नेशनल के महानुभाव मेरे पास आए। आलंकारिक भाषा में कहूँ तो वे विनम्रता की मूर्तियाँ लग रहे थे। उनमें से एक, वाइस प्रेसिडेंट मि. गोर्डन, जो कि पूर्वी क्षेत्र में बहुत बड़े थियेटरों के मालिक थे, ने कहा, "आप अपनी फ़िल्म के लिए पन्द्रह लाख डॉलर चाहते हैं और हमने फ़िल्म देखी तक नहीं है।" मैंने स्वीकार किया कि उनकी बात में दम है फिर फ़िल्म के प्रदर्शन की व्यवस्था की गई।

यह एक तनाव भरी शाम थी। फ़र्स्ट नेशनल के पच्चीस वितरक प्रोजेक्शन रूम में लाइन बनाकर इस तरह से आए मानो किसी की मय्यत में जा रहे हों। यह असभ्य लोगों का जमावड़ा था जो शक से भरे हुए और सहानुभूति से शून्य थे।

तभी फ़िल्म शुरू हुई। शुरुआती टाइटल था :

"एक फ़िल्म मुस्कान और शायद एक आँसू के साथ।"

"बुरी नहीं है," गोर्डन साहब ने अपनी महानता का प्रदर्शन करते हुए कहा।

सॉल्ट लेक सिटी में प्रिव्यू के बाद मुझमें थोड़ा-सा आत्मविश्वास आ गया था लेकिन यहाँ प्रदर्शन अभी आधा ही हुआ होगा कि मेरा विश्वास डगमगा गया। प्रिव्यू में तो लोगों के ख़ुशी के मारे चीख़ने की आवाज़ें आ रही थीं और अब यहाँ एकाध खी-खी ही सुनाई पड़ रही थी। जब फ़िल्म पूरी हो गई और बत्तियाँ जला दी गईं तो एक पल के लिए सन्नाटा छा गया। इसके बाद उन्होंने अँगड़ाइयाँ लेना, जम्हाइयाँ लेना और दूसरे मामलों पर बात करना शुरू कर दिया।

"आप डिनर के लिए क्या कर रहे हैं हैरी?"

"मैं अपनी बीवी को प्लाज़ा ले जा रहा हूँ और उसके बाद हम ज़िगफेल्ड के शो में जाएँगे।"

"मेरा ख़याल है यह बहुत ही बढ़िया कार्यक्रम है।"

"क्या आप भी हमारे साथ आना चाहते हैं?"

"नहीं, मैं आज रात ही न्यूयॉर्क से बाहर जा रहा हूँ। मैं अपने बेटे के ग्रेजुएशन के लिए वापस जाना चाहता हूँ।"

इस सारी बतकही के दौरान मुझे ऐसा लग रहा था, मानो मैं तलवार की धार पर खड़ा हूँ।

आख़िरकार मैंने चुटकी ली, "तो! सज्जनो, आप लोगों का क्या फ़ैसला है?"

कुछ सचेत होकर हिलने-डुलने लगे तो बाक़ी दूसरे लोग ज़मीन की तरफ़ देखने लगे। मि. गोर्डन, जो कि स्पष्ट तौर पर उनके प्रवक्ता थे, हौले-हौले चहलक़दमी करने लगे। वे अच्छी-ख़ासी क़द-काठी के, गोल, उल्लुओं के से चेहरेवाले और मोटे काँच का चश्मा लगाने वाले शख़्स थे, बोले, "बात यह है चार्ली, कि मुझे अपने साथियों के साथ ही चलना पड़ेगा।"

"हाँ, मैं जानता हूँ," मैंने जल्दी से कहा, "लेकिन आप लोगों को फ़िल्म कैसी लगी?"

वे हिचकिचाए और फिर खीसें निपोरने लगे, "चार्ली, हम यहाँ इसे ख़रीदने के लिए आए हैं। यह कहने के लिए नहीं कि यह हमें कितनी पसन्द है।" उनके इस जुमले से कुछ ज़ोर के ठहाके लगे।

"इसे पसन्द करने के मैं आपसे अलग से पैसे नहीं लूँगा।"

वे हिचकिचाए, "सच कहूँ तो मैं कुछ और ही उम्मीद कर रहा था।"

"आप क्या उम्मीद कर रहे थे?"

वे हौले से बोले, "बात यह है चार्ली, पन्द्रह लाख डॉलर में...मेरे ख़याल से यह उतनी ऊँची चीज़ तो नहीं ही है।"

"तो आप क्या चाहते हैं कि लंदन ब्रिज को गिरते हुए दिखा दूँ?"

"नहीं, लेकिन पन्द्रह लाख डॉलर में..." उनकी आवाज़ असाधारण रूप से ऊँची हो गई।

"तो ठीक है सज्जनो, क़ीमत तो यही रहेगी, आप ख़रीदें या फिर छोड़ दें।" मैंने अधीर होते हुए कहा।

तभी जे.डी. विलियम्स, उनके अध्यक्ष सामने आए और बातचीत की बाग़डोर अपने हाथ में लेते हुए मुझे मक्खन लगाने लगे, "चार्ली, मेरे ख़याल से यह बहुत ही शानदार फ़िल्म है। इसमें मानवीयता है, यह अलग है..." (मुझे 'अलग' शब्द अच्छा नहीं लगा।) "ज़रा धैर्य रखो। हम इस मामले को भी सुलटा लेंगे।"

"अब सुलटाने को कुछ भी बाक़ी नहीं है," मैंने तीखेपन के साथ कहा, "मैं आप लोगों को एक सप्ताह का समय देता हूँ और इस बीच आप लोग फ़ैसला कर लें।" जिस तरह का व्यवहार उन्होंने मेरे साथ किया था, उसके बाद मेरे मन में उनके प्रति कोई सम्मान तो रह नहीं गया था। अलबत्ता, उन्होंने जल्दी ही फ़ैसला कर लिया और मेरे वकील ने इस आशय का क़रार तैयार कर दिया कि

जब वे अपने पन्द्रह लाख डॉलर निकाल लेंगे तो मुझे लाभ में से पचास प्रतिशत मिलेंगे। फ़िल्म पाँच बरस के लिए किराये पर दी जाने वाली थी और इसके बाद फ़िल्म मेरे पास वापस लौट आने वाली थी, जैसा कि मैं अपनी दूसरी फ़िल्मों के साथ किया करता था।

*

घरेलू और कारोबारी मसलों के बोझ से अपने आपको हल्का कर लेने के बाद मुझे ऐसा लग रहा था मानो मैं हवा में तैर रहा होऊँ। किसी संन्यासी की तरह मैंने अज्ञातवास ले लिया और हफ़्तों तक अपने होटल के कमरे की चारदीवारी के अलावा कुछ नहीं देखा। टैक्सी ड्राइवर के साथ मेरे रोमांचकारी अनुभवों के बारे में आलेख पढ़कर मेरे दोस्तों ने फ़ोन करने शुरू कर दिये और अब मेरी एक मुक्त, बिना किसी बोझ के शानदार ज़िन्दगी फिर से शुरू हुई।

न्यूयॉर्क की मेहमाननवाज़ी ने मुझे अपनी गिरफ़्त में ले लिया था। फ्रैंक क्राउनिनशील्ड, जो कि 'वोग' और 'वैनिटी फेयर' जैसी पत्रिकाओं के सम्पादक थे, ने मेरा परिचय न्यूयॉर्क की चमक-धमक से जगमगाती ज़िन्दगी से कराया और कोंडे नास्ट यानी इन पत्रिकाओं के प्रकाशक ने मेरे सम्मान में अत्यन्त भव्य पार्टियाँ दीं। वे मैडिसन एवेन्यू के एक बड़े से पेंट हाउस में रहते थे। यह वह इलाक़ा था जहाँ कला और धन-दौलत की दुनिया के धनाढ्य लोग जमा होते। उनके इर्द-गिर्द ज़िगफेल्ड थियेटर की नाचने-गाने वाली मंडलियों की लड़कियाँ होतीं और इन लड़कियों में कमनीय ऑलिव थॉमस और ख़ूबसूरत डोलोरस जैसी नवयौवनाओं का भी शुमार रहता।

रिट्ज़, जहाँ मैं रहता था, दिन-भर उत्तेजनापूर्ण घटनाओं के झूले में झूलता रहता। सारा दिन फ़ोन बजता रहता और न्योते आते रहते कि मैं अपना सप्ताहान्त फलाँ जगह गुज़ारूँ, फलाँ जगह घोड़ों का प्रदर्शन देखूँ। यह सब ताम-झाम देसीपना था लेकिन मुझे अच्छा लगता था। न्यूयॉर्क रूमानी रहस्यों से भरा शहर था। आधी रात की दावतों, लंच पार्टियों के लिए, डिनर के लिए हर पल बुलावे आते रहते। यहाँ तक कि सुबह के नाश्ते के लिए भी न्योते तय रहते। न्यूयॉर्क सोसाइटी की हर तरह की पार्टियों का, दावतों का आनन्द लेने के बाद अब मेरी इच्छा होने लगी थी कि ग्रीनविच विलेज के बौद्धिक वर्ग के सम्पर्क में आया जाए।

सफलता की पायदानें चढ़ते हुए कई हास्य कलाकार, जोकर और गायक अपनी पूरी ज़िन्दगी में एक ऐसी अवस्था में आते हैं जब उन्हें अपने दिमाग़ को और बेहतर बनाने की चाह महसूस होती है और वे अपनी बौद्धिक प्यास बुझाने के लिए छटपटाने लगते हैं। जहाँ उम्मीद भी नहीं कर सकते, वहाँ भी सीखने वाले को गुरु के दर्शन हो जाते हैं; जैसे—दर्ज़ी, सिगार बनानेवाले, पहलवान, वेटर, ट्रक ड्राइवर।

मुझे याद है, ग्रीनविच विलेज में अपने एक दोस्त के यहाँ मैं उस हताशा की बात कर रहा था जब व्यक्ति के विचारों को अभिव्यक्त करने के लिए सही शब्द तलाशने में दिक़्क़त महसूस होती है और बता रहा था कि तब साधारण शब्दकोश नाकाफ़ी होता है।

मैंने कहा, "ऐसा कोई तरीक़ा निश्चित ही अपनाया जा सकता है जिसमें आपके विचारों की ख़ूबसूरत लगने वाली तालिकाएँ बनाई जाएँ, अमूर्त शब्दों से ठोस शब्दों में और उसमें घटाने-जोड़ने की ऐसी प्रक्रियाएँ हों कि आप अपने विचारों के लिए सही शब्द तक पहुँच पाएँ।"

"ऐसी एक किताब है," नीग्रो ट्रक डाइवर ने कहा, "जिसे 'रोजेट थेसारस' कहते हैं।"

एलेक्ज़ेंड्रिया होटल में भी ऐसा ही एक वेटर था जो जब भी मुझे कोई डिश परोसता, अपने पुरखे यानी कार्ल मार्क्स और विलियम ब्लेक के उद्धरण देने से न चूकता।

ब्रुकलिन के साथ एक कॉमेडी कलाकार हुआ करता था जो ये की जगह जे, स की जगह श, और श की जगह स का उच्चारण किया करता था। उसने बर्टन की किताब 'एनाटॉमी ऑफ़ मैलनकॉली' की सिफ़ारिश की और बताया कि शेक्सपियर पर उसका असर था और सैम जॉनसन पर भी उसका प्रभाव रहा, "हाँ, आप लैटिन को छोड़ सकते हैं।"

उनमें से बाक़ी के लिए मैं एक बौद्धिक सहयात्री था। रंगारंग कलाकारी के अपने दिनों से लेकर अब तक मैंने बहुत कुछ पढ़ा था लेकिन यह पढ़ना सिलसिलेवार नहीं था। धीमी गति का पाठक होने के कारण मैं सिर्फ़ पन्ने पलटता था। एक बार मुझे लेखक की विचारधारा और शैली का पता भर चल जाए, तय था कि किताब में मेरी दिलचस्पी ख़त्म हो जाएगी। मैंने प्लूटार्क के 'लाइव्स' के पाँचों खंडों का हर एक अक्षर पढ़ा है। लेकिन मुझे लगा कि मैंने उन्हें पढ़ने में जितनी मेहनत की है, दरअसल वे उस लायक़ थे नहीं। मैं विवेकपूर्ण तरीक़े से पढ़ता हूँ। कई किताबें तो बार-बार पढ़ता हूँ। पिछले बरसों के दौरान मैंने प्लेटो, लॉक, कांट, बर्टन की एनाटॉमी ऑफ़ मैलनकली के पन्ने पलटे हैं और इस टुकड़ा-टुकड़ा पठन से मैंने इतना हासिल कर लिया जितना मैं चाहता था।

ग्रीनविच विलेज में मैं निबन्धकार, इतिहासकार और उपन्यासकार वाल्डो फ्रैंक से, कवि हार्ट क्रेन से, 'द मासेज़' के सम्पादक मैक्स ईस्टमैन, बेहतरीन वकील और न्यूयॉर्क पत्तन के नियंत्रक डडली फील्ड मेलान और नारी मताधिकार के लिए काम करने वाली उनकी पत्नी मार्गरेट फ़ोस्टर से भी मिला। मैंने क्रिस्टीन के रेस्तराँ में भोजन भी किया, जहाँ मैं प्रोविंसटाउन प्लेयर्स के कई सदस्यों से मिला। वे लोग युवा नाटककार यूजीन ओ'नील (बाद में मेरे ससुर) द्वारा लिखित नाटक 'एम्परर

जोन्स' की रिहर्सलों के दौरान लंच करने के लिए आया करते थे। मुझे उनका थियेटर दिखाया गया जो कि छह घोड़ों के अस्तबल जितनी खलिहान जैसी जगह थी।

मुझे वाल्डो फ्रैंक के बारे में 1919 में प्रकाशित उनकी निबन्धों की किताब 'आवर अमेरिका' के ज़रिये पता चला। मार्क ट्वेन के बारे में लिखा उनका एक निबन्ध मनुष्य का गहरा बेधक विश्लेषण है—संयोग से वाल्डो ही वे पहले शख़्स थे जिन्होंने सबसे पहले मेरे बारे में गम्भीरता से लिखा था। इसलिए स्वाभाविक ही था कि हम अच्छे दोस्त बन गए। वाल्डो रहस्यवाद और इतिहास का मिश्रण हैं और उनकी दृष्टि उत्तरी और दक्षिणी, दोनों अमेरिकी क्षेत्रों की आत्मा में गहरे तक उतरी है।

ग्रीनविच विलेज में हम लोगों की शामें बहुत अच्छी गुज़रतीं। वाल्डो के ज़रिये मैं हार्ट क्रेन से मिला और हमने विलेज में वाल्डो के छोटे से फ़्लैट में खाना खाया। हम अगली सुबह तक बातें करते रहे। हमारी वे गोष्ठियाँ बहुत उत्तेजनापूर्ण होतीं। हम तीनों अपने विचारों की बारीक़ परिभाषाएँ करने के लिए मानसिक रूप से भिड़ते रहते।

हार्ट क्रेन बेहद ग़रीब थे। उनके पिता, जो कैंडी के अरबपति कारोबारी थे, चाहते थे कि हार्ट उनके कारोबार में आ जाएँ इसलिए अपने बेटे को कविता करने से विमुख करने के लिए उन्होंने हार्ट को वित्तीय रूप से बेदख़ल तक कर दिया था। हालाँकि, न तो मैं आधुनिक कविता का अच्छा श्रोता हूँ और न ही गुण-ग्राहक ही, लेकिन इस किताब को लिखते हुए मैं हार्ट की 'द ब्रिज' पढ़ रहा हूँ। यह किताब एक संवेदनापूर्ण अभिव्यक्ति है, अनोखी और प्रभावशाली, जो बेधने वाले आक्रोश और हीरे सरीखी धारदार कल्पनाशीलता से भरी हुई है। यह मेरे लिए कुछ ज़्यादा ही तीखी है। लेकिन शायद यह तीखापन ख़ुद हार्ट क्रेन में था। इसके बावजूद उनमें विनम्र मिठास भी थी।

हमने कविता के प्रयोजन पर चर्चा की। मैंने कहा कि कविता दुनिया के नाम एक प्रेम-पत्र है। "एक बहुत ही छोटी दुनिया" हार्ट ने तिक्तता से कहा। उन्होंने मेरे काम के बारे में कहा कि यह ग्रीक कॉमेडी की परम्परा में आता है। मैंने बताया कि मैंने अरिस्टोफ़ेन्स के अंग्रेज़ी अनुवाद पढ़ने की कोशिश की थी लेकिन उसे कभी पूरा नहीं कर पाया।

बाद में हार्ट को गगेनहीम फ़ैलोशिप दी गई लेकिन तब तक बहुत देर हो चुकी थी। बरसों की मुफ़लिसी और उपेक्षा की वजह से वे शराबख़ोरी और हताशा की तरफ़ मुड़ गए थे और एक यात्री-नाव में मेक्सिको से स्टेट्स लौटते समय उन्होंने समुद्र में छलाँग लगा दी।

ख़ुदकुशी करने से कुछ बरस पहले उन्होंने बोनी एंड लिवराइट द्वारा प्रकाशित अपनी छोटी कविताओं की 'व्हाइट बिल्डिंग्स' नाम की एक किताब मुझे भेजी थी। किताब के भीतरी कवर पर उन्होंने लिखा था, " 'द किड' की याद में हार्ट क्रेन की तरफ़ से चार्ल्स चैप्लिन को; 20 जनवरी, 1928"

एक कविता का शीर्षक था—'चैप्लिनेस्क।'

जीवन में हम विवश समझौते कर,
अर्थहीन दिलासाओं से स्वयं को बेमानी सन्तोष से ऐसे भर लेते हैं
जैसे जेबों में फिसलती हवा एकत्र होकर उन्हें विशालकाय बनाकर
भरे होने का अहसास कराती है।

फिर भी हम जीवन से लगाव रखते हैं,
इसके मायाजाल में बँधे रहते हैं
कभी सीढ़ी पर पसरे बिल्ली के नन्हे भुखमरे बच्चे को
भीड़ भरी सड़क के आवेश से दूर
एक शान्त विश्रांति स्थल दे देते हैं,
तो कभी किसी घायल कुहनी को सहलाकर आराम देते हैं।

कभी हम यूँ ही बचकानी मुस्कान ओढ़े
'होनी' को नकारते हैं और
उस परम शक्ति के विधान से खिलवाड़ पर
आमादा होते हैं,
अपरिहार्य नियति से निरर्थक ही खेलने का प्रयास करते हैं
जो आहिस्ता-आहिस्ता अपनी झुर्री भरी, बल पड़ी तर्जनी को
खींचकर हमारी ओर उठाती है,
हमारी ग़लतियों की तरफ़ इशारा करने वाले
उस नियन्ता की 'तिर्यक दृष्टि' का
तब हम कभी भोलेपन, कभी सादगी और कभी अचरज से सामना करते
हैं, खेलते हैं;

और जीवन का स्पष्ट नज़र आता यह पल-पल ढहना
असत्य नहीं है,
लचीली बेंत की रफ़्तार से अधिक
चक्कर देने वाला कठोर सत्य है—
हम महसूस करते हैं जीवन के उत्साहहीन
पलों को
हम जानते हैं कि हर दिन, हर पल
हम अन्तिम यात्रा के पथ पर
निरन्तर अग्रसर हैं

हम तुम्हें, उसे और सबको वंचित कर सकते हैं—
बच सकते हैं, टाल सकते हैं,
पर दिल को नहीं
यदि दिल अपनी सम्पूर्ण ऊर्जा के साथ
जीवन्त बना रहता है तो
इसमें हमारा क्या दोष?

जीवन का यह सारा खेल हमें
मुस्कराने के लिए विवश करता है
जीवन के अन्त की तरह
'ख़ाली और खोखली'
मुस्कराहट;
फिर भी हम इस शून्य जीवन के
उस भरे-पूरे सौन्दर्य को
नज़रअन्दाज़ नहीं कर सकते
जो चाँद द्वारा सूनी गलियों में
राख के बर्तन जैसी
साधारण चीज़ को रूपहली चाँदनी से ढक दिए जाने पर
आनन्द और उत्फुल्लता की अनुभूति देता है
इस जीवन में सुख, दुख, रुदन और हास
हमें
प्रतिपल अपने पाश में आबद्ध करता है
कभी आमोद-प्रमोद हमें खींचता है
तो कभी सन्नाटे में नन्हे बिलौटे की
सहमी आवाज़ हमें खींचती है!!!

डडली फील्ड मेलान ने ग्रीनविच विलेज में एक रोचक पार्टी दी और उसमें डच उद्योगपति, जेन बोइसवेन, मैक्स ईस्टमैन और दूसरे लोगों को आमंत्रित किया। वहाँ एक मज़ेदार आदमी आया था, जिसका परिचय 'जॉर्ज' के रूप में कराया गया था (मैं कभी भी उसका वास्तविक नाम नहीं जान पाया)। वह बहुत नर्वस और उत्तेजित लग रहा था। बाद में किसी ने बताया कि वह बुलगारिया के राजा का बहुत बड़ा प्रशंसक था इसलिए राजा ने सोफ़िया विश्वविद्यालय में उसकी पढ़ाई के लिए राशि अदा की थी लेकिन जॉर्ज ने उस संरक्षण को ठुकरा दिया और बाग़ी होकर स्टेट्स चला आया तथा आई.डब्ल्यू.डब्ल्यू. में शामिल हो गया। बाद में उसे बीस बरस की

सज़ा सुनाई गई। उसने दो बरस की सज़ा पूरी कर ली थी और नये सिरे से मुक़दमे की सुनवाई के लिए अपील की थी तथा इस समय ज़मानत पर था।

वह चैरेड शब्द-पहेली हल कर रहा था तभी डडली फील्ड मेलान मेरे कान में फुसफुसाए, "इस बात के आसार तो नहीं लगते कि वह जीत पाएगा।"

जॉर्ज, जिसने अपने बदन पर मेज़पोश लपेट रखा था, साराह बर्नहार्ट के अभिनय की नक़ल कर रहा था। हम सब उसके अभिनय पर हँसे, लेकिन मन-ही-मन कई लोग सोच रहे थे और मैं भी सोच रहा था कि उसे और अट्ठारह बरसों के लिए सज़ा भुगतने के लिए जाना ही पड़ेगा।

यह एक बहुत ही अफ़रा-तफ़री भरी शाम थी और जिस वक़्त मैं वहाँ से जाने के लिए निकला तो जॉर्ज ने पीछे से पुकारा, "जल्दी क्या है चार्ली? इतनी जल्दी घर क्यों जा रहे हैं?" मैं उसे एक किनारे ले गया। लेकिन यह तय कर पाना बहुत मुश्किल था कि आख़िर कहा क्या जाए!

"क्या कुछ ऐसा है जो मैं कर सकूँ?" मैं फुसफुसाया।

उसने अपना हाथ हिलाया मानो कहना चाहता हो कि इस ख़याल को ही दरकिनार कर दो। फिर उसने मेरा हाथ थामा और भावुक होते हुए कहा, "मेरे बारे में चिन्ता मत करो चार्ली, कुछ नहीं होगा मुझे।"

*

मैं न्यूयॉर्क में कुछ और समय तक रुकना चाहता था लेकिन मुझे कैलीफोर्निया जाकर कुछ काम निपटाने थे। पहली बात तो मैं फ़र्स्ट नेशनल के साथ फटाफट अपना क़रार पूरा करना चाहता था क्योंकि मैं इस बात के लिए बहुत आतुर था कि यूनाइटेड आर्टिस्ट्स के साथ काम शुरू करूँ।

कैलीफोर्निया लौटने का मतलब था अपनी आज़ादी, हल्केपन और बेहद मज़ेदार बीते समय को छोड़ आना जो मैंने न्यूयॉर्क में बिताया था। फ़र्स्ट नेशनल के लिए दो-दो रील वाली चार कॉमेडी फ़िल्में पूरी करने की समस्या मेरे सिर पर तलवार की तरह लटक रही थी। कई-कई दिन मैं सोचने की आदत का अभ्यास करने के लिए स्टूडियो में बैठा रहता। वायलिन या पियानो बजाने की तरह सोचने के लिए भी रोज़ाना रियाज़ की ज़रूरत होती है और अब मुझे सोचने की आदत ही नहीं रही थी।

मैंने न्यूयॉर्क की रंग-बिरंगी ज़िन्दगी के ख़ूब मज़े लिये थे और अब मैं उससे बाहर नहीं आ पा रहा था। इसलिए मैं अपने अंग्रेज़ दोस्त डॉ. सेसिल रेनॉल्ड्स के साथ निकल पड़ा कि कैटेलिना में थोड़ी मछली पकड़ी जाए।

अगर आप मछुआरे हैं तो कैटेलिना आपके लिए स्वर्ग है। उसके उनींदे, छोटे से गाँव एवलॉन में सिर्फ़ दो ही छोटे होटल थे। सारा साल वहाँ पर मछली पकड़ने का सिलसिला चलता रहता। अगर टूना मछली वहाँ पर होती, तो एक भी नाव किराये

पर मिलने का सवाल ही नहीं उठता था। सुबह-सवेरे ही कोई चिल्ला उठता "टूना है, टूना है!" तीस से तीन सौ पौंड तक की टूना, जहाँ तक आँखें देख पातीं, पानी पर उछाल मार रही होतीं और छपाके ले रही होतीं। उस उनींदे से होटल में अचानक ही हँगामा मच जाता और इतना भी समय न मिल पाता कि आदमी कपड़े ही बदल ले। और अगर आप उन ख़ुशनसीब लोगों में से हों जिन्होंने पहले से नाव बुक करा रखी हो तो, आप हड़बड़ाते हुए नाव में सवार होते और अभी भी अपनी पैंट के बटन ही बन्द कर रहे होते।

ऐसे ही एक मौक़े पर मैंने और डॉक्टर ने लंच से पहले आठ टूना मछलियाँ पकड़ीं। हरेक मछली तीस पौंड से भी ज़्यादा वज़न की थी। लेकिन टूना जितनी तेज़ी से नज़र आती, उतनी तेज़ी से ग़ायब भी हो जाती और हम फिर से सामान्य क़िस्म के मछली पकड़ो अभियान में लग जाते। कई बार हम पतंग की मदद से टूना पकड़ते। पतंग को डोरी से बाँध दिया जाता और इसमें काँटा लगा दिया जाता और फ्लाइंग फिश पानी की सतह पर पूँछ फटकारती रहती। इस तरह से मछली पकड़ना बहुत उत्तेजनापूर्ण होता क्योंकि तब आप टूना को हमला करते, काँटे के चारों तरफ़ झाग की भँवरें बनाते और फिर सौ या दो सौ फ़ीट दूर तक दौड़ लगाते देख सकते थे।

कैटेलिना में पकड़ी जाने वाली तेग़ा मछली एक सौ पौंड से लेकर छह सौ पौंड तक की होती हैं। इस तरह की मछली पकड़ना बहुत नाज़ुक काम होता है। डोरी को ढील दी जाती है और मछली चुपके से आकर काँटे पर मुँह मारती है। इसमें चुग्गे के तौर पर छोटा-सा अलबाकोर या उड़नमछली लगाई जाती है। तेग़ा मछली इसे लेती है और तक़रीबन सौ गज़ तक खींचकर ले जाती है। फिर वह रुकती है और आप नाव रोकते हैं तथा मछली को पूरा एक मिनट देते हैं कि वह चुग्गा खा ले। फिर आप डोरी को हौले-हौले ढील देते हैं यहाँ तक कि डोरी कसने लगती है। तब आप दो-तीन झटके देकर उस पर प्रहार करते हैं और अब शुरू होता है असली खेल। मछली दो-तीन सौ गज की दौड़ लगाती है और आपकी घिर्री चिंघाड़ने लगती है। तभी मछली रुकती है और आप तुरन्त ढीली डोरी को घिर्री पर लपेटना शुरू करते हैं नहीं तो डोरी सूत की तरह टूट जाएगी। अगर मछली पानी में तैरते वक़्त अचानक तीखा मोड़ ले ले तो पानी के घर्षण से डोरी टूट सकती है। अब मछली बीस से चालीस बार पानी के ऊपर कूदना शुरू कर देती है और अपना सिर बुलडॉग की तरह हिलाती है। अचानक आप पाते हैं कि वह तो पानी में गोता लगा गई। उसके बाद शुरू होता है कठिन परिश्रम मछली को खींचकर ऊपर लाने का। मेरी ख़ुद की पकड़ी मछली एक सौ छिहत्तर पौंड की थी और उसे तट तक लाने में मुझे बाईस मिनट लगे थे।

वे शान्त दिन थे। डॉक्टर और मैं उन ख़ूबसूरत सुबहों में नाव के पैंदे में बैठे अपनी-अपनी रॉड थामे ऊँघते रहते। समुद्र में चारों तरफ़ धुंध छाई होती और दूर कहीं

क्षितिज अनन्त आकाश में मिल रहा होता। दूर-दूर तक पसरा मौन सीगल पक्षियों के कलरव को और हमारी मोटरबोट की सुस्त घरघराहट को और मुखर कर देता।

डॉक्टर रेनॉल्ड्स दिमाग़ की सर्जरी के जीनियस थे और उन्होंने इस क्षेत्र में जादुई नतीजे हासिल करके दिखाए थे। मैं उनके कई मामलों के इतिहास से वाक़िफ़ था। एक बच्ची को ब्रेन-ट्यूमर था और उसे एक दिन में बीस-बीस बार दौरे पड़ते; और यहाँ तक कि वह पागलपन की हद तक जा पहुँची थी। लेकिन सिसिल की सर्जरी से वह पूरी तरह चंगी हो गई और बाद में बहुत ही होशियार स्कॉलर बनी।

हालाँकि सिसिल सनकी थे। उन्हें अभिनय करने की धुन थी। उनकी यह दुर्दमनीय ज़िद ही उन्हें मेरे पास दोस्त की तरह लाई थी। "थियेटर आत्मा को जिलाए रखता है," वे कहा करते। मैं अक्सर उनसे बहस करता कि उनका चिकित्सा का क्षेत्र भी उन्हें काफ़ी हद तक जीवनी-शक्ति देता होगा। किसी जड़ मूर्ख के उत्कृष्ट स्कॉलर में बदलने से ज़्यादा नाटकीय बात जीवन में और क्या हो सकती है?

"वो तो इतना जानना भर होता है कि कौन-सी नस कहाँ पर है।" रेनॉल्ड्स ने कहा, "लेकिन अभिनय करना मानस अनुभव होता है जो आत्मा को विस्तार देता है।"

मैंने उनसे पूछा कि आख़िर उन्होंने ब्रेन सर्जरी का क्षेत्र ही क्यों चुना था? "बस, उसके सरासर नाटकीय रूप के कारण ही तो।" उनका जवाब था।

वे अक्सर पासाडीना में एमेचर प्लेहाउस नाम की नाटक-मंडली में छोटे-मोटे रोल किया करते थे। उन्होंने मेरी कॉमेडी 'मॉडर्न टाइम्स' में उस व्यक्ति की भूमिका अदा की थी जो जेल जाता है।

जब मैं मछली पकड़ने के अभियान से लौटा तो ख़बर मिली कि माँ की सेहत अब बेहतर है। चूँकि युद्ध समाप्त हो चुका था और उन्हें सुरक्षित तरीक़े से कैलीफोर्निया ला सकते थे। मैंने टॉम को इंग्लैंड भेजा ताकि वह माँ को नाव के ज़रिये लिवा लाए। माँ को यात्रियों की सूची में किसी दूसरे नाम से रखा गया था।

समुद्री-यात्रा के दौरान वे एकदम ठीक थीं। वे हर रात मुख्य सैलून (जहाज़ में मुसाफ़िरों का बड़ा कमरा) में खाना खातीं और दिन के वक़्त जहाज़ की छत पर खेले जाने वाले खेलों में हिस्सा लेतीं। न्यूयॉर्क पहुँचने पर वे बिलकुल भली-चंगी और अपने आप में सन्तुष्ट लग रही थीं कि तभी आप्रवास विभाग के प्रमुख ने उनका अभिवादन किया, "आइए, आइए मिसेज़ चैप्लिन, आपको देखना कितना सुखद लग रहा है! तो आप हैं हमारे मशहूर चार्ली की माँ!"

"हाँ," माँ ने मिश्री घोलते हुए कहा, "और आप यीशु मसीह हैं?"

अधिकारी का चेहरा देखने लायक़ था। वह हिचकिचाया, टॉम की तरफ़ देखा, और विनम्रता से बोला, "मिसेज़ चैप्लिन, आप ज़रा एक मिनट के लिए एक तरफ़ आएँगी?"

टॉम समझ चुका था कि वे लोग मुसीबत में फँस चुके हैं।

अलबत्ता, ढेर सारी लालफ़ीताशाही के बाद आप्रवास कार्यालय ने इतनी दयालुता दिखाई कि माँ को बरस-दर-बरस के आधार पर रहने की अनुमति दे दी, लेकिन शर्त लगा दी कि वह सरकार पर निर्भर नहीं रहेंगी।

मैंने उन्हें तब से नहीं देखा था जब मैं आख़िरी बार इंग्लैंड में था। इस बीच दस बरस का अरसा बीत चुका था। इसलिए जब पेसाडीना में मैंने माँ को देखा तो मुझे थोड़ा-सा झटका लगा। उन्होंने सिडनी और मुझे तुरन्त पहचान लिया और अब वे एकदम सामान्य थीं।

हमने उनके रहने का इन्तज़ाम समुद्र के किनारे अपने आसपास ही कर दिया और घर का काम करने के लिए एक शादीशुदा दम्पति रख दिया तथा उनकी व्यक्तिगत देखभाल के लिए एक प्रशिक्षित नर्स। सिडनी और मैं अक्सर उनके पास चले जाते और शाम के वक़्त उनके साथ खेल खेलते। दिन के वक़्त वे पिकनिक पर जाना पसन्द करतीं और अपनी कार में सैर-सपाटे करतीं। कई बार वे स्टूडियो आ जातीं, तो मैं उनके लिए अपनी कॉमेडी फ़िल्में चला देता।

आख़िरकार, न्यूयॉर्क में 'द किड' के प्रदर्शन शुरू हुए और फ़िल्म ने सफलता के झंडे गाड़ दिये। और जैसा कि मैंने जैकी कूगन के पिता के सामने पहले दिन की मुलाक़ात में ही भविष्यवाणी की थी, उसने सनसनी पैदा कर दी थी। 'द किड' में अपनी सफलता के बलबूते पर चालीस लाख डॉलर से भी ज़्यादा उसने अपनी जेब में कर लिया था। हर दिन हमें हैरान कर देने वाली समीक्षाओं की कतरनें मिलतीं। 'द किड' को क्लासिक फ़िल्म घोषित कर दिया गया था। लेकिन मैं कभी भी हिम्मत नहीं जुटा पाया कि न्यूयॉर्क जाऊँ और फ़िल्म देखूँ। मैंने यही बेहतर समझा कि कैलीफोर्निया में ही रहूँ और उसके बारे में सुनता रहूँ।

*

इस बेसिलसिलेवार आत्मकथा में फ़िल्म बनाने के बारे में कुछ टिप्पणियों को शामिल न करना अनुचित होगा। हालाँकि इस विषय पर बहुत सारी महत्त्वपूर्ण किताबें लिखी जा चुकी हैं, लेकिन मुसीबत यह है कि इनमें से ज़्यादातर किताबें लेखक के सिनेमाई आस्वाद को ही हम पर थोपती हैं। इस तरह की किताब तकनीकी पाठमाला से ज़्यादा नहीं होती जिसमें आदमी को यह सिखाया जाता है कि ट्रेड के जो औज़ार हैं, उनकी जानकारी कैसे पाई जाए। इसके आगे जाकर कल्पनाशील विद्यार्थी को नाटकीय प्रभावों के बारे में अपनी ख़ुद की कला-ज्ञानेन्द्रिय का इस्तेमाल करना चाहिए। अगर कोई शौक़िया व्यक्ति सर्जनात्मक दृष्टि से सम्पन्न है, तो उसका काम कम-से-कम तकनीकी जानकारियों से भी चल जाएगा। किसी भी कलाकार के लिए परम्परा के विरुद्ध काम करने की आज़ादी ही आमतौर पर सबसे ज़्यादा उत्तेजना

देने वाली होती है और यही कारण है कि कई निर्देशकों की पहली फ़िल्म ताज़गी और मौलिकता लिये हुए होती है।

लाइन, स्पेस, कम्पोज़ीशन और टैम्पो आदि को बौद्धिकता से भर देना, ये सारी बातें बहुत भली लगती हैं लेकिन इनका अभिनय से कुछ ख़ास लेना-देना नहीं होता और हो सकता है ये सारी बातें शुष्क हठधर्मिता बनकर रह जाएँ। नज़रिये की सादगी ही हमेशा सर्वोत्तम रहती है।

व्यक्तिगत रूप से कहूँ तो मुझे करतब भरे, ट्रिक वाले प्रभावों, इफ़ेक्ट्स से कोफ़्त होती है। किसी कोयले के टुकड़े के नज़रिये से फ़ायरप्लेस के पीछे से फ़ोटोग्राफ़ी, या होटल के गलियारे में से होते हुए कलाकार के साथ-साथ चलना मानो आप साइकिल पर उसकी अगवानी कर रहे हों; ये दृश्य मेरे लिए सीधे और स्पष्ट होते हैं। जब तक दर्शकगण सेट से वाक़िफ़ हैं, उन्हें स्क्रीन के आर-पार देखने के लिए अपनी निगाहों को दौड़ाने की ज़रूरत नहीं पड़ती कि कोई कलाकार एक सिरे से दूसरे सिरे की तरफ़ जा रहा है। इस तरह के भड़कीले प्रभाव या एक्शन की गति को धीमा करने पर ये बोर करने वाले और खीज पैदा करने वाले हो जाते हैं। सबसे बड़ी बात, इन्हीं को एक थके हुए शब्द "कला" के रूप में मान लिया जाता है।

मेरा ख़ुद का कैमरा सेट-अप इस तरह का होता है कि वह अभिनेता के चलने-फिरने, मूवमेंट के लिए संगीत रचना का-सा काम करे। जब कोई कैमरा ज़मीन पर रखा जाता है या कलाकार की नासिका दिखाता लगता है, तो यह कैमरा ही होता है जिसका अभिनय हम देख रहे होते हैं न कि कलाकार का। कैमरे को बाधक नहीं बनना चाहिए।

फ़िल्मों में समय बचाना अभी भी मूल विशेषता है। आइंस्टीन और ग्रिफ़िथ, दोनों ही इसे जानते थे। चुस्त सम्पादन और एक दृश्य का दूसरे दृश्य में घुल-मिल जाना फ़िल्म तकनीक का गतिविज्ञान है।

मुझे हैरानी होती है जब कुछ समालोचक कहते हैं कि मेरी कैमरा तकनीक पुराने ज़माने की है और यह कि मैं वक़्त के साथ नहीं चलता हूँ। कौन-सा वक़्त? मेरी तकनीक मेरे ख़ुद के लिए, अपने तर्क के लिए और नज़रिये के लिए सोचने का नतीजा है; दूसरे जो कुछ कर रहे हैं, ये उनसे उधार ली हुई चीज़ नहीं है। यदि कला में आदमी को समय के साथ-साथ ही चलना हो तो वॉन गॉग की तुलना में रेम्ब्रां बहुत पिछड़े माने जाएँगे।

फ़िल्मों के विषय पर बात करते हुए यहाँ पर संक्षेप में कुछ टिप्पणियाँ उन लोगों के लिए फ़ायदेमन्द हो सकती हैं जो सुपरहिट फ़िल्म बनाने के लिए जोड़-तोड़ कर रहे हैं। सच कहा जाए तो ऐसी फ़िल्म बना लेना सबसे आसान होता है। इसमें अभिनय या निर्देशन में कल्पना-शक्ति या प्रतिभा की बहुत कम ज़रूरत होती है। इसके लिए तो बस, आदमी को एक करोड़ डॉलर, बहुत ज़्यादा भीड़,

कॉस्ट्यूम, बहुत बड़े-बड़े सेट और सीनरी की ज़रूरत होती है। गोंद और कैनवास के कमाल के ज़रिये आदमी निढाल क्लियोपेट्रा को नील नदी पर तैरा सकता है, बीस हज़ार एक्स्ट्रा लोगों की फ़ौज से लाल सागर में परेड करा सकता है या जेरिको महल की दीवारों को हवा में उड़ा सकता है। ये सब और कुछ नहीं, बस, इमारतों का काम करने वाले ठेकेदारों का हुनर होगा और फील्ड-मार्शल तो अपनी निर्देशक वाली कुर्सी पर पटकथा और टेबल-तालिका लिये बैठा होगा, ड्रिल सार्जेंटों की उसकी फ़ौज पसीना बहाती और लैंडस्केप पर भुनभुनाती, अपनी टुकड़ियों को आदेश पर आदेश दे रही होगी। एक सीटी का मतलब दस हज़ार बाईं तरफ़ से, दो सीटियों का मतलब दस हज़ार दाईं तरफ़ से और तीन सीटियों का मतलब सब-के-सब आगे बढ़ें।

इनमें से अधिकांश विशालकाय फ़िल्मों की थीम आमतौर पर सुपरमैन ही होती है। नायक जो है, फ़िल्म में किसी से भी लम्बी छलाँग मार सकता है, किसी से भी ज़्यादा ऊपर कूद सकता है, किसी से भी ज़्यादा दूर तक गोली चला सकता है, लड़ाई में किसी को भी हरा सकता है और किसी से भी हद से ज़्यादा प्यार कर सकता है। सच यह है कि इन तरीक़ों से कोई भी मानवीय समस्या सुलझाई जा सकती है, सिवाय सोचने के।

संक्षेप में कुछ बातें निर्देशन के बारे में भी। किसी दृश्य में अभिनेताओं से काम लेने में मनोविज्ञान बहुत मदद करता है। उदाहरण के लिए, ऐसी स्थिति आ सकती है कि कोई कलाकार किसी कम्पनी में फ़िल्म-निर्माण के उस स्तर पर शामिल हुआ हो, जब फ़िल्म आधी बन चुकी हो। बेहतरीन कलाकार होने के बावजूद वह अपने नये माहौल में शुरू में नर्वस हो सकता है। यही वह बिन्दु है जहाँ पर निर्देशक की मानवीयता बहुत मददगार साबित हो सकती है, जैसा कि मैंने ऐसी परिस्थितियों में अक्सर पाया है। यह जानते हुए भी कि मैं क्या चाहता हूँ, मैं उस नये सदस्य को एक किनारे ले जाऊँगा और उसे विश्वास में लेते हुए कहूँगा कि मैं सोच-सोचकर थक गया हूँ, परेशान हूँ और समझ नहीं पा रहा हूँ कि इस सीन को कैसे फ़िल्माऊँ। जल्द ही वह अपनी हड़बड़ाहट भूल जाएगा और मेरी मदद करने की कोशिश करेगा और आप पाएँगे कि मैं उससे बेहतरीन काम करा पाया।

नाटककार मार्क कोनेली ने एक बार यह प्रश्न पूछा था—थियेटर के लिए लिखते समय लेखक का नज़रिया क्या होना चाहिए। क्या यह बौद्धिक हो या फिर भावुक? मैं व्यक्तिगत रूप से सोचता हूँ कि नज़रिया मूलत: तो भावुक ही होना चाहिए क्योंकि थियेटर में बौद्धिकता के बजाय रोचकता ज़्यादा अहम होती है। थियेटर बना ही इसके लिए है। उसका मंच, उसकी यवनिका, उसके लाल पर्दे, उसका समस्त वास्तुकला का ढाँचा, ये सारी बातें भावनाओं को ध्यान में रखकर ही तैयार की जाती हैं। स्वाभाविक है कि इनमें बौद्धिकता की हिस्सेदारी रहती है लेकिन वह गौण होती है। चेखव इस बात को जानते थे और मोल्नार तथा अन्य कई नाटककार भी इस

बात से वाक़िफ़ थे। वे थियेटरवाद की महत्ता को भी जानते थे जो कि मूलत: नाटक लेखन में कला के रूप में होती है।

मेरे लिए थियेटर का अर्थ है नाटकीय परिपूर्णता। अचानक बोलते हुए रुक जाने की कला; जैसे किसी किताब को अचानक बन्द कर देना, सिगरेट जलाना, स्टेज के बाहर की गतिविधियाँ, पिस्तौल से गोली चलना, रोना, गिरना, टकराना, प्रभावशाली ढंग से प्रवेश करना या प्रभावशाली ढंग से स्टेज से जाना, ये सारी बातें मामूली और महत्त्वहीन लग सकती हैं लेकिन अगर इनका निर्वाह संवेदनशीलता और विवेक के साथ किया जाए तो वे थियेटर की कविता बन सकती हैं।

थियेटर के भाव के बिना कोई भी विचार कोई मूल्य नहीं रखता। ज़्यादा महत्त्वपूर्ण होता है प्रभावशाली होना। अगर व्यक्ति में थियेटर की समझ और उसके भावों को उपयोग में लाने की क्षमता है तो वह शून्य को भी प्रभावशाली बना सकता है।

मैं जो कहना चाह रहा हूँ उसका एक उदाहरण वह प्रस्तावना या भूमिका है जो मैंने न्यूयॉर्क में अपनी फ़िल्म 'अ वूमेन ऑफ़ पेरिस' में डाला था। उन दिनों सभी फ़िल्मों में भूमिका अनिवार्य रूप से हुआ करती थी और लगभग आधा घंटे तक चलती रहती थी। मेरे पास कोई कहानी या पटकथा नहीं थी लेकिन मुझे एक भावुक कर देने वाले रंगीन प्रिंट की याद थी जिसका शीर्षक था, 'बीथोवन का सोनाटा' जिसमें एक कलात्मक स्टूडियो और बोहेमियन लोगों का एक समूह दिखाया गया था जो धीमी रोशनी में बैठे हुए हैं और एक वायलिनवादक को सुन रहे हैं। इसलिए, मैंने इस दृश्य को मंच पर प्रस्तुत कर दिया और मज़े की बात, इसकी तैयारी के लिए मेरे पास सिर्फ़ दो ही दिन थे।

मैंने एक पियानोवादक, एक वायलिनवादक, अपाचे जनजाति के नर्तक और एक गायक को लिया और थियेटर की वे सभी तरक़ीबें आज़माईं जो मैं जानता था। मेहमान दीवानों पर चारों तरफ़, या फ़र्श पर इस तरह से बैठे कि उनकी पीठ दर्शकों की तरफ़ थी मानो वे दर्शकों की उपेक्षा कर रहे हों। वे स्कॉच पी रहे थे। जिस वक़्त वायलिनवादक अपनी धुन बजा रहा था, एक शराबी सुरीले ठहराव के साथ खर्राटे भर रहा था। वायलिनवादक के बजा लेने के बाद अपाचे नर्तकों ने नृत्य किया और गायक ने गीत गाया। गीत की केवल दो ही पंक्तियाँ गाई गईं। एक मेहमान ने कहा, "तीन बज रहे हैं। अब हमें चलना चाहिए।" दूसरे ने कहा, "हाँ, अब हम सबको चलना चाहिए।" और ये शब्द बोलने का अभिनय करते हुए सब-के-सब चल दिये। जब अन्तिम मेहमान भी चला गया तो मेज़बान ने एक सिगरेट जलाई और स्टूडियो की बत्तियाँ बन्द करनी शुरू कीं। तभी हम बाहर गली में उसी गीत के बोल गाए जाते हुए सुनते हैं। जब मंच पर अँधेरा हो जाता है और बीच की खिड़की से आती चाँदनी ही रह जाती है तो मेज़बान भी चला जाता है और गीत के बोल धीमे होते चले जाते हैं। पर्दा धीरे-धीरे नीचे आता है।

इस वाहियात से लगने वाले दृश्य में इतना सन्नाटा था कि आप दर्शकों के बीच सूई गिरने की आवाज़ भी सुन सकते थे। आधे घंटे तक कुछ भी नहीं कहा गया था, कुछ भी नहीं, सिर्फ़ कुछ सामान्य से लगने वाले मज़ाक़िया अभिनय मंच पर किये गए थे। लेकिन आप यक़ीन करेंगे कि कलाकारों को पहली ही रात दर्शकों की माँग पर नौ बार पर्दा उठाकर इस दृश्य को करना पड़ा था।

मैं इस बात का दिखावा नहीं कर सकता कि मैं थियेटर में शेक्सपियर का आनन्द लेता हूँ। मेरी भावनाएँ बहुत ज़्यादा समकालिक हैं। शेक्सपियर के लिए एक ख़ास तरह के आडम्बरपूर्ण अभिनय की ज़रूरत होती है जिसे मैं पसन्द नहीं करता और जिसमें मेरी रुचि भी नहीं है। मुझे लगता है कि मैं किसी विद्वान का भाषण सुन रहा हूँ।

मेरे प्यारे चंचल बच्चे, आओ मेरे पास
जब एक बार मैं बैठा था उत्तुंग शिखर पर,
और सुनी मत्स्य कन्या की आवाज़
बैठी थी वह पीठ पर डॉल्फ़िन की
बोलती थी इतने मीठे बोल और लेती थी संगीतमय साँसें,
हो गया अक्खड़ समन्दर भी सभ्य गीत सुनकर उसका,
और कई तारे गिर गए अपने नीड़ों से
सुनने को सागर-कन्या का अद्‌भुत संगीत।

हो सकता है कि ये बेहद सुन्दर पंक्तियाँ हों लेकिन मैं थियेटर में इस तरह की कविता का आनन्द नहीं ले पाता। इसके अलावा, मुझे शेक्सपियर की थीम ही अच्छी नहीं लगती जिसमें राजा, रानियाँ, महान व्यक्ति और उनके सम्मानजनक पद होते हैं। हो सकता है मेरे ही भीतर कोई मनोवैज्ञानिक समस्या होगी, शायद मेरा अजीब-सा अहंवाद। अपनी रोज़ी-रोटी के चक्कर में सम्मान जैसी बातें मेरे भेजे में कभी आ ही नहीं पाईं। मैं ख़ुद को किसी राजकुमार की समस्याओं के साथ खड़ा हुआ नहीं पाता। हो सकता है कि हैमलेट की माँ राजदरबार में हर किसी के साथ सोई हो, लेकिन फिर भी मैं अपने आपको हैमलेट को होने वाली तकलीफ़ से निस्संग ही पाता हूँ। जहाँ तक किसी नाटक को प्रस्तुत करने में मेरी पसन्द का सवाल है, मैं परम्परागत मंच ही पसन्द करता हूँ। उसमें यवनिका हो, जो दर्शकों को झूठ-मूठ की दुनिया से अलग करती है। मैं इस बात का क़ायल हूँ कि पर्दे के हटने से या ऊपर उठने पर ही दृश्य अपने आपको खोले। मैं ऐसे नाटकों को नापसन्द करता हूँ जो मंच के आगे लगी बत्तियों, फ़ीटलाइट तक चले आते हैं या दर्शकों के साथ हिस्सेदारी करने लगते हैं। जिसमें कोई चरित्र यवनिका के साथ टिककर खड़ा हो जाता है और नाटक का प्लॉट समझाने लगता है। ऐसे नाटक

उपदेशात्मक तो लगते ही हैं, इस तरह की तिकड़मों से थियेटर का आकर्षण भी चला जाता है। यह तरीक़ा अपने आपको ज़रूरत से ज़्यादा दिखाने या एक्पोज़र पाने का पुराना तरीक़ा है।

जहाँ तक मंच-सज्जा का प्रश्न है, मैं ऐसी सज्जा का क़ायल हूँ जो दृश्य को वास्तविकता दे और कुछ नहीं। अगर यह दिन-प्रतिदिन का जीवन दर्शाने वाला कोई आधुनिक नाटक है तो मुझे ज्यामितीय डिज़ाइन वाले मंच की ज़रूरत नहीं होती। इस तरह के अचरज-भरे प्रभाव मेरे सत्याभास को ठेस पहुँचाते हैं।

कुछ बहुत ही शानदार कलाकारों ने अपने सजीव प्रवाह को अभिनेता और नाटक, दोनों को ही धराशायी कर देने तक के स्तर तक हावी होने दिया। दूसरी तरफ़, केवल पर्दे और यहाँ से वहाँ की चहलक़दमी भी, मानो अनन्त की यात्रा की जा रही हो, बेहद ख़राब अवरोधक होते हैं। वे विद्वत्ता और शोर की बू ही सामने रखते हैं। "हम बहुत कुछ अभिजात संवेदनशीलता और कल्पना पर छोड़ देते हैं।" एक बार मैंने लॉरेंस ऑलिवर को शाम की पोशाक में एक लाभार्थ आयोजन में 'रिचर्ड III' से कुछ अंश पढ़ते हुए देखा। हालाँकि वे अपनी अभिनय कला की बदौलत कुछ हद तक दर्शकों की प्रशंसा हासिल कर पाए लेकिन उनकी सफ़ेद टाई और कोट के पीछे लटकता हिस्सा उनकी चुगली खा रहे थे।

किसी ने कहा है कि अभिनय शान्त करने की, रिलैक्स करने की कला है। बेशक यह मूल सिद्धान्त सभी कलाओं पर लागू किया जा सकता है, लेकिन एक अभिनेता में अनिवार्य रूप से अपने आपको रोकने की ताक़त और भीतरी सन्तोष का भाव होना चाहिए। इस बात से कोई फ़र्क़ नहीं पड़ता कि दृश्य कितना आवेश भरा है। अभिनेता के भीतर जो तकनीक का जानकार मौजूद रहता है, वह शान्त और आराम की मुद्रा में होना चाहिए। वह उसकी भावनाओं के उतार-चढ़ाव को सम्पादित करता चले और उन्हें दिशा देता चले। उसका बाहरी व्यक्तित्व उत्तेजित हो लेकिन भीतरी तौर पर वह नियंत्रण में बना रहे। केवल शान्त एवं तनावमुक्त रहकर ही अभिनेता इसे हासिल कर सकते हैं। लेकिन व्यक्ति शान्ति से, तनावमुक्त रहता कैसे है, यह मुश्किल काम होता है। मेरा ख़ुद का तरीक़ा थोड़ा व्यक्तिगत है। मंच पर जाने से पहले मैं हमेशा बहुत अधिक नर्वस और उत्तेजित होता हूँ और इसी हालत में मैं इतना थककर चूर हो जाता हूँ कि जब मंच पर जाने का वक़्त आता है, मैं तनावमुक्त हो चुका होता हूँ।

मैं इस बात को नहीं मानता कि अभिनय सिखाया जा सकता है। मैंने देखा है कि बहुत होशियार लोग भी इसमें कोई तीर नहीं मार पाते और एकदम भोंदू भी बहुत अच्छा अभिनय कर लेते हैं। अभिनय के लिए अनिवार्य रूप से भावनाओं की ज़रूरत होती है। वेनराइट, सौन्दर्यशास्त्र के विद्वान, चार्ल्स लेम के मित्र और उस वक़्त के प्रसिद्ध साहित्यकार, एक बेरहम शख़्स थे और उन्होंने आर्थिक कारणों से

अपने चचेरे भाई को ज़हर देकर उसकी हत्या कर दी थी। वह यहाँ एक ऐसे बुद्धिमान व्यक्ति का उदाहरण हैं जो एक अच्छा अभिनेता नहीं हो सकता था, क्योंकि उसमें भावनाएँ ही नहीं थीं।

बहुत सारी बुद्धिमत्ता और न के बराबर भावनाएँ किसी शातिर अपराधी की विशेषताएँ हो सकती हैं, जबकि ढेर सारी भावनाएँ तथा ज़रा-सी बुद्धि का मतलब होता है नुक़सान न पहुँचाने वाला मूर्ख। लेकिन जब बुद्धिमत्ता और भावनाओं का सही अनुपात में सन्तुलन होता है तो हमें एक उत्कृष्ट अभिनेता के दर्शन होते हैं।

किसी महान अभिनेता का मूल अनिवार्य तत्त्व होता है कि वह अभिनय करते समय स्वयं से प्रेम करे। मैं इसे किसी का अपमान करने के इरादे से नहीं कह रहा हूँ। कई बार मैंने अभिनेताओं को यह कहते सुना है, "मुझे यह भूमिका करना कितना अच्छा लगता!" इसका मतलब यही हुआ न कि वह अपने आपको उस भूमिका में पसन्द करता! यह बात अहंकेन्द्रित हो सकती है लेकिन महान अभिनेता मुख्य रूप से अपनी ख़ुद की नेकी से ही घिरा होता है। 'द बैल्स' में इर्विंग, स्वेंगाली के रूप में ट्री, 'ए सिगरेट मेकर्स रोमांस' में मार्टिन हार्वे, तीनों बेहद साधारण नाटक थे, लेकिन भूमिकाएँ बहुत अच्छी थीं। थियेटर से पागलपन की हद तक प्यार करना ही काफ़ी नहीं होता। अपने आपके प्रति प्रेम और अपने आप पर भरोसा भी उतने ही ज़रूरी होते हैं।

अभिनय को पाठ की तरह सिखाने वाले स्कूलों या संस्थानों के बारे में मैं बहुत कम जानता हूँ। मैं समझता हूँ कि यह व्यक्तित्व के विकास की ओर ध्यान देता है। यह सभी अभिनेताओं में अलग-अलग हो सकता है और इसे विकसित करना मुश्किल है। आख़िर अभिनय क्या है, यही जताना न कि हम कोई दूसरे व्यक्ति हैं। व्यक्तित्व एक ऐसा अपरिभाषेय तत्त्व है जो किसी भी तरह के प्रदर्शन से निखरता ही है। लेकिन कुछ ऐसी बात होती है, जो सभी विधियों में होती है। उदाहरण के लिए, स्तानिस्लावस्की 'भीतरी सत्य' की तलाश पर ज़ोर देते थे जो कि मेरे ख़याल से 'भीतर से वैसा होना' है न कि 'उसका अभिनय' करना। इसके लिए अनुभूति की, चीज़ों के प्रति भावना की आवश्यकता होती है। व्यक्ति में यह महसूस करने की क्षमता होनी चाहिए कि शेर होना या गिद्ध होना कैसा होता है? यह किसी चरित्र की आत्मा को भीतर से महसूस करना, सभी परिस्थितियों में यह जानना कि उसकी प्रतिक्रियाएँ क्या होंगी, होता है। अभिनय के इस हिस्से को सिखाया नहीं जा सकता।

किसी सच्चे अभिनेता या अभिनेत्री को किसी चरित्र के बारे में बताते हुए अक्सर एक शब्द या जुमला कहा जाता है—यह फलाँ ऐतिहासिक व्यक्ति की तरह है या यह आधुनिक मैडम बोवेरी की तरह है। कहा जाता है कि जेड हैरिस ने चरित्र के

बारे में बताते हुए किसी अभिनेत्री से कह दिया था, "इस चरित्र में लहराते ब्लैक ट्यूलिप फूल की सी चपलता है।" यह कुछ ज़्यादा ही हो गया।

यह सिद्धान्त कि व्यक्ति को चरित्र की जीवन कथा का अवश्य पता होना चाहिए, बिलकुल भी ज़रूरी नहीं है। कोई भी व्यक्ति न तो किसी नाटक में ऐसा लिख ही सकता है और न ही उन शानदार अर्थ छवियों को अभिनीत ही कर सकता है जो ड्यूस ने अपने दर्शकों के सामने प्रस्तुत कीं। वे सब कुछ लेखक की संकल्पना से मीलों दूर रहे होंगे और जहाँ तक मैं समझता हूँ कि ड्यूस बौद्धिक वर्ग से नहीं थे।

मैं नाटक सिखाने वाले ऐसे स्कूलों से नफ़रत करता हूँ जो सही संवेदनाएँ जगाने के लिए वाचिक आलोचना और स्व-मूल्यांकन में व्यस्त हो जाते हैं। यह सीधा-सादा तथ्य कि किसी विद्यार्थी को मानसिक रूप से प्रताड़ित किया जाए, अपने आप में इस बात का सबूत है कि उसे अभिनय छोड़ देना चाहिए।

जहाँ तक बहुचर्चित तत्त्वमीमांसा सम्बन्धी शब्द 'सत्य' का प्रश्न है तो इसके अलग-अलग रूप हैं और एक सत्य उतना ही अच्छा होता है जितना दूसरी तरह का सत्य है। फ्रैंच कॉमेडी में परम्परागत अभिनय उतना ही विश्वसनीय होता है जितना इब्सन के किसी नाटक में तथाकथित यथार्थवादी अभिनय। दोनों ही कृत्रिमता के दायरे में आते हैं और दोनों का ही प्रयोजन सत्य का आभास कराना है। आख़िरकार सत्य कैसा भी हो, उसमें असत्यता के बीज होते ही हैं।

मैंने कभी भी अभिनय का अध्ययन नहीं किया लेकिन लड़कपन से यह मेरा सौभाग्य रहा कि मुझे कई महान अभिनेताओं के आसपास रहने का मौक़ा मिला और मैंने उनके ज्ञान एवं अनुभव के विस्तार को हासिल किया। हालाँकि मुझे अभिनय ईश्वरीय देन की तरह मिला लेकिन रिहर्सलों के दौरान मैं यह देखकर हैरान होता था कि मुझे तकनीक के बारे में कितना कुछ सीखने की ज़रूरत है। ऐसे शुरुआती अभिनेता, जिनके पास मेधा हो, को भी तकनीकें पढ़ाई जानी चाहिए, क्योंकि उनमें ईश्वर प्रदत्त भले ही कितनी भी प्रतिभा देन हो, यह कौशल भी उनमें होना ही चाहिए कि उसे किस तरह से प्रभावशाली बनाएँ।

मैंने पाया है कि दिशा-बोध इस कला को हासिल करने का सबसे महत्त्वपूर्ण तरीक़ा है। इसका मतलब यह हुआ कि जितनी देर के लिए भी आप मंच पर हैं, यह जानना कि आप कहाँ हैं और क्या कर रहे हैं? किसी दृश्य में चलते समय आपको यह पता होना ही चाहिए कि कहाँ रुकना है, कब मुड़ना है, कहाँ खड़ा होना है, कब और कहाँ बैठना है, किस चरित्र से सीधे बात करनी है और किससे परोक्ष रूप से। दिशा-बोध से आपको ताक़त मिलती है और इससे किसी व्यावसायिक और शौक़िया अभिनेता में फ़र्क़ किया जा सकता है। मैंने अपनी फ़िल्मों का निर्देशन करते समय अपने कलाकारों के साथ हमेशा दिशा-बोध के इसी तरीक़े पर ज़ोर दिया है।

अभिनय करते समय मैं बारीकी तथा अपने आपको रोकना या आत्मनियंत्रण पसन्द करता हूँ। बेशक जॉन ड्रियू में यह ख़ासियत थी। वे सुदर्शन थे, मज़ाक़िया थे, परिष्कृत थे और उनमें ग़ज़ब का आकर्षण था। भावुक होना आसान होता है और इस बात की हरेक अभिनेता से उम्मीद की जाती है, निश्चित ही, उच्चारण और आवाज़ भी ज़रूरी होते ही हैं। वैसे तो डेविड वारफील्ड शानदार आवाज़ के मालिक थे और उनमें भावनाओं को अभिव्यक्त करने की योग्यता भी थी, फिर भी सामने वाले को लगता था कि जो वे कहते थे, अन्तिम आदेश की तरह होता था।

मुझसे अक्सर पूछा जाता है कि अमेरिकी मंच पर मेरे प्रिय अभिनेता और अभिनेत्रियाँ कौन थे? इस प्रश्न का उत्तर देना ज़रा मुश्किल है क्योंकि अपनी पसन्द बताने का मतलब हुआ कि बाक़ी लोग कमतर थे, जबकि ऐसा नहीं है। मेरे प्रिय अभिनेताओं में सब-के-सब गम्भीर नहीं थे। उनमें से कुछ कॉमेडियन थे और कुछ तो मनोरंजन करने वाले, इंटरटेनर भी थे।

मिसाल के तौर पर, अल जॉलसन, जादू और जोश लिये महान जन्मजात कलाकार थे। वे अमेरिकी मंच पर सर्वाधिक प्रभावशाली मनोरंजन करने वाले माने जाते थे। उनका चेहरा ग़ुलामों की तरह साँवला था और वे भारी आवाज़ में मध्यम सुर में गाते थे। वे जाने-पहचाने लतीफ़े सुनाते और भावुक गीत गाते। लेकिन वे जो भी गाते, आपको अपने स्तर के हिसाब से ऊपर या नीचे ले आते। यहाँ तक कि उनके वाहियात गाने 'मैमी' ने भी सभी को रोमांचित कर दिया था। फ़िल्मों में उनके स्व की, व्यक्तित्व की छाया मात्र ही आ पाई थी, लेकिन 1918 में वे अपनी प्रसिद्धि के शिखर पर थे और श्रोताओं में जोश भर देते थे। अपनी लचीली काया, बड़े से सिर और गहरी आँखों के साथ उनमें एक अजीब-सी क़शिश थी। जब 'वे मेरे कन्धे के पीछे है इन्द्रधनुष' (देयर इज़ रेनबो राउंड माय शोल्डर) और 'मैं छोड़ता हूँ जब अपने पीछे जग' (व्हैन आय लीव द वर्ल्ड बिहाइंड) जैसे गाने गाते, तो श्रोताओं को एक रूहानी दुनिया में पहुँचाकर मंत्रमुग्ध कर देते। उन्होंने ब्रॉडवे की कविता का, उसकी ऊर्जा का, उसकी अश्लीलता का, उसके लक्ष्यों का और उसके सपनों का मानवीकरण कर दिया था।

एक और शानदार कलाकार, डच कॉमेडियन सैम बर्नार्ड, जो हर चीज़ से नाराज़ रहा करते थे। "अंडे! साठ सेंट में एक दर्ज़न और वो भी सड़े हुए! या नमक मिले मांस की क़ीमत! आप दो डॉलर अदा करते हैं। दो डॉलर ज़रा-से मांस के लिए!" यहाँ पर वे मांस के छोटे होने के बारे में अभिनय करके बताते, मानो सूई में धागा डाल रहे हों और फिर वे फट पड़ते, मैत्री-भाव से विरोध करते हुए और चारों दिशाओं में देखते हुए प्रतिवाद करते : "मुझे वह वक़्त भी याद है जब आप दो डॉलर का नमकीन मांस उठाकर घर नहीं ला सकते थे!" स्टेज से बाहर वे दार्शनिक थे। जिस वक़्त फ़ोर्ड स्टर्लिंग उनके पास रोते हुए गए और यह बताने लगे कि उनकी बीवी

उन पर डबल-क्रॉस कर रही है तो सैम ने कहा, "तो क्या हुआ, लोगों ने नेपोलियन को भी डबल-क्रॉस किया था!"

फ्रैंक टिनी को मैंने तब देखा था जब मैं पहली बार न्यूयॉर्क आया था। वे विंटर गार्डन थियेटर के पसन्दीदा अभिनेता थे और श्रोताओं से उनकी गहरी आत्मीयता थी। वे फ़ीटलाइट पर झुकते और फुसफुसाते, "मुख्य नायिका एक तरह से मुझ पर फ़िदा है।" फिर वे सतर्क होकर स्टेज से परे देखते कि कोई सुन तो नहीं रहा है। फिर वापस श्रोताओं की तरफ़ मुड़ते और भेद-भरी आवाज़ में उन्हें बताते, "यह दिल को छू लेने वाला मामला है। आज जब वह मंच के दरवाज़े से आ रही थी तो मैंने कहा, 'गुड ईवनिंग,' लेकिन वह तो मुझ पर इतनी फ़िदा है कि जवाब ही नहीं दे सकी।"

ठीक इसी वक़्त मुख्य नायिका मंच पर एक तरफ़ से दूसरी तरफ़ जाती है। और टिनी तुरन्त अपने होठों पर उँगली रख लेते, श्रोताओं को चेताते हुए कहते हैं कि वे उन्हें धोखा न दें, ख़ुश होकर वह नायिका से कहते हैं: "हाय कैसी हो?" वह मुँह बिचकाकर मुड़ती है और हड़बड़ी में स्टेज से वापस चली जाती है, लेकिन उसकी कंघी गिर जाती है।

फिर वे श्रोताओं को फुसफुसाकर बताते हैं: "मैंने क्या कहा था? लेकिन निजी रूप से हम ऐसे ही हैं।" फिर वे अपनी दो उँगलियाँ मोड़ते और कंघी उठाते। फिर वे मैनेजर को बुलाते : "हैरी, ज़रा इसे मेरे ड्रेसिंग रूम में तो रखवा दो!"

मैंने दोबारा उन्हें मंच पर कुछ बरस बाद देखा और उन्हें देखकर मुझे धक्का लगा। उनकी मज़ाक़िया काव्य-प्रतिभा ने उनका साथ छोड़ दिया था। वे इतने आत्म-सजग थे कि मैं इस बात पर विश्वास ही न कर सका कि ये वही व्यक्ति थे। उनमें यह बदलाव देखकर ही मुझे कई बरसों के बाद अपनी फ़िल्म 'लाइमलाइट' का विचार आया था। मैं जानना चाहता था कि आख़िर वे अपनी मूल भावना और आश्वस्ति क्यों खो बैठे थे? 'लाइमलाइट' में मामला उम्र का था। काल्वेरो बूढ़ा और अन्तर्मुखी हो जाता है और उसमें आत्मसम्मान की भावना घर कर जाती है और इस बात ने उन्हें श्रोताओं के साथ उनकी सारी आत्मीयता से वंचित कर दिया था।

जिन अमेरिकी अभिनेत्रियों की मैं सर्वाधिक प्रशंसा करता था, उनमें शोख़, मज़ाक़िया और विदुषी मिसेज़ फ़िस्के और उनकी भतीजी एमिली स्टीवेंस भी शामिल थीं। एमिली शैली और स्पर्श के हल्के एहसास वाली बेहतरीन अदाकारा थी। जेन कॉल में आगे बढ़ने की प्रतिभा और सघनता थी और मिसेज़ लेस्ली कार्टर में भी दर्शकों को बाँध लेने की उतनी ही क्षमता थी। कॉमेडियन में मुझे ट्रिक्सी फ्रिगांजा भी अच्छी लगती थीं और हाँ, फैनी ब्राइस, जिनमें स्वाँग भरने की महान मेधा के साथ-साथ अभिनय का अद्भुत मेल था। अंग्रेज़ों की चार महान अभिनेत्रियाँ रही हैं—ऐलन टेरी, एडा रीव, इरीन वानब्रू, सिबिल थॉर्नडाइक और मिसेज़ पैट कैम्पबेल। इनमें से पैट को छोड़कर बाक़ी सबको मैंने देखा था।

जॉन बैरीमोर अकेले ऐसे अभिनेता थे, जो थियेटर की परम्परा के सच्चे वाहक थे लेकिन एक बात उन्हें खा गई कि वे अपनी दक्षता को अश्लीलता की हद तक उतार लाए थे। एक ऐसी उदासीनता की भावना जो सारी चीज़ों को एक ही तरह से लेती है। चाहे यह हैमलेट का अभिनय हो या किसी रानी के साथ सोने का मामला हो, उनके लिए यह सब मज़ाक़ की तरह था।

जीन फाउलर द्वारा लिखी गई उनकी जीवनी में उनके बारे में एक क़िस्सा है कि ख़तरनाक हद तक शैम्पेन पी लेने के बाद उन्हें बिस्तर से बाहर खींचा जाता और हैमलेट का अभिनय करने के लिए मंच पर धकेल दिया जाता। उन्होंने यह भूमिका बीच-बीच में विंग्स में जाकर उल्टियाँ करने और शराब पीकर ताक़त जुटाने के बीच ही निभाई थी। अंग्रेज़ी समीक्षक उस रात उनके अभिनय की अपने काल के सर्वश्रेष्ठ हैमलेट के रूप में तारीफ़ करने वाले थे। इस तरह के वाहियात क़िस्सों से हरेक बौद्धिक की बुद्धिमत्ता का अपमान होता है।

पहली बार जब मैं जॉन से मिला था तो वे अपनी फलता के शिखर पर थे और यूनाइटेड आर्टिस्ट्स बिल्डिंग के एक दफ़्तर में ध्यानावस्था में बैठे हुए थे। एक-दूसरे के साथ परिचय कराए जाने के बाद जब हम दोनों अकेले रह गए तो मैंने हैमलेट के रूप में उनके चरित्र के बारे में बात करना शुरू किया। मैंने कहा कि शेक्सपियर के किसी भी अन्य चरित्र की तुलना में हैमलेट अपनी स्वयं की जवाबदेही अधिक देता है।

एक पल के लिए वे मज़ाक़ के मूड में आ गए और बोले, "हालाँकि राजा की भूमिका भी ख़राब नहीं है, लेकिन फिर भी मैं हैमलेट को पसन्द करता हूँ।"

मुझे यह अजीब-सा लगा और मैं हैरानी से सोचने लगा कि वे कितने ईमानदार हैं! अगर वे कम असफल होते और ज़्यादा सरल होते तो वे बूथ, इर्विंग, मैन्सफील्ड और ट्री जैसे महान अभिनेताओं की परम्परा में आ जाते क्योंकि उन सब में पवित्र भावना और संवेदनशील नज़रिया था। जैक के साथ तकलीफ़ उनका अपने बारे में कैशोर्य व रूमानी अहसास रहा और जैसे कि जीनियस आत्मघाती होते चले जाते हैं, अन्ततः उन्होंने भी घटिया तरीक़े अपना लिये। उन्होंने शराब पी-पीकर अपने आपको ख़त्म कर डाला था।

*

यद्यपि 'द किड' फ़िल्म सफलता के झंडे गाड़ रही थी, लेकिन मेरी समस्याएँ अभी भी ख़त्म नहीं हुई थीं। मुझे अभी भी फ़र्स्ट नेशनल को चार फ़िल्में और बनाकर देनी थीं। चरम हताशा के आलम में मैं इस उम्मीद में फ़िल्म का सामान रखने वाले कमरे में चक्कर काटता रहता कि शायद किसी पुराने सामान, पुराने सेटों के काठ-कबाड़, जेल के दरवाज़े, किसी पियानो या किसी मुड़े-तुड़े टुकड़े को ही देखकर मुझे कोई

विचार सूझ जाए। तभी मेरी निगाह गोल्फ़ क्लब के एक पुराने सेट पर पड़ गई और काम बन गया। ट्रैम्प गोल्फ़ खेलता है—'द आइडल क्लास'।

प्लॉट बहुत सीधा-सादा था। ट्रैम्प अमीरों के सभी चोंचलों में अपनी टाँग अड़ाता रहता है। वह गर्म मौसम के चक्कर में पश्चिम की तरफ़ जाता है लेकिन ट्रेन के भीतर यात्रा करने के बजाय ट्रेन के नीचे यात्रा करता है। उसे गोल्फ़ क्लब में पड़ी हुई गेंदें मिल जाती हैं और वह उनसे गोल्फ़ खेलना शुरू कर देता है। एक फैन्सी ड्रेस आयोजन में वह सज-धजकर अमीरों में जा मिलता है और वहाँ एक ख़ूबसूरत लड़की से नैन लड़ा बैठता है। इस रोमांटिक हादसे के बाद वह ग़ुस्साए मेहमानों से जान छुड़ाकर भागता है और एक बार फिर अपनी राह पर होता है।

एक दृश्य के दौरान एक मशाल की वजह से मेरे साथ एक छोटी-सी दुर्घटना हो गई थी। दरअसल उसकी गर्मी से मेरी एसबेस्टॉस की पैंट पिघल गई थी। इसलिए हमने एस्बेस्टॉस की एक और परत लगाई। कार्ल रॉबिन्सन ने चूँकि इसमें प्रचार की गुंजाइश देखी इसलिए यह कहानी प्रेस को दे दी। उस शाम मैं अख़बारों की हैडलाइन पढ़कर दंग रह गया कि मेरा चेहरा, हाथ और शरीर बुरी तरह से जल गए हैं। ख़बर पढ़कर सैकड़ों की संख्या में पत्र, तार और टेलीफ़ोन स्टूडियो में आने लगे। अत: मैंने इसका खंडन जारी किया लेकिन उसे कुछ ही अख़बारों ने छापा। इसका परिणाम यह हुआ कि मुझे एच.जी. वेल्स का एक ख़त मिला जिसमें उन्होंने लिखा था कि उन्हें मेरी दुर्घटना के बारे में पढ़कर गहरा धक्का लगा है। उन्होंने यहाँ तक लिख डाला कि वे मेरे काम के कितने बड़े प्रशंसक हैं और यह बहुत अफ़सोस की बात होगी अगर मैं आगे काम करने लायक़ न रहूँ।

उनका खत पढ़कर मैंने उन्हें सच्चाई बयान करते हुए तत्काल तार भेजा।

'द आइडल क्लास' के पूरा हो जाने पर मैं दो रील की एक और फ़िल्म बनाना चाहता था और नलसाज़ों के शानदार धन्धे पर एक प्रहसन करना चाहता था। पहले सीन में दिखाया जाता है कि वे शोफ़र द्वारा चलाई जा रही लिमोज़िन कार से नीचे उतरते हैं। नीचे उतरने वालों में मैं और मैक स्वैन होते। घर की मालकिन एड्ना पर्विएंस हमारी ख़ूब ख़ातिर तव्राजो करती है और हमारे साथ शराब पीने व खाना खा लेने के बाद वह हमें बाथरूम दिखाती है जहाँ मैं स्टेथोस्कोप के साथ तुरन्त काम पर लग जाता हूँ। मैं स्टेथोस्कोप ज़मीन पर लगाकर देखता हूँ, पाइपों की आवाज़ सुनता हूँ और उन्हें वैसे ही ठकठकाता हूँ जिस तरह से डॉक्टर मरीज़ों को ठकठकाता है।

बस मैं यहीं तक सोच पाया और इससे आगे मैं ध्यान केन्द्रित ही नहीं कर पा रहा था। मैं इस बात को महसूस ही नहीं कर पा रहा था कि मैं कितना थका हुआ हूँ। इसके अलावा, पिछले दो महीनों से मेरे मन में लंदन जाने की न दबाई जा सकने वाली चाह ज़ोर मार रही थी और एच.जी. वेल्स का पत्र मेरे भीतर की उस आग में

घी का काम कर रहा था। इसके अलावा, दस बरस बाद मुझे हैट्टी केली से एक पत्र मिला था जिसमें उसने लिखा था : "क्या मुझे अभी भी वह मूर्ख लड़की याद है...?" अब उसकी शादी हो गई थी और वह पोर्टमैन स्क्वायर में रह रही थी। उसने पत्र में पूछा था कि अगर कभी मैं लंदन आया तो क्या मैं उससे मिलने आऊँगा! यूँ तो पत्र में ऐसा कुछ नहीं था और न ही उससे ज़रा-सी भी संवेदनाएँ फिर से जागने की गुंजाइश थी। आख़िरकार, इस बीच दस बरस का अरसा बीत चुका था और मैं कई बार प्रेम के भीतर और बाहर हो चुका था। अलबत्ता, मैं उससे मिलना ज़रूर चाहता था।

मैंने टॉम से कहा कि मेरा सामान पैक करे और रीव्ज़ से कहा कि वह स्टूडियो बन्द करे और कम्पनी को छुट्टी दे दे। मैं इंग्लैंड जाना चाहता था।

सत्रह

न्यूयॉर्क से यात्रा शुरू करने वाली रात से पहले मैंने एलिज़े कैफ़े में लगभग चालीस मेहमानों को एक पार्टी दी। मेहमानों में मैरी पिकफ़ोर्ड, डगलस फेयरबैंक्स और मैडम मेटरलिंक थीं। हम शेराड (पहेली) खेलते रहे। डगलस और मैरी ने शुरुआत की भूमिका निभाई। डगलस स्ट्रीटकार कंडक्टर बने और उन्होंने टिकट पंच करके मैरी को दिया। दूसरे अक्षर के लिए उन्होंने जान बचाने के दृश्य का मूक अभिनय किया, जिसमें मैरी मदद के लिए चिल्लाती है और डगलस तैरकर उसके पास पहुँचते हैं तथा उसे नदी के किनारे तक सुरक्षित लाते हैं। तय था, हम सब चिल्ला रहे थे—"फेयरबैंक्स।"

जैसे-जैसे शाम रंगीन होने लगी, मैंने और मैडम मेटरलिंक ने कैमील की मृत्यु वाले दृश्य का अभिनय किया। मेटेलिंक कैमील बनीं और मैं बना आर्मंड। जिस वक़्त वे मेरी बाँहों में दम तोड़ रही थीं, उन्हें खाँसी का दौरा पड़ गया। शुरू-शुरू में हल्का और फिर खाँसने की गति बढ़ गई। उनकी खाँसी का यह हाल हो गया कि मुझे भी खाँसी का दौरा पड़ गया। इसके बाद तो हम दोनों के बीच खाँसने की प्रतियोगिता ही शुरू हो गई। आख़िरकार, मैंने ही उनकी बाँहों में मरने का अभिनय किया।

जिस दिन समुद्री यात्रा करनी थी, उस दिन मैं सुबह साढ़े आठ बजे बहुत मुश्किल से उठा। हालाँकि नहाने के बाद, मैंने ख़ुद को पहले से तरोताज़ा महसूस किया और इंग्लैंड के लिए रवाना होने के ख़याल से ही रोमांचित हो उठा। मेरे दोस्त तथा 'क़िस्मत' और दूसरे नाटकों के लेखक एडवर्ड नोब्लॉक भी मेरे साथ ही *ओलम्पिक* पर यात्रा कर रहे थे।

तभी अख़बारवालों का एक हुजूम जहाज़ पर चढ़ आया और मुझे इस हताशा ने घेर लिया कि ये सब हमारे साथ पूरी यात्रा में ब्रने रहेंगे। हालाँकि उनमें से दो हमारे साथ चल पड़े जबकि बाक़ी दूसरे लोग पायलट के साथ उतर गए।

आख़िरकार, मैं अपने केबिन में अकेला था। केबिन मेरे दोस्तों की तरफ़ से आए फूलों और फलों की टोकरियों से अँटा पड़ा था। मुझे इंग्लैंड छोड़े दस बरस बीत चुके थे और मैं इसी जहाज़ से कार्नो कम्पनी के साथ निकला था; उस वक़्त हमने दूसरे दर्जे में यात्रा की थी। मुझे याद है कि स्टीवर्ड ने हमें पहले दर्जे का हड़बड़ी में दौरा कराया था ताकि हमें इस बात की झलक मिल सके कि पहले दर्जे के लोग किस तरह से रहते हैं। उसने प्राइवेट कमरों (Suites) की शानो-शौक़त के और उनके आकाश छूते किराये के बारे में बताया था और अब मैं उन सुईटों में से एक में था और इंग्लैंड वापस जा रहा था। मैंने लंदन को लैम्बेथ के एक नामालूम से, संघर्षरत युवा के रूप में जाना था; लेकिन अब मैं एक प्रख्यात और अमीर आदमी के रूप में लंदन को मानो पहली बार देखूँगा।

अभी कुछ ही घंटे बीते थे कि माहौल अंग्रेज़ी हो चुका था। हर रात हैडी नोब्लॉक और मैं मुख्य डाइनिंग कक्ष के बजाय रिट्ज़ रेस्तराँ में खाना खाते। रिट्ज़ में खाने के बहुत से लज़ीज़ व्यंजनों की व्यवस्था थी। वहाँ पर शैम्पेन, कैवियर और दूसरी बीसियों तरह की शराब और लज़ीज़ व्यंजन सामने रखे होते। अब समय की कोई कमी नहीं थी इसलिए हर शाम मैं काली टाई लगाकर तैयार होने की वाहियात रस्म निभाता। इस तरह की विलासिता और फ़िज़ूलख़र्ची से मुझे पैसे की माया का एहसास होता।

मुझे लगता था कि मैं आराम कर पाऊँगा। लेकिन *ओलम्पिक* के नोटिस-बोर्ड पर लंदन में मेरे प्रत्याशित आगमन के बारे में बुलेटिन लग गए। अभी हमने आधा रास्ता ही पार किया था कि निमंत्रणों और अनुरोधों वाले तारों का ताँता लगना शुरू हो गया। उन्माद, तूफ़ान की शक्ल ले रहा था। *ओलम्पिक* के बुलेटिन में 'यूनाइटेड न्यूज़' और 'मॉर्निंग टेलीग्राफ़' से आलेख उद्धृत किये जाते। एक आलेख कुछ इस तरह का था : "चैप्लिन विजेता की तरह लौट रहा है! साउथैम्पटन से लंदन तक की तरक़्क़ी रोमन विजय से मेल खाएगी।"

दूसरा लेख था : "जहाज़ के चलने और जहाज़ पर चैप्लिन की गतिविधियों के बारे में। दैनिक बुलेटिनों पर अब जहाज़ से जारी होने वाले हर घंटे के फ्लैश भारी पड़ रहे थे और अख़बारों के ख़ास संस्करण गली-कूचों में धूम मचा रहे थे तथा आड़े-तिरछे चलने वाले इस महान शख़्स के बारे में ख़बरें दे रहे थे।"

इसके अलावा एक और : "एक पुराना जेकोबियाई गाना, 'चार्ली इज़ माई डार्लिंग' चार्ली के प्रति पागलपन को चरितार्थ करता था और पूरे इंग्लैंड को पिछले पूरे हफ़्ते से अपनी गिरफ़्त में लिये हुए था। जैसे-जैसे चार्ली को घर लाते हुए

ओलम्पिक अपने पीछे लहरों के भँवर छोड़ रहा था, यह उन्माद हर घंटे और तेज़ होता जा रहा था।"

एक अन्य लेख में लिखा था : "आज रात *ओलम्पिक* साउथैम्पटन में कोहरे से घिर गया था और शानदार कॉमेडियन के स्वागत में जुटी उनके प्रशंसकों की विशाल भीड़ शहर में उनकी राह देख रही थी। पुलिस डॉक पर तथा उस नागरिक अभिनन्दन-समारोह स्थल पर जहाँ मेयर चार्ली की अगवानी करने वाले हैं, भीड़ को नियंत्रित करने के लिए ख़ास इंतजाम करने में व्यस्त थी। अख़बार यह बताने में लगे हुए थे...लोग कहाँ से चार्ली को बेहतर तरीक़े से देख सकते हैं जैसाकि विजय के दिनों में हुआ करता था।"

*

मैं इस तरह के स्वागत के लिए तैयार नहीं था। यह स्वागत अचरज भरा और असाधारण था। मैं सोच रहा था कि काश! मैंने इस यात्रा को तब तक के लिए स्थगित कर दिया होता जब तक मैं इसके लायक़ न हो जाता। मैं जिस चीज़ के लिए तड़प रहा था, वो थी उन पुरानी परिचित जगहों की एक झलक भर देखने की चाहत। लंदन में चुपचाप आसपास घूमना और देखना, केनिंगटन और ब्रिक्स्टन में तफ़रीह मारना, 3 पाउनाल टैरेस की खिड़की पर निगाह डालना, उस अँधियारी लकड़ी की टाल में झाँकना जहाँ मैंने लकड़ी चीरने वालों की मदद की थी, 287 केनिंगटन रोड की दूसरी मंज़िल की खिड़की की तरफ़ देखना जहाँ मैं लुइस और अपने पिता के साथ रहा था—यह इच्छा अचानक ही एक तरह की सनक में बदल चुकी थी।

आख़िरकार हम चेरबर्ग पहुँचे! कई लोग नीचे उतर रहे थे और कई लोग सवार हो रहे थे—कैमरामैन और अख़बारवाले। "इंग्लैंड के लिए मेरे पास क्या सन्देश है?" "फ्रांस के लिए क्या सन्देश है?" "क्या मैं आयरलैंड जाऊँगा?" "आयरिश मुद्दे पर मैं क्या सोचता हूँ?" अगर आलंकारिक भाषा में कहूँ तो मुझ पर प्रश्नों की बौछार हो रही थी।

हम चेरबर्ग से रवाना हुए और अब हम इंग्लैंड की राह पर थे, लेकिन यह यात्रा रेंगने की तरह थी। जहाज़ बहुत धीमी गति से जा रहा था। नींद का तो सवाल ही नहीं उठता था। एक बजता, दो बज जाते, तीन बज जाते और मैं अभी भी जाग रहा होता। इंजन रुके, विपरीत दिशा में चलने लगे और आख़िर पूरी तरह से थम गए। मैं बाहर गलियारे में सामने से पीछे की तरफ़ और पीछे से सामने की तरफ़ लोगों के भागने-दौड़ने की भारी आवाज़ें सुन पा रहा था। तनावग्रस्त और पूरी तरह से जागे हुए, मैंने झिरी में से देखा। लेकिन बाहर अँधेरा था; मैं कुछ भी नहीं देख पाया। इसके बावजूद मैं अंग्रेज़ी आवाज़ें सुन सका!

प्रभात की किरणें फूटीं और बेहद थकान के मारे मुझे नींद आ गई, लेकिन यह नींद भी दो घंटे के लिए ही थी। जिस वक़्त स्टीवर्ड मेरे लिए गरमागरम कॉफ़ी और सुबह का अख़बार लेकर आया, मैं उठ गया था।

एक हैडलाइन में लिखा था :

दूसरे देश से युद्ध विराम-सन्धि के अवसर पर कॉमेडियन की घर वापसी।

दूसरी :

सारा लंदन चैप्लिन के दौरे की बात कर रहा है।

एक और :

चैप्लिन जा रहे हैं लंदन, शानदार स्वागत की गारंटी।

एक और बड़े आकार के फॉन्ट में।

देखो हमारे लाल को!!

अलबत्ता, कुछेक आलोचनात्मक टिप्पणियाँ भी थीं जैसे :

होश में आओ!!

> भगवान के नाम पर अब हमें होश में आ जाना चाहिए। मैंने यह कहने की जुर्रत की है कि हो सकता है कि मि. चैप्लिन बहुत ही आदरणीय या मान्य हों। यह जानने में मेरी बहुत ज़्यादा दिलचस्पी नहीं है कि क्यों घर की याद उन्हें इस मौक़े पर इतना ज़्यादा भावुक बनाए हुए है। यह उन काले बरसों के दौरान सामने क्यों नहीं आई जिस वक़्त हूणों के काले कारनामों के कारण ग्रेट ब्रिटेन के घर ख़तरों से जूझ रहे थे। हो सकता है कि यह सच हो, जैसा कि तर्क दिया जा रहा है, कि चार्ली चैप्लिन कैमरे के सामने मसख़री की हरकतें करते हुए ही बेहतर लगते हैं बजाय वे बन्दूक़ के पीछे रहते हुए मर्दाने काम करते।

*

डॉक पर साउथैम्पटन के मेयर ने मेरा स्वागत किया और तुरन्त मुझे एक रेलगाड़ी में बिठा दिया गया। आख़िरकार अब हम लंदन की राह पर थे! आर्थर कैली, हैट्टी कैली के भाई भी मेरे ही कूपे में थे। मुझे याद है कि आर्थर और मैं आपस में बातचीत करते हुए रेलगाड़ी की खिड़की से बाहर हरे-भरे खेतों की तेज़ी से पीछे छूटती दृश्यावली देख रहे थे। मैंने उसे बताया कि मुझे उसकी बहन की तरफ़ से एक ख़त मिला था जिसमें उसने पोर्ट स्क्वायर के अपने घर पर मुझे रात के खाने के लिए आमंत्रित किया था।

उसने मेरी तरफ़ हैरानी से देखा और कुछ परेशान-सा लगा, "आपको पता है, हैट्टी मर चुकी है!"

उसकी बात सुनकर मुझे झटका लगा, लेकिन उस पल मैं उसकी पूरी त्रासदी को भीतर नहीं उतार पाया—बहुत सारी घटनाएँ घटती चली जा रही थीं, लेकिन मुझे

लगा कि मैं एक अनुभव से वंचित हो गया हूँ। मेरे अतीत के दिनों से हैट्टी ही वह अकेली परिचित व्यक्ति थी जिससे दोबारा मिलना मुझे अच्छा लगता, ख़ास तौर पर इन बेहतरीन परिस्थितियों में।

*

अब हम लंदन के उपनगरों में प्रवेश कर रहे थे और मैं बेसब्री से खिड़की के बाहर देख रहा था। मैं पास से गुज़रती किसी गली को पहचानने की बेकार कोशिश कर रहा था। उत्तेजना के साथ एक डर भी घुला हुआ था कि शायद युद्ध के बाद लंदन बहुत अधिक बदल गया होगा।

मेरी उत्तेजना अपने चरम पर थी। कोई भी चीज़ दिमाग़ को बाँध नहीं पा रही थी, बस सिर्फ़ संभावना ही थी। किस चीज़ की संभावना? मेरे दिमाग़ में हाहाकार मचा हुआ था। मेरे सोचने-समझने की शक्ति साथ छोड़ चुकी थी। मैं ऊपरी तरीक़े से सिर्फ़ लंदन की छतें ही देख पाया, लेकिन जो मैं देखना चाहता था वह वहाँ पर नहीं था। सिर्फ़ उसके होने की संभावना थी और कुछ भी नहीं था!

आख़िरकार हम पहुँच गए। रेलवे स्टेशन की आवाज़ के दायरे में—वाटरलू स्टेशन! जैसे ही मैं ट्रेन से उतरा, मैंने प्लेटफ़ॉर्म के दूसरे सिरे पर अपार भीड़ को देखा जिसे रस्से के सहारे रोककर रखा गया था और लगी थी पुलिस वालों की लाइनें। हर चीज़ बेहद तनाव में थी। मैं उत्तेजना के सिवाय किसी भी चीज़ को जज़्ब करने की हालत से परे था। मैं इस बात को अच्छी तरह से जानता था कि मुझे प्लेटफ़ॉर्म पर ही दबोच लिया जाएगा और प्लेटफ़ॉर्म पर ही मेरी परेड करा दी जाएगी मानो मुझे गिरफ़्तार किया गया हो। जैसे ही हम रस्से से रोकी गई भीड़ के पास पहुँचे, तनाव कम होने लगा, "यहाँ है वो, वो आ गया! हमारा प्यारा चार्ली!" और इसके बाद वे लोग हर्ष-ध्वनि करने लगे। इस सारे हँगामे के बीच अचानक ही मुझे मेरे कज़िन ऑब्रेय के साथ एक लिमोजिन में ठूँस दिया गया। मैं ऑब्रेय से पन्द्रह बरस से नहीं मिला था। मुझमें सोचने-समझने की इतनी ताक़त भी नहीं रह गई थी कि उस भीड़ से इस तरह से छुपाए जाने का विरोध ही कर सकूँ, जो मुझसे मिलने के लिए इतनी देर से मेरा इन्तज़ार कर रही थी।

मैंने ऑब्रेय से कहा कि वह पक्के तौर पर देख ले कि हम वेस्टमिंस्टर ब्रिज से ही होकर गुज़रें। वाटरलू से निकलते हुए और यॉर्क रोड से गुज़रते हुए मैंने पाया कि पुराने मकान ढहाए जा चुके हैं और उनकी जगह पर नया ढाँचा एल.सी.सी. बिल्डिंग खड़ी कर दी गई है, लेकिन जब हम यार्क रोड के कोने से मुड़े तो वेस्टमिंस्टर ब्रिज चमकते सूर्य की तरह आँखों के सामने आ गया! पुल ठीक वैसा ही था, उसका सौम्य संसद भवन वैसा ही सदाबहार खड़ा था। पूरा-का-पूरा परिदृश्य ठीक वैसा ही था जैसा मैं छोड़कर गया था। मेरी आँखों से आँसू ढरकने को थे।

मैंने रिट्ज़ होटल चुना क्योंकि यह उस वक़्त बनाया गया था जिस वक़्त मैं छोटा बच्चा था और उसके प्रवेश द्वार के पास से गुज़रते हुए मैंने उसके भीतर की शानो-शौक़त की एक झलक देखी थी और तब से मुझे यह जानने की उत्सुकता थी कि बाक़ी सब कैसा लगता है!

होटल के बाहर बेइन्तहा भीड़ मेरी राह देख रही थी। मैंने एक छोटा-सा भाषण दिया और आख़िरकार जब मैं अपने कमरे में व्यवस्थित हो गया तो अकेले बाहर निकलने की मेरी बेसब्री ज़ोर मारने लगी। लेकिन कन्धे से कन्धा भिड़ाती भीड़ अभी भी बाहर जुटी हुई थी, जो चिल्ला-चिल्लाकर मेरा अभिवादन कर रही थी और इस चक्कर में मुझे कई बार बालकनी में जाना पड़ा और राजसी मेहमानों की तरह उनके अभिवादन को स्वीकार करना पड़ा। इस बात को बयान कर पाना मुश्किल है कि ऐसी असाधारण परिस्थितियों में क्या चल रहा होता है!

मेरा कमरा दोस्तों से भरा हुआ था, लेकिन मेरी इच्छा यही थी कि उन सबसे छुटकारा पाया जाए। दोपहर के चार बज रहे थे, इसलिए मैंने उनसे कहा कि मैं थोड़ी झपकी लेना चाहूँगा और उनसे डिनर के वक़्त शाम को मिलूँगा।

जैसे ही वे लोग गए, मैंने फटाफट कपड़े बदले, सामान ले जाने वाली लिफ़्ट पकड़ी और पिछले दरवाज़े से चुपचाप भाग लिया। जल्दी ही मैं जर्मन स्ट्रीट के दूसरे सिरे की तरफ़ लपका, मैंने एक टैक्सी पकड़ी और ट्रेफ़ाल्गर स्क्वायर, संसद-भवन और वेस्टमिंस्टर ब्रिज के ऊपर से होते हुए हेमार्केट की तरफ़ निकल गया।

टैक्सी ने एक मोड़ काटा और आख़िर केनिंगटन स्ट्रीट पर आ पहुँची! केनिंगटन स्ट्रीट अब मेरे सामने थी! अविश्वसनीय सी! कुछ भी तो नहीं बदला था। वेस्टमिंस्टर ब्रिज रोड के कोने पर क्राइस्ट चर्च था तथा ब्रुक स्ट्रीट के कोने पर टैन्कार्ड बार था।

मैंने टैक्सी को 3 पाउनाल टैरेस से थोड़ा-सा पहले ही रुकवा लिया। जैसे ही मैं घर की तरफ़ बढ़ा, एक अजीब-सी शान्ति मुझ पर तारी हो गई। मैं एक पल के लिए ठिठका रहा, और देखे हुए को अपने भीतर उतारता रहा। 3 पाउनाल टैरेस! सामने नज़र आ रहा था, किसी उदास पुरानी खोपड़ी की तरह। मैंने सबसे ऊपर की मंज़िल की दो खिड़कियों की तरफ़ देखा—वो परछत्ती जहाँ पर माँ बैठा करती थीं, कमज़ोरी और कुपोषण की शिकार, धीरे-धीरे उनका दिमाग़ साथ छोड़ रहा था। खिड़कियाँ मज़बूती से बन्द थीं। वे कोई भेद नहीं खोल रही थीं और उस आदमी की तरफ़ से पूरी तरह से उदासीन थीं जो इतनी देर से नीचे खड़ा उनकी तरफ़ घूर रहा था, इसके बावजूद उनके मौन ने मुझसे इतना कुछ कह दिया जो कि शायद शब्द भी न कह पाते। तभी कुछ छोटे-छोटे बच्चे वहाँ आ गए और उन्होंने मुझे घेर लिया तथा मुझे मजबूरन वहाँ से हटना पड़ा।

मैं कैनिंगटन रोड के पिछवाड़े घुड़साल की तरफ़ बढ़ा, जहाँ पर मैं लकड़ी चीरने वालों की मदद किया करता था। लेकिन घुड़साल के चारों ओर ईंटों की दीवारें खड़ी कर दी गई थीं, और लकड़ी चीरने वालों का वहाँ अब कोई नामोनिशान नहीं था।

उसके बाद मैं 287, केनिंगटन रोड की तरफ़ बढ़ा जहाँ पर सिडनी और मैं अपने पिता, लुइस (उनकी दूसरी पत्नी) और उनके नन्हे-मुन्ने बेटे के साथ रहा करते थे। मैंने कमरे की दूसरी मंज़िल की खिड़की की तरफ़ निगाह दौड़ाई। यह कमरा हमारे बचपन की हताशाओं का हमजोली हुआ करता था। अब ये सारी चीज़ें कितनी निश्छल-सी दिखती हैं—शान्त और स्थिर।

फिर मैं केनिंगटन पार्क की तरफ़ चला गया। उस डाकखाने के आगे से गुज़रते हुए जहाँ पर मेरा साठ पाउंड का एक बचत खाता हुआ करता था—यह वो राशि थी जो मैं 1908 से बचाने के लिए कितनी कंजूसी किया करता था और यह राशि अभी भी वहीं थी।

केनिंगटन पार्क! इतने बरसों के बाद भी वह उदासी भरी हरियाली से लहलहा रहा था। मैं केनिंगटन गेट की तरफ़ मुड़ा। यह वही जगह थी जहाँ पर हैट्टी से मेरी पहली मुलाक़ात हुई थी। मैं एक पल के लिए थमा। तभी एक ट्राम कार आकर रुकी। उसमें कोई चढ़ा लेकिन उतरा कोई नहीं।

अब मेरा अगला पड़ाव था ब्रिक्सटन रोड में 15 ग्लेनशॉ मैंशन। यहाँ पर वह फ़्लैट था जिसे सिडनी और मैंने सजाया था। लेकिन मेरी संवेदनाएँ समाप्त हो चुकी थीं, मात्र उत्सुकता ही बाक़ी रह गई थी।

वापस आते समय मैं एक ड्रिंक लेने के लिए हॉर्न्स बार में रुक गया। अपने अच्छे दिनों में यह बहुत भव्य हुआ करता था, अपने पॉलिश से दमकते महोगनी बार, शानदार दर्पण और बिलियर्ड रूम के साथ। वहाँ एक बड़ा-सा एसेम्बली रूम भी था जहाँ पर पिता के लिए आख़िरी बार सहायतार्थ आयोजन रखा गया था। अब हॉर्न्स थोड़ा-थोड़ा अस्त-व्यस्त लग रहा था लेकिन सब कुछ वैसा का वैसा ही था। पास ही में वह जगह थी जहाँ पर मैंने दो बरस तक पढ़ाई की थी, केनिंगटन रोड काउंटी काउंसिल स्कूल। मैंने खेल के मैदान में झाँककर देखा; डामर का उसका धूसर मैदान सिकुड़ चुका था और उस जगह पर इमारतें आ गई थीं।

जैसे-जैसे मैं केनिंगटन में भटक रहा था, वो सब कुछ जो मेरे साथ हुआ था, सपने की मानिन्द लगने लगा और जो कुछ मेरे साथ स्टेट्स में हुआ था, वास्तविकता प्रतीत होने लगा। इसके बावजूद मुझे कुछ-कुछ असहजता का एहसास होने लगा कि शायद ग़रीबी की अपनी-सी उन गलियों में अभी भी इतनी ताक़त है कि मुझे अपनी हताशा की फिसलती रेत में धँसा लेंगी।

*

मेरे बारे में बहुत कुछ बक़वास लिखा जा चुका था। शायद मुझे कभी भी बहुत ज़्यादा दोस्तों की ज़रूरत नहीं रही। कहते हैं न कि आदमी जब किसी ख़ास जगह पर पहुँच जाता है, तो दोस्त चुनने में ख़ास विवेक का इस्तेमाल नहीं करता। जब मैं मूड में

होता हूँ, तो मैं दोस्तों को वैसे ही पसन्द करता हूँ जैसे संगीत को पसन्द करता हूँ। ज़रूरत के वक़्त किसी दोस्त की मदद करना आसान होता है लेकिन आप हमेशा इतने ख़ुशनसीब नहीं होते कि उसे अपना समय दे पाएँ। जब मैं लोकप्रियता के शिखर पर था तो मेरे दोस्तों और परिचितों का हुजूम मुझे ज़रूरत से ज़्यादा घेरे रहता और मैं एक साथ ही बहिर्मुखी और अन्तर्मुखी हो जाता लेकिन जब मेरा अन्तर्मुखी पक्ष हावी होता तो मुझे इस सारे ताम-झाम से दूर भाग जाना पड़ता। शायद यही वजह रही होगी कि मेरे बारे में इस तरह के आलेख लिखे गए कि मैं बचता फिरता हूँ, अकेला रहता हूँ और सच्ची दोस्ती के क़ाबिल नहीं हूँ। हालाँकि सब बक़वास था। मेरे एक-दो बहुत ही अच्छे दोस्त हैं जो मेरे जीवन को रोशन बनाए रहते हैं और जब भी मैं उनके साथ होता हूँ, आमतौर पर उनके साथ का आनन्द उठाता हूँ।

इसके बावजूद मेरे व्यक्तित्व को लेखक के स्वभाव के अनुसार उठाया और गिराया गया है।

उदाहरण के लिए, सॉमरसेट मॉम ने लिखा है :

> चार्ली चैप्लिन...उसका मज़ाक़ सरल, मिठास-भरा और सहज है। लेकिन इसके बावजूद आपको यह एहसास होता है कि इन सबके पीछे एक गहरी उदासी है। उसका व्यक्तित्व अलग-अलग रंगों से भरा है जो गम्भीर-से दिखने वाले मुद्दे को भी परिहासयुक्त बना देता है और इसके लिए उसे किसी दिखावटी दावे की ज़रूरत नहीं होती: "अरे, कल रात मुझे अवसाद का ऐसा दौरा पड़ा कि मुझे समझ ही नहीं आ रहा था कि मैं अपने आप के साथ क्या करूँ!!" मैं आपको चेताता हूँ कि उसका हास्य उदासी के साथ-साथ चलता है। वह आपको एक ख़ुशहाल आदमी की छवि नहीं देता। मुझे तो लगता है कि वह झोंपड़-पट्टियों की आसक्त करने वाली याद से पीड़ित है। जिस तरह के वैभव को वह भोगता है, उसकी दौलत, उसे इस तरह की ज़िन्दगी में क़ैद तो कर लेते हैं लेकिन उन्हें वह अड़चनों की तरह ही पाता है। मुझे लगता है कि वह अपनी संघर्षशील जवानी की आज़ादी की तरफ़ मुड़-मुड़कर देखता है, उसकी मुफ़लिसी और कड़वे अनुभवों के साथ, उस चाहत के साथ जिसके बारे में उसे पता है कि कभी भी सन्तुष्ट नहीं की जा सकती। उसके लिए दक्षिणी लंदन की गलियाँ मौज़-मस्ती, ऐशो-आराम और बेइन्तहा रोमांच के ठिकाने हैं...मैं इस बात की कल्पना कर सकता हूँ कि वह अपने ख़ुद के घर में जाता है और हैरान होता है कि आख़िर वह किसी अजनबी आदमी के घर पर कर ही क्या रहा है!! मुझे शक है कि वह सिर्फ़ एक ही घर को अपने घर की तरह देख सकता है और वह है केनिंगटन रोड की दूसरी मंज़िल पर बनी दुछत्ती जिसमें वह अपने

भाई और माँ के साथ रहता था। एक रात मैं उसके साथ लॉस एंजेल्स में घूम रहा था और चलते-चलते हमारे क़दम शहर के ग़रीब तबक़े के इलाक़े की तरफ़ मुड़ गए जहाँ मुफ़लिसी में जीने वालों के घर थे और गन्दी व भड़कीली दुकानें थीं जिनसे ग़रीब लोग अपनी रोज़ाना की ज़रूरत की चीज़ें ख़रीदते हैं। चार्ली का चेहरा दमक उठा और जब उसने अपनी बात कही तो उसकी आवाज़ में एक जोशीला स्वर आ मिला था, "देखो तो, यही है असली ज़िन्दगी, नहीं क्या? बाक़ी सब कुछ तो दिखावा है!!"*

किसी दूसरे व्यक्ति को ग़रीबी को आकर्षक समझने का यह नज़रिया देना कोफ़्त में डालता है। मैं अब तक ऐसे एक भी ग़रीब आदमी से नहीं मिला हूँ जो अपनी ग़रीबी के प्रति आसक्त हो या उसमें आज़ादी ढूँढ़ता हो। न ही मि. मॉम किसी ग़रीब आदमी को इस बात का यक़ीन ही दिला पाए कि प्रसिद्धि के शिखर पर होने और बेइन्तहा दौलत का मतलब तनहाई और कई तरह के बन्धन होता है—इसके विपरीत मुझे तो प्रसिद्धि और बेइन्तहा दौलत में आज़ादी महसूस होती है। मुझे नहीं लगता कि मि. मॉम अपने किसी उपन्यास में, अपने किसी चरित्र को इस तरह के झूठे अर्थ देंगे, शायद उनमें से किसी को भी नहीं। "दक्षिणी लंदन की गलियाँ मौज़-मस्ती, ऐशो-आराम और बेइन्तहा रोमांच के ठिकाने" हैं। इस तरह के शब्दजाल में फ्रांस की महारानी मैरी एंटोनेट की काल्पनिक दिल्लगी का तंज नज़र आता है।

ग़रीबी मुझे न तो आकर्षक लगती है और न ही कलात्मक। इसने मुझे और कुछ नहीं, बल्कि मूल्यों को विकृत करना तथा अमीरों एवं कथित सम्पन्न वर्गों की विशेषताओं और गरिमा को बढ़ा-चढ़ा कर बताना ही सिखाया है।

इसके विपरीत धन-दौलत और प्रसिद्धि ने मुझे दुनिया को सही नज़रिये से देखना और ख़ास जगहों पर बैठे हुए लोगों के सम्पर्क में आने पर यह पता लगाना सिखाया है कि अपने तरीक़े से वे भी कमज़ोरियों के पुतले थे, जैसे हम सब हैं।

धन और प्रसिद्धि ने मुझे दम्भ का प्रतीक माने जाने वाले तलवार, छड़ी और चाबुक का तिरस्कार करना सिखाया और यह भी सिखाया कि किसी व्यक्ति की योग्यता और बुद्धिमत्ता का आकलन करने का माध्यम उसके बोलने के तरीके या शिक्षा को नहीं मानना चाहिए। साथ ही अंग्रेज़ी मध्य वर्ग के बीच फैली इस धारणा को भी तोड़ा कि बुद्धिमत्ता का सम्बन्ध शिक्षा प्राप्त करने या विषयों के ज्ञान से नहीं होता।

---

* यह सच नहीं है। हम मैक्सिकन क्वार्टर में थे और मेरा कथन था : 'बेवर्ली हिल्स के मुक़ाबले यहाँ ज़्यादा ज़िन्दगी है।'

मॉम के अनुमानों के बावजूद मैं और सब लोगों की तरह वही हूँ, जो मैं हूँ। एक व्यक्ति, अनूठा और अलग, जिसका उत्साहित होने और भीतरी भावों को सामने लाने का आनुवंशिक इतिहास रहा है—सपनों का, इच्छाओं का और ख़ास अनुभवों का इतिहास और मैं इन सबका जोड़ हूँ।

*

लंदन पहुँचने के बाद मैं अपने आपको लगातार हॉलीवुड के दोस्तों के संग-साथ में ही पा रहा था। मैं परिवर्तन चाहता था, नये लोग, नये अनुभव; मैं प्रसिद्ध शख़्सियत होने की क़ीमत वसूलना चाहता था। अब तक मैं सिर्फ़ एक ही व्यक्ति से मिला था और ये थे एच.जी. वेल्स। उसके बाद मैं अलमस्त घूम रहा था और उम्मीद कर रहा था कि और लोगों से मुलाक़ात हो।

"मैंने ग़ैरिक क्लब में तुम्हारे लिए एक डिनर का इन्तज़ाम किया है।" एडी नोब्लॉक ने बताया।

"फिर वही अभिनेता, कलाकार और लेखक," मैंने मज़ाक़ में कहा, "वह इंग्लिश माहौल, वह देहातों वाले घर और घरेलू पार्टियाँ कहाँ हैं जिनका मुझे न्योता नहीं दिया गया है?" मैं राजकुमारों जैसे जीवन के दुर्लभतम माहौल के लिए छटपटा रहा था। बात यह नहीं थी कि मैं घमंडी था, मैं तो एक पर्यटक था—सैर-सपाटे को निकला एक व्यक्ति।

ग़ैरिक क्लब का माहौल बेहद लुभाने वाला था, धूप-छाँह जैसी ओक की गाढ़े रंग की दीवारें और तैल-चित्र। यहीं पर मैं सर जेम्स बैरी, ई.वी. लुकास, वाल्टर हैकेट, जॉर्ज फ्रैम्पटन, एडविन लुटियंस, स्क्वायर बैनक्रॉफ्ट और अन्य गणमान्य विभूतियों से मिला। यह पार्टी कुछ हद तक फ़ीकी ही थी, लेकिन उन महान विभूतियों की मौज़ूदगी से मिले सम्मान से ही मैं काफ़ी अभिभूत था।

मुझे लगता है कि उस शाम को जितना रंगीन होना चाहिए था, उतनी थी नहीं। जब महान विभूतियाँ एक जगह पर एकत्रित होती हैं, तो मौक़े की माँग यह होती है कि आपस में प्रेम से घुला-मिला जाए। हालाँकि यह हो पाना कुछ हद तक इस वजह से मुश्किल था क्योंकि उस रात के सम्मानित अतिथि जो थे, वे एक नवधनाढ्य थे जिन्होंने इस बात पर ज़ोर दिया कि डिनर के बाद कोई भाषणबाज़ी नहीं होगी; शायद इसी बात की कमी खल रही थी। डिनर के दौरान वास्तुशिल्पी फ्रैम्पटन ने कुछ हँसी-मज़ाक़ का प्रयास किया और वे ख़ूब जमे, लेकिन वे भी ग़ैरिक क्लब में छाई मनहूसियत को कम करने में मुश्किल पा रहे थे, क्योंकि बाक़ी सब लोग उबले हुए हैम और ड्रिल पुडिंग खाने में व्यस्त थे।

अंग्रेज़ी अख़बार के साथ अपने पहले साक्षात्कार में मैंने अनजाने में यह कह दिया था कि मैं अपने इंग्लिश स्कूली दिनों को फिर से जीने, रसेदार ईल मछली और ट्रिकल पुडिंग का स्वाद लेने के लिए आया हूँ। इसका नतीजा यह हुआ कि इन लोगों ने मुझे

ग़ैरिक क्लब में, रिट्ज़ में, एच.जी. वेल्स के यहाँ और यहाँ तक कि सर फिलिप ससून के यहाँ छप्पन भोग वाले डिनर में भी जो स्वीट डिश खिलाई, वह ट्रिकल पुडिंग ही थी।

जल्द ही पार्टी ख़त्म हो गई। तब एडी नोब्लॉक ने धीरे से मेरे कान में कहा कि सर जेम्स बैरी चाहते हैं कि हम एडल्फी टैरेस स्थित उनके अपार्टमेंट में एक कप चाय के लिए चलें।

बैरी का अपार्टमेंट 'चित्रशाला' की तरह था। एक बहुत बड़ा-सा कमरा जहाँ से टेम्स नदी का नज़ारा दिखाई देता था। कमरे के बीचोबीच एक गोलाकार अँगीठी थी जिसमें से चिमनी का एक पाइप ऊपर छत की ओर गया था। वे हमें उस खिड़की तक ले गए जो एक तंग गली की तरफ़ खुलती थी और उसके ठीक सामने एक दूसरी खिड़की थी।

"यह बर्नार्ड शॉ का सोने का कमरा है।" उन्होंने अपने स्कॉटिश लहज़े में शरारतपूर्ण तरीक़े से कहा, "जब भी मैं बत्ती जली हुई देखता हूँ तो मैं उनकी खिड़की पर चेरी या आलूचे के बीज फेंककर मारता हूँ। अगर वे गपबाज़ी करना चाहते हैं, तो वे खिड़की खोल देते हैं और हम थोड़ी देर निठल्ली औरतों की तरह गपशप कर लेते हैं और अगर वे बात नहीं करना चाहते तो मेरी तरफ़ कोई ध्यान नहीं देते या फिर बत्ती बुझा देते हैं। आमतौर पर मैं तीन बीज ही उनकी खिड़की पर मारता हूँ और उसके बाद छोड़ देता हूँ।"

पैरामाउंट हॉलीवुड में 'पीटर पैन' फ़िल्म बनाने जा रहा था। मैंने बैरी से कहा, "पीटर पैन कहानी नाटक की बजाय फ़िल्म के रूप में ज़्यादा सम्भावनापूर्ण है।" इस बात पर वे मुझसे सहमत थे। उस शाम बैरी ने यह भी पूछा कि "आपने 'द किड' में एक स्वप्न की दृश्यावली को क्यों पिरोया है? इससे कथा के विकास में बाधा आती है।"

"चूँकि मैं 'ए किस ऑफ़ सिंड्रेला' से प्रभावित था।" मैंने बेधड़क होकर कहा।

अगले दिन एडी और मैं ख़रीदारी के लिए निकल गए। उसके बाद उन्होंने सुझाव दिया कि क्यों न हम बर्नार्ड शॉ से मिलते चलें! कोई समय तय नहीं किया गया था। "हम बस उनसे यूँ ही मिल लेंगे," एडी ने कहा। दोपहर चार बजे के क़रीब एडी ने एडल्फी टैरेस पर दरवाज़े की घंटी बजाई। जिस वक़्त हम इन्तज़ार कर रहे थे तभी अचानक मेरा मूड उखड़ गया, 'किसी और समय।' कहा मैंने और वहाँ से गली में सरपट दौड़ लिया। एडी मेरे पीछे-पीछे दौड़ रहे थे। वे मुझे बेकार में आश्वस्त कर रहे थे कि सब कुछ ठीक हो जाएगा। इस तरह अन्ततः 1931 में ही यह सम्भव हो पाया कि मुझे बर्नार्ड शॉ से मिलने का सौभाग्य मिला।

अगली सुबह मेरी नींद बैठक में बज रही टेलीफ़ोन की घंटी से खुली और मैंने अपने अमरीकी सचिव की गुरु-गम्भीर आवाज़ सुनी : "कौन?...प्रिंस ऑफ़ वेल्स!!"

ऐडी भी वहीं पर थे और चूँकि वे अपने आपको प्रोटोकॉल का जानकार समझते थे, अतः फ़ोन सचिव से ले लिया। मैं एडी की आवाज़ सुन पा रहा था, वे कह रहे थे, "तो आप हैं! हाँ-हाँ, जी हाँ, आज रात? धन्यवाद!!"

एडी ने उत्तेजित होते हुए मेरे सचिव को बताया कि प्रिंस ऑफ़ वेल्स चाहते हैं कि चैप्लिन आज रात उनके साथ भोजन करें और वे ख़ुद मेरे बेडरूम की तरफ़ लपके।

"अभी मत जगाइए उन्हें।" मेरे सचिव ने कहा।

"अरे भाई, समझा करो। ये प्रिंस ऑफ़ वेल्स हैं।" एडी ने नाराज़ होते हुए कहा और ब्रिटिश तौर-तरीक़ों पर हल्ला बोल दिया।

एक ही पल बाद मैंने अपने बेडरूम के दरवाज़े के हैंडल को घूमते हुए सुना तो ऐसा जतलाया मानो मैं जाग रहा था। एडी भीतर आए और दबी हुई उत्तेजना और नक़ली उदासीनता के साथ बताने लगे, "आज रात अपने आपको फ़्री रखना। तुम्हें प्रिंस ऑफ़ वेल्स के साथ खाना खाने के लिए न्योता मिला है।"

उसी तरह की उदासीनता ओढ़ते हुए मैंने उन्हें बताया कि मैं आज की शाम एच.जी. वेल्स के साथ डिनर करने के बारे में तय कर चुका हूँ। मैंने जो कुछ कहा उस पर एडी ने कोई ध्यान नहीं दिया और प्रिंस के सन्देश को दोहराया। बेशक मैं रोमांचित था—बकिंघम पैलेस में प्रिंस ऑफ़ वेल्स के साथ भोजन करने का ख़याल ही रोमांचित करने वाला था!

"लेकिन मेरा ख़याल है, ज़रूर कोई हमें बुद्धू बना रहा है। क्योंकि मैंने कल रात ही पढ़ा था कि प्रिंस शिकार के लिए स्कॉटलैंड में हैं!" मैंने कहा।

एडी अचानक मूर्ख नज़र आने लगे, "शायद यही बेहतर होगा कि मैं महल में फ़ोन करके पता करूँ!"

वे वापस आए तो उनके चेहरे पर गूढ़ भाव थे। उन्होंने चेहरे पर कोई भी संवेदना लाए बग़ैर कहा, "यह सच है, वे अभी भी स्कॉटलैंड में ही हैं।"

उसी सुबह ख़बर आई कि कीस्टोन कम्पनी में मेरे सहयोगी रॉस्को ऑरबकल पर क़त्ल का इल्ज़ाम लगाया गया था। यह अविश्वसनीय ख़बर थी। मैं रॉस्को को जानता था। वे बहुत ही नेक और मिलनसार आदमी थे तथा इतने सज्जन थे कि कभी किसी मक्खी को भी नहीं मार सकते थे। जब प्रेस ने इस बारे में मेरा साक्षात्कार लिया तो मैंने यही राय ज़ाहिर की। बाद गें ऑरबकल को पूरी तरह से दोषमुक्त करार दिया गया लेकिन इस मामले ने उनका कॅरियर चौपट कर दिया। हालाँकि उन्हें कुछ समय में फिर से जनता में अपनी पुरानी जगह मिल गई लेकिन इस दुखद प्रसंग ने उन पर काफ़ी असर छोड़ा और वे एकाध बरस के भीतर ही गुज़र गए।

मुझे ऑसवाल्ड स्टॉल थियेटर के दफ़्तर में दोपहर के वक़्त वेल्स महोदय से मिलना था। वहाँ हमें उनकी कहानी पर आधारित एक फ़िल्म देखनी थी। जैसे ही हम निकट पहुँचे तो क्या देखते हैं कि वहाँ पर अपार भीड़ जुटी हुई है। जल्दी ही मुझे धकियाया गया, उछाला गया और एक लिफ़्ट में धकेल दिया गया और इस तरह से मैं एक छोटे-से दफ़्तर में पहुँचा, जहाँ पर और भी कई लोग थे।

मैं इस बात को लेकर हैरान-परेशान था कि हमारी पहली ही मुलाक़ात इस तरह के माहौल में हो रही है। वेल्स एक डेस्क के पास शान्त मुद्रा में बैठे हुए थे। दयालुता से भरी उनकी बैगनी नीली आँखें चमक रही थीं और वे थोड़े परेशान लग रहे थे। इससे पहले कि हम हाथ मिला पाते, चारों तरफ़ से फ्लैश लाइटों और फ़ोटाग्राफ़रों के हुजूम ने हमें घेर लिया। वेल्स झुके और फुसफुसाए, "आप और मैं बकरियाँ हैं!"

फिर हमें प्रोजेक्शन रूम में ले जाया गया। फ़िल्म ख़त्म होने को थी कि तभी वेल्स मेरे कान में फुसफुसाए, "कैसी लगी आपको फ़िल्म?"

मैंने स्पष्ट उत्तर दिया कि फ़िल्म अच्छी नहीं थी। जब बत्तियाँ जल गईं तो वेल्स तेज़ी से झुके और बोले, "कम-से-कम नायक के बारे में तो दो भले शब्द कह दो!"

दरअसल, नायक जॉर्ज के. आर्थर थे और वही अकेले फ़िल्म की जान थे।

फ़िल्मों के प्रति वेल्स का नज़रिया अप्राकृतिक रूप से सहन करने वालों की तरह का था। "बुरी फ़िल्म नाम की कोई चीज़ नहीं होती।" उन्होंने कहा, "बात यही है कि उनकी गति शानदार होती है।"

उस अवसर पर एक-दूसरे को जान पाने का मौक़ा नहीं था लेकिन, बाद में उसी दिन मुझे उनका सन्देश मिला।

> डिनर के बारे में मत भूलना। अगर आपको ठीक लगे तो अपने आपको ओवरकोट में छुपाकर 7.30 बजे तक आ जाना; फिर हम शान्ति से खाना खाएँगे।

उस शाम रेबेका वेस्ट भी वहीं थी। शुरू-शुरू में बातचीत थोड़ी उखड़ी-उखड़ी चल रही थी। लेकिन आख़िरकार हमने घुलना-मिलना शुरू किया। वेल्स रूस के बारे में बातें करने लगे। वे हाल ही में रूस होकर आए थे।

"प्रगति धीमी है।" वे बोले, "आदर्शवादी फ़तवे जारी करना आसान होता है लेकिन उन्हें अमल में लाना मुश्किल होता है।"

"उपाय क्या है?" मैंने पूछा।

"शिक्षा।"

मैंने उन्हें बताया कि मैं समाजवाद से बहुत अच्छी तरह से वाक़िफ़ नहीं हूँ और मैंने मज़ाक़ में कहा कि मैं ऐसी व्यवस्था का हामी नहीं हूँ जहाँ पर जीवन जीने के लिए आदमी को काम करना ही पड़े। "सच कहूँ तो मैं ऐसी व्यवस्था को पसन्द करूँगा जहाँ आदमी को काम किये बिना भी जीने दिया जाए।"

वे हँसे, "तो भई, आपकी फ़िल्में क्या हैं?"

"वो कोई काम थोड़े ही है, वह तो बच्चों का खेल है।" मैंने मज़ाक़ में कहा।

उन्होंने पूछा कि छुट्टियों में मैं यूरोप में क्या करने वाला हूँ? मैंने बताया कि पहले तो मैं पेरिस जाने की सोच रहा हूँ और फिर बुलफाइट देखने स्पेन जाने का मन है। "मुझे बताया गया है कि बुलफाइट की तकनीक नाटकीय और ख़ूबसूरत होती है।" मैंने कहा।

"हाँ सो तो है, लेकिन जानवरों के लिए यह सब बहुत क्रूरतापूर्ण है," उन्होंने कहा।

"क्या आप भी, उनके लिए क्या इतना भावुक होना?" हालाँकि अपने इस मूर्खतापूर्ण जुमले के लिए मैंने अपना सिर पीट लिया!! यह मेरी बेवक़ूफ़ी थी। लेकिन मैं देख पाया कि वेल्स समझ गए थे। अलबत्ता, घर आते समय मैं सारे समय अपने आपको इस बात के लिए कोसता रहा कि मैंने इतनी हल्की बात कैसे कह दी।

अगले दिन एडी नोब्लॉक के दोस्त, सर एडविन लुटियंस, प्रसिद्ध वास्तुशिल्पी होटल में मुझसे मिलने आए। वे दिल्ली में नई सरकारी इमारत के लिए नक़्शों पर काम कर रहे थे और बकिंघम पैलेस में किंग जॉर्ज पंचम के साथ अभी-अभी मुलाक़ात करके लौटे थे। वे अपने साथ एक छोटा-सा घुमन्तू टॉयलेट लेकर गए थे; यह लगभग छह इंच ऊँचा था और इसमें एक छोटी-सी टंकी लगी हुई थी जिसमें शराब के गिलास जितना पानी आ जाता था। जिस वक़्त ज़ंजीर खींची जाती थी, उसका फ्लश सामान्य टॉयलेट की तरह चलता था। राजा और रानी दोनों ही इसे देखकर बहुत प्रभावित हुए और ज़ंजीर का खींचना तथा फ्लश का चल पड़ना उन्हें इतना भाया कि लुटियंस ने सुझाया कि इसके चारों तरफ़ एक गुड़ियाघर बना दिया जाए। बाद में उन्होंने कई ख्यातिनाम अंग्रेज़ कलाकारों के प्रधान-कक्षों के लिए ऐसी कई मिनिएचर कृतियाँ बनाईं। उस गुड़ियाघर की प्रत्येक घरेलू वस्तु मिनिएचर में ही बनाई गई थी। जब काम पूरा हो गया तो महारानी ने इस बात की अनुमति दी कि उसे जनता के प्रदर्शन के लिए रखा जाए और इस तरह से उन्होंने सहायतार्थ बड़ी राशियाँ जुटाईं।

*

कुछ ही अरसे बाद मेरी सामाजिक गतिविधियों का ज्वार नीचे उतरने लगा। मैं अधिकांश साहित्यकारों और गणमान्य व्यक्तियों से मिल चुका था और अपने बचपन की जगहों पर भी जा चुका था; अब मेरे लिए और कुछ भी शेष नहीं रह गया था सिवाय इसके कि भीड़ से बचने के लिए टैक्सियों में घुसता और उनमें से निकलता रहूँ; और अब चूँकि एडी नोब्लॉक ब्राइटन जा चुके थे, अचानक ही मैंने तय किया कि बोरिया-बिस्तर बाँध लिया जाए और इस सबरो मुक्ति पाई जाए।

मेरा ख़याल था कि हम बिना किसी प्रचार के चले थे, लेकिन कैले में बहुत बड़ी भीड़ ने हमारा स्वागत किया। जैसे ही मैं जहाज़ के रास्ते से नीचे आया, वे चिल्लाए, "जुग-जुग जियो चार्ली।" हमारी समुद्री-यात्रा बहुत ही दुरूह रही थी और मेरा आधा हिस्सा तो चैनल में ही रह गया था; इसके बावजूद मैंने अपना कमज़ोर हाथ हिलाया और मुस्कराया। मुझे धक्का दिया गया, खींचा गया और दबाकर ट्रेन के हवाले कर दिया गया। पेरिस पहुँचने पर बहुत बड़ी संख्या में लोगों ने और पुलिस बन्दोबस्त ने मेरा स्वागत किया। एक बार फिर उत्साहपूर्वक मुझे धकियाया गया, घसीटा गया, पुलिस की मदद से उठाया गया और एक टैक्सी में ठूँस दिया गया। यह सब बहुत

मज़ेदार रहा और सच कहूँ तो मुझे इस सब में मज़ा आया। लेकिन यह सब उससे ज़्यादा था जितने का मैं हक़दार था। हालाँकि जिस तरह से मेरी अगवानी की जा रही थी, इसकी उत्तेजना ने मुझे थकाकर रख दिया था।

क्लेरिज़ होटल में हर दस मिनट बाद फ़ोन घनघनाना शुरू कर देता। मिस ऐन मोर्गन का सचिव बात करना चाहता था। मैं जानता था कि यह फ़ोन किसी-न-किसी अनुरोध को लेकर ही होगा, क्योंकि ऐन जे.पी. मोर्गन की पुत्री थीं। इसलिए मैंने सचिव की तरफ़ तवज्जो देना छोड़ दिया लेकिन सचिव महाशय हमें छोड़ने के लिए तैयार नहीं थे। उन्होंने पूछा, "क्या मैं मिस मोर्गन से मिलूँगा? वे मेरा ज़्यादा वक़्त नहीं लेंगी।"

अन्ततः मैंने हार मान ली और वादा किया कि मैं अपने होटल में दोपहर को पौने चार बजे मिलूँगा। लेकिन मिस मोर्गन को देर हो गई इसलिए दस मिनट बीतने के बाद मैंने जाने की तैयारियाँ शुरू कर दीं। जिस वक़्त मैं लॉबी में से जा रहा था, होटल का प्रबन्धक लपकता हुआ मेरे पास आया और परेशानहाल बोला, "मिस मोर्गन आपसे मिलने के लिए आ पहुँची हैं सर!"

देरी से आने के कारण मुझे मिस मोर्गन के इरादे और आश्वस्ति पर खीझ हो रही थी। मैंने मुस्कराते हुए उनका स्वागत किया, "मुझे खेद है कि चार बजे मुझे किसी से मिलना है।"

"ओह, सचमुच!" उन्होंने कहा, "तो ठीक है, मैं आपके पाँच मिनट से ज़्यादा नहीं लूँगी।"

मैंने अपनी घड़ी देखी। चार बजने में मात्र पाँच मिनट ही बाक़ी थे।

"क्या हम दो घड़ी के लिए बैठकर बात कर सकते हैं!" उन्होंने कहा और जब हम लॉबी में बैठने के लिए जगह की तलाश कर रहे थे, हमने बात करना शुरू कर दिया।

"मैं बर्बाद हो चुके फ्रांस के पुनर्निर्माण के लिए राशि जुटाने में मदद कर रही हूँ और अगर हम ट्रोकाडेरो में आपकी फ़िल्म 'द किड' का भव्य प्रदर्शन रखें और उस दौरान आप भी मंच पर आ सकें, तो हम हज़ारों डॉलर जुटा सकते हैं।"

मैंने उन्हें बताया कि वे इस मौक़े पर फ़िल्म का प्रदर्शन तो कर सकती हैं लेकिन मैं उपस्थित नहीं हो पाऊँगा।

"लेकिन आपकी मौजूदगी से हम कुछ अधिक हज़ार डॉलर अतिरिक्त जुटा पाएँगे!" उन्होंने ज़ोर दिया, "और मुझे विश्वास है कि आपका सम्मान किया जाएगा।"

मुझ पर जैसे शैतान हावी हो गया था इसलिए मैंने सीधे उनकी तरफ़ देखा, "यक़ीन है आपको?"

मिस मोर्गन हँसीं, "अब आदमी सरकार से सिफ़ारिश ही तो कर सकता है।" वे बोलीं, "और मैं अपनी ओर से पूरी कोशिश करूँगी।"

मैंने घड़ी की तरफ़ देखा और अपना हाथ बढ़ा दिया, "मुझे बेहद अफ़सोस है कि मुझे जाना होगा। अलबत्ता, मैं अगले तीन दिन के लिए बर्लिन में हूँ और शायद

आप मुझे बता देंगी।" और इस रहस्यमयी जुमले के साथ मैंने उनसे विदा ली। मैं जानता था कि यह मेरी ज़्यादती थी और जिस वक़्त मैं होटल से जा रहा था, मुझे अपनी इस हिमाक़त पर अफ़सोस हो रहा था।

*

सामाजिक ढाँचे से आपका परिचय आमतौर पर अचानक किसी घटना के कारण होता है और वह आग से निकली किसी चिनगारी की तरह सामाजिक गतिविधियों का एक सिलसिला शुरू कर देता है और आप पाते हैं कि आप उनमें 'संलग्न' हैं।

मुझे वेनेजुएला की दो लड़कियाँ याद हैं—सीधी-सादी लड़कियाँ। उन्होंने मुझे बताया था कि किस तरह से न्यूयॉर्क की सोसाइटी में उन्होंने अपनी पैठ बनाई थी। एक समुद्री जहाज़ पर उनकी मुलाक़ात रॉकफ़ेलर्स में से एक से हुई जिसने उन्हें अपने दोस्तों के नाम परिचय की चिट्ठी दे दी और यहीं से परिचयों का यह सिलसिला शुरू हुआ। बहुत बरसों के बाद उनमें से एक ने मुझे बताया कि उनकी सफलता का राज़ यह रहा कि उन्होंने कभी भी शादीशुदा आदमियों पर लाइन नहीं मारी; जिसका नतीजा यह हुआ कि मेज़बान महिलाएँ उन्हें पसन्द करती थीं और उन्हें हर कहीं बुलाती थीं तथा उनके लिए पति भी तलाशे।

जहाँ तक मेरा सवाल है, अंग्रेज़ी समाज में मेरा प्रवेश अचानक ही हुआ था। जब मैं क्लेरिज़ होटल में स्नान कर रहा था तो मुझे जॉर्जेस कारपेंटियर, जिनसे मैं न्यूयॉर्क में जैक डेम्प्से के साथ उनकी लड़ाई से पहले मिल चुका था, के आने के बारे में बताया गया, यहाँ तक कि वे बाथरूम में ही चले आए। गर्मजोशी से मिल लेने के बाद वे मेरे कान में फुसफुसाए कि बैठक में उनका एक अन्य दोस्त बैठा हुआ है जिससे वे मुझे मिलवाना चाहते हैं, एक अंग्रेज़ शख़्स जो इंग्लैंड में बहुत ख़ास जगह रखता है। यह सुनकर मैंने फटाफट बाथरोब डाला और सर फ़िलिप ससून से मिला। यह एक बहुत ही प्यारी दोस्ती की शुरुआत थी जो अगले तीस बरस तक चलती रही। उस शाम हमने सर फ़िलिप ससून और उनकी बहन के साथ भोजन किया, जिनका नाम लेडी रॉकसैवेज था। अगले ही दिन मैं बर्लिन के लिए रवाना हो गया।

बर्लिन में जनता की प्रतिक्रिया अजीब और मज़ेदार थी। वहाँ पर मेरे व्यक्तित्व के अलावा मुझसे मेरा सब कुछ छीन लिया गया और हालत यह हो गई कि एक नाइट क्लब में मुझे ढंग की एक टेबल तक नसीब नहीं हुई। इसकी वजह यह थी कि वहाँ पर मेरी कोई भी फ़िल्म अब तक प्रदर्शित नहीं हुई थी। मुझे पहचानने की शुरुआत तब हुई जब एक अमेरिकी अधिकारी ने मुझे पहचान लिया और हैरान-परेशान होते हुए अपने मालिक को उदासीनता के साथ मेरे बारे में बताया कि मैं कौन हूँ, तब जाकर हम अपरिचय के दायरे से बाहर आ पाए थे। होटल के प्रबन्धन की वह प्रतिक्रिया देखना तो और भी मज़ेदार था जब हमारी मेज़ के आसपास उन

लोगों की भीड़ लग गई जिन्होंने मुझे पहचान लिया था। उनमें से एक जर्मन, जो इंग्लैंड में क़ैद रह चुका था और वहाँ पर उसने मेरी दो-तीन कॉमेडी फ़िल्में देख रखी थीं, अचानक चिल्लाया, 'शार्ली ई ई ई!' और हक्के-बक्के खड़े ग्राहकों की तरफ़ मुड़कर बोला, "आपको पता है यह कौन है? शार्ली ई ई ई!" फिर जैसे उसे पागलपन का दौरा पड़ गया हो, उसने मुझे गले लगाया और चूमा। लेकिन उसके उस उत्साह से ज़्यादा कुछ हँगामा नहीं हुआ। लेकिन तभी जर्मन फ़िल्म अदाकारा, पोला नेगरी, जो काफ़ी प्रसिद्ध थीं, ने मुझसे पूछा कि क्या मैं उनकी मेज़ पर आना पसन्द करूँगा, तब जाकर थोड़ी-बहुत दिलचस्पी पैदा हो पाई।

मेरे पहुँचने के दिन ही मुझे एक रहस्यमय सन्देश मिला। जिसमें लिखा था—

> प्यारे दोस्त चार्ली,
> पिछली बार जब हम डडले फील्ड मेलोन के यहाँ न्यूयॉर्क में पार्टी में मिले थे, उसके बाद बहुत कुछ घट चुका है। इस समय मैं अस्पताल में हूँ और बहुत बीमार हूँ, इसलिए मेहरबानी करके आओ और मुझसे मिलो। मुझे बहुत ख़ुशी होगी...।

लेखक ने अस्पताल का अपना पता दिया था और हस्ताक्षर किये थे : 'जॉर्ज'।

पहले तो मुझे याद ही नहीं आया कि यह शख़्स है कौन!! तभी अचानक मुझे याद आया : हाँ, यह वही बुलगारियाई जॉर्ज है जिसे अट्ठारह बरस के लिए दोबारा जेल जाना पड़ा था।

पत्र की भाषा से साफ़ जाहिर हो रहा था कि मामला दिल को छूने वाला ही होगा, इसलिए मैंने सोचा कि अपने साथ पाँच सौ डॉलर लेता चलूँ। लेकिन मेरी हैरानी का ठिकाना न रहा जब अस्पताल में मुझे एक बहुत बड़े से कमरे में ले जाया गया जिसमें एक डेस्क रखी थी और उस पर दो टेलीफ़ोन रखे हुए थे। वहाँ पर अच्छे-ख़ासे कपड़े पहने दो सिविल अधिकारियों ने मेरा स्वागत किया जिनके बारे में बाद में मुझे पता चला कि वे जॉर्ज के सचिव थे। उनमें से एक मुझे साथ वाले कमरे में ले गया जहाँ पर जॉर्ज बिस्तर पर लेटा था। "मेरे दोस्त!" वह भावुक होकर मेरा स्वागत करते हुए बोला, "तुम आए, यह देखकर मुझे कितनी ख़ुशी हो रही है। मैं डडले की पार्टी में तुम्हारी सहानुभूति और मेहरबानी कभी भी भूल नहीं सकता!" फिर उसने अपने सचिव को यंत्रचालित तरीक़े से आदेश दिया और हम दोनों को अकेला छोड़ दिया गया। चूँकि उसने अमेरिका से चले जाने के बारे में कोई स्पष्टीकरण नहीं दिया, तो मुझे यही ठीक लगा कि इस बारे में उससे बात न करना ही उचित रहेगा। इसके अलावा, वह न्यूयॉर्क के अपने दोस्तों के बारे में जानने के लिए बहुत ज़्यादा उत्सुक था। मैं हैरान था, मुझे परिस्थिति का सिर-पैर समझ में नहीं आ रहा था। यह सब किसी किताब के कई अध्याय एक साथ पलट लेने जैसा लग रहा था। रहस्य से पर्दा उठने की घड़ी तब आई जब उसने बताया कि आजकल

वह बोल्शेविक सरकार के लिए ख़रीद करने वाला एजेंट है और इस समय बर्लिन में रेलवे इंजन और इस्पात के पुल ख़रीदने के लिए आया हुआ है। मैं वापस लौटा तो मेरे पाँच सौ डॉलर मेरी जेब में सुरक्षित थे।

*

बर्लिन हताश करने वाला शहर था और वहाँ पर अभी भी हार वाला माहौल पसरा हुआ था तथा लगभग हर गली के कोने पर भीख माँगते लूले-लँगड़े सैनिक युद्ध के बाद की त्रासद कहानी कह रहे थे। इसी बीच मुझे मिस मोर्गन के सचिव से तार मिलने शुरू हो गए जिनमें चिन्ता झलक रही थी क्योंकि प्रेस ने पहले से ही शो के समय ट्रोकाडेरो में मेरे उपस्थित होने की घोषणा प्रसारित करनी शुरू कर दी थी। मैंने वापसी तार भेजा और कहा कि मैंने मौज़ूद रहने का कोई वादा नहीं किया है और फ्रांसीसी जनता का विश्वास बनाए रखने के लिए मुझे उन्हें सच से अवगत कराना ही पड़ेगा।

आख़िरकार एक तार आया जिसमें आश्वासन दिया गया था कि अगर आप मौज़ूद रहते हैं तो आपको सम्मानित किया जाएगा, लेकिन इसके पीछे कोशिशों और संकटों की लम्बी कड़ी रही है—ऐन मोर्गन। इसलिए बर्लिन में तीन दिन बिताकर मैं पेरिस वापस आ गया।

प्रीमियर की रात जब मैं ट्रोकाडेरो में बॉक्स में सिसिल सोरेल, ऐन मॉर्गन और कई अन्य लोगों के साथ बैठा था। सिसिल मेरे कान में कोई गहरा भेद खोलने के इरादे से मेरे नज़दीक आए, "आज की रात आपका सम्मान किया जा रहा है।"

"कितनी शानदार बात है, नहीं क्या?" मैंने विनम्रता से कहा।

इंटरवल तक तो कोई वाहियात-सी डॉक्यूमेंटरी (वृत्तचित्र) चलती रही। अब तक मैं भी काफ़ी ऊब चुका था कि तभी बत्तियाँ जल गईं और दो अधिकारी आए और मेरी अगवानी करके मंत्री महोदय के बॉक्स तक ले गए। कई पत्रकार भी हमारे साथ लग लिये। एक काइयाँ अमेरिकी संवाददाता लगातार मेरी गर्दन के पीछे से फुसफुसाता रहा, "आपको लीज़न ऑफ़ ऑनर मिल रहा है सर।" जिस वक़्त मंत्री अपना भाषण दे रहे थे, मेरे इस शुभचिन्तक ने मेरे कान में फुसफुसाना लगातार जारी रखा, "इन लोगों ने आपको डबल क्रॉस किया है सर। यह ग़लत रंग है। इस रंग के रिबन से तो वे अपने स्कूल के अध्यापकों का सम्मान करते हैं। इस सम्मान को पा लेने से आप कोई तोप नहीं हो जाएँगे। आप लाल रंग से अपना सम्मान करने के लिए कहिए। मेरी बात मानिए सर।"

सच तो यह था कि मैं स्कूल अध्यापकों के वर्ग के साथ सम्मानित किये जाने से बहुत ख़ुश था। प्रमाण-पत्र में लिखा था : 'चार्ल्स चैप्लिन, नाटककार, कलाकार, ऑफ़िशियर दे ल' इंस्ट्रक्शन पब्लिक...' आदि।

मुझे ऐन मोर्गन की तरफ़ से आभार का बहुत ही ख़ूबसूरत ख़त मिला और साथ में मिला—विला ट्रायनन, वर्साय में खाना खाने का न्योता। ऐन ने बताया कि वे मुझे

वहीं पर मिलेंगी। यह कुछ ख़ास हस्तियों का जमावड़ा था—प्रिंस जॉर्ज ऑफ़ ग्रीस, लेडी साराह विल्सन, द मार्क्विस डी टैलीरेंड पेरीगार्ड, कमांडर पॉल लुईस बाइलर, इल्सा मैक्सवेल तथा अन्य। उस मौक़े पर जो कुछ भी हुआ या जो भी बातें हुईं, मुझे उनकी याद नहीं है क्योंकि मैं तो अपने आकर्षण को ही भुनाने में लगा हुआ था। अगले दिन मेरे मित्र वाल्डो फ्रैंक, जैक कोपो के साथ जो फ्रांसीसी थियेटर में नये आन्दोलन के अगुआ थे, मेरे होटल में आए। उस शाम हम एक साथ सर्कस देखने गए और हमने कुछ बेहद शानदार जोकर देखे। इसके बाद हमने लैटिन क्वार्टर में कोपो की मंडली के साथ खाना खाया।

अगले दिन मुझे लंदन में होना चाहिए था। वहाँ पर मुझे सर फिलिप ससून और लॉर्ड एवं लेडी रॉकसैवेज के साथ लंच लेना था और लॉयड जॉर्ज से मुलाक़ात करनी थी। लेकिन चैनल पर बहुत अधिक धुंध होने के कारण जहाज़ को फ्रांसीसी तट पर ही उतरना पड़ा और इस तरह से हम तीन घंटे देर से पहुँच पाए।

सर फिलिप ससून के बारे में दो शब्द। वे युद्ध के समय लॉयड जॉर्ज के आधिकारिक सचिव रह चुके थे और लगभग मेरी ही उम्र के थे तथा बहुत ही शानदार व्यक्तित्व के मालिक थे। वे देखने में सुदर्शन थे और आँखों को भा जाने वाले नज़र आते थे। वे संसद में ब्राइटन और होव का प्रतिनिधित्व करते थे। हालाँकि वे इंग्लैंड के सबसे अमीर व्यक्तियों में से एक थे लेकिन उन्हें ख़ाली बैठे रहना पसन्द नहीं था। वे कड़ी मेहनत करते थे और उन्होंने अपने लिए ज़िन्दगी का बहुत ही रोचक रास्ता चुना था।

जब मैं उनसे पहली बार पेरिस में मिला तो मैंने उन्हें बताया था कि मैं थक चुका हूँ और भीड़-भाड़ से दूर चले जाना चाहता हूँ। इसके अलावा मैंने उन्हें बताया कि कभी-कभार मैं इस सबसे घबरा जाता हूँ। मैंने उनसे यह शिकायत तक कर डाली कि मेरे होटल के कमरे की दीवारों के रंग भी मेरी कोफ़्त बढ़ा रहे हैं।

वे हँसे दिये, "आपको कौन-सा रंग पसन्द है?"

"पीला और सुनहरी," मैंने मज़ाक़ में कहा।

तब उन्होंने मुझे सुझाव दिया कि मैं उनके एस्टेट लिम चला जाऊँ जहाँ मुझे भरपूर शान्ति मिलेगी और मैं लोगों से दूर रह पाऊँगा। मेरी हैरानी का ठिकाना न रहा जब वहाँ पहुँचकर मैंने पाया कि मेरे कमरे में हल्के रंग का पेंट तथा पीले और सुनहरी रंग के पर्दे थे।

उनकी एस्टेट असाधारण रूप से ख़ूबसूरत थी। घर को ख़ूबसूरती से सजाया गया था। फिलिप इसे कर पाए क्योंकि उनकी पसन्द शानदार थी। मुझे याद है कि मैं यह देखकर कितना प्रभावित हुआ था कि मेरा कमरा विलासिता की सभी सुविधाओं से लैस था। अगर रात को मुझे भूख लगे तो सूप गरम रखने के लिए अँगीठी थी। सवेरे के वक़्त दो अनुभवी बटलर तरह-तरह के व्यंजनों से लदी एक ट्राली लेकर आते जिसमें तरह-तरह के पकवान होते—अमेरिकी सीरियल, फिश कटलेट, बेकन

और अंडे। मुझे ख़याल आया कि जब से मैं यूरोप में था, मैं अमेरिकी व्हीटकेक की कमी महसूस कर रहा था और अब यह मेरे सामने था। मेरे बिस्तर के एकदम बग़ल में। एकदम गरमागरम और साथ में मक्खन और मैपल का शोरबा। लगता था यह सब 'अरेबियन नाइट्स' से आया है।

सर फिलिप घूम-घूमकर घर के कामकाज निपटाते और उनका एक हाथ कोट की जेब में होता। उस हाथ से वे माँ की मोतियों की माला फेर रहे होते। यह लगभग एक गज़ लम्बी माला थी और मोतियों का आकार अँगूठे के नाख़ून के बराबर था। उन्होंने बताया, "मैं मोतियों को जीवित रखने के लिए हमेशा अपने पास रखता हूँ।"

जब मैं अपनी थकान से उबर गया तो उन्होंने मुझसे पूछा कि क्या मैं उनके साथ ब्राइटन के अस्पताल तक चलूँगा, जहाँ कुछ ऐसे असाध्य मरीज़ हैं जो युद्ध में घायल हो गए थे। उन युवा चेहरों को देखना बेहद तकलीफ़देह था, ख़ासकर एक नौजवान को देखना जिसके हाथ-पाँव बेकार हो चुके थे और वह मुँह में ब्रश लेकर पेंट कर रहा था क्योंकि यही वह इकलौता अंग था उसके शरीर का, जो काम कर रहा था। एक अन्य सैनिक की मुट्ठियाँ इतनी भिंच गई थीं कि उसके नाख़ून काटने के लिए उसे बेहोश करना पड़ा ताकि नाख़ून कहीं उसकी हथेलियों में ही न घुस जाएँ। कुछ मरीज़ तो इतनी दयनीय हालत में थे कि मुझे उन्हें देखने ही नहीं दिया गया। अलबत्ता, ससून उनसे मिले। लिम के बाद हम ड्राइव करके लंदन में उनके पार्क लेन स्थित घर आ गए, जहाँ पर उन्होंने सहायतार्थ चित्रों की अपनी वार्षिक फोर जॉर्ज प्रदर्शनी का आयोजन किया हुआ था। यह बहुत ही शानदार घर था जिसमें एक बहुत बड़ी पौधशाला थी जिसमें नीले जलकुंभी के फूल बिछे हुए थे। अगले दिन जब मैं वहाँ लंच कर रहा था तो मैंने पाया कि जलकुंभी के फूल बदल दिये गए थे और अब किसी अन्य रंग के थे।

हम सर विलियम ऑर्पेन के स्टूडियो गए जहाँ हमने फिलिप की बहन लेडी रॉकसैवेज़ का पोर्ट्रेट देखा। यह बेहद ख़ूबसूरत था। लेकिन ऑर्पेन ने बदग़ुमानी और घमंड से भरे मूर्खतापूर्ण भाव प्रदर्शित किये, अत: मैंने अपनी तरफ़ से ऑर्पेन को नकारात्मक प्रतिक्रिया ही दी।

एक बार फिर हम एच.जी. वेल्स के गाँव वाले घर में गए। ये वारविक एस्टेट के काउटेंस पर था और यहाँ वे अपनी पत्नी और दोनों बेटों के साथ रहते थे, जो हाल ही में कैम्ब्रिज से आए थे। मुझे रात-भर वहाँ ठहरने का न्योता दिया गया था।

दोपहर के आसपास कैम्ब्रिज संकाय के तीस से भी ज़्यादा लोग आ गए और बग़ीचे में इस तरह से सटकर बैठ गए मानो स्कूल-ग्रुप की फ़ोटो ली जा रही हो। वे चुपचाप मुझे देखे जा रहे थे मानो वे किसी दूसरे ग्रह से आए किसी विचित्र प्राणी को देख रहे हों।

शाम के वक़्त वेल्स परिवार ने एक खेल खेला जिसका नाम था जानवर, सब्ज़ी या खनिज। यह खेलते हुए मुझे लगा मानो मैं सामान्य ज्ञान की कोई परीक्षा दे रहा हूँ। मेरी स्मृति में सबसे ऊपर है वहाँ की बर्फ़ जैसी ठंडी चादरें और मोमबत्ती लेकर बिस्तर पर

सोने जाना। इंग्लैंड में बिताई गई यह मेरी सबसे ठंडी रात थी। सारी रात मैं ठिठुरता रहा था और सुबह जब उठा तो एच.जी. वेल्स ने मुझसे पूछा कि रात नींद आई थी क्या?

"हाँ, मैं ठीक से सोया," मैंने विनम्रता से जवाब दिया।

"हमारे कई मेहमान कहते हैं कि कमरा ठंडा होता है?" उन्होंने भोलेपन से पूछा।

"मैं यह तो नहीं कहूँगा कि ठंडा था, हाँ बर्फ़ीला ज़रूर था।"

वे हँसे।

उस बार एच.जी. वेल्स के घर जाने की कुछ और स्मृतियाँ हैं मेरे पास। उनका एक छोटा-सा अध्ययन कक्ष था जहाँ बाहर लगे दरख़्तों के कारण अँधेरा-सा लगता था। उसकी खिड़की के पास पुराने ढब की लिखने की एक ढलवाँ डेस्क थी। उनकी प्यारी सी, सुन्दर पत्नी ने मुझे ग्यारहवीं शताब्दी का गिरजाघर दिखाया, जहाँ हमने एक नक्काशी करने वाले से बात की जो कुछ समाधि शिलाओं से पीतल की छाप ले रहा था। घर के पास झुंड के झुंड हिरण घूम रहे थे। लंच के वक़्त सेंट जॉन इरनिन ने रंगीन फ़ोटोग्राफ़ी के रोमांचकारी पहलुओं के बारे में बताया और मैंने उनके प्रति अपनी नापसन्दगी ज़ाहिर की। एच.जी. वेल्स ने कैम्ब्रिज के प्रोफ़ेसर के व्याख्यान में से एक पन्ना पढ़कर सुनाया था और मैंने कहा था कि इसकी पुरातन शैली यही आभास देती है मानो पन्द्रहवीं शताब्दी के किसी भिक्षु ने इसे लिखा हो। इसके अलावा फ्रैंक हैरिस के बारे में वेल्स का क़िस्सा। वेल्स ने बताया कि संघर्षरत युवा लेखक के रूप में उन्होंने चौथे आयाम को छूते हुए अपनी पहली विज्ञान कहानियों में से एक लिखी थी और उसे कई पत्रिकाओं के सम्पादकों को भेजा था लेकिन कहीं सफलता नहीं मिली थी। आख़िर उन्हें फ्रैंक हैरिस से एक पर्ची मिली जिसमें अनुरोध किया गया कि मैं उनके दफ़्तर में आकर मिलूँ।

वेल्स ने बताया, "हालाँकि उन दिनों मैं कड़की में था लेकिन इस मौक़े के लिए मैंने एक पुराना टॉप हैट ख़रीदा। हैरिस ने मेरा इन शब्दों के साथ स्वागत किया : 'हे भगवान, तुम्हें यह हैट कहाँ से मिला? और तुम्हें क्यों लगता है कि तुम पत्रिकाओं में इस तरह के लेख छाप सकते हो।' उन्होंने पांडुलिपि मेज़ पर पटक दी यह कहते हुए कि, 'इस कारोबार में बौद्धिकता के लिए कोई जगह नहीं है।' मैंने अपना हैट सावधानी से डेस्क के कोने पर रखा हुआ था और बात करते समय फ्रैंक बार-बार अपना हाथ डेस्क पर मार रहे थे तथा मेरा हैट बार-बार इधर-उधर उछल रहा था। मैं भयभीत था कि किसी भी पल उनकी मुट्ठी सीधे मेरे हैट पर पड़ेगी। अलबत्ता, उन्होंने वह लेख ले लिया और मुझे दूसरे काम भी दिये।"

लंदन में मैं 'लाइमहाउस नाइट्स' के लेखक थॉमस बर्के से मिला। वे शान्त, अभेद्य, छोटे क़द के आदमी थे जिनका चेहरा मुझे कीट्स के पोर्ट्रेट की याद दिलाता था। वे बिना हिले-डुले बैठे रहते और जिस व्यक्ति से बात कर रहे होते, शायद ही उससे आँखें मिलाते, लेकिन फिर भी उन्होंने मुझे बहुत प्रभावित किया। मुझे लगा

कि मैं इस आदमी के सामने अपनी आत्मा का बोझ हल्का करना चाहता हूँ और मैंने किया भी। बर्के के साथ मैं अपने सहज रूप में था, वेल्स की तुलना में काफ़ी अधिक। बर्के और मैं लाइमहाउस और चाइनाटाउन की गलियों में चहलक़दमी करते रहते और आपस में एक शब्द भी न बोलते। जगहें घुमाने का उनका यही तरीक़ा था। वे अलग ही तरह के आदमी थे और मैं कभी भी यह समझ नहीं पाया कि वे मेरे बारे में क्या सोचते थे। तीन या चार बरस के बाद उन्होंने मुझे अपनी अर्ध आत्मकथात्मक किताब 'द विंड एंड द रेन' भेजी; तब मुझे पता चला कि वे मुझे पसन्द करते थे। उनकी युवावस्था भी मेरी ही जवानी की तरह रही थी।

जब उत्तेजना की कलई उतरने लगी तो मैंने अपने कज़िन ऑब्रे और उसके परिवार के साथ डिनर लिया। एक दिन बाद मैं कार्नो के दिनों के जिम्मी रसेल से मिलने गया। उसका एक पब था। फिर मैं स्टेट्स वापस लौटने के बारे में सोचने लगा।

अब मैं ऐसे पलों में पहुँच चुका था जब मुझे लगा कि अगर मैं लंदन में और अधिक रहा तो अपने आपको निकम्मा महसूस करने लगूँगा। मैं इंग्लैंड छोड़ने में हिचकिचाहट महसूस कर रहा था लेकिन प्रसिद्धि के पास अब मुझे देने के लिए और कुछ नहीं बचा था। मैं पूरी सन्तुष्टि के साथ इंग्लैंड से वापस लौट रहा था। हालाँकि थोड़ा सा उदास था, क्योंकि मैं न केवल अमीर और प्रसिद्ध लोगों के द्वारा दिये गए सम्मान, ख़ातिरदारी और प्यार के शोर को पीछे छोड़कर जा रहा था बल्कि वाटरलू और गार डी नॉर्ड स्टेशनों पर मेरा इन्तज़ार करके स्वागत करने के लिए जुटी इंग्लैंड और फ्रांस की जनता द्वारा ईमानदारी और प्यार से दिये गए स्नेह और उत्साह भी मुझसे छूट रहे थे। इस बात की कोफ़्त कि आप उनके पास से ले जाए जा रहे हैं और टैक्सी में ठूँसे जा रहे हैं और इस हालत में भी नहीं हैं कि आप उनकी तरफ़ हाथ भी हिला सकें, तकलीफ़ देता है। मानो मैं फूलों को कुचलते हुए चला होऊँ। मैं अपना अतीत भी पीछे छोड़कर जा रहा था। कैनिंगटन, और 3 पाउनाल टैरेस जाने से मेरे भीतर कुछ भर गया सा लगता था। अब मैं कैलीफोर्निया लौटने और ख़ुद को काम में झोंक देने के लिए तैयार था क्योंकि काम ही मेरी मुक्ति थी। बाक़ी सब कुछ व्यर्थ था।

अट्ठारह

जब मैं न्यूयॉर्क पहुँचा तो मैरी डोरो ने फ़ोन किया। मैरी डोरो का फ़ोन करना—इस फ़ोन का मतलब कुछ बरस पहले क्या हो सकता था! मैं उन्हें लंच के लिए ले गया और उसके बाद हम उस नाटक का मैटिनी शो देखने गए जिसमें वे अभिनय कर रही थीं : 'लिलीज़ ऑफ़ द फील्ड'।

शाम को मैंने मैक्स ईस्टमैन, उनकी बहन क्रिस्टल ईस्टमैन और जमैका के कवि और जहाज़ी मज़दूर क्लाउड मैके के साथ खाना खाया।

न्यूयॉर्क के अपने अन्तिम दिन मैं फ्रैंक हैरिस के साथ सिंग-सिंग जेल गया। रास्ते में उन्होंने बताया कि वे अपनी आत्मकथा पर काम कर रहे हैं लेकिन उन्हें लगता है कि शुरू करने में बहुत देर हो गई है, "मैं बूढ़ा हो रहा हूँ," उन्होंने कहा।

"उम्र अपने तरीक़े से क्षतिपूर्ति भी करती है," मैंने चुटकी ली। "विवेक के हाथों मात खाना कम तकलीफ़देह होता है।"

आइरिश विद्रोही और मज़दूरों की यूनियन का संगठनकर्ता जिम लार्किन सिंग-सिंग जेल में पाँच बरस की सज़ा काट रहा था और फ्रैंक उससे मिलना चाहते थे। लार्किन बेहद मेधावी वक्ता था और उसे सरकार का तख़्ता पलटने के झूठे जुर्म में एक पूर्वग्रही न्यायाधीश और जूरी द्वारा सज़ा दी गई थी, ऐसा फ्रैंक का कहना था और बाद में यह सिद्ध भी हो गया जब गवर्नर अल स्मिथ ने उसकी सज़ा माफ़ कर दी। लेकिन तब तक लार्किन अपनी सज़ा के अधिकांश बरस काट चुका था।

जेलों का माहौल अजीब-सा होता है। मानो वहाँ पर मानवीयता की कोई जगह ही न हो। सिंग-सिंग जेल में पुरानी कोठरियों के ब्लॉक बाबा आदम के ज़माने के थे। छोटी, सँकरी, पत्थर की कोठरियाँ और हर कोठरी में चार से छह तक क़ैदी एक साथ सोते थे। इस तरह की हौलनाक इमारतें बनाने की सोचने वालों का दिमाग़ कितना ख़ुराफ़ाती होता होगा। कोठरियाँ उस वक़्त ख़ाली थीं क्योंकि क़ैदी बाहर व्यायाम वाले अहाते में थे। वहाँ पर सिर्फ़ एक ही जवान आदमी था जो अपनी खुली कोठरी की दीवार से टिका बैठा उदासी में अपने ही ख़यालों में खोया हुआ था। वार्डन ने समझाया कि लम्बी सज़ा के लिए आने वाले नये क़ैदियों को पहले बरस के लिए पुरानी कोठरियों वाले ब्लॉक में ही रखा जाता है और उसके बाद ही उन्हें अधिक आधुनिक कोठरियों में डाला जाता है। मैं नौजवान के आगे से क़दम रखता हुआ उसकी कोठरी में गया और वहाँ की तंग जगह के आतंक को देख घबरा उठा, "हे भगवान," मैंने बाहर क़दम रखते हुए तेज़ी से कहा, "यह तो अमानवीय है।"

"आपका कहना सही है," युवा क़ैदी कड़ुवाहट के साथ फुसफुसाया।

वार्डन बेचारा भला आदमी था, बताने लगा कि सिंग-सिंग जेल में ज़रूरत से ज़्यादा भीड़ है तथा और कोठरियाँ बनाने के लिए पैसे चाहिए लेकिन किसे फ़ुर्सत, "हम पर सबके बाद ही विचार किया जाता है। कोई भी राजनेता जेल की स्थितियों को सुधारने के बारे में नहीं सोचता।"

जिस कमरे में मौत की सज़ा दी जाती थी, वह स्कूल के कमरे की तरह था, लम्बोतरा और सँकरा, जिसकी छत नीची थी और दोनों तरफ़ पत्रकारों के लिए लम्बी बेंच और डेस्क लगे हुए थे और उनके सामने एक सस्ता-सा लकड़ी का ढाँचा तथा बिजली की कुर्सी रखी हुई थी। कुर्सी पर ऊपर से बिजली की एक नंगी तार लटक

रही थी। कमरे में सबसे ज़्यादा आतंकित करने वाली बात उसकी सादगी थी। वहाँ किसी क़िस्म का कोई ड्रामा नहीं था और यह बात निर्दयता से मुँह ढककर मारने से भी ज़्यादा आतंकित करने वाली थी। कुर्सी के ठीक पीछे लकड़ी का एक पार्टीशन बना हुआ था जहाँ पर आदमी को मारने के बाद ले जाया जाता था और उसकी चीर-फाड़ की जाती थी। "अगर कुर्सी ने अपना काम पूरी तरह से नहीं किया होता, तो शरीर को शल्य-क्रिया द्वारा काट-पीट दिया जाता है।" डॉक्टर ने हमें बताया। और आगे कहा कि ख़त्म कर दिये जाने के तुरन्त बाद मानव शरीर के दिमाग़ में ख़ून का तापमान 212 डिग्री फ़ारेनहाइट के आसपास होता है। यह सब देख व सुनकर हम मौत के कमरे से भागते हुए बाहर निकले।

फ्रैंक ने जिम लार्किन के बारे में पूछा तो वार्डन इस बात के लिए तैयार हो गया कि हम उससे मिल सकते हैं। हालाँकि यह नियमों के ख़िलाफ़ था, लेकिन उसने कहा वह हमारे लिए यह काम भी कर देगा। लार्किन जूते बनाने की फ़ैक्टरी में था। वहाँ पर उसने हमारा स्वागत किया। वह एक लम्बा, सुन्दर, लगभग छह फ़ीट चार इंच का शख़्स था और उसकी नीली बेधती हुई आँखें और मोहक मुस्कान थी।

हालाँकि वह फ्रैंक से मिलकर ख़ुश हुआ लेकिन वह काफ़ी नर्वस और व्यथित था और अपनी बेंच पर वापस जाने के लिए लालायित था। यहाँ तक कि वार्डन के आश्वासन से भी उसकी बेचैनी दूर नहीं हुई। "नैतिक रूप से यह दूसरे क़ैदियों के हक़ में ग़लत होगा अगर मुझे काम के घंटों के दौरान अपने मेहमानों से मिलने दिया जाए," लार्किन ने कहा। फ्रैंक ने जब उससे पूछा कि वहाँ पर उसके साथ कैसा बर्ताव होता है और क्या वह उसके लिए कुछ कर सकता है तो उसने बताया कि उसके साथ ठीक-ठाक व्यवहार होता है। बस, वह आयरलैंड में अपनी बीवी और बच्ची के लिए परेशान है। उनके बारे में उसने सज़ा मिलने के बाद से नहीं सुना है। फ्रैंक ने वादा किया कि वह उसकी मदद करेगा। जब हम वहाँ से चले तो फ्रैंक ने कहा कि जिम लार्किन जैसे इस बहादुर, जाँबाज़ चरित्र को जेल में क़ैद कर दिये जाने से उन्हें बहुत हताशा होती है।

*

जब मैं हॉलीवुड लौटा, तो बीच में माँ से मिलने के लिए रुक गया। वह बहुत ख़ुश नज़र आ रही थीं और उन्हें मेरी लंदन की विजय-यात्रा की सारी ख़बरें मिल गई थीं।

"बताओ तो माँ, अपने बेटे और इन सारी बेवक़ूफ़ियों के बारे में तुम क्या सोचती हो?" मैंने शरारतन पूछा।

"यह सब हैरान करने वाला है। लेकिन क्या यह अच्छा नहीं होगा कि तुम अपने असली रूप में रहो बजाय नाटकीय दुनिया में रहने के!"

"इसका जवाब तो माँ, तुम्हें ही देना चाहिए," मैं हँसा, "इस नक़लीपन के लिए तुम्हीं ज़िम्मेदार हो।"

वे एक पल के लिए रुकीं, "काश! तुमने अपने आपको परम पिता परमात्मा की सेवा में लगा दिया होता तो तुम हज़ारों लोगों की ज़िन्दगी बचा सकते थे।"

मैं मुस्कराया, "मैंने आत्माओं को तो बचा लिया होता, लेकिन धन न बचा पाता।"

घर की तरफ़ जाते समय मिसेज़ रीव्ज़, मेरे प्रबन्धक की पत्नी, जो कि माँ की देखभाल करती थीं, बताने लगीं कि जब से मैं बाहर था, माँ की सेहत बहुत अच्छी रही है और उन्हें कोई भी मानसिक दौरा नहीं पड़ा है। वे ख़ुश रहीं और उन्हें ज़िम्मेदारी का कोई एहसास नहीं था। मिसेज़ रीव्ज़ को माँ के पास जाना अच्छा लगता था क्योंकि माँ हमेशा सबका दिल बहलाए रखती थीं और अपने अतीत के रोचक क़िस्से सुना-सुनाकर उन्हें हँसी से लोट-पोट कर देती थीं। हाँ, ऐसे भी वक़्त आते जब माँ ज़िद पकड़ बैठतीं।

मिसेज़ रीव्ज़ ने मुझे एक दिन का क़िस्सा बताया। वे और नर्स उन्हें शहर ले जाना चाहती थीं ताकि उनकी कुछ नई पोशाकों की नाप ले सकें। अचानक ही माँ ज़िद पकड़ बैठीं और वे कार से बाहर ही न आएँ। "उन्हें ही मेरे पास आने दो।" माँ ने यह कहते हुए ज़िद पकड़ ली कि "इंग्लैंड में तो वे आपकी गाड़ी तक आते हैं।"

आख़िरकार वे बाहर आईं, तो एक प्यारी-सी लड़की उनको कपड़ों के थान दिखा रही थी। उनमें से एक गहरे भूरे रंग का था जो रीव्ज़ और नर्स को अच्छा लगा लेकिन माँ ने उसे हिक़ारत से सरका दिया और फिर बेहद सुसंस्कृत अंग्रेज़ी स्वर में बोलीं, "नहीं-नहीं, यह तो गू के रंग का है, मुझे कोई अच्छा-सा खिला हुआ रंग दिखाओ।"

उस हक्की-बक्की लड़की ने तुरन्त ही माँ की बात मान ली, लेकिन उसे अभी भी अपने कानों पर विश्वास नहीं हो रहा था।

मिसेज़ रीव्ज़ ने मुझे यह भी बताया कि वे माँ को ऑस्ट्रिच फार्म लेकर गईं थीं। वहाँ का कीपर, जो एक भला और विनम्र आदमी था, उन्हें अंडे सेने की जगह दिखा रहा था। "यह वाला," ऑस्ट्रिच के एक अंडे को हाथ में लेकर कहा उसने, "एकाध हफ़्ते में इसमें से बच्चा निकल आएगा।" तभी उसका फ़ोन आ गया और उसे बुला लिया गया। जाते-जाते क्षमा माँगते हुए वह अंडा नर्स को थमा गया। जैसे ही वह वहाँ से गया, माँ ने नर्स के हाथ से अंडा छीना और कहा, "इसे उस बेचारे ऑस्ट्रिच को वापस लौटा दो।" यह कहते हुए माँ ने अंडे को अहाते में फेंक दिया। फेंके जाने से अंडा ज़ोर की आवाज़ के साथ फूट गया। इससे पहले कि कीपर वापस आता उन्होंने तुरन्त ही माँ को पकड़ा और सीधे ऑस्ट्रिच पार्क से बाहर ले आईं।

"एक गर्म, धूप भरे दिन की बात है," मिसेज़ रीव्ज़ ने बताया, "वे शोफ़र और हम सबके लिए आइसक्रीम कोन दिलाने की ज़िद पर अड़ गईं। एक बार जब वे कार से एक मेनहोल के पास से जा रहे थे कि तभी एक कामगार का चेहरा उभरा। माँ कार से बाहर झुकीं ताकि वह कोन उस आदमी को दे सकें, लेकिन उन्होंने कोन को सीधे ही उसके मुँह पर उछाल दिया, "लो बेटे, यह तुम्हें ठंडा रखेगा।" कार से उसकी तरफ़ हाथ हिलाते हुए माँ ने कहा।

हालाँकि मैं अपने व्यक्तिगत मामले माँ से दूर ही रखता था लेकिन ऐसा लगता था कि उन्हें सारी घटनाओं के बारे में ख़बर मिल जाती थी। मेरी दूसरी पत्नी के साथ घरेलू समस्याओं के दौरान, शतरंज के खेल के बीच उन्होंने अचानक ही कहा, (वैसे वे हर बार जीतती ही थीं।) "तुम अपनी इन सारी मुसीबतों से अपने आपको मुक्त क्यों नहीं कर लेते? पूरब की तरफ़ निकल जाओ और मौज़-मज़ा करो।"

मैं हैरान हुआ और पूछने लगा कि आपके कहने का मतलब क्या है?

"तुम्हारी निजी ज़िन्दगी के बारे में अख़बार में छपने वाले ये सब क़िस्से!"

मैं हँसा, "मेरी व्यक्तिगत ज़िन्दगी के बारे में तुम जानती ही क्या हो?"

उन्होंने कन्धे उचकाए, "अगर तुम इतने संकोची न होते तो शायद मैं तुम्हें कुछ सलाह दे पाती।"

इस तरह के जुमले वे उछाल दिया करती थीं और आगे कुछ नहीं कहती थीं।

वे अक्सर बेवर्ली हिल्स वाले घर में मेरे बच्चों, चार्ली और सिडनी से मिलने के लिए चली आती थीं। मुझे उनका पहली बार का आना याद है। मैंने अपना घर तब बनाया ही था। घर अच्छी तरह से सजाया गया था और वहाँ पूरा स्टाफ़ था, बटलर, नौकरानियाँ वग़ैरह। पहले तो वे कमरे में चारों तरफ़ देखती रहीं। फिर खिड़की में से चार मील दूर प्रशान्त महासागर का नज़ारा देखने लगीं। हम उनकी प्रतिक्रिया का इन्तज़ार कर रहे थे।

"शान्ति भंग करना कितनी ख़राब बात है," उन्होंने कहा।

वे मेरी धन-दौलत और सफलता को बहुत गम्भीरता से नहीं लेती थीं और उन पर उन्होंने कभी भी कोई टिप्पणी नहीं की। लेकिन एक दिन लॉन में जब हम दोनों अकेले थे उन्होंने बग़ीचे की तारीफ़ की और इस बात को सराहा कि उसे कितनी अच्छी तरह से रखा गया है!

"हमारे पास दो माली हैं।" मैंने उन्हें बताया।

वे एक पल के लिए रुकीं और मेरी तरफ़ देखने लगीं, "इसका मतलब तुम काफ़ी अमीर हो!" माँ ने कहा।

"माँ, मेरी हैसियत इस वक़्त पचास लाख डॉलर की है।"

माँ ने कुछ सोचते हुए सिर हिलाया, "लेकिन तभी तक जब तक तुम अपनी सेहत बनाए रख पाते हो और इसे भोग पाते हो।" माँ की सिर्फ़ यही टिप्पणी थी।

अगले दो बरस तक माँ की सेहत अच्छी बनी रही। लेकिन 'द सर्कस' के निर्माण के समय मुझे तार मिला कि माँ बीमार हैं। पहले उन्हें पित्ताशय की बीमारी हुई थी और वे उससे उबर गई थीं। लेकिन इस बार डॉक्टरों ने मुझे चेताया कि इस बार का उनका दौरा गम्भीर है। उन्हें ग्लेनडेल अस्पताल ले जाया गया था। लेकिन उनके दिल की कमज़ोर हालत को देखते हुए डॉक्टरों ने यही बेहतर समझा कि ऑपरेशन न करना ही ठीक होगा।

जब मैं अस्पताल पहुँचा, उस वक़्त वे अर्ध-मूर्च्छा की हालत में थीं। उन्हें दर्द कम करने की दवा दी गई थी।

"माँ, मैं हूँ चार्ली," मैं फुसफुसाया और धीमे से उनका हाथ अपने हाथ में ले लिया। उन्होंने कमज़ोरी से मेरा हाथ दबाकर अपनी भावना को मुझ तक पहुँचाया और फिर अपनी आँखें खोलीं। वे बैठना चाहती थीं लेकिन बहुत ही कमज़ोर हो गई थीं। वे बेचैन थीं और दर्द की शिकायत कर रही थीं। मैंने उन्हें तसल्ली देने की कोशिश की कि वे एकदम ठीक हो जाएँगी।

"शायद," उन्होंने थकान के मारे कहा और एक बार फिर मेरा हाथ दबाया। इसके बाद उन्हें बेहोशी आ गई।

अगले दिन, काम के बीच मुझे बताया गया कि माँ गुज़र गई हैं। मैं इसके लिए तैयार था क्योंकि डॉक्टर पहले ही जवाब दे चुके थे और मुझे बता चुके थे। मैंने अपना काम रोका, मेकअप उतारा और अपने सहायक निदेशक हैरी क्रॉकर के साथ अस्पताल के लिए रवाना हो गया।

हैरी बाहर इन्तज़ार करता रहा और मैं कमरे के भीतर गया तथा खिड़की व बिस्तर के बीच एक कुर्सी पर बैठ गया। पर्दे आधे गिरे हुए थे और बाहर तीखी धूप थी। कमरे का मौन भी उतना ही तीखा था। मैं बैठा रहा और बिस्तर पर पड़ी कमज़ोर काया को देखता रहा। उनका चेहरा ऊपर उठा हुआ था और आँखें बन्द थीं। यहाँ तक कि मृत्यु में भी उनके चेहरे पर पीड़ा दिखाई दे रही थी मानो चिन्तित हों कि कितनी तकलीफ़ें उनके हिस्से में और लिखी हैं! कितनी अजीब बात है कि उनका अन्त यहाँ हुआ, हॉलीवुड के माहौल में, उसके सारे वाहियात मूल्यों के साथ—लैम्बेथ, उनके दिल टूटने की जगह से सात हज़ार मील दूर। इसके बाद उनके आजीवन संघर्षों की, उनकी बहादुरी की और उनकी त्रासद व वाहियात ज़िन्दगी की स्मृतियाँ मुझ पर हावी हो गईं और मैं रो पड़ा।

लगभग एक घंटे के बाद मैंने अपने आपको सँभाला और कमरे से बाहर आया।

हैरी क्रॉकर अभी भी वहीं था। मैंने उससे माफ़ी माँगी कि उसे इस तरह से इतनी देर तक इन्तज़ार करना पड़ा। लेकिन वह स्थिति समझता था। हम चुपचाप ड्राइव करके घर आ गए।

सिडनी यूरोप में था और उस वक़्त बीमार था। वह अन्तिम संस्कार में नहीं आ सकता था। मेरे बेटे, चार्ली और सिडनी अपनी माँ के पास थे लेकिन मैं उनसे नहीं मिला। मुझसे पूछा गया कि क्या मैं माँ का दाह-संस्कार किया जाना पसन्द करूँगा? इस तरह के ख़याल ने ही मुझे डरा दिया। नहीं, मैं चाहूँगा कि उन्हें हरी-भरी धरती में दफ़नाया जाए, जहाँ वे अभी भी मौजूद हैं—हॉलीवुड सिमेट्री में।

मैं नहीं जानता कि मैं अपनी माँ का वैसा चित्र प्रस्तुत कर पाया हूँ या नहीं। जिसकी वे हक़दार थीं। लेकिन मैं इतना जानता हूँ कि वे अपना जीवन ख़ुशी-ख़ुशी

जी गईं। दयालुता और सहानुभूति उनकी उत्कृष्ट ख़ूबियाँ थीं। हालाँकि वे धार्मिक थीं, लेकिन वे पापियों को प्यार करती थीं और हमेशा अपने आपको उनमें से ही एक मानती थीं। उनके स्वभाव में अशिष्टता का रंच मात्र भी नहीं था। जो भी विद्रोही व्यवहार वे किया करती थीं, वह हमेशा आलंकारिक रूप में सही ही होता था। यहाँ तक कि उस गन्दे माहौल में, जिसमें हम रहने को मजबूर थे, के बावजूद उन्होंने सिडनी और मुझे गलियों से हमेशा दूर रखा था और हमें यह महसूस कराया था कि हम ग़रीबी की उपज नहीं हैं, बल्कि कुछ ख़ास और अनूठे हैं।

*

क्लेयर शेरिडन, मूर्तिकार, जिसने अपनी किताब 'फ्रॉम मेफेयर टू मॉस्को' से अच्छा-ख़ासा हँगामा मचाया था, जब हॉलीवुड आईं तो सैम गोल्डविन ने उनके सम्मान में रात्रिभोज दिया जिसमें मुझे भी आमंत्रित किया गया।

छरहरी और सुन्दर चेहरे-मोहरे वाली क्लेयर विन्स्टन चर्चिल की भतीजी थीं और रिचर्ड ब्रिन्स्ले शेरिडन के वंशज विल्फ्रेड शेरिडन की पत्नी थी। वे क्रान्ति के बाद रूस जाने वाली पहली अंग्रेज़ महिला थीं और उन्हें बोल्शेविक क्रान्ति की प्रमुख हस्तियों की आवक्ष प्रतिमाएँ (शरीर के ऊपरी भाग) बनाने का काम सौंपा गया था। इनमें लेनिन और ट्रॉट्स्की भी शामिल थे।

हालाँकि वे बोल्शेविकों की पक्षधर थीं, फिर भी उनकी किताब ने केवल मामूली-सा ही विरोध पैदा किया। अमेरिकी लोग इससे भ्रम में पड़ गए थे क्योंकि क्लेयर को अंग्रेज़ी राजसी परिवार से होने का गौरव प्राप्त था। न्यूयॉर्क का समाज उनकी आवभगत करता था और उन्होंने वहाँ पर कई विभूतियों की आवक्ष प्रतिमाएँ बनाई थीं। उन्होंने हर्बर्ट बेयार्ड स्वोप, बर्नार्ड बरूच तथा अन्य हस्तियों की भी मूर्तियाँ बनाई थीं। जिस समय मैं उनसे मिला था, वे पूरे देश में घूम-घूमकर व्याख्यान दे रही थीं और उनका छह बरस का बेटा डिक्की उनके साथ ही यात्राएँ कर रहा था। उन्होंने शिकायत की थी कि अमेरिका में मूर्तियाँ बनाकर रोज़ी-रोटी कमाना मुश्किल है। अमेरिकी आदमी इस बात का बुरा नहीं मानते कि उनकी बीवियाँ बैठकर अपनी मूर्तियाँ बनवाएँ, लेकिन वे ख़ुद इतने विनम्र होते हैं कि अपने ख़ुद के लिए बैठने में उन्हें हिचक होती है।

"मैं विनम्र नहीं हूँ," मैंने कहा।

इस तरह उनके लिए मिट्टी और उनके औज़ार वग़ैरह मेरे घर लाने का इन्तज़ाम किया गया। दोपहर के वक़्त लंच के बाद मैं उनके सामने देर तक बैठा रहता। क्लेयर में यह ख़ासियत थी कि वे बातचीत को जीवन्त रख सकती थीं और मैंने पाया कि मैं भी अपनी बौद्धिकता बघार रहा हूँ। प्रतिमा पूरी होने के आसपास मैंने उसकी जाँच की।

"यह किसी अपराधी का सिर हो सकता है," मैंने कहा।

"इसके बजाय, यह एक मेधावी आदमी का सिर है।" उन्होंने नक़ली गम्भीरता के साथ कहा।

मैं हँसा और मैंने यह सिद्धान्त गढ़ लिया चूँकि जीनियस और अपराधी एक-दूसरे से निकटता से जुड़े होते हैं, इसलिए दोनों ही एकदम व्यक्तिवादी होते हैं।

एक बार उन्होंने मुझे बताया कि जब से उन्होंने रूस के बारे में व्याख्यान देना शुरू किया है, वे अपने-आप को बिरादरी से बाहर पा रही हैं। मैं जानता हूँ कि क्लेयर पैम्फ़लेटबाज़ी करने वाली या राजनीतिक कट्टरपंथी नहीं थीं।

"आपने रूस के बारे में एक बहुत ही रोचक किताब लिखी है, उसे बस वहीं तक रहने दीजिए ना, क्यों राजनीतिक झमेलों में पड़ती हैं," मैंने कहा, "इससे तो आप ही को तकलीफ़ होगी।"

उन्होंने बताया, "मैं यह व्याख्यान अपनी रोज़ी-रोटी के लिए देती हूँ, लेकिन लोग हैं कि सच सुनना ही नहीं चाहते और जब मैं बिना तैयारी के, सहज रूप से बोलती हूँ तो मुझे सिर्फ़ सच ही तो दिशा देता है। इसके अलावा," उन्होंने आगे जोड़ा, "मैं अपने प्रिय बोल्शेविकों को प्यार करती हूँ।"

"मेरे प्रिय बोल्शेविक", मैंने दोहराया और हँसा, इसके बावजूद मुझे यह भी महसूस हुआ कि क्लेयर भीतर-ही-भीतर अपनी परिस्थितियों के बारे में साफ़ और यथार्थवादी नज़रिया रखती हैं। इसकी वजह यह है कि जब मैं उनसे बाद में यानी वर्ष 1931 में मिला, तो उन्होंने बताया कि वे ट्यूनिस के बाहरी इलाक़े में रह रही हैं।

"लेकिन आप वहाँ पर क्यों रह रही हैं?" मैंने पूछा।

"वहाँ सस्ता पड़ता है," उन्होंने तत्काल जवाब दिया, "लंदन में मेरी सीमित आय है, उससे मैं ब्लूम्सबरी में दो छोटे कमरों के घर में ही रह पाती, जबकि ट्यूनिस में मेरा घर है, नौकर-चाकर हैं और डिक्की के लिए ख़ूबसूरत बग़ीचा भी है।"

उन्नीस बरस की उम्र में डिक्की की मृत्यु हो गई। यह एक ऐसा दुखदायी और भयावह झटका था जिससे वे कभी भी उबर नहीं पाईं। वे कैथोलिक बन गईं और कुछ अरसे तक कॉन्वेंट में भी रहीं, धर्म की तरफ़ मुड़ गईं। मेरा ख़याल है, उन्होंने राहत पाने के लिए ऐसा किया होगा।

एक बार दक्षिणी फ्रांस में एक समाधि शिला पर मैंने चौदह बरस की मुस्कराती हुई एक लड़की की फ़ोटो देखी जिस पर लिखा था, "क्यों?" पीड़ा के ऐसे पागल कर देने वाले पलों में कोई जवाब माँगना बेमानी होता है। यह आपको झूठे उपदेशों और पीड़ा की तरफ़ ही ले जाता है और इसके बाद भी इसका यह मतलब नहीं होता कि आपको जवाब मिल ही जाएगा। मैं इस बात में विश्वास नहीं कर सकता कि हमारा अस्तित्व बिना किसी मतलब के या दुर्घटनावश है, जैसे कि कुछ वैज्ञानिक हमें बताएँगे। ज़िन्दगी और मौत बहुत अधिक तयशुदा और बहुत अधिक बेरहम हैं और यह दुर्घटनावश तो नहीं ही हो सकते।

ज़िन्दगी और मृत्यु के ये तरीक़े, किसी जीनियस को बीच में से ही उठा लेना, दुनिया में उतार-चढ़ाव, महाविनाश और तबाही, यह सब बेमतलब और निरर्थक लगते हैं। लेकिन यह तथ्य कि ये होते हैं, इस बात का प्रमाण है कि कुछ है जो हमारे त्रिविमीय मस्तिष्क के दायरे से परे एक दृढ़ व निर्धारित प्रयोजन के साथ होता रहता है।

कुछ ऐसे दार्शनिक हैं जो दावा करते हैं कि सभी कुछ गति के किसी-न-किसी रूप में तत्त्व ही है और सारे के सारे अस्तित्व में न तो कुछ जोड़ा जा सकता है और न ही घटाया जा सकता है। यदि तत्त्व गति है तो इस पर कार्य और कारण के कोई तो नियम लागू होते होंगे। अगर मैं इस बात को मान लूँ तो हर गतिविधि पूर्व नियोजित है और यदि ऐसा है तो मेरा अपनी नाक का खुजाना भी उतना ही पूर्व निर्धारित है जितना कि किसी तारे का टूटना। बिल्ली घर-भर में घूमती रहती है, पत्ते पेड़ से गिरते रहते हैं, बच्चा ठोकर खाकर गिरता है, क्या इन सारी की सारी गतिविधियों को किसी अनन्त में तलाशा जा सकता है? क्या ये शाश्वत रूप में पूर्व निर्धारित और निरन्तर चलने वाली क्रियाएँ नहीं हैं? हम पत्ती के गिरने, बच्चे के ठोकर खाने का तत्काल कारण जानते हैं लेकिन हम उसकी शुरुआत और अन्त का पता नहीं लगा सकते।

मैं दकियानूसी अर्थ में धार्मिक नहीं हूँ लेकिन मेरे विचार ठीक वैसे ही हैं जैसे मैकाले के, जिन्होंने इस आशय की बातें लिखी हैं कि सोलहवीं शताब्दी में भी ऐसी ही दार्शनिक विद्वत्ता के साथ इन्हीं धार्मिक तर्कों पर बहस की जाती थी जैसी कि आज की जाती है। इस प्रकार अर्जित ज्ञान व वैज्ञानिक प्रगति के बावजूद न तो अतीत में और न ही वर्तमान में किसी दार्शनिक ने इस मामले पर उससे आगे कोई आध्यात्मिक योगदान दिया है।

मैं किसी चीज़ में न तो विश्वास करता हूँ और न अविश्वास ही करता हूँ। यह ऐसा है जैसे किसी चीज़ की कल्पना की जा सकती है, वैसे ही सच का अनुमान लगाया जा सकता है या गणित से सिद्ध किये जाने वाली कोई बात होती है। आदमी हमेशा सच तक तर्क के ज़रिये ही नहीं पहुँच सकता। यह हमें सोच के ज्यामितिक ढाँचे में बाँध लेता है और इसके लिए तर्कसंगति और विश्वसनीयता की ज़रूरत होती है। हम अपने सपनों में मृतकों को देखते हैं और यह स्वीकार कर लेते हैं कि वे जीवित हैं जबकि उसी समय हम यह भी जानते हैं कि वे अब इस दुनिया में नहीं हैं। हालाँकि इस स्वप्न मस्तिष्क का कोई तर्क नहीं है, लेकिन क्या इसकी अपनी विश्वसनीयता नहीं है? तर्क के परे भी कई चीज़ें हुआ करती हैं। जैसे हम एक सेकंड के करोड़वें हिस्से के होने से इनकार कर सकते हैं जबकि वास्तव में गणित की गणनाओं के अनुसार वह अवश्य होगा।

जैसे-जैसे मैं बूढ़ा हो रहा हूँ, मैं विश्वास से और ज़्यादा घिरता जा रहा हूँ। हम जितना सोचते हैं, उससे ज़्यादा इसके साथ जीते हैं और जितना महसूस करते हैं, उससे ज़्यादा इससे पाते हैं। मैं मानता हूँ कि विश्वास हमारे सभी विचारों के लिए

पूर्वपीठिका है। अगर विश्वास न होता तो न ही हमने मूल कल्पना की खोज की होती, न सिद्धान्त, न विज्ञान और न ही गणित हमारे जीवन में आए होते। मेरा मानना है कि विश्वास मस्तिष्क का ही विस्तार है। यह वो कुंजी है जो असम्भव का नकार करती है। विश्वास को न मानने का मतलब अपने आपको तथा उस शक्ति को नकारना है जो हमारी सारी सृजनात्मक शक्तियों को संचालित करती है।

मेरा विश्वास अज्ञात में है। उस सब में जिसे हम तर्क के ज़रिये नहीं समझ सकते। मैं विश्वास करता हूँ कि जो कुछ हमारी सोच के दायरे से परे है, वह दूसरी दुनिया में साधारण तथ्य होता है और अज्ञात की सत्ता के अन्तर्गत एक ऐसी शक्ति होती है जो बेहतरी की असीम शक्ति के रूप में होती है।

*

हॉलीवुड में मैं अभी भी अकेला ही था। मैं अपने ख़ुद के स्टूडियो में काम करता रहता था; इसलिए दूसरे स्टूडियो में काम करने वालों से मिलने-जुलने के मौक़े कम ही मिलते। ऐसे में मेरे लिए नये दोस्त बना पाना मुश्किल होता था। डगलस और मैरी ही मेरा सहारा थे।

अपनी शादी के बाद दोनों बेहद ख़ुश थे। डगलस ने अपने पुराने घर को नये सिरे से बनवा लिया था और उसे ख़ूबसूरती से सजाया था तथा उसमें मेहमानों के लिए कई कमरे जोड़े थे। वे भव्य तरीक़े से रहते थे, उनके पास नौकर-चाकर थे, शानदार खान-पान था और सबसे बड़ी बात, डगलस व मैरी बहुत अच्छे मेज़बान थे।

स्टूडियो में ही उनका विशालकाय क्वार्टर था। टर्किश बाथ के साथ ड्रेसिंग रूम और साथ में एक स्विमिंग पूल। यहीं पर वे अपने अत्यन्त विशिष्ट मेहमानों की ख़ातिरदारी करते, उन्हें स्टूडियो में लंच कराते, आसपास की ख़ूबसूरत जगहों का टूर कराते और उन्हें दिखाते कि फ़िल्में किस तरह से बनती हैं। फिर उन्हें स्टीम बाथ और तैरने के लिए आमंत्रित करते। इसके बाद मेहमान उनके ड्राइंग रूम में रोमन सीनेटरों की तरह कमर पर तौलिया लपेटे बैठ जाते।

यह वाक़ई बेहूदगी भरा लगता कि आप स्टीम बाथ से निकलकर तरणताल में छलाँग लगाने के लिए उस तरफ़ लपक रहे होते कि बीच में स्याम नरेश (थाइलैंड) से आपका परिचय कराया जाता। मैं आपको बताता हूँ कि मैं कितनी ही विख्यात विभूतियों से टर्किश तौलिया बाँधे मिला हूँ। इनमें से कुछ, ड्यूक ऑफ़ अल्बा ड्यूक* ऑफ़ सूदरलैंड, ऑस्टेन चैम्बरलिन, द मार्क्विस ऑफ़ विएना, द ड्यूक ऑफ़ पानारांडा और कई अन्य थे। जब किसी आदमी से उसके सभी सांसारिक अधिकार चिह्न उतरवा लिये जाते हैं, तभी आप उसकी सच्ची तारीफ़ कर सकते हैं कि उसकी असली औक़ात क्या है? ड्यूक ऑफ़ अल्बा मेरे अनुमान पर काफ़ी हद तक खरे उतरे।

---

* ड्यूक का अर्थ है शासक या राजकुमार।

जब भी इन महान हस्तियों में से कोई पधारता, तो डगलस मुझे ज़रूर बुला भेजते क्योंकि मैं उनके शोपीसों में से एक था। वहाँ का यह रिवाज़ था कि स्टीम लेने के बाद आदमी आठ बजे के आसपास पिकफ़ेयर में पहुँचेगा, साढ़े आठ बजे डिनर लेगा और डिनर के बाद फ़िल्म देखेगा। इसलिए कभी इस बात का मौक़ा ही नहीं मिल पाया कि मैं किसी से अन्तरंगता स्थापित कर पाऊँ। अलबत्ता, कभी-कभार, मैं फेयरबैंक्स दम्पति को उनके ख़ूब सारे मेहमानों से मुक्ति दिला देता और उनमें से कुछ को अपने घर पर टिका देता। लेकिन मैं इस बात को स्वीकार करता हूँ कि मेरी मेहमाननवाज़ी फेयरबैंक्स दम्पति की मेहमाननवाज़ी की तुलना में कहीं नहीं ठहरती थी।

प्रतिष्ठित हस्तियों की मेज़बानी करते समय फेयरबैंक्स दम्पति अपने सर्वोत्तम रूप में होते। वे उनके साथ सहज अनुकूलता स्थापित कर लेते जो कि मेरे लिए मुश्किल होता। हाँ, ड्यूक की आवभगत करते समय पहली रात तो महामहिम जैसे सम्बोधन लगातार सुनाई देते लेकिन जल्दी ही यह महामहिम अपनापन लिये जॉर्जी और जिम्मी बन चुके होते।

डिनर के वक़्त डगलस का प्रिय छोटा-सा कुत्ता अक्सर आ जाता और डगलस सहज ध्यान बँटाने के तरीक़े से कुत्ते से अजीब-सी ट्रिक करवाते जिससे माहौल बँधा-बँधा और औपचारिक होने के बजाय थोड़ा अनौपचारिक और आत्मीय हो जाता। मैं कई बार डगलस की शान में मेहमानों द्वारा फुसफुसाकर कही गई तारीफ़ों का गवाह रहा हूँ। "क्या शानदार व्यक्ति है!" महिलाएँ गोपनीय तरीक़े से फुसफुसातीं। और हाँ, वे थे भी शानदार व्यक्ति। उनसे बेहतर तरीक़े से महिलाओं को और कोई आकर्षण में बाँध ही नहीं सकता था।

लेकिन एक बार ऐसा हुआ कि डगलस भी झमेले में फँस गए। मैं स्पष्ट कारणों से नामों का उल्लेख तो नहीं कर रहा हूँ लेकिन जो लोग आए थे, वे ख़ास थे, उनकी ऊँची-ऊँची पदवियाँ थीं और डगलस ने उनकी मेहमाननवाज़ी में और उन्हें हर तरह से प्रसन्न रखने में पूरा हफ़्ता खपा दिया था। जो मेहमान आए थे, वे हनीमून पर निकले दम्पति थे। जिस चीज़ की भी कल्पना की जा सकती थी, उससे उनकी आवभगत की गई थी। कैटेलिना में उनके लिए निजी यॉट पर मछली पकड़ने के अभियान की व्यवस्था थी। इसके लिए मैंने और डगलस ने एक बछड़ा भी कटवाया था और समुद्र में नीचे जाने दिया था ताकि वह मछलियों का चुग्गा बन सके (लेकिन मेहमानों ने कोई मछली नहीं पकड़ी।) इसके बाद स्टूडियो के ग्राउंड पर मोटर साइकिलों के एक ख़ास प्रदर्शन का इन्तज़ाम किया गया था। लेकिन ख़ूबसूरत व छरहरी दुल्हन, जो विनम्र और बेहद चुप रहने वाली लड़की थी, ज़रा-सा भी उत्साह नहीं दिखा रही थी।

हर रात डिनर के समय डगलस इस बात की कोशिश करते कि उसे ख़ुश कर सकें लेकिन उनके सारे हँसी-मज़ाक़ और जोश मोहतरमा को उसके ठंडे बर्ताव से बाहर नहीं निकाल पाए।

चौथी रात डगलस मुझे एक तरफ़ ले गए और बोले, "वह मुझे हैरान कर रही है। मैं उससे बात नहीं कर सकता, इसलिए आज की रात मैंने इस तरह का इन्तज़ाम किया है कि तुम उसकी बग़ल वाली सीट पर बैठोगे।" वे हँसी दबाकर बोले, "मैंने उसे बताया है कि तुम कितने होशियार और मज़ेदार हो।"

डगलस की योजना के बाद डिनर के लिए अपनी सीट पर बैठने से पहले मैं अपने आपको वैसे ही सहज महसूस करने लगा जैसे कोई पैरा ट्रूपर छलाँग लगाने से पहले महसूस करता है। अलबत्ता, मैंने यही सोचा कि पहले मैं रहस्यपूर्ण नज़रिया अपनाऊँगा। इसलिए मेज़ पर अपना नैपकिन लेते हुए मैं झुका और मोहतरमा के कान में फुसफुसाया, "चीयर अप।"

वह मेरी तरफ़ मुड़ी लेकिन वह समझ नहीं पाई कि मैंने क्या कहा है, "माफ़ कीजिए मैं समझी नहीं!"

"चीयर अप।" मैंने दोबारा रहस्यपूर्ण तरीक़े से कहा तो वह हैरान होकर देखने लगी, "चीयर अप?"

"हाँ," मैंने अपने घुटनों पर अपना नैपकिन ठीक से लगाते हुए कहा और सीधा सामने की तरफ़ देखने लगा।

वह एक पल के लिए रुकी, मुझे देखती रही और फिर बोली, "आप ऐसा क्यों कह रहे हैं?"

मैंने एक दाँव खेला, "क्योंकि आप बहुत उदास हैं।" और इससे पहले कि वह जवाब दे सके, मैंने अपनी बात जारी रखी, "देखिए, मैं आधा जिप्सी हूँ और इन सारी बातों को जानता हूँ। आप किस महीने में पैदा हुई थीं?"

"अप्रैल!"

"बेशक, ऐरीज़, मैं जानता था।"

वह सतर्क हो गई और उसे स्वाभाविक रूप से होना भी चाहिए था।

"क्या जानते थे?" वह मुस्कराई।

"यह महीना आपकी ऊर्जस्विता का है।"

वह एक पल के लिए सोचने लगी, "यह तो बहुत हैरानी की बात है कि आप यह कह रहे हैं!"

"यह बहुत आसान है अगर आदमी में अन्तर्दृष्टि हो। इस वक़्त आपके आसपास का माहौल नाख़ुशी वाला है।"

"क्या यह इतना स्पष्ट है?"

"शायद दूसरों को नहीं!"

वह मुस्कराई और एक पल रुकने के बाद सोचते हुए कहने लगी, "कितनी हैरानी की बात है कि आप यह कह रहे हैं। हाँ, यह सच है, मैं बहुत हताश हूँ।"

मैंने सहानुभूति से सिर हिलाया, "यह आपका सबसे ख़राब महीना है।"

"मैं बहुत उपेक्षित और हताश महसूस करती हूँ।" उसने अपनी बात जारी रखी।

"मेरा ख़याल है, मैं इस बात को समझता हूँ।" मैंने कहा, यह जाने बिना कि आगे क्या होने जा रहा है।

वह उदासी से कहती रही, "काश, मैं भाग पाती, हर चीज़ और हर व्यक्ति से दूर, मैं कुछ भी करूँगी, मैं नौकरी करूँगी, फ़िल्मों में एक्स्ट्रा की भूमिका करूँगी, लेकिन इससे उन सबको तकलीफ़ होगी जो मुझसे जुड़े हैं और वे इतने अच्छे हैं कि उन्हें ये तकलीफ़ नहीं दी जानी चाहिए।"

वह बहुवचन में बात कर रही थी लेकिन मैं इस बात को जानता था कि वह अपने पति के बारे में ही बात कर रही है। अब मैं सतर्क हो गया और रहस्यवाद का सारा जामा उतार दिया तथा उसे एक गम्भीर सलाह देने की कोशिश की। बेशक यह सलाह मामूली सी ही थी लेकिन मैंने कहा, "भागना बेकार है; ज़िम्मेदारियाँ हमेशा आपका पीछा करेंगी। ज़िन्दगी चाहतों की अभिव्यक्ति होती है। आज तक कोई सन्तुष्ट नहीं हो सका है इसलिए जल्दबाज़ी में कोई भी निर्णय मत कीजिए। ऐसा कोई भी क़दम मत उठाइए जिससे ज़िन्दगी-भर पछताना पड़े।"

"मेरा ख़याल है आप सही कह रहे हैं।" उसने सोचते हुए कहा, "अलबत्ता, मैं किसी ऐसे व्यक्ति से बात करके कितनी राहत महसूस कर रही हूँ जो समझता है।"

दूसरे मेहमानों के साथ बात करते हुए भी डगलस बीच-बीच में हमारी ओर देख रहे थे। अब मोहतरमा ने उनकी तरफ़ देखा और मुस्कराई।

डिनर के बाद डगलस मुझे एक तरफ़ ले गए और बोले, "आख़िर तुम दोनों क्या बातें कर रहे थे? मुझे तो लगा कि तुम दोनों एक-दूसरे के कान ही कुतर डालोगे।"

"अरे नहीं, ऐसी कोई बात नहीं, बस सामान्य बातचीत थी।" मैंने अकड़ के साथ कहा।

उन्नीस

अब मैं फ़र्स्ट नेशनल के साथ अपने क़रार के अन्तिम दौर में था और क़रार ख़त्म होने की बेसब्री से राह देख रहा था। वे लोग स्वार्थी, सहानुभूतिहीन व दूरदृष्टि न रखने वाले लोग थे और मैं उनसे जान छुड़ाना चाहता था। इसके अलावा मेरे मन में फ़ीचर फ़िल्मों के विचार कुलबुला रहे थे।

अन्तिम तीन फ़िल्मों को पूरा करना कभी न ख़त्म होने वाले काम की तरह लगा। दो रील वाली फ़िल्म 'पे डे' पर काम ख़त्म करने के बाद मुझे सिर्फ़ दो

फ़िल्में करके देनी थीं। मेरी अगली कॉमेडी फ़िल्म 'द पिलग्रिम' फ़ीचर फ़िल्म की लम्बाई वाली फ़िल्म बन गई। इसका मतलब था एक बार फिर फ़र्स्ट नेशनल के साथ परेशान करने वाली सौदेबाज़ी। लेकिन जैसा कि सैम गोल्डविन ने मेरे बारे में कहा, "चार्ली कारोबारी आदमी नहीं है। वह सिर्फ़ यह जानता है कि वह किसी कम चीज़ पर समझौता नहीं कर सकता।" इस तरह सौदेबाज़ी सन्तोषजनक तरीक़े से निपट गई।

'द किड' की आशातीत सफलता के बाद मुझे 'द पिलग्रिम' के लिए अपनी शर्तें मनवाने के लिए बहुत कम विरोध सहना पड़ा। यह फ़िल्म दो फ़िल्मों की जगह लेगी और वे लोग मुझे 400,000 डॉलर की गारंटी और लाभ में से हिस्सा देंगे। आख़िर वह वक़्त आ गया जब मैं यूनाइटेड आर्टिस्ट्स में अपने सहयोगियों के साथ काम करने के लिए स्वतंत्र था।

डगलस और मैरी के सुझाव पर ऑनेस्ट जो, जैसा कि हम जोसेफ़ शैंक को पुकारा करते थे, ने अपनी पत्नी नोरमा टालमेज़ के साथ यूनाइटेड आर्टिस्ट्स में प्रवेश किया। नोरमा की फ़िल्में हमारी कम्पनी के ज़रिये प्रदर्शित की जानी थीं। मि. जो को अध्यक्ष बनाने की बात थी। हालाँकि मैं जो को पसन्द करता था, लेकिन मेरे अनुसार उसका योगदान इतना नहीं था कि उसके अध्यक्ष बनने को उचित ठहराया जा सके। हालाँकि उसकी पत्नी कुछ हद तक स्टार थी, लेकिन वह भी मैरी या डगलस से होने वाली बॉक्स ऑफ़िस कमाई की तुलना नहीं कर सकती थी। हमने अपनी कम्पनी में एडॉल्फ जुकर को हिस्सेदारी देने से मना कर दिया था तो जो शैंक को हिस्सा क्यों दिया जाए जबकि वह जुकर जितना महत्त्वपूर्ण भी नहीं था। इसके बावजूद डगलस और मैरी के उत्साह के आगे हार माननी पड़ी और जो को अध्यक्ष तथा यूनाइटेड आर्टिस्ट्स में बराबरी का हिस्सेदार बनाया गया।

इसके कुछ अरसे बाद मुझे एक ज़रूरी पत्र मिला जिसमें मुझे यूनाइटेड आर्टिस्ट्स के भविष्य के बारे में विचार करने के लिए एक बैठक में शामिल होने की सूचना दी गई। अध्यक्ष की औपचारिक और आशावादी टिप्पणियों के बाद मैरी ने गम्भीरता से हमें सम्बोधित किया। उन्होंने कहा कि जो कुछ भी उद्योग में हो रहा है, उसे लेकर वे काफ़ी चिन्तित हैं—वे हमेशा चिन्तित रहा करती थीं—थियेटर सर्किट आपस में मिल रहे हैं, और जब तक हम उनके इन प्रयासों का मुक़ाबला करने के लिए उपाय नहीं करते, यूनाइटेड आर्टिस्ट्स का भविष्य मँझधार में है।

हालाँकि इस घोषणा से मुझे कोई चिन्ता या घबराहट नहीं हुई क्योंकि मेरा मानना था कि हमारी फ़िल्मों की उत्कृष्टता इस तरह की प्रतिस्पर्धा का सच्चा जवाब है। लेकिन औरों को इस बात से आश्वस्त नहीं किया जा सका। जो शैंक ने हमें गम्भीर चेतावनी देते हुए कहा कि हालाँकि कम्पनी मूल रूप से स्वस्थ है, लेकिन फिर भी हमें अपना भविष्य सुरक्षित कर लेना चाहिए और सारे जोख़िम ख़ुद उठाने के बजाय

अपने फ़ायदों में दूसरों को भी थोड़ी-सी हिस्सेदारी देनी चाहिए। उन्होंने वॉल स्ट्रीट की डिलान रीड एंड कम्पनी से सम्पर्क किया था और वे लोग स्टॉक के एक निर्गम के लिए और हमारी कम्पनी में एक हिस्से के लिए 40,000,000 डॉलर लगाने को तैयार थे। लेकिन मैंने साफ़ तौर पर कह दिया कि मैं अपने काम में वॉल स्ट्रीट की किसी भी तरह की दख़लअन्दाज़ी के ख़िलाफ़ हूँ और एक बार फिर उन्हें आश्वस्त किया कि जब तक हम अच्छी फ़िल्में बनाते रहेंगे हमें इस तरह की साझेदारी करने की कोई ज़रूरत नहीं है। मेरी बात सुनने के बाद जो ने अपनी चिड़चिड़ाहट को दबाते हुए शान्त और समझाने वाले लहज़े में कहा कि वे कम्पनी के लिए कुछ सकारात्मक करना चाहते हैं और यह कि हमें इसका फ़ायदा उठाना चाहिए।

मैरी ने फिर से मोर्चा सँभाला। कारोबार की बात करने का उनका तरीक़ा नकारात्मक था। वे मुझसे सीधे बात न करके औरों के ज़रिये बात कर रही थीं। इस बात ने मुझे स्वार्थी होने का एहसास कराया। उन्होंने जो की विशेषताएँ गिनानी शुरू कर दीं और इस बात पर ज़ोर दिया कि जो ने कितनी मेहनत की है और हमारी कम्पनी को खड़ा करने में कितनी मुसीबतें उठाई हैं। मैरी ने कहा, "हम सबको सकारात्मक होना चाहिए।"

लेकिन मैं ज़िद पर अड़ा रहा और इस बात पर डटा रहा कि मैं अपने व्यक्तिगत प्रयासों में किसी और की कोई हिस्सेदारी नहीं चाहता। मुझे अपने आप पर भरोसा था और मैं इन प्रयासों में अपना ख़ुद का पैसा लगाने के लिए भी तैयार था। बैठक गरमागरम बहस में बदल गई—एक तो तेज़ गर्मी ऊपर से बहस—लेकिन मैं अपनी बात पर अड़ा रहा और यही कहता रहा कि अगर बाक़ी लोग मेरे बिना काम चला सकते हैं, तो वे ऐसा कर लें और मैं कम्पनी से रिटायर हो जाऊँगा। इससे हम सब निष्ठा को लेकर गम्भीर रूप से एकमत हो गए और जो की तरफ़ से भी यह पुष्टि की गई कि वह कोई भी ऐसा काम नहीं करना चाहता जिससे हमारी मित्रता पर या हमारी कम्पनी की समरसता पर आँच आए और इस तरह से वॉल स्ट्रीट का मामला ख़त्म हो गया।

यूनाइटेड आर्टिस्ट्स के लिए अपनी पहली फ़िल्म शुरू करने से पहले मैं एडना पर्विएंस को प्रमुख भूमिका में उतारना चाहता था। हालाँकि एडना और मेरे भावनात्मक रिश्ते तनाव में थे, फिर भी मैं उसके कॅरियर में दिलचस्पी रखता था। लेकिन जब मैंने वस्तुपरक दृष्टि से एडना की तरफ़ देखा तो पाया कि वह धीरे-धीरे प्रौढ़ होती जा रही थी जो कि भावी फ़िल्मों के लिए ज़रूरी लावण्य स्तर के अनुकूल उचित नहीं होगा। इसके अलावा, मैं नहीं चाहता था कि मेरे विचार और चरित्र कॉमेडी स्टॉक कम्पनी की सीमाओं तक बँधे रहें, क्योंकि मेरे मन में अस्पष्ट महत्त्वाकांक्षी विचार थे कि मैं कॉमेडी फ़ीचर फ़िल्में बनाऊँ जिनके लिए अधिक सामान्य अभिनेताओं और अभिनेत्रियों की ज़रूरत होती।

कई महीने तक मैं एडना को लेकर 'द ट्रोज़न विमेन' बनाने के विचार को लेकर मन्थन करता रहा और इसके लिए अपना स्वयं का रूपान्तरण इस्तेमाल करता रहा, लेकिन हम जितनी ज़्यादा खोज करते गए, वह उतनी ही अधिक महँगी फ़िल्म में बदलती गई, इसलिए उसका इरादा छोड़ दिया गया।

इसके बाद मैंने ऐसी अन्य दिलचस्प महिलाओं के बारे में सोचना शुरू किया जिनकी भूमिका शायद एडना कर सके और सामने थी जोसेफ़ीन! इस बात को जानते हुए भी कि इस फ़िल्म के लिए उस काल विशेष की पोशाकों की ज़रूरत होगी और इसकी लागत भी 'द ट्रोज़न विमन' की तुलना में दुगुनी आएगी, मैंने इन बातों पर ध्यान नहीं दिया। मैं बेहद उत्साहित था।

हमने कहानी पर काम शुरू किया। हमने बूरियन के लिखे नेपोलियन बोनापार्ट के संस्मरण और नेपोलियन के सारथी कॉन्सटैंट के संस्मरण पढ़े। लेकिन जैसे-जैसे हम जोसेफ़ीन की ज़िन्दगी में उतरते गए, उतना ही अधिक नेपोलियन सामने आता गया। मैं उस जाँबाज़ जीनियस को लेकर इतना अभिभूत था कि जोसेफ़ीन के बारे में फ़िल्म बनाने का इरादा धुँधला होता गया और नेपोलियन सामने झिलमिलाने लगा, जिसकी भूमिका मैं ख़ुद करने की सोच सकता था। यह फ़िल्म उसकी इतालवी मुहिम पर आधारित होती। छब्बीस बरस के एक नौजवान की इच्छा-शक्ति और उत्साह की महागाथा, जो अति विशाल विपक्ष और बूढ़े, अनुभवी सेनाध्यक्षों की ईर्ष्या से पार पाता है। लेकिन मेरा दुर्भाग्य, मेरा उत्साह उतर गया और नेपोलियन तथा जोसेफ़ीन, दोनों पर फ़िल्म बनाने का इरादा खटाई में पड़ गया।

लगभग इसी समय पैगी हॉपकिन्स जॉयस नाम की विख्यात अप्सरा हॉलीवुड के दृश्य पटल पर अवतरित हुई। वह गहनों से लदी हुई थी और उसके पास अपने पाँच पतियों से जमा की गई तीस लाख डॉलर की अथाह सम्पत्ति थी—ऐसा उसने मुझे ख़ुद बताया था। पैगी बेहद मामूली परिवार से आई थी; नाई की बेटी जो कोरस गर्ल बनी और पाँच लखपतियों से ब्याह रचाया। पैगी काफ़ी सुन्दर थी, लेकिन थोड़ी थकी हुई नज़र आ रही थी। वह सीधे पेरिस से आई थी। उसने काले रंग का बहुत आकर्षक गाउन पहना हुआ था क्योंकि एक नौजवान ने हाल ही में उसके प्रेम में पागल होकर ख़ुदकुशी कर ली थी। उस शोकमय वस्त्र में पैगी ने हॉलीवुड में धमाके के साथ प्रवेश किया।

मेरे साथ एक शान्त डिनर के दौरान मुझे विश्वास में लेते हुए उसने बताया कि उसे हँगामा पसन्द नहीं हैं और "मैं सिर्फ़ यही चाहती हूँ कि मैं ब्याह रचाऊँ और मेरे बच्चे हों। दिल से मैं एक बहुत ही सीधी-सादी औरत हूँ।" उसने अपने बीस कैरेट के हीरे और पन्ने के हाथ के कड़े ठीक करते हुए कहा। जब पैगी गम्भीर मूड में नहीं होती थी, वह इन्हें, 'मेरे बन्धन' कहती थी।

अपने एक पति के बारे में बताते हुए उसने कहा कि उसने अपनी सुहागरात में अपने आपको बेडरूम में बन्द कर लिया था और पति को तब तक अन्दर

नहीं आने दिया था जब तक उसने दरवाज़े के नीचे से 500,000 डॉलर का चेक नहीं सरका दिया था।

"क्या तुमने सच में ऐसा किया?" मैंने पूछा।

"हाँ" उसने तुनकमिज़ाजी के साथ कहा और साथ ही बिना हँसे बताया, "और अगले दिन सुबह उसके उठने के पहले ही पहला काम यह किया कि चेक कैश कराया। लेकिन वह मूर्ख था और ख़ूब शराब पीता था। एक बार मैंने उसके सिर पर शैम्पेन की बोतल दे मारी थी और उसे अस्पताल भिजवा दिया था।"

"और इस तरह से आप लोग अलग हुए!"

"नहीं", वह हँसी, "लगता है उसे ऐसा करना अच्छा लगता था इसलिए अब वह मेरा और भी दीवाना हो गया था।"

थॉमस इन्स ने हमें अपनी यॉट पर आमंत्रित किया। वहाँ सिर्फ़ हम तीन ही लोग थे—पैगी, टॉम और मैं, जो यॉट के निजी कक्ष में एक मेज़ पर शैम्पेन पी रहे थे। शाम का वक़्त था और शैम्पेन की बोतल पैगी के पास ही रखी हुई थी। जैसे-जैसे रात ढलती गई मैं देख रहा था कि पैगी का आकर्षण मुझसे हटकर थॉमस इन्स की ओर बढ़ रहा था और वह मुझे थोड़ी भद्दी लगने लगी थी। मुझे याद आया कि जो कुछ उसने शैम्पेन की बोतल से अपने पति के साथ किया था, मुझ पर भी कर सकती थी।

हालाँकि मैंने बहुत ही कम शैम्पेन पी थी लेकिन मुझे चढ़ गई थी और मैंने सज्जनता से उससे कहा कि अगर मुझे उसकी ख़ूबसूरती के पीछे छिपे इरादे पर हल्का-सा भी शक हुआ तो मैं उसे उठाकर नाव से बाहर फेंक दूँगा। इसके बाद मैं उसकी मित्र मंडली का हिस्सा नहीं रह गया और एम.जी.एम. के इर्विंग थालबर्ग उसके आकर्षण के अगले बिन्दु बने। कुछ अरसे तक तो पैगी की हँगामाखेज़ हरकतें इर्विंग को भरमाए रहीं क्योंकि वे बहुत युवा थे। यहाँ तक कि एम.जी.एम. स्टूडियोज़ में दोनों की शादी की गरमागरम अफ़वाहें फैलने लगीं, लेकिन इर्विंग का बुख़ार जल्दी ही उतर गया और मामला ठप पड़ गया।

हमारे अजीब लेकिन संक्षिप्त सम्बन्ध के दौरान पैगी ने मुझे एक विख्यात फ्रांसीसी प्रकाशक से अपने सम्बन्धों के कई क़िस्से सुनाए थे। इन क़िस्सों ने मुझे एडना पर्विएंस को अभिनेत्री के रूप में लेते हुए 'ए वुमन ऑफ़ पेरिस' की पटकथा लिखने के लिए प्रेरित किया। इस फ़िल्म से जुड़ने का मेरा कोई इरादा नहीं था, लेकिन मैंने फ़िल्म का निर्देशन किया।

कुछ आलोचकों का कहना था कि मूक पर्दे पर मनोविज्ञान को अभिव्यक्त नहीं किया जा सकता। स्पष्ट एक्शन जैसे नायक-नायिकाओं को पेड़ों के सहारे झुका हुआ दिखाना, एक-दूसरे के गले लगकर तेज़-तेज़ साँसें लेना या आरामकुर्सी पर झूलना या मारा-मारी करना ही मूक पर्दे पर दिखाए जा सकते हैं। इस तरह

'ए वुमन ऑफ़ पेरिस' एक चुनौती थी। मैं सामान्य दृश्य के ज़रिये मनोविज्ञान सम्प्रेषित करना चाहता था। उदाहरण के लिए, एडना एक अमीरज़ादी है, उसकी सहेली भीतर आती है और उसे एक सामाजिक पत्रिका दिखाती है, जिसमें एडना के प्रेमी की शादी की ख़बर छपी है। एडना निरपेक्ष भाव से पत्रिका लेती है, देखती है और उसे एक किनारे फेंक देती है। उदासीन भाव से वह एक सिगरेट जलाती है। लेकिन दर्शक देख सकते हैं कि उसे झटका लगा है। दरवाज़े तक आकर अपनी सहेली को मुस्कराते हुए विदा करने के बाद वह लपककर वापस पत्रिका के पास जाती है और उसे गहराई के साथ पढ़ती है।

एडना के बेडरूम के एक अन्य दृश्य में नौकरानी एक दराज़ खोलती है और अचानक ही उसमें से आदमियों द्वारा क़मीज़ पर लगाए जाने वाला कॉलर फ़र्श पर गिर जाता है, जिससे एडना और नायक (एडॉल्फ़ मैन्जाऊ द्वारा अभिनीत) के सम्बन्धों का पता चलता है।

फ़िल्म अलग-अलग वर्ग के दर्शकों के बीच बहुत सफल रही। यह पहली मूक फ़िल्म थी, जिसमें व्यंग्य और मनोविज्ञान की बारीकियाँ दिखाई गई थीं। बाद में इसी तरह की कई फ़िल्में आईं जिनमें अर्न्स्ट लुबिश की फ़िल्म 'द मैरिज सर्कल' भी थी जिसमें मैन्जाऊ ने लगभग इसी तरह का चरित्र दोबारा निभाया था।

एडॉल्फ मैन्जो तो रातोंरात स्टार बन गए लेकिन एडना ज़्यादा कुछ हासिल नहीं कर पाई। इसके बावजूद उसे इटली में एक फ़िल्म बनाने के लिए पाँच हफ़्ते के काम के लिए दस हज़ार डॉलर का प्रस्ताव मिला और उसने उसे स्वीकार करने के बारे में मेरी सलाह माँगी। मैं उत्साहित था, लेकिन एडना पूरी तरह से अपने सम्बन्ध तोड़ने में हिचकिचा रही थी। इसलिए मैंने सुझाव दिया कि वह इस प्रस्ताव को स्वीकार कर ले और अगर बात नहीं बनती तो वापस लौट आए और मेरे साथ काम करती रहे तथा दस हज़ार डॉलर कमाती रहे। एडना ने फ़िल्म की लेकिन वह सफल नहीं रही। इसलिए वह कम्पनी में लौट आई।

*

मेरे 'ए वुमन ऑफ़ पेरिस' पूरी करने से पहले पोला नेगरी ने सच्चे हॉलीवुड फ़ैशन में अपनी अमरीकी शुरुआत की। पैरामाउंट पब्लिसिटी विभाग ने अपने सामान्य ख़र्च से कहीं अधिक उन पर ख़र्च किया। ईर्ष्या और झगड़ों की एक झूठी कहानी गढ़ी गई और उसमें ग्लोरिया स्वैनसन तथा पोला का ख़ूब प्रचार किया गया तथा उन्हें ख़ूब महिमामंडित किया गया। पहले पन्ने पर ख़बरे छपीं : 'नेगरी ने स्वैनसन के ड्रेसिंग रूम की माँग की', 'ग्लोरिया स्वैनसन ने पोला नेगरी से मिलने से मना किया', 'नेगरी ने एक सामाजिक मुलाक़ात के लिए स्वैनसन का अनुरोध माना।' इस तरह, प्रेस उनके बारे में लगातार छापती रही।

इन मनगढ़ंत क़िस्सों के लिए न तो ग्लोरिया और न ही पोला को दोषी ठहराया जा सकता था। दरअसल, वे तो शुरू से ही बहुत अच्छी दोस्त थीं और लड़ाई-झगड़े की यह सारी कहानी प्रचार विभाग का शग़ूफ़ा था। पोला के सम्मान में पार्टियाँ और रिसेप्शन दिये जा रहे थे। ऐसे ही एक दिखावटी समारोह के दौरान मैं हॉलीवुड बॉल में एक सिम्फनी कॉन्सर्ट में पोला से मिला। वह मेरे साथ वाले बॉक्स में अपनी प्रचार-टीम और पैरामाउंट के अफ़सरों के साथ बैठी हुई थी, "चार्ली! आपने कभी मुझसे बात क्यों नहीं की? आपने मुझे कभी फ़ोन नहीं किया? आपको दिखाई नहीं देता कि मैं इतनी दूर, जर्मनी से आपसे मिलने आई हूँ?"

मुझे सुनकर अच्छा लगा। हालाँकि मैं उसके आख़िरी जुमले पर मुश्किल से विश्वास कर पा रहा था क्योंकि मैं उससे केवल एक ही बार बर्लिन में सिर्फ़ बीस मिनट के लिए मिला था।

"आप बहुत बुरे हैं चार्ली! आपने मुझे फ़ोन तक नहीं किया। मैं कब से आपकी आवाज़ सुनने की राह देख रही थी। आप कहाँ काम करते हैं? मुझे अपना फ़ोन नम्बर दीजिए। मैं आपको फ़ोन करूँगी।"

इस अति उत्साह पर मुझे सन्देह हो रहा था। लेकिन ख़ूबसूरत पोला के आमंत्रण ने मुझ पर असर छोड़ा था। कुछ ही दिन बाद मुझे एक पार्टी का न्योता मिला जो वह अपने बेवर्ली हिल्स के किराये के मकान में दे रही थी। यह हॉलीवुड के मानकों से बहुत ही भव्य आयोजन था और अन्य कई पुरुष कलाकारों की मौज़ूदगी के बावजूद उसका ज़्यादातर ध्यान मेरी ओर ही रहा। वह ईमानदार थी या नहीं, इस बात को जाने दें लेकिन पार्टी में मुझे बहुत आनन्द आया। यह हमारे असामान्य सम्बन्धों की शुरुआत थी। कई हफ़्तों तक हम सार्वजनिक रूप से एक साथ देखे जाते रहे और बेशक, इससे कॉलम लिखने वालों को भरपूर मसाला मिल रहा था। जल्दी ही अख़बारों में ख़बरें आने लगीं—"पोला और चार्ली की सगाई।" यह बात पोला को अखर रही थी और उसने मुझसे कहा कि इस बारे में मैं कोई स्पष्टीकरण दूँ।

"लेकिन स्पष्टीकरण तो महिला की ओर से आना चाहिए," मैंने जवाब दिया।

"मैं उन्हें क्या बताऊँ?"

मैंने भी 'मैं क्या जानूँ' वाले अन्दाज़ में कन्धे उचका दिये।

अगले दिन मुझे एक सन्देश मिला जिसमें लिखा था कि मिस पोला नेगरी मुझसे नहीं मिल पाएँगी। कोई स्पष्टीकरण नहीं दिया गया था। उसी शाम उसकी नौकरानी ने फ़ोन किया और घबराई हुई आवाज़ में बताया कि उसकी मैडम बीमार हो गई हैं और क्या मैं तुरन्त आ सकूँगा! जब मैं वहाँ पहुँचा तो रोती हुई एक नौकरानी मुझे ड्राइंग रूम तक ले गई जहाँ मैंने देखा कि मैडम नेगरी एक दीवान पर लेटी है और उसकी आँखें बन्द हैं। जब उसने आँखें खोलीं तो वह कराही, "आप बहुत बुरे हैं।" और तब मैंने अपने आपको कैसानोवा की भूमिका में पाया।

एक या दो दिन के बाद पैरामाउंट स्टूडियो के मैनेजर चार्ली हैटन ने टेलीफ़ोन किया, "आप हमारे लिए बहुत मुसीबतें खड़ी कर रहे हैं चार्ली, मैं आपसे इस बारे में बात करना चाहूँगा।"

"बेशक, आपका स्वागत है, घर चले आइए।" मैंने कहा।

जिस समय हैटन आए, लगभग आधी रात होने को थी। वे थोड़े भारी बदन के साधारण आदमी थे, जो शायद किसी थोक के गोदाम में ज़्यादा अच्छे लगते। वे बैठे और बिना किसी दुआ-सलाम के शुरू हो गए, "चार्ली, प्रेस में ये सारी अफ़वाहें जो आ रही हैं, उनसे पोला बीमार हो रही है। आप कोई बयान देकर इन सबको रोक क्यों नहीं देते?"

इस तरह के बदतमीज़ी-भरे तरीक़े का सामना होने पर मैंने सीधे उनकी आँखों में देखा, "आप मुझसे क्या कहलवाना चाहते हैं?"

मज़ाक़िया बहादुरी के साथ उन्होंने अपनी झेंप मिटानी चाही, "आप उन्हें चाहते हैं, नहीं क्या?"

"मुझे नहीं लगता कि इससे आपका कुछ लेना-देना हो सकता है।" मैंने जवाब दिया।

"लेकिन हमने उन मोहतरमा पर लाखों डॉलर लगा रखे हैं और इस तरह का प्रचार उनके लिए बुरा है।" वे रुके, "चार्ली अगर आप उन्हें चाहते हैं, तो उनसे शादी क्यों नहीं कर लेते?"

उन पलों में मुझे इस वाहियात सवाल में ज़रा-सा भी हास्यबोध नज़र नहीं आया, "अगर आप सोचते हैं कि मुझे किसी से सिर्फ़ इसलिए शादी कर लेनी चाहिए ताकि मैं पैरामाउंट के हितों की रक्षा कर सकूँ, तो आप बहुत बड़ी ग़लती पर हैं।"

"तो फिर आप उनसे मिलना बन्द कर दीजिए," वे बोले।

"यह पोला को तय करना है," मैंने जवाब दिया।

इसके बाद जो संवाद हुआ वह बेहद शुष्क और साधारण बातचीत के साथ ख़त्म हुआ : क्योंकि पैरामाउंट में मेरी कोई हिस्सेदारी नहीं है, मैं इस बात को समझ नहीं पा रहा हूँ कि मैं उनसे शादी क्यों करूँ। इस तरह, जैसे अचानक ही पोला से मेरा सम्बन्ध शुरू हुआ था, उसी तरह अचानक ही ख़त्म भी हो गया। इसके बाद उसने मुझे कभी नहीं बुलाया।

पोला के साथ इस हड़बड़ी वाले रिश्ते के दौरान स्टूडियो में एक सुन्दर मेक्सिकन लड़की आई। वह मेक्सिको से सिर्फ़ और सिर्फ़ चार्ली चैप्लिन से मिलने यहाँ तक आई थी। लेकिन कई चालबाज़ और ख़ब्ती लोगों के साथ अपने अनुभवों को देखते हुए मैंने अपने मैनेजर से कहा कि कैसे भी करके उस लड़की से पीछा छुड़ाओ।

मैंने इसके बारे में ज़्यादा कुछ भी नहीं सोचा कि तभी घर से फ़ोन आया कि एक लड़की सामने वाले दरवाज़े पर बैठी हुई है। यह सुनकर मेरे कान खड़े हो

गए। मैंने बटलर से कहा कि उस लड़की से पीछा छुड़ाए और जब तक मैदान साफ़ नहीं हो जाता मैं स्टूडियो में ही रहूँगा। दस मिनट बाद सन्देश आया कि वह लड़की जा चुकी है।

उसी शाम जब पोला, डॉक्टर रेनाल्ड्स और उनकी पत्नी मेरे घर पर डिनर के लिए आए तो मैंने उन्हें इस घटना के बारे में बताया। हमने सामने वाला दरवाज़ा खोलकर आसपास का जायज़ा भी लिया कि कहीं लड़की लौटकर तो नहीं आई है। लेकिन अभी हमने अपना डिनर पूरा भी नहीं किया था कि बटलर हड़बड़ाता हुआ डाइनिंग रूम में आया। उसका चेहरा फक्क पड़ा हुआ था, "वह ऊपर आपके बिस्तर में है।" उसने बताया कि वह रात के लिए मेरा कमरा तैयार करने के लिए ऊपर गया था तो पाया कि वह मेरा पाजामा पहने मेरे बिस्तर में घुसी हुई है।

मैं हक्का-बक्का कि करूँ तो क्या करूँ!!

"मैं देखता हूँ उसे," रेनॉल्ड्स ने मेज़ पर से उठते हुए और लपककर ऊपर जाते हुए कहा। बाक़ी हम सब लोग इन्तज़ार करने लगे कि देखें क्या होता है? कुछ देर बाद रेनॉल्ड्स नीचे आए, "मैंने उससे लम्बी बात की।" उन्होंने बताया, "वह युवा है और देखने में सुन्दर है। काफ़ी समझदारी से बात करती है। मैंने उससे पूछा कि वह मि. चैप्लिन के बिस्तर में क्या कर रही है। तो उसने बताया, 'मैं मि. चैप्लिन से मिलना चाहती हूँ।'"

मैंने उससे पूछा, "'क्या तुम जानती हो' तुम्हारा यह व्यवहार पागलपन माना जा सकता है और शायद इसके लिए तुम्हें पागलख़ाने भी भेज दिया जाए।" लेकिन वह ज़रा भी विचलित नज़र नहीं आई।

वह बोली, "मैं पागल नहीं हूँ, मैं तो मि. चैप्लिन की कला की प्रशंसक हूँ और मेक्सिको से उनसे मिलने के लिए ही आई हूँ।" मैंने उसे बताया कि बेहतर होगा वह आपका पाजामा उतार दे और अपने कपड़े पहनकर तुरन्त वहाँ से चली जाए। नहीं तो हमें पुलिस बुलवानी पड़ेगी।

"मैं उस लड़की से मिलना चाहूँगी," पोला ने सामान्य ढंग से कहा, "उसे नीचे ड्राइंग रूम तक ले आइए।" मैं हिचकिचाया क्योंकि ऐसा करना सबको परेशानी में डालना होता। अलबत्ता, लड़की पूरे आत्मविश्वास के साथ कमरे में आई। रेनॉल्ड्स का कहना सही था। वह युवा और आकर्षक थी। उसने हमें बताया कि वह सारा दिन स्टूडियो के बाहर भटकती रही थी। हमने उसे हमारे साथ खाना खाने के लिए कहा लेकिन उसने कहा कि वह सिर्फ़ एक गिलास दूध पिएगी।

जिस वक़्त वह दूध पी रही थी, पोला ने उस पर प्रश्नों की झड़ी लगा दी, "क्या तुम मि. चैप्लिन से प्यार करती हो?" (मेरी हालत ख़राब।)

लड़की हँसी, "प्यार! ओह नहीं, मैं सिर्फ़ उनकी प्रशंसक हूँ क्योंकि वे बहुत अच्छे कलाकार हैं।"

पोला ने अगला सवाल दागा, "क्या तुमने मेरी कोई फ़िल्म देखी है?"

"ओह हाँ," लड़की ने सामान्य ढंग से कहा।

"तुम मेरे बारे में क्या सोचती हो?"

"आप बहुत अच्छी कलाकार हैं। लेकिन आप उतनी बड़ी कलाकार नहीं हैं जितने बड़े मि. चैप्लिन हैं।"

पोला का चेहरा देखने लायक़ था।

मैंने लड़की को चेतावनी दी कि उसकी हरकतों की वजह से ग़लत अर्थ लिया जा सकता है और उससे पूछा कि क्या उसके पास वापस मेक्सिको जाने के लिए किराये के रुपये हैं? उसने बताया कि उसके पास रुपया है। मि. रेनॉल्ड्स द्वारा सलाहों की और ज़्यादा घुट्टी पिलाए जाने के बाद वह घर से चली गई।

लेकिन अगले दिन दोपहर को ही बटलर एक बार फिर हड़बड़ाता हुआ कमरे में आया और बताने लगा कि वह सड़क के बीचोबीच बैठी है और उसने ज़हर खा लिया है। यह सुनकर बिना और वक़्त गँवाये हमने पुलिस को फ़ोन किया और उसे वहाँ से एम्बुलेंस में ले जाया गया।

अगले दिन इस बात को लेकर अख़बारों ने काफ़ी हो-हल्ला मचाया। अस्पताल के बिस्तर पर बैठे हुए उसकी तसवीरें छापी गईं। उसके पेट को साफ़ किया गया था और अब वह प्रेस को बयान दे रही थी। उसने प्रेस को बताया कि उसने ज़हर नहीं खाया था, वह तो बस जनता का ध्यान आकर्षित करना चाहती थी। इसके अलावा उसने बताया कि उसे चार्ली चैप्लिन से प्यार नहीं है। वह तो बस हॉलीवुड में क़िस्मत आज़माने और फ़िल्मों में काम पाने की कोशिश कर रही थी।

अस्पताल से छुट्टी दे दिये जाने के बाद उसे एक कल्याण संस्था की देखरेख में रखा गया जिन्होंने मुझे एक बहुत ही प्यारा-सा पत्र लिखा कि क्या मैं उसे मेक्सिको वापस भेजने के लिए कुछ मदद करना चाहूँगा। उन्होंने बताया कि वह कोई नुक़सान नहीं पहुँचाएगी और वह बुरी लड़की नहीं है। इस तरह, मैंने उसके घर वापस जाने के लिए किराया अदा किया।

*

अब मैं यूनाइटेड आर्टिस्ट्स के लिए अपनी पहली कॉमेडी बनाने के लिए स्वंतत्र था और चाहता था कि 'द किड' की सफलता से आगे कुछ काम करूँ। कई हफ़्तों तक मैं छटपटाता रहा, सोचता रहा, सिर खुजाता रहा कि कहीं से कोई विचार आ जाए। मैं अपने आप से कहता रहा कि अगली फ़िल्म महाकाव्य की तरह होनी चाहिए—अब तक की महानतम। लेकिन कुछ सामने आने को तैयार ही नहीं था। तभी एक रविवार की सुबह फेयरबैंक्स के यहाँ सप्ताहान्त मनाते हुए मैं डगलस के साथ नाश्ते के बाद बैठकर त्रिविमीय तसवीरें देख रहा था। उनमें कुछ अलास्का

की थीं और कुछ क्लोंडाइक की। एक दृश्य चिलकूट दर्रे का था जिसमें बर्फ़ से ढके हुए पहाड़ पर चढ़ने वालों की लम्बी क़तारें थीं और पीछे की तरफ़ उसके बारे में बताया गया था कि किस तरह से इस पहाड़ को फ़तह करने में कितनी कोशिशें लगती हैं और कितनी मुसीबतों का सामना करना पड़ता है।

यह एक बहुत ही शानदार विषय था, मेरे ख़याल में यह मेरी कल्पना-शक्ति को पंख लगाने के लिए काफ़ी था। तत्काल ही विचार और कॉमिक दृश्यों ने आकार लेना शुरू कर दिया। हालाँकि अभी तक मेरे सामने कोई कहानी नहीं थी, लेकिन उसने रूप लेना शुरू कर दिया था।

कॉमेडी का सृजन करने में सबसे बड़ी विडम्बना यह होती है कि त्रासदी मज़ाक़ उड़ाने की भावना को शह देती है और मेरे ख़याल से मज़ाक़ उड़ाना एक तरह से ललकारने वाला नज़रिया होता है। प्रकृति की शक्तियों के ख़िलाफ़ अपनी विवशता को देखते हुए हमें हँसना ही पड़ता है नहीं तो हम पागल हो जाएँगे। मैंने डोनर पार्टी के बारे में एक किताब पढ़ी थी, जो कैलीफोर्निया जाते हुए रास्ता भटक जाते हैं और सिएरा नेवादा पहाड़ों पर हिमपात में घिर जाते हैं। इस तरह, दल के एक सौ साठ लोगों में से केवल अट्ठारह ही जीवित बचे थे, ज़्यादातर लोग भूख और ठंड से मर गए थे, कुछ नरभक्षी बन गए थे और उन्होंने अपने ही मृतक साथियों को खाना शुरू कर दिया था, कुछ ने अपनी भूख मिटाने के लिए हिरन की खाल से बने अपने जूते ही भूनकर खा लिये। इस हौलनाक दृश्यावली से मैंने अपनी फ़िल्म का सबसे मज़ाक़िया दृश्य बुना। भयंकर भूख के मारे मैं अपना जूता उबालता हूँ और उसे खाता हूँ। कीलों को मैं इतने सलीक़े से निकालता हूँ मानो वे किसी स्वादिष्ट मुर्गे की हड्डियाँ हों और तस्मों को मैं नूडल्स समझकर खाता हूँ। इसी बदहवासी में मेरा साथी मुझे मुर्गा समझता है और मुझे खाना चाहता है।

छह महीने तक मैं कॉमेडी की दृश्यावलियाँ विकसित करता रहा और बिना किसी पटकथा के शूटिंग शुरू कर दी। मैं ऐसा मानकर चल रहा था कि कॉमेडी के रूटीन से और इसी तरह से कथा ख़ुद-ब-ख़ुद जन्म ले लेगी। बेशक, इससे पहले भी मैं कई बार अन्धी गलियों में फँस चुका था और मुझे कई मज़ेदार दृश्यों को छोड़ देना पड़ा था। ऐसा ही एक दृश्य था : एस्कीमो लड़की के साथ प्यार का दृश्य जिसमें एस्कीमो लड़की ट्रैम्प को एस्कीमो तरीक़े से चुम्बन लेना सिखाती है और दोनों को नाक रगड़नी होती है। जब वह सोने की तलाश में विदा होता है तो वह प्यार-भरी विदाई के रूप में अपनी नाक बहुत ज़ोर से उसकी नाक से रगड़ता है। जब वह वहाँ से चलता है तो पीछे मुड़कर देखता है और अपनी मध्यमा उँगली से अपनी नाक को सहलाकर उसकी तरफ़ एक प्यार भरा चुम्बन उछालता है, फिर चुपके से अपनी उँगली को अपनी पैंट से पोंछता है क्योंकि उसे

जुक़ाम हुआ है। लेकिन एस्कीमो वाला हिस्सा काट दिया गया क्योंकि एक और ज़्यादा महत्त्वपूर्ण दृश्य डांस हॉल वाली लड़की से टकरा रहा था।

'द गोल्ड रश' के निर्माण के दौरान मैंने दूसरी बार शादी की। चूँकि मेरे दो बड़े-बड़े बेटे हैं जिन्हें मैं बहुत प्यार करता हूँ इसलिए मैं ज़्यादा ब्योरों में नहीं जाऊँगा। दो बरस तक हम विवाहित बने रहे और शादी को ठीक-ठाक चलाने की कोशिश भी करते रहे लेकिन मामला निराशाजनक रहा। यह शादी काफ़ी कड़ुवाहट के साथ ख़त्म हुई।

'द गोल्ड रश' का पहला शो न्यूयॉर्क में स्ट्रैंड थियेटर में हुआ और मैं उसके प्रीमियर में शामिल हुआ। फ़िल्म शुरू हुई, जिसमें दिखाया गया कि मैं पीछे आ रहे भालू से अनजान सीधी खड़ी चट्टान का चक्कर लगा रहा हूँ। दृश्य को देखकर दर्शकों ने लगातार चिल्लाना और तालियाँ बजाना जारी रखा। पूरी फ़िल्म में हँसी के दौरान बीच-बीच में एकाध ठहाका भी सुनाई पड़ जाता। बाद में हायरम अब्राम्स, यूनाइटेड आर्टिस्ट्स के बिक्री-प्रबन्धक, मेरे पास आए और मुझे गले से लगा लिया, "चार्ली, मैं गारंटी देता हूँ कि यह साठ लाख डॉलर से ज़्यादा का कारोबार करेगी" और उसने किया भी।

प्रीमियर के बाद अचानक मुझे दौरा पड़ा। मैं रिट्ज़ होटल में ठहरा हुआ था और साँस नहीं ले पा रहा था। इसलिए घबराकर मैंने एक दोस्त को फ़ोन किया, "मैं मर रहा हूँ, मेरे वकील को बुलवाओ।"

"वकील! तुम्हें डॉक्टर की ज़रूरत है," उसने चिन्तित होते हुए कहा।

"नहीं-नहीं, मैं वसीयत करना चाहता हूँ।"

मेरा दोस्त हक्का-बक्का रह गया। उसने दोनों को बुलवाया। लेकिन चूँकि मेरा वकील उस वक़्त यूरोप गया हुआ था, सिर्फ़ डॉक्टर ही आ पाया।

गहन जाँच-पड़ताल करने के बाद डॉक्टर ने पाया कि मुझे कुछ भी नहीं हुआ था, बस शिराओं का दौरा पड़ा था यानी मैं मनोवैज्ञानिक रूप से व्यथित था। "सिर्फ़ गर्मी की वजह से हुआ है यह।" उसने बताया और कहा, "न्यूयॉर्क से बाहर निकलो, समुद्र की तरफ़ चले जाओ ताकि आराम और शान्ति से रह सको।"

एक घंटे के भीतर ही मुझे ब्राइटन बीच भेज दिया गया। रास्ते में मैं बिना किसी वजह के रोया भी। अलबत्ता, होटल में मुझे समुद्र की तरफ़ खुलने वाला कमरा मिल गया और साफ़-सुथरी हवा भीतर उतारने के लिए मैं लम्बी-लम्बी साँसें लेने लगा। लेकिन होटल के बाहर भीड़ जमा होने लगी, "हाय चार्ली! क्या ख़ूब, चार्ली!!" इसका नतीजा यह हुआ कि मुझे खिड़की पर से हट जाना पड़ा ताकि मैं दिखाई न दूँ।

लेकिन अचानक ही शोर-शराबा होने लगा; जैसे कोई कुत्ता भौंक रहा हो। एक आदमी डूब रहा था। जीवन-रक्षकों ने उसे बाहर निकाला और ठीक मेरी खिड़की के नीचे ले आए। उसे प्रथम उपचार देने की कोशिश की गई लेकिन बहुत देर हो

चुकी थी, वह मर चुका था। अभी एम्बुलेंस उसे लेकर गई ही थी कि एक बार फिर कुत्ते के भौंकने की आवाज़। कुल मिलाकर तीन आदमियों को लाया गया जिनमें से दो को बचा लिया गया। मेरी हालत बहुत ख़राब हो गई थी इसलिए मैंने फ़ैसला किया कि वापस न्यूयॉर्क ही लौट जाया जाए। दो दिन के भीतर ही मैं इतना ठीक हो चुका था कि कैलीफोर्निया लौट सकूँ।

बीस

बेवर्ली हिल्स वापस आने पर मुझे एक न्योता मिला कि मैं अपने एक दोस्त के यहाँ मिस गर्ट्रूड स्टेन से मिलूँ। जब मैं वहाँ पहुँचा तो मिस स्टेन ड्राइंग रूम के बीचोबीच एक कुर्सी पर बैठी हुई थीं। उन्होंने भूरे रंग की ड्रेस पहनी हुई थी और लेस कॉलर लगा रखा था। उनके हाथ गोद में थे। किसी वजह से वे मुझे वान गॉग के पोर्ट्रेट 'मैडम रॉलिन' जैसी लगीं, फ़र्क़ सिर्फ़ यही था कि लाल बालों के जूड़े के बजाय गर्ट्रूड के छोटे कटे हुए भूरे बाल थे।

मेहमान उनके चारों तरफ़ सम्मानित दूरी बनाए रखते हुए एक घेरे में खड़े थे। मेज़बान की एक नौकरानी गर्ट्रूड के कानों में कुछ फुसफुसाई और फिर मेरे पास आई, "मिस गर्ट्रूड स्टेन आपसे मिलना चाहती हैं।" मैं आगे बढ़ा। उस वक़्त उनसे बात कर पाने की सम्भावना कम ही थी, क्योंकि और भी लोग आ रहे थे और परिचय कराए जाने का इन्तज़ार कर रहे थे।

लंच पर मेज़बान ने मुझे अपने साथ वाली कुर्सी पर बिठाया और हमारी बातचीत का विषय पता नहीं कैसे कला की तरफ़ मुड़ गया। मेरा ख़याल है इसकी शुरुआत शायद डाइनिंग रूम से दिखाई देते नज़ारे की मेरे द्वारा की गई तारीफ़ से हुई। लेकिन गर्ट्रूड स्टेन ने कोई उत्साह नहीं दिखाया, "प्रकृति," उन्होंने कहा, "साधारण बात है, नक़ल ज़्यादा रोचक होती है।" अपनी बात को विस्तार देते हुए उन्होंने कहा कि नक़ली संगमरमर वास्तविक संगमरमर की तुलना में ज़्यादा सुन्दर दिखता है और कि चित्रकार टर्नर का सूर्यास्त किसी भी वास्तविक आसमान की तुलना में ज़्यादा प्यारा है। हालाँकि उनकी ये दलीलें कुछ हद तक अमौलिक थीं, लेकिन मैं विनम्रतापूर्वक उनसे सहमत होता रहा।

सिनेमा प्लॉट के बारे में अपनी राय देते हुए उन्होंने कहा, "वे बहुत ही घिसे-पिटे, जटिल और बनावटी लगते हैं।" उन्हें मुझे किसी फ़िल्म में बस किसी गली में चलते हुए, फिर किसी कोने पर मुड़ते हुए और फिर दूसरी गली में या फिर एक और गली में मुड़ते हुए देखना पसन्द है।

मैंने सोचा कि उनसे कहूँ कि उनके विचार उनकी रहस्यवादी जुमलेबाज़ी वाले शब्दों की कलाबाज़ी हैं यानी "ग़ुलाब ग़ुलाब है, ग़ुलाब है ग़ुलाब।" लेकिन मेरी सहजता ने मुझे ऐसा करने से रोक दिया।

लंच बहुत ही ख़ूबसूरत बेल्जियन लेस वाले मेज़पोश पर परोसा गया था जिसकी सभी मेहमानों ने खुलकर तारीफ़ की। हमारी गपशप के दौरान कॉफ़ी बहुत ही हल्के, लाख के बने कपों में परोसी गई और मेरा कप मेरी बाँह के इतना नज़दीक रख दिया गया कि ज्यों ही मैंने अपना हाथ ज़रा-सा हिलाया, कॉफ़ी का प्याला डगमगाया और कॉफ़ी मेज़पोश पर छलक गई। मेरी तो जैसे जान ही निकल गई! मैं अपनी मेज़बान से बार-बार माफ़ी माँगे जा रहा था कि तभी गर्ट्रूड स्टेन ने भी कमोबेश वही किया जो मैंने किया था। अपनी कॉफ़ी का प्याला लुढ़का दिया। मुझे भीतर-ही-भीतर राहत मिली, क्योंकि अब मैं अपनी परेशानी में अकेला नहीं था। लेकिन गर्ट्रूड स्टेन ने एक बार भी अफ़सोस व्यक्त नहीं किया। उन्होंने कहा, "कोई बात नहीं, हो जाता है। शुक्र है यह मेरी पोशाक पर नहीं गिरी।"

जॉन मेसफील्ड हमारे स्टूडियो में आए। वे लम्बे, आकर्षक, सज्जन, दयालु और समझ-बूझ रखने वाले शख़्स थे। लेकिन उनके इन्हीं गुणों के कारण मैं उनसे झेंप महसूस कर रहा था। सौभाग्य से मैंने हाल ही में उनकी किताब 'द विडो इन द बाई स्ट्रीट' पढ़ी थी, जो मुझे काफ़ी पसन्द आई थी, इसलिए मैं पूरी तरह से गूँगा भी नहीं बना हुआ था। मैंने उन्हें उसमें से अपनी कुछ प्रिय पंक्तियाँ भी सुनाईं :

वहाँ थे कुछ लोग जेल के दरवाज़े के बाहर
बजने वाली घंटी की आवाज़ सुनने को बेताब
इन्तज़ार में
वैसा ही इन्तज़ार जैसा ख़ाली लोग करते रहते हैं : इन्तज़ार
दूसरे के नरक के तीखे ज़हर के लिए।

*

'द गोल्ड रश' के निर्माण के दौरान मुझे एलिनॉर ग्लिन की तरफ़ से एक टेलीफ़ोन आया : 'मेरे प्यारे चार्ली, आपको मैरियन डेविस से ज़रूर मिलना चाहिए; वे सचमुच बहुत ही प्यारी शख़्सियत हैं और आपसे मिलकर बहुत ख़ुश होंगी, इसलिए आप एम्बेसडर होटल में हमारे साथ खाना खाइए और उसके बाद हमारे साथ पासाडीना चलिए जहाँ पर हम आपकी फ़िल्म 'द आइडल क्लास' देखेंगे।

मैं मैरियन डेविस से कभी मिला नहीं था लेकिन उनके धुआँधार प्रचार से वाक़िफ़ था। वे हर्स्ट के सभी अख़बारों व पत्रिकाओं में छाई रहतीं और उनकी पूरे पेज की तसवीर छपती। यह सब अजीब था जो कोफ़्त पैदा करता। उस समय यह प्रचार इतना ज़्यादा हो चला था कि मैरियन डेविस लोगों के मज़ाक़ के केन्द्र में आ गई

थीं। एक बार बीट्रेस लिली ने भी एक मज़ेदार लतीफ़ा उन पर कह दिया था। जब किसी ने उन्हें लॉस एंजेल्स की झुंड-की-झुंड बत्तियाँ दिखाईं तो वे बोलीं, "ओह कितनी शानदार, मेरा ख़याल है कि बाद में ये बत्तियाँ आपस में मिल जाएँगी और उनमें मैरियन डेविस का नाम पढ़ा जा सकेगा।"

हर्स्ट की कोई भी पत्रिका या अख़बार ऐसा नहीं था जिसे खोलने पर मैरियन डेविस की बड़ी-सी तसवीर नज़र न आए। हालाँकि इन सारी बातों ने जनता को बॉक्स ऑफ़िस से दूर ही रखा हुआ था।

लेकिन एक दिन फेयरबैंक्स दम्पति ने मैरियन डेविस की फ़िल्म 'वैन नाइटहुड वाज़ इन फ्लावर' चला दी। मैं यह देखकर काफ़ी हैरान हुआ कि वे अच्छी कॉमेडी कर लेती हैं, उनमें आकर्षण और अपील थी तथा वे हर्स्ट के तूफ़ानी प्रचार के बिना अपने बलबूते पर भी स्टार बन सकती थीं। एलिनॉर ग्लिन के यहाँ डिनर पर मैंने उन्हें सादगीपूर्ण और आकर्षक पाया तथा उसके बाद से हम दोनों में गहरी दोस्ती हो गई।

हर्स्ट और मैरियन के सम्बन्ध यूनाइटेड स्टेट्स में मिथक बन गए थे और शायद पूरी दुनिया के लिए भी। उनका तीस बरस का लम्बा साथ रहा और हर्स्ट की मृत्यु के दिन तक चलता रहा।

अगर मुझसे पूछा जाए कि वह कौन-सा व्यक्तित्व है जिसने मेरे जीवन पर सबसे गहरा प्रभाव छोड़ा तो मैं कहूँगा, स्वर्गीय विलियम रैंडोल्फ हर्स्ट। मैं यह भी बताना चाहूँगा कि यह असर हमेशा ही सुखद नहीं था, हालाँकि उनमें अनुकरणीय गुण थे। यह उनके व्यक्तित्व की पहेली ही थी जो मुझे अभिभूत करती थी। उनका लड़कपन, उनका काइयाँपन, उनकी दयालुता, उनका अक्खड़पन, उनकी बेइन्तहा ताक़त व दौलत और सबसे बड़ी बात, उनकी सहजता। सांसारिक तौर पर देखें तो वे इतने स्वतंत्र व्यक्ति थे जैसा मैंने आज तक नहीं देखा। उनका कारोबारी साम्राज्य विशाल और विविधता लिये हुए था। उनके सैकड़ों प्रकाशन, न्यूयॉर्क भू-सम्पदा में बड़ी-बड़ी ज़मीनें, खानें और मेक्सिको में बहुत बड़े-बड़े प्लॉट थे। उनके सचिव ने मुझे बताया था कि हर्स्ट की सम्पत्ति 400,000,000 डॉलर के आसपास थी और उन दिनों यह बहुत बड़ी रक़म हुआ करती थी।

हर्स्ट के बारे में विरोधाभासी अभिमत थे। कुछ लोगों का मानना था कि वे सच्चे अमेरिकी देशभक्त थे, जबकि कुछ अन्य लोगों की राय थी कि वे अवसरवादी थे तथा मात्र अपने अख़बारों की प्रसार संख्या बढ़ाने और अपना साम्राज्य बढ़ाने में ही रुचि रखते थे। लेकिन जब वे युवा थे तो वे रोमांचकारी और उदार थे। इसके अलावा, उन्हें अपने माता-पिता से भी विरासत में बहुत कुछ मिला था। एक क़िस्सा काफ़ी प्रसिद्ध है कि वित्तपोषक रसेल सेज़, हर्स्ट की माँ फोबे हर्स्ट से फ़िफ़्थ एवेन्यू में मिले और कहा, "अगर आपका बेटा वॉल-स्ट्रीट पर अपना कारोबार जारी रखेगा तो उसके अख़बार को हर साल दस लाख डॉलर का नुक़सान उठाना पड़ेगा।"

इस पर, "इस दर से तो मि. सेज़, वह कारोबार में अगले अस्सी बरस तक रह सकता है," उनकी माँ ने जवाब दिया।

जब पहली बार मैं हर्स्ट से मिला तो एक बड़ी ग़लती कर बैठा। साइम सिल्वरमैन, 'वैराइटी' के प्रकाशक और सम्पादक मुझे हर्स्ट के रिवरसाइड ड्राइव वाले अपार्टमेंट में लंच के लिए ले गए थे। यह एक परम्परागत अमीर आदमी का घर था, डुप्ले क़िस्म का घर, उसमें दुर्लभ पेंटिंग्स, महोगनी की चौखटें और दीवार में ही बने हुए शोकेस थे जिनमें पोर्सलीन की वस्तुएँ रखी हुई थीं। हर्स्ट परिवार से मेरे परिचय के बाद हम सब खाना खाने के लिए बैठे।

मिसेज़ हर्स्ट एक आकर्षक महिला थीं और उनके तौर-तरीक़े में दयालुता व गरिमा थी। जबकि दूसरी तरफ़ मि. हर्स्ट की आँखें बड़ी-बड़ी थीं और वे ऐसे व्यक्ति थे जो 'सारी बातें मैं ही करूँगा' की श्रेणी में आते थे।

"जब मैं आपसे पहली बार मिला मि. हर्स्ट," मैंने कहा, "यह बो आर्ट्स रेस्तराँ की बात है, आप वहाँ दो महिलाओं के साथ बैठे हुए थे। मेरे एक दोस्त ने आपकी तरफ़ इशारा किया था।"

तभी मेज़ के नीचे मैंने अपने पैर पर दबाव महसूस किया। मैंने अन्दाज़ा लगाया कि यह पैर सिल्वरमैन का है।

"ओह," हर्स्ट ने चेहरे पर मज़ाक़िया भाव लाते हुए कहा।

मैं अब गड़बड़ाने लगा, "मेरा ख़याल है, वह आप नहीं थे, ज़रूर कोई और रहा होगा जिसकी शक्ल आप से मिलती-जुलती होगी। मेरे दोस्त को भी पूरी तरह से यक़ीन नहीं था।" मैंने भोलेपन से कहा।

"हाँ, हो जाता है," हर्स्ट ने अपनी आँखों में चमक लाते हुए कहा, "एक जैसी शक्ल के दो व्यक्ति दिखाई दे जाना बहुत मामूली बात है।"

"हाँ," मैं हँसा, शायद कुछ ज़्यादा ही ज़ोर से।

मिसेज़ हर्स्ट ने मुझे उबारा, "हाँ," उन्होंने मज़ाक़िया तरीक़े से ज़ोर दिया, "यह बहुत ही मामूली बात है।"

अलबत्ता, यह बात आई-गई हो गई और मेरा ख़याल है, लंच ठीक-ठाक निपट गया।

मैरियन डेविस हॉलीवुड में हर्स्ट कॉस्मोपॉलिटन प्रोडक्शन की फ़िल्मों में काम करने के लिए आई थीं। उन्होंने बेवर्ली हिल्स में किराये पर एक मकान लिया और हर्स्ट अपना दो सौ अस्सी फ़ीट का क्रूज़र पनामा नहर से होते हुए कैलीफोर्निया वाटर्स में ले आए। उसके बाद तो फ़िल्म कॉलोनी की बन आई। वहाँ तो जैसे अरेबियन नाइट्स युग का स्वर्ग उतर आया। हफ़्ते में दो या तीन बार मैरियन बहुत बड़े पैमाने पर डिनर पार्टियाँ देतीं जिसमें कई बार तो सौ या उससे अधिक मेहमान होते। उन पार्टियों में अभिनेताओं, अभिनेत्रियों, सीनेटर, पोलो खिलाड़ी, कोरस गाने वाले लड़के, विदेशी

राजनयिक, हर्स्ट के उच्च अधिकारी और सम्पादकीय स्टाफ़ से लेकर सबसे निचले दर्ज़े के स्टाफ़ का भी मेला लगता और तनाव व ओछेपन का देखने लायक आलम होता क्योंकि कोई भी सर्वशक्तिमान हर्स्ट के मूड के बारे में पूर्वानुमान नहीं लगा सकता था। उनका मूड या व्यवहार ही यह तय करता था कि शाम अच्छी गुज़रेगी या नहीं।

मुझे मैरियन द्वारा अपने किराये के घर में दिये गए डिनर की एक घटना याद आती है। हम लगभग पचास के क़रीब मेहमान इन्तज़ार कर रहे थे और जनाब हर्स्ट अपने सम्पादकीय स्टाफ़ से घिरे कमरे में ऊँची पीठ वाली कुर्सी पर मनहूस चेहरा बनाए बैठे थे। दूसरी ओर मैरियन एक छोटे से सोफे पर अधलेटी किसी महारानी की तरह गाउन में सजी बेहद ख़ूबसूरत नज़र आ रही थीं, लेकिन हर्स्ट जिस तरह से अपने कारोबार में उलझे हुए थे, उससे और अधिक उदास होती जा रही थीं।

अचानक ही मैरियन नाराज़गी से चिल्लाईं, "ऐ! आप?"

हर्स्ट ने सिर उठाया, "क्या आप मुझसे कुछ कह रही हैं?" उन्होंने पूछा।

"हाँ, आप ही से, आप ज़रा इधर आइए," मैरियन ने जवाब दिया और अपनी बड़ी-बड़ी नीली आँखें उन पर टिकाए रखीं, हर्स्ट का स्टाफ़ पीछे सरक गया और जल्द ही कमरे में एक कड़ा सन्नाटा फैल गया।

हर्स्ट स्पिंक्स की तरह बैठे रहे और उनकी आँखें सिकुड़कर छोटी हो गईं। उनकी त्यौरियाँ चढ़ गईं, उनके होंठ पतली रेखा में बदल गए और वे नर्वस होकर अपने सिंहासन सरीखी कुर्सी के हत्थे पर उँगलियाँ थपकाने लगे। वे तय नहीं कर पा रहे थे कि ग़ुस्से के मारे फट पड़ें या नहीं। मुझे लगा कि अपना हैट तलाश लिया जाए। लेकिन अचानक ही हर्स्ट खड़े हुए और बोले, "मेरा ख़याल है कि अब मुझे जाना चाहिए," उन्होंने किसी बुड्ढ़े की तरह लँगड़ाकर मैरियन की तरफ़ जाते हुए कहा, "और हमारी मोहतरमा चाहती क्या हैं?"

"अपना कारोबार शहर जाकर करिए।" मैरियन ने हिक़ारत से कहा, "मेरे घर में नहीं, मेरे मेहमान ड्रिंक के लिए इन्तज़ार कर रहे हैं, इसलिए जल्दी करिए और उनके लिए ड्रिंक्स लेकर आइए।"

"ठीक है, ठीक है," उन्होंने कहा और जोकर की तरह खिसियाते हुए रसोई की तरफ़ लपके। सबने मुस्कराते हुए राहत की साँस ली।

एक बार मैं एक ज़रूरी काम से लॉस एंजेल्स से न्यूयॉर्क तक की ट्रेन की यात्रा कर रहा था। तभी मुझे हर्स्ट से एक तार मिला जिसमें उन्होंने मुझे उनके साथ मेक्सिको की यात्रा पर चलने का न्योता दिया था। मैंने वापसी तार भेजा कि मैं नहीं आ सकूँगा क्योंकि मुझे न्यूयॉर्क में ज़रूरी काम निपटाना है। अलबत्ता, कंसास सिटी में मुझे हर्स्ट के दो एजेंट मिले। "हम आपको ट्रेन से लेने आए हैं," उन्होंने मुस्कराते हुए कहा और बताया कि मि. हर्स्ट न्यूयॉर्क में अपने वकीलों के ज़रिये आपका ज़रूरी काम करा देंगे। लेकिन मैं उनके साथ नहीं जा सका।

मैं किसी भी ऐसे व्यक्ति को नहीं जानता, जो अपनी दौलत को ऐसे बेरहम तरीक़े से लुटाता हो जिस तरह हर्स्ट लुटाते थे। रॉकफ़ैलर दौलत का नैतिक बोझ महसूस करते थे, पीयरपॉन्ट मॉर्गन ने दौलत की ताक़त को दिल से लगा लिया था लेकिन हर्स्ट लाखों-करोड़ों डॉलर निर्मम होकर ख़र्च कर डालते थे मानो यह साप्ताहिक जेबख़र्च हो।

हर्स्ट ने मैरियन को सांता मोनिका में जो बीच-हाउस दिया था, वह सांकेतिक रूप से रेत पर बनाया गया महल था। जिसे इटली से आए कारीगरों ने बनाया था। उसमें जॉर्जियन शैली के सत्तर कमरे थे और वह तीन सौ फ़ीट चौड़ा व तीन मंज़िला था, इसमें सोने का पानी चढ़ी पत्तियों वाला बॉलरूम और डाइनिंग रूम थे। वहाँ पर सब तरफ़ रेनॉल्ड्स, लॉरेंस और दूसरे कलाकारों की पेंटिंग्स टँगी थीं। कहीं असली और कहीं नक़ली। वहाँ पर बनाए गए ओक की चौखटों वाले विशालकाय पुस्तकालय में जब एक बटन दबाया जाता था, तो फ़र्श का एक हिस्सा ऊपर उठ जाता था और सिनेमा के पर्दे में बदल जाता था।

मैरियन के डाइनिंग रूम में पचास मेहमान आराम से बैठ सकते थे। भव्य तरीक़े से सजे कई मेहमान कक्ष भी थे जहाँ पर बीस मेहमान आराम से टिक सकते थे। इसके अलावा इटालियन संगमरमर का एक स्वीमिंग पूल था, जिसके ऊपर बीचोबीच वेनेशियन संगमरमर का पुल बना हुआ था, जो समुद्र की तरफ़ बने बग़ीचे में जाता था। स्वीमिंग पूल से ही सटी हुई एक और जगह थी जहाँ पर बार रूम और छोटा-सा कैबरे डांस फ्लोर थे।

उस बीच-हाउस के पास ही सांता मोनिका के प्राधिकारी नौसेना के छोटे जहाज़ों और मौज़-मज़ा करने वाली कश्तियों के लिए एक छोटा-सा बन्दरगाह बनाना चाहते थे। इस परियोजना को *लॉस एंजेल्स टाइम्स* का भी समर्थन था। चूँकि मेरे पास भी एक छोटा-सा क्रूज़र था तो मैंने सोचा कि यह बढ़िया रहेगा और इसके बारे में एक दिन नाश्ते के समय मैंने हर्स्ट से बात की। "इससे पूरे पास-पड़ोस पर ख़राब असर पड़ेगा।" उन्होंने हिक़ारत से कहा, "नाविक लोग आ-आकर खिड़कियों से झाँकेंगे मानो यह कोई रंडीखाना हो।"

इसके बाद इस विषय पर कोई बात नहीं हुई।

हर्स्ट आश्चर्यजनक रूप से सहज रहते थे। जब वे मूड में होते तो ठुमके लगाते हुए अपना प्रिय चार्ल्सटन नृत्य करते, इस बात की परवाह किये बिना कि कौन क्या कहेगा। वे कभी भी कोई मुखौटा नहीं रखते थे और सिर्फ़ इसी कारण वे वही करते थे कि जिसे करना उन्हें अच्छा लगता है। उन्होंने मुझ पर हमेशा यही छवि छोड़ी कि वे बहुत सुस्त हैं। शायद वे थे भी, लेकिन उन्होंने कभी किसी और रूप में होने की कोशिश नहीं की। कई लोग सोचते थे कि रोज़ाना जो सम्पादकीय उनके नाम से छपते हैं, वे दरअसल आर्थर ब्रिसबेन के लिखे होते हैं लेकिन ब्रिसबेन ने मुझे ख़ुद बताया था कि हर्स्ट देश के सबसे होशियार सम्पादकीय लेखक थे।

कई बार वे आश्चर्यजनक रूप से बच्चों जैसा बर्ताव करने लगते। तब उनकी भावनाओं को आसानी से चोट पहुँचाई जा सकती थी। मुझे एक शाम याद है : हम शेराड* खेल रहे थे। हम चुन रहे थे कि कौन किस तरफ़ रहेगा, तभी हर्स्ट ने शिकायत की कि उन्हें तो किसी टीम में लिया ही नहीं गया है।

"तो ठीक है कोई बात नहीं," जैक गिल्बर्ट ने ठिठोली करते हुए कहा, "हम दोनों मिलकर अपना ख़ुद का शेराड खेलेंगे और गोली व बक्से का अभिनय करेंगे। मैं बक्सा बनूँगा और आप गोली बन जाना।"

लेकिन मि. हर्स्ट ने इसका भी उलटा ही मतलब निकाला और उनकी आवाज़ काँपने लगी, "मैं आपका सड़ा-गला शेराड नहीं खेलना चाहता।" उन्होंने कहा और यह कहते हुए कमरे से बाहर चले गए तथा जाते-जाते ज़ोर से दरवाज़ा बन्द कर गए।

सैन सिमॉन में प्रशान्त महासागर के तट के किनारे तीस मील तक फैला हुआ हर्स्ट का चार लाख एकड़ का फॉर्म हाउस था। रहने के जो क्वार्टर वहाँ पर बनाए गए थे, वे किसी गढ़ की तरह समुद्र तल से पाँच सौ फीट ऊपर और तट से चार मील दूर एक पठार पर बनाए गए थे। मुख्य महल यूरोप से कई लदानों में जहाज़ से लाए गए सामानों से बनाया गया था। उसका सामने का हिस्सा फ्रांस के सबसे बड़े रीम्स कैथेड्रल और विशाल स्विस लकड़ी से बने बँगले का मिला-जुला रूप लगता था। इसके चारों ओर प्रहरियों की तरह पाँच इतालवी विला थे जो कि पठार के कोने में बने हुए थे। प्रत्येक में छह मेहमान ठहर सकते थे। इन्हें इतालवी शैली में सजाया गया था और इनकी छतें अलंकृत थीं। इनमें मुस्कराते हुए फ़रिश्ते और देवदूत चित्रित किये गए थे। मुख्य बँगले में तीस और मेहमानों को टिकाने की जगह थी। स्वागत-कक्ष नब्बे फ़ीट लम्बा और पचास फ़ीट चौड़ा था, जिसमें सोने की चित्र यवनिका झूल रही थी, कुछ असली और कुछ नक़ली। इस राजसी परिवेश में चौसर जैसी मेज़ें थीं और कमरे के सभी कोनों में पिनबॉल गेम्स थे। डाइनिंग रूम वेस्टमिंस्टर के गिरजे के बीच वाले भाग की तर्ज पर बनाया गया था और उसमें अस्सी लोग आराम से बैठ सकते थे। घर में साठ नौकर-चाकर थे।

महल से कुछ ही दूरी पर एक चिड़ियाघर था, जहाँ पर शेर, चीते, भालू, ओरांग उटांग और दूसरे जानवर जैसे लंगूर और सर्प आदि थे। लॉज गेट से महल तक पाँच मील की दूरी थी और रास्ते में दोनों तरफ़ नोटिस नज़र आते, "पशुओं को भी रास्ते पर चलने का अधिकार है।" कई बार आपको अपनी कार में वहाँ से जाते हुए रुक जाना पड़ता ताकि सड़क पर बैठे शुतुरमुर्गों के झुंड तय कर सकें कि सड़क से हटना है या नहीं। भेड़ें, हिरण, बारहसिंघे और भैंसे झुंडों में एस्टेट में विचरते रहते और आपको अपनी गति कम करनी पड़ती।

---

* शेराड (Charade) लगभग दम शिराज जैसा खेल।

रेलवे स्टेशन पर मेहमानों को लिवाने के लिए कारें खड़ी रहतीं और अगर आप हवाई जहाज़ से आ रहे हों तो आपके जहाज़ की लैंडिंग के लिए निजी फ़ील्ड थी। यदि आप दो खानों के वक़्त के बीच किसी वक़्त वहाँ पहुँचते तो आपको बताया जाता कि आपके ठहरने का इन्तज़ाम फलाँ जगह पर है और आपको हिदायत दी जाती कि डिनर का समय आठ बजे है और कॉकटेल मुख्य हॉल में साढ़े सात बजे सर्व किये जाएँगे।

मनोरंजन के लिए वहाँ पर थे तैराकी, घुड़सवारी, टेनिस और हर तरह के खेलकूद या आप चिड़ियाघर भी देखने जा सकते थे। हर्स्ट ने एक कड़ा नियम बना रखा था कि किसी को भी शाम छह बजे से पहले ड्रिंक सर्व न किये जाएँ। लेकिन मैरियन अपने दोस्तों को अपने क्वार्टर में बुला लेतीं और वहाँ पर गोपनीय ढंग से कॉकटेल सर्व किये जाते।

डिनर छप्पन भोग वाले होते। मीनू पढ़कर लगता कि आप चार्ल्स प्रथम की दावत का मीनू पढ़ रहे हैं। मौसम के अनुसार लज़ीज़ पकवान होते। भेड़, जंगली बतख, मुर्ग़ाबी और हिरण का मांस। इस सब विलासिता के बीच हमें काग़ज़ के नैपकिन दिये जाते। कपड़े वाले नैपकिन मेहमानों को तभी नसीब होते जब मिसेज़ हर्स्ट वहाँ पर मौजूद होतीं।

मिसेज़ हर्स्ट सैन सिमॉन साल में एक बार आतीं और उनके आने से कोई भी हँगामा न होता। मैरियन और मिसेज़ हर्स्ट के बीच सह-अस्तित्व के लिए आपसी सहमति थी। जब मिसेज़, हर्स्ट के आने का समय निकट आता, मैरियन और हम सब लोगों का जमावड़ा वहाँ से चुपचाप कूच कर जाता या फिर हम मैरियन के सांता मोनिका वाले बीच-हाउस में जाकर डेरा डाल देते। मैं मिलिसेंट हर्स्ट को 1916 से जानता था और हम दोनों बहुत ही अच्छे दोस्त थे। इस हिसाब से मुझे दोनों ही घरों में आने की छूट थी। मिसेज़ हर्स्ट जब अपनी सेन फ्रांसिस्को की सोसाइटी की सहेलियों के साथ फार्म हाउस पर मौज़ कर रही होतीं तो वे मुझे भी वहाँ पर सप्ताहान्त मनाने के लिए आमंत्रित करतीं और मैं वहाँ पर इस तरह चला जाता मानो मैं वहाँ पहली ही बार जा रहा होऊँ। लेकिन मिलिसेंट को कोई भ्रम नहीं था। उन्हें इस बात का एहसास होता कि सब लोग हाल ही में वहाँ से एक साथ निकले हैं, उसकी परवाह न करते हुए वे इसके बारे में हास्यबोध के साथ बतातीं।

"अगर मैरियन न होतीं तो उनकी जगह कोई और होता," उन्होंने कहा।

वे अक्सर मुझे विश्वास में लेकर मैरियन और हर्स्ट के सम्बन्धों के बारे में बात करतीं। लेकिन इस बातचीत में कभी भी कड़ुवाहट नहीं होती, "वे अभी भी ऐसा ही बर्ताव करते हैं मानो हम दोनों के बीच कभी कुछ हुआ ही न हो और मानो मैरियन का अस्तित्व ही न हो।" उन्होंने कहा, "जब मैं यहाँ पहुँचती हूँ तो वे हमेशा बहुत प्यार और स्नेह से पेश आते हैं लेकिन कभी भी मेरे पास कुछ घंटों से ज़्यादा नहीं रहते। इसका हमेशा एक ही रूटीन होता है। डिनर के बीच ही बटलर उन्हें एक पर्ची थमा जाता है और वे माफ़ी माँगते हुए मेज़ से उठकर चल देते हैं। जब वे वापस

आते हैं तो खिसियाते हुए कहते हैं कि किसी ज़रूरी मामले की वजह से तुरन्त उन्हें लॉस एंजेल्स पहुँचना है और हम सब यही दर्शाते हैं कि हम उन पर विश्वास कर रहे हैं। हालाँकि हम सब जानते हैं कि वे मैरियन के पास जा रहे हैं।"

एक शाम डिनर के बाद मैं मैदान में चहलक़दमी के लिए मिलिसेंट के साथ था। पठार चाँदनी में नहाया हुआ था और सात पहाड़ियों की चोटियों की जंगली आकृति में डरावना और भुतहा लग रहा था। बेहद साफ़ आकाश में तारे टिमटिमा रहे थे। एक पल के लिए खड़े होकर हम इस अद्भुत दृश्य को निहारते रहे। चिड़ियाघर की तरफ़ से बीच-बीच में किसी शेर के चिंघाड़ने की और किसी ओरांग उटांग के लगातार चीख़ने की आवाज़ें आतीं। ये आवाज़ें गूँजतीं और पहाड़ियों से टकराकर लौट जातीं। सब कुछ अद्भुत और डरावना था। हर शाम ओरांग उटांग सूर्यास्त के वक़्त शुरू करता और भयानक रूप से चिल्लाता रहता तथा यह चिल्लाना रात-भर चलता रहता।

"यह कमबख़्त जानवर ज़रूर पागल है," मैंने कहा।

"यह पूरी-की-पूरी जगह ही पागल बना देने वाली है, देखो तो ज़रा," महल की तरफ़ देखते हुए उन्होंने कहा, "पागल कलाकार ओटो का सृजन और वह तब तक इसी तरह की इमारतें बनाता जाएगा जब तक मर नहीं जाता। तब इनका क्या इस्तेमाल होगा? किसी की भी इतनी हैसियत नहीं है कि इनका रख-रखाव ही कर सके। होटल के रूप में यह बेकार है और हर्स्ट अगर इसे सरकार को सौंप देते हैं तो मुझे शक है कि वे इसका कोई इस्तेमाल कर भी पाएँगे या नहीं; विश्वविद्यालय के रूप में भी नहीं।"

मिलिसेंट हमेशा हर्स्ट के बारे में मातृत्व के तरीक़े से बात करती थीं। इससे मुझे लगता था कि वे अभी भी उनसे भावनात्मक रूप से जुड़ी हुई हैं। वे दयालु और समझदार महिला थीं लेकिन बाद के बरसों में जब मैं राजनीतिक षड्यंत्रों का शिकार हो गया था, उन्होंने मुझे छोड़ दिया।

*

एक शाम जब 'सप्ताहान्त' के लिए मैं सैन सिमॉन पहुँचा तो मुझे मैरियन मिलीं। वे नर्वस और घबराई हुई थीं। उनके मेहमानों में से एक पर, जब वह मैदान पार कर रहा था, ब्लेड से हमला किया गया था।

जिस समय मैरियन घबराई हुई होती थीं, हकलाती थीं, उससे उनका सौन्दर्य और भी निखर उठता था तथा उन्हें मुसीबतज़दा औरत वाले गुणों से भर देता था। "हम अभी भी न-नहीं जानते कि-कि किसने कि...किया है यह, वे फुसफुसाईं," लेकिन डब्ल्यू.आर. के कई जा-जा...सूस मैदान की तलाशी ले...रहे हैं और हम कोशिश कर रहे हैं कि यह ख़बर दूसरे मेहमानों तक न पहुँचे। कुछ लोगों का ख़याल है कि यह किसी फिलिपीनो की कारस्तानी है। इसलिए हर्स्ट ने फार्म हाउस से सभी फिलिपीनो लोगों को तब तक के लिए हटा दिया है जब तक जाँच पूरी न हो जाए।"

"वह कौन है जिस पर हमला हुआ है?" मैंने पूछा।

"आप उसे रात को खाने की मेज़ पर देखेंगे," उन्होंने कहा।

डिनर के वक़्त मैं उस नौजवान के सामने बैठा था जिसका चेहरा पट्टियों से ढका हुआ था। सिर्फ़ उसकी चमकती हुई आँखें और सफ़ेद दाँत ही दिखाई दे रहे थे जिन्हें वह बीच-बीच में मुस्कराकर झलका रहा था।

मैरियन ने मेज़ के नीचे से मुझे इशारा किया, "यही है वो," वे फुसफुसाईं।

ऐसा क़तई नहीं लग रहा था कि उस पर हमला हुआ है, उसकी अच्छी-ख़ासी ख़ुराक़ थी। उससे जो भी पूछा जाता, वह बस कन्धे उचका देता या हँस देता।

डिनर के बाद मैरियन ने मुझे वह जगह दिखाई, जहाँ हमला हुआ था। वह जगह मूर्ति के पीछे थी। उन्होंने बताया, "विजेता की पंख वाली संगमरमर की मूर्ति के पीछे। वहाँ पर ख़ून के निशान हैं।"

"वह मूर्ति के पीछे क्या कर रहा था?"

"हमलावर से ब...बचने के लिए।" उसने जवाब दिया।

अचानक ही अँधेरे में से हमारा मेहमान अवतरित हुआ और इस वक़्त भी उसका चेहरा ख़ून से लथपथ था। वह लड़खड़ाते हुए हमारे पास से गुज़रा। मैरियन चीख़ीं और तीन फ़ीट उछल गईं। पल-भर में ही न जाने कहाँ से बीस आदमी वहाँ पर जुट आए।

"मुझ पर फिर से हमला हुआ है।" वह मिमियाया। उसे दो जासूसों ने अपनी बाँहों पर थामा हुआ था। उसे उसके कमरे में वापस ले जाया गया। वहाँ पर उससे पूछताछ हुई। मैरियन ग़ायब हो गईं। लेकिन एक घंटे बाद मैंने उन्हें मुख्य-हॉल में देखा।

"क्या हुआ?" मैंने पूछा।

वे शंकित नज़र आ रही थीं, "उनका कहना था कि उस आदमी ने यह ख़ुद ही किया था। वह खड़ूस है और सिर्फ़ अपनी ओर ध्यान खींचना चाहता था।"

बिना किसी और पूछताछ के उस सनकी का बोरिया-बिस्तर बाँधकर उसी रात उसे वापस भेज दिया गया और बेचारे फिलिपीनो सवेरे अपने काम पर लौट आए।

सैन सिमॉन में मैरियन के बीच-हाउस के मेहमान सर थॉमस लिप्टन एक ख़ुशमिज़ाज और बहुत बोलने वाले बूढ़े स्कॉटमैन थे तथा बहुत अच्छे देसी उच्चारण में बात करते थे। वे रुक-रुक कर बोलते थे और यादों में खो जाते थे।

उन्होंने कहा, "चार्ली, आप अमेरिका आए और आपने अपनी क़िस्मत का सितारा बुलंद किया। मैंने भी यही किया। मैं पहली बार यहाँ आया था तो मवेशियों वाली नाव में आया था और तब मैंने अपने आप से कहा था, 'अगली बार, मैं अपनी यॉट पर आऊँगा और मैं आया।'" उन्होंने मुझे बताया कि उन्हें उनके चाय के कारोबार में लाखों डॉलर का चूना लगाया जा रहा है।

स्पेन के राजदूत एलेक्ज़ेंडर मूर, सर थॉमस लिप्टन और मैं अक्सर लॉस एंजेल्स में एक साथ खाना खाते तथा सर थॉमस व एलेक्स बारी-बारी से पुरानी यादों में खो

जाते तथा सिगरेट के टुकड़ों की तरह शाही नाम उनके मुँह से निकलते रहते। दोनों ही मुझ पर यह प्रभाव छोड़ते कि राजसी जीवन में और कुछ नहीं बस सूक्तियाँ ही होती हैं।

इस अरसे में मैं हर्स्ट और मैरियन से कई बार मिला क्योंकि मैं उस शानो-शौक़त की ज़िन्दगी को पसन्द करता था जो वे जीते थे; इसके अलावा, मेरे पास सप्ताहान्त मैरियन के बीच-हाउस में मनाने का न्योता हमेशा होता और मैं अक्सर इसका ख़ास तौर पर फ़ायदा उठाता क्योंकि तब डगलस व मैरी यूरोप गए होते। एक सुबह कई दूसरे लोगों के साथ ब्रेकफ़ास्ट के समय मैरियन ने अपनी पटकथा के बारे में मेरी राय जाननी चाही। लेकिन मैंने जो कुछ कहा, वह मि. हर्स्ट को पसन्द नहीं आया। कहानी की थीम जनाना थी, अत: मैंने इस बात का उल्लेख किया कि औरतें पुरुषों का चुनाव करती हैं और पुरुषों के पास इस मामले में करने-धरने को कुछ नहीं होता।

मि. हर्स्ट ने इसका उलटा मतलब निकाला, "ओह नहीं," उन्होंने कहा, "मर्द ही हमेशा चुनाव करता है।"

"हम सोचते हैं कि हम चुनते हैं," मैंने जवाब दिया, "लेकिन होता यह है कि कोई ख़ूबसूरत परी अपनी छोटी उँगली से आपकी तरफ़ इशारा करती है और कहती है यह मेरा है और आपको चुन लिया जाता है।"

"आप बिलकुल ग़लत कह रहे हैं।" डब्ल्यू.आर. ने पूरे विश्वास के साथ कहा।

"मुसीबत यह है," मैं कहता रहा, "उनकी तकनीक इतनी शानदार होती है कि हमें यही विश्वास दिलाया जाता है कि चयन हम ही कर रहे हैं।"

डब्ल्यू.आर. ने अचानक मेज़ पर ज़ोर का घूँसा मारा। मेज़ पर ब्रेकफ़ास्ट की चीज़ें उलट-पुलट गईं, "जब मैं कहता हूँ कि कोई चीज़ सफ़ेद है तो आप कहते हैं कि वह काली है।" वे चिल्लाए।

उनके इस तरह चिल्लाने से मैं थोड़ा घबरा गया। उस वक़्त बटलर मेरी कॉफ़ी डाल रहा था। मैंने सिर उठाया और कहा, "क्या आप किसी को मेरा सामान पैक करने के लिए कहेंगे और मेरे लिए एक टैक्सी बुलवा देंगे।" फिर एक शब्द भी बोले बिना मैं उठा, बॉलरूम में चला गया और वहाँ ग़ुस्से से भरा चुपचाप चहलक़दमी करने लगा।

एक पल बाद मैरियन आईं, "क्या हो गया चार्ली?"

मेरी आवाज़ काँपी, "मुझ पर इस तरह से कोई आदमी चिल्ला नहीं सकता। वह अपने आपको समझता क्या है? नेपोलियन? नीरो?"

मेरी बात का जवाब दिये बिना वे मुड़ीं और तेज़ी से कमरे से चली गईं। एक पल के बाद डब्ल्यू.आर. आए और ऐसे जताने लगे मानो कुछ हुआ ही न हो, "क्या बात है चार्ली?"

"मैं इस बात का आदी नहीं हूँ कि कोई मुझ पर चिल्लाए, ख़ास तौर पर तब जब मैं घर में मेहमान हूँ। इसलिए मैं...मैं जा रहा हूँ।" मेरी आवाज़ गले में ही फँस कर रह गई। मैं वाक्य ही पूरा नहीं कर पाया।

डब्ल्यू.आर. ने एक पल के लिए सोचा और वे भी वहीं पर चहलक़दमी करने लगे।

"आओ इस बारे में बात कर लेते हैं।" उन्होंने कहा, उनकी आवाज़ भी भर्रा गई थी।

मैं उनके पीछे-पीछे हॉल में और वहाँ से आराम करने वाले कमरे में चला गया जहाँ पर एक एंटीक डबल कुर्सी रखी हुई थी। डब्ल्यू.आर. छह फ़ीट चार इंच के थे और उनकी काया विशाल थी। वे बैठ गए और जितनी भी जगह बची थी उसमें मुझे बैठने का इशारा किया।

"बैठ जाओ चार्ली! हम बातचीत से इसे सुलझा लेंगे।"

मैं उनके पास बैठ गया। लेकिन मैं सिकुड़कर ही बैठ पाया। बिना एक भी शब्द बोले उन्होंने मेरी तरफ़ अपना हाथ बढ़ाया, हालाँकि बैठे हुए मैं अपना हाथ हिला भी नहीं सकता था, मैंने हाथ मिला ही लिया।

फिर उन्होंने सफ़ाई देना शुरू किया, उनकी आवाज़ अभी भी काँप रही थी, "देखो चार्ली, मैं सचमुच नहीं चाहता कि मैरियन यह स्क्रिप्ट करे और वह तुम्हारी राय की क़द्र करती है और जब तुमने उसका अनुमोदन किया तो मेरा ख़याल है मैं तुम्हें कुछ ज़्यादा ही बोल गया।"

तत्काल ही मैं पिघल गया। मैं अपने आपको ही दोषी बताने लगा कि यह सब मेरी ही ग़लती थी। अन्तिम सद्भावना के रूप में हम दोनों ने एक बार फिर हाथ मिलाया और उठने की कोशिश की लेकिन हम दोनों ही चिपेंडेल में फँस गए थे और कुर्सी के क्रैक होने की आवाज़ें आ रही थीं। कई बार कोशिश करने के बाद हम दोनों अपने आपको कुर्सी से मुक्त करा पाए और कुर्सी को भी कुछ नहीं हुआ।

ऐसा लगता था कि मैरियन मुझसे मिलकर सीधे हर्स्ट के पास गई होंगी तथा मेरे प्रति इतना दुर्व्यवहार करने के लिए उन्हें फटकारा होगा और कहा होगा कि जाओ जाकर चार्ली से माफ़ी माँगो। मैरियन इस बात को जानती थीं कि किस वक़्त अपनी बात मनवानी है और किस वक़्त चुप रहना है। वह अक्सर ऐसा ही करती थीं। मैरियन ने बताया कि जब हर्स्ट का मूड ख़राब होता है, तो शोर-शराबे के साथ ज़ोरदार तूफ़ान आता है।

मैरियन एक आकर्षक औरत थीं और जब हर्स्ट को अपने कारोबार के सिलसिले में न्यूयॉर्क जाना पड़ता तो वे अपने सारे दोस्तों को बेवर्ली हिल्स वाले अपने घर (यह बीच-हाउस के बनने से पहले की बात है) पर बुला लेतीं और वहाँ पर हम पार्टियाँ करते तथा आधी रात तक शेराड खेलते। उस दौरान रुडोल्फ वेलेंटिनो अपने छोटे से घर पर पार्टी देते और मैं भी अपने घर पर यही कुछ करता। कई बार हम पब्लिक बस किराये पर ले लेते और उसमें खाने-पीने का सामान एक तरह से ठूँसकर दस या बीस लोग मालीबू बीच पर चले जाते जहाँ पर हम कैम्प फ़ायर जलाते और आधी रात तक पिकनिक मनाते व ग्रूनियन मछलियाँ पकड़ते।

लॉयेला पारसंस, हर्स्ट की कॉलम लेखिका, अनिवार्य रूप से आतीं औ: उनके साथ होते हैरी क्रॉकर, जो बाद में मेरे सहायक निर्देशकों में से एक बने। इस तरह के अभियानों से हम तीन-चार बजे तक वापस घर न जाते। मैरियन लॉयेला से कहतीं, "अगर हर्स्ट को इस सबके बारे में पता चल जाए तो हम दोनों में से एक की नौकरी जाएगी और वो कम-से-कम मैं नहीं होऊँगी।"

मैरियन के घर पर चल रही इस तरह की एक पार्टी के दौरान हर्स्ट का न्यूयॉर्क से फ़ोन आया। जब मैरियन फ़ोन सुनकर वापस आईं तो वे ग़ुस्से से लाल-पीली हो रही थीं, "क्या आप कल्पना कर सकते हैं?" उन्होंने हिक़ारत से कहा, "हर्स्ट ने मुझ पर जासूस छोड़ रखे हैं।"

फ़ोन पर ही हर्स्ट ने अपने जासूस की रिपोर्ट पढ़ी कि जब से वे बाहर गए हैं, यहाँ पर क्या कुछ चल रहा है तथा वे फलाँ के घर से रात चार बजे वापस आईं और फलाँ के घर से सुबह पाँच बजे वापस आईं और भी बहुत कुछ। बाद में मैरियन ने मुझे बताया कि हर्स्ट तुरन्त ही लॉस एंजेल्स लौट रहे हैं ताकि उनके साथ सारे मामले निपटा लें और दोनों अलग हो जाएँ। बेशक मैरियन नाराज़ थीं, क्योंकि उन्होंने कुछ भी ग़लत नहीं किया था। वे सिर्फ़ दोस्तों के साथ मौज़-मज़ा ही तो कर रही थीं।

देखा जाए तो जासूस की रिपोर्ट सच थी लेकिन इसे मैरियन की छवि बिगाड़ने के लिए तोड़-मरोड़ दिया गया था। कंसास सिटी से हर्स्ट ने तार भेजा, "मैंने अपना इरादा बदल लिया है और मैं कैलीफोर्निया नहीं लौटूँगा क्योंकि मैं उन जगहों पर अपना चेहरा नहीं दिखा सकता जहाँ पर मुझे इतना अधिक आनन्द मिला है, इसलिए मैं न्यूयॉर्क लौट रहा हूँ।"

लेकिन जल्द ही उन्होंने एक और तार भेजा कि वे लॉस एंजेल्स आ रहे हैं।

जब हर्स्ट लौटे तो हम सबके लिए वे बहुत ही तनावपूर्ण पल थे। अलबत्ता, मैरियन से उनकी जो भी बातचीत हुई उसका परिणाम बहुत अच्छा रहा जिसकी परिणति बेवर्ली हिल्स पर हर्स्ट के सम्मान में रखी गई बहुत ही भव्य पार्टी के रूप में हुई। मैरियन ने अपने किराये के घर में एक अस्थायी डाइनिंग रूम बनवाया जिसमें एक सौ साठ मेहमान आ सकते थे। इसे दो ही दिन में पूरा कर लिया गया। डांस फ्लोर की इमारत सहित इसे सजाया गया। इसे बिजली के बल्बों, लड़ियों से सजाया गया था और वह भी मात्र दो दिन में। मैरियन को केवल जादुई चिराग़ रगड़ना था और काम हो जाता। उस शाम वह अपनी 75,000 डॉलर की पन्ने की अँगूठी पहनकर आई थीं। यह हर्स्ट की ओर से भेंट थी और संयोग से किसी को भी अपनी नौकरी से हाथ नहीं धोना पड़ा।

सैन सिमॉन और मैरियन के बीच-हाउस से बदलाव के तौर पर हम अक्सर हर्स्ट के यॉट पर अपने सप्ताहान्त बिताते और कैटेलिना या सैन डिएगो के दक्षिण की तरफ़ समन्दर की सैर करते। इन्हीं क्रूज यात्राओं में से किसी एक के दौरान ऐसा हुआ कि थॉमस एच. इन्स, जिन्होंने हर्स्ट की कॉस्मोपॉलिटन फ़िल्म प्रोडक्शन ख़रीदी थी, को

नाव से उतारकर सैन डिएगो ले जाना पड़ा। मैं उस ट्रिप पर मौजूद नहीं था लेकिन एलिनॉर ग्लिन जो उस वक़्त मौजूद थी, ने बाद में मुझे बताया था कि इन्स ख़ुश थे और मौज़ कर रहे थे लेकिन लंच के दौरान उन्हें अचानक ऐसा दर्द उठा मानो लकवा मार गया हो। उन्हें मेज़ पर से उठ जाना पड़ा। सबने यही सोचा कि हो सकता है यह हाज़मे वाली गड़बड़ हो लेकिन वे इतने बीमार हो गए कि यही ठीक समझा गया कि उन्हें किनारे पर उतारकर अस्पताल भिजवा दिया जाए। अस्पताल में ही पता चला कि उन्हें दिल का दौरा पड़ा है। फिर उन्हें बेवर्ली हिल स्थित उनके घर भिजवा दिया गया। वहाँ पर तीन हफ़्ते बाद उन्हें एक और दिल का दौरा पड़ा और वे चल बसे।

कुछ बेवक़ूफ़ाना अफ़वाहें भी उड़ने लगीं कि इन्स को गोली मारी गई थी और इसमें हर्स्ट शामिल थे। ये अफ़वाहें पूरी तरह से झूठ थीं। मैं इस बात को जानता हूँ क्योंकि उनकी मृत्यु से दो हफ़्ते पहले मैं, हर्स्ट और मैरियन एक साथ उनसे मिलने के लिए उनके घर पर गए थे और वे हम तीनों को देखकर बहुत ख़ुश हुए थे। उन्हें विश्वास था कि वे जल्द ही ठीक हो जाएँगे।

इन्स की मौत से हर्स्ट की कॉस्मोपॉलिटन प्रोडक्शन की योजनाएँ खटाई में पड़ गईं इसलिए वार्नर ब्रदर्स ने उन्हें अपने हाथ में ले लिया। लेकिन दो बरस बाद हर्स्ट प्रोडक्शन एम.जी.एम. के पास चली गई जहाँ मैरियन के लिए एक बहुत ही विशाल बँगला बनाया गया (मैंने इसे 'ट्रियानन' नाम दिया)।

यहाँ हर्स्ट अख़बारों के अपने कारोबार के ज़्यादातर मामले निपटाते। कई बार मैंने मैरियन के स्वागत कक्ष में उन्हें पूरे फ़र्श पर बीस या उससे भी अधिक अख़बार फैलाए हुए कुर्सी पर बैठे देखा। अपनी कुर्सी पर बैठे-बैठे वे अलग-अलग अख़बारों की मुख्य ख़बरों पर नज़र डालते और ऊँची आवाज़ में बोलना शुरू कर देते, "यह बेहद घटिया सेटअप है," फिर दूसरा अख़बार उठाते, "और फलाँ यह स्टोरी क्यों दे रहा है?" फिर वे एक पत्रिका उठाते और दोनों हाथों से वज़न करते, फिर बोलते, "इस महीने क्या मामला है? यह इतनी हल्की क्यों है? विज्ञापन-विभाग क्या कर रहा है। रे लॉन्ग को तार करके तुरन्त यहाँ आने को कहो।" इस दृश्य के बीच मैरियन अपनी शानदार तड़क-भड़क में अवतरित होतीं, अभी-अभी फ़िल्म के सेट से आते हुए और अपनी महारानी वाली चाल से जान-बूझकर अख़बारों के ऊपर से चलती हुई आतीं और कहतीं, "हटाओ यह सब कचरा, मेरे सारे ड्राइंग-रूम को घेर रखा है।"

मैरियन को देखकर हर्स्ट बेहद नौसिखिये बन जाते। मैरियन की किसी फ़िल्म के प्रीमियर पर जाते समय वे मुझे बुलवाते ताकि मैं उनके साथ चलूँ और प्रवेश-द्वार पर पहुँचने से पहले ही वे कार से उतर जाते जिससे लोग उन्हें मैरियन के साथ आता हुआ न देख लें। इसके बावजूद, जब 'हर्स्ट एग्ज़ामिनर' और 'टाइम्स' (लॉस एंजेल्स) एक राजनीतिक झगड़े में उलझे हुए थे और हर्स्ट बुरी तरह से हमला कर रहे थे तथा 'टाइम्स' पिछड़ रहा था तब 'टाइम्स' ने व्यक्तिगत हमले करने शुरू कर दिये और

हर्स्ट पर आरोप लगाया कि वे दोहरा जीवन जी रहे हैं तथा सांता मोनिका बीच पर प्रेम का एक घोंसला बनाए हुए हैं। अख़बार ने मैरियन का नाम भी उछाल दिया था। हर्स्ट ने अपने अख़बार में इस हमले का कोई जवाब नहीं दिया। लेकिन एक दिन बाद (उसी दिन मैरियन की माँ गुज़री थीं) मेरे पास आए और बोले, "चार्ली, क्या मिसेज़ डेविस की अन्तिम यात्रा में तुम मेरे साथ अर्थी को आगे की तरफ़ से कन्धा दोगे?" और मैंने उनकी बात मानी।

1933 या उसके आसपास हर्स्ट ने मुझे अपने साथ यूरोप की यात्रा पर चलने के लिए न्योता दिया। उन्होंने कुनार्ड लाइनर्स नाम के जहाज़ का पूरा एक हिस्सा ही अपनी पार्टी के लिए अपने नाम पर बुक करा रखा था। लेकिन मैंने मना कर दिया; क्योंकि इसका मतलब होता, दूसरे लोगों के साथ घिसटते रहो। जहाँ हर्स्ट ले जाएँ, वहीं जाओ, जहाँ हर्स्ट को जल्दी हो, वहाँ लपकते हुए चलो।

मुझे इस तरह का अनुभव एक बार पहले हो चुका था। मैं मेक्सिको की ट्रिप में उनके साथ था। उस वक़्त मेरी दूसरी पत्नी गर्भवती थी। दस कारों का एक काफ़िला हर्स्ट और मैरियन की कार के पीछे-पीछे उबड़-खाबड़ सड़कों पर चल रहा था और इसकी वजह से मैं सारे-के-सारे अमले को कोस रहा था। सड़कें इतनी ख़राब थीं कि हमें अपनी यात्रा बीच में ही छोड़ देनी पड़ी और रात-भर के लिए एक मेक्सिकन फार्म हाउस में रुकना पड़ा। हम बीस लोगों के लिए वहाँ सिर्फ़ दो ही कमरे थे। मेहरबानी से एक कमरा मेरी पत्नी, एलिनॉर और मुझे दे दिया गया था। कुछ लोग मेज़ों पर सोए, कुछ कुर्सियों पर, कुछ लोग मुर्ग़ियों के दड़बों में सोए और कुछ रसोई में।

उस छोटे से कमरे का नज़ारा बहुत ही शानदार था। मेरी पत्नी अकेले बिस्तर पर, मैं मुड़ी-तुड़ी दो कुर्सियों पर और एलिनॉर इस तरह की पोशाक में मानो रिट्ज़ जा रही हों, अपना हैट पहने हुए, नक़ाब वाली जाली लगाए और दस्ताने पहने हुए एक टूटे-फूटे दीवान पर लेटी हुई थीं। वे अपने हाथ अपनी छाती पर यूँ बाँधे हुए थीं मानो कोई आलसी काया क़ब्र में लेटी हो। वे एक ही पोज़ में बिना किसी बाधा के सोती रहीं। मैं इस बात को जानता हूँ क्योंकि मैंने रात-भर एक बार भी पलक नहीं झपकाई थी। सुबह मैंने अपनी आँख की कोर से देखा कि वे जैसे सो रही थीं, वैसे ही उठीं, उनका बाल तक इधर से उधर नहीं हुआ था, उनकी गोरी चमड़ी वैसे ही चमक रही थी, मानो वह रात-भर प्लाज़ा होटल के टी-रूम में टहलती रही हों।

यूरोप की ट्रिप पर हर्स्ट अपने साथ हैरी क्रॉकर को ले गए। मेरा सहायक निर्देशक, जो अब हर्स्ट का सामाजिक सचिव बन गया था। हैरी ने मुझसे पूछा कि क्या मैं हर्स्ट को सर फिलिप ससून के नाम परिचय का एक पत्र दूँगा। मैंने यह पत्र दे दिया।

फिलिप ने हर्स्ट को काफ़ी समय दिया। यह बात जानने के बाद कि हर्स्ट कई बरस तक घोषित रूप से ब्रिटिश विरोधी रहे हैं, उन्होंने हर्स्ट की प्रिंस ऑफ़ वेल्स के साथ मुलाक़ात रखवाई।

ससून ने उन दोनों को पुस्तकालय के एक बन्द कमरे में बातचीत के लिए छोड़ दिया। जहाँ फिलिप के कथनानुसार प्रिंस ने हर्स्ट से साफ़-साफ़ पूछा कि वे इतने अधिक ब्रिटिश विरोधी क्यों हैं? मि. ससून ने बताया वे वहाँ दो घंटे रहे और उनका मानना था कि इस बातचीत के बहुत अच्छे परिणाम निकले।

मैं कभी भी हर्स्ट की ब्रिटिश विरोधी भावना को समझ नहीं पाया क्योंकि इंग्लैंड में उनकी बेशक़ीमती सम्पत्ति थी और उन्हें वहाँ से ख़ूब लाभ भी मिलता था। उनकी जर्मनी की पक्षधरता पहले विश्वयुद्ध के समय से चली आ रही थी, जिस आड़े वक़्त में काउंट बर्नस्टॉर्फ के साथ उनकी मित्रता ने एक स्कैंडल का रूप ले लिया था। उस वक़्त काउंट जर्मन राजदूत हुआ करते थे। हर्स्ट की असीम शक्ति भी तब उस स्कैंडल को दबा नहीं पाई थी। उनका अमेरिकी विदेशी संवाददाता कार्ल वॉन वीगैंड दूसरे विश्वयुद्ध के शुरू होने तक भी जर्मनी के पक्ष में लगातार लिखता रहा।

अपनी यूरोप ट्रिप के दौरान हर्स्ट जर्मनी गए, हिटलर से मिले और उसके साथ बातचीत की। उस वक़्त तक कोई भी हिटलर के यातना-शिविरों के बारे में नहीं जानता था। इनके बारे में सबसे पहली ख़बर मेरे मित्र कॉर्नेलियस वेंडरबिल्ट की रिपोर्टों से आई, जो किसी बहाने एक यातना-शिविर में घुस गया था और उसने वहाँ पर नाज़ियों द्वारा किये जाने वाले अत्याचारों के बारे में लिखा। लेकिन इन अमानवीय अत्याचारों के बारे में उसकी रिपोर्टें इतनी शानदार थीं कि उनके सच होने के बारे में कम ही लोगों को विश्वास हुआ।

वेंडरबिल्ट ने मुझे पोस्ट-कार्डों की एक सीरीज़ भेजी थी जिनमें हिटलर भाषण दे रहा था। उसका चेहरा अश्लीलता की हद तक कॉमिक था, मेरी बहुत ही ख़राब नक़ल। उसकी घिनौनी मूँछें, बेतरतीब खड़े बाल और हिक़ारत पैदा करने वाला पतला चेहरा। मैं हिटलर को गम्भीरता से नहीं ले पाया। हरेक पोस्टकार्ड में उसे अलग पोज में दिखाया गया था। एक में उसके हाथ पंजों की तरह थे, भीड़ को हाँकते हुए, एक हाथ ऊपर और दूसरा हाथ नीचे था, तीसरे में क्रिकेटर की भूमिका में, जैसे गेंद फेंकने वाला हो। एक और पोस्टकार्ड में दोनों हाथ इस तरह से आगे की तरफ़ रखे हुए थे मानो काल्पनिक मुगदर उठाया जा रहा हो। सलामी लेते हुए एक हाथ पीछे की तरफ़ जा रहा था, हथेली ऊपर की तरफ़—मुझे लगा कि झूठी प्लेटें इस हाथ पर रख दी जाएँ। वह खड़ूस है, मैंने सोचा, लेकिन जब आइंस्टीन और थॉमस मान को जर्मनी छोड़ने पर मजबूर होना पड़ा तो हिटलर का चेहरा मेरे लिए मज़ाक़िया न रहकर पापी का हो गया।

*

मैं आइंस्टीन से पहली बार वर्ष 1926 में मिला था जब वे कैलीफोर्निया में व्याख्यान देने के लिए आए थे। मेरा एक सिद्धान्त है कि वैज्ञानिक और दार्शनिक प्रकाशमान

रूमानी दुनिया में बसने वाले लोग होते हैं, जो अपने आवेश को दूसरी दिशाओं की तरफ़ मोड़ देते हैं। यह सिद्धान्त आइंस्टीन के व्यक्तित्व पर पूरी तरह फिट बैठता था। वे सबसे अच्छे अर्थों में हँसोड़ और मित्रवत व्यक्तित्व के साथ आल्प पर्वत पर रहने वाले सच्चे जर्मन थे। हालाँकि, उनके तौर-तरीक़े शान्त और विनम्र थे लेकिन मैंने महसूस किया कि उनकी शान्ति और विनम्रता के पीछे एक बेहद संवेदनशील मिज़ाज छुपा हुआ था और इसी स्रोत से वे अपनी असाधारण बौद्धिक ऊर्जा ग्रहण करते थे।

यूनिवर्सल स्टूडियोज़ के कार्ल लैमली ने फ़ोन करके मुझे बताया कि आइंस्टीन महोदय मुझसे मिलना चाहते हैं। मैं रोमांच से भर गया। इस तरह हम लंच के लिए यूनिवर्सल स्टूडियो में मिले। प्रोफ़ेसर, उनकी पत्नी, उनकी सचिव हेलेन डुकास और उनके सहायक प्रोफ़ेसर वाल्टर मेयर। मिसेज़ आइंस्टीन बहुत अच्छी अंग्रेज़ी बोल लेती थीं, दरअसल प्रोफ़ेसर से भी बेहतर। वे विराट ऊर्जा वाली महिला थीं। जो एक महान व्यक्ति की पत्नी होने का सुख सहजता से भोग रही थीं और इस तथ्य को छुपाने का उन्होंने कोई प्रयास नहीं किया था। उनका उत्साह देखते ही बनता था।

लंच के बाद जिस वक़्त मि. लैमली उन्हें स्टूडियो में चारों तरफ़ घुमा रहे थे तो मिसेज़ आंइस्टीन मुझे एक तरफ़ ले गईं और फुसफुसाकर बोलीं, "आप प्रोफ़ेसर को अपने घर पर आमंत्रित क्यों नहीं करते? मुझे पता है वे सिर्फ़ हम तीनों के बीच शान्त बातचीत का ख़ूब लुत्फ़ उठाएँगे।" जैसा कि मिसेज़ आइंस्टीन ने अनुरोध किया था कि यह एक छोटी-सी पार्टी होनी चाहिए, मैंने सिर्फ़ दो और दोस्तों को ही बुलवाया। डिनर के वक़्त मिसेज़ आइंस्टीन ने मुझे उस सुबह का क़िस्सा बताया जब प्रोफ़ेसर को 'सापेक्षता का सिद्धान्त' सूझा था।

"प्रोफ़ेसर हमेशा की तरह अपने ड्रेसिंग-गाउन में नाश्ते के लिए नीचे आए लेकिन शायद ही उन्होंने किसी चीज़ को छुआ हो। मुझे लगा कि कुछ-न-कुछ गड़बड़ है। इसलिए मैंने पूछा कि कौन-सी बात आपको परेशान किये हुए है। वे बोले, 'डार्लिंग, मेरे दिमाग़ में एक शानदार विचार आया है।' अपनी कॉफ़ी पी लेने के बाद वे पियानो पर गए और बजाना शुरू कर दिया। बीच-बीच में वे रुक जाते, कुछ देर तक कुछ नोट्स लेते और फिर बजाने लगते। 'मेरे दिमाग़ में एक शानदार विचार आया है, अद्भुत विचार!'

"मैंने कहा, 'तो फिर बताइए न कि विचार क्या है, मुझे रहस्य में मत रखिए!'"

"वे बोले, 'बहुत मुश्किल है, मुझे अभी उस पर और काम करना है'।"

उन्होंने मुझे बताया कि वे लगातार आधे घंटे तक पियानो बजाते रहे और नोट्स लेते रहे। फिर वे ऊपर अपनी स्टडी में चले गए, मुझसे कहा कि वे किसी भी क़िस्म का व्यवधान नहीं चाहते। वे दो हफ़्ते तक ऊपर रहे, 'यहाँ तक कि मैं उनका खाना ऊपर ही भेजती रही'। उन्होंने बताया, 'शाम के वक़्त वे कभी-कभी व्यायाम करने के लिए थोड़ा-सा टहल लेते और फिर से अपने काम पर वापस चले जाते।'

मिसेज़ आइंस्टीन ने बताया, "आख़िरकार वे अपनी स्टडी से नीचे आए। वे बहुत ही कमज़ोर नज़र आ रहे थे। 'ये रहा,' उन्होंने थकान भरी आवाज़ में कहा और मेरे सामने मेज़ पर दो काग़ज़ रख दिये। और वह था सापेक्षता का सिद्धान्त।"

मैंने उस शाम डॉक्टर रेनॉल्ड्स को आमंत्रित किया था क्योंकि उन्हें भौतिकी को लेकर उत्सुकता रहती थी। डिनर के दौरान उन्होंने प्रोफ़ेसर से पूछा कि क्या उन्होंने डुने की 'एन एक्सपेरिमेंट विद टाइम' पढ़ी है।

प्रोफ़ेसर ने सिर हिला दिया।

रेनॉल्ड्स हवाबाज़ी करने लगे, "विस्तार, डाइमेंशन के बारे में उनका एक रोचक सिद्धान्त है। एक तरह की..." यहाँ पर वे थोड़ा हिचकिचाए, "एक तरह के डाइमेंशन का विस्तार!"

प्रोफ़ेसर तुरन्त मेरी तरफ़ मुड़े और शरारतपूर्ण तरीक़े से फुसफुसाए, "डाइमेंशन का विस्तार, यह क्या होता है?"

रेनॉल्ड्स फौरन विस्तार के रथ से उतर गए और उन्होंने प्रोफ़ेसर से पूछा कि क्या आप भूत-प्रेतों में विश्वास करते हैं। आइंस्टीन ने माना कि हालाँकि उन्होंने कभी भूत देखे तो नहीं है, लेकिन अगर बारह आदमी एक ही समय में एक ही घटना को देख चुके हों तो वे भी उस पर विश्वास कर लेंगे। वे मुस्कराए।

उस दौरान मनोवैज्ञानिक को लेकर हॉलीवुड में अच्छा-ख़ासा हँगामा मचा हुआ था। ख़ास तौर पर फ़िल्मों के नायकों के घरों में तो तंत्र-मंत्र का बहुत ज़ोर था। वहाँ पर आध्यामिक बैठकें होतीं, आकाशगमन और मानसिक करतबों के प्रदर्शन होते। मैं इन आयोजनों में नहीं जाता लेकिन फैनी ब्राइस, विख्यात कॉमेडियन ने क़सम खाते हुए बताया कि ऐसी ही एक बैठक में उसने मेज़ को ऊपर उठते हुए और कमरे में चारों तरफ़ तैरते हुए देखा था। मैंने प्रोफ़ेसर से पूछा कि क्या उन्होंने कभी ऐसी कोई घटना देखी है।

वे मुस्कराए और सिर हिलाया। मैंने उनसे यह भी पूछा कि क्या उनका सापेक्षता सिद्धान्त कहीं-कहीं न्यूटन की कल्पनाओं से टकराता है।

"इसके विपरीत," प्रोफ़ेसर बोले, "यह उसका विस्तार है।"

डिनर के दौरान मैंने मिसेज़ आइंस्टीन को बताया कि मुझे जब भी मौक़ा मिलेगा, मैं यूरोप जाना चाहूँगा।

"तब तो आपको ज़रूर ही बर्लिन आना चाहिए और हमारे घर भी आना चाहिए।"

वे बोलीं, "हमारे पास बहुत बड़ी जगह नहीं है। प्रोफ़ेसर बहुत अमीर नहीं हैं, हालाँकि वैज्ञानिक कार्य के लिए रॉकफ़ेलर फ़ाउंडेशन के दस लाख डॉलर से भी ज़्यादा तक उनकी पहुँच है लेकिन वे कभी उसे हाथ नहीं लगाते।"

बाद में जब मैं बर्लिन गया तो उनके छोटे-से साधारण घर में गया। यह उस तरह का घर था जो आपको आमतौर पर न्यूयॉर्क के ब्रांक्स इलाक़े में दिखाई

देता है। एक ही कमरे में बैठक और डाइनिंग रूम, जहाँ पुराने फटे हुए कालीन बिछे थे। वहाँ पर सबसे क़ीमती फ़र्नीचर था उनका पियानो, जिस पर उन्होंने चौथे आयाम के ऐतिहासिक प्रारम्भिक नोट्स लिखे थे। मैं कई बार हैरान होता हूँ कि उस पियानो का क्या हुआ होगा। शायद वह स्मिथसोनियन संस्थान में हो या मेट्रोपॉलिटन संग्रहालय में या शायद नाज़ियों द्वारा लकड़ियाँ जलाने के काम में ले लिया गया हो।

जिस वक़्त जर्मनी में नाज़ी आतंक शुरू हुआ, प्रोफ़ेसर के परिवार ने अमेरिका में शरण ली। मिसेज़ आइंस्टीन ने प्रोफ़ेसर की पैसों के मामले में अज्ञानता की एक मज़ेदार कहानी बताई—प्रिंस्टन विश्वविद्यालय वाले चाहते थे कि प्रोफ़ेसर उनकी फ़ैकल्टी में आ जाएँ। उन्होंने शर्तों के बारे में लिखा। प्रोफ़ेसर ने इतनी मामूली रक़म लिखी कि प्रिंस्टन के अध्यक्ष का उत्तर आया कि जिन शर्तों पर वे आना चाहते हैं, उन पर यहाँ उनका गुज़ारा नहीं हो पाएगा और अमेरिका में रहने के लिए उन्हें उससे कम-से-कम तीन गुना ज़्यादा रक़म की ज़रूरत पड़ेगी।

जब प्रोफ़ेसर आइंस्टीन 1937 में दोबारा कैलीफोर्निया आए तो वे मेरे घर आए। उन्होंने मुझे प्यार से गले लगा लिया और मुझे बताया कि वे अपने साथ तीन संगीतकार लाए हैं। "हम आपके लिए डिनर के बाद संगीत बजाएँगे।" उस शाम प्रोफ़ेसर मोज़ार्ट के साजिंदे जैसे लग रहे थे। हालाँकि उनका हस्तलाघव उतना नियंत्रित नहीं था और उनकी तकनीक थोड़ी मुश्किल थी, फिर भी उन्होंने आनन्द ले-लेकर आँखें बन्द करके लहराते हुए बजाया।

हालाँकि तीनों संगीतकारों ने प्रोफ़ेसर के साथ संगत के लिए बहुत अधिक उत्साह नहीं दिखाया, उन्होंने विनम्रतापूर्वक यही संकेत दिया कि वे प्रोफ़ेसर को आराम देना चाहते हैं और अपनी मनमर्ज़ी का बजाते रहे। अन्तत: प्रोफ़ेसर ने हार मान ली और बैठ गए। लेकिन जब उन्होंने क़ई चीज़ें बजा लीं तो वे फुसफुसाकर मुझसे बोले, "मैं दोबारा कब बजाऊँगा?"

जब संगीतकार चले गए, तो मिसेज़ आइंस्टीन ने अपने पति का मनोबल बढ़ाते हुए उन्हें आश्वस्त किया, "आपने उन लोगों से बेहतर बजाया।"

कुछ ही रातों के बाद आइंस्टीन दोबारा खाने पर आए, तब मैंने मैरी पिकफ़ोर्ड, डगलस फेयरबैंक्स, मैरियन डेविस, डब्ल्यू.आर. हर्स्ट और एकाध अन्य दोस्त को भी आमंत्रित किया। मैरियन डेविस आइंस्टीन के पास बैठीं और मिसेज़ आइंस्टीन मेरी दाईं तरफ़ हर्स्ट के साथ बैठीं। डिनर से पहले लगा कि सब कुछ ठीक-ठाक है, हर्स्ट अच्छे मूड में थे और आइंस्टीन विनम्र। लेकिन जैसे-जैसे डिनर आगे बढ़ा, मैंने महसूस किया कि मामला कुछ ठंडा चल रहा है क्योंकि अब तक दोनों ने आपस में एक शब्द भी नहीं बोला था। मैंने बातचीत में जीवन्तता लाने की हरसम्भव कोशिश की लेकिन कोई भी चीज़ उन्हें आपस में बात करने के लिए प्रेरित न कर सकी।

डाइनिंग रूम में भयंकर सन्नाटा पसर गया और मैंने देखा कि हर्स्ट अपनी स्वीट डिश की प्लेट को दुख से देख रहे हैं और प्रोफ़ेसर मुस्करा रहे हैं तथा शान्ति से अपने ही ख़यालों में खोये हुए हैं।

मैरियन अपने मनमौजी तरीक़े से सबकी चुटकी लेती रहीं लेकिन आइंस्टीन पर कोई फ़र्क़ नहीं पड़ा। अचानक ही मैरियन आइंस्टीन की तरफ़ मुड़ीं और अजीब तरीक़े से बोलीं, "हैलो," और फिर अपने हाथ की बीच की उँगलियाँ उनके सिर की तरफ़ लहराती हुई बोलीं, "आप अपने बाल क्यों नहीं कटा लेते?"

आइंस्टीन मुस्कराए और मुझे लगा कि यही समय है कि कॉफ़ी के लिए ड्राइंगरूम की तरफ़ चला जाए।

*

रूसी फ़िल्मकार आइंस्टीन अपने स्टाफ़ के साथ हॉलीवुड आए। उनके साथ ग्रेगर एलेक्सांद्र और एक अंग्रेज़ व्यक्ति आइवर मोंटागु भी थे, जो आइंस्टीन के मित्र थे। मैं उनसे कई बार मिला। वे मेरे टेनिस कोर्ट पर बहुत ही ख़राब टेनिस खेलते थे, ख़ास तौर से एलेक्सांद्र तो बहुत ही ख़राब।

आइंस्टीन को पैरामाउंट कम्पनी के लिए एक फ़िल्म बनानी थी। वे 'बैटलशिप पोटेमकिन' और 'टेन डेज़ दैट शूक द वर्ल्ड' की प्रसिद्धि के साथ आए थे। अत: पैरामाउंट ने इसे भी कारोबार के हिसाब से उचित समझा कि उन्हें अपनी ख़ुद की लिखी पटकथा पर फ़िल्म बनाने के लिए कहा जाए। उन्होंने एक बहुत ही अच्छी पटकथा लिखी 'सटर'स गोल्ड'। इसे उन्होंने कैलीफोर्निया के शुरुआती दिनों की एक रोचक कथा से उठाया था। फ़िल्म में किसी तरह का कोई प्रचार नहीं था लेकिन चूँकि आइंस्टीन रूस से थे, पैरामांउट डर गया और फिर कुछ भी नहीं हुआ।

एक दिन साम्यवाद पर बात करते हुए मैंने उनसे पूछा कि क्या वे सोचते हैं कि पढ़ा-लिखा सर्वहारा मानसिक रूप से अभिजात के साथ अपनी सांस्कृतिक पृष्ठभूमि में बराबरी पर खड़ा होता है, मेरा ख़याल है उन्हें मेरी अज्ञानता पर हैरानी हुई थी। आइंस्टीन जो रूस के इंजीनियरों के मध्यम स्तर के परिवार से आए थे, बोले, "यदि जनता पढ़ी-लिखी हो तो उसकी मिली-जुली ताक़त नई ज़मीन की तरह समृद्ध होती है।"

उनकी फ़िल्म 'इवान द टैरिबल' जिसे मैंने दूसरे विश्वयुद्ध के बाद देखा, सभी ऐतिहासिक फ़िल्मों में सबसे अच्छी थी। उन्होंने इतिहास को कविता की तरह पेश किया था और उसे दिखाने का सबसे अच्छा तरीक़ा यही था। जब मैं महसूस करता हूँ कि हाल की घटनाएँ किस तरह विकृत हो गई हैं, इतिहास मेरी शंकाएँ ही बढ़ाता है जबकि काव्यात्मक प्रस्तुति सामान्य प्रभाव को ग्रहण करती है। आख़िर कला में इतिहास की किताबों की तुलना में अधिक वैध तथ्य और ब्योरे होते हैं।

इक्कीस

जब मैं न्यूयॉर्क में था तो मेरे एक दोस्त ने बताया कि उसने फ़िल्मों में आवाज़ को शामिल किये जाते देखा है। उसने भविष्यवाणी की कि जल्द ही फ़िल्म उद्योग में इससे क्रान्ति आने वाली है।

मैंने इसके बारे में तब तक नहीं सोचा जब तक कई महीने बाद वार्नर ब्रदर्स ने अपनी पहली बोलती फ़िल्म नहीं बनाई थी। यह एक कॉस्ट्यूम फ़िल्म थी जिसमें एक बेहद ख़ूबसूरत अभिनेत्री को दिखाया गया था। उसका कोई नाम नहीं था। वह दुख के कुछ चरम क्षणों को चुपचाप अभिव्यक्त करती, गहराई से भरी उसकी बड़ी-बड़ी आँखें शेक्सपियर की वाक्‌पटुता से भी अधिक पीड़ा दिखातीं और तभी फ़िल्म में एक नये तत्त्व का प्रवेश होता है। शोर सुनाई देने लगता है जैसा आप शंख को कान से लगाने पर सुनते हैं। फिर वह ख़ूबसूरत राजकुमारी इस तरह से बोलने लगती है मानो रेत में से बोल रही हो, "मैं ग्रेगरी से ही शादी करूँगी भले ही मुझे इसके लिए अपना राजपाट ही छोड़ना पड़े।" यह भयंकर झटका था। क्योंकि अब तक तो राजकुमारी हमारा सिर्फ़ मनोरंजन कर रही थी लेकिन जैसे-जैसे फ़िल्म आगे बढ़ती गई, संवाद और मज़ाक़िया होते चले गए। लेकिन उतने नहीं जितने साउंड इफ़ेक्ट हो रहे थे। जब निजी बैठक के दरवाज़े का हैंडल घूमा, तो मुझे लगा कि किसी ने खेत में काम करने वाला ट्रैक्टर चला दिया हो और जब दरवाज़ा बन्द हुआ तो लगा मिट्टी ढोने वाले दो ट्रक आपस में टकरा गए हों। शुरू-शुरू में वे आवाज़ को नियंत्रित करने के बारे में कुछ नहीं जानते थे। म्यान में तलवार रखने की आवाज़ ऐसे आती मानो स्टील फ़ैक्टरी में काम चल रहा हो। साधारण पारिवारिक डिनर की मेज़ से ऐसी आवाज़ें आतीं मानो किसी भीड़ भरे रेस्तराँ में खाना खाया जा रहा हो और गिलास में पानी डालने की आवाज़ इतनी ख़ास तरह की लगती कि आवाज़ के बहुत ऊँचे डेसीबल तक जा पहुँची हो। मैं थियेटर से यह सोचते हुए लौटा कि आवाज़ के दिन बस गिने-चुने ही हैं।

लेकिन एक ही महीने बाद एम.जी.एम. ने एक फ़िल्म बनाई, 'द ब्रॉडवे मेलोडी', जो पूरी लम्बाई वाली संगीतमय फ़िल्म थी और बड़ी ही बेकार व सुस्त थी, लेकिन बॉक्स-ऑफ़िस पर इसने सफलता के झंडे गाड़ दिये और यह सिलसिला चल निकला। सभी थियेटरों ने रातोंरात सवाक फ़िल्मों के लिए तार बिछाने शुरू कर दिये। यह मूक फ़िल्मों का ढलान था। हालाँकि यह दुख की बात थी क्योंकि इस बीच मूक फ़िल्मों में सुधार होने शुरू हो गए थे। जर्मन निर्देशक मि. मुर्नो ने इस माध्यम को बहुत अच्छे तरीक़े से इस्तेमाल किया था और हमारे कुछ अमेरिकी निर्देशक भी इसी तरह के प्रयोग कर रहे थे। किसी भी अच्छी मूक फ़िल्म में विश्वव्यापी अपील होती थी जो बुद्धिजीवी वर्ग और आम जनता को एक जैसी पसन्द आती थी। अब यह सब कुछ ख़त्म हो जाने वाला था।

लेकिन मैं इस बात पर अड़ा हुआ था कि मैं मूक फ़िल्में ही बनाता रहूँगा क्योंकि मेरा मानना था कि सभी तरह के मनोरंजन के लिए हमेशा गुंजाइश रहती है। इसके अलावा, मैं मूक अभिनेता यानी पेंटोमाइमिस्ट था जो उस माध्यम में विरला था और अगर इसे मेरी ख़ुद की तारीफ़ करना न माना जाए तो मैं इस कला में सर्वश्रेष्ठ था। इसलिए मैंने एक और मूक फ़िल्म 'द सिटी लाइट्स' के लिए काम करना शुरू कर दिया।

इसकी कहानी एक जोकर के आसपास बुनी गई थी जो दुर्घटनावश एक सर्कस में अपनी आँखों की रोशनी खो बैठता है। उसकी एक प्यारी-सी बेटी भी है जो बीमार है। जब वह अस्पताल से वापस आता है, तो डॉक्टर उसे चेताता है कि वह अपनी बेटी से अपना अंधापन तब तक छुपाए रखे जब तक वह इतनी समझदार नहीं हो जाती कि अंधेपन को समझ सके, नहीं तो इसका लड़की पर उलटा असर पड़ेगा। उसका चीज़ों पर लड़खड़ाना और ठोकरें खाना बेटी को ख़ुशी-भरी हँसी से भर देता है। लेकिन यह कुछ ज़्यादा ही भावनात्मक था। हालाँकि जोकर का अंधापन फ़िल्म 'सिटी लाइट्स' में लड़की के हिस्से में चला जाता है।

एक उप कहानी भी थी जिस पर मैं कई बरसों से सोच रहा था। अमीर आदमियों के एक क्लब के दो सदस्य हैं जो इस बात पर बहस कर रहे हैं कि आदमी की आत्मा अस्थिर होती है। वे एक ट्रैम्प के साथ एक प्रयोग करते हैं। वे उसे लंदन के तटीय इलाक़े में सोया हुआ पाते हैं। जहाँ से उसे अपने महलनुमा घर में ले आते हैं और उसकी ख़ूब ख़ातिरदारी करते हैं। वहाँ सुरा, सुन्दरी और गाना-बजाना होता है और जिस वक़्त वह बुरी तरह से नशे में धुत होता है तथा सो रहा होता है, उसे वापस वहीं पर छोड़ आते हैं जहाँ से उठाकर लाए थे। जब वह जागता है तो यही समझता है कि उसने सपना देखा है। इसी विचार से 'द सिटी लाइट्स' के करोड़पति की कहानी बुनी गई थी जो नशे में एक ट्रैम्प से दोस्ती करता है लेकिन जिस वक़्त वह होश में होता है तो ट्रैम्प की अनदेखी करता है। इसी थीम से कहानी आगे बढ़ती है और ट्रैम्प उस अंधी लड़की के सामने यह नाटक कर पाता है कि वह अमीर आदमी है।

'सिटी लाइट्स' पर दिन-भर काम करने के बाद मैं डगलस के स्टूडियो की तरफ़ निकल जाया करता और वहाँ स्टीम-बाथ लेता। उनके कई दोस्त अभिनेता, निर्माता और निर्देशक वहाँ जमा होते। वहाँ हम सब अपनी जिन या टॉनिक की चुस्कियाँ लेते हुए गपें मारते तथा सवाक फ़िल्मों की बातें करते। यह तथ्य किसी के भी गले से नीचे नहीं उतरता था कि मैं एक और मूक फ़िल्म बना रहा हूँ।

"भई आप में तो ग़ज़ब का धैर्य है," वे लोग कहा करते।

अपने पिछले कामों के दौरान अक्सर मैं निर्माताओं में रुचि पैदा कर लिया करता था। लेकिन इस वक़्त तो हालत यह थी कि वे लोग सवाक फ़िल्मों की सफलता से बहुत ज़्यादा अभिभूत थे और जैसे-जैसे समय बीतता जा रहा था मुझे ऐसा लगने लगा कि चीज़ें मेरे हाथ से फिसलती जा रही हैं या मैं बर्बाद हो चुका हूँ।

जो शेंक, जिन्होंने सवाक फ़िल्मों के प्रति अपना रोष सार्वजनिक रूप से प्रकट किया था, अब उनके पक्ष में बात करने लगे थे, "चार्ली, मुझे यह डर है कि यह फ़िल्में हमेशा के लिए आ रही हैं!" फिर वे इस बात की कल्पना करने लगते कि केवल चार्ली ही अकेले ऐसे शख़्स हैं जो अभी भी सफल मूक फ़िल्में बना सकते हैं। यह बात तारीफ़ में कही गई थी लेकिन बहुत ज़्यादा राहत देने वाली नहीं थी, क्योंकि मैं नहीं चाहता था कि मैं मूक फ़िल्मों की कला का इकलौता पुजारी बचा रह जाऊँ। न ही फ़िल्मी पत्रिकाओं में चार्ली चैप्लिन के फ़िल्मी कॅरियर के भविष्य के बारे में व्यक्त की गई शंकाओं और डरों को पढ़ना ही आश्वस्त करता था।

इसके बावजूद 'सिटी लाइट्स' एक आदर्श मूक फ़िल्म थी और कोई भी बात मुझे यह फ़िल्म बनाने से नहीं रोक सकी। लेकिन मेरे सामने कई समस्याएँ आ खड़ी हुई थीं। सवाक फ़िल्मों को आए अब लगभग तीन बरस हो गए थे, इस बीच अभिनेता इस बात को कमोबेश भूल ही चुके थे कि मूक अभिनय, पेंटोमाइमिंग करते कैसे हैं? उनकी सारी टाइमिंग बोलने में जा चुकी थी न कि एक्शन में। दूसरी परेशानी थी एक ऐसी लड़की की खोज जिसके सौन्दर्य से निगाहें हटाए बिना वह अंधी लग सके। कई आवेदक लड़कियाँ सामने आईं जो अपनी आँखों की सफ़ेद पुतलियाँ दिखा रही थीं लेकिन यह सब बहुत ही हताश करने वाला था। क़िस्मत ने एक बार फिर मेरा साथ दिया। एक बार सांता मोनिका समुद्र तट पर मैंने एक फ़िल्म कम्पनी को शूटिंग करते देखा, जहाँ स्विम सूट में कई सुन्दर लड़कियाँ थीं। उनमें से एक ने मेरी तरफ़ देखकर हाथ हिलाया, यह वर्जीनिया चेरिल थी। मैं उससे पहले भी मिल चुका था।

"मैं आपकी फ़िल्म में कब काम करने जा रही हूँ?" उसने पूछा।

नीले रंग के बाथिंग सूट में उसकी कमनीय देहयष्टि ने कहीं भी मेरे इस ख़याल को प्रेरित नहीं किया कि वह अंधी लड़की की भूमिका कर पाएगी। लेकिन दूसरी नायिकाओं के साथ दो-एक परीक्षण कर लेने तथा बुरी तरह से हताश होने के बाद मैंने उसी को बुलवाया तथा मेरी हैरानी की सीमा न रही जब मैंने पाया कि उसमें अंधी लड़की की भूमिका करने के सभी गुण मौज़ूद थे। मैंने उसे आदेश दिया कि वह मेरी तरफ़ देखे लेकिन असल में वह भीतर देख रही हो न कि मुझे और वह यह काम कर पाई। मिस चेरिल ख़ूबसूरत और फ़ोटोजेनिक थी लेकिन उसे अभिनय करने का अनुभव बहुत कम था। कई बार यह बात, ख़ासकर मूक फ़िल्मों में फ़ायदे की ही होती। कारण यह है कि वहाँ पर तकनीक ही सबसे अधिक महत्त्वपूर्ण होती। इसके विपरीत अनुभवी अभिनेत्रियाँ कई बार अपनी आदतों में इतनी जकड़ चुकी होती हैं या मूक अभिनय में मूवमेंट की तकनीक से इतनी ज़्यादा मशीनी हो जातीं कि उसे ही बाधा पहुँचाती हैं जबकि जो कम अनुभवी होती हैं वे अपने आपको इन मशीनी मूवमेंट्स के साथ आसानी से ढाल लेती है।

फ़िल्म में एक दृश्य है जिसमें ट्रैम्प ट्रैफ़िक की भीड़ से बचने के लिए एक लिमोजिन कार में से निकलकर सड़क पार करता है। वह एक तरफ़ का दरवाज़ा खोलकर कार में घुसता है और दूसरी तरफ़ से बाहर निकल जाता है। फूल बेचने वाली अंधी लड़की कार का दरवाज़ा बन्द होने की आवाज़ सुनती है और इस आवाज़ से वह उसे कार का मालिक समझ बैठती है तथा उसे फूल बेचने की कोशिश करती है। चूँकि उसके पास सिर्फ़ आधे क्राउन का सिक्का ही बचा है तो वह कोट के बटन में लगाए जाने वाले फूल ख़रीद लेता है। दुर्घटनावश, फूल लड़की के हाथ से फ़ीटपाथ पर गिर जाते हैं तो घुटने के बल झुककर वह फूल तलाशने की कोशिश करती है। वह बताना चाहता है कि फूल किस जगह पर हैं। लेकिन वह फिर भी तलाशती रहती है। अधीर होकर वह ख़ुद फूल उठाता है और अविश्वास से उसकी तरफ़ देखता है। लेकिन अचानक ही उसे लगता है कि लड़की देख नहीं सकती है और उसकी आँखों के आगे से फूल फिराते हुए वह पाता है कि वह सचमुच अंधी है। वह उससे माफ़ी माँगता है और खड़े होने में उसकी मदद करता है।

यह पूरा दृश्य लगभग सत्तर सेकेंड तक चलता है। लेकिन इसे सही तरीक़े से फ़िल्माने के लिए हमें पाँच दिन तक रीटेक लेने पड़े। इसमें सारी ग़लती लड़की की नहीं थी। मेरा ख़ुद का भी क़सूर था। मैं परफ़ेक्शन पाने के चक्कर में पागलपन की हद तक काम करता हूँ। 'सिटी लाइट्स' को बनाने में एक बरस से भी ज़्यादा का समय लग गया।

फ़िल्म-निर्माण के दौरान स्टॉक मार्केट पूरी तरह धराशायी हो गया। सौभाग्य से मैं उसमें कहीं नहीं था। चूँकि मैं मेजर एच. डगलस की पुस्तक 'सोशल क्रेडिट' पढ़ चुका था जिसमें उन्होंने हमारी अर्थव्यवस्था का विश्लेषण किया था और तालिकाएँ बनाकर समझाया था कि मूल रूप से सारे फ़ायदे वेतनों से ही आते हैं। इसलिए बेरोज़गारी का मतलब हुआ लाभ में कमी और पूँजी में गिरावट। मैं उनके सिद्धान्त से 1928 में प्रभावित हुआ था जब अमेरिका में बेरोज़गारों की संख्या एक करोड़ चालीस लाख तक जा पहुँची थी और मैंने अपने सारे स्टॉक और बॉन्ड बेच डाले थे तथा अपनी पूँजी को नक़दी में बनाए रखा था।

स्टॉक-मार्केट के लुढ़कने से एक दिन पहले मैं इर्विंग बर्लिन के साथ खाना खा रहा था। वे स्टॉक मार्केट को लेकर बहुत ज़्यादा आशावादी थे। वे बता रहे थे कि वे जिस रेस्तराँ में खाना खाया करते थे, वहाँ की एक वेट्रेस ने बाज़ार में पैसे लगाए थे और एक बरस से भी कम अरसे में अपने निवेशों से दुगुना लाभ कमाते हुए 40,000 डॉलर बना लिये। उनका ख़ुद का भी कई करोड़ रुपया इक्विटी स्टॉकों में लगा हुआ था जिन पर दस लाख डॉलर से भी ज़्यादा का फ़ायदा नज़र आ रहा था। उन्होंने मुझसे पूछा कि क्या मैं भी स्टॉक मार्केट में निवेश करता हूँ? मैंने उन्हें बताया कि जिस वक़्त एक करोड़ चालीस लाख लोग बेरोज़गार हों उस वक़्त मैं स्टॉक बाज़ार

पर भरोसा नहीं कर सकता। जब मैंने उन्हें सलाह दी कि वे अपने स्टॉक बेच डालें और उन्हें जितना भी लाभ मिल रहा है उसे लेकर एक किनारे हो जाएँ तो वे नाराज़ हो गए। हम दोनों में गरमागरम बहस छिड़ गई।

"श्रीमान जी, आप अमेरिका को कम करके आँक रहे हैं?" उन्होंने कहा और मुझ पर देशद्रोही होने का आरोप भी लगाया। अगले दिन बाज़ार पचास पॉइंट लुढ़क गया। इर्विंग की क़िस्मत ने कलाबाज़ी खाई और अब वे सड़क पर थे। दो-एक दिन बाद वे मेरे स्टूडियो में आए। वे बहुत परेशान थे और माफ़ी माँग रहे थे। वे जानना चाहते थे कि मुझे यह जानकारी कहाँ से मिली थी।

आख़िरकार 'सिटी लाइट्स' पूरी हो गई। अब सिर्फ़ संगीत रिकॉर्ड किया जाना बाक़ी था। संगीत के बारे में एक अच्छी बात यह थी कि मैं संगीत को नियंत्रित कर सकता था। इसलिए संगीत रचना मैंने स्वयं की।

मैं रोमानी और भव्य संगीत रचना चाहता था ताकि वह मेरी कॉमेडियों में ट्रैम्प के चरित्र के ठीक उलटा जाए। मेरा यह मानना है कि शानदार संगीत मेरी फ़िल्मों को एक भावनात्मक आयाम देता है। संगीत कम्पोजर शायद ही इस बात को कभी समझ पाए। वे सोचते थे कि संगीत मज़ाक़िया हो। लेकिन मैं उन्हें समझाता कि मैं कोई प्रतिस्पर्धा नहीं चाहता। मैं चाहता हूँ कि संगीत गरिमा और सौन्दर्य का ही हिस्सा बनकर आए, वह संवेदनाओं को अभिव्यक्त करे, जिसके बिना, जैसा कि हैज़लिट कहते हैं, कला का कोई कर्म पूरा नहीं होता। कई बार कोई संगीतकार मुझसे बहस करता और संगीत के आरोह-अवरोह की बँधी हुई सीमाओं की बात करता तो मैं उसकी बात बीच में ही काटकर उसके सामने आम आदमी की राय रख देता, जो भी है संगीतात्मकता है, बाक़ी सब पैबन्द है। अपनी एक या दो फ़िल्मों का संगीत तैयार कर लेने के बाद मैं किसी संगीतकार की संगीतबद्ध की गई रचना की तरफ़ व्यावसायिक नज़रिये से और मात्र यह जानने के लिए देखने लगा कि संगीत रचना में बहुत अधिक ऑर्केस्ट्रा तो नहीं आ गया है। यदि मुझे पीतल वाले और काष्ठ के वाद्यों में बहुत ज़्यादा धुनें मिलतीं तो मैं कह देता, "यहाँ पीतल कुछ ज़्यादा ही घनघना रहा है या काष्ठ-वाद्य कलाकार कुछ ज़्यादा ही व्यस्त हैं।"

इससे ज़्यादा रोमांचकारी और आह्लादक अन्य कोई चीज़ नहीं होती जब आप पचास वाद्य-यंत्रों के आर्केस्ट्रा पर तैयार की गई अपनी फ़िल्म की धुनों को पहली बार सुनते हैं।

आख़िरकार जब 'सिटी लाइट्स' की संगीत रचना को फ़िल्म में पिरो लिया गया तो मैं उसका भाग्य जानने को बेचैन हो उठा। इसलिए बिना किसी घोषणा के हमने शहर से बाहर के इलाक़े में इसका एक प्रिव्यू रखा।

यह बहुत भयानक अनुभव था। वजह यह थी कि हमारी फ़िल्म आधे भरे हुए सिनेमा हॉल के पर्दे पर दिखाई जा रही थी। दर्शक एक ड्रामा देखने आए थे न कि

कॉमेडी और वे फ़िल्म के आधी हो जाने तक अपनी घबराहट से उबर नहीं पाए। कुछ हँसी के पल थे, लेकिन कमज़ोर और इससे पहले कि फ़िल्म पूरी हो पाती, मैंने बीच के रास्ते से कुछ छायाओं को बाहर की तरफ़ जाते देखा। मैंने अपने सहायक निर्देशक को कहा, "लोग तो फ़िल्म छोड़कर जा रहे हैं!"

"हो सकता है वे टॉयलेट के लिए जा रहे हों।" वह फुसफुसाया।

इसके बाद मैं फ़िल्म पर अपना ध्यान केन्द्रित नहीं कर पाया। बल्कि इस बात का इन्तज़ार करने लगा कि जो लोग उठकर बाहर गए थे, वापस आते हैं या नहीं। कुछ पलों के बाद मैं फुसफुसाया, "वे लोग वापस नहीं आए हैं।"

"हो सकता है कि कुछ लोगों को ट्रेन पकड़नी हो," सहायक निर्देशक ने जवाब दिया।

मैं इस भावना के साथ थियेटर से बाहर आया कि मेरी दो साल की मेहनत और बीस लाख डॉलर पानी में चले गए। जिस वक़्त मैं थियेटर से बाहर आया तो थियेटर का प्रबन्धक लॉबी में खड़ा था। उसने मेरा अभिवादन किया और मुस्कराते हुए कहा, "यह बहुत अच्छी है।" और बात पूरी करते-करते एक और जुमला जड़ दिया, "अब मैं देखना चाहता हूँ कि आप सवाक फ़िल्में बनाएँ, पूरी दुनिया इसी की राह देख रही है।"

मैंने मुस्कराने की कोशिश की। हमारा स्टाफ़ थियेटर से बाहर निकल आया था और इस समय दीवारों से सटकर खड़ा था। मैं भी उनमें जा मिला। रीव्ज़, मेरे मैनेजर ने हमेशा की तरह गम्भीर बने रहते हुए मेरा अभिवादन किया और अपनी आवाज़ को लय-ताल में बाँधते हुए बोला, "काफ़ी अच्छी चली। नहीं क्या! मैंने सोचा, यह देखते हुए कि...।" उसका अन्तिम शब्द स्पष्ट ही उसका शक ज़ाहिर करता था लेकिन मैंने विश्वास के साथ सिर हिलाया—

"जब पूरा थियेटर भरा होगा तो यह महान फ़िल्म साबित होगी। हाँ, बेशक सिर्फ़ एकाध कट की ज़रूरत पड़ेगी।" मैंने अपनी तरफ़ से जोड़ा।

हालाँकि अब तूफ़ान की तरह परेशान करने वाला यह ख़याल हमारे सामने मँडराने लगा कि अब तक हमने फ़िल्म बेचने की कोशिश ही नहीं की है। लेकिन इस बात को लेकर मैं बहुत ज़्यादा परेशान नहीं था क्योंकि मैं जानता था कि मेरा नाम अभी भी बॉक्स ऑफ़िस पर सफलता की गारंटी है। जो शेंक, हमारे यूनाइटेड आर्टिस्ट्स के अध्यक्ष ने मुझे चेताया कि वितरक मुझे उन्हीं शर्तों पर पैसा देने के लिए तैयार नहीं हैं जिन शर्तों पर उन्होंने 'द गोल्ड रश' उठाई थी। साथ ही बड़े सर्किट अपने हाथ बाँधे, इन्तज़ार करो और देखो का रुख़ अपनाए हुए थे। इससे पहले यह होता था कि जब भी मेरी कोई नई फ़िल्म आती थी तो वे दिल खोलकर दिलचस्पी लिया करते थे। अब उनकी दिलचस्पी में वो गर्मजोशी नहीं थी। इसके अलावा, न्यूयॉर्क में शो करने के लिए समस्याएँ उठ खड़ी हुईं। मुझे बताया गया कि

न्यूयॉर्क के सभी थियेटर पहले से ही बुक हो चुके हैं। इसलिए मुझे अपनी बारी का इन्तज़ार करना पड़ेगा।

न्यूयॉर्क में मात्र एक ही थियेटर उपलब्ध था, जो भीड़-भाड़ वाले इलाक़े से काफ़ी हटकर ग्यारह सौ पचास की क्षमता वाला जॉर्ज एम. कोहन थियेटर था, इसे सफ़ेद हाथी समझा जाता था। देखा जाए तो यह सिनेमाघर भी नहीं था। मैं सात हज़ार डॉलर प्रति सप्ताह पर मात्र चारदीवारी किराये पर ले सकता था जिसके लिए आठ सप्ताह के किराये की गारंटी देनी थी और बाक़ी सारी चीज़ों का इन्तज़ाम भी मुझे ख़ुद करना था। मैनेजर, कैशियर, सीटें दिखाने वाले, प्रोजेक्टर चलाने वाले, स्टेज सँभालने वाले और बिजली वाले साइन बोर्ड तथा प्रचार। अब चूँकि मेरे ख़ुद के बीस लाख डॉलर दाँव पर लगे हुए थे और वह भी मेरा ख़ुद का पैसा, मैंने सोचा क्यों न यह पूरा जुआ भी खेलकर देख ही लिया जाए और मैंने हॉल किराये पर ले लिया।

इस बीच रीव्ज़ ने लॉस एंजेल्स में हाल ही में बने एक नये थियेटर में सौदा कर लिया। चूँकि आइंस्टीन दम्पति अभी भी वहीं पर थे और उन्होंने पहला शो देखने की इच्छा भी व्यक्त की—लेकिन मुझे नहीं लगता था कि उन्हें इस बात का रत्ती-भर भी गुमान था कि वे क्या देखने जा रहे हैं? प्रीमियर से पहले वाली रात उन्होंने मेरे घर पर खाना खाया, फिर हम सब शहर की तरफ़ चले। मुख्य गली कई मुहल्लों तक भीड़ से अँटी पड़ी थी। पुलिस की कारें और एम्बुलेंस की गाड़ियाँ भीड़ में से रास्ता बनाने की नाकाम कोशिश कर रही थीं। भीड़ ने थियेटर के साथ वाली दुकान के शीशे तोड़ दिये थे। हमें पुलिस की टुकड़ी की मदद से किसी तरह से प्रवेश कक्ष तक पहुँचाया गया। फ़िल्म की रिलीज़ की इन पहली रातों से मुझे बहुत कोफ़्त होती! व्यक्तिगत तनाव, अलग-अलग क़िस्म के इत्रों की मिली-जुली गंध और उन सबका असर, उबकाई लाने व नसें तड़काने वाला था।

मालिक ने थियेटर बहुत ख़ूबसूरत बनाया था लेकिन उन दिनों के अधिकांश वितरकों की तरह वह फ़िल्मों के प्रदर्शन के बारे में बहुत कम जानता था। फ़िल्म शुरू हुई। क्रेडिट टाइटल दिखाए गए, पहली रात को होने वाला शोर-शराबा हुआ। आख़िर पहला सीन खुला। मेरा दिल ज़ोर-ज़ोर से धड़कने लगा। पहला दृश्य कॉमेडी का था जिसमें एक मूर्ति का अनावरण दिखाया गया था। लोग हँसने लगे। फिर यह हँसी चीख़ने में बदल गई। उनकी नस अब मेरे हाथ में थी। मेरी सभी शंकाएँ और डर उड़ गए। अब मैं रोना चाहता था। तीन रीलों तक लोग हँसते ही रहे। मैं ख़ुद भी अपनी रग़ों में दौड़ते रक्त में घुली उत्तेजना में उनके साथ-साथ हँस रहा था।

तभी एक बहुत वाहियात घटना घट गई। अचानक ही ठहाकों के बीच फ़िल्म रोक दी गई। हॉल की बत्तियाँ जल गईं और लाउडस्पीकर पर एक आवाज़ उभरी, "इस शानदार कॉमेडी को आगे बढ़ाने से पहले हम आपके क़ीमती समय में से पाँच मिनट चाहेंगे और इस ख़ूबसूरत नये थियेटर की विशेषताओं के बारे में कुछ बताना

चाहेंगे।" मैं अपने कानों पर विश्वास ही न कर सका। मैं पागल हो गया। मैं अपनी सीट से कूदा और बीच वाले रास्ते पर दौड़ा, "कहाँ है वो हरामज़ादा? सूअर का पिल्ला मैनेजर, मैं उसे जान से मार डालूँगा।"

दर्शकगण मेरे साथ हो लिये और ज़मीन पर पैर पटकने तथा शोर मचाने लगे जबकि वह मूर्ख थियेटर के गुणगान करने में लगा रहा। अलबत्ता, जब दर्शकों ने हो-हल्ला करना शुरू कर दिया तो उसने अपनी भाषणबाज़ी बन्द की। एक और रील चलने के बाद ही हॉल में फिर से ठहाके गूँजने लगे। ऐसी परिस्थितियों में मेरा ख़याल है, फ़िल्म ठीक-ठाक चली। अन्तिम सीन में मैंने देखा, आइंस्टीन साहब अपनी आँखें पोंछ रहे थे—इस बात का एक और सबूत कि वैज्ञानिक भी लाइलाज ढंग के संवेदनशील प्राणी होते हैं।

अगले दिन समीक्षाओं का इन्तज़ार किये बिना ही मैं न्यूयॉर्क के लिए चल पड़ा क्योंकि पहले प्रदर्शन में सिर्फ़ चार ही दिन बचे थे। लेकिन जब मैं पहुँचा तो यह देखकर मेरे होश उड़ गए कि पिक्चर का ज़रा-सा भी प्रचार नहीं किया गया था। सिर्फ़ औपचारिक घोषणाएँ और मामूली-सा प्रचार—"हमारा पुराना दोस्त एक बार फिर हमारे सामने" और इसी तरह की कमज़ोर लाइनें। अन्ततः मैंने अपने यूनाइटेड आर्टिस्ट्स स्टाफ़ को ज़ोरदार डाँट पिलाई, "संवेदनाओं को छोड़ो। उन्हें जानकारी दो। क्योंकि हम एक ऐसे थियेटर में फ़िल्म दिखा रहे हैं जो पिक्चर हॉल नहीं है और आम रास्ते से हटकर है।"

मैंने आधे-आधे पेज के विज्ञापन लिये और उन्हें न्यूयॉर्क के सभी महत्त्वपूर्ण अख़बारों में बड़े-बड़े अक्षरों में प्रकाशित कराया—

चार्ली चैप्लिन की फ़िल्म
'सिटी लाइट्स'
कोहन थियेटर में
सारे दिन की दरें 50 सेंट और एक डॉलर

मैंने अख़बारों में दिये जाने वाले विज्ञापनों पर 30,000 डॉलर अतिरिक्त ख़र्च किये और थियेटर के आगे लगाए जाने के लिए बिजलीवाला एक साइन-बोर्ड किराये पर लिया। उस पर भी 30,000 डॉलर ख़र्च किये। हमारे पास समय बहुत कम था और हमें बहुत काम करना था। मैं सारी रात जागता रहा तथा फ़िल्म के प्रोजेक्टशन के प्रयोग करता रहा। फ़िल्म के आकार के बारे में माथापच्ची करता रहा और उसमें आई ख़ामियों को ठीक करता रहा। अगले दिन मैं प्रेस से मिला और उन्हें बताया कि मैंने यह मूक फ़िल्म क्यों और किसके लिए बनाई है।

यूनाइटेड आर्टिस्ट्स का स्टाफ़ मेरे प्रवेश-शुल्क को लेकर शंका में था क्योंकि मैं सीधे-सीधे एक डॉलर और पचास सेंट वसूल कर रहा था जबकि बाक़ी सभी सिनेमाहॉल

महँगे स्टालों में रखे गए शुरुआती प्रदर्शनों के लिए भी पचासी सेंट से पैंतीस सेंट लिया करते थे जबकि वे सवाक फ़िल्में दिखा रहे थे और फ़िल्म के शुरू में कलाकारों का शो भी होता था। लेकिन मेरा मनोविज्ञान इस प्रमुख तथ्य पर काम कर रहा था कि यह मूक फ़िल्म है और इसीलिए इसकी क़ीमत बढ़ाए जाने की ज़रूरत है। इसके अलावा अगर जनता फ़िल्म देखना चाहती है तो उन्हें पचासी सेंट और एक डॉलर के बीच का फ़र्क़ नहीं रोक पाएगा। इसलिए मैंने समझौता करने से इनकार कर दिया।

प्रीमियर में फ़िल्म बहुत अच्छी गई। लेकिन प्रीमियर आगे के बारे में तो कोई संकेत नहीं देते। असली मायने तो आम जनता की राय रखती है। क्या वे मूक फ़िल्म में दिलचस्पी लेंगे? यह ख़याल आधी रात तक मुझे जगाए रहा। सुबह हमारे प्रचार प्रबन्धक ने मुझे जगाया, वह ग्यारह बजे धड़धड़ाता हुआ मेरे कमरे में घुसा, "साहब, आपने तो कमाल कर दिया! फ़िल्म क्या हिट जा रही है! आज सुबह दस बजे से ही जो लाइनें लगनी शुरू हुई हैं वे सारी गलियों को घेरे हुए हैं और सारा ट्रैफ़िक रुका पड़ा है। कम-से-कम दस पुलिसवाले ट्रैफ़िक नियंत्रण में लगे हैं। लोग हैं कि किसी भी तरह से भीतर घुसना चाहते हैं। आपको देखना चाहिए कि वे कैसे हो-हल्ला कर रहे हैं!"

मुझ पर सुख की, राहत की भावना तारी हो गई। मैंने ब्रेकफ़ास्ट मँगवाया और तैयार होने लगा। "मुझे बताओ, सबसे ज़्यादा ठहाके किस सीन पर लगे?" मैंने पूछा और उसने बारीकी से बताना शुरू किया कि कहाँ-कहाँ लोग हँसे और कहाँ पेट पकड़कर हँसे और कहाँ हँसते-हँसते पागल हो गए। "चलिए और अपने आप देखिए।" उसने कहा, "इससे आपका जी अच्छा हो जाएगा।"

मैं जाने में हिचकिचा रहा था क्योंकि कोई भी शै उसके उत्साह का मुक़ाबला नहीं कर सकती थी। फिर भी, मैं थियेटर में पीछे की तरफ़ भीड़ के साथ खड़े होकर आधे घंटे तक फ़िल्म देखता रहा, लगातार जो ठहाके गूँज रहे थे, उनसे मुझे हर्षमिश्रित राहत मिल रही थी। यह मेरे लिए काफ़ी था। मैं सन्तुष्ट वापस आया। फिर चार घंटे तक न्यूयॉर्क की सड़कों पर भटकता रहा और अपनी भावनाओं को हवा देता रहा। बीच-बीच में मैं थियेटर के पास से गुज़रता और देखता, अभी भी चारों तरफ़ की सड़कों पर अन्तहीन क़तारें लगी हुई हैं।

फ़िल्म को गुमनाम लोगों की तरफ़ से भी बहुत अच्छी समीक्षाएँ मिलीं।

1,150 की क्षमता वाले उस हॉल से हमने तीन हफ़्ते तक 80,000 डॉलर प्रति सप्ताह की दर से कमाई की जबकि ठीक सामने वाली सड़क पर 3,000 क्षमता वाले पैरामाउंट में सवाक फ़िल्म दिखाई जा रही थी तथा मॉरिस शेवेलियर वहाँ स्वयं मौजूद थे, फिर भी कुल 38,000 डॉलर प्रति सप्ताह ही निकल पाए। 'सिटी लाइट्स' बारह हफ़्ते तक चलती रही और सारे ख़र्च निकाल लेने के बाद 4,00,000 डॉलर से भी ज़्यादा का शुद्ध मुनाफ़ा दे गई। फ़िल्म उतारने का एक ही कारण था कि न्यूयॉर्क थियेटर सर्किट, जिन्होंने इसे अच्छी क़ीमत पर बुक कर रखा था, यह

अनुरोध करने लगा कि वे नहीं चाहते कि उनके सर्किट में पहुँचने से पहले ही हर आदमी इसे देख चुका हो।

अब मैं लंदन जाना चाहता था और 'सिटी लाइट्स' को वहाँ लॉन्च करना चाहता था। जब मैं न्यूयॉर्क में था तो 'द न्यूयॉर्कर' के सम्पादकों में से एक अपने दोस्त रॉल्फ़ बर्टन से बहुत ज़्यादा मिला करता था, उन्होंने हाल ही में बालज़ाक की किताब 'ड्रॉल स्टोरीज़' का चित्रण पूरा किया था। वे सिर्फ़ सैंतीस बरस के थे और बेहद सुसंस्कृत व सनकी आदमी थे। उन्होंने पाँच शादियाँ रचाई थीं और कुछ अरसे से वे हताशा में चल रहे थे। किसी चीज़ की ज़्यादा ख़ुराक लेकर ख़ुदकशी करने की कोशिश भी की थी। मैंने उन्हें सुझाव दिया कि वे मेरे मेहमान के तौर पर मेरे साथ यूरोप चलें, इस बदलाव से उन्हें बेहतर महसूस होगा। इस तरह से हम दोनों ओलम्पिक में चले। यह वही जहाज़ था जिस पर मैंने इंग्लैंड के लिए अपनी पहली यात्रा की थी।

बाईस

दस बरस के बाद मैं इस बात को लेकर भावुक हो रहा था कि लंदन में मेरा स्वागत कैसा होगा! काश, मैं बिना किसी प्रचार के चुपचाप लंदन पहुँच पाता। लेकिन मैं 'सिटी लाइट्स' के प्रीमियर में शामिल होने के लिए आया था जिसका मतलब था फ़िल्म के लिए प्रचार। अलबत्ता, अपने स्वागत के लिए जुटी भीड़ के आकार को देखकर मैं निराश भी नहीं हुआ।

इस बार मैं कार्लटन में ठहरा। कारण यह था कि यह रिट्ज़ की तुलना में लंदन का पुराना लैंडमार्क था और इसके ज़रिये लंदन मुझे ज़्यादा पहचाना हुआ लगता। मेरा कमरा अति उत्तम था। मैं सबसे ज़्यादा उदास करने वाली जिस बात की कल्पना कर सकता था वह यह थी कि विलासिता की आदत कैसे डाली जाए। हर दिन मैं कार्लटन में क़दम रखता तो महसूस होता मानो सोने के स्वर्ग में प्रवेश कर रहा हूँ। लंदन में अमीर होकर रहने से ज़िन्दगी हर पल उत्तेजनापूर्ण रोमांच में तब्दील हो गई थी तथा दुनिया मनोरंजन का ही नाम हो गई थी।

इस प्रदर्शन की सबसे पहली कड़ी सुबह से शुरू हुई।

जब मैंने अपने कमरे की खिड़की से बाहर झाँका तो मुझे नीचे गली में कई प्लेकार्ड नज़र आए। एक पर लिखा था : "चार्ली अभी भी उनका चहेता है।" मैं इसका अर्थ समझकर मुस्कराया। प्रेस मुझसे बहुत अच्छी तरह से पेश आ रही थी। इसकी वजह यह थी कि एक साक्षात्कार के दौरान जब किसी ने मुझसे पूछा कि क्या मैं एल्स्ट्री जाऊँगा, तो मुझसे अच्छी-ख़ासी भूल हो गई। "यह कहाँ है?" मैंने भोलेपन

से पूछा। वे एक-दूसरे की तरफ़ देखकर मुस्कराए और फिर उन्होंने मुझे बताया कि यह इंग्लिश फ़िल्म-उद्योग का केन्द्र है। चूँकि मेरी शर्मिंदगी इतनी वास्तविक थी कि उन्होंने इस बात का बुरा नहीं माना।

यह दूसरा दौरा भी पहले दौरे की ही तरह आत्मा को झकझोर देने वाला और उत्तेजनापूर्ण था तथा इसमें कोई शक नहीं कि यह ज़्यादा रोचक भी था। इसकी वजह भी थी कि मुझे और अधिक रोचक लोगों से मिलने का सौभाग्य मिला।

सर फिलिप ससून ने फ़ोन किया और मुझे व रॉल्फ़ को पार्क लेन स्थित अपने शहर वाले घर तथा लिम वाले कंट्री हाउस में कई डिनर पार्टियों में आमंत्रित किया। हमने उनके साथ हाउस ऑफ़ कॉमंस में भी खाना खाया। वहाँ लॉबी में हमारी मुलाक़ात लेडी एस्टर से हुई। एकाध दिन के बाद उन्होंने भी हमें नम्बर 1 सेंट जेम्स स्ट्रीट पर दोपहर के खाने पर बुलाया।

जैसे ही हम स्वागत कक्ष में पहुँचे, ऐसा लगा मानो हम मैडम तुसाद के 'हॉल ऑफ़ फेम' में जा पहुँचे हैं। वहाँ पर बहुत-सी बड़ी हस्तियाँ मौजूद थीं। हमारा सामना बर्नार्ड शॉ, जॉन मेनार्ड कीन्स, लॉयड जॉर्ज और दूसरे कई लोगों से हुआ लेकिन ये लोग मैडम तुसाद के 'हॉल ऑफ़ फेम' की शोभा बढ़ाने वाले मोम के पुतले नहीं बल्कि हाड़-मांस के जीते-जागते इनसान थे। लेडी एस्टर ने अपनी अचूक सूझ-बूझ के साथ बातचीत को तब तक जीवन्त बनाए रखा जब तक उनके लिए अचानक बुलावा नहीं आ गया। इसके बाद मौन पसर गया और फिर बागडोर सँभाली बर्नार्ड शॉ ने तथा डीन इंगे के बारे में एक रोचक क़िस्सा सुनाया। उन्होंने बताया कि डीन इंगे ने सेंट पॉल के उपदेशों के प्रति अपनी नाराज़गी ज़ाहिर करते हुए कहा था, "सेंट पॉल ने हमारे परम पिता परमेश्वर के उपदेशों को इतना विकृत कर दिया था कि यीशु को एक तरह से सिर के बल सूली पर चढ़ा दिया था।" बातचीत को जीवन्त बनाए रखने में बर्नार्ड शॉ ने जो विनम्रता दिखाई, वह बेहद मनभावन और आकर्षक थी।

लंच के दौरान मैंने कीन्स से बात की और उन्हें बताया कि मैंने एक अंग्रेज़ी पत्रिका में 'बैंक ऑफ़ इंग्लैंड' में क़र्ज़ के कामकाज के बारे में पढ़ा था जो उस वक़्त एक निजी कॉर्पोरेशन हुआ करता था। पत्रिका के अनुसार, युद्ध के दौरान बैंक के स्वर्ण-भंडार ख़त्म हो गए थे और उसके पास केवल 400,000,000 पाउंड की ही विदेशी प्रतिभूतियाँ बची थीं और यह भी कि जिस वक़्त सरकार ने बैंक से 500,000,000 पाउंड का क़र्ज़ लेना चाहा, तो बैंक ने सिर्फ़ अपनी प्रतिभूतियाँ बाहर निकालीं, उन्हें देखा और वापस तिजोरी में रख दिया एवं सरकार को क़र्ज़ जारी कर दिया तथा यही लेन-देन कई-कई बार दोहराया गया।

कीन्स ने सिर हिलाया और कहा, "यह सत्य घटना है जो घटी थी।"

इस पर मैंने विनम्रता से पूछा, "लेकिन ये क़र्ज़ चुकाए कैसे गए थे?"

"उसी प्रत्ययी धन के साथ।" कीन्स ने बताया।

लंच ख़त्म होने से कुछ पहले लेडी एस्टर ने अपने चेहरे पर मज़ाक़िया नक़ली दाँत लगा लिये। इससे उनके असली दाँत छुप गए। फिर उन्होंने विक्टोरियाई युग की एक महिला की नक़ल करके दिखाई जो घुड़सवारों के एक क्लब में बोल रही है। इन दाँतों से उनका चेहरा विकृत हो गया और उस पर ठिठोली करने वाले भाव आ गए। उन्होंने उत्साह से कहा, "हमारे ज़माने में हम ब्रिटिश महिलाएँ विधिवत महिलाओं के फ़ैशन को ही अपनाया करती थीं, न कि अमेरिका की उन पश्चिमी औरतों की तरह अश्लील ढंग से टाँग पर टाँग चढ़ाकर बैठने वाली महिलाओं के। हम एक तरफ़ वाली जनाना जीन पर ही बैठा करती थीं जिसमें स्त्रियोचित गरिमा होती थी।"

लेडी एस्टर बहुत ही शानदार अभिनेत्री बन सकती थीं। वे बहुत ही भली मेज़बान थीं और मैं कई शानदार पार्टियों के लिए उनका आभार मानता हूँ। इन पार्टियों में मुझे इंग्लैंड की कई महान विभूतियों के दर्शन करने के मौक़े मिले।

लंच के बाद जब सभी लोग चले गए, तो लॉर्ड एस्टर हमें मुनिंग्स द्वारा बनाया गया उनका पोर्ट्रेट दिखाने ले गईं। जिस वक़्त हम स्टूडियो पहुँचे तो मुनिंग्स हमें तब तक भीतर आने देने के बहुत इच्छुक नहीं थे जब तक लॉर्ड एस्टर ने ज़िद करके उन्हें मना नहीं लिया। यह चित्र एक शिकारी पर सवार लॉर्ड एस्टर का था और वे शिकारी कुत्तों के झुंड से घिरे हुए थे। मुझे मुनिंग्स बहुत पसन्द आए। मैंने उनके कई शुरुआती अध्ययनों की तारीफ़ की जो उन्होंने कुत्तों की गति और अन्तिम रूप से तैयार पोर्ट्रेट में दिखाए थे। "गति ही संगीत है," मैंने कहा। मुनिंग्स का चेहरा खिल गया और उन्होंने मुझे कई दूसरे त्वरित स्केच भी दिखाए।

एकाध दिन बाद हमने बर्नार्ड शॉ के यहाँ खाना खाया। इसके बाद शॉ मुझे अपने पुस्तकालय में लेकर गए। वहाँ सिर्फ़ हम दो ही थे। लेडी एस्टर और बाक़ी दूसरे मेहमान बैठक में ही थे। पुस्तकालय काफ़ी खुला-खुला था और वहाँ का माहौल ख़ुशरंग था तथा उसके सामने टेम्स नदी नज़र आती थी। हालाँकि मेरे आश्चर्य की सीमा न थी क्योंकि मेरे सामने एक आतिशदान पर रखी थीं बर्नार्ड शॉ की किताबें और मैं ठहरा एक मूर्ख, शॉ को बहुत कम पढ़ रखा था मैंने। मैं उनकी किताबों तक गया और हैरानी के-से भाव लाते हुए बोला, "आ हा! यह सब आपका काम है!" फिर मुझे लगा कि उन्होंने शायद यह सुनहरा अवसर इसीलिए गढ़ा होगा कि अपनी किताबों के बारे में मुझसे चर्चा करके मेरे दिमाग़ की थाह ले सकें। मैंने कल्पना की कि हम दोनों बातचीत में इतने डूबे हुए हैं कि बैठक में बैठे बाक़ी मेहमान भीतर आ गए और हमारी बातचीत को भंग कर दिया। काश, ऐसा होता तो कितना अच्छा होता। लेकिन हुआ कुछ और ही। हम दोनों के बीच मौन पसरा रहा, मैं मुस्कराया और कमरे में चारों तरफ़ देखा तथा कमरे के इतने ख़ुशनुमा होने के बारे में एकाध चलताऊ-सा जुमला कहा। फिर हम बाक़ी मेहमानों के बीच आ बैठे।

मिसेज़ शॉ से मैं उसके बाद भी कई बार मिला। मुझे याद है कि मैंने उनके साथ शॉ के नाटक 'एप्पल कार्ट' के बारे में चर्चा भी की थी। इस नाटक को उदासीनता भरी समीक्षाएँ मिली थीं। मिसेज़ शॉ नाराज़ थीं। उन्होंने कहा, "मैंने शॉ से कहा था कि और नाटक लिखना बन्द कर दो। जनता और समीक्षक इनके लायक़ नहीं हैं।"

अगले तीन दिन तक हमारे पास न्योतों का ताँता लगा रहा। एक निमंत्रण प्रधानमंत्री रैमसे मैक्डोनाल्ड की तरफ़ से था, दूसरा विंस्टन चर्चिल की तरफ़ से तथा अन्य निमंत्रण लेडी एस्टर, सर फिलिप ससून और इसी तरह के राजसी लोगों की तरफ़ से थे।

विंस्टन चर्चिल से मैं पहली बार मैरियन डेविस के बीच-हाउस पर मिला था। वहाँ पर बॉलरूम तथा स्वागत वाले कमरे के बीच लगभग पचास मेहमान एक-दूसरे के कन्धे से कन्धा भिड़ाते घूम रहे थे। तभी दरवाज़े पर हर्स्ट के साथ चर्चिल नज़र आए। वे नेपोलियन की तरह अपना हाथ वेस्टकोट में डाले खड़े थे और नृत्य देख रहे थे। वे अपने आप में खोए-खोए और असंगत लग रहे थे। हर्स्ट ने मुझे देखा और मुझे आगे करते हुए हम दोनों का परिचय कराया।

चर्चिल का तौर-तरीक़ा आत्मीय होने के बावजूद अजीब था। हर्स्ट ने हम दोनों को अकेला छोड़ दिया और हम दोनों आपस में इधर-उधर की बातें करने लगे। हमारे चारों तरफ़ लोगों की भीड़ जुट आई थी। लेकिन जब तक मैंने उनसे इंग्लिश लेबर सरकार की बात नहीं की, उनके चेहरे पर रौनक नहीं आई।

"एक बात मैं समझ नहीं पाता," मैंने कहा, "कि इंग्लैंड में समाजवादी सरकार का चुनाव राजा और रानी की हैसियत नहीं बदलता।"

उन्होंने तेज़ निगाहों से मेरी तरफ़ देखा और मज़ाक़ में चुनौती दी, "बेशक नहीं," उन्होंने कहा।

"मैं सोचता था कि समाजवादी राजशाही के ख़िलाफ़ होते हैं।"

वे हँसे, "अगर आप इंग्लैंड में होते तो इस जुमले के लिए आपका सर क़लम कर दिया जाता।"

एक या दो दिन बाद की बात है, उन्होंने होटल के अपने कमरे में मुझे डिनर के लिए आमंत्रित किया जहाँ दो मेहमान और थे। उनका लड़का रैंडोल्फ भी वहीं पर था। वह सोलह बरस का ख़ूबसूरत किशोर था जो बौद्धिक तर्क करने के लिए उतावला था और उसमें जवानी वाली असहनीय आलोचनात्मकता थी। मैं देख पा रहा था कि चर्चिल को उस पर बहुत गर्व था। यह एक बहुत ही शानदार शाम थी जिसमें बाप-बेटे बेसिलसिलेवार चीज़ों के बारे में शेख़ियाँ बघार रहे थे। उसके बाद उनके इंग्लैंड लौटने से पहले हम मैरियन के बीच-हाउस पर कई बार मिले।

चूँकि अब हम लंदन में थे तो मि. चर्चिल ने सप्ताहान्त बिताने के लिए मुझे और रॉल्फ़ को चार्टवैल में आमंत्रित किया। जहाँ तक पहुँचने के लिए हमें ठंड में एक

मुश्किल ड्राइव करनी पड़ी। चार्टवैल एक पुराना-सा प्यारा घर था जिसे सादगी से लेकिन सुरुचिपूर्ण तरीक़े से सजाया गया था। यहाँ पर आकर घर जैसा महसूस होता था। लंदन में अपनी दूसरी यात्रा के बाद ही यह सम्भव हो सका कि मैं चर्चिल को ढंग से जान पाता। इस दौरान वे हाउस ऑफ़ कामंस में पीछे की सीटों पर बैठा करते थे।

मेरी कल्पना-शक्ति कहती है कि सर विंस्टन में हम सबसे अधिक मज़ाक़ का माद्दा था। अपनी ज़िन्दगी के मंच पर उन्होंने बहादुरी, ऊर्जा और उल्लेखनीय उत्साह के साथ कई भूमिकाएँ अदा की थीं। इस दुनिया में बहुत कम ऐसे आनन्द होंगे जो उन्होंने न भोगे हों। वे भरपूर जीवन जिए और भरपूर खेले—उन्होंने खेल में सबसे बड़ी बाज़ियाँ लगाईं और जीते भी। उन्होंने सत्ता का सुख भोगा लेकिन उसके मोह में नहीं पड़े। अपने व्यस्त जीवन में भी उन्होंने ईंटें बनाने, घुड़दौड़ और चित्रकारी के अपने शौक़ पूरे करने के लिए वक़्त निकाल ही लिया। डाइनिंग रूम में मैंने आतिशदान के ऊपर एक स्टिल लाइफ़ पेंटिंग देखी। मुझे पेंटिंग की ओर देखता पाकर विन्स्टन ने ताड़ लिया कि मैं उसमें गहरी रुचि ले रहा हूँ।

"यह मैंने बनाई है।"

"बहुत शानदार है!" मैंने उत्साहपूर्वक कहा।

"यह तो कुछ भी नहीं है। मैंने दक्षिणी फ्रांस में एक आदमी को लैंडस्केप बनाते हुए देखा और कहा, 'मैं भी यह कर सकता हूँ।'"

अगले दिन उन्होंने मुझे चार्टवैल के चारों तरफ़ बनाई गई वह दीवार दिखाई जो उन्होंने ख़ुद बनाई थी। मैं हैरान हुआ और शायद ऐसा कुछ कहा कि दीवार बनाना उतना भी आसान नहीं होता जितना लगता है।

"मैं आपको बताता हूँ कि कैसे बनती हैं ईंटें और आप पाँच मिनट में बनाना सीख जाएँगे।"

पहली रात डिनर के समय कई युवा संसद-सदस्य सचमुच ही उनके आसपास मँडरा रहे थे। इनमें थे मि. बूथबी, अब लॉर्ड बूथबी और स्वर्गीय ब्रेन्डन ब्रेकेन जो बाद में चलकर लॉर्ड ब्रेकेन बने। दोनों ही प्यारे और अच्छी तरह से बातचीत करने वाले लोग थे। मैंने उन्हें बताया कि मैं गांधी जी से मिलने जा रहा हूँ जो इन दिनों लंदन में हैं।

"हमने इस व्यक्ति को बहुत झेल लिया है।" ब्रेकेन ने कहा, "भूख हड़ताल हो या न हो, उन्हें चाहिए कि वे इन्हें जेल में ही रखें। नहीं तो यह बात पक्की है कि हम भारत को खो बैठेंगे।"

"गांधी को जेल में डालना सबसे आसान हल होगा, अगर यह काम करे तो" मैंने टोका, "लेकिन अगर आप एक गांधी को जेल में डालते हैं, तो दूसरा गांधी उठ खड़ा होगा और जब तक उन्हें वह मिल नहीं जाता, जो वे चाहते हैं, वे एक के बाद दूसरा गांधी पैदा करते रहेंगे।"

चर्चिल मेरी तरफ़ मुड़े और मुस्कराए, "आप तो अच्छे-ख़ासे लेबर सदस्य बन सकते हैं।"

चर्चिल का आकर्षण इसी बात में था कि वे दूसरों की राय के प्रति भी सहनशक्ति और सम्मान की भावना रखते थे। वे उनके प्रति भी कोई दुर्भावना नहीं रखते थे जो उनसे असहमत होते थे।

ब्रैकेन और बूथबी पहली रात ही चले गए और अगली रात मैंने चर्चिल को अपने परिवार के साथ अन्तरंग पलों में देखा। यह राजनीतिक रूप से उतार-चढ़ाव का दिन था। लॉर्ड बीवरब्रूक सारा दिन चार्टवैल में टेलीफ़ोन करते रहे और विंस्टन चर्चिल को डिनर के दौरान कई बार उठना पड़ा। यह चुनाव के बीच की बात है जब देश आर्थिक संकट के दौर से गुज़र रहा था।

मुझे खाना खाते हुए मज़ा आ रहा था। कारण यह था कि चर्चिल खाने की मेज़ पर राजनीतिक व्याख्याएँ कर रहे थे जबकि उनका परिवार बिना प्रभावित हुए खाना खा रहा था। वह दृश्य देखकर सामने वाले को यही लगता कि यह रोज़ाना की बात है और वे लोग इसके आदी हैं।

"मंत्रालय अपनी मुश्किलें गिनवा रहा है जो उन्हें बजट का सन्तुलन बिठाने में आ रही हैं", चर्चिल ने कनखियों से पहले अपने परिवार की तरफ़ और फिर मेरी तरफ़ देखा, "क्योंकि वे अपनी निधियों की आख़िरी सीमा तक पहुँच गए हैं, अब उनके सामने कुछ भी ऐसा नहीं है जिस पर टैक्स लगा सकें, जबकि इंग्लैंड अपनी चाय को शरबत की तरह हिला रहा है।" वे इस बात का असर देखने के लिए रुके।

"क्या यह सम्भव है कि चाय पर अतिरिक्त टैक्स लगाकर आपके बजट को सन्तुलित कर लिया जाए?" मैंने पूछा।

उन्होंने मेरी तरफ़ देखा और हिचकिचाकर बोले, "हाँ!" लेकिन मेरा ख़याल है उनके ऐसा कहने में प्रतिबद्धता नहीं थी।

मैं चार्टवैल की सादगी और स्पार्टन शैली के कारण उसका दीवाना हो गया था। उनका सोने का कमरा उनके पुस्तकालय से जुड़ा हुआ था और उसमें चारों तरफ़ ऊपर से नीचे तक किताबों का अम्बार लगा था। एक तरफ़ की दीवार पूरी तरह से हैन्सार्ड की संसदीय रिपोर्टों को समर्पित थी।

वहाँ नेपोलियन पर भी कई खंड थे।

उन्होंने बताया, "मैं नेपोलियन का बहुत बड़ा प्रशंसक हूँ।"

"मैंने सुना है कि आप नेपोलियन पर फ़िल्म बनाने के बारे में सोच रहे हैं!" उन्होंने कहा, "आपको नेपोलियन पर फ़िल्म ज़रूर बनानी चाहिए। उसमें कॉमेडी की बहुत अधिक सम्भावनाएँ हैं : नेपोलियन स्नान कर रहे हैं। उनका भाई जेरोम सोने की कसीदाकारी की हुई यूनिफ़ॉर्म पहनकर उनके बाथरूम में घुसा चला आता है, ताकि इस पल में अपने भाई को परेशान कर सके और उसे अपनी माँगें

मानने के लिए मजबूर कर सके। लेकिन नेपोलियन जान-बूझकर बाथटब में सरक जाता है और पानी के छींटे भाई की यूनिफ़ॉर्म पर उछालता है और उसे दफ़ा हो जाने के लिए कहता है। भाई लज्जित होकर चला जाता है। कितना शानदार कॉमेडी सीन है!"

मुझे याद है मि. और मिसेज़ चर्चिल क्वाग्लिनो रेस्तराँ में खाना खा रहे थे और विन्स्टन बच्चों की तरह मुँह फुलाए बैठे थे। मैं उनसे दुआ-सलाम करने के लिए उनकी मेज़ तक गया।

"ऐसा लगता है मानो आपने पूरी दुनिया का वज़न निगल लिया हो?" मैंने मुस्कराते हुए कहा।

उन्होंने बताया कि वे अभी-अभी हाउस ऑफ़ कॉमंस से एक बहस से उठकर आ रहे हैं और उन्हें वे सब बातें पसन्द नहीं आईं जो जर्मनी के बारे में की जा रही हैं। मैंने ऐसा ही कोई हल्का-फुल्का जुमला कहकर माहौल हल्का करने की कोशिश की लेकिन उन्होंने सिर हिलाया, "ओह नहीं, मामला बहुत गम्भीर है, सचमुच बहुत गम्भीर।"

*

चर्चिल के यहाँ रुकने के थोड़े ही अरसे बाद मैं गांधी से मिला। मैंने गांधी की राजनीतिक साफ़गोई और इस्पात जैसी दृढ़ इच्छाशक्ति के लिए हमेशा उनका सम्मान और उनकी प्रशंसा की है। लेकिन मुझे ऐसा लगा कि उनका लंदन आना एक भूल थी। उनकी मिथकीय महत्ता लंदन के परिदृश्य में हवा हो गई और उनका धार्मिक भाव अपना प्रभाव छोड़ने में असफल रहा। इंग्लैंड के ठंडे भीगे मौसम में अपनी परम्परागत धोती, जिसे वे अपने बदन पर बेतरतीबी से लपेटे रहते, में वे बेमेल लगते। लंदन में उनकी इस तरह की मौज़ूदगी से कार्टून और कैरीकेचर बनाने वालों को काफ़ी मसाला मिल गया। मुझे लगता है किसी भी व्यक्ति के प्रभाव का असर दूर से अधिक होता है। मुझसे पूछा गया था कि क्या मैं उनसे मिलना चाहूँगा? बेशक, मैं इस प्रस्ताव से ही रोमांचित था।

मैं उनसे ईस्ट इंडिया डॉक रोड के पास झोंपड़पट्टी इलाक़े के छोटे से अति साधारण घर में मिला। गलियों में भीड़ भरी हुई थी और मकान की दोनों मंज़िलों पर प्रेस वाले और फ़ोटोग्राफ़र ठुँसे पड़े थे। साक्षात्कार पहली मंज़िल पर लगभग बारह बाई बारह फ़ीट के सामने वाले कमरे में हुआ। महात्मा तब तक आए नहीं थे; और जिस वक़्त मैं उनका इन्तज़ार कर रहा था, मैं यह सोच रहा था कि मैं उनसे बात क्या करूँगा? मैंने उनके जेल जाने और भूख-हड़तालों तथा भारत की आज़ादी के लिए उनकी लड़ाई के बारे में सुना था। साथ ही मैं इस बारे में भी थोड़ा-बहुत जानता था कि वे मशीनों के इस्तेमाल के विरोधी हैं।

आख़िरकार जब गांधी आए उनके टैक्सी से उतरते ही चारों तरफ़ हल्ला-गुल्ला मच गया। उनकी जय-जयकार होने लगी। गांधी अपनी धोती को बदन पर लपेटे हुए थे। उस तंग भीड़ भरी झोंपड़पट्टी की गली में यह अजीब नज़ारा था। एक दुबली पतली काया एक जीर्ण-शीर्ण से घर में प्रवेश कर रही थी और उनके चारों तरफ़ जय-जयकार के नारे लग रहे थे। वे ऊपर आए और फिर खिड़की से झाँका। फिर उन्होंने मेरी तरफ़ इशारा किया और हम दोनों ने मिलकर नीचे जुट आई भीड़ की तरफ़ हाथ हिलाया।

जैसे ही हम सोफ़े पर बैठे, चारों तरफ़ से अचानक ही कैमरों की फ्लैश लाइटों का हमला हो गया। मैं महात्मा की दाईं तरफ़ बैठा था। अब वह असहज करने और डराने वाला पल आ ही पहुँचा था जब मुझे एक ऐसे विषय पर घाघ की तरह बौद्धिक तरीक़े से कुछ कहना था जिसके बारे में मैं बहुत कम जानता था। मेरी दाईं तरफ़ एक युवती बैठी हुई थी जो मुझे एक अन्तहीन कहानी सुना रही थी और उसका एक शब्द भी मेरे पल्ले नहीं पड़ रहा था। मैं सिर्फ़ हाँ-हाँ करते हुए सिर हिला रहा था और लगातार इस बात पर हैरान हो रहा था कि मैं उनसे कहूँगा क्या! मुझे पता था कि बात मुझे ही शुरू करनी है और यह बात तो तय ही थी कि महात्मा तो मुझे नहीं ही बताते कि उन्हें मेरी पिछली फ़िल्म कैसी लगी थी और इस तरह की दूसरी बातें। मुझे इस बात पर भी शक था कि उन्होंने कभी मेरी कोई फ़िल्म देखी भी है या नहीं। अलबत्ता, एक भारतीय महिला की आदेश देती-सी आवाज़ गूँजी और उसने उस युवती की बकबक पर रोक लगा दी : "मिस, क्या आप बातचीत बन्द करेंगी और मि. चैप्लिन को गांधी जी से बात करने देंगी?"

भरा हुआ कमरा एकदम शान्त हो गया। फिर जैसे ही महात्मा के चेहरे पर मेरी बात का इन्तज़ार करने वाले भाव आए, मुझे लगा कि पूरा भारत मेरे शब्दों का इन्तज़ार कर रहा है। इसलिए मैंने अपना गला खँखारा।

"स्वाभाविक रूप से मैं आज़ादी के लिए भारत की आकांक्षाओं और संघर्ष का हिमायती हूँ," मैंने कहा, "इसके बावजूद, मशीनरी के इस्तेमाल को लेकर आपके विरोध से मैं थोड़ा भ्रम में पड़ गया हूँ।"

मैं जैसे-जैसे अपनी बात कहता गया, महात्मा सिर हिलाते रहे और मुस्कराते रहे। "कुछ भी हो, मशीनरी अगर निस्स्वार्थ भाव से इस्तेमाल में लाई जाए तो इससे इनसान को ग़ुलामी के बन्धन से मुक्त करने में मदद मिलनी चाहिए और इससे उसे कम घंटों तक काम करना पड़ेगा और वह अपना मस्तिष्क विकसित करने तथा ज़िन्दगी का आनन्द उठाने के लिए ज़्यादा समय बचा पाएगा।"

वे शान्त स्वर में बोले, "मैं समझता हूँ, लेकिन इससे पहले कि भारत इन लक्ष्यों को प्राप्त कर सके, भारत को अपने आपको अंग्रेज़ी शासन से मुक्त कराना है। पिछले दशकों में मशीनरी ने हमें इंग्लैंड पर निर्भर बना दिया था और उस निर्भरता से अपने

आपको मुक्त कराने का हमारे पास एक ही तरीक़ा है कि हम मशीनरी द्वारा बनाए गए सभी सामानों का बहिष्कार करें। यही कारण है कि हमने प्रत्येक भारतीय नागरिक के लिए यह देशभक्तिपूर्ण कर्तव्य बना दिया है कि वह अपना स्वयं का सूत काते और अपने स्वयं के लिए कपड़ा बुने। यह इंग्लैंड जैसे अत्यन्त शक्तिशाली राष्ट्र से लड़ने का हमारा अपना तरीक़ा है और हाँ, अन्य कारण भी हैं। भारत का मौसम इंग्लैंड के मौसम से अलग होता है और भारत की आदतें व ज़रूरतें अलग हैं। इंग्लैंड के सर्दी के मौसम के कारण यह ज़रूरी हो जाता है कि आपके पास उत्कृष्ट उद्योग हों और अर्थव्यवस्था उनके इर्द-गिर्द बुनी हो। आपको खाना खाने के बर्तनों के लिए उद्योग की ज़रूरत होती है। हम अपनी उँगलियों से ही खाना खा लेते हैं और इस तरह से देखें तो कई क़िस्म के फ़र्क़ सामने आते हैं।"

मुझे भारत की आज़ादी के लिए सामरिक जोड़-तोड़ में लचीलेपन का वस्तुपरक पाठ मिल गया था और विरोधाभास की बात यह थी कि इसके लिए प्रेरणा एक यथार्थवादी, एक ऐसे युगदृष्टा से मिल रही थी जिसमें इस काम को पूरा करने के लिए दृढ़ इच्छाशक्ति थी। उन्होंने मुझे यह भी बताया कि सर्वोच्च स्वतन्त्रता वह होती है कि आप अपने आपको अनावश्यक वस्तुओं से मुक्त कर डालें तथा यह भी कि हिंसा अन्ततः स्वयं को ही नष्ट कर देती है।

जब सभी मेहमान चले गए और कमरा ख़ाली हो गया तो उन्होंने मुझसे पूछा कि क्या मैं वहीं रहकर उन्हें प्रार्थना करते हुए देखना चाहूँगा। महात्मा फ़र्श पर चौकड़ी मारकर बैठ गए और उनके आसपास घेरा बनाकर पाँच अन्य लोग बैठ गए। यह दृश्य देखने योग्य था। लंदन के झोंपड़पट्टी वाले इलाक़े के बीचोबीच एक छोटे से कमरे के फ़र्श पर छह मूर्तियाँ पद्मासन में बैठी हुईं। लाल सूर्य छतों के पीछे से तेज़ी से अस्त हो रहा था और मैं सोफ़े पर बैठा उसे डूबते हुए देख रहा था। वे विनम्रतापूर्वक अपनी प्रार्थनाएँ कर रहे थे। क्या विरोधाभास है, मैंने सोचा, मैं उस अत्यन्त यथार्थवादी तेज़ क़ानूनी दिमाग़ और राजनीतिक वास्तविकता का गहरा बोध रखने वाले शख़्स को देख रहा था और सब कुछ एक सांगीतिक मंत्रोच्चारण में विलीन होता दिख रहा था।

*

'सिटी लाइट्स' के मुहूर्त पर मूसलाधार बारिश हुई। लेकिन भीड़ अच्छी-ख़ासी संख्या में जुट आई थी और फ़िल्म अच्छी चल गई। मैंने बॉक्स में बर्नार्ड शॉ के साथ वाली सीट ली जिसकी वजह से ख़ूब हँसी-मज़ाक़ हुआ और ठहाके लगे। हम दोनों को खड़ा होना और झुकना पड़ा। इसके लिए एक बार फिर हँसी गूँजी।

चर्चिल प्रीमियर पर और बाद में होने वाली दावत में आए। उन्होंने इस आशय का भाषण दिया कि वे उस शख़्स के लिए जाम पेश करना और टोस्ट करना चाहते

हैं जिसने नदी के दूसरी तरफ़ से एक लड़के के रूप में अपने कॅरियर की शुरुआत की थी और पूरी दुनिया का प्यार पाया—और वह लड़का है चार्ली चैप्लिन! यह अप्रत्याशित था और इससे मैं चने के झाड़ पर चढ़ा दिया गया जैसा महसूस करने लगा। ख़ासकर तब जब उन्होंने अपनी बात कहने से पहले, "माय लॉर्ड्स, लेडीज़ एंड जेंटलमैन" कहा। अलबत्ता, दूसरी बातों के अलावा, मौक़े की नज़ाक़त से बँधे होने के कारण मैंने भी इसी तरीक़े से अपनी बात कही, "माय लॉर्ड्स, लेडीज़ एंड जेंटलमैन, जैसा कि मेरे मित्र, स्वर्गीय (late) वित्तमंत्री," मैं अपनी बात पूरी भी नहीं कर पाया था कि अच्छा-ख़ासा शोर-शराबा हो गया और मुझे बार-बार ज़ोरदार आवाज़ सुनाई देने लगी, "स्वर्गीय, स्वर्गीय, हमें अच्छा लगा स्वर्गीय!!" बेशक यह चर्चिल की आवाज़ थी। फिर मैंने अपने आपको सँभाला और तुरन्त कहा, "दरअसल, भूतपूर्व वित्तमंत्री (Ex) कहना ज़रा अटपटा लग रहा था।"

लेबर प्रधानमंत्री रैमज़े मैक्डोनाल्ड के बेटे मैल्कम मैक्डोनाल्ड ने रॉल्फ़ और मुझे आमंत्रित किया ताकि हम उनके पिता से मिलें और रात वहीं उनके घर पर गुज़ारें। हम प्रधानमंत्री से उस वक़्त मिले जब वे अपनी चार चीज़ों, अपने स्कार्फ़, अपने कैप, अपने पाइप और छड़ी के साथ संवैधानिक चहलक़दमी कर रहे थे। उस वक़्त वे अपने देसी बाने में थे और बिलकुल नहीं लग रहा था कि वे लेबर पार्टी के नेता हैं। महान, अपने नेतृत्व के बोझ के प्रति बेहद सतर्क और गरिमामय सज्जन पुरुष की पहली छवि हास्य-रहित नहीं थी।

शाम का पहला हिस्सा कुछ खिंचा-खिंचा सा था। लेकिन डिनर के बाद हम प्रसिद्ध ऐतिहासिक लॉन्ग रूम में कॉफ़ी पीने के लिए गए और वहाँ पर मूल क्रोमवेलियन सज़ा-ए-मौत के मुखौटे तथा दूसरी ऐतिहासिक चीज़ें देखने के बाद फ़ुर्सत से बतियाने बैठ गए। मैंने उन्हें बताया कि अपनी पहली यात्रा के बाद से मैंने यहाँ पर बहुत से परिवर्तन देखे हैं और ये परिवर्तन बेहतरी दर्शाते हैं। वर्ष 1921 में जब मैं लंदन आया था तो यहाँ बहुत ग़रीबी देखी थी, सफ़ेद बालों वाली बूढ़ी औरतें टेम्स नदी के किनारे पर सो रही होती थीं, अब वे औरतें कहीं नज़र नहीं आतीं। दुकानें सामान से भरी-भरी नज़र आती हैं और बच्चों के पेट भी भरे हुए लगते हैं। निश्चित रूप से इन सबका श्रेय लेबर पार्टी सरकार को दिया जाना चाहिए।

उनके चेहरे पर भेद न खोलने वाले भाव आए और उन्होंने मुझे बिना रुके बात पूरी करने दी। मैंने पूछा कि लेबर सरकार, जिसे मैं समाजवादी सरकार समझता आया हूँ, क्या देश के मूल संविधान को बदलने की ताक़त रखती है। उन्होंने आँखें झपकाईं और हँसते हुए बोले, "होनी तो चाहिए, लेकिन ब्रिटिश राजनीति की यही विडम्बना है कि जैसे ही किसी के हाथ में सत्ता आती है वह नपुंसक हो जाता है।" वे एक पल के लिए रुके फिर वह क़िस्सा बताया जब प्रधानमंत्री के रूप में चुने जाने पर उन्हें पहली बार बकिंघम पैलेस में बुलाया गया था।

उनका हार्दिक स्वागत करने के बाद महामहिम ने उनसे कहा, "तो आप समाजवादी लोग मेरे बारे में क्या करने जा रहे हैं?"

प्रधानमंत्री हँसे और बोले, "कुछ नहीं, बस इस बात की कोशिश करेंगे कि महामहिम के और देश के सर्वोत्तम हित में काम कर सकें।"

चुनाव के दौरान लेडी एस्टर ने रॉल्फ़ और मुझे प्लायमाउथ में अपने घर पर सप्ताहान्त मनाने और टी.ई. लॉरेंस से मिलने के लिए आमंत्रित किया। लॉरेंस भी अपना वीकेंड वहीं मनाने वाले थे। लेकिन, किसी वजह से नहीं आ पाए। अलबत्ता, लेडी एस्टर ने हमें अपने चुनाव-क्षेत्र और डॉक साइड में एक बैठक में आमंत्रित किया, जहाँ उन्हें मछुआरों के सामने भाषण देना था। मोहतरमा ने पूछा कि क्या मैं भी दो शब्द कहना चाहूँगा? मैंने उन्हें चेताया कि मैं लेबर पार्टी के पक्ष का आदमी हूँ और सच तो यह है कि मैं उनकी राजनीति का समर्थन नहीं करता।

इस पर वे बोलीं, "इससे कोई फ़र्क़ नहीं पड़ता।" बात सिर्फ़ इतनी-सी है कि वे लोग आपको देखना चाहेंगे, बस!!"

यह खुले मैदान वाली चुनाव-सभा थी और हम एक बड़े से ट्रक से बोल रहे थे। उनके चुनाव-क्षेत्र के बिशप भी वहीं थे और कुछ-कुछ नाराज़ लग रहे थे। मुझे लगा, उन्होंने ज़बर्दस्ती या दबाव में हमसे दुआ-सलाम की थी। लेडी एस्टर के संक्षिप्त शुरुआती भाषण के बाद मैं ट्रक पर चढ़ा।

मैंने कहा, "कैसे हैं आप लोग?" हम करोड़पतियों के लिए यह कितना आसान होता है आप लोगों से कहना कि वोट कैसे डालें लेकिन हम लोगों की परिस्थितियाँ आप लोगों की परिस्थितियों से काफ़ी अलग होती हैं।"

अचानक मैंने बिशप की ख़ुशी के मारे चीख़ने की आवाज़ सुनी, "शाबाश!" वे चिल्लाए।

मैंने अपनी बात जारी रखी, "लेडी एस्टर में और आप लोगों में कुछ बातें एक समान हो सकती हैं जिनके बारे में मैं नहीं जानता। मेरा ख़याल है उनके बारे में आप मुझसे बेहतर तरीक़े से जानते हैं।"

"शानदार, बहुत अच्छे!!" बिशप ख़ुशी से चिल्लाया।

"चूँकि उनकी राजनीति और इस...इस...'चुनाव-क्षेत्र' बिशप ने मेरा वाक्य पूरा किया, (जब भी मैं हिचकिचाता, बिशप मुझे सही शब्द बता देते),—में लेडी एस्टर का रिकॉर्ड ज़रूर ही बहुत सन्तोषजनक रहा होगा..." और मैंने अपनी बात यह कहते हुए ख़त्म की कि मैं उन्हें एक बहुत ही नेक, भली और दयालु महिला के रूप में जानता हूँ जिनकी नीयत हमेशा बहुत अच्छी होती है। जब मैं नीचे उतरा तो बिशप का चेहरा दमक रहा था। उन्होंने मुस्कराते हुए गर्मजोशी से मुझसे हाथ मिलाया।

अंग्रेज़ पादरियों में एक बात बहुत अच्छी होती है कि उनमें साफ़गोई और निष्ठा की बहुत मज़बूत भावना होती है और यह बात इंग्लैंड को अपने सर्वोत्तम रूप में

सामने लाती है। डॉक्टर हेवलेट जॉनसन, कैनन कॉलिंस और दूसरे कई धर्मगुरुओं के कारण ही इंग्लिश चर्च को ताक़त मिलती रही है।

*

मेरे मित्र रॉल्फ़ बर्टन का व्यवहार अजीब-सा होता जा रहा था। मैंने पाया कि बैठक में लगी बिजली से चलने वाली घड़ी बन्द पड़ गई है, उसके तार काट दिये गए थे। जब मैंने रॉल्फ़ को इस बारे में बताया तो उन्होंने कहा, "हाँ, ये तार मैंने काटे हैं। मुझे घड़ी की टिक-टिक से नफ़रत है।" मैं हैरान हुआ और थोड़ा नाराज़ भी लेकिन इस मामले को मैंने रॉल्फ़ का पागलपन मानकर रफ़ा-दफ़ा कर दिया। जब हम न्यूयॉर्क से चले तो ऐसा लगने लगा कि रॉल्फ़ पूरी तरह ठीक हो गए हैं। अब वे वापस स्टेट्स जाना चाहते थे।

वापस चलने से पहले रॉल्फ़ ने पूछा कि क्या मैं उनके साथ उनकी बेटी से मिलने जाऊँगा? उनकी बेटी एक बरस पहले ही ईसाई नन बनी थी और इस समय हैकने में कैथोलिक कॉन्वेंट में थी। यह उनकी पहली पत्नी से जन्मी सबसे बड़ी बेटी थी। रॉल्फ़ अक्सर उसके बारे में बताते रहते थे। रॉल्फ़ ने बताया था कि वह चौदह बरस की उम्र से ही नन बनने की चाह रखती थी और उन्होंने तथा उनकी पत्नी ने उसे ऐसा करने से रोकने के लिए सारी कोशिशें कीं। रॉल्फ़ ने मुझे अपनी बिटिया की उस वक़्त की फ़ोटो दिखाई जब वह सोलह बरस की थी और मैं उसका सौन्दर्य देखकर एकदम अभिभूत हो गया—बड़ी-बड़ी काली आँखें, संवेदनशील चेहरा और बाँध लेने वाली मुस्कराहट।

रॉल्फ़ ने बताया कि वे उसे पेरिस के कई डांस और नाइट क्लबों में यह सोचकर लेकर गए कि शायद उसे उसकी नन बनने सम्बन्धी इच्छा से विमुख कर सकें। उन्होंने उसका परिचय एक जवान और ख़ूबसूरत लड़के से कराया और उसे हर तरह की ख़ुशियाँ दीं। उन्हें लगा कि वह उन सबका आनन्द ले रही है। लेकिन कोई भी चीज़ उसे नन बनने से डिगा नहीं सकी। रॉल्फ़ ने उसे 18 महीने से नहीं देखा था। अब उसने दीक्षा की परीक्षा पास कर ली थी और पूरी तरह से परम पिता परमात्मा की शरण में चली गई थी।

यह कॉन्वेंट हैकने के झोंपड़पट्टी वाले इलाक़ों के बीचोबीच एक उदास और अँधेरी इमारत थी। जब हम वहाँ पहुँचे, तो मदर सुपीरियर ने हमारा स्वागत किया और हमें छोटे से अँधेरे कमरे में ले गईं। हम वहाँ बैठकर इन्तज़ार करने लगे। ऐसा लगा, इन्तज़ार की यह घड़ियाँ कभी ख़त्म नहीं होंगी। आख़िरकार रॉल्फ़ की बेटी आई। मुझे उसकी ख़ूबसूरती ने तत्काल बाँध लिया क्योंकि वह अभी भी उतनी ही सुन्दर थी जितनी फ़ोटो में दिखाई दे रही थी। सिर्फ़ यही फ़र्क़ था कि जिस वक़्त वह मुस्कराई, उसके किनारे वाले दो दाँत ग़ायब थे।

यह दृश्य बेतुका था। हम छोटे से, भुतैले कमरे में बैठे थे जिसमें सैंतीस बरस के सुदर्शन, शहराती पिता जो टाँगें मोड़कर सिगरेट पीते हुए और उनकी बेटी, उन्नीस बरस की प्यारी-सी लड़की सामने की तरफ़ बैठी हुई थी। मैंने कोशिश की कि मैं

उठकर बाहर आ जाऊँ और उनका इन्तज़ार करूँ, लेकिन दोनों में से किसी ने भी मेरी बात नहीं मानी।

हालाँकि वह होशियार और तेज़ थी, मैं देख सकता था कि वह जीवन से बेज़ार हो चुकी थी और जिस वक़्त वह स्कूल टीचर के रूप में अपनी ड्यूटी के बारे में बता रही थी, उसके हाव-भाव तनाव लिए हुए थे, "छोटे बच्चों को पढ़ाना बहुत मुश्किल होता है," उसने बताया, "लेकिन मुझे इसकी आदत पड़ जाएगी।"

जिस समय रॉल्फ़ अपनी बेटी से बात कर रहे थे, उनकी आँखों में चमक आ गई थी और वे सिगरेट पीते रहे। जिस तरह के वे क़ाफ़िर थे, मैं यह देख पाया कि वे कुछ हद तक उसके नन बनने के विचार से ख़ुश हुए थे।

उनकी मुलाक़ात में एक उदास निस्संगता थी। इस बात में कोई शक नहीं था कि वह आध्यात्मिक परीक्षणों से गुज़री थी, वह जितनी ख़ूबसूरत और यौवन से भरी हुई थी, उतनी ही उदास और समर्पित लग रही थी। वह लंदन में हमारे स्वागत की शोशेबाज़ी की बातें करती रही और उसने जर्मेनटाइफ़र, रॉल्फ़ की पाँचवीं पत्नी के बारे में पूछा, रॉल्फ़ ने बिटिया को बताया कि वे अलग हो चुके हैं।

"बेशक" बेटी ने मेरी तरफ़ मुड़ते हुए मज़ाक़ में कहा, "मैं पापा की पत्नियों का हिसाब-किताब नहीं रख सकती।" इस पर रॉल्फ़ और मैं दोनों ही हँसे दिये।

रॉल्फ़ ने पूछा कि क्या उसे काफ़ी अरसे तक हैकने में रहना पड़ेगा। उसने सोचते हुए अपना सिर हिलाया और बताया कि उसे शायद सेंट्रल अमेरिका की तरफ़ भेज दिया जाए, "लेकिन वे हमें कभी पता नहीं चलने देते कि कब और कहाँ।"

"ठीक है, लेकिन जब तुम वहाँ पहुँचो तो अपने पापा को लिख तो सकती हो", मैंने बीच में टोका।

वह हिचकिचाई, "हमसे यह उम्मीद की जाती है कि हम किसी से भी सम्पर्क न रखें।"

"अपने माता-पिता से भी नहीं?" मैंने पूछा।

"नहीं," उसने बताया। वह वस्तुपरक होने की कोशिश कर रही थी। फिर वह अपने पिता की तरफ़ देखकर मुस्कराई। एक पल का मौन छा गया।

जब वहाँ से चलने का समय आया तो उसने अपने पिता का हाथ थामा और देर तक प्यार से थामे रही, मानो कोई भीतरी ताक़त उससे ऐसा करा रही हो। जिस समय हम वापस आ रहे थे, रॉल्फ़ बुझे हुए थे। हालाँकि वे सामान्य दिखने की कोशिश कर रहे थे। दो हफ़्ते बाद, अपने न्यूयॉर्क के अपार्टमेंट में उन्होंने बिस्तर में लेटे हुए ही अपने सिर पर गोली मारकर ख़ुदकुशी कर ली।

*

अब मैं एच.जी. वेल्स से अक्सर मिलता, उनका बेकर स्ट्रीट में एक अपार्टमेंट था। जिस वक़्त मैं वहाँ पहुँचा, उनकी चार महिला सेक्रेटरी सन्दर्भ पुस्तकों को खँगाल

रही थीं और एन्साइक्लोपीडिया, तकनीकी पुस्तकों, दस्तावेज़ों तथा काग़ज़ों में से कुछ जाँच रही थीं।

"यह 'द एनाटॉमी ऑफ़ मनी', मेरी नई किताब है," उन्होंने बताया, "काफ़ी बड़ा काम है।"

"लेकिन मुझे तो ऐसा लगता है कि ज़्यादातर काम तो ये ही कर रही हैं।" मैंने मज़ाक़ में कहा। उनके पुस्तकालय में ऊँचे शेल्फ़ों पर करीने से रखे बिस्किट के टिनों पर, "जीवनीपरक सामग्री", "व्यक्तिगत पत्र", "दर्शन", "वैज्ञानिक आँकड़े" और इसी तरह के लेबल लगे हुए थे।

डिनर के बाद उनके दोस्त आ गए। उनमें से एक थे प्रोफ़ेसर लास्की। वे अभी भी एकदम युवा दिखते थे। हैरोल्ड बहुत ही शानदार वक्ता थे। मैंने उन्हें कैलीफोर्निया में अमेरिकन बार एसोसिएशन में बोलते हुए सुना था। वहाँ पर उन्होंने बिना किसी काग़ज़ की तरफ़ देखे लगातार एक घंटे तक बिना रुके शानदार तरीक़े से भाषण दिया था। उस रात एच.जी. वेल्स के फ़्लैट में, हैरोल्ड ने समाजवादी दर्शन में आश्चर्यजनक नई खोजों के बारे में बताया। उन्होंने बताया कि गति में थोड़ी-सी भी बढ़ोतरी का मतलब भयंकर सामाजिक अन्तर होता है। एच.जी. वेल्स के बिस्तर पर जाने के समय तक बातचीत बहुत ही रोचक तरीक़े से चलती रही। वेल्स साहब ने थोड़े संकोच के साथ, मेहमानों की तरफ़ देखते हुए इशारा किया और फिर अपनी घड़ी की तरफ़ देखा, तब जाकर लोग विदा हुए।

सन् 1935 में वेल्स जब मेरे यहाँ कैलीफोर्निया आए थे। तब मैं उन्हें ज़बर्दस्ती रूस की आलोचना की बात पर ले आया। मैं उनकी रिपोर्टें पढ़ चुका था, इसलिए ख़ुद उनके मुँह से सुनना चाहता था और मैं यह देखकर हैरान हुआ कि वे इसके बारे में बहुत हद तक कड़ुवाहट से भरे हुए थे।

"लेकिन क्या इस बारे में अभी फ़ैसला कर लेना जल्दबाज़ी नहीं है?" मैंने तर्क दिया। "उन्हें भीतर और बाहर दोनों ओर मुश्किल कामों, विपक्ष और षड्यंत्रों का सामना करना पड़ रहा है। तय है कि समय बीतने के साथ-साथ अच्छे परिणाम भी आएँगे।"

रूज़वेल्ट ने नये समझौते (New Deal) को लेकर जो किया था, उसे लेकर वेल्स बहुत उत्साहित थे। उनकी राय थी कि अमेरिका में मरते हुए पूँजीवाद में से एक अर्ध-समाजवाद उभरकर आएगा। वे ख़ास तौर पर स्टालिन के आलोचक थे जिनका उन्होंने साक्षात्कार लिया था। उन्होंने कहा कि उनके राज में रूस आतंकवादी तानाशाह बन चुका है।

मैंने कहा, "यदि आप समाजवादी, यह विश्वास करते हैं कि पूँजीवाद गर्त में जा चुका है तो फिर अगर रूस में समाजवाद ही असफल हो जाए, फिर दुनिया के लिए क्या उम्मीद बचती है?"

"रूस में या कहीं पर भी समाजवाद असफल नहीं होगा," उन्होंने कहा, "लेकिन रूस की यह गतिविधि बेशक तानाशाही की तरफ़ मुड़ गई है।"

मैंने आगे कहा, "बेशक रूस ने ग़लतियाँ की हैं और दूसरे राष्ट्रों की तरह रूस आगे भी ग़लतियाँ करता रहेगा। सबसे बड़ी ग़लती मेरे ख़याल से, अपने विदेशी क़र्ज़ों, रूसी बॉन्डों वग़ैरह को हड़प जाना है और क्रान्ति के बाद यह कह देना कि ये ज़ार के क़र्ज़े थे, हालाँकि रूस क़र्ज़े पटाए जाने के बारे में अपनी जगह पर सही हो सकता था। मेरा ख़याल है कि वहाँ पर उनसे ग़लती हो गई, क्योंकि इससे पूरी दुनिया उनके ख़िलाफ़ हो गई। बहिष्कार और सैन्य हमले शुरू हो गए। मुझे लगता है कि यह बात लम्बे अरसे में क़र्ज़े चुका दिये जाने की तुलना में दुगुनी महँगी पड़ी।

वेल्स आंशिक रूप से सहमत हो गए और कहने लगे कि मेरी टिप्पणी सिद्धान्ततः सही है लेकिन तथ्य रूप में नहीं, क्योंकि ज़ार के क़र्ज़ों का इनकार ही उन कारणों में से एक था जिनकी वजह से क्रान्ति की भावना को शह मिली। पुराने शासन के क़र्ज़ों को अदा करने की बात से ही लोग भड़क गए होते।

"लेकिन," मैंने तर्क दिया, "क्या रूस ने खेल खेला और कम आदर्शवादी रहा? वह पूँजीवादी देशों से बड़ी मात्रा में राशियाँ उधार ले सकता था और अपनी अर्थव्यवस्था को ज़्यादा तेज़ी से सँवार सकता था। युद्ध के बाद की मुद्रास्फीति और पूँजीवाद के उतार-चढ़ाव के चलते उसने अपने क़र्ज़े आसानी से उतार दिये होते तथा दुनिया-भर में उसकी साख भी बची रहती।"

वेल्स हँसे, "लेकिन इसके लिए अब बहुत देर हो चुकी है।"

मैं अलग-अलग मौक़ों पर एच.जी. वेल्स से कई बार मिला। फ्रांस के दक्षिणी इलाक़े में उन्होंने अपनी रूसी रख़ैल के लिए एक घर बनवा रखा था। वह बहुत तुनकमिज़ाज महिला थी और उसके घर के आतिशदान पर गोथिक अक्षरों में खुदा हुआ था : 'दो प्रेमियों का बनाया घर।'

"हाँ," जब मैंने इस पर टिप्पणी की तो वे बोले, "हमें इसे कई बार लगवाना और हटवाना पड़ा। जब भी हम में झगड़ा होता है, मैं मिस्त्री को इसे हटा देने के लिए कहता हूँ और जब हम में सुलह हो जाती है तो मोहतरमा मिस्त्री को इसे फिर लगाने के लिए कह देती हैं। इसे इतनी बार लगाया और हटाया गया है कि मिस्त्री ने आख़िर हमारी तरफ़ ध्यान देना ही छोड़ दिया और इसे यहीं छोड़ गया।"

वर्ष 1931 में वेल्स साहब ने 'एनाटॉमी ऑफ़ मनी' पूरी की। इसमें दो बरस का परिश्रम लगा था और वे थके हुए नज़र आ रहे थे।

"अब आप क्या करने जा रहे हैं?" मैंने पूछा।

"दूसरी किताब लिखूँगा," वे थकी हुई हँसी हँसे।

"हे भगवान," मैं हैरान हुआ, "क्या आपको नहीं लगता कि आराम करना चाहिए या कोई और काम करना चाहिए?"

"और कुछ करने को है ही क्या?"

वेल्स की मामूली पृष्ठभूमि ने उनके काम या नज़रिये पर नहीं, बल्कि मेरी ही तरह, उनकी व्यक्तिगत संवेदनशीलता पर बहुत अधिक ज़ोर देने के रूप में असर छोड़ा था। मुझे याद है, एक बार उन्होंने एक ग़लत जगह पर 'एच' अक्षर देख लिया था और वे इतना अधिक झेंप गए थे कि पूछो मत। इतनी छोटी-सी चीज़ के लिए इतने महान व्यक्ति का झेंपना! मुझे याद है वे अपने एक चाचा की बात बता रहे थे जो एक पदवीधारी अंग्रेज़ के यहाँ माली हुआ करते थे। उनके चाचा की अभिलाषा थी कि वेल्स भी उनकी तरह घरेलू नौकरी पकड़ लें। एच.जी. वेल्स ने व्यंग्य से कहा, "भगवान की दया ही रही वरना मैं भी सहायक या रसोइया बन गया होता।"

वेल्स जानना चाहते थे कि मैं समाजवाद में दिलचस्पी कैसे लेने लगा। "यह तब तक नहीं हुआ था जब तक मैं यूनाइटेड स्टेट्स नहीं आया था और अप्टॉन सिन्क्लेयर से नहीं मिला था, मैंने उन्हें बताया। "हम लंच के लिए पासाडीना में गाड़ी चलाते हुए उनके घर की तरफ़ जा रहे थे। तभी अप्टॉन ने बेहद नर्म आवाज़ में पूछा कि क्या मैं लाभ वाली प्रणाली में विश्वास करता हूँ? मैंने जवाब दिया कि इस सवाल का जवाब देने के लिए तो मुझे एकाउंटेंट की ज़रूरत पड़ेगी। हालाँकि यह ऐसा सवाल था जिससे कोई नुक़सान नहीं होता लेकिन मैंने महसूस किया कि यह मामले की जड़ तक उतर गया है और उसी पल मैं इसमें दिलचस्पी लेने लगा तथा राजनीति को इतिहास की तरह नहीं बल्कि एक आर्थिक समस्या के रूप में देखने लगा।"

जैसा कि मुझे लगा, वेल्स ने मुझसे पूछा कि मुझे इन्द्रियों से परे का आभास कैसे हो जाता है? मैंने उन्हें एक घटना के बारे में बताया जो कि सिर्फ़ संयोग मात्र नहीं हो सकती थी। टेनिस खिलाड़ी हेनरी कोचेट, एक अन्य मित्र और मैं बियारिट्ज़ होटल में एक कॉकटेल बार में गए। वहाँ पर बॉलरूम की दीवार पर जुए के तीन चक्के लगे थे और प्रत्येक पर एक से दस तक की संख्याएँ बनी हुई थीं। मैंने ड्रामाई ढंग से मज़ाक़ में घोषणा की कि मुझमें पराभौतिक शक्तियाँ हैं और मैं तीनों चक्के घुमा दूँगा और यह भी कि पहला चक्का नौ पर रुकेगा, दूसरा चार पर और तीसरा सात पर। और क्या देखता हूँ, पहला चक्का नौ पर रुका, दूसरा चार पर और तीसरा सात पर। ऐसा लाखों-करोड़ों में एक ही बार होता है।

वेल्स ने कहा कि यह विशुद्ध संयोग भी तो हो सकता है। "लेकिन जब संयोग बार-बार होने लगे तो परखने की ज़रूरत होती है।" मैंने कहा और उन्हें एक और क़िस्से के बारे में बताया जो मेरे बचपन में हुआ था। मैं कैम्बरवेल रोड पर एक राशन की दुकान के आगे से गुज़र रहा था और मैंने उस दुकान का शटर गिरे हुए देखा। यह अनहोनी-सी बात थी। तभी किसी चीज़ ने मुझे प्रेरित किया कि मैं खिड़की की सिल पर चढ़कर शटर के बीच की झिरी में से देखूँ। भीतर अँधेरा था लेकिन राशन का सारा सामान मौजूद था। फ़र्श के बीचोबीच एक बड़ा-सा पैकिंग केस रखा हुआ

था। मैं खिड़की की सिल से कूदा और किसी अन्त:प्रेरणा से अपने रास्ते चल दिया। उसके तुरन्त बाद एक हत्या के मामले का खुलासा हुआ। एडगर एडवर्ड्स एक भला और बूढ़ा आदमी, जिसकी उम्र लगभग पैंसठ बरस की थी, ने इसी तरह से राशन की पाँच दुकानें हथिया ली थीं। वह तौलने वाले बट्टे से दुकानों के मालिकों को मार डालता था और दुकान पर क़ब्ज़ा कर लेता था। कैम्बरवेल की राशन की उस दुकान में, उस पैकिंग केस में उसके अन्तिम तीन शिकारों, मि. और मिसेज डर्बी और उनकी बच्ची की लाशें थीं।

लेकिन वेल्स मेरी बातें मानने के लिए तैयार ही नहीं थे। उन्होंने कहा कि हर किसी की ज़िन्दगी में अमूमन ऐसा रहता है कि कुछ-न-कुछ संयोग घटते रहते हैं लेकिन इससे कुछ सिद्ध नहीं होता। हालाँकि हमारी चर्चा वहीं पर ख़त्म हो गई लेकिन मुझे लगा, मैंने उन्हें अपने एक और अनुभव के बारे में बताया होता। उस वक़्त मैं छोटा-सा लड़का था जब लंदन ब्रिज रोड पर एक सैलून पर रुका और एक गिलास पानी माँगा। एक सज्जन पुरुष ने, जिनकी गहरी मूँछें थीं, मुझे पानी दिया। किसी वजह से मैं वह पानी नहीं पी पाया। मैंने पानी पीने का नाटक किया और जैसे ही उस व्यक्ति ने एक ग्राहक की तरफ़ चेहरा मोड़ा, मैंने गिलास नीचे रखा और वहाँ से भाग लिया। दो सप्ताह बाद लंदन ब्रिज रोड पर क्राउन पब्लिक हाउस के मालिक जॉर्ज चैपमैन पर अपनी पाँच पत्नियों को ज़हर देकर मारने का इल्ज़ाम लगा।

जिस दिन उसने मुझे पानी का गिलास दिया था, उसकी नवीनतम शिकार सैलून के ऊपर वाले कमरे में मर रही थी। चैपमैन और एडवर्ड दोनों को फाँसी पर लटका दिया गया।

*

इस प्रसंग के अनुकूल एक और क़िस्सा है, बेवर्ली हिल्स पर जब मैंने अपना घर बनवाया था, उससे एक बरस पहले मुझे एक गुमनाम ख़त मिला था जिसमें बताया गया था कि पत्र-लेखक सूक्ष्मदर्शी है और उसने सपने में एक पहाड़ी पर बना हुआ एक घर देखा है जिसका लॉन सामने की तरफ़ है तथा आगे की तरफ़ वाला हिस्सा नाव के सिरे की तरह निकला हुआ है। इस घर में चालीस खिड़कियाँ हैं और ऊँची छत वाला बड़ा-सा संगीत-कक्ष है। इस घर की ज़मीन पवित्र भूमि है जिस पर प्राचीन काल में दो हज़ार वर्ष पूर्व रेड इंडियन जनजातियाँ मानव बलि दिया करती थीं। इस घर में भूतों का डेरा है और इसे अँधेरे में बिलकुल भी न छोड़ा जाए। पत्र में इस बात का ज़िक्र था कि जब तक मैं घर में बिलकुल अकेला नहीं रहता और घर में रोशनी बनी रहती है, घर को कोई ख़तरा नहीं रहेगा।

उस समय मैंने यह ख़त किसी सनकी द्वारा लिखा गया माना था और उसकी तरफ़ ज़्यादा ध्यान नहीं दिया था तथा उसे अजीब व मज़ेदार मानकर एक तरफ़ रख दिया

था। लेकिन दो बरस बाद अपनी डेस्क पर कुछ काग़ज़ तलाशते हुए वह ख़त फिर मेरे हाथ लग गया और मैंने उसे एक बार फिर पढ़ा। हैरानी की बात थी कि घर और लॉन के ब्योरे बिलकुल सही थे। मैंने खिड़कियाँ नहीं गिनी थीं और यह सोचा था कि गिनूँगा लेकिन मेरी हैरानी की सीमा न रही जब मैंने देखा कि पूरी चालीस खिड़कियाँ थीं।

यद्यपि मैं भूत-प्रेतों में विश्वास नहीं करता, अत: मैंने प्रयोग करने का फ़ैसला किया। बुधवार के दिन रात के वक़्त स्टाफ़ की छुट्टी होती थी और घर ख़ाली रहता था, इसलिए मैंने बाहर खाना खाया और डिनर के तुरन्त बाद मैं घर वापस लौटा तथा संगीत-कक्ष में चला गया। यह कमरा लम्बा और सँकरा था, चर्च के किसी गलियारे की तरह और इसकी छत गोथिक शैली की थी। पर्दे खींच लेने के बाद मैंने सारे घर की बत्तियाँ बन्द कर दीं। फिर मैं टटोलता हुआ अपनी आरामकुर्सी तक आया और वहाँ लगभग दस मिनट तक चुपचाप बैठा रहा। गहरे अँधेरे से मेरी इन्द्रियाँ जाग्रत हो गईं और मैं अपनी आँखों के सामने तैरती हुई आकृतिविहीन छायाओं की कल्पना करने लगा; लेकिन मैंने तर्क लगाया कि ये पर्दों के बीच की बारीक झिरी में से आ रही चाँदनी थी और क्रिस्टल डिकैंटर पर परावर्तित हो रही थी।

मैंने पर्दों को अच्छी तरह खींच लिया और तैरती हुई आकृतियाँ ग़ायब हो गईं। इसके बाद मैं एक बार फिर अँधेरे में इन्तज़ार करने लगा—पाँच मिनट तो बीत ही गए होंगे। चूँकि कुछ भी नहीं हुआ इसलिए मैंने ज़ोर-ज़ोर से बोलना शुरू कर दिया, "अगर आत्माएँ हैं तो सामने आएँ।" मैं कुछ पल तक इन्तज़ार करता रहा फिर भी कुछ नहीं हुआ। मैंने फिर कहा, "क्या संवाद स्थापित करने का कोई तरीक़ा है? शायद किसी संकेत के ज़रिये, ठक-ठक या अगर ऐसा न हो सके, तो शायद मेरे मन के ज़रिये, जिससे हो सकता है मैं कुछ लिखने के लिए प्रेरित हो जाऊँ; या शायद ठंडी हवा का झोंका आपकी मौज़ूदगी का संकेत दे सके।"

फिर मैं पाँच मिनट और बैठा रहा। लेकिन न तो कोई संकेत ही मिला और न ही किसी तरह का आदेश ही आया। आख़िर मैंने इसे व्यर्थ मानकर छोड़ दिया और बत्ती जला दी। फिर मैं बैठक वाले कमरे में चला गया। पर्दे अभी हटाए नहीं गए थे और चाँदनी में पियानो की छवि का आभास हो रहा था। मैं बैठ गया और कुँजी-पटल पर उँगलियाँ दौड़ाने लगा। ऐसा करते हुए मैं ऐसी स्वर-तंत्री पर अटका जिसने मुझे बाँध लिया। मैंने इसे कई बार दोहराया, जब तक कि पूरा कमरा उससे कम्पित नहीं होने लगा। मैं यह क्यों कर रहा था? शायद यही बुलावा था। मैं एक ही स्वर तंत्री दोहराता रहा। अचानक ही रोशनी का एक सफ़ेद हाथ मेरी छाती से लिपट गया : मैं बन्दूक़ की गोली की तरह पियानो से कूदा और खड़ा हो गया। मेरा दिल ज़ोर-ज़ोर से ड्रम की तरह धड़क रहा था।

जब मुझे होश आया मैंने स्थिति को समझने की कोशिश की। पियानो खिड़की के पास वाली आराम करने की जगह पर रखा हुआ था। फिर मुझे एहसास हुआ

कि जिसे मैं रहस्यमय शक्ति की पट्टी समझ रहा था, पहाड़ी की ढलान से उतरती हुई किसी गाड़ी की पास आती हुई लाइट थी। अपने आपको सन्तुष्ट करने के लिए मैं फिर से पियानो पर बैठा और उसी कुंजी को कई बार बजाया। बैठक के दूर वाले सिरे पर एक अँधियारा गलियारा था और उसके पार डाइनिंग रूम का दरवाज़ा था। मैंने अपनी आँख की कोर से देखा कि दरवाज़ा खुला और डाइनिंग रूम में से कुछ आया तथा अँधियारे गलियारे में से गुज़रा। यह डरावना, बौना-सा दिखने वाला जानवर था जिसकी आँखों के चारों तरफ़ जोकरों जैसे सफ़ेद घेरे थे। वह बतख जैसी चाल चलता हुआ संगीत-कक्ष की तरफ़ चला जा रहा था। मैं अपना सिर घुमा पाता इससे पहले ही वह ग़ायब हो गया था। भयभीत-सा मैं उठ खड़ा हुआ और उसका पीछा करने की कोशिश की, लेकिन वह ग़ायब हो चुका था। यह विश्वास करते हुए कि मुझे डर की हालत में कोई दृष्टिभ्रम हुआ होगा, मैं फिर से पियानो बजाने बैठ गया, लेकिन फिर कुछ भी नहीं हुआ, इसलिए मैंने सो जाने का फ़ैसला किया।

मैंने कपड़े बदले, पाजामा पहना और बाथरूम में गया। जब मैंने बत्ती जलाई तो बाथरूम में एक अजगर पसरा हुआ था और मेरी तरफ़ देख रहा था। मैं बाथरूम से एक तरह से छलाँग लगाते हुए बाहर आया। यही था! मैंने इन्हीं महाशय को अपनी आँख की कोर से देखा था। तब नीचे वाली मंज़िल पर यह आकार में कुछ ज़्यादा ही बड़ा प्रतीत हुआ था।

सवेरे, रसोइये ने उस हैरान-परेशान प्राणी को एक पिंजरे में बन्द किया और अन्ततः हमने उसे पालतू बना लिया। लेकिन एक दिन वह ग़ायब हो गया और हमने उसे फिर कभी नहीं देखा।

*

मेरे लंदन छोड़ने से पहले यॉर्क के ड्यूक और डचेज़ ने मुझे लंच पर आमंत्रित किया। यह बेहद अनौपचारिक लंच था और वहाँ पर सिर्फ़ ड्यूक, डचेज़, डचेज़ के माता-पिता, उनके भाई और तेरह बरस का एक किशोर ही थे। सर फिलिप ससून बाद में आए, और उनकी व मेरी यह ड्यूटी लगा दी गई कि हम डचेज़ के छोटे भाई को एटन छोड़ते जाएँ। वह नन्हा-सा शान्त लड़का था। जिस वक़्त दो मॉनीटर हमें अपना स्कूल दिखा रहे थे, वह पीछे-पीछे चल रहा था। बाद में प्राध्यक्ष और कई लोगों ने हमें चाय पर आमंत्रित किया।

जब हम मिठाई की दुकान में पहुँचे। यह कैंडी और छह पैनी की चाय बेचने वाली एक साधारण-सी जगह थी। तब वह एटन के सैकड़ों लड़कों के साथ बाहर ही रहा। हम चारों सीढ़ियों के ऊपर वाले एक कमरे में एक छोटी-सी मेज़ पर बैठे। सब कुछ बहुत ही शानदार चल रहा था कि तभी मुझसे पूछा गया कि क्या मैं चाय

का दूसरा कप लेना पसन्द करूँगा और मैंने अनजाने में कह दिया, "हाँ।" इससे वहाँ आर्थिक संकट पैदा हो गया क्योंकि हमारे मेज़बान के पास पैसे कम पड़ गए थे और उसे कई दूसरे लड़कों से पैसे माँगने पड़े।

फिलिप फुसफुसाए, "मुझे डर है कि हमने उन्हें दो पेंस के अतिरिक्त ख़र्च से संकट में डाल दिया है और अब हम उनके लिए कुछ भी नहीं कर सकते।"

अलबत्ता, उन्होंने आपस में ही इन्तज़ाम कर लिया और चाय की एक और केतली का ऑर्डर दिया। ये चाय हमें हड़बड़ी में पीनी पड़ी क्योंकि इस बीच स्कूल की घंटी बज गई थी और उन्हें एक मिनट के भीतर स्कूल के गेट पर पहुँचना था। वहाँ अच्छी-ख़ासी भगदड़ मच गई। भीतर, हैड मास्टर ने हमारा स्वागत किया और वह हॉल दिखाया जहाँ शेली और कई दूसरी महान विभूतियों ने अपने नाम अंकित कर रखे थे। आख़िरकार, हैड मास्टर ने फिर से हमें दो प्राध्यक्षों के हवाले कर दिया जो हमें पवित्रतम गर्भगृह में ले गए। वह कमरा, जिसमें कभी शेली रहे थे, लेकिन हमारा नन्हा फ़रिश्ता बाहर ही रहा।

हमारे युवा मेज़बान ने बेहद उखड़े तरीक़े से उससे कहा, "तुम क्या चाहते हो?"

"ओह, वह हमारे साथ है," फिलिप ने टोका और बताया कि हम उसे लंदन से वापस लाए हैं।

"तब ठीक है।" हमारे मेज़बान ने बेचैनी से कहा, "भीतर आ जाओ।"

फिलिप फुसफुसाए, "वे उसे भीतर आने देकर बहुत बड़ी रियायत कर रहे हैं; इस तरह की पवित्र भूमि पर अनधिकार प्रवेश से किसी और बच्चे का तो कॅरियर बर्बाद हो जाएगा।"

वह तो बाद में जब मैं लेडी एस्टर के साथ एटन गया तो मुझे वहाँ के सादगी भरे अनुशासन का पता चला। जिस वक़्त हम बहुत कम रोशनी वाले गलियारे से गुज़रे तो वहाँ भयंकर सर्दी और बहुत अँधेरा था। हम टटोलते हुए आगे बढ़े। गलियारे में हर कमरे के दरवाज़े के बाद दीवार पर पैर धोने के बर्तन लटक रहे थे। आख़िर हमने सही दरवाज़ा तलाश लिया और खटखटाया।

उनके लड़के, यानी पीले चेहरे वाले नन्हे से बच्चे ने दरवाज़ा खोला। भीतर, उसके दो साथी छोटे से फ़ायर प्लेस में मुठ्ठी-भर कोयले डालकर सिकुड़े बैठे अपने हाथ सेंक रहे थे। माहौल निश्चित ही डरावना था।

लेडी एस्टर ने कहा, "मैं देखना चाहती हूँ कि क्या तुम्हें मैं सप्ताहान्त के लिए ले जा सकती हूँ!" हम थोड़ी देर तक बात करते रहे, तभी अचानक दरवाज़े पर ठक-ठक हुई और इससे पहले कि हम 'भीतर आइए' कह पाते, दरवाज़े का हत्था घूमा और हाउस-मास्टर भीतर आए। वे ख़ूबसूरत, लाल बालों और सुगठित देह वाले, लगभग चालीस बरस के शख़्स थे। 'गुड ईवनिंग,' उन्होंने रूखेपन से लेडी एस्टर से कहा और मेरी तरफ़ देखकर सिर हिलाया। इसके बाद उन्होंने छोटे से

आतिशदान पर अपनी कुहनी टिकाई और अपना पाइप पीना शुरू कर दिया। लेडी एस्टर का आना स्पष्ट ही ग़लत वक़्त पर था, इसलिए उन्होंने सफ़ाई देनी शुरू कर दी, "मैं यह देखने आई हूँ कि क्या मैं अपने बेटे को वीकेंड के लिए वापस ले जा सकती हूँ?"

"मुझे खेद है आप नहीं ले जा सकतीं," दो टूक जवाब मिला।

"ओह, जाने भी दीजिए," लेडी एस्टर ने अपनी खनकती हुई आवाज़ में कहा, "इतने हठी मत बनिए।"

"मैं हठी नहीं हूँ, मैं सिर्फ़ एक तथ्य बयान कर रहा हूँ।"

"लेकिन वह कितना कमज़ोर नज़र आ रहा है?"

"वाहियात!! उसे कुछ भी नहीं हुआ है।"

वे लड़के के बिस्तर से उठीं, जिस पर हम बैठे हुए थे, और हाउस-मास्टर के पास गईं, "ओह, छोड़िए भी!"

उन्होंने नज़ाक़त के साथ कहा और हाउस-मास्टर को अपने ख़ास अन्दाज़ में हल्का-सा धक्का दिया। मैंने उन्हें लॉयड जॉर्ज और दूसरे लोगों को, जिन्हें भी वे उकसाना चाहती थीं, इस तरह का धक्का देते हुए देखा था।

"लेडी एस्टर," हाउस-मास्टर ने कहा, "आपको लोगों को धक्का देकर उनका सन्तुलन बिगाड़ने की बहुत ख़राब आदत है। मैं चाहता हूँ कि आप ऐसा करना छोड़ दें।"

इस तरह लेडी एस्टर की सारी शेख़ी धरी रह गई।

इसी बीच पता नहीं कैसे, बातचीत राजनीति की तरफ़ मुड़ गई जिसे हाउस मास्टर ने बीच में ही काट दिया और अपना संक्षिप्त-सा जुमला कहा, "अंग्रेज़ी राजनीति के साथ मुसीबत यह है कि इसमें औरतें बहुत अधिक दख़ल देती हैं और इसके साथ ही मैं आपको शुभ-रात्रि कहूँगा, लेडी एस्टर।" उन्होंने हम दोनों की तरफ़ हौले से सिर हिलाया और चले गए।

"कितना खड़ूस आदमी है," लेडी एस्टर ने कहा। लेकिन बच्चे ने हैड मास्टर की तरफ़ से जवाब दिया, "ओह नहीं माँ, वे सचमुच बहुत अच्छे हैं।"

मैं उस व्यक्ति की सिर्फ़ प्रशंसा ही कर सका। महिला-विरोधी अपनी भावनाओं के बावजूद उसके चरित्र में ईमानदारी और खरापन है—उसमें हास्यबोध नहीं था, लेकिन ईमानदारी थी।

*

चूँकि सिडनी से मैं कई बरसों से नहीं मिला था अत: मैं लंदन से यह सोचकर चला कि उसके साथ थोड़ा-सा वक़्त नाइस में बिताऊँगा। सिडनी हमेशा कहा करता था कि जब वह 2,50,000 डॉलर बचा लेगा तो वह रिटायर हो जाएगा। मैं यहाँ पर यह बात

जोड़ दूँ कि उसने इस तय राशि से बहुत ज़्यादा बचा लिये थे। एक काइयाँ कारोबारी आदमी होने के अलावा वह बहुत ही शानदार कॉमेडियन था और उसने कई सफल फ़िल्में भी बनाई थीं; जैसे 'सबमरीन पायलट', 'द बैटर 'ओल', 'मैन इन द बॉक्स' और 'चार्ली'ज़ आंट आदि जिन्होंने उसकी संपत्ति में वृद्धि की'। अब चूँकि सिडनी रिटायर हो चुका था, जैसा कि उसने कहा था, रिटायर होने के बाद से वह नाइस में रह रहा था।

जब नाइस में रहने वाले फ्रैंक जे. गोल्ड को पता चला कि मैं अपने भाई से मिलने आ रहा हूँ तो उन्होंने मुझे जोआन-ले-पन में अपने मेहमान के रूप में आने का न्योता दिया, जिसे मैंने स्वीकार कर लिया।

नाइस जाने से पहले मैं दो दिन के लिए पेरिस में रुका और फॉली बेरज़ेयर गया, क्योंकि मूल एट लंकाशायर बाल मंडली के अल्फ्रेड जैक्सन वहाँ काम कर रहे थे। वे मूल ट्रूप के पुत्रों में से एक थे। जब मैं अल्फ्रेड से मिला तो उन्होंने बताया कि जैक्सन परिवार बहुत समृद्ध हो गया है और उनके पास नृत्य करने वाली लड़कियों के आठ दल हैं और उनके पिता अभी भी जीवित हैं। अगर मैं फॉली बेरज़ेयर जाऊँ, जहाँ पर वे पूर्वाभ्यास कर रहे हैं, तो मैं उनके पिता से मिल सकता हूँ।

हालाँकि मि. जैक्सन अस्सी की उम्र पार कर चुके थे, लेकिन अभी भी वे हट्टे-कट्टे और चुस्त-दुरुस्त लग रहे थे। हम हैरान होते हुए अपने पुराने दिन याद करते रहे और बार-बार कहते रहे, "किसने सोचा था, ऐसा होगा?"

"तुम्हें पता है, चार्ली", वे बोले, "छोटे से बच्चे के रूप में जो तुम्हारी उत्कृष्ट याद बाक़ी है, वह है तुम्हारी विनम्रता।"

*

अगर आप यह मुग़ालता पाले रहते हैं कि आप जनता की निगाहों में बहुत दिन तक सितारे बने रहेंगे तो आप ग़लती पर हैं। चाँदनी चार दिन की ही रहती है और फिर अँधेरा आता ही है। इसलिए मेरे इस स्वागत के बाद सारी चीज़ें अचानक ही शान्त हो गईं। पहला झटका प्रेस से मिला। मेरी तारीफ़ों के पुल बाँधने के बाद उन्होंने एकदम विपरीत रुख़ अपना लिया। मेरा ख़याल है, इससे पढ़ने वालों को मजा ही आया होगा।

लंदन और पेरिस की उत्तेजना अपने निशान छोड़ रही थी। मैं थका हुआ था और अब आराम चाहता था। जब मैं जोआन-ले-पन में आराम कर रहा था तो मुझसे कहा गया कि मैं लंदन के पैलेडियम में एक कमांड परफॉर्मेंस में अपनी उपस्थिति दर्ज़ कराऊँ, जिसके बजाय, मैंने दो सौ पाउंड का चेक भेज दिया। इससे तो और भी हँगामा उठ खड़ा हुआ। मैंने राजा को ठेस पहुँचाई थी और राज आदेश की अवमानना की थी। मुझे पैलेडियम के प्रबन्धक की ओर से जो नोट मिला उसे मैंने राजसी आदेश नहीं माना। इसके अलावा, मैं एक पल के लिए नोटिस पर प्रदर्शन करने के लिए तैयार नहीं था।

अगला हमला कुछ सप्ताह बाद हुआ। मैं एक टेनिस-कोर्ट में अपने पार्टनर का इन्तज़ार कर रहा था कि तभी एक नौजवान ने मेरे एक दोस्त के दोस्त के रूप में अपना परिचय दिया। हालचाल पूछ लेने के बाद हमारी बातचीत आपसी राय की तरफ़ मुड़ गई। वह बातचीत में बहुत माहिर और सहानुभूतिपूर्ण रवैये वाला नौजवान था। मुझमें एक कमज़ोरी है कि मैं लोगों को अचानक ही पसन्द करने लगता हूँ, वह भी ख़ास तब जब वे अच्छे श्रोता हों। मैं कई विषयों पर बात करने लगा। दुनिया-भर में चल रहे हालात पर मैंने अपनी हताशा जताई और उसे बताया कि यूरोप में जो हालात चल रहे हैं; वे एक और युद्ध की ओर ले जा रहे हैं।

"ठीक है, लेकिन मुझे वे अगले युद्ध में नहीं ले जा पाएँगे", मेरे दोस्त ने कहा।

"मैं आपको दोष नहीं देता", मैंने जवाब दिया, "मेरे मन में उनके लिए कोई सम्मान नहीं है जो हमें मुसीबतों में फँसाते हैं; मैं यह बताया जाना पसन्द नहीं करता कि किसको मारूँ और किसके लिए मृत्यु को गले लगाया जाए और वह भी देशभक्ति के नाम पर!!"

हम बहुत अच्छे माहौल में विदा हुए। मेरा ख़याल है अगली शाम को मैंने उसके साथ खाना खाने का कार्यक्रम भी तय कर लिया था, लेकिन वह नहीं आया। और लीजिए! किसी दोस्त के साथ बात करने के बजाय, मैंने पाया कि मैं एक न्यूज़ रिपोर्टर से बात कर रहा था और अगले दिन अख़बारों में पहले पेज पर पूरे पन्ने की ख़बर थी :

"चार्ली चैप्लिन देशभक्त नहीं।" वग़ैरह-वग़ैरह।

यह सच था, लेकिन उस वक़्त मैं नहीं चाहता था कि मेरी निजी राय को इस तरह से प्रेस की तरफ़ से सार्वजनिक किया जाए। सच तो यह है कि मैं देशभक्त नहीं हूँ। नैतिक या बौद्धिक कारणों की वजह से नहीं—इसका कारण यह है कि मेरे अन्दर देश के लिए कोई भावना नहीं है। कोई व्यक्ति देशभक्ति को किस तरह से स्वीकार कर सकता है जब देशभक्ति के नाम पर साठ लाख यहूदियों का क़त्ल किया जा रहा हो। लोग यह बात कह सकते हैं कि यह तो केवल जर्मनी में हो रहा है; इसके बावजूद, इस तरह के मौत के खेल दिखाने वाली कोठरियाँ हरेक देश में मौज़ूद हैं।

मैं राष्ट्रीय गौरव को लेकर हो-हल्ला नहीं मचा सकता। यदि कोई व्यक्ति पारिवारिक परम्पराओं में, घर और बग़ीचे में, अपने सुखी बचपन में, परिवार में, दोस्तों में व्यस्त हो तो मैं उसकी इस भावना को समझ सकता हूँ लेकिन मेरे पास इस तरह की पृष्ठभूमि नहीं है। मेरे लिए सर्वोत्तम राष्ट्रभक्ति यही है, जो स्थानीय आदतों के रूप में विकसित हुई। घुड़दौड़, शिकार करना, यॉर्कशायर पुडिंग, अमेरिकी हैम बर्गर और कोका कोला, लेकिन आज इस तरह की देसी चीज़ें भी पूरी दुनिया में फैल चुकी हैं। स्वाभाविक रूप से, जिस देश में मैं रहता हूँ, यदि उस पर हमला होता है तो हम में से अधिकांश लोगों की तरह, मुझे विश्वास है कि, परम त्याग का कोई भी कार्य करने में सक्षम होऊँगा। लेकिन मेरा मातृभूमि के लिए दिखावे का प्यार दिखाने

में विश्वास नहीं है, क्योंकि इस प्यार ने केवल नाज़ी पैदा किये हैं और मैं बिना किसी अफ़सोस के यह कहना चाहूँगा कि जो कुछ मैंने देखा-समझा है, नाज़ियों की कोठरियाँ, हालाँकि इस वक़्त बन्द पड़ी हैं, किसी भी देश में तेज़ी से सक्रिय की जा सकती हैं। इसलिए, मैं किसी राजनीतिक कारण के लिए तब तक कोई त्याग करने के लिए तैयार नहीं हूँ जब तक मेरा उसमें व्यक्तिगत रूप से विश्वास न हो। मैं राष्ट्रवाद के लिए शहीद होने वालों में से नहीं हूँ और न ही मैं राष्ट्रपति, प्रधानमंत्री या किसी तानाशाह के लिए मरने का इच्छुक हूँ।

एकाध दिन बाद सर फिलिप ससून मुझे कॉन्सुएलो वैन्डरबिल्ट बालसन के घर पर लंच के लिए ले गए, जो दक्षिणी फ्रांस में एक बहुत ही ख़ूबसूरत जगह थी। वहाँ पर एक मेहमान अलग ही नज़र आ रहा था—लम्बा, दुबला-पतला, बाल गहरे काले, कतरी हुई मूँछें तथा ख़ुशमिज़ाज और बाँध लेने वाला व्यक्तित्व। मैंने पाया कि लंच के वक़्त मैं अपनी बातचीत में उसे सम्बोधित कर रहा हूँ। मैं मेजर डगलस की किताब 'इकोनॉमिक डेमोक्रेसी' की बात कर रहा था। मैंने कहा कि उनका ऋण सिद्धान्त कितने शानदार तरीक़े से मौज़ूदा विश्वव्यापी संकट को हल कर सकता है।

कॉन्सुएलो बालसन ने उस दोपहर के बारे में लिखा, "मैंने पाया कि चैप्लिन बातचीत में बहुत दिलचस्प हैं और मैंने उनमें मज़बूत समाजवादी प्रवृत्तियाँ पाईं।"

मैंने ज़रूर ऐसा कुछ कहा होगा जो उस लम्बे व्यक्ति को ख़ास तौर पर अच्छा लगा होगा, क्योंकि उसका चेहरा खिल उठा और उसकी आँखें इतनी चौड़ी हो गईं कि मुझे उन आँखों की सफ़ेदी तक नज़र आने लगी। मैं जो कुछ भी कह रहा था, वह उसका समर्थन करता जा रहा था और तभी मैं अपनी धारणाओं के क्लाइमेक्स तक जा पहुँचा, जो निश्चित ही उसकी स्वयं की धारणाओं की विपरीत दिशा में चला गया था। उसके चेहरे पर निराशा झलकने लगी।

मैं सर ओस्वाल्ड मॉस्ले से बात कर रहा था और मुझे इस बात का ज़रा भी गुमान नहीं था कि यह व्यक्ति इंग्लैंड की ब्लैक शर्ट्स का भावी प्रमुख बनेगा—लेकिन उसकी बड़ी-बड़ी आँखों की नज़र आती पुतलियाँ और खुली-खुली मुस्कराहट वाला चेहरा मेरी स्मृति में—अगर थोड़ी डरावनी नहीं तो एक ख़ास तरह की अभिव्यक्ति के साथ अभी भी बना हुआ है।

दक्षिणी फ्रांस में मैं एमिल लुडविग से भी मिला, जिन्होंने नेपोलियन, बिस्मार्क, बालज़ाक और अन्य विभूतियों की मोटी-मोटी जीवनियाँ लिखी हैं। उन्होंने नेपोलियन के बारे में बहुत रोचक तरीक़े से लिखा था लेकिन कहानी कहने की दिलचस्पी से विमुख करने की हद तक मनोविश्लेषण का तड़का लगा दिया था।

उन्होंने मुझे एक तार भेजा कि उन्हें 'सिटी लाइट्स' बहुत पसन्द आई और वे मुझसे मिलना चाहते हैं। मैंने जिस रूप में उनकी कल्पना की थी, वे उससे बिलकुल अलग थे। वे परिष्कृत ऑस्कर वाइल्ड की तरह लग रहे थे। उनके बाल थोड़े लम्बे

थे और उनका लम्बोतरा भरा हुआ चेहरा जनाना लगता था। हम दोनों मेरे होटल में मिले। जहाँ वे नाटकीय तरीक़े से पेश आए। मुझे एक तेजपात की पत्ती भेंट करते हुए उन्होंने कहा, "जब रोमन ने महानता हासिल की तो उन्हें तेजपात की पत्तियों से बनाया गया ताज भेंट किया गया था। इसलिए मैं आपको एक पत्ती भेंट करता हूँ।"

इस तरह की असंगत बातों के कारण उनसे तालमेल बिठाने में कुछ पल लगे; फिर मुझे महसूस हुआ कि वे अपनी झेंप छुपा रहे थे। जब वे सहज हुए तो एक बहुत ही चतुर और रोचक आदमी के रूप में सामने आए। मैंने उनसे पूछा कि जीवनी लिखने में उन्हें सबसे ज़्यादा ज़रूरी बात क्या लगती है? उन्होंने कहा कि नज़रिया।

"तब तो जीवनी पूर्वग्रहपूर्ण और नपा-तुला लेख हो जाती है।" मैंने कहा।

"पैंसठ प्रतिशत कहानी तो कभी कही ही नहीं जाती," उन्होंने जवाब दिया, "क्योंकि उस पैंसठ प्रतिशत में दूसरे लोग शामिल होते हैं।"

डिनर के दौरान उन्होंने पूछा कि अब तक मैंने सर्वाधिक सुन्दर दृश्य कौन-सा देखा है? मैंने यूँ ही कह दिया कि हेलेन विल्स को टेनिस खेलते हुए देखना : इसमें गरिमा और एक्शन तो है ही, सेक्स के लिए स्वस्थ अपील भी है। दूसरा दृश्य था एक न्यूज़ रील का, युद्ध-विराम के तुरन्त बाद, फ्लैंडर्स नाम की जगह में खेत जोतता हुआ किसान, जहाँ हज़ारों लोग मरे थे। लुडविग ने फ्लोरिडा समुद्र तट के सूर्यास्त का वर्णन किया जिसमें तट पर ख़िरामाँ-ख़िरामाँ चली जाती एक स्पोर्ट्स कार में स्विम सूट पहने ख़ूबसूरत लड़कियाँ लदी पड़ी हों और एक लड़की पीछे बोनट पर बैठी हो, जिसकी टाँगें झूल रही हों और पैर के तलुये रेत को छू रहे हों और जैसे-जैसे कार चल रही हो, उसकी ऐड़ी से रेत पर एक लकीर बनती चली जा रही हो।

उसके बाद से मैं कई दूसरे सुन्दर नज़ारों को याद कर सकता हूँ। फ्लोरेंस में पिआज़ा डेला सिग्नोरिया में बेनवेनुतो सेलिनी का 'परसेउस' नाटक। रात का वक़्त था, चौराहा रोशनी से नहाया हुआ था और मुझे वहाँ माइकल एंज़ेलो के 'डेविड' की आकृति खींच ले गई थी। लेकिन जैसे ही मैंने 'परसेउस' देखा, सब कुछ गौण हो गया। मैं उसकी गरिमा और रूप के अछूते सौन्दर्य को देखकर ठगा-सा रह गया था। पर्सियुस ने मेडुसा के सिर को ऊँचा उठा रखा था तथा उसका दयनीय मुड़ा हुआ शरीर उसके पैरों के पास पड़ा था जो उदासी का प्रतीक लग रहा था और उसने मुझे ऑस्कर वाइल्ड की रहस्यपूर्ण पंक्ति की याद दिला दी, "इसके बावजूद आदमी उसे मार डालता है जिसे वह चाहता है।" उस शाश्वत रहस्य, अच्छे और बुरे के संघर्ष में उसका उद्देश्य खो गया था।

मुझे ड्यूक ऑफ़ अल्बा से एक तार मिला जिसमें उन्होंने मुझे स्पेन आमंत्रित किया था। लेकिन अगले ही दिन सभी अख़बारों में बड़ी-बड़ी हैडलाइनें नज़र आईं, "स्पेन में क्रान्ति"। इसलिए मैं स्पेन के बजाय विएना चला गया—शान्त, संवेदनशील विएना। उसकी सबसे ख़ास स्मृति जो मेरे पास है, वह है एक ख़ूबसूरत लड़की के

साथ रोमांस की। यह किसी विक्टोरियाई उपन्यास के अन्तिम अध्याय की तरह था; हमने प्यार में जीने-मरने की क़समें खाईं और विदा के चुम्बन लिये-दिये। हालाँकि हम जानते थे कि दोबारा फिर कभी मिलना नहीं होगा।

विएना के बाद मैं वेनिस चला गया। ये पतझड़ के दिन थे और यह जगह पूरी तरह सुनसान थी। मैं उसे उस वक़्त ज़्यादा पसन्द करता जब यह पर्यटकों से भरा होता, क्योंकि पर्यटक किसी भी ऐसी जगह को ऊष्मा और जीवन्तता प्रदान करते हैं, जो उनके बिना आसानी से किसी क़ब्रिस्तान सरीखी हो सकती है। दरअसल, मैं घुमक्कड़ी करने वालों को पसन्द करता हूँ क्योंकि लोग किसी जगह छुट्टियाँ मनाते ज़्यादा बेहतर नज़र आते हैं बजाय किसी दफ़्तर की इमारत में घूमते दरवाज़ों से टकराते हुए।

हालाँकि वेनिस ख़ूबसूरत था लेकिन उतना ही शान्त भी था; मैं वहाँ सिर्फ़ दो रातों के लिए ठहरा; मेरे पास करने को कुछ नहीं था, बस फ़ोनोग्राम रिकॉर्ड सुनते रहो और वो भी छुपकर, क्योंकि मुसोलिनी ने रविवार के दिन नाचने या रिकॉर्ड बजाने पर पाबन्दी लगा रखी थी।

मुझे विएना लौटना अच्छा लगता ताकि अपनी प्रेमिका से प्रेम-प्रसंग को आगे बढ़ा सकूँ, लेकिन पेरिस में मुझे एक व्यक्ति से मिलना था और मैं इस मुलाक़ात से चूकना नहीं चाहता था। मुझे एरिस्टीड ब्रियान के साथ लंच करना था। वे यूनाइटेड स्टेट्स ऑफ़ यूरोप के विचार को अमली-जामा पहनाने वाले और उसके संरक्षक थे। जिस वक़्त मैं मि. ब्रियान से मिला, उनका स्वास्थ्य नाज़ुक चल रहा था और वे दिग्भ्रमित तथा ज़माने-भर के सताए हुए लग रहे थे। लंच का आयोजन पेरिस के अख़बार ला' इनट्रांसिजेंट के प्रकाशक मि. बाल्बी के यहाँ था और बेहद मज़ेदार रहा। भले ही मैं फ्रांसीसी भाषा नहीं बोला, लेकिन एक कुलीन व अमीर दिखने वाली महिला नोआए, जो तेज़ व पंछी की तरह चंचल थीं, ने अंग्रेज़ी में बात की। वे बेहद मज़ाक़िया और आकर्षक थीं। मि. ब्रियान ने यह कहते हुए उनका स्वागत किया, "आजकल आपके तो दर्शन ही दुर्लभ हो गए हैं, आपकी मौज़ूदगी उतनी ही विरल होती जा रही है जितनी कि किसी छोड़ी हुई रखैल की हो जाती है।" लंच के बाद मुझे राज प्रासाद एलिसी ले जाया गया और मुझे 'लीज़न द' ऑनर' का सम्मान दिया गया।

*

मैं उस बेइन्तहा भीड़ के पागलपन भरे उत्साह का ज़िक्र यहाँ नहीं करूँगा जो बर्लिन में मेरे दूसरी बार आने पर जुटी थी—हालाँकि उसका बयान करने से मैं अपने आपको रोक नहीं पा रहा हूँ।

प्रसंग आया है तो मुझे मैरी और डगलस द्वारा उनकी विदेश-यात्रा पर रिकॉर्ड की गई फ़िल्म का प्रदर्शन याद आ रहा है। मैं एक रोचक यात्रा-वृत्तान्त का मज़ा लेने के लिए पूरी तरह से तैयार था। फ़िल्म शुरू हुई मैरी और डगलस के लंदन पहुँचने

के दृश्य से। स्टेशन पर अपार भीड़ जुटी हुई है और होटल के बाहर भी उतनी ही उत्साही भीड़ है जिसका कोई ओर-छोर नहीं है। होटल की बाहरी सज्जा और लंदन, पेरिस, मॉस्को, विएना और बुडापेस्ट के रेलवे स्टेशन को दिखाए जाने के बाद मैंने मासूमियत से पूछा, "हम छोटे शहर और गाँव-देहात कब देखेंगे?" वे दोनों हँसे। मैं इस बात को स्वीकार करता हूँ कि मैं अपने ख़ुद के स्वागत के लिए जुटी भीड़ का बयान करने में विनम्र नहीं रहा हूँ।

बर्लिन में मैं लोकतांत्रिक सरकार का मेहमान था और एक बेहद आकर्षक कुलीन जर्मन युवती यार्क को मेरी सहचरी या सरकारी प्रतिनिधि के रूप में नियुक्त किया गया था। यह 1931 का बरस था और कुछ ही अरसा पहले नाज़ियों ने जर्मनी की संसद में सत्ता हथिया ली थी तथा मैं इस बात से वाक़िफ़ नहीं था कि आधी प्रेस मेरे ख़िलाफ़ है। उनका आरोप था कि मैं विदेशी हूँ और यह भी कि जर्मन इस तरह के सनक-भरे प्रदर्शन के ज़रिये ख़ुद का मज़ाक़ उड़वा रहे हैं। बेशक, वह नाज़ी प्रेस थी, अत: मैं मासूमियत से इन सारी बातों को जानते हुए भी अनजान बना रहा और ख़ूब शानदार वक़्त बिताया।

कैसर के एक कज़िन ने मुझे पॉट्सडैम और सान सूसी महलों की सैर कराई। मेरे लिए सारे-के-सारे महल नक़ली ज़िन्दगी के स्मारक हैं, कुरुचिपूर्ण और भोग-विलास का भौंडा प्रदर्शन करनेवाले। उनकी ऐतिहासिक दिलचस्पी के बावजूद जब मैं वर्साय, क्रेमलिन, पॉट्सडैम, बकिंघम पैलेस और इस तरह के दूसरे महलों को देखता हूँ, तो मुझे लगता है कि ज़रूर उन्हें फूलकर कुप्पा हो गए अहंवादियों ने बनवाया होगा। कैसर के कज़िन ने मुझे बताया कि सान सूसी अन्य की अपेक्षा ज़्यादा सुरुचिपूर्ण है और छोटा व अधिक मानवीय है; लेकिन मेरे लिए यह शृंगारदान की तरह था और मेरे भीतर उसे देखकर कोई भावना नहीं उपजी।

सबसे ज़्यादा डराने और हताश करने वाली जगह, जहाँ मैं गया वह थी—बर्लिन का पुलिस संग्रहालय; जहाँ क़त्ल के शिकार लोगों, आत्महत्याओं, अमानवीय यंत्रणाओं और हर तरह की मानवीय विकृतियों की तसवीरें भरी पड़ी थीं। मुझे इमारत से बाहर आकर और खुली हवा में साँस लेकर बहुत राहत मिली।

डॉक्टर वॉन फुलमुलर, 'द मिरैकल' के लेखक ने अपने घर पर मेरी अगवानी की। वहाँ मैं कला और थियेटर के जर्मन प्रतिनिधि से मिला। एक और शाम मैंने आइंस्टीन दम्पति के साथ उनके छोटे से अपार्टमेंट में गुज़ारी। इस बात की व्यवस्था की गई थी कि मैं जनरल वॉन हिंडनबर्ग के साथ खाना खाऊँ लेकिन अन्तिम पलों में वे बीमार हो गए, इसलिए मैं एक बार फिर दक्षिणी फ्रांस चला गया।

*

मैंने अन्यत्र कहीं कहा है कि सेक्स का ज़िक्र तो होगा लेकिन उस पर ज़ोर नहीं डाला जाएगा, क्योंकि इस विषय पर मेरे पास नया कहने के लिए कुछ भी नहीं है।

हालाँकि, प्रजनन प्रकृति की प्रमुखता है और हर व्यक्ति, चाहे वह युवा हो या बूढ़ा, जब किसी औरत से मिलता है, तो वह उन दोनों के बीच सेक्स की सम्भावनाओं की तलाश करता है। इस तरह की स्थितियाँ मेरे साथ हमेशा होती रही हैं।

काम के दौरान औरतें कभी भी मेरे भीतर रुचि नहीं जगातीं; यह दो फ़िल्मों के बीच के अरसे के दौरान ही होता जब मेरे पास करने के लिए कुछ भी न होता और मैं कमज़ोर पड़ जाता। जैसा कि एच.जी. वेल्स ने कहा है, "दिन में एक ऐसा पल आता है जब आपने सुबह के वक़्त अपने पत्र लिख लिए हैं, दोपहर के वक़्त अपनी डाक वग़ैरह निपटा ली है और उसके बाद आपके पास करने के लिए कुछ भी नहीं होता। तब वह घड़ी आती है जब आप बोर हो जाते हैं; यही वक़्त सेक्स के लिए होता है।"

इसलिए, कोट द'ज़्यू में जब मेरे पास करने के लिए कुछ नहीं था तो सौभाग्य से मेरा परिचय एक बहुत ही कमनीय लड़की से हुआ जो बोरियत के घंटों को भरने के लिए सारी ज़रूरतें पूरी करती थी। वह भी मेरी तरह अकेली थी और हम दोनों ने एक-दूसरे को पहली बार ही में, जो जैसा है, के आधार पर पसन्द कर लिया। उसने मुझसे अपना रहस्य बाँटा कि वह अभी-अभी मिस्र के एक युवा लड़के के साथ अपने दुखद प्रेम-प्रसंग से उबरी है। हालाँकि हमने अपने सम्बन्धों के बारे में चर्चा नहीं की, फिर भी हम सच्चाई को समझते थे। उसे पता था कि मैं आख़िरकार अमेरिका लौट जाऊँगा। मैं उसे साप्ताहिक भत्ता दिया करता और हम एक साथ कसीनो, रेस्तराँ और मेले वग़ैरह में जाते। एक साथ खाना खाते, नाचते और अमूमन ऐसे मौक़ों पर की जाने वाली सभी मस्तियाँ करते। लेकिन मैं उसके सौन्दर्य के जाल में फँसता चला गया और अनहोनी हो गई; मैं भावनात्मक रूप से उससे जुड़ गया तथा अमेरिका वापस जाने के बारे में सोचने लगा। मैं पक्के तौर पर फ़ैसला नहीं कर पा रहा था कि उसे पीछे छोड़कर जाऊँ या नहीं। उसे छोड़ने के ख़याल मात्र से ही मैं बेचारगी महसूस करने लगता; वह हँसमुख, आकर्षक और सहानुभूति से भरी थी। इसके बावजूद, बीच-बीच में ऐसे मौक़े आते, जब अविश्वास सिर उठाने लगता।

एक दोपहरी, द'दासां के एक कसीनो में उसने अचानक मेरा हाथ थाम लिया। वहाँ पर 'एस' था, उसका ईजिप्शियन प्रेमी जिसके बारे में उसने मुझे बहुत कुछ बताया था। मैं हक्का-बक्का। अलबत्ता, कुछ ही पल बाद हम वहाँ से निकल गए। जैसे ही हम होटल के नज़दीक पहुँचे, अचानक उसने पाया कि वह अपने दस्ताने वहीं छोड़ आई है और उसे उन दस्तानों को वापस लाने के लिए जाना ही पड़ेगा। उसने मुझसे कहा कि मैं आगे चलूँ। उसका बहाना एकदम साफ़ था। मैंने उसे नहीं रोका और न ही कोई टिप्पणी ही की। मैं सीधा अपने होटल चला आया। जब दो घंटे बाद भी वह वापस नहीं आई तो मैं इस निष्कर्ष पर पहुँचा कि मामला दस्तानों

से कुछ ज़्यादा ही का था। उस शाम मैंने कुछ दोस्तों को डिनर पर बुला रखा था। डिनर का समय नज़दीक आ रहा था और वह अभी भी ग़ायब थी। जिस वक़्त मैं उसके बिना कमरे से निकल रहा था तो उसने अपना चेहरा दिखाया। वह पीली और अस्त-व्यस्त दिखाई दे रही थी।

"तुम इतनी देर से आई हो कि डिनर के लिए जाने का समय ही नहीं बचा" मैंने कहा, "इसलिए बेहतर यही होगा कि तुम अपने गर्म गुदगुदे बिस्तर में आराम करो।"

उसने मना किया, गिड़गिड़ाई, हाथ-पैर जोड़े लेकिन इतने लम्बे समय तक ग़ैर-हाज़िर रहने के पीछे कोई विश्वसनीय कारण नहीं दे पाई। मुझे यक़ीन हो चला था कि वह अपने ईजिप्शियन प्रेमी के साथ ही थी और उसकी लानत-मलामत करने के बाद मैं उसके बिना ही चला गया।

ऐसा कौन होगा जो बिसूरते हुए सैक्सोफ़ोन के शोर और नाइट क्लब के हँगामे के बीच शोर से भी ऊँची आवाज़ में बात करते हुए अचानक आ गए अकेलेपन से हताश नहीं होगा? आप दूसरों के साथ बैठे हैं, आप मेज़बानी कर रहे हैं लेकिन भीतर-ही-भीतर आप टूटे हुए हैं। जब मैं होटल वापस लौटा, तो वह वहाँ नहीं थी। इस बात ने मुझे परेशान कर दिया। क्या वह पहले ही जा चुकी है? इतनी जल्दी? मैं उसके बेडरूम में गया और यह देखकर मुझे राहत मिली कि उसके कपड़े तथा दूसरी चीज़ें अभी भी वहीं थीं। वह दस मिनट में ही आ गई। वह ख़ुश थी और अच्छे मूड में थी। उसने बताया कि वह एक फ़िल्म देखने चली गई थी। मैंने उसे ठंडेपन के साथ बताया कि अगले दिन मैं पेरिस के लिए निकल रहा हूँ और उसके साथ सारा हिसाब-किताब निपटाना चाहता हूँ और निश्चित ही यह हमारे सम्बन्धों का पूर्णविराम है। उसने इन सारी बातों को स्वीकार कर लिया, लेकिन वह इस बात से इनकार करती रही कि वह अपने ईजिप्शियन प्रेमी के साथ थी।

"जो भी दोस्ती बची है," मैंने कहा, "तुम उसे इस झूठ पर टिके रहकर ख़त्म कर रही हो।" फिर मैंने उससे झूठ बोला और उसे बताया कि मैं उसका पीछा करता रहा था यानी जब वह कसीनो से गई तो अपने प्रेमी के साथ उसके होटल चली गई थी। मुझे यह देखकर हैरानी हुई कि वह रो पड़ी और इस बात को स्वीकार किया कि हाँ, यह सच था। उसने क़समें खाईं और वचन दिये कि वह फिर कभी अपने प्रेमी से नहीं मिलेगी।

अगली सुबह जब मैं अपना सामान बाँध रहा था और निकलने की तैयारी कर रहा था, वह रोने लगी। मैं अपने एक दोस्त की कार में जा रहा था। अत: दोस्त बताने के लिए आया कि सब कुछ तैयार है और वह नीचे इन्तज़ार कर रहा है। लड़की ने अपनी अनामिका उँगली दाँतों तले दबाई और ज़ोर-ज़ोर से रोने लगी—"मुझे छोड़कर मत जाइए, प्लीज़, प्लीज़ मुझे छोड़कर मत जाइए।"

"अब तुम मुझसे क्या उम्मीद करती हो?" मैंने ठंडेपन से पूछा।

“बस, मुझे अपने साथ पेरिस तक आने दीजिए, उसके बाद, मैं आपसे वादा करती हूँ कि आपको फिर कभी परेशान नहीं करूँगी,” उसने जवाब दिया।

वह इतनी दयनीय नज़र आ रही थी कि मैं कमज़ोर पड़ गया। मैंने उसे चेताया कि यह एक दुख देने वाली यात्रा होगी और इस बात का कोई मतलब नहीं है, क्योंकि ज्यों ही हम पेरिस पहुँचेंगे, हम अलग हो जाएँगे। उसने सारी बातें मान लीं। उस सुबह हम तीनों मेरे दोस्त की कार में पेरिस के लिए रवाना हुए।

इस तरह, शुरू-शुरू में तो यात्रा में सभी ख़ामोश बने रहे। लड़की भी शान्त और सहमी रही और मैं भी ठंडा और विनम्र। लेकिन इस तरह के रुख़ को बनाए रखना मुश्किल था। इसलिए जैसे-जैसे यात्रा आगे बढ़ती रही, साझा रुचि की किसी चीज़ पर निगाह पड़ने पर हमसे कोई कुछ-न-कुछ कह देता। लेकिन यह सब हमारी पहले वाली अन्तरंगता के दायरे से बाहर था।

हम सीधे लड़की के होटल गए और मैंने उसे अलविदा कहा। उसका यह दिखावा कि यह उससे अन्तिम विदाई है, साफ़-साफ़ नज़र आ रहा था। मैंने उसके लिए जो कुछ भी किया था, उसके लिए उसने आभार माना, मुझसे हाथ मिलाया और फिर नाटकीय तरीके से गुडबाय कहकर अपने होटल में ग़ायब हो गई।

अगले दिन उसने मुझे फ़ोन किया कि क्या मैं उसे लंच कराऊँगा। मैंने मना कर दिया। लेकिन जैसे ही मेरा दोस्त और मैं होटल से बाहर निकले, वह हमें बाहर खड़ी मिली। उसने फर के कपड़े और न जाने क्या-क्या पहना हुआ था। इसलिए हम तीनों ने एक साथ लंच लिया और उसके बाद हम मालमेज़ॉन गए जहाँ पर नेपोलियन द्वारा तलाक़ दिये जाने के बाद जोसेफ़ीन रही थी और बाद में वहीं मरी थी। यह एक ख़ूबसूरत घर था जिसमें जोसेफ़ीन ने दुख के आँसू बहाए थे। यह एक अँधियारा, पतझड़ का दिन था जो हमारी परिस्थिति की उदासी से मेल खाता था। अचानक मैंने पाया कि मेरी महिला-मित्र ग़ायब है; फिर मैंने देखा कि वह पार्क में पत्थर की बेंच पर बैठी है—ऐसा लगा कि पूरे माहौल ने उस पर असर डाल दिया था। अगर यह सब मेरी वजह से हुआ होता तो मुझे अफ़सोस होता, लेकिन मैं उसके ईजिप्शियन प्रेमी को नहीं भूल पाया। इस तरह हम पेरिस में अलग हो गए और मैं लंदन के लिए चल दिया।

*

लंदन वापस आने के बाद मैं प्रिंस ऑफ़ वेल्स से कई बार मिला। पहली बार उनसे मेरी मुलाक़ात मेरी एक मित्र लेडी फ़र्नेस की मार्फ़त बियारिट्ज़ में हुई। टेनिस खिलाड़ी कोशेट, दो अन्य मित्र और मैं एक लोकप्रिय रेस्तराँ में बैठे थे जब प्रिंस और लेडी फ़र्नेस आए। थेल्मा ने हमारी मेज़ पर एक पर्ची भेजी और जानना चाहा कि क्या हम बाद में रशियन क्लब में उनसे मिलना चाहेंगे।

मेरा ख़याल है, यह एक छोटी-सी औपचारिक मुलाक़ात थी। जब हमारा परिचय कराया गया, महामहिम प्रिंस ने ड्रिंक्स का ऑर्डर दिया। फिर वे खड़े हो गए और लेडी फर्नेस के साथ नृत्य करने लगे। जब प्रिंस मेज़ पर वापस आए तो मेरे बग़ल में बैठे और पूछताछ शुरू की।

"आप अमेरिकी हैं न," उन्होंने पूछा।

"नहीं, मैं अंग्रेज़ हूँ।"

वे हैरान नज़र आए, "आपको अमेरिका में रहते कितना अरसा हो गया है?"

"1910 से।"

"ओह," उन्होंने सोचते हुए सिर हिलाया, "युद्ध से पहले से?"

"मेरा ख़याल है।"

वे हँसे।

उस रात बातचीत के दौरान मैंने उनसे कहा कि चालियापिन मेरे सम्मान में एक पार्टी दे रहे हैं। प्रिंस ने एकदम खिलंदड़ेपन से कहा कि वे भी उस पार्टी में आना चाहेंगे।

"ज़रूर, महाशय।" मैंने कहा, "चालियापिन आपको अपने बीच पाकर गौरव अनुभव करेंगे और प्रसन्न होंगे।" मैंने उनसे अनुमति माँगी ताकि इसकी व्यवस्था कर लूँ।

उस शाम प्रिंस ने उस वक़्त मेरा दिल जीत लिया जब वे चालियापिन की माँ के साथ बैठे। वे जीवन के अस्सी बरस पार कर चुकी बुज़ुर्ग महिला थीं। उनकी माँ के चले जाने तक वे उनके पास ही बैठे रहे। बाद में वे हमसे आ मिले और मौज़-मस्ती करने लगे।

अब प्रिंस ऑफ़ वेल्स लंदन में थे। उन्होंने मुझे गाँव के अपने घर फोर्ट बेल्वेडियर में आमंत्रित किया था। यह एक पुराना-सा क़िला था जिसे नया रूप दिया गया था या यूँ कहें कि साधारण रुचि से सजाया गया था। लेकिन खाना-पीना उत्कृष्ट था और प्रिंस बहुत ही प्यारे मेज़बान थे। उन्होंने मुझे अपना घर दिखाया; उनका बेडरूम साधारण था और उसमें आधुनिक लाल रेशम के पर्दे और चादरें वग़ैरह थे। बिस्तर पर सिर की तरफ़ राजसी प्रतीक बना हुआ था। दूसरा बेडरूम देखकर मैं हैरान रह गया। चार स्तम्भ वाले बिस्तर पर गुलाबी और सफ़ेद आकृतियाँ बनी थीं और हरेक स्तम्भ के ऊपर तीन गुलाबी पंख बने हुए थे। फिर मुझे याद आया; बेशक, ये पंख प्रिंस के राजसी कोट की बाँह पर भी थे।

उस शाम किसी ने एक ऐसे खेल से परिचय कराया जो अमेरिका में प्रचलित था। इसे दो टूक अनुमान अर्थात 'फ्रैंक एस्टीमेशन' कहते थे। प्रत्येक मेहमान को एक कार्ड दे दिया जाता जिस पर दस गुण लिखे होते : आकर्षण, बौद्धिकता, व्यक्तित्व, सेक्स-अपील, अच्छा चेहरा-मोहरा, ईमानदारी, हास्य-बोध, परिस्थिति के अनुरूप ख़ुद को ढालने की क्षमता और इसी तरह के दूसरे गुण। मेहमान को कमरे से बाहर जाना होता और उससे पहले अपनी विशेषताओं के बारे में दो-टूक अनुमान अपने

कार्ड पर दर्ज़ करना होता तथा अपने प्रत्येक गुण के लिए अधिकतम एक से दस तक अंक देने होते। मिसाल के तौर पर मैंने अपने आपको हास्यबोध के लिए सात, सेक्स-अपील के लिए छह, अच्छे चेहरे के लिए छह, परिस्थिति के अनुसार स्वयं को ढालने की क्षमता के लिए आठ तथा ईमानदारी के लिए चार अंक दिये। इस बीच कमरे से बाहर गए व्यक्ति को हरेक मेहमान अंक देता और गुप्त रूप से उसके कार्ड पर अंक दर्ज़ करता। फिर अमुक व्यक्ति भीतर वापस आता और वह अंक पढ़ता जो उसने स्वयं को दिये होते तथा एक प्रवक्ता वे सारे अंक ज़ोर से पढ़कर सुनाता जो मेहमानों ने उसे दिये होते और इस तरह देखा जाता कि दोनों अंकों में कितना फ़र्क़ है।

जब प्रिंस का नम्बर आया तो उन्होंने बताया कि उन्होंने सेक्स-अपील के लिए तीन दिये हैं, मेहमानों ने उन्हें चार के औसत से अंक दिये थे। मैंने पाँच दिये थे, किसी-किसी के कार्ड पर उन्हें सेक्स-अपील के लिए सिर्फ़ दो अंक दिये गए थे। अच्छे चेहरे के लिए प्रिंस ने ख़ुद को छह दिये थे, मेहमानों का औसत आठ का था और मैंने उन्हें सात दिये थे। आकर्षण के लिए उनके ख़ुद के अंक पाँच थे, मेहमानों ने आठ दिये थे और मैंने भी उन्हें आठ ही अंक दिये थे। ईमानदारी के लिए प्रिंस ने अपने आपको अधिकतम दस अंकों से नवाज़ा था, मेहमानों का औसत साढ़े तीन का था और मैंने उन्हें चार अंक दिये थे। इस पर प्रिंस नाराज़ हो गए, "मेरा ख़याल है, मेरे पास मेरा सबसे अच्छा गुण ईमानदारी ही है," वे बोले।

अपने बचपन के दिनों में मैं कई महीने मैनचेस्टर में रहा था और अब चूँकि मेरे पास करने को कोई काम नहीं था तो मैंने सोचा, जल्दी से एक चक्कर मैनचेस्टर का लगा लिया जाए और उन जगहों को देखा जाए। मनहूसियत के बावजूद मैनचेस्टर के लिए मेरे मन में रूमानी अपील थी; कोहरे और बरसात की धुँधली रोशनी की तरह कुछ; शायद लंकाशायर की किचन की आग की स्मृति बची रही हो या शायद वहाँ के लोगों के प्रति लगाव की भावना काम कर रही हो। इसलिए मैंने एक लिमोजिन किराये पर ली और उत्तर की तरफ़ चल पड़ा।

मैनचेस्टर जाते समय मैं रास्ते में स्ट्रैटफ़ोर्ड-ऑन-एवॉन में रुका। इस जगह मैं कभी नहीं आया था। मैं शनिवार की रात को देर से पहुँचा था और खाना खाने के बाद यूँ ही टहलने के लिए निकला था। मैं उम्मीद कर रहा था कि शेक्सपियर की कुटिया खोज लूँगा। काली अँधियारी रात थी लेकिन मैं आन्तरिक प्रेरणा से एक गली में मुड़ा और एक घर के बाहर रुक गया, माचिस की तीली जलाई और बोर्ड देखा, "शेक्सपियर कॉटेज"! इसमें कोई शक नहीं था कि किसी दयालु आत्मा ने या शायद महाकवि की ही आत्मा ने मुझे रास्ता दिखाया था।

सुबह स्ट्रैटफ़ोर्ड के मेयर आर्चीबाल्ड फ्लावर होटल में आए और मुझे शेक्सपियर की कॉटेज़ में घुमाया। मैं किसी भी तरह से उस कॉटेज से महाकवि को नहीं जोड़ पाया; जैसे कि इस तरह का मस्तिष्क कभी यहाँ रहा होगा या उसकी शुरुआत यहाँ

से हुई होगी, यह बात अविश्वसनीय-सी लगती है। इस बात की आसानी से कल्पना की जा सकती है कि किसी किसान का बेटा लंदन में बसने चला जाए और वहाँ पर एक सफल अभिनेता और थियेटर का मालिक बन जाए; लेकिन उसके लिए महाकवि और नाटककार बनना तथा विदेशी न्यायालयों की, पादरियों की और राजाओं की इतनी विशद जानकारी रखना मेरे गले से नीचे नहीं उतरता। मुझे इस बात की परवाह नहीं है कि शेक्सपियर की रचनाएँ किसने लिखीं, बेकन ने, साउथैम्पटन ने या रिचमंड ने, लेकिन मैं इस बात पर यक़ीन नहीं कर सकता कि वह स्ट्रैटफ़ोर्ड के सामान्य से लड़के थे। उन रचनाओं को जिसने भी लिखा, उसका नज़रिया राजसी था। व्याकरण के लिए उसका बिलकुल भी परवाह न करना, उसके राजसी नज़रिये का, उसके दैव-प्रदत्त मस्तिष्क का ही परिचायक हो सकता है। इसके अलावा, कॉटेज को देख लेने और उनके बेसिलसिलेवार बचपन के बारे में स्थानीय रूप से छिटपुट जानकारी पा लेने के बाद तथा उनके भदेस नज़रिये के बारे में पता चलने के बाद मैं इस बात पर विश्वास ही नहीं कर पा रहा था कि उनका इस तरह से कायान्तरण हुआ होगा कि वे अब तक के सबसे बड़े कवि बन गए। कितने भी महान रचनाकार की कृतियों से आप गुज़रें, आपको उनकी विनम्र शुरुआत के चिह्न कहीं-न-कहीं मिल ही जाते हैं, लेकिन शेक्सपियर में उनकी ज़मीन के निशान कहीं नज़र नहीं आते।

स्ट्रैटफ़ोर्ड से मैं कार में मैनचेस्टर की तरफ़ चला और दोपहर को लगभग तीन बजे पहुँचा। रविवार का दिन था तथा मैनचेस्टर सुनसान नज़र आ रहा था। गलियों में एक भी आदमी चलता-फिरता नज़र नहीं आ रहा था। इसलिए मैं ख़ुशी-ख़ुशी अपनी कार में वापस आया और ब्लैकबर्न के अपने रास्ते पर चल दिया।

'शरलॉक होम्स' नाटक के एक बच्चे के रूप में यात्राएँ करते हुए ब्लैकबर्न शहर मेरी पन्सदीदा जगह हुआ करती थी। मैं एक छोटे से पब में रहा करता था और मुझे खाने एवं रहने की सुविधा चौदह शिलिंग प्रति सप्ताह की दर से मिलती थी। जब मैं ख़ाली होता तो उनकी छोटी-सी बिलियर्ड मेज़ पर खेला करता। बिलिंगटन, इंग्लैंड का जल्लाद भी अक्सर उस जगह पर आया करता और मैं यह शेख़ी बघारा करता था कि मैंने उसके साथ बिलियर्ड्स खेली है।

जिस वक़्त हम ब्लैकबर्न पहुँचे, हालाँकि अभी पाँच ही बजे थे, काफ़ी अँधेरा हो चला था। मुझे अपना पब मिल गया और मैंने बिना पहचान में आए एक ड्रिंक लिया। पब के मालिक बदल चुके थे लेकिन मेरी पुरानी दोस्त बिलियर्ड्स की मेज़ अभी भी वहीं थी।

इसके बाद मैं अँधेरे में रास्ता तलाशता हुआ बाज़ार के चौराहे पर पहुँचा, जो तीन-चार एकड़ का इलाक़ा था जिसे रौशन करने के लिए तीन या चार स्ट्रीट लैम्प ही काफ़ी थे। वहाँ पर कई समूहों में लोग राजनीतिक वक्ताओं को सुन रहे थे। यह वह वक़्त था जब इंग्लैंड में मन्दी छाई थी। मैं एक समूह से दूसरे समूह में जाता

रहा और उनकी बातचीत सुनता रहा। कुछ वक्ता तीखेपन से और कड़ुवाहट घोलते हुए बोल रहे थे; एक वक्ता समाजवाद की बात कर रहा था, दूसरा साम्यवाद की विरुदावली गा रहा था और तीसरा डगलस योजना की बात कर रहा था जो दुर्भाग्य से इतनी जटिल थी कि औसत कामगार के पल्ले ही नहीं पड़ रही थी। बैठक के बाद जो छोटे-छोटे समूह बन गए थे, उन्हें सुनते हुए मैं हैरान हुआ कि एक पुराना विक्टोरियाकालीन कन्जर्वेटिव पार्टी का आदमी अपने विचार व्यक्त कर रहा था। उसने कहा, "इंग्लैंड के साथ मुसीबत यह है कि बाहरी मदद से इंग्लैंड बर्बाद हो रहा है।" उस अँधेरे में मैं अपनी दो कौड़ी की राय देने से अपने आपको नहीं रोक पाया और ज़ोर से बोल पड़ा, "बिना बाहरी मदद के इंग्लैंड ही नहीं रहेगा।" मेरी बात के समर्थन में कई लोगों ने हे-हे करके आवाज़ उठाई।

राजनीतिक नज़रिया पागलपन से भरा था। इंग्लैंड में लगभग चालीस लाख लोग बेरोज़गार थे और यह संख्या बढ़ती ही जा रही थी। इसके बावजूद लेबर पार्टी के पास कंजर्वेटिव पार्टी से अलग हटकर देने के लिए कुछ ज़्यादा नहीं था।

मैं वूलविच की तरफ़ निकल गया और वहाँ मि. कनिंघम रीड का चुनावी भाषण सुना। वे उदारवादी प्रत्याशी की तरफ़ से बोल रहे थे। हालाँकि वे राजनीतिक कुतर्क के बारे में बहुत कुछ बोल रहे थे, लेकिन उन्होंने कोई वादा नहीं किया और न ही उस चुनाव क्षेत्र पर कोई प्रभाव ही छोड़ा। मेरे पास ही बैठी एक युवा कॉकने लड़की चिल्लाई, "इस बकवास को तो आप रहने ही दीजिए। आप हमें यह बताइए कि चालीस लाख बेरोज़गारों के लिए आप क्या करने जा रहे हैं? उसके बाद ही हम तय करेंगे कि आपकी पार्टी को वोट दिया जाए या नहीं।"

अगर वह लड़की आम राजनीतिक कार्यकर्ता का उदाहरण थी तो इस बात की उम्मीद थी कि लेबर पार्टी चुनाव जीत जाती। मैंने ऐसा सोचा लेकिन मैं ग़लती पर था। रेडियो पर स्नोडेन के भाषण को सुन लेने के बाद जो कन्जर्वेटिव पार्टी वालों के लिए रुख़ बदल देने वाला मामला था और स्नोडेन के लिए पद की गारंटी। इस तरह जब मैंने इंग्लैंड छोड़ा तो कन्जर्वेटिव पार्टी की सरकार आ रही थी और जब अमेरिका पहुँचा तो वहाँ की कन्जर्वेटिव पार्टी की सरकार बाहर का रुख़ कर रही थी।

*

छुट्टियों का सबसे बड़ा मज़ा ख़ालीपन होता है। मैं यूरोप के रिज़ॉर्ट्स पर बहुत दिनों तक भटकता रहा और मैं जानता था, क्यों? मेरे पास कोई मक़सद नहीं था और मैं कुंठित था। फ़िल्मों में आवाज़ के आ जाने के बाद मैं अपनी भावी योजनाओं के बारे में तय नहीं कर पा रहा था। हालाँकि 'सिटी लाइट्स' बहुत सफल फ़िल्म रही थी और उसने उस वक़्त की सवाक फ़िल्मों की तुलना में काफ़ी अच्छा कारोबार किया था। मैंने सोचा कि एक और मूक फ़िल्म बनाना अपने हाथ बाँध लेने जैसा

होगा और मेरे मन में यह डर भी बैठा हुआ था कि मुझ पर पुराने फ़ैशन का होने का ठप्पा लग जाएगा। हालाँकि एक अच्छी मूक फ़िल्म अधिक कलात्मक होती, लेकिन मुझे यह बात स्वीकार करनी पड़ी कि आवाज़ से चरित्र अधिक जीवन्त हो उठते हैं।

बीच-बीच में मैं सवाक फ़िल्म बनाने की सम्भावनाओं के बारे में सोचने लगता। लेकिन इस विचार से ही मुझे कोफ़्त होने लगती, क्योंकि मैं इस बात को जानता था कि मैं उस माध्यम में अपनी मूक फ़िल्मों की उत्कृष्टता को कभी भी हासिल नहीं कर पाऊँगा। इसका मतलब यह था कि मैं अपने ट्रैम्प चरित्र को हमेशा के लिए छोड़ देता। कुछ लोगों ने सुझाव दिया कि ट्रैम्प बात भी तो कर सकता है। लेकिन मैं इसके बारे में सोच भी नहीं सकता था, क्योंकि मुझे लगता था कि जहाँ उसने पहला शब्द बोला कि वह एकदम दूसरे व्यक्ति में परिवर्तित हो जाएगा। इसके अलावा, वह साँचा, वह मैट्रिक्स, जिसमें उसका जन्म हुआ था वह उतना ही चुप्पा था जितने उसके चीथड़े जिन्हें वह पहनता था।

ये उदास करने वाले ख़याल ही थे जो मेरी छुट्टियों को बढ़ाए जा रहे थे। हालाँकि मेरी अन्तरात्मा मुझे लगातार कोंचती रहती थी कि "हॉलीवुड वापस चलो और काम करो!"

उत्तरी इंग्लैंड की अपनी ट्रिप के बाद मैं लंदन के कार्लटन लौटा और न्यूयॉर्क होते हुए कैलीफोर्निया वापस जाने के लिए आरक्षण आदि करवाने के बारे में सोच रहा था, जब सेंट मॉरिट्ज़ से आए डगलस फेयरबैंक्स के तार ने मेरी योजना को ही बदल डाला। तार में लिखा था, "सेंट मॉरिट्ज़ चले आओ। हम तुम्हारे आगमन पर फिर से हिमपात का आदेश दे देंगे। तुम्हारा इन्तज़ार रहेगा। प्यार, डगलस।"

मैंने अभी तार पढ़ा ही था कि दरवाज़े पर हल्की-सी दस्तक हुई। मैंने सोचा कि वेटर होगा, इसलिए कह दिया, "आ जाओ। लेकिन वेटर के बजाय, कोट द'ज़्यू वाली मेरी महिला मित्र का चेहरा नज़र आया। मैं हैरान हुआ, चिड़चिड़ाया और हार मान ली, "आ जाओ।" मैंने ठंडेपन से कहा।

हम शॉपिंग के लिए हैरोड्स गए और स्कीइंग का साज़ो-सामान ख़रीदा। हम बॉन्ड-स्ट्रीट में ज्वैलरी की दुकान पर गए और उसके लिए एक ब्रेसलेट ख़रीदा जिसे पाकर उसकी ख़ुशी का ठिकाना न रहा। एक या दो दिन की देरी से हम सेंट मॉरिट्ज़ पहुँचे जहाँ डगलस फेयरबैंक्स को देखकर मेरा सीना चौड़ा हो गया। हालाँकि डगलस भी अभी तक मेरी ही तरह अपने भविष्य को लेकर अनिश्चित थे, हम दोनों ने ही इस बारे में कोई बात नहीं की। वे अकेले थे। मेरा ख़याल है वे और मैरी अलग हो चुके थे। अलबत्ता, स्विट्जरलैंड के पहाड़ों पर मिलने से हमारी उदासी छू-मन्तर हो गई।

हमने साथ-साथ स्कीइंग की—कम-से-कम साथ-साथ स्कीइंग करना सीखा।

भूतपूर्व जर्मन राजकुमार, कैसर के पुत्र भी उसी होटल में थे लेकिन मैं उनसे कभी नहीं मिला। अगर हम दोनों कभी एक ही लिफ़्ट में होते तो मैं मुस्करा-भर देता

और मुझे अपनी कॉमेडी 'शोल्डर आर्म्स' की याद आ जाती जिसमें राजकुमार को एक कॉमेडी चरित्र के रूप में पेश किया गया था।

सेंट मॉरिट्ज़ में रहते हुए मैंने अपने भाई सिडनी को भी बुलवा लिया। अब चूँकि बेवर्ली हिल्स लौटने की कोई हड़बड़ी नहीं थी, मैंने तय किया कि पूर्व की ओर से होते हुए कैलीफोर्निया लौटा जाए। सिडनी, जापान तक मेरा साथ देने के लिए सहमत हो गया।

हम नेपल्स के लिए चले। वहाँ मैंने अपनी महिला-मित्र को गुडबाय कहा। लेकिन अब आँसू नहीं थे। मैंने सोचा कि उसने परिस्थितियों को स्वीकार कर लिया है और कुछ हद तक राहत महसूस कर रही है क्योंकि स्विट्जरलैंड की यात्रा में हमारे आपसी आकर्षण के सारे कारण अब कुछ हद तक मन्द पड़ चुके थे और इस बात को हम दोनों ही जानते थे। इसलिए हम अच्छे दोस्तों की तरह विदा हुए। जैसे ही नाव चली, वह तटबंध पर मेरे ट्रैम्प की नक़ल करते हुए चल रही थी।

वह आख़िरी बार था जब मैंने उसे देखा था।

तेईस

पूरब के बारे में पहले से ही कई उत्कृष्ट यात्रा-पुस्तकें लिखी जा चुकी हैं, इसलिए मैं पाठक के धैर्य की परीक्षा नहीं लूँगा। अलबत्ता, मेरे पास जापान के बारे में लिखने के लिए एक बहाना है क्योंकि मैं वहाँ पर अजीबोग़रीब हालात में पहुँचा था। मैंने जापान के बारे में लाफ़्काडियो हर्न की एक किताब पढ़ी थी जिसमें उन्होंने जापानी संस्कृति और थियेटर के बारे में जो कुछ लिखा था, उससे जापान जाने की मेरी इच्छा बढ़ गई थी।

हमने एक जापानी जहाज़ में यात्रा की जिसने जनवरी की बर्फ़ीली हवाओं में तट छोड़ा था और स्वेज़ नहर में गर्मी के मौसम में प्रवेश करने वाला था। एलेक्ज़ेंड्रिया तट पर उसमें नये यात्री चढ़े जो अरब और हिन्दू थे। दरअसल, उनके आने से हमारे सामने एक नई दुनिया खुली। अरब सूर्यास्त के वक़्त डेक पर अपनी चटाइयाँ बिछा देते और मक्का की तरफ़ मुँह करके नमाज़ पढ़ते।

अगली सुबह हम लाल सागर में थे। इसलिए हमने अपने औपचारिक कपड़े या लबादे जैसे कपड़े उतार फेंके और सफ़ेद निकरें और हल्की रेशमी क़मीज़ें पहन लीं। हमने अपने साथ गर्म देशों वाले फल और नारियल एलेक्ज़ेंड्रिया में ही ले लिये थे, इसलिए नाश्ते में हम आम लेते और डिनर के वक़्त बर्फ़ से ठंडा किया गया नारियल दूध पीते। एक रात हमने जापानी ढंग अपना लिया और डेक के फ़र्श

पर डिनर किया। जहाज़ के अधिकारी ने मुझे बताया कि अगर मैं अपने चावलों पर थोड़ी-सी चाय डाल दूँ तो उनका स्वाद बढ़ जाएगा। जैसे-जैसे जहाज़ दक्षिणी तट के नज़दीक पहुँचा, हमारा रोमांच बढ़ने लगा। जापानी कप्तान ने शान्त स्वर में बताया कि अगली सुबह हम कोलम्बो पहुँचने वाले हैं। हालाँकि सीलोन जाना एक मनमोहक अनुभव होता, लेकिन हमारी इच्छा थी कि हम बाली और जापान पहुँचें।

हमारा अगला पत्तन सिंगापुर था जहाँ हम चाइनीज़ विलो-पैटर्न प्लेट वाले परिवेश में जा पहुँचे। वहाँ पर समुद्र के बीचोबीच वट वृक्ष उगते हैं। सिंगापुर की जो सबसे शानदार याद मेरे ज़ेहन में है वो उन चीनी अभिनेताओं की है, जो न्यू वर्ल्ड एम्यूज़मेंट पार्क में प्रदर्शन कर रहे थे। अभिनय उन बच्चों को ईश्वरीय देन थी क्योंकि उनके नाटकों में महान चीनी नाटककारों की कई महान कृतियाँ शामिल थीं। वे लोग परम्परागत तरीक़े से पैगोडा में प्रदर्शन कर रहे थे। जो नाटक मैंने देखा, वह तीन रात तक चलता रहा। कलाकारों की मंडली में से जो प्रमुख अभिनेत्री थी, वह पन्द्रह बरस की लड़की थी और उसने राजकुमार का अभिनय किया था। वह ऊँचे और उत्तेजनापूर्ण स्वर में गा रही थी। तीसरी रात क्लाइमेक्स की थी। कई बार यह बहुत अच्छा होता है कि आप भाषा नहीं जानते। जितना अधिक असर मुझ पर अन्तिम अंक ने छोड़ा और किसी चीज़ का उतना असर हो ही नहीं सकता था। संगीत की व्यंग्यपूर्ण धुनें, काँपते तार और घंटों की तूफ़ानी टकराहट एवं एकान्त आकाश में क्रोध में चिल्लाते निर्वासित युवा राजकुमार की बेधती भारी आवाज़ जिस वक़्त वह अन्तिम रूप से मंच से जाता है।

सिडनी ने सिफ़ारिश की कि बाली द्वीप चला जाए। उसने बताया कि यह अभी भी आधुनिक सभ्यता से अछूता है और वहाँ की औरतें खुले वक्षस्थल के साथ बेहद ख़ूबसूरत होती हैं। उसकी बातों से मेरी रुचि जाग्रत हो गई। द्वीप की पहली झलक हमने सुबह के वक़्त तब देखी जब सफ़ेद रुई के फ़ाहों जैसे बादल हरे पर्वतों के चारों तरफ़ घेरा बनाए हुए थे और पर्वतों की चोटियाँ ऐसी लग रही थीं मानो द्वीप हवा में तैर रहे हों। उन दिनों कोई पत्तन या हवाई-पट्टी नहीं हुआ करती थी। बस, यात्रियों को अपनी नावों से लकड़ी के एक तट पर उतरना होता था।

हम ख़ूबसूरती से बनी दीवारों और भव्य प्रवेश द्वार वाले परिसर से गुज़रे, जहाँ दस-बीस परिवार रहते थे। हम जितना अन्दर जाते गए, प्रदेश उतना ही ख़ूबसूरत होता चला गया। चाँदी से चमकते सीढ़ीनुमा हरे धान के खेत हमें घुमावदार झरने की तरफ़ ले गए। अचानक सिडनी ने मुझे कोंचा। सड़क के किनारे प्रदेश की युवा औरतों की एक पाँत जा रही थी। उन्होंने अपने कमर पर सिर्फ़ छींटदार कपड़े लपेटे हुए थे और उनके वक्षस्थल खुले थे। वे अपने सिरों पर टोकरियाँ लिये हुए थीं जिनमें फल थे। इसके बाद तो हम लगातार एक-दूसरे को कोंचते रहे। कुछ तो वाक़ई बेहद ख़ूबसूरत थीं। हमारा गाइड जो एक अमेरिकी तुर्क था और आगे

ड्राइवर के साथ बैठा हुआ था, बेहद ग़ुस्सा दिला रहा था क्योंकि जब भी हम कोई प्रतिक्रिया व्यक्त करते, वह ओछेपन के साथ सिर घुमाता मानो उसने हमारे लिए कोई शो रखा हुआ हो।

डेनपासर का होटल अभी हाल ही में बनाया गया था। हरेक बैठक के सामने एक बरामदा था जिसे पिछवाड़े की तरफ़ बने सोने के कमरे से अलग किया गया था। सोने के कमरे आरामदेह और साफ़-सुथरे थे।

अमेरिकी वाटर कलर चित्रकार हिर्शफ़ेल्ड और उनकी पत्नी बाली में दो महीने से रह रहे थे। उन्होंने हमें अपने घर पर आमंत्रित किया। उनसे पहले वहाँ पर मेक्सिकन कलाकार मिगुएल कोवरुबियस रह चुके थे। उन्होंने यह घर बाली के एक मुखिया से किराये पर ले रखा था और पन्द्रह डॉलर प्रति सप्ताह पर घर के मालिक की तरह शानो-शौक़त से रह रहे थे। डिनर के बाद हिर्शफ़ेल्ड दम्पति, सिडनी और मैं टहलने के लिए निकले। रात अँधियारी और उमस भरी थी। हवा बिलकुल नहीं चल रही थी। पत्ता भी नहीं खड़क रहा था। तभी अचानक जुगनुओं ने हमला कर दिया और धान के खेतों पर वे नीली रोशनी के उतार-चढ़ाव वाली लहरों की तरह फैल गए। दूसरी दिशा से संगीतमय आरोह-अवरोह के साथ घंटे और तम्बूरे बजने की आवाज़ें आने लगीं। "कहीं डांस हो रहा है," हिर्शफ़ेल्ड ने कहा, "आओ चलें।"

लगभग दो सौ गज दूर, स्थानीय निवासी समूहों में खड़े थे या आसपास चौकड़ी मारकर बैठे थे। लड़कियाँ पैर मोड़े टोकरियाँ और छोटे-छोटे लैम्प लिये बैठी थीं और खाने-पीने की चीज़ें बेच रही थीं। हम भीड़ में से रास्ता बनाते हुए निकले। हमने दस बरस की उम्र की दो लड़कियों को देखा जो कढ़ाईदार सारोंग लपेटे हुई थीं और उन्होंने बहुत ही भव्य, सोने के काम वाले दुपट्टे अपने सिर पर ओढ़े हुए थे तथा बड़े-बड़े पीतल के घंटों में से निकलती गहरी आवाज़ की धुन पर सिर हिलाती नाच रही थीं। धुन ऊँचे सुर में बज रही थी। संगीत की लहरियाँ किसी तूफ़ानी लहर की तरह ऊपर उठतीं और गम्भीर नदी में उतार की तरह नीचे आ जातीं। अन्तिम पल एकदम हतप्रभ कर देने वाले थे। अचानक ही नर्तकियाँ रुक गईं और भीड़ में गुम हो गईं। किसी क़िस्म की कोई तालियाँ नहीं बजीं। बाली समाज में कभी तारीफ़ में ताली नहीं बजाई जाती, न ही उनके पास प्यार या आभार के लिए शब्द ही हैं।

संगीतकार और पेंटर वाल्टर स्पाइस हमसे मिलने आए और उन्होंने हमारे साथ होटल में लंच लिया। वे पन्द्रह बरस से बाली में रह रहे थे और बाली भाषा बोलते थे। उन्होंने बालीवासियों के संगीत के कुछ हिस्सों को अपने लिए पियानो की धुनों में ढाल लिया था जिन्हें उन्होंने बजाकर सुनाया। इसका असर दोहरे समय में बजाए गए बाख कोन्सार्टो यानी संगीत रचना की तरह का था। बालीवासियों की संगीत की अभिरुचि काफ़ी परिष्कृत है, उन्होंने बताया। हमारे आधुनिक जैज़ को वे यह कहकर दरकिनार कर देते हैं कि यह धीमा और सुस्त है। मोज़ार्ट को वे संवेदनशील मानते हैं

लेकिन वे सिर्फ़ बाख को ही पसन्द करते हैं क्योंकि उनकी पद्धतियाँ और धुनें उन्हें अपने ख़ुद के संगीत के निकट जान पड़ती हैं।

मुझे उनका संगीत ठंडा, बेरहम और कुछ हद तक बेचैन करने वाला लगा। यहाँ तक कि गहरे विषादपूर्ण अंश तो भूखे ग्रीक देव मिनोतॉर की मनहूस उबासी की तरह थे।

लंच के बाद स्पाइस हमें जंगल के भीतर की तरफ़ ले गए। वहाँ पर पताका आरोहण का कोई आयोजन होने वाला था। वहाँ तक पहुँचने के लिए हमें जंगल के रास्ते से चार मील पैदल चलना पड़ा। जब हम वहाँ पहुँचे तो हमें लगभग बारह फ़ीट लम्बी पवित्र वेदी को घेरकर खड़े हुए हज़ारों आदमियों की भीड़ दिखाई दी। वहाँ खुले वक्षस्थल झलकातीं, सुन्दर सारोंग पहने नवयुवतियाँ थीं जो अपनी टोकरियों में फल और अर्ध्य की दूसरी वस्तुएँ लिये पंक्तियों में खड़ी थीं। एक पुजारी भी था जो दरवेश की तरह लगता था, उसके बाल छाती तक लम्बे थे और उसने सफ़ेद चोगा पहना हुआ था। वह आशीर्वाद दे रहा था और उनसे पूजा-अर्चन का सामान लेकर वेदी पर रख रहा था। जब पुजारी ने आरती गा ली तो खिलखिलाते युवकों ने वेदी पर हल्ला बोल दिया और वहाँ पर रखी सारी चीज़ें लूट लीं। उनके हाथ जो भी आया, उन्होंने लूटा और पुजारी उन पर बेरहमी से अपने कोड़े बरसाने लगा। कुछ लोगों को लूटा गया अपना सामान लौटाना पड़ा क्योंकि कोड़े बहुत तेज़ी से पड़ रहे थे और यह मान्यता थी कि इससे उन्हें उन बुरी आत्माओं से मुक्ति मिल जाएगी जो उन्हें चोरी करने के लिए प्रेरित कर रही थीं।

हमारा जब भी जी चाहता, मन्दिर और अहाते के भीतर चले जाते या बाहर आ जाते। हमने मुर्गों की लड़ाइयाँ देखीं, मेलों और धार्मिक विधियों में शामिल हुए। वहाँ रात-दिन अनुष्ठान चलते रहते। एक दिन तो मैं सुबह पाँच बजे वापस आया। उनके देवता मौज़-मस्ती पसन्द करते हैं और बाली के लोग उनकी आराधना डर के कारण नहीं बल्कि स्नेह से करते हैं।

एक रात स्पाइस और मैं मशालों की रोशनी में नाचती एक लम्बी अमेजन महिला से जा टकराए जिसका बच्चा पीछे बैठा उसकी नक़ल उतार रहा था और युवा-सा दिखने वाला एक आदमी उसे बार-बार हिदायतें दे रहा था। बाद में हमें पता चला कि वह आदमी उस लड़की का पिता था। स्पाइज़ ने उससे उसकी उम्र पूछी।

"भूकम्प कब आया था," उस आदमी ने पूछा।

"बारह बरस पहले," स्पाइस ने बताया।

"तो उस वक़्त मेरे तीन शादीशुदा बच्चे थे," हालाँकि अपने जवाब से वह सन्तुष्ट नज़र नहीं आया इसलिए आगे बोला, "मेरी उम्र दो हज़ार डॉलर है।" यह इस बात की घोषणा थी कि मैं अपनी ज़िन्दगी में दो हज़ार डॉलर जितनी रक़म ख़र्च कर चुका हूँ।

कई अहातों में मैंने एकदम नई लिमोजिन कारें देखीं जिन्हें मुर्ग़ियों के अंडे सेने के काम में लाया जा रहा था। मैंने स्पाइस से इसका कारण पूछा तो उन्होंने बताया, "यहाँ के अहाते समुदाय के आधार पर चलाए जाते हैं और मवेशियों का निर्यात करके उन्हें जो पैसे मिलते हैं उन्हें ये बचत खाते में डालते रहते हैं जो वक़्त बीतने के साथ-साथ बहुत बड़ी रक़म हो जाती है। एक दिन कारों का एक होशियार सेल्समैन इनके पास आया और कैडिलक लिमोजिन कारें ख़रीदने के बारे में बात करने लगा। पहले कुछ दिन तो लोगों ने कारों में ख़ूब मज़ा किया, आसपास सैर-सपाटा किया फिर उनमें पेट्रोल ख़त्म हो गया। इसके बाद इन लोगों ने पाया कि एक दिन कार चलाने के लिए जितने पैसों के पेट्रोल की ज़रूरत पड़ती है, उतनी तो उनकी पूरे महीने की कमाई है। इसलिए उन्होंने कारों को अहाते में ही छोड़ दिया और अब उनमें मुर्ग़ियाँ पाली जाती हैं।

बालीवासियों का हास्य-बोध भी हमारी तरह ही है और उसमें सेक्स सम्बन्धी लतीफ़ों, स्वयंसिद्ध बातों की भरमार है। वे शब्दों के साथ खेलते हैं। मैंने होटल में एक युवा वेटर के हास्य-बोध की परीक्षा ली। "मुर्ग़े ने सड़क पार क्यों की?" मैंने पूछा।

उसकी प्रतिक्रिया बेहद शांनदार थी, "हर कोई इस बात को जानता है," उसने दुभाषिये से कहा।

"अच्छी बात है, अब यह बताओ कि पहले मुर्ग़ी हुई या अंडा?"

इस सवाल से वह परेशान हो गया। उसने अपना सिर हिलाया, "मुर्ग़ी..." "अंडा..." उसने अपनी पगड़ी पीछे सरकाई, कुछ पलों के लिए सोचा और पूरे विश्वास के साथ घोषणा की, "अंडा।"

"लेकिन अंडा दिया किसने?"

"कछुये ने, क्योंकि कछुआ ही परम सत्ता है और सारे अंडे वही देता है।"

बाली उस समय स्वर्ग की तरह था। वहाँ के निवासी चार महीने तक धान के खेतों में काम करते और अपने बाक़ी के आठ महीने कला और संस्कृति के नाम करते। मनोरंजन पूरे द्वीप में निःशुल्क था; साथ ही, एक गाँव के लोग दूसरे गाँव में जाकर प्रदर्शन करते। लेकिन अब उस स्वर्ग के दिन लद गए हैं। शिक्षा ने महिलाओं को अपनी छातियाँ ढकना सिखा दिया है और अब वे अपने प्रसन्नचित्त रहने वाले देवताओं को छोड़कर पश्चिमी देवताओं को अपना रहे हैं।

जापान के लिए निकलने से पहले मेरे जापानी सचिव कोनो ने इच्छा व्यक्त की कि वह पहले जाकर मेरे आगमन की तैयारियाँ करना चाहेगा। हम सरकारी मेहमान बनने वाले थे। कोबे बन्दरगाह पर हमारा स्वागत हमारे जहाज़ के ऊपर चक्कर काटते विमानों ने किया जो ऊपर से स्वागत के पर्चे गिरा रहे थे जबकि हज़ारों लोगों ने तट पर खड़े होकर हमारा उत्साह बढ़ाया। धुएँ के बादलों और गन्दे धूसर डेक

की पृष्ठभूमि में शोख़ रंग के किमोनो पहने सैकड़ों की संख्या में लड़कियों को देखना किसी स्वर्गतुल्य नज़ारे की तरह था, बेहद ख़ूबसूरत। उस जापानी स्वागत में रहस्यवाद या रुकावट का लेशमात्र भी नहीं था। यह उसी तरह से उत्तेजना और उत्साह से भरी भीड़ थी जैसी मैंने किसी भी अन्य जगह पर देखी थी।

सरकार ने हमारे लिए एक विशेष रेलगाड़ी की व्यवस्था कराई थी जो हमें टोकियो ले जाने वाली थी। हरेक स्टेशन पर भीड़ और उत्तेजना दोनों ही बढ़ते जाते, प्लेटफ़ॉर्म ख़ूबसूरत लड़कियों से अँटे रहते और वे लड़कियाँ हमें उपहारों से लाद देतीं। जिस वक़्त वे किमोनो में इन्तज़ार करती खड़ी होतीं, फूलों की प्रदर्शनी की तरह लगता था। टोकियो में तक़रीबन चालीस हज़ार लोगों की भीड़ हमारे स्वागत के लिए खड़ी हुई थी। भीड़ की धक्का-मुक्की में सिडनी गिर गया और उसे लगभग कुचल ही डाला गया था।

पूरब का रहस्य मिथकीय है। मैं हमेशा ही यह मानकर चलता रहा कि पश्चिम वाले उसे बढ़ा-चढ़ाकर बताते हैं। लेकिन जिस पल हम कोबे बन्दरगाह पर उतरे मैंने महसूस किया कि यह रहस्य वहाँ की फ़िजाँ में था और अब हमें अपनी गिरफ़्त में ले रहा था। होटल की तरफ़ जाते समय हम शहर के एक शान्त इलाक़े से गुज़रे। अचानक कार धीमी हो गई और सम्राट के महल के पास रुक गई। कोनो ने चिन्तातुर होते हुए लिमोज़िन की खिड़की में से पीछे हमारी तरफ़ देखा। फिर वह मेरी तरफ़ मुड़ा और एक अजीब-सा अनुरोध करने लगा, "क्या मैं कार से बाहर निकलूँगा और महल की तरफ़ देखते हुए झुकूँगा?"

"क्या यह परम्परा है?" मैंने पूछा।

"हाँ," उसने यूँ ही जवाब दिया, "आपको झुकने की ज़रूरत नहीं है, बस कार से उतर-भर जाइए, इतनी ही काफ़ी होगा।"

इस अनुरोध ने मुझे कुछ हद तक परेशानी में डाल दिया क्योंकि हमारे पीछे आ रही दो-तीन कारों के अलावा वहाँ पर कोई नहीं था। अगर यह रिवाज़ का हिस्सा था तो लोगों को पता होता और वहाँ पर भीड़ जमा हो गई होती; बेशक छोटी-सी ही सही। अलबत्ता, मैं बाहर निकला और सिर झुकाया। जब मैं कार में वापस आया तो कोनो ने राहत की साँस ली। सिडनी को यह अनुरोध बहुत अजीब लगा और उसे लगा कि कोनो ने कुछ अजीब व्यवहार किया है। जब से हम कोबे पहुँचे थे, कोनो परेशान लग रहा था। मैंने मामले को रफ़ा-दफ़ा कर दिया और कहा कि शायद कोनो कुछ ज़्यादा ही मेहनत कर रहा है इसलिए परेशान है।

उस रात कुछ नहीं हुआ, लेकिन अगली सुबह सिडनी मेरी बैठक में आया। वह अभी भी उत्तेजित था। "मुझे यह पसन्द नहीं है," वह बोला, "मेरे बैगों की तलाशी ली गई है और मेरे सारे काग़ज़ात आगे-पीछे कर दिये गए हैं।" मैंने उसे बताया कि यह सच हो सकता है लेकिन कोई मायने नहीं रखता। "कुछ-न-कुछ तो रहस्यमय

चल रहा है।" सिडनी ने कहा। लेकिन मैं हँस दिया और उसी पर आरोप लगा दिया कि वह कुछ ज़्यादा ही शक्की होता जा रहा है।

अगली सुबह हमारी देखभाल के लिए एक सरकारी एजेंट को लगा दिया गया। उसने बताया कि हम कहीं भी जाना चाहें, हम कोनो के ज़रिये उसे बता दें। सिडनी ने एक बार फिर इस बात पर ज़ोर दिया कि हम पर निगाह रखी जा रही है और कोनो ज़रूर कुछ-न-कुछ छुपा रहा है। मैं यह स्वीकार करता हूँ कि अब कोनो पहले की तुलना में और भी ज़्यादा परेशान नज़र आ रहा था।

सिडनी के शक के पीछे कोई-न-कोई वजह थी, क्योंकि उस दिन एक और अजीब बात हुई। कोनो ने बताया कि एक व्यापारी है जिसके पास रेशम के कपड़े पर चित्रित कुछ कामुक तसवीरें हैं और वह मुझे अपने घर पर बुलाकर ये तसवीरें दिखाना चाहता है। मैंने कोनो को बताया कि उस आदमी से कह दे कि मेरी उनमें कोई दिलचस्पी नहीं है। इस पर कोनो परेशान नज़र आया।

"अगर मैं उससे कहूँ कि वह तसवीरें होटल में छोड़ जाए?" कोनो ने सुझाव दिया।

"किसी भी हालत में नहीं," मैंने कहा, "बस उससे कहो कि अपना समय बर्बाद न करे।"

वह हिचकिचाया, "ये लोग न सुनने के आदी नहीं होते।"

"आप क्या बात कर रहे हैं?" मैंने पूछा।

"दरअसल, वे मुझे कई दिनों से धमका रहे हैं, टोकियो में उन लोगों का बहुत आतंक है।"

"क्या बेहूदगी है?" मैंने जवाब दिया, "मैं उनके पीछे पुलिस लगा दूँगा।"

लेकिन कोनो ने सिर हिलाया।

अगली रात, जब मेरा भाई सिडनी, कोनो और मैं एक रेस्तराँ के प्राइवेट रूम में डिनर ले रहे थे, छह युवक भीतर आए। एक आदमी कोनो के साथ सटकर बैठ गया और अपनी बाँहें मोड़ लीं। जबकि बाक़ी पाँच आगे-पीछे होते रहे और खड़े ही रहे। बैठे हुए आदमी ने दबी हुई आवाज़ में कोनो से जापानी में बात करनी शुरू कर दी। उसने कुछ ऐसा कहा जिससे कोनो अचानक पीला पड़ गया।

मैं निहत्था था। इसके बावजूद मैंने अपना हाथ इस तरह कोट की जेब के भीतर लिया मानो मेरे पास रिवॉल्वर हो और मैं चिल्लाया, "इस सबका क्या मतलब है?"

कोनो अपनी प्लेट से सिर उठाए बिना ही बड़बड़ाया, "इसका कहना है कि आपने तसवीरें देखने से इनकार करके इसके पूर्वजों का अपमान किया है।"

यह सुनते ही मेरे पैरों के नीचे से ज़मीन खिसक गई और अपने हाथ को कोट की जेब में रखे हुए ही मैंने उस युवक की तरफ़ तेज़ निगाहों से देखा, "यह सब क्या हो रहा है?" फिर मैंने सिडनी से कहा, "चलो हम यहाँ से चलें और आप एक टैक्सी मँगवाओ।"

गली में आ जाने के बाद हम सुरक्षित महसूस कर रहे थे। हमें राहत मिली।

रहस्य से पर्दा अगले दिन उस वक़्त उठा जब प्रधानमंत्री के पुत्र मि. केन इनाकुई ने हमें सूमो कुश्ती के मैचों में अपने मेहमान के रूप में आमंत्रित किया। जब हम बैठे मैच देख रहे थे, एक परिचर आया और उनके कन्धे थपथपाकर कान में कुछ फुसफुसाया। केन हमारी तरफ़ मुड़े और माफ़ी माँगते हुए बोले कुछ ख़ास बात हो गई हो अत: उन्हें जाना पड़ेगा। लेकिन वे जल्दी ही लौट आएँगे। कुश्ती ख़त्म होने के आसपास वे वापस आए। उनका चेहरा सफ़ेद फक्क पड़ा था और वे बुरी तरह से भयभीत लग रहे थे। मैंने उनसे पूछा कि उनकी तबीयत तो ठीक है। उन्होंने सिर हिलाया और अचानक दोनों हाथों से अपना चेहरा ढक लिया, "मेरे पिता को अभी-अभी क़त्ल कर दिया गया है।"

हम उन्हें अपने कमरे में लेकर गए और थोड़ी-सी ब्रांडी पिलाई। तब उन्होंने बताया कि क्या हुआ था—जल सेना के छह कैडेटों ने प्रधानमंत्री के निवास के बाहर तैनात सुरक्षा गार्डों को मार डाला था और उनके निजी आवास में घुस गए थे। जहाँ प्रधानमंत्री यानी उनके पिता, अपनी पत्नी और पुत्री के साथ थे। बाक़ी की कहानी जो उन्हें उनकी माँ ने बताई थी के अनुसार, हमलावर बीस मिनट तक पिता के सिर पर बन्दूक़ ताने खड़े रहे। पिता उनसे बहस करके उन्हें समझाने-बुझाने की कोशिश कर रहे थे लेकिन कोई फ़ायदा नहीं हुआ। बिना कुछ बोले वे गोली मारने ही वाले थे कि तभी पिता ने उनसे अनुरोध किया कि वे उन्हें उनके परिवार के सामने न मारें। अत: उन लोगों ने पिता को इस बात की इजाज़त दे दी कि वे अपनी पत्नी और पुत्री से विदा ले लें। वे शान्ति से उठे और हत्यारों को दूसरे कमरे में ले गए। वहाँ उन्होंने हत्यारों को फिर से समझाने की कोशिश की होगी जबकि दूसरी ओर परिवार जान निकाल देने वाले सस्पेंस में बैठा रहा और तभी उन लोगों ने गोलियाँ चलने की आवाज़ सुनी। इस तरह उनके पिता को मार डाला गया।

क़त्ल उस समय हुआ जब उनका बेटा कुश्ती मैच देख रहा था। अगर वे हमारे साथ न होते तो उन्हें भी अपने पिता के साथ मार दिया जाता, उन्होंने कहा।

मैं उनके साथ उनके घर तक गया और उस कमरे को देखा जहाँ दो घंटे पहले उसके पिता को मार दिया गया था। कालीन पर अभी भी गीले ख़ून के धब्बे थे। कैमरामैन और रिपोर्टर बड़ी संख्या में मौजूद थे लेकिन उन्होंने इतनी शालीनता दिखाई कि कोई तसवीर नहीं ली। अलबत्ता, उन्होंने मुझ पर ज़ोर डाला कि मैं बयान दूँ।

मैं सिर्फ़ यही कह पाया कि यह परिवार और देश के लिए हिला देने वाली त्रासदी है।

जिस दिन यह हादसा हुआ, मुझे प्रधानमंत्री से एक आधिकारिक स्वागत समारोह में मिलना था जिसे रद्द कर दिया गया था।

सिडनी ने घोषित किया कि इस क़त्ल की कड़ियाँ ज़रूर एक बड़े रहस्य से जुड़ी हुई हैं और यह भी कि इससे हम भी किसी-न-किसी रूप में जुड़े हुए हैं। उसने कहा, "यह मात्र एक संयोग नहीं हो सकता कि छह क़ातिलों ने प्रधानमंत्री को मारा और छह ही आदमी उस रात रेस्तराँ में आए थे जब हम खाना खा रहे थे।"

बहुत अरसे बाद जब ह्यूग बायस ने बेहद रोचक और सूचनाप्रद पुस्तक 'गवर्नमेंट बाय एसासिनेशन' लिखी तब सारे रहस्य से पर्दा उठा। इसे अल्फ्रेड ए नॉफ ने छापा था और जहाँ तक मेरा सवाल था, पूरे रहस्य पर से पर्दा उठा दिया गया था। इसमें बताया गया था कि उस समय ब्लैक ड्रैगन नाम की एक सोसाइटी सक्रिय थी और उन्होंने यह माँग रखी थी कि मैं महल के सामने सिर झुकाऊँ। जिन लोगों पर प्रधानमंत्री की हत्या के लिए मुक़दमा चलाया गया, उनके बारे में मैं यहाँ पर ह्यूग बायस की पुस्तक का अंश प्रस्तुत कर रहा हूँ—

> लेफ़्टिनेंट सेशी कोगा, प्लॉट के रिंगलीडर ने बाद में अदालत को बताया था कि षड्यंत्रकारियों ने हाउस ऑफ़ रिप्रेजेंटेटिव के भवन को उड़ाकर मार्शल लॉ लाने की योजना बनाई थी। आम आदमी जो आसानी से बिना पहचान में आए वहाँ से गुज़र सकते थे, बम फेंकते और युवा अधिकारी बाहर इन्तज़ार करते रहते तथा जिस वक़्त सदस्य बाहर आते, उन्हें मार डालते। दूसरी योजना बेहद क्रूर थी अगर पूरी की जाती, जैसा कि अदालत को बताया गया था। उस वक़्त जापान की यात्रा पर आ रहे चार्ली चैप्लिन की हत्या का प्रस्ताव था। प्रधानमंत्री ने चार्ली को चाय पर बुलाया था और युवा अधिकारियों की योजना थी कि जब पार्टी चल रही हो तो सरकारी निवास पर हमला कर दिया जाए।
>
> न्यायाधीश : चार्ली को मारकर क्या मिलता?
>
> कोगा : चार्ली अमेरिका का एक लोकप्रिय व्यक्तित्व है और पूँजीवादी वर्ग का चहेता, अत: हम यह मानकर चल रहे थे कि चार्ली को मारने से अमेरिका के साथ जंग छिड़ जाएगी और इस तरह से हम एक तीर से दो शिकार कर लेंगे।
>
> न्यायाधीश : फिर इतनी शानदार योजना को आपने छोड़ क्यों दिया?
>
> कोगा : क्योंकि बाद में अख़बारों ने ख़बर दी कि होने वाली स्वागत पार्टी का कुछ पक्का नहीं था।
>
> न्यायाधीश : प्रधानमंत्री के राजकीय निवास पर हमला करने की योजना बनाने के पीछे क्या मंशा थी?
>
> कोगा : इससे प्रीमियर का तख़्ता पलट दिया जाता, जो राजनीतिक पार्टी के सर्वेसर्वा भी थे। दूसरे शब्दों में, सरकार के केन्द्र को ही नेस्तनाबूद करने का मक़सद था।

न्यायाधीश : क्या आप प्रीमियर को मारना चाहते थे?

कोगा : हाँ, मैं मारना चाहता था लेकिन मेरी उनसे कोई व्यक्तिगत दुश्मनी नहीं थी।

उसी क़ैदी ने बताया कि उन्होंने चार्ली को मारने की योजना इसलिए छोड़ दी थी क्योंकि 'इस बात पर विवाद हो गया था कि क्या इस बात में दम है कि मात्र इस आधार पर एक कॉमेडियन को मार दिया जाए कि उसके मारे जाने से अमेरिका से लड़ाई छिड़ जाएगी और मिलिट्री की ताक़त बढ़ जाएगी?'

मैं यह कल्पना कर सकता हूँ कि हत्यारों ने अपनी योजना पूरी करके चार्ली को यानी मुझे मार दिया होता और बाद में उन्हें पता चलता कि मैं अमेरिकी नहीं, अंग्रेज़ हूँ तो वे कहते, "ओह, सो सॉरी।"

अलबत्ता, जापान में सब कुछ रहस्यमय और अप्रिय ही नहीं था, वहाँ पर मैंने काफ़ी वक़्त अच्छा भी गुज़ारा। काबुकी थियेटर देखना अपने-आप में एक सुखद अनुभव था और यह मेरी उम्मीदों से कहीं अधिक था। काबुकी मात्र औपचारिक थियेटर ही नहीं है, बल्कि यह आधुनिकता और परम्परा का मिश्रण है जहाँ किसी अभिनेता की दक्षता ही प्रमुख होती है जबकि नाटक वह सामग्री है जिसके साथ वह प्रदर्शन करता है। हमारे पश्चिमी मानकों के अनुसार, उनकी तकनीक की स्पष्ट सीमाएँ हैं, जहाँ यथार्थवाद को प्रभावी ढंग से प्राप्त नहीं किया जा सकता, वहाँ पर उसकी उपेक्षा कर दी जाती है। उदाहरण के लिए, हम पश्चिमवासी बिना अमूर्त के स्पर्श के तलवारों की लड़ाई दिखा ही नहीं सकते क्योंकि भले ही लड़ाई कितनी भी भीषण क्यों न हो, सामने वाले को सतर्कता का थोड़ा-बहुत पता चल ही जाता है। दूसरी तरफ़ जापानी यथार्थवाद का कोई दिखावा नहीं करते। वे एक-दूसरे से थोड़ी दूरी बनाए रखते हुए लड़ते हैं और अपनी तलवारों से तेज़ धार से काट डालने वाली मुद्राएँ दिखाते हैं मानो वह सामने वाले का सिर ही काट डालेंगे और सामने वाला अपने विरोधी के पैर काट डालने का प्रयास करता लगता है। दोनों ही अपने-अपने दायरे में कूदते, नृत्य करते, और एक पाँव पर चक्कर खाते हैं। यह सब कुछ बैले की तरह होता है। सारा संघर्ष प्रभावशाली होता है जिसका समापन विजेता और विजित के रूप में होता है। इस प्रभाववाद में से अभिनेता मृत्यु वाले दृश्य के दौरान यथार्थवाद में घुल-मिल जाते।

विडम्बना उनके अधिकांश नाटकों की विषयवस्तु होती है। मैंने उनका एक नाटक देखा जिसकी तुलना 'रोमियो और जूलिएट' से की जा सकती है। इस नाटक में एक युवा प्रेमी जोड़ा है जिनके विवाह का विरोध उनके माता-पिता कर रहे हैं। इसे एक घूमते हुए मंच पर अभिनीत किया गया था। इस तरह के मंच को जापानी लोग तीन सौ बरस से उपयोग में ला रहे हैं। पहला दृश्य वैवाहिक कक्ष के भीतर

का था जहाँ अभी-अभी परिणय सूत्र में बँधे प्रेमी-युगल को दिखाया जाता है। अगले दृश्य के दौरान दूत दोनों के माता-पिता को प्रेमी-युगल के पक्ष में समझाने-बुझाने का प्रयास करते हैं और उम्मीद करते हैं कि शायद समझौता हो जाए। लेकिन परम्परा बहुत गहरी है। माता-पिता ज़िद पर अड़े हुए हैं, इसलिए प्रेमी-युगल तय करता है कि वे जापानी पद्धति से आत्महत्या कर लेंगे। दोनों ये फ़ैसला करते हैं कि वे फूलों की कलियों की सेज सजाएँगे, दूल्हा दुल्हन को पहले मारेगा और फिर ख़ुद को तलवार की धार पर गिरा देगा।

जिस वक़्त प्रेमी-प्रेमिका मृत्यु का वरण करने के लिए फूलों की सेज बिछा रहे होते हैं, उस वक़्त वे जो जुमले बोलते हैं, उनसे दर्शकों के बीच हँसी फैल जाती है। मेरे दुभाषिये ने बताया कि इस तरह की पंक्तियों जैसे 'इस तरह की प्यार-भरी रात के बाद जीना विडम्बनापूर्ण होगा', के व्यंग्य पर लोग हँसे थे। दस मिनट तक वे इस तरह की व्यंग्यपूर्ण शैली में अपनी-अपनी रामकहानी कहते रहते हैं। इसके बाद दुल्हन अपनी फूलों की सेज पर घुटनों के बल झुक जाती है। यह सेज दूल्हे की सेज से ज़रा-सी दूरी पर है। दूल्हा दुल्हन के गले पर से कपड़ा हटाता है तलवार निकालकर धीरे-धीरे दुल्हन की तरफ़ बढ़ता है, मंच घूमना शुरू हो जाता है और उस बिन्दु पर आने से पहले यानी जब दूल्हे की तलवार दुल्हन के गले को छुए, दृश्य दर्शकों के सामने से चला जाता है और फिर घर के बाहर का दृश्य दिखाया जाता है। चारों तरफ़ चाँदनी फैली हुई है। दर्शक साँस रोके बैठे हैं कि पता नहीं आगे क्या होगा? एकदम सन्नाटा छा जाता है। आख़िरकार आवाज़ें नज़दीक आना शुरू हो जाती हैं। ये लोग मृतक प्रेमी-युगल के मित्र हैं जो यह ख़ुशख़बरी लाए हैं कि उनके माता-पिता ने उन्हें माफ़ कर दिया है। उनमें यह बहस छिड़ी हुई है कि प्रेमी-युगल को यह ख़ुशख़बरी कौन देगा? इसके बाद वे आवाज़ें देना शुरू कर देते हैं और कोई उत्तर न पाकर दरवाज़ा पीटने लगते हैं।

"उन्हें डिस्टर्ब मत करो," उनमें से एक कहता है, "या तो वे सो रहे हैं या फिर बहुत व्यस्त हैं।" इसलिए वे अपने-अपने रास्ते चले जाते हैं। प्रेम-संगीत अभी भी बज रहा है और उसके साथ आने वाली टिक-टॉक और बक्से जैसी आवाज़ें इस बात का इशारा हैं कि नाटक समाप्त हो रहा है। अत: धीरे-धीरे पर्दा नीचे आने लगता है।

यह प्रश्न बहस माँगता है कि जापान कब तक पश्चिमी सभ्यता की बुराइयों से बच पाएगा। ज़िन्दगी के अत्यन्त साधारण पलों के लिए भी जापान के लोगों में सराहना उनकी सभ्यता का एक अभिन्न अंग है। चाँदनी की लकीर को देर तक देखते रहना, चेरी को खिलते देखने के लिए तीर्थ की तरह यात्रा करना, चाय के आयोजन का शान्त ध्यान, लगता है ये सारी चीज़ें पश्चिमी हवा के झोंके के साथ कहीं उड़ जाएँगी।

मेरी छुट्टी अब समाप्त होने वाली थी और मैंने इसके ज़्यादातर पहलुओं का भरपूर आनन्द उठाया था, हालाँकि कुछ बातें हताश करने वाली भी थीं। मैंने खाने

को बर्बाद होते देखा और सामान के ढेर ऊपर उठते देखे लेकिन लोगों को उनके आसपास भूख से मँडराते भी देखा। वहाँ लाखों लोग बेरोज़गार थे और उनकी सेवाएँ बेकार जा रही थीं।

दरअसल, मैंने एक आदमी को डिनर के दौरान यह कहते सुन लिया था कि जब तक हमें और सोना नहीं मिल जाता, हालात सुधरने वाले नहीं हैं। जब मैंने इस समस्या की बात की कि मशीनीकरण से हाथ के काम ख़त्म होते जा रहे हैं, तो किसी ने कहा कि समस्या का समाधान अपने आप ही निकल आएगा, क्योंकि अन्ततः मज़दूरी इतनी सस्ती हो जाएगी कि वह मशीनीकरण का मुक़ाबला करने की हालत में आ जाएगी। यह हताशा करनेवाली मंदी निश्चय ही मारक थी।

चौबीस

जब मैं बेवर्ली हिल्स के अपने घर पहुँचा, तो बैठक वाले कमरे के बीचोबीच खड़ा हो गया। यह ढलती दोपहर का वक़्त था। लॉन के आर-पार लम्बी छायाएँ तथा कमरे में सुनहरी चमकती धूप की पट्टियाँ पसरी पड़ी थीं। सब कुछ बहुत शान्त दिख रहा था। इसे देखकर मैं रो सकता था! मैं पूरे आठ महीने तक बाहर रहा था लेकिन फिर भी यह सोच रहा था कि क्या मैं वापस आकर ख़ुश हूँ। मैं भ्रम में था और मेरे सामने कोई योजना नहीं थी। मैं बेचैन था और मुझे पता था मेरे सामने भीषण अकेलापन है।

यूरोप में मुझे अवश्य हल्की-हल्की सी उम्मीद थी कि किसी-न-किसी से मेरी मुलाक़ात होगी जो मेरी ज़िन्दगी को दिशा दे सके। लेकिन कुछ भी नहीं हुआ। मैं जितनी भी महिलाओं से मिला था, कोई भी उस श्रेणी में नहीं आती थी और जो आती भी थीं, वे इच्छुक नहीं थीं। अब एक बार फिर वापस कैलीफोर्निया। मैं क़ब्र में लौट आया था। डगलस और मैरी अलग हो चुके थे, इसलिए अब दुनिया मेरे लिए बची ही नहीं थी।

उस शाम मुझे अकेले ही डिनर लेना था, जो एक ऐसा काम था जिसे मैंने इतने बड़े घर में कभी भी पसन्द नहीं किया था। इसलिए मैंने रात का खाना न खाने का फ़ैसला किया, गाड़ी चलाकर हॉलीवुड गया, कार पार्क की और हॉलीवुड की गलियों में चहलक़दमी करने लगा। मुझे ऐसा लगा कि मैं यहाँ से कभी गया ही नहीं था। वहाँ वही एक मंज़िला दुकानों की पाँत थी, पुराने नज़र आते आर्मी और नेवी स्टोर्स थे तथा वूलवर्थ और क्रेस्गी की कम दरों वाली दवा की दुकानें थीं। यह सब बेहद हताश करने वाला और सुरुचिहीन माहौल था। हॉलीवुड अभी भी शोर-शराबे वाले शहर में तब्दील नहीं हुआ था।

जिस वक़्त मैं मुख्य मार्गों पर टहल रहा था, मैंने सोचा कि अब मुझे रिटायर हो जाना चाहिए और सब कुछ बेचकर चीन की तरफ़ निकल जाना चाहिए। अब हॉलीवुड में बने रहने का कोई लालच नहीं रहा था। इसमें कोई शक नहीं था कि मूक फ़िल्मों के दिन लद चुके थे और मैं सवाक फ़िल्मों के साथ सहज महसूस नहीं कर रहा था। इसके अलावा, अब मेरी पूछ नहीं रही थी। मैंने कोशिश की कि किसी ऐसे अन्तरंग व्यक्ति के बारे में सोचूँ जिसे मैं फ़ोन कर सकूँ और बिना परेशान हुए डिनर के लिए आमंत्रित कर सकूँ। लेकिन ऐसा कोई नहीं था। जब मैं घर लौटा तो रीव्ज़, मेरे मैनेजर, यह बताने के लिए आए हुए थे कि सब कुछ ठीक-ठाक चल रहा है, बाक़ी कोई नहीं आया था।

यह सब कुछ ठंडे पानी में कूदने जैसा था। स्टूडियो में अपना चेहरा दिखाने का मतलब फ़ालतू के कामों में ख़ुद को उलझाना। अलबत्ता, मुझे यह जानकर ख़ुशी हुई कि 'सिटी लाइट्स' बहुत अच्छा कारोबार कर रही थी। अब तक हम 3,000,000 डॉलर (शुद्ध) कमा चुके थे और अभी भी हर महीने 1,00,000 डॉलर के चेक आ रहे थे। रीव्ज़ ने सुझाव दिया कि मैं हॉलीवुड बैंक जाऊँ और नये मैनेजर से मिल लूँ सिर्फ़ जान-पहचान के लिए। लेकिन मैं पिछले सात बरस से बैंक नहीं गया था, अत: मैंने मना कर दिया।

प्रिंस लुई फर्डिनेंड, कैसर का पोता, स्टूडियो में मिलने के लिए आया और बाद में हमने घर पर एक साथ खाना खाया। बहुत मज़ेदार बातचीत हुई। राजकुमार बहुत ही आकर्षक और बुद्धिमान लड़का था तथा पहले विश्वयुद्ध के बाद जर्मन क्रान्ति के बारे में बता रहा था। उसने बताया कि यह कुछ-कुछ कॉमिक ओपेरा की तरह है। "मेरे दादा हॉलेंड गए थे," उसने बताया, "लेकिन हमारे कुछ रिश्तेदार पॉट्सडैम के महल में ही रह गए थे। वे इतने डरे हुए थे कि वहाँ से निकले ही नहीं और आख़िरकार जब क्रान्तिकारी महल में घुसे तो उन्होंने हमारे रिश्तेदारों को यह पूछते हुए एक नोट भेजा कि क्या उनका स्वागत किया जाएगा और उस मुलाक़ात में यह आश्वासन दिया कि हमारे रिश्तेदारों की रक्षा की जाएगी और अगर उन्हें किसी चीज़ की ज़रूरत हो तो उन्हें केवल समाजवादी मुख्यालय में फ़ोन भर करना होगा। हमारे रिश्तेदार अपने कानों पर विश्वास ही नहीं कर सके। लेकिन जब बाद में सरकार ने उनकी सम्पत्तियों के निपटान के बारे में उनसे सम्पर्क साधा, तो मेरे रिश्तेदार नख़रे करने लगे तथा और ज़्यादा माँगने लगे।" अपनी बात को ख़त्म करते हुए उसने बताया, "रूसी क्रान्ति एक त्रासदी थी और हमारी क्रान्ति एक लतीफ़ा!"

स्टेट्स लौटने के बाद से कुछ बहुत ही अजीब-सी बातें हो रही थीं। आर्थिक रूप से स्थितियाँ बदल रही थीं, बेशक बहुत तेज़ी से लेकिन इससे अमेरिकी लोगों की महानता का परिचय मिल रहा था। हालात बद से बदतर होते जा रहे थे। कुछ स्टेट तो यहाँ तक आगे बढ़ गए थे कि उन्होंने लकड़ी पर अमानती मुद्रा छापनी शुरू कर दी थी ताकि बिना बिका हुआ माल बेचा जा सके। हूवर महाशय भी मुँह

लटकाए बैठे थे और बिसूर रहे थे क्योंकि उनकी विनाशकारी आर्थिक नीति बुरी तरह असफल हो गई थी कि धन को ऊपर वाले वर्गों के बीच वितरित करो तो यह नीचे वाले आम आदमी तक भी पहुँच जाएगा और इसी सब त्रासदी में वे जनाब अपनी चुनावी मुहिम में हवा में मुट्ठियाँ भाँजते फिर रहे थे कि अगर फ्रैंकलिन रूज़वेल्ट राष्ट्रपति के पद पर चुन लिये गए, तो अमेरिकी प्रणाली, जिसे उस वक़्त न गिरने वाली प्रणाली समझा जा रहा था, ताश के पत्तों की तरह ढह जाएगी।

अलबत्ता, फ्रैंकलिन डी. रुज़वेल्ट व्हाइट हाउस पहुँचे लेकिन देश रसातल में नहीं गया। उनकी 'फॉरगॉटेन मैन' स्पीच ने अमेरिका को उसकी चिड़चिड़ाहट-भरी नींद से जगाया और अमेरिकी इतिहास में सर्वाधिक प्रेरणास्पद युग में ला स्थापित किया। मैंने उनका भाषण सैम गोल्डविन के बीच-हाउस में रेडियो पर सुना था। हम कई लोग आसपास बैठे हुए थे। इनमें कोलम्बिया ब्रॉडकास्टिंग सिस्टम के बिल पैले, जो शेंक, फ्रेड एस्टेयर, उनकी पत्नी और अन्य मेहमान थे। "हमें जिस अकेली चीज़ से डरना है, वह डर ही है।" यह शब्द फ़िज़ाँ में सूर्य की किरणों की तरह कौंधे। लेकिन मैं सन्देह कर रहा था जैसे कि सभी कर रहे थे। मैंने कहा, "यह इतनी अच्छी बात है कि सच हो ही नहीं सकती।"

रूज़वेल्ट ने अभी अपना पदभार सँभाला ही था कि उन्होंने अपने शब्दों को अमली जामा पहनाना शुरू कर दिया। दस दिन के लिए उन्होंने बैंकों की छुट्टी घोषित कर दी ताकि बैंक और अधिक धराशायी न हों। यह एक ऐसा काल था जिसमें अमेरिका अपने सर्वोत्तम रूप में था। दस दिन तक दुकानें और सभी स्टोर्स उधार पर धन्धा करते रहे। यहाँ तक कि सिनेमा के टिकट भी उधार मिल रहे थे। इसी बीच रूज़वेल्ट और उनकी 'मेधावी मंडली' ने 'नई डील' तैयार कर ली। जनता ने बहुत शानदार तरीक़े से काम किया।

हर तरह की इमर्जेंसी के लिए क़ानून बना दिये गए। समय से पहले बन्दी के नाम पर जो थोक डकैती हो रही थी, उसे रोकने के लिए फार्म क्रेडिट स्थापित करना, बड़ी-बड़ी सार्वजनिक परियोजनाओं को धन उपलब्ध कराना, राष्ट्रीय वसूली अधिनियम लागू करना, न्यूनतम मज़दूरी बढ़ाना, काम के घंटे कम करके नये काम मुहैया कराना और मज़दूर यूनियनों को प्रोत्साहित करना जैसे क्रान्तिकारी क़दम उठाए गए। 'आप बहुत आगे बढ़ रहे हैं; यह समाजवाद है,' विपक्ष वाले चिल्लाए। यह समाजवाद था या नहीं, लेकिन इसने पूँजीवाद को पूरी तरह से धराशायी होने से बचा लिया। इसने यूनाइटेड स्टेट्स के इतिहास में कई सर्वोत्तम सुधारों के लिए ज़मीन भी तैयार की। यह देखना बेहद प्रेरणादायक था कि किस तरह से अमेरिकी नागरिकों ने काम करने वाली सरकार का साथ दिया।

हॉलीवुड की ज़िन्दगी में भी बदलाव आ रहे थे। फ़िल्मों के अधिकांश कलाकार ग़ायब हो चुके थे। हम ही कुछ लोग बचे थे। अब चूँकि सवाक फ़िल्मों ने क़ब्ज़ा

कर लिया था, अत: हॉलीवुड का आकर्षण और अपनापन समाप्त हो चुके थे। रातोंरात यह ठंडा और गम्भीर उद्योग बन चुका था। साउंड टेक्नीशियन स्टूडियो को नया रूप दे रहे थे और बड़े-बड़े साउंड उपकरण बना रहे थे। कमरे के आकार के कैमरे महादानवों की तरह मंच पर जगह घेरे रहते। विशालकाय रेडियो उपकरण लगाए जा रहे थे जिनमें सैकड़ों की संख्या में बिजली के तार जुड़े होते। इन पर काम करने वाले आदमी अपने कानों में ईयरफ़ोन लगाए, मंगल ग्रह से आए लड़ाकुओं की तरह बैठे रहते और अभिनेता अभिनय करते। माइक्रोफ़ोन उनके सिर के ऊपर मछली मारने की रॉड की तरह लटक रहे होते। यह सब बेहद जटिल था और इसे देखना हताश करता था। इस सारे ताम-झाम के बीच कोई सृजनात्मक काम कैसे कर सकता था! मुझे इस विचार से ही नफ़रत थी। तभी किसी सयाने को पता चला कि इस सारे ताम-झाम को इधर-उधर ले जाने लायक़ बनाया जा सकता है, कैमरों को और अधिक चलित बनाया जा सकता है और सारे उपकरणों को यथोचित राशि पर किराये पर भी दिया जा सकता है। इन सारे सुधारों के बावजूद काम दोबारा शुरू करने के लिए मुझे ज़रा-सी भी प्रेरणा नहीं मिल रही थी।

मैं अभी भी इसी बात पर विचार कर रहा था कि अपना सारा काम समेटूँ और हाँगकाँग या चीन की तरफ़ कूच कर जाऊँ जहाँ पर मैं आराम से रह सकता हूँ और सवाक फ़िल्मों को भूल सकता हूँ बजाय यहाँ हॉलीवुड में सड़ते रहने के।

तीन हफ़्ते तक मैं ऊभ-चूभ होता रहा। तभी जो शेंक ने टेलीफ़ोन करके बताया कि मैं अपना वीकेंड उनके यॉट के लिए बचाकर रखूँ। यह एक सौ अड़तीस फ़ीट लम्बी ख़ूबसूरत सेलिंग नाव थी जिस पर चौदह लोग आराम से रह सकते थे। जो अक्सर एवलॉन के पास कैटेलिना द्वीप के आसपास ही घूमते रहते। उनके मेहमानों में शायद ही किसी में मेरी दिलचस्पी होती। आमतौर पर सभी पोकर खिलाड़ी ही होते और पोकर में मेरी कोई दिलचस्पी नहीं थी। लेकिन वहाँ पर दिल बहलाने की दूसरी चीज़ें थीं। जो अक्सर नाव पर ख़ूबसूरत लड़कियों का जमावड़ा जुटा लेते और चूँकि उन दिनों मैं बेहद अकेला था, मैंने सोचा शायद उम्मीद की कोई हल्की-सी किरण अपनी क़िस्मत में भी हो।

और सचमुच हुआ भी यही। मैं पॉलेट गोडार्ड से मिला। वह एक हँसमुख लड़की थी और उसने शाम के वक़्त मुझे बताया कि वह अपने भूतपूर्व पति से अलगाव के हर्जाने के रूप में मिले धन में से 50,000 डॉलर फ़िल्म कारोबार में निवेश करने जा रही है। वह अपने साथ नाव पर सारे काग़ज़ात लेकर आई थी, जिन पर मात्र हस्ताक्षर किये जाने बाक़ी थे। उसे इस काम में हाथ डालने से रोकने के लिए मैंने उससे अच्छी-ख़ासी बहस ही कर डाली। जिस कम्पनी में वह पैसा डालने जा रही थी ज़ाहिर तौर पर वह हॉलीवुड की घुमन्तू कम्पनी थी। मैंने उसे बताया कि मैं शुरू से ही फ़िल्म लाइन से जुड़ा हुआ हूँ और फ़िल्म लाइन का मेरा जो ज्ञान है उसे देखते

हुए अपनी फ़िल्म को छोड़कर मैं किसी भी अन्य फ़िल्म में एक पैसा भी न लगाऊँ। उसमें भी जोख़िम है। मैंने उसे तर्क दिया कि अगर हर्स्ट जैसे व्यक्ति, जिनके पास साहित्यिक स्टाफ़ था और जिनकी पहुँच अमेरिका की बेहतरीन कहानियों तक थी, ने फ़िल्मों में निवेश करके अपने 7,000,000 डॉलर गँवा दिये, तो वह किस खेत की मूली है! आख़िरकार मैं उसे इसमें हाथ डालने से रोकने में कामयाब हो ही गया। यह हमारी दोस्ती की शुरुआत थी।

पॉलेट और मेरे बीच सम्बन्ध का आधार दोनों का अकेलापन था। वह अभी-अभी न्यूयॉर्क से आई थी और किसी को भी नहीं जानती थी। हम दोनों के लिए यह मामला रॉबिन्सन क्रूसो डिस्कवरिंग फ्राइडे जैसा था। सप्ताह के दौरान तो करने के लिए बहुत कुछ होता, क्योंकि पॉलेट सैम गोल्डविन की फ़िल्म में काम कर रही थी और मैं अपना कारोबार देखता। लेकिन इतवार का दिन काटने को दौड़ता। हताशा में हम लम्बी ड्राइव पर निकल जाते। सच कहूँ तो हमने कैलीफोर्निया का पूरा-का-पूरा तटीय विस्तार खँगाल डाला था। सबसे ज़्यादा रोमांचक अनुभव होता सैन पैड्रो हार्बर जाना और वहाँ पर मौज़-मस्ती करनेवाली नावों को देखना। एक नाव बिक्री के लिए खड़ी थी। पचपन फ़ीट लम्बी मोटर क्रूज़र जिसमें तीन राजसी कमरे, एक गैली* और एक बेहद आकर्षक व्हील हाउस बना हुआ था। यह बिलकुल वैसी बोट थी जिसकी चाहत मेरे मन में थी।

"अगर आपके पास इस तरह की कोई शै होती," पॉलेट ने कहा, "हम रविवार के दिन ख़ूब मौज़-मज़ा करते और कैटेलिना जा पाते।" इसलिए मैंने उसे ख़रीदने के बारे में पूछताछ करनी शुरू की। उसके मालिक कोई मि. मिशेल थे, जो मोशन पिक्चर कैमरे बनाया करते थे। उन्होंने हमें नाव पर घुमाया-फिराया और अच्छी तरह से सब कुछ दिखाया। एक हफ़्ते के भीतर ही हम तीन बार उस नाव को देखने के लिए पहुँच गए; यहाँ तक कि वहाँ पर हमारी मौज़ूदगी परेशानी का कारण बनने लगी। अलबत्ता, मि. मिशेल ने कहा कि जब तक यह बिक नहीं जाती, हम जब भी चाहें तो नाव पर आ सकते हैं और उसे देख सकते हैं।

पॉलेट की जानकारी के बिना मैंने नाव ख़रीद ली और उसे कैटेलिना की यात्रा के लिए ठीक करा लिया। मैं नाव पर अपने ख़ुद के रसोइये और कीस्टोन के एक भूतपूर्व सिपाही एंडी एंडरसन को ले गया। एंडी लाइसेंसशुदा कैप्टन था। अगले रविवार सब कुछ तैयार था। पॉलेट और मैं सुबह-सुबह ही निकल पड़े। उसने यही सोचा कि हम लम्बी ड्राइव के लिए जा रहे हैं। वह इस बात पर राज़ी हो गई थी कि हम सिर्फ़ एक कप कॉफ़ी लेकर निकलेंगे और बाद में कहीं नाश्ते के लिए चले चलेंगे। लेकिन जब उसने पाया कि हम सेन पैड्रो की तरफ़ जा रहे हैं तो उसने पूछा, "यह बात तय रही कि आप उस नाव को देखने दोबारा नहीं जा रहे हैं?"

---

* रसोई।

“मैं तय करने से पहले एक बार फिर उसे देख लेना चाहता हूँ!” मैंने जवाब दिया।

“तब आप अकेले ही जाना अन्दर क्योंकि बहुत बुरा लगता है।” उसने अफ़सोस के साथ कहा, “मैं कार में ही बैठी रहूँगी और आपका इन्तज़ार करूँगी।”

जब हम नाव की लैंडिंग पर रुके तो वह किसी भी क़ीमत पर कार से बाहर निकलने को राज़ी ही न हो।

“नहीं, आपको अकेले ही जाना होगा। लेकिन जल्दी करो, हमने अब तक नाश्ता भी नहीं किया है।”

दो ही मिनट के भीतर मैं कार के पास आया और पॉलेट को मनाने की कोशिश की, उसकी इच्छा के ख़िलाफ़ कि वह नाव तक आए तो सही। केबिन को ग़ुलाबी और नीले मेज़पोश से बहुत अच्छी तरह सजाया गया था और उसके साथ मेल खाते गुलाबी और नीले चीनी पर्दे थे। गैली (रसोई) से बैकन और अंडे तले जाने की मस्त कर देने वाली महक आ रही थी।

“कैप्टन ने मेहरबानी करके हमें नाश्ते के लिए आमंत्रित किया है।” मैंने कहा, “हम बेकन, व्हीटकेक, टोस्ट और कॉफ़ी लेंगे।” पॉलेट ने रसोई में झाँका तो उसने हमारे रसोइये को पहचान लिया। “दरअसल,” मैंने कहा, “आप चाहती थीं न कि हम रविवार के दिन कहीं जाएँ, तो हम लोग नाश्ते के बाद कैटेलिना तैराकी के लिए जा रहे हैं।” तब मैंने उसे बताया कि मैंने नाव ख़रीद ली है।

उसकी प्रतिक्रिया बहुत ही मज़ेदार थी। “एक मिनट रुको,” उसने कहा। वह उठी, नाव से बाहर आई और बन्दरगाह पर पचास गज़ की दौड़ लगाई और अपने हाथों से अपना चेहरा ढक लिया।

“अरे आओ, नाश्ता करो इधर,” मैं चिल्लाया।

जब वह नाव पर वापस आई तो बोली, “इस झटके से उबरने के लिए मुझे यह सब करना पड़ा।”

तब फ्रेडी, एक जापानी कुक खीसें निपोरते हुए नाश्ता लेकर आया। इसके बाद हमने इंजन गर्म किया, नाव को बन्दरगाह की तरफ़ ले गए और फिर वहाँ से बाइस मील परे कैटेलिना की तरफ़ प्रशान्त महासागर में उतर गए। वहाँ हम नौ दिन तक लंगर डाले पड़े रहे।

*

काम करने की अभी भी कोई योजना सामने नहीं थी। पॉलेट के साथ मैं व्यर्थ की हरकतें करता रहता। रेस मीटिंगों में भाग लेता तथा रात के व अन्य सार्वजनिक आयोजनों में घूमता-फिरता रहता। कुछ भी ऐसा करता जिससे वक़्त गुज़र जाए। मैं न तो अकेले रहना चाहता था और न ही सोचना ही चाहता था। लेकिन इन सारी मौज़-मस्तियों में भीतर-ही-भीतर कहीं एक अपराध-बोध की भावना काम कर रही थी। मैं यहाँ क्या कर रहा हूँ? या मैं अपने काम पर क्यों नहीं हूँ? का भी लागातार अहसास था।

इसके अलावा, मैं एक युवा आलोचक की टिप्पणी से भी हताशा से घिरा हुआ था। उसने कहा था कि 'सिटी लाइट्स' बहुत अच्छी फ़िल्म है, लेकिन इसे संवेदनाओं की सीमा रेखा पर बनाया गया है और यह कि भविष्य में मुझे चाहिए कि मैं अधिक यथार्थवादी फ़िल्में बनाने के बारे में सोचूँ। मैंने अपने आपको उससे सहमत पाया। अगर उस समय मुझे वह सब मालूम होता, जो कि अब है तो मैंने उसे बताया होता कि यह जो तथाकथित यथार्थवाद होता है, अक्सर नक़ली, बनावटी, नीरस और सुस्त होता है और किसी फ़िल्म में यथार्थवाद इतना मायने नहीं रखता जितना यह कि इसमें कल्पना से क्या-क्या किया जा सकता है।

यह सोचने की बात है कि किस तरह से एक संयोग से और ऐसे वक़्त में जब मैं इसके बारे में सोच भी नहीं सकता था, मैं अचानक एक और मूक फ़िल्म बनाने के लिए प्रेरित हुआ। पॉलेट और मैं मेक्सिको में टिजुआना रेसकोर्स गए, जहाँ पर केंटकी या ऐसा ही कुछ नाम था उसका, विजेता को रजत पदक से नवाज़ा जाना था। वहाँ पर पॉलेट से पूछा गया कि क्या वह विजेता जॉकी को पदक प्रदान करेंगी और दक्षिणी अमेरिका वाले उच्चारण में कुछ शब्द बोलेंगी। उसे प्रेरित करने में थोड़ा-सा वक़्त लगा। लेकिन मैं उसे लाउडस्पीकर पर सुनकर हैरान रह गया। हालाँकि वह ब्रुकलिन से थी, फिर भी उसने केंटकी समाज की लड़की की बहुत ही बढ़िया नक़ल करके दिखाई। इससे मैं इस बात का क़ायल हो गया कि वह अभिनय कर सकती है।

इस तरह मेरी प्रेरणा का सोता फूटा। पॉलेट मुझे कुछ हद तक सड़कों पर आवारा घूमने वाली लड़की की तरह लगी। मेरे लिए यह बहुत ही बढ़िया मौक़ा होगा कि इस बात को पर्दे पर दिखाऊँ। मैं कल्पना करने लगा कि हम पुलिस की भीड़ भरी गश्त करने वाली गाड़ी में मिलते हैं, ट्रैम्प और एक सड़कछाप लड़की। चूँकि ट्रैम्प बहुत उदार और बहादुर है, वह उसे अपनी सीट दे देता है। यह वो आधार था जिस पर मैं अपनी कहानी का ढाँचा खड़ा करता और हास्य के पल पैदा करता।

तभी मुझे अपना एक साक्षात्कार याद आया जो मैंने न्यूयॉर्क *वर्ल्ड* के एक होशियार युवा रिपोर्टर को दिया था। यह सुनने पर कि मैं डेट्रॉयट जा रहा हूँ, उसने मुझे वहाँ के फ़ैक्टरी बेल्ट सिस्टम के बारे में बताया था। यह बड़े उद्योगों का एक भयावह गोरखधन्धा था जो हट्टे-कट्टे किसानों को उनके खेतों से लालच देकर लाता था और काम में झोंक देता था। चार या पाँच बरस तक बेल्ट सिस्टम में काम करने के बाद ये लोग मानसिक रूप से विक्षिप्त हो जाते थे।

यही बातचीत थी जिसने मुझे 'मॉडर्न टाइम्स' बनाने की प्रेरणा दी। मैंने समय बचाने की तरकीब के रूप में एक फीडिंग मशीन बनाई ताकि कामगार लंच टाइम में भी काम करते रह सकें। फ़ैक्टरी के दृश्यों की परिणति ही इस बात में होती है कि ट्रैम्प का दिमाग़ चल जाता है। यह प्लॉट घटनाओं के स्वाभाविक रूप से घटते चले जाने के आधार पर विकसित किया गया था। ठीक हो जाने के बाद उसे गिरफ़्तार

कर लिया जाता है और वहाँ वह एक सड़कछाप लड़की से मिलता है। उसे भी रोटी चुराने के इल्ज़ाम में गिरफ़्तार किया गया है। वे अपराधियों से भरी पुलिस की एक गश्त गाड़ी में मिलते हैं। इसके बाद कहानी इस तरह से चलती है कि दो नामालूम से प्राणी आधुनिक समय, 'मॉडर्न टाइम्स' में जीवनयापन करने की कोशिश करते हैं। उन्हें मन्दी का, हड़तालों का, दंगे का और बेरोज़गारी का सामना करना पड़ता है। पॉलेट लगभग रो ही पड़ी थी जब मैंने उसे गन्दी दिखाने के लिए उसके चेहरे पर राख पोत दी थी। "यह राख तुम्हारे ब्यूटी स्पॉट हैं," मैंने उसे समझाया।

किसी अभिनेत्री को फ़ैशनेबल कपड़ों में आकर्षक ढंग से तैयार करना आसान होता है लेकिन किसी लड़की को फूल बेचने वाली लड़की की तरह तैयार करना और उसे सुन्दर भी दिखाना जैसा कि 'सिटी लाइट्स' में किया गया था, मुश्किल काम होता है। 'गोल्ड रश' में नायिका के कॉस्ट्यूम तैयार करने में कोई समस्या नहीं आई थी। लेकिन 'मॉडर्न टाइम्स' में पॉलेट की पोशाकों के लिए फ़ैशन डिज़ाइनर द्वारा बनाई पोशाकों की तरह बहुत सोचना-विचारना पड़ा। यदि सड़कछाप लड़की की वेशभूषा के बारे में बिना सोचे-समझे फ़ैसला कर लिया जाता तो थिगलियाँ नक़ली और अविश्वसनीय लगतीं। गली-गली घूमने वाली आवारा लड़की या फूल बेचने वाली लड़की के रूप में नायिका को तैयार करके मैं काव्यात्मक प्रभाव पैदा करना चाहता था और उसे उसके व्यक्तित्व से वंचित नहीं करना चाहता था।

'मॉडर्न टाइम्स' के प्रदर्शन से पहले कुछ समीक्षकों ने लिखा कि उन्होंने इस तरह की अफ़वाहें सुनी हैं कि यह फ़िल्म साम्यवादी विचारधारा का पोषण करती है। मेरा ख़याल है यह इस वजह से हुआ क्योंकि अख़बारों में फ़िल्म की कहानी का सार-संक्षेप छप चुका था। अलबत्ता, उदार समीक्षकों ने लिखा कि यह न तो साम्यवाद के पक्ष में है और न ही उसके ख़िलाफ़ ही, बल्कि सच तो यह है यह तटस्थता की नीति पर बनाई गई है।

इस तरह के समाचार बुलेटिन सुनने से ज़्यादा नसें तड़काने वाली और कोई बात नहीं होती कि—पहले हफ़्ते आने वाले दर्शकों की संख्या ने अब तक के सारे रिकॉर्ड तोड़ दिये हैं और दूसरे हफ़्ते में मामूली-सी गिरावट आई है। इसलिए, न्यूयॉर्क और लॉस एंजेल्स में प्रीमियर के बाद मेरी एक ही इच्छा थी कि जितनी जल्दी हो सके, फ़िल्म की ख़बरों से जितना दूर जा सकूँ, चला जाऊँ; इसलिए मैंने होनोलुलु जाने का फ़ैसला किया। मैं अपने साथ पॉलेट और उसकी माँ को भी ले गया और पीछे ऑफ़िस में यह हिदायत छोड़ गया कि मुझे किसी भी तरह का कोई सन्देश न भेजा जाए।

*

लॉस एंजेल्स से निकलकर जिस वक़्त हम सेन फ्रांसिस्को पहुँचे, बरसात हो रही थी। अलबत्ता, कोई भी बात हमारी हिम्मत पर पानी नहीं फेर सकी। हमारे पास थोड़ा-सा

समय था कि हम शॉपिंग कर सकें और नाव पर लौट सकें। गोदामों के पास से गुज़रते हुए मैंने मालवाहक जहाज़ पर लिखा देखा—चीन।

"चलो, हम वहीं चलते हैं।"

"कहाँ?" पॉलेट ने पूछा।

"चीन।"

"पागल हो गए हैं क्या?"

"हमें अभी ही जाना है। नहीं तो कभी नहीं जा पाएँगे।"

"लेकिन मेरे पास कपड़े नहीं हैं।'

"तुम्हें जो भी चाहिए होनोलुलु में ख़रीद सकती हो।" मैंने सुझाया।

सारी नावों का नाम बदलकर उन्हें 'पैनेशिया' (रामबाण औषधि) नाम दे देना चाहिए क्योंकि समुद्री-यात्रा से ज़्यादा स्वास्थ्यवर्धक और कुछ नहीं होता। आपकी सारी चिन्ताएँ स्थगित हो जाती हैं, नाव आपको गोद ले लेती है और आपकी देखभाल करती है। आख़िरकार जब नाव पत्तन पर पहुँचती है, तो आपको संकोच के साथ हड़बड़ाती दुनिया को लौटा देती है।

लेकिन जिस वक़्त हम होनोलुलु पहुँचे तो मेरे आश्चर्य का ठिकाना न रहा। मैंने 'मॉडर्न टाइम्स' के बड़े-बड़े होर्डिंग देखे और पत्तन पर प्रेस वाले मेरा स्वागत करने के लिए तैयार खड़े थे। बचने का कोई उपाय नहीं था।

अलबत्ता, टोकियो में मुझे इतना डर नहीं लगा था, क्योंकि कैप्टन ने मेहरबानी करके मुझे दूसरे नाम से पंजीकृत कर रखा था। लेकिन जापानी प्राधिकारियों ने जब मेरा पासपोर्ट देखा तो तिल का ताड़ बना दिया, "आपने हमें बताया क्यों नहीं कि आप आ रहे हैं?" उन्होंने कहा। चूँकि वहाँ पर कुछ ही दिन पहले सैन्य-विद्रोह हो चुका था जिसमें सैकड़ों लोग मारे गए थे, उनका यह पूछना ठीक ही था, मैंने सोचा। जापान में हमारे ठहरने के दौरान सरकार की तरफ़ से तैनात एक अधिकारी ने एक पल के लिए भी हमें अकेला नहीं छोड़ा। सेन फ्रांसिस्को से चलने से लेकर हाँगकाँग पहुँचने तक हमने किसी भी यात्री से बात नहीं की, लेकिन हाँगकाँग पहुँचते ही यह मौनव्रत धरा रह गया।

एक लम्बे, चुप्पे से दिखने वाले व्यापारी ने मुझसे कहा, "चार्ली, मैं आपको कनेक्टिकट से नाता रखने वाले एक अमेरिकी पादरी से मिलवाना चाहता हूँ जो पिछले पाँच बरस से कोढ़ियों की बस्ती में टिके हुए हैं। फ़ादर के लिए यह अकेलापन काट खाने वाला होगा, इसलिए हर रविवार वे हाँगकाँग अपनी अमेरिकी नावों को देखने आते हैं।"

पादरी लम्बे, ख़ूबसूरत, लगभग सैंतीस बरस के शख़्स थे जिनके गाल गुलाबी और भेदने वाली मुस्कराहट थी। मैंने एक ड्रिंक मँगवाया, फिर मेरे दोस्त ने एक ड्रिंक मँगवाया, इसके बाद फ़ादर ने एक ड्रिंक का ऑर्डर दिया। पहले तो यह छोटा-सा ही समूह था लेकिन जैसे-जैसे शाम ढलती गई, जमावड़े में पच्चीस आदमी हो गए। हर कोई दूसरे के लिए ड्रिंक मँगवा रहा था। फिर यह संख्या बढ़कर पैंतीस हो गई

और अभी भी ड्रिंक आ रहे थे। कई लोगों को बेहोशी के आलम में नाव पर ले जाया गया। लेकिन फ़ादर जिन्होंने एक ड्रिंक भी मिस नहीं किया था, अभी भी होश में थे, मुस्करा रहे थे और सबसे बात कर रहे थे। आख़िरकार मैं उन्हें विदाई देने के लिए उठा और जब उन्होंने मुझे आग्रहपूर्वक थामा तो मैंने उनसे हाथ मिलाया। मैंने उनका हाथ खुरदरा महसूस किया। मैंने उनका हाथ उलटकर देखा और उसकी जाँच की। हथेली कटी-फटी थी और बीचोबीच एक सफ़ेद दाग़ था। "मेरा ख़याल है, यह कोढ़ नहीं है," मैंने मज़ाक़ में कहा। वे हँसे और हाथ मिलाया। एक बरस बाद हमने सुना था कि कोढ़ की वजह से उनकी मृत्यु हो गई।

हम पाँच महीने तक हॉलीवुड से दूर रहे। इस ट्रिप के दौरान पॉलेट और मैंने शादी कर ली और इसके बाद हम स्टेट्स लौटे। वापसी के लिए हमने सिंगापुर में एक जापानी नाव ली।

यात्रा का पहला ही दिन था कि मुझे एक पर्ची मिली जिसमें लिखा था कि–पर्ची के लेखक और मेरे कई साझे दोस्त हैं और पिछले कई बरसों में हम कई बार मिलते-मिलते रह गए हैं और अब साउथ चाइना समुद्र के बीचोबीच मुलाक़ात का एक सुनहरा मौक़ा है।—'ज्यां कॉकटेयु'। इसके बाद आगे लिखा था : शायद वह डिनर से पहले मेरे केबिन में एकाध पैग पीने के लिए आए।

तुरन्त ही मुझे लगा कि कोई भेस बदलकर मिलना चाहता है। यह शहरी बाबू इस साउथ चाइना समुद्र के बीचोबीच क्या कर रहा होगा। अलबत्ता, यह बात सच निकली। क्योंकि कॉकटेयु फ्रांसीसी अख़बार 'फिगारो' के दिये एक काम को अंजाम देने निकले थे।

कॉकटेयु अंग्रेज़ी का एक भी शब्द नहीं बोल पाते थे और मैं फ्रेंच नहीं बोल पाता था। हाँ, उनके सचिव को थोड़ी-बहुत अंग्रेज़ी बोलनी आती थी, लेकिन बहुत अच्छी तरह से नहीं। इस तरह से उनके सचिव ने हमारे लिए दुभाषिये का काम किया। उस रात हम सुबह तक बैठे रहे और ज़िन्दगी व कला के अपने-अपने सिद्धान्तों की बात करते रहे। हमारा दुभाषिया धीरे-धीरे और हिचकते हुए बात करता था जबकि कॉकटेयु अपने ख़ूबसूरत हाथ फैलाए, मशीनगन की-सी तेज़ी के साथ बोलते। उनकी बहुत कुछ बयाँ करती आँखें एक बार मुझ पर रहतीं और फिर दुभाषिये पर। दुभाषिया संवेदनशून्य तरीक़े से बोल रहा था। 'मि. कॉकटेयु कहते हैं—आप कवि हैं—सूर्योदय के कवि और कवि हैं—रात के।'

तत्काल ही कॉकटेयु दुभाषिये से मेरी तरफ़ मुड़ते और चिड़िया की तरह तेज़ी से सिर हिलाते हुए अपनी बात जारी रखते। इसके बाद मैं बात का सिरा आगे बढ़ाता और गहराई से दर्शन एवं कला पर अपना ज्ञान बघारने लगता। जब हम दोनों एक-दूसरे से सहमत होते, तो एक-दूजे को गले लगाते और हमारा दुभाषिया ठंडी आँखों से देखता रह जाता। इस तरह से हम रात-भर बातें करते रहे। हम सुबह चार बजे तक बतियाते रहे और यह वादा किया कि एक बजे लंच पर फिर मिलेंगे।

लेकिन हमारा उत्साह अपने चरम तक पहुँच चुका था। हम दोनों ही क्लाइमेक्स तक पहुँच चुके थे यानी हमारी बातें समाप्त हो चुकी थीं लेकिन दोनों ने ही इसका आभास नहीं होने दिया। दोपहर के वक़्त हम दोनों के ही माफ़ी माँगते हुए ख़त एक-दूसरे के पास पहुँचे। उन दोनों ख़तों की विषयवस्तु एक जैसी ही थी, दोनों ही क्षमा-याचनाओं से भरे हुए थे कि अब हम फिर से नहीं मिल पाएँगे। दरअसल, हम दोनों ने एक-दूसरे को ज़रूरत से ज़्यादा ही देख-परख लिया था।

डिनर के वक़्त जब हम डाइनिंग हॉल में पहुँचे तो कॉकटेयु दूर कोने वाली मेज़ पर बैठे हुए थे और हमारी तरफ़ उनकी पीठ थी। लेकिन उनका सचिव हमारी तरफ़ देखने से अपने आपको रोक नहीं पाया और उसने हाथ के इशारे से कॉकटेयु को हमारी उपस्थिति के बारे में बताया। पहले तो वे हिचकिचाए, फिर मुड़े और हैरानी दिखाई तथा मेरी तरफ़ देखते हुए उल्लास के साथ वह ख़त हिलाया जो मैंने उन्हें भेजा था। मैंने भी ख़ुशी-ख़ुशी उनका ख़त दिखाया और हम दोनों ही हँसे दिये। इसके बाद हम दोनों एक-दूसरे से नज़रें हटाते हुए गम्भीरता ओढ़े अपने-अपने मेन्यू में खो गए। कॉकटेयु ने अपना डिनर पहले ख़त्म किया और जिस वक़्त स्टीवर्ड हमारा खाना परोस रहा था, वे हड़बड़ी से हमारी मेज़ के पास से दबे पाँव गए। अलबत्ता, बाहर निकलने से पहले वे हमारी तरफ़ मुड़े और बाहर की तरफ़ इशारा किया, "हम आपको वहाँ मिलेंगे"। मैंने सहमति में ज़ोर से सिर हिलाया। लेकिन बाद में यह देखकर मुझे काफ़ी राहत मिली कि वे वहाँ पर नहीं थे।

अगली सुबह मैं डेक पर अकेले ही चहलक़दमी कर रहा था कि अचानक ही यह देखकर मेरे आतंक की सीमा न रही कि दूर एक कोने से कॉकटेयु का चेहरा उभरा और वे मेरी ही तरफ़ चले आ रहे थे। हे मेरे भगवान!! मैंने जल्दी से आसपास छुपने की जगह ढूँढ़ी। उन्होंने भी मुझे देखा और तब मुझे बहुत राहत मिली जब वे मुख्य सैलून के दरवाज़े से बाहर निकल गए। इसके साथ ही हमारी सुबह की चहलक़दमी ख़त्म हो गई। दिन-भर हम एक-दूसरे से बचते हुए चोर-सिपाही का खेल खेलते रहे। अलबत्ता, जिस समय हम हाँगकाँग पहुँचे, हम इतने उबर चुके थे कि बीच-बीच में कुछ पलों के लिए मिल लेते, लेकिन टोकियो आने में अभी भी चार दिन बाक़ी थे।

यात्रा के दौरान कॉकटेयु ने एक अजीब-सी कहानी सुनाई : उन्होंने चीन के किसी भीतरी इलाक़े में बुद्ध के साकार दर्शन किये थे। लगभग पचास बरस का यह व्यक्ति अपनी पूरी ज़िन्दगी तेल के एक ज़ार में फ्लोट करता हुआ जी रहा था। सिर्फ़ उसकी गर्दन से ऊपर का हिस्सा ही नज़र आता था। बरसों तक तेल में डूबे रहने के कारण उसका शरीर इतना नर्म हो गया था कि आप उसमें से अपनी उँगली आर-पार ले जा सकते थे। कॉकटेयु ने कभी भी यह स्पष्ट नहीं किया कि चीन के किस भाग में उन्होंने उस आदमी को देखा था और आख़िरकार उन्होंने इस बात को स्वीकार किया कि उन्होंने उस आदमी को ख़ुद नहीं देखा था बल्कि उसके बारे में सुना ही था।

बीच-बीच में जहाज़ कई जगह रुकता और हम एक-दूसरे से मुश्किल से ही मिलते। हाँ, कभी मिलते भी तो बातचीत 'कैसे हैं' और 'चलते हैं' से आगे न बढ़ती। लेकिन जब ये ख़बर फैली कि हम दोनों ही *प्रेसिडेंट कूलिज* नाम के जहाज़ में एक साथ यात्रा करते हुए अमेरिका वापस जा रहे हैं, तो हम दोनों ने ही हार मान ली और इसके बाद उत्साह दिखाने का और कोई प्रयास नहीं किया।

टोकियो में कॉकटेयु ने एक पालतू टिड्डा ख़रीदा और उसे एक छोटे से पिंजरे में रखा। वे उसे उत्साहपूर्वक अक्सर मेरे केबिन में ले आते, "यह बहुत बुद्धिमान है," वे बताते, "मैं जब भी इससे बात करता हूँ, ये गाता है।" उन्होंने टिड्डे में इतनी दिलचस्पी पैदा कर दी कि अब हम उसी के बारे में बातें करते। "आज पीलू कैसा है?" मैं पूछता, "बहुत अच्छा नहीं है," वे उदासी से कहते,"मैंने उसे डाइट पर रखा है।"

जब हम सेन फ्रांसिस्को पहुँचे तो मैंने ज़ोर दिया कि वे हमारे साथ ही कार में लॉस एंजेल्स चलें। हमारी लिमोजिन हमारा इन्तज़ार कर रही थी। पीलू साथ में आया। यात्रा के दौरान पीलू ने गाना शुरू कर दिया।

"देखा!" कॉकटेयु बोले, "इसे अमेरिका अच्छा लगा।" अचानक ही कॉकटेयु ने कार की खिड़की खोली, फिर नन्हे से पिंजरे का दरवाज़ा खोलकर पीलू को उड़ा दिया।

मुझे धक्का लगा। मैंने पूछा, "आपने ऐसा क्यों किया?"

"इन्होंने उसे आज़ाद कर दिया है," दुभाषिये ने बताया।

"लेकिन" मैंने कहा, "वो यहाँ अजनबी है और यहाँ की भाषा भी नहीं जानता।"

कॉकटेयु ने कन्धे उचकाए, "वो स्मार्ट है, जल्दी ही सीख लेगा।"

*

जब हम बेवर्ली हिल्स पहुँचे तो बहुत उत्साहजनक ख़बर आई, 'मॉडर्न टाइम्स' अपार सफल रही थी।

लेकिन, हताश करने वाला सवाल फिर एक बार मेरे सामने मुँह बाये खड़ा था : क्या मैं एक और मूक फ़िल्म बनाऊँ! मैं जानता था कि अगर मैं मूक फ़िल्म बनाऊँगा तो बहुत बड़ा जोख़िम लूँगा। पूरे के पूरे हॉलीवुड ने मूक फ़िल्मों को तिलांजलि दे दी थी और सिर्फ़ मैं ही बचा था। अब तक तो भाग्य मेरा साथ देता रहा था लेकिन इस एहसास के साथ काम करना कि मूक अभिनय की कला धीरे-धीरे पुरानी पड़ती जा रही थी, हताश करता था। इसके अलावा, एक घंटे और चालीस मिनट तक मूक अभिनय चलाते रहना, मज़ाक़ को एक्शन में चलाना और फ़िल्म की रील में हर बीस फ़ीट पर दिखाई देने वाले लतीफ़े पैदा करना और वो भी फ़िल्म की सात या आठ हज़ार फ़ीट की लम्बाई तक, यह सब आसान काम नहीं था। एक और ख़याल यह भी था कि अगर मैं सवाक फ़िल्म बना लूँ तो भले ही मैं कितनी भी अच्छी फ़िल्म क्यों न बनाऊँ, मैं मूक अभिनय की अपनी कलात्मक ऊँचाई से आगे

नहीं जा पाऊँगा। मैंने ट्रैम्प के लिए सम्भावित आवाज़ों के बारे में सोचा था—चाहे वह एक-एक अक्षर के शब्द बोले या सिर्फ़ होंठ हिलाकर फुसफुसा भर दे, लेकिन कोई फ़ायदा नहीं था। अगर मैं बात करता हूँ तो फिर किसी भी दूसरे कॉमेडियन की तरह हो जाऊँगा। ये गम्भीर समस्याएँ थीं, जिनसे मैं जूझ रहा था।

पॉलेट और मेरे विवाह को अब एक बरस होने को आया था लेकिन हम दोनों के बीच खाइयाँ बढ़ती जा रही थीं। इसका आंशिक कारण यह भी था कि मैं अपने काम की चिन्ता में पड़ा रहता था और काम करने की समस्याओं में ही उलझा रहता था। अलबत्ता, 'मॉडर्न टाइम्स' की सफलता ने पॉलेट के लिए नये द्वार खोल दिये थे और अब उसने पैरामाउंट वालों के लिए कई फ़िल्में साइन कर ली थीं। लेकिन मैं न तो काम कर पा रहा था और न अभिनय ही। उदासी के इसी आलम में मैंने अपने दोस्त टिम डुरैंट के साथ पैबल बीच जाने का फ़ैसला किया। शायद मैं वहाँ पर बेहतर तरीक़े से काम कर सकूँ।

पैबल बीच सेन फ्रांसिस्को से दक्षिण की तरफ़ लगभग सौ मील दूर था। यह जंगली, जानलेवा और थोड़ा मनहूस था। मैं इसे 'भटकती आत्माओं का स्वर्ग' कहता था। इसे सत्रह मील की ड्राइव के नाम से भी जाना जाता था : हिरण वहाँ आराम से विचरते रहते। वहाँ पर कई बड़े-बड़े घर थे जिनमें कोई नहीं रहता था और वे बिक्री के लिए थे। जंगलों में कई पेड़ गिरे हुए थे जो सड़ रहे थे और उनमें लकड़ी में हो जाने वाले कीड़े, ज़हरीली वृक्ष लताएँ, कनेर की झाड़ियाँ और ख़तरनाक अँधियारे कोने थे। ये सब प्रेतात्माओं के रहने के लिए बढ़िया सेटिंग थी। चट्टानों पर बने हुए समुद्र की तरफ़ खुलने वाले कई महलनुमा घर थे जिनमें करोड़पति लोग रहते थे। इस हिस्से को गोल्ड कोस्ट के नाम से जाना जाता था।

मैं टिम डुरैंट से तब मिला था जब कोई उन्हें हमारी एक रविवारीय टेनिस पार्टी में ले आया था। टिम बहुत अच्छा टेनिस खेलते थे और हम एक साथ ख़ूब खेला करते। उनका हाल ही में अपनी पत्नी ई.एफ. हट्टन की बेटी से तलाक़ हो गया था और उसी के सदमे से उबरने के लिए वे कैलीफोर्निया आए थे। टिम सहानुभूति रखने वाले शख़्स थे। हम दोनों बहुत अच्छे दोस्त बन गए।

हमने समुद्र से आधा मील दूर पीछे की तरफ़ बना हुआ एक मकान किराये पर लिया जो नमी से भरा और ख़राब हालत में था तथा जब हम उसमें आग जलाते तो पूरा कमरा धुएँ से भर जाता। टिम पेबल बीच पर कई सामाजिक हस्तियों को जानते थे। जब वे उनसे मिलने के लिए चले जाते तो मैं काम करने की कोशिश करता। मैं कई-कई दिन तक पुस्तकालय में अकेले बैठा रहता, बग़ीचे में चहलक़दमी करता, कोई विचार पकड़ने की कोशिश करता; लेकिन कुछ सूझता ही नहीं था। आख़िरकार मैंने चिन्ता करना छोड़ दिया। टिम को साथ लिया और कुछेक पड़ोसियों से मिलने चला गया। मैं अक्सर सोचा करता कि वे छोटी-छोटी कहानियों के लिए बहुत अच्छा

मसाला हैं—एकदम गाय द' मोपासां की कहानियों की तरह। एक बड़ा-सा घर, हालाँकि आरामदेह, लेकिन थीं थोड़ा डरावना और उदास। मेज़बान भले आदमी थे जो बहुत ज़ोर से और लगातार बोलते रहते थे, जबकि उनकी पत्नी एकदम चुपचाप बैठी रहतीं। पाँच बरस पहले जब उनकी बच्ची गुज़र गई थी, तब से वे शायद ही कभी हँसतीं या बात करती। वे सिर्फ़ दो ही शब्द बोलतीं—नमस्कार और गुडनाइट। समुद्र की तरफ़ ही एक ऊँची खड़ी चट्टान पर एक और घर बना हुआ था। उसमें एक उपन्यासकार रहते थे जिनकी पत्नी की मृत्यु हो चुकी थी। ऐसा लगता है कि उन्होंने अपने बग़ीचे में खड़ी होकर कैमरे से तसवीरें लेते हुए एकाध क़दम पीछे की तरफ़ रखा होगा और नीचे खाई में गिर गई होंगी। जब उनके पति उन्हें खोजने के लिए गए तो उन्हें सिर्फ़ ट्राइपॉड ही मिला। पत्नी को फिर कभी नहीं देखा गया।

विल्सन मिज़नर की बहन अपने पड़ोसियों को पसन्द नहीं करती थी, जिनका टेनिस-कोर्ट उनके घर के सामने पड़ता था। जब भी उनके पड़ोसी टेनिस खेलते, वह आग जला देती जिससे टेनिस-कोर्ट धुएँ से भर जाता।

फ़ागान दम्पति बहुत अमीर थे। वे रविवार के दिन दिल खोलकर मेहमाननवाज़ी करते। नाज़ी कौंसल, जिससे मैं वहीं पर मिला, लाल बाल तथा अच्छे व्यवहार वाला नवयुवक था। उसने मेरे साथ घुलने-मिलने की बहुत कोशिश की, लेकिन मैंने उसे कभी घास नहीं डाली। कभी-कभार हम स्टेनबैक दम्पति के साथ सप्ताहान्त गुज़ार लेते जिनका मोंटरे के पास छोटा-सा घर था। हाल ही में उन्होंने 'टोरटिला फ़्लैट' तथा कहानियों की एक शृंखला लिखी थी जिसकी वजह से वे काफ़ी प्रसिद्ध हुए थे।

जॉन सुबह के वक़्त काम करते और औसतन दो हज़ार शब्द प्रतिदिन लिखते थे। मैं उनके साफ़-सुथरे पन्नों को देखकर हैरान होता। उनमें शायद ही कोई ग़लती होती। मैं उनसे ईर्ष्या करता।

मुझे यह जानना अच्छा लगता है कि लेखक किस तरह से काम करते हैं और दिन-भर में वे कितना काम कर लेते हैं? थॉमस मान दिन में औसतन चार सौ शब्द लिखा करते थे। लॉयन फ्यूटवांगर दो हज़ार शब्दों की डिक्टेशन दिया करते थे जिनसे छह सौ लिखे हुए शब्दों का प्रतिदिन का औसत आता था। सॉमरसेट मॉम चार सौ शब्द प्रतिदिन लिखा करते थे ताकि लिखने का अभ्यास बना रहे। एच.जी. वेल्स का एक हज़ार शब्द प्रतिदिन लिखने का औसत था। हनेन स्वाफ़र, अंग्रेज़ी पत्रकार, प्रतिदिन चार हज़ार से पाँच हज़ार शब्द तक लिख डालते थे। अमेरिकी समीक्षक एलेक्ज़ेंडर वूलकॉट ने पन्द्रह मिनट में सात सौ शब्द लिख डाले थे और उसके बाद पोकर खेलने वालों में शामिल हो गए थे। जिस वक़्त उन्होंने ऐसा कारनामा किया, मैं वहीं पर था। हर्स्ट शाम के वक़्त दो हज़ार शब्दों का सम्पादकीय लिखा करते थे। जॉर्जेस सिमेनन ने एक ही महीने में एक लघु उपन्यास लिखा था और यह उपन्यास उच्च साहित्यिक स्तर का था। जॉर्जेस ने मुझे बताया था कि वे सुबह पाँच बजे उठ

जाते हैं, अपनी कॉफ़ी ख़ुद बनाते हैं, अपनी डेस्क पर आ बैठते हैं और टेनिस बॉल के आकार की एक सोने की बॉल घुमाते रहते हैं तथा सोचते हैं। वे पेन से लिखते हैं और जब मैंने उनसे पूछा कि आप इतने छोटे-छोटे अक्षर क्यों लिखते हैं तो उन्होंने बताया, "इससे कलाई पर ज़ोर कम पड़ता है।" जहाँ तक मेरा ख़ुद का सवाल है, मैं लगभग एक हज़ार शब्द प्रतिदिन की डिक्टेशन देता हूँ। इनसे मेरी फ़िल्मों के लिए तैयार संवादों का लगभग तीन सौ शब्दों का औसत आता है।

स्टेनबैक दम्पति के पास कोई नौकर नहीं था। उनकी पत्नी ही घर का सारा कामकाज करतीं। वे बहुत शानदार तरीक़े से घर-बार सँभालतीं। मैं उनका बहुत बड़ा प्रशंसक था।

हम कई बार बातें करने बैठ जाते। एक बार रूस की बात चलने पर स्टेनबैक ने कहा कि साम्यवादियों ने एक काम तो यह किया है कि वेश्यावृत्ति को ख़त्म कर दिया है। "ये निजी उद्योगों में से अन्तिम था," मैंने कहा, "बहुत ख़राब हुआ। यही वह अकेला व्यवसाय है, जो आपको अपने पैसे की पूरी क़ीमत देता है और यह सबसे ज़्यादा ईमानदारी का धन्धा है। इसे यूनियन में क्यों नहीं लेते?"

एक आकर्षक विवाहित महिला, जिसका पति घोषित रूप से बेवफ़ा था, ने अपने बड़े से घर में मेरे साथ एकान्त मुलाक़ात का इन्तज़ाम किया तो मैं वहाँ अपनी शरारतपूर्ण मंशा के साथ गया। लेकिन जब औरत ने रोते हुए मुझसे यह रहस्य बाँटा कि उसका अपने पति के साथ पिछले आठ बरस से कोई शारीरिक सम्बन्ध नहीं रहा है और वह अभी भी उससे प्यार करती है तो उसके आँसुओं ने मेरे उत्साह पर पानी फेर दिया और मैंने पाया कि मैं उसे आध्यात्मिक सलाह दे रहा हूँ—सारा का सारा मामला दिमाग़ ख़राब करनेवाला हो गया। बाद में पता चला कि वह समलिंगी लेस्बियन हो गई है।

कवि रॉबिन्सन जेफ़र्स, पेबल बीच के पास ही रहते थे। पहली बार टिम और मैं उनसे एक दोस्त के घर पर मिले जहाँ वे चुप और अपने आप में खोए हुए थे, लेकिन जैसी कि मेरी आदत है, वक़्त-गुज़ारने के लिए मैंने उनसे दिन-भर की अच्छी और बुरी बातों के बारे में कुरेदना शुरू कर दिया। लेकिन जेफ़र्स एक शब्द भी नहीं बोले। मुझे अपने-आप पर थोड़ा ग़ुस्सा भी आया कि मैं ही सारा वक़्त बातें करता रहा। मुझे लगा कि उन्होंने मुझे पसन्द नहीं किया। लेकिन मैं ग़लती पर था, क्योंकि एक हफ़्ते बाद उन्होंने टिम और मुझे चाय पर बुलाया।

रॉबिन्सन और उनकी पत्नी प्रागैतिहासिक काल की पत्थर की एक छोटी-सी हवेली में रहते थे। इसका नाम था टोर। इसे उन्होंने प्रशान्त महासागर के किनारे चट्टान के स्लैब पर ख़ुद बनाया था। इसमें थोड़ा-सा छिछोरापन नज़र आता था, ऐसा मुझे लगा। सबसे बड़ा कमरा बारह फ़ीट से ज़्यादा बड़ा नहीं था। घर से कुछ ही दूर प्रागैतिहासिक काल की लगने वाली पत्थरों की एक गोलाकार मीनार थी। सोलह फ़ीट ऊँची और चार फ़ीट के घेरे वाली। तंग सीढ़ियाँ आपको ऊपर मियानी तक ले

जाती थीं। वहाँ पर खिड़की के लिए जगह बनी हुई थी। यह उनका अध्ययन कक्ष था। यहीं पर उन्होंने 'रोन स्टालिन' लिखा था। टिम का विचार था कि इस तरह की रुचि उनकी मौत के लिए मनोवैज्ञानिक चाह थी। लेकिन मैं देखता कि रॉबिन्सन सूर्यास्त के वक़्त अपने कुत्ते के साथ टहल रहे हैं। वे शाम का आनन्द ले रहे होते। उनके चेहरे पर असीम शान्ति होती और लगता वे कहीं दूर ख़यालों में खोए हुए हैं। मुझे यक़ीन है कि रॉबिन्सन जेफ़र्स जैसा व्यक्ति मृत्यु की कामना तो नहीं ही कर सकता।

पच्चीस

फ़िज़ाँ में एक बार फिर युद्ध के बादल मँडरा रहे थे। नाज़ी अपनी मुहिम पर निकल चुके थे। हम कितनी जल्दी पहले विश्वयुद्ध की विभीषिका और चार वर्ष के मृत्यु के तांडव को भूल गए? कितनी जल्दी हम आदमियों की लाशों के ढेर को, लाशों से भरी पेटियों को, हाथ-कटे, पाँव-कटे, अन्धे हो गए, टूटे जबड़ों वाले और अंग-भंग हो गए, विकृत लूले-लँगड़े लोगों को भूल गए? और जो मारे नहीं गए थे या घायल नहीं हुए थे, वे भी कहाँ बच पाए थे? कितने ही लोगों का दिमाग़ चल गया था। ग्रीक लोक कथाओं में आने वाले उस काल्पनिक मानव-भक्षी मिनोटॉर की तरह युद्ध युवा पीढ़ी को निगल गया था और बूढ़े, सनकी लोग जीवन जीने के लिए अभिशप्त बाक़ी रह गए थे। लेकिन मानव की स्मृति बहुत कमज़ोर होती है और वह युद्ध का गुणगान लोकप्रिय 'टिन पैन ऐली' के गीतों के साथ करने लगता है—

आप उन्हें कैसे उलझाए रखेंगे खेतों में,
जब देख ली हो उन्होंने पैरी —*

और इसी तरह की दूसरी बातें। कुछ लोगों का कहना था कि युद्ध कई मायनों में अच्छा होता है। इससे उद्योग-धन्धे फैलते हैं, उन्नत तकनीकें सामने आती हैं और लोगों को रोज़गार मिलता है। जब हम स्टॉक एक्सचेंज़ में लाखों डॉलर कमाने की बात सोच रहे होंगे तो हम उन लाखों लोगों के बारे में कैसे सोचेंगे जो मारे जा रहे हैं! जब बाज़ार एकदम ऊपर जा रहा था, तो हर्स्ट के 'एग्ज़ामिनर' अख़बार के सम्पादक ऑर्थर ब्रिसबेन ने कहा था, "यूनाइटेड स्टेट्स में स्टील के भाव में पाँच सौ डॉलर प्रति शेयर का उछाल आएगा।" जबकि हुआ यह कि सट्टेबाज़ों ने ही खिड़कियों से छलाँगें लगाईं।

---

* यहाँ पैरी का प्रयोग 'पेरिस' की रोमांचक और परिष्कृत जीवन-शैली के सन्दर्भ में किया गया है।

और अब एक अन्य युद्ध की सुगबुगाहट हो रही थी तथा मैं पॉलेट के लिए एक कहानी लिखने की कोशिश कर रहा था; लेकिन मैं आगे नहीं बढ़ पा रहा था। ऐसे वक़्त जब सबसे ख़तरनाक और विकृत आदमी—एडॉल्फ़ हिटलर पूरे माहौल में पागलपन का आतंक मचाए हुए हो, मैं अपने आपको ज़नाना चोंचलेबाज़ियों में झोंक ही कैसे सकता था या रोमांस के बारे में कैसे सोच सकता था?

वर्ष 1937 में एलेक्ज़ेंडर कोर्डा ने सुझाव दिया था कि मैं ग़लत पहचान को लेकर हिटलर पर कोई कहानी बनाऊँ तथा हिटलर की भी वैसी ही मूँछें हों जैसी कि ट्रैम्प की हों और मैं ही दोनों भूमिकाएँ करूँ। उस वक़्त तो मैंने इस विचार के बारे में बहुत ज़्यादा नहीं सोचा था, लेकिन अब यह मामला गरम था और मैं फिर से काम शुरू करने के लिए बेचैन था। तभी अचानक मुझे कुछ सूझा। बेशक!! हिटलर के रूप में मैं भीड़ के सामने कुछ भी बकवास करते हुए अपनी बात कह सकता हूँ और ट्रैम्प के रूप में मैं ख़ामोश ही बना रहूँगा या कम ही बोलूँगा। इस तरह से हिटलर की कहानी प्रहसन और मूक अभिनय के लिए एक मौक़ा है। इस विचार के साथ मैं फ़ौरन हॉलीवुड पहुँचा ताकि पटकथा पर काम शुरू कर सकूँ। कहानी विकसित करने में मुझे दो बरस लग गए।

मैंने शुरुआती दृश्य के बारे में सोचा। सबसे पहले दृश्य में पहले विश्वयुद्ध की लड़ाई में बिग बार्था...और उसकी पचहत्तर मील तक की मार करने की क्षमता को दिखाया जाता है कि किस तरह से जर्मन उसके बलबूते पर मित्र-राष्ट्रों को नेस्तनाबूद करने का इरादा रखते हैं। इससे वे रीम्स कैथेड्रल को नष्ट करना चाहते हैं लेकिन निशाना चूक जाता है और वे पास ही बनी पानी की टंकी नष्ट कर बैठते हैं।

पॉलेट फ़िल्म में काम करने वाली थी और उसने पिछले दो बरसों में पैरामाउंट के साथ काम करते हुए ख़ूब सफलता पाई थी। हालाँकि हमारे सम्बन्धों में दरार आ गई थी, फिर भी हम दोस्त थे और अभी भी शादीशुदा थे। लेकिन पॉलेट अपने आप में अजूबा थी, सनका का पिटारा। सामने वाले को हैरानी ही होती अगर वह इससे ज़्यादा ग़लत वक़्त पर न आती। एक दिन वह स्टूडियो के मेरे ड्रेसिंग रूम में दर्ज़ी के अच्छे सिले कपड़ों में एक सींकिया-से शख़्स के साथ आई। लगता था, उसे बिजूके की तरह कपड़े पहना दिये गए हैं। मैं दिन-भर अपनी पटकथा से जूझता रहा था और उनके इस तरह से व्यवधान डालने से थोड़ा हैरान हुआ था लेकिन पॉलेट ने कहा कि बात बेहद ज़रूरी है; फिर वह बैठ गई और साथ आए आदमी को भी आमंत्रित किया कि वह भी कुर्सी खींचकर उसके पास बैठ जाए।

"ये मेरे एजेंट हैं।" पॉलेट ने कहा।

इसके बाद पॉलेट ने उस आदमी की तरफ़ इशारा किया कि आगे की बात वह करे। वह पढ़ाए हुए तोते की तरह तेज़ी से बोलने लगा, मानो अपने ही शब्दों का आनन्द ले रहा हो, "आप जानते ही हैं मि. चैप्लिन, आप 'मॉडर्न टाइम्स' के बाद से पॉलेट

को दो हज़ार पाँच सौ डॉलर प्रति सप्ताह दे रहे हैं लेकिन जो बात हमने आपसे अब तक तय नहीं की है मि. चैप्लिन, वो यह है कि उनके इश्तहारों और सभी पोस्टरों के लिए पचहत्तर प्रतिशत राशि दी जानी चाहिए—" इससे आगे वह बात नहीं कर पाया।

"यह सब क्या बकवास है?" मैं चिल्लाया, "मुझे मत सिखाओ कि उसे कितना प्रचार मिलना चाहिए!! उसका हित तुम्हारी तुलना में मेरे दिल में कहीं ज़्यादा है! दफ़ा हो जाओ यहाँ से, तुम दोनों के दोनों।"

'द ग्रेट डिक्टेटर' बनाने के बीच में ही मुझे यूनाइटेड आर्टिस्ट्स से चेतावनी भरे सन्देश आने शुरू हो गए। उन्हें ऐसे संकेत मिल रहे थे कि मैं सेंसर बोर्ड के झमेलों में फँस जाऊँगा। इसके अलावा, इंग्लिश ऑफ़िस भी हिटलर विरोधी फ़िल्म के बारे में चिन्तित था और उसे इस बात का शक था कि क्या इसे ब्रिटेन में दिखाया जा सकेगा। लेकिन मेरा इरादा पक्का था कि मुझे काम पूरा करना है, क्योंकि हिटलर पर हँसा ही जाना चाहिए। अगर मुझे जर्मन यातना-शिविरों के वास्तविक आतंक के बारे में पता होता तो मैं 'द ग्रेट डिक्टेटर' फ़िल्म बना ही न पाता। मैं नाज़ियों के अमानवीय पागलपन का मज़ाक़ उड़ा ही न पाता। अलबत्ता, यह मेरा पक्का फ़ैसला था कि शुद्ध रक्त वाली जाति के बारे में उनकी रहस्यमयी सोच का मज़ाक़ उड़ाया ही जाना चाहिए; मानो इस तरह की कोई जाति कभी ऑस्ट्रेलियाई मूल जनजातियों से बाहर भी अस्तित्व में रही हो!

जिस वक़्त मैं 'द ग्रेट डिक्टेटर' बना रहा था, सर स्टैफ़ोर्ड क्रिप्स रूस से होते हुए कैलीफोर्निया आए। वे ऑक्सफ़ोर्ड से हाल ही में आए एक नौजवान के साथ डिनर पर आए थे। मैं उस नौजवान का नाम भूल रहा हूँ लेकिन उसका वह जुमला मुझे अभी भी याद है जो उसने उस शाम कहा था। उसका कहना था, "जिस तरह से जर्मनी में और अन्यत्र चीज़ें घट रही हैं, मुझे नहीं लगता कि मैं पाँच बरस से ज़्यादा जी पाऊँगा।" सर स्टैफ़ोर्ड क्रिप्स रूस में तथ्यों की जानकारी एकत्र करने के मिशन पर गए हुए थे और उन्होंने वहाँ पर जो कुछ देखा था, उससे ख़ासे प्रभावित हुए थे। उन्होंने रूस में चल रही बड़ी-बड़ी परियोजनाओं के बारे में बताया और वहाँ की समस्याओं के बारे में भी बताया। वे यह सोचकर चल रहे थे कि युद्ध से बचा नहीं जा सकता।

सबसे ज़्यादा चिन्ताजनक पत्र न्यूयॉर्क ऑफ़िस से आए, जिनमें मुझसे अनुरोध किया गया था कि मैं इस फ़िल्म को न ही बनाऊँ। उन्होंने तो यहाँ तक घोषणा कर डाली कि फ़िल्म अमेरिका और इंग्लैंड में कभी भी नहीं दिखाई जाएगी। लेकिन मैं तो ठान चुका था कि फ़िल्म तो बनकर ही रहेगी, भले ही मुझे ख़ुद ही हॉल किराये पर लेकर इसका प्रदर्शन क्यों न करना पड़े।

इससे पहले कि मैं 'द ग्रेट डिक्टेटर' फ़िल्म पूरी कर पाता, इंग्लैंड ने नाज़ियों के ख़िलाफ़ युद्ध छेड़ दिया, जिस वक़्त मैंने रेडियो पर यह हताशाजनक ख़बर सुनी,

मैं कैटेलिना में नाव पर अपना सप्ताहान्त मना रहा था। शुरू-शुरू में सभी मोर्चों पर कार्रवाई नहीं हो रही थी। ऐसे में हमने कहा, "जर्मन कभी भी मैगिनॉट लाइन को तोड़ नहीं पाएँगे।" लेकिन तभी अचानक महायुद्ध यानी महाआतंक शुरू हो गया। बेल्ज़ियम में विजय, मैगिनॉट लाइन का ढहना, उत्तरी फ्रांस के बन्दरगाह डनकिर्क के भयावह और हौलनाक तथ्य तथा फ्रांस पर क़ब्ज़ा किया जाना। जो ख़बरें आ रही थीं, वे और ज़्यादा दिल दहलाने वाली होती जा रही थीं। इंग्लैंड लड़ तो रहा था, लेकिन उसकी परिस्थिति ख़राब थी जिससे निकलने का रास्ता दिखाई नहीं दे रहा था। इधर न्यूयॉर्क से तार पर तार भेजे जा रहे थे, "अपनी फ़िल्म जल्दी पूरी करो, हर आदमी उसकी राह देख रहा है।"

'द ग्रेट डिक्टेटर' फ़िल्म बनाना मुश्किल काम था; इसके लिए मिनिएचर मॉडलों और सामान की ज़रूरत थी, जिन्हें तैयार करने में ही एक बरस का वक़्त लग गया। इन सबके बिना फ़िल्म की लागत पाँच गुना बढ़ जाती। अलबत्ता, मैं कैमरा घुमाने यानी फ़िल्म की शूटिंग करने शुरू से पहले ही 500,000 डॉलर ख़र्च कर चुका था।

इसी बीच हिटलर ने रूस पर हमला करने का फ़ैसला किया! यह इस बात का सबूत था कि उसका अपरिहार्य पागलपन पैर फैला चुका है। अमेरिका अभी तक युद्ध में शामिल नहीं हुआ था, लेकिन अमेरिका और इंग्लैंड, दोनों जगह बहुत राहत महसूस की जा रही थी।

'द डिक्टेटर' पूरी होने वाली थी कि तभी डगलस फेयरबैंक्स और उनकी पत्नी सिल्विया हमसे मिलने के लिए लोकेशन पर आए। डगलस ने पिछले पाँच बरस से कोई काम नहीं किया था और मेरी उनसे बहुत कम ही मुलाक़ातें हुई थीं। कारण यह भी रहा कि वे इंग्लैंड आने-जाने में व्यस्त थे। मुझे लगा कि उनकी उम्र थोड़ी बढ़ गई है, वे थोड़े मोटे हो गए हैं और विचारों में खोए रहते हैं। इसके बावजूद वे वही उत्साही डगलस थे। हम जब एक दृश्य की शूटिंग कर रहे थे तो उन्होंने बड़े ज़ोर का ठहाका लगाया। "मैं इसे देखने के लिए इन्तज़ार नहीं कर सकता," वे कहने लगे। डगलस लगभग एक घंटे तक रुके। जब वे जा रहे थे तो मैं उन्हें जाते हुए देखता रहा। मैं देख रहा था कि वे चढ़ाई चढ़ते हुए अपनी पत्नी की मदद कर रहे थे। जब वे फ़ीटपाथ पर चले गए तो हमारे बीच दूरी बढ़ गई और मुझे अचानक उदासी ने घेर लिया। डगलस मुड़े तो मैंने हाथ हिलाया। जवाब में उन्होंने भी हाथ हिलाया। यही आख़िरी बार था। जब मैंने उन्हें देखा था। एक महीने बाद डगलस जूनियर ने फ़ोन करके बताया कि उसके पिता पिछली रात दिल का दौरा पड़ने के कारण गुज़र गए। यह मेरे लिए बहुत बड़ा धक्का था, क्योंकि वे जीवन से बहुत नज़दीकी नाता रखते थे।

मैं डगलस की कमी महसूस करता हूँ। मैं उनके उत्साह की ऊष्मा और आकर्षण की कमी महसूस करता हूँ। मैं टेलीफ़ोन पर उनकी दोस्ताना आवाज़ की कमी महसूस करता हूँ। उनकी आवाज़ जो उदास और अकेले रविवारों की सुबह

मुझे फ़ोन पर सुनाई दिया करती थी : "चार्ली, लंच के लिए आ रहे हो ना!! उसके बाद तैराकी, डिनर और फिर पिक्चर देखेंगे?" हाँ, मैं उनकी जानदार दोस्ती की कमी महसूस करता हूँ।

अगर मुझसे पूछा जाए कि मैं किस तरह के समाज के लोगों से अपने आपको जोड़ना चाहूँगा तो मेरा ख़याल है, मेरा अपना व्यवसाय ही मेरी पसन्द होनी चाहिए। इसके बावजूद डगलस ही एकमात्र ऐसे अभिनेता थे, जिनसे मैंने दोस्ती की। विभिन्न हॉलीवुड पार्टियों में सितारों से मिलने के बाद मैं सन्देह से भरा हुआ ही बाहर आया हूँ जिसका कारण शायद यह हो सकता है कि हम जैसे बहुत सारे थे। वहाँ का माहौल दोस्ताना होने के बजाय चुनौतीपूर्ण होता था क्योंकि अपनी ओर ख़ास तौर पर ध्यान खींचने के लिए आदमी को कई चुनौतियों का सामना करना पड़ता था, यानी सितारे आपस में बहुत कम घुलते-मिलते या अपनापन जताते।

लेखक अच्छे होते हैं लेकिन वे भी देने में कंजूसी बरतते हैं; वे जो कुछ भी जानते हैं, शायद ही दूसरों के बीच बाँटते हों। उनमें से ज़्यादातर अपने ज्ञान को अपनी किताबों की जिल्दों के भीतर रखते हैं। हो सकता है कि वैज्ञानिक बहुत अच्छे साथी हों, लेकिन उनकी मौज़ूदगी मात्र से ड्राइंग रूम में मौज़ूद अन्य सभी मानसिक रूप से विक्षिप्त महसूस करने लगते हैं। पेंटर इस मायने में बोर होते हैं कि वे आपको इस बात का विश्वास दिलाकर ही छोड़ेंगे कि वे पेंटर की तुलना में दार्शनिक ज़्यादा हैं। निश्चित रूप से कवि बेहतरीन श्रेणी में आते हैं, क्योंकि व्यक्ति के रूप में वे ख़ुशमिज़ाज, सहनशक्ति सम्पन्न और बहुत ही शानदार साथी होते हैं। लेकिन मेरा ख़याल है कि कुल मिलाकर संगीतकार किसी भी अन्य वर्ग की तुलना में अधिक सहयोगी होते हैं। किसी सिम्फ़नी ऑर्केस्ट्रा को देखने से ज़्यादा ऊष्मा और गति देने वाली दूसरी कोई चीज़ नहीं है। उनके म्यूज़िक-स्टैंड की रूमानी लाइटें, उनका वाद्य-यंत्रों को एक सुर में लाना और परिचालक (Conductor) के प्रवेश करने पर तो अचानक छा जाने वाला सन्नाटा, ये सब सामाजिक सहयोग की भावना को दर्शाते हैं। मुझे याद है, पियानोवादक होरोविट्ज़ मेरे घर पर खाना खा रहे थे और सब मेहमान दुनिया के हालात पर बातचीत कर रहे थे तथा बता रहे थे कि मन्दी और बेरोज़गारी दुनिया में एक तरह का आध्यात्मिक नवजागरण लाएँगे। अचानक ही वे उठे और बोले, "इस बातचीत को सुनकर मेरी इच्छा हो रही है कि मैं पियानो बजाऊँ।" बेशक किसी ने भी इस पर ऐतराज़ नहीं किया और उन्होंने शुमान का सोनाटा नम्बर 2 बजाया। मुझे लगता है कि शायद ही कभी इसे इससे बेहतर तरीक़े से बजाया गया होगा।

युद्ध शुरू होने से बस कुछ ही दिन पहले मैंने उनकी पत्नी, टोस्कानिनी की बेटी के साथ खाना खाया। रकमनिनॉफ़ और बार्बीरोली भी वहीं पर थे। रकमनिनॉफ़ थोड़े अजीब से दिखने वाले शख़्स थे सौन्दर्य और साधक तत्त्व के साथ। यह डिनर बेहद आत्मीय माहौल में हुआ और वहाँ पर सिर्फ़ हम पाँच ही थे।

ऐसा लगता है कि जब भी कला की चर्चा होती है, मैं हर बार इसकी अलग ही व्याख्या करता हूँ। ऐसा हो भी क्यों न? उस शाम मैंने कहा था कि कला कौशलपूर्ण तकनीक में इस्तेमाल की जाने वाली अतिरिक्त संवेदना है। जब किसी ने विषय को धर्म की तरफ़ मोड़ दिया, तब मैंने स्वीकार किया कि मैं आस्तिक नहीं हूँ। रकमनिनॉफ़ ने तुरन्त टोका, "तो फिर आपके पास बिना धर्म के कला कैसे हो सकती है?"

एक पल के लिए मैं सिटपिटा गया। "मुझे नहीं लगता कि हम एक ही विषय के बारे में बात कर रहे हैं," मैंने कहा, "धर्म की मेरी संकल्पना किसी हठधर्मिता में विश्वास न करना है और कला विश्वास से कहीं अधिक गहरी भावना होती है।"

"यही बात धर्म के साथ भी है," उन्होंने जवाब दिया। इसके बाद मैं चुप ही हो गया।

*

मेरे घर पर खाना खाते हुए इगोर स्ट्राविन्सकी ने सुझाव दिया कि हम मिलकर एक फ़िल्म बनाएँ। मैंने कहानी बुनी। मैंने कहा कि यह अतियथार्थवादी होनी चाहिए—एक ढहता हुआ नाइट क्लब है और उसमें डांस फ्लोर के चारों तरफ़ मेज़ें लगी हुई हैं। और हरेक मेज़ पर समूह और जोड़े बैठे हैं, जो लौकिक विश्व का प्रतिनिधित्व करते हैं। एक मेज़ पर लालच, दूसरी पर पाखंड, तीसरी मेज़ पर बेरहमी हैं। मंच पर दिखाया जाने वाला खेल भावनाओं भरा है, जब सबके रक्षक को सूली पर चढ़ाया जा रहा है, सब-के-सब उदासीन होकर देख रहे हैं। कोई खाने का ऑर्डर दे रहा है, तो कोई धन्धे की बात कर रहा है। बाक़ी लोग भी बहुत कम दिलचस्पी दिखा रहे हैं। भीड़, उच्च पादरी और पाखंडी सूली पर अपनी मुट्ठियाँ ताने चिल्ला रहे हैं, "अगर आप ईश्वर की सन्तान हैं तो नीचे आइए और अपने आपको बचाइए।" पास ही की एक मेज़ पर कारोबारी लोगों का एक समूह उत्तेजना में एक बड़े सौदे की बात कर रहा है। एक आदमी नर्वस होकर अपनी सिगरेट पर झुका है और रक्षक की तरफ़ देख रहा है तथा ख़यालों में खोए हुए उसी दिशा में धुआँ छोड़ रहा है।

एक अन्य मेज़ पर एक व्यापारी अपनी पत्नी के साथ बैठा मेन्यू देख रहा है। वह ऊपर देखती है और फिर अपनी कुर्सी पीछे सरका देती है, "मैं इस बात को समझ नहीं पाती कि लोग यहाँ आते ही क्यों हैं?" वह बेचैन होकर कहती है, "यहाँ दम घुटता है।"

"यह अच्छा मनोरंजन है।" व्यापारी कहता है, "यहाँ शो शुरू करने से पहले यह जगह दिवालिया थी। अब वे मुसीबत से बाहर निकल आए हैं।"

"मेरा ख़याल है यह धर्मविरोधी है।"

"इससे बहुत भला होता है," व्यापारी ने कहा, "जो लोग कभी भी किसी गिरजाघर के अन्दर नहीं गए, यहाँ आते हैं और उन्हें ईसाइयत की कहानी पता चलती है।"

जैसे-जैसे शो आगे बढ़ता है, एक शराबी शराब के नशे में अलग ही आकाश में विचर रहा है—वह अकेले बैठा हुआ है और अचानक ही पहले रोना और फिर शोर मचाना शुरू कर देता है, "देखो, वे लोग उन्हें सूली पर चढ़ा रहे हैं, और किसी को परवाह ही नहीं है।" वह अपने पैरों पर लड़खड़ाता है और प्रार्थना करने की मुद्रा में अपने हाथ सूली की तरफ़ बढ़ा देता है। पास ही बैठी एक मंत्री की बीवी वेटर से शिकायत करती है और शराबी को उस जगह से बाहर ले जाया जाता है। वह अभी भी रो रहा है और विरोध कर रहा है, "देखो, किसी को परवाह ही नहीं है, कितने शानदार ईसाई हैं आप लोग!!"

"देखा आपने," मैंने स्ट्राविन्स्की से कहा, "वे उसे उठाकर बाहर फेंक देते हैं क्योंकि वह शो का मज़ा ख़राब कर रहा है।" मैंने उन्हें समझाया कि नाइट-क्लब के डांस-फ्लोर पर भावनात्मक खेल को दिखाने का अर्थ यह दिखाना था कि ईसाइयत के प्रदर्शन में दुनिया कितनी पागल और दकियानूसी बन गई है।

महाशय का चेहरा बहुत गम्भीर हो गया, "लेकिन यह तो बहुत भयानक है," उन्होंने कहा।

मैं थोड़ा हैरान और कुछ हद तक परेशान भी हुआ।

"ऐसा है क्या?" पूछा मैंने, "मेरी मंशा ऐसा करने की क़तई नहीं थी। मैं तो यह सोच रहा था कि यह ईसाइयत के प्रति दुनिया के नज़रिये की आलोचना है—शायद कहानी सुनाते समय मैं कहीं ग़लती कर गया और बात को साफ़ नहीं कर पाया।" इस तरह से इस विषय को छोड़ ही दिया गया। लेकिन कई हफ़्ते बाद स्ट्राविन्स्की ने यह जानने के लिए पत्र लिखा कि क्या मैं अभी भी उनके साथ मिलकर फ़िल्म बनाने का विचार रखता हूँ। अलबत्ता, मेरा उत्साह ठंडा पड़ गया था अत: मैं अपनी ख़ुद की फ़िल्म बनाने में ज़्यादा रुचि लेने लगा।

शोनबर्ग, एक स्पष्टवादी और रूखे आदमी थे जिनके संगीत का मैं प्रशंसक था और मैंने उन्हें अक्सर लॉस एंजेल्स में टेनिस टूर्नामेंटों में सफ़ेद कैप व टी-शर्ट पहने खुली सीटों पर अकेले बैठे देखा था, को मेरे स्टूडियो में हैन्स आइस्लर लाए। मेरी फ़िल्म 'मॉडर्न टाइम्स' देखने के बाद उन्होंने मुझे बताया था कि उन्हें कॉमेडी तो अच्छी लगी थी लेकिन मेरा संगीत बहुत ख़राब था। मैं उनसे आंशिक रूप से सहमत था। संगीत के बारे में चर्चा करते समय उन्होंने एक जुमला कहा था जो शाश्वत था : "मैं आवाज़ें पसन्द करता हूँ, ख़ूबसूरत आवाज़ें।"

हैन्स आइस्लर ने उनके बारे में एक मज़ेदार क़िस्सा सुनाया था। हैन्स उनके पास हार्मोनी सीखने जाया करते थे। उन्हें कड़ाके की ठंड में, जब बर्फ़ पड़ रही होती थी, पाँच मील चलकर जाना पड़ता था ताकि वे आठ बजे अपने गुरु से संगीत का पाठ ले सकें। शोनबर्ग, जो गंजेपन की ओर बढ़ रहे थे, पियानो पर बैठ जाते जबकि हैन्स उनके कन्धे के पीछे खड़े हो जाते और संगीत का पाठ पढ़ते रहते और सीटी

बजाते रहते। "नौजवान" गुरुजी ने कहा, "सीटी मत बजाओ, तुम्हारी बर्फ़ीली साँस मेरे सिर पर बहुत ठंडी लग रही है।"

'द डिक्टेटर' के निर्माण के दौरान मुझे सनक भरे पत्र मिलने शुरू हो गए थे और अब चूँकि फ़िल्म पूरी हो गई थी, ऐसे पत्रों की संख्या बढ़ने लगी थी। कुछ पत्रों में धमकियाँ दी गई थीं कि वे लोग थियेटर पर बदबूदार बम फेंकेंगे जबकि कुछ और धमकियाँ थीं कि जहाँ कहीं फ़िल्म दिखाई जा रही होगी, वे पर्दे फाड़ देंगे। कुछ अन्य पत्रों में दंगा-फ़साद करने की बात कही गई थी। पहले तो मैंने सोचा कि पुलिस को बताया जाए लेकिन फिर सोचा कि इस तरह का प्रचार शायद दर्शकों को थियेटरों से दूर करे। मेरे एक दोस्त ने सुझाव दिया कि जहाज़ी मज़दूरों की यूनियन के प्रमुख हैरी ब्रिजेज़ से बात करना ठीक रहेगा। इसलिए मैंने उन्हें खाने के लिए घर पर बुलाया।

मैंने उन्हें बुलाए जाने के कारण के बारे में साफ़-साफ़ बता दिया। मैं जानता था कि ब्रिजेज़ नाज़ी-विरोधी हैं, इसलिए मैंने उन्हें समझाया कि मैं नाज़ी-विरोधी फ़िल्म बना रहा हूँ और मुझे धमकी-भरे ख़त मिल रहे हैं। मैंने कहा, "अगर आप कहें तो मैं पहले शो में आपके बीस या तीस मज़दूरों को आमंत्रित कर सकता हूँ, जो दर्शकों में घुल-मिलकर बैठ जाएँगे और अगर यह नाज़ी समर्थक कोई हँगामा शुरू करते हैं तो आपके आदमी कुछ भी गम्भीर बात होने से पहले उनकी ऐसी-तैसी कर सकते हैं।"

ब्रिजेज़ हँसे, "मुझे नहीं लगता कि हालत यहाँ तक पहुँचेगी, चार्ली। ऐसे ख़ुराफ़ातियों का मुक़ाबला करने के लिए आपकी अपनी ही जनता में काफ़ी रक्षक होंगे और अगर ये पत्र नाज़ी समर्थकों की तरफ़ से हैं भी तो भी वे दिन-दहाड़े वहाँ आने की हिम्मत नहीं जुटा पाएँगे।"

उस रात हैरी ने सेन फ्रांसिस्को की हड़ताल के बारे में एक बहुत ही रोचक बात बताई। उस वक़्त हालत यह थी कि पूरे-का-पूरा शहर ही उनके नियंत्रण में था। शहर की पूरी आपूर्ति उनके हाथ में थी। लेकिन उन्होंने अस्पतालों और बच्चों के लिए आवश्यक आपूर्ति में कोई बाधा नहीं डाली। हड़ताल के बारे में बताते हुए उन्होंने कहा, "जब कारण न्यायोचित हो तो आपको जनता को प्रेरित करने की ज़रूरत नहीं होती; आपको सिर्फ़ यह करना होता है कि उन्हें तथ्य बता दें। बाक़ी बातें वे अपने आप तय कर लेंगे। मैंने अपने आदमियों से कहा कि अगर आप हड़ताल पर जाते हैं, तो बीसियों तरह की तकलीफ़ें होंगी : हो सकता है कि कुछ लोगों को नतीजे ही पता न चलें। लेकिन वे जो भी तय करेंगे, मैं उनके कन्धे से कन्धा मिलाकर खड़ा रहूँगा। अगर हड़ताल करने का फ़ैसला होता है तो मैं पहली पंक्ति में खड़ा रहूँगा। मैंने कहा और पाँच हज़ार आदमियों ने एक मत से हड़ताल करने का फ़ैसला किया।"

'द ग्रेट डिक्टेटर' न्यूयॉर्क के दो थियेटरों, एस्टर तथा द कैपिटल में दिखाए जाने के लिए बुक की गई थी। एस्टर में फ़िल्म प्रेस को दिखाने की व्यवस्था की गई

थी। फ्रैंकलिन रूज़वेल्ट के प्रमुख सलाहकार हैरी हॉपकिन्स ने उस रात मेरे साथ खाना खाया। इसके बाद, हम प्रेस के लिए आयोजित फ़िल्म-प्रदर्शन के लिए गए। जब हम पहुँचे तो फ़िल्म आधी चल चुकी थी।

कॉमेडी के प्रेस-प्रदर्शन की एक ख़ास विशेषता हुआ करती है—हँसी फ़िल्म में जिस तरह से होती है, उसी तरह से सुनाई देती है। प्रीव्यू में फ़िल्म में हँसी के पल, अपने सही अर्थों में सामने आते रहे।

"यह वाक़ई महान फ़िल्म है," जब हम थियेटर से निकले तो हैरी ने कहा, "आपने बहुत ही महत्त्वपूर्ण काम किया है, लेकिन इसके चलने की उम्मीद बहुत कम है। आपको घाटा उठाना पड़ेगा।" चूँकि इस फ़िल्म में मेरे ख़ुद के 2,000,000 डॉलर लगे हुए थे और दो वर्ष की मेहनत इससे जुड़ी हुई थी, मैं उनकी इस विपरीत राय से चिन्तातुर होने की सीमा तक सहमत नहीं था। फिर भी, मैंने गम्भीरता से सिर हिलाया।

ईश्वर का धन्यवाद कि हॉपकिन्स ग़लत साबित हुए।

'द ग्रेट डिक्टेटर' ने कैपिटल में ख़ुशी से मस्त दर्शकों के सामने शानदार ढंग से खाता खोला। दर्शक दिल खोलकर हँस रहे थे और उनके उत्साह की सीमा नहीं थी। यह फ़िल्म न्यूयॉर्क के दो थियेटरों में पन्द्रह सप्ताह तक चलती रही और उस वक़्त तक की मेरी सभी फ़िल्मों की तुलना में सबसे ज़्यादा कमाई करके देने वाली साबित हुई।

लेकिन समीक्षाएँ मिली-जुली थीं। अधिकतर समीक्षकों को अन्तिम भाषण पर ऐतराज़ था। 'द न्यूयॉर्क डेली न्यूज़' ने लिखा कि मैंने दर्शकों की तरफ़ साम्यवाद की उँगली उठाई है। हालाँकि, अधिकांश समीक्षकों ने भाषण पर ही ऐतराज़ किया और कहा कि यह चरित्र में नहीं था। लेकिन आमतौर पर जनता ने इसे पसन्द किया, और मुझे उसकी तारीफ़ में कई ख़त मिले।

आर्ची एल. मेयो, हॉलीवुड के महत्त्वपूर्ण निर्देशकों में से एक, ने मुझसे अनुमति माँगी कि वे इस भाषण को अपने क्रिसमस-कार्ड पर छापना चाहते हैं। यहाँ मैं मूल भाषण और उससे पहले उनके द्वारा दिया गया परिचय दे रहा हूँ—

> अगर हम लिंकन के काल में रहे होते तो मेरा ख़याल है मैंने आपको उनका गैटिसबर्ग का भाषण भेजा होता, क्योंकि यह अपने वक़्त का सर्वाधिक प्रेरणास्पद सन्देश था। आज हम नये संकटों से गुज़र रहे हैं और एक अन्य व्यक्ति ने अपने दिल की गहराइयों से और पूरी ईमानदारी से अपनी बात कही है। हालाँकि, मैं उस व्यक्ति को इतनी अच्छी तरह से नहीं जानता लेकिन उसने जो कुछ कहा है, उसने मुझे गहराई से छुआ है। मैं इस बात के लिए प्रेरित हुआ हूँ कि चार्ली चैप्लिन द्वारा लिखे गए इस भाषण का पूरा पाठ आपको भेजूँ ताकि आप भी आशा की इस अभिव्यक्ति में हिस्सेदारी कर सकें।

मुझे खेद है, लेकिन मैं शासक नहीं बनना चाहता। यह मेरा काम नहीं है। मैं किसी पर भी राज करना या किसी को जीतना नहीं चाहता। मैं तो किसी की मदद करना चाहता हूँ—अगर हो सके तो—यहूदियों की, ग़ैर-यहूदियों की, काले लोगों की, गोरे लोगों की।

हम सब एक-दूसरे की मदद करना चाहते हैं। मानव होते ही ऐसे हैं। हम एक-दूसरे की ख़ुशी के साथ जीना चाहते हैं, एक-दूसरे की तकलीफ़ों के साथ नहीं। हम एक-दूसरे से नफ़रत और घृणा नहीं करना चाहते। इस संसार में सभी के लिए स्थान है और हमारी यह समृद्ध धरती सभी के लिए अन्न-जल जुटा सकती है।

जीवन का रास्ता मुक्त और सुन्दर हो सकता है, लेकिन हम रास्ता भटक गए हैं। लालच ने आदमी की आत्मा को विषाक्त कर दिया है, दुनिया में नफ़रत की दीवारें खड़ी कर दी हैं; इसने हमें ज़हालत में, ख़ून-ख़राबे के फंदे में फँसा दिया है। हमने गति का विकास किया लेकिन अपने आपको गति में ही बन्द कर दिया। हमने मशीनें बनाईं, मशीनों ने हमें बहुत कुछ दिया लेकिन हमारी माँगें बढ़ती ही चली गईं। हमारे ज्ञान ने हमें सनकी बना दिया है; हमारी चतुराई ने हमें कठोर और बेरहम बना दिया है। हम बहुत ज़्यादा सोचते हैं और बहुत कम महसूस करते हैं। हमें मशीनरी की तुलना में मानवीयता की ज़्यादा ज़रूरत है। चतुराई की तुलना में हमें दयालुता एवं विनम्रता की ज़रूरत है। इन गुणों के बिना जीवन हिंसक हो जाएगा और सब कुछ समाप्त हो जाएगा।

हवाई जहाज़ और रेडियो हमें एक-दूसरे के निकट लाए हैं। यही चीज़ें आज चिल्ला-चिल्लाकर कह रही हैं—इनसान में अच्छाई हो, पूरी दुनिया में भाईचारा हो, हम सब में एकता हो। यहाँ तक कि इस समय भी मेरी आवाज़ पूरी दुनिया में लाखों-करोड़ों लोगों तक पहुँच रही है—लाखों-करोड़ों हताश पुरुष, स्त्रियाँ, और बच्चे—उस तंत्र के शिकार लोग, जो आदमी को क्रूर और अत्याचारी बना देता है तथा निर्दोष इनसानों को सींख़चों के पीछे डाल देता है। जिन लोगों तक मेरी आवाज़ पहुँच रही है, मैं उनसे कहता हूँ—'निराश न हों', जो मुसीबत हम पर आ पड़ी है, वह कुछ नहीं, लालच का दौर गुज़र जाने वाला है। इनसान की नफ़रत हमेशा नहीं रहेगी, तानाशाह मौत के हवाले होंगे और जो ताक़त उन्होंने जनता से हथियाई है, जनता के पास वापस पहुँच जाएगी। इस तरह, जब तक इनसान मरते रहेंगे, स्वतंत्रता कभी ख़त्म नहीं होगी।

सिपाहियो! अपने आपको इन वहशियों के हाथों में न पड़ने दो, जो आपसे घृणा करते हैं, आपको ग़ुलाम बनाते हैं। जो आपकी ज़िन्दगी के फ़ैसले करते हैं तथा आपको बताते हैं कि आपको क्या करना चाहिए, क्या सोचना चाहिए और क्या महसूस करना चाहिए! जो आपसे मशक़्क़त कराते हैं आपको भूखा रखते हैं, आपके साथ मवेशियों का-सा बर्ताव करते हैं और आपको तोपों के चारे की तरह इस्तेमाल करते हैं—अपने आपको इन अप्राकृतिक मनुष्यों, मशीनी मानवों के हाथों ग़ुलाम मत बनने दो, जिनके दिमाग़ मशीनी हैं और जिनके दिल भी मशीनी हैं! आप मशीन नहीं हैं! आप इनसान हैं! आपके दिल में मानवता के प्यार का सागर हिलोरें ले रहा है। घृणा मत करो! घृणा सिर्फ़ वही करते हैं जिन्हें प्यार नहीं मिलता—प्यार न पाने वाले और अप्राकृतिक!!

सिपाहियो! ग़ुलामी के लिए मत लड़ो! आज़ादी के लिए लड़ो! सेंट ल्यूक के सत्रहवें अध्याय में लिखा है कि ईश्वर का साम्राज्य मनुष्य के भीतर होता है—सिर्फ़ एक मनुष्य के भीतर नहीं, न ही मनुष्यों के किसी विशेष समूह में अपितु सभी मनुष्यों में ईश्वर वास करता है! आप में! आप में, आप सब व्यक्तियों के पास ताक़त है—मशीनें बनाने की ताक़त। ख़ुशियाँ पैदा करने की ताक़त! आप, आप लोगों में इस जीवन को शानदार रोमांचक गतिविधि में बदलने की ताक़त है। इसलिए—लोकतंत्र के नाम पर—आइए, हम ताक़त का इस्तेमाल करें—आइए, हम सब एक हो जाएँ। आइए, हम सब एक नई दुनिया के लिए संघर्ष करें। एक ऐसी बेहतरीन दुनिया, जहाँ सभी व्यक्तियों को काम करने का मौक़ा मिलेगा। इस नई दुनिया में युवा वर्ग को भविष्य और वृद्धों को सुरक्षा मिलेगी।

इन्हीं चीज़ों का वादा करके वहशियों ने ताक़त हथिया ली है। लेकिन वे झूठ बोलते हैं! वे उस वादे को पूरा नहीं करते। वे कभी करेंगे भी नहीं! तानाशाह अपने आपको आज़ाद कर लेते हैं लेकिन लोगों को ग़ुलाम बना देते हैं। आइए, दुनिया को आज़ाद कराने के लिए लड़ें—राष्ट्रीय सीमाओं को तोड़ डालें—लालच को ख़त्म कर डालें, नफ़रत को दफ़न करें और असहिष्णुता को कुचल दें। आइए, हम तर्क की दुनिया के लिए संघर्ष करें—एक ऐसी दुनिया के लिए, जहाँ विज्ञान और प्रगति सबको ख़ुशियों की तरफ़ ले जाएगी। आइए, लोकतंत्र के नाम पर हम एकजुट हो जाएँ!

हन्ना! क्या आप मुझे सुन रही हैं?

आप जहाँ कहीं भी हैं, मेरी तरफ़ देखें! देखें, हन्ना! बादल छँट रहे हैं! सूर्य झाँक रहा है! हम इस अँधेरे से निकलकर प्रकाश की ओर बढ़ रहे हैं! हम एक नई दुनिया में प्रवेश कर रहे हैं—अधिक दयालु

दुनिया, जहाँ आदमी अपने लालच से ऊपर उठ जाएगा, अपनी नफ़रत और अपनी पाशविकता को त्याग देगा। देखो हन्ना! मनुष्य की आत्मा को पंख दे दिये गए हैं और अन्ततः ऐसा समय आ ही गया है जब वह आकाश में उड़ना शुरू कर रहा है। वह इन्द्रधनुष में उड़ने जा रहा है। वह आशा के आलोक में उड़ रहा है। देखो हन्ना! देखो!

*

प्रीमियर के एक हफ़्ते बाद मुझे 'न्यूयॉर्क टाइम्स' के मालिक आर्थर सुल्ज़बर्गर द्वारा दिये गए लंच आयोजन में आमंत्रित किया गया। जब मैं वहाँ पहुँचा तो मुझे टाइम्स बिल्डिंग की सबसे ऊपर वाली मंज़िल पर ले जाया गया और एक घरेलू कमरे में मेरी अगवानी की गई, जो चित्रों, तसवीरों और चमड़े के गद्दों वग़ैरह से सजा एक ड्राइंग-रूम था। फ़ायर प्लेस के पास कई विभूतियाँ विराजमान थीं। इनमें यूनाइटेड स्टेट्स के भूतपूर्व राष्ट्रपति मि. हर्बर्ट हूवर भी थे। वे साधुओं जैसी मुखाकृति और छोटी आँखों वाले कद्दावर शख़्स थे।

"श्रीमान प्रेसिडेंट, यह चार्ली चैप्लिन हैं।" मि. सुल्ज़बर्गर ने मुझे उस विभूति के पास ले जाते हुए कहा। कई सलवटों के बीच में से मि. हूवर का चेहरा मुस्कराया।

"ओह! हाँ," वे उत्साह से बोले, "हम पहले भी मिल चुके हैं। कई बरस पहले।"

मैं यह देखकर हैरान हुआ कि मि. हूवर को वह मुलाक़ात याद रही, क्योंकि उस वक़्त वे ख़ुद को व्हाइट हाउस के लिए ढालने की तैयारियों में लगे हुए थे। वे एस्टर होटल में एक प्रेस डिनर में शामिल हुए थे और मुझे वहाँ के एक सदस्य द्वारा मि. हूवर के व्याख्यान से पहले व्याख्यान देने वाले के रूप में शामिल किया गया था। उस समय चूँकि मैं तलाक़ दिये जाने की उलझनों में फँसा हुआ था, अतः मुझे ऐसा लगता है कि मैंने इस आशय के कुछ शब्द बड़बड़ा दिये थे कि मैं राजनीति के बारे में बहुत कम जानता हूँ बल्कि सच तो यह है कि मैं अपने ख़ुद के मामलों को भी ढंग से कहाँ जानता हूँ। दो मिनट तक इस तरह की कुछ बकवास करने के बाद मैं बैठ गया था। बाद में मि. हूवर से मेरा परिचय कराया गया। मेरा ख़याल है, मैंने कहा था, "कैसे हैं आप!" और बस बात वहीं ख़त्म हो गई थी।

वे बेतरतीब-सी पांडुलिपि देखकर बोल रहे थे। उनके सामने काग़ज़ों की चार इंच मोटी गड्डी थी और वे जैसे-जैसे काग़ज़ पढ़ते जाते, उन्हें अपने सामने से हटाते जाते। डेढ़ घंटे बाद सब लोग उन काग़ज़ों को मज़े लेते हुए देखने लगे। दो घंटे बाद काग़ज़ों की बराबर-बराबर की दो गड्डियाँ हो गई थीं। कई बार वे बारह-पन्द्रह काग़ज़ एक साथ उठा लेते और उन्हें एक तरफ़ रख देते। बेशक, वे पल बहुत सुखद होते। जीवन में कुछ भी स्थायी नहीं है और वह भाषण भी आख़िर ख़त्म हुआ, जिस वक़्त उन्होंने बिलकुल कारोबारी तरीक़े से अपने काग़ज़ सँभाले, मैं उनकी तरफ़

देखकर मुस्कराया। मैं उन्हें उनके भाषण के लिए बधाई देना चाहता था कि तभी वे मेरी तरफ़ ध्यान दिये बिना मेरे पास से गुज़र गए।

और अब, कई बरसों के बाद, बीच का वह अरसा, जिसमें वे राष्ट्रपति रहे थे, असामान्य रूप से दोस्ताना दिखते हुए फ़ायर-प्लेस के सामने खड़े थे। हम एक बड़ी-सी गोलमेज़ पर लंच के लिए बैठ गए। कुल मिलाकर हम बारह लोग थे। मुझे बताया गया था कि इस तरह के लंच आयोजन एक ख़ास भीतरी समूह के लिए ही होते हैं।

वहाँ अमेरिकी व्यवसायी प्रशासकों का एक वर्ग भी था जो मुझे हीनता की भावना से भर देता है। वे बहुत ऊँचे क़द के होते हैं, दिखने में आकर्षक होते हैं, उन्होंने बेहद शानदार कपड़े पहने होते हैं तथा सहज आत्म-नियंत्रण में रहने और साफ़ सोचने वाले लोग और उनके सामने तथ्य सफ़ाई से रखे होते हैं। उनकी गूँजती-सी भारी आवाज़ होती है और जब वे मानवीय मामलों की बात करते हैं तो ज्यामितीय भाषा में करते हैं। उदाहरण के लिए, वे कहेंगे : 'वार्षिक बेरोज़गारी के नमूने से होने वाली संगठनात्मक प्रक्रियाएँ' आदि। और अब इसी तरह के लोग उस मेज़ पर चारों तरफ़ बैठे हुए थे, जो भयावह लग रहे थे और उनके क़द आकाश को छूते लग रहे थे। उनमें अगर कोई मानवीय चेहरा था, तो वह था ओ'हेयर मैककॉर्मिक का। वे बहुत विदुषी और आकर्षक महिला थीं और वे 'न्यूयॉर्क टाइम्स' की विख्यात राजनीतिक स्तम्भकार थीं।

लंच के वक़्त माहौल औपचारिक था और बातचीत कर पाना मुश्किल था। हर कोई मि. हूवर को 'मि. प्रेसिडेंट' कहकर सम्बोधित कर रहा था। मुझे लगा, शायद इस सबकी ज़रूरत नहीं थी। जैसे-जैसे लंच आगे बढ़ा, मुझे यह महसूस होने लगा कि मुझे यूँ ही बेकार में लंच के लिए आमंत्रित नहीं किया गया है। एक पल बाद मि. सुल्ज़बर्गर ने जो कुछ कहा, उससे मेरा रहा-सहा शक भी जाता रहा। बीच में, मौन के कुछ अनुकूल पल पाकर उन्होंने कहा, "मि. प्रेसिडेंट, मैं चाहता हूँ कि आप यूरोप के लिए अपने प्रस्तावित मिशन के बारे में बताएँ।"

मि. हूवर ने अपने छुरी-काँटे नीचे रख दिये, ध्यानपूर्वक कौर चबाते रहे, फिर उसे गले से नीचे उतारा और अन्तत: उन्होंने वह सब कहना शुरू किया जो पूरे लंच के दौरान उनके दिलो-दिमाग़ को घेरे हुए था। वे अपनी प्लेट की तरफ़ देखकर बात करने लगे और जब वे बोलते तो मि. सुल्ज़बर्गर व मेरी तरफ़ भेद-भरी निगाहों से देख लेते, "हम सब जानते हैं कि इस वक़्त यूरोप किस दयनीय हालत से गुज़र रहा है, वहाँ पर युद्ध के बाद से ग़रीबी और भुखमरी के हालात अपने पैर पसार रहे हैं। वहाँ हालात इतने नाज़ुक हैं कि मैंने वाशिंगटन से अनुरोध किया है कि वे हालात पर क़ाबू पाने के लिए जल्दी ही कुछ करें," (मैंने यही माना कि वाशिंगटन का मतलब राष्ट्रपति रूज़वेल्ट ही होगा)। इसके बाद उन्होंने पहले विश्वयुद्ध के दौरान भेजे गए अपने पिछले मिशन के आँकड़े और नतीजे उगलने शुरू कर दिये, जब "हमने पूरे

यूरोप को खिलाया था।" उन्होंने कहना जारी रखा, "इस तरह का मिशन जो किसी पार्टी से जुड़ा नहीं होगा और पूरी तरह से मानवीय प्रयोजनों के लिए होगा। क्या आप इसमें कुछ दिलचस्पी रखते हैं?" उन्होंने कनखियों से मेरी तरफ़ देखते हुए कहा।

मैंने गम्भीरता से सिर हिलाया।

"आप इस परियोजना को कब शुरू करना चाहते हैं, मि. प्रेसिडेंट?" मि. सुल्ज़बर्गर ने पूछा।

"जैसे ही हमें वाशिंगटन की तरफ़ से अनुमोदन मिलेगा," मि. हूवर ने कहा। "वाशिंगटन को जनता की तरफ़ से अनुरोध किये जाने और गणमान्य सार्वजनिक विभूतियों की ओर से समर्थन की ज़रूरत है।" एक बार फिर उन्होंने मेरी तरफ़ कनखियों से देखा और मैंने एक बार फिर सिर हिलाया। उन्होंने कहना जारी रखा, "क़ब्जे वाले फ्रांस में लाखों लोग ऐसे हैं जिन्हें मदद की ज़रूरत है। नार्वे, डेनमार्क, हॉलैंड, बेल्जियम सब जगह पूरा-का-पूरा यूरोप ही अकाल की चपेट में है।" वे साधिकार बोलते रहे, आँकड़े उगलते रहे और उन पर अपने विश्वास, आशा और सहृदयता का मुलम्मा चढ़ाते रहे।

इसके बाद मौन पसर गया। मैंने अपना गला खँखारा, "बेशक, स्थितियाँ बिलकुल वैसी ही नहीं हैं जैसी कि पहले विश्वयुद्ध के समय थीं। फ्रांस और उसी की तरह दूसरे कई देश भी पूरी तरह से नाज़ियों के क़ब्ज़े में हैं। निश्चित रूप से हम नहीं चाहेंगे कि हम जो अन्न भेजें, वह नाज़ियों के हाथ लगे।"

मि. हूवर थोड़ा-सा नाराज़ दिखे, इसी तरह की मामूली-सी सरसराहट उन सब लोगों में भी दिखी जो वहाँ पर जमा थे। वे सब-के-सब पहले मि. हूवर की तरफ़ देखने लगे, फिर मेरी तरफ़।

मि. हूवर ने फिर से अपनी प्लेट की तरफ़ देखकर कहा, "हम अमेरिकी रेड क्रॉस के सहयोग से, पार्टी से परे एक कमीशन बनाएँगे और हेग समझौते के पैरा सत्ताईस, खंड तैंतालीस के अधीन काम करेंगे। इसके अन्तर्गत मदद करने वाला मिशन (मर्सी कमीशन) दोनों ही तरफ़ के वे आपस में संघर्षरत हों या नहीं—बीमारों और ज़रूरतमंदों की मदद करेगा। मेरा ख़याल है, मानवता की दृष्टि से आप सब इस तरह के कमीशन का समर्थन करेंगे।" ये ठीक वही शब्द नहीं हैं जो उन्होंने कहे थे लेकिन इसी तरह के भावार्थ वाली बात कही थी उन्होंने।

हालाँकि मैं अपनी बात पर अड़ा रहा। "मैं इस विचार से पूरी तरह से सहमत हूँ, लेकिन शर्त यह है कि यह अन्न नाज़ियों के हाथों में नहीं पड़ना चाहिए," मैंने कहा।

इस जुमले से मेज़ पर एक बार फिर सनसनी फैल गई।

मि. हूवर ने सधी हुई विनम्रता के साथ कहा, "हम इस तरह के काम पहले भी कर चुके हैं।" वहाँ जो आकाश छूती युवा विभूतियाँ बैठी थीं, उन सबकी निगाह अब मेरी तरफ़ मुड़ी और उनमें से एक मुस्कराया।

उसने कहा, "मेरा ख़याल है मि. प्रेसिडेंट स्थिति को सँभाल सकते हैं।"

"बहुत ही अच्छा विचार है," मि. सुल्ज़बर्गर ने अधिकारपूर्ण तरीक़े से कहा।

"मैं पूरी तरह से सहमत हूँ," मैंने दबी हुई आवाज़ में कहा, "और इसका सौ प्रतिशत समर्थन करूँगा, यदि भौतिक रूप से इसकी व्यवस्था यहूदी लोगों के हाथों में हो।"

"ओह," मि. हूवर ने बात काटते हुए कहा, "यह तो सम्भव नहीं होगा।"

*

फ़िफ़्थ एवेन्यू के आसपास चुस्त युवा नाज़ियों को महोगनी के छोटे-छोटे मंचों पर खड़े होकर जनता के छोटे-छोटे समूहों के सामने भाषण देते सुनना बहुत अजीब लगता। ऐसा ही एक भाषण चल रहा था : "हिटलर का दर्शन गहन है और इस औद्योगिक युग, जिसमें बिचौलिये या यहूदियों के लिए बिलकुल भी जगह नहीं है, की समस्याओं का सुविचारित अध्ययन है।"

एक महिला ने टोका, "यह किस क़िस्म की बात हो रही है?" वह हैरान हुई, "यह अमेरिका है। आप समझते क्या हैं कि आप कहाँ हैं?"

वह चमचे सरीखा नौजवान, जो सुदर्शन था, बेशर्मी से मुस्कराया। "मैं यूनाइटेड स्टेट्स में हूँ और संयोग से मैं अमेरिकी नागरिक हूँ।" उसने सहजता से कहा।

"अच्छा" वह महिला बोली, "मैं भी एक अमेरिकी नागरिक हूँ और यहूदी हूँ और अगर मैं पुरुष होती तो तुम्हें धूल चटा देती।"

एक-दो लोगों ने महिला की धमकी का समर्थन किया, लेकिन ज़्यादातर लोग भावशून्य और मौन खड़े रहे। पास ही खड़े एक पुलिसवाले ने महिला को शान्त किया। मैं हैरान होकर वहाँ से लौटा। मैं अपने कानों पर विश्वास ही नहीं कर पा रहा था।

एक या दो दिन के बाद की बात है, मैं गाँववाले घर में था कि एक ख़ून की कमी की वजह से कमज़ोर-से दिखने वाले फ्रांसीसी युवक काउंट चैम्बरुन, जो पियरे लावाल की पुत्री का पति था, ने लंच से पहले लगातार मेरा पीछा करना शुरू कर दिया। उसने न्यूयॉर्क में पहली ही रात 'द ग्रेट डिक्टेटर' देखी थी। उसने उदारता से कहा, "बेशक, आपके नज़रिये को गम्भीरता से नहीं लिया गया है।"

"कुछ भी कहो, यह कॉमेडी ही तो है।" मैंने कहा।

नाज़ी यातना-शिविरों में जो जघन्य क़त्लेआम हो रहा था और जो अत्याचार किये जा रहे थे, अगर मुझे उनके बारे में पता होता तो मैं इतना विनम्र न होता। वहाँ पर पचास के क़रीब मेहमान जमा थे और हरेक मेज़ पर चार लोग बैठे थे। वह हमारी मेज़ पर चला आया और मुझे राजनीतिक बहस में घसीटने की कोशिश करने लगा। लेकिन मैंने उससे कह दिया कि मैं राजनीति की तुलना में अच्छा भोजन ज़्यादा पसन्द करता हूँ। उसकी बातचीत इस तरह की थी कि मैंने मजबूरन अपना गिलास

उठाया और कहा, "लगता है मैं बहुत अधिक मिनरल वाटर पीने लगा हूँ।" अभी मैंने ये शब्द कहे ही थे कि किसी दूसरी मेज़ पर झड़प शुरू हो गई और दो महिलाओं में तू-तू, मैं-मैं होने लगी। यह झगड़ा इतना बढ़ गया कि लगने लगा, एक-दूसरे के बाल खींचे जाएँगे। एक महिला दूसरी पर चिल्ला रही थी, "मैं इस तरह की बकवास सुनने की आदी नहीं हूँ, तुम बेग़ैरत नाज़ी हो।"

न्यूयॉर्क के एक युवा ने मुझसे विनम्रता से पूछा कि मैं इतना अधिक नाज़ी-विरोधी क्यों हूँ? मैंने कहा, "क्योंकि वे जनता के विरोधी हैं।" "बेशक" वह बोला, जैसे कि उसने कोई नई खोज कर ली हो, "क्योंकि आप यहूदी हैं। हैं न?"

"नाज़ी-विरोधी होने के लिए किसी का यहूदी होना ज़रूरी नहीं है।" मैंने जवाब दिया, "सबसे बड़ी और महत्त्वपूर्ण बात तो यही है कि आदमी सामान्य सभ्य आदमी बना रहे।" और यह विषय वहीं ख़त्म हो गया था।

एक-दो दिन के बाद मुझे वाशिंगटन में हॉल ऑफ़ द डॉटर्स ऑफ़ द अमेरिकन रिवोल्यूशन में हाज़िर होना था और रेडियो पर 'द ग्रेट डिक्टेटर' के अन्तिम भाषण का पाठ करना था। इससे पहले, मुझे राष्ट्रपति रूज़वेल्ट से मिलने के लिए बुलाया गया था। उनके अनुरोध पर मैंने यह फ़िल्म व्हाइट हाउस भिजवा दी थी। जब मुझे उनके निजी अध्ययन-कक्ष में ले जाया गया तो उन्होंने यह कहते हुए मेरा स्वागत किया, "बैठो चार्ली, आपकी फ़िल्म की वजह से अर्जेंटीना में बहुत बड़ी मुसीबत खड़ी हो गई है।" फ़िल्म के बारे में बस उनकी यही टिप्पणी थी। बाद में मेरे एक मित्र ने पूरी बात बताते हुए कहा था, "आपका व्हाइट हाउस में स्वागत तो किया गया, लेकिन गले से नहीं लगाया गया।"

मैं राष्ट्रपति के साथ लगभग चालीस मिनट तक बैठा, जिस दौरान उन्होंने मुझे कई बार ड्राई मार्टिनी के जाम पेश किये जिन्हें मैं शर्म के मारे भीतर उतारता रहा। जब विदा होने का वक़्त आया तो मैं एक तरह से व्हाइट हाउस से लुढ़कता हुआ बाहर आया—फिर अचानक मुझे याद आया कि मुझे तो दस बजे रेडियो पर बोलना था। यह राष्ट्रीय प्रसारण था जिसका मतलब था लगभग छह करोड़ लोगों से बात करना। ठंडे पानी के नीचे खड़े होकर कई बार सिर धोने और तेज़ ब्लैक कॉफ़ी पीने के बाद ही मैं कमोबेश होश में आ पाया था।

अमेरिका अभी तक युद्ध में नहीं कूदा था, इसलिए उस रात हॉल में बहुत सारे नाज़ी थे। अभी मैंने अपना भाषण शुरू ही किया था कि नाज़ियों ने खाँसना-खँखारना शुरू कर दिया। ये आवाज़ें स्वाभाविक रूप से खाँसने से बहुत ऊँची थीं। जिन्होंने मुझे नर्वस कर दिया और नतीजा यह हुआ कि मेरा गला सूख गया। मेरी जीभ मेरे तालू से चिपकने लगी और मेरे लिए बोलना मुश्किल हो गया। चूँकि भाषण छह मिनट लम्बा था, अत: भाषण बीच में ही रोककर मैंने कहा कि जब तक मुझे एक गिलास पानी नहीं मिलेगा, मैं आगे नहीं बोल पाऊँगा। बेशक, हॉल में एक बूँद भी पानी नहीं था और यहाँ

पर मैं छह करोड़ लोगों को रोके हुए था। दो मिनट के अन्तराल के बाद मुझे काग़ज़ के एक छोटे से लिफ़ाफ़े में पानी दिया गया। तब कहीं मैं अपना भाषण पूरा कर पाया।

छब्बीस

अब यह अपरिहार्य हो गया था कि पॉलेट और मैं अलग हो जाएँ। हम दोनों ही इस बात को 'द ग्रेट डिक्टेटर' के शुरू होने से बहुत पहले से जानते थे और अब फ़िल्म पूरी हो जाने के बाद यह सवाल हमारे सामने मुँह बाये खड़ा था कि हम कोई फ़ैसला लें। पॉलेट यह सन्देश छोड़कर गई थी कि वह पैरामाउंट में एक और फ़िल्म में काम करने के लिए कैलीफोर्निया वापस जा रही है। इसलिए मैं कुछ अरसे तक रुका रहा और न्यूयॉर्क के आसपास ही भटकता रहा। फ्रैंक, मेरे बटलर ने फ़ोन पर बताया कि जब वह बेवर्ली हिल्स वापस आई तो वह वहाँ पर ठहरी नहीं, अलबत्ता उसने अपना सामान समेटा और चली गई। जब मैं बेवर्ली हिल्स अपने घर लौटा तो वह तलाक़ लेने के लिए मेक्सिको जा चुकी थी। घर बहुत उदास हो गया था। ज़िन्दगी का यह मोड़ वाक़ई तकलीफ़देह था क्योंकि ज़िन्दगी से किसी के आठ बरस के साथ को काटकर अलग कर पाना मुश्किल काम था।

हालाँकि 'द ग्रेट डिक्टेटर' अमेरिकी जनता के बीच बेहद लोकप्रिय हो रही थी, लेकिन इस बात में कोई शक नहीं था कि इसने भीतर-ही-भीतर विरोध के स्वर भी खड़े किये थे। इस तरह का पहला संकेत प्रेस से उस वक़्त मिला, जब मैं बेवर्ली हिल्स वापस आया। बीस से भी ज़्यादा लोगों की भीड़ हमारे काँच से घिरे पोर्च में आ जुटी और आकर चुपचाप बैठ गई। जब मैंने उन्हें शराब पिलानी चाही तो उन्होंने मना कर दिया—प्रेस के सदस्यों द्वारा इस तरह का व्यवहार असामान्य बात थी।

"आपके दिमाग़ में क्या चल रहा है चार्ली?" उनमें से एक ने पूछा। वह स्पष्टत: ही उन सबकी तरफ़ से बात कर रहा था।

"द डिक्टेटर के लिए थोड़ा-बहुत प्रचार!" मैंने मज़ाक़ में कहा।

मैंने उन्हें राष्ट्रपति के साथ अपने साक्षात्कार के बारे में बताया और इस बात का उल्लेख किया कि अमेरिकी दूतावास को अर्जेंटीना में इस फ़िल्म की वजह से तकलीफ़ हो रही है। मुझे लगा कि मैंने उन्हें एक मज़ेदार क़िस्सा सुनाया है, लेकिन फिर भी वे मौन ही बने रहे। थोड़ी देर के अन्तराल के बाद मैंने मज़ाक़ में कहा, "लगता है यह बात कुछ हज़म नहीं हुई, क्या ख़याल है?"

"नहीं, बात तो नहीं जमी," प्रवक्ता ने कहा। "आपका जन-सम्पर्क बहुत अच्छा नहीं है। आप प्रेस की परवाह न करते हुए चले गए थे और हमें यह बात अच्छी नहीं लगी।"

हालाँकि मैं स्थानीय प्रेस में कभी भी इतना लोकप्रिय नहीं था, इसलिए उसकी बात से मुझे थोड़ा मज़ा आया। सच तो यह था कि मैं प्रेस से मिले बिना ही हॉलीवुड से चला गया था क्योंकि मैं यह मानकर चल रहा था कि जो मेरे बहुत अच्छे दोस्त नहीं हैं, हो सकता है वे लोग 'द ग्रेट डिक्टेटर' को न्यूयॉर्क में देखे जाने का मौक़ा दिये जाने से पहले ही उसकी चिंदी-चिंदी कर डालें। फ़िल्म में मेरे 2,000,000 डॉलर दाँव पर लगे हुए थे और मैं कोई भी जोख़िम लेना गवारा नहीं कर सकता था। मैंने उन्हें बताया कि चूँकि ये नाज़ी-विरोधी फ़िल्म है, इसलिए इसके दुश्मन भी शक्तिशाली हैं, यहाँ तक कि वे लोग अमेरिका में भी हैं। यही कारण है कि फ़िल्म को एक मौक़ा दिये जाने के लिए ही मैंने अन्तिम क्षणों में जनता के लिए प्रस्तुत करने से पहले इसका प्रिव्यू करने का फ़ैसला लिया था।

लेकिन मेरी कही कोई भी बात उनके अड़ियल रुख़ को डिगा नहीं सकी। इसके बाद माहौल बदला और प्रेस में कई ख़ुराफ़ाती चीज़ें नज़र आने लगीं। शुरू-शुरू में छोटे-छोटे हमले, मेरे कमीनेपन के क़िस्से, फिर पॉलेट और मेरे बारे में भद्दी अफ़वाहें। लेकिन विपरीत प्रचार के बावजूद 'द ग्रेट डिक्टेटर' इंग्लैंड और अमेरिका, दोनों ही जगह धूम मचाती रही, कीर्तिमान भंग करती रही।

*

यद्यपि अमेरिका अभी तक युद्ध में नहीं उतरा था, लेकिन रूज़वेल्ट ने हिल्टर के साथ शीत-युद्ध छेड़ा हुआ था। इस बात ने राष्ट्रपति को अच्छी-ख़ासी परेशानी में डाल रखा था क्योंकि नाज़ियों ने अमेरिकी संस्थाओं और संगठनों के भीतर तक पैठ बनाई हुई थी। हालाँकि ये संगठन इस बात को जानते हों या नहीं; उन्हें नाज़ियों के हथियारों की तरह इस्तेमाल में लाया जा रहा था।

तभी अचानक एक नाटकीय ख़बर आई कि जापान ने पर्ल हार्बर पर हमला कर दिया है। इसकी भीषणता ने अमेरिका को सन्न कर दिया। लेकिन तत्काल ही उसने युद्ध के लिए कमर कस ली और देखते-ही-देखते अमेरिकी सैनिकों क़ी कई डिवीज़न समुद्र पर जा चुकी थीं। उसी वक़्त पर, रूसी सैनिक हिटलरी सेना को मॉस्को के बाहर रोके हुए थे और माँग कर रहे थे कि जल्दी ही दूसरा फ्रंट खोला जाए। रूज़वेल्ट ने भी इसकी सिफ़ारिश की थी। हालाँकि नाज़ियों के प्रति सहानुभूति रखने वाले लोग अब भूमिगत हो चुके थे, लेकिन उनका फैलाया गया ज़हर अभी भी फ़िज़ाँ में घुला हुआ था। हमें अपने रूसी मित्रों से अलग करने की हरसम्भव कोशिश की जा रही थी। उस वक़्त इस तरह का ज़हरीला प्रचार-प्रसार किया जा रहा था : "पहले दोनों को आपस में लड़ मरने दो, फिर हम मौक़े के हिसाब से फ़ैसला करेंगे।"

दूसरे फ्रंट को रोकने के लिए हर तरह की तरक़ीब इस्तेमाल की जा रही थी। आने वाले दिन चिन्ता से भरे थे। हर दिन हमें रूस में मरने वालों की दिल दहला

देने वाली ख़बरें मिलतीं। दिन हफ़्तों में बदलते गए और हफ़्ते महीनों में बदल गए, लेकिन हालात अभी भी वही थे। नाज़ी मॉस्को के बाहर डेरा डाले हुए थे।

मेरा ख़याल है, इसी दौरान मेरी मुसीबतें भी शुरू हुईं। मुझे सेन फ्रांसिस्को में रूसी युद्ध-राहत के लिए अमेरिकी समिति के प्रमुख की ओर से एक टेलीफ़ोन सन्देश मिला। उन्होंने पूछा कि क्या मैं रूस में भूतपूर्व अमेरिकी राजदूत मि. जोसेफ़ ई. डेविस की जगह बोल सकूँगा? दरअसल वे बोलने वाले थे लेकिन अन्तिम क्षणों में उनके गले में तकलीफ़ हो गई है। हालाँकि मेरे पास कुछ ही घंटे का समय था लेकिन मैंने न्योता स्वीकार कर लिया। बैठक अगले दिन होने वाली थी, इसलिए मैंने शाम की गाड़ी पकड़ी जिसने मुझे अगले दिन सुबह आठ बजे सेन फ्रांसिस्को पहुँचा दिया।

समिति ने मेरे लिए 'एक सामाजिक यात्रा दौरा' तैयार किया था। लंच फलाँ जगह लेना है और डिनर दूसरी जगह—इसकी वजह से मुझे भाषण के बारे में सोचने का बहुत थोड़ा ही वक़्त मिल पाया। अलबत्ता, मैंने डिनर के वक़्त दो गिलास शैम्पेन के अपने हलक के नीचे उतारे, फिर कुछ बात बनी।

उस हॉल की क्षमता दस हज़ार लोगों की थी और वह खचाखच भरा हुआ था। मंच पर विराजमान थे अमेरिकी जल सेना और थल सेना अध्यक्ष तथा सेन फ्रांसिस्को के मेयर रोस्सी। उनके भाषण बँधे-बँधाए से तथा टाल-मटोल वाली भाषा में थे। मेयर ने कहा, "इस तथ्य को स्वीकार करना ही होगा कि रूसी हमारे मित्र हैं।" वे इस बात के प्रति सतर्क थे कि कहीं वे रूसी इमर्जेंसी का कुछ ज़्यादा ही बखान न कर दें, या उनकी बहादुरी की कुछ ज़्यादा ही तारीफ़ न कर दें या इस तथ्य का उल्लेख न कर दें कि वे नाज़ियों की लगभग दो सौ डिवीज़नों को रोके रखने के लिए लड़ और मर रहे थे। उस शाम मैंने महसूस किया कि मित्र-राष्ट्र हमारे हमदम तो थे, लेकिन अस्थायी।

समिति प्रमुख ने मुझसे आग्रह किया था कि हो सके तो मैं एक घंटे तक बोलूँ। इस बात ने मुझे भयभीत कर दिया। मेरी सीमा अधिकतम चार मिनट तक बोलने की थी। लेकिन इस तरह की कमज़ोर दलीलें सुनकर मेरा ग़ुस्सा भड़क उठा था। मैंने अपने डिनर के निमंत्रण-पत्र के पीछे चार विषयों की टिप्पणियाँ लिखीं। मैं घबराहट और डर की हालत में मंच के पीछे वाले हिस्से में दाएँ-बाएँ हो रहा था और अपनी बारी आने का इन्तज़ार कर रहा था। तभी मैंने सुना कि मेरा परिचय दिया जा रहा है।

मैं काली टाई और डिनर जैकेट पहने हुए था। थोड़ी-सी तालियाँ बजीं जिससे मुझे अपने आपको सँभालने के लिए वक़्त मिल गया। जब शोर थमा, तो मैंने एक ही शब्द कहा, "कॉमरेड्स!" और पूरे हॉल में हँसी के जैसे पटाख़े फूटे। जब हँसी थमी तो मैंने ज़ोर देकर कहा, "मैं सचमुच कॉमरेड ही कहना चाहता हूँ।" नये सिरे से हँसी की फुहारें, फिर तालियाँ। मैंने अपनी बात जारी रखी, "मैं यह मानकर चल रहा हूँ कि आज रात यहाँ पर बहुत सारे रूसी हैं और जिस तरह से आपके देशवासी

लड़ रहे हैं और मर रहे हैं, आपको कॉमरेड कहकर पुकारना अपने आप में आदर और विशेषाधिकार है।" तालियाँ बजाते हुए कई लोग खड़े हो गए।

'दोनों को ख़ून बहा लेने दो' के बारे में सोचते हुए अब मेरे भीतर जोत जल चुकी थी। मैं इस जुमले के बारे में अपनी नाराज़गी दर्शाना चाहता था, लेकिन किसी भीतरी प्रेरणा ने मुझे ऐसा करने से रोका। इसके बजाय मैंने कहा, "मैं कम्यूनिस्ट नहीं हूँ, मैं एक इनसान हूँ और मेरा ख़याल है, मैं मानवों की, इनसानों की प्रतिक्रिया के बारे में जानता हूँ। कम्यूनिस्ट किसी और व्यक्ति से ज़रा-सा भी अलग नहीं होते; चाहे वे अपना एक हाथ खो बैठें, या अपनी टाँग खो बैठें; उन्हें भी उतनी ही तकलीफ़ भोगनी पड़ती है जितनी हमें भोगनी पड़ती है, वे भी वैसे ही मरते हैं जैसे हम मरते हैं और कम्यूनिस्ट माँ भी किसी दूसरी माँ की ही तरह होती है। जब उसे यह दुखद समाचार मिलता है कि उसका बेटा अब कभी लौटकर नहीं आएगा तो वह भी उसी तरह रोती है जिस तरह कोई और माँ रोती है। यह सब जानने के लिए मेरा कम्यूनिस्ट होना ज़रूरी नहीं है। यह सब जानने के लिए मेरा इनसान होना ही काफ़ी है, और ठीक इन्हीं पलों में रूसी माताएँ रो रही हैं और उनके बहुत से बेटे मर रहे हैं...।"

मैं चालीस मिनट तक बोलता रहा। मुझे नहीं मालूम था कि अगले शब्द कौन से होंगे? मैंने उन्हें हँसाया और रूज़वेल्ट के बारे में क़िस्से सुनाकर ख़ुश किया। मैंने उन्हें पहले विश्वयुद्ध में युद्ध सम्बन्धी अपने भाषण के बारे में बताकर हँसाया—मैं ग़लती पर नहीं था।

मैंने अपनी बात जारी रखी, "और अब यह युद्ध—मैं यहाँ पर रूसी युद्ध-राहत की ओर से आया हूँ।" मैं रुका और फिर मैंने अपने शब्द दोहराए, "रूसी युद्ध-राहत।" धन से मदद हो सकती है लेकिन उन्हें धन से भी अधिक कुछ चाहिए। मुझे बताया गया है कि आयरलैंड के उत्तर में मित्र-राष्ट्रों के बीस लाख सैनिक जान की बाज़ी लगाए बैठे हैं जबकि रूसी अकेले दम पर नाज़ियों की दोनों डिवीज़नों को रोके हुए हैं।" मौन बहुत अधिक घना हो गया। "रूसी," मैंने ज़ोर देकर कहा, "हमारे मित्र हैं। वे केवल अपनी जीवन-शैली के लिए ही नहीं लड़ रहे हैं, वे हमारी जीवन-शैली के लिए भी लड़ रहे हैं और अगर मैं अमेरिकियों को जानता हूँ तो वे अपनी ख़ुद की लड़ाई लड़ना पसन्द करते हैं। स्टालिन ऐसा चाहते हैं, रूज़वेल्ट ने भी इसका आह्वान किया है, इसलिए आइए, हम सब इसकी माँग करें—अब हम दूसरा मोर्चा खोलें।"

इसे सुनकर जो पागल कर देने वाला शोर-शराबा हुआ, पूरे सात मिनट तक चलता रहा। यह विचार श्रोताओं के दिल और दिमाग़ में था। उन्होंने मुझे आगे बात ही नहीं करने दी। वे लगातार ज़मीन पर पैर पटकते और तालियाँ बजाते रहे। जिस वक़्त वे ज़मीन पर पैर पटक रहे थे, चिल्ला रहे थे और हवा में अपने हैट उछाल रहे थे, मैं यह सोच-सोचकर हैरान होने लगा कि मैंने कहीं कुछ ज़्यादा तो नहीं कह दिया है या कहीं बहुत आगे तो नहीं बढ़ गया हूँ। तब मैं अपने-आप से इस बात

पर ग़ुस्सा होने लगा कि मैंने उन हज़ारों लोगों के, जो लड़ रहे थे और मर रहे थे, के मुँह पर भयभीत कर देने वाले इतने घिनौने विचार प्रकट ही कैसे कर दिये, और आख़िर में जब श्रोता शान्त हुए तो मैंने कहा, "आप जिस तरह से इस चीज़ के बारे में सोचते हैं, क्या आप में से हरेक व्यक्ति राष्ट्रपति को इस आशय का एक तार भेजेगा? हम उम्मीद करें कि कल तक राष्ट्रपति के पास दस हज़ार तार इस अनुरोध के साथ पहुँच जाएँगे कि दूसरा मोर्चा खोला जाए!"

बैठक के बाद मैंने महसूस किया कि माहौल में तनाव और बेचैनी घुल गए हैं। डडले फील्ड मालोन, जॉन गारफील्ड और मैं किसी जगह पर खाना खाने के लिए गए। "यार, आप में तो ग़ज़ब की हिम्मत है," गारफील्ड ने मेरे भाषण का ज़िक्र करते हुए कहा। उनकी बात ने मुझे विचलित कर दिया, क्योंकि मैं शहीद नहीं होना चाहता था और न ही किसी राजनीतिक पचड़े में फँसना चाहता था। मैंने वही कहा था जो मैंने ईमानदारी से महसूस किया था और जिसे मैंने सही समझा था। इसके बावजूद, जॉन के जुमले के बाद मैं बाक़ी पूरी शाम हताशा महसूस करता रहा। लेकिन भाषण के नतीजे के रूप में मैंने जिन डरावने बादलों की उम्मीद की थी, वे सब हवा में उड़ चुके थे और बेवर्ली हिल्स वापस आकर जीवन एक बार फिर उसी ढर्रे पर चलने लगा था।

कुछ ही हफ़्तों बाद मुझे एक और अनुरोध मिला कि मैं मेडिसन स्क्वायर में होने वाली विशाल जनसभा को टेलीफ़ोन पर ही सम्बोधित करूँ। चूँकि यह सभा भी उसी मक़सद के लिए थी, अत: मैंने अनुरोध स्वीकार कर लिया। करता भी क्यों नहीं? इस सभा को सर्वाधिक सम्मानित व्यक्तियों के संगठनों द्वारा प्रायोजित किया गया था। मैं चौदह मिनट तक बोलता रहा। यह भाषण औद्योगिक संगठनों की कांग्रेस की परिषद् को इतना अच्छा लगा कि उन्होंने इसे प्रकाशित करना उचित समझा। इस प्रयास में मैं अकेला ही नहीं था, यह बात सी.आई.ओ. द्वारा प्रकाशित पुस्तिका से भी स्पष्ट हो जाएगी :

भाषण

'रूस के लड़ाई के मैदानों पर लोकतंत्र जिएगा या मरेगा'

विशाल भीड़, जिसे पहले ही चेतावनी दे दी गई थी कि वह न तो बीच में टोकेगी और न ही तालियाँ बजाएगी, प्रत्येक शब्द पर हिस-हिस करती रही और तनाव में बैठी रही। इस तरह से वे अमेरिका की महान जनता के महान कलाकार चार्ल्स चैप्लिन को चौदह मिनट तक उस वक़्त सुनते रहे, जब वे हॉलीवुड से टेलीफ़ोन पर उन्हें सम्बोधित कर रहे थे।

22 जुलाई, 1942 की शाम होने से पहले न्यूयॉर्क में मेडिसन स्क्वायर पर ट्रेड यूनियनों के सदस्य, नागरिक, भाई-बन्धु, बुज़ुर्ग सदस्य, समुदाय और गिरजाघर संगठनों और अन्यों के सत्रह हज़ार सदस्य जुटे ताकि वे हिटलर और उसकी चांडाल चौकड़ी पर अन्तिम विजय के पलों को निकट लाने के लिए दूसरा मोर्चा तत्काल ही खोलने के लिए राष्ट्रपति फ्रैंकलिन डी. रूज़वेल्ट के समर्थन में अपनी आवाज़ उठा सकें।

इस विशाल प्रदर्शन की प्रायोजक थीं ग्रेटर न्यूयॉर्क इंडस्ट्रियल यूनियन काउंसिल सी.आई.ओ. से जुड़ी 250 यूनियनें। वेंडल एल विल्की, फिलिप मुरे, सिडनी हिलमैन और कई अन्य प्रमुख अमेरिकियों ने इस रैली के समर्थन में अपने उत्साहवर्धक सन्देश भेजे।

इस अवसर पर मौसम ने भी अपना समर्थन जतलाया। आसमान साफ़ रहा। मंच पर अमेरिकी राष्ट्र-ध्वज के दोनों तरफ़ मित्र-राष्ट्रों के झंडे लहरा रहे थे और राष्ट्रपति के समर्थन में तथा दूसरा मोर्चा खोलने के लिए नारों की पट्टिकाओं से वह विशाल जनसागर अँटा पड़ा था। पार्क के चारों तरफ़ की सड़कों पर जहाँ कहीं देखो, लोग नज़र आते थे।

बैठक की शुरुआत लूसी मुनरो ने 'द स्टार स्पैंगल्ड बैनर' गीत गाकर की तथा जेन फ्रोमैन, आरलेन फ्रांसिस और अमेरिकी थियेटर संघ के कई अन्य लोकप्रिय सितारों ने जन समुदाय का मनोरंजन किया। यूनाइटेड स्टेट्स सीनेटर जेम्स एम. मीड और क्लाउड पैपर, मेयर एफ.एच. ला गॉर्डिया, लेफ़्टिनेंट गवर्नर चार्ल्स पोलेटी, प्रतिनिधि वीटो मर्केंटोनियो, माइकल क्विल तथा जोसेफ़ कुर्रान, न्यूयॉर्क सी.आई.ओ. काउंसिल के अध्यक्ष आदि मुख्य वक्ता थे।

सीनेटर मीड ने कहा, "हम इस युद्ध को तभी जीत पाएँगे जब हम आज़ादी के संघर्ष के लिए एशिया में, जीते हुए यूरोप में, अफ्रीका में, पूरे दिल से और पूरे उत्साह से बड़ी संख्या में लोगों को भर्ती करेंगे।" और सीनेटर पैपर : "वह जो हमारी कोशिशों में अड़ंगा लगाता है, जो रोकने के लिए चिल्लाता है, वह गणतंत्र का दुश्मन है।" और जोसेफ़ कुर्रान : "हमारे पास मानव शक्ति है। हमारे पास सामग्री है। हम जीतने का एक ही रास्ता जानते हैं और वह है कि दूसरा मोर्चा खोल दिया जाए!"

वहाँ पर जो आम जनता की भीड़ जमा थी, जब भी राष्ट्रपति का ज़िक्र होता, दूसरे मोर्चे का, या हमारे बहादुर मित्र-राष्ट्रों का, बहादुर लड़ाकों का और सोवियत संघ का, ब्रिटेन और चीन का ज़िक्र होता तो सब-के-सब एक स्वर में ख़ूब उत्साह बढ़ाते। इसके बाद लॉन्ग डिस्टेंस टेलीफ़ोन के ज़रिये चार्ल्स चैप्लिन का भाषण आया।

दूसरे मोर्चे के लिए राष्ट्रपति की रैली का समर्थन करने के लिए! मेडिसन स्क्वायर पार्क, जुलाई 22, 1942

रूस के लड़ाई के मैदानों में लोकतंत्र जीवित रहेगा या ख़त्म हो जाएगा। मित्र-राष्ट्रों की क़िस्मत कम्यूनिस्टों के हाथों में है। अगर रूस को हटा दिया जाता है तो एशियाई महाद्वीप—इस ग्लोब का सबसे बड़ा और सबसे समृद्ध महाद्वीप नाज़ियों के अधिकार में चला जाएगा। चूँकि लगभग पूरे-का-पूरा पूर्वी क्षेत्र जापानियों के हाथों में है, तब दुनिया की कमोबेश सभी महत्त्वपूर्ण युद्ध सामग्री नाज़ियों के हाथ लग जाएगी। तब हमारे पास हिटलर को हराने का कौन-सा मौक़ा रह जाएगा?

परिवहन की दिक़्क़त, हमारी संचार लाइनों के हज़ारों मील दूर होने की समस्या, इस्पात, तेल और रबड़ की समस्या—और हिटलर की यह रणनीति कि फूट डालो और जीतो—अगर रूस को हटा दिया जाता है तो हम तो कहीं के नहीं रहेंगे। बुरी हालत हो जाएगी हमारी।

कुछ लोग कहते हैं कि इससे युद्ध दस या बीस बरस तक खिंच जाएगा। अगर मैं अपने अनुमान की बात करूँ तो यह इस बात को आशावादी तरीक़े से सामने रखना है, ऐसे हालात में और इस तरह के ख़तरनाक शत्रु के सामने भविष्य बेहद अनिश्चित रहेगा।

हम किस बात का इन्तज़ार कर रहे हैं?

रूसियों को मदद की बहुत सख़्त ज़रूरत है। वे दूसरे मोर्चे के लिए गिड़गिड़ा रहे हैं। मित्र-राष्ट्रों के बीच इस बात को लेकर मतभेद है कि क्या इस वक़्त एक दूसरा मोर्चा सम्भव है। हमारे सुनने में यह बात आती है कि मित्र-राष्ट्रों के पास इतनी आपूर्ति नहीं है कि वे दूसरे मोर्चे का बोझ उठा सकें। लेकिन फिर सुनाई देता है कि उनके पास पर्याप्त साज़ो-सामान है। हम यह भी सुनते हैं कि वे सम्भावित हार को देखते हुए दूसरे मोर्चे का जोख़िम नहीं लेना चाहते या वे तब तक कोई जोख़िम नहीं लेना चाहते जब तक वे निश्चित या तैयार न हो जाएँ।

लेकिन क्या हम तब तक इन्तज़ार करना गवारा कर सकते हैं जब तक निश्चित और तैयार न हो जाएँ। क्या आप सुरक्षित खेलना गवारा कर सकते हैं? युद्ध में कोई भी रणनीति सुरक्षित नहीं हुआ करती। ठीक इसी वक़्त जर्मन काकेशस से 35 मील दूर हैं। अगर काकेशस उनके हाथ में चला जाता है तो रूसी तेल का 95 प्रतिशत हाथ से चला जाएगा। जब

हज़ारों लोग मर रहे हों और लाखों लोग मरने की कग़ार पर हों तो हमें ईमानदारी से वह सब कुछ कह ही डालना चाहिए जो हमारे दिमाग़ में है। लोग-बाग अपने-आप से सवाल पूछ रहे हैं। हम सुनते हैं कि आयरलैंड में महान अभियान दल उतर रहे हैं, हमारे पचानवे प्रतिशत काफ़िले सफलता से यूरोप पहुँच रहे हैं, बीस लाख अंग्रेज़ों के पास हर तरह का साज़ो-सामान है और वे कूद पड़ने को तैयार हैं। तो ऐसे में जबकि रूस में हालात इतने हताशाजनक हैं, हम किस चीज़ का इन्तज़ार कर रहे हैं?

हम चुनौती स्वीकार कर सकते हैं।

वाशिंगटन के और लंदन के अधिकारीगण नोट करें यह प्रश्न असहमतियाँ पैदा करने के लिए नहीं है। हम उनसे ये सवाल इसलिए पूछ रहे हैं ताकि भ्रम को दूर कर सकें और आख़िर में होने वाली विजय के लिए विकास और एकता की भावना पैदा कर सकें। इसलिए जो भी जवाब होगा, हम उसे स्वीकार करते हैं।

इस समय रूस की जो हालत है, वह मुश्किलों में घिरा हुआ भी लड़ रहा है और यह मुश्किल है मित्र-राष्ट्रों की सबसे मज़बूत प्रणाली। हमने लीबिया की प्रतिरक्षा की और उसे खो बैठे, हमने क्रेटे की रक्षा की और उससे हाथ धो बैठे। हमने प्रशान्त के इलाक़े में फिलिपीन्स की और दूसरे द्वीपों की रक्षा की और वे सब हमसे छिन गए। लेकिन हम रूस को हाथ से जाने देना गवारा नहीं कर सकते। जिस वक़्त हमारी दुनिया—हमारा जीवन—हमारी सभ्यता हमारे पैरों के पास गिरी पड़ी हो, तो हमें मौक़े का फ़ायदा उठाना ही होगा।

अगर रूस काकेशस को हार बैठता है तो यह मित्र-राष्ट्रों के उद्देश्यों के लिए सबसे बड़ी आपदा होगी। फिर आप तुष्टि देने वालों का इन्तज़ार करेंगे, और वे छिपने की अपनी जगहों से बाहर आएँगे। वे विजेता हिटलर के साथ शान्ति स्थापित करना चाहेंगे। वे कहेंगे : "और अधिक अमेरिकी जानें गँवाने में कोई समझदारी नहीं है—हम हिटलर के साथ एक अच्छा सौदा कर सकते हैं।"

नाज़ी फन्दे से सावधान रहें

'इस नाज़ी फन्दे से सावधान रहें। ये नाज़ी भेड़िये भेड़ों का वेष धारण कर लेंगे। वे हमारे लिए शान्ति को बहुत अधिक आकर्षक बना देंगे और इससे पहले कि हम उस शान्ति को जान पाएँ, हम नाज़ी विचारों के चंगुल में फँस चुके होंगे। हमें ग़ुलाम बना लिया जाएगा। वे हमसे हमारी आज़ादी छीन लेंगे

और हमारे दिमाग़ों पर नियंत्रण कर लेंगे। इस दुनिया पर तब गेस्टापो का राज होगा। वे हवा में हम पर शासन करेंगे। हाँ, यही भविष्य की ताक़त है।

'जब सारे आकाशों की ताक़त नाज़ी हाथों में होगी तो नाज़ी आदेशों का विरोध करने वाली सारी ताक़तों का अस्तित्व ही समाप्त कर दिया जाएगा। मानव-प्रगति का नामोनिशान नहीं रहेगा। दुनिया में अल्पसंख्यकों के कोई अधिकार नहीं रहेंगे, कामगारों के कोई अधिकार नहीं रहेंगे। नागरिक अपने लिए किसी अधिकार की माँग नहीं कर सकेंगे। सारी की सारी चीज़ें नेस्तनाबूद कर दी जाएँगी, अगर एक बार भी हम इन तुष्टिदाताओं की बात सुन लें और विजेता हिटलर के साथ शान्ति का समझौता कर लें तो उन्हीं का आततायी आदेश पूरी धरती को नियंत्रित करेगा।

हम एक जोख़िम ले सकते हैं

उन तुष्टिदाताओं पर निगाह रखो जो आपदा के बाद हमेशा सिर उठाते हैं।

अगर हम अपनी निगाहें खुली रखते हैं और अपने मनोबल को ऊँचा बनाए रखते हैं तो हमें बिलकुल भी डरने की ज़रूरत नहीं है। याद रखें, मनोबल था इसीलिए इंग्लैंड बच पाया, और अगर हम भी अपना मनोबल बनाए रखेंगे तो आश्वस्त रहें, जीत हमारी ही होगी।

हिटलर ने कई मौक़ों का फ़ायदा उठाया है। उसका सबसे बड़ा मौक़ा रूसी मुहिम है। अगर वह इन गर्मियों तक काकेशस की घेराबन्दी तोड़ने में सफल नहीं हो पाता, तो ईश्वर ही मालिक है। अगर उसे मॉस्को के आसपास सर्दियों का एक और मौसम गुज़ारना पड़ता है, तो ईश्वर ही मालिक है। उसके पास जो अवसर है, वह बहुत दुर्लभ है लेकिन फिर भी उसने मौक़ा ले लिया है। और अगर हिटलर मौक़ों का फ़ायदा उठा सकता है, तो हम क्यों नहीं उठा सकते? हम एक्शन चाहते हैं। हमें बर्लिन पर गिराने के लिए और बम दो। हमें वे उन्नत ग्लेन मार्टिन सी प्लेन दो ताकि हम अपनी परिवहन की समस्या से निपट सकें। सबसे बड़ी बात, अब हमें दूसरा मोर्चा चाहिए ही चाहिए।

वसन्त ऋतु तक विजय

आइए, हम लक्ष्य बनाकर चलें कि वसन्त ऋतु तक विजय पा लेंगे। आप भले ही फैक्टरियों में हों, आप भले ही खेतों में हों, आप वर्दी में हों, दुनिया के सभी नागरिकों, आइए, हम इस लक्ष्य को पाने के लिए मिलकर काम करें और इसके लिए संघर्ष करें। आप, वाशिंगटन के और लंदन के अधिकारीगण, आइए, हम अपना लक्ष्य निश्चित कर लें—हमें वसन्त ऋतु तक विजय हासिल करनी है।

अगर हम इसी विचार को लेकर चलें, इसी विचार के साथ काम करें, इसी विचार के साथ जिएँ, इससे एक ऐसी भावना पैदा होगी जिससे हमारी ऊर्जा बढ़ेगी और हम अपनी मुहिम में तेज़ी ला पाएँगे।

"आइए, इस असम्भव को सम्भव कर दिखाने के लिए जुट जाएँ। इस बात को याद रखें कि पूरा इतिहास इस बात का गवाह रहा है कि सबसे बड़ी उपलब्धियाँ वे ही विजयें रही हैं जिन्हें असम्भव माना जा रहा था।"

*

फ़िलहाल मेरी ज़िन्दगी शान्तिपूर्ण तरीक़े से चल रही थी, लेकिन यह तूफ़ान से पहले की शान्ति थी। जो परिस्थितियाँ इस अजीबोग़रीब क़िस्से तक ले गईं वे बेहद मासूमियत से शुरू हुई थीं। रविवार का दिन था और टेनिस के एक खेल के बाद डुरैंट ने मुझे बताया कि उसने जॉन बैरी नाम की एक नवयुवती से मिलने की बात तय कर रखी है। वह पॉल गेट्टी की मित्र है; और उसके किसी मित्र ए.सी. ब्लूमेंथाल के परिचय-पत्र के साथ हाल ही में मेक्सिको शहर से आई है। टिम ने बताया कि वह उस लड़की और उसकी एक सहेली के साथ खाना खाने जा रहा है। उसने मुझसे पूछा कि क्या मैं भी साथ चलना चाहूँगा क्योंकि बैरी ने मुझसे मिलने की इच्छा व्यक्त की है। हम पेरिनो के रेस्तराँ में मिले। जिस सहेली का उसने ज़िक्र किया था वह ख़ुशमिज़ाज और देखने में भली लग रही थी। हम चारों ने वह सुकून भरी शाम एक साथ गुज़ारी। मैंने सोचा भी नहीं था कि उस लड़की से दोबारा मुलाक़ात होगी।

लेकिन अगले ही रविवार जब टेनिस के लिए ओपन हाउस था टिम उसे अपने साथ ले आया। रविवार की शाम को हमेशा यही होता था कि मैं अपने सारे स्टाफ़ को छुट्टी दे देता था और बाहर खाना खाया करता था, इसलिए मैंने टिम और मिस बैरी को रोमानोफ़ रेस्तराँ में खाने के लिए आमंत्रित किया और डिनर के बाद अपनी गाड़ी में उन्हें उनके घर पर छोड़ दिया। अलबत्ता, अगली सुबह मिस बैरी का फ़ोन आया। वह जानना चाह रही थी कि क्या मैं उसे लंच के लिए ले जाऊँगा। मैंने उसे बताया कि मैं नब्बे मील दूर सांता बारबरा में एक नीलामी में हिस्सा लेने जा रहा हूँ और अगर उसके पास करने के लिए और कोई काम नहीं है, तो वह मेरे साथ चल सकती है। हम वहाँ पर लंच करेंगे और उसके बाद नीलामी में चले जाएँगे। एक-दो चीज़ें ख़रीदने के बाद मैंने उसे गाड़ी में वापस लॉस एंजेल्स छोड़ दिया।

मिस बैरी बाईस बरस की भरपूर ख़ूबसूरत युवती थी। उसकी क़द-काठी अच्छी थी। ईश्वर उसके वक्षस्थल को लेकर उस पर कुछ अधिक ही मेहरबान हुआ था। उसके उरोज़ बेहद आकर्षक और विशाल थे तथा जब वह गर्मियों वाली काफ़ी नीचे गले की काट वाली पोशाक पहनती तो सामने वाले की नीयत डाँवाँडोल कर देती थी। मैं जब वापस उसे उसके घर छोड़ रहा था तो उसने मेरी कामोत्तेजना को जगा दिया।

उसने बताया कि पॉल गेट्टी के साथ उसका झगड़ा हो गया है और वह अगली ही रात न्यूयॉर्क वापस जा रही है। लेकिन अगर मैं चाहूँ तो मेरे लिए वह सब कुछ छोड़-छाड़कर रुक सकती है। इस पर मुझे थोड़ा-सा शक हुआ। चूँकि यह प्रस्ताव बहुत अचानक और अजीब था, मैंने उसे साफ़-साफ़ बता दिया कि वह मेरे भरोसे न रहे और यह कहते हुए मैंने उसे उसके अपार्टमेंट के बाहर छोड़ दिया तथा वहाँ से चला गया।

मेरी हैरानी की सीमा न रही जब उसने दो-एक दिन बाद फिर फ़ोन किया और बताया कि वह कैसे भी करके रुक रही है और क्या मैं उससे उसी रात मिल सकूँगा। जहाँ चाह वहाँ राह! और इस तरह से वह अपने लक्ष्य को पाने में सफल रही और मैं उससे अक्सर मिलने लगा। इसके बाद जो दिन आए, हालाँकि नाख़ुश करने वाले नहीं थे लेकिन उनमें कुछ-न-कुछ ऐसा था जो अजीब था और सब कुछ सामान्य नहीं था। कई बार बिना फ़ोन किये वह देर रात अचानक ही मेरे घर आ जाती। यह बात कुछ हद तक विचलित करने वाली थी। कभी ऐसा भी होता कि पूरे हफ़्ते तक मुझे उसकी कोई ख़बर न मिलती। हालाँकि मैं इस बात को स्वीकार नहीं करूँगा लेकिन मैंने बेचैनी महसूस करना शुरू कर दिया। हाँ, यह ज़रूर होता कि जब वह दोबारा अपना चेहरा दिखाती तो बेहद ख़ुश नज़र आती और फिर मेरे शक व डर हवा में उड़ जाते।

एक दिन मैंने सर सेड्रिक हार्डविक और सिन्क्लेयर लुईस के साथ लंच किया जहाँ उन्होंने 'शैडो एंड सब्सटांस' नाम के एक नाटक का ज़िक्र किया। इसमें ख़ुद सेड्रिक ने भूमिका निभाई थी। लुईस ने ब्रिजेट की भूमिका की तुलना आधुनिक जॉन ऑफ़ आर्क से करते हुए कहा कि इस नाटक पर एक बेहतरीन फ़िल्म बनाई जा सकती है। यह सुनकर इसमें मेरी दिलचस्पी जागी और मैंने सेड्रिक से कहा कि मैं नाटक पढ़ना चाहूँगा। अत: उन्होंने मेरे पास प्रति भिजवा दी।

एक या दो रात बाद की बात है। जॉन बैरी डिनर के लिए आई। मैंने उससे नाटक का ज़िक्र किया तो बैरी ने बताया कि उसने यह नाटक देख रखा है और वह लड़की की भूमिका करना चाहेगी। मैंने उसे गम्भीरता से नहीं लिया। लेकिन उस शाम उसने मुझे लड़की वाली भूमिका पढ़कर सुनाई और मैं यह देखकर हैरान रह गया कि उसने बेहतरीन ढंग से पाठ किया था। वह आइरिश उच्चारण बनाए रख पाई थी। मैं इतना अधिक उत्साहित हो गया कि मैंने यह देखने के लिए उसका मौन परीक्षण भी किया कि वह कैमरे के सामने कैसी लगेगी। मैं सन्तुष्ट हुआ।

अब उसकी अजीबोग़रीब हरकतों के बारे में मेरे सारे शक दूर हो गए। मुझे लगा जैसे मैंने एक खोज कर ली है। मैंने उसे मैक्स रेनहार्ट के अभिनय स्कूल में भेजा, क्योंकि उसे तकनीकी प्रशिक्षण की ज़रूरत थी और अब चूँकि वह वहाँ पर व्यस्त थी, हमारी मुलाक़ातें कम ही हो पातीं। अभी तक मैंने नाटक के अधिकार नहीं ख़रीदे थे, इसलिए मैं सेड्रिक से मिला और उसकी मदद से मैं 25,000 डॉलर में फ़िल्म के लिए अधिकार हासिल कर लिये। फिर मैंने बैरी को 250 डॉलर प्रति सप्ताह के क़रार पर रख लिया।

कुछ लोग रहस्यवादी होते हैं जो यह मानकर चलते हैं कि हमारा अस्तित्व आधा स्वप्न होता है और यह जानना मुश्किल होता है कि वह सपना कहाँ ख़त्म होता है और वास्तविकता कहाँ शुरू होती है। मेरे साथ भी यही हो रहा था। महीनों तक मैं पटकथा लिखने में उलझा रहा। इसी बीच अजीबोग़रीब और परेशान करने वाली बातें होने लगीं। बैरी आधी रात को अपनी कैडिलक चलाकर आती और बहुत ज़्यादा नशे में होती। तब मुझे अपने ड्राइवर को जगाना पड़ता ताकि वह उसे घर छोड़ आए। एक बार तो उसने अपनी कार रास्ते में भिड़ा दी इसलिए उसे कार को वहीं छोड़कर घर तक आना पड़ा। अब चूँकि उसका नाम चैप्लिन स्टूडियो से जुड़ गया था, मुझे इस बात की चिन्ता सताने लगी कि कहीं पुलिस उसे शराब पीकर गाड़ी चलाने के जुर्म में पकड़कर ले गई तो इससे अच्छा-ख़ासा हँगामा खड़ा हो जाएगा। अन्ततः वह इतनी झगड़ालू हो गई कि जब वह आधी रात को फ़ोन करती, तो मैं न तो फ़ोन उठाता और न ही उसके लिए दरवाज़ा खोलता। इस पर उसने खिड़कियों के काँच तोड़ना शुरू कर दिया। रातोंरात उसका अस्तित्व एक दुःस्वप्न में बदल गया।

तब मेरी जानकारी में यह बात आई कि वह रेनहार्ट स्कूल से कई हफ़्तों से ग़ैर-हाज़िर है। जब मैंने आमने-सामने बैठकर उससे इस बारे में पूछा तो उसने अचानक घोषणा कर दी कि वह अभिनेत्री नहीं बनना चाहती और अगर मैं उसके लिए तथा उसकी माँ के लिए न्यूयॉर्क वापस जाने का किराया और 5,000 डॉलर दे दूँ तो वह ख़ुशी-ख़ुशी क़रार फाड़ डालेगी। ऐसी हालत में मैंने बिना किसी हील-हुज्जत के उनकी बातें मान लीं, उनका किराया दिया, 5,000 डॉलर दिये और मुझे इस बात की ख़ुशी हुई कि मैं उससे जान छुड़ा पाया।

बैरी मैडम का मामला तो टाँय-टाँय फिस्स हो गया था, लेकिन मुझे 'शैडो एंड सब्सटांस' के अधिकार ख़रीदने का कोई अफ़सोस नहीं था। मैं पटकथा लगभग पूरी कर चुका था और मेरे ख़याल से यह बहुत अच्छी बन पड़ी थी।

सेन फ्रांसिस्को की बैठक को कई महीने बीत चुके थे और रूसी अभी भी दूसरे मोर्चे की माँग कर रहे थे। तभी न्यूयॉर्क से एक और अनुरोध आया। मुझसे अनुरोध किया गया था कि मैं कार्नेगी हॉल में एक सभा को सम्बोधित करूँ। मैं अपने-आप से बहस करता रहा कि जाऊँ या न जाऊँ और इस नतीजे पर पहुँचा कि मैंने कर दिया था, उतना ही काफ़ी है। लेकिन एक दिन बाद, जब जैक वार्नर मेरे टेनिस-कोर्ट में खेल रहे थे और मैंने उन्हें इसके बारे में बताया तो उन्होंने रहस्यमय तरीक़े से सिर हिलाया और बोले,

"मत जाओ।"

"लेकिन क्यों नहीं?" मैंने पूछा।

उन्होंने कारण तो नहीं बताया लेकिन यही कहते रहे, "मैं आपको भीतर की बात बता रहा हूँ, मत जाओ।"

लेकिन इसका उलटा असर हुआ। मेरे लिए अब यह एक चुनौती बन गया। यह वह वक़्त था जब दूसरे मोर्चे के लिए पूरे अमेरिका में सहानुभूति की चिनगारी जगाने के लिए बहुत ही कम शब्दों की ज़रूरत थी। रूस हाल ही में स्टालिनग्राद की लड़ाई जीत चुका था। इसलिए मैं गया और टिम डुरैंट को अपने साथ ले गया।

कार्नेगी हॉल की बैठक में पर्ल बक, रॉकवैल कैंट, ऑर्सन वेल्स और कई ख़्यातिनाम विभूतियाँ मौजूद थीं। ऑर्सन वेल्स को इस मौक़े पर बोलना था, लेकिन मेरा ख़याल है कि जब विरोधी पक्ष की आवाज़ बुलंद होने लगी, तो उन्होंने नपे-तुले शब्दों में ही अपनी बात कहने में बेहतरी समझी। वे मुझसे पहले बोले और इस बात का उल्लेख किया कि उन्हें इस बात में कोई तुक नज़र नहीं आता कि वे क्यों न बोलें, क्योंकि यह आयोजन रूसी युद्ध-राहत के लिए है और रूसी हमारे मित्र हैं। उनका भाषण बिना नमक के भोजन की तरह बेस्वाद था। इससे मेरा फ़ैसला और भी पक्का हो गया कि मुझे अपने मन की बात कहनी ही चाहिए। मैंने अपने शुरुआती शब्दों में एक स्तम्भ लेखक का उल्लेख किया जिसने मुझ पर आरोप लगाया था कि मैं चाहता हूँ कि यह युद्ध चलता रहे और मैंने कहा, 'जिस तरह की मुट्ठियाँ उस स्तम्भकार ने मुझपर तानी हैं, मेरा तो यही कहना है कि वही ईर्ष्यालु है और ख़ुद ही चाहता है कि लड़ाई चलती रहे। मुसीबत यह है कि हम रणनीति पर असहमत हैं—"वह ख़ुद इस वक़्त दूसरे मोर्चे पर भरोसा नहीं करता जबकि मैं करता हूँ।"

'डेली वर्कर' ने लिखा, "यह बैठक चार्ली और दर्शकों के बीच एक प्यार भरी दावत थी।" लेकिन मेरी भावनाएँ मिली-जुली थीं; हालाँकि मैं सन्तुष्ट था लेकिन डरा हुआ था।

कार्नेगी हॉल से निकलने के बाद टिम और मैंने कॉन्सटांस कालियर के साथ खाना खाया जो बैठक में भी मौजूद थीं। मेरी बात सुनकर वे अभिभूत थीं। कॉन्सटांस कुछ भी हो सकती थीं, लेकिन वामपंथी नहीं थीं। जब हम वाल्डोर्फ आस्टोरिया पहुँचे तो हमें जॉन बैरी की तरफ़ से कई टेलीफ़ोन सन्देश मिले। मेरी बाईं आँख फड़कने लगी। मैंने सारे सन्देश तुरन्त फाड़ डाले लेकिन फ़ोन फिर बजा। मैं टेलीफ़ोन ऑपरेटर से कहना चाहता था कि वह उसकी तरफ़ से मुझे कोई कॉल न लगाए लेकिन टिम ने कहा, "बेहतर होगा, आप ऐसा न करें। या तो आप फ़ोन पर बात करें या वह ख़ुद ही यहाँ पहुँच जाएगी और हँगामा खड़ा करेगी।"

अगली बार जब फ़ोन बज़ा तो मैंने बात की। वह काफ़ी सामान्य और ख़ुश लग रही थी। वह सिर्फ़ आकर मिलना और हैलो कहना चाहती थी। मैंने सहमति दे दी और टिम से कहा कि वे मुझे बैरी के साथ अकेला न छोड़ें। उस शाम बैरी ने मुझे बताया कि न्यूयॉर्क आने के बाद से वह पियरे होटल में रह रही है। यह होटल पॉल गेट्टी का है। मैंने झूठ बोला कि हम सिर्फ़ एक या दो दिन के लिए ही रुक रहे हैं और मैं कोशिश करूँगा कि एकाध लंच उसके साथ करने की गुंजाइश निकाल

सकूँ। वह आधे घंटे तक रुकी और पूछा कि क्या मैं उसे होटल तक छोड़ने चलूँगा? जब उसने ज़िद की कि मैं उसे कम-से-कम लिफ़्ट तक तो छोड़ दूँ, तो मुझे शक होने लगा। अलबत्ता, मैंने उसे प्रवेशद्वार पर छोड़ा और यह पहली तथा आख़िरी बार था जब मैंने उसे न्यूयॉर्क में देखा था।

दूसरे मोर्चे के लिए मेरे भाषणों का नतीजा यह हुआ कि न्यूयॉर्क में मेरी सामाजिक ज़िन्दगी में उतार आने लगा। अब मुझे सप्ताहान्त बिताने के लिए महलनुमा घरों में नहीं बुलाया जाता था। कार्नेगी हॉल बैठक के बाद क्लिफ़टन फैडीमैन, लेखक और निबन्धकार जो कि कोलम्बिया ब्रॉडकास्टिंग सिस्टम के लिए काम करते थे, होटल में मुझसे मिलने आए और पूछा कि क्या मैं अन्तरराष्ट्रीय प्रसारण करना चाहूँगा। वे मुझे सात मिनट देंगे और मैं अपनी मर्ज़ी से कुछ भी कह सकता हूँ। मुझे यह प्रस्ताव स्वीकार करने का लालच हो रहा था लेकिन तभी उन्होंने ज़िक्र किया कि यह प्रसारण केट स्मिथ कार्यक्रम में होगा। तब मैंने इस आधार पर मना कर दिया कि युद्ध के प्रयासों के बारे में मेरी प्रतिबद्धताएँ जेलों के लिए विज्ञापनबाज़ी बनकर रह जाएँगी। मैं फ्रैडीमैन का दिल नहीं दुखाना चाहता था। वे बहुत प्यारे और सुसंस्कृत व्यक्ति थे और जब वे जैलो का ज़िक्र कर रहे थे, उनका चेहरा लाल हो गया था। मुझे तत्काल अफ़सोस हुआ। काश, मैं अपने शब्द वापस ले सकता।

उसके बाद, मेरे पास ढेरों ख़त आए—एक पत्र विख्यात अमेरिकी प्रथम नागरिक—गेराल्ड एल.के. स्मिथ की तरफ़ से था जो इस विषय पर मुझसे बहस करना चाहते थे। अन्य प्रस्ताव भाषणों के थे, दूसरे मोर्चे के पक्ष में बोलने के लिए।

अब मुझे लगने लगा कि मैं राजनीतिक भँवर में फँस गया हूँ। मैंने अपने लक्ष्यों के बारे में ही सवाल करने शुरू कर दिये। मेरे भीतर का अभिनेता मुझे कितना प्रेरित करता था और सामने वाली जनता की प्रातिक्रिया कितनी प्रेरित करती थी? अगर मैंने नाज़ी-विरोधी फ़िल्म न बनाई होती तो क्या मैं इस शेखचिल्लीपने के रोमांचकारी हँगामे में उतरा होता? क्या ये सवाक फ़िल्मों के ख़िलाफ़ मेरी चिढ़ और प्रतिक्रिया का चरम बिन्दु था? मेरा ख़याल है, ये सभी बातें कहीं-न-कहीं जुड़ी हुई थीं, लेकिन सबसे ख़ास बात थी नाज़ी व्यवस्था के लिए मेरी नफ़रत और अवमानना।

सत्ताईस

बेवर्ली हिल्स वापस आने के बाद मैं एक बार फिर 'शैडो एंड सब्सटांस' पर काम करने में जुट गया। ऑर्सन वेल्स मेरे घर पर एक प्रस्ताव लेकर आए, उन्होंने बताया कि वे डॉक्यूमेंटरी फ़िल्मों की एक श्रृंखला कर रहे हैं जो जीवन से ली गई सच्ची कहानियों पर

आधारित है। इनमें में से एक कुख्यात फ्रांसीसी हत्यारे और औरतों के रसिया लांडू पर है और उनका ख़याल है कि यह मेरे करने के लिए एक शानदार नाटकीय काम होगा।

मेरी भी दिलचस्पी उसमें जागी क्योंकि यह काम कॉमेडी से थोड़ा-सा हटकर होगा और साथ ही लेखन, अभिनय और स्वयं निर्देशन करने के काम से थोड़ा हटकर होगा। यह काम तो मैं बरसों से करता आ रहा था। इसलिए मैंने पटकथा माँगी।

"ओह, वो तो अभी तक लिखी ही नहीं गई है।" उन्होंने बताया, "लेकिन सबसे ज़रूरी है कि लांडू के मुक़दमे से सब कुछ ले लिया जाए और आपका काम बन जाएगा।" उन्होंने आगे कहा, "मेरा तो ख़याल था कि आप इसके लेखन में मदद करेंगे।"

मैं निराश हो गया। "अगर मुझे इसके लेखन में मदद करनी है तो इसे करने में मेरी कोई रुचि नहीं है।" मैंने कह दिया और मामला वहीं ख़त्म हो गया।

लेकिन एक-दो दिन बाद ही मुझे लगा कि लांडू वाले विचार को लेकर एक शानदार कॉमेडी बनाई जा सकती है। इसलिए मैंने वेल्स को फ़ोन किया, "देखो, लांडू के बारे में डॉक्यूमेंटरी बनाने के आपके विचार ने मुझे एक कॉमेडी का आइडिया दिया है। इसका लांडू से कुछ भी लेना-देना नहीं है, लेकिन सब कुछ साफ़ हो, इसलिए मैं आपको पाँच हज़ार डॉलर देने के लिए तैयार हूँ, सिर्फ़ इसलिए कि आपके प्रस्ताव ने मुझे इस दिशा में सोचने का मौक़ा दिया है।"

वे हाँ...ऽऽहूँ...करते हुए हिचकिचाए।

"देखिए, लांडू आपकी या किसी और की मूल कहानी नहीं है। यह तो सार्वजनिक रचना है।"

वे कुछ पल सोचते रहे फिर बोले कि मैं उनके मैनेजर से बात कर लूँ। इस तरह से सौदा कर लिया गया : वेल्स को 5,000 डॉलर मिलेंगे और मैं सभी दायित्वों से मुक्त रहूँगा। वेल्स ने प्रस्ताव स्वीकार कर लिया लेकिन एक प्रावधान जोड़ने के लिए कहा, फ़िल्म देख लेने के बाद उन्हें यह विशेष अधिकार दिया जाए कि वे स्क्रीन क्रेडिट्स में यह वाक्य डलवा सकें, 'आइडिया ऑर्सन वेल्स ने सुझाया।'

मैंने अपने उत्साह में इस अनुरोध पर बहुत कम सोचा। अगर मैंने इस बात का पूर्वानुमान लगा लिया होता कि वे इससे आख़िर हासिल क्या करना चाहते हैं तो मैंने इस बात पर ज़ोर दिया होता कि कोई स्क्रीन आभार नहीं माना जाएगा।

अब मैंने 'शैडो एंड सब्सटांस' को एक तरफ़ रख दिया और 'मि. वरदो' लिखना शुरू कर दिया। मैं इस पटकथा पर पिछले तीन महीने से काम कर रहा था कि अचानक जॉन बैरी ने बेवर्ली हिल्स पर तूफ़ान खड़ा कर दिया। मेरे बटलर ने बताया कि उसने फ़ोन किया था। मैंने कह दिया कि किसी भी हालत में मैं उससे नहीं मिलूँगा।

इसके बाद जो घटनाएँ हुईं, वे न केवल घिनौनी थीं बल्कि व्यथित करने वाली भी थीं। चूँकि मैंने उससे मिलने से मना कर दिया था; इसलिए वह ज़बर्दस्ती घर में घुस गई और खिड़कियाँ तोड़ डालीं, मेरी जान लेने की धमकी दी और धन की माँग

की। आख़िर मजबूरन मुझे पुलिस को बुलवाना पड़ा। यह काम मुझे बहुत पहले ही कर लेना चाहिए था, बेशक इससे प्रेस वालों को लिखने के लिए अच्छा-ख़ासा मसाला मिल जाता। लेकिन पुलिस ने बहुत सहयोग दिया, उन्होंने कहा कि वे उसके ख़िलाफ़ आवारागर्दी के आरोप रोक लेंगे अगर मैं उसे वापस न्यूयॉर्क भिजवाने के लिए किराया देने के लिए तैयार हो जाऊँ। इसलिए मैंने एक बार फिर उसका किराया दिया। पुलिस ने उसे चेतावनी दी कि अगर वह बेवर्ली हिल्स के आसपास भी नज़र आई तो उस पर आवारागर्दी का आरोप लगा दिया जाएगा।

*

आप कह सकते हैं कि इस घिनौने घटनाक्रम के बाद मेरे जीवन के सबसे सुखद दिन बस आने ही चाहिए थे। क्योंकि कहते हैं न कि छायाएँ रात के अँधेरे में विलीन हो जाती हैं और प्रात: होते ही सूर्य उदित होता है।

कुछ ही महीने बीते होंगे कि एक दिन मिस मिना वालेस, हॉलीवुड में काम करने वाली एक फ़िल्म एजेंट ने यह कहने के लिए फ़ोन किया कि उनके पास न्यूयॉर्क से हाल ही में आई एक कलाकार है जो उनके ख़याल से 'शैडो एंड सब्सटांस' में ब्रिजेट के प्रमुख पात्र के लिए एकदम सही रहेगी। अब चूँकि 'मि. वरदो' एक मुश्किल कहानी थी और मैं उसे आगे बढ़ाने में मुश्किलें पा रहा था, मैंने मिस वालेस के इस सन्देश को अच्छे संकेत के रूप में लिया और सोचा क्यों न मैं 'शैडो एंड सब्सटांस' पर काम करने के बारे में फिर से सोचूँ और फ़िलहाल के लिए 'मि. वरदो' को एक तरफ़ सरका दूँ। इसलिए मैंने और अधिक ब्योरे लेने की नीयत से उन्हें फ़ोन किया। मिस वालेस ने बताया कि उस लड़की का नाम ऊना ओ'नील है और वह प्रसिद्ध नाटककार यूज़ीन ओ'नील की बेटी है। मैं यूज़ीन ओ'नील से कभी मिला नहीं था लेकिन उनके नाटकों की गम्भीरता से मुझे धुँधला-सा एहसास था कि उनकी लड़की कैसी होगी। इसलिए मैंने मिस से दो टूक पूछा, "क्या वह अभिनय कर सकती है?"

"उसे पूरब की तरफ़ गर्मियों में होने वाले नाटकों में अभिनय करने का थोड़ा-बहुत अनुभव है। बेहतर होगा आप उसका स्क्रीन टेस्ट ले लें और अपने आप देख लें।" उन्होंने कहा, "या उससे भी बेहतर यह होगा कि आप मेरे घर पर डिनर के लिए आ जाइए। मैं उसे भी वहीं पर बुलवा लूँगी।"

मैं वहाँ थोड़ा जल्दी पहुँच गया और मैंने एक अकेली नवयुवती को आग के पास बैठा पाया। मिस वालेस का इन्तज़ार करते हुए। मैंने अपना परिचय दिया और कहा कि शायद आप ऊना ओ'नील हैं। वह मुस्कराई। मेरी पूर्वधारणा के विपरीत, मैं उसके सौन्दर्य के प्रति आसक्त हो गया, उसमें एक तरह का बाँध लेने वाला आकर्षण और विनम्रता थी तथा ये बातें दिल को बाँध लेने वाली थीं।

अपनी मेज़बान की राह देखते हुए हम बैठे बातें करते रहे।

आख़िरकार मिस वालेस आईं और हमारा औपचारिक रूप से परिचय कराया गया। डिनर के लिए हम चार ही लोग थे : मिस वालेस, मिस ओ'नील, टिम डुरैंट और मैं। हालाँकि हमने फ़िल्म की बात नहीं की, हम उसके आसपास ही बात करते रहे। मैंने इस बात का ज़िक्र किया कि 'शैडो एंड सब्सटांस' की लड़की बहुत युवा है। यह सुनते ही मिस वालेस ने यह जुमला उछाल दिया कि मिस ओ'नील की उम्र सत्तरह बरस से थोड़ी ही ज़्यादा है। मेरा दिल डूब गया। हालाँकि उस भूमिका के लिए किसी युवा लड़की की ही ज़रूरत थी, लेकिन चरित्र बेहद जटिल था और इसके लिए थोड़ी बड़ी व अनुभवी अभिनेत्री चाहिए थी। इसलिए मैंने संकोच के साथ उसे अपने दिमाग़ से निकाल दिया।

लेकिन कुछ ही दिन बीते थे कि मिस वालेस ने फ़ोन करके जानना चाहा कि क्या मैं मिस ओ'नील के बारे में कुछ कर रहा हूँ क्योंकि फॉक्स फ़िल्म वाले उसमें दिलचस्पी ले रहे हैं। यह तभी और वहीं हुआ कि मैंने ओ'नील के साथ क़रार कर लिया। यह उस सम्बन्ध की शुरुआत थी जो अगले बीस बरस तक और मुझे उम्मीद है, अगले कई वर्षों के लिए भी परम प्रसन्नता का समय बनने के लिए मेरे भाग्य में लिखा था।

जैसे-जैसे मैं ऊना को जानता गया, मैं लगातार उसके हास्य-बोध और सहनशक्ति को देखकर हैरान होता रहा; वह हमेशा सामने वाले व्यक्ति के नज़रिये का ख़याल रखती। यही और कई तरह के दूसरे कारण भी रहे कि मैं ऊना से प्यार करने लगा। अब तक वह अट्ठारह बरस की हो चुकी थी; लेकिन मुझे इस बात का पूरा यक़ीन था कि वह उस उम्र की अन्य लड़कियों की तरह नहीं थी, वह नियमों से परे थी। हालाँकि शुरू-शुरू में मैं हम दोनों के बीच के उम्र के फ़ासले को लेकर डरा हुआ था, लेकिन ऊना पक्के इरादे वाली थी, मानो वह किसी सच को हासिल कर चुकी थी। इसलिए हमने 'शैडो एंड सब्सटांस' फ़िल्म पूरी कर लेने के बाद शादी करने का फ़ैसला कर लिया।

मैंने पटकथा का पहला ड्राफ्ट पूरा कर लिया था और अब उसके निर्माण का काम शुरू करने की सोच रहा था। अगर मैं उस फ़िल्म में ऊना में मौज़ूद आकर्षण की उस दुर्लभ छवि को दिखा पाया, तो 'शैडो एंड सब्सटांस' बेहद सफल फ़िल्म होगी।

ठीक इसी मौक़े पर, बैरी ने एक बार फिर धावा बोल दिया और लापरवाही वाले अन्दाज़ में बटलर को फ़ोन पर बताया कि वह ज़रूरतमंद है और तीन महीने का गर्भ है उसे। लेकिन न तो ऐसा आरोप लगाया और न ही संकेत ही दिया कि इसके लिए कौन ज़िम्मेवार है। बेशक, यह मेरे लिए चिन्ता की बात नहीं थी, इसलिए मैंने बटलर से कह दिया कि अगर वह घर के आसपास किसी तरह की हरकत करती है तो चाहे स्कैंडल ही हो जाए, मैं पुलिस को बुलवा लूँगा। लेकिन जब अगले दिन वह आई तो बहुत ख़ुश नज़र आ रही थी। उसने घर के और बग़ीचे के कई चक्कर काटे। इसमें कोई शक नहीं था कि वह योजनाबद्ध तरीक़े से काम कर रही थी। यह तो बाद में जाकर पता चला कि वह प्रेस की भड़काऊ महिला पत्रकारों के पास गई

थी और उन्हीं लोगों ने उसे सलाह दी थी कि वह घर वापस जाए और अपने आपको गिरफ़्तार करवा ले। मैंने उससे ख़ुद बात की और चेतावनी दी कि अगर वह घर से बाहर नहीं जाती है तो मजबूरन मुझे पुलिस को बुलवाना पड़ेगा। लेकिन जवाब में वह सिर्फ़ हँस दी। ब्लैकमेल करने वाली उसकी इस हरकत की जब सीमा पार हो गई तो मैंने बटलर से कहा कि पुलिस को फ़ोन करे।

उसकी गिरफ़्तारी को कुछ ही घंटे बीते थे कि अख़बार बड़ी-बड़ी हैडलाइनों से रँग गए। मुझे अपमानित किया गया था, मेरी निन्दा की गई थी और मुझ पर कीचड़ उछाला गया था : चैप्लिन, जॉन के अजन्मे बच्चे के पिता, ने उसे गिरफ़्तार करवाया, उसे बेहाल छोड़ दिया। एक हफ़्ते बाद मेरे ख़िलाफ़ पितृत्व का मामला दाख़िल कर दिया गया। इन आरोपों को देखते हुए मैंने अपने वकील लॉयड राइट से सम्पर्क किया और उसे बताया कि जॉन नाम की इस औरत से मेरा दो बरस से कोई नाता नहीं रहा है।

यह जानते हुए कि मैं 'शैडो एंड सब्सटांस' का निर्माण शुरू करने जा रहा हूँ, उन्होंने विनम्रता से सुझाव दिया कि मैं फ़िलहाल के लिए इसे टाल दूँ और तब तक के लिए ऊना ओ'नील भी वापस न्यूयॉर्क लौट जाए। लेकिन हमने उनकी सलाह नहीं मानी। न ही हम बैरी नाम की उस औरत और न ही प्रेस की हैडलाइनों की धमकियों में ही आए। चूँकि ऊना और मैं शादी करने के बारे में पहले ही बात कर चुके थे, इसलिए हमने तय किया कि हम तभी और वहीं शादी कर डालें। मेरे दोस्त हैरी क्रॉकर ने सभी शुरुआती तैयारियाँ कीं। इन दिनों वह हर्स्ट साहब के लिए काम कर रहा था, उसने वादा किया कि वह कुछ ही तसवीरें लेगा ताकि केवल हर्स्ट साहब को इसकी ख़ास स्टोरी मिल सके और एक मित्र, लॉयेला पारसंस शादी के बारे में लिखेगी ताकि हम दूसरे अख़बारों के विरोध के शिकार न बनें।

हमने कारपिंटेरिया में शादी की। यह सांता बारबरा से पन्द्रह मील की दूरी पर एक छोटा-सा गाँव था। लेकिन इससे पहले कि हमें शादी का लाइसेंस मिलता, हमें सांता बारबरा के टाउन हॉल में शादी को रजिस्टर करवाना था। अभी सुबह के आठ ही बजे थे और उस वक़्त शहर में गहमागहमी शुरू भी नहीं हुई थी। लेकिन जो क्लर्क शादियाँ रजिस्टर करता था, थोड़ा बदमाश था। अगर शादी करने वाले जोड़े में से कोई एक ख्यातिप्राप्त व्यक्ति हो तो वह आमतौर पर अपनी डेस्क के नीचे लगे एक गुप्त बटन को दबाकर प्रेस को ख़बर कर दिया करता था। इसलिए फ़ोटो आयोजन से बचने के लिए हैरी ने इस बात का इन्तज़ाम किया कि जब तक ऊना रजिस्टर में हस्ताक्षर आदि करे, मैं कार्यालय के बाहर ही इन्तज़ार करूँ। सामान्य क़िस्म के ब्योरे, मसलन उसका नाम, उम्र आदि नोट कर लेने के बाद क्लर्क ने कहा, "कहाँ हैं दूल्हे महाशय?"

जब मैं उसके सामने आया तो उसकी आँखें चौड़ी हो गईं, "यह तो भई, बहुत बड़ा सरप्राइज़ है!" इसके बाद जब हैरी ने उसके हाथ को डेस्क के नीचे ग़ायब होते देखा तो हमने उस पर जल्दी करने के लिए ज़ोर डाला। इस तरह, बहुत देर तक

हील-हुज्जत करने और जितनी देर वह लगा सकता था, उतनी देर लगाने के बाद उसने संकोच के साथ हमें लाइसेंस दिया। जैसे ही हम इमारत से बाहर निकलकर अपनी कारों की तरफ़ जा रहे थे, अहाते में प्रेस वालों का हुजूम आ पहुँचा। इसके बाद तो शुरू हुई जीवन-मरण की दौड़। सांता बारबरा की सुनसान गलियों में मोड़ काटते और ब्रेक लगाते कारें दौड़ाना, कभी इस तरफ़ की गली में मुड़ना तो कभी दूसरी तरफ़ की गली में से बचते-बचाते निकलना। इस तरह से हमने उन्हें काफ़ी छकाया और वापस कारपिंटेरिया पहुँचकर ऊना और मैंने बिना शोर-शराबे के शादी कर ली।

सांता बारबरा में हमने दो महीने के लिए एक मकान लीज़ पर ले लिया तथा प्रेस द्वारा उगले जाते ज़हर के बावजूद वहाँ बहुत अच्छा वक़्त गुज़ारा, क्योंकि किसी को मालूम नहीं था कि हम कहाँ पर हैं? हालाँकि जब भी दरवाज़े की घंटी बजती, हम उछल पड़ते।

शाम के वक़्त हम गाँव की तरफ़ चहलक़दमी के लिए निकल जाते तथा इस बात का विशेष ध्यान रखते कि देख या पहचान न लिये जाएँ। अक्सर मुझे गहरी हताशा घेर लेती, मैं महसूस करता कि मेरे हिस्से में पूरे देश की कड़ुवाहट और नफ़रत आई है और मेरा फ़िल्म कॅरियर चौपट हो गया है। ऐसे वक़्त में ऊना मुझे ऐसे मूड से बाहर निकालती और मेरे लिए 'ट्रिलबी' के अंश पढ़ती। यह किताब बहुत ही मज़ेदार है और विक्टोरियाकालीन हँसी-मज़ाक़ से भरी हुई है। ख़ास तौर पर वे अंश जहाँ लेखक पेज-दर-पेज इस बात की व्याख्याएँ देता चलता है कि ट्रिलबी क्यों अपनी अस्मत लगातार दोनों हाथों से लुटाती रहती है। ऊना आग के पास आरामकुर्सी पर पालथी मारकर बैठ जाती और मुझे यह अंश पढ़कर सुनाती। बीच-बीच में हताशा के दौरों के बावजूद सांता बारबरा में बिताए ये दो महीने उदास, रूमानियत से भरे, ईश्वरीय वरदान सरीखे और चिन्ता व हताशा के बीच गुज़रे।

*

जब हम लॉस एंजेल्स लौटे तो यूनाइटेड स्टेट्स के उच्चतम न्यायालय के मेरे मित्र जस्टिस मर्फ़ी की तरफ़ से चिन्ता में डालने वाली ख़बर मिली। उन्होंने बताया कि प्रभावशाली राजनीतिज्ञों के एक डिनर में एक राजनेता ने यह टिप्पणी की थी कि "हम चैप्लिन को बाहर निकालकर ही दम लेंगे।"

जस्टिस मर्फ़ी ने लिखा था, "अगर आप किसी मुसीबत में फँस जाते हैं तो आप किसी छोटे, नामालूम-से वकील की सेवाएँ ही लेना और महँगा वकील क़तई मत करना।"

अलबत्ता, इस बात में थोड़ा समय लग गया जब संघीय सरकार हरकत में आई। उन्हें गुमनाम प्रेस का समर्थन मिल रहा था जिनके लिए मैं आँख की किरकिरी बना हुआ था।

इस बीच हम पितृत्व वाले मामले की तैयारी कर रहे थे। यह दीवानी मामला था और इसका संघीय सरकार से कुछ लेना-देना नहीं था। पितृत्व वाले मामले के लिए लॉयड राइट ने सुझाव दिया कि मैं अपने ख़ून की जाँच कर लूँ। अगर यह जाँच मेरे पक्ष में गई तो यह इस बात का पक्का सबूत होगा कि मैं मोहतरमा जॉन बैरी के बच्चे का पिता नहीं हूँ। बाद में वे मेरे पास यह ख़बर लेकर आए कि उन्होंने जॉन के वकील के साथ एक समझौता किया है। शर्त यह थी कि अगर हम जॉन बैरी को 25,000 डॉलर दे दें, तो वह अपने और अपनी बच्ची के ख़ून के नमूने जाँच के लिए दे देगी और अगर नतीजों से यह सिद्ध हो गया कि मैं बच्ची का पिता नहीं हूँ तो वह पितृत्व वाला मामला वापस ले लेगी। मैं प्रस्ताव पर कूद पड़ा। लेकिन यह मेरे ख़िलाफ़ चौदह की तुलना में एक वाला मामला था क्योंकि बहुत सारे लोगों का ब्लड ग्रुप एक जैसा ही होता है। उसने समझाया कि अगर बच्चे का ब्लड ग्रुप ऐसा हो जो कि न तो माँ का है और न ही आरोपित पिता का ही, तो अवश्य ही यह ब्लड ग्रुप किसी तीसरे व्यक्ति की वजह से आया होना चाहिए।

बैरी द्वारा बच्ची को जन्म दे दिये जाने के बाद संघीय सरकार ने बहुत बड़े पैमाने पर जाँच-पड़ताल शुरू कर दी और मुझे फँसाने की नीयत से बैरी से सवाल-जवाब शुरू कर दिये। किन आधारों पर, मैं इसकी कल्पना नहीं कर पा रहा था। दोस्तों ने मुझे सलाह दी कि मैं प्रख्यात फ़ौजदारी वकील गिस्लर से सम्पर्क करूँ और जस्टिस मर्फ़ी की सलाह के ख़िलाफ़ मैंने ऐसा ही किया, जो एक बहुत बड़ी ग़लती थी क्योंकि इससे ऐसा लगा मानो मैं किसी बड़ी मुसीबत में फँस गया हूँ। लॉयड राइट ने इस मुद्दे पर चर्चा करने के लिए गिस्लर से मुलाक़ात की व्यवस्था की कि संघीय सरकार की जूरी मुझ पर किस आधार पर आरोप लगा सकती है। दोनों ही वकीलों को पता था कि संघीय सरकार मेरे ख़िलाफ़ मान अधिनियम (Mann Act) के उल्लंघन का आरोप सिद्ध करना चाहती है।

बीच-बीच में संघीय सरकार अपने राजनीतिक विरोधियों को उनकी औक़ात दिखाने के लिए इसी क़ानून का सहारा लिया करती थी। मान अधिनियम का मूल आशय वेश्यावृत्ति के प्रयोजन से किसी औरत को एक राज्य से दूसरे राज्य में ले जाने से रोकना था। रेडलाइट इलाक़ों के समाप्त कर दिये जाने के बाद इसका बहुत ही कम वैध उपयोग रह गया था लेकिन नागरिकों को हैरान-परेशान करने के लिए इसे अभी भी इस्तेमाल किया जा रहा था। मान लीजिए, कोई व्यक्ति अपनी तलाक़शुदा पत्नी को दूसरे राज्य की सीमा पर लेकर जाता है और वहाँ उसके साथ सम्भोग करता है, तो यह माना जाएगा कि उसने मान अधिनियम का उल्लंघन किया है और उसे पाँच बरस के लिए सींखचों के पीछे डाला जा सकता है। यह क़ानूनी अवसरवाद का नमूना था जिसके आधार पर संघीय सरकार मेरे ख़िलाफ़ आरोप-पत्र लाई थी।

इस दूर की कौड़ी वाले आरोप के अलावा सरकार एक और क़ानूनी खिचड़ी पका रही थी जो एक पुरानी पड़ चुकी क़ानूनी तकनीकी बात पर आधारित थी। यह बात इतनी वाहियात थी कि आख़िर उन्होंने उसे छोड़ दिया। राइट और गिस्लर दोनों ही इस बात से सहमत थे कि दोनों ही आरोप वाहियात थे और उन्हें लग रहा था कि अगर मुझ पर आरोप लगाए भी जाते हैं तो कोई वजह नहीं कि मैं मामला जीत न सकूँ।

इस तरह महान जूरी की जाँच शुरू हो गई। मुझे विश्वास था कि पूरा-का-पूरा मामला ही झूठा है जो आसानी से ढह जाएगा; लेकिन मैं यह जानता था कि बैरी अपनी माँ के साथ न्यूयॉर्क आती-जाती रही थी। अलबत्ता, कुछ ही दिन बाद गिस्लर मुझसे मिलने आए, "आपके ख़िलाफ़ सभी मामलों में आरोप लगा दिये गए हैं," उन्होंने कहा, "हम ब्योरों वाला पत्र बाद में हासिल कर लेंगे। मैं आपको शुरुआती सुनवाई की तारीख़ों के बारे में बता दूँगा।"

आगे आने वाले दिन काफ़्का की किसी कहानी की तरह थे। मैं पा रहा था कि मेरी आज़ादी दाँव पर लगी हुई है और उसे बचाने के लिए मैं एक ऐसी मुहिम में लगा हुआ हूँ जिस पर मुझे पूरी तरह से ध्यान देने की ज़रूरत है। अगर सभी मामलों में मेरे ख़िलाफ़ आरोप सिद्ध हो जाते तो मुझे बीस बरस की क़ैद हो सकती थी।

अदालत में शुरुआती सुनवाइयों के बाद तो फ़ोटोग्राफ़रों और प्रेस वालों की बन आई थी। मेरे मना करने के बावजूद वे संघीय मार्शल के दफ़्तर में ज़बर्दस्ती घुस आए और जिस वक़्त मेरी उँगलियों के निशान लिये जा रहे थे, मेरे फ़ोटोग्राफ़ लेने लगे।

"क्या उन्हें ऐसा करने का अधिकार है?" मैंने पूछा।

"नहीं," मार्शल ने कहा, "लेकिन आप इन लोगों पर क़ाबू नहीं पा सकते।" यह बात संघीय सरकार का एक अधिकारी बता रहा था।

अब तक बैरी की बच्ची इतनी बड़ी हो गई थी कि उसके ख़ून का नमूना लिया जा सके। बैरी के और मेरे वकील की आपसी सहमति से एक क्लीनिक चुना गया और बैरी, उसकी बच्ची और मैंने अपने-अपने ख़ून के नमूने जमा कराए।

बाद में मेरे वकील ने फ़ोन किया। उसकी आवाज़ ख़ुशी के मारे काँप रही थी, "चार्ली, आप दोषमुक्त हो गए। ब्लड टेस्ट से पक्के तौर पर यह सिद्ध हो गया है कि आप उस बच्ची के पिता नहीं हो सकते।"

मैंने भावुक होकर कहा, "यही तो न्याय है।"

इस ख़बर से प्रेस में थोड़ी देर के लिए सनसनी छा गई। एक अख़बार ने लिखा : "चार्ली चैप्लिन दोषमुक्त।" दूसरे ने लिखा : "रक्त की जाँच ने पक्के तौर पर सिद्ध किया कि चार्ली बैरी की बच्ची के पिता नहीं हो सकते।"

हालाँकि रक्त जाँच के नतीजों ने संघीय सरकार को परेशानी में डाल दिया था लेकिन फिर भी वे अपने मामले को आगे बढ़ाते रहे। जैसे-जैसे मुक़दमा नज़दीक आता गया, मुझे लम्बी भयानक शामें गिस्लर के घर पर गुज़ारनी पड़तीं जहाँ मैं हताश करने

वाले ब्योरों से जूझता कि मैं जॉन बैरी से कब और कैसे मिला था? सेन फ्रांसिस्को में रहने वाले एक कैथोलिक पादरी से एक महत्त्वपूर्ण पत्र मिला जिसमें उन्होंने लिखा था कि उनके पास इस बात के सबूत हैं कि बैरी को एक फ़ासीवादी संगठन इस्तेमाल कर रहा है और वे सेन फ्रांसिस्को से लॉस एंजेल्स आकर इस आशय का बयान देने के लिए तैयार हैं। लेकिन गिस्लर ने इसे अप्रासंगिक कहकर दरकिनार कर दिया।

हमारे पास ऐसे बहुत से सबूत थे जिनसे जॉन के चरित्र और उसके अतीत को उघाड़ा जा सकता था। हम कई हफ़्तों से इन कोणों पर विचार कर रहे थे। तभी एक रात मेरी हैरानी की सीमा न रही, जब गिस्लर ने अचानक घोषणा कर दी कि चरित्र-हनन बहुत पुराना टोटका है और यह ऐरॉल फ्लिन केस में भी सफल रहा था, पर यहाँ इसकी ज़रूरत नहीं पड़ेगी। "हम इस मामले को इस फ़ालतू की चीज़ को इस्तेमाल में लाए बिना आसानी से जीत सकते हैं।" उन्होंने बताया। गिस्लर के लिए यह फ़ालतू की चीज़ हो सकता था लेकिन हमारे पास उसके अतीत के जो सबूत थे, वे मेरे लिए बहुत मायने रखते थे।

मेरे पास बैरी के वे ख़त भी थे जो उसने मेरे लिए खड़ी की गई सारी मुसीबतों के लिए माफ़ी माँगते हुए लिखे थे और मेरी दयालुता व उदारता के लिए मेरे प्रति आभार माना था। मैं इन पत्रों को सबूत के तौर पर इस्तेमाल करना चाहता था क्योंकि इनसे प्रेस के अमानवीय क़िस्सों को ग़लत ठहराया जा सकता था। मैं ख़ुश था और यह मानकर चल रहा था अच्छा हुआ जो यह स्कैंडल इस हद तक आ गया है क्योंकि अब तो प्रेस को सच छापना ही पड़ेगा और मैं कम-से-कम अमेरिकी जनता की निगाहों में तो दोषमुक्त माना जाऊँगा।

इस मौक़े पर मैं जे. एडगर हूवर और उनके संगठन के बारे में दो शब्द अवश्य ही कहना चाहूँगा। चूँकि यह एक संघीय मामला था और एफ.बी.आई. इस बात के लिए जी-जान से जुटी हुई थी कि अभियोजन पक्ष के लिए ख़ूब साक्ष्य जुटाए जा सकें। मैं मि. हूवर से कई बरस पहले एक डिनर पार्टी में मिला था। एक तरह से क्रूर चेहरे और टूटी नाक से उबर जाने के बाद आपको कोई भी अच्छा लगने लगता है। जब मैं उनसे मिला था तो वे मुझसे बहुत उत्साह से मिले थे और अपनी सेवा में क़ानून के विद्यार्थियों सहित किसी अच्छे व्यक्ति को रखने की बात कर रहे थे।

और अब मुझे फँसाए जाने के कुछ रातों बाद हूवर चेसन रेस्तराँ में बैठे हुए थे। वे एफ.बी.आई. के अपने आदमियों के साथ थे और ऊना व मुझसे मात्र तीन ही मेज़ दूर बैठे थे। उसी मेज़ पर उनके साथ बैठे थे टिप्पी ग्रे जिन्हें मैं 1918 के बाद से बीच-बीच में हॉलीवुड में देखता आया था। वे हॉलीवुड की पार्टियों में नज़र आ जाते थे। वे नेगेटिव, परवाह न करने वाले और लगातार खोखली हँसी हँसने वाले इनसान थे जिन्हें देखकर मुझे कोफ़्त होती। मैं यह मानकर चलता था कि वे फ़िल्मों में या तो प्लेबॉय रहे होंगे या छोटे-मोटे रोल करते होंगे। लेकिन अब मैं इस बात को

लेकर हैरान था कि वे हूवर की मेज़ पर क्या कर रहे थे। जब ऊना और मैं चलने के लिए खड़े हुए तो मैंने उसी वक़्त मुड़कर देखा जिस वक़्त टिप्पी ने मुड़कर देखा तथा एक पल के लिए हमारी निगाहें मिलीं और उन्होंने अचानक खीसें निपोरीं। तब मैं उनके खीसें निपोरने का फ़ालतू अर्थ समझ पाया।

आख़िर ट्रायल का दिन आया। गिस्लर ने कहा कि मैं उनसे दस बजने के ठीक दस मिनट पहले फ़ेडरल बिल्डिंग के बाहर मिलूँ ताकि हम एक साथ अन्दर जा सकें।

अदालत का कमरा दूसरी मंज़िल पर था। जिस वक़्त हमने अदालत में प्रवेश किया, हमारी मौज़ूदगी ने बहुत कम हलचल पैदा की। दरअसल, प्रेस के सदस्य अब मेरी उपेक्षा कर रहे थे क्योंकि अब उन्हें मुक़दमे से ही काफ़ी मसाला मिल रहा था। गिस्लर ने मुझे एक कुर्सी पर बिठा दिया और अदालत में कई लोगों से बात करते हुए इधर-उधर घूमने लगे। ऐसा लग रहा था कि यह उन सबके लिए पार्टी है लेकिन उसमें मैं कहीं नहीं हूँ।

मैंने फ़ेडरल एटॉर्नी की तरफ़ देखा। वे काग़ज़ात पढ़ रहे थे, प्रविष्टियाँ कर रहे थे, बातें कर रहे थे और पूरे विश्वास के साथ कई लोगों से बातें करते हुए हँस रहे थे। टिप्पी ग्रे भी वहीं मौज़ूद थे और बीच-बीच में मेरी तरफ़ सरसरी निगाह डालकर बेवजह खीसें निपोरने लगते।

गिस्लर मेज़ पर एक काग़ज़ और पेंसिल छोड़ गए थे ताकि मुक़दमे के दौरान नोट्स ले सकें। मैं ख़ाली बैठकर इधर-उधर न घूरता रहूँ, इसलिए मैंने ड्रॉइंग बनाना शुरू कर दिया। गिस्लर तुरन्त लपककर मेरे पास आए और फुसफुसाए, "यह सब मत करो।" यह कहते हुए उन्होंने मेरे हाथ से काग़ज़ छीन लिया और फाड़ने लगे, "अगर यह काग़ज़ प्रेस के हाथ लग गया, तो वे इसका विश्लेषण करवाएँगे और बेकार के नतीजे निकालेंगे।" मैंने एक नदी और एक पुराने से पुल का ज़रा-सा स्केच ही बनाया था जैसा कि मैं बचपन में करता था।

आख़िरकार, अदालत के कमरे में तनाव फैल गया और हर आदमी अपनी जगह पर पहुँच गया। क्लर्क ने अपनी हथौड़ी से तीन बार ठक-ठक की और मुक़दमा शुरू हो गया। मेरे ख़िलाफ़ चार आरोप लगाए गए थे : दो आरोप मान अधिनियम के लिए और दो आरोप किसी ऐसे अप्रचलित क़ानून के लिए जिसके बारे में किसी ने गृहयुद्ध के बाद सुना ही नहीं था। ये इस आशय के आरोप थे कि मैंने एक नागरिक के अधिकारों में दख़ल दिया है। पहले तो गिस्लर ने कोशिश की कि पहले आरोपों को ही रफ़ा-दफ़ा कर दिया जाए लेकिन यह एक औपचारिकता मात्र थी : यह माँग कुछ ऐसी थी कि आप सर्कस में पैसा देकर अन्दर आए दर्शकों को बाहर जाने के लिए कहें।

जूरी के चयन में दो दिन लग गए : वहाँ पर चौबीस लोगों का पैनल था जिसमें से बारह लोग चुने जाने थे। प्रत्येक पक्ष को उनमें से छह लोग चुनने का अधिकार था ताकि जूरी के बारह सदस्यों का चयन हो सके। दोनों तरफ़ से जूरी के सदस्यों की

ख़ूब पड़ताल की जाती है और भयानक जाँच की जाती है। तरीक़ा यह है कि जज और एटॉर्नी मामले में बिना भेदभाव के निर्णय देने के लिए उनकी योग्यता के बारे में इस तरह के सवाल पूछते हैं : क्या उसने काग़ज़ात पढ़े हैं, क्या उन्हें पढ़ लेने के बाद वह उनसे प्रभावित हुआ है या उसने कोई पूर्वग्रह पाला है या वह मामले से जुड़े किसी व्यक्ति को जानता है? यह सनक भरा तरीक़ा था, ऐसा मुझे लगा, क्योंकि नब्बे प्रतिशत प्रेस चौदह महीने से मेरे ख़िलाफ़ विरोध का माहौल बनाने में लगी हुई थी। सम्भावित जूरी सदस्य से प्रश्न पूछने में लगभग आधा घंटा लगता था और इस अवधि के बीच वादी और प्रतिवादी, दोनों एटॉर्नी अपने जाँचकर्ताओं को उसके बारे में जानकारी जुटाने के लिए भेजते थे। जैसे ही प्रत्येक सम्भावित सदस्य को बुलाया जाता, गिस्लर नोट्स बनाते और उन्हें अपने जाँचकर्ताओं के हाथ में दे देते और वे तुरन्त ग़ायब हो जाते। दस मिनट बाद जाँचकर्ता वापस आता और सूचना से लैस पर्ची गिस्लर के हाथ में थमा देता : 'जॉन डॉक्स, हेबरडेशरी स्टोर्स में क्लर्क, पत्नी, दो बच्चे, कभी सिनेमा देखने नहीं जाता।' "हम फ़िलहाल के लिए उसे रख लेते हैं" गिस्लर फुसफुसाए और इस तरह से चयन चलता रहता। प्रत्येक पक्ष जूरी के सदस्यों को ठुकरा देता या स्वीकार कर लेता, फेडरल एटॉर्नी अपने जाँचकर्ताओं के साथ फुसफुसाकर सलाह लेता : बीच-बीच में टिप्पी ग्रे अपनी सामान्य मुस्कराहट के साथ मेरी तरफ़ देख लेते।

जब जूरी के आठ सदस्य चुन लिए गए तो जूरी बॉक्स में एक महिला ने प्रवेश किया। गिस्लर ने कहा, "मैं इसे पसन्द नहीं करता।" वे दोहराते रहे, "मैं इसे पसन्द नहीं करता। इस औरत में कुछ ऐसा है जो मुझे पसन्द नहीं है।" जिस वक़्त उस महिला से पूछताछ की जा रही थी, तो गिस्लर के जाँचकर्ता ने उन्हें एक पर्ची थमाई। 'मैंने ऐसा ही सोचा था।' गिस्लर पर्ची पढ़कर फुसफुसाए। वह महिला 'लॉस एंजेल्स टाइम्स' में रिपोर्टर रह चुकी थी। "हमें इससे पीछा छुड़ाना होगा। लेकिन दूसरे पक्ष ने उसे इतनी जल्दी कैसे स्वीकार कर लिया है।" मैंने उस महिला का चेहरा पढ़ने की कोशिश की लेकिन मैं उसे बहुत अच्छी तरह से नहीं देख पाया इसलिए मैंने अपना चश्मा निकालने की कोशिश की। गिस्लर ने तुरन्त मेरी बाँह थाम ली। "अपना चश्मा मत लगाओ।" वे फुसफुसाए। मुझे ऐसा आभास हुआ कि वह अपने ख़यालों में खोई हुई थी, लेकिन चश्मे के बिना मेरे लिए सब कुछ धुँधला था। गिस्लर ने कहा, "दुर्भाग्य से हमारे पास दो ही आपत्तियाँ रह गई हैं, इसलिए फ़िलहाल यही बेहतर रहेगा कि हम उसे रख लें।" चूँकि चयन प्रक्रिया चलती रही, इसलिए उन्हें अपनी दो अन्तिम आपत्तियाँ ऐसे दो लोगों पर इस्तेमाल करनी पड़ीं जो स्पष्ट रूप से मेरे ख़िलाफ़ पूर्वग्रही थे और उन्हें मजबूरन महिला-पत्रकार को लेना ही पड़ा।

दोनों एटॉर्नी की क़ानूनी बहसबाज़ी सुनने के बाद मुझे ऐसा लगा कि वे दोनों कोई खेल खेल रहे हैं और उससे मेरा कुछ लेना-देना नहीं है। आरोपों के वाहियात होने के बावजूद मेरे दिमाग़ के पिछले हिस्से में यह सम्भावना कुलबुला रही थी कि

मुझे शायद सूली पर चढ़ा दिया जाएगा। लेकिन मैं इसके बारे में कभी भी पूरे तौर पर यक़ीन नहीं कर पाया और अक्सर मुझे मेरे कॅरियर के भविष्य के बारे में ख़याल आ जाता लेकिन अब सब कुछ हँगामे में खो चुका था और कुछ भी साफ़ नहीं था। मैंने इन सारी बातों को दिमाग़ से निकाल दिया। मैं इस वक़्त में एक ही बात सोच पा रहा था।

जैसा कि बहुत सारी मुसीबतों में होता है, व्यक्ति लगातार उनके बारे में गम्भीर नहीं रह सकता। मुझे याद है कि एक बार अदालत किसी क़ानूनी मुद्दे पर चर्चा करने के लिए रुकी हुई थी। जूरी के सदस्य जा चुके थे और एटॉर्नी तथा न्यायाधीश अपने भीतर वाले कक्ष में जा चुके थे। अदालत के कमरे में दर्शक, फ़ोटोग्राफ़र और मैं ही रह गए थे। फ़ोटोग्राफ़र इस बात की ताक में था कि किसी अनोखे पोज़ में मेरी तसवीर उतार ले। जैसे ही मैंने पढ़ने के लिए अपना चश्मा निकाला, उसने अपना कैमरा उठा लिया, लेकिन मैंने तुरन्त अपना चश्मा उतार लिया। यह देखकर अदालत में बाक़ी बचे लोगों में हँसी की लहर दौड़ गई। जब उसने अपना कैमरा नीचे कर लिया तो मैंने दोबारा चश्मा पहन लिया। इसके बाद तो यह चूहे-बिल्ली का खेल हो गया जो बहुत अच्छे मूड में खेला जा रहा था। वह कैमरा ऊपर करता और मैं चश्मा उतार देता। दर्शक इस बात का मज़ा ले रहे थे। जब अदालत फिर से जुटी, तो निश्चय ही मैंने अपना चश्मा उतार दिया और गम्भीर मुद्रा बनाकर बैठ गया।

ट्रायल कई दिन तक चलता रहा। चूँकि यह संघीय मुक़दमा था, इसलिए जॉन बैरी के मित्र मि. पॉल गेट्टी को मजबूरन गवाह के रूप में आना पड़ा। उसके साथ दो युवा जर्मन और अन्य लोग भी आए। पॉल गेट्टी को अतीत में जॉन बैरी के साथ अपनी दोस्ती स्वीकार करनी पड़ी और यह भी मानना पड़ा कि उन्होंने उसे पैसे दिये थे। लेकिन जो बात महत्त्वपूर्ण थी, वह वे पत्र थे जो उसने मुझे सारी तकलीफ़ों के लिए माफ़ी माँगते हुए और मेरी दयालुता तथा उदारता के लिए धन्यवाद देते हुए लिखे थे। हालाँकि गिस्लर ने इन पत्रों को साक्ष्य के रूप में पेश किये जाने की कोशिश की लेकिन अदालत ने इस पर आपत्ति जताई और मुझे नहीं लगता कि गिस्लर ने इसके लिए ज़्यादा ज़ोर दिया होगा।

ट्रायल में यह साक्ष्य सामने आया कि मेरे घर में घुसने से पहले वाली रातों में से किसी एक रात वह एक युवा जर्मन के अपार्टमेंट में सारी रात सोई थी और उस जर्मन को गवाहों के कटघरे में इस बात को स्वीकार करना पड़ा।

कमीनगी-भरे इन सारे तथ्यों के केन्द्र में होने का मतलब ऐसा था मानो आपको सार्वजनिक स्टॉक में डाल दिया गया हो। लेकिन जैसे ही मैं अदालत का कमरा छोड़ता, सब कुछ भुला देता और ऊना के साथ एकान्त में डिनर लेने के बाद थकान से चूर होकर बिस्तर पर जा लेटता।

ट्रायल के तनाव और चिन्ता के अलावा एक और बात थी कि मुझे सुबह सात बजे उठने की बोरियत भरी रस्म निभानी पड़ती और उसके बाद नाश्ता करते ही तुरन्त

निकलना पड़ता क्योंकि लॉस एंजेल्स के ट्रैफ़िक में एक घंटे कार चलानी पड़ती ताकि अदालत के खुलने से ठीक दस मिनट पहले वहाँ पहुँच सकूँ।

आख़िर ट्रायल समाप्त हुआ। प्रत्येक एटॉर्नी इस बात पर सहमत हुआ कि वह ढाई घंटे बाद अपनी बात कहेगा। मुझे इस बात का रत्ती-भर भी ख़याल नहीं था कि वे इतने लम्बे समय तक क्या बात करेंगे? मेरे लिए यह सब साफ़ था : मेरे अनुसार सरकार का केस ढह चुका था। हालाँकि अगर मुझे सभी आरोपों का दोषी पाया जाता है, तो बीस बरस की सज़ा भुगतने की सम्भावना मेरे दिमाग़ में नहीं आई थी। मेरे ख़याल से न्यायाधीश द्वारा मामले का सार-संक्षेप शायद कम अस्पष्ट होता। मैं देखना चाहता था कि इसका *टाइम्स* वाली महिला पर क्या असर हुआ है, लेकिन उसका चेहरा दूसरी तरफ़ था। जिस वक़्त जूरी को विचार-विमर्श के लिए बाहर भेजा गया, वह बिना दाएँ-बाएँ देखे अदालत से बाहर चली गई।

जिस वक़्त हम अदालत के कमरे से निकले, गिस्लर हौले से मेरे कान में फुसफसाए, "आज हम तब तक इमारत से बाहर नहीं जा सकते जब तक फ़ैसला नहीं सुना दिया जाता। लेकिन," उन्होंने आशावादी तरीक़े से कहा, "हम बाहर रेलिंग पर बैठकर थोड़ी देर धूप सेंक सकते हैं।" इस संक्षिप्त सूचना ने मुझे इस एहसास से भर दिया कि पापपूर्ण सर्वसत्ता अपना फन्दा मेरे गले के चारों ओर कस रही है। इससे मुझे याद आया कि मैं इस समय क़ानून की सम्पत्ति हूँ।

डेढ़ बजने को था और मैं हैरान हो रहा था कि बहुत होगा तो फ़ैसला बीस मिनट के अन्दर आ जाना चाहिए। इसलिए मैंने सोचा कि ऊना को फ़ोन करने से पहले मैं इन्तज़ार कर लेता हूँ लेकिन एक और घंटा बीत गया। मैंने उसे फ़ोन करके बताया कि जूरी अभी भी बाहर है और जैसे ही मैं अदालत का फ़ैसला सुनूँगा, उसे ख़बर कर दूँगा।

एक और घंटा बीत चुका था और अभी तक फ़ैसला नहीं हुआ था! किस वजह से देर हो रही थी, पता नहीं! इसमें दस मिनट से ज़्यादा नहीं लगना चाहिए था। उन्हें 'अपराधी नहीं' के फ़ैसले पर ही तो पहुँचना था। इस बीच गिस्लर और मैं बाहर रेलिंग पर बैठे रहे। हम दोनों में से कोई भी इस बात पर टिप्पणी नहीं कर रहा था कि देरी क्यों हो रही है? तभी गिस्लर ने मजबूरन अपनी घड़ी देखी और सामान्य ढंग से कहा, "चार बज गए, मैं हैरान हूँ, उन्हें देर क्यों हो रही है?" इससे हम दोनों में एक खुली बहस छिड़ गई कि वे कौन से सम्भावित मुद्दे रहे होंगे जिनकी वजह से देर हुई होगी?

पौने पाँच बजे इस आशय की घोषणा करने वाली घंटी बजी कि जूरी फ़ैसले पर पहुँच गई है। मेरा दिल उछलने लगा। जिस वक़्त हम इमारत में प्रवेश कर रहे थे, गिस्लर जल्दी से फुसफुसाए, "कोई भी फ़ैसला हो, अपनी भावनाएँ मत दर्शाना।" जब हम जा रहे थे, तो हमारे पास से वादी एटॉर्नी लपकते हुए सीढ़ियाँ चढ़ने लगे। वे उत्तेजित थे और उनकी साँस फूल रही थी। उनके पीछे-पीछे ख़ुशी से दमकते चेहरे

लिए उनके सहायक दौड़ रहे थे। टिप्पी ग्रे सबसे आख़िर में आए और जब हमारे पास से गुज़रे, तो उन्होंने हमारी तरफ़ देखकर खीसें निपोरीं।

अदालत का कमरा जल्दी ही भर गया। चारों तरफ़ तनाव का माहौल था। कुछ वजहों से मैं शान्त बना हुआ था हालाँकि मेरा दिल उछलकर गले तक आ रहा था।

अदालत के क्लर्क ने तीन बार हथौड़ी बजाई, जिसका मतलब था न्यायाधीश महोदय आ रहे हैं और हम सब खड़े हो गए। जब्र सभी वापस बैठ गए तो जूरी ने प्रवेश किया और फोरमैन ने अदालत के क्लर्क को एक दस्तावेज़ सौंपा। गिस्लर सिर नीचे करके अपने पैरों की तरफ़ देखते हुए बैठ गए। वे साँस दबाकर, नर्वस होकर बुदबुदा रहे थे : "अगर इन्हें अपराधी घोषित कर दिया जाता है, तो यह मेरी जानकारी में अब तक की न्याय की सबसे बड़ी विफलता होगी।" वे यही दोहराते रहे, "अगर इन्हें अपराधी घोषित कर दिया जाता है तो यह मेरी जानकारी में अब तक की न्याय की सबसे बड़ी विफलता होगी।"

अदालत के क्लर्क ने दस्तावेज़ पढ़ा। फिर तीन बार हथौड़ी बजाई। सघन सन्नाटे में उसने घोषणा की :

"चार्ल्स चैप्लिन, मामला नम्बर 337068 अपराध—पहला आरोप...इसके बाद लम्बा विराम—अपराधी नहीं!"

दर्शकों में अचानक एक चीख़ उभरी। फिर अचानक सन्नाटा पसर गया और लोग क्लर्क की बात पूरी होने का इन्तज़ार करने लगे।

"दूसरे आरोप पर...अपराधी नहीं!"

दर्शकों में हो-हल्ला मच गया। मुझे नहीं मालूम था कि मेरे इतने सारे दोस्त हैं। कुछ लोग पार्टीशन की रेलिंग तोड़कर आ गए और मुझे गले लगाने व चूमने लगे। मैंने टिप्पी ग्रे की एक झलक देखी। उनके चेहरे से मुस्कान जा चुकी थी और अब उनका चेहरा भावहीन था।

इसके बाद न्यायाधीश ने मुझसे कुछ शब्द कहे : "मि. चैप्लिन, अब आपकी अदालत में मौज़ूद रहने की और ज़रूरत नहीं रहेगी, अब आप आज़ाद हैं।" फिर उन्होंने अपनी बेंच से मुझसे हाथ मिलाया और मुझे बधाई दी। वादी एटॉर्नी ने भी मुझे बधाई दी। अब गिस्लर फुसफुसाए, "जाओ और सबसे हाथ मिलाकर आओ।"

जब मैं जूरी के सदस्यों के पास पहुँचा तो उस महिला ने, जिस पर गिस्लर ने अविश्वास किया था, अपना हाथ बढ़ाया और तब मैंने पहली बार उसके चेहरे को नज़दीक से देखा। वह सुन्दर, बुद्धिमत्ता से दमकती और समझ रखने वाली महिला थी। जब हमने हाथ मिलाया तो उसने मुस्कराते हुए कहा, "कोई बात नहीं चार्ली, यह अभी भी आज़ाद देश है।"

मैं अपने आप पर विश्वास नहीं कर पाया कि क्या बोलूँ : उसके शब्दों ने मुझे तोड़कर रख दिया था। मैं सिर्फ़ सिर हिलाकर मुस्करा ही सका। उसने अपनी बात

जारी रखी, "मैं जूरी कक्ष की खिड़की से आपको चहलक़दमी करते हुए देख रही थी, इसलिए मैं आपको बताना चाहती थी कि चिन्ता न करें। सिर्फ़ एक ही व्यक्ति की वजह से हमें देर हो गई, नहीं तो हम दस मिनट में फ़ैसले पर पहुँच जाते।"

बहुत मुश्किल था उसके शब्दों पर न रोना लेकिन मैं सिर्फ़ मुस्करा-भर दिया और उसका आभार माना। इसके बाद मैं धन्यवाद देने के लिए दूसरों की तरफ़ मुड़ गया। सब लोगों ने खुले दिल से हाथ मिलाया, लेकिन एक महिला ने अपने चेहरे पर नफ़रत पोत रखी थी। जब मैं उसके आगे से जाने वाला था तो फोरमैन की आवाज़ सुनाई दी : "छोड़ो भी मोहतरमा, अपने चेहरे पर हँसी लाओ और हाथ मिलाओ!" हिचकिचाते हुए उसने हाथ मिलाया और मैंने ठंडे तरीक़े से आभार माना।

ऊना, जिसे चार महीने का गर्भ था, घर पर लॉन में अकेली बैठी हुई थी और जिस वक़्त उसने रेडियो पर ख़बर सुनी, वह बेहोश हो गई।

उस शाम हमने यानी सिर्फ़ ऊना और मैंने चुपचाप घर पर ही खाना खाया। हम कोई अख़बार कोई टेलीफ़ोन कॉल नहीं चाहते थे। मैं किसी से बात करना या किसी को देखना नहीं चाहता था। मैं ख़ाली, घायल और अपने चरित्र से वंचित किया गया महसूस कर रहा था। यहाँ तक कि घरेलू स्टाफ़ की मौज़ूदगी भी परेशान कर रही थी। डिनर के बाद ऊना ने एक स्ट्रांग जिन कॉकटेल बनाया और हम आग के पास बैठ गए और तब मैंने उसे फ़ैसले में देरी की वजह बताई और उस औरत के बारे में बताया जो यह कह रही थी कि यह अभी भी आज़ाद देश है। कई हफ़्तों के तनाव के बाद आज मामले का एंटी क्लाइमेक्स हुआ था। उस रात मैं अपने बिस्तर पर इस सुखद ख़याल के साथ सोया कि अगली सुबह मुझे अदालत में हाज़िरी बजाने के लिए जल्दी नहीं उठना है।

एक-दो दिन बाद लॉयन फ्यूशवेंगर ने मज़ाक़ में कहा, "आप थियेटर के अकेले ऐसे कलाकार हैं जिसका नाम अमेरिका के इतिहास के पन्नों पर इसलिए लिखा जाएगा कि आपने पूरे राष्ट्र में राजनीतिक विरोध का तूफ़ान खड़ा कर दिया है।"

*

अब पितृत्व का मामला, जिसके बारे में मैं मानकर चल रहा था कि ख़ून की जाँच के साथ निपट जाएगा, एक बार फिर उठ खड़ा हुआ था। स्थानीय राजनीति से प्रभावित होकर एक और वकील मामले को चतुराई भरा मोड़ देकर फिर से खोलने में सफल हो गया था। बच्ची के संरक्षण को माँ से अदालत के पक्ष में हस्तान्तरित करने की उसकी चालबाज़ी-भरी तरक़ीब से माँ के क़रार का उल्लंघन नहीं हुआ था और वह 25,000 डॉलर अपने पास रख सकती थी तथा अब अदालत संरक्षक के रूप में बच्ची के लालन-पालन के लिए मुझ पर मामला दायर कर सकती थी।

पहले ट्रायल में जूरी इस बात से असहमत रही। मेरे वकील, जो यह मानकर चल रहे थे कि यह तो जीता-जिताया मामला है, यह नया पेंच देखकर बहुत निराश

हुए। दूसरे ट्रायल में ख़ून की जाँच के बावजूद, जिसे अब तक पितृत्व के मामले में कैलीफोर्निया स्टेट लॉ द्वारा सकारात्मक सबूत के तौर पर स्वीकार किया जा चुका था, फ़ैसला मेरे विरोध में पलट दिया गया।

*

एक बात, जो ऊना और मैं चाहते थे, यह थी कि हम कैलीफोर्निया से निकल जाएँ। हमारी शादी को एक बरस हो गया था और तब से हम इस चक्की में पिस रहे थे तथा अब हमें आराम की ज़रूरत थी। इसलिए हमने अपनी छोटी काली बिल्ली को साथ लिया और न्यूयॉर्क जाने वाली गाड़ी में सवार हो गए। वहाँ से हम नायाक गए, जहाँ हमने एक मकान किराये पर ले लिया। यह सारी चीज़ों से बहुत दूर था। चारों तरफ़ पत्थर थे, बंजर ज़मीन थी, इसके बावजूद इसका अपना एक ख़ास आकर्षण था। यह छोटा-सा प्यारा सा 1780 में बना हुआ घर था और इस एक ख़ास बात यह थी कि इसके साथ हमें बहुत ही सहानुभूति रखने वाला हाउसकीपर भी मिला था जो बहुत अच्छा रसोइया था। घर के साथ ही एक प्यारा-सा बूढ़ा काला कुत्ता भी मिला जो हमारे साथ साथी की तरह लग लिया। वह नाश्ते के समय पर नियमित रूप से पोर्च में हाज़िर हो जाता और शराफ़त से पूँछ हिलाता रहता। फिर बैठ जाता और जब तक हम नाश्ता करते रहते, इन्तज़ार करता। जब हमारी नन्हीं काली बिल्ली ने उसे देखा तो वह उस पर गुर्राई लेकिन उसने अपनी थूथनी फ़र्श पर टिका दी मानो मिल-जुलकर रहने के लिए तैयार हो।

उन दिनों नायाक रमणीय हुआ करता था। हालाँकि वहाँ पर अकेलापन था। न कोई हमसे मिलने आता और न ही हम किसी से मिलने जाते। यह ठीक भी था क्योंकि अब तक मैं ट्रायल की परेशानियों से पूर्णत: उबर नहीं पाया था।

*

हालाँकि इस सबने मेरी सृजनात्मकता के पर कतर डाले थे, इसके बावजूद मैं 'मि. वरदो' का काफ़ी काम कर चुका था। अब मेरी इच्छा इसे पूरा करने की होने लगी थी।

हमने पूरब में कम-से-कम छह महीने रहने के बारे में सोचा था। ऊना अपने बच्चे को वहीं जन्म देने वाली थी। लेकिन मैं नायाक में काम नहीं कर सकता था, इसलिए पाँच सप्ताह के बाद हम कैलीफोर्निया लौट आए। शादी के तुरन्त बाद ही ऊना ने इच्छा व्यक्त की थी कि फ़िल्मों या मंच पर अभिनेत्री बनने की उसकी कोई चाह नहीं है। इस ख़बर से मुझे बहुत ख़ुशी हुई क्योंकि कम-से-कम मेरी एक बीवी तो होगी जो कॅरियर की चाह रखने वाली लड़की नहीं होगी। तभी मैंने 'शैडो एंड सब्सटांस' फ़िल्म छोड़ दी और 'मि. वरदो' पर काम करना शुरू कर दिया। लेकिन

तभी सरकार ने बड़ी बेरहमी से ख़लल डाला। मैं अक्सर सोचा करता कि फ़िल्मों ने एक बेहतरीन कॉमेडियन खो दिया क्योंकि ऊना में बहुत ही शानदार हास्य-बोध था।

मुझे याद है ट्रायल से एकदम पहले ऊना और मैं बेवर्ली हिल्स में उसका शृंगारदान ठीक कराने के लिए एक आभूषण की दुकान में गए। इन्तज़ार करते समय हमने कुछ ब्रेसलेट्स देखने शुरू किये। एक बहुत ही ख़ूबसूरत हीरों और रूबी वाला सेट हमें पसन्द आया लेकिन ऊना को लगा कि उसकी क़ीमत बहुत ज़्यादा है, इसलिए मैंने ज्वेलर को बताया कि हम इसके बारे में बाद में सोचेंगे और हम दुकान से चले आए। जैसे ही हम कार में पहुँचे, मैंने नर्वस होकर कहा, "जल्दी करो, फटाफट कार चलाओ।" तभी मैंने अपनी जेब में हाथ डाला और सावधानी से वही ब्रेसलेट बाहर निकाला जिसे उसने पसन्द किया था।

"जब हम दूसरे ब्रेसलेट देख रहे थे, तो यह ब्रेसलेट मैंने चुपके से जेब में सरका लिया था।" मैंने बताया।

ऊना का चेहरा सफ़ेद पड़ गया, "नहीं, आपको ऐसा नहीं करना चाहिए था।" वह गाड़ी चलाती रही। फिर उसने एक गली में गाड़ी मोड़ी, ब्रेक लगाए और गाड़ी रोक दी। "हमें इस पर सोचना चाहिए," उसने कहा और दोहराया, "आपको ऐसा नहीं करना चाहिए था।"

"ठीक है, लेकिन मैं इसे वापस तो नहीं कर सकता," मैंने कहा। लेकिन यह नाटक मैं बहुत ज़्यादा देर तक नहीं चला पाया। मुझे हँसी आ गई और मैंने उसे बताया कि जब वह दूसरी चीज़ें देख रही थी तो मैं सुनार को एक तरफ़ ले गया था और उससे ब्रेसलेट ख़रीद लिया था।

मैंने हँसते हुए कहा, "और तुम सोच रही थीं कि मैंने इसे चुराया है। अपराध के ऊपर एक और अपराध करने के लिए तैयार?"

"दरअसल, मैं नहीं चाहती थी कि आप और मुसीबतों में फँसें।" उसने कहा।

अट्ठाईस

ट्रायल के दौरान हम कई प्रिय तथा वफ़ादारी एवं सहानुभूति रखने वाले दोस्तों से घिरे रहे। सालका वीरटेल, क्लिफ़र्ड ओडेत्स-दम्पति, हैन्स आइस्लर-दम्पति, फ्यूच्त्वांगर-दम्पति और कई अन्य।

पोलिश अभिनेत्री सालका वीरटेल सांता मोनिका में अपने घर पर बहुत बढ़िया खाने की पार्टियाँ दिया करती थीं। उनके घर पर कला और साहित्य, दोनों से जुड़े लोग आते—थॉमस मान, बर्टोल्ट ब्रेख़्त, शोनबर्ग, हैन्स आइस्लर, लायन फ्यूच्त्वांगर,

स्टीफ़ेन स्पेंडर, सिरिल कोनोली और अन्य कई विभूतियाँ। सालका जहाँ कहीं रहती वहीं अपनी ख़ूबसूरत दुनिया बसा लेती थीं।

हैन्स आइस्लर-दम्पति के यहाँ अक्सर हमारी मुलाक़ात बर्टोल्ट ब्रेख़्त के साथ होती। वे घुटे हुए सिर के साथ बेहद ताक़तवर इनसान लगते और जहाँ तक मुझे याद पड़ता है हमेशा सिगार पीते रहते थे। कई महीने बाद मैंने उन्हें 'मि. वरदो' की पटकथा दिखाई तो उन्होंने इसे पूरा पढ़ा तथा उनकी एक ही टिप्पणी थी : "ओह, आप चीनी शैली में लिखते हैं।"

मैंने लायन फ्यूच्त्वांगर से पूछा कि वे अमेरिका की राजनीतिक स्थिति के बारे में क्या सोचते हैं, तो उन्होंने मज़ाक़ में कहा, "इस तथ्य में कोई ख़ास बात हो सकती है कि जब मैंने बर्लिन में अपना नया मकान बनाकर पूरा किया, तो हिटलर सत्ता में आया और मुझे बाहर निकलना पड़ा। जब मैंने पेरिस में अपने फ़्लैट की साज़-सज्जा पूरी की तो नाज़ी चले आए और मुझे वहाँ से निकलना पड़ा और अब मैंने हाल ही में अमेरिका के सांता मोनिका में घर ख़रीदा है।" उन्होंने कन्धे उचकाए और एक ख़ास ढंग से मुस्कराए।

हम अक्सर एल्डस हक्सले-दम्पति से मिलते। उस दौरान वे रहस्यवाद के झूले में हिचकोले खा रहे थे। मैं उन्हें बीस-पच्चीस बरस के सनकी युवा के रूप में ज़्यादा पसन्द करता था।

एक दिन हमारे मित्र फ्रैंक टेलर ने फ़ोन करके बताया कि वेल्श कवि डायलन थॉमस मुझसे मिलना चाहते हैं। मैंने कहा कि मुझे बहुत ख़ुशी होगी। "दरअसल" फ्रैंक ने हिचकिचाते हुए कहा, "अगर वे नशे में न हुए तो मैं उन्हें लेता आऊँगा।" बाद में उस शाम जब घंटी बजी और मैंने दरवाज़ा खोला तो डायलन थॉमस सीधे अन्दर गिर पड़े। अगर यह नशे में न होना होता है तो तब उनकी हालत क्या होती होगी जब वे सचमुच पिए हुए होते हों। दो-एक दिन बाद वे डिनर के लिए आए और बेहतर तरीक़े से पेश आए। उन्होंने अपनी गहरी आवाज़ में अपनी कोई कविता पढ़कर सुनाई। मुझे कविता की पंक्ति तो याद नहीं लेकिन एक शब्द 'सेलोफ़ेन' उनकी जादुई आवाज़ से सूर्य की किरणों की तरह परावर्तित हो रहा था।

हमारे मित्रों में थिओडोर ड्रेसर भी थे। जिनका मैं बहुत बड़ा प्रशंसक था। वे और उनकी प्यारी-सी पत्नी हेलन अक्सर हमारे घर खाना खाते। हालाँकि उनके भीतर हमेशा नाराज़गी की भट्ठी जलती रहती, वे बहुत विनम्र और दयालु आदमी थे। उनकी मृत्यु पर नाटककार जॉन हॉवर्ड लॉसन, जिन्होंने अन्तिम संस्कार के समय शोक-पत्र पढ़ा था, ने मुझसे पूछा था कि क्या मैं उनकी अर्थी को आगे से कन्धा दूँगा और बाद में शोक-सभा में ड्रेसर द्वारा लिखी गई कविता पढ़ूँगा। मैंने ये दोनों काम किये थे।

हालाँकि बीच-बीच में मेरे कॅरियर को लेकर शक के मौक़े आते रहे लेकिन मैं अपने इस विश्वास से कभी नहीं डिगा कि एक अच्छी कॉमेडी मेरी सारी तकलीफ़ों

को सुलझा देगी। इसी दृढ़ निश्चय वाली भावना के साथ मैंने 'मि. वरदो' फ़िल्म पूरी की। जिसमें दो साल की मेहनत लगी क्योंकि इसके लिए प्रेरणा पाना मुश्किल काम था, लेकिन इसकी वास्तविक शूटिंग बारह हफ़्ते में ही पूरी हो गई। यह मेरे लिए रिकॉर्ड समय था। फिर मैंने इसकी पटकथा सेंसरशिप के लिए ब्रीन ऑफ़िस भेजी। जल्दी ही मुझे उनकी तरफ़ से ख़त मिला कि इसे पूरी तरह से प्रतिबन्धित किया जा रहा है।

ब्रीन ऑफ़िस लीज़न ऑफ़ डीसेंसी की एक शाखा है, जो मोशन पिक्चर एसोसिएशन द्वारा स्वघोषित सेंसरशिप करती है। मैं सहमत हूँ कि सेंसरशिप ज़रूरी है, लेकिन इसे लागू करना मुश्किल होता है। मुझे सिर्फ़ यही सुझाव देना है कि इसके नियम लचीले होने चाहिए न कि पत्थर की लकीर और सिर्फ़ विषय-वस्तु के आधार पर निर्णय नहीं लिया जाना चाहिए बल्कि सुरुचि, बौद्धिकता और संवेदनशील निर्वाह पर भी ध्यान दिया जाना चाहिए।

नैतिक दृष्टि से देखें, तो मेरा विचार है कि शारीरिक हिंसा और खोखले उपदेश भी उतने ही हानिकारक हैं जितने कामुक दृश्य। बर्नार्ड शॉ ने कहा था कि किसी खलनायक के जबड़े पर घूँसा मारना ज़िन्दगी की समस्याओं को सुलझाने का बहुत आसान तरीक़ा है।

'मि. वरदो' की सेंसरशिप पर बहस करने से पहले ज़रूरी है कि कथा की ख़ास-ख़ास बातों का उल्लेख कर दिया जाए। स्त्रीघाती नायक 'मि. वरदो' एक नामालूम-सा बैंक क्लर्क है जिसकी नौकरी मन्दी के कारण चली गई है। वह एक योजना बनाता है और बूढ़ी कुँवारी औरतों के साथ शादी रचाकर उनके धन को लूटकर उनकी हत्या कर देता है। उसकी वैध पत्नी अपंग है जो गाँव में अपने छोटे बेटे के साथ रहती है। लेकिन उसे अपने पति की आपराधिक हरकतों का पता नहीं है। किसी शिकार की हत्या कर देने के बाद वह वैसे ही घर लौटता है जैसे कोई बुर्जुआ पति दिन-भर की मेहनत करने के बाद घर लौटता है। वह अच्छाई और बुराई का विरोधाभास है : एक ऐसा व्यक्ति जो अपनी गुलाब की झाड़ियाँ सँवारता है और इल्ली पर भी पैर रखने से बचता है जबकि उसके बग़ीचे के आख़िर में उसकी एक शिकार को भट्ठी में भूना जा रहा है। इस कहानी में क्रूर हास्य, कटु व्यंग्य और सामाजिक आलोचना है।

सेंसर बोर्ड ने मुझे एक लम्बा पत्र भेजा और बताया कि वे फ़िल्म को क्यों पूरी तरह से प्रतिबन्धित कर रहे हैं। मैं यहाँ पर उनके पत्र का एक हिस्सा दे रहा हूँ—

> हम उन तत्त्वों की बात करेंगे जो अपनी संकल्पना और महत्ता में असामाजिक लगते हैं। कहानी में ऐसे अंश हैं जहाँ वरदो सिस्टम पर उँगली उठाता है और सामाजिक ढाँचे पर आरोप लगाता है। इसके अलावा, हम आपका ध्यान उस ओर दिलाना चाहते हैं जो कि और भी अधिक ख़तरनाक

है और संहिता के अन्तर्गत बाक़ायदा विचार-विमर्श किया जाना माँगता है। वरदो का यह दावा कि उसकी ज़्यादतियों की सीमा से दंग रह जाना बेवक़ूफ़ी है, क्योंकि युद्ध के क़ानूनी आधार पर बड़े पैमाने पर किये गए क़त्लेआम की तुलना में तो उसके द्वारा किये गए अपराध 'क़त्ल की कॉमेडी' मात्र हैं जिन्हें हम सिस्टम द्वारा सोने के पतरे मढ़कर गुणगान करते हैं। इस बात पर किसी बहस में उलझे बिना कि युद्ध बड़े पैमाने पर क़त्लेआम या न्यायोचित रूप से मारना था या नहीं, यह तथ्य अभी भी अपनी जगह पर है कि वरदो अपने भाषणों के दौरान अपने अपराधों की नैतिक गुणवत्ता का मूल्यांकन करने की गम्भीर कोशिश करता है।

इस कहानी को स्वीकार न किये जाने के पीछे जो दूसरा मूल कारण है उसे हम अधिक संक्षेप में रख सकते हैं। यह इस तथ्य में निहित है या यह कहें कि यह एक ऐसे विश्वास से भरे आदमी की कहानी है जो कई औरतों को अपने प्रेम-जाल में फँसाता है ताकि उनकी दौलत उसके क़ब्ज़े में आ जाए और इसके लिए वह उन्हें एक के बाद एक नक़ली शादियों के झाँसे में फँसाता चलता है। कहानी के इस अंश में अवैध सम्बन्धों का कुरुचिपूर्ण मज़ा लिया गया है जो कि हमारे निर्णय के अनुसार उचित नहीं है।

उन्होंने अपनी आपत्तियों की एक लम्बी फ़ेहरिस्त दी थी। उनके कुछ नमूने देने से पहले मैं अपनी पटकथा में से वे कुछ पन्ने यहाँ डालना चाहूँगा जो लीडिया, वरदो की अवैध पत्नियों में से एक है, से सम्बन्ध रखते हैं। वह एक बूढ़ी औरत है जिसका वह आज रात क़त्ल करने वाला है।

(लीडिया एक कम रोशनी वाले हॉल में आती है और बत्ती बन्द करती है तथा अपने बेडरूम में चली जाती है जहाँ एक बत्ती जलती है और रोशनी की एक फाँक अँधियारे गलियारे में फैल जाती है। अब वरदो धीरे-धीरे आता है। हॉल के आख़िर में एक बड़ी-सी खिड़की है जिसमें से पूर्णिमा का चाँद चमक रहा है। वह मोहित-सा उस तरफ़ बढ़ता है।)

वरदो : *(दबी आवाज़ में)* कितना सुन्दर...यह पीला, एंडिमियन क्षण...

लीडिया की आवाज़ : *(शयन-कक्ष में से)* आप किसके बारे में बात कर रहे हैं?

वरदो : *(तंद्रा में)* एंडिमियन माय डियर, चाँद द्वारा मोहित एक ख़ूबसूरत नौजवान।

लीडिया की आवाज़ : ठीक है, भूल जाओ उसके बारे में और बिस्तर

पर चले आओ।

वरदो : हाँ, माय डियर, हमारे पैर फूलों से नाज़ुक थे।

(वह लीडिया के शयन-कक्ष में चला जाता है और हॉल को अर्ध अँधेरे में छोड़ जाता है। वहाँ पर सिर्फ़ चाँद की रोशनी ही रह जाती है।)

वरदो की आवाज़ : *(लीडिया के शयन-कक्ष में से)* चाँद की तरफ़ देखो ज़रा, मैंने आज तक इसे इतना चमकीला नहीं देखा। निर्लज्ज चाँद।

लीडिया की आवाज़ : निर्लज्ज चाँद! आप भी कितने मूर्ख हैं? हा हा हा निर्लज्ज चाँद!!

(संगीत की लहरियाँ बहुत ऊँचे सुर तक ऊपर उठती हैं और तब दृश्य समाप्त होकर सुबह में बदल जाता है। यह वही हॉल वाला रास्ता है लेकिन अब वहाँ पर सूर्य की रोशनी आ रही है। वरदो लीडिया के शयन-कक्ष में से गुनगुनाता हुआ आता है।)

इस दृश्य के बारे में सेंसर बोर्ड की आपत्ति इस तरह से थी :

कृपया लीडिया के इस वाक्य को बदलें : 'उसे भूल जाओ और बिस्तर में आ जाओ।' इसके बजाय कहें, 'सो जाओ।' हम यह मानकर चल रहे हैं कि यह पूरा-का-पूरा दृश्य इस तरह से फ़िल्माया जाएगा कि कहीं भी यह आभास न दे कि वरदो और लीडिया अब शादी के बाद वाले आनन्द में उतरने वाले हैं। दोबारा आए शब्द 'निर्लज्ज चाँद' को भी हटा दें। अगली सुबह वरदो के लीडिया के बेडरूम से गुनगुनाते हुए आने के दृश्य को भी हटा दें।

अगली आपत्ति उस संवाद को लेकर थी जो वरदो उस लड़की से करता है जिससे वह देर रात को मिलता है। उनका कहना था कि लड़की का चरित्र जिस तरह से बताया गया है, उससे साफ़-साफ़ लगता है कि वह वेश्या है। इसलिए इसे स्वीकार नहीं किया जा सकता।

स्वाभाविक है कि मेरी कहानी में लड़की सड़कछाप है और यह सोचना ही वाहियात होगा कि वह वरदो के अपार्टमेंट में उसकी पेंटिंग देखने आती है। लेकिन असल में वह उसे इसलिए लेकर आता है ताकि वह उस पर वह तीखा ज़हर आज़मा सके जिसका कोई सबूत बाक़ी नहीं रहता और वह उसके अपार्टमेंट से जाने के एक ही घंटे के बाद मर जाती है। यह दृश्य कुछ भी हो सकता है लेकिन कम-से-कम अश्लीलता या कामुकता जगाने वाला तो क़तई नहीं है।

मेरी पटकथा में यह इस तरह से है :

(वरदो के पेरिस फर्नीचर के ऊपर वाले कमरे का दृश्य। ऊपर आने के बाद वह देखता है कि लड़की के रेनकोट के भीतर बिल्ली का एक बच्चा है।)

वरदो : तुम्हें बिल्लियाँ अच्छी लगती हैं, हाँ?

लड़की : ऐसी तो कोई ख़ास बात नहीं है, लेकिन बाहर बहुत ठंड है और सब गीला है। मुझे नहीं लगता कि आपके पास इसे देने के लिए थोड़ा-सा दूध होगा?

वरदो : दूध है मेरे पास। देखो, हालात इतने ख़राब नहीं हैं जितने लगते हैं।

लड़की : क्या मैं इतनी निराशावादी लगती हूँ?

वरदो : लगती तो हो लेकिन मुझे नहीं लगता कि तुम निराशावादी हो।

लड़की : क्यों?

वरदो : रात को इस तरह से बाहर निकलना, इसके लिए तो तुम्हें आशावादी होना ही चाहिए।

लड़की : मैं आशावादी छोड़कर सब कुछ हूँ।

वरदो : अच्छा!

लड़की : *(ताना मारते हुए)* पता लगाने का तो आप में ग़ज़ब का गुण है!!

वरदो : तुम इस धन्धे में कब से हो?

लड़की : तीन महीने से।

वरदो : मुझे यक़ीन नहीं होता!

लड़की : क्यों?

वरदो : तुम जैसी आकर्षक लड़की को कुछ और करना चाहिए था।

लड़की : *(ताना मारते हुए)* धन्यवाद!

वरदो : अब मुझे सच-सच बताओ। तुम अभी-अभी अस्पताल से आई हो या जेल...बोलो कहाँ से आई हो?

लड़की : *(अच्छे मूड में लेकिन चुनौती देते हुए)* आप यह किसलिए जानना चाहते हैं?

वरदो : क्योंकि मैं तुम्हारी मदद करना चाहता हूँ।

लड़की : मानवतावादी, हुँ हूँ!!

वरदो : *(विनम्रता से)* एकदम सही...और मैं बदले में कुछ भी नहीं माँगता।

लड़की : *(उसे परखते हुए)* क्या है यह? साल्वेशन आर्मी?

वरदो : अच्छी बात है, अगर तुम यही महसूस करती हो, तो तुम अपने रास्ते जाने के लिए आज़ाद हो।

लड़की : *(दो टूक)* मैं अभी-अभी जेल से छूटकर आ रही हूँ।

वरदो : तुम्हें अन्दर क्यों किया गया था?

लड़की : *(कन्धे उचकाती है)* क्या फ़र्क़ पड़ता है? छोटी-मोटी हेरा-फेरी। वे इसे यही कहते हैं। किराये के टाइपराइटर को गिरवी रख देना।

वरदो : ओ प्यारी लड़की। तुम्हें इससे बेहतर करने के लिए कुछ नहीं मिला क्या? कितनी सज़ा मिली तुम्हें इसके लिए?

लड़की : तीन महीने।

वरदो : तो इसका मतलब, यह तुम्हारा जेल से बाहर पहला दिन है?

लड़की : हाँ।

वरदो : भूख लगी है क्या?

(वह सिर हिलाती है और यूँ ही मुस्कराती है)

वरदो : अच्छी बात है। जब तक मैं अपनी पाक-कला के हुनर का प्रदर्शन करूँ तब तक तुम एक काम करो कि रसोई में मुझे कुछ चीज़ें पकड़ा दो। आओ।

(वे रसोई में चले जाते हैं। वह अंडों की भुर्जी बनाना शुरू करता है और खाने-पीने की चीज़ें तश्तरी में रखने में लड़की की मदद करता है। लड़की तश्तरी लेकर बैठक में जाती है। जिस वक़्त वह रसोई से निकलती है, वह सतर्क होकर उसे पीछे से देखता है, जल्दी से एक अलमारी खोलता है, वहाँ से ज़हर निकालता है और रेड वाइन की एक बोतल में डालता है। फिर बोतल का कॉर्क बन्द करता है, दो गिलासों के साथ तश्तरी में रखता है और दूसरे कमरे में चला जाता है।)

वरदो : मुझे नहीं पता कि यह खाना तुम्हारी ख़ुराक़ के हिसाब से है या नहीं, अंडों की भुर्जी, टोस्ट और थोड़ी-सी रेड वाइन?

लड़की : वाह शानदार!!

(वह एक किताब जो वह पढ़ रही थी नीचे रखती है और जम्हाई लेती है)

वरदो : मुझे लग रहा है कि तुम थकी हुई हो। इसलिए खाना खाने के तुरन्त बाद मैं तुम्हें तुम्हारे होटल छोड़ आऊँगा।

(वह बोतल का कॉर्क खोलता है।)

लड़की : *(उसे ध्यान से देखते हुए)* : आप बहुत दयालु हैं। मैं समझ नहीं पा रही कि आप यह सब मेरे लिए क्यों कर रहे हैं?

वरदो : क्यों नहीं, *(उसके गिलास में ज़हर वाली वाइन डालते हुए)* क्या थोड़ी-सी दयालुता दुर्लभ हो गई है आजकल?

लड़की : मुझे तो लगने लगा था कि यह दुर्लभ है।

(वह अपने गिलास में भी थोड़ी-सी शराब डालने वाला है लेकिन बहाना बना देता है।)

वरदो : ओह टोस्ट!

(वह बोतल लेकर रसोई में ग़ायब हो जाता है और वहाँ जाकर तेज़ी-से उस बोतल की जगह पर दूसरी बोतल ले लेता है, टोस्ट जमाता है और वापस कमरे की तरफ़ आता है। जब वह कमरे में आता है तो टोस्ट रखता है और (चीयर्स) *बदली हुई बोतल में से अपने लिए गिलास भरता है।)*

लड़की : आप अजीब आदमी हैं!

वरदो : क्यों?

लड़की : मुझे नहीं पता।

वरदो : कोई नहीं तुम्हें बहुत भूख लगी है न इसलिए शुरू करो।

(जैसे ही वह खाना शुरू करती है, वह मेज़ पर पड़ी किताब पढ़ने लगती है।)

वरदो : क्या पढ़ रही हो तुम?

लड़की : शॉपेनहावर!

वरदो : अच्छा लगता है तुम्हें?

लड़की : ठीक-ठाक है!

वरदो : क्या तुमने आत्महत्या पर उनकी किताब पढ़ी है?

लड़की : मुझे अच्छी नहीं लगी।

वरदो : *(सम्मोहित-सा)* अगर अन्त सरल होता तब भी नहीं? मान लो तुम सोने के लिए जाती हो और मौत के ख़याल के बिना ही अचानक सब कुछ थम जाता है तो क्या तुम इसे इस घिसटती ज़िन्दगी की तुलना में ज़्यादा पसन्द नहीं करोगी?

लड़की : मैं कह नहीं सकती।

वरडाउ : दरअसल, यह मौत का नज़रिया होता है जो डराता है।

लड़की : *(ध्यानमग्न होकर)* मेरा तो ख़याल है कि अगर बिन जनमे को भी ज़िन्दगी के नज़रिये के बारे में पता हो तो वह भी उतना ही डरा

हुआ होगा। *(वरदो इस बात को स्वीकार करते हुए सिर हिलाता है और अपनी वाइन पीता है। लड़की अपनी ज़हरीली शराब उठाती है और उसे पीने ही वाली है कि रुक जाती है।)*

लड़की : *(सोचते हुए)* इसके बावजूद ज़िन्दगी ख़ूबसूरत है।

वरदो : ज़िन्दगी में क्या ख़ूबसूरत है?

लड़की : सब कुछ। बसन्त की कोई सुबह, गर्मी की रात, संगीत, कला, प्यार।

वरदो : *(हैरानी से)* प्यार?

लड़की : *(थोड़ी चुनौती देती-सी)* यह भी तो होता ही है।

वरदो : तुम्हें कैसे मालूम?

लड़की : मुझे प्यार हो गया था।

वरदो : तुम्हारा मतलब है कि तुम किसी के शारीरिक आकर्षण में पड़ गई थीं?

लड़की : *(पहेलियाँ बुझाते हुए)* आपको भी औरतें अच्छी लगती हैं! है न?

वरदो : मुझे औरतें अच्छी लगती हैं लेकिन मैं उनकी तारीफ़ नहीं करता।

लड़की : क्यों?

वरदो : वे ज़मीनी होती हैं, यथार्थवादी, भौतिक तथ्यों का बोझ रहता है उन पर।

लड़की : *(हिक़ारत से)* क्या बेवक़ूफ़ी है?

वरदो : जब कोई औरत किसी आदमी को धोखा देती है तो वह उसे छोड़ देती है। ...आदमी की अच्छाइयों और हैसियत के बावजूद वह उसके स्थान पर किसी दीन-हीन आदमी को स्वीकार कर लेती है। अगर कोई दूसरा आदमी शारीरिक रूप से ज़्यादा आकर्षक है।

लड़की : आप औरतों के बारे में कितना कम जानते हैं?

वरदो : तुम्हें हैरानी होगी।

लड़की : क्या यह प्यार नहीं है!

वरदो : तो क्या है प्यार?

लड़की : देना, त्याग, वही भावना जो एक माँ अपने बच्चे के लिए महसूस करती है।

वरदो : क्या तुमने इस तरीक़े से प्यार किया था?

लड़की : हाँ।

वरदो : किससे?

लड़की : अपने पति को।

वरदो : *(हैरानी से)* तुम शादीशुदा हो?

लड़की : मैं थी, लेकिन जब मैं जेल में थी, वह मर गया।

वरदो : ओह, तो यह बात है, मुझे उसके बारे में बताओ।

लड़की : लम्बी कहानी है यह *(रुकती है)* वह स्पेनी गृहयुद्ध में घायल हो गया था...उम्मीद से परे अपंग।

वरदो : *(आगे झुकता है)* अपंग?

लड़की : *(सिर हिलाती है)* इसीलिए मैं उससे प्यार करती थी। उसे मेरी ज़रूरत थी। वह मुझ पर निर्भर था। वह बच्चे की तरह था। लेकिन वह मेरे लिए बच्चे से ज़्यादा था। वह धर्म की तरह था। वह मेरे लिए साँस की तरह था। मैं उसके लिए किसी की जान भी ले लेती।

(वह अपने आँसू पीती है और ज़हरीली शराब पीने ही वाली है।)

वरदो : एक मिनट रुको, मेरा ख़याल है तुम्हारी शराब में कॉर्क का टुकड़ा आ गया है। मैं तुम्हारे लिए दूसरा गिलास लाता हूँ।

(वह लड़की का गिलास लेता है और उसे एक तरफ़ रख देता है, फिर वह एक साफ़ गिलास लेता है और अपनी बोतल में से बिना ज़हर वाली शराब डालता है। एक पल के लिए वे चुपचाप पीते रहते हैं। फिर वरदो कुर्सी से उठता है।)

वरदो : अब बहुत देर हो चुकी है और तुम थकी हुई भी हो। यह ले लो। *(उसे कुछ पैसे देता है)* इससे तुम्हारा एकाध दिन का गुज़ारा हो जाएगा।...गुडलक।

(वह पैसों की तरफ़ देखती है।)

लड़की : ओह, ये तो बहुत ज़्यादा हैं। मैं इतनी उम्मीद नहीं करती थी। *(अपना चेहरा अपने हाथों में छुपा लेती है और रोती है)* पागल...इस तरह से ज़िन्दगी जीते हुए। मेरा तो हर चीज़ से विश्वास ही उठने लगा था और तभी यह होता है कि आप फिर से सब कुछ पर विश्वास करना चाहते हैं।

वरदो : बहुत ज़्यादा भरोसा मत करो। यह दुनिया बहुत ख़राब है।

लड़की : *(अपना हाथ हिलाती है)* यह सच नहीं है। यह दुनिया ग़लतियों का पुतला है और बहुत उदास है यह दुनिया। इसके बावजूद थोड़ी-सी दयालुता इसे ख़ूबसूरत बना देती है।

वरदो : इससे पहले कि तुम्हारे दर्शन से मेरी नीयत डोले, बेहतर हो कि तुम चली जाओ।

(लड़की दरवाज़े तक जाती है, मुड़ती है, उसकी तरफ़ देखकर

मुस्कराती है और गुड नाइट कहते हुए चली जाती है।)

ऊपर वाले सीन पर सेंसर बोर्ड को जो आपत्तियाँ थीं, मैं उनमें से कुछ गिनाता हूँ :

> वरदो और लड़की में यह संवाद कि : 'इस वक़्त रात को बाहर रहने का मतलब तुम बहुत ज़्यादा आशावादी हो,' और साथ ही यह संवाद, 'तुम इस धन्धे में कब से हो,' और, 'तुम्हारे जैसी आकर्षक लड़की कुछ बेहतर काम कर सकती थी,' बदले जाने चाहिए।
>
> हम यहाँ पर इस बात का उल्लेख करना चाहेंगे कि हमारी राय में साल्वेशन आर्मी का इस तरह से उल्लेख उस ग्रुप की भावनाओं को ठेस पहुँचा सकता है।

मेरी पटकथा के समापन से पहले, वरदो कई रोमांचकारी घटनाओं के बाद लड़की से दोबारा मिलता है। वरदो फटेहाल है और लड़की अमीर हो चुकी है। सेंसर बोर्ड को उसकी अमीरी पर आपत्ति थी। दृश्य इस तरह से है :

(कैफ़े के बाहरी हिस्से का दृश्य। वरदो मेज़ पर बैठा अख़बार में यूरोप में सम्भावित युद्ध के बारे में पढ़ रहा है। वह बिल अदा करता है और बाहर आता है। जिस वक़्त वह सड़क पार करने ही वाला है कि अचानक एक लिमोजिन से टकराते-टकराते बचता है। कार के ब्रेक लगते हैं। शोफ़र गाड़ी रोकता है और हॉर्न बजाता है। लिमोजिन की खिड़की से दस्ताना पहने हुए एक हाथ उसकी तरफ़ हिलता है। वह हैरान होकर देखता है कि यह उसी लड़की का हाथ है जिससे कभी उसकी दोस्ती हुई थी। वह वरदो को देखकर मुस्कराती है। लड़की ने बहुत ही अच्छे कपड़े पहने हुए हैं।)

लड़की : कैसे हो, मानवतावादी?

(वरदो चकरा जाता है।)

लड़की : *(अपनी बात जारी रखते हुए)* मैं याद नहीं हूँ क्या? आप मुझे अपने अपार्टमेंट में ले गए थे, बरसात की रात थी!

वरदो : *(हैरानी से)* क्या सचमुच?

लड़की : मुझे खाना खिलाने और पैसे देने के बाद आपने मुझे एक अच्छी लड़की की तरह घर वापस भेज दिया था।

वरदो : *(हँसते हुए)* ज़रूर ही मैं मूर्ख रहा होऊँगा!

लड़की : *(ईमानदारी से)* नहीं, आप बहुत अच्छे हैं। कहाँ जा रहे हैं आप?
वरदो : कहीं नहीं!
लड़की : तो आ जाइए!

(वरदो कार में घुसता है।)

(कार का भीतरी हिस्सा)

लड़की : *(शोफ़र से)* कैफ़े लाफार्जे चलो...मुझे अभी भी लग रहा है कि आप मुझे पहचाने नहीं।...आप पहचानेंगे भी क्यों?
वरदो : *(उसकी तरफ़ तारीफ़-भरी निगाहों से देखते हुए)* इस बात का स्पष्ट कारण है कि मैं तुम्हें क्यों याद रखूँ।
लड़की : *(मुस्कराती है)* आपको याद नहीं उस रात हम मिले थे। मैं उसी वक़्त जेल से बाहर आई थी।

(वरदो अपने होंठ पर उँगली रखता है)

वरदो : शश्श...*(वह शोफ़र की तरफ़ इशारा करता है, तब काँच को महसूस करता है)* ठीक है...खिड़की बन्द करो। *(वह लड़की की तरफ़ हैरानी से देखता है)* लेकिन यह सब, तुम...*(कार की तरफ़ इशारा करते हुए)* हुआ क्या?
लड़की : वही पुरानी कहानी...झोंपड़ी से महल तक...जब मैं आपसे मिली उसके बाद तो मेरी क़िस्मत ही बदल गई। मैं एक बहुत ही अमीर युद्ध सामग्री बनाने वाले आदमी से मिली।
वरदो : यही तो वह कारोबार है जो मैं करना चाहता था। किस क़िस्म का आदमी है वह?
लड़की : बहुत दयालु और उदार। लेकिन अपने कारोबार में वह बहुत बेरहम है।
वरदो : कारोबार बेरहम काम ही होता है। माय डियर, क्या तुम उसे प्यार करती हो?
लड़की : नहीं, लेकिन उसकी यही बात उसमें दिलचस्पी बनाए रखती है।

ऊपरवाले दृश्य पर सेंसर बोर्ड को इस तरह की आपत्तियाँ थीं :

कृपया रेखांकित संवादों को बदलें : *'आपने मुझे एक अच्छी लड़की की तरह मेरे रास्ते पर भेज दिया था।'* और इसका जवाब, *'मैं ज़रूर मूर्ख रहा होऊँगा'*, इन संवादों की मौजूदा संकेतात्मक को हटाएँ और कृपया संवाद में युद्ध सामग्री के निर्माता के बदले लड़की के प्रेमी के रूप में

कुछ और सन्दर्भ डालें ताकि इस तरह का कोई संकेत न मिले कि लड़की उस आदमी की रख़ैल है।

दूसरी आपत्तियाँ अन्य दृश्यों में दिखाए गए थोड़े-बहुत हँसी-मज़ाक़ को लेकर थीं। मैं उन्हें यहाँ दे रहा हूँ :

अधेड़ उम्र की औरत के बारे में 'आगे और पीछे के मस्त कटाव' जैसा कोई अश्लील जुमला डालें।

शो करने वाली लड़कियों के रूटीन डांस या कॉस्ट्यूम में कुछ भी आपत्तिजनक नहीं होना चाहिए।

- ख़ास तौर पर घुटने के ऊपर लड़कियों की टाँगें नहीं दिखनी चाहिए।
- पिछवाड़े को खुजाने वाला लतीफ़ा हटा दिया जाए।
- बाथरूम में टॉयलेट नहीं दिखाए जाने चाहिए।
- वरदो के भाषण में से कृपया 'कामुक' शब्द हटा दें।

पत्र इस बात का उल्लेख करते हुए समाप्त किया गया था कि उन्हें मामले पर चर्चा करने के लिए मुझसे मिलने पर अपार ख़ुशी होगी और आशा करते हैं कि फ़िल्म के मनोरंजन मूल्य को गम्भीर रूप से चोट पहुँचाए बिना कहानी को निर्माण-संहिता की अपेक्षाओं के भीतर ला पाना सम्भव होगा। इसलिए मैं ख़ुद ब्रीन ऑफ़िस में हाज़िर हो गया और मुझे मि. ब्रीन के सामने ले जाया गया। एक ही पल बाद मि. ब्रीन का कोई सहायक एक लम्बा, कठोर चेहरे वाला युवा कमरे में आया जिसके टोन में ज़रा-सा भी मैत्री-भाव नहीं था।

"आपके मन में कैथोलिक चर्च के ख़िलाफ़ क्या है?" उसने पूछा।

"आप यह क्यों पूछ रहे हैं?" मैंने पूछा।

"यहाँ", उसने मेरी पटकथा की प्रति मेज़ पर पटकते और उसके पन्ने पलटते हुए कहा : "काल कोठरी में जहाँ अपराधी पादरी से कहता है, 'मैं आपके लिए क्या कर सकता हूँ भले आदमी?' वाले दृश्य में आप क्या बताना चाहते हैं।"

"आप ही बताइए, क्या वह भला आदमी नहीं है?"

"यह बेहूदगी है," उसने नाराज़गी से हाथ हिलाते हुए कहा।

"मैं किसी व्यक्ति को अच्छा कहे जाने में कुछ भी बेहूदा नहीं पाता।" मैंने जवाब दिया।

और इस तरह से हमारी बहस चलती रही। मुझे लगा कि मैं उसके साथ बर्नार्ड शॉ के संवादों का अभिनय कर रहा हूँ।

"आप पादरी को एक अच्छा आदमी मत कहिए। आप उसे फ़ादर कहिए।"

"बहुत अच्छी बात है, हम उन्हें फ़ादर कहेंगे।" मैंने जवाब दिया।

"और यह लाइन" उसने एक और पेज की तरफ़ इशारा करते हुए कहा, "आपने पादरी से कहलवाया है : 'मैं तुमसे यह कहने आया हूँ कि ईश्वर के साथ शान्ति स्थापित कर लो।' और वरदो जवाब देता है : 'ईश्वर के साथ मैं शान्तिपूर्वक हूँ। मेरा संघर्ष व्यक्ति के साथ है।' आप जानते हैं यह धर्मविरुद्ध है।"

"आपको अपनी राय रखने का अधिकार है," मैंने अपनी बात जारी रखी, "और मुझे भी यह अधिकार है।"

"और यह" उसने पटकथा को पढ़ते हुए टोका, "पादरी कहता है : 'क्या तुम्हें अपने द्वारा किये गए पापों के लिए कोई अफ़सोस नहीं है?' और वरदो जवाब देता है : 'कौन जानता है कि पाप क्या है? जो स्वर्ग से ईश्वर के भेजे हुए देवदूत से उत्पन्न हुआ कौन जानता है कि पाप की रहस्यमय नियति क्या है?'

"मेरा विश्वास है कि पाप भी अच्छाई की तरह महान रहस्य है।" मैंने जवाब दिया।

"यह बहुत छद्म दर्शन बघारना है।' उसने हिक़ारत से कहा।

"और तब आपका वरदो पादरी की तरफ़ देखता और कहता है : 'आप बिना पाप के क्या करेंगे?'"

"मैं मानता हूँ कि यह लाइन थोड़ी विवादास्पद है लेकिन आख़िर यह विडम्बनापूर्ण हास्य ही तो है और पादरी को अनादर करने के तरीक़े से सम्बोधित नहीं किया गया है।"

"लेकिन आपका नायक वरदो लगातार पादरी का मज़ाक़ उड़ाता रहता है।"

"तो आप क्या चाहते हैं कि कॉमेडियन की भूमिका पादरी अदा करे?"

"बिलकुल नहीं, लेकिन आप उससे कोई अच्छा-सा जवाब क्यों नहीं दिलवाते।"

"देखिए" मैंने कहा, "अपराधी मरने जा रहा है और बहादुरी दिखाने के चक्कर में है। जबकि पादरी हमेशा सभ्य बने रहते हैं अत: ये लाइनें बिलकुल ठीक हैं। फिर भी मैं सोचूँगा कि पादरी के उत्तर के लिए कुछ और अच्छी लाइनें लिखूँ।"

"और यह लाइन" वह बोलता रहा, "ईश्वर आपकी आत्मा पर रहम खाए" और वरदो जवाब देता है : "क्यों नहीं? आख़िर यह तो उसी से नाता रखती है!"

"इसमें क्या ग़लत है?" मैंने पूछा।

उसने संक्षेप में कहा : "क्यों नहीं! आप पादरी से इस तरह तो बात नहीं करते।"

"यह लाइन अपने आपसे कही गई है। आपको फ़िल्म देखने तक इन्तज़ार करना चाहिए।" मैंने कहा।

"आप समाज और पूरे देश की तौहीन कर रहे हैं।" उसने कहा।

"अच्छा! लेकिन समाज और राष्ट्र दूध के धुले हुए तो नहीं हैं और उनकी आलोचना की मनाही भी नहीं है। है न?"

एक या दो अन्य मामूली परिवर्तनों के बाद आख़िरकार पटकथा को पास कर दिया गया। मि. ब्रीन के प्रति पूरी तरह न्याय करते हुए कहूँ तो उनकी अधिकतर

आलोचना सकारात्मक थी। उन्होंने सोचते हुए कहा, "लड़की को एक और वेश्या मत बनाइए। हॉलीवुड की हर पटकथा में एक वेश्या होती है।"

मुझे यह मानना ही होगा कि मुझे ख़राब लगा। अलबत्ता, मैंने वादा किया कि इस तथ्य पर ज़्यादा ज़ोर नहीं दूँगा।

जब फ़िल्म पूरी हो गई तो इसे लीज़न ऑफ़ डिसेंसी के बीस या तीस सदस्यों, सेंसर तथा विभिन्न हैसियत के धार्मिक समूहों के प्रतिनिधियों को दिखाया गया। मैंने अपने आपको कभी भी इतना अकेला महसूस नहीं किया था जितना उस मौक़े पर कर रहा था। अलबत्ता, जब फ़िल्म पूरी हो गई और बत्तियाँ जल गईं तो मि. ब्रीन बाक़ी लोगों की तरफ़ मुड़े : "मेरा ख़याल है यह ठीक है। आइए चलें" उन्होंने अचानक कहा।

वहाँ मौन छा गया : तभी किसी ने कहा, "मेरे लिए तो यह ठीक है। कुछ भी आपत्तिजनक नहीं है।" बाक़ी सब चुप रहे।

ब्रीन शुष्क चेहरे के साथ दूसरों की तरफ़ उचटती-सी निगाह डालते हुए बोले, "ठीक है, ठीक है, हम इसे पास कर सकते हैं, हाँ?"

बहुत कम प्रतिक्रिया हुई। कुछ लोगों ने हिचकते हुए सिर हिलाया। ब्रीन ने ऐसी सभी आपत्तियों को दरकिनार कर दिया जो वे कर सकते थे और मेरी पीठ पर धौल जमाते हुए बोले, "ठीक है चार्ली, आगे काम करो और इसके प्रिंट निकलवाओ।"

मैं फ़िल्म को उनके द्वारा स्वीकार किये जाने को लेकर थोड़ा हैरान था और सोच रहा था कि शुरू में तो वे फ़िल्म को पूरी तरह से बैन करने पर तुले हुए थे। मैं उनके इस शानदार अनुमोदन को लेकर शक में पड़ गया। क्या वे और कोई रास्ता अपनाएँगे?

*

जब मैं वरदो का दूसरी बार सम्पादन कर रहा था तो मुझे यूनाइटेड स्टेट्स मार्शल से इस आशय का टेलीफ़ोन सन्देश मिला कि मेरे नाम अमेरिका-विरोधी गतिविधियों पर समिति के समक्ष वॉशिंगटन में हाज़िर होने का समन है। कुल उन्नीस लोगों को समन भेजे गए थे।

फ्लोरिडा के सीनेटर पैपर उस समय लॉस एंजेल्स में थे और हमें सुझाव दिया गया कि हम सलाह के लिए सीनेटर से मिल लें। मैं नहीं गया क्योंकि मेरी स्थिति थोड़ी अलग थी। मैं अमेरिकी नागरिक नहीं था। उस बैठक में हर व्यक्ति इस बात के लिए सहमत हुआ कि वे वॉशिंगटन बुलाए जाने पर अपने सांविधिक अधिकारों पर टिके रहेंगे। (जिन्होंने उनकी ज़मानत दी उन्हें अदालत की अवमानना के जुर्म में एक वर्ष की सज़ा सुनाई गई।)

समन में यह ज़िक्र किया गया था कि वाशिंगटन में मेरे वास्तव में हाज़िर होने के बारे में मुझे दस दिन के भीतर बता दिया जाएगा : लेकिन तुरन्त एक तार आया कि मेरी हाज़िरी को दस दिन के लिए टाल दिया गया है।

तीसरी बार तारीख़ बदले जाने के बाद मैंने उन्हें यह उल्लेख करते हुए एक तार भेजा कि मेरी वजह से एक बहुत बड़ा संस्थान अधर में लटका हुआ है और मुझे बहुत हानि हो रही है और चूँकि उनकी समिति हाल ही में मेरे दोस्त हैन्स आइस्लर से पूछताछ करने के लिए हॉलीवुड आई थी, वे उसी समय मुझसे भी पूछताछ कर सकते थे और जनता का पैसा बचा सकते थे। "अलबत्ता," मैंने आगे लिखा :

> मैं आपकी सुविधा के लिए यह बताना चाहता हूँ कि आप क्या जानना चाहते हैं। मैं कम्यूनिस्ट नहीं हूँ और न ही अपने जीवन में कभी किसी राजनीतिक पार्टी या संगठन ही में शामिल हुआ हूँ। आप मुझे शान्तिदूत कह सकते हैं। मुझे उम्मीद है कि इससे आपकी भावनाओं को ठेस नहीं पहुँचेगी। इसलिए, कृपया पक्के तौर पर बताइए कि मुझे वॉशिंगटन कब बुलाया जाना है?
>
> आपका,
> चार्ल्स चैप्लिन।

मुझे हैरानी हुई कि जब मुझे इस आशय का बेहद विनम्रता भरा ख़त मिला कि मेरे मौज़ूद रहने की ज़रूरत नहीं है और मैं इस मामले को समाप्त समझूँ।

उनतीस

अपनी व्यक्तिगत समस्याओं के दौरान मैंने यूनाइटेड आर्टिस्ट्स के कारोबार की तरफ़ ज़्यादा ध्यान नहीं दिया था। अब मेरे वकील ने चेताया कि कम्पनी 1,000,000 डॉलर के घाटे में चल रही है। जब इसके अच्छे दिन थे, तो हर वर्ष 40,000,000 से 50,000,000 डॉलर तक का लाभ कमाकर दे रही थी। लेकिन मुझे याद नहीं आता कि मुझे दो से ज़्यादा लाभांश मिले हों। अपनी समृद्धि के शिखर पर यूनाइटेड आर्टिस्ट्स ने चार सौ अंग्रेज़ी थियेटरों में 25 प्रतिशत हिस्सेदारी जुटा ली थी और इसके लिए उसे एक पाई भी नहीं चुकानी पड़ी थी। हालाँकि मुझे पक्के तौर पर नहीं पता कि यह सब हमने कैसे हासिल किया था। मुझे ऐसा लगता है कि यह हमें हमारी फ़िल्मों के निर्माण की गारंटी देने के बदले में मिला था। दूसरी अमेरिकी फ़िल्म कम्पनियों को इसी तरह से ब्रिटिश सिनेमा में बहुत बड़ी राशि के स्टॉक लेने पड़े थे। एक ऐसा वक़्त भी आया था कि रैंक संगठन में हमारी इक्विटी का हिस्सा 10,000,000 डॉलर के बराबर था।

लेकिन यूनाइटेड आर्टिस्ट्स के शेयरधारकों ने एक-एक करके अपने शेयर

कम्पनी को वापस बेच दिये थे और इनकी क़ीमत चुकाने में कम्पनी की हालत ख़राब हो गई थी। अचानक मैंने पाया कि मैरी पिकफ़ोर्ड के साथ मैं यूनाइटेड आर्टिस्ट्स की कम्पनी का आधा मालिक हूँ और यह कम्पनी 1,000,000 डॉलर के घाटे में चल रही थी। मैरी ने इस तथ्य की ओर ध्यान दिलाते हुए चेतावनी भरा पत्र लिखा था कि सभी बैंकों ने और क़र्ज़े देने से मना कर दिया है। मुझे इस बात की ज़्यादा चिन्ता नहीं थी क्योंकि हम इससे पहले भी क़र्ज़े में आ चुके थे और सफल फ़िल्मों ने हमें हमेशा इन संकटों से निकाल लिया था। इसके अलावा, मैंने अभी-अभी 'मि. वरदो' पूरी की थी और मैं मानकर चल रहा था कि यह बॉक्स-ऑफ़िस पर ख़ूब सफल रहेगी। मेरे प्रतिनिधि आर्थर कैली ने कम-से-कम 12,000,000 डॉलर की कमाई का अनुमान लगाया था और अगर यह सच हो जाता तो इससे हमारी कम्पनी के क़र्ज़े तो उतरते ही, 1,000,000 डॉलर का मुनाफ़ा भी होता।

हॉलीवुड के अपने दोस्तों के लिए मैंने एक निजी शो की व्यवस्था कराई थी और फ़िल्म के समापन पर थॉमस मान, लॉयन फ्यूच्त्वांगर और कई दूसरी विभूतियाँ खड़ी हो गईं और एक मिनट से भी ज़्यादा तक तालियाँ बजाती रहीं।

पूरे विश्वास के साथ मैंने न्यूयॉर्क में क़दम रखा। लेकिन मेरे वहाँ पहुँचते ही 'डेली न्यूज़' ने मुझ पर हमला कर दिया :

> चैप्लिन अपनी नई फ़िल्म के प्रदर्शन के लिए शहर में हैं। 'मेरे सहयात्रियो' के रूप में उनके सम्बोधन के बाद मैं उन्हें न्योता देता हूँ कि वे प्रेस को अपना चेहरा दिखाएँ क्योंकि मैं वहाँ पर उनसे एक या दो परेशान करने वाले सवाल पूछूँगा।

यूनाइटेड आर्टिस्ट्स के प्रचार स्टाफ़ ने इस बात पर देर तक विचार-विमर्श किया कि क्या मेरे लिए अमेरिकी प्रेस से मिलना ठीक रहेगा? मैं परेशान था, क्योंकि उस दिन सुबह ही मैं विदेशी प्रेस से मिल चुका था और उन्होंने बहुत गर्मजोशी व उत्साह के साथ मेरा स्वागत किया था। इसके अलावा मैं उन लोगों में से नहीं हूँ जो गीदड़ भभकियों से डर जाएँ।

अगली सुबह हमने होटल में एक बड़ा-सा कमरा आरक्षित कराया और मैं अमेरिकी प्रेस से मिला। जब कॉकटेल सर्व कर दिये गए तो मैं हाज़िर हुआ, लेकिन मैंने ताड़ लिया कि दाल में कुछ काला है। मैं एक छोटी-सी मेज़ के पीछे से एक छोटे से मंच से बोला। मैं अपनी आवाज़ में जितनी मिश्री घोल सकता था, घोली और बोला, "देवियो और सज्जनो, कैसे हैं आप लोग? मैं यहाँ इसलिए हाज़िर हुआ हूँ ताकि मैं अपनी फ़िल्म के बारे में और अपनी भावी योजनाओं के बारे में जो भी तथ्य आप जानना चाहें, बता सकूँ।"

वे लोग चुप रहे। "सब एक साथ मत बोलिए," मैंने मुस्कराते हुए कहा।

आख़िरकार पहली पंक्ति के पास बैठी एक महिला-पत्रकार ने श्रीगणेश किया, "क्या आप कम्यूनिस्ट हैं?"

"नहीं," मैंने दृढ़ता से जवाब दिया, "अगला सवाल प्लीज़।"

इसके बाद भुनभुनाहट की आवाज़ आने लगी। मुझे लगा कि 'डेली न्यूज़' वाले मेरे शुभचिन्तक वहीं होंगे, लेकिन उनकी ग़ैर-हाज़िरी साफ़ तौर पर महसूस की जा सकती थी। जो वक्ता खड़े हुए वे मैले-कुचैले से लगने वाले निरीह प्राणी थे और अपने उन काग़ज़ों पर झुके हुए थे जिनमें से वे पढ़ रहे थे।

"माफ़ कीजिए," मैंने कहा, "आपको फिर से पढ़ना पढ़ेगा, आप जो भी कह रहे हैं, मैं उसका एक भी शब्द समझ नहीं पा रहा हूँ।"

उन्होंने शुरू किया, "हम, कैथोलिक युद्ध के वरिष्ठ भुक्तभोगी...।"

मैंने टोका, "मैं यहाँ पर किसी कैथोलिक युद्ध के...वरिष्ठ भुक्तभोगियों के सवालों का जवाब देने के लिए नहीं आया हूँ। यह बैठक प्रेस के लिए है।"

"आप अमेरिका के नागरिक क्यों नहीं बने हैं?" एक और आवाज़।

"मुझे अपनी राष्ट्रीयता बदलने की कोई वजह नज़र नहीं आती। मैं अपने आपको विश्व का नागरिक समझता हूँ।" मैंने जवाब दिया।

थोड़ी देर के लिए हँगामा मच गया। दो या तीन एक साथ बोलना चाहते थे। अलबत्ता, एक आवाज़ दूसरी आवाज़ों पर हावी हो गई, "लेकिन आप अपनी रोज़ी-रोटी तो अमेरिका से कमाते हैं!"

"हाँ, यह बात ठीक है," मैंने मुस्कराते हुए कहा, "अगर आप इसे आर्थिक रूप से तौलना चाहते हैं तो मैं आपके सामने सारे आँकड़े गिनवा देता हूँ। मेरा कारोबार अन्तरराष्ट्रीय स्वरूप का है और मेरी कमाईं का सत्तर प्रतिशत विदेशों से आता है और मज़े की बात, उस पर सत्तर प्रतिशत कर का लाभ अमेरिका को मिलता है। अब आप ही देख लीजिए, मैं आपका कितना अच्छा पेईंग गेस्ट हूँ!"

कैथोलिक लीज़न के पक्षधर ने एक बार फिर अपना सिर उठाया, "आप अपना धन यहाँ पर कमाते हैं या नहीं, हम लोग, जिन्होंने फ्रांस के तटों पर अपने सैनिक उतारे हैं, इस बात पर आपसे ख़फ़ा हैं कि आप इस देश के नागरिक नहीं हैं।"

"आप ही अकेले ऐसे सज्जन नहीं हैं जिनके सगे फ्रांस के तटों पर उतरे हैं," मैंने बताया, "मेरे दो बेटे भी पैटन की सेना में हैं और एकदम मोर्चे पर हैं लेकिन वे न तो आपकी तरह तथ्यों को भुना रहे हैं और न ही उनका फ़ायदा ही उठा रहे हैं।"

"क्या आप हैन्स आइस्लर को जानते हैं?" एक अन्य रिपोर्टर।

"हाँ, वे मेरे बहुत प्यारे दोस्त और एक बहुत अच्छे संगीतकार हैं।"

"क्या आपको पता है कि वे कम्यूनिस्ट हैं?"

"मैं इस बात की परवाह नहीं करता कि वे क्या हैं, मेरी दोस्ती राजनीति पर आधारित नहीं है।"

"फिर भी ऐसा लगता है कि आप कम्यूनिस्टों को पसन्द करते हैं?" एक अन्य रिपोर्टर।

"किसी को भी यह बताने की ज़रूरत नहीं है कि मुझे क्या पसन्द करना चाहिए और क्या नहीं? हम अभी तक उस तरह के सम्बन्धों तक नहीं पहुँचे हैं।"

तभी उसी उत्तेजना के बीच में से एक आवाज़ उभरी, "कैसा लगता है ऐसा कलाकार होना जिसने जन सामान्य की ख़ुशियों और समझ के बारे में पूरी दुनिया को इतना समृद्ध किया हो और साथ ही अमेरिकी प्रेस के तथाकथित प्रतिनिधियों की नफ़रत, फटकार और मज़ाक़ का पात्र बनना?"

मैं सहानुभूति के दो बोल सुनने के लिए इतना तरस गया था कि मैं अचानक टोक बैठा, "माफ़ कीजिए, मैं आपकी बात समझ नहीं पाया। क्या आप अपना सवाल दोहराएँगे?"

मेरे प्रचार-प्रबन्धक ने मुझे कोहनी मारी और फुसफुसाया, "यह आदमी तो आपके पक्ष में ही बात कर रहा है। उसने बहुत ही उम्दा बात की है।" यह अमेरिकी उपन्यासकार और कवि जिम एगी थे जो उस समय 'टाइम्स मैगज़ीन' के लिए विशेष फ़ीचर लेखक और समीक्षक के रूप में काम कर रहे थे।

"माफ़ कीजिए," मैंने कहा, "मैं आपकी बात सुन नहीं पाया, क्या आप अपनी बात दोहराएँगे?"

"मुझे नहीं पता कि मैं ऐसा कर पाऊँगा या नहीं," उन्होंने कहा। वे थोड़ा परेशान हो गए थे, फिर भी उन्होंने लगभग वही शब्द दोहरा दिये।

मुझे जवाब ही नहीं सूझा। इसलिए मैंने अपना सिर हिलाया और कहा, "कोई टिप्पणी नहीं, लेकिन आपका आभार!"

इसके बाद तो मैं उखड़ ही गया। उनके भले लगने वाले शब्दों ने मुझसे और लड़ने की ताक़त ही छीन ली थी। "मुझे खेद है देवियो और सज्जनो," मैंने कहा, "मैं तो यह मानकर चल रहा था कि यह प्रेस सम्मेलन मेरी फ़िल्म के बारे में साक्षात्कार है, इसके बजाय, यह तो राजनीतिक उठापटक में बदल गया है। इसलिए मुझे और कुछ नहीं कहना है।"

साक्षात्कार के बाद मैं भीतर-ही-भीतर बीमार हो गया था, क्योंकि मैं जानता था कि मेरे ख़िलाफ़ एक उग्र मोर्चा खोल दिया गया है।

इसके बावजूद मैं इस पर यक़ीन नहीं कर सका। मुझे 'द ग्रेट डिक्टेटर' पर बधाई देते हुए बहुत ही शानदार पत्र मिले थे और उससे जो कमाई हुई थी, वह पहले की सारी फ़िल्मों की कमाई को पार कर गई थी। हालाँकि फ़िल्म के प्रदर्शित होने से पहले मुझे बहुत सारे प्रतिकूल प्रचार का सामना करना पड़ा था। मुझे 'मि. वरदो' की सफलता पर पूरा भरोसा था और यूनाइटेड आर्टिस्ट्स के स्टाफ़ की भी यही राय थी।

मैरी पिकफ़ोर्ड ने फ़ोन करके बताया कि वह ऊना और मेरे साथ प्रीमियर में आना चाहेगी, इसलिए मैंने उन्हें हमारे साथ '21' रेस्तराँ पर खाना खाने के लिए आमंत्रित किया। मैरी डिनर पर बहुत देर से पहुँचीं। उन्होंने बताया कि उन्हें एक कॉकटेल पार्टी की वजह से देरी हो गई। वहाँ से निकलने में उन्हें बहुत मुश्किल हो रही थी।

जिस वक़्त हम थियेटर में पहुँचे, बाहर अपार भीड़ जुट चुकी थी। जिस वक़्त हम लॉबी में से रास्ता बनाकर निकल रहे थे, हमने देखा कि एक आदमी रेडियो पर प्रसारण कर रहा है : "और अब चार्ली चैप्लिन और उनकी पत्नी आ पहुँचे हैं। अहा! और उनके साथ उनके मेहमान के रूप में हैं मूक फ़िल्मों के दिनों की शानदार अभिनेत्री जो अभी भी पूरे अमेरिका की हरदिल अज़ीज़ हैं। ये हैं मिस मैरी पिकफ़ोर्ड। मैरी, क्या आप इस शानदार प्रीमियर के बारे में कुछ नहीं कहेंगी?"

लॉबी ठसाठस भरी हुई थी। मैरी किसी तरह से भीड़ में से रास्ता बनाते हुए माइक्रोफ़ोन तक पहुँचीं। वे अभी भी मेरा हाथ थामे हुए थीं।

"और अब, देवियो और सज्जनो, पेश हैं मैरी पिकफ़ोर्ड!"

खींचे और धकेले जाने के बीच मैरी ने कहा, "दो हज़ार साल पहले यीशु का जन्म हुआ था और आज की रात..." वे आगे कुछ नहीं कह पाईं। चूँकि वे अभी भी मेरा हाथ थामे हुए थीं, उन्हें भीड़ के एक धक्के ने माइक से परे धकेल दिया। मैं इस बात पर हैरान था कि वे आगे क्या कहने वाली थीं।

उस रात थियेटर का माहौल असहज करने वाला था—एक ऐसी भावना जैसे कि दर्शक कुछ सिद्ध करने के लिए आए हैं। जिस पल फ़िल्म शुरू हुई, बेचैनी, प्रत्याशा और अतीत के सुखद एहसास, जिनके साथ मेरी फ़िल्मों का स्वागत हुआ करता था, उनकी जगह पर बीच-बीच में कुछेक सिसकारियों के साथ बिखरे-बिखरे, नर्वस हँसी के पल थे। मुझे यह स्वीकार करना ही होगा कि सिसकारी भरी ये प्रतिक्रियाएँ प्रेस की सारी नाराज़गी से भी ज़्यादा तकलीफ़ दे रही थीं।

जैसे-जैसे फ़िल्म आगे बढ़ती गई, मेरी चिन्ता बढ़ती गई। हँसी के पल थे लेकिन ये बिखरे हुए थे। ये पुराने वक़्त के, 'द गोल्ड रश' के या 'सिटी लाइट्स' के या 'शोल्डर आर्म्स' के ठहाके नहीं थे। यह थियेटर में चल रही सिसकारियों के ख़िलाफ़ चुनौतीपूर्ण हँसी थी। मेरा दिल डूबने लगा। मैं अपनी सीट पर और देर तक नहीं बैठ पाया। मैंने ऊना से कहा, "मैं बाहर लॉबी में जा रहा हूँ। अब और सहन नहीं होता मुझसे।" उसने मेरा हाथ दबाया। मेरे हाथ में मुचड़ा हुआ कार्यक्रम-पत्रक था, इसे मैं इतना ज़्यादा तोड़-मरोड़ चुका था कि वह मेरी हथेलियों को पसीने से गीला कर रहा था। इसलिए मैंने उसे अपनी सीट के नीचे फेंक दिया। मैं दबे पाँव बीच वाले रास्ते पर आया और लॉबी की तरफ़ निकल गया। मैं ठहाके सुनने और उनके बीच में से उठकर चले आने के बीच बँट गया था। फिर मैं हौले-हौले चलता हुआ बीच

वाली मंज़िल तक यह देखने के लिए आया कि वहाँ पर क्या चल रहा है? एक आदमी बाक़ी लोगों की तुलना में सबसे ज़्यादा हँस रहा था। निश्चित तौर पर मेरा कोई दोस्त रहा होगा। लेकिन यह विकृत और नर्वस हँसी थी मानो वह कुछ सिद्ध करना चाहता हो। बालकनी में भी यही हाल था।

दो घंटे तक मैं लॉबी में, गली में और थियेटर के आसपास चहलक़दमी करता रहा। बीच-बीच में वापस थियेटर में फ़िल्म देखने आ जाता। यही सब चलता रहा। आख़िर फ़िल्म ख़त्म हुई। अर्ल विल्सन, स्तम्भकार, जो बहुत ही प्यारा व्यक्ति है, मुझसे लॉबी में मिलने वाले लोगों में सबसे पहला था। "मुझे यह बहुत अच्छी लगी।" उसने 'मुझे' पर बहुत ज़ोर दिया। फिर मेरे प्रतिनिधि आर्थर केली बाहर आए। "बेशक, यह एक करोड़ बीस लाख का धन्धा तो नहीं ही करने जा रही है।" उसने कहा।

"मैं आधे पर ही समझौता कर लूँगा," मैंने मज़ाक़ में कहा।

इसके बाद हमने लगभग एक सौ पचास लोगों को खाने की दावत दी। उनमें से कुछ पुराने दोस्त थे। तरह-तरह की बातें हुईं। शैम्पेन सर्व किये जाने के बावजूद मामला हताश करने वाला था। ऊना जल्दी ही वहाँ से चली गई लेकिन मैं आधा घंटा और रुका रहा।

हर्बर्ट बेयार्ड स्वोप, जिन्हें मैं पसन्द करता था और समझदार समझता था, फ़िल्म के बारे में मेरे दोस्त डॉन स्टीवर्ट से बहस कर रहे थे। स्वोप को यह पसन्द नहीं आई थी। उस रात कुछ ही लोगों ने मुझे बधाई दी। डॉन स्टीवर्ट, जो मेरी तरह ख़ुद भी थोड़े नशे में थे, बोले, "चार्ली, आसपास बहुत से हरामी मौजूद हैं जो आपकी फ़िल्म पर राजनीतिक रोटियाँ सेंकना चाहते हैं। लेकिन फ़िल्म बहुत अच्छी बनी है और दर्शक इसे पसन्द करेंगे।"

इस समय तक मैं इस बात की परवाह नहीं कर रहा था कि कौन क्या सोच रहा है। अब मुझमें विरोध करने की ताक़त नहीं बची थी। डॉन मुझे होटल तक छोड़ने आए। जब हम पहुँचे तब तक ऊना सो चुकी थी।

"कौन सी मंज़िल है?" डॉन ने पूछा।

"सत्रहवीं।"

"हे भगवान, आपको पता है कि यह कौन-सा कमरा है? यह वही कमरा है जिसमें वो लड़का किनारे पर निकल आया था और कूदकर जान देने से पहले वहाँ बारह घंटे तक खड़ा रहा था।"

उस शाम का इससे बेहतर क्लाइमेक्स और क्या हो सकता था—अलबत्ता, मैं यह मानता हूँ कि मैंने अब तक जितनी भी फ़िल्में बनाई हैं, उनमें से 'मि. वरदो' सबसे ज़्यादा चतुराई और समझदारी से बनाई गई फ़िल्म है।

मेरी हैरानी की सीमा न रही जब 'मि. वरदो' न्यूयॉर्क में छह सप्ताह तक चलती रही और उसने बहुत अच्छा कारोबार किया। लेकिन अचानक ही यह मन्दी पड़ गई।

जब मैंने यूनाइटेड आर्टिस्ट्स के ग्रैड सीअर्स से इस बारे में पूछा तो उसने बताया, "आप जो भी फ़िल्म बनाते हैं, वह पहले तीन या चार हफ़्ते तक बहुत अच्छा कारोबार करती है। कारण यह है कि आपके बहुत सारे पुराने प्रशंसक हैं। लेकिन उनके बाद आती है आम जनता। अगर सच कहूँ तो प्रेस आपके पीछे कम-से-कम दस बरस से लट्ठ लेकर पड़ी हुई है और उस लट्ठबाज़ी का कुछ तो असर होना ही था। यही वजह है कि फ़िल्म में मन्दी आ गई है।"

"लेकिन यह तो मानना ही पड़ेगा कि लोगों के पास हास्य-बोध है!" मैंने पूछा।

"यहाँ देखिए," उसने मुझे 'डेली न्यूज़' और हर्स्ट के अख़बार दिखाए "और ये अख़बार सारे देश में जाते हैं।"

एक अख़बार में एक चित्र दिखाया गया था जिसमें 'मि. वरदो' दिखाने वाले एक थियेटर के बाहर न्यू जर्सी कैथोलिक लीज़न के लोग हाथ में प्लेकार्ड लेकर धरना दे रहे थे। उन लोगों के हाथों में जो बोर्ड थे, उन पर लिखा था,

'चार्ली कॉमरेड है।'

'देशद्रोही को देश से बाहर निकालो।'

'चैप्लिन बहुत दिन तक मेहमान बनकर रह लिया।'

'चैप्लिन, कृतघ्न और कम्यूनिस्टों से सहानुभूति रखने वाला।'

'चैप्लिन को रूस भेजो...'

जब किसी व्यक्ति के ऊपर निराशा और तकलीफ़ का पहाड़ टूट पड़ता है और वह हताशा की तरफ़ नहीं मुड़ता तो दर्शन और हास्य की तरफ़ मुड़ जाता है। जब ग्रैड ने मुझे धरना देने वालों की तसवीर दिखाई, उस वक़्त थियेटर के बाहर एक भी दर्शक नहीं था। मैंने मज़ाक़ में कहा, "ज़रूर ये तसवीरें सुबह पाँच बजे ली गई होंगी।" अलबत्ता, जहाँ कहीं भी 'मि. वरदो' बिना बाधा के दिखाई गई, उसने सामान्य की तुलना में बेहतर ही कारोबार किया।

फ़िल्म को देश के सभी बड़े सर्किटों में बुक किया गया था। लेकिन अमेरिकी लीज़न की तरफ़ से और दूसरे समूहों की तरफ़ से धमकी-भरे पत्र मिलने पर उन्होंने शो दिखाने बन्द कर दिये। लीज़न का धमकाने का तरीक़ा प्रभावशाली था। अगर थियेटर चैप्लिन की कोई फ़िल्म दिखा रहे होते या कोई ऐसी फ़िल्में दिखा रहे होते जिसे वे अनुमोदित नहीं करते थे, तो वे वितरकों को पूरे एक बरस तक थियेटर का बहिष्कार करने की धमकी देते थे। डेनवर में पहली रात फ़िल्म ने बहुत अच्छा कारोबार किया लेकिन इस तरह के धमकी-भरे व्यवहार के कारण उसे उतार दिया गया।

न्यूयॉर्क की हमारी यह यात्रा अब तक की यात्राओं की तुलना में सबसे ज़्यादा नाख़ुश करने वाली थी। रोज़ाना हमें फ़िल्म के रद्द किये जाने की ख़बरें मिलतीं। इसके अलावा, 'ग्रेट डिक्टेटर' को लेकर मुझे चोरी के इलज़ाम में फँसा दिया गया था। प्रेस और जनता की भीषण नफ़रत और विरोध चरम पर थे। सीनेट में चार सीनेटर

हाथ धोकर मेरे पीछे पड़ गए थे, तभी मेरी इस इच्छा के विरुद्ध कि इस मामले को थोड़ा स्थगित कर दिया जाए, मामले को जूरी के सामने ले जाया गया।

आगे बढ़ने से पहले मैं यह कहकर कुछ बातें साफ़ कर लेना चाहता हूँ कि मैंने हमेशा अकेले के बलबूते पर अपनी पटकथाएँ ख़ुद ही सोचीं और लिखी हैं। मामला अभी शुरू भी नहीं हुआ था कि न्यायाधीश ने घोषणा कर दी कि उनके पिता मृत्युशैया पर हैं और हम समझौता कर लें ताकि वह मामला निपटा सकें और अपने पिता के पास जा सकें। दूसरे पक्ष ने इसमें तकनीकी फ़ायदा देखा और समझौते के प्रस्ताव को लपककर स्वीकार कर लिया। अगर सामान्य परिस्थितियाँ होतीं तो मैंने मामले को आगे बढ़ाने पर ज़ोर दिया होता, लेकिन एक तो मैं उस वक़्त अमेरिका में अलोकप्रियता के शिखर पर था और इस तरह के न्यायालय के दबाव में आ गया था, मैं डरा हुआ था कि आगे न जाने क्या हो जाए, अतः हमने समझौता कर लिया।

'मि. वरदो' से 12,000,000 डॉलर कमाने की सारी उम्मीदें धूल में मिल चुकी थीं। अब तो उसकी क़ीमत वसूल करने के भी लाले पड़े हुए थे। एक बार फिर यूनाइटेड आर्टिस्ट्स गहरे संकट में पड़ गई थी। किफ़ायत करने की दृष्टि से मैरी ने इस बात पर ज़ोर दिया कि मैं अपने प्रतिनिधि आर्थर कैली की छुट्टी कर दूँ लेकिन जब मैंने उसे याद दिलाया कि मैं भी कम्पनी का आधा मालिक हूँ तो मोहतरमा नाराज़ हो गईं।

"अगर मेरा प्रतिनिधि जाता है मैरी तो आपका प्रतिनिधि भी जाएगा।" मैंने कह दिया। इससे अवरोध पैदा हो गया और मजबूरन मुझे कहना पड़ा, "अब हम दोनों में से ही एक कम्पनी ख़रीदे और दूसरा बेचे। अपनी क़ीमत बोलिए।" लेकिन मैरी कोई क़ीमत लगाने के लिए तैयार नहीं थीं और न ही मैं क़ीमत लगाने में पहल कर रहा था।

आख़िर, ईस्टर्न सर्किट ऑफ़ थियेटर्स का प्रतिनिधित्व करने वाली वकीलों की एक फ़र्म हमारी संकटमोचक बनकर सामने आई। वे कम्पनी पर नियंत्रण चाहते थे और 12,000,000 डॉलर देने के लिए तैयार थे। 7,000,000 डॉलर नक़द और 5,000,000 शेयरों के रूप में। यह बहुत ही अच्छा सौदा था।

"देखो," मैंने मैरी से कहा, "आप मुझे अभी नक़द 5,000,000 डॉलर दे दीजिए और बाक़ी आप रख सकती हैं।" वे इस बात से सहमत हो गईं और कम्पनी को भी इसमें ऐतराज़ नहीं था।

कई हफ़्तों तक सौदेबाज़ी करने के बाद इस आशय के दस्तावेज़ तैयार कर लिये गए। आख़िरकार मेरा वकील मेरे पास आया और बोला, "चार्ली, अगले दस मिनट बाद आपकी हैसियत पचास लाख डॉलर की हो जाएगी।"

लेकिन दस मिनट बाद उसने फ़ोन किया, "चार्ली, सौदा खटाई में पड़ गया है। मैरी ने पैन अपने हाथ में ले लिया था और हस्ताक्षर करने ही वाली थीं कि अचानक बोलीं, 'नहीं, चार्ली को पचास लाख डॉलर अभी मिल जाएँ और मुझे दो बरस तक

इन्तज़ार करना पड़े!' हमने तर्क दिया कि उन्हें सत्तर लाख डॉलर मिल रहे हैं, आपकी तुलना में बीस लाख डॉलर ज़्यादा। लेकिन उन्होंने यह बहाना बना दिया कि इससे उनकी आय पर टैक्स को लेकर समस्या हो जाएगी। यह हमारे लिए सुनहरा मौक़ा था। बाद में हमें कम्पनी को बहुत कम क़ीमत पर बेचने पर मजबूर होना पड़ा।

हम कैलीफोर्निया लौट आए। मैं 'मि. वरदो' के पचड़े से पूरी तरह मुक्त हो चुका था इसलिए एक बार फिर आइडिया सोचने के लिए तैयार होने लगा। इसकी वजह यह थी कि मैं आशावादी था और मुझे अभी भी इस बात का यक़ीन नहीं था कि मैं अमेरिकी जनता का प्यार पूरी तरह से खो चुका हूँ, कि वे राजनीतिक रूप से इतने सजग हो सकते हैं या हास्य से इतने हीन हो सकते हैं कि किसी भी ऐसे व्यक्ति का बहिष्कार कर दें, जो उन्हें हँसाता रहा है। मेरे पास एक आइडिया था और इसके दबाव के तले मैं इस बात की रत्ती-भर भी परवाह नहीं कर रहा था कि नतीजा क्या होगा! फ़िल्म बननी ही बननी थी।

दुनिया चाहे जितने आधुनिक बाने धारण कर ले, प्रेम-कहानी उसे हमेशा अच्छी लगती है। जैसा कि हैज़लिट ने कहा है, मेधा की तुलना में संवेदना ज़्यादा प्रेरक होती है और यह कला के कार्य में कहीं बड़ा योगदान करती है। इस बार मेरा आइडिया एक प्रेम-कहानी का था। इसके अलावा, यह 'मि. वरदो' की पागलपन भरी निराशा की तुलना में दूसरी तरह की फ़िल्म होती। लेकिन महत्त्वपूर्ण बात यह थी कि इसका आइडिया मुझे उत्तेजित किये हुए था।

'लाइमलाइट' को तैयार करने में अठारह महीने का समय लगा। इसके लिए बारह मिनट के बैले संगीत की रचना की जानी थी, जो अत्यन्त मुश्किल काम सिद्ध हुआ क्योंकि मुझे बैले की भाव-भंगिमाओं की कल्पना करनी थी। अतीत में तो यह होता था कि जब फ़िल्म पूरी हो जाती थी तब मैं संगीत-रचना किया करता था और ऐसी हालत में मैं एक्शन देख सकता था। इसके बावजूद, मैंने नृत्य की मुद्राओं की कल्पना करते हुए सारे संगीत की रचना की। लेकिन जब संगीत पूरा हो गया तो मैं हैरान-परेशान था कि यह बैले के अनुसार उचित है या नहीं क्योंकि नृत्य की कोरियोग्राफ़ी तो नर्तकों द्वारा ख़ुद ही सोची और पेश की जाएगी।

आंद्रे एग्लेव्स्की का बहुत बड़ा प्रशंसक होने के नाते मैंने सोचा कि उन्हें बैले में लिया जाए। वे न्यूयॉर्क में थे इसलिए मैंने उन्हें फ़ोन किया और पूछा कि क्या वे एक अलग संगीत-रचना पर 'ब्लूबर्ड' नृत्य करना चाहेंगे? मैंने उनसे यह भी कहा कि वे अपने साथ नृत्य करने के लिए किसी बैलेरिना का नाम भी सुझाएँ। उन्होंने कहा कि वे पहले संगीत सुनना चाहेंगे।

ब्लूबर्ड नृत्य चाइकोव्स्की के संगीत पर आधारित है और पैंतालीस सेकेंड तक चलता है। इसलिए मैंने कमोबेश इतनी ही अवधि के लिए संगीत-रचना तैयार की थी।

हम पिछले कई महीने से पचास कलाकारों वाले ऑर्केस्ट्रा के साथ बारह

मिनट का बैले संगीत बनाने की दिशा में काम कर रहे थे, इसलिए मैं आंद्रे साहब की प्रतिक्रिया जानने को बेचैन था। आख़िरकार, बैलेरिना मेलिसा हेडन और आंद्रे एग्लेव्स्की यह संगीत-रचना सुनने के लिए विमान से हॉलीवुड आए। जिस वक़्त वे इसे सुनने के लिए बैठे, तो मैं बहुत ज़्यादा नर्वस था। लेकिन भगवान का शुक्र है, दोनों ने इसे अनुमोदित कर दिया और बताया कि यह बैले के अनुरूप है। मेरे फ़िल्म कॅरियर के पलों में ये सबसे ज़्यादा रोमांचक पल थे—उन्हें इस धुन पर नृत्य करते देखना। उन्होंने इसमें जो अर्थ भरे, वे आह्लाद से भर देने वाले थे जिसने संगीत को एक महाकाव्यात्मक महत्ता प्रदान की।

लड़की की भूमिका के लिए पात्र का चयन करते समय मैं असम्भव जैसा कुछ चाह रहा था यानी सौन्दर्य, मेधा और संवेदनाएँ प्रकट कर सकने की बहुत व्यापक क्षमता। कई महीनों तक खोजने और जाँचने-परखने के बाद भी निराशाजनक नतीजे ही सामने आ रहे थे। मैं सौभाग्यशाली था कि मैंने क्लेयर ब्लूम को चुना। मेरे मित्र आर्थर लॉरेंट्स ने उसकी सिफ़ारिश की थी।

हमारी प्रकृति में कुछ ऐसा होता है कि हम नफ़रत और दुखद बातों को भूल जाते हैं। मुक़दमा और उसके साथ जुड़ी सारी तकलीफ़ें हवा में बर्फ़ की तरह पिघल चुकी थीं। इस बीच ऊना चार बच्चों की माँ बन चुकी थी। गेराल्डिन, माइकल, जोज़ी और विकी। बेवर्ली हिल्स में अब जीवन ख़ुशनुमा था। हमने एक सुखद व्यवस्था जुटा ली थी और सब कुछ ठीक-ठाक चल रहा था। रविवार को हम मेल-मुलाक़ात का दिन रखते और कई दोस्त हमसे मिलने आते। उनमें जिम एगी भी थे जो जॉन हस्टन के लिए पटकथा लेखन के लिए हॉलीवुड आए थे।

लेखक और दार्शनिक विल डुरैंट भी उन दिनों हॉलीवुड में थे और यू.सी.एल.ए. में व्याख्यान दे रहे थे। वे मेरे पुराने मित्र थे और कभी-कभार हमारे घर खाने पर आते थे। वे बहुत शानदार शामें होतीं। विल बहुत ही उत्साही आदमी थे और उन्हें किसी भी तरह के नशे की ज़रूरत नहीं पड़ती थी। उनके लिए ज़िन्दगी का नशा ही काफ़ी था। एक बार उन्होंने मुझसे पूछा, "सुन्दरता की आपकी धारणा क्या है?" मैंने कहा कि मेरे ख़याल से यह मृत्यु, अकेलेपन और मुस्कराती हुई उदासी की सर्वव्यापी सत्ता है जिसे हम प्रकृति में और प्रत्येक वस्तु में देखते हैं, एक रहस्यमय आध्यात्मिक सम्बन्ध जिसे कवि महसूस करता है, यह सूर्य की किरण में चमकता कचरे का डिब्बा भी हो सकता है या गटर में गिरा हुआ ग़ुलाब का फूल भी हो सकता है। एल ग्रेको ने इसे हमारे 'सूली पर चढ़ने वाले यीशु' ('सेवियर ऑन द क्रॉस') में देखा था।

हम विल से दोबारा डगलस फेयरबैंक्स जूनियर के यहाँ डिनर पर मिले। क्लेमेंस डेन और क्लेयर बूथ लूस भी वहीं थे। मैं क्लेयर से कई बरस पहले न्यूयॉर्क में डब्ल्यू.आर. हर्स्ट के फैंसी ड्रेस शो में मिला था। उस रात वे अठारहवीं शताब्दी के

कॉस्ट्यूम और सफ़ेद विग में ग़ज़ब की सुन्दर लग रही थीं। तभी मैंने सुना था कि मेरे दोस्त जॉर्ज मूर, जो बेहद संवेदनशील और सुसंस्कृत व्यक्ति थे, के साथ उनकी कहा-सुनी हो गई थी। अपने प्रशंसकों के जमावड़े से घिरी वे सबको सुनाई दे सकने वाली आवाज़ में मूर का पानी उतार रही थीं, "आप तो अच्छे-ख़ासे रहस्यमय नज़र आते हैं। आप पैसा कमाते कैसे हैं?"

यह बहुत ही क्रूर बात थी, ख़ास तौर पर तब, जब कई लोग वहाँ पर मौज़ूद थे। लेकिन जॉर्ज बहुत ही प्यारे इनसान थे, उन्होंने हँसते हुए जवाब दिया था, "मैं कोयला बेचता हूँ, अपने दोस्त हिचकॉक के साथ थोड़ी-सी पोलो खेल लेता हूँ और यहाँ," (उस वक़्त मैं वहीं से गुज़र रहा था), "मेरा दोस्त चार्ली मुझे जानता है।" क्लेयर के बारे में तब से मेरी धारणा बदल गई थी। बाद में मुझे यह सुनकर बिलकुल भी हैरानी नहीं हुई थी कि वे कांग्रेस में चली गई थीं और उसके बाद राजदूत बन गई थीं। उन्होंने अमेरिकी राजनीति को प्रख्यात दार्शनिक जुमला 'ग्लोब-बालोनी' दिया था।

उस रात मैं क्लेयर लूस के देववाणी सदृश उपदेश सुनता रहा। बेशक विषय धर्म की ओर मुड़ गया था (वे हाल ही में कैथोलिक चर्च में शामिल हो गई थीं) और मैंने चर्चा के दौरान उनसे कहा, "आदमी को ईसाइयत का तमगा अपने माथे पर लगाने की ज़रूरत नहीं होती। धर्म साधुओं और पापियों, दोनों में एक जैसा होता है। पवित्र आत्मा हर कहीं होती है।" उस रात जब हम विदा हुए, तो दोनों ही असहज महसूस कर रहे थे।

*

'लाइमलाइट' पूरी हो चुकी थी और मुझे अब तक की बनाई मेरी किसी भी दूसरी फ़िल्म की तुलना में इसकी सफलता के बारे में बहुत कम शक था। हमने अपने मित्रों के लिए एक निजी शो की व्यवस्था की, सभी बहुत उत्साहित थे। इसलिए हमने यूरोप के लिए निकलने के बारे में सोचना शुरू किया। ऊना चाहती थी कि बच्चों को हॉलीवुड के प्रभाव से कहीं दूर स्कूल में भर्ती किया जाए।

मैं तीन महीने पहले ही री-एंट्री के परमिट के लिए आवेदन दे चुका था, लेकिन अभी तक कोई उत्तर नहीं आया था। इसके बावजूद, मैं जाने की तैयारियों में अपने कारोबार को व्यवस्थित करने में लगा हुआ था। मेरे टैक्स की फ़ाइलें जमा कर दी गई थीं और सारे मामले निपटा दिये गए थे। लेकिन जब आन्तरिक राजस्व सेवा विभाग को पता चला कि मैं यूरोप के लिए निकल रहा हूँ तो उन्होंने एक ऐसी राशि का ज़िक्र किया था जो छह अंकों में थी। उन्होंने मुझसे 2,000,000 डॉलर की माँग की थी। यह राशि उस राशि से दस गुना ज़्यादा थी जिसका वे दावा कर रहे थे। मेरी छठी इन्द्रिय ने मुझे चेताया कि कुछ भी जमा मत कराओ और मामले को तुरन्त अदालत में ले जाए जाने के बारे में अड़ जाओ। इससे जल्दी ही मामूली-सी राशि

पर समझौता हो गया। अब उन्हें मुझसे कोई राशि वसूल नहीं करनी थी। इसलिए मैंने फिर से री-एंट्री के परमिट के बारे में आवेदन किया लेकिन कोई जवाब नहीं दिया गया। इसलिए, मैंने एक पत्र वाशिंगटन भेजा और उन्हें सूचित किया कि अगर वे मुझे री-एंट्री परमिट नहीं देना चाहते, तो भी मैं किसी भी हालत में देश से जाना चाहता हूँ।

एक हफ़्ते बाद मुझे आप्रवास विभाग से एक टेलीफ़ोन सन्देश मिला कि वे मुझसे कुछ सवाल पूछना चाहते हैं और क्या वे मेरे घर पर आ सकते हैं?

"बेशक," मैंने जवाब दिया।

तीन पुरुष और एक महिला मेरे घर आए। महिला के हाथ में स्टेनोटाइप मशीन थी और पुरुषों के हाथ में चौकोर ब्रीफ़केस था। स्पष्ट था कि वे टेप-रिकॉर्डिंग मशीनें लेकर आए थे। मुख्य जाँचकर्ता लगभग चालीस बरस का ख़ूबसूरत, सीधा, दुबला-पतला आदमी था। मुझे पता था कि मैं चार के मुकाबले एक हूँ और मुझे अपने वकील को भी बुलवा लेना चाहिए, लेकिन मुझे कुछ भी तो नहीं छुपाना था।

मैं उन्हें धूप वाले पोर्च में ले गया। महिला ने अपनी स्टेनोटाइप मशीन निकाली और एक छोटी-सी मेज़ पर रख दी। पुरुष सोफे पर बैठे और अपनी टेप-रिकॉर्डिंग मशीनें अपने सामने रख लीं। जाँचकर्ता ने एक फ़ीट मोटा रजिस्टर निकाला और सफ़ाई से अपने पास मेज़ पर रख दिया। मैं उनके सामने बैठा। वह पेज-दर-पेज अपने रजिस्टर में देखने लगा।

"क्या चार्ल्स चैप्लिन आपका असली नाम है?"

"जी हाँ।"

"कुछ लोग कहते हैं कि आपका नाम—(यहाँ उन्होंने कोई विदेशी नाम लिया) कि आपका नाम गलिसिया है!"

"नहीं, मेरा नाम चार्ल्स चैप्लिन है और मेरे पिता का नाम भी चार्ल्स चैप्लिन था और मैं इंग्लैंड में पैदा हुआ था।"

"आपका कहना है कि आप कभी कम्यूनिस्ट नहीं रहे हैं?"

"कभी नहीं, मैं अपने जीवन में कभी भी किसी राजनीतिक संगठन में शामिल नहीं हुआ हूँ।"

"आपने एक भाषण दिया था जिसमें आपने 'कॉमरेड' शब्द का इस्तेमाल किया था। इससे आपका क्या मतलब था?"

"बिलकुल सही। आप शब्दकोश में देखें। कम्यूनिस्टों का इस शब्द पर एकाधिकार नहीं है।"

वह इसी तरह से अपने सवाल पूछता रहा। अचानक उसने एक सवाल पूछा, "क्या आपने कभी व्यभिचार किया है?"

"सुनिए," मैंने जवाब दिया, "अगर आप मुझे देश से बाहर रखने के लिए कोई तकनीकी कारण खोज रहे हैं, तो मुझे बता दीजिए। मैं उसी तरह से व्यवस्था कर

लूँगा क्योंकि मैं कहीं पर भी अवांछित व्यक्ति बनकर नहीं रहना चाहता।"

"ओह, नहीं," वह बोला, "यह सवाल तो हरेक री-एंट्री परमिट में होता है।"

"व्यभिचार की परिभाषा क्या है?" मैंने पूछा।

हम दोनों ने शब्दकोश में देखा।

"हम मान लें कि दूसरे की पत्नी के साथ सम्बन्ध," उसने कहा।

मैं कुछ पल सोचता रहा, "मेरी जानकारी में नहीं," मैंने जवाब दिया।

"अगर आपके देश पर हमला हो जाता है, तो क्या आप इसके लिए लड़ेंगे?"

"बेशक, मैं इस देश को प्यार करता हूँ। यह मेरा घर है। मैं यहाँ चालीस बरस से रह रहा हूँ," मैंने जवाब दिया।

"लेकिन आप कभी इसके नागरिक नहीं बने?"

"इसके ख़िलाफ़ कोई क़ानून नहीं है, अलबत्ता, मैं अपने टैक्स यहीं अदा करता हूँ।"

"लेकिन आप पार्टी-लाइन के हिसाब से क्यों चलते हैं?"

"अगर आप मुझे बता दें कि पार्टी-लाइन क्या होती है तो मैं आपको बता दूँगा कि मैं इसके हिसाब से चलता हूँ या नहीं।"

थोड़ी देर के लिए मौन पसर गया, फिर मैंने अपनी बात कही : "क्या आप जानते हैं कि मैं इस सारी मुसीबत में कैसे फँसा?"

उसने सिर हिलाया।

"आपकी सरकार पर अहसान करके!"

उसने हैरानी से अपनी भौंहें ऊपर कीं।

"रूस में आपके राजदूत मि. जोसेफ़ डेविस को रूसी युद्ध-राहत की ओर से सेन फ्रांसिस्को में भाषण देना था, लेकिन ऐन मौक़े पर उनका गला ख़राब हो गया और आपकी सरकार के एक उच्च अधिकारी ने मुझसे पूछा कि क्या मैं उनके स्थान पर बोलने की मेहरबानी करूँगा और तब से मैं इसमें अपनी गर्दन फँसाए बैठा हूँ।"

तीन घंटे तक मुझसे पूछताछ होती रही। एक हफ़्ते बाद उन्होंने मुझे फिर फ़ोन किया कि क्या मैं आप्रवास कार्यालय में आऊँगा। मेरे वकील ने मेरे साथ चलने की ज़िद की। उसका कहना था, "हो सकता है वे कुछ और सवाल पूछें।"

जब मैं वहाँ पहुँचा तो इतने सौहार्दपूर्ण स्वागत की उम्मीद मुझे नहीं थी। आप्रवास विभाग के प्रमुख, मँझोली उम्र के एक दयालु शख़्स थे जिन्होंने मानो दिलासा देते हुए कहा, "मुझे खेद है कि आपको हमारी वजह से विलम्ब हुआ मि. चैप्लिन, लेकिन अब हमने आप्रवास कार्यालय की एक शाखा लॉस एंजेल्स में भी खोली है और अब आपका काम जल्दी ही हो जाया करेगा तथा आपको अपने आवेदन-पत्र वाशिंगटन भेजने की ज़रूरत नहीं पड़ेगी। आपसे सिर्फ़ एक सवाल और पूछना है मि. चैप्लिन, आप कितना अरसा बाहर रहेंगे?"

"छह महीने से ज़्यादा नहीं," मैंने जवाब दिया, "हम सिर्फ़ छुट्टी मनाने जा रहे हैं।"

"नहीं, अगर आप ज़्यादा अरसे के लिए जा रहे हैं तो आपको समय-विस्तार के लिए अवश्य ही अनुमति लेनी होगी।" उन्होंने मेज़ पर एक दस्तावेज़ रख दिया और कमरे से बाहर चले गए। मेरे वकील ने तेज़ी से दस्तावेज़ की तरफ़ देखा, "यह हुई न बात," कहा उसने, "उन्होंने परमिट दे दिया है।"

वह आदमी एक पेन लेकर लौटा, "क्या आप यहाँ हस्ताक्षर करेंगे मि. चैप्लिन, और हाँ, आपको अपनी यात्रा के दूसरे काग़ज़ात लेने होंगे।"

मेरे हस्ताक्षर कर लेने के बाद उन्होंने प्यार से मेरा कन्धा थपथपाया, "यह रहा आपका परमिट, मैं उम्मीद करता हूँ कि आपकी यात्रा सुखद रहेगी चार्ली। जाइए, जल्दी घर जाइए।"

शनिवार का दिन था और हम ट्रेन से रविवार की सुबह न्यूयॉर्क के लिए निकलने वाले थे। मैं चाहता था कि ऊना मेरे सेफ डिपाज़िट-बॉक्स को अपने क़ब्ज़े में ले ले क्योंकि कुछ भी हो सकता था और मेरी सारी पूँजी इसी बक्से में रखी थी लेकिन ऊना बैंक में जाकर हस्ताक्षर करना टालती रही। इस तरह, अब लॉस एंजेल्स में यह हमारा आख़िरी दिन था और दस मिनट में बैंक बन्द होने वाला था।

"हमारे पास सिर्फ़ दस ही मिनट बचे हैं, इसलिए हमें जल्दी करनी होगी!" मैंने कहा।

ऐसे मामलों में ऊना बहुत टाल-मटोल करती है। "क्या हम छुट्टियों से वापस आने का इन्तज़ार नहीं कर सकते?" उसने कहा। लेकिन मैं ज़िद पर अड़ा रहा। हमने एक अच्छा काम किया, नहीं तो देश से अपनी सारी पूँजी बाहर निकालने के लिए हमें बाक़ी जीवन मुक़दमेबाज़ी में ही गुज़ार देना पड़ता।

यह एक ख़ुशनुमा दिन था जब हम न्यूयॉर्क के लिए चले। ऊना जाने के लिए अन्तिम घरेलू तैयारियाँ कर रही थी और मैं बरामदे में खड़ा घर को उदास नज़रों से देख रहा था। इस घर में मेरे साथ कितना कुछ हुआ था। इतनी सारी ख़ुशियाँ, इतनी सारी तकलीफ़ें और अब घर कितना शान्त व दोस्ताना लग रहा था कि मुझे इसे छोड़ते हुए तकलीफ़ हो रही थी।

हेलन, हमारी नौकरानी और हेनरी, हमारे बटलर को विदा कह देने के बाद मैं रसोई की तरफ़ लपका और अपनी कुक अन्ना को विदा के दो शब्द कहे। मैं ऐसे मौक़ों पर बहुत शर्मीला हो जाता हूँ और अन्ना, गोल-मटोल सी, भारी-भरकम महिला थोड़ा ऊँचा सुनती थी। 'गुडबाय' मैंने कहा और उसकी बाँह को छुआ। ऊना सबसे बाद में निकली। उसने मुझे बताया कि उसने कुक और नौकरानी को रोते हुए देखा था। मेरे असिस्टेंट डायरेक्टर जेरी एप्सटीन हमें स्टेशन छोड़ने आए।

शहर के बाहरी इलाक़ों की यात्रा राहत देने वाली थी। समुद्री यात्रा शुरू करने

से पहले हम एक हफ़्ते तक न्यूयॉर्क में रहे। अभी मैं आनन्द भोगने के लिए अपने आपको तैयार कर ही रहा था कि मेरे वकील चार्ल्स श्वार्त्ज़ यह कहने के लिए आए कि यूनाइटेड आर्टिस्ट्स का कोई भूतपूर्व कर्मचारी मुझ पर कई लाख डॉलर के लिए मुक़दमा कर रहा है। उन्होंने कहा मैं जानता हूँ, 'यह सब बकवास है चार्ली, साथ-ही-साथ, मैं चाहता हूँ कि आप ये समन न लें क्योंकि इसका मतलब आपको छुट्टी से वापस आना पड़ सकता है।' इस तरह से मुझे इन आख़िरी चार दिनों के लिए अपने कमरे में ही बन्द रहना पड़ा और मैं ऊना तथा बच्चों के साथ न्यूयॉर्क नहीं घूम पाया। अलबत्ता, मैं 'लाइमलाइट' के प्रेस-प्रिव्यू के समय मौज़ूद रहना चाहता था, समन मिले या नहीं!

क्रॉकर, मेरे प्रचार-प्रबन्धक ने 'टाइम' तथा 'लाइफ़' पत्रिकाओं के सम्पादकीय स्टाफ़ के साथ एक लंच का आयोजन किया था। यह इस तरह का मौक़ा था कि ख़ुद आगे बढ़कर प्रचार कराया जाए। नंगी, सफ़ेद प्लस्तर वाली दीवारों वाले उनके दफ़्तर उस लंच के मनहूस माहौल के लिए एकदम माफ़िक सेटिंग थे। मैं 'टाइम' स्टाफ़ के उदास, घुटे सिर वाले लोगों के साथ मज़ाक़िया और अन्तरंग बनने की कोशिश करता रहा। खाने में चिपचिपा, रसेदार चिकन था जो बिलकुल बेस्वाद था लेकिन जहाँ तक 'लाइमलाइट' के लिए अच्छे प्रचार का सवाल था, न तो मेरी मौज़ूदगी ने, न मेरे उनके नज़दीक आने की कोशिशों और न ही खाने ने ही कोई फ़ायदा पहुँचाया। उन्होंने फ़िल्म के बारे में बहुत बेरहमी से लिखा।

हालाँकि प्रेस-प्रिव्यू के समय थियेटर में निश्चय ही माहौल दोस्ताना नहीं था, लेकिन बाद में मुझे यह देखकर सुखद आश्चर्य हुआ कि कुछ बड़े और महत्त्वपूर्ण अख़बारों ने अच्छी समीक्षाएँ भी दी थीं।

तीस

सुबह पाँच बजे के ख़ुशनुमा वक़्त पर मैं क्वीन एलिज़ाबेथ जहाज़ पर चढ़ा। मैं समन देने वालों से बचने के लिए ही ऐसे वक़्त पर अपनी यात्रा शुरू कर रहा था। मेरे वकील ने हिदायत दी थी कि मैं चुपके से जहाज़ पर चढ़ूँ और अपने आपको कमरे में बन्द कर लूँ तथा तब तक डेक पर न आऊँ जब तक पायलट न उतर जाए। मुझे पिछले दस बरस से हर तरह के ख़राब अनुभवों की आदत पड़ चुकी थी, इसलिए मैंने उसकी बात मान ली।

मैं अपने परिवार के साथ डेक के ऊपर खड़े होकर जहाज़ के विशाल आकार को उस वक़्त देखने का आनन्द लेना चाहता था जब वह वहाँ से छूटता और एक

दूसरी दुनिया में प्रवेश करता। इसके बजाय, मैं डर के मारे अपने केबिन में छुपा हुआ था और पोर्टहोल में से झाँक रहा था।

दरवाज़ा खटखटाते हुए ऊना ने कहा, "मैं हूँ।"

मैंने दरवाज़ा खोला।

"जिम एगी अभी-अभी हमें विदाई देने के लिए आए हैं। वे डॉक पर खड़े हैं। मैंने चिल्लाकर उन्हें बताया कि आप समन देने वालों से छुपे हुए हैं और पोर्टहोल में से आपकी तरफ़ देखकर हाथ हिलाएँगे। वे तटबन्ध के आख़िर में खड़े हुए हैं।" ऊना ने बताया।

मैंने जिम को लोगों की भीड़ से थोड़ा अलग हटकर खड़े देखा। वे तेज़ धूप में जहाज़ का मुआयना कर रहे थे। मैंने जल्दी से अपना फेडोरा हैट लिया और पोर्टहोल में से अपनी बाँह निकालकर हाथ हिलाया। ऊना दूसरे पोर्टहोल में से देख रही थी। "नहीं, उन्होंने आपको अभी नहीं देखा है।" ऊना ने बताया।

आख़िरकार जिम मुझे नहीं देख पाए। यह आख़िरी बार था जब कि मैं जिम को देख रहा था। दुनिया से अलग अकेले खड़े हुए। ताकते हुए और खोजते हुए। दो बरस बाद दिल का दौरा पड़ने से उनकी मृत्यु हो गई।

इस तरह हमने अपनी यात्रा शुरू की। पायलट के जाने से पहले ही मैंने दरवाज़ा खोला और एक आज़ाद आदमी की तरह डेक पर आ गया। सामने थीं आकाश छूती न्यूयॉर्क की इमारतें, अकेली और विशाल, धूप में मुझसे दूर जाती हुईं और हर पल और अधिक ख़ूबसूरत होती हुईं। विशाल महाद्वीप धुंध में ग़ायब हो रहा था और मुझे एक अजीब अहसास से भर रहा था।

मैं अपने परिवार के साथ इंग्लैंड जाने की उम्मीद से उत्साहित था और राहत महसूस कर रहा था। अटलांटिक का विस्तार मन को शुद्ध कर रहा था। मुझे लगा मानो मैं कोई दूसरा ही व्यक्ति हूँ। अब मैं फ़िल्मी दुनिया का मिथक नहीं रहा था, न ही बदनामी का निशाना, बल्कि मैं एक शादीशुदा आदमी था जो अपने बीवी-बच्चों के साथ छुट्टी मनाने निकला था। बच्चे ऊपरी डेक पर खेलने में व्यस्त थे जबकि मैं और ऊना डेक की कुर्सियों पर बैठे हुए थे और उस समय मुझे परम प्रसन्नता का अनुभव हुआ—यह एहसास उदासी के बहुत निकट था।

हम स्नेहपूर्वक उन दोस्तों के बारे में बातें करते रहे जिन्हें हम पीछे छोड़ आए थे। यहाँ तक कि हमने आप्रवास विभाग में मिले मित्रवत व्यवहार के बारे में भी बात की। आदमी छोटे-छोटे मान-सम्मान के आगे कितनी आसानी से झुक जाता है। दुश्मनी पालना बहुत मुश्किल होता है।

ऊना और मैंने सोचा था कि हम लम्बी छुट्टी लेंगे तथा अपने आपको प्रसन्नता के हवाले कर देंगे। 'लाइमलाइट' को लॉन्च करने के कार्यक्रम के साथ हमारी छुट्टियाँ बेमतलब नहीं होने वाली थीं। जब आपको पता हो कि आप आनन्द को

कारोबार के साथ मिला रहे हैं, तो बेहद ख़ुशी होती है।

अगले दिन, इससे बेहतर लंच नहीं हो सकता था; हमारे मेहमान थे आर्थर रुबिनस्टेन-दम्पति और एडोल्फ़ ग्रीन। लेकिन अभी खाना चल ही रहा था कि हैरी क्रॉकर को एक तार थमाया गया। क्रॉकर तार को अपनी जेब के हवाले करने ही वाले थे कि सन्देशवाहक ने कहा : वे वायरलेस पर इसके उत्तर का इन्तज़ार कर रहे हैं। तार पढ़ते समय क्रॉकर के चेहरे पर चिन्ता के बादल घिर आए, उन्होंने माफ़ी माँगी और मेज़ से उठकर चले गए। बाद में क्रॉकर ने मुझे अपने केबिन में बुलाया और तार पढ़ा। तार में लिखा था कि मुझे यूनाइटेड स्टेट्स में प्रवेश करने की मनाही की जा रही है और देश में फिर से प्रवेश करने से पहले मुझे राजनीतिक प्रकृति और नैतिक मूल्यों के आरोपों के उत्तर देने के लिए आप्रवास विभाग के जाँच-बोर्ड के सामने उपस्थित होना होगा। यूनाइटेड प्रेस जानना चाहती थी कि क्या मुझे इस बारे में कुछ कहना है?

मेरी नसें तन गईं। अब मेरे लिए यह बात कोई मायने नहीं रखती थी कि मैं नाख़ुशी देने वाले उस देश में फिर से जाता हूँ या नहीं। काश, मैंने उन्हें बताया होता कि मैं उनके दमघोंटू माहौल से जितनी जल्दी बाहर आता, उतना ही बेहतर होता और मैं अमेरिका से मिले अपमान व नैतिक आडम्बर से थक चुका था। साथ ही यह पूरा-का-पूरा मामला ही बोर करने वाला था। लेकिन मुसीबत यह थी कि मेरा जो कुछ भी था, वह सब स्टेट्स में ही था और मुझे डर था कि वे उसे ज़ब्त करने का कोई तरीक़ा न निकाल लें। अब मैं किसी भी शरारतपूर्ण कार्रवाई की उम्मीद कर सकता था। इसलिए मैंने आत्म-प्रदर्शन से भरा एक बयान जारी किया कि मैं वापस आऊँगा और उनके आरोपों का जवाब दूँगा और यह भी कि मेरा री-एंट्री परमिट काग़ज़ का कोई ऐसा-वैसा टुकड़ा नहीं बल्कि यूनाइटेड स्टेट्स सरकार द्वारा सदाशयता में मुझे दिया गया एक दस्तावेज़ है, वग़ैरह-वग़ैरह।

अब जहाज़ पर आराम का सवाल ही नहीं था। दुनिया के सभी हिस्सों से प्रेस रेडियोग्राम बयान माँग रहे थे। साउथैम्पटन से एक स्टॉप पहले चेरबर्ग में सौ या उससे भी अधिक यूरोपियन पत्रकार साक्षात्कार लेने के लिए जहाज़ पर चढ़ आए। हमने लंच के बाद बुफ़े रूम में उन्हें एक घंटा दिये जाने की व्यवस्था की। हालाँकि उनका व्यवहार सहानुभूतिपूर्ण था, लेकिन पूरी प्रक्रिया शुष्क और थका देने वाली थी।

*

साउथैम्पटन से लंदन की यात्रा बेचैन रहस्य से भरी हुई थी। यूनाइटेड स्टेट्स से बाहर कर दिये जाने से महत्त्वपूर्ण चिन्ता मेरे लिए यह थी कि अंग्रेज़ी देश को पहली बार देखना ऊना और बच्चों को कैसा लगेगा। कई बरसों तक मैं इंग्लैंड के दक्षिण पश्चिमी हिस्से डेवनशायर तथा कॉर्नवाल की असीम ख़ूबसूरती के गुणगान करता आया था और अब हम लाल ईंटों वाली इमारतों तथा पहाड़ी पर बने एक जैसे घरों

की क़तारों के पास से गुज़र रहे थे। ऊना ने कहा, "ये सब एक जैसी दिखती हैं!"

"देखती जाओ," मैंने कहा, "अभी तो हम साउथैम्पटन के बाहर ही हैं।" जैसे-जैसे हम आगे बढ़ते गए, इलाक़े और अधिक ख़ूबसूरत होते चले गए।

जब हम लंदन में वॉटरलू स्टेशन पर पहुँचे, मुझे प्यार करने वाली भीड़ वहाँ जुटी हुई थी और वे पहले की ही तरह प्रेम-भाव से भरे उत्साहपूर्वक खड़े थे। जब हम स्टेशन से बाहर निकले तो वे हाथ हिला रहे थे और ख़ुशी से चिल्ला रहे थे। तभी किसी ने कहा, "चार्ली, वे तुम्हारा प्यार पाना चाहते हैं।" सचमुच यह दिल को छू लेने वाला था।

अन्ततः जब ऊना और मैं अकेले हुए तो हम सेवाय होटल की पाँचवीं मंज़िल पर अपने कमरे की खिड़की पर आ खड़े हुए। मैंने नये वाटरलू ब्रिज की तरफ़ इशारा किया। हालाँकि यह सुन्दर था फिर भी अब मेरे लिए बहुत मायने नहीं रखता था, बस एक ही बात थी कि इसकी सड़क मेरे बचपन की ओर जाती थी। हम चुपचाप खड़े रहे और इस पूरी दुनिया में शहर के सबसे अधिक छू लेने वाले दृश्य को देखते रहे, अनुभव करते रहे। मैंने पेरिस के प्लेस डी ला कॉन्कॉर्ड की रूमानी उत्कृष्टता की तारीफ़ की और न्यूयॉर्क में सूर्यास्त के समय, चमकती हज़ारों खिड़कियों से रहस्यपूर्ण सन्देश महसूस किये लेकिन हमारे होटल की खिड़की से लंदन टेम्स का नज़ारा मेरे लिए इन सब दृश्यों से कहीं अधिक रूमानी था; कुछ ऐसा, जो बेहद मानवीय था।

ऊना जब इस दृश्य को निहार रही थी, मैंने उसकी तरफ़ देखा। उसका चेहरा उत्साह से तन गया था और वह अपनी उम्र से छोटी लग रही थी। हमारी शादी के बाद से वह मेरे साथ कई मुसीबतों से गुज़रकर आई थी और इस वक़्त वह लंदन को निहार रही थी, धूप उसके काले बालों से खेल रही थी। मैंने पहली बार उसके एक-दो सफ़ेद बाल देखे। मैंने कुछ नहीं कहा, लेकिन उस वक़्त मैंने अपने आपको उसके प्रति पूरी तरह से समर्पित पाया जब उसने कहा, 'लंदन मुझे अच्छा लगा।'

पिछली बार जब मैं यहाँ आया था तब से बीस बरस का अरसा गुज़र चुका था। मेरी निगाह में नदी के मोड़ और तटों की रेखाएँ भद्दी और आधुनिक इमारतों से घिर गई थीं और इससे आकाश को छूती दृश्यावली ख़राब लगने लगी थी। मेरे बचपन का आधा हिस्सा इसके विशाल ख़ाली हिस्सों की झुलसती शामों में गुज़रा था।

जिस वक़्त ऊना और मैं लीसेस्टर स्क्वायर और पिकैडिली में घूम रहे थे, यह जगह भड़कीली अमेरिकी चीज़ों, लंच काउंटरों, हॉटडॉग स्टैंडों और मिल्क-बारों से अँटी पड़ी थी। हमने पाया कि बिना हैट पहने युवा लड़के और नीली जीन्स पहने लड़कियाँ वहाँ तफ़रीह कर रहे थे। मुझे वह वक़्त याद आया, जब मैं वेस्टएंड के लिए तैयार हुआ करता था और पीले दस्ताने व छड़ी लेकर वहाँ चहलक़दमी करता था। वे दिन अब हवा हो गए थे तथा आँखें अब कुछ और देख रही थीं।

भावनाएँ दूसरी थीमों पर प्रतिक्रिया दे रही थीं। आदमी जैज़ सुनकर रो रहे थे और हिंसा कामुकता में बदल गई थी। समय बीतता।

हम टैक्सी लेकर 3, पाउनाल टैरेस देखने के लिए कैनिंगटन रोड गए लेकिन घर ख़ाली पड़ा था और उसे गिराया जाने वाला था। हम 287, कैनिंगटन रोड के आगे रुके। जहाँ सिडनी और मैं अपने पिता के साथ रहा करते थे। हम बेलग्राविया से गुज़रे जहाँ कभी पुराने शानदार प्राइवेट घर हुआ करते थे। उनके कमरों में अब निओन बत्तियाँ जल रही थीं और डेस्कों पर क्लर्क काम कर रहे थे, बाक़ी घर गिरा दिये गए थे और उनकी जगह पर ग्लास टैंक जैसी लम्बोतरी इमारतें और ऊपर की ओर उठती माचिस की तरह की सीमेंट की इमारतें नज़र आ रही थीं। यह सब प्रगति के नाम पर हो रहा था।

हमारे सामने कई समस्याएँ थीं : पहली थी, स्टेट्स से धन बाहर कैसे निकाला जाए। इसके लिए, ऊना को विमान से वापस कैलीफोर्निया जाना होगा और हमारे सेफ़ डिपाज़िट-बॉक्स से सब कुछ निकालना होगा।

उसे गए दस दिन हो गए थे। जब वह वापस आई तो उसने मुझे विस्तार से बताया कि क्या हुआ था। बैंक में क्लर्क ने उसके हस्ताक्षरों का अध्ययन किया, उसकी तरफ़ देखा, वहाँ से गया और बैंक मैनेजर के साथ गुपचुप बात करता रहा। ऊना तब तक बेचैनी महसूस करती रही जब तक उन्होंने हमारा डिपाज़िट बॉक्स खोल नहीं दिया।

उसने बताया कि बैंक में अपना काम पूरा कर लेने के बाद वह बेवर्ली हिल्स के अपने घर गई। सब कुछ वैसा ही था जैसा हम छोड़कर आए थे। फूल और मैदान प्यारे लग रहे थे। एक पल के लिए वह बैठक में अकेली खड़ी रही और बहुत भावुक हो गई। इसके बाद वह स्विस बटलर हेनरी से मिली। हेनरी ने उसे बताया कि हमारे जाने के बाद एफ.बी.आई. के आदमी दो बार आए थे और उससे पूछताछ कर रहे थे। वे जानना चाहते थे कि मैं किस क़िस्म का आदमी हूँ और क्या उसे पता है कि घर पर नंगी लड़कियों की पार्टियाँ हुआ करती थीं? जब बटलर ने उन्हें बताया कि मैं अपनी पत्नी और परिवार के साथ शान्त जीवन बिताया करता था तो वे उसकी खिंचाई करने लगे और उससे उसकी राष्ट्रीयता पूछने लगे तथा जानना चाहा कि वह कब से इस देश में था? उन्होंने उससे उसका पासपोर्ट भी देखने के लिए माँगा।

ऊना ने बताया कि जब उसने यह सब कुछ सुना तो घर के प्रति उसका जो भी मोह था, वहीं और उसी वक़्त चूर-चूर हो गया। यहाँ तक कि हमारी नौकरानी हेलन ऊना के बाहर निकलते समय रो रही थी, उसके आँसू भी ऊना को वहाँ से तुरन्त निकलने से नहीं रोक पाए।

मित्र मुझसे पूछते हैं कि मैं इस अमेरिका विरोधी गतिविधि का शिकार कैसे बना? मेरा अपराध यही था और है कि मैं समझौतापरस्त नहीं हूँ। हालाँकि मैं कम्यूनिस्ट नहीं हूँ फिर भी मैं उनके विरोध में खड़ा होने से इनकार करता रहा। इससे कई लोगों को

तकलीफ़ हुई और तकलीफ़ पाने वालों में अमेरिकी लीज़न के लोग भी शामिल थे। मैं उस संगठन के वास्तविक सकारात्मक कामों में उसके ख़िलाफ़ नहीं हूँ। उन्होंने अच्छे काम भी किये हैं। भूतपूर्व सैनिकों और उनके ज़रूरतमन्द बच्चों के लाभ के लिए जी.आई. बिल ऑफ़ राइट तथा बाक़ी अन्य उपाय जो किये गए हैं, वे सभी बहुत अन्य शानदार और मानवीय हैं। लेकिन लीज़न के लोग जब अपने वैध अधिकारों से परे चले जाते हैं और देशभक्ति के नाम पर अपनी शक्ति को दूसरों पर लादते हैं तो वे अमेरिकी सरकार के मूलभूत ढाँचे के ख़िलाफ़ अपराध करते हैं। मेरे अनुसार इस तरह के 'अति-देशभक्त' अमेरिका को एक फ़ासीवादी देश में बदल सकते हैं।

दूसरी बात, मैं ग़ैर-अमेरिकी गतिविधियों की समिति के ख़िलाफ़ था। यह कितनी बेईमान अवधारणा है। यह किसी भी ऐसे अकेले अमेरिकी की आवाज़ को दबाने के लिए काफ़ी लचीला है, जो अपनी ईमानदार राय में अल्पसंख्यक पड़ जाता है।

तीसरी बात, मैंने कभी अमेरिकी नागरिक बनने का प्रयास नहीं किया। सैकड़ों अमेरिकी बाशिन्दे इंग्लैंड में अपनी रोज़ी-रोटी कमा रहे हैं और कभी ब्रिटिश नागरिक बनने का प्रयास नहीं करते। उदाहरण के लिए, एम.जी.एम. स्टूडियो का एक अमेरिकी अधिकारी इंग्लैंड में पिछले पैंतीस बरस से रह रहा है और हर हफ़्ते चार अंकों में वेतन लेता है। वह कभी ब्रिटिश नागरिक नहीं बना और अंग्रेज़ों ने कभी इस बात की परवाह भी नहीं की।

यह स्पष्टीकरण क्षमायाचना नहीं है। जब मैंने यह किताब शुरू की तो मैंने अपने आप से इसे लिखने का कारण पूछा था। किताब लिखने के कई कारण हैं लेकिन क्षमायाचना उनमें नहीं है। अपनी स्थिति को संक्षेप में सामने रखते हुए मैं कहूँगा कि शक्तिशाली समूहों तथा अदृश्य सरकारों के परिवेश में मैं एक राष्ट्र के विरोध का शिकार हुआ और दुर्भाग्य से अमेरिकी जनता का प्यार खो बैठा।

*

'लाइमलाइट' लीसेस्टर स्क्वायर के ओडियन थियेटर में सबसे पहले दिखाई जानी थी। मैं इस बात को लेकर बेचैन था कि उसका स्वागत कैसा होगा! कारण था कि यह सामान्य चैप्लिन कॉमेडी नहीं थी। प्रीमियर से पहले हमने एक प्रीमियर प्रेस के लिए रखा। समय इतना बीत चुका था कि मैं इसे वस्तुपरक तरीक़े से नहीं देख पाया था लेकिन मैं यह ज़रूर कहूँगा कि मैं फ़िल्म देखकर विचलित हुआ। यह आत्म-प्रशंसा नहीं है क्योंकि मैं अपनी फ़िल्मों के कई दृश्यों का मज़ा ले सकता हूँ और दूसरे दृश्यों को नापसन्द भी कर सकता हूँ। अलबत्ता, मैं कभी रोया नहीं जैसा कि किसी शरारती पत्रकार ने लिखा कि मैं रोया था। हालाँकि अगर मैं रोया भी होऊँ तो क्या हुआ! अगर लेखक अपने सृजन के बारे में संवेदना महसूस नहीं करता तो वह जनता से ऐसा करने की उम्मीद कैसे कर सकता है! ईमानदारी से कहूँ, तो मुझे

अपनी फ़िल्मों में जनता से भी ज़्यादा मज़ा आता है।

'लाइमलाइट' का प्रीमियर सहायतार्थ था और उसमें राजकुमारी मागरिट पधारी थीं। अगले दिन फ़िल्म जनता के लिए प्रदर्शित की गई। हालाँकि समीक्षाएँ तो यूँ ही सी थीं, लेकिन इसने विश्व-कीर्तिमान भंग कर दिये और अमेरिका में प्रतिबन्धित किये जाने के बावजूद इसने मेरी अब तक की फ़िल्मों की तुलना में सबसे अधिक कमाई करके दी।

लंदन से पेरिस के लिए निकलने से पहले ऊना और मैं हाउस ऑफ़ लॉर्ड्स में एक डिनर पर लॉर्ड स्ट्राबोल्गी के मेहमान थे। मैं हर्बर्ट मॉरिसन के पास बैठा था और यह सुनकर हैरान हुआ कि एक समाजवादी के रूप में वे परमाणु-प्रतिरक्षा की नीति का समर्थन करते थे। मैंने उन्हें बताया कि हम भले ही परमाणु बमों के अम्बार लगा दें, लेकिन इंग्लैंड हमेशा सबके निशाने पर बना रहेगा क्योंकि यह एक छोटा-सा द्वीप है। हालाँकि इसे राख के ढेर में बदल दिये जाने के बाद किसी भी क़िस्म के बदले का कोई फ़ायदा नहीं होगा। मैं इस बात को मानता हूँ कि इंग्लैंड की रक्षा के लिए सबसे मजबूत रणनीति निष्पक्ष रहने की होगी क्योंकि परमाणु युग में मुझे इस बात का शक है कि निष्पक्ष रहने का उल्लंघन किया जाएगा। लेकिन मेरे विचार मॉरिसन के विचारों से बिलकुल भी मेल नहीं खाते थे।

मैं इस बात को सोचकर हैरान था कि कैसे कई बौद्धिक व्यक्ति परमाणु हथियारों के पक्ष में बात कर लेते हैं? एक अन्य घर में मैं लॉर्ड सेलिसबरी से मिला, उनकी भी वही राय थी जो मॉरिसन की थी। परमाणु-प्रतिरक्षा के प्रति अपनी नफ़रत को व्यक्त करते समय मैंने महसूस किया कि मैं उनकी लॉर्डशिप के साथ सामंजस्य नहीं बिठा पा रहा हूँ।

इस मौक़े पर मुझे यह उचित जान पड़ता है कि मैं दुनिया के उन हालात को संक्षेप में सामने रखूँ जैसे मैं आज उन्हें देखता हूँ। आधुनिक जीवन की नित नई बढ़ती जटिलताओं और बीसवीं सदी के गतिज आक्रमण से मैं पाता हूँ कि व्यक्ति पर चारों तरफ़ से बड़ी-बड़ी संस्थाओं के हमले हो रहे हैं। ये हमले राजनीतिक, वैज्ञानिक और आर्थिक रूप से हो रहे हैं। हम आत्म-अनुकूलन के और बन्दिशों व परमिटों के शिकार हो रहे हैं।

यह तन्त्र, जिसमें हमने अपने आपको ढल जाने दिया है, में सांस्कृतिक अन्तर्दृष्टि की कमी के कारण ऐसा हो रहा है। हम भद्देपन और भीड़ की तरफ़ अंधाधुंध चले जा रहे हैं और हम अब इस लायक़ नहीं रहे कि सौन्दर्य की सराहना कर सकें। हमारे जीवन की संवेदनाओं को लाभ, शक्ति और एकाधिकार ने भोंथरा बना दिया है। हमने इन शक्तियों को अपने चारों तरफ़ लिपट जाने दिया और इस बात की रत्ती-भर परवाह नहीं की कि इस सबका अंजाम क्या होगा।

सुविचारित दिशा के बिना अथवा उत्तरदायित्व के बोध के बिना विज्ञान ने

राजनीतिज्ञों को अपार शक्ति दे दी है और उन्हें इतने ख़तरनाक सैन्य हथियार थमा दिये हैं कि इस धरती पर जो कुछ भी जीवन्त है उसके भाग्य का निर्धारण यही लोग करेंगे। ऐसे व्यक्तियों के हाथों में, जिनके नैतिक उत्तरदायित्व और बौद्धिक क्षमता सन्देह से परे नहीं हैं और कई मामलों में जिनके ऊपर उँगली भी उठाई जा सकती है, उनके हाथों में सारी शक्तियाँ दे देना ग़लत है। वे धरती पर सारे जीवन को नष्ट करने वाला युद्ध छेड़ सकते हैं। लेकिन हम आँखें मूँदे चले जा रहे हैं।

जैसा कि डॉक्टर जे. रॉबर्ट ओपेनहाइमर ने एक बार मुझे बताया था, 'आदमी जानने की इच्छा से संचालित होता है।' बहुत अच्छी बात है। लेकिन कई मामलों में हम परिणामों की परवाह ही नहीं करते। इससे डॉक्टर ओपेनहाइमर सहमत थे। कई वैज्ञानिक धार्मिक ढंग से हठधर्मी होते हैं। वे इस विश्वास के साथ आगे बढ़ते जाते हैं कि वे जो कुछ भी खोजेंगे, अच्छा ही होगा और जानने की उनकी आकांक्षा हमेशा नैतिक होती है।

मनुष्य उत्तरजीविता की आकांक्षा से युक्त प्राणी है जिसका परिणाम यह है कि उसकी सृजनात्मकता पहले विकसित हुई और आत्मा का विकास बाद में हुआ। इस तरह से विज्ञान की प्रगति मनुष्य के नैतिक व्यवहार से बहुत आगे है।

परहितवाद मानव प्रगति के पथ पर धीमी गति से चलता है। यह विज्ञान के पीछे ठोकरें खाता हुआ आगे बढ़ता है और केवल परिस्थितियों की ताक़त से ही इसे चलने की अनुमति है। ग़रीबी को परहितवाद या सरकारों के मानवतावाद की वजह से नहीं घटाया गया था बल्कि इसे कम करने के पीछे द्वंद्वात्मक भौतिकवाद की ताक़तें काम कर रही थीं।

कार्लाइल ने कहा था कि विश्व की मुक्ति लोगों की सोच की वजह से होगी। लेकिन इस परिर्वतन को लाने के लिए मनुष्य को गम्भीर परिस्थितियों में धकेला जाना ज़रूरी है। इस तरह से, परमाणु का विखंडन करके मनुष्य को कोने में धकेलकर सोचने पर विवश कर दिया गया है। उसके सामने दो ही विकल्प हैं : अपने आपको नष्ट कर डाले या अपना व्यवहार सुधारे। विज्ञान की गति उसे यह निर्णय लेने के लिए विवश कर रही है और इन परिस्थितियों में मेरा मानना है कि अन्ततः परहितवाद ही बचेगा तथा मानवता के लिए मनुष्य की सदाशयता ही विजय पाएगी।

*

अमेरिका छोड़ने के बाद जीवन एक अन्य ही स्तर पर चल रहा था। पेरिस और रोम में हमारा स्वागत विजेता नायकों की तरह हो रहा था : राष्ट्रपति विन्सेंट ऑरियोल ने हमें एलिसी पैलेस में लंच के लिए बुलाया। हमें ब्रिटिश दूतावास में भी खाने पर बुलाया गया। इसके बाद फ्रांसीसी सरकार ने मुझे 'लीजन ऑफ़ ऑनर' की पदवी देकर मेरा सम्मान बढ़ाया और उसी दिन सोसायटी डे ऑफ़्टर एट कम्पोज़िटर्स ड्रामेटिक्स

ने मुझे मानद सदस्यता प्रदान की। इस अवसर पर अध्यक्ष मि. रोजर फर्डिनेंड से मुझे जो पत्र मिला, वह बेहद प्यार भरा था। मैं यहाँ उसका अनुवाद दे रहा हूँ—

> प्रिय मि. चैप्लिन,
>
> हो सकता है कि कुछ लोग यहाँ पर आपकी उपस्थिति को दिये गए प्रचार से हैरान हो रहे हों, वे उन कारणों को नहीं जानते होंगे जिनकी वजह से हम आपको प्यार करते हैं और आपके प्रशंसक हैं; वे मानवीय मूल्यों के भी बहुत ख़राब निर्णायक होंगे और उन्होंने उन आशीर्वादों को गिनने का कष्ट नहीं उठाया होगा जो आपने पिछले चालीस बरसों के दौरान हम पर बरसाए हैं और न ही उन्होंने आपकी सीख की सराहना की होगी या उन ख़ुशियों तथा भावनाओं की गुणवत्ता को ही देखा होगा जो आपने उनके सच्चे मूल्यों के साथ हम पर न्योछावर की हैं; थोड़े में कहें तो वे हमेशा कृतघ्न रहे हैं।
>
> आप विश्व के महानतम व्यक्तित्वों में से एक हैं और आपका स्थान उनके बराबर ही है, जिन्हें सर्वाधिक उल्लेखनीय विभूतियों में गिना जा सकता है।
>
> सबसे पहली बात आपकी मेधा है, इस शब्द का बहुत ग़लत अर्थ लिया जाता रहा है। जीनियस शब्द को उसका सही अर्थ तभी मिलता है जब इसे किसी ऐसे व्यक्ति के साथ जोड़ा जाता है जो न केवल उत्कृष्ट कॉमेडियन है बल्कि एक लेखक, संगीतकार निर्माता भी है और सबसे बड़ी बात, उस व्यक्ति में ऊष्मा, उदारता और महानता है। आप में ये सारे गुण हैं और इससे भी बड़ी बात कि आप में वह सादगी है, जिससे आपका क़द और ऊँचा होता है साथ ही, आप में एक गर्माहट भरी सहज अपील के दर्शन होते हैं जिसमें न तो कोई हिसाबी गणना होती है और न ही कोई प्रयास ही आप इसके लिए करते हैं; इनसे आप सीधे इनसान के दिल में प्रवेश करते हैं। इनसान, जो आप ही की तरह मुसीबतों का मारा है। लेकिन सराहना के लिए मात्र बुद्धिमत्ता ही काफ़ी नहीं होती; न ही यह प्यार का प्रतिदान करने के लिए ही काफ़ी होती है। इसके बावजूद, प्यार ही उस संवेदना के लिए अकेला शब्द है जिसकी प्रेरणा आप देते हैं।
>
> जब हमने 'लाइमलाइट' देखी तो हम हँसे, कई बार दिल खोलकर और हम रोए भी, असली आँसुओं के साथ—आपके आँसुओं के साथ, क्योंकि आप ही ने हमें आँसुओं का क़ीमती उपहार दिया है।
>
> सच कहें तो जो असली प्रसिद्धि होती है, कभी सिर पर चढ़कर नहीं बोलती; जब इसे किसी अच्छे कारण की ओर मोड़ दिया जाता है, तो इसमें एक भावना, एक मूल्य, एक स्थायित्व आ जाता है। आपकी

विजय इस तथ्य में है कि आप में मानवीय उदारता और सहजता है तथा आप नियमों से या चालाकी से बँधे हुए नहीं है, बल्कि आप अपनी ऊर्जा अपनी तकलीफ़ों से, अपनी ख़ुशियों से, आशाओं से और हताशाओं से ग्रहण करते हैं; वह सब कुछ, जिसे वे ही समझ सकते हैं जो अपनी शक्ति से परे तकलीफ़ उठाते हैं और दया की भीख माँगते हैं तथा लगातार इस बात की आशा करते हैं कि उन्हें सान्त्वना मिले, कि उन्हें एक पल के लिए उस हँसी से सब कुछ भूलने का मौक़ा मिले, जो इलाज करने का दिखावा नहीं करती, बल्कि सिर्फ़ सान्त्वना देने के लिए होती है।

हम इस बात की कल्पना ही कर सकते हैं, भले ही हम इसे न जानते हों कि हमें हँसाने और अचानक रुलाने लायक़ होने के इस शानदार गुण के लिए आपने ख़ुद कौन-सी क़ीमत चुकाई है? हम अनुमान लगा सकते हैं और बहुत हुआ तो सोच सकते हैं कि आपने स्वयं कौन-कौन सी तकलीफ़ें झेली होंगी ताकि आप बारीकी से उन सारी छोटी-छोटी चीज़ों को बयान कर सकें जो हमें इतनी गहराई से छूती हैं और जिन्हें आपने अपनी स्वयं की ज़िन्दगी के पलों से लिया है।

इसका कारण यह है कि आपकी स्मृति बहुत अच्छी है। आप अपने बचपन की स्मृतियों के लिए शुक्रगुज़ार हैं। आपने उसकी उदासी, उसकी वेदना में से कुछ भी नहीं भुलाया है; आप चाहते हैं कि आपने जो तकलीफ़ें भोगी हैं, दूसरों को न भोगनी पड़ें या कम-से-कम आप इतना तो चाहते ही हैं कि आप सबको आशावान बने रहने का कारण दे सकें। आपने अपनी उदास युवावस्था को कभी नहीं छोड़ा और प्रसिद्धि में कभी यह ताक़त नहीं थी कि वह आपको आपके अतीत से अलग कर सके—क्योंकि, अफ़सोस, इस तरह की बातें सम्भव होती हैं।

आपकी सबसे पुरानी स्मृतियों के प्रति आपकी यह वफ़ादारी ही शायद आपका सबसे बड़ा गुण है और आपकी आस्तियों में सर्वाधिक महत्त्वपूर्ण भी है। और यही असली कारण भी है कि लोग आपको प्यार करते हैं। वे आपके अभिनय की बारीकियों पर प्रतिक्रिया देते हैं। ऐसा लगता है कि मानो आप हमेशा दूसरों के दिलों से सीधे सम्पर्क में रहते हैं। बेशक लेखक, अभिनेता और निर्देशक, तीनों रूपों में आपके साझे अवदान से ज़्यादा मनभावन कुछ नहीं हो सकता। आपके रूप में ये तीनों कलाकार, दर्शक की सेवा में अपनी साझी मेधा लगा देते हैं जो कि मानवीय है और बेहतर है।

यही कारण है कि आपका काम हमेशा उदार होता है। इसे सिद्धान्तों से जकड़ा नहीं जा सकता—तकनीकों से तो बिलकुल नहीं। यह हमेशा

के लिए एक स्वीकारोक्ति है, एक विश्वास है, एक प्रार्थना है और हर व्यक्ति आपका संगी-साथी है क्योंकि वह वैसा ही सोचता और महसूस करता है, जैसे कि आप।

आपने अपनी मेधा के बलबूते पर समालोचकों का मुँह बन्द किया है क्योंकि आप उन्हें अपने नियंत्रण में करने में सफल हुए हैं जो एक बहुत ही मुश्किल काम है। वे कभी इस बात को स्वीकार नहीं करेंगे कि आपने पुराने फ़ैशन के मेलोड्रामा के आकर्षण और फेदेयू के पाशविक उत्साह के प्रति एक जैसी प्रतिक्रिया दी है। इसके बावजूद, आपने ऐसा किया और एक ख़ास गरिमा बनाए रखी जो हमें मुसेट के बारे में सोचने पर मजबूर करती है। हालाँकि, आप न तो किसी की नक़ल करते हैं और न ही किसी और जैसे लगते हैं। यह भी आपकी गरिमा का ही रहस्य है।

आज लेखकों और नाटककारों की हमारी सोसायटी को यह सौभाग्य और ख़ुशी मिली है कि हम आपका स्वागत कर रहे हैं। हम इस तरह से कुछ पल के लिए ही सही, आपकी उन व्यस्तताओं का बोझ बढ़ा रहे हैं जिन्हें आप इतनी सदाशयता से पूरा करते हैं। हम आपको अपने बीच पाकर बहुत प्रसन्न हैं और आपको बताना चाहते हैं कि हम आपकी कितनी सराहना करते हैं और आपको कितना प्यार करते हैं! साथ ही यह भी कहना चाहते हैं कि आप सचमुच हम में से ही एक हैं, क्योंकि आपकी फ़िल्मों में कहानी मि. चैप्लिन द्वारा लिखी होती है, संगीत भी उन्हीं का बनाया होता है तथा निर्देशन भी वही करते हैं; हाँ, कॉमेडियन अलग होता है और उसका योगदान उच्च श्रेणी का होता है।

यहाँ पर आपके सामने फ्रांस के लेखक, नाटकों और फ़िल्मों के लेखक, संगीतकार, निर्माता सब उपस्थित हैं। वे सब-के-सब आपको पसन्द करते हैं। अपने-अपने तरीक़े से वे उस कड़ी मेहनत के सम्मान और आत्मत्याग से अच्छी तरह परिचित हैं जो आप करना जानते हैं। चूँकि आपकी यही महत्त्वाकांक्षा रही है कि आप जनता को आन्दोलित करें और उन्हें ख़ुश करें या आप खोए हुए प्यार के डर को चित्रित करें, जो इस लायक़ नहीं हैं उन तकलीफ़ों के लिए दया दिखाएँ और आपकी इच्छा है कि जो भी शान्ति, उम्मीद और भाईचारे की भावना के रास्ते में आता है, उसे ठीक करें।

धन्यवाद, मि. चैप्लिन
रोजर फर्डिनेंड

'लाइमलाइट' के प्रीमियर के मौक़े पर अधिकांश गणमान्य विभूतियाँ पधारीं जिनमें फ्रांसीसी केन्द्रीय मंत्री और विदेशी राजदूत भी शामिल थे। अलबत्ता, अमेरिकी राजदूत नहीं आए।

कॉमेडी फ्रैंचाइज़ में मोलियर के नाटक 'डॉन जुआन' के विशेष प्रदर्शन पर हम ख़ास मेहमान थे। नाटक में फ्रांस के महानतम चुनिन्दा कलाकारों ने अभिनय किया था। उस रात रॉयल पैलेस के फव्वारों में रोशनी की गई और कॉमेडी फ्रैंचाइज़ के विद्यार्थी हमें अठारहवीं शताब्दी की पोशाकों में मिले। उन्होंने हाथों में जलती हुई मोमबत्तियाँ थामी हुई थीं और वे हमारी अगवानी करके हमें समस्त यूरोप की सर्वाधिक सुन्दर महिलाओं से भरे ग्रैंड सर्किल में लेकर गए।

रोम में भी हमारा स्वागत इसी तरह से हुआ। राष्ट्रपति और मंत्रियों ने मेरा सम्मान किया, मुझे अलंकृत किया और मेरी अगवानी की। उस मौक़े पर 'लाइमलाइट' के प्रीमियर के दौरान एक मज़ेदार घटना घटी। फाइन आर्ट्स के मंत्री ने मुझे सुझाव दिया कि मैं भीड़ से बचने के लिए मंच द्वार से आऊँ। मुझे मंत्री महोदय का सुझाव थोड़ा अजीब लगा और मैंने उन्हें कहा कि अगर लोगों में मुझसे मिलने के लिए थियेटर के बाहर खड़े होने का धैर्य है तो मुझमें कम-से-कम इतनी विनम्रता तो होनी ही चाहिए कि मैं सामने के द्वार से आऊँ और उन्हें अपना चेहरा दिखाऊँ। मुझे लगा कि उनके चेहरे पर उस वक़्त अजीब से भाव आए जब उन्होंने हौले से अपनी बात को दोहराया कि मुझे पीछे वाले रास्ते से जाने में कम तकलीफ़ होगी। लेकिन जब मैंने ज़िद की तो उन्होंने और ज़ोर नहीं डाला।

उस रात का नज़ारा चमक-दमक वाला था। जब हम लिमोजिन में बैठकर आए तो भीड़ को रस्सियों से काफ़ी दूर रोका गया था। अपनी पूरी विनम्रता और आकर्षण के साथ मैं गाड़ी से बाहर निकला, लिमोजिन का चक्कर काटा और सड़क के बीचोबीच आ गया तथा जगमग रोशनी के नीचे खड़ा हो गया। मैंने अपनी दोनों बाँहें द' गॉल की तरह फैलाते हुए चेहरे पर मुस्कान बिखेरी। तभी अचानक बन्दगोभी और टमाटर मेरी तरफ़ उछाले जाने लगे। मैं तय नहीं कर पाया कि वे क्या थे और क्या हुआ था। तभी मैंने अपने इतालवी मित्र यानी दुभाषिये को अपने पीछे मिमियाते सुना, "ज़रा सोचिए, यह सब मेरे देश में हो रहा है।" अलबत्ता, मुझे कुछ भी नहीं लगा और मुझे फटाफट थियेटर के अन्दर ले जाया गया। तभी मुझे परिस्थिति का मज़ाक़ समझ में आया और मैं अपनी हँसी नहीं रोक पाया। यहाँ तक कि मेरे इतालवी दुभाषिये मित्र भी मेरे साथ हँसने लगे।

बाद में मुझे पता चला कि वे शरारती तत्त्व नव-फ़ासीवादी युवा थे। मुझे यह कहने में संकोच नहीं है कि उनके टमाटर और अंडे फेंकने में ज़रा भी नफ़रत नहीं थी। यह एक तरह का प्रदर्शन ही था लेकिन चार लोगों को तत्काल गिरफ़्तार कर लिया गया था और पुलिस ने मुझसे जानना चाहा था कि क्या मैं उनके ख़िलाफ़ कोई

आरोप लगाना चाहूँगा? "बेशक नहीं," मैंने कहा, "वे अभी लड़के ही तो हैं।" वे चौदह और सोलह वर्षीय लड़के थे, इसलिए मामला रफ़ा-दफ़ा कर दिया गया।

पेरिस से रोम के लिए चलने से पहले लुईस अरागॉन, कवि और 'लेस लेटर्स फ्रेंचाइज़' के सम्पादक ने फ़ोन करके बताया कि ज्यां पॉल सार्त्र और पिकासो मुझसे मिलना चाहते हैं तो मैंने उन्हें डिनर पर आमंत्रित किया। उन्होंने किसी शान्त जगह का सुझाव दिया; इसलिए हमने होटल के मेरे कमरे में खाना खाया। जब हैरी क्रॉकर यानी मेरे प्रचार प्रबन्धक को इसके बारे में पता चला तो उसे जैसे दौरा पड़ गया, उसने कहा, "हम जब से स्टेट्स से चले हैं, हमने जो भी अच्छा किया है, यह मुलाक़ात उस पर पानी फेर देगी।"

"लेकिन हैरी, यह यूरोप है, स्टेट्स नहीं और ये विभूतियाँ विश्व की तीन महानतम शख़्सियतों में से हैं।" मैंने कहा। मैंने इस बात की विशेष सावधानी बरती थी कि हैरी या किसी को भी यह न पता चले कि अमेरिका लौटने का मेरा कोई इरादा नहीं है, क्योंकि अभी भी वहाँ पर मेरी सम्पत्ति थी और मैंने उसे बेचा नहीं था। हैरी ने मुझे लगभग विश्वास दिला दिया था कि अरागॉन, पिकासो और सार्त्र के साथ मुलाक़ात पश्चिमी लोकतंत्र को उखाड़ फेंकने का षड्यंत्र थी। इसके बावजूद, मज़ेदार यह रहा कि उसकी चिन्ता ने उसे अपनी ऑटोग्राफ़ बुक में उनके हस्ताक्षर लेने से नहीं रोका। हैरी को डिनर के लिए आमंत्रित नहीं किया गया था। हमने उसे बताया कि हम बाद में स्टालिन के आने की उम्मीद कर रहे हैं, इसलिए हम इस बारे में कोई भी प्रचार नहीं चाहते।

मैं इस शाम के बारे में बहुत ज़्यादा आश्वस्त नहीं था। केवल अरागॉन ही अंग्रेज़ी बोल पाते थे और दुभाषिये के ज़रिये बातचीत करना किसी दूर के निशाने पर गोली चलाकर अपने लक्ष्य के इन्तज़ार करने की तरह होता है।

अरागॉन ख़ूबसूरत और सुन्दर चेहरे-मोहरे वाले व्यक्ति थे जबकि पिकासो पहेलीनुमा हँसोड़ दिखते थे और उन्हें पेंटर की तुलना में एक्रोबैट या जोकर आसानी से समझा जा सकता था। सार्त्र का चेहरा गोल था और उनके चेहरे-मोहरे का विश्लेषण नहीं किया जा सकता था, उनमें भीतरी सौन्दर्य और संवेदनशीलता थी। सार्त्र ने अपने आपको बहुत कम खोला। उस शाम पार्टी के समाप्त हो जाने के बाद पिकासो हमें अपने लेफ़्ट बैंक स्टूडियो में लेकर गए। इस स्टूडियो को वे अभी भी इस्तेमाल करते थे। जब हम सीढ़ियाँ चढ़ रहे थे, तो हमने उनके नीचे वाले अपार्टमेंट के दरवाज़े पर एक बोर्ड देखा—'यह पिकासो का स्टूडियो नहीं है। कृपया एक और मंज़िल चढ़ें।'

अन्ततः हम बेहद फटीचर, कबाड़ से भरी दुछत्ती पर पहुँचे जहाँ शायद चैटरटन ने भी मरने से मना कर दिया होता। एक बीम पर कील से एक बल्ब लटका हुआ था जिसकी रोशनी में हमें एक पुराना लोहे का जंग खाया बिस्तर और एक टूटा-फूटा स्टोव दिखाई दे रहे थे। दीवार के सहारे पुराने धूल भरे कैनवास टिके हुए

थे। पिकासो ने एक कैनवास उठाया—'सेज़ान', जो सबसे ख़ूबसूरत था। इसके बाद वे एक के बाद एक कैनवास उठाते गए। हमने कम-से-कम पचास मास्टर कलाकृतियाँ देखीं। मेरा बहुत मन हुआ कि उन्हें इस पूरे ढेर के लिए एकमुश्त राशि देने का प्रस्ताव करूँ, मात्र इस कचरे से छुटकारा पाने के लिए। हालाँकि इसी ढेर में असली ख़ज़ाना छुपा हुआ था।

इकतीस

पेरिस और रोम में प्रदर्शनों के बाद हम लंदन लौट आए और कई सप्ताह तक वहाँ टिके रहे। मुझे अभी तक अपने परिवार के लिए कोई मकान नहीं मिला था। मेरे एक मित्र ने स्विट्ज़रलैंड का सुझाव दिया था। बेशक मुझे लंदन में बसना अच्छा लगता लेकिन हमें इस बात का शक था कि वहाँ की आबोहवा बच्चों के लिए सही नहीं रहेगी और उस समय सच कहूँ तो हमारी चिन्ता उस धन को लेकर थी जो स्टेट्स में अटका हुआ था।

इसलिए उदासी की हल्की-सी भावना लिये हमने अपना सामान समेटा और चारों बच्चों के साथ स्विट्ज़रलैंड पहुँच गए। हम अस्थायी रूप से ब्यू रिवेज होटल, लॉसेन में टिके जिसके सामने झील थी। पतझड़ के दिन थे और मौसम थोड़ा शुष्क था लेकिन पहाड़ सुन्दर दिख रहे थे।

हमें ढंग का मकान खोजने में चार महीने लग गए। ऊना अपने पाँचवें बच्चे को जन्म देने वाली थी। उसने साफ़ तौर पर कह दिया था कि वह अस्पताल के बाद होटल नहीं लौटना चाहती। यही इमर्जेन्सी थी कि मुझे घर ढूँढ़ने में जल्दी करनी पड़ी और अन्ततः हमें वेवे से थोड़ा ऊपर कोर्सियर गाँव में मैनुआर दी बान में घर मिल गया। हमारी हैरानी की सीमा नहीं रही जब हमें पता चला कि यह सैंतीस एकड़ का है और इसमें बड़ी वाली ब्लैक चेरी, स्वादिष्ट ग्रीन प्लम, सेब और आड़ुओं के अलावा बहुत सारे फलों के दरख़्त हैं। सब्ज़ियों के खेत भी थे जहाँ ख़ूब सारी सब्ज़ियाँ उगती थीं। फलों और सब्ज़ियों के मौसम में हम कहीं भी गए होते, इनका आनन्द लेने के लिए ख़ास तौर पर वापस आते। यह लौटना तीर्थयात्रा की तरह होता। टैरेस के सामने पाँच एकड़ का लॉन था जिसमें ऊँचे शानदार दरख़्त थे और वहाँ से दूर पहाड़ों और झील का नज़ारा दिखाई देता था।

मैंने बहुत सक्षम स्टाफ़ रखा। मिस रशेल फ़ोर्ड जो हमारा घर सँभालती थीं और बाद में मेरी बिज़नेस मैनेजर बनीं और मैडम बर्नियर, मेरी स्विस इंग्लिश सचिव जिन्होंने इस किताब को कई बार टाइप किया।

हम जगह के फैलाव को लेकर थोड़ा सोच में थे और हैरान थे कि क्या यह हमारी आमदनी के भीतर सँभाली जा सकेगी लेकिन मकान-मालिक ने जो बताया, उससे हमें लगा कि हम इसे अपने बजट के भीतर सँभाल सकते हैं। इस तरह से हम कोर्सियर गाँव में रहने आ गए। यहाँ की कुल आबादी 1,350 थी।

हमें वहाँ के हिसाब से ढलने में एक बरस लग गया। कुछ अरसे तक तो बच्चे कोर्सियर के गाँव वाले स्कूल में जाते रहे। हालाँकि यहाँ उनके लिए एक समस्या खड़ी हो गई थी कि सब कुछ फ्रेंच में पढ़ाया जा रहा था और हमें उस मनोवैज्ञानिक असर का भी डर था जो इससे उन पर हो सकता था। लेकिन जल्दी ही वे धड़ल्ले से फ्रेंच बोलने लगे। हम देखकर हैरान रह गए कि उन्होंने कितनी जल्दी जीवन की स्विस शैली के अनुरूप अपने आपको ढाल लिया था। यहाँ तक कि ऐसा होने से बच्चों की आया मिस के के और मिस पिन्नी भी फ्रेंच में मुश्किल महसूस करने लगीं।

अब हमने यूनाइटेड स्टेट्स से सारे सम्बन्ध तोड़ने शुरू कर दिये थे जिसमें काफ़ी समय लग गया। मैं अमेरिकी कौंसल में गया और उन्हें यह बताते हुए अपना री-एंट्री परमिट सौंपा कि मैंने यूनाइटेड स्टेट्स में अपना घर छोड़ दिया है।

"आप वापस नहीं जा रहे हैं चार्ली?"

"नहीं," मैंने एक तरह से क्षमायाचना करते हुए कहा, "मैं बहुत बूढ़ा हो गया हूँ और अब यह सब परेशानियाँ सहन नहीं कर सकता हूँ।"

अधिकारी ने कोई टिप्पणी नहीं की लेकिन कहा, "अच्छी बात है। आप कभी भी साधारण वीज़ा लेकर वहाँ जा सकते हैं।"

मैं मुस्कराया और सिर हिलाते हुए कहा, "मैंने स्विट्ज़रलैंड में बसने का फ़ैसला कर लिया है।" हमने हाथ मिलाए और बात वहीं ख़त्म हो गई।

ऊना ने भी अपनी अमेरिकी नागरिकता छोड़ने का फ़ैसला कर लिया था। इसलिए, लंदन की यात्रा के दौरान उसने अमेरिकी दूतावास को सूचित किया। हालाँकि, उन्होंने कहा कि सारी औपचारिकताओं को पूरा करने में कम-से-कम पौना घंटा लगेगा। "क्या बकवास है?" मैंने ऊना से कहा, "यह अजीब बात है कि इसमें इतना समय लगेगा। मैं भी तुम्हारे साथ चलता हूँ।"

जब हम दूतावास पहुँचे तो अतीत के सारे अपमान और गालियाँ मेरे भीतर ग़ुब्बारे की तरह फूल गए। यह ग़ुब्बारा किसी भी पल फट सकता था। मैंने ऊँची आवाज़ में आप्रवास विभाग के अधिकारी को बुलाने के लिए कहा। ऊना परेशानी में पड़ गई। एक दफ़्तर के दरवाज़े खुले और एक आदमी बाहर आया व बोला, "हैलो चार्ली, क्या आप अपनी पत्नी के साथ ऑफ़िस के भीतर नहीं आएँगे?"

उसने ज़रूर मेरे मन की बात पढ़ ली होगी क्योंकि उसने छूटते ही कहा, "कोई अमेरिकी जब अपनी नागरिकता छोड़ता है तो उसे मालूम होना चाहिए कि वह क्या

कर रहा है और उसकी दिमाग़ी हालत सही होनी चाहिए। यही वजह है कि हमने प्रश्न पूछने की यह प्रणाली रखी है। यह नागरिक के हितों की रक्षा के लिए है।"

स्वाभाविक है कि इस सबका मेरे लिए कोई मतलब नहीं था।

वह पचास की उम्र के आसपास का शख़्स था। "मैंने आपको 1911 में डेनवर में ओल्ड एम्प्रेस थियेटर में देखा था।" उसने मेरी तरफ़ निराशा से देखते हुए कहा।

"बेशक" मैं पिघल गया और हम पुराने सुनहरे दिनों की बात करने लगे।

जब काम निपट गया और अन्तिम काग़ज़ पर हस्ताक्षर कर दिये गए और हम एक-दूसरे से विदा के सुकून-भरे शब्द कह चुके तो मैं इस मामले में भावनाओं की अपनी कमी के कारण थोड़ा-सा उदास हो गया।

*

लंदन में हम अक्सर मित्रों से मिल लेते। इनमें सिडनी बर्नस्टीन, आइवर मोंटागु, सर एडवर्ड, बेडिंगटन बेहरेंस, डोनाल्ड ओग्डेन स्टीवर्ट, एला विंटर, ग्राहम ग्रीन, जे.बी. प्रीस्टले, मैक्स रेनहार्ट और डगलस फेयरबैंक्स जूनियर आदि थे। हालाँकि कुछ मित्रों से हम बहुत कम मिल पाते, फिर भी उनका ख़याल राहत देता था—जैसे यह जानना सुख देता है कि कहीं किसी तट पर हमारा फलाँ दोस्त है और जब कभी हम उस पोर्ट पर जहाज़ से गए तो वहाँ जाएँगे।

एक बार लंदन जाने पर हमें यह सन्देश मिला कि ख्रुश्चेव और बुल्गानिन क्लेरिज होटल में रूसी दूतावास द्वारा आयोजित स्वागत समारोह में हमसे मिलना चाहते हैं। जब हम वहाँ पहुँचे तो लॉबी में इतनी भीड़ थी कि तिल धरने की जगह नहीं थी। रूसी दूतावास के एक सदस्य की मदद से हम किसी तरह जगह बनाते हुए उनकी तरफ़ बढ़े ही थे कि तभी सामने की तरफ़ से हमने ख्रुश्चेव और बुल्गानिन को आते हुए देखा। वे भी हमारी तरह रास्ता बनाते हुए आ रहे थे। उनके चेहरे के भाव से लगता था कि वे भीड़ से तंग आ चुके हैं और वापस लौट रहे हैं।

यह साफ़ देखा जा सकता था कि हताश होने के बावजूद हास्य-बोध ने ख्रुश्चेव का साथ नहीं छोड़ा था। जब वे दरवाज़े की तरफ़ जाने के लिए धक्का-मुक्की कर रहे थे, तो हमारे सुरक्षा अधिकारी ने उन्हें पुकारा, "ख्रुश्चेव!" लेकिन उन्होंने हाथ हिलाकर मना कर दिया। वे तंग आ चुके थे। "ख्रुश्चेव! चार्ली चैप्लिन!!" हमारे सुरक्षा अधिकारी ने चिल्लाकर कहा। यह सुनकर बुल्गानिन और ख्रुश्चेव दोनों ही रुके और मुड़े, उनके चेहरे ख़ुशी से दमकने लगे। मैं बहुत ख़ुश हुआ। भयानक भीड़ के बीच हमारा परिचय कराया गया। एक दुभाषिये के ज़रिये ख्रुश्चेव ने बताया कि रूसी लोग मेरी फ़िल्में कितनी अधिक पसन्द करते हैं? इसके बाद हमें थोड़ी-सी वोदका पेश की गई। मुझे लगता है कि उसमें शायद काली मिर्च की पुड़िया गिर गई थी, लेकिन ऊना को वोदका अच्छी लगी।

हम एक छोटा-सा घेरा बनाने में सफल हो गए ताकि हम सबकी फ़ोटो खींची जा सके। शोर की वजह से मैं कुछ भी नहीं कह पाया। "आइए चलें, दूसरे कमरे में चलते हैं।" ख्रुश्चेव ने कहा। भीड़ को हमारे इरादे के बारे में पता चल गया और वहाँ भयंकर मारामारी शुरू हो गई।

चार आदमियों की मदद से हमें एक निजी कक्ष में पहुँचाया गया। वहाँ अकेले होने पर ख्रुश्चेव और हम सबने राहत की साँस ली। अब मेरे पास अपने हास्य-बोध को जुटाकर बात करने का मौक़ा था। लंदन पहुँचने के बाद ख्रुश्चेव ने हाल ही में सद्भावना पर बहुत अच्छा भाषण दिया था। यह भाषण सूर्य की किरण की तरह था, मैंने उन्हें यह बात बताई और कहा कि इससे दुनिया-भर के करोड़ों लोगों में शान्ति के लिए आशा का संचार हुआ है।

एक अमेरिकी रिपोर्टर ने हमें बीच में टोका, "मैं समझता हूँ मि. ख्रुश्चेव कि आपका बेटा कल रात शहर में मज़े कर रहा था?"

ख्रुश्चेव मुस्कराए और मज़े लेने के लिए बोले, "मेरा बेटा गम्भीर युवक है और वह इंजीनियरिंग की पढ़ाई के लिए बहुत मेहनत कर रहा है। लेकिन कभी-कभार वह मौज़-मज़ा कर लेता है। मेरा तो यही ख़याल है।"

कुछ ही पलों बाद एक सन्देश आया कि मि. हैरोल्ड स्टासेन बाहर खड़े हैं और मि. ख्रुश्चेव से मिलना चाहते हैं। ख्रुश्चेव मेरी तरफ़ देखकर मज़ाक़ में बोले, "आपको बुरा तो नहीं लगेगा? वे अमेरिकी हैं!"

मैं हँसा, "मुझे कतई बुरा नहीं लगेगा।" बाद में मि. और मिसेज़ स्टासेन और मि. और मिसेज़ ग्रोमिको को भीतर लाया गया। ख्रुश्चेव ने क्षमा माँगते हुए कहा कि कुछ ही मिनटों में वे उनसे फ़ुर्सत पा लेंगे और कमरे के दूसरे कोने में स्टासेन और ग्रोमिको से बात करने के लिए चले गए।

बातचीत करने के लिहाज़ से मैंने मिसेज़ ग्रोमिको से पूछा कि क्या वे रूस वापस जाएँगी। उन्होंने जवाब दिया कि वे अमेरिका वापस जा रही हैं। मैंने कहा कि वे और उनके पति बहुत लम्बे अरसे तक अमेरिका में रहे हैं। वे हँसीं और थोड़ा परेशान भी हुईं लेकिन उन्होंने कहा, "मुझे बुरा नहीं लगा, मुझे वहाँ अच्छा लगता है।"

मैंने कहा, "मुझे नहीं लगता कि असली अमेरिका न्यूयॉर्क में प्रशान्त के तटों पर है। व्यक्तिगत रूप से मुझे मिडिल वेस्ट ज़्यादा अच्छा लगता है। वहाँ उत्तरी और दक्षिणी डेकोटा, मिनियापोलिस और सेंट पॉल अच्छी जगहें हैं। मुझे लगता है कि वही लोग सच्चे अमेरिकी हैं।"

मिसेज़ स्टासेन अचानक हैरान हो गईं, "ओह, मैं कितनी ख़ुश हूँ कि आपने यह कहा। मेरे पति और मैं मिनेसोटा से ही आए हैं।" वे नर्वस होकर हँसी और अपनी बात दोहराई, "मुझे बहुत अच्छा लगा कि आपने यह बात कही।" मेरा ख़याल है कि वे यह सोचकर चल रही थीं कि मैं अमेरिका के ख़िलाफ़ ढेर सारा ज़हर उगलूँगा

और उस देश से मुझे जो घाव मिले हैं, उनसे मुझमें कड़ुवाहट भर गई होगी। ऐसी बात नहीं थी और अगर ऐसा होता भी तो भी मैं मिसेज़ स्टासेन जैसी आकर्षक महिला के सामने अपना दुखड़ा तो नहीं ही रोता।

मैं देख रहा था कि ख्रुश्चेव और उनके साथ के लोगों को बहुत देर लग रही है, इसलिए ऊना और मैं उठे। जब ख्रुश्चेव ने हलचल देखी तो वे स्टासेन को छोड़कर हमें गुडबाय कहने आए। जब हमने हाथ मिला लिये तो मैंने स्टासेन की एक झलक देखी। उन्होंने दीवार से पीठ सटा रखी थी और सामने की तरफ़ शून्य में देख रहे थे। मैंने स्टासेन की तरफ़ न देखते हुए सबसे विदाई ली। मुझे लगा कि इन परिस्थितियों में कूटनीति की यही माँग थी लेकिन उन्हें एक झलक देखने-भर से ही मुझे वे पसन्द आए।

अगली शाम ऊना और मैंने सेवाय होटल में अकेले खाना खाया। जिस समय हम स्वीट डिश खा रहे थे तो सर विन्स्टन चर्चिल और लेडी चर्चिल भीतर आए और हमारी मेज़ के पास खड़े हो गए। मैंने 1913 के बाद न तो सर विन्स्टन को देखा था और न ही उनसे मेरी बात ही हुई थी। लेकिन लंदन में 'लाइमलाइट' के प्रदर्शन के बाद मुझे यूनाइटेड आर्टिस्ट्स के हमारे वितरक से यह सन्देश मिला था कि वे सर विन्स्टन को यह फ़िल्म उनके घर पर दिखाए जाने की अनुमति चाहते हैं।

बेशक, मुझे बहुत अधिक ख़ुशी हुई थी। कुछ ही दिन बाद आभार व्यक्त करते हुए उनका बहुत ही प्यारा पत्र आया था जिसमें उन्होंने लिखा था कि फ़िल्म उन्हें बहुत अच्छी लगी। अब सर विन्स्टन हमारी मेज़ के सामने खड़े थे और हमसे कह रहे थे, "कहो, कैसे हो?, उनके इस 'कहो, कैसे हो' में नाराज़गी का पुट था। मैं तुरन्त खड़ा हो गया और मुस्कराते हुए ऊना का परिचय कराया। उस समय ऊना खाना खाने के बाद सोने जा रही थी।

ऊना के चले जाने के बाद मैंने उनसे पूछा कि क्या मैं कॉफ़ी पीने के लिए उनकी मेज़ पर आ सकता हूँ और मैं उनकी मेज़ पर चला गया। लेडी चर्चिल ने बताया कि उन्होंने ख्रुश्चेव के साथ मेरी मुलाक़ात के बारे में अख़बारों में पढ़ा था।

"मेरी ख्रुश्चेव के साथ हमेशा बहुत अच्छी पटती है।" सर विन्स्टन ने कहा।

लेकिन मैं लगातार महसूस करता रहा कि सर विन्स्टन कोई घाव सहला रहे थे। बेशक, 1913 के बाद बहुत कुछ घट चुका था। उन्होंने अपने असीम उत्साह और प्रेरणास्पद मार्गदर्शन से इंग्लैंड को उबारा था। लेकिन मैं समझता हूँ कि उनकी 'आयरन कर्टन' फुल्टन स्पीच ने शीतयुद्ध को बढ़ाने के अलावा और कोई काम नहीं किया था।

बातचीत मेरी फ़िल्म 'लाइमलाइट' की तरफ़ मुड़ गई। आख़िर उन्होंने कहा, "दो बरस पहले मैंने आपको फ़िल्म की बधाई देते हुए एक ख़त भेजा था। मिला था आपको?"

"ओह, हाँ," मैंने उत्साह से कहा।

"तो आपने उसका उत्तर क्यों नहीं दिया?"

"मुझे नहीं लगा कि उसका उत्तर देने की ज़रूरत थी।" मैंने क्षमायाचना करते हुए कहा।

लेकिन वे ख़ुश नहीं हुए। वे नाराज़गी से बोले, "मुझे लगा कि यह एक तरह की नाराज़गी है।"

"नहीं, नहीं बिलकुल नहीं।" मैंने जवाब दिया।

"अलबत्ता," उन्होंने मेरी बात को काटते हुए जोड़ा, "मुझे आपकी फ़िल्में हमेशा बहुत अच्छी लगती हैं।"

मैं इतने महान व्यक्ति की विनम्रता को देखकर अभिभूत था कि उन्हें दो बरस पहले के जवाब न मिले ख़त की भी याद थी। लेकिन मैंने कभी उनकी राजनीति में दख़ल नहीं दिया। चर्चिल ने कहा, 'मैं यहाँ ब्रिटिश साम्राज्य को भंग करने के लिए अध्यक्षता करने नहीं आया हूँ।' यूँ तो यह बात भाषण-कला की शैली हो सकती है लेकिन आधुनिक तथ्यों को देखते हुए यह एक निरर्थक बयान था।

ब्रिटिश साम्राज्य विघटनकारी राजनीति, क्रान्तिकारी सेनाओं, कम्यूनिस्ट-प्रचार, भड़काऊ भीड़ जुटाने या सड़क के किनारे दिये गए भाषणों का नतीजा नहीं है। यह तो षड्यंत्रकारियों के छल-कपट का नतीजा है। यह अन्तरराष्ट्रीय विज्ञापनदाता—रेडियो, टेलीविज़न और मोशन फ़िल्मों, कार और ट्रैक्टर, साइंस के नये-नये आविष्कार और गति बढ़ाए जाने तथा संचार की वजह से हुआ है। यही वे क्रान्तिकारी क़दम रहे हैं, जो साम्राज्यों के ढहने की वजह रहे हैं।

*

स्विट्ज़रलैंड लौटने के तुरन्त बाद मुझे नेहरू का एक पत्र मिला। उसके साथ उन्होंने लेडी माउंटबेटन से परिचय का नोट भेजा था। लेडी को विश्वास था कि हम दोनों में बहुत कुछ एक समान होगा। नेहरू कोर्सियर के पास से गुज़रने वाले थे और शायद हम मुलाक़ात कर सकते थे। लुसर्न में उनके राजदूतों की वार्षिक बैठक होने वाली थी। उन्होंने लिखा था कि उन्हें अच्छा लगेगा अगर मैं वहाँ आऊँ और रात गुजारूँ। अगले दिन वे मुझे 'मैनुआर दी बान' छोड़ देंगे। इसलिए मैं लुसर्न चला गया।

मुझे यह देखकर हैरानी हुई कि वे भी मेरी तरह छोटे क़द के आदमी थे। उनकी पुत्री मिसेज़ गांधी भी मौजूद थीं। वे प्यारी-सी शान्त महिला थीं। नेहरू मुझे व्यवहार और संवेदनशीलता के हिसाब से बहुत अच्छे व्यक्ति लगे। वे बेहद सतर्क और तारीफ़ करने वाले व्यक्ति थे। शुरू-शुरू में वे संकोचशील लगे। हम एक साथ लुसर्न से चले और गाड़ी में मैनुआर दी बान के लिए रवाना हुए जहाँ मैंने उन्हें लंच के लिए आमंत्रित किया था। उनकी पुत्री दूसरी कार में पीछे-पीछे आ रही थीं क्योंकि

उन्हें जिनेवा जाना था। रास्ते में हम दोनों में बहुत मज़ेदार बातें हुईं। उन्होंने लॉर्ड लुई माउंटबेटन की बहुत तारीफ़ की जिन्होंने भारत के वायसराय के रूप में भारत से इंग्लैंड के हित समाप्त करने में बहुत शानदार भूमिका निभाई थी।

मैंने उनसे पूछा कि भारत किस विचारधारा की तरफ़ बढ़ रहा है? उन्होंने कहा कि दिशा चाहे कोई भी हो, यह भारतवासियों की बेहतरी के लिए है। उन्होंने बताया कि वे पंचवर्षीय योजना शुरू कर चुके हैं। नेहरू रास्ते-भर बहुत समझदारी से बात करते रहे जबकि उनका ड्राइवर कम-से-कम सत्तर मील प्रति घंटा या उससे ज़्यादा की स्पीड से तंग सड़कों और तीखे मोड़ों पर होशियारी से गाड़ी चला रहा था। नेहरू भारत की राजनीति के बारे में समझाने में व्यस्त थे और मुझे यह बात स्वीकार करनी होगी कि मैं कार की गति को देखता, पीछे की सीट पर बैठा इतना सहमा हुआ था कि उनकी आधी बातें ही सुन नहीं पाया। कार के ब्रेक लगते ही हम आगे की तरफ़ लुढ़क जाते लेकिन नेहरू बिना रुके बोलते जाते। भगवान का शुक्र है कि कार आख़िरकार एक चौराहे पर एक पल के लिए रुकी जहाँ उनकी पुत्री को हमसे विदा होना था। तभी मैंने देखा कि वे बेहद प्यारे और ख़याल रखने वाले पिता बन गए। उन्होंने अपनी बेटी को गले लगाया और प्यार से कहा, 'अपना ख़याल रखना।' मुझे लगता है कि ये शब्द पुत्री की तरफ़ से पिता को कहे जाते, तो ज़्यादा अच्छा लगता।

*

कोरियाई संकट के दौरान जब पूरी दुनिया एक ख़तरनाक मोड़ पर साँस रोके खड़ी थी, चीनी दूतावास ने फ़ोन करके पूछा कि क्या मैं जिनेवा में चाउ एन लाई के सामने 'सिटी लाइट्स' के प्रदर्शन की अनुमति दूँगा? चाउ एन लाई यह निर्णय लेने वालों के केन्द्र में थे कि युद्ध होगा या शान्ति स्थापित की जाएगी।

अगले दिन प्रधानमंत्री ने जिनेवा में हमें अपने साथ खाना खाने के लिए आमंत्रित किया। हम जिनेवा के लिए चलने ही वाले थे कि प्रधानमंत्री के सचिव ने फ़ोन करके बताया कि महामहिम को सम्मेलन में देर हो सकती है और हम उनके लिए इन्तज़ार न करें। वे बाद में आकर लंच में शामिल हो जाएँगे।

जब हम वहाँ पहुँचे तो हमारी हैरानी की सीमा न रही क्योंकि हमने चाउ एन लाई को हमारे स्वागत में अपने घर की सीढ़ियों पर इन्तज़ार करते हुए पाया। पूरी दुनिया की तरह मैं भी यह जानने के लिए बेचैन था कि सम्मेलन में क्या हुआ? इसलिए मैं उनसे पूछ बैठा। उन्होंने विश्वास के साथ मेरा कन्धा थपथपाया, "सब कुछ अच्छी तरह से तय हो गया है।" उन्होंने कहा, "बस पाँच मिनट पहले।"

मैंने इस बारे में कई रोचक क़िस्से सुने थे कि किस तरह से कम्यूनिस्टों को तीसरे दशक में भीतरी चीन में काफ़ी अन्दर तक धकेल दिया गया था और किस तरह से माओ त्से तुंग के नेतृत्व में बिखरे हुए कम्यूनिस्ट एक साथ जुटे थे और जैसे-जैसे

वे पीकिंग की तरफ़ बढ़ते गए, कारवाँ बढ़ता गया। उन्होंने साठ करोड़ चीनी जनता का विश्वास वापस जीता।

चाउ एन लाई ने उस रात हमें माओ त्से तुंग की पीकिंग में जीत की मर्मस्पर्शी कहानी सुनाई, जहाँ लगभग दस लाख चीनी लोग उनके स्वागत में खड़े थे। एक बहुत बड़े मैदान के एक सिरे पर पन्द्रह फ़ीट ऊँचा एक बड़ा-सा प्लेटफ़ॉर्म बनाया गया था। जब वे पीछे से सीढ़ियाँ चढ़कर ऊपर आए तो सबसे पहले उनका सिर नज़र आया। लाखों लोगों ने पूरे ज़ोर से चिल्लाकर उनका स्वागत किया और जैसे-जैसे वे पूरे नज़र आते गए, यह शोर बढ़ता ही गया। जब चीन के विजेता माओ त्से तुंग ने विशाल जनसमूह देखा तो एक पल के लिए खड़े रह गए; फिर उन्होंने दोनों हाथों से अपना चेहरा ढका और फूट-फूटकर रो पड़े।

चाउ एन लाई ने चीन के प्रसिद्ध मार्च के दौरान कई कठिनाइयों और दिल दहला देने वाली कई घटनाओं में उनके साथ साझेदारी की थी और जब मैं उनके मेहनती ख़ूबसूरत चेहरे की तरफ़ देख रहा था, तो हैरान हो रहा था कि वे कितने शान्त और ऊर्जावान दिखते हैं।

मैंने उन्हें बताया कि पिछली बार मैं 1936 में शंघाई गया था।

"ओह, हाँ।" उन्होंने सोचते हुए कहा, "यह हमारे कूच पर निकलने से पहले की बात है।"

"हाँ, अब तो आपको इतनी दूर नहीं जाना," मैंने मज़ाक़ में कहा।

डिनर के समय हमने चीनी शैंपेन पी (ख़ास बुरी नहीं थी) और रूसी लोगों की तरह कई बार जाम टकराए। मैंने चीन के भविष्य के लिए जाम उठाया और कहा कि हालाँकि मैं कम्यूनिस्ट नहीं हूँ, फिर भी चीनी जनता और सब लोगों की बेहतर ज़िन्दगी के लिए उनकी आशाओं और इच्छाओं में पूरे दिल से उनके साथ हूँ।

*

वेवे में हमारे नये दोस्त बने। इनमें मि. एमिल रोज़ियर और मि. मिशेल रोज़ियर और उनके परिवार थे और सब-के-सब संगीत-प्रेमी थे। मैं एमिल के ज़रिये कॉन्सर्ट पियानोवादक क्लारा हास्किल से मिला। वे वेवे में रहती थीं और जब भी शहर में होतीं, क्लारा और दोनों रोज़ियर परिवार डिनर पर हमारे घर आते तथा डिनर के बाद क्लारा हमारे लिए पियानो बजातीं। वे साठ बरस की उम्र पार कर चुकी थीं, अपने कॅरियर के शिखर पर थीं और उन्होंने यूरोप व अमेरिका, दोनों जगह धूम मचा रखी थी। लेकिन वर्ष 1960 में बेल्ज़ियम में वे एक ट्रेन के पायदान से फिसल गईं और उन्हें अस्पताल ले जाया गया, जहाँ उनकी मृत्यु हो गई।

कई बार मैं उनके रिकॉर्ड बजाता हूँ, उनकी मृत्यु से पहले बनाए गए रिकॉर्ड। इस पांडुलिपि को छठी बार लिखने का काम शुरू करने से पहले मैंने बीथोवेन के पियानो कॉन्सर्टो नम्बर 3 को लगा दिया जिसमें क्लारा पियानो पर हैं और मार्केविच

कंडक्ट कर रहे हैं—यह मेरे लिए सत्य की पराकाष्ठा के इतने ही निकट होते हैं जितना कला का कोई अन्य महान कार्य हो सकता है और जो इस पुस्तक को पूरा करने के लिए, मेरे लिए उत्साह का स्रोत रहा है।

अगर हम अपने परिवार के साथ इतने व्यस्त न होते तो स्विट्ज़रलैंड में हमारा बहुत अच्छा सामाजिक जीवन होता। हम स्पेन की रानी और काउंट व काउंटेस शेवरो डी आंत्रेग्स के काफ़ी नज़दीक रहते थे और वे लोग हमारे साथ बहुत अच्छी तरह से पेश आते थे। इनके अलावा, पड़ोस में बहुत सारे फ़िल्मी सितारें और लेखक रहा करते थे। जॉर्ज व बेनिटा सैंडर्स और नोएल कावर्ड जो हमारे पड़ोसी थे, अक्सर उनसे भी हमारी मुलाकात हो जाती। बसन्त के दिनों में हमारे कई अमेरिकी और अंग्रेज़ दोस्त हमसे मिलने आते। ट्रूमैन कपोते, जो स्विट्ज़रलैंड में काम करते थे, अक्सर आ जाते। ईस्टर की छुट्टियों के दौरान हम बच्चों को दक्षिणी आयरलैंड ले जाते। यह एक ऐसी यात्रा होती जिसकी पूरा परिवार हर वर्ष राह देखता।

गर्मियों में हम शॉर्ट्स पहनकर टैरेस पर खाना खाते हैं और रात दस बजे तक धुँधलके में बाहर बैठे रहते हैं। अचानक ही हम लंदन, पेरिस और कई बार दो घंटों की आसान यात्रा की दूरी पर वेनिस या रोम जाने का फ़ैसला कर लेते हैं।

पेरिस में पॉल लुई वेलर अक्सर हमारी मेहमाननवाज़ी करते हैं। वे हमारे ख़ास दोस्त हैं और अगस्त में हमारे पूरे परिवार को एक महीने के लिए मेडेटेरियन में अपनी ख़ूबसूरत स्टेट ला रेइन जीन में आमंत्रित करते हैं। वहाँ बच्चों के लिए तैराकी और वॉटर-स्कीइंग के भरपूर मौक़े होते हैं।

दोस्त अक्सर मुझसे पूछते रहते हैं कि क्या मैं यूनाइटेड स्टेट्स—न्यूयॉर्क को मिस करता हूँ। मेरा दो टूक जवाब होता है—नहीं। अमेरिका बदल चुका है; इसी तरह से न्यूयॉर्क भी। बड़े पैमाने पर औद्योगिक संस्थाओं, प्रेस, टेलीविज़न और वाणिज्यिक विज्ञापनबाज़ी ने मुझे अमेरिकी जीवन-शैली से पूरी तरह से दूर कर दिया है। मैं सिक्के के दूसरे पक्ष को चाहता हूँ—जीवन का आसान व्यक्तिगत भाव, बड़ी-बड़ी गलियाँ और आकाश छूती इमारतें नहीं जो हमेशा बड़े कारोबार एवं उनकी बड़ी-बड़ी उपलब्धियों की याद दिलाती रहती हैं।

यूनाइटेड स्टेट्स से अपने सभी सम्बन्धों को समाप्त करने में मुझे एक वर्ष से भी ज़्यादा का समय लग गया। वे 'लाइमलाइट' से हुई मेरी यूरोपीय आय पर, 1955 तक टैक्स लगाना चाहते थे। उनका दावा था कि मैं अभी भी अमेरिकी निवासी हूँ, भले ही मुझे उस देश में 1952 में घुसने से मना कर दिया गया था। मेरे पास कोई क़ानूनी राहत नहीं थी जैसा कि मेरे अमेरिकी वकील ने बताया, मामले में अपना पक्ष रखने के लिए उस देश में वापस जाने के मेरे बहुत कम आसार थे।

अपनी सभी अमेरिकी कम्पनियों को भंग करने और अपने सभी अमेरिकी हितों के निवेश समाप्त कर लेने के बाद मैं इस स्थिति में था कि मैं उन्हें कह सकूँ कि

भाड़ में जाओ लेकिन मैं किसी दूसरे देश की रक्षा के एहसान तले नहीं रहना चाहता था। इसलिए, मैंने उनके दावे से काफ़ी कम रक़म पर और जितनी राशि मुझे देनी चाहिए थी उससे काफ़ी अधिक पर समझौता कर लिया।

यूनाइटेड स्टेट्स के साथ अपने अन्तिम सम्बन्ध तोड़ना दुखद था। जब हेलन, बेवर्ली हिल्स वाले घर की हमारी नौकरानी ने सुना कि हम वापस नहीं लौट रहे हैं, तो उसने यह पत्र लिखा—

प्रिय मि. और मिसेज़ चैप्लिन,

मैंने आपको कई ख़त लिखे, लेकिन उन्हें कभी भी डाक में नहीं डाला। ऐसा लगता है कि आप लोगों के जाने के बाद सब कुछ ग़लत होता चला गया—मैंने आज तक अपने परिवार के अलावा और किसी के लिए इतना दुख महसूस नहीं किया। दरअसल सब कुछ इतना अनावश्यक, बेकार और ग़लत होता चला गया कि मैं इन सबसे उबर ही नहीं पा रही हूँ और जब हमें यह दुखद समाचार मिला, जिसका डर था कि कभी-न-कभी यह समाचार आएगा ही कि हम सब कुछ पैक कर दें—यह बिलकुल भी सम्भव नहीं है, ऐसा हो ही नहीं पाएगा, हमने जो भी सामान पैक किया है, सब कुछ आँसुओं से धुल गया है और अभी भी तकलीफ़ से मेरा सिर दुख रहा है। मुझे नहीं पता कि आप लोग इसे किस तरह से लेंगे? प्लीज़, प्लीज़, मिसेज़ चैप्लिन अगर आप कुछ कर सकती हैं तो मि. चैप्लिन को यह घर मत बेचने दीजिए। हरेक कमरा अभी भी अपनी पहचान को बनाए हुए है, भले ही उनमें अब कालीन और पर्दे वग़ैरह ही बचे हैं। मैं इस घर को लेकर इतनी ज़्यादा अपनेपन की भावना से भरी हुई हूँ कि मैं किसी और को यह घर लेते हुए नहीं देख सकती। काश, मेरे ख़ुद के पास इतने पैसे होते, लेकिन यह सोचना ही बेवक़ूफ़ी है। आप सारी फ़ालतू चीज़ें और स्टाफ़ निकाल दीजिए। अगर आप चाहें तो ऐसा हो सकता है। लेकिन प्लीज़, घर मत बेचिए। मैं जानती हूँ कि मुझे यह सब नहीं कहना चाहिए लेकिन मैं अपने आपको रोक नहीं पा रही हूँ। मैं कभी भी ये ख़याल नहीं छोड़ूँगी कि आप सब कभी तो लौटकर आएँगे। मिसेज़ चैप्लिन फ़िलहाल के लिए इतना ही काफ़ी है। मुझे आपको तीन ख़त भेजने हैं लेकिन उनके लिए मुझे बड़े लिफ़ाफ़े की ज़रूरत पड़ेगी। सबको मेरा प्रणाम कहिएगा और ख़त को पेन्सिल से लिखने के कारण मुझे माफ़ कीजिएगा। दरअसल मेरा पेन ख़राब हो गया है।

सादर

हेलन

हमें अपने बटलर हेनरी से भी एक ख़त मिला। उसने लिखा था—

प्रिय मि. एंड मिसेज़ चैप्लिन,

मैंने अरसे से आपको नहीं लिखा है क्योंकि मुझे अपनी स्विस अंग्रेज़ी में अपने आपको ठीक तरह से अभिव्यक्त करने में अच्छा-ख़ासा वक़्त लग गया। कुछ सप्ताह पहले मेरे साथ एक बहुत ही मज़ेदार घटना घटी। मुझे 'लाइमलाइट' फ़िल्म देखने का मौक़ा मिला। यह एक निजी प्रदर्शन था। मिस रुन्सर ने मुझे आमंत्रित किया था। वहाँ पर बीसेक लोग मौजूद थे। मैं सिर्फ़ मि. और मिसेज़ सिडनी चैप्लिन, मिस रुन्सर और रॉली को ही जानता था। मैंने अपने लिए सबसे पीछे वाली सीट चुनी ताकि मैं अपने ख़यालों के साथ अकेले रह सकूँ। फ़िल्म वाक़ई शानदार थी। शायद मैं सबसे ज़्यादा ऊँची आवाज़ में हँसा होऊँगा लेकिन सबसे ज़्यादा आँसू भी मेरी ही आँखों में आए होंगे। यह मेरी देखी अब तक की सबसे अच्छी फ़िल्म थी। इसे लॉस एंजेल्स में कभी भी नहीं दिखाया गया। 'लाइमलाइट' के संगीत पर आधारित कई रिकॉर्ड बजाए जाते हैं। बहुत कर्णप्रिय संगीत। जब मैं सुनता हूँ तो जैसे बदन में बिजली दौड़ने लगती है। लेकिन यह नहीं बताया जाता कि यह संगीत रचना मि. चैप्लिन की है। मुझे यह जानकर ख़ुशी हुई कि बच्चों को स्विट्ज़रलैंड अच्छा लगा। बेशक, बड़ों को किसी दूसरे देश में जाकर व्यवस्थित होने में ज़्यादा वक़्त लगता है। मेरा तो यह कहना है कि स्विट्ज़रलैंड दुनिया के सबसे ख़ूबसूरत देशों में से एक है। वहाँ पर पूरी दुनिया से अच्छे स्कूल हैं और यह सबसे पुराना गणतंत्र भी है, 1191 से। जब यहाँ 4 जुलाई होती है, तो वहाँ पहली अगस्त होती है। स्वतंत्रता दिवस। हालाँकि छुट्टी नहीं होती। लेकिन आप सभी पहाड़ों के ऊपर जलती आग देखेंगे। कुल मिलाकर सबसे पुरातनपंथी और सबसे सम्पन्न देश। मैं 1918 में वहाँ से दक्षिण अमेरिका के लिए निकला था। तब से मैं दो बार वापस गया हूँ। मैंने स्विस आर्मी में भी दो बार नौकरी की है। मेरा जन्म स्विट्ज़रलैंड के पूर्वी हिस्से सेंट गैलेन में हुआ था। बर्न में मेरा एक छोटा भाई है और एक भाई सेंट गैलन में है।

आप सबको मेरी बहुत-बहुत शुभकामनाएँ।

सादर

आपका हेनरी

कैलीफोर्निया में जितने भी लोग मेरे साथ काम करते थे, अभी भी मुझसे वेतन ले रहे थे लेकिन अब मेरे स्विट्ज़रलैंड का वासी बन जाने के बाद मैं उन सबको वेतन देना

जारी नहीं रख सकता था। इसलिए मैंने सबके सेवा-त्याग वेतन का इन्तज़ाम किया और सबको बोनस दिया। इसमें मुझे कुल 80,000 डॉलर ख़र्च करने पड़े। एडना पुर्विएंस अपना बोनस लेने के अलावा अपनी मृत्यु के दिन तक मेरे रोज़गार में रही।

'मि. वरदो' के लिए कास्ट का चयन करते समय, मैंने एडना के लिए मैडम ग्रॉसने की महत्त्वपूर्ण भूमिका चुनी थी। मैं उससे बीस बरस से नहीं मिला था क्योंकि वह कभी भी स्टूडियो नहीं आती थी और ऑफ़िस की तरफ़ से उसे साप्ताहिक चेक भिजवा दिया जाता था। बाद में जब उसे स्टूडियो से फ़ोन-कॉल गया तो वह रोमांचित होने के बजाय डर गई थी।

जब एडना आई तो कैमरामैन रॉली मेरे ड्रेसिंग रूम में आया। उसने भी एडना को बीस बरस से नहीं देखा था। 'वो आई हैं,' उसकी आँखें चमक रही थीं, 'बेशक वे पहले जैसी तो नहीं हैं लेकिन वे फिर भी ग़ज़ब दिखती हैं।' रॉली ने बताया कि वे अपने ड्रेसिंग-रूम के बाहर लॉन में इन्तज़ार कर रही हैं।

मैं कोई भावुक पुनर्मिलन नहीं चाहता था; इसलिए मैंने कारोबारी रुख़ अपनाया, मानो हम कुछ ही हफ़्ते पहले मिले हों, "आओ, कैसी हो, आख़िर हमने तुम्हें खोज ही लिया," मैंने ख़ुशी जताते हुए कहा।

धूप में मैंने देखा कि मुस्कराते हुए उसके होंठ काँप रहे थे; तब मैंने उसे बताया कि मैंने उसे क्यों याद किया है? मैंने उसे फ़िल्म के बारे में बताया। "यह तो बहुत ही शानदार प्रतीत होती है।" एडना हमेशा उत्साह में रहा करती थी।

उसने अपने पात्र के अंश पढ़कर सुनाए। ख़राब नहीं था उसका पाठ। लेकिन साथ-ही-साथ उसकी मौज़ूदगी से मुझ पर पुराने दिनों की हताश करने वाली यादें हावी होने लगीं। वे दिन जब सब कुछ भविष्य के गर्भ में समाया होता था।

एडना ने अपने आपको भूमिका में झोंक दिया, लेकिन बात नहीं बनी। इस भूमिका के लिए यूरोपीय आभिजात्य की ज़रूरत थी और जो कभी भी एडना में नहीं था। उसके साथ तीन या चार दिन तक काम करने के बाद मुझे यह मानने पर मजबूर होना पड़ा कि वह इस भूमिका के लायक़ नहीं थी। एडना भी निराश होने के बजाय राहत महसूस कर रही थी। दोबारा वह मुझसे नहीं मिली और न ही उसकी कोई ख़बर ही मिली, जब तक उसने अपनी सेवा-समाप्ति के वेतन के लिए आभार मानते हुए स्विट्ज़रलैंड में पत्र नहीं लिखा—

> डियर चार्ली,
>
> पहली बार मैं तुम्हारी इतने बरसों पुरानी दोस्ती के लिए और तुमने मेरे लिए जो कुछ भी किया, उसके लिए आभार के दो शब्द लिख रही हूँ। शुरुआती ज़िन्दगी में हमारे सामने इतनी तकलीफ़ें नज़र नहीं आतीं, और मुझे पता है कि तुम्हें अपनी तकलीफ़ों का हिस्सा मिल चुका है। मुझे

विश्वास है कि बेहद प्यारी पत्नी और परिवार के साथ तुम्हारी ख़ुशियों का प्याला छलक रहा होगा।

(यहाँ उसने अपनी बीमारी और डॉक्टरों व नर्सों के ख़र्चों के बारे में लिखा था लेकिन पत्र की समाप्ति उसने एक लतीफ़े से की थी जैसा कि वह हमेशा किया करती थी।)

यह मैंने अभी हाल ही में सुना था : एक आदमी को रॉकेट में सीलबन्द करके ऊपर आकाश में यह देखने के लिए भेज दिया गया कि देखें, यह कितने ऊपर तक जा सकता है। उससे कहा गया कि वह ऊँचाई को नापता चले। इसलिए वह गिनता रहा, 25,000, 30,000, 100,000, 500,000। जब वह काफ़ी ऊपर पहुँच गया, तो उसने अपने आपसे कहा, 'ओह, यीशु मसीह' तभी एक बहुत ही पतली आवाज़ ने जवाब दिया, 'हाँ?'

प्लीज़, प्लीज़, प्लीज़ मुझे भविष्य में तुम्हारी तरफ़ से ज़रूर समाचार मिले। और सुनो, यहाँ वापस आ जाओ। तुम इसी जगह से नाता रखते हो।

तुम्हारी अभिन्न और सच्ची प्रशंसक।

प्यार

एडना

इतने बरसों में मैंने एडना को कभी भी पत्र नहीं लिखा। मैं हमेशा उसके साथ स्टूडियो के ज़रिये ही सम्पर्क करता रहा। उसका अन्तिम पत्र इस बात का धन्यवाद देने के लिए था कि वह अभी भी वेतन पर है—

13 नवम्बर, 1956

डियर चार्ली

मैं एक बार फिर हाज़िर हूँ तहे दिल से शुक्रिया अदा करते हुए और वापस अस्पताल में (लेबनान का कैडर्स)। मैं अपनी गर्दन के इलाज के लिए एक्सरे करा रही हूँ। इतनी तकलीफ़ है कि इसके बाद नर्क भी कुछ नहीं होगा। बेहद तकलीफ़देह। अलबत्ता, मुझे जो बीमारी है, उसका यही सबसे अच्छा इलाज बताया जाता है। उम्मीद करती हूँ कि सप्ताह के अन्त में घर जा सकूँगी और उसके बाद आउट पेशेंट (हाय कितना मज़ेदार)। ऊपर वाले का शुक्रिया कि मेरे बाक़ी अंग ठीक-ठीक हैं। यह रोग साध्य है, वे लोग तो ऐसा ही कहते हैं। मुझे उस शख़्स की याद आती है जो एक चौराहे पर खड़ा काग़ज़ की चिन्दिया उड़ा रहा था। एक पुलिस वाला आया और पूछने लगा : 'भई माज़रा क्या है?' उसने जवाब दिया, 'कुछ ख़ास नहीं, बस हाथियों को दूर कर रहा हूँ।'

'लेकिन इस शहर में तो कहीं हाथी हैं ही नहीं,' तो बन्दे ने जवाब दिया, 'इसका मतलब मेरी तरक़ीब काम कर रही है, नहीं क्या?' आज के लिए मेरा यही बेवकूफ़ी भरा लतीफ़ा है। मुझे माफ़ करना।

उम्मीद है, तुम और तुम्हारा परिवार ख़ूब अच्छे से हैं और उस सबका आनन्द उठा रहे हैं जिसके लिए तुमने इतने पापड़ बेले हैं।

हमेशा प्यार सहित

एडना

मुझे इस पत्र के मिलने के कुछ ही दिन बाद उसकी मृत्यु हो गई। इस तरह से दुनिया चलती रही है और नये लोग मिलते रहते तथा हम, जो थोड़ा-सा ज़्यादा जी लेते हैं, जैसे-जैसे अपनी यात्रा पर आगे बढ़ते हैं, थोड़े और बैरागी हो जाते हैं।

तो! अब मैं अपनी यह रामकहानी समाप्त कर रहा हूँ। मुझे लगता है कि समय और परिस्थितियों ने मेरा साथ दिया है। मैं इस दुनिया के स्नेह, प्यार और नफ़रत में पलता रहा हूँ। इसके बावजूद मैं मानता हूँ कि दुनिया ने मुझे अपना प्यार ज़्यादा और नफ़रत कम दी है। मेरी जो भी कमज़ोरियाँ रही हों, लेकिन मेरा यह मानना है कि भाग्य और दुर्भाग्य बादलों की तरह आते-जाते रहते हैं। मैं इस बात को जानता हूँ, इसलिए कभी भी जो कुछ बुरा हुआ मेरे साथ, उससे मुझे तकलीफ़ नहीं हुई और जो भी अच्छा होता रहा, उस पर मुझे हैरानी होती रही। मेरे जीवन की कोई लीक नहीं थी। कोई दर्शन नहीं था। हम साधु हों या शैतान, जीवन में संघर्ष तो सभी को करना पड़ता है। मैं विपरीत परिस्थितियों में भी डिगा नहीं। कई बार छोटी-छोटी बातें मुझे व्यथित कर गईं और कई बार बड़ी-बड़ी घटनाएँ भी मुझे छू नहीं पाईं।

जो भी हो, मेरा आज का जीवन पहले के जीवन से ज़्यादा रोमांचपूर्ण है। मेरा स्वास्थ्य बहुत अच्छा है। मैं अभी भी सृजनशील हूँ तथा मेरी और फ़िल्में बनाने की योजना है। शायद अपने लिए न भी बनाऊँ, लेकिन अपने परिवार के दूसरे सदस्यों के लिए लिख और निर्देशित कर सकता हूँ। उनमें से कइयों का थियेटर की तरफ़ रुझान है। मैं अभी भी बहुत महत्त्वाकांक्षी हूँ। मैं कभी रिटायर हो ही नहीं सकता। कई चीज़ें हैं जो मैं करना चाहता हूँ। सिनेमा की अपनी अधूरी पटकथाओं को पूरा करना चाहता हूँ। मुझे एक नाटक लिखना है और हो सके तो ओपेरा लिखना अच्छा लगेगा। देखें, समय मेरे लिए क्या तय करता है।

शॉपेनहावर ने कहा था कि ख़ुशी एक नकारात्मक स्थिति है—लेकिन मैं उनसे सहमत नहीं हूँ। पिछले बीस वर्ष से मैं जानता हूँ कि ख़ुशी क्या होती है! मैं क़िस्मत का धनी रहा कि मुझे इतनी शानदार पत्नी मिली। काश, मैं इस बारे में और ज़्यादा लिख पाता लेकिन इससे प्यार जुड़ा हुआ है और परफ़ेक्ट प्यार सारी कुंठाओं से ज़्यादा सुन्दर होता है क्योंकि इसे जितना ज़्यादा अभिव्यक्त किया जाए, उससे अधिक ही

होता है। मैं ऊना के साथ रहता हूँ और उसके चरित्र की गहराई व सौन्दर्य मेरे सामने हमेशा नये-नये रूपों में आते रहते हैं। यहाँ तक कि जब वह वेवे की तंग गलियों में मेरे आगे-आगे चल रही होती है तो अपनी सादगीपूर्ण गरिमा के साथ होती है, उसके लम्बे काले बाल जिसमें एकाध सफ़ेद बाल नज़र आ जाता है, उसकी तरफ़ से प्यार और प्रशंसा की एक लहर अचानक चलकर मेरी तरफ़ आती है। वह स्नेह की मूर्ति है और उसे देखकर या पाकर मेरा गला रुँध जाता है।

इस तरह की ख़ुशी के साथ, कई बार मैं सूर्यास्त के समय अपने टैरेस पर बैठ जाता हूँ और दूर विस्तृत लॉन के परे झील में और उसके भी परे आश्वस्त करते से पहाड़ों की तरफ़ देखता हूँ और इस मूड में किसी भी चीज़ के बारे में नहीं सोचता और पहाड़ों की अद्‌भुत स्थिरता का आनन्द उठाता रहता हूँ।

चार्ली चैप्लिन की फ़िल्में

कीस्टोन के बैनर तले बनी फ़िल्में

1914

मेकिंग ए' लिविंग (एक रील)
किड ऑटो रेसेस ऐट वेनिस (अधूरी रील)
मेबेल्'स स्ट्रेंज प्रिडिकामेंट (एक रील)
बिटवीन शावर्स (एक रील)
ए फ़िल्म जॉनी (एक रील)
टैंगो टैंगल्स (एक रील)
हिज़ फेवरेट पासटाइम (एक रील)
क्रुअल, क्रुअल लव (एक रील)
द स्टार बॉर्डर (एक रील)
मेबेल ऐट द व्हील (दो रील)
ट्वेंटी मिनट्स ऑफ़ लव (एक रील)
कॉट इन द कैबरे (दो रील)
कॉट इन द रेन (एक रील)
ए बिज़ी डे (अधूरी रील)
द फैटल मैलेट (एक रील)
हर फ्रेंड द बैंडिट (एक रील)
द नॉकआउट (दो रील)
मेबेल्'स बिज़ी डे (एक रील)
मेबेल्'स मैरिड लाइफ़ (एक रील)
लाफ़िंग गैस (एक रील)
द प्रॉपर्टी मैन (दो रील)
द फेस ऑन द बार-रूम फ्लोर (एक रील)
रिक्रिएशन (अधूरी रील)
द मास्कुरेडर (एक रील)
हिज़ न्यू प्रोफ़ेशन (एक रील)
द राउंडर्स (एक रील)
द न्यू जेनिटर (एक रील)
दोज़ लव पैंग्स (एक रील)
डो एंड डाइनामाइट (दो रील)
जेंटलमैन ऑफ़ नर्व (एक रील)
हिज़ म्यूज़िकल कॅरियर (एक रील)
हिज़ ट्रेस्टिंग प्लेस (दो रील)
टिली'ज़ पंक्चर्ड रोमांस (छह रील)
गैटिंग एक्वेंटेड (एक रील)
हिज़ प्रिहिस्टोरिक पास्ट (दो रील)

द एसने फ़िल्म्स के बैनर तले बनी फ़िल्में

1915

हिज़ न्यू जॉब (दो रील)
ए नाइट आउट (दो रील)
द चैम्पियन (दो रील)
इन द पार्क (एक रील)
द जिट्ने एलोपमेंट (दो रील)
द ट्रैम्प (दो रील)
बाय द सी (एक रील)
वर्क (दो रील)
ए वूमेन (दो रील)
द बैंक (दो रील)
शंघाईड (दो रील)
ए नाइट इन द शो (दो रील)

1916

कारमैन (चार रील)
पुलिस (दो रील)

1918

ट्रिपल ट्रबल (दो रील)

द म्यूचुअल फ़िल्म्स

1916

द फ्लोर वॉकर (दो रील)
द फ़ायरमैन (दो रील)
द वैगाबॉन्ड (दो रील)
वन ए. एम. (दो रील)
द काउंट (दो रील)
द पॉनशॉप (दो रील)
बिहाइंड द स्क्रीन (दो रील)
द रिंक (दो रील)

1917

ईज़ी स्ट्रीट (दो रील)
द क्योर (दो रील)
द इमीग्रैंट (दो रील)
द एडवंचरर (दो रील)

द फ़र्स्ट नेशनल फ़िल्म्स के बैनर तले बनी फ़िल्में

1918

ए डॉग्स लाइफ़ (तीन रील)
द बॉन्ड (अधूरी रील)
शोल्डर आर्म्स (तीन रील)

1919

सनीसाइड (तीन रील)
ए डे 'ज़ प्लेज़र (दो रील)

1920

द किड (छह रील)
द आइडल क्लास (दो रील)

1922

पे डे (दो रील)

1923

द पिलग्रिम (चार रील)

यूनाइटेड आर्टिस्ट्स फ़िल्म्स के बैनर तले बनी फ़िल्में (सभी पूरी लम्बाई की फ़िल्में)

ए वुमेन ऑफ़ पेरिस (1923)
द गोल्ड रश (1925)
द सर्कस (1928)
मॉडर्न टाइम्स (1936)
द ग्रेट डिक्टेटर (1940)
मि. वरदो (1937)
लाइमलाइट (1953)
द किंग इन न्यूयॉर्क (1957)

चार्ल्स चैप्लिन सीनियर

हान्ना चैप्लिन

हान्ना चैप्लिन कैलिफ़ोर्निया के अपने घर में

हानवैल स्कूल में चैप्लिन (घेरे में), 1897
नेशनल फ़िल्म एंड टेलीविज़न आर्काइव से

सिडनी चैप्लिन

नशे में धुत्त चैप्लिन
कार्नो के लिए निभाए गए एक पात्र के रूप में

एल्फ़ रीव्स के साथ चैप्लिन

यू.एस.ए. जाने वाले जहाज़ पर

कीस्टोन—माबेल नॉर्मैंड के साथ *माबेल एट द व्हील* में

चैप्लिन स्टूडियो के निर्माण स्थल पर, 1971

यूनाइटेड आर्टिस्ट्स—डगलस फ़ेयरबैंक्स, चैप्लिन, डी.डब्ल्यू. ग्रिफ़िथ और मैरी पिकफ़ोर्ड

वाशिंगटन—लिबर्टी बॉन्ड टूर, 1918 (AKG)

मिल्ड्रेड हैरिस

चैप्लिन, 1918

लन्दन दौरा, 1921

लॉर्ड और लेडी माउंटबेटन के साथ, 1921

जैकी कूगन के साथ
द किड में, 1921

मॉडर्न टाइम्स के सेट पर चैप्लिन से
मिलते जैकी कूगन, 1935

चैप्लिन की प्रतिमा बनाते हुए क्लेयर शेरिडन

अन्ना पावलोवा के साथ चैप्लिन

ए वुमेन ऑफ़ पेरिस में एडना पुर्विएंस (बीच में), 1923

वर्जीनिया शेरिल के साथ *सिटी लाइट्स* में, 1931

सिटी लाइट्स के सेट पर विंस्टन चर्चिल के साथ, 1929

सिटी लाइट्स के प्रीमियर के मौक़े पर श्रीमान आइंस्टीन व उनकी पत्नी के साथ

अर्नाल्ड शोनबर्ग के साथ

मॉडर्न टाइम्स, 1936

मॉडर्न टाइम्स में पॉलेट गोदार्द के साथ

द ग्रेट डिक्टेटर, 1940

ऊना, गेराल्डीन और माइकल के साथ

मि. वरदो के सेट पर बेटों चार्ल्स व सिडनी के साथ चैप्लिन (सीनियर), 1947

लाइमलाइट में क्लेयर ब्लूम के साथ, 1952

ए *किंग इन न्यूयॉर्क* में डॉन एडम्स के साथ, 1957

ऊना के साथ स्विट्ज़रलैंड में

माइकल, जोसेफ़ीन और यूजीन के साथ